메이지에서 현재까지

일본영화와 시대성

The Thoughts of Japanese Movies
in Contemporary Japan

具 見 書

Publishing Corporation

서문

　영화는 일정한 시공간을 통해서 표현되지만 다양한 인생을 영속적으로 담아낸다는 점에서 영원한 삶을 가진 예술이다. 영화가 창출하고 살려내는 시공간은 인간의 정신과 육체처럼 다양한 내부구조의 긴밀한 연결망에 의해서 자양분을 제공받아 살아간다. 즉 시대성, 작가의 사상, 감독의 연출력, 표현하는 배우와 환경, 영화를 만들어 내는 과학적 기술과 표현, 상영환경, 관객의 희로애락, 소품, 필름, 영상, 자금 등을 통해서 생명력을 연장시키며 살아가게 된다. 그것은 인간이 정신적으로 물질적으로 약해지거나 노쇠해지는 사이클을 갖고 있는 것처럼 문화시장의 속성에 따라 재생되기도 하고 소멸되기도 한다. 그러나 문화시장과 시대적 상황에 의해서 생사가 갈라지는 운명이지만, 때로는 사상적으로 성숙되고 전파되어 생과 사에 대한 인간적 윤리를 초월한다. 이런 관점에서 볼 때, 영화는 영상적 존재로 다양한 삶을 살아가고 다른 한편으로 시대성이라는 생명력을 갖기 때문에 살 수 있는 것이다.

　본고에서는 시대성을 당시 사회에서 다양하게 발생하는 현상에 내재되어 기능하는 사고의 응집체라고 규정하고자 한다. 당시 사회는 연속적으로 진행되는 시공간을 의미한다. 즉 정치, 경제, 사회, 문화 등과 같은 영역으로 이루어진 구성체를 말한다. 그리고 개인, 가족, 기업, 지역, 국가, 국제 등과 같은 공동체를 의미한다. 기능하는 것은 구성체와 공동체를 운영하고 움직이는 사상, 규범, 법, 이데올로기, 철학, 학문 등과 같은 지적 이념을 의미한다. 현상은 구성체, 공동체, 지적 이념 등이 서로 관련되어 발생하는 사회적 움직임을 의미한다. 따라서 시대성은 사회구성체, 공동체, 지적 이념 등에 의해서 일어나는 현상에 내재되어 기능하는 사고의 응집체라고 할 수 있다. 영화는 그런 시대성에 의해서 삶이 유지되고 관심을 끌며, 삶으로 승화되어 살아가는 현재적이며 영속적 존재라는 특징이 있다. 그런 의미에서 볼 때, 영화와 시대성은 불가분의 관계에 있다고 할 수 있다. 시대성을 담고 있는 영화라 하더라도 반드시 생명이 오래가는 것이 아니며 그것이 있어야 잘된 영화라고 평가되는 것도 아니다. 시대성은 영화감독, 시대환경, 대중의식 등과 같은 내외적 환경에 영향을 받기 때문에 그 성격도 다양하게 나타나고 있지만, 특히 시선에 의해 수명이 정해지는 특징이 있다.

  시선은 영화에 대한 관심도를 측정하거나 경향의 시비를 잡아주며, 흥미유무의 기준이 된다는 점에서 영화를 접하는 가장 기본적인 수단이며 에너지이다. 영화를 볼 때 시선이 어디에 머무르고 있는 가라는 질문은 그 영화가 갖고 있는 특징이 무엇인가를 묻는 질문과 대동소이하다. 따라서 시선은 영화의 생명을 좌지우지하는 중요한 기준으로 작용한다. 더욱이 영화의 생명뿐 아니라 영화관련 산업의 흥망을 결정짓는 중요한 열쇠이기도 하다. 시선이 머무르는 곳은 예술적으로 표현하는 배우가 갖고 있는 매력, 시나리오에 배어있는 이념과 사상, 공간을 채우는 영상미, 영화의 배경을 수놓는 자연미와 인간미, 각종 효과음과 액션, 영화표현과 관련된 기술수준 등 매우 다양하다. 그 중에서도 가장 중압감을 느끼게 하거나 스펙트럼을 통해서 빨려나오는 것이 시선을 제압하여 머리 속에 남게 한다. 그렇게 삽입된 영화미가 시선을 끄는 것이다. 따라서 시선에 의해 남겨진 잔영이 많으면 문화자본으로서의 가치가 상승하여 생명이 지속되게 되고, 시선을 잡은 대가로 예술적이며 현실적인 평가를 받게 된다. 영화는 시선이라는 시각적 수단을 통해 가치가 판명된다는 의미에서 시선에 생명을 맡기는 경향이 있다. 시선은 인간의 육체와 정신에 메시지를 전달하는 종합적 미디어로 기능하여 영화를 단순하게 영상적 삶으로 전달하기 보다는 체험하게 한다는 점에서 가치가 있다. 특히 영화가 담고 있는 사상과 이념은 의도적으로 만든 사람들의 것이지만 이미 영상으로 존재하는 단계에서는 그들의 것이 아니라 관객의 것이다. 영화가 갖고 있는 이념은 시선을 가진 관객들의 수용과정을 통해서 대리만족, 공감, 비판과 찬성 등의 가치적 감정을 유발하게 한다. 그 이념은 영화를 통해서 메시지로 전환될 때 비로소 가치가 있고 생명이 부여되는 것이다. 이념이 배우를 통해서 표현된 결과로서 성적행위, 폭력행위, 감상적 행위, 냉혹한 행위 등은 시선에 의해서 메시지로 전환되어 각각의 강도와 효과를 내게 된다. 영화는 그런 과정을 통해 사회 속에서 기능하는 가운데 예술로 승

화된다. 따라서 영화 속의 알몸과 섹스는 매춘행위로서의 알몸과 섹스와 성질
이 다른 것이다. 전자는 이념의 삽입에 의해 잘 정리된 메시지로 승화되어 강
한 힘과 에너지를 갖고 있지만, 후자는 원초적 본능을 자극하는 조야한 사회현
상에 지나지 않는 것이다. 그런 이유 때문에 영화에서 표현된 시대성은 객관화
된 타자 입장에서 느끼기 보다는 주체적 입장에서 느끼게 된다. 그것은 영화가
만들어내고 승화시키는 에너지와 원초적 본능으로 작용하게 된다.

영화가 시선이라는 수단을 통해서 경험을 하게 되는 것은 구체적으로 무엇
에 대한 체험인가 하는 것이다. 그것은 총체적으로 보면, 영화를 통해서 반향하
는 시대성에 대한 경험을 의미한다. 영화에서 시대성은 때로는 잘못된 인식이
나 또는 의도된 목적 하에서 형성되지만 경우의 수와는 관계없이 생명을 갖게
하는 중요한 요인이다. 영화가 담고 있는 시대성은 영화를 구성하는 다양한 요
소에 의해서 결정되는 까닭에 일률적으로 규합하거나 정리하는 것이 어렵다.
어느 시기의 시대성은 문화에 담겨진 각각의 부분적 시대성의 종합으로 나타나
기도 하며 개별적으로 나타나기도 한다. 영화는 그런 시대성을 종합하는 좋은
수단이 된다는 점에서 가치가 있고 그 표현된 시대성을 현재적 시제를 통해서
증명하기 때문에 고찰할 가치가 있다. 이렇게 영화가 갖고 있는 시대성은 모두
가 인정하고 공유하는 보편적인 것으로 존재하기도 하고, 이질적이며 단편적으
로 인식되어 개별적으로도 존재한다. 역사적으로 일본영화는 각 시대의 시대성
을 담은 매체로서 기능하여 자기 조직적 혁명을 일으키는 계기가 되었다. 특히
지배자에 의해 강력하게 통제를 받아 정부정책을 속도 있게 반영하고, 국민여
론을 형성하는 현실적이며 심리적 효과를 극대화하는 기능을 하였다. 그 과정
에서 일본영화는 가장 민감하게 시대성을 반영하는 미디어로 성장하였고 또한
큰 역할을 하였다.

미디어의 기능을 하는 영화에 영향을 주는 구성요소는 매우 다양하다. 제1요
소는 인적요소이다. 즉 영화를 구성하고 있는 인적 요소로 배우, 감독, 촬영감
독, 투자가, 관객, 미술 및 음악 감독, 영화사 운영자, 프로듀서, 영화관 관리자,
각본가, 영화비디오 관련업자, 영화판매자 및 구매자 등이 있다. 제2요소는 예
술적 요소이다. 즉 영화에 아름다움과 생명을 불어넣는 요소라고 할 수 있다.
즉 영상, 영화음악, 영화미술, 시나리오, 음향과 효과, 각본 등으로 구성되고 있

다. 이들 요소는 영화를 예술의 한 부분으로 승화시키는 기능을 한다. 제3요인 이념적 요소이다. 즉 영화가 전하고자하는 메시지를 의미하는 것으로 정치성, 경제성, 인간성, 문화성, 사회성 등 다양한 요인으로 구성되어 있다. 이것은 영화를 물적인 예술보다는 사상적 예술로 승화시키는 기능을 하고 있다. 제4요소는 물적 요소이다. 이것은 만들어진 영화가 영화로서 성공할 수 있는 조건이라고도 할 수 있는 것으로 영화시장, 상영극장, 영화인을 육성하는 영화학교, 영화사, 영화자본, 영화선전 등 다양한 요소로 구성되어 있다. 이처럼 영화는 다양한 요소에 의해서 결정되고 영향을 받고 있다. 그 내용을 구체화한 것이 다음표의 영화의 구성요소이다.

<영화의 구성요소>

구분	인적 요소	예술적 요소	이념적 요소	물적 요소
내용	배우, 감독, 작가, 촬영감독, 프로듀서, 투자가, 영화관객, 음향과 효과 전문가, 영화음악가, 영화 미술가, 소설가, 시나리오	영상, 영화음악, 영화미술, 시나리오, 음향과 효과, 영화음악, 시나리오, 편집	정치성, 경제성, 사회성, 문화성, 사상, 시대사건, 이데올로기, 인간성, 국제성, 민족성	상영극장, 복합극장, 스튜디오, 국내외영화학교, 전문채널, 비디오 및 CD 제작사, 필름판매점 및 대여점, 각종 영화제, 영화잡지, 전문영화 촬영지, 영화관련 출판사, 각종영화사, 영화자금, 스크린

영화가 표현하고 담아내는 내용은 그대로 영화 관련자에게 영향을 주고 받는다. 예를 들면, 영화관객의 입장에서 본다면, 스크린의 주인공이 벼락부자가 되고 마음에 맞는 배우자를 만나 삶을 맛나게 살아가는 모습이 비춰질 때 자신도 모르게 희열을 느껴 가슴이 달아오를 것이다. 반대로 찢어지게 가난하여 그것을 극복하기 위해 전력을 투구하지만 빠져나오지 못해 시궁창 인생의 전철을 밟는 장면을 봤을 때 일부러 외면하거나 안타까워 안달을 한다. 또한 부창부수가 세월의 흐름에 맡겨 살면서 잔잔한 행복과 삶의 진실을 느끼는 장면을 봤을 때 그 나름대로의 평화적 삶이라고 여겨 안심하기도 한다. 자살소동이 벌어지거나 폭력단간의 싸움이 참혹하게 벌어지는 장면을 보면 사회적 규범에 대한 불안감을 느껴 무엇인가를 해결하려고 한다. 남녀간의 성적 장면이 리얼하게

표현되면 그것에 몰입되어 땀이 나거나 충동을 느껴 얼굴이 붉어지기도 한다. 이처럼 영화에서 표현되는 좋은 것, 나쁜 것, 안타까운 것, 나른한 것, 잘난 것, 못난 것, 충동질 하는 것 등은 영화가 갖고 있는 감성이며 다양한 삶의 유형이 며 제공하는 맛이다. 이것은 영화장르의 문제와 관련된 것이다.

현재 영화계에는 다양한 소재와 주제를 가진 영화가 생산되고, 영화의 성격을 규정하는 잣대가 다양하여 영화장르에 대한 구분이 혼란스럽다. 따라서 영화의 성격을 규정하는 데 어떤 기준에 의해서 어떻게 구분할 것인가 하는 문제가 대두되고 있다. 본고에서는 성격과 대상을 기준으로 해서 현재까지 언급되고 규정되고 있는 일본영화의 장르를 분류하고자 한다. 즉 성격 및 내용, 대상, 크기, 제작사, 기술, 상영형태, 유형, 창작 등에 의해 정리한 영화장르는 다음과 같다.

<영화의 장르구분>

구분	영 화 장 르 명
성격 및 내용	계몽영화, 민주영화, 휴머니즘영화, 섹추얼티(성)영화, 과학영화, 자연영화, 공포(호러)영화, 전쟁영화, SF영화, 로망포르노영화, 누벨바그영화, 인협영화, 리얼리즘영화, 사회파영화, 참여영화, 에로영화, 멜로영화, 스펙터클영화, 서스펜스영화, 핑크영화, 사무라이영화, 컬트영화, 괴수영화, 마타다비영화, 경향영화, 사회주의영화, 스파이영화, 선정영화, 무협영화, 역사영화, 시대극영화, 희극영화, 코미디영화, 반공영화, 팡팡영화, 스트립영화, 반핵영화, 반전영화, 풍자극영화, 뉴웨이브영화, AV영화, 연애영화, 스포츠영화, 액션영화, 폭력영화, 환경영화, 야쿠자영화
대상	아동영화, 청소년영화, 부부영화, 노인영화, 가족영화, 여성영화, 기업영화, 국제영화, 식민지영화, 국책영화, 에스닉영화, 민족영화, 개인영화, 친일영화, 반일영화, 반미영화, 친미영화, 아이돌영화, 어덜트영화, 태양족영화
크기	16미리 소형영화, 35미리 표준영화, 70미리 대형영화
제작사	인디즈영화, 대형영화사영화
기술	무성영화, 유성영화, 컬러영화, 흑백영화, 토키영화, 발성영화
상영형태	극장영화, DVD영화, 비디오영화, TV영화

유형	만화영화, 극영화, 예술영화, 실험영화, 상업영화, 문화영화, 애니메이션, 저패니메이션, 뉴스영화, 다큐멘터리영화, 기록영화
창작	창작영화, 번안영화, 리메이크영화

영화의 장르를 성격이나 내용에 의해서 분류한 장르 가운데 일본적인 특징을 갖고 있는 영화장르는 호러영화, 인협영화, 사무라이영화, 마타다비영화, 시대극영화, 팡팡영화, 반핵영화, 반전영화 등이라고 할 수 있다. 그리고 대상중심으로 보면 식민지영화, 국책영화, 친일영화, 반일영화, 태양족영화 등이 대표적이다. 그리고 유형을 중심으로 보면 애니메이션의 다른 이름인 저패니메이션이 대표적이다. 인협영화, 사무라이영화, 마타다비영화, 시대극영화 등은 일본의 전통적인 사무라이를 중심으로 한 것이지만 내용이나 성격에 있어서 약간 다르다. 예를 들면, 마타다비영화는 사무라이로서 무사사회에서 벗어나 자유롭게 돌아다니는 떠돌이를 그린 영화이다. 그리고 근대일본이 제국주의화 하는 과정에서 나타난 식민지영화는 식민지와 식민지민의 일본화를 추구한 영화라는 특징이 있고, 반핵영화는 1945년 원자폭탄이 일본에 투하되어 벌어진 비극을 일본적인 시각과 인류라는 시각에서 핵의 참상과 위협을 그린 핵을 반대하는 영화를 말한다. 특히 만화로 출발해서 발전하여 일본적인 장르로 정착한 것이 저패니메이션이다. 이것은 일본애니메이션의 특징과 내용의 독자성을 인정한데서 형성된 용어라고 할 수 있다.

이처럼 일본영화를 장르 차원에서 분류해서 보면 다양한 특징을 갖고 발전하였다. 19세기 일본은 서구로부터 영화를 수입하여 새로운 문화의 한 영역으로 발전시켜왔다. 그런 가운데 영화에 대한 왜곡과 통제를 통해서 발전과 쇠퇴를 거듭하였지만 다양한 영화장르를 개발하여 일본적인 장르를 구축하는데 성공하였다. 특히 일본영화는 시대를 앞서가는 뛰어난 작품성을 가진 문학작품, 새로운 문화현상으로서 영화를 담당한 지식인의 대두, 폭발적으로 영화를 즐겼던 영화세대, 영화의 상업화, 영화를 국가정책과 전략을 선전하는 매체로 활용하기 위해 통제와 지원을 동시에 실행한 영화정책 등과 같은 다양한 요인에 의해서 발전하였던 것이다. 탄탄한 시나리오와 전통주의의 색채를 충분히 소화시켜 만든 사무라이영화나 시대극영화는 세계영화로 성장하는 계기가 되었다.

또한 월트 디즈니를 중심으로 만들어졌던 만화영화나 애니메이션이 일본에 수용되면서 일본적 특징을 살려 세계영화시장을 섭렵하고 있다. 그런 번성으로 영화는 자본을 창출하는 새로운 문화자본 매체로서 중요하게 작용하고 있어 더욱 중시되고 있는 실정이다.

세계영화사에서 보면, 시대적 사회현상을 영화에 반영하여 시대성을 내포하고 있는 영화들이 많이 나타났다. 역사적으로 영화에 나타난 대표적인 시대성을 보면 다음의 표와 같다. 즉 세계영화에 내재된 대표적인 시대성을 보면, 표현주의와 환상주의, 아방가르드, 시적 리얼리즘, 휴머니즘, 사회주의 리얼리즘, 네오리얼리즘, 누벨바그, 뉴웨이브 등으로 나타났다고 할 수 있다.

<세계영화에 나타난 시대성>

시대성	특 징	비 고
표현주의	- 환상주의(마법의 힘, 주술사의 체면술 등 표현) - 제1차 세계대전에 패배한 독일의 위상 고양을 위해 UFA영화사 설립 - 고유설화와 낭만주의적 전통에 기초해서 독일정신 일깨움 - 환상주의는 파시즘 또는 나치즘을 양성함 - 표현주의는 사실주의를 부정한 초인적 승리 표현	독일
아방가르드	- 아방가르드(avant-garde), 1920년대 전위적 경향으로 등장 - 독창적 사상과 감정, 전통 파괴적이며 오만하고 보복적인 표현 - 주인공 위주의 시나리오, 허구적인 극작법, 의미추구 및 편집거부 - 선전, 광고(도형, 색채, 선 등의 결합, 추상성강조)로 발전	프랑스
시적 리얼리즘	- 유성영화 초기 제1차 세계대전에 등장 - 사회 불만, 불행한 운명, 비참한 인간관계 등을 시와 음악으로 표현 - 제1차 세계대전말 전쟁과 공황, 사회경제파탄으로부터 탈출 - 영화인은 스튜디오에서 행복을 짓밟아버린 불행을 미학적으로 표현	이탈리아
휴머니즘	- 인간주의(humanism), 인간중심의 세계, 삶의 가치를 가진 인간 전제 - 인간의 사랑, 운명, 자연과 인간의 조화, 갈등 등을 표현 - 부르주아비판(사회적인 약자의 표현), 사회평등과 불평등 제시 - 인간은 살아갈 가치가 있는 존재이며 인간답게 살아간다는 점 강조 - 여성, 노인, 아이, 학생 등의 역할가치 그림	각국 공통

사회주의 리얼리즘	- 사회주의파, 소련영화에 표현됨, 영화의 이데올로기화 및 혁명수단 - 프로레탈리아 세계관에 기초, 계급적 투쟁을 통한 새로운 사회구축 - 변증법적 구조 : 부자 대 빈자, 기업 대 노동자, 국내외적 계급해소 - 포로퍼겐더, 대립주의, 선전, 선동, 저항, 혁명 등 운동론으로 발전	소련
네오 리얼리즘	- 제2차 세계대전후 민주의 현실을 그림, 사실에 기초한 기록 - 범죄, 증오, 불만, 갈등 등이 난무한 세계 표현	이탈 리아
누벨바그	- 전통, 규범, 표현, 제작 등의 방법과 가치 파괴, 표현의 자유 - 자유로운 주제, 내용, 비약 등 강조 - 시대적 사상 갈등 표현, 저예산영화	프랑스, 일본
뉴웨이브	- 호러주의(산 자와 죽은 자간의 대화, 현실과 과거와 미래의 일치) - 로망포르노(러브신혁명, 성상업화), 상업영화와 예술영화의 갈등 - 인디즈의 발생(independents, 독립영화, 저예산, 단시간, 흥미위주)	일본

위에서 보는 것처럼, 세계영화는 시대적 흐름과 동행하면서 시대성을 적극적으로 담아 인간세계의 변화를 기록하였고 새로운 사회의 변화와 탄생을 그렸다. 특히 사회적 책임을 강조한 것이 최대의 성과이며 거기에 영화의 존재가치가 있다는 사실을 영화사를 통해서 보여주고 있다. 영화는 단순하게 삶이 정지된 영상세계에 머무는 것이 아니라 시대적 사회현상을 반영하여 영속적인 삶을 유지하고 있다.

일본영화는 일본사회의 흐름과 병행해서 시대성을 반영하면서 또한 시대성을 도출하는데 많은 에너지를 소진하면서 시대와의 결합을 통해서 존재하고 성장해왔다. 그 과정에서 반드시 성공만을 한 것은 아니다. 시대적 현상에 대응하는 과정에서 흥망성쇠를 거듭하여 왔고 많은 경험을 하는 가운데 확고한 문화로서 자리 잡았던 것이다. 다음의 표는 일본사회와 일본영화의 흐름을 비교한 것이다.

<일본사회와 일본영화의 흐름>

구 분	일본사회의 흐름	일본영화의 흐름
근대화기 (-1930년)	메이지유신, 일본근대화기, 일본개화 및 국가형성, 대외강경정책, 정치, 경제, 사회근대화	영화수입, 활동사진, 기록영화, 무성영화 등장

제국화기 (1931-1945)	제국일본 만들기, 식민지지배, 조선 및 대륙침략, 만주사변, 중일전쟁, 태평양전쟁, 전쟁국가	유성영화등장, 제1차영화황금기, 국책영화, 전쟁영화, 식민지영화
미군점령기 (1945-1952)	원폭투하, 제국일본비판, 일본의 민주화, 미국적 사상과 물질 수용, 반일본 및 일본문화	계몽영화, 민주영화, 반일본영화, 가족영화, 제국비판영화
자립기 (1953-1960)	군정으로부터 해방, 신무(神武)경기, 마이카 시대, 소득배증계획, 일본적 발전토대구축, 사회욕구분출, 가전삼종신기, TV방송, 파친코붐	제2일본영화황금기, 휴머니즘영화, 사회주의영화, 리얼리즘영화, 모더니즘영화, 시대극영화
성장기 (1961-1970)	도쿄올림픽, 마이홈 붐, 이자나기경기, 컬러 TV등장, 신3종신기에 따른 가전경제 붐, 해외관광, 신칸선개통, 골프대중화, 바캉스유행	영화쇠퇴기, ATG영화, 일본누벨바그, 성영화, 야쿠자영화, 사회파영화
도약기 (1971-1980)	열도개조계획, 제1차석유위기, 사회문제대두, 안정성장과 지속적 발전전략, 매스레저시대, 오사카 박람회, 볼링붐, 골프연습장	참여영화, 로망포르노영화, 야쿠자영화, 향수영화, 비디오영화
대국화기 (1981-1990)	무역흑자고조, 엔고현상, 재팬머니 위력, 경제대국, 고도경제성장, 버블경제, 무역마찰증대, 스포츠클럽, 도쿄돔, 도쿄디즈니랜드 개원	우경화 및 반우경화영화, 미니영화, 만화영화, 뉴웨이브영화, 인디즈영화
국제화기 (1991-현재)	버블경제붕괴, 일본위기론, 일본재생운동, 지구사회와의 공존, 국제공헌론, 보통국가론, 일본역사찾기, 리조트붐, 테마파크, 가라오케, 생활대국론	데리주의영화, 국제주의영화, 영화전문채널, 복합영화, 호러영화, 사회파영화, 포스트뉴웨이브 영화

　역사적으로 일본영화는 초기 서민이 즐기는 오락으로 시작하여 지식인의 관심을 끌면서 문화로서 자리 잡았고, 중요한 문화향유대상이 되어 문화자본을 창출하는 수단으로 오랫동안 기능하여 왔다. 또한 국가정책을 반영하는 국책영화로 기능하여 비문화자본으로서 존재가치를 발휘하기도 하였다. 특히 일본영화는 수동적으로 단순하게 시대성을 반영하는 측면도 있지만, 실제로 근대국가를 형성하는 과정에서 적극적으로 시대성을 반영하여 왔다. 일본영화는 근대화기 이후 국가정책과 목표의 근간이 되었던 부국강병정책을 추진하는데 적극적으로 이용되었고, 제국주의국가와 경쟁하는 과정에서 국가형성과 국론통일을 선전하

고 구축하는 미디어로 적극적으로 활용됐다. 특히 국가통제 하에서 지원을 받은 일본영화는 자율성과 예술성을 무시한 채 만들어졌다. 그러나 각 시대를 걸어오면서 당시 일본사회가 국내외적으로 봉착한 다양한 사회현상을 반영하는 과정에서 중요한 시대성을 반영하는 경향이 있었다는 점에서 가치가 있다고 할 수 있다.

본고는 다음과 같이 전체 9장으로 구성되어 있다. 즉 제1장은 근대화기의 영화와 시대성, 제2장은 제국화기의 영화와 시대성, 제3장은 식민지기의 영화와 시대성, 제4장은 점령기의 영화와 시대성, 제5장은 자립기의 영화와 시대성, 제6장은 성장기의 영화와 시대성, 제7장은 도약기의 영화와 시대성, 제8장은 대국화기의 영화와 시대성, 제9장은 국제화기의 영화와 시대성 등으로 구성되어 있다. 일본영화는 독특한 성격을 지니면서 성장하였고 그 과정에서 내적인 성장과 외적인 성장을 하였다. 일본영화작품과 시대성을 나타내는 대표적인 예를 소개하면 다음의 표와 같다.

<일본영화작품과 시대성의 대표적인 예>

구 분	영화작품과 감독	시대성의 내용
제1장 : 근대화기 (1868-1930)	北淸事變活動寫眞(북청사변활동사진 : 1900), 路上の靈魂(노상의 영혼 : 21,村田實), 瞼の母(떨어질 수 없는 어머니 : 31,稻垣浩), 生える人形(살아있는 인형 : 29,內田吐夢)	전쟁주의, 탈전통질서, 박애주의, 반자본주의, 민족주의
제2장 : 제국화기 (1931-1945)	マダムと女房(마담과 마누라 : 31,五所平之助), 限りない前進(끝없는 전진 : 37,內田吐夢), 上海(상해 : 38,龜井文夫), 望樓の決死隊(망루의 결사대 : 42,今井正)	전쟁주의, 국가주의, 프로키노주의, 반전주의, 모던주의
제3장 : 식민지기 (1931-1945)	月下の誓い(달아래에서의 맹서 : 23,尹白南), アリラン(아리랑, 26 : 나운규), 남자없는 나룻배(이규환,32), 春香傳(35,이명우), 君と撲(너와 나 : 41, 허영)	저축장려운동, 민족주의, 전통주의, 친일본주의

제4장: 점령기 (1945-1952)	民衆の敵(민중의 적 : 46,今井正), 夜の女たち(밤여자들 : 48,溝口健二) 日本軍破れたら(일본군 진다면 : 50, 山本隆夫), 原爆の子(원폭의 아들 : 52, 新藤兼人)	반군벌·재벌주의, 여성해방주의, 군국주의비판, 반원폭주의
제5장: 자립기 (1952-1960)	七人の侍(칠인의 무사 : 54,黑澤明), 日本の悲劇(일본의 비극 : 53,木下惠介), 狂った果實(미친 과실 : 56,中平康), 無法松の一生(무호마쓰의 일생 : 58,稻垣浩)	전통주의, 반권력주의, 휴머니즘, 태양족주의, 일본문화주의
제6장: 성장기 (1960-1970)	靑春殘酷物語(청춘잔혹이야기 : 60,大島渚), にっぽん昆蟲記(일본곤충기 : 63,今村昌平), 現認報告書(현장보고서 : 67,小川紳介), 壓殺の森(압살의 숲 : 67,小川紳介)	누벨바그주의, 성리얼리즘, 사회파주의, 학생운동주의
제7장: 도약기 (1971-1980)	ミナマター患者さんとその世界(미나마타환자와 그 세계 : 71,土本典昭), 一條さゆり(일조사유리 : 72,神代辰巳), 人斬り與太·狂犬三兄弟(사람참수여태 : 72,深作欣二), 男はつらいよ(남자는 괴로워 : 71,山田洋次)	반공해주의, 환경보호운동, 반개발운동, 로망포르노주의, 전통주의, 향수주의
제8장: 대국화기 (1981-1990)	魚影の群れ(물고기무리, 83,相米愼二,)ゆきゆきて、神軍(전진해, 신군 : 87, 原一男), マルサの女(마루사의 여자 : 87,伊丹十三), 家族ゲーム(가족게임 : 83,森田芳光)	반천황주의, 직업전문주의, 가족주의, 일본주의
제9장: 국제화기 (1991-현재)	CURE(큐어 : 97,黑澤淸), ジャンクフード(정글음식 : 98,山本政志), ふたり(두 사람 : 91,大林宣彦),學校(학교 : 91,山田洋次), 踊る大搜査線(흔들리는 수사선 : 03,本廣克行)	국제주의,다민족주의, 뉴웨이브, 리데주의, 사회파주의

위에서 본 것처럼, 일본영화는 일본사회의 흐름과 병존하면서 때로는 앞서가면서 시대성을 반영하여 문화로서만 존재한 것이 아니라 시대성을 통해 책임을 지고 가는 책임문화로서 역할을 하여왔다. 이런 점에서 일본영화와 시대성에 대한 고찰은 가치가 있다고 할 수 있다.

메이지부터 현재까지 일본영화의 시대성을 다룬 졸저는 혼자서 해결하는 데는 물리적으로 불가능한 작업이었다. 셀 수 없을 정도로 많은 감독과 영화작품

을 통 털어 작업한다면, 아마도 일생이 소요되었을지도 모르는 일이다. 다행히
도 선각자들의 훌륭한 작품소개나 정리된 것이 있어 일정하게 정보를 의존하였
고, 작품의 본질적 가치를 훼손하지 않으면서 졸저의 가치를 높이려고 노력하
였다. 처음에는 재미 반 관심 반으로 노다지에서 금을 캐는 기분으로 시작했지
만, 노다지를 찾아야 금을 캘 수 있듯이 그 노다지를 발견하는데 많은 시간과
열정과 정열이 투자되어 당황했던 것도 사실이다. 금맥이 산맥을 따라 가느다
랗게 연결되어 있듯이 영화정보의 금맥도 같은 이치를 갖고 있었다. 금맥을 찾
는 과정에서 무너지지 않고 여기까지 무사히 진행된 것은 천운이 작용했다고
생각한다. 다만 금 찾기를 제대로 하지 못했다면 그것은 저자의 능력부족이며
통찰력 부족이다. 쓰레기에서 향기와 삶의 진기를 찾듯이 재주 있는 독자를 만
나 저자가 갖고 있는 영감의 한계를 초월해서 귀한 지식 덩어리를 찾았으면
하는 희망이 있어 기쁘다.

출발점에서 놓여진 백지 공간에 무엇인가를 쓸 수 있다는 희망과 가능성 때
문에 기뻤지만, 다른 한편으로는 오히려 두려움으로 다가왔다. 그것은 공간이
비워져있기 때문이기도 하지만 채울 공간이 너무 많았기 때문이었다. 사각의
공간을 채우는 투쟁은 매우 절실하였지만 한 자 한 자, 한 생각 한 생각 들이
이어져 구체화되는 과정에서 고독한 희망을 절실하게 맛보았다. 지금 생각해보
면, 채워서 해방감을 얻었다기보다는 공간이 채워지는 과정에서 이미 해방되고
있었던 것이다. 졸저를 통해서 독자의 지적인 고독감이 해방감으로 승화되기를
간절히 기원한다. 상상은 물거품이 아니라 창조적 실체의 전제현상으로 사실화
된다는 자유적 가치를 얻은 것이 이번 작업의 소중한 소득이라고 감히 말하고
싶다. 끝으로, 자그마한 사색과 영감이 아름다운 세상에서 생명을 얻을 수 있도
록 격려해준 동료교수님, 제이앤씨 사장님 및 편집진, 숨은 곳에서 버팀목이 되
어 함께 걷고 있는 가족에게도 감사와 사랑을 보낸다. 영화에 빗대어 말하면,
우리는 의도적으로 자기 삶을 영화처럼 만들어 가고 있다는 점에서 영화감독이
며 시나리오작가이며 촬영기사이며 음향과 미술 감독을 하는 종합 예술가이다.
유쾌한 삶은 자신에게서 나온다는 사실을 다시 한번 통감하고 직시하면서 아름
다운 연출을 위해 전진하는 기분으로 이글을 마쳐 행복하다.

龍耳 연구동에서 저자 씀

차례

제1장
근대화기의 영화와 시대성

『路上の靈魂』(小山內薰、1921)

『狂つた一頁』(衣笠貞之助、1926)

『狂つた一頁』 左は井上正夫

『忠次旅日記』(伊藤大輔、1927)

『山宣葬』(1929)

『エノケンの近藤勇』
上段に木刀を構える榎本健一

『エノケンの 青春醉虎傳』
左より榎本健一・千葉早智子

『瀧の白糸』
の岡田時彦とたか子

『日本橋』左から梅村蓉子、岡田時彦、夏川静江

『村の花嫁』の八雲恵美子と石山龍嗣

『村の花嫁』の田中絹代と新井淳

『十字路』(衣笠貞之助、1928)

『十字路』左から相馬一平(のちの高瀬美乘)、
阪東壽之助、千早晶子

『浪人街』(1928、當時はマキノ正博)

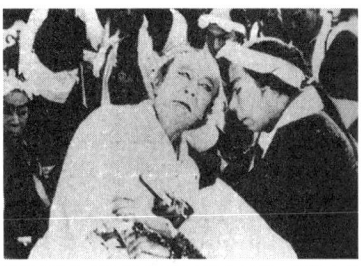

76分(現存するプリソト)スタソダ‐ドモノク
ロ・無聲

I 머리글

일본의 근대화기는 메이지유신(明治維新)이 일어난 1868년부터 1930년까지로 일본영화가 무성영화에서 유성영화로 전환된 시기를 말한다. 일본에서 근대화는 사회변혁이라는 기준을 통해서 보면 역사적으로 3차에 걸쳐 진행되었다고 할 수 있다. 제1차 근대화는 1868년부터 1945년까지, 제2차 근대화는 1945년부터 1989년까지, 제3차 근대화는 1989년부터 현재까지 등으로 볼 수 있다. 그러나 본고에서는 일본영화와 시대성을 분석하는데 있어 사회와 영화의 변용 과정을 통해서 자의적으로 분류하고자 한다1). 근대화기를 1930년까지로 본 것이 그 시기에 근대화가 완성됐다는 것을 의미하지는 않는다. 왜냐하면 근대화는 끊임없이 진행되는 현재적 개념이고 변화를 생명으로 하는 개념이기 때문이다. 다만 당시 근대화의 목적과 목표라는 기준에서 보다면, 초기에 국가목표로 했던 것들이 성취되었다는 점에서 근대화기라고 규정할 수 있다.

일본영화는 메이지유신 이후 정치적·경제적·사회문화적 근대화 과정에서 서구의 영화기기와 기술이 유입되어 성립되었다. 다른 한편으로는 일본의 전통 예술로부터 내용, 형식, 배우, 기술 등을 통해서 많은 영양분을 받아 정착하고 성장하였다. 그렇게 출발한 일본영화는 미국의 할리우드 영화와 비슷한 시기에 성립되어, 아시아에서 선두적인 역할을 하였다. 또한 국가가 형성되어 성장하는 과정에서 이데올로기를 창출하여 일본과 식민지에 국책과 사상을 전파하는 역

---

1) 본고에서는 일본사회의 발전에 따른 일본영화의 흐름을 분석하기 위해서 일본사회의 변화를 기본으로 하여 분류하고자 한다. 전전은 근대화기(1868-1930년)와 제국화기(1931-1945년)로 구분한다. 전후는 10년을 기본단위로 하였다. 즉 미군점령기(1945-1952년), 자립기(1953-1960년), 성장기(1961-1970년), 도약기(1971-1980년), 대국화기(1981-1990년), 국제화기(1991-현재) 등으로 구분한다.

할을 하기도 하였다. 그리고 전통문화인 가부키(歌舞伎)나 노(能)를 계승해온 예술가로부터 멸시되거나 무시되는 경향이 있어 고급문화가 아니라 어린이와 도시노동자가 즐기는 서민문화로 시작하였다. 따라서 일본영화가 한 장르로서 정착하는 데는 무성영화에서 유성영화로의 전환, 서민문화에서 예술문화로의 전환, 지식인에 의한 수용과정, 새로운 예술로서의 창작, 문학과의 연결 등이 계기가 되었다.

미국으로부터 키네토스코프(kinetoscope)와 바이타스코프(vitascope), 프랑스로부터 시네마토그라프(cinematograph) 등이 수입됨으로써 일본영화는 태동하게 된다[2]. 바이터스코프에 의해 처음으로 공개된 것이 ≪胡蝶の舞≫(나비의 춤)이었다. 그리고 1896년 프랑스의 가브리엘 베일은 도쿄(東京)의 풍경과 행사, 홋카이도(北海道) 아이누(アイヌ)의 풍속 등을 찍어 영상으로 남겼다. 이처럼 일본영화는 일본이나 일본인에 의해서 시작되기보다는 외국의 기술과 외국인에 의해서 출발되었다. 허술하게 출발한 일본영화이지만, 역사적으로 보면 일본영화 황금기는 1920년대 후반부터 1930년대, 1950년대부터 1960년대, 1990년대 등 3번 형성되었다고 할 수 있다[3]. 1930년대 도쿄 쇼치쿠(松竹)는 근대적인 소시민영화를 만들면서 스타여배우를 배출하였고, 교토(京都)의 닛카쓰(日活)는 시대극의 황금기를 구축하여 카리스마적 남자배우를 등장시켰다. 1950년대 도쿄의 닛카쓰는 무국적 액션영화를 만들었고, 교토의 도에이(東映)는 명랑한 시대극을 화제로 하여 닝교(仁俠)영화로 전환하였다. 1990년대는 인디즈를 중심으로 뉴웨이브 영화가 나타나 영화계의 흐름을 바꿔놓았다.

---

2) 영화는 처음에 개인 엿보기의 에디슨식에서 출발해서, 다수감상형의 뤼미엘식 등이 탄생한 19세기에서 출발했다. 에디슨이 발명한 키네토스코프는 1893년 공개되었고, 뤼미엘 형제가 발명한 시네마토그라프는 1895년 공개되었다. 에디슨의 키네토스코프는 시카고 박람회에서 영상장치로서 피로되었고, 뤼미엘 형제의 시네마토그라프는 1900년 파리박람회에서 영상이 피로되었다. 특히 시카고의 키네토스코프의 프로그램에는 ≪日本京都舞妓の布晒し≫가 있었고, 이후에 일본에서 촬영된 ≪日本藝者の手踊り≫가 있어 일본의 이미지로서 게이샤(藝者)가 일찍부터 형성되었다.

3) 일본영화는 기술적인 면에서 흑백무성영화, 흑백유성영화, 컬러영화, 입체영화, 텔레비전영화, 비디오영화, DVD영화 등과 같은 기술적 발전을 통해서 전개되었고, 필름의 크기에 따라 16㎜소형영화, 35㎜표준영화, 70㎜대형영화 등으로 전개되었다. 또한 코미디영화, 멜로영화, AV영화, 액션영화, 뉴웨이브영화, SF영화, 시대극영화, 현대극영화, 포스트 뉴웨이브영화 등 다양한 내용을 담아냈다.

할리우드의 오락영화, 유럽의 예술영화, 아시아의 역사영화 등과 비교해보면, 일본영화는 일본적 미학을 담고 있다. 그것은 운명론, 자연애, 잔학성, 섬세한 미적 감각, 신비주의, 이런 것들을 표현하는 느슨한 시간감각 등과 같은 비현실적인 탐미주의적 명상을 반복하고 있는 특징이 있다. 마스무라 야스조(增村保造)는 일본영화가 시적 아름다움을 밖으로 내비치는 특징을 갖고 있어 남성적이 아니라 여성적이며 감성적인 감각에서 형성된 것이라고 평가하였다. 대표적인 감독이 오즈 야스지로(小津安次郎)이다. 그리고 구로사와 아키라(黑澤明)는 사무라이라는 전통극을 통해서 비창미와 극적미라는 일본적 미학의 한 부류를 형성하는데 성공하였다. 특히 일본영화는 탄탄한 시나리오, 정밀한 영화구성, 긴밀도 있는 이야기 전개 등의 특징을 갖고 발전하였다.

일본영화는 국가가 형성되어 성장하는 과정에서 이데올로기를 일본과 식민지에 전파하는 기능을 하였고, 성립시기부터 시대성을 반영하여 발전한 특징이 있다[4]. 그런 가운데 각 시대에 영향을 준 사상적 성격을 가진 시대성을 담은 매체로서 기능하여 매체혁명을 일으켰다. 일본은 근대화기에 부국강병을 추진하고 제국주의국가와 경쟁하는 과정에서 영화를 국가형성과 국론통일을 선전하고 구축하는 미디어로 적극적으로 활용했다. 특히 지배자에 의해 강력하게 통제를 받아 정부정책을 속도 있게 반영하고, 국민여론을 형성하는 현실적이며 심리적 효과를 극대화하는 기능을 하였다. 본고에서는 그렇게 다양한 모습을 갖고 있는 일본영화가 어떻게 형성되어 전개되었는지에 대한 특징을 무성영화를 통해서 체계화하는 한편, 메이지유신부터 쇼와(昭和) 초기까지 만들어진 무성영화가 담고 있는 시대성을 고찰하고자 한다.

---

4) 본고에서는 시대성을 서문에서 언급한 것처럼 '당시 사회에서 다양하게 발생하는 현상에 내재되어 기능하는 사고적 응집체'라고 규정한다. 자세한 것은 서문을 참고바람.

Ⅱ 근대화기의 영화와 배경

■ 1. 시대적 배경

19세기말 세계는 자본주의의 최고단계라는 제국주의의 시대에 들어가는 시기로, 선발제국은 무력으로 세계를 재분할하는 경쟁을 하였다. 자본주의발전에 따라 제국주의에 기초한 선진제국은 식민지를 확대하였고, 국가의 역량을 자본과 군사적 힘으로 가늠하고 국제질서를 규정하는 경향이 강하였다. 따라서 국가간 약육강식이라는 힘의 논리에 의한 전쟁으로 국제질서가 정해져 제국국가와 식민국가로 세계는 분할되었다. 대영제국은 1899년 보아전쟁을 통해서 네덜란드 식민지였던 남아프리카를 병합하였다. 미국은 1897년 하와이를 병합하고 스페인령 필리핀과 쿠바에서 민족독립운동이 일어나자 이것을 구실로 1898년 미서(美西)전쟁을 일으켜 필리핀을 빼앗고 쿠바를 속국으로 하였다. 그리고 1900년대 아시아에서는 서양국가의 침략과 분할이 활발하게 이루어져 초토화되어 가고 있었다. 즉 미국, 영국, 독일, 프랑스, 오스트리아, 이탈리아, 러시아, 일본 등과 같은 선진제국은 연합하여 공동이익을 취하고 때로는 전쟁을 수단으로 자국의 이익을 확대하였다. 19말 에디슨의 초기영화는 그런 국제상황을 반영하는 가운데 미국과 스페인 전쟁, 미국과 필리핀 전쟁 등을 소재로 하기도 하여 영화의 기능과 역할이 강조되었다.

당시 일본은 1868년 메이지유신을 통해서 서구적인 근대화를 추진하고 국민국가를 만들기 위해서 국가제도, 국민교육, 근대적인 계몽사상, 천황주의에 기초한 국가체제 등을 적극적으로 추진하였다. 그 과정에서 국가의식을 가진 국민을 창출하는 한편 부국강병을 구축하여 국제사회에서 강대국 일본의 이미지를 선전하고 정착시키는 국가정책을 강력하게 추진하였다. 그 중에서 핵심적으로 기능하였던 사상은 존황 사상이었다. 메이지정부는 국가통합의 원리로서 천

황과 황가에 대한 신성성을 선전하고 확산시키기 위해서 메이지비단그림(明治綿繪), 석판쇄(石版刷), 그림책, 화투(カルタ), 책, 주사위놀이(双六), 우표, 사진, 환등슬라이드, 그림엽서, 교과서 등을 활성화하였고, 또한 국가이미지와 국민의식을 육성하는 정책을 추진하였다. 다른 한편으로는 서구 침략방법을 모방하는 가운데 외국침략을 본격화하였다. 특히 일본은 조선개방을 구실로 불평등조약을 맺어 침략하였고, 1894년 청일전쟁을 일으켜 중국으로부터 대만을 약탈하고 중국진출을 위한 발판을 마련하였다.

　일본은 근대화기에 다양한 목표를 가지고 있었다. 첫째는 국가체제와 국민의식을 선진화하는 근대화정책과 운동을 추구하였다. 그것은 내치를 통한 국가체제의 확립과 근대적 국민을 만들기 위한 정책이었다. 둘째는 내치와 외치를 통한 부국강병을 추진하는 것이었다. 즉 경제적으로 부유하고 군사적으로 강대한 일본 국가를 만드는 것이었다. 일본은 내적으로 체제정비를 하고 국제적으로 일본의 식민지를 만들려는 정책을 추진하였다. 당시 일본이 근대화기에 추진한 다양한 시대적 배경을 보면 <표1>과 같다.

<표1> 근대화기의 시대적 배경

구 분	메이지기	다이쇼기	쇼와초기
정치적 배경	메이지유신, 천황국가 탄생, 청일전쟁, 러일전쟁, 한일합방, 식민지개척, 군사강병론, 대만정벌	근대적 민주주의, 제1차 세계대전, 관동대지진, 3.1운동, 중국침략, 시베리아출병, 치안유지법, 군국주의국가, 조선식민지지배, 사회주의운동	만주공략, 군국주의, 전쟁국가등장, 동방회의, 최초보통선거, 식민지정치체제강화, 식민지일본국토화와 대국간의 정치적 경쟁
경제적 배경	부국정책, 식산흥업정책, 정상육성정책, 민족기업육성정책, 일본기업근대화 및 공업화, 재벌기업등장	세계대공황, 식민지경제지배, 식민지민족기업억압, 군수산업육성, 식민지원료수출국, 일본공산품수출국, 중화학공업육성, 노동쟁의	신흥재벌, 국내금융공황, 식민지재벌등장, 쇼와공황, 식민지지배기업진출, 정경유착기업, 침략전쟁과 경제침략 일치화, 식민지기업말살
사회 문화적 배경	근대교육정책, 황민화교육, 국가신도육성, 국수주의자등장, 개국주의자, 일본영화태동	식민지민 육성교육, 식민지문화억제정책, 식민지일본화정책, 근대문학, 서구문화유입, 극영화, 신파극대두, 영화민족주의	전쟁지식인등장, 천황제 파시즘, 식민지민 일본국민화, 자유사상전파, 프로키노영화대두, 프로레탈리아탄압

일본이 근대화를 추진하는 과정에서 지식인들은 일본의 지위를 확보하려는 국가적이며 국민적인 움직임을 강력하게 촉구하였다. 『서양사정』, 『학문의 권장』, 『문명론의 개략』 등을 통해 일본의 문명개국을 주장한 후쿠자와 유키치(福澤諭吉 : 1835-1901)는 1901년 『시사신보』에 「모든 국민이 세계적으로 웅비할 수 있는 새로운 시대가 도래하다」라는 사설을 게재하여 문명개국의 의의와 목적을 주장하였다. 그는 신세기에 일신하여 세계적 신무대 더욱이 동양을 개관하고, 일본국민은 모두 분발하여 신세계에서 우위를 점할 것을 각오하지 않으면 안 된다고 하였다. 당시 일본은 후쿠자와의 탈아론(脫亞論)을 국시로 국가성장을 추구하였고, 청일전쟁의 승리로 민족주의를 신장시켰으며, 국민국가의 성립을 위한 문화장치를 본격적으로 만들었다. 또한 지리학자로 활동한 국수주의자 시가 시게타카(志賀重昂 : 1863-1927)는 『진선미일본인』을 쓴 미야케 세쓰레이(三宅雪嶺 : 1860-1945)와 같이 잡지 『일본인』을 발행하고 국수주의를 주장하였다. 그는 와세다(早稻田)대학 교수와 중의원을 역임하였고 1894년 『일본풍경론』을 출판하였다. 이런 현상은 19세기 후반 절대주의적 천황제 하에서 후발자본주의국가로서 세계에 등장한 일본이 제국주의열강 대열에 들어가기 위한 지식인으로서의 의지표명이었다.

제국주의가 발호하던 시대에 일본영화는 점차 발전하기 시작하였다. 카메라맨은 전장을 돌아다니며 촬영하였고, 전장의 사실을 찍은 영화는 전쟁물의 붐을 일으켰다. 일본에서 전쟁영화는 처음에 미국에서 수입되었다. 미서전쟁이 시작되자, 외국영화를 수입해 간다(神田)의 긴키칸(錦輝館)에서 상영하고 있던 가와우라(河浦謙一)의 요시자와(吉澤)상점은 미국 스푸아사의 실제사진인 ≪미서전쟁≫을 수입해서 1899년 긴키칸에서 공개하였다. 이것은 미국과 스페인 양군의 전투사진이지만 트릭촬영을 한 것이었다. 실제전쟁을 소재로 하면서도 트릭촬영으로 만든 전쟁영화는 대성공하여 전쟁물 붐을 일으키는 계기가 되었다. 1898년에는 일본에 온 프랑스의 뤼미엘 사의 카메라맨이 촬영한 일본풍경 필름이 공개되어 일본인은 처음으로 자국을 영상으로 보았다. 그리고 일본영화가 발전하는데 기초가 된 문학에서는 오자키 코요(尾崎紅葉:1868-1903)가 한 시대를 풍미하고 있었고, 그의 제자인 소설가 이즈미 교카(泉鏡花 : 1873-1939)가 데뷔하여 『夜行巡査』(야행순사)와 『外科室』(외과실) 등으로 유명해졌다. 특히 이즈미 교카는 후에 가부키(歌舞伎)의 개혁운동으로 일어난 신파(新派)에 많은 원작을 제공하여 일본영화가 멜로드라마의 특징을 띠게 하는데 공헌하였다.

근대화기 일본은 다양한 국가목표를 빠른 시간에 달성해야하는 과제를 안고 있었다. 국제적으로는 제국주의국가가 세계재편을 유도하고 있었고 국내적으로는 국가안정과 발전을 추구해야하는 과제가 있었기 때문이다. 이런 대내외적 배경은 일본영화에 반영되었고, 직간접적으로 국가정책에 영향을 미치게 되었다. 특히 전쟁을 담은 기록영화가 만들어 지면서 일본은 천황국가와 국가정책을 국민에게 침투시키기 위해서 환등기의 미디어를 이용하였고, 활동사진 등을 활용하였다. 그런 시각에서 보면, 근대화기 일본영화는 천황주의, 근대주의, 민족주의 등과 같이 당시 유행하던 시대성과 연결되면서 발전하였다. 또한 초기 일본영화는 무성영화로서 소박한 성격을 띠면서도 국가의 선전도구로 활용될 수 있는 미디어로 인식되고 있었다.

▓ 2. 일본영화의 성립

1) 영화의 전래

영화는 미국과 프랑스 등 영화선진국에서 촬영기, 영사기 등이 발명되어 시작되었다. 에디슨은 1889년 필름을 이용해서 찍는 촬영기인 키네토그라프를 발명하고, 1893년 필름을 1초에 46코마의 속도로 연속적으로 돌려 전구 빛으로 비춰 한 사람씩 상자 구멍을 통해 영상을 보는 키네토스코프(kinetoscope)라는 영사기를 발명하여 영화세계를 열었다5). 그리고 세계 각국에 공개된 키네토

---

5) 에디슨은 1887년 그의 동업자인 딕슨(Dickson)과 동작연구에 관심을 가졌다. 그들은 1889년 셀룰로이드 필름을 발명했고, 최초의 진정한 카메라라고 할 수 있는 키네토그라프(kinetograph)를 만들었으며, 키네토스코프(kinetoscope)라는 영사기를 만들었다. 그리고 1896년 조르루 멜리에스는 뤼미엘 형제가 만든 기계에 매료되어 구입하려다 거절당하자 자신의 기술자에게 만들도록 하여 그것을 키네토그라프(kinetograph)라고 하였다. 1893년 과 1894년 이후 키네토그라프를 사용해서 돌아가는 필름을 혼자서 볼 수 있는 키네토스

스코프를 기초로 해서 1895년 프랑스의 뤼미엘 형제가 1초에 16코마의 속도로 촬영해 같은 속도로 필름을 운동시켜 확대해서 투영하는 시네마토그라프(cine-matograph)를 발명해 영화가 한 장르로 각인되었을 뿐 아니라 본격적인 영화 제작기술이 발전하는 계기가 되었다. 미국과 프랑스 영화는 당시 선진국에 진출한 일본인들을 통해서 일본에 전파되었다.

당시 흥행사였던 다카하시 노부하루(高橋信治)는 1896년 11월 고베 무역상 리네루 상회를 통해서 키네토스코프라는 영사기를 미국으로부터 처음 수입하였다. 동월 25일 고베의 신코(神港)구락부에서 처음 공개하였고 이 자리에 고마쓰미야(小松宮) 전하를 포함한 황족을 초대하였다. 그리고 1896년 3월 도쿄 모스린 방적회사의 감사역이었던 이나하타 가쓰타로(稻はた勝太郞)는 뤼미엘을 만나 시네마토그라프를 보고 그것 2대와 필름을 구입해, 1897년 2월 15일 오사카에서 처음으로 공개하였다6). 그것은 현재 영화처럼 극장안의 관객 뒤에서 앞으로 스크린을 향해 영상을 투사하는 것이었다. 이때 파리에서 온 카메라맨이 교토에서 가부키 배우를 촬영하고 귀국하였다. 이어서 에디슨이 키네토스코프를 개량해서 만든 투사방식인 바이타스코프를 오사카의 잡화상인 아라키 가즈이치(荒木和一)가 에디슨에게 직접 구입하여 1897년 2월 22일부터 오사카

코프를 상업화했다. 또한 뤼미엘은 다큐멘터리를 제작하면서 필름의 질에 관심을 가졌고, 1897년 10월 파리에서 최초극장이라고 할 수 있는 시네마 뤼미엘(Cinema Lumiere)을 열었다. 1892년에는 영화 즉 시네마토그라프(cinematographe)라는 용어가 쓰여 지기 시작했다. 뤼미엘이 만들어낸 용어인 시네마토그라프는 그리스어로 키네마(kinema : 움직임)과 그라페인(graphein : 기록하다)을 합성시켜 만든 용어이다. 처음에는 'I' 대신 'Y'로 등록했지만, 1893년 12월 27일 새로 등록한 특허에서 'I'로 하였다. 시네마토그라프는 너무 길어 시네마(cinema)로 되었고, 미국에서도 무빙 픽처(moving picture)대신에 무비(movie)라는 말로 바뀌었다. 하이야트(Hyatt)형제는 1870년 셀룰로이드 필름을 발명했고, 찰스 이스트맨(Charles Eastman)은 1888년 코닥 사진기를 만들었다.

6) 영화발명은 리용에서 사진 연판을 만드는 공장주의 두 아들인 오귀스트 뤼미엘과 루이 뤼미엘에 의해서였다. 그들은 에티엔 마레(필름 천공결여), 에밀 레노(사진술의 결여), 토머스 에디슨(필름영상불가능) 등의 결점을 보완하여 필름을 단속적으로 움직여 촬영과 인화, 영사 등에 동시에 적용할 수 있는 장치를 개선하는데 성공하였다. 1895년 이것이 국립공업진흥회에 소개되어 과학전시회에도 출품되었다. 1895년 12월 25일 뤼미엘의 ≪공장출구≫는 과학전시회에서 영화의 전형이 되었고, 그의 크리스토프(Christophe)의 만화를 각색한 ≪물에 젖어 물 뿌리는 사람≫은 최초의 픽션영화가 되었다. 1896년 1월 개봉된 ≪라 시오타 역에 도착하는 기차≫는 큰 반향을 일으켰다. 뤼미엘은 천연색 사진을 발명하고, 입체용 렌즈를 사용한 입체 사진공정고안 등을 발명하였다.

신조(新町)연무장에서 공개하였다. 동년 3월 6일 도쿄 간다 긴키칸에서 또 다른 바이타스코프가 공개되었다. 이런 시대적 변화로 동년 4월에는 『자동사진술』이라는 입문서가 출판되었다(四方田犬彦, 2000).

영화제작기술은 1897년 일본에 수입되어 일본영화사가 수용하였다. 본격적으로 일본영화사가 설립된 것은 1912년이다. 이것은 할리우드의 역사와 거의 동일한 시기이다. 그러나 할리우드가 1910년대에 시작한 화법, 카메라기법, 스타 배우 등과 같은 시스템이 도입된 것은 1920년대였다[7]. 1900년대 말에는 한 장면에 대한 내용을 설명하는 자막이 도입되었고, ≪新不如歸≫(신불여귀, 09)에는 주인공이 투신자살을 시도하고 구출되는 과정에서 후래쉬 백이 사용되었다. 또한 장면을 쇼트로 분할하는 방식이 요코다(橫田)상회의 필름에서 나타났다. 그리고 1917년에는 클로즈업, 이동촬영, 컷백 등의 촬영기법이 도입되었다. 이런 기법에 기초해서 만들어진 영화가 무대배우인 이노우에(井上正夫 : 1881-1950)의 ≪大尉の娘≫(대위의 딸, 17)이다[8].

1918년에는 순영화극운동이 일어나 영화기법이 진전하는 계기가 되었다. 순영화극운동은 영화에 대한 인식적 패러다임을 전환하는 운동이었다. 즉 영화는 어떤 극장의 특정한 관객 앞에서 하는 공연에서 벗어나 순수하게 필름으로 자립하여 익명의 관객을 끄는 방향으로 진행되었다. 따라서 지식인 사이에는 '활동사진'이라는 용어가 사라지고 고급 문화적 표현으로서 '영화'라는 용어가 생겼다. 영화는 시네마토크라프가 도입되기 전에 환등을 지칭하는 용어였다. 1896년 시점에서 '자동전등', '사진무용', '활동사진' 등의 용어가 사용되었다. 그리고 영화는 보이는 것(見世物), 파노라마 등과는 구별되는 미디어로 인식되었다. 그러나 이런 운동에도 불구하고 영화라는 용어가 대중에 침투하는 데는 순영화극

---

7) 1897년부터 1908년까지 영화계는 경쟁바람이 불었다. 처음 영화기기싸움에서 시작된 경쟁은 곧이어 영화제작 분야로 진행되었다. 1907년 에디슨 영화사는 경쟁관계에 있던 바이오그라프(Biograph)사와 비타그라프(Vitagraph)사를 합병하였고, 또한 영화필름 제작사인 이스트맨의 공장을 인수하고, 더욱이 미국에서 가장 큰 8개 영화사를 에디슨 영화사의 산하에 두었다. 따라서 에디슨 영화제국이 탄생하였다. 1915년 연방법이 독점규제법을 승인하여 에디슨의 독점은 해제되어 영화사에 새로운 도약의 시대가 도래 하였다. 이 시기에도 할리우드는 유명한 영화촬영소였다. 서부영화시리즈를 제작하던 콜로넬 셀릭(Colonel Selig)이 로스앤젤레스 교외에 스튜디오를 만든 것이 1908년이다.

8) 후리쉬백(flash back)은 상영 중 잠시 다른 장면으로 옮겨갔다가 되돌아오는 기교, 쇼트(shot)는 한 장면, 컷백(cut back)은 두 장면의 평행묘사 등을 의미한다.

운동이 끝날 무렵인 1922년까지 기다려야 했고, 이후에 대중문화로서 영화가 일반인에게 알려지게 되었다.

2) 전통예술의 계승

미국과 프랑스에서 개발된 영화관련 기기와 기법이 전래되면서 일본영화계에 영화라는 장르가 성립되게 된다. 그런 가운데 전통적인 일본예술이 영화와 접목되면서 일본적인 영화가 특징을 갖고 발전하게 된다. 초기 일본영화는 어린이와 도시노동자가 즐기는 하층문화중의 하나였다. 따라서 전통적인 예술로 긍지를 가졌던 가부키 배우는 새롭게 발생한 영화를 누마시바이(泥芝居 : 진흙탕 연극)라 하여 영화와 연결되는 것을 꺼렸다. 더욱이 노(能) 배우도 결코 영화와 교섭하거나 교류하지 않았다. 유일하게 교섭한 것은 연극 중에서도 계층적으로 낮은 위치에 있었던 다비시바이(旅芝居)나 새롭게 대두한 연극인 신파 정도였다. 이것은 고급예술로서가 아니라 보이는 예술로 일본에 도입되었다. 그럼에도 불구하고 전통적으로 계승되어 축적된 예술이 영화와 접목되게 된다. 예를 들면, 영화를 상영할 때 내용을 설명하는 변사(辯士)의 존재이다. 전통예술과 일본영화와의 관계는 다음과 같은 특징을 갖고 있었다.

첫째는 우쓰시에(寫し繪)와의 관계이다. 1803년 3월 에도(江戸) 가쿠라자카(神樂坂) 가스가이고야(春日井小屋)의 무대에는 다다미 한 장 정도의 종이 스크린이 있었다. 무대가 어두워지면서 나무와 사람이 나타나 좌우로 움직였다. 꽃 봉우리가 만개하는 장면도 있었다. 관객은 눈을 떼지 못하고 우레와 같은 갈채를 보냈다. 전에 우와에(上繪)직인인 미야코야(都屋都樂)가 생각한 새로운 예술인 우쓰시에였던 것이다(山田和夫, 1997). 그것은 좌석 뒤편에 '후로'라는 나무상자의 환등기가 있어 얇은 유리판에 그림을 그리고 빛을 통해서 종이스크린에 투사하는 것이었다. 우쓰시에는 니시키가게에(錦影繪)라고도 하였고, 미닫이라는 독특한 일본가옥구조를 이용한 것이었다. 그러나 일본의 우쓰시에라는 일본식 활동그림은 활동사진으로 발전하지 못하였고, 우쓰시에의 '후로'는 영사기로 발전하지 못하였다.

둘째는 문학과의 관계이다. 일본은 18세기부터 대중적인 읽을 거리를 많이 생산하였다. 메이지유신 이후에는 낙어(落語)의 속기본, 강담(講談), 신문소설, 아동도서 등이 있었다. 또한 근대화를 추구하는 과정에서 학문이나 문학 등과 같은 서양문화가 유입되어 일본인의 관심을 끌었을 뿐 아니라 문화생산자를 탄생시켰다. 특히 서구사상과 전통사상을 접목시킨 문학이 발전하였다. 더불어 식자층이 넓어 독자층을 확보할 수 있었다. 이런 읽을거리는 영화에 원작을 제공하는 배경이 되었고 영화관객이 될 수 있는 잠재적인 수용자가 되었다. 강담본이 대중소설로 대체되었고, 또한 시대극에서 황당무계한 요소가 사라지게 된다. 1930년대는 순수문학의 영화화가 전개되었다. 순수문학이 일본영화의 소재뿐 아니라 시나리오의 기본이 됨으로써 일본영화는 지식인이 향유하는 고급문화로 자리 잡게 된다. 또한 영화가 예술로서 발전하는 계기가 되었을 뿐 아니라 일본적인 색깔을 가진 영화로 발전하게 된다. 대표적인 것이 여섯번이나 재연된 가와바타 야스나리(三端康成 : 1899-1972)의 소설 『伊豆の踊子』(이즈의 무희)이다. 이것은 저급예술로서의 영화와 고급예술로서의 순수문학이 결합한 좋은 예이다.

셋째는 가부키와의 관계이다. 일본영화는 에도시대에 왕성하게 활동을 한 가부키에 큰 영향을 받았다. 예를 들면, 영화관을 게기조(劇場)라고 하고, 업계에서 고야(小屋)나 'xx좌'라는 하는 것은 가부키에서 유래된 것이다. 또한 전전의 시대극에 출연한 배우의 예명, 분장, 화장, 움직임, 발성 등도 가부키 배우를 보고 습득한 것이다. 대표적인 가부키로 일본의 전통예술인 추신쿠라(忠臣藏 : 충신장)는 지금까지 약 80번 이상 영화화되었다. 또한 에도시대 혼탁한 성문화를 표현한 가부키에서 막부가 여성의 출연을 금지한 전통이 그대로 연극과 영화에도 반영되었다. 1920년대까지 일본영화에 여자 배우가 등장하지 않고 가부키에서 유래한 오야마(女形 : 여장남성 배우)가 여자 역을 대신하게 되었다. 또한 미조구치 겐지(溝口健二 : 1898-1956)의 『殘菊物語』(늦게 피어난 국화 이야기, 39)와 이마무라 쇼헤이(今村昌平)의 『盜まれた欲情』(도둑맞은 욕정,33) 등에서 볼 수 있듯이 가부키배우와 이야기가 영화에 접목되었다. 이처럼 일본영화는 전통예술인 가부키에서 배우, 시나리오, 극장, 연출, 의복 등과 같은 분야에서 영향을 받았다.

넷째는 노(能)와의 관계이다. 노는 일본예능의 일종으로 남북조(南北朝)시대에서 무로마치(室町) 시대에 걸쳐 만들어진 극 이름이다. 노는 논이나 밭에서 일하면서 부르는 덴가쿠(田樂), 사람이나 동물의 흉내를 내는 사루가쿠(猿樂), 절이나 신사 등에서 제례나 여흥으로 상영되는 예술 등으로 메이지기에는 노악(能樂)이라고 하였다. 노는 전통적으로 도요토미(豊臣秀吉) 등이 후원하고 양성하는 고급예술로서 자리 잡고 있었다. 이런 노악(能樂)은 영화에 대해서 소극적인 관계를 유지해왔다. 그것은 노가 고도의 순수한 예술로서 완성되어 있었기 때문이다. 그러나 몇몇 감독의 작품에는 노의 영향이 있었다는 것을 알 수 있다. 예를 들면, 오즈 야스지로(小津安二郎)의 『晩春』(만춘), 나루세 미키오(成瀨己喜男)의 『山の音』(산소리) 등은 고도의 은유성을 함의하고 있고, 구로사와 아키라(黑澤明)의 『亂』(난)은 모자이크처럼 노의 내용을 인용했다. 전통예술로서 노는 신흥예술로서 영화에 정서적인 내용과 표현방법의 공급원이 되었다.

다섯째는 신파(新派), 신극(新劇), 신극장(新劇場) 등과의 관계이다. 신파는 19세기말 가부키 개혁운동으로 일어났고, 신극은 서양연극의 도입으로 성립되었다. 또한 시대극의 수법을 세련되게 한 것은 신극장의 성과였다. 신파는 지하세계를 주제로 하는 소극장에서 시작하여 오자키(尾崎紅葉)나 이즈미(泉鏡花) 등과 같은 소설가들이 쓴 화류계나 시민부르주아의 갈등을 중심주제로 20세기 전반에 성공한 대중연극이 되었다. 이어 영화는 그것을 초월해서 상이한 신분 간의 사랑, 남성의 입신출세와 여성의 자기희생, 생이별가족의 재회 등과 같은 주제로 확대되었다. 이런 흐름은 일본적인 멜로드라마로 정착되었다. 일본에서 여성배우가 등장하게 된 계기는 전통극인 가부키로부터 탈피하려는 운동에서 시작되었다. 신파, 신극, 신극장 이외에도 고바야시(小林一三)가 일본에서 처음으로 만들어 근대예술로 성장시킨 다카라쓰카(寶塚)가 있다. 다카라쓰카로 대표되는 소녀극은 영화와 밀접한 것이어서 여배우의 공급원이 될 가능성이 있었지만 당시는 직접적으로 영화의 자료제공원이 되지 못하였다.

위에서 본 것처럼 일본영화는 전통예술로서 우쓰시에, 전통성과 근대성을 가진 순수예술로서의 문학, 에도시대에 서민문화로 정착되어 발전한 가부키, 전통적인 고급예술로 자리 잡았던 노, 신파나 신극과 같은 극예술 등에서 직간접적으로 영향을 받으면서 정착하고 발전하였다고 할 수 있다. 일본에서 영화는 처음에 황족이 임석한 가운데 들어왔지만 상류계급의 오락이 되지 못하고 어린이와 노동자를 중심으로 한 대중오락이 되었다. 서양에서 들여온 영화는 비교적 유복한 층이나 지식인층이 보았고 반대로 일본영화는 하류계층이 즐겼다. 초기 일본영화는 여장남자배우가 여배우의 역할을 한 것에서 알 수 있듯이 전통적인 예술에서 탈피하는데 그리고 예술로서 평가받는데 시간이 걸렸다. 그런 한계는 시기적으로 근대화가 진전되는 과정에서 해결되기도 하였고, 영화관련 자들에 의해서 의도적으로 극복되기도 하였다. 이런 시각에서 본다면, 일본영화는 서구문화와 일본문화, 근대문화와 전통문화, 고급문화와 저급문화 등이 공존하는 과정에서 발전한 특징이 있다고 할 수 있다.

■ 3. 일본영화의 효시

서구사회로부터 수입된 영화기술과 전통예술과의 관계에서 성립된 일본영화는 근대화기에 다양하게 발전하여 일본영화의 토대를 이루었다. 일본영화사에서 촬영과 극영화, 감독과 작품, 영화관과 영화사, 변사, 영화저널, 순영화극운동, 여배우와 작품 등에서 최초로 등장했던 것을 정리하면 다음과 같다. 물론 여기에서 최초라고 규정하고 제시한 것은 문헌적인 고찰을 통해서 밝혀진 것을 중심으로 정리한 것이다. 각 영역에서 효시라고 언급하여 제시한 것 중에는 그 자체에 다양한 주장이나 논쟁이 있는 부분도 있고 또한 그 자체가 애매한 것도 있다. 다만 본고에서는 일본영화를 이해하는 차원에서 그 이상의 논쟁에는 들어가지 않고자 한다.

첫째는 최초 촬영과 극영화이다. 시네마토그라프를 수입한 실업가 이나하타 카쓰타로(稲畑勝太郎, 1862-1949)는 메이지 10년 프랑스에 유학하고 염색을 공부하여 이나하타 염료점을 개설하였고, 오사카에서 군용 가키 염색을 개발하였다. 그는 활동사진을 수입하여 메이지 30년 오사카에서 공개하였고, 프랑스에서 데려온 쥬레루 기사를 통해서 노(能)인 『石橋』(돌다리)를 촬영했지만 실패하였다. 이어서 1897년 도쿄 고니시(小西)사진관에서 프랑스 고몬사의 촬영기를 수입해서 사진 점에 근무하던 아사노(淺野四郎)가 ≪化け地藏≫(도깨비 지

장)과 ≪死人の蘇生≫(죽은 자의 소생)이라는 단편을 찍은 것이 촬영의 효시
이다. 1899년 활동변사의 역을 하고 후에 일본솔선활동사진회를 주도하여 활동
한 고마다 코요(駒田好洋, 1877-1935)는 바이타스코프를 사서 전국을 순회하
였다. 그는 신바시(新橋) 요정인 가게쓰(花月)에서 오엔, 치이사이나, 오이쓰
라는 3인의 게이샤가 쓰루카메(鶴龜 : 학과 거북이) 춤을 추는 모습을 촬영했다.
그 후 간다 등에서 무용을 촬영하여 가부키자(歌舞伎座)에서 상영하였다. 이때
가부키자의 변사가 말을 하여 크게 히트쳤다(山田和夫, 1997). 게이샤를 대상
으로 한 것은 오리엔탈리즘에 관한 관심이 고조되었기 때문이며, 그 시대는 일
본주의가 창궐하던 시기로 파리에 우키요에(浮世繪)가 들어가 있었다.

일본에서 최초의 극영화는 고마다의 ≪稻妻強盜捕縛≫(이나쓰마 강도포박,
1899)이다. 1899년 2월 이나쓰마라 불리는 강도 사카모토 케이지로(坂本慶二
郞)가 체포되어 사회적으로 무리를 일으켰다. 고마다는 이 사건을 영화화 하였
다. 동년 9월에 촬영에 들어가 전후까지 배우생활을 했던 요코야마(橫山運平)
가 형사역으로 연출하고 시바다가 카메라를 잡았다. 이 극영화의 내용은 사건
을 일으킨 강도를 체포하기 위해서 숨어서 범인을 기다리는 형사가 이나쓰마라
는 강도를 격투 끝에 체포한다는 이야기다. 약 1분 반정도의 길이였지만 일본
최초의 극영화가 탄생하는 순간이었다. 그리고 1899년 가부키 9대 단주로(團十
郞), 5대 오노에(尾上菊五郞) 등이 출연한 ≪紅葉狩≫(단풍사냥, 1899)이라는
영화가 만들어졌다. 1904년 2월 9일부터 1주일간 도쿄 가부키자에서 상영되어
대성공을 거두었다. 그것은 필름이 남아있어 당시 명배우의 모습을 볼 수 있는
귀중한 자료가 되고 있다. 이처럼 일본영화는 기록사진에서 출발해서 간단한
꽁트 풍의 극이 시작되어 무대에서 연출하는 극영화로 발전하여 이후 일본영화
의 성립과 발전에 기여하였다.

둘째는 최초의 일본인 감독이다[9]. 최초 일본인 감독은 마키노 쇼조(牧野省

---

9) 영화사상 세계최초의 제작자겸 감독은 프랑스의 조르쥬 메리에스(Georges Melies), 미국
   의 D.W 그리피스이다. 메리에스는 1896년 처녀작 ≪트럼프의 승부≫를 시작으로 80여
   편의 30미터길이 영화를 제작하였다. 이것은 대체로 창작이 아니라 실사(實寫)였다. 1899
   년 대작으로 ≪드레페스사건≫을 발표하였다. 이것은 20장면으로 구성된 것이었다. 대표
   작은 1902년 ≪月世界旅行≫이다. 메리에스는 각본, 배우, 의상, 배경, 무대, 장면과 막의
   구분, 트릭기법 등을 이용하였다. 한편, 미국의 그리피스는 1908년 바이오그라프 영화사에
   들어가 배우, 감독, 각본가 등으로 활약하고 첫작품으로 1908년 ≪도라-모험≫을 만들고,

三, 1878-1929)이다. 1908년 마키노는 요코다 상회를 운영하던 요코다(橫田永之助)의 의뢰로 최초의 작품인 『本能寺合戰』(본능사 전투)를 촬영했다[10]. 이것이 교토를 무대로 한 시대극의 시작이었고 일본영화의 방향을 결정했다. 교토는 일본의 근대화에도 불구하고 급속한 변화를 경험하지 못하고 신사불각 등 전통적 자연환경이 풍부하여 시대극의 촬영지로 최적의 조건을 갖추고 있었다. 마키노는 일본최초의 본격적인 영화감독이라 할 수 있는 인물로, 죠루리고야(淨瑠璃小屋)를 소유하고 있었고, 교겐카타(狂言方)를 담당하여 대중연극에 대한 배경이나 관심이 높았다. 마키노가 촬영할 때는 각본을 사용하지 않는다는 전설이 있다. 그는 죠루리에서 터득한 기술을 이용하였고 다만 대화를 설명하는 것으로 대체하여 각 장면을 연출하였다. 마키노는 오노에 마쓰노스케(尾上松之助 : 1875-1926)를 발탁하여 영화에 데뷔시켜 일본최초의 스타를 탄생시켰다. 마쓰노스케는 영화배우로 2대 마쓰노스케를 습명하여 마키노 감독에 의해 영화에 데뷔한다. 그가 출연한 작품은 「目玉の松っちゃん」(각광받는 맛씨)로 명명되었으며, 그는 1,000여 편의 시대극영화에 출연한다. 1910년 마키노는 오노에를 주연으로 80분짜리 『忠臣藏』(추신쿠라)를 촬영했다. 추신쿠라는 18세기 초 무사계급사이에 발생한 복수이야기로 서민에게 친근감 있는 서사시적 이야기다. 추신쿠라는 한 쇼트에 1-2분정도로 촬영되어 가부키 무대의 실황중계라는 인상을 주었다. 또한 배우와 역할이 고정되지 않아 오노에는 주역을 포함해 3인의 대역을 하였다. 무성영화로 출발한 일본영화는 다양한 사회적 현상을 반영하면서 발전하였다[11].

동년 ≪金に憑かれて≫을 제작하였다. 여기에서 원경화면, 풀 쇼트, 클로즈업 등의 기법을 사용하였다. 그후 편집을 통한 영화를 만들어 최초의 본격적인 영화감독이라 할 수 있다. 그는 ≪國民の創生≫(1915년), 그리고 대작인 ≪イントレランス≫(1916년)를 제작하여 세계영화사에 새로운 획을 그었다. 이런 작품과 1914년 제1차세계대전이 맞물려 영화붐이 일어나 미국영화가 발전하는 결정적인 계기가 되었다. 그리피스는 연출력을 갖고 있을 뿐 아니라 오늘날의 프로듀서의 성격을 띠었다.

10) 마키노(1878-1929)는 메이지와 쇼와에 걸쳐 활동한 영화감독이자 제작자이다. 1909년 요코다의 의뢰로 ≪本能寺合戰≫을 제작하고, 이후 닛카쓰촬영소 소장이 되었다. 다이쇼 10년에 독립하여 마키노교육영화제작소를 설립하고, 14년 마키노프로덕션을 설립하여 시대극을 중심으로 영화계에서 활동하였다.

11) 그 중에 특징적인 것은 일본영화와 야쿠자와의 관계이다. 마키노의 아들인 마키노 마사히로(マキノ雅弘)는 자서전에서 자신이 초등학교시절 급우로부터 가와라고지키(河原乞食)라고 멸시당해 괴로웠다고 회고하였다. 당시 영화의 흥행은 그 고장에서 활동하는 야쿠자와

셋째는 최초 영화관과 일본영화사이다. 1903년 10월에는 일본최초의 상설영화관인 '아사쿠사 덴키칸'(淺草電氣館)이 설립되었고, 트릭(忍術)영화를 중심으로 한 오락물이 영화산업의 기초가 되었다. 트릭영화 붐으로 1908년 가와우라(河浦謙一)의 요시자와 상회는 메구로(目黑)에 일본최초의 촬영소를 만들었다. 이어서 1909년 우메야(梅屋庄吉)의 M·파테상회가 오구보(大久保)에, 요코다상회가 교토 니조시로(二條城)에 각각 촬영소를 만들었다. 1910년에는 영화기업으로서 다하타(田はた健造)의 후쿠다카라도(福寶堂)가 창립되어 닛포리(日暮)에 촬영소를 만들었다. 일본영화사는 요시자와상점, M파테상회, 요코다상회, 후쿠다카라도 등 4개사가 되었고, 그들은 100여개의 상설영화관을 경영하여 영화시대의 문을 여는 가운데 치열하게 경쟁을 하였다[12]. 그러나 정치적 인맥을 이용한 우메야가 4개사를 포함하여 영화독점을 위해서 기업합동을 결성하였다.

이것이 효시가 되어 1912년 10월 1천만 엔의 자본금으로 일본활동사진필름주식회사가 탄생하였고 닛카쓰(日活)의 원류가 되었다. 닛카쓰는 가내공업적인 시스템이 아니라 기능적이며 근대적인 영화사로 출발했다. 그 시기는 할리우드의 폭스와 워너 브러더스의 전신 회사가 설립되었다. 닛카쓰는 1912년에 13편, 1913년에 90편을 제작하였고, 도쿄의 무코지마(向島)와 교토의 니조시로(二條城西樞下)에 촬영소를 설치하였다. 닛카쓰는 도쿄에서 신파(新派)를 중심으로 현대극영화를 제작하고, 교토에서 시대극인 구극(舊劇)을 제작하였다. 신파는 현대극으로, 구극은 시대극으로 불리어졌다. 닛카쓰가 만들어낸 신파영화는 모자간의 이별, 신분간의 사랑, 정조를 잃은 소녀의 몰락 등과 같은 멜로드라마로 관객의 눈물을 자극했다. 또한 연속극이라 불리는 신파는 실내장면을 무대에서

관련되어 있었다. 일본영화와 닝교도(仁俠道)는 불가분의 관계에 있었다(高井宏子譯, 1996). 영화는 야쿠자에게 보호되어 흥행을 하였고 야쿠자는 영화에 그려진 야쿠자를 표본으로 연마를 하였다. 마키노에게 있어 야쿠자는 일상생활에서 접하는 존재였다. 또한 미조구치 겐지를 발탁한 나가다 마사이치(永田雅一)는 사회주의에 관심을 가진 덴본쿠미(千本組)의 청년(若衆)출신이었다.

12) 미국은 1919년 제1차 세계대전의 승리로 국가위상의 향상과 막강한 경제력으로 세계영화를 지배하게 되었다. 당시 5대 메이저 영화사는 MGM, 파라마운트(Paramount), 워너브러더스(Warner Bros), 20세기 폭스(20th Century Fox), RKO 등이었다. 3대마이너 영화사는 유니버설(Universal), 콜롬비아(Columbia), 유나이티드 아티스츠(United Artists) 등이었다. 5대 메이저영화사는 제작, 배급, 영업 등을 1939년 반독점 법안이 통과하기까지 독점하였다.

배우로 하여금 실제로 연기하게 하였고, 실외장면은 촬영해 놓은 필름으로 대체하는 방법을 이용하였다(山田和夫, 1997).

넷째는 일본의 변사이다. 초기 일본영화는 자막으로 대화를 표현한 것이 아니라 직업적인 변사가 담당했다. 1886년 환등이 유행하던 시기에 변사가 있어 영화가 공개된 시점에서 관객은 변사의 존재에 익숙해 있었다. 변사는 서양인 복장을 하고, 상영하기 전에 필름의 도덕적 의의를 설명하고, 상영 중에는 어두운 곳에서 음색을 이용해 대사를 하여 미사여구로 관객을 유도하였다. 서양에서는 1900년 중반에 이미 변사의 존재가 유명무실해졌지만 일본에서는 변사의 인기도에 따라 영화를 선택하는 경향까지 있어 영화는 변사가 있기 위한 존재로 여겨졌다. 또한 선동적인 언사나 익살스런 표현을 연출하는 변사가 인기가 있었다. 변사가 일본에 정착한 것은 서양에서 유래한 영화를 일본의 연극적인 영역으로 수용하려는 의도가 있었기 때문이다. 일본의 전통문화에서는 신체와 음성이 일치할 필요가 없었듯이 영화도 그것의 일종으로 연출되었다.

1930년대 이전 일본영화에는 변사(活動弁士)가 있어 영화의 흐름에 따라 말을 하였다. 무대극이 상연되면, 우선 수명의 고와이로(聲色)변사가 어두운 곳에 숨어서 남자 역은 남자소리로, 여자 역은 여자목소리로 대사를 하였다. 일본은 에도시대부터 서민의 사랑을 받아 성장해온 화예(話藝), 가타리모노 예술로서 강담, 낭곡(浪曲), 낙어 등에서 활약한 변사와 근대적 미디어인 영화를 공존시켜 독특한 장르를 만들었다. 가타리모노(語物)를 즐기던 대중이 새로운 미디어를 접하는데 크게 공헌하였다. 변사였던 고마다(駒田好洋), 도이(土屋松濤) 등은 영화이상의 스타가 되었다. 변사가 출연하는 영화는 유성영화시대에 들어서 종언을 고하게 되었지만, 도쿠가와(德川夢聲)처럼 배우로서 활약한 인물도 나왔다. 일본영화에서 변사는 긍정적인 면과 부정적인 면을 동시에 갖고 있었다. 본래 영화는 시각적 표현을 주로 하는 예술임에도 불구하고 변사가 참여하여 청각적 표현이 주가 되는 영화가 되었다[13]. 변사는 지식인에게 비판의 대상이 되었지만 대중에게는 지지를 받았다. 영화를 통해서 대중에게 다가갔던 변사는 무성영화의 존재가치를 높이는 중요한 역할을 하였지만, 1930년대에 들어서 유

---

13) 일본최초의 자막영화는 다나카(田中榮三)감독이 톨스토이 작품을 영화한 《生ける屍》
(1918년)이다. 다나카 감독은 오야마 역을 해온 기누가사(衣笠貞之助)를 등용하고, 자막과 타이틀을 처음부터 넣어 변사의 종언을 고하였다(山田和夫, 1997).

성영화가 나오게 되자 영화에서 중요한 기능을 했던 변사는 존재가치를 점차 잃게 되었고 결국 쇠퇴하였다. 또한 당시 식민지였던 조선의 변사는 조선어로 민족주의를 고무시키기도 하였다. 따라서 일탈을 방지하기 위해서 변사는 허가제로 하였고 내용도 관리하였다.

다섯째는 최초의 영화저널이다. 최초의 영화잡지인 『활동사진계』는 1909년 요시자와사가 발간하였다. 이것은 필름의 내용을 알기 쉽게 설명하기 위해서 소설의 형식으로 풀이한 책이다. 1910년에는 비평가의 분류법과 비평집필의 안내서가 나왔다. 그리고 대학생을 중심으로 다양한 동인지가 탄생하였다. 가에리야마 노리마사(歸山敎正,1893-1964)는 1913년 일본최초의 본격적인 영화잡지 『フィルム・レコード』(필름레코드)를 창간하여 할리우드를 포함한 구미각국의 영화문헌을 적극적으로 소개하였다. 1919년 동인지로 창간된 『キネマ旬報』(키네마순보)는 이후 일본을 대표하는 영화잡지로 발전하였다. 당시 동인지는 대부분 서양영화를 찬양하고 동시에 일본영화가 본질을 빠트리고 있다고 신랄하게 비판하였다. 영화의 성립과 더불어 영화에 대한 지식이나 이론이 등장하여 영화의 질이 높아지는 계기가 되었다. 특히 일본영화에 대한 비판은 순영화극운동을 일으키게 하였고, 가에리야마가 그 선봉에서 리드하였다.

여섯째는 순영화극운동이다. 1910년대 일본은 서구영화에 대한 기법이나 기술을 적극적으로 수용하였다. 이 과정에서 가에리야마는 일본영화를 구미의 수준으로 끌어올리려는 순영화극운동을 벌이게 된다. 그는 1917년 『活動寫眞劇の創作と撮影法』(활동사진극의 창작과 촬영법)이라는 영화이론서를 발표하였고, 거기에서 고급문화로서 영화, 무대각본이 아닌 시나리오, 오야마가 아닌 여배우, 변사가 아닌 자막 등 영화의 개혁을 주장하였다. 또한 그는 그런 변혁을 강조하는 한편 속도감, 현실주의, 환상 등이 영화에 필수조건이라고 제시하였다. 이런 이론에 기초해서 가에리야마는 1918년 덴카쓰(天活 : 天然色活動寫眞株式會社)에서 ≪生の輝き≫(삶의 환희), ≪深山の乙女≫(깊은 산 처녀) 등 2편의 영화를 감독하면서 일본영화에서 처음으로 시나리오를 쓰고 변사가 담당했던 대사를 자막으로 처리하였으며, 오야마(女形)가 담당했던 여자역을 버리고 여우를 등장시켰다4). 또한 그는 ≪幻影の女≫(환영의 여자)에서 일본에서 최

---

14) 전자는 해안의 피서지에서 순수한 소녀가 귀족청년의 유혹에 넘어가 버림을 당한 후 행

초로 여성 누드 신을 촬영했다고 전해진다(山田和夫, 1997). 가에리야마는 1918년 '영화예술협회'를 창립하여 일본영화의 개혁을 추진하였다. 그는 구미의 영화작품처럼 일본영화가 표현이나 평가에서 정당한 평가를 받지 못하는 데서 오는 한계를 극복하기 위해서 다양한 순영화극운동을 벌여 일본영화가 발전하는 데 기여하였다.

그런 인식에서 제작된 것이 소설가인 다니자키 준이치로가 토마스 구리하라(トーマス栗原)에게 감독하게 해서 만든 『アマチュア倶樂部』(아마추어 구락부)이다. 또한 신극운동의 창시자이며 『신사조』를 창간하여 유럽의 연극운동과 신문예를 소개하는 한편 연극인으로 활동한 오사나이 카오루(小山內薫, 1881-1928)가 쇼치쿠 기네마 연구소에 있을 때 무라다(村田實)를 감독으로 초빙해서 만든 『路上の靈魂』(노상의 영혼, 21)이 있다. 이것은 무대를 서양의 피서지에서 생긴 이야기와 무대를 본 따 가루이자와(輕井澤)와 하야마(葉山)에서 촬영하고 외국어자막을 넣었다. 또한 할리우드의 희극적 패러디를 시종일관 표현하였고 일종의 코스모폴리탄적 색채를 띠었다. 이 영화는 예술성을 강조하고 표현한 작품이었지만 쇼치쿠는 만족하지 못하였다. 이후 3주후에 공개된 헨리 고타니(ヘンリー小谷)가 감독한 ≪虞美人草≫(어긋난 미인초)가 대성공을 거두었다. 이것은 신파의 비극적 이야기로 미국영화의 리듬과 속도에 맞추는 한편 일본적 인정을 표현한 것으로 일본적인 멜로드라마의 탄생을 알리는 청신호가 되었다[15].

일곱째는 여배우의 출현이다. 일본에서는 제1차 세계대전 후 할리우드 영화사가 도쿄에 지국을 설치하기 시작하였다. 그리피스의 ≪イントレランス≫(인트레란스, 16)가 수입되어 일본영화인에게 큰 영향을 주었고, 독일의 표현파영화, 프랑스의 전위영화 등이 수입되었다. 최초의 여배우는 1917년 극단으로 창립된 도로샤(踏路社)의 하나야기 하루미(花柳はるみ)이다. 그녀는 ≪その前夜≫(그 전날밤)이라는 연극에 출연하고, 가에리야마의 ≪生の輝き≫(삶의 환희)에 주연을 맡아 일본여배우 제1호가 됐다. 이런 변화 중에 고쿠가쓰, 다이가쓰 등과

복한 결혼을 하고 청년의 유혹을 거부한다는 내용이며, 후자는 기구한 운명을 가진 산에 사는 소녀가 탐험가를 만나 그 남자의 금광에 정열을 쏟는 내용을 담고 있다. 가에리야마는 자막을 일본어와 프랑스어로 하여 수출을 의도하였다.

15) 쇼치쿠 키네마 연구소가 해산위기에 처할 때 오사나이는 1924년 치쿠지(築地)소극장을 창립하였고, 무라다는 쇼치쿠 키네마 연구소를 해산시킨 자본가 쇼치쿠 형제를 비판하였다.

같은 영화사가 출현하고, 1920년 2월말에 쇼치쿠(松竹キネマ合名會社)가 설립되어 가마타(蒲田)에 촬영소를 만들어 제작을 시작하였다[16). 쇼치쿠는 배우 양성소를 만들고 신극운동을 해온 오사나이에게 담당하게 하였다. 여기에서 양성된 여배우들이 스크린에 등장하였다. 그 이전에는 1900년 온나시바이(女芝居), 1910년대 연속극 등에 등장하였지만 쇼치쿠의 여배우는 근본적으로 그들과는 달랐다. 쇼치쿠 배우양성소에서 할리우드를 본 딴 스타시스템이 운영되었고, 서양근대의 연극교육을 받는 여배우가 양성되었다.

오사나이의 지도를 받은 무라다(村田實)가 감독한 1921년 ≪路上の靈魂≫(노상의 영혼)은 기독교적 박애주의를 담은 교훈극이다. 그것은 가루이자와를 무대로, 부르주아집 딸이 2명의 부랑자를 집에 초대하여 크리스마스를 축하하는 이야기이며, 인근에 사는 아버지와 예술가인 아들간의 대립과 화해를 그린 영화이다. 이런 스토리는 당시 시라카바파(白樺派)의 흐름과 일치하는 것이었다. 당시 주연을 맡은 하나부사 유리코(英百合子)는 관심을 끌었다. 같은 시기 ≪虞美人草≫(어긋난 미인초)에서 주연을 한 구리시마 스미코(栗島すみ子)는 오야마에 식상해 있던 신세대의 관객을 끌어 인기를 얻었다. 그녀는 일본영화에서 최초의 스타여배우라는 영광을 안았다. 또한 토마스 구리하라(トマス栗原)는 1920년 ≪アマチュア倶樂部≫(아마추어구락부)를 감독하였고 여기에서 주연한 하야마 미치코(葉山三千子)는 비키니 미인으로 평판을 받았다.

위에서 본 것처럼, 일본영화사에서 아사노(淺野四郎)가 ≪化け地藏≫(도깨비지장)과 ≪死人の蘇生≫(죽은 자의 소생)이라는 단편을 찍은 것이 촬영의 효시였다. 최초의 극영화는 고마다의 ≪稻妻强盜捕縛≫(이나쓰마 강도포박, 1899)이고, 최초 일본인 감독은 마키노 쇼조(牧野省三, 1878-1929)였다. 또한 1903년 10월 일본최초의 상설영화관인 아사쿠사 덴키칸이 개관하고, 요시자와는 최초 영화잡지인 『활동사진계』를 발간하였으며, 일본영화 최초의 여우로는 1917년

---

16) 쇼치쿠는 1902년 가부키상연을 해온 시라이(白井松次郎)과 오타니(大谷竹次郎)형제가 자기이름 중에 한자씩 따서 쇼치쿠(松竹)라고 하여 발족시킨 흥행사였다. 쇼치쿠는 가부키 성공으로 닛카쓰에 대항해서 영화계에 진출하였다. 오타니는 오사나이(小山內薰)를 쇼치쿠 이사로 초빙하는 한편 할리우드에 재목을 파견하여 인재를 양성하였다. 쇼치쿠는 오사나이에게 쇼치쿠 키네마 연구소 소장을 맡겼고 오사나이는 여기에서 ≪路上の靈魂≫(21)을 제작하였다.

극단으로 창립된 도로사(踏路社)의 하나야기 하루미(花柳はるみ)로 ≪その前夜≫(그전날밤)이라는 연극에 출연하였다. 그녀는 가에리야마의 ≪生の輝き≫(삶의 환희)에 주연을 맡아 일본여배우 제1호가 되었다. 이와 같은 변화를 거치면서 발전한 근대화기 일본영화는 서구의 영화기술을 수입하여 예술의 장르로 정착시켜야 하는 과제를 안고 있었고, 또한 저급예술이 아니라 고급예술로 자리매김을 해야 하는 시대적 과제를 갖고 있었다. 그런 가운데 영화가 영화로서 대중에게 인기 있는 문화수단으로 정착한 일본영화는 국가와 국민의 근대화를 촉진시키기 위한 선전매체로 이용되었다. 이런 변화과정에서 일본영화는 각 시대가 안고 있던 사회현상을 담아내는 매체로 성장하였다.

Ⅲ 근대화기의 감독과 영화

■■ 1. 메이지기의 감독과 영화

일본에서 극영화가 만들어진 시기는 1905년 일러전쟁 이후라고 볼 수 있지만 그것은 영화라기보다는 간단한 이야기를 필름과 연결시켜 보여주기 위한 것에 그치고 있었다. 이런 점에서 볼 때, 메이지기의 영화는 서구에서 들여온 기록영화와 일본이 의도적으로 만든 전쟁기록영화에 불과했다. 따라서 예술적인 영화작품이 나오는 데는 많은 시간과 노력이 필요했던 것이다. 메이지기에는 영화감독인 마키노 쇼조(牧野省三)가 본격적으로 활동하였다. 그는 ≪本能寺合戰≫(본능사전쟁, 08)을 만들고 이어서 오노에 마쓰노스케(尾上松之助)를 주인공으로 한 시대극 ≪忠臣藏≫(추신쿠라, 10)를 만들었다. 당시 교토의 가부키 극장주인 마키노는 오노에 마쓰노스케를 배우로 채용하여 영화를 만들었다. 그는 많은 시대극에 출연하여 명실상부한 일본배우로서 자리 잡아 맛짱(松っちゃん)이라는 별명을 얻었다. 오노에는 1906년부터 1926년까지 1,000여 편의 시대극에 출연하여 강담, 호걸, 협객 등의 역할을 한 일본의 최대 스타였다. <표2>는 메이지기의 감독과 작품을 정리한 것이다.

<표2> 메이지기의 감독과 작품

감 독	작 품	특 징
淺野四郎 (아사노 시로)	化け地藏(1898), 死人の蘇生(1898)	
柴田常吉 (시바다 쓰네기치)	紅葉狩(1899), 北淸事變活動寫眞(1900)	요시자와상회지원

駒田好洋 (고마다 코요)	稻妻强盗捕縛(1899)	
府原幸三郎 (부하라 코사부로)	日露戰爭活動寫眞(1904-5)	요시자와상회지원
岡倉天心 (오카구라 텐싱)	日本の覺醒(04)	근대성 강조
河浦謙一 (가와우라 겐이치)	韓國一走(08)	이토와고종모습촬영
牧野省三 (마키노 쇼조)	本能寺合戰(08),管原傳授習鑑・車引の場(08), 碁盤忠信(09), 新不如歸(09), 忠臣藏(10)	横田商會

　카메라맨 아사노 시로(淺野四郎)가 찍은 ≪死人の蘇生≫(죽은 자의 소생, 1898)은 두 사람이 관을 처리하는데 밑이 빠져 그 충격으로 죽은 사람이 살아났다는 내용을 담고 있는 것으로 트릭영화의 효시라고 할 수 있다. 또한 카메라맨 시바다가 찍은 ≪紅葉狩≫(단풍사냥, 1899)은 사라시나히메(更科姬)가 우아한 외견을 버리고 공포를 자아내는 마녀로 나타나 거리를 배회하는 것을 촬영한 것이다. 그리고 시바다는 요시자와 상회의 후원으로 북청사변이 일어난 중국현지에서 ≪北淸事變活動寫眞≫(북청사변활동사진, 1900)을 찍었다. 당시에는 영화감독이라기보다는 사진을 찍는 사진사가 전쟁이 일어난 중국에 들어가 찍은 활동사진이 만들어졌다. 따라서 잘 정리된 시나리오에 의해서 이야기를 담기 보다는 현실에서 벌어지고 있는 사실을 사진에 담았다.

　그러나 당시 영화를 본격적으로 만든 마키노는 ≪新不如歸≫(신불여귀, 09)에서 여자 주인공이 투신자살을 시도해 구출되는 내용을 다루었다. 마키노는 시대극 중심의 영화를 만들었고 대표적인 작품이 ≪忠臣藏≫(추신쿠라, 10)이다. 이것은 18세기 초 무사계급사이에서 벌어지는 복수극으로 조류리와 가부키가 번안된 서사시적 이야기를 담고 있다. ≪忠臣藏≫는 환상적인 영화로 마치 한 장 한 장의 책으로 엮여 있듯이 배경을 찍었고 연극과 같은 장면으로 구성되어 있다. 이 영화에서 마쓰노스케는 무대를 지상으로 옮겨 논 것을 제외하고는 마치 무대에서 하는 것처럼 자연스럽게 연기하였다. 또한 당시 상영했을 때는 변사가 분담해서 영상을 보면서 가부키에서 연출되는 듯한 박자에 맞춰 대사를 말하였다. 이런 점에서 보면, ≪忠臣藏≫가 영상과 변사를 동시에 가지고 있는 무성영화의 전형이라고도 할 수 있다.

이상에서 보았듯이, 메이지기 일본영화는 감독, 시나리오작가, 영화사, 영화배우, 촬영 등에서 서구적인 기술과 방법을 체계적으로 습득해서 영화에 접근하기보다는 전통적인 예술의 연장선에서 접근한 특징이 있다. 당시는 가부키 출신의 극장주, 배우, 시나리오 등이 현대극의 영화영역에서 응용되었던 것이다. 그러나 마키노는 시나리오, 영화사, 배우 등을 체계화하는 가운데 일본의 전통과 접목시켜 일본영화의 근대화에 힘을 기울였다. 또한 사상적인 측면에서 영화는 사진촬영에 기초한 기록영화와 같은 성격이 강하였고, 영화의 성격을 띤 것은 시대극에 뿌리를 두고 있었다. 그 내용은 전통적인 가부키 내용에 기초를 둔 충성과 전통규범, 근대화된 서구사회와 전근대적인 아시아와 관련된 전쟁, 식민지로서 조선과 일본의 관계 등을 강조하는 것이다. 이렇게 활동사진 차원에서 만들어진 영화는 당시의 시대성을 사실 그대로 표현한 특징이 있다.

■■ 2. 다이쇼기의 감독과 영화

다이쇼기의 감독과 영화는 메이지의 감독과 영화와는 성격을 달리하여 발전된 모습으로 나타났다. 이미 활동사진의 형태를 넘어서 순수영화로 자리매김을 하게 되었다. 또한 구미영화에 대한 소개와 영화 만들기에 필요한 주제와 기술문제를 정면에서 다루게 되었다. 대표적인 감독은 가에리야마 노리마사(歸山敎正), 기누가사 데이노스케(衣笠貞之助), 미조구치 겐지(溝口健二), 시마쓰 야스지로(島津保次郎), 무라다 미노루(村田實), 고쇼 헤이노스케(五所平之助), 이토 다이스케(伊藤大輔) 등이라고 할 수 있다. 이들은 일본영화를 발전시킨 제1세대라는 점에서 일본영화사에서 중요한 의미를 갖고 있다. <표3>은 다이쇼기인 1913-26년 사이에 활동한 감독과 영화를 나타낸 것이다.

<표3> 다이쇼기의 감독과 영화

감 독	작 품	특 징
細山喜代松 (호소야마 기요쇼)	カチューシャ(14)	번안영화
井上正夫 (이노우에 마사오)	大尉の娘(17)	
歸山敎正 (가에리야 노리마사)	生の輝き(18), 深山の乙女(18), 幻影の女(20)	순수영화
枝正義郎 (에마사 기시로)	哀の曲(19)	
衣笠貞之助 (기누가사 데이노스케)	火華(22), 日輪(25), 天一坊と伊賀之亨(26), 狂った一頁(26)	실험영화
栗原喜三郎 (구레하라 기사부로)	アマチュア倶樂部(20)	
田中榮三 (다나카 에조)	京屋襟店(22)	
溝口健二 (미조구치 겐지)	愛に更へる日(23), 敗殘の唄は悲し(23), 霧の港(23), 813(23), 血と靈(23), 紙人形春の囁き(26), 大地は微笑む(26), 狂戀の女師匠(26)	
鈴木謙作 (스즈키 겐사쿠)	人間苦(23)	
島津保次郎 (시마쓰 야스지로)	山の線路番(23), 自活する女(23), 日曜日(24), 村の先生(25), お坊ちゃん(26)	홈드라마
伊藤大輔 (이토 다이스케)	酒中日記(24), 長恨(26)	시대극
五所平之助 (고소 헤이노스케)	南島の春(25), 彼女(26)	사회파
村田實 (무라다 미노루)	路上の靈魂(21), 虞美人草(1921), 淸作の妻(24), 街の手品師(25)	
二川文太郎 (후타카와 후미타로)	雄呂血(25)	시대극
泥田紅綠 (누마다 고록쿠)	討たるる者(24)	

호소야마(細山喜代松)의 ≪カチューシャ≫(카추샤, 14)는 톨스토이의 소설인 『부활』을 번안한 영화로 다이쇼기에 만들어졌다. 가에리야마(歸山敎正, 1893-1964)는 다이쇼기의 대표적인 감독으로 구미영화를 소개하는 영화잡지를 창간하고 후에 천연활동사진에 입사하여 순수영화를 제작하여 ≪生の輝き≫(삶의 환희, 18), ≪深山の乙女≫(심산의 처녀, 18) 등을 감독하였다. 이들 작품은 외국영화에서 볼 수 있는 것처럼 예술성을 강조하여 예술영화로 만들려고 하였지만 의도대로 만들어지지 않았다. 그는 『활동사진극의 창작과 촬영법』이라는 영화기법과 영화이론을 기술한 책을 남겼다.

기누가사(衣笠貞之助) 감독은 지방의 부유한 상가 출신으로 소년시절부터 연극에 매료되어 집을 나오게 된다. 신파에서 오야마(女形) 역을 하여 무대에서 인기를 얻게 된다. 그는 시대에 뒤떨어진 오야마역에 대해 새롭게 인식 하고 다이쇼 11년 오야마(女形)배우에서 변신하여 감독이 된다. 그는 영화를 통해서 번 돈을 모두 영화에 투자한 인물로 일본영화 발전에 공헌하였다. 특히 실험영화로 만든 ≪狂った一頁≫(어긋난 인생, 26)은 일본영화사에서 매우 중요한 의미를 갖고 있는 작품이다. 왜냐하면, 이 영화가 당시 세계영화의 흐름에 맞춰 제작된 영화라는 점에서 최초의 순수영화작품이라고 할 수 있기 때문이다. 한편 이 영화는 기존의 형식을 버린 무자막으로 만들어 순수영화에 가까운 것이었으며, 독일표현파의 형식과 내용을 담고 있는 특징이 있다. 특히 소설가인 가와바타 야스나리(川端康成 : 1899-1972)가 시나리오를 썼고 요코미쓰 리이치(橫光利一 : 1898-1947)도 이 영화를 만드는데 협력을 했다[17].

시마쓰(島津保次郎 : 1897-1945) 감독은 1920년 시나리오에 관심이 있어 쇼치쿠 키네마(松竹キネマ)연구소에 들어가 오사나이 카오루(小山內薰)의 지도를 받아 1922년 감독이 되어 신파비극이나 멜로드라마를 만들었다. 그는 첫 작품으로 ≪山の線路番≫(야마노선로번, 23)을 만들었다. 1923년 관동대지진 직후

---

17) 가와바타 야스나리는 소설가로 다이쇼 13년 요코미쓰 리이치(橫光利一) 등과 같이 『文藝時代』를 창간하여 신감각파운동을 전개하였다. 그는 『伊豆の踊子』를 발표하여 단편작가로서 인정을 받았다. 독창적인 미적 세계를 추구하고 『雪國』, 『千羽鶴』, 『山の音』 등을 발표하였다. 1951년 문화훈장을 수여하고, 1968년 노벨문학상을 수상하였다. 요코미쓰 리이치(橫光利一 : 1898-1947)는 소설가로 가와바타와 같이 신감각파운동을 전개하였지만 나중에는 심리주의로 전환한다. 1936년에는 순수문학과 통속소설을 융합하여 '순수소설론'을 발표하였다. 1936년 도미를 계기로 『旅愁』를 작업하였지만 1947년 죽어 미완으로 남아있다.

부터 일상생활에 대한 이야기를 그리는 영화를 만들고 가마타(蒲田)촬영소의 기초를 구축했다. 당시 신파를 이루고 있는 내용은 연애담을 포함하고 있었지만 첩이 남편과 별거하거나 갈라설 수 없다는 등과 같은 비애적인 것이었다. 그런 어두운 주제에서 명랑한 연애이야기가 나오기 시작한 것은 쇼와초기부터였고, 그런 이야기를 그려낸 감독이 시마쓰 감독이다. 그는 대부분 신파극적인 요소를 담고 있었지만 새로운 밝은 연애모습을 그려내었다. 또한 그런 작품을 통해서 일본영화를 개척하였을 뿐 아니라 많은 신진감독을 배출시키는 등 일본 영화발전에 크게 공헌하였다. 그의 밑에서 사사한 감독으로는 고쇼(五所平之助), 도요다(豊田四郎), 요시무라(吉村公三郎), 기노시타(木下惠介), 나카무라(中村登), 세키가와(關川秀雄) 등이 있다.

이토 다이스케(伊藤大輔 : 1898-1981)감독은 쇼치쿠 키네마 배우학교에 들어가 가마타(蒲田) 촬영소에서 각본을 썼다. 그는 제국키네마에서 ≪酒中日記≫(주중일기, 24)로 감독 데뷔한다. 이 영화는 한 섬의 초등학교 교장이 죄를 범하고 양심의 가책을 받아 끝내는 자살한다는 절망적인 이야기를 그린 것이다. 그는 '신생'이라는 현대극을 쓰고 이후에 시대극을 중심으로 한 시나리오를 썼고 영화를 만들어 시대극의 리더가 되었다. 또한 1923년 노무라(野村芳停)감독을 위해 『女と海賊』(여자와 해적)이라는 시대극을 쓰게 되는데 이때 사용한 '시대극'이라는 용어가 오늘날의 용어로 정착되었다. 그는 1927년 교토(京都) 닛카쓰(日活)에서 ≪忠次旅日記≫(추지여행기)삼부작의 시대극을 만든다. 이토 감독이 만든 시대극은 무너져 가는 영웅을 그리고 있으며, 기존의 권력과 권위에 회의를 갖고 저항하는 새로운 유형의 시대극을 만들었다는 특징이 있다.

고쇼(五所平之助 : 1902-1981) 감독은 게이오(慶応) 상업학교를 졸업하고 1923년 쇼치쿠 가마타 촬영소에 들어가 영화를 배웠다. 그는 쇼와초기 청춘영화의 대표적인 작가로 활동하였고, 사람들에 대한 동정, 저돌적인 정의감, 과도한 감상 등을 포함한 풍물시적인 기분을 강조하는 영화를 만들었다. 그는 ≪南島の春≫(남도의 봄, 25)으로 감독데뷔하고, 1931년 일본의 최초 토키영화인 ≪マダムと女房≫(마담과 마누라)를 만들었다. 1933년에는 가와바타 야스나리의 작품인 ≪伊豆の踊子≫(이즈의 무희)를 영화화하여 자신의 영화 세계를 잘 표현하였다. 전후에는 1948년 도호(東寶)쟁의 싸움에서 노동자의 입장에서 서서 회사 측과 싸웠고, 일본사회의 민주화를 위해 신념을 발휘하였다. 특히 1953년 ≪煙突の見える場所≫(굴뚝이 보이는 곳)이라는 작품으로 베를린 국제영화제에서 국제평화상을 수상했다. 1964년에는 일본영화감독협회이사장으로 근무하여 일본영화의 발전에도 기여하였다. 그의 작품은 서정적이며 감상적인 멜로드라마가 많고 대체로 유머러스하고 인간주의적인 성격을 강하게 풍기는 특징이 있다.

다이쇼기 영화의 특징 중 하나는 시대극이 활성화되었다는 점이다. 오노에 마쓰노스케가 시대극으로 스타가 되어 전성기를 맞이한 시기가 다이쇼이다. 관동대지진이후 신세력이 대두하여 큰 변화가 일어났고 다이쇼와 쇼와 초기에 걸쳐 잔바라(チャンバラ : 칼싸움영화)가 일신하게 된다. 마쓰노스케의 잔바라는 가부키에서 서서 움직이는 동작을 그대로 표현한 것이다. 예를 들면, 마쓰노스케가 크게 움직이면 상대편들이 이리저리 쓰러지는 연기였다. 그러나 뒤이어 새롭게 등장한 반도(阪東妻三郎 : 1901-1953)는 상처를 입거나 쓰러지면서도 필사적으로 상대를 베는 연기를 하여 인기를 얻었다. 이런 혁신적인 연기는 당시 미국의 액션 연기에 영향을 받은 것이다. 따라서 시대극에서도 새로운 변화가 일어났다. 마키노 프로에서 시나리오를 써온 각본가 수수기다로구헤이(壽壽喜多呂久平), 신진 감독으로서 후타가와(二川文太郎), 신인배우로서 반도(阪東妻三郎) 등이 등장하면서 변화가 시작되었다. 이시기의 대표적인 시대극이 ≪雄呂血≫(오로치, 25)이다. 이 영화에서는 세상으로부터 배반당한 주인공이 사랑하는 여자와 그 남편을 구하기 위해 포위당하면서 죽이고 또 죽이다가 체포당한다. 그런 살인과 잔바라는 주인공을 누르고 있는 사회에 대한 증오의 폭발로 나타난다.

후타카와(二川文太郎)감독의 ≪雄呂血≫(오로치, 25)에서는 순진한 한 젊은 사무라이가 괴행 때문에 갖은 실패를 거듭하게 되고, 또한 오해를 받기도 하여 제대로 사무라이의 대접을 받지 못하게 된다. 더욱이 정처 없이 떠돌아다니는 낭인으로 찍히는 가운데 야쿠자라는 미천한 신분으로까지 타락하는 것을 그린 작품이다. 이 영화에서 젊은 사무라이는 산전수전을 다 겪는 가운데 최후에 무뢰한으로 잡힌다. 그가 그렇게 파멸하게 된 근본적인 원인은 거짓을 모르고 세상과 타협하지 않는 솔직한 성격을 가졌기 때문이었다. 이 시대극은 솔직하기 때문에 사무라이가 여러 가지 고통을 당하며 파멸해 가지만, 오히려 그를 파멸로 이끈 위선자들은 부귀와 영화를 누린다는 이야기를 통해서 사회의 정의와 부정의가 무엇인가를 묻고 있다. 이 작품은 권선징악을 주제로 하였지만, 세상을 사는 모습을 그리는 가운데서도 세상이라는 것은 올바른 이치와 순리대로 살아지는 것이 아니라는 점을 강조하고 있다. 특히 전통적인 규율과 예의와 충을 중시하는 사무라이가 솔직하고 인간적인 면 때문에 부랑자로 낙인찍혀 살아가는 시대적 아픔을 표현하고 있는 특징이 있다. 이처럼 시대극에는 일본영화에서 처음으로 근대인의 마음과 얼굴을 가진 인간이 출현한다. 이것은 시대극임에도 불구하고 시대가 근대성으로 전환하는데서 오는 사회에 대한 인식과 거대하게 몰려오는 새로운 가치관의 갈등이라고 할 수 있다. 다이쇼기는 사회가 근대화되어 가는 과정과 전통성을 가진 구성원으로서 인간이 갈등을 일으키는 시기로 당시 영화는 그런 시대적 상황을 잘 담아내었다.

■ 3. 쇼와초기의 감독과 영화

쇼와초기 일본영화는 미국, 프랑스, 독일 등의 외국영화와 비교해서 저속하다는 평가를 받아 어린이와 낮은 교육을 받은 층이 보는 것으로 인식되었다. 따라서 지식층의 영화 팬들은 일본영화를 보는 것을 매우 부끄러워하여 서구영화만을 봤다. 당시에 중학교 이상을 나온 지식층은 그런 프라이드를 갖고 있었고, 출세욕과 문화 향유욕을 통해서 서민층과 다르다는 것을 증명하려고 하였다. 지식층들이 일본영화를 보기 시작한 것은 무라다 미노루(村田實)의 ≪街の手品師≫(거리의 마술사, 25), 기누가사 감독의 ≪狂った一頁≫(어긋난 인생, 25), 이토 감독의 ≪忠次旅日記≫(추지여행기, 27), 고쇼 감독의 ≪村の花嫁≫(마을의 신부, 28) 등이 발표되던 시기부터이다. 이 중에서도 시대극임에도 불구하고 사회성을 담은 이토 감독의 ≪忠次旅日記≫ 3부작은 예술성과 흥행에서 대성공한다.

쇼와초기에 활동한 감독은 다이쇼기부터 활동한 기누가사 데이노스케(衣笠貞

之助), 미조구치 겐지(溝口健二), 시마쓰 야스지로(島津保次郎), 무라다 미노루(村田實), 고쇼 헤이노스케(五所平之助), 이토 다이스케(伊藤大輔) 등이 있었다. 또한 새롭게 등장한 감독으로는 우시하라 교히코(牛原虛彦)가 있다. <표4>는 1927년부터 1930년 쇼와초기의 감독과 영화를 나타낸 것이다.

<표4> 쇼와초기 감독과 영화 1

감 독	작 품	특 징
衣笠貞之助 (기누가사 데이노스케)	海國記(28), 十字路(28)	최초 해외상영작
牛原虛彦 (우시하라 교히코)	彼と東京(28), 彼と田園(28), 彼と人生(29)	
溝口健二 (미조구치 겐지)	慈悲心鳥(27), 日本橋(29), 東京行進曲(29), 都會交響曲(29), ふるさと(30), 唐人お吉(30)	일본 리얼리즘확립
島津保次郎 (시마쓰 야스지로)	麗人(30)	
伊藤大輔 (이토 다이스케)	忠次旅日記(27), 下郎(27), 血煙高田馬場(28), 新版大岡政談(28), 斬人斬馬劍(29), 興亡新選組 (30), 續大岡政談·魔像篇(30), 素浪人忠彌(30)	시대극의 대부
五所平之助 (고쇼 헤이노스케)	寂しき亂暴者(27), 恥しい夢(27), からくり娘 (27), 村の花嫁(28), 絹代物語(30)	사회파영화

쇼와초기에 들어서 일본영화는 예술성과 기술성을 겸비하면서 영화로서 제자리를 잡게 되고, 영화관객을 대중화하는 보편문화로서 기능하게 된다. 그 중에 대표적인 작품이 기누가사 감독의 ≪十字路≫(십자로, 28)이다. 이 작품은 첨단기술을 이용해서 만든 영화로 베를린의 영화관에 상영하여 호평을 받았다. 이것이 해외에서 평가된 최초의 일본영화이다. 이 영화는 가난한 남매가 등장하여 시작된다. 누나는 재봉으로 옷을 만들어 파는 일을 하고 있다. 남동생은 유곽에서 일하는 여자에게 빠져 있고 환심을 사기 위해 누나가 만든 기모노(着物)를 여자에게 가지고 간다. 그러던 어느 날 그는 여자를 둘러싼 싸움으로 인해서 두 눈을 잃어버려 방황을 한다. 그는 싸움을 하던 중 칼로 상대방을 찌르

고 죽은 줄 알고 누나에게로 도망 온다. 그러나 찔린 상대 남자는 죽지 않고 놀라게 하기 위해서 죽은 시늉을 했던 것이다. 실명에다 살인까지 한 동생을 구하기 위해 누나는 혼신을 다하지만 역부족이었다. 돈을 벌어 눈을 고치기 위해 몸을 팔기로 결심한다. 눈 고치는 의사는 포주를 겸하고 있었다. 포주가 그녀를 데리고 가려하자 순결한 그녀는 같이 가는 것이 두려웠다. 그런 긴장과 두려움이 엄습해 오는 순간에 포주는 강제로 그녀를 끌고 가려고 하였다. 그 순간 그녀는 어떤 결에 포주를 죽여 버리게 된다. 이 순간에 동생은 눈을 뜨게 된다. 살인자가 된 남매가 도피를 하는 가운데 동생은 마음이 떠나지 않는 유곽에 있는 여성을 만나지만 여자의 변심을 알고 절망에 빠진다. 그 순간 밖에서는 누나가 십자로에 서서 비를 맞으며 동생을 기다린다.

미조구치(溝口健二 : 1898-1956) 감독은 초등학교 졸업 후 여러 직업을 전전하다가 동경에 있는 영화연구소에 다니게 된다. 1920년 닛카쓰 촬영소의 조감독이 되어 영화를 만든다. 그는 초기부터 비극적 상황에 처해지는 여성의 비애와 분노를 표출시키는 과정에서 일본영화의 리얼리즘을 확립한다. 다이쇼 9년 닛카쓰(日活)에 들어간 후 여러 작품을 만드는 가운데 1936년 ≪浪華悲歌≫(나니와 엘레지)를 만들어 영화감독으로 출세하게 된다. 이 작품은 일본영화에 있어서 리얼리즘 예술을 확립한 명작으로 평가받고 있다. 이후 1954년에는 ≪西鶴一代女≫(사이가쿠일대녀)로 베니스 국제영화제에서 수상을 하여 일본의 대표적인 영화감독으로 국제사회에 알려졌다. 그가 만든 영화의 저변에 흐르고 있는 중요한 테마는 남자를 출세시키기 위해서 여자가 고생을 하고, 남자는 자기의 희망을 성취하여 성공을 하지만 반대로 헌신한 여자는 보답을 받지 못한다는 이야기이다. 대표적인 작품으로는 ≪日本橋≫(일본교, 29), ≪瀧の白絲≫(폭포의 면사포, 33), ≪折鶴お千≫(천 마리 학, 35) 등이 있다. 또한 출세한 상류층의 이야기보다는 서민적이며 약자적인 입장에서 영화를 만들어 영화가 갖고 있는 메시지를 충분히 살렸다.

시대극의 대부로서 이토 감독은 ≪忠次旅日記≫(27)에서 아카조(赤城) 산을 탈출한 협객 구니사다 추지(國定忠次)가 계속해서 부하들에게 배신당하면서 도망가는 이야기를 다뤘다. 이토는 시대극에서 성공하거나 위세를 부리며 사는 사무라이를 그리기 보다는 패배해서 도망가는 모습을 테마로 삼았다. 이 영화는 당시 예술적인 성공작으로 대중에게 열광적인 관심을 일으켜 대히트를 친 작품이다. 또한 아카조 산에서 저항하다 패배해 잡힐 때까지 주인에게 배반당하여 절망상태에서 분사하는 내용을 담은 것이 ≪下郎≫(하인, 27)이다. ≪新版大岡政談≫(신판대강정담, 28)은 외눈과 외팔로 초인적인 힘과 검술을 가진 괴 검술사가 동복(東北)지방의 한 바보 영주의 명을 받아 에도(江戸)에 가서 건운(乾雲)과 신용(坤龍)이라는 2개의 검을 찾기 위해서 벌이는 살인극을 그린 작품이다. 대대로 보물로 알려진 2개의 검이 발견되었다는 소문이 돌았다. 그러나 체포조가 보물을 찾는 사람의 뒤를 계속해서 쫓는다는 황당한 이야기이다. 이 과정에서 바보스러운 주인에게 이용당하고 버림받아도 충성밖에 모르는 우직한 남자의 비극을 그린 시대극이다. 그리고 유이(由井正雪)과 함께 반란을 꾀하다 패배한 영화를 그린 것이 ≪素浪人忠彌≫(소심부랑자 추미)이며, 패배해서 처형되기까지를 그린 것이 ≪興亡新選組≫(흥망신선조직, 30)이다. 이처럼 이토는 믿고 있는 자에게 배신당하고 절망에서 죽어가는 격정적인 남자를 그렸다. 또한 그런 시각에서 대중들에게 흥미를 일으킨 작품이 ≪丹下左膳≫(단하좌선, 33)이다. 이것은 일본 잔바라 영화사상 가장 인기 있는 작품으로 인정받아 반복해서 영화화되었다.

메이지기와 다이쇼기 일본에서는 사무라이 대신에 고등교육을 받은 지식인이 권위를 승계하였다. 따라서 대학생은 존경받고 여자들에게도 동경의 대상이 되었다. 대학에 간 청년과 초등학교만 나온 여자간의 사랑은 쇼와 초기에 큰 화제거리가 되어 마치 왕자와 시골여자의 사랑으로 여길 정도였다[18]. 또한 전통적인 규범과 국가에 대한 충성이 강조되는 시기였기 때문에 전통적인 규범과 충성심을 훼손하는 현상에 대해서는 가차 없이 벌칙과 제재가 가해지는 상황이었다. 그러나 영화세계에는 사회규범을 초월한 사랑과 근대적 사회가 통제하는 개인 삶을 그린 기누가사 감독의 ≪十字路≫, 대학을 통해 양산되는 근대적 엘리트를 둘러싼 가족이야기를 그린 미조구치의 ≪日本橋≫(일본교, 29), 국익을 전제로 한 개인과 집단의 규범적 통제를 날카롭게 지적한 고쇼의 ≪村の花嫁≫

---

18) 가와바타 야스나리의 원작으로 1933년 여러 번이나 영화화된 청춘영화의 전형적인 모형이 된 작품이 ≪伊豆の踊子≫(33)이다. 이 영화는 일고(一高)에 다니는 학생과 여행을 다니는 무용수와의 사랑을 그린 것이다. 쇼와초기에 일고는 엘리트 중 엘리트였고, 여행하는 무용수는 사회적으로 차별받고 멸시받는 계층이었다. 따라서 신분을 초월한 사랑은 파격적인 사건으로 인식되었던 것이다.

(마을의 신부, 28) 등과 같이 사회성을 가진 영화가 만들어졌다. 그런 사회현상을 영화에 표출시키는 미학으로 담아낸 감독이 고쇼 헤이노스케이다. 그가 추구한 미학은 풍부한 감정, 서민적인 유머, 가난한 자에 대한 동정이나 정의감, 과도한 감상을 포함한 풍속적 기분 등으로 그의 영화에 잘 나타나고 있다.

또한 다이쇼기를 거치면서 쇼와초기 일본영화계에는 엘리트 교육을 받은 영화인이 탄생된다. 그런 현상은 근대화가 진행되는 가운데 영화가 근대성을 상징하는 대표적인 문화로 받아들여졌기 때문이며, 새로운 문화로서 대중과 지식인의 마음을 사로잡아가고 있었기 때문이다. 특히 이 시기에 왕성하게 활동을 한 감독으로는 다사카 도모다카(田坂具隆), 마키노 마사히로(マキノ雅弘), 우치다 토무(內田吐夢), 오즈 야스지로(小津安二郎), 이나가키 히로시(稲垣浩) 등이 대표적이라고 할 수 있다. <표5>는 1927년부터 1930년 쇼와초기의 감독과 영화를 나타낸 것이다.

<표5> 쇼와초기 감독과 영화2

감 독	작 품	특 징
田坂具隆 (다사카 도모다카)	かぼちゃ騒動記(25), しゃぼん娘(27), 愛の町(28), 愛の風景(29), この母を見よ(30)	인도주의
阿部豊 (아베 유타카)	陸の人魚(26), 足にさわった女(26), 彼をめぐる五人の女(27)	할리우드 영화
マキノ雅弘(正博) (마키노 마사히로)	靑い眼の人形(26), 週間苦行(27), 蹴合鶏(28), 崇禪寺馬場(28), 浪人街第一話/美しき獲物(28), 浪人街第二話/樂屋風呂(29), 浪人街第三話/憑れた人人(29), 首の座(29)	철저한 상업영화 제작
內田吐夢 (우치다 토무)	競爭三日間(27), 漕艇王(27), 生える人形(29), 汗(30)	프로키노 주의
小津安二郎 (오즈 야스지로)	懺悔の刃(27), 肉體美(28), 會社員生活(29), 若き日(29), 和製喧譁友達(29), 大學は出たけれど(29), 落第はしたけれど(30), その夜の妻(30), 足に觸った幸運(30), お嬢さん(30)	소시민 영화
稻垣浩 (이나가키 히로시)	天下泰平記(28), 放浪三味(28), 諧謔三浪士(30)	
辻吉郎 (쓰지 기치로)	沓掛時次郎(29)	

다사카 도모다카(田坂具隆 : 1902-1974) 감독은 1924년 닛카쓰 교토촬영소에 들어가 1925년 ≪かぼちゃ騒動記≫(추녀 소동기, 25)로 데뷔하였다. 그는 무성영화말기에 등장하여 화려한 멜로드라마나 깨끗한 희극적인 내용을 담은 영화를 만들었다. 그 이후 1930년대는 인도주의적 영화를 만들어 명성을 날렸다. 그는 작품에서 통속적인 인간미를 일관되게 그려내는데 심열을 기울였다. 그러나 그런 내용에는 현실을 깊이 파헤쳐 통렬하게 비판하거나 메스를 가하지는 않았다. 역시 인도주의적 작품에서도 사회악이나 사악한 인간성을 철저하게 단죄하거나 비판하지는 않았다는 특징이 있다. 그런 나약한 인도주의적 추구는 시대적 책무와 국익을 우선하는 전쟁영화를 만드는 방향으로 급선회하게 된다. 다사카는 인도주의라는 당시 시대적 흐름을 잘 읽어 냈음에도 불구하고 사상적 위기와 갈등을 극복하지 못한 채 전쟁 중에는 일본군의 정의를 믿어 전의고양 영화를 만드는 전쟁지지 감독으로 활동하였다. 이후 1945년 히로시마(廣島)에서 피폭당해 부상을 입었다. 전후에는 다시 인도주의적 감상을 풍부하게 포함한 홈드라마, 하층 민중의 힘든 인생 등을 로맨틱하게 그려내어 초기에 목표로 삼았던 인도주의로 회귀하게 된다.

아베 유타카(阿部豊 : 1895-1977) 감독은 1912년 미국 로스엔젤레스의 연극학교에 들어가 본격적인 영화공부를 하고 할리우드에서 영화배우를 하였다. 1925년 귀국해서 닛카쓰에 들어가 할리우드의 감각으로 ≪母校の爲めに≫(모교를 위해서)를 만들어 데뷔하였다. 초기 그의 작품은 로맨틱한 멜로드라마를 만들어 자기의 영화세계를 구축해 갔다. 그는 홋카이도 평야에서 불량소년들과 노동을 하면서 그들을 지도하는 남자를 주인공으로 한 ≪太陽の子≫(태양의 아들, 38)을 만들었다. 이 작품은 순진하고 순정적인 남성을 소재로 하였고, 미국영화의 특징적인 청교도적 내용을 담아 남자의 여성숭배 현상을 표현하였다. 그러나 그 이면에는 소년을 중심주제로 하는데 관심을 갖고 있었다. 소년을 주제로 한 영화는 전쟁이전과 이후의 영화에도 중요한 소재로 등장한다. 그러나 아베 감독 역시 사상적 자유와 시대적 억압으로부터 해방되지 못하였다. 태평양전쟁 중에는 전쟁영화 및 애국영화를 세밀하게 만들면서도 할리우드의 색채로 영화답게 표현하는데 심열을 기울였다.

마키노 마사히로(マキノ雅弘 : 1908-1993) 감독은 가부키좌(歌舞伎座)의 경

영자에서 일본최초의 본격적인 프로듀서 겸 감독으로 활동한 마키노 쇼조(牧野省三)의 아들이다. 마키노는 부친을 도와 아역으로 출연하기도 하고 또한 부친의 영화 일을 도왔다. 그는 ≪週間苦行≫(주간고행, 27)으로 감독 데뷔한다. 1930년대 마키노는 청년영화를 만들어 젊은이들을 열광시켰지만 예술적 영화는 거의 만들지 않고 오락영화를 중심으로 만들었다. ≪浪人街第一話/美しき獲物≫(낭인가 제1번이야기/아름다운 획득물, 28)은 연립주택에 살며 친구도 아니면서 소일거리 없이 보내는 낭인들이 한 여성을 구하기 위해 반목을 버리고 하타모토(旗本 : 대장이 있는 본진)의 집단에 정면으로 대항하는 이야기이다. 마키노는 시대극과 오락영화에 철저하게 매료되면서 대중성과 오락성을 무기로 한 영화를 만들어 상업영화의 위상과 내용을 정립한 감독이라고 할 수 있다.

우치다 토무(內田吐夢 : 1898-1970) 감독은 요코하마(横浜)에서 피아노 조율사로 일했다. 그 이후 배우로 활약하다 1926년 닛카쓰에 들어가 조감독이 되고 일본영화사에서 리얼리즘을 확립시킨다. 그는 ≪競爭三日間≫(경쟁 삼일간, 27)으로 감독 데뷔한다. 1945년 5월 만주영화협회에서 일을 하기 위해 중국에 갔지만 패전으로 중국에 억류되었다. 1953년 귀국하여 도에이(東映)에 들어가 작품 활동을 하였다. 우치다의 ≪生える人形≫(회생하는 인형, 29)은 프로레탈리아 소설을 영화한 것으로 경박한 남자가 자본주의사회에 적응하기 위해서 회사에서 암약 활동을 하여 잘 진행되는 줄 알았지만 결국 이용당하고 나중에 퇴출된다는 이야기이다. ≪汗≫(땀, 30)은 자본주의사회를 풍자한 것이다. 즉 부자가 매일 하는 일없이 뒹굴뒹굴하며 보내다 지루하게 되자 룸펜하고 옷을 갈아입고 노동을 한다. 그렇게 일하는 사이에 땀을 흘리면서 일하는 의미를 알게 된다는 이야기이다. 그는 영화에서 가족 등과 같은 전통적인 운명공동체가 근대화과정에서 변화를 겪는 이야기나 약자가 자본주의사회에서 살아가는데 겪는 다양한 군상을 중점적으로 다루었다. 특히 우치다 감독은 당시 사회주의적 시각에서 자본주의사회, 그것의 중심에 있는 기업, 사회와 기업 속에서 노동을 하며 살아가는 인간 등에 나타나는 현실적 삶의 모순을 잘 그려냈다.

오즈 야스지로(小津安二郎 : 1903-1963)감독은 초등학교의 대용 교원으로 활동하다가 쇼치쿠 가마타 촬영소의 카메라맨으로 들어가 ≪懺悔の刃≫(참회의 검, 27)을 제작하여 감독으로 데뷔하였다. 그는 불황시대에 사는 소시민의 비애

를 비극과 희극으로 그려내는 소시민영화의 명수로서 독자적인 리얼리즘을 확립하였다. 전후에는 전쟁에 의해 잃어버렸던 일본인의 인정과 일상생활의 행태 등을 영화 속에서 그려냈고, 보수주의자로 일관했다. 오즈는 1920년대 미국영화에서 배운 내용과 형식을 철저하게 숙련시켜 자기 것으로 소화하여 일본적인 정감을 그려내는데 성공하였다. 그는 영화에서 부자간의 애정, 부부간의 갈등과 화해, 어린이의 못된 장난과 어른의 당황 등과 같은 소재로 일본가정과 가정구성원간의 심정과 감정을 밀도 있게 그려냈다. 또한 일본의 현대 풍속을 그대로 보이기보다는 그 풍속을 영화적 기술을 통해 아름답게 표현하여 영화가 갖고 있는 표현의 진수를 보여주었다. 이 과정에서 그동안 잃어 버렸던 일본적인 미학을 완성시켜 영화문화의 민족성과 국제성을 부각시키는 한편 자국과 타국간의 문화적 공통점을 표현하기도 하였다. 즉 오즈는 일본적 미학의 세계화와 국제화를 염두에 두고 작품을 만들었고, 이런 시도는 성공을 거두게 되어 일본적 미학과 일본영화의 국제성을 평가받는 계기가 되었다.

이나가키(稻垣浩 : 1905-1980) 감독은 부친이 신파(新派)배우를 하여 아역배우로 영화계에 들어섰다. 다이쇼 11년에 닛카쓰의 배우부에 들어가 배우로 활동하다 감독으로 변신하였다. 닛카쓰에서 시대극을 만든 이토 다이스케(伊藤大輔)에게 감독 수업을 받았다. 그는 가타오카(片岡千惠藏)프로의 결성에 참가하고 ≪天下泰平記≫(천하태평기, 28)로 감독 데뷔하였다. 이후 ≪宮本武藏≫(미야모토 무사시 : 1584-1645, 54, 검술가)로 미국의 아카데미상을 수상한다. 전전에 시대극 전문가로 무성영화에 서정적인 인간미 넘치는 작품을 확립하고, 시대극에 유머러스한 정신을 넣었다. 전쟁 중에는 일부 검열로 ≪無法松の一生≫(무호마쓰의 일생, 43)이 커트되었다. 이 영화는 1958년에 다시 영화로 만들어졌고 베니스 국제영화제에서 그랑프리를 수상한다. 이 작품은 패배의 전조가 농후해 지는 가운데 물자와 인력이 부족하면서도 국책영화를 만들도록 한 정부나 군부의 요구에도 불구하고 인간미를 그린 예술성을 가진 영화이다. 그러나 표현이 당시의 시대성을 거역한다고 하여 상영 중지되어 세상의 빛을 보지 못하게 된다. 그는 시대극을 통해서 서정적이며 유머를 잃지 않는 영화를 만들었다.

쇼와전기는 다이쇼시대에서 쇼와시대로 넘어가 다양한 변화를 경험하는 시대이다. 일본은 제1차 세계대전 승전국이 되어 국제사회에서 제국으로 위치를 확립하고, 조선과 대만을 차지하여 식민지보유국으로 인식되어 서구열강의 일부로 자리매김 된다. 그 과정에서 일본정부는 국익을 사익보다 우선하는 정책을 추진하였고, 사회문화정책에서 수용과 개방보다는 오히려 절제와 통제라는 수단을 이용하였다. 그러나 근대화가 추진되고 국익정책이 강력하게 추진되는 과정을 겪으면서 선두에서 활동하던 문학자, 사회주의자, 지식인, 영화인 등은 전통사회와 근대사회, 사회정의와 불의, 국익과 사익, 전통성과 근대성 등과 같은 갈등선에서 몸부림을 쳐야했다. 그런 갈등의 표현이 다양하게 영화에 반영되어 표현되었다. 즉 인도주의에 기초한 사랑, 리얼리즘에 기초한 기업주의와 자본주의적 갈등, 반권위주의, 소시민주의에 기초한 서민생활, 약자와 강자의 모순적인 삶, 민족성과 애국성 등과 같은 시대성을 담아냈다.

Ⅳ 근대화기의 영화와 시대성

■ 1. 민족주의

　　메이지시대에 영화가 수입되었지만 일본에서 만들어진 영화를 방화(邦畵)라고 하며 그 역사는 매우 길다. 1896년 에디슨이 만든 키네토스코프가 수입되어 일본영화의 서막이 열렸고, 초기영화가 본격적으로 민족주의나 근대주의 등과 같은 시대성과 연결되는 시기는 1900년대이다. 당시 일본은 메이지유신을 통해 국가와 국민수준에서 근대화를 총체적으로 촉진시키고 서구열강과 함께 침략주의를 노골적으로 드러내는 부국강병정책을 추진하였다. 그 과정에서 일본인은 식민지주의와 제국주의의 시각을 무의식적으로 배우게 되었다[19]. 메이지기부터 쇼와초기에 걸쳐 일본사회를 지배하고 규정한 것은 민족주의였다. 특히 영화에 나타난 민족주의는 전쟁물을 기록하는 국책영화의 성격을 띤 것과 영화의 표현과 상영을 제한하는 영화검열로 나타났다. <표6>은 당시 전쟁의 모습을 담은 기록영화의 작품과 특징을 나타낸 것이다.

<표6> 민족주의의 영화

촬 영 자	작 품	특 징	비 고
紫田常吉 (시바다 쓰네요시)	北清事變活動寫眞	북청사변시 요시자와상점은 시바다와 계약 중국파견5사단과 동행 전쟁모습 촬영	錦輝館 개봉

---

19) 프랑스의 뤼미엘 사의 카메라맨이 일본에 와 영화를 전파하였듯이 일본인은 20세기 초기 대만, 싱가포르 등에 영사기를 전파하여 영화라는 존재를 알렸다. 중국은 1905년 최초로 북경에서 영화를 촬영하였고, 조선은 1923년, 대만은 1925년 영화를 만들었다.

府原幸三郎 (부와라 코사부로)	日露戰爭活動寫眞	일본과 러시아가 조선과 중국에서 이권을 둘러싸고 벌이는 전쟁모습을 촬영	1904 - 5년
橫田永之助 (요코다 에이노스케)	戰時活動寫眞會	각 전장을 돌아다니며 찍은 사진, 군후원으로 찍음, 군 단체감상, 출장상영	군동원 감상

* 자료 : 山田和夫, 1997

당시 전문영화관은 전쟁영화의 붐으로 급속하게 생겨났고, 1905년에는 영화관 객이 증가하여 기존의 영화관이 증축되었다. 영화관이 만들어졌던 도쿄의 아사 쿠사(淺草)는 대중적인 근대문화의 중심지가 되었다. 아사쿠사에서 에모토 겐이 치(榎本健一), 오기모토 긴이치(萩本欽一) 등과 같은 희극배우가 배출되었다[20]. 특히 요시자와 상점은 중국의 전쟁터를 돌아다니며 전쟁물의 활동사진을 찍게 하였다. 대표적인 것이 1900년의 ≪北淸事變活動寫眞≫(북청사변활동사진)이다. 그리고 1904년 러일전쟁이 발발하자 요시자와 상점은 중국대륙의 전장을 돌아 다니면서 전쟁 상황을 촬영한 전쟁 다큐멘터리를 만들어 상영하여 대인기를 얻 었다. 중국의 소설가인 노신(魯迅)은 당시 센다이(仙台)의 의과대학에 유학하고 있었다. 그 시기에 일본병사가 계속해서 자기 동포의 목을 자르는 다큐멘터리 영상을 목격하고 큰 충격을 받았다(小松弘, 1995). 전쟁 다큐멘터리가 흥미를 얻은 것은 그 후 시라세(白瀨)중위의 남극탐험을 찍은 것이 계기가 되었다.

그리고 1908년 조선의 영친왕은 이토 히로부미(伊藤博文 : 1841-1909)에 의 해 인질로 일본에 건너갔다. 이토는 영친왕이 사냥을 하는 등 즐기고 있으며 극진히 대접받고 있다는 것을 알리기 위해서 가와우라 겐이치(河浦謙一)에게

---

20) 미국에서 가장 인기 있던 무성영화감독은 채플린(Chaplin), 키튼(Keaton), 로이드, 랭던 등이다. 채플린은 1913년 24세에 키스톤(Keystone)사를 통해 영화계에 데뷔하였다. 그 후 여러 영화사를 전전하다 1919년 메리 픽퍼드 등과 같이 유나이티드 아티스츠 사를 설립하였다. 그는 샤를로(charlot : 프랑스에서 통하는 채플린의 극중이름)라는 인물을 구 상하여 시나리오를 썼고, 몸소 연기를 시작한 것은 이미 키스톤사 시절부터이며, 이후 에 서네이(Essanay)로 옮기며 연출을 하기도 하였다. 키스톤사를 떠난 채플린은 익살, 사회 비판적 내용 등 풍속코미디를 하였다. 그의 사회비판 코미디는 청교도, 국수주의자, 보수 주의자 등의 반발을 샀다. 채플린은 1914년부터 8년 동안 35편을 만들었다. 그의 작품은 ≪tillie's punctured romance≫(1914년), ≪a night out≫(1915년), ≪police≫(1915 년), ≪easy street≫(1915년) 등이 있다.

의뢰해서 그 모습을 촬영하게 하였다. 이렇게 조작된 영친왕을 촬영한 필름이 조선에 보내져 선전용으로 활용되었다. 또한 일본에서는 이토와 고종이 함께 여행하는 ≪한국일주≫라는 기록영화가 만들어져 1908년 상영되기도 하였다. 일본은 영화를 통해서 전쟁을 찬양하고 식민지와 지배지역에 대한 선전용 기록 영화를 제작하여 정치적으로 이용하였다. 일본에서 초기영화는 신기한 것을 보이는 것이나 오락으로부터 탈피하고, 전의를 고양하는 선전매체로 인식되어 민족주의적 이데올로기를 전파하는 역할을 하게 되었다.

특히 근대화기 영화계에 나타난 민족주의는 영화검열로 촉진되고 강화되었다고 할 수 있다. 영화가 들어와 선전매체로서 가능성을 확인받은 이후 실행된 조치는 영화검열이었다. 우선 영화검열은 천황터부에서 시작되었다. 일본영화가 발전하는 시기인 1912년 대제로 칭한 메이지 천황이 몰하였다. 유럽의 원수와는 다르게 그는 영상의 복제화를 금하여 한번도 자신의 모습을 필름, 화폐, 우표 등으로 발행하는 것을 허락하지 않았다. 1950년 말 그의 생애를 그린 영화가 신도호(新東寶)에 의해 제작되어 국민적인 관심을 일으켰다. 즉 와타나베 쿠니오(渡辺邦男)의 『明治天皇と日露戰爭』(메이지천황과 일러전쟁, 57)이 그 것이다. 이처럼 메이지기에는 천황을 신성시하였기 때문에 영상으로 표현하는 것이 금지되어 메이지천황은 약 40년이 지난 1950년대에 영상으로 등장할 수 있었다. 이것은 천황에 대한 신성함을 유지하려는 전략적인 정책에 의한 결과 이기도 하다.

일본정부가 행정적인 대응으로 영화검열을 시작한 시기는 1911년 10월이었다. 문부성은 「환등 및 활동사진필름심사규정」을 만들었고, 1912년 10월부터 각부 현(府縣) 경찰부가 직접 검열을 하였으며, 1917년 7월에는 도쿄경시청이 「필름 검열기준」을 공포하고 8월부터 검열을 시작하였다. 이 「필름검열기준」은 경시 청령으로 제정된 「활동사진검열규칙」에 포함되었고, 규칙에 어긋난 장면이 있는 영화의 상영을 금지하였다. <표7>은 활동사진검열규칙의 내용을 소개한 것이다.

<표7> 활동사진검열규칙

구 분	검 열 규 정	특 징
국가 및 천황	국체 및 군주의 존엄성을 침해하는 장면	천황 터부
미풍양속	간통, 자유연애 등과 같이 일본의 전통적인 미풍양속에 반하는 장면을 표현하는 것	
성관련 사항	키스, 침실 등의 표현에서 자극적이며 외설적인 관념을 일으키는 장면	
사회범죄	방화, 살인, 강간 등과 같이 표현에서 범죄의 동기를 제공하는 장면이나 조장하는 장면	

즉 국체 및 군주에 대한 표현을 엄격하게 제한하고, 간통·자유연애 등 국가의 미풍양속에 반하는 장면을 제한하며, 입맞춤(接吻), 침실 등에서 외설적인 관념을 일으키는 성문화에 대한 규정을 정하였고, 방화·살인·강간 등과 같이 사회범죄의 동기가 되는 표현을 제한하였다(山田和夫, 1997).

특히 1917년 「활동사진검열규칙」이나 그것을 확대시킨 1939년 「영화법」은 황실터부를 지상의 제일목적으로 하고 있다[21]. 천황터부에 대한 규정은 천황이나 황족을 포함한 일본황실뿐 아니라 외국의 황실에 대해서도 엄격하게 적용하였다. 이렇게 해서 영국왕실의 사생활을 그린 영화 ≪ヘンリー8世の私生活≫(헨리8세의 사생활), 오스트리아 황태자의 자살을 그린 프랑스영화 ≪うたかたの戀≫(덧없는 사랑) 등이 상영 금지되었다. 1920년대에는 일본천황과 관련된 영화가 처음으로 검열에 걸렸다. 즉 1925년 기누가사 데이노스케(衣笠貞之助: 1896-1982)감독의 ≪日輪≫(태양, 横光利一 원작)영화사건이다[22]. 이 영화는 야

---

21) 1939년 영화법 영화불합격규정 29조는 황실의 존엄을 모독 또는 제국위신을 해할 염려가 있는 것, 조헌(朝憲)문란의 사상을 고취할 염려가 있는 것, 정치, 군사, 외교, 경제 등과 다른 영역의 공익상 지장이 될 염려가 있는 것, 선량한 풍속을 깨고 국민도의를 훼손할 염려가 있는 것, 국어의 순수성을 현저하게 해할 염려가 있는 것, 제작기술이 현저하게 졸속인 것, 기타 국민문화의 진전을 저해할 염려가 있는 것 등을 규정하였다(山田和夫, 1997)
22) 1920년대 중반 무성영화는 약 900편이 만들어 졌지만 대체로 조잡한 것이었다. 그 중에서 기누가사는 일본무성영화 최대걸작으로 평가되는 ≪狂った一頁≫(1925년), ≪交叉路≫(1928년) 등을 남겼다. 이 시대의 감독은 무라다 미노루, 마키노 쇼조, 다나카 에이조 등

마타이국(邪馬台國)논쟁에서 여왕 히미코(卑彌呼)를 주인공으로 한 내용이 내무성검열에 걸렸다. 내무성은 "히미코가 일본황실 선조 중의 한 존재라고 볼 염려" 때문에 원작에 있는 '군장, 왕비'등의 용어를 뺄 것을 요구하였다. 또한 가쓰벤(活辨)의 대본과 영화선전물을 검열하고 영화내용도 전면적으로 삭제하였다.

일본정부는 활동사진의 영향력이 커지면서 사회규범 및 질서와 관련된 영화를 본격적으로 검열하기에 이른다. 특히 쇼와기에 들어가기 전야인 1925년 7월 내무성 경호국은 지금까지 부현(府縣) 별로 해오던 영화검열을 일괄적으로 관리하는 결정을 내렸다. 내무성은 활동사진이 점차 발달하고 민중오락에 영향을 끼치고 있는 한편 교육, 종교, 산업, 위생, 정치 등 각종선전도구로 사용되어 사회에 많은 영향을 주고 있다고 보았다. 따라서 영화발달을 저해하는 일없이 유해영화를 검열할 필요성이 있다고 보아 검열을 중앙에서 일괄적으로 한다는 영화검열 취지를 발표하였다. 이처럼 영화가 만들어지기 시작한 시기에는 단순하게 서민들이 즐기는 오락적인 성격을 띠었지만, 사회인식과 현상을 전달하는 미디어로 인식되어 경계와 통제의 대상이 되었다. 그 중에서 황실터부에서 시작된 검열이 산업, 위생, 정치 등의 표현검열로 확대되었다.

사회혁명과 관련된 영화나 계급투쟁적인 내용을 담은 영화도 커트하거나 들여오지 못하게 하였다. 예를 들면, 혁명을 그린 소련영화 ≪戰艦ポチョムスキン≫(전함 포촘스킨)이나 ≪母≫(어머니) 등이 요코하마 세관에서 반려되었다. 또한 1911년 프랑스탐정영화 ≪ジマゴ≫(지마고)가 상영되어 큰 화제를 일으켰다. 그러나 총 강도인 지마고가 살인, 방화, 강탈 등을 하는 내용으로 구성된 ≪日本ジマゴ≫(일본지마고), ≪新ジマゴ≫(신지마고) 등이 만들어졌지만 사회에 영향을 준다고 판단하여 검열하기에 이르렀다. 일본정부는 지마고가 사회에 악영향을 준다고 보고 1912년부터 제목에 지마고가 붙은 영화와 연극을 금지하였다. 국가가 영화검열을 적극적으로 하게 된 동기는 1921년에 일어난 고베(神戸)의 미쓰비시(三菱)·가와사키(川崎)양조선소의 대 스트라이크였다. 이것은 일본최초 노동운동기록의 대상이 되었다. 노동운동을 진압하기 위해서 경찰대는 칼로 진압하고 군대도 동원하였다. 그 결과 노동자중 사망 3명, 중경상자 10명, 피검거자 170명 등이 발생하였다. 이처럼 영화검열은 천황터부에서

이 선구자였고, 곧이어 미조구치 겐지, 오즈 야스지로, 나루세 미키오 등 새로운 세대의 감독이 등장하기 시작했다.

시작되어 미풍양속, 사회규범 등에서 사회운동으로까지 확산되게 된다.

천황터부에 대한 검열은 천황의 사생활뿐 아니라 공식적인 식전까지도 대상으로 하였다. 1928년 11월 교토에서 쇼와천황의 즉위식전이 행해졌다. 도쿄일일신문, 도쿄아사히신문, 전일본영화업조합, 미 폭스뉴스 등은 '어대례첩사단활동사진부'(御大礼諜寫團活動寫眞部)를 조직하고, ≪輝く昭和聖代御大禮の聖儀≫ (빛나는 쇼와성대어대례의 성의)라는 제목으로 제작하여 공개했다. 내무성 보호국은 그것을 검열하기로 하였다. 찍은 사진 중에 조악한 것으로 판단되어 검열에 걸린 것이 55건이었다. 대례관계 필름에 대한 검열기준과 방침이 이후 천황을 촬영한 뉴스와 기록영화를 검열하는 기준이 되었다. 더욱이 천황터부는 영화감상 장소에서도 철저하게 시행되어 천황과 황족이 촬영된 모든 뉴스자막에 탈모라는 글자를 넣었다. 당시에는 영화관에서 모자를 쓴 사람이 많았고 탈모를 하지 않은 사람은 경찰에 의해서 제재를 받았다. 이런 검열을 하기 위해서 각 영화관에는 경찰의 좌석이 마련되어 있었다.

그러나 다양한 변화와 검열이 진행되는 가운데서도 메이지와 다이쇼에 걸쳐 확산된 일본영화는 눈부신 발전을 하였다. 1925년 전국의 영화관수는 813개소였다. 1926년에는 1,057개소에 1억 5천명의 관객 수를 기록하였다. 쇼와초기에 들어서 1927년 영화관수는 1,172개소, 영화입장 수는 164,404,717명에 달했다. 1996년 1,828개소, 111,957,500명과 비교해보면 관객 수는 지금보다도 많았다. <표8>은 다이쇼와 쇼와초기 영화관 수와 관객 수 현황을 나타낸 것이다.

<표8> 영화관수와 관객 수 현황 (단위 : 년, 개소, 명)

년도	영화관 수	관객 수	년도	영화관 수	관객 수
1925	813	-	1928	1,269	181,279,288
1926	1,057	153,735,449	1929	1,270	192,494,256
1927	1,172	164,404,717	1930	1,392	198,175,447

* 자료 : 山田和夫, 1997

이처럼 영화관과 관객 수는 증가추세에 있었고, 활동사진이 대중에게 깊이 파고 들어가 있었기 때문에 사상적 지배의 수단으로 이용하기 위해서 국가가 직접 영화를 통제하기에 이르렀다. 일본정부는 황실터부에서 시작된 검열이 외국황실에 대한 검열로까지 확대하였고, 사회규범이나 질서를 붕괴시키는 영화, 근대적인 성적 표현이나 남녀간의 사랑에 대한 표현, 특히 산업과 관련된 노동쟁의에 대한 문제 등에 대한 검열을 하여 점차 체제적이며 정치적인 검열을 강화하였다. 근대화기의 전쟁에 대한 기록을 담은 일본영화와 검열은 결국 일본민족주의를 조장하고 체계화하였다. 또한 그런 흐름이외에도 괄목할만한 현상은 일본영화가 국가, 천황, 시대 등을 정면에서 거부하는 측면이 있었다는 점이다. 이런 점에서 볼 때 근대화기 일본영화가 담고 있는 시대성은 다양한 내용으로 나타났다고 할 수 있다.

■■ 2. 근대주의

초기일본영화는 민족주의를 담아내어 천황국가와 전통성을 강조하는 특징이 있었지만 다른 한편으로는 개방과 발전을 통해서 서구국가와 대등하게 경쟁하려는 의도 하에서 추진된 부국강병정책을 적극적으로 담아내었다. 이런 시대적 흐름 속에서 영화는 민족주의를 포함하거나 고취하는 내용을 표현하는 한편 다양한 측면에서 근대화를 강조하는 내용을 반영하였다. 영화는 그 자체로 근대화의 상징물이라는 의미가 있었다. 영화는 처음에 사실을 찍는 활동사진 형태로 출현하였지만 이후 기술적인 발전을 통해서 트릭영화(忍術映畵)로 발전하였다. 지금까지 영화는 사실에 기초해서 촬영한 것을 편성한 것이지만 트릭영화는 화상과 내용을 조작하고 변화시켜 영상을 만드는 방법이다. 이런 점에서 영화를 둘러싼 변화는 근대주의를 상징하였던 것이다. 영화에 대한 관심은 일본국민이 근대화되고 있는 것을 의미하기도 하였다.

영화에 나타난 근대주의의 내용인 가족에 대한 인식의 변화, 근대병에 대한 인식과 대응방식, 전통적인 남녀관계를 초월해서 나타난 젊은이들의 자유연애사상, 금지된 사랑에 대한 자유로운 표현, 출세와 근대교육의 상징으로 나타난 학교와 대학, 전통적인 일본사회의 제도적이며 인식적인 변화에 대한 요구 등은 일본사회와 국민이 근대화되고 있는 점을 부각시키고 있는 것으로 당시 일본영화가 담고 있는 중요한 내용이다. <표9>는 근대주의의 영화를 나타낸 것이다.

<표9> 근대주의의 영화

감독	작품	특징
牧野省三 (마키노 쇼조)	管原傳授習鑑·車引の場(08)	최초 트릭영화는 엑스트라가 화장실에 가는 장면에서 사라진 것에 착안함
	碁盤忠信(09)	마키노는 트릭영화배우 오노에(尾上松之助)를 발견하여 스타로 성장시킴
岡倉天心 (오카쿠라 텐신)	日本の覺醒(04)	일본을 근대화와 문명화의 대상으로 강조함
島津保次郎 (시마쓰 야스지로)	日曜日(24)	자유연애, 금지된 사랑 등을 다룸
衣笠貞之助 (기누가사 데이노스케)	狂った一頁(26)	정신병원에 입원한 환자의 망상을 그린 영화
溝口健二 (미조구치 겐지)	日本橋(29)	대학을 통해 출세하는 근대적인 엘리트를 둘러싼 가족이야기를 그림

근대화초기 일본영화는 자본을 축적하는 수단이라기보다는 새로운 문화의 일종으로 수용된 면이 있다. 그러나 점차 새로운 내용과 기술의 발전으로 대중의 관심을 끌게 되면서 자본축적의 수단으로 인식되어 근대경제의 성장분야로 인식 되었다. 초기 일본영화에서 그런 기능을 한 영화가 시대극이며 신파로 알려진 멜로드라마였다. 시대극의 스타였던 오노에(尾上松之助)는 트릭영화에 어울리는 배우로 마키노가 발견하여 1926년 유작인 ≪俠骨三日月≫(협골삼일월)까지 1,000편의 영화에 출연하였다. 이 과정에서 마키노가 발견한 트릭영화가 인기몰이를 하여 오노에는 메다마 맛짱(目玉の松ちゃん)이라고 애칭될 정도였다. 대중에게 인기가 있었던 영화는 현실적으로 자본을 생산하는 중요한 자본재로 영화산업의 토대를 구축하는 자본축적의 기반이 되었고, 다른 한편으로는 국가

시책을 대중에게 알리고 일깨우는 근대적인 선전매체가 되었다.

근대화기 일본영화는 근대화를 촉진시키고 국민을 계몽시키는 사상적 전달매체로서 중요하게 기능하였다. 일본정부는 그런 시각에서 영화를 인식하여 적극적으로 이용하였다. 근대주의를 담고 있는 대표적인 작품 중의 하나가 오카쿠라(岡倉天心) 감독의 『日本の覺醒』(일본의 각성, 04)이다. 이것은 일본을 문명론의 대상으로 보고 근대화를 강조하였다. 일본영화는 1920년대에 활발하게 전개되었다23). 근대주의를 담은 영화가 등장하는 과정에서 가부키의 공연무대를 그대로 이용해서 촬영하는 극영화나 다큐멘터리, 꽁트 풍의 희극이나 야담, 대중소설을 극화한 영화 등이 제작되었다. 가장 주목을 받은 것 중의 한 장르가 시대물이었다. 이들 영화는 근대주의를 전통적인 가치와 근대적인 가치의 출동과정을 그리기도 하였고, 또한 근대화된 가치와 구조를 통해서 근대에 살고 있는 인간의 갈등, 권위주의에 대한 저항 등을 그려 근대성을 강조하였다.

영화를 통해서 근대주의는 전통적인 질서와 규범으로부터 해방되거나 탈출하려는 현상으로 표출되었다. 근대화가 진행되는 과정에서도 남녀칠세부동석이라는 유교적인 가치관을 강조하였고, 또한 교육을 통해서 자유연애라는 신 개념과 신 현상을 억압하였다. 당시 영화에서는 일본적 사고에서 벗어나 서구적이며 근대적인 사고로 전환하고 행동하는 모습이 그려졌다. 대표적인 현상이 젊은이 중심으로 전파된 자유연애 사상이다. 자유연애나 금지된 사랑 등과 같은 개념은 전통적인 유교질서에 반하는 것으로 사회적 현상으로 받아들이기 어려웠지만, 젊은이들 사이에서는 크게 번져갔다. 특히 다이쇼기에 들어서 학생층이 늘어남과 동시에 1923년 관동대지진 이후 급속히 자유연애를 동경하는 신 사고가 발생하기 시작했다. 이런 흐름에 기름을 부은 대표적인 감독이 시마쓰이다. 그는 ≪日曜日≫(일요일, 24)에서 신사고에 대한 현상을 그려냈다. 이 영화의 내용은 한 샐러리맨이 회사 동료인 여성을 동경하게 되지만, 그 여성이 결혼을 했기 때문에 접근하지 못하여 아쉬워하는 일상을 그린 희극이다. 이 영화에서는 자유연애나 금지된 사랑이라는 것이 일상을 통해서 가능한 것으로 인

<hr/>

23) 1920년 말 새로운 영화사인 쇼치쿠 키네마가 설립되었다. 닛카쓰와 쇼치쿠는 이 시기 일본의 영화산업을 주도하였고, 그곳에서 다나카 에이조(田中榮三), 무라다 미노루, 미조구치 겐지, 이토 다이스케 등의 감독이 활동했고, 구리시마 스미코, 반도 쓰마사부로 등의 배우가 인기를 얻었다.

식하여 금기된 것으로 보는 시각에서 탈출하는 것을 부각시켰다.

또한 기누가사(衣笠貞之助) 감독이 실험영화로 만든 ≪狂った一頁≫(어긋난 인생, 26)은 일본영화사에서 매우 중요한 의미를 갖고 있는 작품이다. 내용은 정신병원을 무대로 해서 정신병자의 환상을 그려낸 것이다. 즉 병으로 파괴된 부부와 친딸의 헌신적인 사랑을 부각시키고 있다. 그리고 일본의 마쓰리(祭り)장면을 넣고 다른 한편으로는 여유로운 환자들의 모습을 다루어 일본적인 정서를 담아내고 있다. 이 영화는 병으로 인한 불안과 절망을 다루기보다는 인간의 끈끈한 정을 그리며 이어가는 것을 표현하고 있다. 특히 그로테스크한 강박관념의 세계가 아니라 인생의 애환을 담은 시적인 영화라는 점에서 영화사에 남는 작품이다. 또한 일본영화를 경시해온 지식층에게 처음으로 서구영화와 같이 예술적이라는 이미지를 부각시키고 일깨워준 영화이다. 그러나 그 이면에는 정신질환이라는 서구적인 현상에 대해 새로운 인식을 하는 한편 급속한 사회변화에 따라 발생하고 있는 근대병 속에서 살아가고 있는 우리자신들의 모습을 잘 표현하고 있다.

일본이 메이지유신을 거쳐 근대화가 본격적으로 진행되는 과정에서 세계에서도 드물게 입신출세에 대한 붐이 일어났다. 일본국민들에게 노력과 학문을 통해서 입신출세할 수 있다는 신화가 생겼다. 이것은 사회, 정치, 경제, 문화 등의 근대화에 따른 개인의 근대적인 사고가 발생시킨 현상으로 메이지, 다이쇼, 쇼와 등의 시기에 일본발전의 중요한 원동력이 되었다. 그러나 그 과정에서 출세할 수 있는 존재는 남자뿐 이었다. 가난한 가정에서는 남동생을 대학에 보내기 위해 누나가 몸을 팔아 학비를 대는 것이 일반적인 흐름이었다. 이런 사회현상을 소설가 이즈미 교카(泉鏡花)는 멜로드라마로 그려냈다. 특히 영화감독 미조구치는 그런 사회적 흐름을 좌시하지 않고 과감하게 파헤치려고 하였다. 그런 류의 이야기는 여성의 희생과 남자의 출세, 여성자신의 자각과 남자의 후회, 출세한 남자의 에고이즘에 대한 여성의 자각과 비판, 여성의 헌신에 대한 자각으로 인한 남성의 회한 등의 단계를 거치면서 진행된다.

미조구치의 대표작인 ≪日本橋≫(일본교, 29)에서 주인공 청년은 누이가 부잣집의 첩으로 들어가 보내주는 돈으로 대학을 졸업하여 출세를 한다. 그러나 동생을 출세시킨 누이는 허탈감으로 속세를 뜨기 위해 순례를 떠나 행방이 묘연해 진다. 출세한 남자는 누이가 그리워 달려드는 여성을 버리고 또한 자기의 출세 코스를 버리고 누이를 찾아 떠난다. 근대의 상징이 된 대학과 여성의 희생이라는 전근대적인 것이 혼합된 영화이다. 그러나 근대와 전근대간의 갈등은 단순하게 설정된 것이 아니라 새롭게 일본사회와 일본인에게 다가오고 있는 근대적 현상을 표현하기 위해 설정된 것이다. 여기에서는 절대적인 선택보다는 합리적인 선택이 얼마나 어리석고 무모한 것인가를 강조하지만 다른 한편으로는 근대를 근대인답게 살아가지 못하는 일본인의 자화상을 그려내고 있다. 특히 급속하게 근대화되어 가는 사회 속에서 벌어지고 있는 구성원간의 갈등을 이야기하고 있는 특징이 있다.

이처럼 영화는 초기에 각종 전쟁물을 사진으로 찍어 만든 기록영화로 출발해서 사실에 기초하면서도 이야기를 풀어내는 기술적 진보를 통해서 트릭영화로 발전하였다. 또한 근대화되는 과정에서 가치간의 갈등을 국가, 사회, 가정, 개인 등의 수준에서 표현하여 영화의 기능과 역할을 잘 보여주었다. 근대화를 상징하는 대표적인 개념은 자유연애와 금지된 사랑, 자본주의와 돈, 기업, 대학, 출세, 현대에 대한 염세주의 등으로 나타났다. 이런 개념들은 당시 일본사회가 근대화되는 과정에서 나온 부산물로 여기고 있지만 그 자체가 근대의 속성을 갖고 있다는 점에서 오히려 일본사회는 정상적인 근대화를 실현하고 있다는 점을 암시하고 있다. 그럼에도 불구하고 근대적인 개념은 반국가적이며 반전통적인 요인으로 인식되어 제재를 받게 된다. 즉 근대화를 적극적으로 표현한 영화는 질서교란기능을 하는 미디어로 인식되어 영화검열이라는 극처방의 대상이 되어 국가통제를 받게 된다. 이런 영화의 흐름은 민족주의와 융합된 체제에 잠식되어 일정하게 기능을 제한받게 되어 탈근대로의 전환을 시도하는 원인이 된다.

▓ 3. 반권력주의

일본에서 영화가 시작된 이후부터 태평양전쟁기까지 만들어진 영화 가운데 반 이상이 시대극이다. 전전까지는 대체로 전통적인 시대극이 일본영화의 중요한 흐름을 형성하였다. 당시 시대극은 구극으로 불리어 가부키, 강담, 라니와부시(浪花節 : 샤미센의 반주에 곡조를 붙여 노래하다가 이야기하는 노래의 한 가지) 등으로부터 직접적인 영향을 받았고, 연기와 무대까지도 사용하였다. 시대극이 유행한 것은 당시 인구 60세 이상의 사람들이 거주하는 농촌에서 새로운 사고를 전제로 한 영화가 등한시되었기 때문이었다. 또한 이들은 전통적인 지주와 소작의 관계인 전근대적인 관계로 맺어있어 현대극보다는 시대극에 익숙하였다. 그런 가운데 시대극에 있어 지각변동이 일어나는 사건이 벌어졌다. 그 것은 1923년 관동지방을 중심으로 일어난 대지진이다. 이 사건을 전후로 해서 일본영화계에는 신파비극에서 리얼리즘이 활성화되었고, 잔바라 영화에서는 아나키즘이 발생하여 사상적인 변화를 하게 된다.

이런 변화에 대응한 감독이 마키노(牧野省三)이다. 그는 1923년 마키노(マキノ)영화를 설립하여 독립프로덕션으로 1931년까지 많은 감독, 각본가, 배우 등을 모았고, 영화제작과 배급에 크게 공헌하였다. 여기에서 시대극의 급진적인 개혁이 일어났고 다수의 스타가 배출되었다[24]. 교토가 아시아영화의 메카로 성장한 것은 마키노의 공헌이다. 마키노 영화에 출연하여 새로운 유형의 칼싸움 영화를 피로한 배우 중에 인기를 얻은 배우는 반쓰마(バンツマ; 阪東妻三郎)이다. 그는 야비하면서도 근대적 우울증을 모르는 호탕한 이미지로 연기하였다. 특히 후타카와(二川文太郎)의 ≪雄呂血≫(오로치, 25)에서 반쓰마는 주위로부터 배반당하고, 전락해가는 낭인을 표현한 리얼리즘을 박력 있게 연기했다. 시대극 안에서 주인공은 무정부주의나 허무주의를 표현하였지만, 현대극정도로 엄

---

24) 오노에(尾上松之助), 반도(阪東妻三郎), 오가와(大河內傳次郎), 가타오카(片岡千惠藏), 하야시(林長二郎 : 長谷川一夫) 등과 같은 시대극 스타들이 탄생하여 한 시대를 풍미하게 된다. 시대극은 당시 국가의 위기를 극복하는 탈출구로 이용되었다. 닛쓰에서 오노에(尾上松之助)는 1925년 천편 주인공기념영화인 ≪荒木又右衛門≫(아라키마타우에몬)이 나올 때까지 오랫동안 인기를 누렸다. 이 과정에서 영화에 원작을 제공하는 것이 가부키에서 강담으로 옮겨졌고, 1920년대 중반에는 대중소설로 전환되었다. 이것은 리얼리즘, 칼싸움(殺陣), 박진감 등에 기초한 어른용으로 전환된 것을 의미한다.

격한 검열을 받지 않았다. 그것은 천황에 대한 충성을 선전하던 막말의 분위기
가 고조되었기 때문이다. 1920년대 말 새로운 장르로 등장한 것이 하세가와의
소설에 기초한 야쿠자 물이었다. <표10>은 무성영화시대의 반권력주의 영화와
감독을 나타낸 것이다.

<표10> 반권력주의 영화와 감독

감 독	작 품	특 징
二川文太郎 (후타카와 후미타로)	雄呂血(25)	배반으로 인한 허무주의 표현
伊藤大輔 (이토 다이스케)	丹下左膳(28-34)	권력에서 쫓겨나 방랑함
	忠次旅日記3部作(27)	권력에서 쫓겨남, 한쪽 눈과 팔을 가진 검객
	斬人斬馬劍(29)	칼날을 권력을 향한 저항으로 표현
小石榮 (고이시 에이)	挑戰(30)	일본사회에서 노동쟁의가 활성화되는 현상 그림
古海卓二 (후루가이 타쿠지)	日光の円藏(29)	권력에 대한 저항, 사회약자보호
辻吉郎 (쓰지 기치로)	牽張劍法(29)	권력에 저항하는 니힐리즘
	維新暗流史(30)	권력의 허무성 그림
衣笠貞之助 (기누가사 데이노스케)	黎明以前(31)	권력에 약한 자의 심정 그림
マキノ雅弘 (마키노 마사히로)	浪人街(28-29)	낭인의 정념과 반권력을 표현 높이 평가받음

　　1923년 관동대지진, 세계경제공황, 사회주의풍조 등의 영향을 받은 경기침체,
정부의 엄격한 검열 등으로 순영화극운동은 종언을 고하게 되었다. 특히 관동
대지진으로 도쿄에 있던 촬영소는 폐허가 되어 구극의 메카인 교토로 영화산업
이 옮겨갔다. 순영화극운동에 의한 감독의 지위확립, 오야마(女形)의 역할종식,
스타시스템, 리얼리즘 등이 등장함으로써 신파는 현대극으로 구극은 시대극으로
변화하였다. 당시의 시대극은 프로키노 성격을 띠었다는 특징이 있다. 프로키노
영화는 시대극에서 권력자에 반항하여 도망가면서 반권력의 반골이 되거나 의

지를 갖고 싸우는 내용을 담고 있다. 고이시, 후루가이, 쓰지 등과 같은 감독이 만든 작품이 그것에 해당된다. 예를 들면, 백성의 반란을 취급한 ≪挑戰≫(도전, 30)은 노동쟁의가 활발해지는 세상을 이야기한 것이었다.

또한 이토 감독의 ≪忠次旅日記≫(27)는 3부작으로 구성되어 있고 반 권력을 강조한 시대물이다[25]. 이 영화에서는 구니사다 추지가 악덕 관리를 참하고 검문소를 부수어 체포관리에 쫓겨 고향인 구니사다에 돌아온다. 그러나 그는 이미 중풍을 앓고 있어 부하와 부인에게 몸을 의지하여 살아가게 된다. 그런 과정에서 부하와 부인에게 배반을 당하지만 그 동안 추지의 인간성을 잘 알고 있었던 농민들은 병으로 피로해진 추지를 울면서 환영한다. 마지막에는 체포되어 칼을 뽑으려 하지만 힘이 없어 뽑지를 못한다. 그런 반 권력을 강조한 시대물은 악독한 벼슬아치를 징벌하는 영화로 서민의 현실사회에 대한 불만을 대리만족시켰다는 점에서 인기를 얻었다. 당시 권력과 돈으로 출세하는 일본사회에서 기회를 잡은 부류는 일정하게 제한되어 있었다. 따라서 일반시민이 출세가도를 달리는 것은 천재일우에 불과하였다. 또한 강한 권력을 가진 군부가 권력을 휘둘렀고 관동대지진으로 사회는 혼란스러워 국민의 분노는 극에 달했던 것이다. 시대극은 그들의 애환을 수용할 수 있는 중요한 그릇으로 작용하였던 것이다.

특히 쓰지(辻吉郎)의 ≪沓掛時次郎≫(답괘시차랑, 29), 이나가키(稻垣浩)의 ≪瞼の母≫(떨어질수 없는 어머니, 31)가 대표적이다. 전자는 도시에서의 권력투쟁에 피폐해져 방랑하는 고독한 야쿠자를 그린 영화이다. 이것은 권력에 도전하는 시대로부터 벗어나고 공동체의 속박에 거리를 두려는 니힐리즘을 표현하고 있다. 마키노 감독의 대표작 중에 하나가 ≪浪人街≫(낭인가, 28-29) 3부작이다. 그는 불량한 낭인들을 통해서 권력과 권위에 저항하는 이야기를 그려내어 전통에서 표현된 충성을 주제로 하는 내용과는 다르게 표현하였다. 마키노는 니힐리즘에 사회모순을 둘러싼 행동주의정신과 리얼리즘을 작품에 첨가하였다. 그는 무사를 소재로 하는 영화를 많이 찍었고 그 세계에서 축제를 즐기

---

25) ≪忠次旅日記≫는 甲州殺陣篇, 信州血笑篇, 御用篇 등으로 구성된 3부작이다. 단편만이 존재하였지만 1991년 히로시마 현에서 전모를 알 수 있는 필름이 발견되었다. 오사나이 감독 하에서 공부한 이토 감독은 구니사다 추지를 강담이나 량곡의 표현을 통해서 영웅으로 표현하지 않고 오히려 어두운 반항자로서 이미지를 부각시켰고, 권력자에 대한 대중의 저항을 대변하는 듯한 내용을 담고 있다. 이런 점에서 근대성과 시대성을 동시에 내포하고 있다고 할 수 있다.

는 서민의 존재를 부각시켰다. 이렇게 해서 그는 오다(織田信長)나 오이시(大石內藏助) 등의 무사를 죠닝(町人)처럼 자유로운 인격으로 묘사했다.

당시 시대극에서 나타난 것은 전통적인 무사가 거리를 헤매고 무사도를 잃어버린 듯한 타락한 야쿠자로 표현하는 특징이 있다. 권력과 비권력은 현실에서 많은 차이를 발생시킨다. 일본사회는 사무라이라는 전통적으로 권력을 가진 존재가 있어 사회를 리드하고 이익을 차지하는 계급으로 기능하였지만 근대화되는 과정에서 그런 계급체계는 무너졌다. 그러나 당시 일본사회에는 여전히 권력을 가진 부류가 정해져 사회를 흔들고 있었기 때문에 여기에서 일탈하는 무리가 생겨났고 그들은 새로운 사회를 갈구하게 된다. 그 한가운데는 일본민중이 있었고, 그들의 마음을 표현해준 것이 시대극이었다. 당시 시대극이 전하고 있었던 메시지는 반권위주의, 현실비관적인 니힐리즘, 사회모순에 대한 저항주의 등이었다. 그런 배경에서 만들어진 시대극은 정치와 현실에서 발생하는 모순을 회피하는 수단으로 기능하여 사회 불만을 대리만족시키는 영화로 정착했다는 특징이 있다.

■■ 4. 프로키노주의

일본이 근대화하는 과정에서 서구사회로부터 유입한 것이 근대과학과 사회주의사상이다. 근대과학은 일본경제발전에 기여하는 원동력이 되었고, 사회주의사상은 일본중심적인 국가체제를 강화하고 민족주의나 제국주의로 치닫는 일본사회에 정면에서 저항하고 새로운 사회를 만들려는 사상적 토대가 되어 기능하였다. 따라서 초기에는 민족주의, 근대주의, 사회주의 등과 같은 사상적 흐름이 일본사회의 방향을 규정하게 되었다. 여기에서 사회주의는 프로레탈리아주의를 의미한다. 당시 프로레탈리아주의에 기초한 운동은 공산주의운동, 노동자운동, 노동쟁의운동, 무정부주의운동, 반천황주의운동, 반자본주의운동 등으로 나타났다. 특히 교육자, 문화인, 영화인, 문학자 등과 같은 지식인들에 의해 발생하고 수행되었다. 그러나 일본사회의 내외적 환경과 변화는 프로레탈리아주의를 강하게 탄압하고 잠식시키는 힘으로 작용하였다.

특히 1923년 발생한 관동대지진은 자연재해이었지만 일본정부는 정치적 현상으로 다스리는 기회로 삼았다. 즉 지배층은 재해를 이용해서 현저하게 비약하고 있던 노동자운동, 농민운동, 시민운동 등을 일제히 진압하는 기회로 삼았다. 대지진과 동시에 계엄령이 공포되고 국민의 반대에도 불구하고 치안유지법이 긴급칙령으로 공포된다. 이 과정에서 도쿄 가메이도 경찰서에서는 사회주의 운동의 선구자인 가와이 요시도라(合川義虎 : 1902-23), 히라사와 게이시치(平澤計七 : 1889-1923) 등이 학살되고, 무정부의자인 오스기(大杉英), 쓰마이(妻伊藤野枝) 등이 살해 된다26). 군대와 경찰들은 자경단을 조직하여 조선인폭동의 유머를 흘려 재일조선인 수천 명이 살해되었다. 이런 강한 탄압과 억압정책에 의해서 쌀 소동과 가와사키 및 미쓰비시 양조선소 스트라이크를 경험한 국민은 의기소침하게 되었다.

그러나 영화계에서는 프로키노주의를 강하게 표현하는 이른바 경향영화가 나타난다. 이것은 사회주의나 공산주의에 기초한 이념영화라고 할 수 있다27). 무성영화의 성숙기에 접어들어 좌익진영에 의한 영화가 새롭게 등장하였다. 1920년대 후반 일본지식층은 공산주의의 붐에 휩싸였다. 소련이나 독일보다도 먼저 마르크스-엥겔스 전집이 간행되었고, 도쿄의 번화가 카페에는 좌익의 물결이 흐르고 있었다. 이토 감독의 ≪忠次旅日記≫(추지여행기, 27)가 상영된 1928년 3월 15일 정부는 일본공산당과 지지자를 탄압하고 1,600여명을 검거하였다. 고바야시(小林多喜二)가 ≪1928년 3월 15일≫에 그런 탄압을 기록한 것이 '3.15사건'이다. 이런 시대적 흐름에 부응하여 동년 3월 15일에 문학, 연극, 미술, 음악

---

26) 가와이 요시도라는 다이쇼기의 노동운동가로 다이쇼 11년 공산당에 입당하고 와타나베(渡辺政之輔) 등과 미나미가츠(南葛)노동협회를 결성하였다. 다이쇼 12년에는 일본공산당청년위원장이 되고 관동대지진 때 체포되어 가메이도 경찰서에서 살해되었다. 히라사와는 노동운동가이며 소설가로 다이쇼 3년 우애회에 들어가 기관지에 작품을 발표하였다. 순수한 노동단체를 조직하여 노동운동을 하였다.

27) 일본 내에서 전쟁활동사진이 공개되는 한편 구미로부터 러일전쟁 영화가 수입되어 전쟁영화의 붐이 조성되었다. 전쟁영화의 등장은 반전운동과 반군국주의운동을 일으키는 계기가 되었다. 고도쿠(幸德秋水)와 사카이(堺利彦)는 「평민신문」에서 반전 및 반군국주의의 논의를 개진하였다. 또한 가타야마(片山潛)는 암스테르담에서 열린 '제2차 인터내셔널대회'에서 러시아 사회민주노동당의 푸레하노프와 악수하는 등 프로레탈리아 국제주의운동을 지향하였다. 그러나 압도적인 배외주의적 애국주의가 횡행하여 빛을 보지 못하였다.

3등 5개 부분으로 구성된 전일본무산자예술연맹(NAPF)이 결성되어 나프영화부가 생겨났다. 12월 나프는 전일본무산자예술단체협의회로 개조하고 나프 영화부는 일본 프로레탈리아 영화(프로키노)로 재조직된다. 이 단체에서는 사사키 겐주(佐佐元十)와 이와사키 아키라(岩崎昶 : 1903-81, 일본프로레탈리아 영화 결성위원장)가 중심이 되었다.

프로키노 창립대회가 열린 1929년 2월 2일에 강령이 발표되었다. 여기에서는 프로레탈리아영화제작과 발표를 위한 투쟁, 모든 반동적 영화에 대해 비판하기 위한 투쟁, 영화에 자행되는 정치적 억압폐지를 위한 투쟁 등을 채택하였다. 이후 3월 5일에는 치안유지법 개악에 대해 항의한 노동당 의원 야마모토 센지(山本宣治 : 1889-1929 : 산아제한운동, 노동운동, 농민운동)가 우익테러리스트에 의해 쓰러진다. 이에 대해 프로키노 도쿄지부는 그 장례식의 상황을 ≪山宣告別式≫(야마센고별식), ≪노동장≫등으로 찍었다. 교토지부는 유골이 도착하여 장례식을 마칠 때까지를 16미리로 찍어 ≪山宣葬≫(야마센장)으로 완성하였다. 또한 프로키노는 노동자와 농민을 결집시키기 위해서 기관지『映畵クラブ』(영화클럽)를 발행하고 발행부수는 6천부를 기록했다. 그것을 지지한 것은 영화인과 문화인들로 구성된 프로키노 우회(プロキノ友の會)였다. 포로키노 우회의 발기인으로는 구라하라 코레히도(藏原惟人 : 1902-91, 프로레탈리아문화운동), 에구치 간(江口煥 : 1887-1975, 소설가, 나쓰메의 제자, 프로레탈리아작가, 노동자유괴 작품), 고바야시(小林多喜二), 무라야마 토모요시(村山知義 : 1901-77, 극작가, 프로레탈리아연극운동), 다카다 다모쓰(高田保 : 1895-1952, 프로레탈리아 극작가), 미키 기요시(三木淸 : 1897-1945, 철학자, 니시다에게 사사받음, 치안유지법위반체포됨), 무라다(武田麟太郎), 하세가와(長谷川知是閑) 등이 있다. 영화감독으로는 이토(伊藤大輔), 미조구치(溝口健二), 우시하라(牛原虛彦), 스즈키(鈴木重吉), 후루가이(古海卓二) 등이 있었다. 영화스타로는 오카다(岡田時彦), 나카노(中野英治), 스즈키(鈴木傳明) 등이 참가하였다. 이들에 의한 프로키노 운동은 기업내영화에 영향을 주었다.

또한 당시 오사나이(小山內薰)의 신극운동을 신랄하게 비판했던 가타야마 센(片山潛 : 1859-1933)은 어릴 때부터 영향을 주었던 무라다 미노루(村田實 : 1894-1937)에게 1923년『신영화』지를 통해 편지를 썼다. 또한 그는 독일 촬영소

에서 목격한 노동자의 노동쟁의에 대해서 언급했다. 한편 무라다는 일관해서 혁
신사상을 실천한 인물은 아니지만, 닛카쓰 무카이시마(向島)촬영소로 옮겨 고이
시(小石川)박물관 인쇄소 노동자들에게 극연구를 지도했다. 회원 중의 한 사람인
도쿠나가 스나오(德永直 : 1899-1958)는 프로레탈리아 문학자가 되어 동인쇄소의
노동쟁의를 묘사한 『太陽のない街』(태양이 없는 거리, 29)를 썼다. 노동쟁의를
지원하기 위한 목적으로 만들어진 프로레탈리아 연극 ≪トランク劇場≫(트렁
크 극장)이 나왔고, 그것의 영화판이 프로키노운동을 일으키는 계기가 되었다.

프로키노 영화가 나오기 이전에 무라다(村田實) 감독의 ≪淸作の妻≫(청작의
마누라, 25)는 염세적인 영화로 당시 비참한 농촌생활을 그렸다. 프로키노 작품으
로는 야마센장기록, ≪第12回東京メーデー≫(제12회도쿄노동절, 31), ≪全線-東
京市電爭議≫(전선-도쿄시전 쟁의, 32), ≪土地≫(토지, 31), 프로키노 협력 에
니메이션으로는 ≪煙突屋ペロ≫(굴뚝집 페로, 30), ≪スポツ≫(스포츠, 31) 등
이 있다. 현대극으로는 우치다(內田吐夢)의 ≪生ける人形≫(실수 있는 인형,
29), 미조구치의 ≪東京行進曲≫(도쿄행진곡, 29), 스즈키 시게요시(鈴木重吉 :
1900-76)의 ≪何が彼女をそうさせたか≫(무엇이 그녀를 그렇게 만들었나, 30)
등이 있다. <표11>은 당시 포르키노주의 영화와 감독을 나타낸 것이다.

<표11> 포르키노주의 영화와 감독

감 독	작 품	특 징
村田實 (무라다 미노루)	淸作の妻(25)	반전적인 성격을 가진 가정비극영화
五所平之助 (고소헤 이노스케)	村の花嫁(28)	군국주의적 행태에 대한 저항
內田吐夢 (우치다 토무)	汗(30)	자본주의사회풍자
	生ける人形(29)	자본주의사회에 암약하는 내용그림
溝口健二 (미조구치 겐지)	東京行進曲(29)	동경이라는 대도시에 나타난 사회불평등 고발
	都會交響曲(29)	빈민가에서 위선적인 자선행위를 하는 부르주아에 대한 비판, 대표적 경향영화
鈴木重吉 (스즈키 시게요시)	何が彼女をそうさせたか(30)	부르주아의 위선적 행동과 사회약자인 여성의 비참함을 그려냄

| 木村莊十二
(기무라 소토지) | 河向ふの靑春(33) | 청춘의 허무함을 그림 |

　고쇼 헤이노스케 감독의 ≪村の花嫁≫(마을의 신부, 28)는 청춘을 소재로 한 작품이지만 당시 마을사람들의 사대주의, 국가주의, 제국주의 등에 대한 저항을 그린 작품이다. 이 영화는 시골이야기에서 출발한다. 도코야의 딸 언니 시즈카(靜)와 동생 기누(絹)는 미인이어서 마을사람들에게 인기가 있다. 시즈카의 약혼자 겐이치(健一)는 모범청년으로 최근에 모범병사로 표창을 받고 귀향했다. 겐이치가 돌아오는 날 마음에서는 성대한 환영회가 열린다. 시즈카는 마차를 내려오다 다리를 다쳐 불구자가 되었지만, 겐이치는 개의치 않고 결혼할 생각이다. 몸이 온전치 못한 언니 시즈카는 몸이 온전한 동생 기누(絹)에게 질투를 한다. 동생이 겐이치에게 연민의 정을 느끼고 있었기 때문이었다. 어느 날 행상인 규안(研安)이라는 남자가 근처에 좋은 병원이 있다고 하여 시즈카를 데려가려고 하다. 마을 병원에서는 고칠 수 없다고 이미 진단을 받은 상태였다. 규안을 따라 어느 마을에 머물던 시즈카는 술 취한 규안에게 성폭행을 당한다. 상처를 입고 마을로 돌아온 시즈카는 자기가 시집갈 몸이 아니라고 인식하여 슬픔에 빠진다. 이때 규안은 겐이치를 짝사랑하는 겐구(源公)라는 여자에게 시즈카를 범하여 괴롭다고 고백을 하자 이 사실을 마을에 소문낸다.

　그럼에도 불구하고 겐이치는 시즈카를 보호하려 한다. 그러나 군대에서 표창을 받아 마을의 영웅이 된 겐이치가 결함이 있는 여성과 결혼하는 것이 마을의 수치라고 하여 촌장회의가 열린다. 그런 상황이 되자 시즈카는 동생에게 겐이치와 결혼하라고 권유한다. 동생은 있을 수 없는 일이라며 거절한다. 그러나 결국 동생이 시집가게 되고 기원절의 축제분위기에서 혼례가 진행된다. 동생은 시즈카에게 작별인사를 하고 결혼행렬이 사라진다. 혼자 남은 시즈카는 울어버린다. 시즈카에게 욕을 보인 뒤 멀리 떠난 규안으로부터 편지가 온다. 그는 죄의식 때문에 행상을 그만두고 사할린에 가서 일을 하고 있는 중이었다. 편지에는 자기의 죄 값을 치를 때까지 열심히 일할 것이라는 사죄의 내용이 담겨있다. 그 편지를 받은 시즈카의 입가엔 미소가 흐르고 감동을 받자 자기도 일을 열심히 할 것이라고 결심을 한다.

이 영화는 남녀간의 결혼을 다룬 청춘영화이지만 그 내면에는 당시 시대상을 잘 그려내고 있는 특징이 있다. 결혼과 마을은 사실상 아무런 관계가 없다. 또한 개인적인 불구와 성폭행은 마을이나 국가와 관계가 없는 것이다. 그러나 이 영화에서 개인은 국가에 속해 있는 개인이며 마을이라는 집단에 속해있는 개인으로 비춰지고 있다. 개인은 국가와 마을을 위해서 희생하는 존재이며 대표하는 존재이기도 한 것이다. 여기에 군국주의나 국가주의, 애국주의 등이 숨겨져 있다. 당시는 국가나 마을이라는 개인을 포함하고 있는 조직을 우선하고 개인의 삶과 가치관은 그들에게 순종하도록 강요를 해온 시대이다. 결국 그 시대상에 희생과 순종을 한 개인은 불행 속으로 빠져가고 아무도 돌보지 않는 무죄의 희생자로 남게 된다. 이 영화는 시대를 규정하고 개인의 사고와 행동을 규제한 당시 상황을 비애적으로 고발하고 있다.

우치다 토무 감독은 쇼와초기에 좌익적 영화를 찍었다. 대표적인 작품이 ≪汗≫(땀, 30), ≪生ける人形≫(살 수 있는 인형, 29) 등으로 이 영화들은 자본주의사회에서 벌어지고 있는 병폐와 모순을 지적하고 있다. 초기 단편희극인 ≪汗≫에서는 자본주의사회를 풍자하는 내용을 담고 있다. 돈 많은 부자가 아무것도 하는 일 없이 놀면서 하루하루를 빈둥빈둥 보내고 있다. 그러던 어느 날 룸펜과 옷을 갈아입고 노동자 생활을 하게 된다. 노동을 하는 가운데 땀을 흘리게 되고 그 과정에서 일하는 소중함을 깨우친다는 이야기를 담고 있다. ≪生ける人形≫은 프로레탈리아 소설을 영화화 한 것이다. 어느 경박한 남자가 자본주의사회에서 출세하기 위해 회사에 들어가 갖은 꾀와 방법을 동원하여 뒷골목시장에서 맹활약을 한다. 그러나 그는 이용당하는 존재로 남게 된다는 이야기를 다루고 있다. 이 영화는 자본주의화 되어 가고 있는 일본사회에서 적응하지 못하는 게으른 부자를 통해서 노동에 대한 소중함을 표현하고 있고, 또한 자본주의사회가 갖고 있는 냉혹한 현실을 표현하고 있다는 점에서 당시의 시대상을 보는 좋은 자료가 되고 있다.

그러나 기무라 소토지(木村莊十二 : 1903-88)의 ≪河向ふの靑春≫(강건너 저편의 청춘, 33)을 끝으로 경향영화는 사라졌다. 미조구치는 상층민과 하층민을 대조적으로 비교하는 영화를 만들었다. 성공한 이념영화로는 스즈키 시게요시(鈴木重吉)의 ≪何が彼女をそうさせたか≫(30)가 있다. 이 영화에서는 고

아원의 소녀가 서커스단에 팔려 그곳에서 경험한 남자의 색정, 부르주아의 위선, 프로레탈리아의 비참함 등을 구체적으로 폭로하고 여자 감화원에 수용된다. 그녀는 여자 감화원에서도 위선이 있다는 것을 느껴 방화를 하여 다시 연행된다. 이것은 시대질서를 전복하려는 의미를 담고 있다는데 의의가 있다. 이 영화는 사회에서 진행되고 있는 약육강식의 원리를 노골적으로 표현하고 있다. 강한 자는 끊임없이 약자가 갖고 있는 것을 법과 규범을 어기면서 착취한다. 그러나 약한 개인은 그것에 저항하는데 한계가 있다. 왜냐하면 사회제도는 강자가 강자를 위해 만든 것이기 때문이다. 당시 일본사회도 강자가 살아남는 사회로 전환되고 있고 약자가 착취당하고 있다는 점을 이 영화는 잘 표현하고 있다.

이처럼 프로키노가 주도한 일본영화는 철저하게 근대화되어 가고 있는 일본사회, 그리고 반인류적인 국가로 전개되고 있는 국가주의, 그것의 중심에 서서 통제국가를 이끌어가는 위정자 등에 대해 철저하게 저항하여 새로운 국가, 사회, 개인 등을 만들려고 하였다. 그러나 1931년 일본이 중국을 침략하는 만주사변을 일으킨 가운데 국민에게 민족주의를 고취시키는 영화가 등장하여 프로레탈리아 영화는 점차 사라지게 되었다[28]. 그런 가운데서 1932년에는 국가의 탄압하에서도 지하에서 상영을 계속하였다. 1934년 탄압에 의해서 해산되기까지 일본영화사상 처음으로 프로키노 영화를 스스로 제작하여 상영하는 운동이 벌어졌다. 특히 프로키노주의를 추구하던 영화인들은 근로자 날의 행진과 노동쟁의 장면을 촬영하였고, 완성된 필름을 갖고 전국을 순회하여 포로키노주의의 불씨를 살리려고 하였지만 전쟁주의를 추구하던 제국일본 하에서 기능을 하지 못하고 전후를 기다려야만 했다.

---

28) 1930년대 민족주의를 강조한 영화는 미조구치의 ≪滿蒙建國の黎明≫(1932년), 스즈키(鈴木重吉)의 ≪東洋平和の道≫(1938년) 등이 있다.

Ⅴ 맺는 글

　일본영화는 서구적인 요인과 일본의 전통적인 요인에 의해 형성되어 발전하였다. 전자는 서구적인 근대문명이고, 후자는 전통적인 일본적 예술이라고 할 수 있다. 이런 시각에서 보면, 일본영화는 서구근대문명의 상징인 영화에 대한 수용성, 전통문화의 연장선에서 유지되고 전개된 에도 문화, 근대문학, 서민이 즐기는 오락성, 야쿠자세계와 자유연애 등과 같은 흥행성, 시대극과 현대극으로의 장르분리에 따른 다양한 영화, 일본주의와 근대주의를 강조하는 정치적 탄압, 예술인과 문화인의 급격한 생성, 문화수요자의 확대와 심화, 영화기기와 기법의 도입과 수용, 일본적 이야기, 식민지지배와 팽창 등에 의해서 형성되어 발전했다고 볼 수 있다.

　다양한 요인에 의해서 형성되고 발전한 일본영화는 메이지부터 시작된 일본정부의 개혁성과 근대성, 계몽성과 전통성, 침략성과 통제성 등에 의해 영향을 받게 된다. 당시 일본은 문명이나 국력이라는 측면에서도 서구사회와 비교가 안 될 정도로 약해 서구침략에 대해서 저항할 수 있는 능력이 없었다. 따라서 일본정부는 부국강병전략에 국가의 운명을 걸었다. 부국강병정책은 국가를 구성하고 있는 인적·물적 요인, 문화적 요인을 통제하고 제어하는 중요한 원칙이 되었다. 일본영화는 권력과 동침해야 했고 예술성과 비예술성, 근대성과 전통성, 국익과 사익간의 갈등 속에서 시대성을 담아야 했다. 그 과정에서 영화에 담겨진 시대성은 민족주의, 근대주의, 반권력주의, 프로키노주의 등으로 나타났다고 할 수 있다. 그러나 일본에서 형성된 시대성은 민족주의에 귀결된다고 해도 과언이 아니다. 따라서 민족주의적 성격을 가진 일본영화는 말없는 무성영화에 출발했지만 현실에서 유성전쟁을 선동하는 도구로 사용되었다.

일본에서 형성된 무성영화의 시대성이 민족주의에 귀결된다는 의미는 영화가
영화로서 존재하는 측면이 있지만 국가정책을 선전하는 도구가 되었다는 의미
를 함의하고 있다. 영화가 영화적인 성격을 갖고 발전하는 가운데 전파력이 강
해지자 영화검열이 시행된다. 영화검열은 기본적으로 천황과 관련된 내용, 사회
규범과 관련된 내용, 사회범죄와 관련된 질서 문제 등의 시각에서 이루어졌다.
영화검열은 정화된 영화를 만들어 내어 친국가적인 성격을 띠기도 하고 적어도
반사회적인 성격을 제한하는 효과를 거두었다. 이 시기에 그나마 검열로부터
해방되고 일본전통문화에 충실하면서도 시대적 모순을 담당한 것이 시대극이다.
시대극은 일본무사시대의 정의와 도덕을 사회를 움직이는 에토스로 강조하는
경향이 있으면서도 권위주의적 사고와 사회에 대한 저항의식을 담고 있는 특징
이 있다. 또한 이 시기에는 일본영화를 둘러싸고 민족주의적 요소와 사회주의
적 요소가 대립하여 일본의 지각변동을 일으키게 하는 요인이 되었다.

일본정부는 메이지초기부터 천황터부에서 시작된 영화 검열을 함으로써 내용
과 표현을 제한하였고, 국가수준에서 영화를 이념전파의 미디어로 인식하여 국
가흐름과 영화흐름을 일치시켰다. 근대화기에 형성된 무성영화는 국내통합, 국
가성과 국익, 전쟁에 대한 긍정성, 식민지정책과 지배에 대한 타당성, 친국가적
인 근대성 고양 등의 도구로서 이용되는 과정에서 유성영화로 전환된다. 그런
가운데서도 영화는 사상적으로 무장되어 프로키노를 구성한 지식인을 중심으로
반국가성, 프로레탈리아 주의, 자본주의사회에 대한 저항주의 등의 성격을 띠면
서 일본사회의 편향적 흐름에 저항하는 경향영화로 나타났고, 건전성과 혁명성
을 갖고 발전하였다. 그러나 결국 일본정부의 부국강병정책은 일본영화를 민족
주의적 영화로 만들었고 1930년대 들어서 유성영화가 시작되면서 본격적인 국
책영화를 만드는 원동력으로 작용하게 된다.

제 2 장
제국화기의 영화와 시대성

『戰ふ兵隊』(龜井文夫、1938)

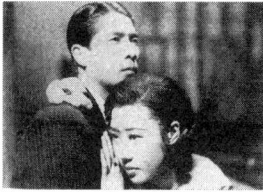

『浪華悲歌』(溝口健二、1936)

『陸軍』(木下惠介、1944)

『五人の斥候兵』(左に小杉勇)

『土』左より風見幸子・小杉勇

『土と兵隊』(田坂具隆、1939)

『祇園の姉妹』(溝口健二、1936)

『一人息子』(小津安二郎、1936)

『支那の夜』(伏水修、1940)

『愛染かつら』(野村浩將、1939)

『無法松の一生』(稲垣浩、1943)

『大日向村』広告(『キネマ旬報』729、1940年 10月)

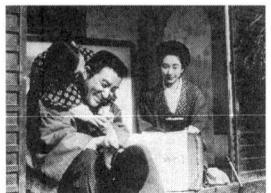

『無法松の一生』 左より沢村アキオ(現長門裕之)・阪東妻三・園井郎子

『決の大空へ』左より高田稔、1人あいて原節子

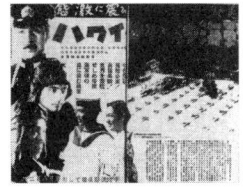

『ハワイ・マレー沖海戰』広告(『映畫旬報』65、1942年 11月)

『ハワイ・マレー沖海戰』(山本嘉次郎、1942)

『東京五人男』左より古川ロツパ・高勢實乘

『望樓の決死隊』(1943) 出演:高田稔(写眞左)/原節子(石)/秦薫/撮影/齋藤英雄/菅井一郎

『隣の八重ちゃん』の大日方傳と逢初夢子

『マダムと女房』撮影スナシプ。左から水谷カメ、伊達里子、五所平之助、井上雪子

I 머리글

　영화가 무성영화에서 유성(トーキー : 토키)영화로 전환된 시기에 일본은 국내외적으로 전쟁주의, 식민지주의, 제국주의 등에 기초하여 제국일본 만들기를 본격적으로 시작하였다. 그것은 천황과 군 엘리트의 지배정책에 의해서 구체화되었고 일본을 중심으로 한 대동아공영권(大東亞共榮圈) 만들기와 연결된다. 이 시기를 본고에서는 제국화기로 규정한다. 제국화기는 1931년부터 1945년까지로 일본이 만주사변을 일으키고 태평양전쟁에서 패배한 시기이다. 대동아공영권은 식민지 확장정책과 일본화정책, 일본중심적인 가치와 문화통합, 서구 제국과의 동등한 경쟁과 세계분할정책, 일본천황 중심적인 권력의 형성과 황민구축 등을 통해서 만들어지는 제국일본을 의미한다. 이 시기에 일본은 모든 힘과 역량을 제국일본 만들기에 투여하지만 전쟁이라는 극단적인 방법을 동원하는 역사적 과실을 범하게 된다.

　그런 시대적 절박함속에서 일본영화는 오락성이나 예술성을 강조하기 보다는 국가의 목적과 의도에 부응하는 홍보수단으로 인식되어 강제적으로 만들어지고 또한 통제되기도 하였다. 그와 더불어 영화의 꽃이라고 할 수 있는 표현방법에서 동작과 말이 일치하는 유성영화가 만들어져 영화계에는 지각변동이 일어났다. 일본정부는 대중화되어 가는 영화를 국가정책을 계몽시키고 촉진시키는 수단으로 이용하기 위해 적극적으로 지원을 하였다. 당시는 전쟁과 침략이라는 내외적으로 벌어지는 긴박한 상황에도 불구하고 영화에 대한 수요가 폭주했다. 문학을 중심으로 형성된 문화놀이에서 출발한 문화수요자는 영화라는 시대적 상품에 눈을 돌리게 되면서 지식인을 중심으로 한 문화생산자와 대중을 중심으로 한 문화향유자가 많아져 영화시장이 활성화되었다. 이런 요인들에 의해서 제국화기의 일본영화는 풍요로움을 누렸고 일본적인 색깔을 담고 발전하였다.

제국화기의 문화흐름을 주도한 것은 근대문학과 더불어 발전한 영화였다. 그러나 영화는 대중에게 다가서는 전파 매체로서 강렬하게 기능하게 되었고, 그런 움직임은 곧 위정자의 관심의 대상이 되었고, 그 관심은 영화정책으로 제도화되었다. 일본정부의 영화에 대한 관심은 영화제작지원을 통한 국가 동조적 영화 만들기로 나타났고, 국가 지향적 영화를 촉진시키는 기능을 하였으며, 자의적 · 타의적으로 영화산업을 발전시키는 원동력이 되었다. 상대적으로 거대해진 영화계에는 국가에 대해서 동조하는 흐름이 형성되었지만, 사회적 약자에 대한 보호와 권위주의적 국가에 대해서 저항하는 흐름도 나타나 노동쟁의와 반제국주의적 저항운동을 촉진시키기도 하였다. 예를 들면, 1932년 6월 5일 일요일 도쿄(東京) 신주쿠(新宿)의 무사시노관(武藏野館)에서 2천 5백여 명의 관객이 미국 영화 ≪ロマンス≫(로망스)를 관람하고 있었다. 영화 팬들이 유성영화에 익숙해져 재미를 느끼고 있었던 시기였다. 그러나 2번째 상영시간에 갑자기 어두워지면서 자막이 흘러나왔다. 그것은 '종업원이 총파업을 결행하여 상영을 중지 한다'는 내용이었다. 즉 무사시노 관에서 일하는 노동자들이 파업을 선언한 것이다[1].

그런 현상이 발생한 것은 국가독점자본주의의 등장, 국체의 변질, 시대성, 기술교체, 세대교체 등에 따른 사회적 위기가 다가온 것이고, 일본경제가 세계공황으로 흔들려 국민들의 생활이 불안정했기 때문이며, 국제전이 시작되면서 정치적인 불안이 작용하였기 때문이기도 하다. 또한 일본영화가 그 만큼 사회저변에 확산되어 정계나 경제계, 문화계 등에 대한 영향력이 커져가고 있던 것이며, 영화가 대중을 움직이는 중요한 수단으로 정착되었다는 것을 의미한다. 따라서

---

1) 유성영화가 시작되면서 문제가 됐던 것은 영화계의 노동운동이다. 영화계의 노동운동은 영화관의 변사들이 단결하면서 시작되었다. 변사들은 1919년 도쿄의 닛카쓰(日活)와 덴카쓰(天活)의 영화관에서 우애회(友愛會)라는 조직을 구성되어 임금인상을 요구하였다. 그리고 1924년 변사들의 직업집단으로 여명회(黎明會)가 결성되어 영화관의 변사해고에 반대하는 투쟁을 지원하였다. 1925년에는 전국활동상설관조합이 결성되었다. 1930년에는 관동(關東) 영화종업원조합이 결성되어 직업집단에서 노동조합으로 발전하였다. 1930년 내무성 조사국의 조사에 따르면, 영화노동조합원수는 32,000명, 그 가운데 촬영소 등 제작부분은 약 3,000명, 흥행부분은 29,000명 등이었다. 1933년에는 관서(關西)지역에서 전일본영화종업원조합이 결성되어 통일전선을 구축하여 관동지방에 영향을 주었고, 1933년 6월 도쿄 쇼치쿠 좌 악극부에 의한 스트라이크를 승리로 이끌었다.

사회적으로 영향력을 주고 있는 영화계의 움직임은 일본정부에게 위기의식을 갖게 하는 동인이 되었고, 그런 위기의식은 영화통제와 검열로 구체화되었다. 특히 일본과 대외국가간의 갈등은 전쟁을 유발시켰고, 전쟁을 수행하기 위해서 일본은 국민의 전쟁에 대한 참여와 정신함양을 촉진시키는 언론 수단이 절실했다. 영화는 그런 계몽성을 전달하는 매체로서 최적의 조건을 갖춘 것이었다. 따라서 1931년 이후 일본영화는 정부의 영화정책에 밀착되어 국책영화라는 장르를 구축하여 획기적으로 발전 하였다.

　제국화기의 영화인들은 자의적·타의적으로 국가정책을 영화에 담아내는 역할을 담당하였다. 당시 문부성을 중심으로 영화지원이 이루어져 국책영화가 대량으로 생산되어 일본적인 특징을 가진 영화가 만들어져 독자적인 발전을 이루게 된다. 그러나 전시기의 영화는 현실적으로 민족 통합적인 기능을 담당하였지만 다른 한편으로는 반인간적인 기능을 한 것으로 평가되고 있다. 이런 일본 영화의 이율배반적인 기능으로 국제화기 일본영화를 둘러싼 논의가 다양하게 전개되었다. 즉 전시체제하의 영화시기를 암흑시대라고 회상하는 진보적 평론가는 전시영화가 국가의 정책에 의해 움직이고 또한 제작의 자유가 없어 거의 볼만한 영화가 없다고 평가하고 있다. 다른 한편으로는 일본영화가 해외의 영향이 차단된 전시 중에 독자적이고 순수한 양식을 완성했다고 보고 있다. 그러나 그런 양식은 전후에 해체되었고 전후 일본사회는 제국화기에 영화인이 취한 행동에 대해서 역사적 검토를 회피하고 있다. 그것은 전시기의 일본영화에 대한 평가를 둘러싼 미묘한 애매함이 한 원인이 되고 있다(田中純一郎, 1980; 山田和夫, 1997; 四方田犬彦, 2000; 古川隆久, 2003). 따라서 무성영화에서 유성영화로 전환되는 가운데 전시체제하에서 생산된 영화가 어떤 성격을 가지고 있는 가에 대한 논의와 특징을 학문적으로 고찰할 필요가 있다. 본고에서는 전시체제 하에 국가의 의도에 부응한 영화가 갖고 있는 특징을 시대성이라는 시각에서 고찰하고자 한다.

Ⅱ 제국화기의 영화와 배경

1. 시대적 배경

　제국화기 일본은 '버스 타는데 늦지 않게' 라는 슬로건 하에「세계정세의 추이에 따른 시국처리요강」이라는 정책을 충실하게 실천하였다. '버스'는 이른바 서구국가를 중심으로 형성되어 가는 제국국가를 의미하고 '타는데 늦지 않게'는 서구의 제국국가와 같은 수준으로 식민지를 만들고 제국을 만들겠다는 것을 의미한다. '세계정세에 따른 추이'는 국제적인 움직임에 따라 일본이익을 추구하고 그에 대응한다는 것을 의미한다. 제국화기의 슬로건에는 일본이 다른 제국국가와 전쟁을 하거나 대응해야하는 절심함이 있었고, 또한 무모함과 막연한 자신감 등과 같은 복잡한 시대적 시각이 있었다.

　1931년 일본은 만주사변을 의도적으로 일으켜 대륙침략을 공식화했다. 일본은 전쟁에서 승리했음에도 불구하고 국제연맹에 의한 만주철군을 요구받아 국제연맹을 탈퇴하게 된다. 국제연맹으로부터의 탈퇴는 일본과 서구강대국 간의 전쟁선언을 의미하고, 일본의 식민지정책을 국제적으로 선언하는 것을 의미하였다. 동시에 일본은 제국화를 위해서 조선과 대만에서 지배차원이 아니라 일본화를 의미하는 내선일체(內鮮一體)사상을 강조하여 식민지동화정책을 전략적으로 진행하였다. 또한 팔굉일우(八紘一宇)정책을 통해서 대동아공영권을 구축하여 제국일본을 만들려고 하였다. 따라서 식민지가 갖고 있던 내외적 힘은 일본의 힘으로 편입되었고 일본이 제국으로서 국제사회에 화려하게 등장하는 계기가 된다.

　그러나 국제사회와의 갈등과 전쟁추구 등은 순조롭게 진행되기 보다는 방법론과 주체를 둘러싸고 일본 내에서 갈등으로 심화되어 다양한 사건이 일어나는 원인이 되었다. 국제사회와의 갈등은 전쟁으로 진행되었고, 일본정부내의 갈등은 군국주의를 전면에 내세운 군부의 강경파가 집권하는 계기가 되었다. 대표적인 국제전쟁은 만주사변에서 출발하였다. 만주사변은 일본이 의도적으로 국제사회에서 제국이라는 사실을 알리는 신호탄이었으며, 경쟁할 수 있다는 자신감을 표출시켜 시작한 국제전이었다. 한편 일본국내 사건으로는 1936년에 일어난 2월 26일 사건이다. 이 사건은 육군 제1사단의 청년장교가 수천 명의 병사를 동원하여 원로와 중신을 습격하여 사이토 마코토(齊藤實 : 1858-1936, 해군대장, 조선총독, 수상)내대신, 다카하시 코레키요(高橋是淸 : 1854-1936, 일본은행총재, 수상, 금융공황극복)대장성대신 등을 사살하였다. 그들은 천황친정의 군국주의 국가를 위한 쇼와유신(昭和維新)을 주장하였지만 실패하였다. 이후 군부는 사건을 이용해서 군국주의화를 적극적으로 추진하고 국내통치체제를 강화하여 대외침략전쟁을 하였다. 일본정부는 대외적 전쟁환경을 조성하기 위해서 1936년 히틀러가 통치하는 독일과 일독방공협정을 체결하였다. 이어서 1937년 노구교사건을 계기로 중국을 공격하는 중일전쟁을 개시하였다. 그리고 1942년 일본은 마침내 미국을 상대로 전쟁을 하기 위해 진주만을 공격하여 국제전을 본격적으로 시작하였다. <표1>은 제국화기의 시대적 배경을 나타낸 것이다.

<표1> 제국화기의 시대적 배경

구 분	정치적 배경	경제적 배경	사회문화적 배경
구체적 내용	조선과 대만식민지지배, 만주사변, 상해사변, 5.15사건, 2.26사건, 중일전쟁, 남방전쟁, 진주만공격, 태평양전쟁, 식민지동화와 확대정책, 울트라 민족주의, 팔굉일우정책, 천황파시즘, 쇼와혈맹당의 일인일살주의, 국가총동원령, 국가징병, 정치적 공영권, 전쟁국가체제, 대동아공영권, 식민지제국주의	토요다(豊田)자동차, 닛쇼(日窒)콘체른, 한큐(阪急)그룹형성, 미쓰이(三井)재벌활약, 산토리산업구축, 신흥재벌, 식민지경제지배재벌, 경영민족주의, 산업보국정신, 군수회사법, 군수산업발전, 국방경제자립권, 식민지경제법지배, 생산력확충계획, 전시경제, 전시배급체제, 경제적 공영권	국수주의지식인, 국가개조법안대강, 쇼와연구회, 쇼와유신, 언론 및 출판통제, 식민지문화말살정책, 문화적공영권, 일본어 및 문화교육, 군사문화정착, 식민지동화정책, 황국신민화정책, 히비야 극장백화점, 도호(東寶)영화사, 국책영화, 영화관련노동조합결성, 창씨개명

　제국화기의 정치적 배경에는 식민지 동화와 확대정책, 군국주의적 지배정책 강화, 통제정치, 천황독제 등에 기초한 제국일본 만들기가 있었다. 더욱이 일본은 군국주의국가, 천황제국가, 전쟁국가 등을 구축하여 만주사변, 상해사변, 중일전쟁, 진주만공격 등을 통해서 15년간 태평양전쟁 등을 수행하게 된다. 특히 일본제국을 중심으로 한 대동아공영권을 만들기 위해 국제전을 추진하였다. 그것의 기반이 된 이념은 팔굉일우, 울트라민족주의(ultra nationalism), 천황제 파시즘, 대동아주의, 국체사상 등이었다. 일본은 국가총동원령을 내려 정치적 전시체제를 만들었다. 제국일본은 일본을 중심으로 한 동아시아국가를 통합하여 천황이 지배하고 식민지와 일본을 일원화하는 대국일본을 구축하려고 하였다.

　경제적 배경에는 일본을 중심으로 한 경제적 공영권을 만드는 중요한 목표가 있었다. 제1차 세계대전의 승전국이 된 일본은 조선과 대만에서 경제적 이익을 독점하고 독일령의 섬들을 차지하여 남방과 북방에 이르기까지 일본경제권을 형성하게 되었다. 그 과정에서 일본경제계에는 식민지에서 경제이익을 침탈한 기업을 중심으로 식민지 신흥재벌이 탄생하였고, 기존의 재벌도 식민지에서의 기업성공을 보면서 국내시장뿐 아니라 본격적으로 식민지 시장을 개척하여 경제적 약탈을 하였다. 예를 들면, 토요다(豊田), 미쓰이(三井), 산토리(サントリ) 등과 같은 거대기업이 성장하였고 전쟁이 진행되는 가운데 그런 대기업은 군수기업으로 전환되었다. 이들 기업은 민족기업의 성격을 강하게 띠어 국가정책에 적극적으로 동참하고 그 과정에서 기업성장을 추구하고 이익을 획득하였다. 전시체제가 되면서 일본경제계는 자의적 · 타의적으로 전시경제체제로 전환되어 전쟁수행에 협력하는 전쟁기업이 되었고, 대외적으로 일본을 중심으로 한 경제적 공영권을 건설하는데 중요한 역할을 하였다.

　사회문화적으로는 우선 일본화교육이 국내외적으로 충실하게 실시되었다. 천황과 국가에 대한 충성을 강조하는 황민화교육과 문화적 동화정책이 추진되었다. 또한 전쟁지식인을 중심으로 쇼와연구회 등과 같은 친 국가지식인 단체가 형성되어 국가이념과 전쟁이념을 제공하였다. 그리고 문학, 영화, 학교교육, 예술 등의 영역을 통해서 식민지와 국내에서 국가 옹호적 문화활동을 장려하였다. 그런 사회문화정책으로 식민지의 일본화와 황민화, 일본국민의 황민화와 충성화 등이 활성화되면서 국가와 천황을 위해서 희생하는 보국운동이 도시와 농촌에서 일어났다. 또한 언론과 출판 등에 대한 검열과 통제가 강력하게 추진되면서 이른바 문화적 암흑시대로 접어들게 된다. 그런 정책과 흐름은 식민지에서 문화말살정책으로 발전하여 일본화를 추구하였다.

이런 시대적 상황은 일본영화의 성격을 규정하는 중요한 변수로 작용하였다. 당시 일본정부는 영화를 국가이데올로기, 민족주의, 전쟁주의 등을 고양시키는 수단으로 인식하여 활용하였다. 예를 들면, 1940년 10월 12일에는 고노에(近衞)수상을 총재로 하는 대정익찬회가 발족하였다. 일본영화계에도 도호(東寶)의 선전지 『도호영화』에 대정익찬회 국민생활지도부장인 기다 소이치로(喜多壯一郎)가 취임하였다. 이것은 사실상 대정익찬회가 영화정책을 주도적으로 하겠다는 전략이었다. 대정익찬회는 전시 하에서 영화계에 국민의 질을 높이는 역할을 요구했고, 그것을 위해서 영화산업에 공익우선의 자세를 요구하는 등 검열당국과 같은 입장에서 영화계를 길들였다2). 이렇게 해서 제국화기의 영화는 친국가적 성향을 띠었고, 국가의 선전도구로 충실하게 기능하는 과정에서 당시의 시대성을 강제적으로 담아내야만 했다.

■■ 2. 유성영화의 등장과 붐

일본에서 유성영화가 시작된 시기는 1931년이다. 유성영화의 가장 기본적인 특징은 영화의 내용을 관객에게 전달하는 방법이 변사에서 배우의 목소리로 바뀐 것이다. 일본영화는 유성시대를 맞이하면서 발전을 거듭하게 된다. 일본에서 유성영화가 늦어진 원인은 설비투자의 문제보다는 독자적인 문화적 배경 때문이었다. 즉 변사가 있었고 그 역할이 강했기 때문이다. 그러나 1931년 폰 스탄버구의 《モロッコ》(모로코)가 일본에 공개되었고, 거기에서 자막을 사용하였기 때문에 변사는 논리적으로 불필요하였다. 이런 변화에 타격을 예상한 변사

---

2) 당시 일본영화에 대해서는 민간이 발행한 『日本映畵年鑑』, 영화잡지인 『キネマ旬報』와 1941년 이후 영화통제로 개칭된 『映畵旬報』(1943년 폐간됨), 『日本映畵』, 『活動寫眞フィルム檢閱時報』(당시비공개), 『映畵檢閱時報』 등이 자세하게 기록하고 있다.

들은 극장에서의 기득권을 지키기 위해 저항 하였고 유성영화의 보급을 저지하
였다. 외국의 유성영화가 들어왔을 때 일시적이나마 변사는 외국어를 모르는
관객에게 음량을 줄여 해설을 계속하였다.

그러나 실제로 유성영화의 등장과 부흥으로 무성영화가 몰락하였고, 이 과정
에서 변사는 큰 타격을 받았지만 상대적으로 무성영화스타들은 그렇게 몰락하
지 않았다. 변화에 대응해서 변사들은 희극배우, 라디오 대담자, 영화제작자, 영
화관 전속악사, 거리악사(チンドン) 등으로 전직하였다. 특히 에노모토 켄이치
(榎本健一 : 1904-70, 희극배우), 후루카와 롯파(古川綠波 : 1903-61, 희극배우),
엔타쓰 아자코(エンタツ アチャコ) 등과 같은 희극배우가 등장하여 스크린에
서 활약하였다. 변사가 소멸되면서 영화를 체험하는데 획기적인 변화가 일어났
다. 지금까지 한정된 장소에서만 체험하는 연극적 요소가 일소되는 한편 관객
을 특정한 영화관에 귀속시키지 않는 익명의 존재로 변화시켰다. 또한 유성영
화에서는 서구와 같이 순수한 음성과 영상이 중요한 표현수단으로 정착하였고,
외국영화의 대사는 일본어로 번역되어 자막으로 처리하였다. 따라서 유성영화의
발전은 무성영화의 퇴조와 관련업자의 변화를 촉진시켰다.

최초 유성영화는 1927년 10월 미국의 음악영화인 ≪JAZZ SINGER≫(재즈
싱어)로 그것이 개봉되면서 크게 히트하여 세계영화는 무성시대에서 유성시대로
전환하였다[3]. 일본에서는 무역상 미나카와(皆川芳造)가 1925년 미국의 호레스
트로부터 '포노필름'이라는 광학녹음방식의 유성영화제작권을 구입하고, 1927년
그것을 개량하여 미나토키(ミナ・トーキ)를 고안하여 쇼와키네마(昭和キネマ)
를 설립했다. 그는 오사나이(小山內薰)감독에게 작업의뢰를 하고, 야마다(山田耕
作)의 음악, 오사나이와 히지카타(土方与志)가 창설한 치쿠지(築地) 소극장의
소속배우의 협력을 통해 음악가의 비극물인 유성영화 ≪黎明≫(여명, 27)을 제
작하였다. 이것은 30분정도의 단편영화로 기술적인 문제와 채산성의 문제로 공
개되지 않았다. 미나토키에서 공개된 제1작품은 1929년 오치아이 나미오(落合浪

---

3) 각국의 유성영화사를 보면, 미국에서는 ≪ジャズ シンガー≫(재즈싱어)와 ≪西部戰線異
　狀なし≫(서부전선이상없음) 등과 같은 리뷰영화, 프랑스에서는 ≪巴里の屋根の下≫(파
　리의 지붕아래)와 ≪巴里祭≫(파리축제)과 같은 상송영화, 독일에서는 ≪會議は踊る≫
　(회의가 춤춘다)와 ≪三文オペラ≫(삼문오페라)와 같은 뮤지컬영화, 소련에서는 노동의
　즐거움을 노래하는 ≪人生案內≫(인생안내) 등이 유행하였다.

雄 : 1879-1938, 극작가, 연출가)감독의 ≪大尉の娘≫(대위의 딸)이었다. 초대 미즈타니(水谷八重子)가 무대에서 연기해온 것을 영화화한 것이다. 또한 1929년 도조(東條政生)가 디스크식의 이스토폰 토키로 ≪戻橋≫(여교)를 제작하였지만 이 방식은 곧 소멸되었다. 그리고 닛카쓰(日活)에서 미조구치 겐지(溝口健二)가 오페라가수 후지와라(藤原義江)를 주인공으로 한 ≪ふるさと≫(고향, 30)를 촬영했지만, 이것은 자막과 음성이 병용된 불완전한 유성영화였다.

쇼치쿠(松竹)에서 고쇼 헤이노스케(五所平之助)는 토교(土橋)시스템을 이용해 ≪マダムと女房≫(마담과 마누라, 31)를 촬영해 완벽한 유성영화를 제작하였다. 이 영화는 가정의 일상생활에서 즐기는 음악을 리얼하게 드라마로 그려내는데 성공한 작품이다. 이 영화가 계기가 되어 고쇼 감독은 일상적인 일을 그려내는 사실영화의 선구자로 평가받게 된다4). 닛카쓰는 쇼치쿠보다 늦어 최초 유성영화로 이토 다이스케(伊藤大輔)가 감독한 ≪丹下左膳≫(단하좌선, 33)을 제작하였다. 미조구치와 대조적으로 오즈 야스지로(小津安二郞)는 유성영화에 회의적이었지만 1934년이 되서야 무성영화를 포기하였다. 이런 과정을 거치면서 1935년에는 무성영화가 종언을 고한다. 유성영화는 성대묘사, 희극배우, 낙어(落語), 랑곡(浪曲) 등 말하는 예술을 스크린 예술로 전환시켰다. 특히 유성영화시대에 들어서면서 사회운동에 대한 탄압, 표현의 자유에 대한 검열 등으로 사회적 목적을 가진 극영화인 경향영화나 전투적이며 사회적 비판영화인 프로키노(プロキノ)영화가 종식을 고하게 되었다.

유성영화시대가 개막되면서 영화 붐이 일어났고 동시에 일본영화가 전성기에 접어들게 된다. 실험정신을 갖춘 젊은 감독과 각본가들은 개인프로덕션이 유성영화혁명으로 소멸하자 대기업으로 옮겨 활약하였다. 당시에는 닛카쓰(日活), 쇼치쿠(松竹), 도호(東寶) 등과 같은 대형영화사가 일본영화의 부흥과 발전을 주도

---

4) 교외 주택지에 작가가 살고 있었다. 이웃집에서 청년들이 연주하고 있는 재즈가 너무 시끄러워 항의하러 갔지만 그곳에 사는 마담의 매력에 반했다. 작가는 재즈가 좋아졌고, 작품도 점차 쓰게 되었다. 일본풍의 마누라가 좋지만, 미국풍의 마담도 버리기 어렵다고 그는 생각하는데 영화는 끝난다. 재즈로 대표되는 미국의 모더니즘에 대한 서민의 관심이 최신 유행하는 토키로 표현되었고, 일본의 전통과 서양의 근대성이 어울리게 한 영화였다. 그러나 1937년 ≪新しき土≫(새로운 토지)에서 문화민족주의가 대두한 것처럼 전시에는 서구를 배격였다. 특히 전시중인 1942년에는 서구형 모더니즘을 극복하려는 최초의 포스트 모더니즘을 둘러싼 논의가 교토 철학자를 중심으로 벌어졌다. 이처럼 1920년대와 30년대는 일본이 모더니즘문화를 향유하는 시기였다.

하였다. 또한 1930년대 중반 유성영화의 기술적 성숙으로 순수문학 작품이 영화화되는 등 문예영화가 등장하였다. 특히 미조구치 겐지를 중심으로 사회적 비판을 하는 경향영화와 오즈 야스지로를 중심으로 서민생활의 정서를 그린 소시민영화가 등장하였다. 또한 다사카 도모다카(田坂具隆), 나루세 미키오(成瀬己喜男), 구로사와 아키라(黑澤明), 기노시타 게이스케(木下惠介) 등이 일본영화의 선구자 역할을 하였다. 멜로영화로는 노무라 감독의 ≪愛染かつら≫(애염다발, 39)이 주제가의 유행을 통해서 영화가 갖고 있는 이상의 인기를 얻었다. 또한 뮤지컬영화로는 PCL(Photo Chemical Laboratory : 사진과학연구소)의 가요영화나 마키노 마사히로(マキノ雅廣)의 ≪鴛鴦歌合戰≫(원앙가전쟁, 39)과 같은 작품이 나왔다. 그러나 전통적인 가부키(歌舞伎)와 문악(文樂) 등과 같은 대중연극에서 형식화된 음악과 무용이 뮤지컬영화로 전환되거나 승화되지 못하였다.

지금까지 대중 질서에 반하는 주제를 선택하지 않고 미온주의노선을 강조한 도호는 1930년대 설립된 유성영화연구소인 PCL(Photo Chemical Laboratory : 사진과학연구소)이 기반이 되었다. PCL은 1933년 영화제작을 결정하여 스텝을 공모하였다. 이때 구로사와와 혼다 이시로(本多猪四郎 : 1911-93)가 입사하였다. PCL은 종래의 가족적·봉건적·인맥적 영화제작과는 다른 자유주의적이며 근대적인 경영을 하였고, 일본에서 처음으로 프로듀서 시스템을 채택하였다. 그곳에는 다키구치 슈조(瀧口修造 : 1903-79, 시인, 미술평론가, 전위예술운동), 후에 소니를 일으킨 이부카 마사루(井深大 : 1908-97, 경영자, 트랜지스터라디오를 소니 라는 상품으로 수출, 소니육성) 등과 같은 좌익이나 전위예술운동과 관련된 청년들이 모였다. 제작된 영화는 인정희극, 사회비판 정신을 가진 현대극 등 다양하였다. PCL에서 두각을 나타낸 인물은 기무라 소토지(木村莊十二)로 그는 최후의 경향영화로 평가되는 ≪河向ふの靑春≫(강 건너 청춘, 33), ≪兄いもうと≫(아니이모토, 36) 등을 발표하여 가족과 사회제도의 인습을 둘러싼 개인의 저항을 묘사했다. 나루세는 소시민의 미묘한 감정의 동요를 묘사하는 방법으로 연출했다. 그의 ≪妻よ薔薇のように≫(마누라여 장미처럼, 35)은 뉴욕에서 일반 공개된 최초의 일본영화가 되었다. 또한 이시다 다미조(石田民三)는 ≪花ちりぬ≫(지지 않는 꽃, 38)에서 막말 교토기온을 무대로 게이기(藝妓)의 폐쇄된 세계를 통해서 외부의 격렬한 정치적 변화를 묘사하였다. 그

런 가운데 1937년 관서지방의 철도왕으로 다카라쓰카(寶塚) 소녀가극의 경영자인 고바야시 이치조(小林一三 : 1873-1957, 실업가, 코마극장설립)는 PCL를 인수하여 이름을 도호(東寶)영화사로 바꿨다. 이 때 도호는 군부와 적극적인 관계를 유지하여 영화시장에서 우위를 점하였다[5].

제국화기 일본영화계에는 유성영화의 등장, 제작기술의 발전, 문예영화의 등장, 실험영화를 주도한 젊은 영화감독과 각본가의 등장, 영화엘리트 감독의 육성, 대형영화사의 등장 및 활성화, 영화제작편수 증가와 영화관객수 증가, 영화관의 증설 등으로 새 바람이 일어났다. 이런 변화 속에서 일본정부는 침략전쟁과 선전수단으로 영화를 이용하고 통제하였고, 국책영화나 전쟁영화, 뉴스영화 등을 장려했다. 태평양전쟁에 돌입한 1941년 일본은 미국에 이어 연간 500편 정도를 제작한 영화대국이었고, 관객수, 방화 개봉수, 영화관수 등이 비약적으로 증가하였다. <표2>는 제국화기의 영화관련 통계를 나타낸 것이다.

<표2> 영화관련 통계 (단위 : 개소, 입장자수만명, 편)

년도	영화관수	입장자수	방화개봉수	양화개봉수	년도	영화관수	입장자수	방화개봉수	양화개봉수
1931년	1,449	16,471	525	258	1939년	2,019	37,573	531	134
1932년	1,460	17,734	482	244	1940년	2,363	40,503	500	52
1933년	1,498	17,824	472	248	1941년	2,472	43,833	250	39
1934년	1,538	19,892	417	299	1942년	2,410	51,009	96	8
1935년	1,586	18,492	446	302	1943년	1,986	34,226	63	5
1936년	1,627	20,265	520	350	1944년	1,829	31,507	46	8
1937년	1,749	24,561	562	286	1945년	845	-	35	1
1938년	1,875	30,629	634	158	1946년	1,376	73,273	67	41

* 자료 : 古川隆久, 2003

---

5) 대형영화사는 유성영화로 전환하였지만, 소형영화사는 1938년까지 무성영화를 만들었다. 예를 들면, ≪ハヤブサ・アクション≫(하야부사액션), 고노에 주지로(近衛十四郎)의 ≪チャンバラ≫(잔바라), ≪大山デブ子≫(오야마데부코) 등이다. 소규모독립프로는 젊은 영화인을 육성하는 환경이 되었다. 특히 가타오카(片岡千惠藏 : 1904-83)의 프로덕션을 통해서 야마나카(山中貞雄), 이타미(伊丹万作), 야마카미(山上伊太郎) 등이 나왔다. 그러나 소규모독립프로는 대형영화사에 흡수되었다. 가타오카는 가부키 배우에서 영화계로 전환하였다. 그는 가타오카 치에조 프로를 만들어 ≪赤西かき太≫를 제작하고 주연을 했다.

　전시체제하의 일본영화는 검열과 계획된 영화정책 때문에, 그리고 전쟁으로 미국영화수입이 중지되어 제한적이지만 전체적으로 성장하게 되었다. 그러나 태평양전쟁이 본격적으로 시작되면서 강한 통제로 인하여 필름제공이 제한되어 1941년부터 제작편수는 격감하였다. 이 과정에서 문부성이나 군부가 추천하는 국책영화가 많이 만들어져 영화가 갖고 있는 내용과 형식에서 자율성이 제한되었다. 전쟁에 대한 국가적인 몰입으로 전쟁말기인 1945년에는 26편정도가 제작되어 급격하게 쇠퇴한다. 이후 일본영화는 전쟁패배와 함께 새로운 노선을 걷게 된다.

■■ 3. 영화통제

　영화에 대한 규제는 영화검열로 나타났다. 제국화기에 본격적으로 영화검열이 실시되기 이전에는 황실터부나 사회윤리 및 범죄에 관한 규정으로 영화를 제한하였다. 1920년대부터는 「문부성추천영화제」가 시행되어 교육적 견지에서 제작과 상영을 지원하였다. 이후에는 국내외적 정치상황에 맞춰 영화검열이 강화되었다. 국내행정일반을 담당했던 내무성은 1925년부터 전국의 경찰을 총괄하는 경보국을 통해서 국내에서 상영하는 모든 영화에 대해 검열을 시작하였다. 아마추어영화를 제외하고 풍속과 정치라는 두 측면에서 검열을 하여 상영금지 아니면 삭제의 조치가 내려졌다. 특히 1931년 만주사변, 1932년 상해사변, 1933년 국제연맹탈퇴 등과 같은 대사건이 국내외적으로 일어나 전국에서 국가비상사태라는 목소리가 나왔다. 시대적 국가비상사태는 영화계에도 영향을 줘 전쟁영화, 비상시 국민의 각오를 고양시키는 애국영화 등의 제작을 촉진시키는 계기가 되었고, 또한 그런 영화에 관객이 관심을 갖게 되었다[6]. 이런 현상은

---

6) 1933년 오사카 마이니치(大阪每日)와 도쿄일일(東京日日) 신문사가 제작한 장편영화 ≪非常時日本≫(비상시일본)12편이 전국의 영화관에서 개봉되었다. 이 영화는 아라키 사다오(荒木貞夫 : 1877-1966, 육군상과 문부상, 교육의 군국주의화, 전후A급전범판결후 석방됨) 육군대신의 국방연설을 골자로 하고, 아라키 육군상 자신이 등장하여 '대륙이 일본의 생명선'이라고 주장하는 군국주의 선전영화였다. 가장 대표적인 군사영화이며 동시에 애국영화이다.

일본정부가 사상통제를 통해서 군국주의를 고양시키고 침략전쟁을 수행하기 위한 전략에서 추진한 결과였다.

영화검열과 통제는 이와세(岩瀨亮)의원이 중의원에서 「국책영화수립에 관한 건의안」을 제출해 가결되어 급속도로 진행되었다. 이어서 1934년 야마모토 타쓰오(山本達男 : 1856-1947, 일본은행총재, 대장상)내무대신을 회장으로 하는 <영화통제위원회>가 발족하여, 외국영화의 수입제한, 우수영화제작장려, 교화영화강제상영, 영화검열행정으로 영화산업의 지도통제 및 보호 장려 등이 추진되었다. 그리고 1935년 1월에는 관민합동의 재단법인 <대일본영화협회>가 탄생하여 영화통제의 강화와 함께 업계의 수용태세를 정비하였다. 그 협회는 기관을 내무성 경보국내에 두고 문예춘추(文藝春秋)사를 통해서 기관지『일본영화』를 발행하였으며, 「영화법」 시행을 위한 분위기를 만들었다. 이렇게 해서 1930년대 중반 일본영화는 본격적으로 암흑시대에 들어갔다.

특히 1939년 「영화법」제정으로 철저한 영화통제가 이루어 졌다. 영화법안은 1939년 3월 9일 중의원에서 심의가 시작되었다. 영화법은 시행령과 시행규칙으로 구성되었다. 내용은 영화사업(제작, 배급, 흥행)의 정부허가제, 종업원 등록제, 외국영화 수입제한, 우수영화 보호 및 장려, 문부성인정 문화영화의 영화관 강제상영, 촬영 이전 대본의 사전검열, 문부성인정영화 상영시 제외하고 6살부터 14살까지 영화관출입금지 등을 담고 있다. 1939년에 제정된 영화법은 제작과 배급을 허가제로 하여 종전의 검열과는 판이하게 달랐다. 또한 감독과 배우는 모두 면허등록제가 되었고, 작품은 시나리오 단계에서 검열 받아야 했다. 영화제작과 상영 제한에 대한 내무성 검열기준은 황실과 일본국가에 대한 모독, 정치적 혼란을 조장하는 사상고취, 공익저해, 공공질서풍속저해 등과 같은 종래의 기준 위에, 국어를 혼란시킬 우려가 있는 경우, 제작기술의 조잡성 등이 추가되었다.

내무성과 문부성의 담당관은 1940년 6월부터 영화검열의 강화를 검토하기 시작했고, 7월 7일 「7·7금령」을 실시하여 제작과 상영에 대한 통제를 강화하였다. 검열의 구체적 내용은 각본의 사전검열을 강화하고 필요한 경우 반복적으로 개정을 명하고, 건전한 국민오락영화로 적극성이 있는 테마를 요구하며, 희극배우와 만담의 출연은 현재 제한하고 있지 않지만 문제가 있으면 제한할 것 등을 규정하였다. 또한 소시민영화, 개인의 행복만을 그리는 것, 부호의 생활을 그리는 것, 여성의 끽연, 카페에서의 음주장면, 외국에 물든 언어, 경박한 동작 등과 같은 표현을 금지하였다. 내무성은 금령의 의도를 단순한 오락 즉 보고 웃고 즐기는 오락을 장시간 보고 있는 것은 사치이기 때문에 허용할 수 없는 일이며, 업자가 반성하지 않으면 영화폐쇄도 가능하다고 하였다. 일본정부는 전쟁을 수행하기 위해서 전시체제하에서 오락도 국가적 유용성이 없으면 존속불가능하며, 인플레이션에 시달리는 일본국민에게 동아시아 지도자로서의 자각이 보이지 않는다고 하여, 국민인 관객이나 제작자에게 영화를 통한 의식개혁을 요구하였다.

또한 영화신체제가 형성되었다. 내무성은 제작남용을 방지하기 위해 제작편수를 제한하고 흥행형태의 변경을 요구했다. 이런 요구에 각 영화관련 업계는 1940년 8월 13일 내무대신과 협의하여 다음과 같은 제안을 하였다. 즉 상영시간은 1회 2시간 반으로 하고 뉴스영화와 단편문화영화는 시간외로 하며, 1941년 1월부터 극영화제작의 개봉은 원칙적으로 각사 1주에 1편으로 하고, 정월·일요일·제일(祭日)이외의 상영은 정오부터 오후10시까지로 할 것 등에 대한 제안을 내무성이 수용하였다. 그리고 영화필름이 배급제로 전환되고, 영화가 대중오락에서 국민문화재로 전환되어 영화잡지도 통제의 대상이 되었다. 1940년 말에는 내각정보부를 확대한 정보국을 내각에 설치하여 정보통제와 개발선전을 담당하는 관계로 문화행정도 담당하였다. 영화에 대한 개발선전은 제5부 제2과, 검열은 제4부 제1과에서 취급하였다. 영화법도 개정되어 새로운 영화법은 내무성과 문부성, 정보국 등의 관리 하에 들어갔다.

더욱이 국제사회와의 대립이 격화되고, 1941년 연합군이 ABCD포위망으로 일본에 경제제재를 가하자 영화에 대한 통제가 강화되었다. 1942년에는 영화상영에 대한 2계통(紅白)상영제가 실시되어 영화계는 대폭적으로 개편되었다. 영화제작은 쇼치쿠, 도호, 다이에이 등 삼사가 담당하고, 배급은 1942년 2월 설립된 사단법인 영화배급사가 하였다. 당시 전국 2,000여개 상영관 가운데 반수가 홍백 2계통으로 재편성되었다. 따라서 매주 장편극영화를 각 계통에서 1편씩 개봉하는 상영체제가 시작되었다. 각 계통에서 1번 상영관에서 20번상영관까지는 개봉영화를 상영하였지만 20번이외의 상영관은 구 영화를 상영하였다. 개봉영화는 극영화, 문화영화, 뉴스영화 등이었다. 극영화는 필름부족으로 1내지 2개월에 1편씩 개봉되었다. 양화관 32개와 방화관 98개로 영화관수가 감소하였다.

또한 1942년 내무성은 각 도도부현(都道府縣) 경찰부장에게 통첩을 내려 국민 <영화보급회>를 설치하도록 하였다. 단체관람은 국책영화를 국민에게 보이는 수단이 되었고 이미 학교에서도 실시하여 학생들의 애국심을 고취시키고 있었다. 문부성은 영화를 과외학습의 과제로 지정한 것을 계기로 단체관람을 쉽게 하기 위해 보급회를 만들었다. 1943년 말 35개의 도도부현에 보급회가 설치되어 6개 작품이 지정되어 학생들이 동원되었다. 또한 1943년 8월 국민사기 앙양과 생산력 증진을 위해 광산, 농어촌 등에 이동상영을 하기 위한 <일본이 동영사연맹>이 설치되어 활동을 개시하였다. 그 후 각도도부현의 지부에 해당되는 <지방영사연맹>이 설치되었고, 각지부의 회장도 각도도부현의 지사나 내정부장 또는 경찰부장이 담당하였다. 설치 9개월 후 상영회수는 3만회, 관람자수는 1,600만 명, 1944년 관람자수는 4,200만 명으로 전시하의 각종문화활동 중에서 가장 왕성한 활동을 보였다.

정부는 전세가 악화되자 국민생활을 통제하는 가운데 영화통제도 더욱 강하게 하였다. 1944년 2월 25일 「결전비상조치요강」에서 고급향락을 금지하고, 영화관을 포함한 대도시 번화가의 대규모극장을 1년간 폐쇄하였으며, 도쿄의 일부극장은 폐쇄되어 풍선폭탄의 제조공장으로 전용되었다. 그리고 공습으로 인한 화재를 방지하기 위해서 아사쿠사(淺草), 긴자(銀座), 신주쿠(新宿) 등 소재의 19개 영화관을 파괴하였다. 1944년 3월 내무성은 「흥행쇄신실시요령」을 통해서 문화영화의 강제상영을 철폐하였지만, 일본정신문화를 고양하는 것, 간소하고 경건하며 활달한 것, 전쟁을 수행하는데 필요한 질서건설을 촉진시키는 것, 전쟁 하에서 국민생활에 유리하게 하는 것이나 불건전한 것 제외 등의 조치를 내렸다. 그러나 본토공습의 전초전이었던 사이판 함락이 이루어지자 여론을 의식한 중신과 의회의 압력으로 도조(東條英機 : 1884-1948, 군인, 육군상, 헌병정치, 전시체제구축, A급전범사형됨)내각은 사퇴하고 고이소 쿠니아키(小磯國昭 : 1880-1950, 군인, 만주진출추진, 척무상, 수상, 전범종신형, 복역 중 사망)내각이 성립되어 언론지도방침을 재검토하였다. 일본의 패전에 따라 일본영화는 암흑시대에서 자유시대로 접어들게 되었지만 미군정의 영화정책으로 또 다른 검열을 받는 시기로 전환된다.

Ⅲ 제국화기의 감독과 영화

■■ 1. 제국화기의 감독과 영화 1

제국화기는 자유로운 문화활동보다는 의도되고 강제되는 문화활동을 하던 시기였고, 일본영화가 무성영화에서 유성영화로 전환되는 시점이었으며, 대외적으로 만주사변이 일어난 후 각종전쟁을 수행하는 가운데 국제사회와 전쟁을 하는 시기였다. 특히 이시기의 일본영화는 의도적인 목적과 정책에 의해서 통제되었지만 질적인 성장과 양적인 팽창으로 비약적인 발전을 하였다. 지식인을 중심으로 영화인이 양성되고 외부와의 단절을 통해서 일본영화가 특징을 갖고 발전하게 된다. 따라서 일본영화가 일본적인 모습을 나타낸 시기이며, 동시에 영화사에서 보면, 가장 암울한 시대이기도 하였다. 그것은 영화작업이나 표현이 제한되는 데서 온 것이었다. 따라서 영화인들은 국가와 개인, 국익주의와 사익주의, 통제주의와 자유주의, 군국주의와 반군국주의 등과 같은 모순된 가치와 사상 속에서 살아야 하는 특이한 경험을 하였고, 현실 속에서도 영화적인 삶을 살아야 했다.

제국화기의 대표적인 감독은 다이쇼와 쇼와초기에 활약했던 감독과 새롭게 등장한 감독이 있다. 예를 들면, 기누가사 데이노스케(衣笠貞之助), 미조구치 겐지(溝口健二), 시마쓰 야스지로(島津保次郎), 이토 다이스케(伊藤大輔), 시미즈 히로시(清水宏), 도요다 시로(豊田四郎), 기무라 소토지(木村莊十二), 요시무라 코자부로(吉村公三郎), 가메이 후미오(龜井文夫), 구로사와 아키라(黑澤明) 등 많은 감독이 활약하였고, 그들에 의해서 작품이 만들어졌다. 이들 감독은 패전 후 일본영화를 세계적인 영화로 발전시키는데 크게 기여하게 된다. <표3>은 제국화기의 감독과 영화를 나타낸 것이다.

<표3> 제국화기의 감독과 영화 1

감 독	작 품	특 징
衣笠貞之助 (기누가사 데이노스케)	黎明以前(31), 生き殘った新選組(32), 忠臣藏(32), 二つ燈籠(33), 一本刀士俵人(34), 雪之丞變化(35), 大阪夏の陳(37), 川中島合戰(41)	시대극
溝口健二 (미조구치 겐지)	しかも彼等は行く(31), 滿蒙建國の黎明(32), 瀧の 白絲(33), 祇園祭(33), 神風連(34), 折鶴お千(35), マリアの雪(35), 虞美人草(35), 浪華悲歌(36), 祇 園の姉妹(36), 愛怨峽(37), あゝ故鄉(38), 殘菊物語 (39), 浪花女(40), 藝道一代男(41), 元祿忠臣藏· 前篇/後篇(41-42)	멜로드라마
島津保次郎 (시마쓰 야스지로)	愛よ人類と共にあれ(31), 上陸第一步(32), 嵐の中 の處女(32), 隣の八重ちゃん(34), お小夜戀姿(34), その夜の女(34), 私の兄さん(34), お琴と佐助(35), 家族會議(36), 朱と綠(37), 婚約三羽烏(37), 淺草 の燈(37), 兄とその妹(39), 光と影(40), 白鷺(41), 闘魚(41), 綠の大地(42), 日常の戰ひ(44)	홈드라마
伊藤大輔 (이토 다이스케)	御誂治郎吉格子(31), 一殺多生劍(31), 丹下左膳 (33), お六櫛(35), 新納鶴千代(35), 鞍馬天狗(42), 二刀流開眼(43), 決闘般若坂(43)	시대극영화

미조구치 감독의 ≪瀧の白絲≫(폭포의 면사포, 33)에서는 도쿄대(東京大)에 들어가고 싶어 하는 청년이 있었는데 여자 수예자(水藝人)가 정성을 다해 도움을 주어 원하던 도쿄대에 들어가는 이야기로 진행된다. 그는 여자의 도움으로 원하던 대학에 들어가 출세하기 위해서 법을 공부한다. 그런 가운데 그녀는 학자금을 대주기 위해서 많은 노력을 하지만 제대로 뒷바라지를 하지 못하게 된다. 그러자 자기도 모르게 돈을 마련하기 위해 살인을 하게 되어 체포된다. 대학에 들어가 열심히 공부를 한 청년은 대학을 졸업하고 당시 모두가 부러워하는 검사가 된다. 그러나 그는 검사로서 활동하는데 피고가 된 여자 수예자의 죄를 묻게 되는 입장에 서게 된다. 살인을 한 그녀에게 사형이 내려지자 청년은 양심의 가책을 받아 자살을 한다.

그리고 ≪折鶴お千≫(종이학 천 마리, 35)는 학문에 뜻을 둔 청년의 애인이

자 보호자인 여성이 그의 출세를 위해 희생을 하는 것을 그렸다. 또한 미조구치는 ≪マリアの雪≫(마리아의 눈, 35)에서 윤락녀가 무상의 애정으로 남성을 위기로부터 구하는 내용을 표현하였다. 그리고 ≪浪華悲歌≫(나니와 엘레지, 36)에서는 아버지의 횡령과 오빠의 학자금으로 나락에 떨어져가는 가정을 가냘픈 여성이 구해내려고 분투하지만 가족으로부터도 아무런 감사나 위로의 말도 듣지 못하는 냉랭한 가족이야기가 그려져 있다. 또한 미조구치의 대표작 중의 하나인 ≪殘菊物語≫(늦게 핀 국화이야기, 39)는 주인의 아들을 사랑하여 출세시키고 떠나는 여인의 애절한 헌신과 삶을 그렸다.

이처럼 미조구치는 근대화되어 가는 일본사회와 가정에서 한 여성이 남성과 가정을 위해서 일방적으로 헌신하고 노력하는 이야기를 영화에 풍부하게 담아내었다. 그 이면에는 출세주의라는 그 시대를 살아가는 사람들이 공감한 목표가 있다. 일본사회는 근대화이전에 신분사회로서 탄생과 동시에 자기의 현실적 운명이 정해진다. 그런 운명 속에서 사는 것을 거부할 수 없을 뿐 아니라 대대로 전승되고 계승되었다. 질곡에서 벗어나고 싶어도 할 수 있는 수단이 제한되어 있었다. 그러나 근대사회에서는 운명을 바꿀 수 있는 다양한 수단과 제도가 마련되어 있어 사회이동과 출세가 가능하다. 일본인은 세습되어 온 운명을 바꾸기 위해서 대학이라는 엘리트과정을 거치거나 돈을 벌어 남보다 우월한 사회적 지위를 얻으려고 하였다. 그런 흐름이 출세주의로 나타난 것이다. 출세하기 위해서는 공부를 하는 사람과 지원해주는 사람이 필요하였다. 대부분의 가정은 그런 책임을 질만한 환경이 되지 못하였다. 따라서 가정에서는 동생이나 오빠를 위해서 누이나 여동생이 희생해야 했다. 또한 사회에서는 사랑하는 남성의 출세를 위해서 여성이 희생을 해야 했다. 이런 통로를 통해 근대화되는 과정과 제국화기에 팽배했던 출세주의가 해소되었던 것이다. 미조구치는 일본사회가 갖고 있는 출세주의에 매몰되어 가는 기구한 남녀간의 운명과 가족간의 숙명을 영화를 통해서 표현하였다.

시마쓰 감독이 만든 ≪隣の八重ちゃん≫(이웃의 아시게, 34)는 홈드라마의 표본이라고 할 수 있다. 이것은 평범한 샐러리맨 가정에서 벌어지는 일상을 재미있게 꾸민 영화이다. 도쿄의 한 시타마치(下町)에 단독 주택 두 집이 나란히 있다. 한 집에는 오히(大日方傳)라는 대학생과 중학생(磯野秋雄)이 살고 있다. 그들은 야구 연습을 하다가 때때로 볼로 이웃집 유리창을 깨기도 한다. 그러나

그 옆집에 사는 여학생 야시게(八重:逢初夢子)는 야구놀이를 하다 창을 깨기 때문에 그들의 야구놀이에 불만을 갖고 있다. 그럼에도 불구하고 오히(方傳)는 가끔 그 여학생이 사는 집에 놀러가 밥을 얻어먹기도 한다. 그 과정에서 오히와 야시게는 오누이처럼 친한 사이가 되었다. 그 둘은 이웃집에 사는 오누이처럼 보였지만, 여학생이 부인역할을 하듯이 오히에게 다정하게 하고 그도 역시 그녀에게 다정하게 대하여 부부와 같은 사랑과 연민의 정을 느끼는 관계가 되었다. 그러나 직접 포옹하거나 성적인 관계를 하는 것은 아니었다. 당시는 남녀교제에 대한 세상의 감시가 심했던 시대로 대학생이 여학생과 대화하는 것은 쉬운 일이 아니었다. 특히 영화에서는 그와 같은 애정표현이 검열에 걸려 제한되었다.

<표4>는 국제화기의 감독과 영화를 나타낸 것이다. 대표적인 감독은 시미즈 히로시(淸水宏), 고쇼 헤이노스케(五所平之助), 다사카 도모다카(田坂具隆), 아베 유타카(阿部豊), 노무라 히로쇼(野村浩將), 시부야 미노루(澁谷實) 등이 있다[7].

<표4> 제국화기의 감독과 영화 2

감 독	작 품	특징
淸水宏 (시미즈 히로시)	不壞の白珠(29), 港の日本娘(33), 大學の若旦那(33), 戀愛修學旅行(34), 彼と彼女と少年達(35), 有りがたうさん(36), 花形選手(37), 風の中の子供(37), 按摩と女(38), 家庭日記(38), 子供の四季(39), 花ある雜草(39), ともだち(40), みかへりの塔(41), 團栗と椎の實(41), 簪(41), サヨンの鐘(42)	시대극, 아동영화
五所平之助 (고쇼 헤이노스케)	マダムと女房(31), 天國に結ぶ戀(32), 花嫁の寢言(33), 伊豆の踊子(33), 愛撫(33), 生きとし生けるもの(34), 人生のお荷物(35), 新道(35), 朧夜の女(36), 花籠の歌(37), 木石(40), 新雪(42), 五重塔(44), 伊豆の娘たち(45)	휴머니즘 표현
田坂具隆 (다사카 도모다카)	心の日月(31), 春と娘(32), 月よりの使者(34), 明治一代女(35), 追憶の薔薇(36), 眞實一路(37), 五人の斥候兵(38), 路傍の石(38), 爆音(39), 士と兵隊(39), 母子草(42), 海軍(43)	국책영화

---

7) 아베 유타카 감독의 ≪太陽の子≫(태양의 아들, 38)은 홋카이도(北海道)의 평야에 불량소년들이 함께 노동을 하면서 그들을 지도하고 있는 남자를 주인공으로 한 영화이다.

阿部豊 (아베 유타카)	太陽の子(38), 燃ゆる大空(40), 南海の花束(42), あの旗を撃て(44)	전쟁영화
野村浩將 (노무라 히로쇼)	愛染かつら(39), 續愛染かつら(40)	연애영화
澁谷實 (시부야 미노루)	ママの縁談(37), 母と子(38)	홈드라마

시미즈(淸水宏 : 1903-66)는 다이쇼 10년 쇼치쿠(松竹) 가마타(蒲田) 촬영소에 들어가 감독이 되었다. 그는 시대극, 희극, 멜로드라마 등에서 능력을 발휘하였지만 이후에 아동영화에 몰입하였고 전후에는 어린이를 소재로 하는 영화를 만들었다. 그러나 사회문제를 고발하거나 참여하는 사회파 영화를 만들지 않았다. 그런 가운데서도 잡기의 미를 살리는 특이한 휴머니즘(humanism)을 발휘하였다. 그는 옛날 조선에서 사용하던 보통의 밥그릇을 제1급의 미술품으로 평가하기도 하여 예술품에 대한 조예가 깊었다. 그가 만든 ≪有りがたうさん≫(고마운 사람들, 36)에서는 당시 매우 드물게 재일조선인이 유랑하는 모습을 그렸다. 특히, 조선에 건너가서 단편 아동영화를 만들어 걸작으로 평가받은 작품이 ≪ともだち≫(친구, 40)이다. 그가 영화에 약간씩 재일조선인 등을 다룬 것은 식민지정책에 대한 지식인으로서의 역할을 담당하지 못한데서 오는 간절함이 있었다. 시미즈는 비특권적인 시각에서 휴머니즘적인 미를 추구하고 표현하였다. 특히 그는 전쟁기에도 불구하고 군국주의를 지지하거나 찬양하는 영화를 만들지 않았다는 점에서 매우 드문 감독이라고 할 수 있다.

다사카(田坂具隆) 감독은 ≪月よりの使者≫(달에서 온 사자, 34), ≪明治一代女≫(메이지 일대녀, 35), ≪追憶の薔薇≫(추억의 장미, 36) 등과 같은 작품을 통해서 감미로운 멜로드라마를 만들었다. 그리고 야마모토 유조(山本有三 : 1887- 1974, 소설가, 아쿠타가와와 함께 제3차 신사조 창건)의 원작인 『眞實一路』(진실일로, 37)와 『路傍の石』(길가의 돌, 38)을 영화로 만들어 인도주의적 감독으로 평가받은 동시에 일류영화감독으로서의 지위를 확보하였다. 그러나 전쟁 중에는 ≪五人の斥候兵≫(5인의 척후병, 38), ≪土と兵隊≫(국토와 군인, 39), ≪海軍≫(해군, 43) 등과 같이 전의를 고양시키는 영화를 만들어 제국주의를 부추기는 역할을 하였다. 그런 작품들은 문부성이 추천하는 특선작으로

선정되어 학생들이 단체로 관람하는 선전영화의 성격을 띠었다. 그는 초기에
멜로드라마를 중심으로 영화를 만들었지만 전쟁이 진행되면서 국가정책에 협조
하기 위해 전의를 부추기는 국책영화를 만들었다. 다사카 감독은 실제로 태평
양전쟁말기 병사로 히로시마(廣島)에 근무하다 원자폭탄에 피폭되어 전후에는
병상에 누워 세월을 보냈다.

노무라(野村浩將) 감독이 만든 영화 ≪愛染かつら≫(애염다발, 39)은 전전
에 최대 히트를 친 전설적인 연애영화이다. 이 영화는 연애당사자가 만나게 하
면 해피 엔딩으로 끝날 수 있음에도 불구하고 사정이 중복되거나 우연히 만날
수 없게 하여 남녀간의 애타는 사랑을 그렸다. 그런 안타까운 이야기와 장면을
지속적으로 반복시켜 끌어가는 형식을 빌었다. 여자주인공은 어린 아이를 가진
미망인으로 아이를 언니에게 맡기고 병원에서 간호사로 일한다. 병원규칙에 간
호사는 독신이어야 한다는 규칙이 있었다. 그녀는 아이가 있다는 사실을 숨기
고 일을 하지만 어느 날 동료들에게 발각되고 만다. 그 사정을 이야기하자 동
료들은 이해해 주었다. 병원의 독단적인 인권탄압에 대해서 간호사들은 반대를
하지만 간호사로 일을 하려면 병원규칙에 따라야 했다. 이 영화는 그런 구속적
인 상황에서 당당하게 일하는 여성을 그렸고, 봉건적인 고용주에 대해서 일하
는 여성들의 정당한 권리를 주장하는 면을 그렸다.

시부야(澁谷實 : 1907-1980)는 쇼치쿠 가마타 촬영소에 들어가 1937년 감독
이 되었다[8]. 그가 만든 ≪母と子≫(어머니와 자식, 38)은 예술성을 매우 높게
평가 받은 소시민영화이다. 이 영화는 돈 많은 실업가의 첩으로 사는 여성과
그 딸에 대한 이야기이다. 주인공인 딸은 자기 아버지에게 기대려는 듯한 마음
을 버리고 자부심이 강한 여성으로 살아갈 것을 결심한다. 어머니가 첩인 까닭
에 자주성을 잃고 살아가고 있는 것을 목격하고 그녀는 어머니와 같은 삶의
방식에서 벗어나 자아를 소중히 하는 삶을 살려고 한다. 종래의 여성영화는 아
름답고 예쁜 이미지를 통해서 자기를 희생하는 방식으로 그려냈는데 비해 이
영화는 총명하고 이성적인 자아를 가진 여성을 그리고 있는 특징이 있다. 이런
경향은 요시무라 코자부로(吉村公三郎)의 ≪暖流≫(난류, 39), 시마쓰(島津保

---

8) 그는 전후에 ≪自由學校≫(자유학교), ≪てんやわんや≫(덴야완야), ≪現代人≫(현대인),
   ≪氣違い部落≫(이상한 부락) 등을 만들었다.

次郎)의 ≪鬪魚≫(투어, 41) 등으로 이어지게 된다. 이런 작품들은 전쟁 중임에도 불구하고 여성에 대한 자아고찰을 하였다는 데 가치가 있다. 여성의 자아 확립문제는 메이지와 다이쇼 이래 여성해방운동가에 의해서 추진되었지만 전쟁 중에 그런 주제로 영화가 만들어진 것은 드문 것이다. 그 배경에는 전쟁이 진행되는 총동원체제제하에서 여성도 현명하게 일을 하고 국가에 도움을 주는 존재로 부각시키는 분위기가 있었다. 따라서 영화에서 자연스럽게 여성의 자아를 고취시키는 문제를 주제로 할 수 있었다.

<표5>는 제국화기에 활동한 감독과 영화를 나타낸 것이다. 그 중에서 마키노 마사히로(マキノ雅弘), 우치다 토무(內田吐夢), 오즈 야스지로(小津安二郎), 야마나카 사다오(山中貞雄), 나루세 미키오(成瀨己喜男) 등이 황성하게 활동하였다.

<표5> 제국화기의 감독과 영화 3

감 독	작 품	특 징
マキノ雅弘 (마키노 마사히로)	白夜の饗宴(32), 淸水港(39), 鴛鴦歌合戰(39), 昨日消えた男(41), 待って居た男(42), 婦系圖(42), ハナ子さん(43)	상업영화
內田吐夢 (우치다 토무)	人生劇場(31), 仇討選手(31), 警察官(33), 人生劇場靑春篇(36), 生命の冠(36), 裸の町(37), 限りなき前進(37), 東京千一夜(38), 土(39), 鳥居强右衛門(42)	리얼리즘
小津安二郎 (오즈 야스지로)	淑女と髥(31), 東京の合唱(31), 生れてはみたけれど(32), 靑春の夢いまいづこ(32), また逢ふ日まで(32), 東京の女(33), 非常線の女(33), 出來ごころ(33), 母を戀はずや(34), 浮草物語(34), 東京の宿(35), 一人息子(36), 淑女は何を忘れたか(37), 戶田家の兄妹(41), 父ありき(42)	소시민 영화
山中貞雄 (야마나카 사다오)	磯の源太・抱寢の長脇差(32), 小判しぐれ(32), 口笛を吹く武士(32), 帶解け佛法(32), 小笠原壹岐守(32), 薩摩飛脚・解決篇(33), 盤獄の一生(33), 鼠小僧次郞吉(33), 風流活人劍(34), 雁太郞街道(34), 國定忠治(35), 丹下左膳余話・百萬兩壺(35), 關の彌太っぺ(35), 街の入墨者(35), 下內山宗俊(36), 森の石松(37), 人情紙風船(37)	영웅주의 영화

成瀬己喜男 (나루세 미키오)	チャンバラ夫婦(29), 腰弁頑張(31), チョコレートガール(32), 生さぬ仲(32), 君と別れて(33), 夜ごとの夢(33), 限りなき舗道(34), 乙女ごころ三人姉妹(35), 妻よ薔薇のやうに(35), 噂の娘(35), 桃中軒雲右衛門(36), 鶴八鶴次郎(38), はたらく一家(39), 旅役者(40), 上海の月(41), 秀子の車掌さん(41), 歌行燈(43)	풍속영화

　우치다(內田吐夢) 감독의 ≪人生劇場≫(인생극장, 31)은 유성영화의 형태를 갖춘 문예영화로 만들어져 당시에 문예영화가 유행하는 계기가 되었다. 다이쇼기의 학생은 엘리트 중의 엘리트였다. 따라서 영화에서는 대학교나 대학생에 대한 소재를 선호하였다. 이 영화는 학원분쟁을 다룬 영화이지만 사상투쟁과 같은 정치적 대의명분을 갖고 투쟁하는 것이 아니라 총장 부인의 동상을 세우기보다는 교수의 동상을 세워야 한다는 주장을 둘러싼 학원분쟁을 다룬 영화이다. 해학적이지만 본인들은 장대한 마음을 가지고 있었고, 실제로 여기에 나온 인물들은 사회주의운동에서 중요한 역할을 했던 인물들이다. 다른 한편으로는 어린이 풍의 낭만주의적 요소가 잘 표현되고 있다. 또한 ≪生命の冠≫(생명의 관, 36)은 일본영화로는 처음으로 노동자와 경영자라고 하는 기업구성원을 모델로 한 것으로 그들 간의 문제를 정면에서 다룬 작품이다. 이 영화는 전전 치시마(千島)가 일본영토였던 시기의 이야기로 기업가의 도덕성을 치밀하게 그려내고 있는 특징이 있다.

　우치다 감독의 ≪限りなき前進≫(끝없는 전진, 37)은 제2차 세계대전 이전 샐러리맨의 고통과 인내를 그린 영화이다. 당시 노동자들은 노동조합에도 속하지 못하고 노동기준법에 의해서도 보호받지 못하였다. 따라서 불경기가 되면, 이유 없이 해고당하는 상황이어서 회사와 상사에게 비굴하게 굴어 생존해야 했다. 이 영화의 주인공은 새집을 짓고, 딸을 시집보내야 하며, 아들의 학비를 대야하고, 또한 정년제가 도입되는 등 미래와 노후를 걱정해야하는 매우 복잡하고 불안한 상황에서 힘들게 일을 하고 있다. 그러나 그는 매일 긍정적이며 적극적으로 살려고 노력하면서 동시에 젊은이에게 훈계도 하며 건전하게 살고 있다. 그러던 어느 날 퇴근시간에 동료하고 요리집에 들러 즐겁게 먹고 마시는 가운데 노래를 부른다. 평소와는 다르게 광란적으로 행동을 하기 때문에 동료

들은 머리가 어떻게 된 줄 알았다. 할 수없이 동료들은 가족에게 연락하여 딸과 예비사위가 와 집으로 데려간다. 그 이후 그는 정신병원에 입원하게 된다. 이 영화는 정기와 광기가 미묘하게 혼재되어 있는 영화로 당시 사회인으로서 노동자로서 불안한 삶을 사는 시대적 상황을 잘 나타내고 있다.

오즈(小津安二郎)의 작품 ≪出來ごころ≫(성숙한 마음, 33)에 등장하는 기하치는 도쿄의 맥주공장에서 일하는 노동자로 초등학생인 아들이 있다9). 이웃에 사는 지로라는 잘 생긴 남자와 형체처럼 지내는 사이이다. 기하치는 지로와 만담을 구경하고 돌아오는 중에 실직상태로 어려움에 처해있는 젊은 여자를 우연히 만나 대중식당에서 일하게 소개해주고 뒤를 바 주게 된다. 그는 그 젊은 여자에게 빠져 식당을 드나들다 주위에 소문이 나고 만다. 아버지에 대한 소문을 싫어하는 아들이 아버지가 소중히 해온 분재를 깨버리자 아버지는 아들을 야단친다. 그 과정에서 아들의 기분을 알게 된다. 또한 그녀에게 빠진 사람이 친구인 지로라는 사실을 알게 되자 기하치는 두 사람을 연결시키기 위해 그 여자를 포기한다. 이 영화는 그처럼 서민들이 사는 동네에서 인정 넘치는 분위기를 잘 그려내고 있다. 또한 ≪父ありき≫(아버지의 존재, 42)는 문부성추천 작품으로 전에 교사였던 아버지와 교사가 된 아들간의 효를 주제로 부자간의 가족애를 잘 그렸고 또한 교사가 갖고 있는 천직성을 그려낸 작품이다.

야마나카(山中貞雄 : 1909-38)감독은 같은 학교 상급자였던 마키노 마사히로(マキノ雅弘)에게 부탁해서 마키노(マキノ)영화사에 입사하였다. 1932년 제1작으로 ≪磯の源太・抱寝の長脇差≫(물가의 겐타, 32)로 감독 데뷔하여 좋은 평판을 얻었다. 1936년에는 도쿄의 PCL에 적을 두고 작품 활동을 하였다. 또한 ≪國定忠治≫(구니사다 추지, 35, 구니사다는 에도시대의 협객으로 도박꾼의 보스가 됨. 살상, 도박, 관공서파괴 등으로 체포되지만 후에 영웅호걸로 각종 강담 등에 등장하게 됨), ≪丹下左膳余話・百萬兩壺≫(단게사젠 여화, 35, 단게사젠은 林不亡의 소설에 나오는 주인공으로 한쪽 눈과 한쪽 팔을 가진 검객), ≪關の彌太っぺ≫(관의 야탓페, 35), ≪街の入墨者≫(거리의 인묵자, 35), ≪河內山宗俊≫(가와우치야마 무네준, 36), ≪森の石松≫(숲속의 석송, 37), ≪人情紙

---

9) 그는 ≪喜八物≫(기하치 모노)라는 희극을 만들었다. 주인공 기하치라는 중년남자는 이후 ≪男はつらいよ≫(남자는 괴로워)라는 시리즈에 등장하는 도라상(虎さん)의 원조격이 되었다고 할 수 있다.

風船≫(인정지풍선, 37) 등과 같은 작품을 짧은 기간에 만들어 냈다. 그의 작품은 시대극임에도 불구하고 오락성이 풍부한 상업영화였지만, 예술적으로 높은 수준을 유지하고 있는 특징이 있다. 1936년 군대에 소집되고 일중전쟁 당시 중국전선에서 전사하였다.

나루세(成瀨己喜男 : 1905-69, 쇼치쿠 가마타 촬영소에 입사, 고쇼 헤이노스케에게 사사받음)는 쇼치쿠 가마타 촬영소의 소도구 담당자로 취업하고 나서 조감독 수업을 받아 감독이 되었다. 그는 ≪チャンバラ夫婦≫(잔바라 부인, 29)으로 감독데뷔하고 풍속묘사를 중심으로 한 영화를 만들었다. 그러나 사회적 테마를 전면에 내세운 작품은 거의 실패하고 훌륭한 영웅을 그린 영화도 거의 없다. 그는 특별한 인물을 그리기 보다는 결점 투성이인 평범한 인물의 일상생활에서 오는 희로애락을 섬세하게 그려내었다. 그의 ≪妻よ薔薇のやうに≫(아내여 장미처럼, 35)에서 여주인공 기미코(君子)는 도쿄에서 어머니와 같이 살고 있다. 아버지는 시골에서 첩과 함께 살고 있어 집에 오지 않는다. 가끔가다 기미코는 아버지를 도쿄로 불으려고 노력하고 있다. 기미코는 첩으로 살 고 있는 아이코(合子)를 악녀로 생각하고 있다. 그러나 실제로 만나보니 무지하지만 좋은 여자였다. 기미코는 아이코가 자기 어머니에 대해 죄송하게 생각하고 있으며, 아버지에게 최선을 다하고 있고, 도쿄의 자기 집에 생활비를 꼬박꼬박 보내준다는 사실을 알게 된다. 또한 기미코가 학교를 졸업할 수 있었던 것이 아이코의 덕이라는 사실도 알게 된다. 그리고 시골에는 이복동생이 있고 그들은 가난하지만 온화한 가정을 꾸미고 있었고 아버지에 대해서 만족하고 있다는 것을 알았다. 그런 사이에 그들에 대해 감사하는 기분마저 들었다. 기미코는 자기 어머니가 가수이며 동시에 교양이 있고 귀족풍으로 아버지와는 안 어울린다고 생각하고 있다. 이런 복잡한 환경 속에서 아버지는 결단을 내리지 못하고 이중살림을 하며 살고 있다. 기미코는 어머니와 아버지의 첩 그 누구에게도 탓하는 말을 할 수 없다는 기분이 들었고, 또한 시비에 대한 판단을 내릴 수 가 없었다.

그런 형태의 결론을 내리는 것이 나루세 감독이 만든 영화에 나타난 특징이라고 할 수 있다. 이 영화는 한 가정이 다양한 요인에 의해 모순된 삶을 살아가고 있는 모습을 그리고 있다. 그 과정에서 어느 것이 옳고 그르다는 가치판단을 내지기가 어려워지는 사회에 살아가게 된다는 점을 부각시켜 당시 일본사회의 실상을 파헤쳤던 것이다. 아버지와 어머니간의 성격과 삶의 방식에 대한 차이, 결혼하면 같이 살아야 하다는 전통가치와 맞지 않아 어쩔 수 없이 다른 삶을 선택하는 과정에서 생긴 계모와 생모간의 갈등, 조강지처와 첩 사이에서 이중으로 살아가는 아버지의 모순, 그 복잡한 가족 사이에서 살아가는 딸의 갈등 등과 같은 문제가 노출되고 있다. 이 영화는 일본사회에 존재하는 가정 가운데 어떤 특수한 가정을 상정해서 그려내고 있는 것처럼 보이지만 실제로 전통적 가치의 굴레 속에 살면서 안고 살아가는 가정의 문제를 정면으로 다루고 있다는데 가치가 있다.

■■ 2. 제국화기의 감독과 영화 2

태평양전쟁이 시작된 1931년부터는 국가나 국민의 에너지가 전쟁을 수행하는데 집중하게 되었다. 따라서 승패를 거듭하는 과정에서 정치체제, 경제체제, 사회문화체제 등도 변할 수밖에 없었다. 정치적으로는 군부가 권력을 장악하여 전쟁정치를 하였고, 경제적으로는 전시경제정책을 추진하는 가운데 군사기업이 성장하였고 물자와 인원도 부족하여 국민생활이 어려움에 처했다. 사회문화적으로는 국민의 전의를 고양시키고 애국심을 촉진시키는 전시사회문화정책을 적극적으로 추진하였다. 이런 전시체제 하에서 일본정부와 군부는 국책을 선전하고 국민의식을 정화하는 국책영화를 만들도록 엄격하고 강하게 요구하였다. 따라서 인감미가 넘치는 영화가 만들어지기 어려운 시기였다. 그럼에도 불구하고 예를 들면, 이나가키 감독의 ≪無法松の一生≫(무호마쓰의 일생, 43), 오즈 감독의 ≪夫ありき≫(아버지의 존재, 42), 구로사와 감독의 ≪姿三四郎≫(스가타산시로, 43) 등은 문화적으로 불모지였던 시기에 만들어진 예술적이며 인간미 넘치는 작품이라는 평가를 받고 있어 영화사적으로도 큰 의의가 있다.

다음 <표6>은 제국화기의 감독과 영화를 나타낸 것이다. 이들은 쇼와기 전부터 활동한 감독으로 이나가키 히로시(稲垣浩), 야마모토 가지로(山本嘉次郎),

도요다 시로(豊田四郞), 기무라 소토지(木村莊十二), 요시무라 코자부로(吉村公
三郞) 등이 활약하였다.

<표6> 제국화기의 감독과 영화 4

감 독	작 품	특 징
稻垣浩 (이나가키 히로시)	瞼の母(31), 元祿十三年(31), 彌太郞笠(32), 旅は靑空 (32), 關の彌太っぺ(35), 大菩薩峠・甲源一刀流の卷 (35), 股旅一千夜(36), 小市丹兵衛(37), 海を渡る祭祀 (41), 江戶最後の日(41), 宮本武藏一乘寺決鬪(42), 無 法松の一生(43), 浪火は上海に揚る(44)	反骨精神
山本嘉次郞 (야마모토 가지로)	坊っちゃん(35), エノケンの近藤勇(35), 吾輩は描で ある(36), エノケンのちゃっきり金太(37), 良人の貞 操(37), 綴方教室(38), エノケンの孫悟空(40), 馬(41), ハワイ・マレー沖海戰(42), 加藤隼戰鬪隊(44), 雷擊隊 出動(44)	멜로영화 리얼리즘 전쟁영화
豊田四郞 (도요다 시로)	彩れれる唇(29), 若い人(37), 泣虫小僧(38), 冬の宿 (38), 鶯(38), 奧村五百子(40), 小島の春(40), 大日向村 (40), わが愛の記(41), 若き姿(43)	문예영화 애국영화
木村莊十二 (기무라 소토지)	河向ふの靑春(33), ほろよい人生(33), 放浪記(35), 兄 いもうと(36), 彦六大いに笑ふ(36), からゆきさん (37), 新選組(37), 揚子江艦隊(39), 海軍爆擊隊(40)	프로키노 문예영화 전쟁영화
吉村公三郞 (요시무라 코자부로)	ぬき足さし足・非常時商賣(34), 暖流(39), 西住戰車長 傳(40), 間諜未だ死せず(42), 南の風(42), 決戰(44)	리얼리즘 자유주의

이나가키(稻垣浩) 감독의 ≪無法松の一生≫(무호마쓰의 일생, 43)에서 주인
공 무호마쓰(無法松)는 이와시타(岩下俊作)의 소설 『富島松五郞傳』(도미시마
마쓰고로뎅)에서 등장하는 주인공이다. 그는 북규슈(北九州)에서 인력거를 끄는
폭력배로 무호마쓰라고 불렸다. 글도 모르는 무학자로 사회의 최 하층민과 희
로애락을 함께 즐기는 사람으로 조금도 비굴하지 않게 살아가는 메이지(明治)
의 서민이다. 그리고 부모와 형제, 처와 자식도 없는 천애 고아이다. 그는 싸움
을 잘하지만 정이 많고 전통적인 공동사회에서 근대적인 도시사회로 전환되는

시기에 살고 있는 전형적인 서민이었다. 무호마쓰는 요시오카(吉岡)라는 육군대위의 아들인 어린 아이와 알게 된다. 대위가 갑자기 병으로 죽자 미망인이 아들을 부탁한다는 의뢰를 받고 요시오카 미망인 집에 들어가 살게 된다. 그는 아이에게 싸우는 방법과 마쓰리(祭り) 등에서 북치는 것 등을 보이기도 하고 가르쳐 주기도 한다. 그는 요시오카의 아들에 대한 애착이 요시오카 미망인에 대한 사랑이라는 것을 인식한다. 드디어 그는 미망인에게 연민의 정을 갖고 있다고 고백한 후 그런 자기의 마음이 의롭지 못하다고 하여 고민을 한다. 이 장면은 제국군인의 미망인을 인력거 끄는 미천한 사람이 사랑하는 것이 미풍양속에 어긋나고 전장에 있는 군인을 불안하게 한다고 하여 커트했던 부분이다[10].

이 영화에서 이나가키 감독은 천애 고아가 서민적이지만 인간미를 갖고 정의와 연민의 정을 발휘하는 부분을 크게 강조하고, 다양한 배경을 통해서 당시의 사회상과 생활상을 보여주고 있다. 우선 군인과 민간인, 장교와 인력거인부 등에서는 국가를 위해 충성하는 사람과 그렇지 못한 사람간의 대비가 이루어지고 있다. 따라서 그들은 어울릴 수 없는 사이로 사회적 격차를 갖고 살아가야만 한다는 것을 의미한다. 또한 미망인이라는 설정은 신분과 교양을 갖춘 여성이 남편을 잃은 아픔과 기능부전으로 가정과 사회에 적응하는데 어려움을 겪고 있는 존재로 누군가의 도움이 필요한 상황을 그리고 있다. 그에 비해 떠돌이는 아무런 미련 없이 마음이 머무는 곳에 마음을 놓고 살아갈 수 있는 존재이다. 이런 설정은 둘이 만나야 하는 필연성을 말하고 있다. 사회통념상 이루어질 수 없는 사이이지만 남자는 동경의 대상이 되는 미망인에 대한 연민의 정과 사랑에 끌려 사회적 계층과 신분적 고저를 초월하려고 한다. 떠돌이의 인간미를 느끼게 하는 것은 미망인에 대한 정보다는 아버지를 잃은 어린아이에게 자식처럼 걱정하고 가까이에서 보살피는 장면이다. 이 영화는 신분의 차이를 초월해서 존재하는 인간미를 표현하고 있지만, 사회적 질서를 깨는 것으로 볼뿐 아니라 미풍양속에 어긋나며 전쟁에 나가 있는 군인들에게 불안감을 안겨준다는 이유로 반사회적 영화로 규정되었다. 이런 점은 당시의 사회상과 시대상을 직간접적으로 함의하고 있다는데 가치가 있다. 또한 이나가키 감독의 ≪海を渡る祭祀≫

---

10) 미군점령기에 다시 만들어진 영화에서는 중학생과 사범학교 생의 집단싸움과 기원제(祇園祭)에서 북을 두드리는 무호마쓰의 모습이 나오고 옛날 군가가 흘러나온다고 하여 미군정은 다시 이 부분을 삭제하도록 하였다.

(바다 건너기 축제, 41)는 전시 중에 만든 작품으로 무호마쓰의 이야기와는 다른 것이다. 에도 말기 가쓰 가이슈(勝海舟 : 1823-1899)가 관군과 조정에 대한 막부의 저항을 저지시키는 이야기를 다루고 있다[11]. 일본의 근대화가 진행되는 시기인 막말은 막부와 신세력이 대립하는 가운데 전쟁전야와 같은 혼란기이며 불안한 시기였다. 가쓰 가이슈나 사카모토 료마는 그런 불안을 해소하는데 크게 기여한 인물이다. 전쟁기에 이런 영화를 만든 것은 막말에 발생한 근황사상과 연결되고 있다고 할 수 있다. 이 영화는 간접적으로 일본군국주의와 천황사상을 고취시키는 역할을 하고 있는 애국영화이다. 이처럼 영화인 이나가키는 시대가 요구하는 지식인의 책무와 국가적 상황이 요구하는 영화인의 임무사이에서 혼동을 하면서 휴머니즘적 영화와 애국주의적 영화 사이를 오가는 예술인으로 살아야만 했다.

야마모토(山本嘉次郎 : 1902-74, 1934년 닛카쓰에서 PCL로 옮겨 영화를 만듦, 문하에는 黑澤明과 谷口千吉등이 있었음)감독은 게오(經應) 대학 시절부터 영화에 심취하여 프로덕션에서 제작활동을 하였다. 이후 각본가로 활동하고 1930년대 전후에는 닛카쓰에서 각본을 쓰고 이후 에노켄(エノケン)의 희극이나 멜로드라마를 만들었으며, 나쓰메 소세키(夏目瀨石 : 1867-1916)의 작품을 영화로 만들었다. 그러나 전쟁이 일어나면서 회사로부터 전쟁영화의 대작을 만들도록 요구받아 전쟁영화를 만드는데 집중하였다. 그는 전의고양영화로 ≪馬≫(말, 41), ≪ハワイ・マレー沖海戰≫(하와이 말레시아반도 해전, 42), ≪加藤隼戰鬪隊≫(가토하야부사전투대, 44), ≪雷擊隊出動≫(어뢰부대출동, 44) 등을 만들었다. 이들 전쟁영화는 공중전, 공해전 등과 같은 장면을 특수촬영을 통해서 해결하였다는 점에서 순수한 영화사적인 측면에서 보면 기술적인 진보를 보였다. 그러나 영화저변에는 멸사봉공(滅私奉公)이나 성전완수(聖戰完遂) 등과 같은 슬로건을 주창하여 전의고양영화로서 역할을 하였다는 특징이 있다.

제국화기라는 동시대를 공유했던 일류 영화감독 가운데 반전 의식을 명백히

11) 가쓰 가이슈(勝海舟)는 막말과 메이지기의 무사이며 정치가이다. 그는 에도에 난학숙을 열었고 나가사키(長崎)의 해군전습소에서 항해술을 배웠다. 이후 미국사절단을 이끌고 가는 배의 함장으로 태평양을 횡단한다. 귀국 후 고베(神戸)에서 해군조련소를 만들어 사카모토 료마(坂本龍馬) 등을 교육시킨다. 이후 해군총재가 되어 사이고 다카모리(西鄕隆盛)와 협의하여 에도 무혈개성을 실현한다. 그는 도쿠가와가(德川家)의 후견일을 맡아 돌보고 막부사료를 모아 편찬하기도 하였다.

갖고 작품 활동을 하거나 시대적 책임을 설파한 사람은 많지 않다. 그것은 지식인으로서 시대적 책임과 의무를 인식 못했기 때문이 아니라 한 국가의 국민으로서 그리고 영화인으로서 국가를 위해 협력하도록 강제했기 때문이었다. 그러나 강제와 탄압에도 불구하고 미조구치 겐지(溝口健二), 오즈 야스지로(小津安二郎), 고쇼 헤이노스케(五所平之助) 등은 직접적으로 전쟁영화를 만들지 않았다. 그와는 반대로 구마야 히사도라(熊谷久虎)는 적극적으로 일본의 정의를 믿고 애국영화를 만들었으며, 다사카(田坂具隆)는 전쟁영화를 자기방식에 의한 해석을 통해 예술영화로 승화시키려 노력하였다. 야마모토 가지로(山本嘉次郎)는 온화한 신사로 군구주의와 연결되지는 않았지만 군부와 회사의 강력한 요구로 효과적인 전의고양영화를 만든 감독으로 알려졌다. 따라서 제국화기의 영화감독은 전쟁주의에 대한 방관자적 자세를 취한 감독, 반강제적으로 영화를 만든 감독, 철저하게 일본의 전쟁승리를 위해 참여한 감독, 철저하게 반전쟁주의를 주장한 감독 등과 같이 다양한 모습으로 시대적 상황에 대응하여 직간접으로 영화계와 사회에 영향을 끼쳤다.

도요다(豊田四郎 : 1905-77)는 시마쓰(島津保次郎) 감독에게 사사를 받아 조감독이 되었고, 1936년 독립프로 도쿄발성(東京發聲)으로 옮겨 문예영화를 만들었다. 그는 근대 일본문학 가운데 순수문학작품의 영화화를 추구하였다. 즉 이도(伊藤永之介)의 농민문학, 아베(阿部知二)의 지식인 문학, 다니자키(谷崎潤一郎), 나가이(永井荷風), 가와바타(川端康成) 등의 소비향락적 문학, 아리시마(有島武郎)와 시가(志賀直哉) 등의 모랄리스트적 문학 등을 영화화 했다. 도요다는 가와바타의 『雪國』(설국), 시가의 『暗夜行路』(암야행로), 아쿠타가와(芥川龍之介)의 『地獄變』(지옥변) 등과 같은 유명한 문학작품을 영화로 만들어 문예영화의 진수를 보여주었다.

도요다 감독의 ≪若い人≫(젊은 사람, 37)은 이시사카 요지로(石坂洋次郎 : 1900-86)의 소설을 영화화한 것으로 교사와 학생간의 사랑을 소재로 하여 당시에 첨단적인 신드롬을 일으킨 작품이다. 홋카이도(北海道)의 미션계 학교에서 자유주의적 사고를 갖고 학생을 가르치는 마자키(間崎)선생과 급진적인 여선생 하시모토, 그리고 바 마담의 사생아인 에나미(江波) 학생 등이 등장한다. 마자키 선생과 에나미 학생 간의 사랑을 다루면서도 학교교육과 시대적인 사건과의 미묘한 관계를 다루고 있다. 우선 선생과 학생간의 사랑은 금기된 것으로 전통적인 도덕과 근대적인 도덕으로도 용인되지 않는 것이었다. 둘은 그렇게 어려운 고개를 넘어가고 있다. 또 하나는 학교교육과 시대적 사건과의 갈등이다. 사상적인 부분으로 메이지기 군인으로 활동하다 메이지 천황이 죽자 부부와 같이 죽음을 선택한 노기 마레스케(乃木希典 : 1849-1912)대장의 순직을 어떻게 볼 것인가를 교육의 일환으로 제시하고 있는 점은 애국주의에 대한 토론으로 귀결된다. 그러나 교육과정으로서 토론이 진행되면서 대장의 순직을 긍정하지만 자살은 악이라는 논리가 전개한다. 애국주의를 강조하여 자유주의조차도 인정하지 않을 정도의 시기였기 때문에 그런 수업은 매우 위험한 수업이었던 것이다. 도요다 감독은 애국주의와 자유주의 사이를 아슬아슬하게 넘나드는 지식인들의 행방을 영화를 통해서 표현하면서도 애국주의를 강조하고 있다.

≪鶯≫(꾀꼬리, 38)는 1931년 당시 동북지방에 대흉작으로 인하여 생활고를 겪고 있는 농민의 생활을 취재한 것을 영화로 만든 작품이다. 리얼리즘에 입각한 특징이 있고 다른 한편으로는 약자로서의 농민을 부각시키고 있어 프로레탈리아적 내용을 담고 있다. 원작자 이토 에이노스케(伊藤永之介 : 1903-59)는 아키다(秋田)출신으로 초등학교를 졸업하고 신문기자를 거쳐 상경하여 다이쇼 시기부터 프로레탈리아 문학운동에 참가한 인물이다. 프로레탈리아파 문학잡지의 편집을 담당하면서 평론을 하는 가운데 소설가로 변신하였다. 1931년 당시는 만주사변이 일어나고 프로레탈리아 문학운동에 대한 탄압이 있던 시기라는 점에서 이 작품이 만들어진 것은 의미가 있다. 그럼에도 불구하고 이토는 동북지방 농민의 무지와 교활함, 가난함과 순박함 등을 생생하게 그려 농민문학자로 인정받았다. 검열하에서 만들어진 이 영화는 이데올로기를 제외하면 농민의 비참함과 교활함을 인간미 넘치게 그린 작품으로 평가되고 있다.

기무라(木村莊十二 : 1903-88, 武者小路實篤의 「新しき村」새마을운동에 참가) 감독은 가정형편으로 초등학교를 중퇴한 후 화가인 형의 도움을 받아 동방영화의 미술부에서 일하게 된다. 1930년에는 데이 키네마 감독이 되었고, 그것에 기초해서 설립된 신흥키네마 감독이 되었지만 1933년 노동쟁의가 일어났을 때 조합 측에 가담하여 촬영도 포기하고 결국 해고당했다. 동년 탄압으로 해체된 프로키노(プロキノ)의 출신들과 독립프로를 결성하여 발족초기의 PCL과

제휴하여 최후의 경향영화라고 할 수 있는 ≪河向ふの青春≫(강 건너 저편의 청춘, 33)을 감독했다. 이후 도호에 들어가 문예영화를 만들었다. 그러나 전쟁 시기에 들어서 최후의 경향영화작가인 기무라는 일중전쟁이 심각하게 전개된 1939년 전쟁영화 ≪揚子江艦隊≫(양자강함대, 39)와 ≪海軍爆撃隊≫(해군폭 격대, 40)를 만들고, 1941년에는 만영(滿映)에 초청되어 만주로 건너갔다. 전후 에는 중국공산당에 협력하여 모택동의 선전그림을 그리며 생활했다. 1953년 중 국으로부터 귀국하고 이후에는 아동영화에 전념하였다. 영화감독으로서 기무라 는 경향영화에서 출발해서 인도주의적 리얼리즘영화, 전쟁협력영화 등을 만들어 다양한 시대상황에 적응하면서 영화를 만들었다.

　요시무라(吉村公三郎 : 1911-2000)감독은 쇼치쿠 가마타 촬영소에 들어가 조 감독이 되었다. 그는 시마쓰(島津保次郎) 감독에게 사사 받았고 ≪暖流≫(난 류, 39)를 만들어 감독으로서 평가받았다. 1950년 쇼치쿠를 퇴사하고 신토 가 네토(新藤兼人)와 같이 독립프로덕션 근대영화협회를 설립하고 다양한 영화를 만들었다. 그는 사회구조에 대한 밀도 있는 분석과 고찰을 통해서 리얼리즘 영 화를 만들었다. 전전에 만든 작품인 ≪暖流≫는 신시대의 연애를 다룬 멜로드 라마이다. 당시 1939년은 일중전쟁이 시작된 지 2년째 되는 해로 일본사회는 군국주의 일색으로 변하였다. 또한 쇼와 초기에 꽃피웠던 근대적인 자유로운 지성은 사회로부터 일소되고 있었다. 그는 사회적으로 경색되어 가는 자유주의 적인 사고와 문예적 평가가 등한시 되는 시기에 과감하게 자유주의적 문화의 꽃을 피우는데 공헌하였다. 특히 자유주의에 기초해서 만든 멜로드라마를 만들 었다. 그가 구상한 자유연애사상은 ≪暖流≫에서 과감하게 표현되어 젊은이들 의 큰 호응을 받았다.

　<표7>은 국제화기에 활약한 감독과 영화를 나타낸 것이다. 이 시기에는 가 메이 후미오(龜井文夫), 야마모토 사쓰오(山本薩夫), 시마 코지(島耕二), 이마이 다다시(今井正), 구로사와 아키라(黑澤明), 기노시타 게이스케(木下惠介), 구마 야 히사도라(熊谷久虎), 혼다 이시로 (本多猪四郎) 등과 같은 명감독이 활동하 여 일본영화의 전성기를 구축한다.

<표7> 제국화기의 감독과 영화5

감 독	작 품	특 징
龜井文夫 (가메이 후미오)	怒濤を蹴って(36), 支那事變(37), 上海(38), 北京 (38), 戰ふ兵隊(40), 伊那節(40), 小林一茶(41)	기록영화 반전영화
山本薩夫 (야마모토 사쓰오)	お孃さん(37), 母の曲(37), 田園交響樂(38), 新篇 丹下左膳(39), 翼の凱歌(42), 熱風(43)	좌익영화 반전영화
島耕二 (시마 코지)	暢氣眼鏡(40), 轉落の詩集(40), 風の又三郞(40), 次郞物語(41)	시정풍의 영화
今井正 (이마이 다다시)	沼津兵學校(39), 閣下(39), われらが敎官(39), 多 甚古村(40), 女の街(40), 結婚の生態(41), 望樓の 決死隊(43), 怒りの海(44)	풍속영화 전쟁영화
黑澤明 (구로사와 아키라)	姿三四郞(43), 一番美しく(44)	일본미학영화
木下惠介 (기노시타 게이스케)	花咲く港(43), 生きている孫六(43), 歡呼の町(44), 陸軍(44)	풍속영화
熊谷久虎 (구마야 히사도라)	情熱の詩人啄木(36), 蒼氓(37), 阿部一族(38)	애국영화
芥川光藏 (아쿠타가와 코죠)	娘娘廟會(40), 滿洲を拓く者, ガンジユール, 建國 の春, 少年拓士の日記	애국영화
本多猪四郞 (혼다 이시로)	靑い珍珠(26), ゴジラ(29), 空の大怪獸ゴジラ(29), 地球防衛軍, モスラ, キングコング對ゴジラ	SF괴수영화

　가메이(龜井文夫 : 1908-87)감독은 1928년 소련에 건너가 레닌그라드 영화연극학교에서 공부하고 1931년에 귀국하였다. 1933년 PCL(Photo Chemical Laboratory : 사진과학연구소)에 입사하여 기록영화감독을 지망하였다. 기록영화를 제작했던 PCL은 태평양전쟁이 시작되어 기록영화에 대한 주문이 많았고 회사에 들어간 가메이는 정부의 일을 하였다. 이후 PCL은 도호(東寶)로 이름을 바꾸고 초창기라 자금이 약하여 정부가 주문하는 기록영화를 만들었다. 1936년 해군성의 주문으로 신예 운양함인 '足柄'(아시가라)의 영국황제대관식참가와 독일 등을 방문한 군함의 유럽방문기록 영화 ≪怒濤を蹴って≫(노도를 박차고,

36)를 편집하였다. 또한 문부성의 주문으로 ≪支那事變≫(지나사변, 37)를 만들었다. 지나사변은 일본이 왜 중국을 공격하는가를 군국주의 일본의 입장에서 해설한 내용으로 선전영화이다. 그리고 장편기록영화 ≪上海≫(상해, 38)를 발표하였다. 가메이는 이 기록영화에서 이전 것과는 다르게 영상을 통해서 반전의 입장을 미묘하게 표현하여 각계의 반향을 일으켰다. 문부성의 지원으로 만든 ≪戰ふ兵隊≫(전투하는 병사, 40)는 전장에서 피곤해진 병사들만을 그렸기 때문에 군부에 의해 공개 금지 당하였다. 이렇게 군국주의시기에 가메이는 문부성 지원으로 반전영화를 만들었고, 전쟁에 대한 비판적 시각을 통해 일본이 갖고 있는 문제를 제기함으로써 반전사상가로 낙인찍혀 1941년에 체포되었다.

아마모토(山本薩夫 : 1910-83)감독은 이타미 만사쿠(伊丹万作)로부터 그림을 사사받았고, 1928년 와세다대 독문과를 중퇴한 후 1933년 쇼치쿠 가마타에 들어가 조감독이 되었다. 나루세와 함께 도호의 전신인 PCL에 들어가 1937년 처녀작으로 ≪お嬢さん≫(아씨, 37)를 만들었다. 1943년 군에 소집된 후 중국대륙에 파병되어 전장에서 군대의 맛을 혹독하게 체험하였다. 전후에는 전쟁비판영화로 가메이 감독과 같이 ≪戰爭と平和≫(전쟁과 평화, 47)를 만들었다. 또한 도호투쟁 때 노동조합 편을 들어 퇴사한 후에 독립프로에서 활약하고 일본 공산당의 입장에서 영화 활동을 하였다. 아마모토 감독은 ≪母の曲≫(어머니의 노래, 37)와 앙드레 지드의 소설을 각색한 ≪田園交響樂≫(전원교향곡, 38) 등과 같은 감성적인 영화를 만들었다. 그러나 전쟁 기에 아마모트는 상업영화 외에도 국책영화를 제작하였다. 그 중에는 군용비행기의 테스트 파일럿을 영웅시한 ≪翼の凱歌≫(파일럿의 선가, 42)와 제철공장의 증산활동을 주제로 한 ≪熱風≫(열풍, 43)을 만들었다. 그러나 아이러니 하게도 아마모토 감독은 전후 신헌법에 규정한 전쟁포기조항을 소재로 한 ≪戰爭と平和≫, 일본군대를 폭로한 ≪眞空地帶≫(진공지대, 52)와 같은 반전영화를 만들었다. 특히 아마모토는 전후 일본좌익영화의 큰 흐름을 형성하는 한편 좌악이데올로기로 사회악을 공격하고 비판하는 사회파영화를 만들어 지식인으로 전전에 적극적이지 못했던 회한을 만회하려고 하였다.

시마(島耕二 : 1901-86) 감독은 일본영화학교를 제1기로 졸업하고 닛카쓰(日活)에 들어가 배우로 활약했다. 1929년 감독으로 변신하여 대표작으로 ≪暢氣

眼鏡≫(창기안경, 40), ≪轉落の詩集≫(전락의 시집, 40), ≪風の又三郎≫(바람의 마타사부로, 40), ≪次郎物語≫(지로이야기, 41) 등을 남겼다. 그는 시정이 풍부하게 맛 볼 수 있는 영화를 만들었다. ≪次郎物語≫는 시타무라(下村湖人)의 장편소설로 베스트 셀러가 된 작품을 영화화 한 것이다. 이 소설은 전후에도 시미즈 히로시(淸水宏) 감독에 의해 다시 영화로 만들어진다. 시마 코지는 이 영화에서 7살에 양자로 간 소년의 심리를 밀도 있고 정치하게 그려내고 있다. 당시 군부는 일본영화인에게 향락적인 영화를 만들지 못하게 하였고 또한 사회의 어두운 면을 비판하거나 파헤치는 영화를 만들지 못하게 하였다. 그런 비향락적이며 무비판적인 영화를 만들기 위해서 당시 영화인들은 어린이를 소재로 하는 영화를 만들어 위기로부터 탈출하려 하였다.

그런 의도로 시마 코지 감독은 ≪風の又三郎≫(바람의 마타사부로, 40)를 만들었다. 이것의 원작자는 미야자와 겐지(宮澤賢治 : 1896-1933, 시인, 동화작가, 농민지도)로 동심의 세계를 그린 영화라고 할 수 있다. 이 영화에서는 동북지방의 한 시골에 초등학교의 여름방학이 끝난 후 5학년을 다니던 학생이 전학을 온다. 도시에서 전학 온 학생에 대한 관심이 높아졌다. 그런데 그가 어떤 일을 하는 순간 바람이 불었기 때문에 바람의 마타사부로라고 불리었다. 친구들은 사부로가 산에 들어가 망토를 입고 바람처럼 날아가는 환상을 보기도 하며 그것이 현실적으로 실재하는 것이라 믿는다. 또한 그 소년은 개울에서 바람을 불게 해보라는 친구들의 말에 바람을 일으키기도 한다. 그러던 어느 날 아버지의 전근으로 다시 바람처럼 마을과 학교로부터 사라진다. 이것을 보고 아이들은 마타사부로가 바람의 아들이며 그렇게 살아왔다고 믿으며 하늘을 본다. 이 영화는 상상력이 풍부한 어린 시절의 꿈을 상상을 통해서 그려낸 작품으로 의도되었던 그렇지 않든 간에 군국주의, 애국주의, 전쟁주의 등과는 무관한 이야기를 그려내고 있다. 그 뒤에는 당시 팽배하고 있었던 광적인 시대성을 피하고 있다는 의도가 있어 당시의 시대성을 역으로 보여주고 있다. 그것이 이 작품의 특징이다.

이마이(今井正 : 1912-91)감독은 도쿄대 문학부를 중퇴하고 1935년 교토의 JO스타지오에 조감독으로 입사하였지만, 기업병합으로 도호영화사로 이적하여 영화를 만들었다. 패전까지 풍속영화, 액션영화, 전의고양영화 등을 만들었다[2].

이마이는 제1작으로 ≪沼津兵學校≫(누마쓰 병학교, 39)를 제작하였다. 이것은 도쿠가와(德川) 막부가 멸하고 구 막신들의 일부가 누마쓰 병학교에 들어와 신정부의 육군으로 수용된 사실에 기초해서 만든 역사극이다. 그는 학생시절 좌익운동을 경험했음에도 불구하고 실제로 국가가 벌이는 전쟁에 협력하는 전쟁영화를 만들었다. 그의 ≪われらが教官≫(우리들이 교관, 39)은 일중전쟁 초기 용맹성과 인간미로 이름을 날린 육군 장교에 대한 이야기를 담은 것이다. 그의 출세작은 조선에서 일본의 무장경관대와 항일게릴라의 싸움을 그린 ≪望樓の決死隊≫(망루의 결사대, 43)이다. 이 영화에서는 게릴라가 습격하는 장면들을 가미하여 서부극과 같은 액션물처럼 그려내어 높은 평가를 받았다. 그러나 식민지지배를 정당화한 군국주의영화를 만든 마르크스주의자인 이마이로서는 이율배반적인 효과를 낸 작품이다. 또한 전쟁 중의 최후작품인 ≪怒りの海≫(성난 바다, 44)는 해군의 조함기술자 장교를 주인공으로 일본군함의 우수성을 그린 전쟁선전영화이다. 이 작품의 라스트 신에서는 당시 비밀이었던 전함 야마토(大和)의 항해모습을 공개하였다.

구로사와(黑澤明 : 1910-98)는 중학교 졸업 당시 화가를 지망했다. 1936년 PCL에서 조감독이 되었고 야마모토 가지로(山本嘉次郎)에게 사사받으면서 각본가로서도 인정을 받았다. 아버지는 육군 군인으로 체육 교관을 지냈다. 구로사와는 청년시절 프로레탈리아 미술동맹에 참가하고 거기에서 예술보다는 실제로 행동하는 논의를 펴 형사에게 쫓기는 등 좌익 활동을 하였다. 이후 좌익사상을 떠나게 된다. 이것은 사상적으로 전향이나 좌절이라기보다는 혈기 왕성한 청년의 질풍노도와 같은 젊은 시절의 시대성과의 교감에서 나온 것이라고 보는 시각이 있다. 구로사와는 야마모토(山本薩夫) 감독의 전의고양영화인 ≪翼の凱歌≫(파일럿의 선가, 42)의 시나리오를 썼다. 그 후 그는 1943년 처녀작으로 ≪姿三四郎≫(스가타 산시로, 43)를 만들어 감독으로 데뷔하였다. 이것은 유도를 잘하지만 난폭하고 무대포와 같은 스가타 산시로라는 청년이 훌륭한 유도달인에게 인도되어 우수한 유도선수가 된다는 이야기이다. 구로사와의 좌익적 사상은 전후에 공무원의 무책임성을 비판한 ≪生ける≫(살리다, 52), 핵실험을

---

12) 학생시절부터 좌익운동을 한 경험이 있어 전후에는 전후민주주의를 지지하는 입장에서 작품을 만들었다. 그러나 사상적인 표출보다는 애정 드라마 형태로 사회정의를 주장하였다. 1948년 도호투쟁당시 노동조합 측에서 노동투쟁을 하고 스스로 퇴사하였다.

반대하는 ≪生きるものの記錄≫(살아남은 자의 기록, 55), 오직을 반대하는 ≪惡い奴ほどよく眠る≫(나쁜 놈일수록 잠을 잘 잔다, 60) 등과 같은 사회문제를 제기하는 것으로 승화되었다고 할 수 있다.

구로사와(黑澤明)의 ≪一番美しく≫(제일 아름다워, 44)는 당시 노동력이 부족했기 때문에 국가의 명령으로 군수공장이나 군사시설과 관련된 곳에서 동원되어 일하는 여성의 모습을 그린 영화이다. 이 영화는 당시 히라쓰카에 있는 일본광학공장에서 병기로 쓰이는 렌즈를 제조하기 위해 일하는 소녀 집단을 그린 작품이다. 그녀들은 여자정신대로 조직되어 전원 기숙사에서 단체로 생활한다. 아침에 같이 출근할 때는 고적대가 선두에 서서 행진하면서 회사에 간다. 국가를 위해서 일한다는 의식 때문에 근무의욕은 매우 높아 열심히 일을 한다. 근대화과정에서는 좋은 집안의 여자가 공장에서 일하는 것을 터부시해왔지만 전쟁중에는 여성이 나라를 위해 공장에서 일하는 것을 자랑스러운 것으로 인식하였다. 이런 점에서 보면, 공장에서 일하는 여성을 아름답게 표현한 것은 전의를 직접적으로 고양시키기 보다는 간접적으로 국가를 위한 강제노동을 정당화하기 위한 전략에서 나온 것이다. 또한 소녀들의 노동을 아름답게 표현한 것은 소녀노동의 어두운 곳을 그리기 보다는 여성도 국가를 위해서 일하는 것이 좋다는 가치관을 표현한 것이다. 그런 점에서 이 영화는 직접적으로 전쟁을 찬양하거나 칭송하지는 않았지만 국가에 협력한 협력영화라고 할 수 있다. 이런 점에서 구로사와는 전쟁방관자 내지는 전쟁두둔자의 편에 서있었다고 할 수 있다.

기노시타(木下惠介 : 1912-98) 감독은 1933년 쇼치쿠 가마타에 들어가 현상부분에서 일하고 1936년 감독부에 들어가 영화계에 입문하게 된다. 이후 군에 소집되어 전장에 나갔다가 1941년에 복귀하고 1943년 조감독이 되어 본격적으로 영화를 만들었다. 그는 시나리오 작가로서도 유명하였고 감독으로서도 재능을 발휘하였다. 그가 영화에서 다른 소재는 매우 다양하다. 예를 들면, 비극, 희극, 현대극, 시대극, 드라마, 뮤지컬, 풍속영화 등과 같은 장르의 영화를 만들었다. 특히 기노시타 감독은 감성이 풍부한 풍속영화를 잘 만들었다. 1960년 이후에는 TV와 같은 방송 일에 종사하게 된다. 그는 1943년 ≪花咲く港≫(꽃핀 항구, 43)로 데뷔하였고, ≪生きている孫六≫(살아있는 손육, 43), ≪歡呼の町≫(환호의 거리, 44), ≪陸軍≫(육군, 44) 등이 있다. 그는 태평양전쟁

이 끝나가는 시점에서 국가에 협력하는 협력영화를 만들었다.

구마야(熊谷久虎)는 영화검열이 매우 엄격한 시기에 ≪情熱の詩人啄木≫(정열의 시인 다쿠보쿠, 36)를 만들었다. 검열조항에는 교사를 나쁘게 그리는 것을 금지했고 또한 교육에 대한 비판도 하지 못하게 하였다. 나쓰메 소세키(夏目漱石)의 『坊っちゃん』(도련님)에서처럼 중학교사의 속물근성 정도를 그리는데 머물렀다. 시골 초등학교에서 사범학교를 나오지 않은 무자격교사 이시카와(石川啄木)는 교실에서 수업을 할 때 기존의 틀을 과감히 깰 뿐 아니라 학생들을 데리고 야산에 가서 노래를 가르치기도 하며 근대사상을 가르치기도 한다. 그렇게 열의를 가지고 가르쳤지만 가르침에 대해 교장은 별로 맘에 들어 하지 않는다. 마을사람과 교장이 쫓아내려하자 그는 그 마을로 부터 사라진다. 그러나 학생들은 선생님을 마을 앞까지 나가 송별을 해준다. 이 영화에는 천재성을 갖고 학생들에게 시를 가르쳐주는 자유분방한 선생과 형식을 강조하는 권위주의적 교육 간의 대립이 노골적으로 나타나고 있다. 이 영화는 당시 시대상을 잘 압축시켜 놓았다는 점에서 가치가 있다.

아쿠타가와(芥川光藏 : 1884-1941)감독은 기록영화작가로 활동하다 1928년 만철영화제작소 소장을 맡았다. 그는 ≪滿洲を拓く者≫(만주를 개척하는 자), ≪ガンジュール≫(간쥬루) 등을 만들고 만주와 몽골 등의 자연 및 풍속에 대한 기록영화를 만들었다. 그는 만주황제의 즉위식을 기록한 ≪建國の春≫(건국의 봄)이라든가 만몽 개척 청소년 의용군의 선전영화 ≪少年拓士の日記≫(소년척사의 일기) 등을 만들어 일본제국주의에 봉사하였다. 아쿠타가와는 식민지에 들어가 식민지민을 계도하고 일본제국주의를 찬양하는 영화를 만들었다. 당시 일본은 아시아를 지배하는 과정에서 식민지와 지배지역의 민중에게 보이기 위한 영화가 필요했던 것이다. 그런 역할을 한 최대조직은 1937년부터 1945년까지 중국 동북지방에 있던 만주영화협회이다. 만주에는 만영이외에도 남만주철도회사의 영화부가 있어 만철의 선전영화를 만들었다. 또한 조선에는 조선영화사라는 국책회사가 있어 도요다 시로, 이마이 다다시 등이 일본을 위해 국책영화를 만들었다.

Ⅳ 제국화기의 영화와 시대성

▒ 1. 제국주의

제국화기의 영화는 무성영화에서 유성영화로 기술적 변혁이 이루어진 가운데 일본의 전통성을 강조하는 시대극영화, 전쟁과 선전을 주창하는 국책영화, 반전 성향을 가진 프로키노 영화, 각종사회문제를 다룬 사회파영화, 서정성과 사회성 을 강조하는 비전영화 등이 만들어졌고, 이 과정에서 제국주의적 색깔을 지닌 영화로 발전하였다. 국책영화는 국가가 주도하고 지원하는 전쟁을 주축기고 선 전할 의도를 가진 영화이다. 후루카와(古川隆久)는 영화내용이 국가에 도움이 되거나 관청이 제작에 관여한 영화를 국책영화라고 하였다. 이런 정의에 따르 면, 국책영화는 민족주의의 고양을 목적으로 제작된 영화라는 의미를 담고 있 어 포괄적 관점에서 보면 민족주의영화이다. 거기에 반해 프로키노영화는 전쟁 을 선동하고 선전하는 국가에 반대하고 또한 전쟁자체에 대해 비판을 하는 반 전성격을 띤 영화, 자본주의사회에서 사회주의사회로의 변화를 추구한 영화 등 을 의미한다. 사회파영화는 사회윤리와 정의, 사회범죄, 일본가정 등과 같이 일 본사회에서 벌어지고 있는 문제를 정면에서 지적하고 다룬 영화를 의미한다. 비전영화는 오락영화, 예술영화, 문화영화, 문예영화, 코미디영화 등의 성격을 가진 것으로 전쟁과는 무관한 영화를 의미한다.

제국화기는 전쟁이라는 극단적인 현실이 일본사회의 정책과 국운을 결정하는 시기였기 때문에 그런 상황에 대적할만한 시대적 상황은 존재하지 않았다. 따 라서 영화계에서 가장 두드러진 현상은 국가 의도와 정책에 적극적으로 부응하 는 국책영화 만들기가 주류를 이루었다는 점이다. 다양한 성격을 가진 영화가 만들어 졌지만 제국주의를 강조한 영화는 1931년 만주사변이후부터 1937년 중 일전쟁과 1942년 진주만공격, 그리고 일본이 패망한 1945년에 걸쳐 약 15년간 지속적으로 제작되었다. 만주사변전후 영화는 전쟁현장을 기록한 뉴스영화, 전쟁을 소재로 한 전쟁영화, 제국주의를 추구하던 독일과 일본이 합작한 영화 등으로 나타났다.

일본에서 만주사변에 관한 뉴스영화가 제작되어 1930년 7월 14일부터 상영되어 비상시국에 대한 일반국민의 관심을 높여주는 역할을 하였다. 북지나 사변에 대한 현장뉴스가 계속해서 상영되었고, 연말까지 사변에 관한 영화가 15편 개봉되었다. 특히 북지나 사변을 소재로 한 극영화로 개봉된 닛카쓰 제작의 ≪國境の風雲≫(국경의 풍운, 30)은 예상외로 좋은 평판을 받았고, 검정수수료를 면제받은 쇼치쿠 제작의 시대극인 ≪敵國降伏≫(적국항복, 30)이 당시를 대표하는 영화였다. 뉴스영화 봄으로 극영화관이 뉴스영화관으로 전환되었고 지방에서도 뉴스영화관이 생겼다. 그러나 1930년 12월 13일 남경(南京)몰락이후 국민의 전황에 대한 관심은 일단락되었다. 이후 태평양전쟁개시까지는 1938년 일시적으로 인기가 있던 것을 제외하고 뉴스영화에서 극영화로 전환되기 시작했다.

특히 제국주의적 성격을 띤 대표적인 영화는 1933년 5월 오사카매일(大阪每日)과 도쿄일일(東京一日)신문사가 제작한 ≪非常時日本≫(비상시일본)12권이다. 이 영화는 전국 영화관에서 개봉되어 일본국민과 사회에 제국주의를 선전하였다. 그리고 당시 일본군부의 핵심으로 국가전쟁을 지도하고 있던 아라키 사다오(荒木貞夫) 육군대신이 한 국방연설을 골자로 하여 만들었고 아라키 육상 자신이 직접 출연하기도 하였다. 아라키 육군대신은 이 영화에서 '대륙 자체가 일본의 생명선'이라고 하는 대륙침략의 정당성과 절실함을 제시하였다. 그런 의미에서 보면, 이 영화는 군사영화나 애국영화의 극치를 달린 것이라고 평가할수 있고, 제국주의를 전면에 내세운 군국주의적 선전영화이다. 이런 일련의 국가전쟁을 지지하고 선전하는 영화가 만들어지는 가운데 국책영화수립에 관한 건의가 이루어지고 1939년에 영화법이 생겨 제국주의를 표현하도록 강제적으로 지도하게 된다.

또한 1930년대는 독일, 이탈리아, 일본 등이 각자 국제사회를 상대로 전쟁을 하고 있던 시기였다. 독일의 산악영화감독 팡쿠는 일본을 방문하여 일본의 산악풍경을 중심으로 촬영했다. 이때 이타미 만사쿠(伊丹万作 : 1900-46)가 공동제작 감독으로 선정되었다. 그들은 1937년 같은 이야기를 두 입장에서 영화화하

였다. 팡쿠는 ≪サムライ娘≫(사무라이 딸)을 만들고 이타미는 ≪新しき土≫(새로운 땅)를 만들었다. 팡쿠는 대성공하였지만 이타미는 실패하였다. 팡쿠가 히로인으로 선택한 배우는 하라 세쓰코(原節子)였다. 그녀는 오리엔탈리스트인 동시에 전형적인 일본여성으로 부각되었다. 당시 하라는 파시스트의 미소녀로서 1930년대 후반부터 전시 중에 걸쳐 대활약하였다. 그녀는 오빠인 구마야 히사도라(熊谷久虎)의 영향을 받았다. 한편 이타미의 ≪新しき土≫(새로운 땅)은 민족주의의 성격이 강한 영화였다. 일본의 한 청년이 독일유학을 끝내고 독일여성 약혼자를 데리고 귀국하였다. 그러나 그는 유학이전부터 사교를 해왔던 일본여성의 아름다움과 총명함에 끌려 독일여성을 버린다. 일본인 커플은 결혼을 하고 새로운 땅 만주국으로 향하고 일본병사의 보호를 받으며 새 토지를 개척하는데 정열을 쏟는다. 이처럼 이 영화는 식민지주의, 민족주의, 자민족우수주의 등을 통해 제국주의적 성격을 강하게 표현하였다.

중일전쟁전후의 영화계에서 활약한 감독이 구마야 히사도라이다. 그는 강력한 이상주의적 경향을 갖고 사회모순을 들춰내려는 의지로 영화를 찍었다. 그는 ≪蒼氓≫(백성, 37)이라는 영화에서 브라질 도항직전의 일본인 이민 수용소 실태를 묘사하고 국가를 버리는 이야기를 주제로 하였다. 도호로 옮긴 후 ≪阿部一族≫(아베일족, 38)을 촬영하면서 모리 오우가이(森鷗外 : 1862-1922, 군의, 소설가)의 원작과는 전혀 다르게 해석하여 무사도비판을 하였다. 1940년대에 들어서 구마야는 국책영화를 본격적으로 만들어 초국가주의적 신비사상단체의 두목으로 활동하였고, 일본에서도 드문 반유대주의를 주창했다. 그는 ≪上海陸戰隊≫(상해육전대, 39), ≪指導物語≫(지도이야기, 41) 등에서 제국주의와 군국주의를 예찬하였다. 이와 같이 전쟁기에는 다양한 내용을 가진 국책영화가 만들어졌다. <표8>은 1937년에 제작된 일본영화이다.

<표8> 1937년 일본영화

영화사	감 독	작품명	영화사	감 독	작품명
닛카쓰	內田吐夢	限りなき前進	쇼치쿠	淸水宏	豊の中の子供
닛카쓰	熊谷久虎	蒼氓	닛카쓰	內田吐夢	裸の町

신흥도쿄	溝口健二	愛怨峽	도쿄발성	豊田四郎	若い人
도호	山中貞雄	人情紙風船	쇼치쿠	小津安二郎	淑女は何を忘れたか
쇼치쿠	衣笠貞之助	大坂夏の陣	쇼치쿠	島津保次郎	淺草の燈
도호	龜井文夫	支那事變	닛카쓰	時代劇オールスター	水戸黃門廻國記

* 자료: 古川隆久, 2003

이 시기에 활약한 영화사 닛카쓰, 도호, 신흥도쿄(新興東京), 도쿄발성(東京發聲), 쇼치쿠 등은 국책영화를 만들면서도 다양한 장르의 영화를 제작하였다. 당시 일본과 중국의 관계를 가장 잘 나타낸 영화감독과 작품이 가메이 후미오(龜井文夫) 감독의 ≪支那事變≫(지나사변, 37)이다. 소련에서 영화를 공부한 마르크스주의자 가메이는 그런 자신의 사상과는 다르게 일시적으로 제국주의에 기초한 전쟁협력영화와 선전영화를 만들어 국책영화감독이 되었다. 이 영화는 일본과 중국과 서구열강간의 경제적인 관계를 설명하는 것으로 시작된다. 중국 농민이 면화를 채집하는 장면을 보이고, 이어서 일본공장을 보여줘 중국의 풍부한 자원과 일본의 공장기술이 연결되면 아시아의 산업경제가 현저하게 발전한다는 것을 강조하고 있다. 결과적으로 장개석 정권이 일본의 진의를 의심하고 저항하기 때문에 이것을 잠재우기 위해 일본이 중국을 공격한다고 설명하고 있다. 이 영화는 당시 일본의 중국본토 공격에 대한 의문뿐 아니라 전쟁에 대한 회의가 일어나는 가운데 전쟁분위기를 고조시키고 일본이 시작한 전쟁의 정당성과 타당성을 강하게 선전하는 역할을 하였다는 점에서 당시의 시대성을 잘 표현한 작품 중의 하나이다.

<표9>는 1938년의 일본영화이다. 특징은 전장의 내용을 담은 기록영화가 활개를 치고 있었고, 문부성이 추천하는 국책영화가 적극적으로 만들어지기 시작했다는 점이다. 또한 시대극을 중심으로 한 영화가 제작되어 전통성과 정체성을 부추기는 역할을 하였다.

<표9> 1938년 일본영화

영화사	감 독	작품명	영화사	감 독	작품명
닛카쓰	田坂具隆	五人の斥候兵	닛카쓰	田坂具隆	路傍の石 (문무성추천)
도호	龜井文夫	上海(기록영화)	도호	山本嘉次郎	綴方敎室
쇼치쿠	田中絹代	出發	쇼치쿠	野村浩將	日本人
쇼치쿠	時代劇オールス ター	續水戶黃門廻國記	닛카쓰	時代劇オールス ター	忠臣藏

* 자료 : 古川隆久, 2003

다사카(田坂具隆)는 본격적인 전쟁영화 ≪五人の斥候兵≫(5인의 척후병, 38) 에서 전장을 배경으로 인간을 날카롭게 관찰하여 표현하였다. 중국전선에서 부 하에게 존경을 받는 일본군 대장이 있었다. 척후병들이 적장시찰을 하기 위해 출발하여 임무를 하고 귀환했지만 그 가운데 한 사람이 돌아오지 않았다. 걱정 이 된 부대원은 전원이 밤새 기다린다. 결국 그가 돌아오자 새로운 전장으로 이동해 간다. 이 작품은 전장에서 병사 간에 생기는 전우애를 잘 그려내고 있 다. 그러나 전쟁 자체에 대한 평가나 부당성을 지적하기 보다는 전우애를 부추 기는 과정에서 전쟁에 대해 긍정적이며 방조하는 자세와 내용을 동시에 담고 있는 특징이 있다. 특히 ≪路傍の石≫(길가의 돌)은 문부성 추천작품으로 소년 을 통해서 당시의 국민이 가져야 할 자세를 잘 표현하고 있다. 이 영화에서는 상경한 이후 고이치(吞一)라는 소년의 생활과 성장과정, 자아확립 등에 대해서 다루었다. 특히 마지막 부분은 '자기의 다리로 걸어봐'라는 대사를 구마모토(熊 本)방언으로 말하고 거리로 달려 나가는 모습으로 끝난다. 당시 오사카 아사히 (大阪朝日)신문은 그런 표현에서 영감을 얻어 '고이치처럼 강하고 현명하게'라 는 표제어를 만들 정도였다. 또한 신문에서는 '일본의 아버지는, 어머니는, 자식 은 한 사람도 남김없이 이 영화를 보고 어떤 어려움도 이길 수 있는 강한 의 지를 갖길 바랍니다' 라고 하였다. 국책영화인 ≪世紀の合唱≫(세기의 합창, 38)은 내각정보부가 국민정신총동원운동의 선전을 위해 가사와 곡을 공모하여 만든 것으로 대중용의 국책음악이다. 그리고 ≪牧場物語≫(목장이야기, 38)는 전장에서 귀환한 부상병이 악인에게 빼앗길 뻔한 전우의 목장을 지키는 이야기이다. 이 영화는 일본문화중앙연맹이 신일본주의를 선전하려는 의도에서 만든 것이다13).

<표10>은 1939년의 일본영화를 나타낸 것이다. 이 시기는 중일전쟁이 한창 진행되는 가운데 전쟁과 전의를 고양시키기 위한 문부성 추천작들이 많이 만들어졌다. 그 과정에서 영화법이 발효되면서 영화에 대한 통제가 강화되었다. 당시 일본영화감독 대부분은 본인의 의지와는 관계없이 직간접적으로 전쟁영화를 만드는데 참여하게 된다. 그들은 전쟁으로부터 해방되지 못하였고 국책에 조응하는 민족주의 영화를 제작하였다.

<표10> 1939년 일본영화

영화사	감 독	작품명	영화사	감 독	작품명
닛카쓰	內田吐夢	土	닛카쓰	田坂具隆	土と兵隊 (문부성추천)
쇼치쿠	溝口健二	殘菊物語 (문부성추천)	도호	熊谷久虎	上海陸戰隊
쇼치쿠	吉村公三郎	綏流 (문부성추천)	닛카쓰	田坂具隆	爆音
닛카쓰	辻吉郎	海援隊 (문부성추천)	쇼치쿠	野村浩將	愛染かつら完結編
닛카쓰	時代劇オールス ター	王政復古	쇼치쿠	清水宏	花ある雜草
쇼치쿠	野村浩將	續愛染かつら	도호	今井正	われらがが敎官

* 자료 : 古川隆久, 2003

이마이(今井正)는 ≪われらが敎官≫(우리들이 교관, 39)에서 중일전쟁 초기에 용맹을 떨쳤던 한 육군 장교의 인간미를 그렸다. 다사카 도모다카(田坂具隆)의 ≪爆音≫(폭음, 39)은 일중전쟁 중에 만들어진 영화로 목가적인 입장에서 전쟁을 둘러싸고 한 시골에서 벌어지는 사건을 그린 것으로 전의고양 영화

---

13) 도호와 경쟁관계에 있던 닛카쓰 영화사는 전쟁영화를 제작하였다. 닛카쓰는 교토촬영소에서 ≪鞍馬天狗≫(38)을 시작으로 잔바라 시대극을 제작하기 시작했다. 그리고 가타오카 치에조(片岡千惠藏), 반도 쓰마사부로(阪東妻三郎), 아라칸 등이 열연한 전통 무사극인 ≪忠臣藏≫(38)를 제작하여 대히트를 쳐 전통 시대극의 가치를 높였다.

이다. 어느 날 촌장의 집에 한통의 전보가 배달된다. 육군에 입대한 아들이 비행기의 조종사가 되어 헌납기를 타고 고향 방문비행을 한다는 연락이었다. 헌납기는 일중전쟁이 시작될 때 현, 시, 정 등의 국민이 헌금한 돈으로 만들어 군에 기부한 비행기이다. 촌장은 다음날 마을 사람들에게 아들의 고향비행을 자랑하고 다녔다. 그러나 마을을 돌아다니던 중 마을 사람들은 촌장에게 닭을 잡아 달라든가, 학생을 학교에 태워달라는 등 부탁을 한다. 촌장이 자랑하며 다닌 아들의 고향비행에 대한 소식으로 마을은 들먹들먹 거린다. 드디어 작은 소형 비행기가 촌의 상공에 초저공으로 비행하며 묘기를 부린다. 이때 마을 사람들은 놀라며 환호성을 쳐 마치 마쓰리(祭り)를 연상케 한다.

다사카 도모다카 감독은 인도주의적 좌파라고 하는 입장에서 프로레탈리아 영화를 만들어왔다. 그러나 그는 자기의 의지와는 상관없이 일중전쟁이 시작되면서 애국적 영화작업에 정열적으로 참여하게 된다. ≪土と兵隊≫(토지와 병사, 39)에서 토치카공방의 격전장면, 일본군의 대부대가 피로한 상태로 길을 걸어가는 모습이나 낙오하는 병사, 전사한 전우를 화장하는 장면 등을 그렸다. 이 영화는 중국침략을 긍정하는 입장에서 만든 영화라는 특징이 있다. 이런 관점에서 그는 고통을 감내하고 자기를 희생하는 무명의 일본인 초상을 그렸다. 그런 내용을 담은 도덕주의는 일본 파시즘이 함의하고 있는 특유한 미학이라고 할 수 있다.

1939년은 제국주의와 민족주의를 강조하는 국책영화가 지배하던 시기로 일본국내뿐 아니라 만주등과 같은 식민지에서도 영화가 제작된 특징이 있다. 이런 가운데 영화인은 군속으로 남방점령지의 선전영화제작에 파견되기도 하고, 만주영화에 합류하기도 했다. 오즈 야스지로는 묵묵히 군역을 담당하고 싱가포르에서 일본군이 접수한 영화관에서 웰즈의 ≪市民ケン≫(시민켄)을 보고 일본패배를 확신했다고 전해지고 있다. 미조구치 겐지는 외지에 파견되었지만, 장교대우를 하지 않는다고 불평을 하면서도 국가주의에 조응하는 영화를 제작하는데 고심하였다. 야마나카는 중국에서 병사하고, 이타미 만사쿠는 결핵으로 병상에 있으면서 「戰時中止ヲ望ム」(전시중지를 희망한다)라는 문장을 썼다. 아베(何部豊)는 남방으로 그리고 우치다(內田吐夢)는 만주로 향했다. 이마이(今井正)와 도요다(豊田四郎)는 조선에서 국책영화를 촬영했다. 이처럼 1939년 일본

영화인들은 국가정책에 응하기 위해서 본국에서뿐 아니라 식민지나 참전지를 찾아 일본을 선전하는 국책영화를 만들었다.

<표11>은 1940년의 일본영화를 나타낸 것이다. 이 시기 영화에 나타난 특징은 문부성에 의해서 추천된 작품들이 이전보다 월등히 많아졌다는데 있다. 이런 현상은 국가에 의한 영화통제가 강화되고 영화가 국가선전매체로 자리를 확고하게 잡은 것을 의미한다.

<표11> 1940년 일본영화

영화사	감 독	작품명	영화사	감 독	작품명
도호	豊田四郎	小島の春 (문부성 추천)	닛카쓰	島耕二	風の又三郎 (문부성 추천)
쇼치쿠	溝口健二	浪花女(문부성 추천)	닛카쓰	內田吐夢	歷史(문부성 추천)
도호	阿部豊	燃ゆる大空 (문부성 추천)	쇼치쿠	五所平之助	木石(문부성 추천)
쇼치쿠	伏水修	支那の夜	신흥흥행	花柳章太郎	晴小袖
신흥흥행	豊田四郎	大日向村	도호	伏水修	支那の夜 (이향란 출연)
닛카쓰	倉田文人	沃土萬里	쇼치쿠	大船オール スター	女性の覺悟

* 자료: 古川隆久, 2003

도요다(豊田四郎)는 시마쓰 감독의 제자로 도쿄발성(東京發聲)에서 제작하고 도호가 배급한 극영화 ≪大日向村≫(오히나니 마을, 40)을 만들었다. 이 영화는 1937년부터 1939년에 걸쳐 분촌이민(마을의 일부를 만주에 이주하는 형태의 이민)을 실시한 나가노현(長野縣) 오히나니 마을(大日向村)의 실화에 기초해서 와다 쓰도우(和田伝)가 집필한 소설을 극화한 것이다. 이 영화에서는 분촌을 둘러싼 갈등이 일어났지만, 결국 분촌이 결정되어 마을의 반 이상이 이사를 한다. 또한 이 마을 지도자가 만주에 갔다 와서 비옥한 토지가 있고 좋은 작물을 경작할 수 있다고 하여 분촌을 적극적으로 유도하는 내용도 있다. 그리고 이민이 시작될 무렵 이민희망자의 연인으로 병 때문에 마을을 떠날 수 없는 여인이 애인이 가볍게 이민을 떠날 수 있도록 자살하는 충격적인 장면도 넣었다.

특히 이 영화는 국가가 주도해서 만든 것으로 당시의 시대상이 잘 나타나고 있다. 영화를 만들기 위해서 오히나니무라 영화화위원회가 결성되었다. 그 위원회는 만주이민협회, 농림성 경제갱생부, 척무성, 육군성, 문부성, 만주국, 남만주철도 도쿄지점, 만주척식공사, 도쿄발성, 도호, 전진좌(前進座) 등으로 구성되었다. 당시 일본정부는 1939년 12월 23일 「만주개척정책기본요강」을 결정하고 만주국의 식민지화를 진척시키려는 계획 하에 종래 불량한 일본인을 만주로 이민시키려는 정책을 실시하였다. 이 영화는 그런 국가의 이민정책과 관련되어 제작된 것으로, 농업정책이 척식정책상 매우 중요한 의의를 가졌다는 이유로 문부성 추천을 받았다. 영화를 통해서 나타난 것처럼 이후 일본정부는 식민지에 대한 실질적인 지배와 일본화를 위한 전략적인 이민정책을 활발하게 전개하였다.

아베(阿部豊) 감독의 ≪燃ゆる大空≫(불타오르는 창공, 40)은 일중전쟁당시의 전쟁영화로 일본에서 최초로 공중촬영을 하였다. 이 영화는 소년 비행병 출신 4명의 전우가 전장에 나가 3명이 전사한 이야기를 다루었다. 전반부에는 일본 내의 육군소년비행병학교의 훈련과정을 그렸다. 아침에 일어나 얼굴을 씻고 이를 닦으며 점호를 하며, 훈련을 하고 저녁에는 자유시간을 즐기며 또한 머리를 깎아주는 모습 등을 그렸다. 이어서 비행기를 타게 되는데 대장의 구령소리와 명령에 따라 소년 병들이 비행기 탑승훈련을 하는 기합소리가 들리는 등 비행병이 되기 위한 훈련 모습이 그려진다. 후반부에는 중국대륙에서 활동하는 일본군의 비행기를 둘러싼 이야기를 그렸다. 중국대륙에서 다양한 활동을 하다 4명 가운데 한 비행사가 전사한다. 남은 3명은 폭격기를 타야 하는 쓰키다(月田), 오카와(大川), 가이다(灰田) 등이다. 어느 날 오카와 기는 임무를 수행하는 중 총탄에 맞아 적지에 불시착하여 중국군에 포위당하지만 쓰키다 기가 구해준다. 폭격기를 타는 가이다는 숲 속에서 기적적으로 살아나 부상 입은 대장을 구해 숲 속을 다니다 지쳐 쓰러진다. 병사들은 고통이나 두려움과 같은 표정을 짓지 않았다. 이 영화의 절정은 일본과 중국의 전투기가 공중전을 벌이는 것이다. 이 싸움에서 쓰키다는 부상을 당하여 부대로 귀환하고 수혈을 받았지만, 병상에서 군인칙유를 암송하며 천황폐하 만세라고 울부짖으며 숨을 거둔다.

이 영화는 일본과 중국간의 전쟁이 활발하게 진행되는 시기에 만들어졌다. 등장배경은 전쟁과 소년병이다. 전쟁은 어른들의 전유물로 동심의 세계와는 거리가 멀다. 어린이는 영웅을 좋아한다는 의미에서 미래의 희망으로서 군인과 연결된다. 엄밀하게 말하면, 전쟁과 소년의 관계는 꿈속의 대화에서나 관계가 있는 것이다. 일본이 추진하는 전쟁에 국민의 관심과 애국심을 촉진시키기 위한 수단으로서 소년병은 윤리적이며 교육적인 측면에서 맞지 않지만 선전도구로서는 최상의 조건을 갖고 있다. 풋풋한 소년병의 버거운 훈련이 국가를 위해 끓는 애국심으로 그려지고, 전투 중에 죽어가는 소년병의 처절함과 엄숙함은 국민의 가슴에 피를 끓게 하는 촉매제로 기능한다. 그런 것은 애국심보다는 전쟁을 해야만 한다는 원거리 애국주의와 민족주의를 촉발시키기에 충분한 이유로 작용한다. 이 영화는 전쟁을 해야만 하는 일본의 사정을 가장 잘 알고 그런 상황에 맞게 그린 영화라는 점에서 최고의 전쟁영화나 선전영화라고 평가할 수 있다.

후시미즈 오사마루(伏水修) 감독의 ≪支那の夜≫(지나의 밤, 40)은 일중전쟁 초기에 대인기를 얻은 통속적인 멜로영화이다. 히트한 이유는 상해(上海)를 무대로 항일의식을 불태웠던 중국소녀가 일본인 청년을 사랑하는 국제적인 사랑이 그려지고, 마침내 중국인 소녀가 항일의식을 버린다는 이야기를 담고 있기 때문이었다. 또한 그런 내용을 풀어가는 가운데 일본의 중국침략을 정당화시키는 내용을 담고 있기 때문이었다. 일반적으로 전쟁을 주도하는 것은 남자이다. 그는 침략국가에 속해있다는 이유만으로도 침략자로 비춰진다. 그런 침략자인 일본남자가 침략에 강하게 저항하는 중국소녀에게 사랑받는다는 것은 시대적이며 국경을 넘는 로맨틱한 환상 그 자체이다. 이 영화는 그런 점을 강하게 그려냈다. 중국 소녀역은 이향란(李香蘭)으로 실제로 야마구치(山口淑子)라는 일본인 소녀였다. 당시 영화계에서 그녀는 비밀리에 중국인처럼 선전되었다. 이 영화에서 이향란은 더러운 모습으로 나타나 일본남자에게 구출되어 호텔에 가서 얼굴을 씻고 옷을 갈아 입는다. 그러자 그녀는 아름다운 모습의 소녀가 되어 버린다. 그녀는 떼를 쓰듯이 남자에게 반항하자 한 대 맞고 점점 말을 잘 듣게 되는 한편 더욱 어른스럽게 된다. 이 영화가 1992년 홍콩에서 이향란 특집으로 상영되었을 때 중국인들을 불쾌하게 한 것은 일본인에게 맞고도 그를 사랑하게 된다는 점이었다. 이것은 당시 일본영화가 얼마나 전쟁 선전적이었는가를 증명하는 자료로서 가치가 있다고 평가되고 있다.

특히 일본이 진주만을 공격한 전후의 영화계에는 지각변동이 일어나고 있었다. 즉 미국영화의 수입이 중단되어 기금까지 추구해왔던 근대주의시각을 버리고 전통적인 가치관에 귀착하기 시작했다. 따라서 이 시기야말로 일본영화가 할리우드의 양식으로부터 해방된 절정기였다. 많은 감독들은 전쟁에 협력했고, 전쟁을 주제로 한 영화를 만들어 일본병사나 전시하의 서민의 전의를 고양시키는 역할을 하였다. 대부분 일본인에게 전쟁은 위협적인 타자와의 대결이 아니라 공동체에 귀속의식을 확인하기 위한 행위로 무의식적으로 주입되었다. 당시 영화인들은 전쟁을 비창미(悲愴美)로 표현하여 병사들에 대한 감사에 공감대를 형성하도록 하였으며 국책에 협력하도록 유도하였다. <표12>는 1942년 전후의 일본영화를 나타낸 것이다.

<표12> 1942년전후 일본영화

영화사	감 독	작품명	영화사	감 독	작품명
쇼치쿠	小津安二郎	戸田家の兄妹(문, 41)	도호	山本嘉次郎	馬(문, 41)
쇼치쿠	清水宏	みかれりの塔(문, 41)	쇼치쿠	溝口健二	藝道一代男
닛카쓰	稲垣浩	江戸最後の日(문, 41)	신흥	小石榮一	舞ひ上る情熱(문, 41)
도호	熊谷久虎	指導物語(41)	닛카쓰	島耕二	次郎物語(41)
도호	山本嘉次郎	ハワイ・マレ沖海戰(문, 42)	쇼치쿠	小津安二郎	父ありき(문, 42)
닛카쓰	田口哲	將軍と參謀と兵(문, 42)	쇼치쿠	田坂具隆	母子草(문, 42)
도호	阿部豊	南海の花束(문, 42)	쇼치쿠	溝口健二	元綠忠臣藏後編(문, 42)
대영	稲垣浩	獨眼流政宗(문, 42)	신흥	森一生	大村益次郎(문, 42)
대영	田中重雄	英國崩るるの日(문, 42)	일본영화사	日本映畵社	マレ戰記(문, 기록영화, 42)
대영	伊藤大輔	鞍馬天狗(42)	도호	山本薩夫	翼の凱歌(42)
대영	稲垣浩	無法松の一生(43)	도호	黑澤明	姿三四郎(국민, 43)
쇼치쿠	今井正	怒りの海(44)	쇼치쿠	今井正	望樓の決死隊(43)

| 대영 | オールス ター | かくて神風吹く (문, 국민, 44) | 도호 | 山本薩夫 | 熱風(43) |

* 자료 : 古川隆久, 2003 (*문 : 문부성추천, 국민 : 국민영화)

일본문화중앙연맹은 우수한 예술작품을 창출하여 국내뿐 아니라 민족과 국경을 넘어 세계에 선양하고 국민봉축의 진의를 알리기 위해 기원 2600년 봉축기념 예능제를 1940년에 연다고 발표하였다. 이 영화대회에 닛카쓰는 시대극 ≪歷史≫(역사), 신코는 현대극 ≪太平洋行進曲≫(태평양행진곡), 해군성 군사보급부의 후원을 받은 도호는 현대극 ≪海軍爆撃隊≫(해군폭격대), 다이도는 현대극 ≪祖國≫(조국) 등을 출품하였다. 이중에서 ≪太平洋行進曲≫을 제외하고 모두 검열수수료 면제를 받아 국책영화가 되었고 문부성추천영화가 되었다. 그리고 1941년 육군의 후원으로 제작된 ≪馬≫(말)은 동북지방의 농촌을 무대로 한 대작으로 예술적 가치를 갖고 있으며 동시에 군마(軍馬)육성의 노고를 그려 애국사상의 보급에 기능하였다는 점에서 문부성추천을 받았다. 이 영화의 몇몇 로케는 조감독인 구로사와 아키라(黑澤明)가 촬영한 것이다. 미조구치(溝口健二)의 ≪元綠忠臣藏後編≫(겐로쿠 추신쿠라 후편, 문,42)은 당시 전쟁 중 충군애국사관의 영향을 받은 것으로 주군을 위해 복수하는 것을 천황에 대한 충의로 해석하여 만든 영화이다.

또한 미국과의 전쟁으로 뉴스영화가 인기를 누렸다. ≪日本ニュース≫(일본뉴스)제82호는 진주만을 공격하는 장면을 찍어 처음 공개한 것으로 도쿄와 오사카에서 인기가 있었다. 특히 적을 경계하는 선전영화인 요시무라(吉田公三郎)의 ≪間諜未だ死せず≫(간첩 아직 죽지 않았다, 42)는 적을 악당으로 묘사하고 있다. 또한 황군의 영상을 통해서 천황의 은혜에 보답하는 도덕적인 메시지를 중시하였다. 그리고 대히트를 한 것은 일본영화사 제작의 장편기록영화 ≪マレー戰記≫(마레 전기, 42)이다[14]. 그리고 그것의 속편으로 ≪ビルマ戰記≫(만마전기)

14) 이것은 흥행하여 69만 엔을 벌었고, 1942년 4월부터 연말까지 상영되어 흥행기록 2위가 되었다. 이 영화는 태평양전쟁 한 가운데 있던 마레반도에서 일본육군부대의 행동을 추적한 것으로 육군성이 후원하고 국민의 사기를 앙양할 수 있다는 이유로 문부성이 추천한 전형적인 국책영화이다. 당시 초등학교, 중학교, 중등학교 등은 문부성추천영화를 과외수업의 일환으로 영화관에서 단체로 관람하였다. 이 영화는 화가인 미야모토 사부로(宮本三郎)에 의한 선전포스터 1만부, 만화가에 의한 홍보지 3만부, 영화잡지, 각종신문, 육군

가 만들어졌다. 이런 영화는 노골적으로 전의를 고양시키고 전쟁을 부추겼다.

1942년 해군은 전쟁의 승리를 국민에게 알리고 전의를 고양시키기 위해서 해군항공대의 진주만공격과 마레 해전에서 영국함대에 공격하는 내용을 극영화하기 위해 도호에 제작 의뢰하였다. 1942년 12월 3일 개봉되고 해군성후원과 문부성추천을 받고 정보국 선정국민필견영화로 지정된 것이 ≪ハワイ·マレ沖海戰≫(하와이·마레 해전)이다. 이 영화는 흥행에서도 성공하여 114만 7천 엔의 소득을 올려 태평양전쟁 중에 만들어진 영화 가운데서 신기록을 올렸다. 야마모토(山本嘉次郎)는 ≪ハワイ·マレー沖海戰≫(1942년)에서 소년 병들의 훈련을 현실적으로 묘사했다15). 이 영화는 진주만공격 1주년을 기념해서 제국해군의 승리를 찬미하는 영화를 만들라는 해군의 명령으로 만든 전의앙양영화이다. 만드는 과정에서 영국 동양함대 전멸과정을 삽입하라는 명령이 내려지기도 했다. 시골의 소년이 해군병 학교에 입대한 친척의 영향으로 해군소년 비행병을 지원해서 해군항공대에 입대하는 이야기이다. 당시 소년 병은 14세에서 15세 정도의 소년이 군대에 들어가 비행사나 통신병 또는 전차대원 등으로 복무하는 소년을 지칭한다. 특히 소년 병은 일중전쟁부터 태평양전쟁에 이르기까지 일본군의 핵심적이며 전략적인 재원이 되었다. 이 영화는 소년 병의 훈련과정을 그렸고 특히 우수한 전투기 승무원으로 양성되어 항공모함에 배속되고 진주만에 정박해 있는 미국태평양함대에 쇄도하는 전투과정을 그렸다. 또한 폭격기대장이 된 해군병학교 출신의 청년이 베트남기지를 출발해서 도달한 말레시아 해변 전투에서 영국전함을 침몰시키는 과정을 그렸다. 이 영화는 전의고양영화로 대히트를 쳐 야마모토 감독은 육군전투기부대의 용감성을 찬양한 ≪加藤隼戰鬪隊≫(가토하야부사 전투대, 44)와 해군항공대의 전투를 취급한 ≪雷擊隊出動≫(전격대출동, 44)을 만들었다. 후자는 패색이 짙어가는 과정에서 만든 것으로 비창한 맛을 보이고 있다.

1943년 미군의 대공격으로 일본군은 남태평양 가달카날 섬에서 철수하여 전세가 급속히 악화되었다. 특기할 만한 작품은 ≪日本ニュース≫(일본뉴스)제

177호로 남태평양해전(1942년)의 기록필름이다. 이것은 일본이 검열로 제한한 현대전의 가혹한 실상을 기록한 것으로 자기 선배들이 펜을 버리고 전장에 들어가는 것을 보여주어 소년들을 전쟁에 동원하려는 의도를 가지고 있어 소년항공병지원을 촉진시키는 계기가 되었다. 또한 이마이 다다시(今井正)는 1943년 일본의 무장경관대와 한국의 항일독립군의 전투를 그린 ≪望樓の決死隊≫(망루의 결사대)를 만들었다. 이 영화는 항일독립군의 습격 신을 미국 서부극을 그대로 흉내 내고 있지만 당시 보기 드문 액션영화로 호평을 받고 있다. 그러나 식민지지배를 정당화한 군국주의 영화라는 특징이 있다. 그는 군국주의 마지막 작품으로 ≪怒りの海≫(성난 바다, 44)를 만들었고, 이 영화는 해군의 조선소함대 건조 장교를 주인공으로 하는 선전영화였다. 당시 영화보급회는 ≪決戰の大空へ≫(결전의 창공)을 단체로 관람시켜 486영화관에서 1,311회 개최하여 111만 명이 관람했다. 또한 진주만공격 2주년 기념으로 쇼치쿠의 작품 ≪海軍≫(해군)도 진주만공격 때 해군특수 잠항정의 승무원들을 그려 전의를 부추겼다. 이처럼 1930년대부터 1945년까지 전시기의 일본영화는 인종차별, 전쟁주의, 애국주의, 군국주의, 식민지주의 등을 강조하는 제국주의적 성향을 강하게 띤 영화라는 특징이 있다.

■ 2. 프로키노주의

국책영화를 중심으로 한 민족주의 영화가 주류를 이룬 가운데 전쟁을 부정적으로 보는 감독과 영화, 그리고 대안으로서 사회주의 사회의 건설을 주장하는 감독과 영화가 있었다[16). 그러나 일본은 전시 중이었기 때문에 표면에 나타나 활동하기가 어려웠고 대부분의 감독은 사상적 전향을 하여 국책영화를 만들지 않을 수 없었다. 아이러니 하게도 그때 전향하거나 국책영화를 찍은 감독들

---

16) 국책영화에 참가한 감독 중에는 1930년대 초기 좌익운동에 참가하거나 경향영화에 참가한 인물이 적지 않았다. 다사카(田坂具隆), 이마이(今井正), 야마모토(山本薩夫) 등이 대표적이다.

중 일부는 다시 전후에 돌변하여 민주주의를 주장하고 좌익진영에서 활약하기
도 하였다. 당시 반전주의, 사회주의 등과 같이 다양한 사상적 의미를 가진 프
로키노주의를 주창한 감독은 가메이 후미오(龜井文夫), 나루세 미키오(成瀬己
喜男), 이시모토 소키치(石本統吉), 미즈키 쇼야(水木莊也), 시타무라 겐시(下村
兼史) 등이 대표적이라고 할 수 있다. 사회주의 사회건설을 주장한 영화는 1920
년대 말에 만들어진 ≪日光の円藏≫(닛코의 원장, 29), ≪牽張劍法≫(솔장검
법, 29), ≪大都會交響曲≫(대도시교향곡), ≪斬人斬馬劍≫(참인참마검, 29)
등이 대표적이다. 당시 그런 현상을 기록 한『연보』에 의하면, 공안 상 지장이
되는 영화가 50.4%나 되었고 풍속 상 지장이 되는 것으로 판단된 것이 49.6%
였다. 공안 상 지장을 주는 비율이 높은 것은 프로키노(プロキノ), 경향영화
등에 지배층이 주목했기 때문이며 또한 당시 자본주의와 군국주의를 바탕으로
제국주의를 추구해온 일본사회가 많은 모순과 문제를 노출시켜 변혁을 추구하
려는 흐름이 강했기 때문이기도 하다.

　그러나 전쟁이 확대되어 치열해지고 국민의 전의를 고취시킬 필요성이 제기
되면서 영화에 대한 검열이 강화되어 각사의 제작 현장에는 혼란이 일어났다.
각본의 사전검열을 통과한 완성작품에서도 보류처분이 속출하였다. 예를 들면,
요시모토(吉本)공업의 ≪當世五人男≫(당세 다섯 남자)는 요시모토 소속의 연
예인이 출연하여 피로한 전형적인 구경거리 영화이지만 내용이 비현실적이란
이유로 보류되었다. 이것은 많은 부분이 삭제되어 ≪明朗五人男≫(명랑 다섯
남자)로 개명되어 개봉되었다. 또한 ≪上海の花賣娘≫(상해의 매춘녀)는 내용
이 저속하다하여 보류되어 ≪姑娘の凱歌≫(고낭의 선가)로 개명되어 개봉되었
다. 반사회적 영화와 관련된 대표적인 사건은 1939년 2월 20일 영화를 사랑한
프로레탈리아 작가 고바야시(小林多喜二)가 거리에서 체포되어 치쿠지(築地)
경찰서에서 사살된 사건이다. 그런 검열과 탄압으로 1940년에는 일본영화사상
최초의 전투적 영화운동체인 프로키노가 정부의 명령으로 해체되었다.

　영화검열이 강화되어 제작과정과 결과에 대한 검열이 이루진 가운데 다큐멘
터리 작가인 가메이(龜井文夫, 1908-87)는 ≪上海≫(상해, 38)에서 국가주의
앙양 대신에 반전적 함의를 풍부하게 표현하였다. 그는 일본군의 행진을 보고
있는 민중을 촬영했고, 장시간이동촬영을 하고 편집에 메스를 가하지 않았다.

중국민중의 긴장한 눈을 통해서 군사침략뿐 아니라 당시 일본정부가 저지른 정치적 폭력성을 암시적으로 표현하였다. 당시 가메이 감독은 영화를 만들면서 직접 상해에 가지 않고 카메라멘인 미키(三木茂)가 현지에서 촬영한 장면을 도쿄에서 편집하는 방식으로 작업을 하였다. 이 영화가 완성되자 군부는 전의고양을 해야 할 때 이런 영화를 만들었다하여 크게 분노하였다. 가메이는 중국민중의 고통에 공감하기 위해 ≪上海≫(상해)를 만들었던 것이다. 그는 전쟁선전영화를 만들어야하는 입장에 있었음에도 불구하고 일본군이 중국민중에 대한 가해자라는 주장을 표현하여 반전주의를 주창하였다.

이 영화에서는 중일 간에 벌어진 2차 상해사변에서 격전이 끝난 후 상해의 시가지를 고층건물 위에서 찍은 장면이 처음 등장한다. 이어서 폐허가 된 지역을 자세하게 찍자 시가지는 온통 처참한 상태로 비쳐진다. 그리고 중국의 항일 장면이 돌연 나오고 포로가 된 중국인이 거리로 끌려 다니는 장면과 표정이 나온다. 이어서 설명이 나온다. 즉 '이것은 상해예술안공사 촬영 제작, 국민정부 제공의 항일영화입니다. 친일적인 언어를 흘려도 간교한 중국인으로 낙인찍혀 즉시 살해되었습니다. 하루에 천명 이상의 중국인이 총살되고 거리에는 그들의 시체가 나뒹굴고 있습니다'라는 말이었다. 그런 다음에는 일본인이 사는 마을의 초등학교 학생과 교사들이 경험한 전쟁을 둘러싼 대화가 있고, 포로수용소에 수용된 중국군포로에 대한 인터뷰가 나온다. 또한 일본의 해군육전대나 해군항공대의 장교들이 전쟁 공헌담을 하는 이야기가 있다. 이처럼 영화는 전쟁의 참상과 일본의 간교하고 무모한 침략상을 표현하여 전쟁에 대한 회의와 반전이라는 암시를 강하게 표출시켰다.

이 영화는 전시하의 전쟁선전영화라는 체제를 갖추고 있으면서 보는 사람에 따라 전쟁부인의 의도를 알 수 있도록 암시하는 부분도 있는 특징이 있다. 그리고 일본군이 프랑스의 조계(租界)에 들어가는 광경이 있다. 나레이션은 이 부분을 '1936년 12월 3일 일본군이 종래의 관습을 타파하고 당당하게 공공조계에 대행진을 감행하였습니다. 이 행진은 어떤 의미에서 상해의 여명을 의미하는 획기적인 것입니다'라고 하였다. 이것은 중국본토에 진주하고 있는 서구열강에 대해 우위권을 자랑하는 의미이기도 하였다. 영화는 일개 소대 일본군이 노래를 부르고, 일본으로부터 피난 온 일본인이 일본인 마을로 가기 위해 상해

항으로 들어오는 모습, 일본인 마을의 부흥에 전념하는 모습, 일본병사가 중국 아이들에게 캬라멜을 주는 장면, 중국인 고아를 돌보는 프랑스신부가 일본병사에게 감사하는 모습 등을 소개하는 것으로 끝을 맺고 있다. 이 영화는 당시 많은 반향을 일으켰다. 즉 하나는 기록영화이지만 예술적으로도 높게 평가되는 측면이 있었고, 다른 하나는 군의 보도부가 지원해준 영화임에도 불구하고 전의고양보다는 인도주의적이며 전장의 참혹함을 그려 전의를 상실하게 하는 측면이 있다는 반전적인 성격을 가졌기 때문이다.

또한 그는 ≪戰ふ兵隊≫(전투하는 병사, 38)에서 전선 병사의 피폐해진 표정을 포착하는 한편 전쟁의 무모함을 그렸다. 최초의 장면은 화염에 싸인 집을 뒤로하고 난민이 되어 피난하는 중국인의 대열을 찍었다. 그리고 도조신(道祖神) 앞에서 대지에 머리를 박고 울부짖으며 3배, 9배 등을 하는 농민의 처참한 모습이 나온다. 이렇게 혼란스럽고 불타는 거리를 일본군의 전차가 히노마루(日の丸)를 꽂고 지나가고 있다. 그리고 '히노마루 국기를 보고 눈물을 흘리고 있는 것은 중국인일 것이다'라고 발언하는 모습이 나온다. 당시 일본은 전쟁의 목적이 중국을 구주제국을 추종하는 국민당정부로부터 해방시키는데 있다고 하였다. 따라서 중국민중이 일본군을 환영하고 있는 모습을 찍은 것이다. 그러나 그 장면은 일본군이 중국의 민가를 태우고 짓밟는 모습으로 생각될 수 있는 장면으로 매우 대담한 표현이다.

가메이에게는 당시 장교출신으로 전장에서 체험한 이야기를 연출해준 지인이 있었다. 그 장교는 전후 신바시(新橋)에서 상점을 운영하면서 그 곳에 자기가 중국에서 포로참살을 한 사진을 장식했기 때문에 점령군에게 체포된 후 중국에 보내져 전범으로 사형을 당했다. 결국 애매한 표현을 삽입하여 완성한 이 영화는 전쟁을 염세적으로 표현하여 창고에 넣고 비공개하기로 결정하였다. 영화는 상영중지 되었다. 이듬해인 1941년 일본군이 태평양전쟁으로 전선을 확대하기 직전에 특고경찰은 염세적이며 반전적인 문화인으로 낙인찍힌 가메이를 체포하여 심문을 하였다. 취조관은 그 영화가 ≪戰ふ兵隊≫이 아니라 ≪疲れた兵隊≫(피곤한 병사)라고 하였다고 한다. 1941년 가메이는 그 영화로 인해 치안유지법 용의자로 체포되어 일년간 투옥되고 영화감독 면허를 정지당하였다. ≪戰ふ兵隊≫는 전후 1947년 가메이가 야마모토(山本薩夫)와 공동으로 감독한 ≪戰爭と

平和≫(전쟁과 평화)에서 단편적으로 사용되었고, 1975년 전편이 공개되었다. 일중우호협회가 일중불개전이라는 운동을 전개하는 가운데 상영되었다.

나루세 미키오(成瀬己喜男)의 ≪はたらく一家≫(일하는 가족, 39)은 일중전쟁 중 전향한 전 좌익작가였던 도쿠나가(德永直)의 소설을 원작으로 한 것이다[17]. 이 영화는 가난한 가정의 생활을 리얼하게 그리고 빈자의 비애를 충분히 맛볼 수 있도록 표현한 것으로 일본의 전통적인 서민영화이다. 단순하게 가난함과 비애감을 긍정하기 보다는 일본사회의 본질적인 문제를 매우 날카롭게 찌르고 있는 작품이다. 그것은 일하기보다는 학교에 가는 것이 왜 중요한 가를 제언하고 있다. 즉 왜 학교에 가는 것이 노인을 섬기는 것보다 좋은 것일까? 왜 노동자는 빈곤하고 학교에 가면 풍부해지는 것일까? 왜 노동자가 되는 것에 자부심을 느끼지 못하는 것일까? 등과 같은 현실적인 문제를 제기한 영화이다. 당시 탄압 가운데서도 작은 목소리로 사회문제를 제기한 영화로 가치가 있다. 또한 일본이 전쟁국가라는 성격을 갖고 있었지만, 자본주의와 제국주의 성격을 갖고 있어 빈부의 차이와 권력의 차이를 통해 사회가 분절되고 극화되고 있는 현실을 리얼하게 그렸다는데 가치가 있다. 특히 전쟁국가가 지배하는 현실에서 서민의 궁핍한 생활과 미래사회에 대한 비전을 제시하고 있는 특징이 있다.

또한 이시모토(石本統吉)의 ≪雪國≫(설국, 39), 미즈키(水木莊也)의 ≪ある保姆の記錄≫(어느 모보의 기록, 41), 이연과학영화작품으로 시타무라(下村兼史)의 ≪或日の干潟≫(어느 날의 간석지, 40) 등은 가메이 감독과 함께 전시하에 양심과 재능을 발휘한 기록영화이며 동시에 수작이라고 평가할 수 있는 작품들이다. ≪雪國≫은 북극의 대설지역에서 생활을 향유하고 노동을 하며 살아가는 사람들의 모습을 현실적으로 묘사하였다. 이 영화의 배경이 되는 두터운 설국은 일본파시즘의 두께를 상징적으로 의미하고 있는 듯하다. ≪ある保姆の記錄≫은 일하는 부모의 아이를 통해서 전시하의 생활을 고찰하였고, 과학영

---

17) 도쿠나가(德永直)는 프로레탈리아 문학의 대표 작가로 빈농의 아들로 태어나 인쇄공장과 연초공장에서 노동을 하며 사회운동을 하는 노동운동가였다. 도쿄에 상경하고 1926년 인쇄공장의 쟁의를 『太陽のない街』(29)로 출판하여 세상에 알려졌다. 그러나 프로레탈리아 문학이 탄압을 받자 도쿠나가는 전향하고 일중전쟁이 시작된 1937년 『太陽のない街』를 절판하고 체제에 대한 반항의 의지가 없음을 명백히 했다. 이 시기에 대부분의 프로레탈리아 작가는 전향을 요구받아 많이 전향하였다. 도쿠나가가 국가주의에 굴복한 후 작은 목소리로 비판한 것이 『はたらく一家』(39)이다.

화인 ≪或日の干潟≫는 패색이 짙어져 감에도 불구하고 전쟁을 계속 수행하는 지배층에 저항하는 내용을 담고 있다. 이 영화는 당시 전쟁을 수행하는 국가와 지배엘리트 등에 대해 간접적으로 저항을 표시하였고, 또한 국가가 수행하는 전쟁의 목적과 불합리성을 암시적으로 표현하고 있는 특징이 있다.

기노시타(木下惠介)는 1944년 전쟁이 파국으로 치닫고 있을 때, 가노(化野 葦平原)의 ≪陸軍≫(육군)을 연출했다. 이 영화는 구주(九州)에 살면서 4대에 걸쳐 군인이 된 일가를 그린 것으로 전형적인 군국주의적 기획영화였다. 그러나 기노시타의 인간애가 끝부분에 발휘된다. 어머니가 전장으로 향하는 아들을 보내는 장면이 나오고, 도로에서 전장으로 가는 젊은이를 환송하면서 일장기를 흔든다. 그 앞으로 출정하는 군대가 행진을 한다. 어머니는 아들을 쫓아 달린다. 어머니의 눈가에는 눈물이 흐르고, 멀어져가는 행군을 보며 합장을 한다. 그러나 이 시기는 출정하는 아들에게 눈물을 보이는 것을 아름답지 못한 모습으로 여기는 시절이었다. 기노시타의 ≪陸軍≫은 병약한 자식이 행군에 참여하여 전장으로 향하는 순간에 자식을 쫓아가는 어머니의 모습에 포커스를 맞췄다. 따라서 이 영화는 일부 군인들에 의해 반감을 샀고, 기노시타 감독은 정보국의 검열에 걸려 패전까지 영화를 만들지 못하였다. 이 영화에서는 전쟁을 삶과 죽음의 갈림길이라고 인식하는 가운데 그 삶과 죽음을 넘나드는 굴속으로 들어가는 아들과 어머니 사이에 생기는 원초적인 본능이 강조되고 있다. 즉 국가 보다는 개인, 전쟁보다는 평화, 죽음보다는 삶 등을 중시하는 입장을 강조하고 있어 당시에 살고 있는 민중의 갈등상황을 잘 설명하고 있고 또한 마음속에 살아있는 반전의식을 잘 표현하고 있다.

위에서 소개한 것처럼 일본에서 프로키노주의는 제국주의에 저항하고 새로운 사회를 구축하려는 이데올로기성을 가진 사상이라고 할 수 있다. 영화에 나타난 프로키노주의는 사회주의, 노동자와 생활자 중심적 사고를 지향하는 프로레탈리아주의, 반엘리트주의, 반전주의와 반군국주의 등을 함의하고 있다. 그런 사상적 성향과 흐름은 노골적으로 정면에서 표출하거나 대대적인 사회변혁운동으로 자리 잡기보다는 문화, 문학, 영화, 소설 등과 같은 지적 수단을 통해서 선전되는 특징이 있다. 그러나 제국화기의 프로키노파는 일본정부의 강력한 국가보호정책으로 탄압과 박해를 받아 투옥되거나 작품 활동을 정지당하기도 하였고,

또한 작품 판매가 정지되는 등 수난의 시대에 살면서 때로는 변절하는 모습으로 나타나는 특징이 있다. 그것이 제국화기 프르키노파의 운명이었고 그들은 다시 전후가 되면서 사상적 변절을 하여 본래의 모습으로 돌아오게 된다.

■ 3. 사회파주의

유성영화가 등장하면서 일본영화계에는 다양한 영화가 등장하였다. 즉 경향영화, 희극영화, 풍자극영화, 연애영화, 멜로드라마, 가족영화, 시대극영화, 역사영화, 식민지영화 등이 나타났다. 이렇게 다양한 성격을 가진 영화가 제작되면서 그 과정에서 민족주의, 반전주의, 반사회주의, 전통주의와 근대주의, 사회주의 등을 반영하는 영화를 둘러싼 갈등이 일어났다. 일본영화부흥의 원초적 기반이 된 대표적인 것이 사회문제를 소재로 한 비전쟁영화로 이른바 사회파영화라고 할 수 있다. 이런 장르는 근대이후 잔존하는 전통성과 근대성간의 갈등 즉 사회문제, 여성문제, 사랑문제, 역사문제, 가족문제 등 다양한 영역에서 일어나고 있는 모순과 문제점을 담아내면서도 일본적인 특징을 가진 영화영역으로 발전했다는 특징이 있다. 또한 표현과 내용에서뿐 아니라 방법과 추구하는 방향성에서도 일본적인 색깔을 띠게 되어 전후 일본영화 발전을 위한 기초적인 토대가 되었다.

미조구치는 여성을 주제로 한 사회영화를 만들었다. 그는 여성을 최고로 응원하는 영화로 교토(京都)에서 일하는 여인을 그린 ≪祇園の姉妹≫(기온의 자매, 36), ≪浪華悲歌≫(낭화비가, 36) 등을 찍어 리얼리즘을 확립했다. ≪祇園の姉妹≫는 교토의 화려한 무대생활을 하는 가운데 남성들에게 희롱당하는 여성의 운명을 묘사하였다. 이것은 권리를 갖지 못하는 일본여성의 성을 상품으로 판매하는 일본사회에 대한 고발이었다. 또한 미조구치는 도쿄와 교토의 방언에 도전하고, 경향영화시대의 소재가 되었던 사회모순 특히 여성을 둘러싼 모순에 대한 비판을 성숙하게 표현하였다. 예를 들면, 아버지와 애인, 남편과 같은 남자들의 비굴한 욕망에 저항하며 강하게 사는 여성 등을 그렸다. 그는

그 과정에서 야마다 이주스즈(山田五十鈴)라는 천재여배우와 만나게 된다. 또한 그는 신파를 비판한 ≪愛怨峽≫(애원협, 37), 신파로 돌아온 ≪殘菊物語≫(잔국이야기, 39)를 만든다. 미조구치는 1941년부터 1942까지 막대한 예산을 들여 ≪元綠忠臣藏≫(겐로쿠 추신쿠라)를 만들고 무사들을 통해 황국사상을 표현하기도 하였다.

또한 ≪浪華悲歌≫(랑화비가, 36)는 오사카(大阪)를 무대로 활동하는 여성을 다른 각도에서 묘사한 영화이다. 이 영화에서는 제약회사의 전화교환원인 아야코가 아버지의 계략으로 사장의 정부가 되고 나중에는 버려져 불량소녀가 된다는 이야기를 소재로 돈이 인간을 지배하는 사회를 그려냈다. 아야코는 오사카의 전화교환수로 일하고 있다. 아버지는 근무하는 회사의 돈을 써 고소당하기 직전에 처해있다. 그리고 도쿄에서 대학을 다니는 오빠는 학자금이 모자란다고 하여 손을 벌리고 있는 상태였다. 아야코는 돈이 필요해서 애인에게 부탁했지만 아무 소용이 없었다. 그녀는 결국 사장의 첩이 되었고 그 사실이 사장부인에게 알려져 경찰에 신고 된다. 아야코는 위기에 봉착하였고 그 상황에서 내재되어 있던 불량기가 발동하게 된다. 그런 가운데 경찰에 체포되었지만 초범이어서 훈계를 받고 아버지에게 돌려 보내어 진다. 그녀를 부끄럽게 생각하자 그녀는 집을 나왔다. 가족을 위해서 불량한 짓을 한 것이지만 가족의 싸늘한 냉대는 내면에 있는 불량기에 불을 지폈다. 라스트신으로 다리 위에서 아야코가 물끄러미 물위를 쳐다 보는 장면이 나온다. 그 순간에 아는 의사는 자살을 하려는 아야코에게 "병 때문인가"라고 묻자 아야코는 "병이다. 불량소녀의 훌륭한 병"이라고 소리치며 다리 저편으로 떨어진다.

이 영화는 오로지 가정구성원을 위해 자신의 꿈을 버리고 헌신하는 여성을 그렸다. 그녀는 비정상적인 방법으로 위하는 과정에서 자기의 끼로 세상의 질서를 어지럽힌다. 그녀는 자기의 헌신으로 혜택을 받은 가족으로부터 멸시 당하자 헌신과 삶에 대해서 깊은 회의를 갖게 된다. 그것은 희생이라는 가정적 가치와 멸시라는 사회적 가치가 충돌하는 과정에서 생겨난 것이다. 가족이라는 전통적인 구조와 가치 속에서 여자는 존재적 가치와 권리를 갖고 있기 보다는 가족의 희생물로서 그리고 공헌자로서의 존재적 가치가 있다. 그러나 실제로 여성도 남성과 동등한 가치를 가진 존재라는 사실을 암시해주고 있다. 그런 근대적인 사회가 됐음에도 불구하고 일본사회는 국가와 전통이 통제하는 사회로 여성의 전통적 가치관을 강조하고 있다. 따라서 개인은 어떠한 일이 있어도 사회적 규범을 지켜야 한다는 점을 강조하면서 국가 질서에 종속된 가정질서를 그린 것이다. 즉 국가질서를 어길 수 없다는 군국주의시기의 강요된 가치관이 잘 표현되고 있다고 할 수 있다. 이 영화에서 기존의 가치를 벗어난 여성은 죽음으로써 대항하는 비극적인 최후를 맞이한다.

오즈(小津安二郞)감독의 ≪東京の合唱≫(도쿄의 합창, 31)은 중학시절의 은사를 괴롭히는 학생의 모습을 그리고 10년 후 주인공의 이야기를 중심으로 전개하고 있다. 주인공은 재미있는 청춘 시절을 보내고 지금은 샐러리맨처럼 보너스에 일희일우하는 나날을 보내고 있다. 어느 날 정의파 주인공은 동료가 하찮은 일로 해고당하자 용감하게 상사에게 항의를 하다 자기도 해고당한다. 그러나 그런 사실을 부인에게 말 못하고 광고판을 들고 다니는 아르바이트를 하다 부인에게 발각된 후 기를 펴지 못한다. 이윽고 그는 옛날 중학시절 은사의 도움으로 지방 학교 교사로 가게 되어 도쿄를 떠나게 되었다. 동창회가 송별회를 해주고 도쿄로부터 사라지는 슬픔을 친구들은 합창을 한다. 이 영화는 동료에 대한 의리와 정의를 인간적으로 그리고 친구들의 변하지 않은 우정을 그리고 있다. 또한 사제간의 끊임없는 애정을 그리고 있다.

또한 그의 ≪東京の宿≫(도쿄의 숙소, 35)에 등장하는 주인공 기하치(喜八)는 실업자로 두 아들을 데리고 직업을 찾아 도쿄의 공장가를 방황하고 있다. 그러나 불경기였기 때문에 도저히 해결할 수 없었다. 하루하루 벌어서 살기 때문에 집에서 편히 자면 식사를 못하고 식사를 하면 노상에서 자야 하는 그런 상황이었다. 그러던 어느 날 어린이를 데리고 다니는 여자 실업자를 만나게 되자 기하치는 그녀를 구하기 위해서 도둑질까지 하게 된다. 기하치는 옛날 알고 있었던 여인 가아얀을 만나 그녀의 도움으로 직장과 머물 집을 구해준다. 그러나 방랑하던 중 아이의 병치료 때문에 술집의 잡부로 일한다는 사실을 알게 되었다. 그는 절도를 하여 그녀를 돕고 두 아들을 가아얀에게 부탁하고 경찰에 자수한다. 오즈의 영화는 사회적으로 살아가기 힘든 상황에서 살기 위해 투쟁하는 가난한 서민들의 이야기를 가감 없이 표현하여 당시 전쟁을 추구하는 군국주의와 제국주의를 비판하는 한편 일본사회상을 간접적으로 고발하고 있다.

쇼치쿠에서 활동한 대표적인 감독이 시미즈 히로시(淸水宏)이다. 그는 1930
년대에 들어서 즉흥성이 강한 영화를 찍었고 동시에 세트보다는 로케를 중시하
고 초심자를 배우로 데뷔시키는 특징이 있었다. 그는 ≪有りがたうさん≫(고
마운 사람들, 36)을 만들고 전전의 일본영화에서는 거의 다루지 않았던 식민지
조선에서 온 이민노동자들을 즉흥적으로 담아냈다. 이 영화는 가와바타 아스나
리(川端康成)의 소설을 영화화한 것으로 현장로케이션을 시도한 작품이다. 쇼
와초기 일본은 불황을 맞이한다. 시골길을 가는 버스 운전수가 길을 피해주는
통행인에게 '아리가타우'라고 말을 건네는 상황에서 붙여진 아리가타우씨를 중
심으로 벌어지는 인간적인 교류를 그린 것이다. 가난하기 때문에 도쿄로 팔려
가는 젊은 딸과 보내는 어머니가 있었다. 아리가타우씨는 그런 사정을 알고 동
정하지만 아무것도 해줄 수 없었다. 호색가처럼 돈이 있는 듯한 손님이 계속해
서 그녀를 유혹하지만 술 따를 듯한 여성이 보호해준다. 그는 돌아오는 길에
다시 그 모녀를 태우고 아리가타우를 연발하며 남으로 향한다.

이 영화에서 나오는 통행인 가운데는 불경기로 인하여 실직해 버스도 타지
못하고 걸어서 고향으로 돌아오는 사람들에게도 버스 운전수는 '아리가타우'라
는 인사를 한다. 어느 날 흰옷을 입고 축 처져 걸어가는 조선인 무리가 있었다.
이 장면은 시미즈 감독이 현장로케를 할 때 조선인을 만나 영화에 넣은 것이
다. 조선인 가운데는 젊은 여성과 아리가타우씨와 아는 사람이 있어 잠시 버스
가 정차하고 모두가 하차하여 쉬고 있는데 그와 그녀는 서로 이야기를 한다.
그녀는 일본 기모노를 입고 나가노현의 공사현장에 간다고 말을 하자 아리가타
우씨는 차에 타고 가지 않겠느냐고 말한다. 그러나 그녀는 '아니요 우리는 모두
걸어서 가기 때문'이라고 하며 걸어가는 가족을 바라본다. 그 시선의 반대쪽에
묵묵히 걸어가는 조선인들이 그려진다. 이 영화는 당시 재일조선인의 문제를
깊이 다룬 것은 아니지만 매우 동정적이며 인간적으로 그려낸 특징이 있다. 당
시 일본문학이나 영화에서 재일조선인에 대해 이 정도의 동정심과 인정을 그린
작품은 없다. 이 영화는 불황기에 허덕이는 서민이지만 감사라는 인사를 잊지
않고 건네는 따뜻한 마음을 그린 한편 차별과 고독으로 점철된 조선인을 인간
적으로 그려냈다는 점에서 당시의 시대상을 잘 알 수 있는 작품이다.

또한 우치다(內田吐夢)는 ≪人生劇場・靑春編≫(인생극장・청춘편, 36)에서

대학생이 인교도(仁俠道)를 통해서 성장하고 의리와 인정을 터득하는 이야기를 묘사했다. ≪土≫(흙, 39)에서는 농민의 빈곤과 가혹한 노동을 리얼하게 그렸다. 이처럼 사회영화는 서민생활, 애정, 패러디가 가미된 시대극, 의리, 이민노동자, 가족구성간의 갈등, 사회비리, 여성의 상품화 등 다양한 주제를 통해서 밀도 있는 인간주의를 모색한 특징이 있다. 우치다 감독의 ≪生命の冠≫(생명의 관, 36)에서는 치시마(千島) 근해인 북해어장에서 게 조업을 둘러싼 상도덕과 기업경영자의 도덕을 다루고 있다. 치시마에는 게를 잡기위한 항구와 게 통조림공장이 있고 제조 철에 집 떠나 돈 벌기위해 오는 여공들이 많았다. 주인공 아리무라(有村恒太郎)는 치시마에서 어선과 공장을 갖고 미국에 수출하는 통조림을 만들고 있다. 그러나 지금은 어업이 왕성하지 못하여 계약을 지키기가 어려운 상황이었다. 모두가 필사적으로 일하고 있지만 납기일을 맞추기가 어려웠다. 아리무라는 규정 이외의 망을 사용하지 못하게 하는 등 성실하게 일한다. 그러던 어느 날 어선이 조업 중 행방불명 되는 어려움이 닥쳐왔다. 그런 상황에서 아리무라의 동생인 긴지로는 암게의 살을 통조림에 넣으면 안 된다는 규정을 어기고 넣어버렸다. 이것을 안 아리무라는 부정하면서까지 가족을 부양하고 싶지 않다고 강하게 질타한다. 아리무라의 여동생은 아리무라의 정직성을 믿고 기뻐하며 작업을 한다. 그러나 통조림 납품이 끝나고 조난해서 죽은 13명 어부들의 49제도 끝나자 아리무라 통조림 회사는 파산한다. 그는 정직하게 운영하였기 때문에 파산된 것을 후회하지 않는 다고 하였다. 이 영화에서는 기업가의 기업윤리를 다루고 동시에 경제발전에 따른 부작용을 경고하고 있다. 이 영화는 중소기업 경영자의 기업윤리를 정면으로 다루고 있어 당시의 기업관과 기업윤리를 알 수 있는 매우 귀중한 영화이다.

위에서 본 것처럼, 사회파영화는 다양한 주제를 갖고 표현되는 특징이 있다. 즉 전통성과 근대성 사이에서 희생자로 살아가는 여성을 해방시키고 권리를 찾아 주려는 여성권리주장, 식민지민이 피식민지에서 살아가며 겪는 고통과 인내, 기업성장과 노동력이 증가되는 가운데서도 조직 속으로 들어가지 못하거나 퇴출되는 노동자의 고통과 인간애, 근대사회 속에서 전통적으로 살아가는 약자들의 모습, 기업성장과 개인성장의 갈등, 개인우선주의와 공익 및 기업우선주의의 갈등, 기업에서 살아남기 위한 개인간의 경쟁 등을 그리고 있는 특징이 있다. 사회파영화는 그 사회의 주류에 대한 저항보다는 근대성을 갖고 진행되는 사회가 발생시키는 모순과 부조화에 대한 철저한 분석을 통해 새로운 돌파구를 제시하는 면이 강하다. 또한 반주류적인 부분을 강조하는 면과 반사회적인 부분을 강조하는 면이 있지만 당시 일본사회가 갖고 있는 모순을 정직하게 그려내고 있다는 점에서 시대적 가치가 있다고 할 수 있다.

■■ 4. 근대주의

일본에서 근대주의는 메이지유신부터 진행되어 일본의 발전방향을 규정한 중요한 개념 중에 하나라는데 이견이 없다. 즉 정치, 경제, 사회, 문화 등의 영역에서 물질적이며 정신적인 측면에서 전통성을 버리고 서구적인 가치와 구조를 수용하고 발전시켜 국가의 부국강병을 추구하는 사상적 토대가 되었다. 메이지 초기 근대주의자들은 구조적이며 제도적인 발전을 강조하는 측면이 있었고, 다이쇼와 쇼와기에 들어서는 사상적인 변화와 발전을 강조하였다. 따라서 문학, 문화, 소설, 영화 등에서 서구예술이 수용되었고, 가족구성원간의 역할기능의 변화, 사회에서의 역할과 기능 분화, 기업과 국가와 같은 근대적인 조직의 역할 분담과 기능다양화, 문학에서 남녀의 사랑과 애정표현의 자유 등 다양한 모습으로 근대주의가 표출되었다. 근대주의적 시각에서 영화를 만든 감독은 고쇼 헤이노스케(五所平之助), 오즈 야스지로(小津安次郎), 시마쓰 야스지로(島津保次郎), 요시무라 코자부로(吉村公三郎) 등이 대표적이다.

고쇼 헤이노스케의 ≪マダムと女房≫(마담과 마누라, 31)는 자타가 인정하는 최초의 유성영화라는데 가치가 있다. 이 영화는 집들이 듬성듬성 세워진 교토 교외지역의 신흥주택가를 중심으로 조용하고 한적한 생활이 이루어지고 있는 장면에서 출발한다. 이곳에 작가로 활동하는 한 부부가 이사를 온다. 그는 마감 날짜를 맞추기 위해서 고생을 하고 있지만 옆집의 서양주택 풍에서 들려오는 재즈소리가 귀를 따갑게 하여 글을 쓸 수가 없었다. 남편은 불만을 이야기하러 그 집에 갔다. 근대적인 차림을 한 이다치(伊達里子)의 집으로 친근감

있는 재즈를 연습하고 있었다. 그는 마치 할리우드에서 온 듯한 모습으로 있는 그녀의 매력에 빠졌고 또한 교양 있는 접대에 그만 녹아버려 할말을 하기는커녕 재즈야 말로 현대예술이라고 인식하게 된다. 이윽고 다다미와 기모노를 입은 부인이 있는 집으로 돌아와 원고를 쓴다. 가족끼리 산책을 하고 새들이 지저귀며 한가롭게 거닐수 있는 행복이 가득한 생활을 영위한다. 이 영화는 이미 전통과 근대라는 경계선에서 점차 근대로 달려가는 일본사회와 일본인의 감성을 잘 표현하고 있다.

오즈 야스지로(小津安次郞)는 정적인 관조에 입각하여 부모와 자식, 어머니와 아들 등과 같은 가족관계에 초점을 두고 영화를 만들었다. 오즈는 세일즈맨 일가를 다룬 ≪生れてはみたけれど≫(태어나긴 했지만, 32)과 서민의 가정을 묘사한 ≪一人息子≫(외동아들, 36)을 제작하였다. ≪生れてはみたけれど≫는 무성영화이지만 샐러리맨 가정을 어린이를 통해 묘사한 작품이다. 그 가정에는 형제인 료이치(良一)와 게이지(啓二)가 있다. 그들은 아버지가 근무하는 회사 중역의 아들 초대를 받아 중역이 찍은 16미리 영화를 감상하였다. 이들은 언제나 훌륭하게 되라는 아버지가 중역의 기분을 맞추는 것을 보고 집에 돌아와 아버지에게 항의한다. 그러나 가정은 평온한 상태로 돌아온다. 좁은 집에 살면서 어른의 어려움을 어린이가 느끼며 성장하는 과정을 그렸다. 이처럼 오즈는 사회의 모순보다는 인간생존의 근저에 있는 비애를 달관한 시각에서 영화를 만들었다. 그가 묘사하는 일본인은 정치적 무관심으로 국책에 협력하지 않지만, 일본이 추진하고 있는 전쟁이라는 특수상황에서 개인에게 몰려오는 위기에 대해서 무력하게 순종하는 사람이다.

오즈의 ≪一人息子≫(36)은 신주(信州)의 초등학교에서 중학교 진학희망자를 파악하던 중 한 학생이 진학한다고 손을 든다. 어머니와 단둘이서 가난하게 살지만 우등생으로 자기보다 열등한 학생들이 진학하는데 악이 올라 손을 든 것이다. 선생님은 어머니를 설득하여 마침내 진학을 하게 된다. 그 이후 아들은 도쿄에 유학을 하여 대학을 나오게 된다. 그러나 불경기이어서 경우 야간학교 선생님으로 아르바이트를 한다. 또한 결혼을 하여 아이를 갖게 되지만 대학을 나왔다는 이유로 그런 생활을 어머니에게 알리지 못한다. 어느 날 출세했다고 믿고 있던 어머니가 도쿄를 방문한다. 아들의 생활을 보며 화가 났지만 며느리

앞이어서 참고 있다. 아들은 친구에게 돈을 빌려 어머니를 구경시켜 주지만 돈이 떨어진다. 그는 도쿄만에 어머니를 데리고 가 무릎을 꿇고 자기의 잘못을 빈다. 어머니는 웃으며 학비를 대느라 땅도 팔아 자기는 방직공장의 청소부로 일한다고 한다. 어머니는 아들의 용기 없는 삶을 꾸짖는다. 이 영화는 근대화되는 과정에서 기대하는 것과 기대되는 것 사이에 오는 기쁨과 절망을 그리고 있다. 그러나 당시 일본사회의 가족이 처한 상황을 리얼하게 그렸다는 특징이 있다.

오즈의 ≪淑女は何を忘れたか≫(숙녀는 무엇을 잊었는가?, 37)는 제임스 딘을 본 따 만든 모더니즘 영화이다. 도쿄의 야마노데선(山の手線) 주택가에 사는 교수는 부인에게 머리를 들지 못할 정도로 비굴하게 살고 있다. 그는 골프를 하러 간다고 하고 재미가 없어 즐기지 않는다. 다른 취미도 없어 골프장 호텔에서 일박하기도 하고 친척 대학생의 하숙집에 머물기도 한다. 그런 가운데 오사카에 살던 근대적 여성인 조카가 집에 들어와 살게 되면서 숙모에게 저항하도록 선동을 한다. 이 영화에서는 교수가 두려워하면서도 저항하지만 부인이 교수의 남성적인 위엄을 고치면서 잘 해쳐나간다는 이야기를 그렸다. 오즈의 ≪浮草物語≫(부초이야기, 34)에서는 근대적 현상인 자유연애를 통해 사회적 모순과 시대성을 그렸다. 서커스의 좌장인 기하치(喜八)는 자기가 아이를 낳게 한 여자가 사는 시골에 공연을 하기 위해 간다. 지금 그의 애인인 극단의 여배우 게이코(惠子)는 그것을 질투해서 그의 아들을 다른 여배우 미코(美子)에게 유혹하게 한다. 기하치는 그런 게이코에게 화를 낸다. 또한 지금까지 삼촌으로 알고 있던 기하치가 아버지라는 사실에 곤혹스러워 한다. 이 영화는 당시 일본에서 일고 있는 근대적인 남녀관계를 소시민을 통해 표현하려고 노력한 작품이다. 이 영화는 1959년 ≪浮草≫(부초)로 다시 리메이크된다. 이처럼 오즈가 만든 가족영화는 당당하게 자기의 존재가치를 찾으며 살아가고 표현도 자유롭게 하는 근대적인 여성의 모습을 그리고 있는데 공통점이 있다.

쇼치쿠에서 멜로드라마를 만든 시마쓰(島津保次郎)는 『隣の八重ちゃん』(이웃집 아시게, 34)와 같은 홈드라마를 제작하여 쇼치쿠의 기본이념을 구축하였다. 노무라(野村浩將)는 ≪愛染かつら≫(애염다발, 38)에서 연애하는 멜로드라마를 묘사해서 대히트를 쳤다. 이 영화는 도쿄의 대병원 원장의 아들로 우수한 소아과의사와, 남편이 죽어 여자아이를 갖고 있는 미망인으로 병원에서 근무하

는 간호사와의 연애극을 담은 것이다. 다카이시 고조(高石浩三)박사취득 축하 연에서 알게 된 두 사람은 우에노(上野)의 아이젠묘오도(愛染明王堂)의 나무 앞에서 사랑을 맹서한다. 다카이시 가족이 반대하자 두 사람은 도망가려고 하였다. 그러나 가쓰에다의 딸이 병이 나 떠날 수 없어 다카이시가 탄 열차를 가쓰에다가 멍하니 보내는 장면에서 주제가인 「旅の夜風」(여행지의 밤바람)이 흘러나온다. 그리고 교토와 아타미(熱海) 등의 무대도 등장한다. 그 후 가쓰에다는 레코드회사의 작곡대회에서 당선 되어 유행가수로 변신한다. 최후로는 간호부시절 동료의 중개로 오해가 풀린다. 그녀의 연주회에 다카이시가 나타나 두 사람의 사랑을 재확인하는 것으로 끝난다. 이것은 통속적인 멜로드라마의 전형적인 작품으로 평가되고 있다.

요시무라(吉村公三郎)의 ≪暖流≫(난류, 39)는 자유주의적 연애사상을 제공하는 역할을 하였다. 도쿄의 시마병원(志摩)이라는 근대적인 병원은 원장이 병에 걸려 경영위기에 빠지고 만다. 병원내부의 권력투쟁으로 인해서 불합리한 인사가 횡행하게 된다. 그것을 재건하기 위해서 원장은 옛날 학비를 대준적이 있는 일소라는 유능한 경영자를 초빙한다. 일소는 은인인 원장을 위해서 헌신적으로 일을 한다. 그 과정에서 옛날부터 알고 있던 원장의 딸인 게이코(啓子)에게 매료당한다. 게이코는 병원의사인 사사지마(笹島)와 약혼을 한 상태였다. 사사지마는 여자를 좋아해서 간호사와 관계를 갖고서 버리곤 한다. 일소는 이 사실을 알고 게이코에게 충고를 한다. 게이코는 그 간호사를 만나 확인하고 파혼한다. 그날 밤 일소는 게이코에게 청혼을 하지만 거절당한다. 일소를 존경하며 사랑하는 감정을 느끼지만 콧대가 높은 게이코는 파혼한 지 얼마 안 되어 그것을 수용할 수 없었다. 병원에는 게이코와 초등학교 친구인 이시와다라는 간호사가 있어 일소는 그녀에게 병원내의 파벌관계를 알려달라고 한다. 그녀는 그 과정에서 일소를 짝사랑하게 되어 병원을 그만둔다. 게이코는 일소에게 이시와다를 어떻게 할 것인가를 질문한다. 일소는 그녀에 대한 책임이 없다고 한다. 이시와다는 일소를 포기하고 멀리 떠난다는 편지를 남기는데 이를 본 일소는 그녀를 찾아가 이야기를 한다. 이 장면이 일본영화사상 러브신의 걸작으로 평가받고 있다. 당시 일중전쟁이 한참 진행되어 애국정신이 강조된 시기에 그런 영화가 만들어진 것은 편협되고 통제된 시대성에 저항하는 의미를 담고 있다고 할 수 있다.

■■ 5. 영웅주의

일본에서 시대극은 전통성과 역사에 기초하고 있기 때문에 가장 일본적인 색
깔을 갖고 있는 특징이 있다. 또한 일본의 시대성을 반영하고 있지만 시기를
초월해서 존재한다는 점에서 근대적이며 전통적인 면을 갖고 있다. 그런 일본의
시대극은 사무라이를 중심으로 전통적인 지배계급사회를 그린 시대극, 계급사회
에서 존재하는 상층과 하층간의 구분 속에서 갈등하는 피지배층을 그린 시대극,
사무라이가 지배하는 계급사회에서 서민으로 살아가는 시대극 등으로 나타나고
있다. 또한 사회조직으로부터 소외되어 떠돌아 다니는 계층의 애환을 그린 시대
극, 시대극의 성격을 띠고 있지만 사무라이의 변형이라고 할 수 있는 야쿠자
등으로 나타나 시대적인 특징을 반영하고 있다. 제국화기의 시대극 감독으로는
이토 다이스케(伊藤大輔), 이타미 만사쿠(伊丹万作), 야마나카 마사오(山中正
雄), 구마야 히사도라(熊谷久虎) 등이 대표적이다.

이토(伊藤大輔) 감독의 ≪御誂治郎吉格子≫(어조치랑길격자, 31)에서 등장
하는 서소승(鼠小僧)은 대단한 자부심을 갖고 있는 의적이다. 도둑질을 하지만
도에 어긋나는 일은 하지 않는다. 왜냐하면 다이묘(大名)를 대상으로 도둑질해
서 훔친 돈을 빈민에게 나누어 주기 때문이다. 그러나 자기는 좋은 일을 한다
고 하여 다이묘의 돈을 훔쳤지만 그것을 지키던 다이묘의 사무라이는 그 책임
을 지고 낭인이 되어 궁핍한 생활에 빠지고 그의 딸은 몸을 팔지 않으면 안
되는 상황이 된다. 우연히 사무라이의 딸을 알게 되어 도움을 준 서소승은 그
녀의 순정에 빠진다. 그것을 질투하는 것은 서소승과 동거하고 있는 정부였다.
서소승은 사무라이의 딸이 팔려가는 것을 막기 위해 방해를 하자 포수들이 그
를 둘러싼다. 정부는 두 사람을 질투함에도 불구하고 몸을 강으로 날려 포수들
의 눈을 속여 그들이 도망가게 한다. 이 영화는 도둑질을 하는 의적이 순정한
사무라이 딸을 구하기 위해 위험을 무릅쓰고 구하는 것이 당연하다고 보는 것
이 아니라 하찮은 인간도 자존심을 지키기 위해 영웅심을 발휘한다는 점을 부
각시키고 있다. 또한 질투하는 정부이지만 자기희생을 통해서 상대를 구하는
전통적 미학을 그린 작품이다.

시대극 감독으로 활동한 이타미 만사쿠(伊丹万作)는 경쾌한 유모와 풍자가

넘치는 내용으로 종래 시대극에서 강조해온 공동체에 대한 귀속의식이나 입신
출세와 같은 영웅주의와는 다른 영화를 제작하였다. 칼싸움장면을 싫어해서 그
런 장면을 패러디 등으로 처리하였다. 이타미 작품의 특징은 패러디와 같은 희
극적인 요소와 시대풍자적인 것이 그려져 있다는 점이다. 그는 검객이 자기이
름을 사칭하는 애숭이와 몇 번이나 결투를 해도 승리하지 못하는 내용을 담고
있는 ≪國士無双≫(국사무쌍, 32), 가부키의 명작을 패러디한 것으로 등장인물
에게 물고기이름을 붙여 가타오카(片岡千惠藏)가 연기한 ≪赤西蠣太≫(적서려
태, 36), 1877년 서남해전 하의 구마모토(熊本)를 무대로 한 패전영화이며 하
라(原節子) 등이 영어로 말하고 자막을 삽입한 ≪巨人傳≫(거인전, 38) 등을
만들었다(四方田犬彦, 2000).

　야마나카(山中正雄)는 섬세하게 묘사하는 수완으로 서민적인 소악당을 유머
러스하게 표현하였다. 그는 일중전쟁당시 일병으로 소집되어 군대에 들어가 29
세에 전장에서 죽었다. 그의 대표작으로는 ≪丹下左膳余話·百萬兩の壺≫(단
게사센 여담, 35), ≪河內山宗俊≫(1936년) 등이 있다. ≪丹下左膳余話·百萬
兩の壺≫(단게사센 여담, 35)의 원작은 한쪽 눈과 한 손을 갖고 있는 괴짜 검
객 단게사센(丹下左膳)과 검술도장의 관장인 야나기(柳生源三郎)가 백만 량이
숨겨져 있는 도장이 있는 곳을 그린 지도가 있는 항아리의 행방을 찾기 위해
싸움을 반복하는 모습을 그린 시대극이다[18]. 그러나 나카야마는 이 영화에서
단게사센가 에도의 활터 여주인인 후지(藤)의 정부와 같은 역할을 하는 존재로
봄날과 같은 세월을 보내고 있는 모습으로 그리고 있다. 야나기는 신분이 높은
부인의 통제로부터 벗어나기 위해 항아리를 찾아야 한다고 하며 활터에 나와
여자를 만나고 빈둥빈둥 놀면서 세월을 보낸다. 호쾌한 단게사센은 어린 아이
를 싫어한다고 하면서도 후지가 데려온 고아를 귀여워해준다. 그런 가운데 본
래는 적대하지 않으면 안 되는 사이인 야나기와 적당히 타협해서 서로 이익을

---

18) 이 작품은 천재라고 불린 나카무라가 만든 영화로 귀중한 자료중의 하나다. 이 영화에서
　는 쇼와초기 시대극의 최대 스타였던 오카와(大河內傳次郎)의 유쾌한 연기를 볼 수 있다.
　닛카쓰에서 ≪丹下左膳≫시리즈를 담당했던 이토 다이스케 감독이 닛카쓰를 그만두자 뒤
　를 이어 나카무라가 후속편을 만들게 된다. 그러나 이토 다이스케의 맹렬한 시대극표현보
　다는 나카무라는 서정성과 유머를 통해서 인간미를 가진 시대극을 만들게 된다. 원작자인
　하야시 후보(林不亡)는 나카무라의 영화적 표현에 항의를 하기도 하였다.

챙긴다는 이야기이다. 이것은 전통적인 시대극이라기보다는 할리우드의 싸움영화와 같은 모습을 그리고 있다.

구마야(熊谷久虎) 감독의 ≪阿部一族≫(아베일족, 38)은 봉건사상을 견지하면서도 때로는 주군에 대한 충의를 저버린다는 이색적인 영화라고 할 수 있는 시대극이다. 구마모토의 호소카와 번(細川藩)의 무사인 아베 일족은 죽은 주군을 위해 순직하려고 하지만 당주는 허락하지 않았다. 원칙적으로 순직은 금지되어 있었기 때문이다. 그런데 망군에게 은혜를 입은 무사가 순직을 안 하면 주위로부터 멸시를 받는 무사사회의 독특한 풍습이 있어 멸시를 받고 있었다. 따라서 일족은 당주의 명령을 어기고 순직하여 가계의 명예를 세울까 아니면 당주의 말을 들어 주위로부터 멸시를 받을까라는 기로에 서있다. 일가는 당주에 저항하여 무사사회의 전통을 이어 전원 죽어 간다. 이 영화는 당주에 대한 충의보다는 가문의 명예를 선택하였다. 유교적인 봉건사상은 가문의 명예를 절대시 하지만 당시 일본의 국가주의는 가정을 버리고 국가를 위해 희생하는 것을 강조한 제국주의의 성격을 띠었다. 이 영화는 진짜 봉건사상이 무엇이며 진짜 무사가 추구하는 영웅주의가 무엇인지에 대해 의문을 던진 영화라는데 의의가 있다.

V 맺는 글

　제국화기 일본영화의 특징은 무성영화에서 유성영화로 전환되어 영화전성기를 맞이하게 된다는 점에 있다. 그 시기에 주도한 사상은 서구사상의 핵심인 근대주의와 서구주의이후 전쟁을 통해서 발생한 민족주의이다. 메이지유신이후부터 일본은 근대주의와 서구주의를 같은 개념으로 인식하여 사회변화를 추구해왔다. 그런 사상적 흐름가운데서 일본영화는 성장하고 변화하는 한편 당시의 시대상을 과감하게 담았다. 근대주의에 기초한 일본사회는 부국강병을 국가의 최고 목표로 규정하여 정치, 경제, 사회, 문화 등에서 제도적 · 사상적 변화를 추진하였다. 그런 가운데 전통적인 요소를 잔존시키면서도 아시아에서는 제일먼저 근대화를 달성하였고, 식민지를 개척하는 제국이 되었다. 또한 근대주의에 기초한 일본영화는 무성영화로 출발해서 기술적 · 내용적 변화를 통해 발전할 수 있는 토대를 구축하였고, 유성영화로 발전하여 전성기를 맞이하게 된다.

　제국화기의 일본영화에 나타난 시대성은 군국주의의 개념을 포함한 제국주의, 사회변혁과 저항의 개념을 가진 프로키노주의, 사회구성원으로서 겪는 시대적 모순을 그린 사회파주의, 사상과 사고의 변화를 그린 근대주의, 전통적인 요소를 근대적으로 그려낸 영웅주의 등이 주류로 나타났다고 할 수 있다. 제국주의는 국책영화와 추천영화, 국민영화 등의 이름 하에서 전쟁을 부추기고 국가를 보호하는 사상으로 표출되었고, 프로키노주의는 자생적으로 성장하여 국가수준에서의 전쟁과 모순을 파헤쳐 저항하고 변혁을 암시하는 형태로 나타났으며, 사회파주의는 일본사회의 모순과 약자들의 생활을 통해서 국가적 · 사회적 모순을 극복하는 이론으로 기능하였으며, 근대주의는 일본의 가치와 구조의 서구화를 추구하는 사상을 담고 있었고, 영웅주의는 전통성을 강조하는 가운데 어지러운 세상임에도 불구하고 현실에 타협하지 않고 씩씩하게 살아가는 모습으로 그려졌다. 이런 시각에서 본다면, 제국화기의 시대성은 친국가적인 성격, 반국가적인 성격, 비국가적 성격 등으로 전개되는 특징이 있었다고 할 수 있다.

그러나 일본은 근대주의와 서구주의 중심으로 전개된 이후 전쟁을 본격적으로 추진하는 가운데 민족주의를 촉진시켰다. 마루야마 마사오(丸山眞男)는 그런 민족주의를 초민족주의(ultra nationalism)로 규정하였다. 일본민족주의는 만주사변을 시작으로, 상해전쟁, 중일전쟁, 남방전쟁, 진주만공격 등으로 촉진되었다. 이런 분위기에서 영화는 오락성과 예술성보다는 국가이데올로기와 국가정책의 홍보수단이며, 민족성을 앙양시키는 매체로서 인식되었다. 또한 국가의 통제 하에 들어가 국책영화의 성격을 띠었으며, 일본의 식민지지배와 전쟁의 정당성을 선전하는 한편, 국민의 전쟁전의를 고양시키는 역할을 하였다. 이 점에서 본다면, 당시 영화는 전쟁주의, 민족주의, 식민지주의, 제국주의, 일본주의, 대동아공영권사상 등을 부추기는 기능을 하였고, 다른 한편으로는 국민통합을 강조하는 내용을 표출하는 대중조작 매체로 기능한 제국주의 영화라는 특징이 있다.

특히 제국화기에는 민족주의를 추진하면서도 서구사회와 대립하는 과정에서 서구사회가 추구한 근대주의를 탈피하려는 사상적 운동이 일어났다. 그것이 바로 근대초극론이다. 근대초극론은 다음과 같은 배경에서 등장하였다. 즉 전의고양 영화가 유행하는 가운데 지식인들은 서구적 근대화의 한계를 인식하여 일본의 미학적 전통으로 회귀하려는 경향을 보였다. 특히 1942년 교토의 철학자를 중심으로 근대를 초극(近代超克)하려는 심포지움이 개최되어 세계에서 제일먼저 포스트모더니즘(post-modernism)의 관념이 논의되었다. 두 번에 걸친 좌담회 석상에서 일본의 숭고한 정신에 조락한 유럽문화도 물질문명에 지나지 않고 미국문화도 만족할 수 없다는 의견이 주장되었다. 그러나 그 중에서 영화비평가인 쓰무라 히데오(津村秀夫)만이 정신을 광신적으로 강조하여 기술을 경시하는 풍조를 경고하였다. 이런 변화는 일본영화가 국책영화를 생산하고 그것을 이데올로기 선전용으로 활용하는 과정에서 나온 비정상적인 사상적 변화라고 할 수 있다. 따라서 일본영화는 일본을 중심으로 한 민족주의영화의 절정기를 맞이하였다. 한편 그런 과정을 통해 일본은 돌아올 수 있는 전쟁국가로 발전하였고 패전으로 새로운 국운을 맞이해야하는 운명에 처하게 된다. 이것이 제국화기가 남긴 역사적인 유죄라고 할 수 있다.

제3장
식민지기의 영화와 시대성

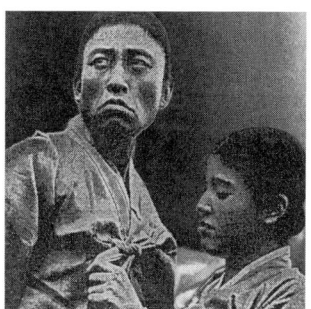

『아리랑』(나운규, 1926)

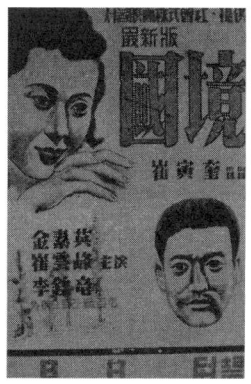

『국경』(최인규, 1938)

『성황당』(방한준, 1938)

기록영화 『고종 인산 실경』(1919)의 한 장면

기록영화 『해뜨는나라』 제9편과 10편에 들어있는 『부산경성의전경』(1918)년의 한 장면

『님자없는 나룻배』(이규환, 1932)

『거경선』(방한준, 1944)

『춘향전』(이규환, 1955)

『너와나』 촬영중인 스태프 오른 쪽에서 두 번째가 허영

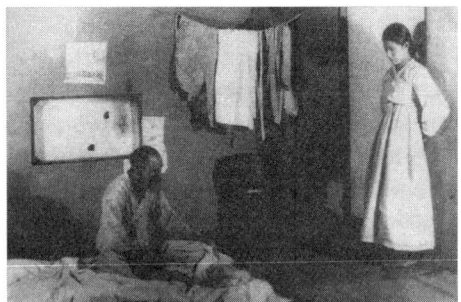

『임자 없는 나룻배』의 장면들

I 머리글

일본은 국내 개혁을 위해서 서구적인 근대화를 추진하면서도 대외적으로는 독특한 대아시아 정책을 추진하였다. 그것은 침략적인 방법으로 추진된 식민지화 정책이다. 19세기이후 일본의 식민지화 정책에 희생이 된 지역은 조선, 대만, 만주 등을 들 수 있다[1]. 또한 태평양전쟁 당시 일본이 점령한 지역으로는 상해, 인도네시아, 필리핀, 서남아시아, 태평양반도 등이다. 이들 지역은 다양한 방법과 정책으로 일본의 지배를 받았다. 일본은 근대화를 추구하는 과정에서 서구열강의 근대화과정을 모방하는 가운데 제국국가 일본을 구축하여 강한 일본을 만들었고, 동시에 아시아에서 강제적으로 식민지를 만들어 침탈하였다. 식민지를 만든 이후 일본은 식민지의 일본화를 위해서 정치적 지배와 경제적 침탈을 지속적으로 하였고, 사회문화적 지배를 위해서 각종 문화적 매체를 이용하였다. 영화는 식민지민의 일본화를 위한 선전 및 동화 매체로 적극적으로 이용되었다. 그런 과정에서 형성된 것이 식민지영화라고 할 수 있다.

식민지영화라는 개념은 다양한 의미를 함의하고 있다. 일본과 조선의 관계에서 형성된 식민지영화는 일본적인 영화기술과 시나리오의 습득을 통해서 생겨났기 때문에 일본적 색깔을 가지고 있는 특징이 있다. 또한 일본에 의한 강한 영화검열과 통제로 식민지에서 만들어진 일본적인 영화라는 의미를 함의하고 있다. 그리고 기술적이며 지식적인 측면에서 일본의 영향을 받았지만 일본의 의도대로 하지 않고 식민지민의 교화와 동화의 매체로 기능과 역할을 한 영화라는 의미도 함의하고 있다. 또한 단순하게 식민지에서 만들어진 각종 예술영

---

1) 식민지 당시의 한국을 본고에서는 조선으로 표기한다. 조선은 식민지적 성격이 강하게 함의되어 있어 사용하는데 일정한 제약이 있다. 한국을 조선이라고 표기하는 것은 당시의 시대성에 가깝게 접근하고자 하였기 때문이다.

화를 의미하기도 하며 친일적인 성격을 띤 영화를 의미하기도 한다. 본고에서
는 포괄적인 의미로 일본의 식민지로서 조선에서 만들어진 영화를 식민지영화
로 규정한다. 식민지영화는 크게 구분해 보면, 친일적인 성격을 가진 것과 반일
적인 성격을 가진 영화로 존재하며, 또한 국가성과는 별도로 예술적이며 문학
적인 성격을 가진 영화로도 존재한다.

조선의 식민지영화는 일본의 영향을 받아 형성되었고 그것을 답습함으로써
발전한 것이 사실이다. 그러나 영화는 단순하게 영화로서 일본에 종속되기 보다
는 문화매체로 이용되어 식민지정책을 추진하고 선전하는 중요한 매체로 종속
되었다는 특징이 있다. 1910년 한일합방이후 조선에서는 통치기관인 조선총독부
가 식민지지배를 위해서 다양한 문화정책을 일관되게 추진하였다. 조선총독부는
식민지민의 일본동화정책을 추진하기 위해서 영화를 선전매체로 이용하였다. 조
선에서 영화가 번창한 것은 새로운 문화로서 근대화의 상징으로서 인식되었고,
영화가 갖고 있는 신선함이 있었기 때문이며, 이에 대한 지식인과 대중의 관심
이 높았기 때문이다. 영화에 대한 관심은 영화사의 설립으로 이어져 다양한 영
화를 만들어 대중에게 다가갔다. 당시 무성영화에 참가한 회사는 46개사로
1923년부터 1929년 사이에 24개사가 활동하였고, 1930년부터 1935년까지는 22
개사가 활동하여 13년 동안 제작한 영화는 연쇄극을 제외하고 96편이었다.
1941년 당시 조선에는 라디오 청취인구가 전체 인구의 0.5%였지만 영화 관객
수는 1,350만 명으로 인구 1인당 연간 8.37편을 관람하는 것으로 나타났다.

조선에서 영화는 예술의 한 영역으로 성장하는 측면이 있었지만 다른 한편으
로는 이데올로기를 만들어 표현하는 의식화의 수단으로 활용되기도 하였으며,
근대성과 전통성간의 현실적 갈등을 표현하는 수단으로도 이용되었다. 영화는
강한 계몽성을 자진 매체로서 기능하였고, 예술성을 강조하는 면이 있었지만
정치성을 갖고 활용되게 된다. 이런 인식 하에서 영화는 오락이나 문화적 요소
라는 존재에서 일탈하여 정치가와 일부 영화지식인이 정치적 목적으로 이용하
게 된다. 특히 영화인들은 국가의 강력한 통제와 검열 하에 편입되면서 사상적
변절과 친일본적 영화를 만드는 작업을 하게 된다. 그런 배경에는 영화가 조선
에서 자생한 것이 아니라 일본에서 수입되거나 일본에 유학한 영화 관련자가
친일적으로 동화되는 면이 있었기 때문이며, 영화를 만듦으로써 지식인이란 자

궁심을 갖는 원동력이 되었기 때문이다. 일본영화에 대한 동화가 급속하게 진행되었고 오히려 일본영화의 아류로 인식되기까지 하였다. 중국, 만주, 대만, 상해, 인도네시아 등의 영화도 조선영화와 같은 경험을 하게 된다.

일본 식민지기인 1910년부터 1945년까지 약 36년간 조선은 자의적이며 타의적으로 일본화 과정을 겪게 된다. 그것은 언어, 문학, 예술, 연극, 미술, 영화 등의 예술영역에서 더욱 두드러졌다. 당시 일본인으로서 조선에서 활약하거나, 조선인으로서 일본에서 활약하는 많은 지식인이 있어 그들 가운데는 조선인과 일본인 사이에 사제간의 관계가 되어 활동하기도 하였다. 이런 인적관계는 일본이 식민지의 일본화를 유도하는 중요한 재원으로도 이용되었을 뿐 아니라 일본동화를 거부하는데 저항하지 못하게 하는 중요한 요인이 되기도 하였다. 그러나 일본은 문화적 동화뿐 아니라 민족말살 차원에서 영화를 이용하였다. 특히 동화나 일본화의 수단으로 이용하는 가운데 일본이 주체가 되어 벌인 태평양전쟁에 동원하기 위해서 그리고 이를 선전하고 전의를 고양시키기 위해 영화를 검열하고 국책영화를 만들도록 지원하고 선전하였다.

근대화초기 영화는 근대 예술로서 일본에 유입되었고 미국, 프랑스 등으로부터 새로운 영화기법과 기기, 표현방법 등을 수용하여 발전하였다. 이런 과정을 거치고 전통적인 요소를 영화에 수용하는 가운데 일본영화가 발전하였다. 다양한 경험을 통해서 발전한 일본영화는 식민지에 그대로 수용되거나 유입되었고 또한 일본에 유학한 식민지 유학생들에 의해서 자연스럽게 전해져 일본영화가 식민지에 정착하였다. 다른 한편으로는 식민지에서 영화가 예술이라기보다는 전쟁을 지지하고 동원하기 위한 수단으로 이용된다. 이런 과정에서 만들어진 영화에는 다양한 시대성이 농축되었을 뿐 아니라 시대의 흐름과 방향성이 암시적으로 표현되었다. 식민지영화는 예술성, 계몽성, 오락성 등의 성격을 갖고 있었지만 일본과의 관계에서 내용과 방향성이 규정되는 독특한 경험을 하게 된다. 본고에서는 당시 일본식민지나 점령지로서 대만, 만주, 조선 등에서 영화의 형성과 전개를 조명하고, 태평양전쟁이전, 태평양전쟁전기, 태평양전쟁후기 등의 시기를 통해 조선영화에 나타난 시대성을 검토하고자 한다.

Ⅱ 식민지기의 영화와 배경

1. 시대적 배경

일본은 1868년 메이지유신을 겪는 과정에서 부국강병정책을 추진하였다. 그것은 내외적으로 강한 일본을 만들어 서구제국에 대항하는데 일차적인 목적이 있었다. 또한 약소 국가가 근접해 있는 아시아에서 우위권을 가져 식민지를 만들겠다는 의도도 있었다. 에도(江戸) 말기와 메이지(明治) 초기 위정자들은 그것을 핵심적인 국가목표로 삼았다. 그런 시각에서 강력하게 전개된 것이 대외식민지 만들기 정책이었다. 메이지 정부는 정태론(征台論)과 정한론(征韓論)에 기초한 대외정책을 추진하였다. 그것은 경제적 · 정치적 침략을 통해서 식민지를 획득하고 국제적 위상을 높임으로써 완성되는 것이었다. 일본정부는 우선 1910년 한일합방을 함으로써 해외에서 식민지를 갖는 제국으로 성장하는 계기가 되었고, 극동아시아에서 일본의 방위권과 이익권을 형성하게 되는 한편 대륙침략을 위한 진출의 근거지와 배후지를 획득하는데 성공한다. 일본은 조선에서 총독정치를 통해서 정치, 경제, 사회문화 등의 영역을 일본화하기 위한 장기적인 지배체제를 구축하였다.

일본정부가 조선을 지배하기 위해 제일 강조한 기본정책 이념이 황민화이다. 따라서 만세일계인 천황을 중심으로 한 문화권을 형성하는 것이 식민지민 교육의 중요한 과제가 되었다. 일본은 황민화교육을 추진하기 위해서 '황국신민의 맹서'를 하게하고 일본어와 일본문화교육을 공적기관을 통해서 실시하였다. 또한 일본어 교육을 정식화하여 현실에서 한글 사용을 제한하고 계승을 못하게 하여 실질적으로 한글을 말살하는 정책을 구사하였다. 또한 사회비판적이며 저항적인 문학과 활동을 저지하였으며, 치안유지법이나 영화법 등을 통해 친일적인 문화 만들기를 하였다. 특히 일본국내법으로 제정한 각종문화통제법을 조선에 적용할 뿐 아니라 더욱 엄격한 규정을 두어 민족문화 형성과 발전을 고사시키는 민족문화말살정책을 실시하여 조선에서는 독자적인 민족문화를 형성할 수 있는 계기가 매우 희박하였다. 따라서 조선문화는 일본문화에 종속되거나 연장선에서 이루어지게 되었다. 이렇게 볼 때 식민지 조선문화는 일본문화의 영향 하에서 형성되어 독자적인 발전이 제한되었다고 할 수 있다. <표1>은 일본이 19세기 초부터 1945년까지 조선을 식민지로 하고 정치적·경제적·사회문화적 지배를 하기 위해 시행했던 식민지정책의 내용과 배경을 나타낸 것이다.

<표1> 식민지기의 시대적 배경

구분	정치적 배경	경제적 배경	사회문화적 배경
구체적 내용	정한론과 조선침략론 대두, 강화도조약, 한일방방, 고문정치, 통감정치, 차관정치, 3.1운동, 총독정치, 만주사변, 중일전쟁, 진주만공격, 국가총동원령, 헌병경찰제, 보통경찰제, 치안유지법, 징병제, 종군위안부체제, 정치종속화	식민지농업지배, 광업 및 철도지배, 어업지배, 금융 및 화폐지배, 조선무역독점, 경제법독점, 회사령, 민족기업말살정책, 동양척식주식회사, 토지조사사업, 임야조사사업, 산미증식계획, 은행지배, 식민경제종속화	식민지교육정책, 문화정치, 한글말살정책, 창씨개명, 언론·출판·집회결사의 자유제한, 치안유지법으로 인한 문화통제, 각종학교수신교육, 황국신사참배, 황민화정책, 영화 및 각종예술통제, 문화종속화

일본은 내선일체(內鮮一體)라는 전제하에 각종사회영역의 일본화정책을 적극적으로 추진하였다. 첫째는 정치적 지배이다. 일본은 전략적으로 식민지에 대한 정책을 제국화 전략의 일환으로 추진하여 영국의 지배모델을 계승하는 방식을 취하였다고 할 수 있다. 일본이 조선에서 취한 정치적 행위로는 정한론, 강화도조약, 한일합방, 고문정치, 통감정치, 차관정치, 식민정치, 총독정치, 만주사변, 진주만공격, 국가총동원령, 헌병경찰제, 보통경찰제, 치안유지법, 징병제, 종군위안부체제 등이 대표적이다. 그런 정치적 지배는 우선 조선이 일본의 종속국이며 통치지역의 일부라는 인식에서 출발했고 희생지로서의 위치를 확고히 한 것이다. 특히 일본국내 정치 관련법이 식민지에 그대로 적용된 것은 내선일체라는 원칙 하에서 이루어진 정책이다. 또한 일본은 식민지를 전쟁과 착취지로 인식하는 한편 대륙진출과 제국화의 토대로 활용하였다는 특징이 있다.

둘째는 경제적 지배이다. 일본은 정치적 지배를 통해서 실제로 경제적 이익을 얻고 있었다. 일본의 경제전략은 일본경제를 2차 산업과 3차 산업을 중심으로 한 근간경제권(根幹經濟圈)으로 만들고 식민지는 1차 산업과 원료공급지, 소비지 등과 같은 보조경제권(補助經濟圈)으로 만들어 일본을 중심으로 한 경제 공영권을 만드는 것이었다. 그것은 일본의 제국화를 위한 식민지경제정책의 일환으로 추진된 것이다. 일본이 조선에서 경제착취방법으로 동원한 것은 조선경제의 기본이었던 농업의 탈취와 지배, 광업 및 철도지배, 어업지배, 금융지배, 조선무역 독점, 경제법독점, 회사령, 민족기업말살, 동양척식주식회사, 토지조사사업, 임야조사사업, 산미증식계획, 은행지배, 식민지경제 활성화 등이 대표적이다. 따라서 일본은 거대한 재벌기업을 필두로 식민지 경제의 기초인 토지를 지배하는 농업시장, 상품소비시장, 은행을 중심으로 한 자본시장, 무역시장 등을 총체적으로 지배하여 민족기업의 성장을 고사시키는 착취경제체제를 구축하였다.

셋째는 사회문화적 지배이다. 일본은 정치적 지배와 경제적 지배를 통해서 지배기반을 구축하였다. 이어서 본격적인 일본화를 위해서 사회문화적 지배를 추진하였다. 조선 식민지에서 시행된 일본화정책으로는 식민지교육정책, 문화정치, 민족언어말살정책, 창씨개명, 언론·출판·집회결사의 자유제한, 치안유지법으로 인한 문화통제, 각종학교수신교육, 황국신사참배, 황민화정책, 영화 및 각종예술통제 등이 대표적이다. 일본의 사회문화정책은 식민지에 대해서 민족문화말살과 일본문화화를 동시에 추진하여 민족적 자생력을 잃게 하고 독립성을 약화시키는 정체성 말살정책이었다. 그리고 선진문화, 문학, 음악, 예술, 과학, 근대교육, 영화 등은 일본인의 스승을 통해서 사사를 하지 않으면 안 되었기 때문에 조일 간에는 문화적 종속이 제도적이며 인식적으로 완성되어 가고 있었다. 또한 초선총독부의 강한 일본화 정책으로 강제적인 통제와 검열을 통해서 전승되고 계승된 민족문화를 약화시키고 일본문화를 활성화하는 대체문화전략을 강력하게 추진하였다.

위에서 본 것처럼, 일본이 조선을 식민지화하고 지배하는 과정은 일본화과정이었다고 할 수 있다. 따라서 근대적인 정치적 제도화에 기초한 군사력과 정치력을 통해서 정치적으로 조선을 지배하였고, 선진기술을 습득하고 축적된 강한 자본력을 기초로 한 재벌기업을 통해서 조선 경제에 대한 지배와 착취를 하였으며, 서구학문과 유교정책을 통해서 식민지사상을 주입시키고, 일본문화와 황민화 교육을 통해서 민족문화를 말살하는 문화정책을 추진하였다. 이렇게 해서 조선은 정치, 경제, 사회문화 등의 영역이 일본의 일부로 편입되어 지배되는 과정에서 일본의 일부로 인식되었다. 그런 가운데 조선문화는 일본문화에 종속되어 유지되고 발전하는 현상이 일어났고, 독자적인 조선문화의 형성이 제한 받게 됨으로써 점차 원동력을 잃어 1945년 해방이라는 시대적 변혁과정을 기다려야만 했다. 특히 조선을 일본화하려는 과정에서 시행된 각종 시대적 배경은 당시의 영화에 큰 영향을 주었다. 조선영화는 식민지영화로 기능을 하면서 또한 독립된 영화기능을 하는 가운데 당시에 발생했던 다양한 시대성을 담아내었다.

■■ 2. 조선영화의 형성

1) 영화유입과 성립

조선에서 활동사진은 1896년 수입, 1897년 상영, 1899년 제작 등의 과정을 거치면서 정착되었지만, 수입과 상영이라는 과정에 머물러 있어 실제로 제작하기 까지는 많은 시간이 필요했다. 또한 1905년 을사보호조약과 1910년 합일합방으로 인하여 자주권이 상실된 가운데 애당초 영화는 일본의 영향 하에서 생성되고 형성되었다. 조선에 영화가 처음으로 들어온 것은 1903년 6월 24일 전후라는 것이 통설이다. 그 근거는 1903년 6월 24일자 황성신문에 실린 활동사진광고이다. 즉 동대문 한성전기회사 기계창고에서 비 오는 날을 제외한 오후 8시부터 10시까지 국내 및 여러 나라의 뛰어난 경치를 찍은 활동사진을 입장료 10전을 받고 보여준다는 광고이다[2]. 당시 활동사진은 매우 인기가 있어 많

---

2) 조선에 영화가 언제 들어왔느냐에 대한 논의가 있다. 영화가 들어온 시기는 1903년이 아니라 1897년 10월 10일로 보는 시각이 있다. 그 근거로는 런던 타임즈 1897년 10월 19일자 보도기사이다. 조선에서는 1897년 10월 상순경 진고개에서 프랑스 파테회사의 단편과 실사가 영사되었다고 전해진다. 국내의 영국 공사관의 법무사를 지낸 에스터 하우스라는 영국인이 조선연초주식회사와 공동구매방식으로 프랑스 파테회사의 단편필사 필름을 들

은 사람들이 보러왔다고 한다.

19세기 근대화과정에서 등장한 서구적인 공연문화가 관심을 끌게 된다. 1899년 서울 아현에 무동연희장(舞童演劇場)이 등장하였다. 이후 1902년 12월 21일 현대식의 상설 극장인 협률사(協律社)가 개관 프로로 ≪笑春台遊戲≫(소춘태유희)를 상영하여 공연문화가 첫선을 보이게 되었다. 궁내부 소관의 국립극장격인 협률사는 1903년 동대문 전기회사 기계창의 활동사진 상영과 거의 같은 시기에 흥행함으로써 극장관람시대를 열었다. 동대문 전기회사 활동사진 관람소는 협률사보다 1년 뒤에 문을 열었지만 영화상영은 먼저 했다. 이런 활동이 계기가 되어 1906년 11월 진고개 본정에 송도좌가, 1907년 4월에는 프랑스인 마전(馬田)이 서소문 밖 새다리 동편 벽돌집에 마련한 활동사진소가 영업에 들어갔다. 또한 1907년 광무대가 동대문 전기회사에 부속된 활동사진소 내에 연극장을 신설하고, 활동사진, 연극, 재인들의 창가 등을 공연하였다. 광무대가 전기회사로부터 독립하여 영화를 전문적으로 상영할 수 있었던 것은 1908년 9월 6일 박승필에 의해 전문 극장으로 전환되었기 때문이다. 단성사는 1907년 7월 17일 지명근, 박태일, 주수영 등이 발기하여 종로구 수은동에 개장하면서 2층 건물로 건설되었다. 단성사에서는 1913년 ≪아 무정≫(12, 알벨 카퍼라니 감독), ≪名金≫(명금,15, 프란시스 포드 감독), ≪채플린의 권투≫(15, 찰리 채플린 감독), ≪東道≫(동도, 20, 그리피스 감독) 등 당대의 명화들을 상영하였다[3].

한편 단성사에서 외국영화만 편애한다는 비판에 대응하여 박승필은 신파 극단 신극좌의 새로운 공연을 기획하고 대표인 김도산에게 500원의 제작비를 주어 연극 속에 들어갈 야외장면을 찍도록 하였다. 이것이 활동사진 연쇄극의 서막을 알리는 계기가 되었다. 조선에서 연쇄극이 시작된 것은 1915년 10월 16일 <대한매일신문>의 연재소설을 무대화한 미즈노(水野觀月) 일행의 ≪짝사랑≫이

여와 충무로 진고개에 있는 중국인 소유의 가건물에서 상영했다는 기록이 있다.
3) 당시의 극장은 1907년 이인직이 원각사를 신설하여, 춘향전류의 구극을 상영하였다. 1908년 개설된 남대문의 어성좌, 충무로의 경성좌와 수좌 등이 생겨났다. 같은 해 돈의동에 일본인이 세운 장안사가 들어섰고, 인사동에 일본인이 세운 연흥사가 들어서 신파극의 요람이 되었다. 또한 수좌는 충무로 한복판에 있었고 회전식 무대를 갖고 있었다. 1912년 연극인 이기세는 경기도에 처음으로 개성좌를 열었다. 일본인이 을지로 4가에 황금관을 세우기도 하였다. 1915년에는 종로에 우미관이 생겼고, 1928년 처음으로 유성영화를 선보였다. 1922년에는 조선극장이 만들어졌다.

부산의 부산좌(釜山座)에서 공연하면서부터이다. 서울에서는 ≪문명의 복수≫
가 1917년 매일신보 등의 신문광고를 통해 선전되었고 3월 14일부터 을지로
황금관에서 상영되었다. 부산 <조선시보>에 연재되어 화제를 일으킨 이 작품
은 울산에서 일어난 '백골사건'의 진상을 파헤친 것으로 울산의 조선 부락을 카
메라에 담았고 부산지방법원 공판장 전경을 연극으로 구상한 것이었다. 1918년
에는 세토나이카이(瀬戸内海) 일생이 내한하여 ≪선장의 처≫, ≪불여귀≫ 등
을 상영하고, 부산에서 연쇄극 ≪양심의 구(仇)≫가 공연되었다. 이것이 계기가
되어 김도산에 의해 ≪義理的仇討≫(의리적 구토, 19)가 만들어 졌다.

   조선에서 만들어진 최초영화는 1919년 경성에서 김도산(金陶山)이 만든 ≪의
리적 구토≫이다. 이것은 1910년대 일본에서 대유행한 연쇄극의 형식을 딴 것
이며 일본 신파극의 영향을 받은 것이다. 김도산이 만든 그 영화는 이씨 조선
의 판소리나 유행가를 어우러지게 하여 조선특유의 멜로드라마를 연상 하게 하
는 상상력을 발휘한 작품이다. 김도산의 ≪의리적 구토≫와 함께 박승필의 기
록영화 ≪경성 전시의 경(景)≫(1권)이 같은 날 공개되었다. 박승필은 일본인
기사로 하여금 당시 서울시의 모습과 근교의 명승지를 촬영하도록 한 ≪경성
전시의 경≫(19)과 ≪경성 교외 전경≫(19) 등 두 편의 기록영화를 만들었다.
이것이 조선영화의 토대가 되는 중요한 밑거름이 되었다. 일본의 영향을 받은
신파극은 해방되는 시기까지 지속되었다. 특히 해방이후 정부의 정책에 의해
일본적인 문화가 추방되었지만 신파성을 불식시키지는 못하였다.

   연쇄극에 자극을 받은 조선문예단의 이기세도 ≪知己≫(지기, 20)를 연쇄극으
로 제작하였다. 그는 짝사랑이 빚은 조선공의 범죄와 회개를 영화 속에서 그려
냈고 한국인 촬영기사 이필우를 기용하였다. 또한 ≪황혼≫(20)과 일본작가 오
자키 고요(尾崎紅葉)의 인기 통속소설인 『곤지키야샤』(金色夜叉)를 번안한 이수
일과 심순애의 사랑이야기 ≪장한몽≫(20)을 내놓아 신극좌에 맞섰다. 이 연쇄
극에 한국 최초의 여배우 마호정(馬豪政)이 출연하였다. 마호정은 구 왕실의 나
인을 지낸 신분으로 남편은 연하인 김소랑이었다. 여성이 출연하기 이전에는 남
자 배우가 대신 분장을 하여 연기하는 오야마(女形 : 여자역)가 있었다. 오야마역
을 한 대표적인 작품과 배우는 ≪의리적 구토≫에 출연한 김영덕과 ≪지기≫에
출연한 이응수가 대표적이다. 초기 일본영화에서도 여자역을 오야마가 대신하였

다. 영화나 연극에서 여자역을 남자가 분장하여 연기한 것은 전통적으로 일본 가부키(歌舞伎)에서 유래한 것으로 일본의 영향이 있었음을 확인할 수 있다[4].

조선에서 영화를 만들기 위해 조선키네마가 1924년 7월 11일 설립되었다. 이것은 제작 능력을 갖춘 주식회사 형태의 본격적인 영화사였다. 조선키네마는 부산 거주 일본인 의사 가토(加藤), 실업인 와타나베(渡邊), 다카사(高佐貫長) 등이 뜻을 모아 출자해서 세운 영화사이다. 조선키네마는 최초의 작품으로 ≪해의 비곡≫(24)을 만들었다. 이것은 한라산에 등반했다가 길을 잃고 헤매던 도시 청년이 섬 처녀와 사랑에 빠지면서 겪게 되는 내용을 담고 있고, 2대에 걸친 비련의 통속극의 성격을 띠고 있다. 조선키네마는 제2작품으로 ≪운영전≫(25)을 만들었고 이후 검열에 걸려 제목을 바꾸는 소동을 벌인 왕필렬(일본명 高佐貫長)감독이 ≪神の粧≫(신의 치장, 원제는 암광, 25)과 ≪동네의 호걸≫(25)을 만들었다. 그러나 조선에서 영화를 본격적으로 찍어 흥행을 주도해왔던 조선키네마는 이후 해체되었다.

조선총독부는 식민지민을 계몽시키기 위해서 대중연극의 역할을 강조하였고, 계획적으로 계몽영화를 만들었다. 총독부는 윤백남(尹白南)에게 저축장려운동을 하게 하는 ≪月下の誓い≫(월하의 맹서, 63)를 찍게 하였다. 이외에도 민간수준에서 영화제작 열기가 뜨거웠다. 1924년에 일본인이 조선키네마를 설립하자 그것에 대항하듯이 조선인에 의한 독립프로가 세워졌다. 이것은 교토에서 독립프로가 탄생한 시기와 같은 시기이다. 조선영화제작사의 설립을 보면, 당시 2편 이상 제작한 제작사는 33개사였다. 최초로 ≪춘향전≫을 만든 동아문화협회, 부산에 자리 잡은 조선키네마 주식회사, 서울의 조선키네마 프로덕션, 고려영화제작소, 극동키네마, 서울키노 등의 제작사가 있었다. 지방에는 이경손 감독의 ≪춘희≫(28)를 만든 평양키네마(대표 정기탁), ≪암로≫(29, 독고성)과 ≪지하촌≫(30, 강호) 등 주로 카프 계열의 영화를 만든 진주의 남향키네마사(대표 강호)등이 활약하였다. 그러나 일본인이 경영한 동아문화협회, 조선키네마 주식

---

4) 여배우가 등장하기 이전까지는 봉건 시대적 인식으로 여장남우가 여배우 역을 하였다. 무성영화가 정착되는 과정에서 기생이 출연하여 역할을 하였다. 기생배우로는 ≪비련의 곳≫(24)의 문명옥, ≪춘향전≫의 개성 명기 한룡, ≪쌍옥루≫(25)의 김소진, ≪재활≫(28)의 안금향, ≪사나이≫(28)와 ≪벙어리 삼룡≫(29)의 류신방, ≪아리랑 그 후 이야기≫(30)의 임송서, ≪도적놈≫(30)과 ≪큰 무덤≫(30)의 하소양 등이 있었다.

회사, 조선키네마 프로덕션, 원산만 프로덕션, 경성촬영소 등이 영화의 흥행을 주도하였다.

무성영화시대에 활약한 조선인 감독은 나운규, 이경손, 이구영, 심훈, 김유영, 홍개명, 안종화, 이규환 등을 들 수 있다. 배우로는 이원화, 남궁운(개척자, 25), 주인규(개척자, 25), 주삼손(장한몽, 26), 복혜숙(농중조, 26), 정기탁(산채왕, 26), 신일선(아리랑, 26), 윤봉춘(들쥐, 27), 이원용(낙화유수, 27), 전옥(낙원을 찾는 무리들, 27), 이금룡(잘 있거라, 27), 김연실(종소리, 29), 김소영(방아타령, 31) 등이 활약하였다. 그리고 기술 분야에서는 이필우와 이명우 형제, 이창용과 이창근 형제를 들 수 있다. 무성영화시대에 활약인 제작사, 감독, 배우 등은 일본영화에서 기술과 방법을 터득해 조선영화의 토대를 만들었지만, 태평양전쟁 말엽에 창씨개명을 하고 국책영화를 만들어 친일적인 행동을 하기도 하였다.

2) 영화검열과 일본인의 영화활동

일본은 대한제국을 1910년 병합하고 본격적인 식민지 경영의 이름으로 착취와 지배를 공식화했다. 조선을 지배하는 최고기관은 조선총독부로 일본에서 대장을 지낸 사람만이 임명되었고 독립적으로 식민지 정책을 수립하여 추진하였다. 그 과정에서 군부에 의한 강한 지배체제가 형성되어 식민지사회는 마치 준군대사회처럼 지배되었다. 그럼에도 불구하고 총독부에 의한 조선지배는 대만처럼 용이하지 못하였다. 그것은 민족주의자들이 독립운동을 강력하게 추진하였기 때문이다. 이런 움직임에 대해 조선총독부는 가혹한 방법으로 진압하여 다양한 갈등을 야기시켰다. 그러나 문화적인 측면에서는 일본에 건너간 지식인이 일본문학, 서양문명, 일본어, 일본학문, 일본영화, 근대교육 등을 배우고 돌아와서 활동을 하였다. 따라서 조일관계는 긴밀하게 교류되는 시스템이 형성되어 지배-종속을 유지하게 되었다. 이 시기 조선인에 의한 영화산업은 대만보다는 활발하였고 많은 영화인도 배출되었다. 조선의 일부 영화인들은 민족주의적 성격이 강하였고 민족독립운동과 관련되었다.

조선총독부는 조선영화의 형성과 전개과정에 깊숙이 관여하였다. 1919년 3.1

운동 이후 부임한 조선총독 사이토 마코토(佐藤誠)는 문화정치를 내세워 무단 정치보다는 완화된 정치를 하였다. 따라서 제한적이나마 언론, 출판, 집회, 결사 등의 자유가 허용되었고 1920년에 이르러 조선인에 의한 <조선일보>, <동아 일보> 등이 창간되고, 『개벽』과 『조선지광』과 같은 잡지가 창간되어 발간되었 다. 그러나 그런 출판물은 조선총독부의 사전검열과 허가를 받아야 했다. 이런 제한된 상황에서 문화정치에 적극적으로 호응하여 영화에 뛰어든 사람은 조선 거주 일본인들이었다. 그들은 1921년 봄 서울에서 활동하고 있던 세키 타로(關 太郎) 등이 발기하여 조선활동사진주식회사를 창립하고, 9월에는 나루기요 쇼 치쿠(成淸竹松)와 이와모토(岩本善文) 등이 중심이 되어 극동영화구락부 라는 영화사를 설립하고 일본의 쇼치쿠(松竹)키네마회사에 근무하는 촬영기사 나루 기요(成淸榮) 등을 초빙하여 영화제작을 시작했다.

조선에서 일본의 영화통제가 본격적으로 시작된 것은 조선영화의 통제수난시 대인 1938년부터 1945년까지 약 7년간이었다. 이 시기 조선에 대한 통제는 1938년부터 실시한 징용과 징병제도, 1940년부터 실시 강행한 창씨개명이었다. 이것은 이미 제7대 총독으로 부임한 미나미 지로(南次郎)가 부임하면서 예견되 었다. 그는 1929년 55세에 조선군 사령관을 지냈고, 1931년 육군대신으로 입 각한 후 군비축소를 반대하는 등 강경파를 이끌어 왔다. 미나미 총독이 실시한 각종 식민지정책은 일본화정책이며 동시에 일본문화의 식민지이식작업이었다는 특징이 있으며, 민족문화말살과 관련된 정책이었다.

조선총독부의 명령에 따라 창씨개명은 1938년부터 1940년 8월 10일까지 진 행되어 전체 가구수 가운데 약 80%인 322만호가 하였다. 춘원 이광수는 개명 하고, 일본의 언론인에게 동기와 심경을 토로하는 서한을 보냈다. 그는 춘원의 대부였던 일본인 평론가 원로인 도쿠토미 소호(德富蘇峰 : 1863-1957, 저널리 스트, 평론가, 제2차세계대전당시 대일본언론보국회 회장)였다. 이 편지에서 이 광수는 "조선에서 아들이 되어 달라는 선생님의 부름에 응하게 되었다"고 하였 다. 영화인들도 창씨개명을 하였다. 배우 복혜숙은 코미가와 마키쿠(富川馬利), 안종화는 야스다 다쓰오(安田辰雄), 이규환 감독은 이와모토 게이간(岩本圭煥), 서광제는 다쓰나리(達成光霽) 등으로 개명하였다. 1940년 조선 영화 기능자로 등록된 88명의 명단을 보더라도 거의 대부분이 창씨개명을 하였다.

조선총독부는 문화정책의 일환으로 영화에 직간접적인 관여를 하였다. 조선총독부의 기관지였던 <매일신보>는 조선 가정을 중심으로 찍은 ≪愛の極≫(사랑의 절정)이라는 5권짜리 사회극을 만들었다. 이것은 1922년 4월 15일 조선순회 활동사진회 라는 이름아래 부산 국제관의 개봉을 거쳐 마산과 대구 등에서 상영되었고 5월 5일 단성사에서 상영되었다. 이 영화는 당시 5전의 요금을 받았다. 이어서 1923년 ≪국경≫이 개봉한지 하루 만에 극장 간판을 내리자 3개월 뒤 조선총독부 체신국이 저축 계몽을 목적으로 1,700여원을 들여 관제 보급영화인 ≪월하의 맹서≫(23)가 만들어졌다. 윤백남이 만들고 촬영과 편집은 일본인 오타 히토시(太田同)가 맡았다. 이 영화는 서울의 어느 한적한 곳을 무대로 하였다. 어느 날 서울에서 학교를 마치고 돌아온 정순이라는 처녀의 약혼자 영득은 노름과 주색에 빠져 가산을 탕진한 상태다. 파산지경에 이르렀다는 사실을 알게 된 정순의 아버지는 저축해 둔 돈으로 빚을 대신 갚아 준다. 크게 뉘우친 영득은 약혼녀에게 결혼하면 저축하며 열심히 살자 하고 달빛 아래서 굳게 다짐한다. 이 영화에서는 조선인으로 처음 감독한 윤백남과 스타 이월하가 등장했다는데 의의가 있는 이외에도 조선총독부에 의해서 식민지민을 계몽시킬 목적으로 만든 국책영화의 성격을 띠고 있다는 특징이 있다. 그것이 조선에서 만들어진 최초의 국책영화라고 할 수 있다.

미나미 총독은 유성영화에서 조선말 사용을 금지시키기도 하였다. 조선총독부는 영화제작과 배급유통 체계를 장악하여 전시 체제에 대비하였다. 1940년 1월 조선총독부 제령으로 공표된 것이 「조선영화령」이었다. 조선영화령은 영화의 제작 배급은 물론 흥행에서 영화관련 업종에 취업하는 일까지 허가를 받게 하였다. 조선영화령 제1조는 "영화의 질적 향상을 촉진시키고 건전한 발달을 도모 한다"고 목적을 규정하였다. 명령에 따르지 않으면 허가 취소는 물론 엄벌할 수 있는 제도적 장치를 마련하였다. 1939년 일본영화법을 모방한 영화령의 시행규칙의 주요 골자는 일본 선전 영화의 상영을 의무화하고, 구미 영화의 수입 및 상영을 규제하는 것이었다. 또한 영화인의 등록과 기능을 심사하게 하는 규정을 두어 활동에 제약을 가하였다.

또한 관제 조선영화제작자협회가 1940년 12월 10일 결성되었다. 결성 목적은 영화법령에 기초를 둔 영화제작기구를 정비 및 협의하고 당국의 영화법 시행에 순응하는데 있었다. 처음에는 조선영화사(최남주), 고려영화협회(이창용), 명보영화합자회사(이병일), 한양영화사(김갑기), 경성영화제작소(梁村奇智城), 조선구귀영화사(降旗淸三), 조선예홍사(이재명), 조선문화영화협회(津村勇), 경성유성영화제작소(高島金次) 등 9개사가 회원사로 출발하였다. 당시 정보국의 승인을 얻은 생필름의 배급은 주로 총독부 제작 문서과 영화반에 의해 배급되었고, 그 나머지 잔여분이 각 영화사에 배급되었다. 이후 1941년 제2차 세계대전이 일어나 1942년 9월 29일 전쟁수행을 홍보하고 선전하는 어용영화 제작을 위해서 특수법인의 형태로 조선영화주식회사가 설립되었다. 이 영화사는 조선총독부의 승인을 받도록 하였다. 그런 가운데 고려영화협회만이 제작을 하여 대항하고 나머지 영화사는 흡수되었다. 고려영화협회는 ≪수업료≫(40, 최인규), ≪승리의 뜰≫(40 방한준), ≪집 없는 천사≫(41, 최인규), ≪복지만리≫(41, 천장근), ≪풍년가≫(42, 방한준), ≪망루의 결사대≫(43, 今井正) 등을 만들어 대적하였다. 그러나 이런 영화감독은 창씨개명을 하고 친일영화를 만들어 일본의 전쟁지지와 선동에 힘을 보태주었다는 부정적인 측면이 있다. 해방이 될 때까지 조선영화주식회사는 독과점 상태에서 정상적인 극영화를 배제한 채 군국주의 어용영화 만을 양산해 냈다.

이처럼 조선영화는 조선총독부의 정치적이며 의도적인 목적 하에서 지원되고 검열 받는 검열영화체제 속에서 발전하거나 성장할 수밖에 없었다. 또한 자본과 기술면에서 낙후되었기 때문에 조선자본과 조선인 보다는 일본자본과 일본영화감독에 의해 영화사가 설립되어 영화가 만들어졌다. 조선총독부에서 추천하는 영화는 명백히 조선인들을 계몽하려는 의도에서 만들어진 것이며 예술성보다는 선전성을 강조하였다. 그런 가운데 일본인에 의해 설립된 영화사와 일본인 감독은 어느 정도 테마에 구애를 받지 않은 주제를 선택하였고, 특히 당시 연애자유와 같은 신파극적 요소를 영화에 담으려 하였다. 초창기 조선영화는 국책영화로서 계몽성을 띤 것과 순수 문학에 기초하여 자유성을 표현한 것이 있었다. 이런 흐름 속에서 식민지 하에 있던 조선에서는 국책영화가 활성화되어 순수성을 표현하는 영화와 민간영화가 제한되게 되었다.

▨ 3. 중국영화의 형성

　중국영화를 크게 보면, 만주영화, 상해영화, 대만영화 등으로 구성되어 다양한 변화과정을 거치면서 발전하였다. 일본은 1932년 중국 동북부 산동성(山東省)에 만주국(滿洲國)을 건설하고 청조 최후의 황제인 부의를 황제로 옹립하였다. 만주지배는 조선 식민지의 연장성에서 이루어 진 것으로 일본은 만주를 교화하고 일본화하기 위해서 문화매체를 활용하였다. 특히 1936년 만주인에 대한 교화지도를 선전할 목적으로 만주영화협회(滿映 : 만영)를 신경(장춘)에 설립하여 국책영화 제작을 준비하였다. 만영은 동양최대의 부지를 가진 촬영소라고 선전하였지만, 전후에는 일본영화사의 취부로 여겨 지금까지 언급하는 것이 금지되었다. 당시 만영에서 만들어진 영화 가운데 남아 있는 것은 거의 없다. 1945년 패전과 함께 중국이 지배한 만영촬영소는 공산당이 활용하였다. 또한 당시 만영에 속해있던 영화인들은 홍콩이나 대만 등에서 활약하여 아시아 영화가 발전하는데 영향을 주었다고 할 수 있다.

　설립 당시 만영은 도호(東寶)의 기술과 인맥에 의존하였다. 만영이 설립되면서 중국인의 신인 배우가 모집되었고, 1938년에는 극영화가 제작되었다. 그러나 이 촬영소가 활약하게 된 것은 1938년 닛카쓰(日活)의 네기시(根岸寬一)와 마키노(マキノ光男)가 만영촬영소에 온 후부터였다. 1939년에는 아마카스 마사히코(甘粕正彦)가 만영의 이사장이 되었다. 이 시기에는 일본본토에서 고통을 받던 좌익, 우익, 군인 등이 신천지인 만주를 향해 이주해왔다. 만주에서 제작된 영화는 계획된 계몽영화와 오락영화이다. 계몽영화는 만영의 본래 목적인 현지인의 계몽을 위해 만들어진 문화선전영화이다. 오락영화는 극영화로 영화를 만드는 가운데 이향란(李香蘭)이라는 스타가 탄생하였다5). 만영은 1941년 30

---

5) 이향란은 원래 일본인이었지만 만주와 북경에서 중국인처럼 성장하였다. 그녀는 1940년 ≪支那の夜≫에서 유명해졌고 이후 순정 가련한 여성으로 그려졌다. 침략하는 측이 남성이며 침략당하는 것이 여성이라는 테마가 이향란이 주연하는 영화의 기본적인 원칙이었다. 그녀는 일본에서 모범적인 중국인으로 그려지는 선에서 국가주의를 지지한 사람이었다. 또한 그녀는 대만원주민여성이나 조선여성의 역을 하기도 하였고, 1950년 이후 할리우드에서는 샤리 야마구치라는 이름으로 활약하였다. 그녀는 식민지주의와 민족주의라는 현실적 상황에서 갈등하는 위치에 있었다. 또한 1970년대 이후에는 PLO의 아라파트의장이나 일본적군의 인터뷰에 성공하여 일본 TV의 상을 받기도 하였다.

편 정도의 오락영화를 만들었고 이중에는 일본본토에서도 상영되는 영화가 있었다. 그러나 만영이 만든 영화는 일본에서 높은 평가를 받지 못하였다. 일본어의 '고멘나사이'(ごめんなさい : 미안합니다)에 해당되는 중국어는 '투이부치'(對不起)이다. 이런 의미에 빗대어 만주영화는 일본의 현지인에 의해 '투이부치 영화'로 비난을 받았다.

1942년 일본의 기무라 소토지(木村莊十二)와 우치다 토무(內田吐夢) 등이 만주에서 일본이 추구하는 영화를 만드는데 협력을 하였다. 1943년 시마쓰 야스지로(島津保次郞)감독이 만주와 도호의 공동제작으로 찍은 ≪私のうぐいす≫(나의 휘파람새)는 이향란이 주연하고 전체가 러시아어로 된 뮤지컬적인 멜로드라마였다. 이것은 일본에서 상상할 수 없는 기획에 의해 만들어졌고, 만주국이 국시로 여긴 오족협화(五族協和)의 정신이 살아있다는 것을 암시적으로 표현하였다. 그런 영화 만들기 활동이 지속되었지만 1945년 만주국이 붕괴하자 기자재와 필름 등이 점령한 소련에 접수되었다. 팔로군은 스타지오를 중국공산당 촬영소로 하고 잔류 일본인 영화인들에게 기술협력을 요구하였다. 이 때 만주 영화인 일부는 홍콩과 대만으로 망명하였다. 또한 카메라맨 니시모토 다다시(西本正)는 일본에 돌아와 메이지 천황 영화를 촬영하고 또한 홍콩에 들어가 반일영화를 촬영하기도 하는 등 영화인으로서 기괴한 운명을 살았다.

중국본토에서는 1910년대 말엽이 되어서야 영화가 수용되어 점차 발전하게 되었다. 특히 1913년 장편영화를 만든 장 시추안 감독은 1930년 중국 최초의 유성영화 ≪여자 가수 홍≫을 만들기도 하였다. 장 시추안 감독은 도시풍의 멜로드라마를 만들어 흥행에 성공하였다. 1930년대 중국에서는 민중적인 리얼리즘 영화가 대두하기 시작했지만, 엄격한 검열로 박해를 받았으며 또한 일본과의 전쟁으로 영화계 전체가 큰 타격을 받았다. 그리고 일본은 당시 중국본토를 침략하는 과정에서 장전과 북경의 영화사를 압류하였으나 상해에 있는 영화사는 외국인이 차지하여 압류할 수가 없었다. 그러나 1941년부터 1945년까지 일본은 이곳마저도 점령하게 된다. 공산당이 점령한 지역에서는 1935년 이래 소규모 영화단체들이 활동하였고, 이들은 1949년 중화인민공화국 최초의 영화감독 단체를 결성하였다. 최초로 사회주의 픽션영화로 왕빈 감독의 ≪橋≫(다리, 49)가 만들어 지게 된다.

상해는 1910년부터 중국영화의 중심지로 발전하였다. 1932년 일본이 만주국

을 성립시킨 후 항일영화를 적극적으로 제작하였다. 1937년 일본군은 상해를 점령했지만, 영화촬영소가 프랑스계였기 때문에 영화제작을 계속할 수 있었다. 여기에 일본육군은 동화상사의 가와기타(川喜多長政)에게 중국영화의 관리를 요청했다. 가와기타는 스즈키 쥬키치(鈴木重吉)에게 ≪東洋平和への道≫(동양평화의 길, 37)을 찍게 하여 중국인을 회유하려 하였다. 또한 그는 1939년 상해에 있던 12개 영화사를 합병해서 중화전영(中華電影)을 설립하였고, 국책영화를 제작하기 위해서 항일운동을 주장한 장선곤(張善琨)을 영입하여 ≪木蘭從軍≫(목란종군)을 만들게 하였다. 더욱이 가와기타는 만영의 불만을 해소하기 위해 중국인에 의한 영화제작을 유도하였고, 일본군은 영화를 통해서 중국을 지배하려 하였다. 화제를 모은 작품은 만영과 합작한 작품으로 이향란이 주연한 ≪萬世流芳≫(만세류방, 43)이었다. 이 영화는 아편전쟁을 배경으로 영국군의 횡포에 대항하여 영웅적으로 싸운 임칙서(林則徐)의 이야기를 그린 것이다. 1943년에 마키노 마사히로(マキノ雅弘)는 ≪阿片戰爭≫(아편전쟁)을 촬영했다. 1945년 일본이 패전하고 국민당군이 귀국하자 장선곤을 시작으로 중국인 감독들이 홍콩으로 망명하였다. 그들은 홍콩영화산업이 발전하는데 중요한 인적 토대가 되었다6).

중국본토와 홍콩영화가 등장한 가운데 대만영화도 한계를 가지고 있었지만 성립되었다. 일본이 청일전쟁에서 승리한 후 청국으로부터 대만을 획득한 시기는 1895년이다. 이 시기는 뤼미엘 형제가 영화를 발명한 해와 같은 해였다. 그것은 일본의 근대화정책과 대만의 식민지화정책이 동시에 이루어졌다는 것을

---

6) 홍콩영화의 형성을 보면 다음과 같다. 중국공산당의 압력을 피해 몇 몇 감독이 영국의 식민지인 홍콩에 정착한 것은 1930년대이다. 이들은 중국 표준어와 광동어를 사용하여 주로 멜로 영화를 만들었고, 또한 코미디와 서스펜스 영화도 만들었다. 1940년대 말에는 영화산업이 크게 번성하여 수준 높은 작품이 나오기도 했다. 예를 들면, 리 핑기안의 코미디 영화, 리 티에의 멜로영화, 주 시린과 킨 지안의 서민영화 등이다. 또한 홍콩에는 기계장치를 사용하여 기계적으로 촬영하는 쇼 브라더스 사를 중심으로 무술 영화 시대가 개화하게 된다. 우 사이피엔 감독은 중국의 전설을 바탕으로 만든 무협영화, 브루스 리로 돌풍을 일으킨 쿵푸영화 등을 만들어 영화붐을 조성하였다. 이후에는 호 맹화의 ≪옥도장≫(68), 리 한 지앙의 오페라 영화 ≪영원한 사랑≫(63), 부르스 리가 출연한 루오 웨이의 ≪빅 보스≫(71), 우 마의 ≪귀 멀고 눈 먼 헤로인≫(71) 등이 주목을 받았다. 1970년대는 재키 찬과 유 치아 량 등과 같은 배우들도 감독을 하여 100여 편을 만들어 세계 각국에 수출하기도 하여 아시아영화의 중심지로 기능을 하였다.

의미한다. 1901년 대북에서 일본인 다카마쓰 도요지로(高松豊次郎)가 최초로 영화를 상영하였다. 그는 총독부의 대만인 선무공작(宣撫工作)의 명을 받아 이후에 일본어 보급을 위해 활동사진을 가지고 대만전도를 순회하였다. 이 때 영화는 무엇보다도 일본화를 위한 유효한 문화장치로 여겨졌다. 1921년 일본인 오기(萩屋某)는 대만을 방문해 ≪預防霍亂≫(예방곽란)이라는 식품위생을 위한 교육계몽영화를 촬영했고 이것이 이 지역에서 찍은 최초의 영화가 되었다. 이처럼 일본은 식민지민의 계몽과 일본동화를 위해서 영화를 적극적으로 활용하였다.

1907년에는 대북의 최초영화상설관이 건립되었지만, 일본으로부터 온 필름만이 상영되어 대중오락으로서 영화제작은 늦어졌다. 대만인에 의해 제작된 최초의 영화는 1925년 이송봉(李松峰)이 감독한 ≪誰之過≫(수지과)이다. 내용은 서로 사랑하는 게이샤(藝妓)와 은행원이 야쿠자 때문에 위기에 봉착하지만 최후에는 은행원이 게이샤를 구출한다는 이야기다. 이 영화는 일본의 신파와 활극의 영향을 받은 것이다. 대만은 종종 에그조티즘을 추구하는 일본 감독에게 있어서 좋은 소재가 되었다. 예를 들면, 순수극영화운동에 공명했던 에다마사(枝正義郎)가 1919년 덴카쓰(天活)에서 찍은 ≪哀の曲≫(애수의 노래)가 바로 그것이다. 이것은 도쿄에 사는 어린 여자 아이가 유괴되어 서커스단에 팔리고 수년 후 대만 원주민인 고사족(高砂族)부족의 추장 딸로 자란다는 멜로드라마이다. 이 영화는 일본 주변에서 얻은 소재를 가지고 찍었다는 의미와 또한 근대적인 기술을 통해서 찍는 한편, 일본 전통의 미에모노(見世物藝)의 성격을 띠었다는데 의의가 있다.

1929년 닛카쓰(日活)의 다사키(田坂具隆)가 찍은 ≪阿里山の俠兒≫(아리산의 협아)는 대만에서 촬영됐다. 이 영화에는 고사족의 청년을 야만적이지만 자부심이 높은 인간으로 그려지고 있다. 그러나 ≪哀の曲≫이 차별영화이듯이 ≪阿里山の俠兒≫도 차별성을 완전히 배제한 영화라고 평가하기는 어렵다. 이 국정서를 영화의 소재로 한 것이 일본인에 한정된 것은 아니다. 1929년 만든 ≪血痕≫(혈흔)이라는 작품은 산악지대의 무역소를 무대로 남장한 여자가 죽은 아버지의 원한을 푼다는 이야기를 그렸다. 또한 1920년대 대만에는 일본과 할리우드 영화가 들어 왔을 뿐 아니라 상해영화가 수입되어 영화가 활성화되었다. 1932년 대만영화에서 안도 타로(安藤太郎)가 찍은 ≪義人吳鳳≫(의인오봉)에

서는 계몽사상과 이국정서를 훌륭하게 융합시켰다. 이 영화는 고사족에게 목치는 습관을 금지시키기 위해 스스로 희생자가 되기를 선택한 양심적인 대만인의 이야기를 다룬 것이다. 그러나 다른 면에서 보면, 문명에 대한 일본의 우월성이 선전되고 있다. 주인공은 유교가르침의 이상적인 인격을 체현하고 있고 근대 일본적인 에토스와 무관하게 그려지고 있다. 전시 중 이향란(李香蘭)이 연기한 시미즈(淸水宏) 감독의 영화 ≪サヨンの鐘≫(사용의 종)에서는 이향란이 고사족의 딸로 철저하게 황민화 정책으로 쇠뇌 당한 부족 가운데 출정하는 병사를 위해 헌신적인 행동을 하고 죽음을 통해서 자기를 희생하는 연기를 하게 한다. 이처럼 대만영화도 일본영화와 일본에 종속된 형태로 발전하는 상황에 놓여 조선영화와 같은 처지에 있었다.

대만영화는 기본적으로 일본의 영향을 받아 형성되고 발전하였다. 그러나 현지인에 의한 영화산업은 조선과는 달랐고 조선만큼 발달하지 못하였다. 1930년대 황양몽(黃梁夢)과 안도(安藤太郎)에 의한 ≪望春豊≫(망춘풍)과 같은 신파 영화가 제작되었지만, 1941년에 총독부가 대만영화협회를 설립하여 관리통제를 하였다. 이후 대만영화는 지속적으로 침묵을 일관하였다. 해방이 된 이후 대만에서는 대기업이 영화사를 만들었다. 무술영화의 선구자인 킹 후(胡金銓)의 ≪터치 오브 젠≫(75)은 서구사회에서 높게 평가를 받았고, 마이클 후이는 코미디 영화를 만들었다. 여자 감독인 아 쉬엔은 ≪아치≫(69)를 만들었고, 안후이(許鞍華)의 ≪보트 피플≫(84)은 주목을 받는 등 대만영화의 정수를 보여주었다. 이처럼 해방이후 대만영화가 발전하게 된 것은 식민지기의 대만영화가 지속적으로 구축한 환경에 의한 것이었다고 할 수 있다.

Ⅲ 식민지기의 감독과 영화

■ 1. 태평양전쟁 이전의 감독과 영화

　조선에서 만들어진 최초의 영화는 기록영화로 활동사진 연쇄극과 맥을 같이
한다[7]. 최초의 극영화는 김도산의 ≪의리적 구토≫이다[8]. 김도산이 만든 ≪의
리적 구토≫는 영화로 만들어지기 전에 신파 인정극인 연극으로서 종로에 있던
우미관에서 상연됐었다. 이때 박승필이 김도산을 알게 되어 뒤에 영화로 만들게
하였다. 그 작품은 1919년 10월 27일 단원을 이끌고 있던 단성사 주인 박승필
이 자금을 지원하고 김도산이 만들었다. 연극 속에 영화를 얹은 활동사진 연쇄
극으로 단성사 무대에 올려 조선영화의 효시가 되었다. 당시 <매일신보> 1919
년 10월 29일자에 따르면, 이 작품은 1권 분량 1,000피트 길이의 필름을 연극
중간에 끼워 넣은 것이지만 관중들은 대성황을 이루었고 한 달 동안 장기공연
을 하게 되었다. 이 작품은 모두 8막 28장으로 구성된 활동사진 연쇄극으로
5,000원의 제작비가 들었고, 권선징악을 주제로 한 활극조의 신파 연쇄극이다.
　1919년 10월 27일 연극 속에 영상을 넣은 ≪의리적 구토≫가 상영됐을 때
동시에 ≪경성 전시의 경≫(19)이라는 기록영화가 상영되었다. <표2>는 기록
영화의 감독과 작품을 나타낸 것이다.

---

7) 활동사진 연쇄극은 키노드라마(Kino Drama)라고도 한다. 이것은 한정된 무대에서 표현할
　수 없는 야외정경, 산이나 바다 등으로 도망치는 모습 등을 미리 찍어 놓았다가 무대에서
　연극이 진행되는 과정에서 줄거리에 맞춰 영사하는 형식을 말한다.
8) 김도산은(1891-21)은 충무로에서 태어나 기독교계인 상동학교를 나와 이인직의 문하생으
　로 들어가 원각사 시절부터 연극수업을 받았다. 1911년 임성구의 신파극단 혁신담에 가담
　하고 제3회 공연때 출연하게 된다. 이후 정인기의 후원으로 극단 신극좌를 만들어 단장이
　된다. 그는 일본의 구극과 신극을 절충하여『意氣男兒』(의기남아),『琵琶聲』(비파성),『천
　리마』,『鄭乙仙傳』(정을선전) 등을 무대에 올렸다.

<표2> 1919년 전후 감독과 영화

주 도	작 품	특 징
김도산	경성 전시의 경(19), 경성교외의 전경(19), 고종인산 실경(19)	미야가와 하야노스케(宮川루之助)촬영
외국인 제작	한국관(09), 부산 경성의 전경(18), 금강산 대활동(19)	외국인이 한국풍경촬영
조선총독부지원	조선의 저녁(20), 조선의 나그네(23)	조선의 저녁은 선전용 영화

이 중에서 ≪경성 전시의 경≫(19)은 한강철교, 장충단, 동대문정거장 등 서울의 풍경을 담은 것으로 연쇄극 ≪의리적 구토≫와 함께 탄생한 최초의 기록영화라는데 큰 의의가 있다. ≪경성 교외의 전경≫(19)은 그 연장선에서 도회 밖의 모습을 그렸다. ≪고종 인산 실경≫(19)은 승하한 고종 황제의 국장과 민초들의 애도 장면을 필름에 담은 것으로 시대적 상황과 현장감이 있어 역사적 사료로서 가치가 있는 작품이다. ≪부산 대구 전경≫(20)은 부산과 대구 등과 같은 지역의 실체풍경을 초보적인 수준에서 기록한 작품이다. ≪조선의 저녁≫은 미국 국회의원이 방문할 즈음 조선총독부가 자신들의 치정을 선전하기 위해서 만든 홍보용의 기록영화이다. 이것은 서울과 부산을 비롯한 주요 도시의 자연 및 문화, 기생의 춤, 줄타기 재주 등을 담아 7권 분량으로 수록한 일종의 문화영화이다.

이들 작품은 민간인이 만든 기록영화가 연쇄극 공연에 끼여 일반 극장에서 유료로 상영한 것과는 다르게 관청이나 공회당 등과 같은 공공기관에서 무료로 상영된 특징이 있다. 초기 기록영화는 조선인의 기술에 의해서 만들어지기 보다는 일본인의 촬영기사를 통해서 찍었고 또한 제작비도 비싸 제한을 많이 받았다. 그런 제한된 환경 속에서도 단성사주 박승필의 지원으로 활동사진 연쇄극이 만들어졌다. 또한 특이한 것은 일본이나 조선총독부가 조선을 잘 지배하고 있는 것을 선전하기 위해서 다양한 형태의 기록영화가 만들어진 사실이다. 이것을 볼 때, 조선영화가 본격적으로 성립되기도 전에 이미 영화는 대외선전용으로 인식되었고 국가정책의 선전용으로 가치 있는 문화매체로 이용되었다.

이런 인식 하에서 조선영화는 식민지를 계몽시키는 문화매체로 또한 민족성을 고양시키는 수단으로서 적극적으로 이용되었다.

국가정책을 반영한 영화를 만들기 이전에 조선에는 위생계몽영화가 만들어 졌다. 즉 저축을 장려하기 위한 운동의 일환으로 만들어진 계몽영화 ≪月下の 誓い≫(월하의 맹서, 23)가 만들어지기 전에 이미 방역과 위생을 주제로 한 계몽영화가 만들어졌다. 안종화에 따르면, 연쇄극이 소멸되기 전 관서지방에 콜 레라가 발생하여 전국에 급속히 번져 온통 나라를 흔들어 놓은 일이 있었다. 그렇게 되자 위생상식을 보급하기 위해 경기도 위생과의 위촉을 받은 극단 취 성좌 연기진이 2,700피트 분량의 필름으로 만들었다. 위생영화는 조선인을 위 해서 만든 것이라기보다는 조선에 와 있는 일본인을 위해 만든 것이었다. 위생 계몽운동은 조선총독부, 경기도와 경성부 등이 주도한 방역영화로 나타났다. 김 소랑은 1920년 경기도 위생과의 부탁을 받고 두 권으로 된 호열자(虎列刺 : 콜 레라) 예방 선전영화인 ≪인생의 악귀≫에 출연했다. 그 근거는 1920년 6월 6 일자 <경기도보>에 의하고 있다. 위생영화로는 ≪호열자≫와 ≪콜레라의 전염 을 막자≫등이 있는 것으로 알려지고 있다. 그러나 그런 위생영화가 실제로 존 재하지 않기 때문에 존부에 대한 논란이 있는 실정이다. 이후 조선에서 만들어 진 계몽영화는 위생영화, 저축장려영화, 계량기 선전영화, 온돌개량장려 영화, 전기에 대한 선전영화, 납세 계몽영화 등과 같이 다양한 영역에서 나타나 정부 나 산하기관에서 무료로 상영되었다. 이것을 볼 때, 조선에서 영화는 오락이나 예술이라는 측면도 있었지만 국가정책과 사회계몽을 위한 교육용으로 많이 만 들어지고 상영된 특징이 있다.

기록영화시기의 영화는 무성영화이다. 조선영화사에서 무성영화시대는 감독과 배우로서 활동한 나운규와 이규환 등이 주도하였다. 조선영화에서 스타로 등장 한 나운규(1902-37)는 회령에서 태어나 약종상을 하는 유복한 집안에 태어났 다. 당시 미선계 신흥학교에 진학하여 거기에서 영화계에 종사하면서 친구로 지 낸 윤봉춘을 알게 된다. 그는 조선에서 유행했던 조혼제로 일찍 결혼하였으나 다른 여성과 사랑에 빠져 간도로 갔다가 1919년 3.1운동 때 회령 만세사건을 주도하였다. 그는 항일운동을 지속하기 위해 러시아로 가서 러시아의 백군에 들어갔지만 내부에서 벌어진 민족차별 때문에 탈영을 한다. 이후 귀국하여 많은 우여곡절 끝에 중동학교에 다니다 경찰에 체포되어 보안법 및 제령 제7호 위반으로 2년형을 선고 받았다. 1923년 출소하여 고향으로 돌아가 극단 예림회를 정비하고 문예부장 안종화의 주선에 따라 부산조선키네마 주식회사의 연구생으로 입사하게 된다. 그런 가운데 1925년 윤백남 감독의 ≪운영전≫에 출연하면서 영화계에 데뷔한다.

<표3>은 1919년-1930년 감독과 영화를 나타낸 것이다. 여기에 나타난 영화는 무성영화이며 동시에 활동사진이나 기록영화에서 탈피하는 극영화의 성격을 띠고 있다는 점에서 이전의 영화와는 다르다고 할 수 있다. 이 시기에 활동한 감독으로는 김도산, 윤백남, 하야카와 마스타로(早川增太郎), 박정현, 다카사 간초(高佐貫長), 김도성, 도야마 미쓰루(遠山滿), 나운규, 이필우, 천한순, 김해운, 이규설, 이경손, 김영환, 이구영 등이다.

<표3> 1919년-1930년 감독과 영화 1

감 독	작 품	특 징
김도산 (金陶山)	義理的仇討(19), 是友情(19), 형사의 고심(19), 의적(20), 經恩重報(20), 天命(20), 明天(20)	의리적 구토는 연쇄극, 한국최초영화
이기세	知己(20), 환혼(20), 장한몽(20)	
윤백남 (尹白南)	月下의 誓い(23), 운영전(25), 정의는 이긴다(30)	월하의 맹서는 총독부의 저축장려운동, 윤백남프로덕션
하야가와 마스타로 (早川增太郎)	춘향전(23), 村上喜劍(23), 비련의 曲(24), 토끼와 거북이(25)	춘향전의 원점, 동아문화협회 작품
박정현	장화홍련전(24)	순수조선영화
다카사 간초 (高佐貫長)	해의 비곡(24)	조선키네마의 최초작품
김조성	흥부놀부전(25)	변사출신, 심청전, 흑공주, 미륵왕자, 검사와 여선생 대본

도야마 미쓰루 (遠山滿)	국경(23), 血染の軍刀(27)	국경은 최초극영화, 혈염의 군도는 일왕사진 불경죄로 재판
나운규	아리랑(26), 풍운아(26), 금붕어(27), 들쥐(27), 잘 있거라(27), 옥녀(28), 사랑을 찾아서(28), 사나이(28), 벙어리삼룡(29), 아리랑 그후의 이야기(30), 철인도(30)	잘 있거라(27)는 나운규 프로덕션의 첫 작품

　김도산의 ≪義理的仇討≫(의리적 구토, 19)는 선을 권장하고 악을 징벌하는 것을 주제로 한 활극조의 신파 연쇄극이다. ≪의리적 구토≫는 다음과 이야기를 담고 있다. 청년 송산(松山)은 부유한 가정에서 태어났으나 일찍이 어머니를 여의고 계모 밑에서 어린 시절을 보내고 성장하였다. 그러나 재산을 탐내는 계모의 간계 때문에 서로 알력이 생겨 갈등이 깊어만 갔다. 송산은 그런 가정을 떠나 의미있는 일을 하려고 할 때 죽산(竹山)과 매초(梅草)를 만나 의형제를 맺고 현실의 장애와 싸워 나간다. 계모는 마침내 송산을 제거하려는 계획을 세우게 되고 위태로워지자 의동생들이 격분해서 도우려 하지만 송산은 말린다. 그는 가문의 위신을 생각해서 참고 있었던 것이다. 그런 가운데 최후의 날이 오고 만다. 계모일당의 음모가 드러나자 송산은 눈물을 머금고 응징하기로 결단을 내린다.

　이 영화는 영화사에서 우리 손으로 연기를 필름에 담아낸 최초의 작품이라는데 가치가 있고 조선영화제작의 기점이라는데 의의가 있다. 또한 이 연쇄극에서 보듯이, 등장인물의 이름은 송산(松山), 죽산(竹山), 매초(梅草) 등 일본적인 이름을 하고 있다는 점에서 당시는 일본이 일반인의 생활에 깊숙이 영향을 미치고 있었다는 것을 알 수 있다. 그 이외에도 내용, 기술, 변사 등에서도 일본적인 요소가 강하게 남아 있다9).

　윤백남은 20세기 초 조선영화계와 연극계를 선두에서 이끌어온 선구자이다.

---

9) 최초의 변사는 우정식이다. 당시 변사로 활약한 인물은 김덕경, 단성사 주임 변사인 서상호, 서상필, 조선극장의 변사 김조성, 김영환, 최종대, 최병룡, 우미관의 변사 이병조, 이병호, 김학근, 안광익, 성동호, 이승우, 조월해, 현선봉 등을 뽑을 수 있다. 당시 변사들은 명월관 기생들이 인력거를 타고 모셔갈 정도로 인기를 얻었지만 유성영화 시대를 맞아 사양길로 접어들었다.

그는 일본 와세다(早稻田)를 다니다 동경고상을 졸업하고 귀국하여 은행을 다니게 된다. 이후 그는 영화계에 발을 들여 놓게 되고 극단 문수성을 조직하여 ≪불여귀≫(1912)의 공연을 가졌다. 그는 조선총독부의 의뢰를 받아 ≪월하의 맹서≫(23)를 만들어 감독의 위상을 확립하고 극영화의 기초를 만들었다. 이 영화는 조선총독부 체신국이 저축장려운동을 장려하고 계몽하기 위해서 1,700 여원을 들어 만든 작품이다. 윤백남이 각본과 감독을 담당하고 이월화, 권일청, 문수일, 송해천, 안광익 등이 출연하였다. 촬영과 편집은 일본인 다이타 히토시(太田同)가 담당하였다.

또한 윤백남은 부산조선키네마의 ≪운영전≫(25)을 각색 및 감독하였다. 이것은 세종대왕의 넷째 아들인 안평대군이 총애하던 궁녀 운영이 문장이 뛰어난 선비 김지사를 흠모하면서 빚어지는 사랑의 비극을 담은 것이다. 윤백남은 이경손, 나운규 등과 함께 윤백남 프로덕션을 설립하여 조선에서 프로덕션 체제가 만들어지는 계기를 마련하였다. 그는 프로덕션을 통해 영화작업을 하였고, 조선의 대표적인 사랑 극으로 전해오던 ≪춘향전≫을 영화화하기 위해 이경손에게 감독하게 하였다. 그 뒤 그는 <동아일보> 창간 10주년 기념사업으로 제작된 ≪정의는 이긴다≫(30)에서 직접 각본과 감독을 맡는다. 그는 조선 최초의 독립영화사인 윤백남 프로덕션을 만들었을 뿐 아니라 나운규, 이월하, 이경손 등과 같이 후진양성을 하여 영화의 대중화에 공헌을 하였다[10].

일본인으로 조선영화사에서 활약한 인물이 도야마 미쓰루(遠山滿)이다. 그는 배우이자 아내인 고하라 오하루(小原小春)와 서울 신당동에 원산만 프로덕션을 설립하여 첫 작품으로 1막극 ≪피에로의 꿈≫을 만들고 ≪金剛恨≫(금강한, 31)을 만들어 경성영화계에 등장하였다. 도야마는 1920년대 연극 활동을 하고 일본 시대극의 중진으로서 나운규와 출연하는 등 연기에도 종사하였다. 도야마는 1920년대 중반부터 1930년대 중반까지 약 8년간 활동한 것으로 알려졌고,

---

10) 이월화는 공인스타 여배우 제1호라고 할 수 있다. 당시는 일본영화의 영향으로 남자들이 여성역할을 하는 여형(女形)으로 대체되었기 때문에 여자가 출연하지 못하던 시기였다. 그녀는 친구들의 소개로 김도산의 신극좌에 들어가면서 연극과 인연을 맺게 된다. 이후 윤백남에게 발탁되어 이월화라는 예명으로 활동한다. 그녀는 민중극단의 ≪영겁의 처≫ (22)와 토월회의 ≪부활≫(23)에서 열연하였다. 그녀는 ≪월하의 맹서≫를 통해서 대중적인 스타가 되었다. 당시 그녀와 대적할 만한 여배우는 토월회에 입단하여 ≪춘향전≫ 에 주연한 복혜숙 정도였다.

1930년대에 들어서 영화제작과 감독을 하였다. 그는 ≪혈염의 군도≫(27)를 만들어 경성극장에서 상영했으나 영화검열로 인하여 중단되고 법정에 서게 된다. 그것은 영화에서 일왕의 사진에 대해 불경스런 말을 한 것이 발단이 되었고, 그런 이유 때문에 상영 중지되어 소품 담당자를 포함한 도야마 일행이 경성지방 법원 형사부에 기소돼 1927년 재판을 받게 되었다. 이런 사실에서 보듯이 일본은 조선에서도 영화검열을 한 것이다.

일본영화사인 쇼치쿠(松竹)에서 도야마(遠山滿)가 제작하고 각본 및 감독한 ≪국경≫(23)은 조선과 접경을 이루고 있는 안동현(중국 舟東)에서 독립군으로 여겨지는 집단과 일본군 사이에서 벌어지는 싸움을 담은 내용으로 추정된다[11]. 이 영화는 중국과 인접지역인 신의주에 출몰하는 마적대를 일본군이 국경 밖으로 물리치고 평화를 찾게 한다는 내용이다. 일본인의 제작사와 제작자가 식민지 조선에서 활약하는 일본군의 긍정적인 역할과 기능을 일본입장에서 표현한 작품이다. 그 내면에서는 조선을 식민지로 인정하고 일본지배의 긍정적인 측면을 표현하였다. 최초의 극영화로 불리는 이 영화는 친일적 성향을 띠고 있다. 영화계에는 이 영화의 존재에 대한 논란과 조선영화 제작의 효시인가는 논란이 있다. ≪국경≫(23)은 총독부의 주도 아래 저축 장려를 목적으로 만들어진 윤백남 감독의 ≪월하의 맹서≫보다 앞섰다는 주장이 있다. 영화사적인 측면에서 보면, 처음 흥행용으로 제작된 극영화라는 데 가치가 있다고 할 수 있다. 또한 조선영화사에서 최초의 친일적인 내용을 담고 있는 영화라는 특징이 있다.

전통적인 남녀간의 비극적인 사랑이야기를 담고 있는 ≪춘향전≫(23)은 조선극장 경영주인 하야카와 마스타로(早川增太郎))가 1923년 동아문화협회를 발족시켜 제작비 2만 3,000원을 들여 만들었다. 그는 하야카와 고슈(早川孤舟)라는 예명으로 각색과 감독을 담당했고 ≪의리적 구토≫를 찍은 미야가와 소우노스케가 촬영을 담당했다. 이것이 이후 양상될 춘향전의 원점이 된다. 그는 조선극장 주임인 변사 김조성과 개성명기 한명옥을 각각 이도령과 춘향역을 맡게 하였다. ≪춘향전≫이 제작된 1923년에는 ≪월하의 맹서≫, ≪국경≫ 등이 만들어진 시

---

11) 도야마의 ≪國境≫이라는 영화의 존부에 대한 논의가 있다. 1923년 1월 14일자 조선일보 별지 전면 광고가 그 존재를 증명하고 있다. 제작은 쇼치쿠 키네마 주식회사, 제작 원작 및 감독 遠山滿, 촬영 미야시타 요시카즈(宮下吉藤), 출연 데라오 아키라(寺尾瑛), 유금수, 박순일, 김영덕, 변기종, 개봉관 단성사 등으로 되어 있다.

기이다. 이 영화는 조선극장에서 상영되었고, 전북 군산좌에서 개봉된 이후에 서울 황금좌에서 개봉되었고, 전통적인 내용에 기초했기 때문에 잘 알려진 내용이라는 점에서 친숙함이 있었고 첫 상업영화라는 점에서 크게 성공하였다.

《춘향전》(23)이 관객으로부터 큰 호응을 받자 박정현은 《장화홍련전》(24)을 만든다. 이것은 지금까지의 영화와는 다르게 일본인의 도움 없이 조선의 자본, 기술, 인력 등으로 만들어낸 최초의 작품이라는데 의의가 있다. 그것은 단성사 경영주인 박승필의 선각자 다운 개척 정신에 의해서 가능했던 것이다12). 《장화홍련전》은 계모의 학대로 죽은 장화와 홍련 두 자매가 원혼이 되어 고을 사또 앞에 나타나 억울함을 호소한 끝에 원한을 풀게 된다는 내용이다. 주연은 광무대의 소속 단원이 선발되었고, 고을사또와 아버지 역은 변사인 우정식과 최병룡을 등장시켰다. 촬영과 편집은 당시 오사카에서 영화기술을 배우고 온 이필우에게 맡기게 되었다. 그리고 촬영기는 윌리엄슨 카메라였고 나리기요(成淸)에게 빌려다가 영화를 찍었다. 이 영화는 1924년 9월 5일부터 1주일간 단성사에서 개봉되었지만 연일만원이어서 연장 상영하였다. 그리고 서울의 개봉에 이어서 대구, 부산, 마산, 통영, 목포 등에서 상영되어 흥행을 이루었다.

초기 조선영화의 중심에 서있던 나운규는 민족영화인 《아리랑》(26)에서 원작, 각색, 감독, 주연 등을 담당하였고, 이 영화는 흥행에도 크게 성공하였다. 800여명의 엑스트라가 동원되고 3개월 만에 만들어져 상영되어 장안에 화제가 되었다. 조선키네마 프로덕션 소속인 나운규는 《풍운아》(26), 《금붕어》(27), 《들쥐》(27) 등에서 각본, 주연, 감독 등을 담당하였다. 그러나 그는 《들쥐》(27)의 흥행실패로 조선키네마와 결별을 한다. 이후 나운규는 이경손, 주삼손, 이경선, 이금룡, 홍개명, 박정섭 등과 1927년 나운규 프로덕션을 설립한다. 나운규 프로덕션은 제1작으로 《잘 있거라》(27)를 만들고 원작, 감독, 각색, 편집, 출연 등을 맡고 북간도 현지촬영을 하여 완성하였다. 나운규 프로덕션은 2년여 동안 영화 만들기를 하다 간판을 내리고 단성사 촬영부에 통합되게 된다.

---

12) 박승필(朴承弼, 1875-1932)은 영화가 대중매체로 자리 잡는데 크게 공헌하였다. 그는 최초 극장인 협률사와 동대문 전기회사 사진부를 인수하고 1908년 9월 광무대로 명칭을 바꿔 극장흥행을 선도했다. 1913년에는 일본인 마루라에게 넘어간 단성사의 경영권을 이어받아 영화전용관으로 성장시킨다. 그는 연쇄극으로 《의리적 구토》, 영화로서 《장화홍련전》을 제작하였고, 나운규의 《잘 있거라》(27), 《옥녀》(28), 《사나이》(28) 등에도 출자하였다.

이후 나운규는 ≪아리랑, 그 후의 이야기≫(30)를 만들었다. 이 작품은 카프의 대표적인 논객인 서광제(徐光霽)에 의해 노동자나 농민의 생활에 대한 언급이 없다는 이유로 신랄하게 비판을 받는다. 이 영화를 계기로 이필우나 안종화 등과 같은 보수진영과 박완수나 윤기정 등과 같은 진보진영간의 사상논쟁이 전례가 없을 정도로 공방을 벌이게 되었다.

<표4>는 1919년-1930년대에 걸쳐 활약한 감독과 영화를 나타낸 것이다. 조선에서 기록영화, 연쇄극, 극영화 등이 만들어져 영화계는 활기를 띠었다. 일본인과 조선인에 의해서 프로덕션이 만들어지고 점차 영화제작체제가 갖추어진다. 따라서 1920년대 후반에는 많은 작품들이 탄생하였다. 이 시기에 활약한 인물은 이필우 형제, 왕필렬(다카사 간초 : 高佐貫長), 천한수, 김수로, 심훈, 김해운, 이규설, 이경손, 안종환, 김영환, 독고성, 이구영, 김유영, 강호 등이다. 특히 순수예술영화뿐 아니라 사회성과 이데올로기를 강조한 카프영화가 등장하였다.

<표4> 1919년-1930년 감독과 영화 2

감 독	작 품	특 징
이필우	멍터구리(26)	조선일보연재만화를 영화화
왕필렬	神の粧(25), 동네의 호걸(25)	다카사 간초(高佐貫長 : 왕필렬)
천한수	낙양의 길(27)	
김수로	괴인의 정체(27), 해의 비곡(27)	
심훈	먼동이 틀때(27)	
김해운	운명(27)	
이규설	籠中鳥(26), 불망곡(27)	조선키네마프로덕션의 작품
이경손	심청전(25), 개척자(25), 長恨夢(26), 산채왕(26), 봉화의 면류관(26), 춘희(28), 숙영낭자전(28)	춘희는 카프영화
안종화	고향(29), 꽃장사(30), 노래하는 시절(30)	
김영환	세 동무(28)	

이구영	쌍옥루(25), 낙화유수(27), 승방비곡(30)	
김유영	유랑(28), 혼가(29), 약혼(29)	카프영화
독고성	암로(29)	카프영화

이경손(1904-1976)은 개성태생으로 부산조선키네마 조감독을 거쳐 ≪심청전≫(25)으로 영화계에 입문하였다. 그는 22세 때 ≪심청전≫을 통해 나운규를 주연급으로 발탁하여 한국영화의 토대를 마련하였다. 같은 해 이광수 원작의 『개척자』를 필름에 담아 근대소설을 처음으로 영화화하는 기록을 남겼다. 이어 작가 심훈을 배우로 기용하여 만든 ≪장한몽≫(26), 활극장르를 개척한 ≪산채왕≫(26), 사랑을 위해 살인 누명을 쓰며 희생하는 기생을 그린 ≪봉황의 면류관≫(26), 여류시인 김명순을 기용하여 만든 알렉산더 듀마 원작 ≪춘희≫(28), 인간과 선녀의 사랑을 그린 전설적인 야사 ≪숙영낭자전≫(28), ≪양자강≫(31) 등과 같은 영화를 만들어 발표하였다. 1929년 상해로 건너가 만든 ≪양자강≫은 조선영화의 해외진출 첫 작품이라고 평가할 수 있다. 이런 점에서 이경손은 영화감독으로 활동하면서 조선영화가 발전하는데 크게 공헌하였다.

≪심청전≫은 전 7권 1,395피트로 ≪운영전≫을 촬영한 니시카와 히데오(西川秀洋)가 오사카에서 사온 중고 카메라로 찍어 1925년 조선극장에서 개봉하였다. 심청 역은 조선키네마 연구생 최덕신이 맡았고, 심봉사는 나운규가 담당하였다. 나운규는 심봉사를 연기하기 위해서 소경을 직접 찾아가는 등 열연을 하여 좋은 평을 받았다. 그러나 심청전을 표현하는데 있어 미숙하다는 이유로 혹평을 받았다. 즉 용궁 장면이 유치하고 임금이 임금답지 못하다는 점, 심청이가 임금의 사랑을 받을 때나 동냥자루를 들고 다닐 때나 차이가 없었다는 점 등이다. 그러나 이 영화는 독립프로로 설립된 윤백남 프로덕션이 처음으로 만든 작품이라는데 의의가 있다. 이경손은 이 영화의 실패를 만회하기 위해서 이광수의 소설 『개척자』를 영화화했다. 남궁운과 김정숙이 주연한 이 영화는 봉건적인 인습을 타파하는 자유연애, 민족을 위한 청년의 사명 등을 그렸다. 특히 이 영화는 문예영화의 출발점이라는데 의의가 있다.

이구영(1901-1973)은 ≪아리랑≫ 개봉당시 단성사의 선전부장이었다. 그는 이필우와 함께 공동으로 고려영화제작소를 세웠고 이후 ≪쌍옥루≫(25)를 감독하여 데뷔하였다. 이 영화는 한 의학도의 유혹에 빠져 아들까지 낳았으나 버림받고 가출한 여자의 이야기를 그린 것이다. 그는 기생과 화가의 슬픈 연애담을 그린 ≪낙화유수≫(27), 부잣집 아들에 의해 농락당하는 처녀들의 행로를 그린 ≪승방비곡≫(30), 처음으로 이동촬영을 해서 만든 ≪수일과 순애≫(31) 등을 만들었다. 이 중에서 ≪낙화유수≫는 이광수의 권고에 따라 단성사가 1,100원을 주고 구입한 미국 윌라드 카메라로 촬영했다. 또한 그는 홍원이라는 필명으로 신문에 영화평론과 일반론을 쓰기도 하였다. 이구영의 작품은 남녀간에 벌어지는 연애문제, 여자의 비참한 운명 등과 같이 당시 조선사회에서 벌어지고 있는 남녀간의 불평등한 처우로 기구한 운명을 맞게 되는 여성을 전면에 내세워 당시의 사회상을 영화에 담아내고 있다.

위에서 본 것처럼, 1930년 이전의 조선영화는 기록영화로 출발해서 무성영화로 나타났다. 또한 영화감독, 영화사, 영화자본 등은 조선인이 자립적이며 독자적으로 배우거나 형성하기 보다는 일본이나 일본인의 영향을 받았다. 이 시기에 전통적인 이야기를 영화화한 것으로는 ≪춘향전≫, ≪흥부와 놀부≫, ≪아리랑≫, ≪심청전≫ 등과 같은 작품이다. 그런 작품이외에도 일본정치가는 조선인의 의식적 개혁을 위해서 계몽영화를 의도적으로 만들었고, 일본감독은 일본의 조선식민지 지배를 정당화하는 영화를 만들기도 하였다. 또한 조선인 감독은 일본의 지배의 부당성을 고발하기 위해 민족영화를 만들기도 하였고, 의식 있는 지식인들로 구성된 카프는 조선사회의 개혁과 혁명을 주장하는 사회주의 영화를 만들기도 하였다.

이처럼 당시는 일본의 식민지정책으로 영화를 둘러싸고 심각한 시대적 갈등을 하고 있었다. 즉 조선총독부와 일본에 우호적인 영화를 만들어 계몽성과 지배성에 적극적으로 동조할 것인가 아니면 정면에서 저항할 것인가 하는 식민지 지배를 둘러싼 사상적 갈등이 일어났다. 시대성을 둘러싼 영화계의 갈등은 일본 내에서 벌어진 현상과 비슷하였다. 그런 점에서 일본과 조선은 하나의 문화정책 하에서 놓이게 되어 일본 내의 문화정책이 조선사회에 그대로 적용되는 현상으로 이어졌다. 특히 1930년대 이후 유성영화가 등장하고 일본이 벌인 전쟁이 확대되면서 영화에 대한 관심은 더더욱 커지게 되어 조선영화의 발전에 크게 영향을 주게 된다.

■ 2. 태평양전쟁 전기의 감독과 영화

태평양전쟁 전기는 1931년 만주사변부터 1935년까지를 의미한다. 이시기에 들어서 조선영화계는 큰 변화가 일어났다. 즉 변사를 중요하게 등장시켰던 무성영화에서 변사가 필요 없는 유성영화가 만들어졌다. 또한 일본이 시작한 전쟁을 계기로 영화에 대한 검열과 통제가 본격적으로 시작되었다. 특히 강호 감독의 ≪지하촌≫(31)을 마지막으로 프로레탈리아 영화가 완전히 소멸되고, 한동안 자취를 감췄던 활동사진 연쇄극이 양산되기 시작했다. 유사 카프영화까지 발을 딛지 못하게 된 것은 전쟁이 시작되어 일본의 정치적 의도에 따른 강한 영화통제와 영화 팬들로부터 외면을 당했기 때문이다. 더욱이 전쟁이라는 시대성을 영화에 반영하도록 하는 흐름이 조선총독부에 의해 조장되어 민족주의적 영화가 사향길에 접어들었다. 그런 와중에서 반대로 반민족주의적이며 친일적인 영화가 활개치게 되어 조선영화는 일본영화의 아류로 활동하는 현상이 벌어졌다.

1931년 만주사변을 기점으로 태평양전쟁이 시작되어 영화계에는 많은 변화가 있었다. 사회비판과 시대비판을 선두에서 발휘해온 카프영화가 사라지면서 영화의 국책성이 강조되게 된다. 이 시기에 활동한 감독은 이구영, 강호, 이경손, 시마다 아키라(島田章), 김유영, 안종화, 김소봉(山崎蘇峰), 김상진, 이규환, 도야마 미쓰루(遠山滿), 나운규, 윤봉춘 등이다. <표5>는 태평양전쟁전기인 1931년-1935년의 감독과 영화를 나타낸 것이다.

<표5> 1931년-1935년 감독과 영화

감 독	작 품	특 징
이구영	수일과 순애(31)	
강호	지하촌(31)	최후카프영화, 진주 남향키네마
이경손	양자강(31)	최초해외진출영화
시마다 아키라 (島田章)	金剛恨(31), 남편은 경비대(31), 룸펜으로 어디로(31)	

김유영	화륜(31)	카프감독에서 변신
안종화	청춘십자로(34), 은하에 흐르는 정열(35), 인생항로(37)	
김상진	방아타령(31)	와케지마의 신흥제작사의 첫 작품
이규환	임자 없는 나루배(32)	나운규주연, 민족영화
도야마 미쓰루 (遠山滿)	청춘 애화 빛나는 인생(33)	
나운규	개화당 이문(32), 칠번통소사건(34)	
윤봉춘	도적놈(31), 큰 무덤(31)	
김소봉 (山崎蘇峰)	홍길동(34), 전과자(34)	

이 시기는 카프영화(조선 프로레탈리아 예술동맹 : Korea Artista Proleta Federat : 이하 KAPF)가 침체되고, 조선총독부에 의한 검열영화가 만들어지면서 일방적인 시대성이 강조되어 영화계는 암흑시대로 접어들게 된다. 특히 1919년에서 출발된 저항영화나 민족계몽영화의 제작이 한계점에 다다르게 되었고, 지속적인 식민지 지배에 따른 피로감이 대두하여 영화계는 정치적 색채를 벗어나 삶이나 청춘과 같은 일반적인 주제로 영화를 만들어 명맥을 이어갔다. 그 한가운데 나운규가 있었다. 연쇄극의 출연은 나운규의 침체와 연결되는 특징이 있다. 나운규는 도야마 미쓰루(遠山滿)의 제의로 일본인 시마다 아키라(島田章) 감독의 ≪金剛恨≫(금강한, 31)에 출연했다. 이 영화는 백만장자의 아들이 본처를 버리고 순진 한 시골처녀를 농락하다가 앙심을 품은 본처에게 살해된다는 통속적인 치정극이었다. 일본기관지는 이 영화에 호의적인 반응을 보였지만 조선인의 반응은 차가웠다. 그는 ≪남편은 경비대로≫(31), ≪룸펜은 어디로≫(31) 등에 출연하였다. 또한 김옥균의 삼일천하를 다룬 ≪개화당 이문≫과 아편굴에 팔아넘긴 여단원을 단신으로 뛰어들어 구출하는 유랑극 단원의 모험기 ≪칠번통소사건≫(34)에서 각본과 감독을 담당하였다. 이후 그는 ≪홍길동≫(32), ≪암굴왕≫(32), ≪내가 죽인 여자≫(33), ≪장화홍련전≫(33) 등에 출연하였다. 나운규는 그의 딸을 데리고 서울에 와 ≪무화과≫(35), ≪강 건너 마을≫(35) 등

에 출연시킨다. 그는 ≪강 건너 마을≫의 흥행으로 동시녹음한 첫 번째 유성영화 ≪아리랑 3편≫의 연출에 전념하여 무성영화 시대의 종언을 예고하였다.

안종화(1902-1966)는 처음 연기자로 영화계에 데뷔하여 이름을 떨쳤다. 1929년 ≪고향≫이라는 영화에서 연출경험을 쌓고 극영화 ≪꽃 장사≫(30)를 만들어 영화감독으로 활동하게 된다. 그는 서울 부호에게 애인이 끌려갔지만 천신만고 끝에 시골로 데려오는 농촌 청년의 의지를 그린 ≪노래하는 시절≫(30), 데릴사위로 들어간 젊은이가 고향으로 돌아가기까지의 시련을 그린 ≪청춘십자로≫(34), 통학하는 학숙생이 매일 같은 시점에서 만나는 여학생을 사랑하게 되는 이야기 ≪은하에 흐르는 정열≫(35), ≪인생항로≫(37) 등을 만들었다. 그 가운데 ≪은하에 흐르는 정열≫(35)과 ≪인생항로≫(37)는 최초로 열린 조선일본 영화제에서 무성영화 부문 우수작 3위와 6위로 선정되었다. 안종화 감독의 작품은 전쟁과 식민지라는 시대적 분위기에서 일탈한 청춘영화에 초점을 맞춰 당시 젊은이들의 생각과 사회현상을 담아내었다.

윤봉춘(1902-1975)은 포악한 부자를 골탕 먹이는 의협심이 강한 방랑자의 행각을 그린 활극 ≪들쥐≫의 연기자로 영화계에 등장하였다. 그 뒤 ≪도적놈≫(31)을 만들어 영화감독으로 데뷔하였다. 이어서 독립군의 무용담을 그린 ≪큰 무덤≫(31), 부잣집 머슴살이 하는 노인과 그의 딸이 겪는 기구한 운명을 그린 ≪도생록≫(38) 등을 만들었다. 윤봉춘은 소년 시절 동갑인 나운규와 함께 신흥보통학교를 다녔다. 자유분방한 나운규와는 달리 그는 어머니 손에 끌려 학교를 다녔다. 그는 먼저 떠난 나운규를 따라 북간도의 명동중학에 입학했다. 그들의 동지적 관계는 27세에 이르러 윤봉춘이 나운규에 의해 영화계로 진출하면서 선후배 처지가 되었다. 또한 무성영화의 후반기에는 일본인 와케지마 슈지로(分島周次郎)가 이끄는 경성촬영소에서 활약을 하게 된다. 그곳을 통해서 김소봉(山崎蘇峰)감독은 탐관오리를 응징하는 활극 ≪홍길동≫(34), ≪전과자≫(34) 등을 내놓았다. 방한준은 그때 청소를 하는 살수차의 운전수가 부랑자의 마수에 걸려 팔려가는 것을 목격하여 구출한다는 이야기를 담은 ≪살수차≫(35)로 영화계에 데뷔한다.

당시 영화계에 등장한 김유영(1908-1940) 감독은 경북에서 태어나 보성고등보통학교를 나와 1929년 창립된 조선영화예술협회에서 영화 수업을 받고 서광제와 함께 일본 교토 닛카쓰(日活) 키네마에서 영화 연수를 한 뒤 1933년 9인회의 발기인으로 참여했다. 처음에는 카프에 참여하였지만 카프와의 불화로 1930년 4월 조직을 개편하는 과정에서 결별한 후 1933년 순수 모더니즘 문학 모임인 9인회의 발기인으로 합류하였으나 곧 탈퇴하였다. 그는 제2차 카프에 다시 합류하면서 카프의 구성원이 검거 됐을 때 80여명의 동료와 함께 피검되어 시련을 겪었다. 이런 사건이 있은 후 카프의 지도부와 갈등을 겪으면서 카프의 이념과는 상관없는 ≪애련송≫을 만들었다. 1937년 동아일보 제1회 영화소설당선작인 ≪환무곡≫을 이효석 각색으로 영화화하였다. 그는 ≪수선화≫(44)를 유작으로 남겼다.

■■ 3. 태평양전쟁 후기의 감독과 영화

태평양전쟁 후기인 1935년부터 1945년까지는 조선영화가 무성영화에서 유성영화로 전환하여 유성영화가 주류를 형성한 시기였고, 다른 한편으로는 자유롭게 만드는 순수예술영화보다는 국가정책과 국민계몽을 반영하도록 강제적으로 만들어지고 또한 선전매체로서의 기능과 역할을 했다는 점에서 암흑기이다. 1935년 조선에서는 유성영화가 시작되어 영화의 전성기를 맞이하였지만, 동시에 조선총독부에 의한 의도적인 영화검열이 강화됨으로써 조선영화의 독립성이 사라졌다. 특히 영화는 독립된 장르를 갖고 있었지만 내용과 표현에서 자유롭지 못하였을 뿐 아니라 영화제작에 따른 제반 환경을 조선총독부에 의존하게 되어 다양한 측면에서 제한을 받았다. 그 중에서도 영화법이 제정됨에 따라 영화는 조선총독부가 유도하는 대로 만들어졌고 또한 영화 관련자에 대한 허가제 등과 같은 영화통제정책으로 매체시녀로 자리매김되게 되었다.

조선에서 만들어진 최초의 유성영화는 1935년 10월 3일부터 10일간 단성사에 공개되고, 이명우와 이필우 형제에 의해 만들어진 이광수 원작 ≪춘향전≫이었다. 세계최초의 유성영화인 ≪재즈싱어≫가 만들어진 1927년보다는 8년 후의 일이다. 또한 일본이 재즈를 매개로 고쇼 헤이노스케(五所平之助) 감독이 유성영화로 1931년에 만든 ≪마담과 마누라≫(31)가 공개된 지 4년만이다. 특히 조선에서는 활동사진으로 도입된 ≪의리적 구토≫(19)가 나온 지 16년만이다. 일본과 같이 무성영화에서 활약한 변사들의 저항과 영화에 대한 개혁의지 부족이 유성영화가 늘어진 이유이기도 하다. 조선에서 유성영화에 대한 제작움직임은 조선영화주식회사의 경성촬영소가 유성영화 제작을 선언한 것에서부터 시작되었다. 1931년 일본에서 TV송신 원리와 디스크식 녹음을 배우고 돌아온 이필우에게 촬영소장직이 맡겨진 뒤부터 본격적으로 유성영화가 만들어졌다. 이렇게 해서 조선영화계에는 영화바람이 불었고 영화가 대중의 관심을 끌게 되었다.

유성영화가 시작되고 태평양전쟁이 진행되는 시기에 활동한 감독은 무성영화 시기에 활동한 영화인도 많다. 그들은 이명우, 김상진, 이규환, 안철영, 박기채, 양주남, 이영춘, 김유영, 안종화, 안석영, 신경균, 서광제 등이다. <표6>은 1935년 - 1945년 감독과 영화를 나타낸 것이다.

<표6> 1935년-1945년 감독과 영화 1

감 독	작 품	특 징
이명우	춘향전(35), 홍길동 후편(36), 사랑에 속고 돈에 울고(39)	춘향전은 조선최초의 유성영화
김상진	노래조선(36), 방아타령(36)	고복수등 오사카공연
이규환	무지개(36), 나그네(37)	가족애사
안철영	어화(37)	-
박기채	춘풍(35), 무정(36)	문예영화
양주남	미몽(36)	기구한 여성운명
이영춘	귀착지(39)	계몽영화
김유영	애련송(39), 환무곡(37), 수선화(44)	카프영화에서 탈피함
안종화	은하에 흐르는 정열(35), 인생항로(37)	-
안석영	심청(37), 지원병(41)	친일영화
신경균	순정해협(37)	
서광제	군용열차(38)	친일영화

이명우 감독의 ≪춘향전≫이 성공함으로써 유성영화 시대가 본격적으로 열리게 되었다. 이에 따라 유성영화의 제2작인 ≪아리랑 고개≫(35, 홍개명), 이난영과 고복수 등 OK레코드 전속가수들의 오사카 공연 실황을 찍은 ≪조선노래≫(36, 김상진), 감옥에서 나온 영진이 다시 살인죄를 저지르고 끌려가는 ≪아리랑 3편≫(36,나운규), 춘실이라는 어촌의 노인을 둘러싸고 벌어지는 가족 애사 ≪무지개≫(36, 이규환), 딸 하나만을 의지하고 살아가는 미망인이 동경으로 떠나는 애인을 전송하러 나갔다가 자신이 탄 차에 그 딸이 치어 죽고마는 기구한 여자의 운명을 담은 ≪미몽≫(36, 양주남)과 ≪홍길동 후편≫(36, 이명우) 등이 만들어졌다. 이런 영화는 유성영화라는 특징이 있지만 다른 한편으로는 당시 일본이 겪고 있던 전쟁과는 무관한 것들이었다. 그것은 조선영화인들이 직접적으로 전쟁에 관여하는 것으로부터 벗어나기 위해 문예영화나 오락영화를 지향했기 때문이다.

≪남자 없는 나룻배≫와 함께 이규환의 대표작인 ≪나그네≫(37)는 성봉영화원과 일본 도쿄의 신홍키네마사가 합작한 것이다. 촬영 기술은 일본인이 담당하고 감독과 각본 출연진은 조선인이 담당하였다. 내용은 밀양강 기슭에 자리한 어느 촌락을 배경으로 설정한 ≪나그네≫는 풍비박산난 한 가족의 비극을 사실주의적 기법으로 그려내고 있다. 어장에서 품팔이하고 돌아온 젊은 가장 복용은 나룻배꾼을 생업으로 하던 완고한 아버지가 돈을 빼앗긴 채 살해당하고 아내마저 평소 눈독을 들여온 이발사에게 당하게 되자 가까스로 구해낸 뒤 그를 죽인다. 죄를 지었지만 언젠가는 돌아올 날을 기약하며 떠나는 남편, 어린 딸과 함께 아내의 마음은 착잡하기만 한다. ≪나그네≫는 이규환의 영화계 스승인 일본인 스즈키 주키치(鈴木重吉)와 공동 감독한 작품이다. 이런 이유 때문에 영화가 상영될 때 많은 논란이 있었다. 즉 비조선적 제작, 연출, 자연 등이 뭉친 작품이라고 비판하기도 하였다.

1937년에는 완전한 유성영화가 만들어 졌다. 이 시기에 만들어진 유성영화 가운데는 가난한 어촌에 나타나 순박한 처녀의 마음을 흔들어 놓은 도회지 청년이 쫓겨나는 과정을 그린 ≪어화≫(37, 안영철), 가출한 딸이 대담하게 행복을 찾는 이야기를 그린 ≪춘풍≫(35)에 이어 내놓은 ≪무정≫(36, 박기채감독, 이광수원작), 조선과 만주의 국경지대를 무대로 밀수단 두목의 애첩을 짝사랑하는 부하가 여자를 밀수 소굴에서 탈출시켜 자신도 함께 국경을 넘어가는 최인규 감독의 본격적인 활극 ≪국경≫, 부모의 반대에 부딪혀 정략 결혼한 여자가 음악도 애인도 잊지 못하는 이야기를 그린 김유영 감독의 통속극 ≪애련송≫ 등이 대표적인 작품이다. 여기에서도 알 수 있듯이, 일본은 일본 내에서 국책영화를 강요하고 있었지만, 조선에서는 국책영화를 만들도록 강하게 유도하기 보다는 반일적이며 반사회적인 영화를 저지하는 방향에서 영화검열을 하였다.

1935년부터 1945년 일본이 패망하고 조선이 독립을 되찾은 시기에 활동한 감독은 윤봉춘, 방한준, 홍개명, 최인규, 나운규, 이병일, 허영, 도요다 시로(豊田四郎), 이마이 다다시(今井正) 등과 같은 조선인 감독과 일본인 감독 등이 있었다. 이 시기는 점차 전쟁이 확대되는 과정에서 국책영화를 만들도록 강요하였고, 또한 일본인 영화감독이 조선에 들어와 국책영화를 만들었다는 특징이 있다. <表7>은 1935년-1945년까지의 감독과 영화를 나타낸 것이다.

<表7> 1935년-1945년 감독과 영화2

감 독	작 품	특 징
방한준	살수차(35), 城隍堂(38), 한강(38), 승리의 뜰(39), 풍년가(40), 巨鯨傳(44)	거경전은 국책영화로 고래잡아 식량증식 계몽함
홍개명	아리랑고개(35), 청춘부대(38)	·
최인규	國境(38), 授業料(40)	남녀간의 사랑
나운규	강 건너 마을(35), 아리랑 3편(36), 오몽녀(37), 家なき天使(41)	서민생활그림
윤봉춘	도생록(38)	가정의 비극
이병일	반도의 봄(41)	·
日夏英太郎 (許泳)	君と撲(41)	조선인이 개명하여 황민화정책영화 만듦
도요다 시로 (豊田四郎)	若き姿(43)	일본인감독, 조선학도병출진영화
이마이 다다시 (今井正)	望樓の決死隊(43)	일본인감독, 친전쟁영화 만듦

나운규의 회심작 ≪五夢女≫(오몽녀, 37)는 동해안의 한 마을의 이야기로 지 참봉이 젊었을 때 어느 대문집 앞에 버려진 아이를 주워 길러 수양딸로 삼은 아이가 오몽녀이다. 그 후 지 참봉이 눈병을 얻어 장님이 되자 아내는 집을 나가 버리고 오몽녀만이 남아 뒷바라지를 한다. 그런데 오몽녀는 남의 물건을 훔치는 버릇이 있어 과자 등을 훔쳐 이를 뱃군 김돌이가 보지만 미모에 넋을 잃어 나무라지 못한다. 이 동네 총각들이 오몽녀를 탐내고 있었는데 과자점 점원과 자전거포 수선공은 그녀의 도적질을 빌미로 만나 줄 것을 강요한다. 밤에 만나기로 하였지만 오몽녀는 뱃군이 마련한 배로 마을로부터 도망친다. 지 참봉은 그것도 모르고 딸의 행방을 찾는다. 이 영화는 심청전과 같은 이야기를 다루고 있지만 실제로는 서민 사회에서 벌어지는 이야기를 표현하고 있다.

최인규 감독은 첫 작품으로 ≪국경≫(38)을 연출하고 1949년 ≪파시≫를 포함해 12편을 연출하였다. 최인규 감독은 1인 4역을 하는 특징이 있고 그가 관련된 각각의 영화는 최인규의 광기가 드러난 작품이 많다. ≪국경≫(38)은 다음과 같은 내용을 담고 있다. 즉 국경지대의 밀수단 두목 이금룡에게는 애첩 김소영이 있었다. 그러나 김소영은 기회만 있으면 이금룡으로부터 도망치려고 한다. 그런 가운데 이금룡의 부하 전택이는 김소영을 짝사랑하며 삼각관계를 이루게 된다. 어느 날 전택이는 김소영을 도와 밀수단 소굴에서 탈출한다. 그러나 이 사실을 안 이금룡 일당은 그들을 추격한다. 천신만고의 도주 끝에 피투성이가 된 전택이는 사력을 다해 이금룡의 일당을 때려눕히고 김소영과 함께 국경을 넘어간다는 이야기다. 감독 최인규는 6.25때 북에 납치되었다.

또한 파라마운트사가 만든 영화를 배급하던 기신양행(紀新洋行)의 이기세가 제작하고 안석영 감독이 만든 ≪심청≫(37)은 조선의 전통적인 도덕과 정서를 그려냈음에도 불구하고 좋은 평을 받지 못하였다. 이 영화는 희비극적인 자극이 없다는 점, 심청이라는 효녀가 말을 하지 않아도 관중은 이미 잘 알고 있어 신선함이 적었다는 점, 속도도 느려 영화의 여러 장면을 소비하였다는 점, 심청이가 효녀라는 무의미한 소개를 삽입했다는 점 등의 비판을 받았다. 1938년에는 4편의 유성영화가 상영되었다. 즉 사업자금을 마련하기 위해 서울에 올라온 시골 청년의 땅문서를 둘러싸고 벌어지는 두 악한의 행각을 그린 활극 ≪청춘 부대≫(38), 아들에게 뱃사공 일을 계승시키려는 아버지와 그 강요에 못 이겨 도시로 떠나는 아들의 갈등을 그린 ≪한강≫(38), 부잣집 머슴살이하는 노인과 그 주인의 첩으로 들어간 딸이 가출한 후 창녀로 전락하는 인생을 드라마 한 ≪도생록≫(38) 등이 있다.

위의 작품에서는 어떻게 보면 국가정책에 의한 간섭으로부터 벗어난 주제가 많다. 그러나 점차 중일전쟁이 시작되고 일본과 조선에서 전쟁을 부추기는 전의를 고양시킬 필요성이 증대하였다. 이 과정에서 이른바 전향이라는 당시 시대가 낳은 독특한 사회현상이 일어나게 되어 친일적인 영화가 만들어진다. 특히 카프 진영에 참여하여 적극적으로 현실 참여적 이론을 제공해온 서광제는 군국주의적 색채가 짙은 친일 계몽영화 ≪군용열차≫(38)를 만들어 시선을 한 몸에 받게 된다. 이 영화는 스파이에게 매수당해 양심의 가책을 받고 고민하던 군용열차 차장이 아내의 설득으로 자수하여 스파이를 일망타진 한 끝에 목적지까지 무사히 도착한다는 계몽적인 활극이다. 이 영화는 홍찬이 이끄는 성봉영화원이 ≪나그네≫에 이어 두 번째로 일본 도호(東寶)영화주식회사와 합작하여 도쿄를 비롯한 일본 전역에서 상영됐고, 또한 일본어 해설이 들어간 첫 영화이다.

방한준 감독의 ≪城隍堂≫(성황당, 38)은 전택이와 현순영이 주연한 것으로 약초극장(현 스카라극장)에서 개봉된 작품이다. 이 영화는 다소곳한 모습의 처녀를 통해 조선의 고유한 미를 그래픽으로 처리한 포스터가 인상적이다. 『자유부인』으로 인기를 끈 정비석의 원작을 영화로 만든 것이다. 이 영화는 방한준 감독이 문예영화의 영역을 개척한 향토물이다. 또한 1980년 정진우 감독에 의해 ≪뻐구기는 밤에 우는가≫로 다시 영화화되었다. 내용은 어느 두메산골에 숯 굽는 부부가 살고 있다. 아내는 흰 고무신을 신어 보는 것이 평생의 소원이었다. 아내는 남편이 숯을 팔러 갈 때마다 성황당에 가서 소원을 빌곤 하였다. 그 때마다 살림간수는 그녀를 유혹한다. 어느 날 간수는 남편이 숯을 팔러간 사이에 그녀를 겁탈하려하였다. 때마침 고무신을 사들고 돌아오던 남편이 그 광경을 목격하고 격분한 나머지 간수를 살해한다. 순사에 잡혀가는 남편을 바라보는 부인의 손에는 흰 고무신이 쥐어져 있었다. 방한준 감독의 ≪巨鯨傳≫(거경전, 44)은 태평양전쟁말기에 만든 일종의 국책영화이다. 촬영은 성황당에서 콤비를 이룬 김학성이 맡았고 조명은 김성춘이 담당했다. 내용은 포경선을 타고 먼 바다로 나간 어부들이 고래를 잡아 식량증산을 꾀한다는 내용으로 물자부족에 허덕이는 국민들을 계몽할 목적으로 제작되었다. 카프의 일원으로 활동한 서광제 감독이 ≪군용열차≫(38)를 만들어 조선인에게 전의를 고양시키는 영화를 만들게 된다. 당시는 전쟁을 수행하는 가운데 일본국내에 전쟁무기를 생산하는 관계로 물자가 부족하게 된다. 방한준은 일본국가가 각종 물자부족으로 발생하는 위기를 극복하고 전쟁주의적 사고를 고취시키기 위해서 이 영화를 만들었다. 그런 경향은 이미 일본이 전쟁국가로 진입하는 가운데 나온 자연스러운 현상이었다. 이 영화는 국책영화의 성격을 띠고 있지만 당시 일본이 식민지민에게 전쟁을 참여하게 하는 당시의 분위기를 잘 담아내고 있다.

이규환(1904-1982) 감독은 대구에서 풍류객으로 돌아다니는 이근수의 외아들로 태어났다. 그는 중국에 건너가 영화를 배우려 하였지만 여의치 않아 여비를 만들어 교토로 왔다. 교토에서 영화를 배우고 싶었지만 아는 곳이 없었다. 그는 교토에 있는 신흥키네마의 정문에서 거의 한 달 동안 서서 지키는 의지를 보여 영화사에 입사하였다. 그는 뒷날 ≪나그네≫(37)의 연출을 도와준 스즈키 주키치(鈴木重吉)를 만나 감독 수업을 받을 수 있었다. 그의 작품은 ≪임자 없는 나룻배≫, ≪나그네≫, ≪무지개≫ 등에서 보듯이 민족정서와 피지배자의 분노, 인생과 운명, 또한 허무주의 등을 짙게 표현하고 있다. 일본인 영화감독 스즈키에게 영화를 배웠지만 그의 마음에는 약소국이나 식민지이기 때문에 겪는 고난과 고통이 내재해 있었다. 따라서 그는 내면에 내재된 마음을 영화로 표현하여 당시의 식민지 지식인이 갖고 있는 사회상을 잘 그려내었다.

허영은 1931년 각본가 양성소인 마키노(マキノ)의 각본가 겸 조감독으로 활동하면서 일본영화계에 알려졌다. 그는 ≪마키노 대행진≫에서 처음 이름이 나왔고, 마키노가 경영난에 허덕이게 되자 쇼치쿠로 옮겨 조감독이 되었다. 조선총독부의 배우였던 다나베 쇼조를 만나게 되면서 ≪너와 나≫의 연출을 맡았다. 그는 이 영화의 성공으로 일본군 선전반원이 되어 인도네시아로 가게 되고 현지에서 ≪호주를 부른다≫라는 영화를 만들었다. 이 필름은 일본이 패한 후 동경전범재판 때 검찰 측의 증거물로 제출되기도 하였다. 그는 해방되자 돌아오지 못하고 훈이라는 이름으로 인도네시아 영화와 연극에 참여하다 일생을 마쳤다. 허영은 일본에서 활동한 대표적인 조선인 영화감독으로 당시 일본이 주창한 사상을 적극적으로 영화에 담아내는 친일적인 영화를 만들어 반민족주의

적 행동을 한 대표적인 감독이다. 따라서 그는 해방이 되었어도 귀국하지 못하고 인도네시아에서 여생을 마치게 된다.

위에서 본 것처럼, 유성영화가 궤도를 잡으면서 조선영화계는 많은 변화를 겪는다. 음악, 연기 등이 서툰 무성영화 스타들이 은막에서 사라지고, 반면 연극이나 무대 등의 출신 연기자들이 대거 영화계로 진출했다. ≪춘향전≫에서 출연한 한일송, 문예봉, 노재신, 이종철 등이 모두 무대출신이다. 유성영화 전후반기에 걸쳐 배출된 감독으로는 박기채, 방한준, 이명우, 양주남, 신경균, 서광제, 안영철, 최인규, 현방란, 노재신, 김신재, 독운기, 한은진 등이 있고, 기술 분야에서는 조명 김성춘, 촬영 기학성, 각본에 이익과 최금이 등이 활약하였다. 이들은 국책영화에 가담하여 반민족주의적 시대성에 가담하는 시대적 아픔을 겪게 되는 한편 그런 매체를 통해서 영화와 자신의 삶을 영위하는 아슬아슬한 곡예를 하며 인생을 살아야 했다. 일본이 추구한 제국화기와 조선식민지기의 영화인들은 민족정체성과 일본화라는 갈등 속에서 영화를 만들어야 했다.

Ⅳ 식민지기의 영화와 시대성

■ 1. 민족주의

조선영화사에서 영화가 표현하고 표출시킨 민족주의는 애국주의, 반일주의, 반식민지주의, 반제국주의, 민족정체성 강조 등의 의미를 함의하고 있는 특징이 있다. 초기 조선영화가 성립된 시기 영화에 나타난 민족주의는 거의 없었다 해도 과언이 아니다. 민족주의가 사회적으로 촉발된 시기는 1919년 3.1운동이라고 할 수 있다. 1919년은 일제의 압박에 저항해서 대규모로 저항운동을 일으킨 해였다. 조선총독부는 정치적 저항에 대해서 약간 완화된 문화정책을 시행하였다. 이 과정에서 민족주의와 민족독립운동이 문화지식인을 통해서 일어났고 영화계에서도 민족주의를 촉발시키는 영화가 만들어졌다. 다른 한편으로는 조선총독부가 1919년 3.1이후 조선에 대한 식민지 정책의 일환으로 계몽영화를 만들어 보급하였다. 계몽영화는 근대성을 강조하는 면도 있었지만 조선이 일본의 일부로 선전하는 내용을 담고 있어 국책영화의 성격을 강하게 띠고 있는 특징이 있다.

민족주의를 고양시킨 1919년 3.1 운동이 있은 후 7년이 지난 1926년에 을사보호조약 체결에 앞장섰던 이완용이 죽고 조선 왕조 마지막 왕 순종황제가 승하한 날이었다. 순종의 장례일은 6.10만세의 동기가 되었고, 청년 학생들에 의해 '일본 제국주의의 타파' 격문이 담긴 전단이 살포되었다. 특히 집단적 시위가 벌어져 106명이 검거되고 수원과 제주의 고등농업학교에서 전주고보 학생들이 일인 교사와 교장의 축출을 요구하는 동맹휴학을 하여 퇴학처분을 받기도 하였다. 3.1운동의 정신을 이어받은 6.10만세운동과 같은 민족독립운동이 일어나 일본제국주의에 대한 비판이 전개되었지만 문화영역에서는 반민족주의에 대한 정책이 점차 강도를 더하고 있었다. 문화영역에서는 영화검열과 문예활동에 대한 제한 등과 같은 정책이 추진되는 가운데 조선총독부는 민족독립 운동에 대한 탄압을 하였다. 특히 영화계에서는 「활동사진 필름 검열 규칙」(전문13조)이 제정 공포되었고, 조선지배를 공식화하고 위엄을 갖추기 위한 시설로 조선총독부의 청사가 완성되었다.

1920년대에 활동한 영화인 나운규(羅雲奎)는 17편의 작품을 남겼고 36세에 요절하였다. 그는 항일운동과도 밀접하게 관련된 인물이다. 그가 감독, 각본, 주연한 ≪アリラン≫(아리랑, 26)은 민족주의를 앙양시키는 힘을 발휘한 작품으로 민족사적인 측면에서 가치가 있다. ≪아리랑≫은 조선키네마 프로덕션이 나운규를 믿고 내놓은 두 번째 작품이다. 이 영화는 대규모 엑스트라를 동원하고 3개월 만에 만들어져 개봉되었다. 많은 화제를 몰고 온 이 영화가 개봉되자 문자 그대로 장사진을 이루었고, 대도시뿐 아니라 전국 방방곡곡에서 방영되었다. ≪아리랑≫에 등장하는 주인공은 광인 청년으로 여동생을 괴롭히는 관헌을 살해하여 감옥에 투옥된다. 변사는 즉흥적으로 이 청년이 7년 전 항일운동이 일어났을 때 체포되어 관헌의 고문에 의해서 광인이 되었다는 것을 설명하자 관중이 흥분하고 일제에 대한 저항분위기 고조되었다. 당시는 입석경관이 분위기를 제압하기 위해서 영화상영을 중지하는 경우도 있었다. 영화방영이 끝나자 가수가 창작민요를 주제가로 부르게 되었고 영화관에 있었던 관객은 일제히 목소리를 내어 노래를 불렀다. 이것이 바로 민족의 설움을 담은 민족노래인 아리랑이었다.

이 영화는 비유, 암시, 상징 등이 다양하게 표현된 몽타주가 있다. 예를 들면, '개와 고양이'라는 자막이 나온다. 서로 앙숙관계에 있는 개와 고양이이라는 설정을 통해서 영진과 지주의 앞잡이 오기호와의 대립관계를 표현하였다. 이것은 크게 보면, 지배자인 제국국주의 일본과 피지배자인 조선을 상기시키고 있다. 그리고 광분한 영진에게 반복적으로 독백을 하게 하는 것은 여러 가지 의미를 암시이다. 즉 주인공은 누구에게인지 배고프고 목이 마르다고 한다. 또한 진시왕도 죽었다는 대사를 중얼거린다. 이런 독백에서 나타난 갈증은 곧 빼앗긴 나라의 비애와 독립에 대한 열망을 시사하는 한편 일제의 패망을 암시한다13). 이 영화는 일제의 지배아래 잃어버린 자주성을 회복하고 민족의식을 깨

---

13) 이 영화가 민족주의 내지는 저항주의를 담고 있으면서 제재를 받지 않은 것은 항일적 색채를 우회적으로 표현했다는 점과 제작자가 일본인이었고 감독도 나운규 대신에 일본사람 쓰모리 히데카쓰(津守秀一)의 명의로 했기 때문이기도 하다. 그러나 아리랑은 홍보과

우치도록 하는 의도를 갖고 있다. 또한 민족 고유의 풍속과 정서를 화면에 담은 아리랑을 주제가로 내세워 민족성과 민족음악으로 확산시켰다는 특징이 있다. 암울한 시대에 만들어진 ≪아리랑≫은 민족혼을 일깨운 춘사 나운규의 모습을 그대로 반영하고 있다. 이후 나운규는 ≪풍운아≫와 ≪옥녀≫등에서 민족의 비애를 그린 민족주의 영화를 만들었다. 1930년대 나운규는 ≪이리랑, 그 후의 이야기≫(30)를 만들어 민족성과 애국성에 기초한 민족영화를 만들어 동시대에 살고 있는 국민들의 민족성을 자극하여 민족주의를 부추기는 역할을 하였다는 점에서 나운규는 민족주의자라고 할 수 있다.

태평양전쟁기의 시대상을 잘 반영한 영화가 이규환 감독의 ≪님자 없는 나룻배≫(32)이다. 이규환(李圭煥)은 교토의 신흥키네마에서 공부를 하고 경성에서 ≪主なき渡し舟≫(임자 없는 나룻배, 32)를 촬영했다. 주연배우는 나운규와 문예봉이 담당하였고, 단성사에서 개봉되었다. 가장 중요한 특징은 민족의 울분을 영화로 표현했다는 점이다. 여기에서 임자 없는 나룻배는 나라를 빼앗겨 주인을 잃은 우리 강산을 상징하는 것으로 그 당시 민족의 비애와 울분이 잘 표현되고 있다. 이 영화에서는 가난한 선주 노인이 철교건설로 실직하게 된다. 그러던 중 딸을 범하려는 일본인 철교건설 기사를 살해하는 반일적인 내용을 담고 있다. 철교 기사가 딸을 욕보이려 하자 격분한 수삼이는 철교기사를 찾아가 격투를 벌인다. 나룻배로 생계를 유지하던 수삼이는 죽을 각오로 덤벼들었다. 그 사이에 딸은 불타는 집에서 죽고 만다. 가정이 만신창이가 되고 임자 없는 나룻배만이 물위에 떠 있는 모습으로 영화는 종영된다[14].

이 영화에서 등장하는 하나하나의 장면은 당시 조선이 처한 상황을 그대로 표현하고 있다. 딸과 딸을 겁탈하는 모습에서 딸은 스스로 지키기가 불가능한 가냘픈 여성처럼 약한 조선을 상징하고 있고, 딸을 겁탈하는 모습은 강한 권력과 힘을 가진 일본과 일본인이 여성처럼 약한 조선과 조선인을 유린하는 것을

정에서 경찰당국에 의해 전단 1만매를 압수당하였다. 그것은 전단내용 가운데 노래 가사가 공안을 방해하고 있다는 이유였다. 1933년 2월 1일자 동아일보 광고에는 ≪아리랑≫의 감독이 춘사 나운규로 바로 잡혔다.

14) 이 영화에 대해서 당시 일본의 호치(報知)신문은 사실주의적 기법이 두드러진 가작이라고 평가했고, 「삼천리」지는 ≪이라랑≫, ≪장화홍련전≫(37)과 함께 3대명화로 선정하기도 하였다. ≪임자없는 나룻배≫는 유성영화의 우수작으로 일본에서 절찬을 받은 ≪나그네≫(37)와 함께 2대 대표작으로 선발되었다.

상징하고 있다. 한편 나룻배는 조선의 국토를 의미하고 홀로 떠있는 배는 주인이 없어 바람과 세상의 힘에 밀려 어디로 갈지 몰라 방황하고 있는 조선민족의 어두운 미래를 의미한다15). 수삼이가 겁탈한 일본인 건설기사를 살해하는 것은 민족을 유린한 일본에 대해서 응징하는 것을 의미한다. 이런 점에서 봤을 때, 이 영화는 일본에 대해서 순종적으로 대응하기 보다는 강한 저항을 통해서 국토, 민족, 가족 등을 지켜야 한다는 절대절명의 간절함을 노골적으로 그렸다는 점에서 저항고양영화라고 할 수 있으며 민족주의를 주창하는 민족영화라고 할 수 있다.

최초의 유성영화로 1935년 이명우(李明雨)가 연출한 ≪春香傳≫(춘향전)은 조선민족의 정체성을 느끼게 한 영화라는 특징이 있다. 전통적인 판소리를 담고 있는 이 영화는 일본의 ≪충신장≫(忠臣藏)과 같은 민족영화로 한국영화사에서 보면 남과 북을 포함해서 1923년 이래 13편이 리메이크 되었다. 이 영화는 멜로드라마로 정치 이데올로기보다 더 깊게 조선민족의 귀속감과 정체성을 느끼게 하고 있다. 당시의 영화는 개별적인 특징을 갖고 있었지만 때로는 일본을 비판하거나 민족성을 부추기기도 하였다. 그러나 기본적으로는 시대성을 의도적으로 회피하기 보다는 강압이 이루어지는 가운데 신파가 유행하면 신파가 만들어졌고, 경향영화가 유행하면 경향영화가 만들어 졌다. 조선민족에게 가장 보편적으로 알려진 춘향전이 영화화 된 것은 예술적인 의도도 있었지만 조선민족의 혼을 살리기 위한 작업이었다고 할 수 있다. 남녀간의 사랑을 강한 힘을 가진 권력자가 찬탈하려는 것은 그 당시 시대상을 잘 대변하고 있다. 이런 점에서 이 영화는 예술성과 민족성을 동시에 가진 민족영화라는 특징이 있다. 그리고 1930년대 등장한 방한준(方漢駿)이나 윤봉춘(尹逢春)과 같은 제2세대 감독은 일본에서 조감독을 경험하고 소박한 신파와는 다른 근대적 계몽정신을 스크린에 표현하려고 하였다.

일본은 군국주의 길을 걸으면서 1940년대 조선에서 영화법을 제정하여 조선인이 주체적으로 영화를 만들지 못하게 제한을 하였다. 그럼에도 불구하고 영화를 만들고 싶었던 감독들은 검열과 제한의 대상이 되는 어른들의 세계를 그리기 보다는 검열이 약한 어린이 세계를 그렸다. 최인규(崔寅奎)는 ≪授業料≫

---

15) 이 영화는 남아있는 영화 포스터 중 가장 오래된 작품이다. 또한 이 영화는 1962년 엄신호 감독에 의해서 다시 영화화되었다.

(수업료, 40)에서 학비를 내지 못하는 가난한 소학생과 교사간의 따듯한 마음의 교류를 그렸고, ≪家なき天使≫(집 없는 천사, 41)에서는 불량한 아이들을 돌보는 고아 청년을 그렸다. 이런 영화는 강한 지배자에 대해 정면으로 저항하기 보다는 나약한 어린이들이 처한 상황을 통해 조선민족이 겪고 있는 시대적 고통과 비애를 그리고 있다는 점에서 민족영화라고 할 수 있다. 최인규는 1945년 일본에 의한 식민지 지배가 끝나자 조선어로 ≪自由萬歲≫(자유만세, 46)를 만들었다. 이후 한국에서는 반일영화가 많이 만들어졌다.

이처럼 태평양전쟁 전후에 걸쳐 만들어진 조선영화는 피식민지 민족으로서의 비애와 고통을 나타내고 있다는 점, 일본지배에 대해 저항하고 있다는 점, 전통과 민족을 일치시켜 민족정체성을 새롭게 인식시키고 있다는 점, 저항고양의식을 담고 있다는 점 등에서 공통점을 갖고 있다. 그런 점에서 볼 때, 그런 영화는 민족주의를 부추기는 민족영화이며, 그 내면에 흐르고 있는 사상은 민족주의이고, 그런 영화를 만든 사람은 민족주의자라는 성격을 띠고 있다. 그러나 민족주의를 표현한 영화는 정면에서 일본을 비판하거나 저항운동을 표출시키기 보다는 일본과 조선의 관계를 인간간의 관계와 상황 설정을 통해서 암시적으로 표현한 특징이 있다. 그것은 일본과 조선총독부에 의한 영화검열뿐 아니라 민족주의자를 반역자로 위치 지워 엄벌하는 당시의 제도적 장치와 제재가 있었기 때문이다. 따라서 적극적인 반제국주의자로서의 성격을 갖기보다는 유연하고 온화한 민족주의와 민족주의자의 성격을 띠고 있다. 그러나 이들 영화인이 추구한 민족주의와 민족독립운동은 이후에 일본을 비판하고 민족정체성을 갖는데 일조하였다는 점에서 역사적 가치가 있다고 할 수 있다.

■■ 2. 카프주의

식민지기 일본과 조선총독부는 정치적이며 경제적인 침략을 자행하는 가운데 문화적인 침략을 추진하였다. 식민지 하에 있었기 때문에 조선문화계는 일본의 작가와 작품을 통해서 영향을 받아 성장하였다. 그 중에서 영화는 대중문화의 한 요소로 정착되어 기능하였고 중요한 대중매체의 수단으로 여겨졌다. 그런 가운데 조선에서 일어난 1919년 3.1운동이 실패로 돌아가자 조선의 지식인은 깊은 허무주의에 빠졌다. 그러나 일부 지식인은 식민지 정책에 대응하기 시작했고 그런 흐름 속에서 구심적인 역할을 한 것이 조선 프로레탈리아 예술동맹(Korea Artista Proleta Federat : 이하 KAPF로 함)이다. 이 단체는 1930년대 전후 일제식민지 통치 아래에 있던 조선에 대해서 새로운 역사적 임무를 인식하였다. 드디어 예술집단이 민족운동을 추진하게 된 것이다. 그 핵심에 있었던 조선 프로레탈리아 예술동맹은 개량주의적 민족운동에 대한 비판과 사회주의 사상의 국내유입을 주장하면서 민족개혁운동을 시작하였다.

당시 예술지상주의에 대한 반대와 함께 조선사회의 현실을 옳게 반영하고자 하는 움직임이 김기진, 박영희, 이상화 등 문인들에 의해서 주도되었다. 1920년대는 프로레탈리아 예술운동이 경향파 문인들에 의한 자연발생적으로 일어난 시기이다. 1925년 8월에는 조선 프로레탈리아 예술가동맹이 발족되어 연대를 모색하였다. 1927년 이후는 카프의 성립과 활동에 따른 이론적 투쟁이 전개되었다. 또한 1927년경 안종화, 이경손, 김을한 등이 영화인 상호간의 친목과 영화연구를 목적으로 조선영화예술협회를 발족시켜 그 첫 사업으로 영화연구부원을 양성하기 시작하였다. 제1기생에는 김유영, 서광제, 임화 등이 포함되었다. 그러나 그들은 안종화를 몰아내고 카프의 중심세력이 되려 하였다. 이 가운데서 활약한 인물이 영화동맹의 책임자 윤기정이었다. 그는 나운규와의 지상논쟁으로 주목받았다.

조선에서 경향파로서 카프영화운동이 정점에 다다른 것은 1929년 전후이다. 사회주의 예술운동의 일환으로 추진된 카프운동은 자본주의적 생산양식과 착취적인 취득방식이 갖는 평등성 해결모순이라는 명제아래 경제구조의 부조리를 타파하고, 계급의식과 투쟁을 선동하는 역할을 수행하는데 목적을 두었다. 그런 영향을 받아 카프영화를 만든 김유영 감독은 무기로서의 예술론에서 노동자의 계급의식을 고취시키고, 농민과 국민의 프로레탈리아 계급에 대한 정치적 교화를 하는 무기로서 예술이 필요하다고 역설하였다. 이처럼 카프는 순수 예술입장을 견지해온 예술과는 상이한 관점에서 예술의 역할을 주창하였다. 그런 인식은 연극, 영화, 미술 등의 영역으로 확산되었다. 조선에서 카프는 자본주의가 만들어 내는 침략적이며 착취적인 사회모순을 해결하고, 사회약자로서 노동자와 농민의 입장에서 새로운 사회탄생을 추구하였으며, 특히 제국주의 일본의 지배를 받고 있는 식민지 조선의 자생과 일본침략을 규탄하는데 다양한 역할을 하였다는데 의의가 있다.

그런 카프운동은 영화계에도 영향을 주었다. 당시 조선문학과 카프형성에 영향을 준 최초의 영화는 나운규의 ≪아리랑≫이었다. 후에 나운규의 영화에 대한 카프의 신랄한 비판으로 상호 감정이 악화되었지만, 나운규의 ≪아리랑≫은 문화예술인들을 자극하였다. 카프영화의 양성소였던 조선영화예술협회는 당시 나운규의 ≪아리랑≫의 영향을 받아 결성되었다. 1925년 8월 결성된 카프는 1927년에 이르러 정치운동에 대해 적극적으로 참여하기 시작했다. 그러나 그것을 계기로 정치투쟁의 활성화를 위한 방향 전환론이 제기되어 조직을 개편하게 된다. 영화계에서 카프가 활동한 시기는 ≪유랑≫이 만들어진 1928년부터 1931년 ≪화륜≫이 만들어진 1931년까지 약 4년간 이였다. 그 동안 ≪유랑≫, ≪혼가≫, ≪화륜≫, ≪암로≫, ≪지하촌≫ 등 5편이 카프영화인들에 의해 제작되었다. 카프영화는 카프가 추구하는 이념에 충실하게 사회개혁을 강력하게 주장한 특징이 있다. 따라서 일본이나 조선총독부는 식민지정책에 저항하는 세력으로 인식하여 활동을 제한하고 결국에 강제적으로 해체하였다.

1928년 카프 진영은 김영팔이 각본을 쓰고 김유영이 감독한 ≪流浪≫(유랑)을 만들어 본격적인 경향파 영화의 제작에 들어간다. 최초의 프로레탈리아 영화로 기대를 모았던 ≪유랑≫은 남한산성, 양주, 노량진 등에서 현지 촬영으로 진행되었다. 카프의 영향 하에 들어간 조선영화예술협회가 제작한 이 영화는 일제의 식민지 정책으로 땅을 빼앗긴 농민들이 고향을 떠나 만주에서 유랑하고 있다는 내용을 담고 있다. 빈곤한 젊은 노동자와 농민을 내세우고, 악덕 지주와의 대립관계를 부각시키는 등 카프 이념을 강조하였으나 내용이 빈약하여 호응을 얻지 못하였다. 이어 제2작으로 김유영 감독의 ≪昏街≫(혼가, 29), 제3작으로 독고성 감독의 ≪暗路≫(암로, 29) 등이 카프영화로 제작되었다. ≪혼가≫는 조국 독립운동에 참가하기 위해서 고향을 떠난 세 청년이 부상으로 해고당한 노동자와 퇴학당한 고학생과 함께 독립투사 생활을 하며 세상을 살아간다는 이야기다. 이 작품은 일제하에서 조선 노동자계급의 비극적인 운명과 해방을 위한 투쟁에 초점을 맞추었다. ≪암로≫는 진주의 남향키네마 제작으로 물레방아간이 정미소로 변하는 등 봉건시대의 생활이 날로 몰락해 간다는 줄거리를 담았다.

네 번째 작품인 김영환 감독의 ≪約婚≫(약혼, 29)과 청북 키네마가 제작하고 강호 감독이 만든 ≪지하촌≫(31)은 경제공황과 실직자의 범람 속에서 일어나는 노동자의 투쟁을 그린 것이다. 이런 작품들은 당시 세계공황, 일본공황, 조선공황 등과 같은 경제적 위기가 몰려오면서 생활뿐 아니라 삶의 위기에 봉착한 조선인들의 사회상을 잘 그려내고 있다. 그런 가운데서도 침략과 침탈에 대한 부당성을 동시에 고발하는 성격을 강하게 띠고 있다. 이 무렵에 나온 김유영 감독의 ≪화륜≫(31)은 관객의 호응이 없어 흥행에 실패하여 카프영화의 몰락을 예고하였다. 이 영화는 서울키네마에서 제작하고 이효석이 편집을 맡았다. 이것은 철호라는 사나이가 한 사건의 희생자가 되어 10년 동안 고난의 생활을 마치고 세상으로 나오게 된 이후부터 다시 영웅이 되어 감옥에 들어갈 때까지의 여러 생활을 그린 것이다. 이것은 소위 사회극으로 이데올로기의 불확실성과 반동성을 표현하여 관중의 저속한 취미에 영합하려는 상업주의를 노골적으로 표현하였다고 비판받았다.

위에서 본 것처럼, 조선에서 발생한 카프주의는 반자본주의, 반제국주의, 노동자계급주의, 반봉건주의, 독립주의, 반식민지주의 등의 성격을 함의하고 있다. 그런 이념에 기초한 카프영화 운동은 예술인들의 필연적 사명으로 여겨져 전개되었다. 그러나 카프영화는 다양한 요인에 의해서 이념을 실현하는데 한계가 있었다. 즉 일제의 검열과 경찰의 인적 구속, 이념과 시대에 편승한 노선의 갈등, 대중의 외면과 영화의 흥행부진 등이 작용하여 몰락하게 된다. 당시 경찰이 카프를 정치적인 결사체로 규정하였듯이 일본인들은 카프를 이념 단체로 여겨 경계하였다. 조선에서 카프영화의 존재가치는 우선 자본주의에 의한 침략적 세계구도와 국가성격에 저항을 하고 새로운 대체사회로서 사회주의와 그것에 바탕을 둔 사회주의사회를 염두에 두고 계몽과 혁명을 동시에 실현하려고 하였다는데 있다. 이런 경향은 국민을 각성시키고, 일제의 군국주의와 식민주의에 대한 저항운동으로 이어졌으며, 독립운동을 촉발시키는데 크게 공헌하였다고 할 수 있다.

■■ 3. 친일주의

역사적으로 보면, 친일영화는 조선총독부의 지원 하에 만들어진 윤백남 감독의 ≪월하의 맹서≫(23)가 효시라고 할 수 있다. 이 영화는 조선총독부의 의뢰를 받아 만들어진 것으로 저축을 장려하는 계몽영화이다. 당시 조선에서는 근대화가 한참 진행되고 있었지만 사회문화적으로 인식이 뒤처져 있었다. 이 영화에는 그런 조선민중을 계몽시켜 일본이 효과적으로 식민지 지배를 원활하게 하려는 의도가 숨겨져 있었다. 그런 관점에서 보면, 이 작품은 조선에서 국책영화로서 역할을 했다고 볼 수 있다[16]. 특히 1920년대부터 계몽영화가 성행했다. 즉 ≪인생의 악귀≫류와 같은 위생 영화나 ≪월하의 맹서≫와 같은 저축영화, 그 이외에도 도량형 계량기 선전영화, 온돌 개량 장려영화, 전기에 대한 선전영화, 납세 계몽 영화 등 다양한 형태로 나타났다. 계몽영화는 정부나 산하기관에 의해 무료로 상영되었고 친일적인 성격을 띠고 있다는 점에서 친일영화라고도 할 수 있다.

일본은 식민지를 만들면서 내국인의 식민지 송출을 추진하였고 또한 현지인의 일본동화를 통한 친일주의자를 늘리는 정책을 강력하게 하였다. 그것은 정치와 경제영역뿐 아니라 문화영역에서도 잘 나타났다. 그 과정에서 두드러지게 나타난 것이 친일주의와 친일주의자였다. 이들은 일반적으로 매국노이자 반민족주의자라로 낙인찍혀 사회로부터 비판을 받았다. 당시 조선총독부는 국민총력연맹을 조직하여 조선의 일본화정책을 폈다. 즉 매일 정오 일궁을 향해 절을 하는 정오묵념, 일본어 강제보급, 전시경제 추진을 위한 저축장려, 국채공모, 물자배급 등을 하였다. 또한 국민총력연맹은 선전영화 제작에 적극적으로 나섰다. 1940년 1월 조선영화령이 공포되어 조선영화에 대한 직접적인 통제를 하였다. 그리고 영화를 통해서 내선일체를 추구할 목적으로 관제 조선영화제작자협회가 1940년 12월에 결성된다. 이어서 제2차 세계대전이 발발하자 1941년 9월 전쟁 수행을 위해 어용영화사인 조선영화주식회사가 설립되어 친일영화를 만들게 된다[17].

---

16) 또 하나의 특징은 순수문학적 흐름을 영화화는 작업이 진행되었다. 이광수와 심훈 등과 같은 작가들에 의해 쓰여진 문학작품이 시대성을 반영하는 가운데 영화화한 것은 주목할 만하다.

17) 조선영화인협회라는 친일영화단체가 설립되었다. 단장은 안종화가 맡았고, 안석영, 이규환,

전쟁기의 통제 시대에 친일영화를 만든 영화사는 조선문화영화협회이다. 이 친일영화단체는 ≪산촌의 여명≫(40, 야마나카), ≪바다의 빛≫(40, 야마나카) 등 문화영화를 포함 30여 편의 친일영화를 만들었다. 그 가운데 14편이 조선영화주식회사에 의해 제작된 어용영화이다. 그리고 11편만이 조선인에 의해서 만들어졌고 나머지는 일본인이 만들었다. 당시 친일영화는 일본정책을 우회적으로 옹호하는 영화가 있었다. 즉 ≪군용열차≫(38), ≪망루의 결사대≫(43), ≪거경전≫(44), ≪감격의 일기≫(45) 등이다. 그리고 계몽이라는 방법을 빌어 조선사회의 현실과 모순을 꼬집거나 일본의 우월성을 드러낸 것이다. 즉 ≪수업료≫(40), ≪청명심≫(40), ≪바다의 빛≫(40), ≪집 없는 천사≫(41), ≪사랑과 맹세≫(45) 등이다. 또한 조선인의 내선일체를 강조하고 황국신민이 될 것을 적극적으로 옹호한 것이다. 즉 ≪국기 아래서 나는 죽으리≫(41)과 ≪지원병≫(41), ≪병정님≫(44), ≪태양의 아들≫(44), ≪너와 나≫(44), ≪우리들의 전쟁≫(45) 등이다.

진주만 공격을 시작으로 태평양전쟁이 본격적으로 확대된 1942년에는 모든 영화사가 폐쇄되고 조선총독부에 의해 조선영화주식회사가 설립되었다. 일본본토로부터 영화인들이 들어와 지금까지 조선영화의 중심이 되었던 조선인을 현지 스텝으로 고용하면서 친일적인 전쟁영화를 만들었다. 행방될 때까지 조선영화주식회사는 독과점 상태에서 군국주의 어용영화를 다양하게 만들었다. 군입대를 기피하고 숨어사는 친구를 설득하여 군인이 되게 하는 ≪나는 간다≫(42, 박기채), 인삼재배를 권장하는 ≪흙의 결실≫(42, 안석영), 학생들에게 항공의 중요성을 일깨우는 ≪우르러라 창공≫(43, 김영화), 전쟁터로 나가 싸우다가 부상당한 남편과 감격의 재회를 하는 ≪조선해협≫(43, 박기채), 조선 젊은이들을 전쟁터로 끌어넣으려 만든 ≪젊은 모습≫(43, 도요다 시로), 군에 소집돼 전선으로 떠나는 아들을 배웅하며 국민이 된 영광을 느낀다는 ≪병정님≫(44, 방한준), 섬마을 교사가 내선일체 교육을 시켜 군에 지원 입대하게 하는 ≪태양의 아이들≫(44, 최인규), 한민족과 일본의 동화를 강조한 ≪너와 나≫(44, 허영), 초등학교 여교사가 일본풍습을 가르치며 황국신민이 될 것을 유도하는

서석영, 최인규, 이필우, 김택윤, 서광제 등이 회원으로 가입하여 친일선전영화를 제작하게 된다. 이들은 민족성과 반민족성 사이에서 가치적 혼란을 경험하는 가운데 시대적 조류에 편승하여 친일영화를 만들게 된다.

≪사랑과 맹세≫(45, 최인규), 청소년들이 공군병에 매력을 갖도록 미화시킨 ≪신풍의 아들들≫(45, 최인규), 징용에 나간 남편을 기다리며 고생을 참고 견디는 ≪우리들의 전쟁≫(45, 신경균) 등과 같이 전시에 총력전을 강조하는 어용영화들이 만들어졌다.

특히 친일영화를 만든 대표적인 친일파 영화감독은 허영(許泳)이다. 허영은 1941년 귀국해서 조선총독부 소속의 배우였던 다나베 쇼조를 만나 조선에서 영화제작을 하였다. 그는 전쟁기에 일본에서 활약하고 인기 있는 영화를 만들었다. 조선통독부의 지원 이래 성사시킨 ≪너와 나≫(44)의 감독은 허영의 다른 이름인 히나쓰 에이카로(日夏英太郞)이다. 그는 일본으로 건너가 각본가 겸 조감독으로 활동하면서 개명하였다. 이 영화는 조선인 지원병 제1호로 산서성 전투에서 전시한 이인석이라는 상등병을 모델로 하여 그의 정신을 본받자는 의도를 가진 전쟁선전영화이며, 황국신민화, 내선일체 등의 주제가 담긴 대표적인 친일 어용영화이다. 제작은 조선군 보도부였지만 실질적인 재정지원은 일본 육군성이었다. 주연은 당대 최고의 인기배우인 이향란과 나가다 지로(永田次郞, 본명 김영길), 문예봉 등이 맡았다. 조선총독부는 홍보를 위해 조선과 일본에서 동시에 개봉하고 주민들을 강제로 동원하여 영화를 관람케 하였다. 이 영화에서는 조선악극단의 김정구가 뱃사공으로 출연하여 낙화삼천을 불러 크게 유행시키기도 하였다.

당시 일본의 입장을 적극적으로 지지한 영화감독은 조선인 감독뿐 아니라 조선과 일본에서 활약한 감독도 있었다. 도요다(豊田四郞)는 ≪若き姿≫(젊은이의 모습, 43)에서 황민화 정책의 연장선에서 조선인의 학도병 출진을 찬미하였다. 또한 도호의 이마이(今井正)는 ≪望樓の決死隊≫(망루의 결사대, 43)에서 공비(共匪 : 빨치산)정벌을 위해 명령에 복종하는 일본인 순사일가와 친일조선인의 활동을 할리우드의 서부극과 같이 그려내었다. 특히 일본인 이마이 다다시 감독이 연출하고 한형모가 촬영한 ≪망루의 결사대≫는 대중성이나 질적인 측면에서 기대에 미치지 못한 작품이었음에도 불구하고 성공한 작품이 되었다. 이 영화는 한반도 북쪽에 조선과 만주가 경계를 이루는 국경 지대 만포진에 출몰하는 항일게릴라와 싸우는 일본경비대의 활약상을 갓 부임한 경찰관의 시선으로 기록한 것이다. 이마이의 다섯 번째 작품인 ≪망루의 결사대≫는 영

상과 음향이 선명하고 역동적이라는 평가와 함께 정확한 영화 문법에 따른 편집도 관심을 끌었다. 그러나 이 영화의 존재는 일본식민지정책에 일본지식인이 적극적으로 참여했다는 중요한 증거 자료가 된다.

조선에서 친일영화는 이른바 반민족주의영화를 의미한다. 태평양전쟁이 본격화되면서 일본에서는 모든 역량을 전쟁을 수행하는데 결집시켜 전시정치, 전시경제, 전시문화, 전시생활, 전시국민 등 전시와 관련된 전시국가체제가 구축되었다. 따라서 모든 사회영역은 정부의 통제와 검열을 받았을 뿐 아니라 생활이 전쟁체제로 들어갔다. 특히 영화계는 정부관할에 들어가 독립성을 상실하게 되어 국책영화를 적극적으로 만들었다. 식민지로서 조선도 일본내부의 통제와 검열을 받아야 했다. 즉 식민지의 전시체제가 형성되어 모든 사회영역이 일본전쟁을 수행하는 방향으로 재편되었다. 조선인 청년이 군대에 징집되어 전쟁에 강제적으로 참전하였다. 그런 분위기를 조성하고 촉진시키기 위해서 전쟁을 두둔하고 전의를 앙양하는 영화를 만들어 상영케 하였다. 이 과정에서 조선영화계에는 친일주의와 친일주의자가 탄생하였던 것이다.

V 맺는 글

　일본이 지배했던 조선식민지영화의 시대성은 다양한 모습으로 나타났다고 할 수 있다. 첫째는 저항운동과 관련된 민족주의이다. 둘째는 자본주의와 제국주의의 개혁을 추구했던 카프주의이다. 셋째는 친일정책을 두둔하고 지원한 친일주의이다. 그 이외에도 순수한 예술로서 시대적 정치성을 벗어나 독립하려는 순수예술주의가 있었고, 식민지와 피식민지 사이에서 영화를 예술로서 인식하는 한편 선전매체로서 인식하는 등 애매성을 갖고 표현한 경계주의가 있었다. 일본은 월등한 정치력, 경제력, 문화력 등으로 식민지에서 친일영화를 조장하고 성장시켰다. 그런 가운데서도 민족주의적 시각을 강조한 영화가 만들어졌을 뿐 아니라 민족적 자각을 일깨우는 영화도 만들어졌다. 그러나 영화는 서구성과 근대성을 갖고 있는 서구화의 상징으로 인식되었고, 일본의 기술과 자본으로 활성화되어 일본에 종속되는 경향이 있었다. 따라서 형식적 종속은 내용면에서의 종속으로 이어져 조선영화의 독립성을 약화시켰다. 그런 영향으로 조선영화는 일본영화가 담아내려고 했던 시대성을 답습하기도 하여 친일성과 친국가성에 치우치기도 하였다.

　영화에 시대성이 잘 나타난 것은 영화가 근대화 초기부터 국민의식을 깨우치고 계몽시키는 효과적인 매체라는 인식을 정치가들이 했고 또한 그것을 이용했기 때문이다. 그리고 시대의 아픔과 고통을 처절하게 공감하며 시대를 살아온 지식인들이 있었기 때문이기도 하다. 당시에는 문화매체가 출판의 형태로 존재했고, 예술분야에서 표현되는 것들을 육안으로 보는 연극, 또한 소리매체로서 라디오가 있었다. 그러나 눈으로 보고 귀로 들을 수 있는 영화는 매력 있고 설득력 있는 매체로서 새롭게 인식되어 상업적으로 정치적으로 다양하게 이용되게 된다. 또한 서구국가를 중심으로 전개된 제국주의적 팽창정책이 식민지를 확대하는 방향으로 진행되었고, 그 과정에서 식민지민을 동화시키고 자국민을 전쟁에 참여하게 하는 매체로 영화가 적절하게 이용되었다. 따라서 권력이 감당하지 못하는 설득과 선전은 영화가 담당하였다. 영화는 단순한 오락이나 예술이라는 차원에서도 만들어지고 장려되었지만, 정치적으로 정책을 선동하기 위해서 만들어진 선전매체였던 것이다.

당시 조선식민지에서 만들어진 영화가 친일적인 성격을 띠게 된 배경에는 다음과 같은 사실들이 있었다. 하나는 영화를 둘러싼 인적·물적 기반이 일본에 있었기 때문에 일본을 거부하거나 제외하고는 영화를 배우거나 발전시키는 데 한계가 있었다. 따라서 영화를 배우기 위해서는 일본에서 공부하고 일본영화사에 들어가 사사를 받아야 했다. 이런 영화전수의식은 자연스럽게 영화에 대한 일본적 표현, 일본적 성향, 일본적 감각 등을 터득하게 되어 일본 지향적 영화가 나타나게 되는 원인이 되었다. 다른 하나는 친일영화가 만들어 지게 된 것은 정치적인 영화정책과 검열이 있었을 뿐 아니라 영화라는 대중적이고 인기있는 예술에 종사 하는 직업인의 개인이익이 작용하여 민족보다는 영화를 선택한 결과이기도 하다. 또한 영화종사자의 인적관계가 일본인 스승과 조선인 제자라는 특수 관계에서 오는 면도 있어 일본적인 것을 버리거나 저항하기가 어려웠다. 특히 사회지식인으로서 제국주의에 대한 동경과 약소국에 대한 포기감이 동시에 작용했다고 할 수 있다. 이런 점에서 조선영화는 일본영화에 종속되어 전개되었고 해방과 동시에 새롭게 방향을 전환하지 않을 수 없었다.

제4장
점령기의 영화와 시대성

『七人の侍』(黒沢明、1954)

『また逢う日まで』(今井正、1950)

『原爆の子』(新藤兼人、1952)

『大曾根家の朝』(木下恵介、1946)

『戰爭と平和』(山本薩夫 = 龜井文夫、1947)

『真空地帯』(山本薩夫、1952)

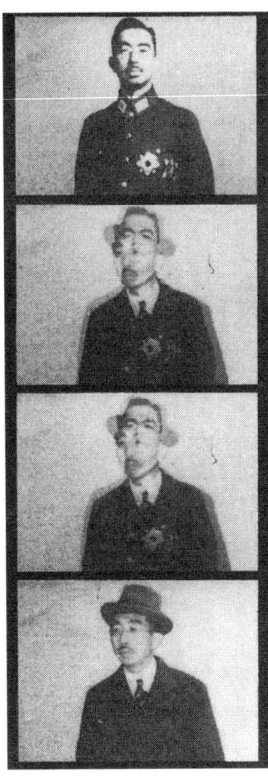

『生きる』(黑澤明、1952)

『日本の悲劇』(龜井文夫、1946)　　　『また逢う日まで』(今井正、　　『プーサン』(市川崑、1953)
1950)

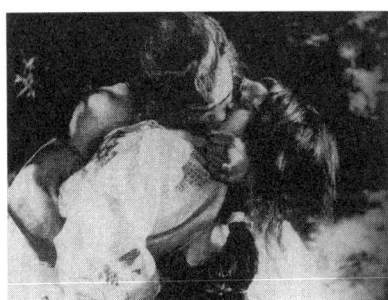

『羅生門』(黑澤明、1950)　　　　　　『カルメン故郷に踊る』(木下惠介、1951)

I 머리글

일본영화는 일본문화사에서 가장 극적인 변화를 겪은 영역중의 하나라고 할 수 있다. 근대화초기 문명개화과정에서 유입된 영화는 새로운 기술과 기계뿐 아니라 신문명의 신호탄으로 작용하여 문화적 충격을 주었다. 그 이후 일본영화는 문명개국주의, 천황국가주의, 식민지주의, 전통주의, 군국주의와 제국주의, 전쟁주의, 문화주의, 반전쟁주의 등이 주창되는 과정에서 다양한 특징을 갖게 되었을 뿐 아니라 영화자체가 갖고 있는 이상의 기능을 하였다. 일본영화는 계몽영화, 국가의 선전물로서 뉴스영화, 전쟁영화, 에로영화, 시대극영화, 사회영화, 희극영화 등 다양하게 만들어졌다. 이 과정에서 독립된 장르로서 정착하였을 뿐 아니라 예술로서 사회 각 영역에 영향을 주는 문화로 발전하여 일본이 아시아에서 영화대국으로 확고한 위치를 차지하게 되었다.

일본영화는 각 시기의 사상적·이념적 특징을 갖고 있는 시대성을 반영하면서 시대상을 잘 그려냈고 또한 자율적이며 강제적인 영화정책으로 자리 매김되는 운명을 겪게 되었다. 특히 각기 다르게 전개되는 시대에 적용해온 영화인들은 일생을 통해서 다양한 입장에 서야하는 운명에 처하게 되어 기구한 영화적 삶을 살게 된다. 영화가 도입된 초기에는 신문화와 신조류에 대한 표현을 자유롭게 하였지만, 전쟁이 시작되면서 국책영화에 편입되어 사상적 표현을 일정하게 제한받아 일본적 색깔을 지닌 영화가 만들어 졌다. 그 과정에서 사상적 전향과 변절이라는 독특한 경험을 하게 된다. 그러나 전쟁이 끝난 후에 다시 사상적 원점으로 돌아가야 하는 경험을 하게 되어 일본영화인은 영화에서나 경험이 가능할 법한 아이러니한 삶을 살아야 했다. 미군 점령기인 1945년 이후 일본영화는 패전과 미군점령을 통해서 총체적으로 전향하지 않을 수 없었다[1].

패전직후에는 천황이 도쿄에서 나가노현(長野縣)으로 피신하려던 계획도 있었으며, 또한 많은 사람들이 전범으로부터 벗어나려고 하였다. 이런 전쟁 후유증과 더불어 영화계에서는 직접적으로 전쟁과 관련된 작품이 소각되는 일이 벌어지기도 하였다.

1945년 8월 15일 일본은 연합군에 항복하고 8월말에는 미군이 일본을 점령하였다. 그리고 10월부터 일본의 영화산업은 모두 연합군사령부의 지휘 하에 놓이게 되었다. 즉 모든 작품은 먼저 각본단계에서 미군의 심사를 받아야 했고 완성된 후에도 검열을 받았다. 영화검열과 심사의 목적은 일본영화에서 표현되는 봉건사상과 복수와 같은 군국주의적 주제를 배제하고, 점령정책에 대한 비판이나 원자폭탄의 피해에 대한 고발 등을 제한하는데 있었다. 더욱이 미군 점령기에는 민주주의를 일본국민에게 계몽할 수 있는 영화를 만들도록 담당 장교가 위협하는 수준에서 일본영화사에 명령을 하였다. 그런 분위기에서 데이비 콘데 장교는 우파적 자유주의자로 일본의 공산주의자에게 너무 호의적이라는 이유로 해고당하기까지 하였다. 일본영화사는 민주주의 계몽적 영화를 만들지 않으면 오락영화도 만들지 못하였다. 이처럼 전쟁으로부터 해방되었음에도 불구하고 일본영화계는 미군에 의한 통제와 검열로부터 해방되기는커녕 자유주의, 민주주의, 평화주의 등과 같은 슬로건을 내세운 미군정에 의해 다시 통제와 검열을 받게 되었다.

미군정은 일본사회의 민주화를 위해서 노동권리를 표출시킬 수 있는 제도적 장치를 마련하는데 공헌하였다. 각 기업에서 노동조합이 결성되도록 하였고 노동운동을 할 수 있게 한 것이다. 또한 영화사에도 노동조합이 결성되어 노동자의 권리가 강력하게 주창되었다. 노동조합이 조직되어 회사에 대한 요구사항이 많아지고 해결을 둘러싸고 노동쟁의가 일어났다. 대체로 쟁의의 쟁점이 됐던 것은 임금상승과 관련된 것이었지만, 도호(東寶)촬영소의 노동조합은 그것에 머물지 않았다. 그들은 미국이 초기에 기대했던 것처럼 좌익적으로 변하고 조합의 경영참가를 강하게 주장하였고, 격렬한 스트라이크를 통해서 일시적이지만 영화기획에도 조합의 동의를 구하도록 요구하였다. 회사의 중역과 감독 및 각

---

1) 패전당시 극영화사는 쇼치쿠, 도호, 다이에이 등 3사, 뉴스영화는 일본영화사 1사, 문화영화는 이연(理研)과학영화사, 아사히(朝日)영화사, 덴쓰(電通)영화사 3사 등이 있었다. 그것은 일본정부의 영화정책에 의한 위로부터의 영화기업이 통합되었기 때문이다.

본가와 노조대표들이 함께 모여 기획회의를 하게 되었다. 이런 상황에서 초기에 노조를 통한 회사의 민주주의를 확산시키려는 계획은 노동쟁의의 확산과 냉전에 의한 이념갈등으로 방향을 바꿔야 했다. 따라서 또다시 좌익적인 노동조합 운동은 제한을 받게 되는 상황이 되었다. 이런 시행착오로 패전 후 일본사회는 미국과 국제사회의 이념 전쟁에 의해 민감하게 반응하였고 그에 따라 발생되는 모순에 휩싸이는 결과를 낳았다.

전후 초기에는 미군정의 검열 속에서 친미적인 소재로 한 영화, 현실사회를 풍자하는 영화, 일본사회가 처한 위기를 극복하려는 영화 등 다양하게 만들어졌다. 도호의 사이토 도라지로(齊藤寅次郞) 감독은 ≪東京五人男≫(도쿄의 다섯 남자, 45)에서 군수공장에 징용된 5명의 노동자가 공습으로 파괴당한 도쿄로 돌아와 힘을 합쳐 도쿄를 민주적 도시로 건설하자고 결의하고 그것을 위해 행동하는 이야기를 그렸다. 이처럼 패전의 후유증을 건설적으로 담아내려는 영화도 있었다. 그런 가운데서도 패전 후의 일본영화는 현실 도피적인 주제가 많았다. 그것은 점령군이 점령하의 상황과 현실을 그리는 것을 엄격하게 제한했기 때문이기도 하였고, 또한 일본국가에 대한 염증 때문이기도 하였다. 더욱이 일본 측도 자기규제를 하고 있는 측면도 있어 당시 가혹한 사회상을 의외로 그려내지 못하였다. 그런 가운데서 식량배급을 둘러싼 풍자적인 콩트, 암시장에서 밀매되는 쌀을 사기 위한 고통을 과장하여 만화처럼 표현하는 코미디, 드럼통의 야외온천장에서 한가롭게 쉬는 모습 등과 같이 해방감을 즐기는 듯한 사회상이 표현되기도 하였다.

패전이후 1952년까지는 근대이후 역사에서 일본이 처음으로 점령당한 피지배국이 되어 다양한 경험을 한 시기이다. 미점령군의 통제 하에 들어가 정치, 경제, 사회, 문화 등 각 영역에서 큰 개혁이 이루어지는 계기가 되었다. 특히 전쟁수행을 목적으로 구축된 국가체제와 국체사상은 강제적으로 포기해야 했고, 미점령군이 추구하는 사상을 반강제적으로 추종할 수밖에 없었다. 따라서 전쟁의 종결로 일본은 강력하게 추진했던 군국주의정책으로부터 벗어났지만, 체제적·사상적 자유를 향유하기 보다는 전전과는 다른 성격을 가진 점령군의 정책에 종속되어 탈일본적 자유를 획득하는데 불과하였다. 결과적으로 자유주의와 민주주의의 이름으로 추진된 정책은 일본적인 요소를 버리고 미국적인 요소를 수용하도록 강제되는 또 다른 기현상이 벌어졌다. 그렇다 하더라도 일본과 일본인에게는 새로운 시대에 적응하기 위한 사고와 행동을 자유와 민주라는 이름으로 할 수가 있었기 때문에 성장 잠재력을 키워나가는 중요한 시기였다고 할 수 있다.

특히 문화영역의 변화는 획기적이었다. 전전 일본영화는 전쟁을 선전하는 수단으로 활용되었기 때문에 정부의 통제 하에서 제작되는 국책영화의 성격을 띠었다. 따라서 일본영화계는 패전으로 부과될 전전의 전쟁에 대한 영화책임성 때문에 긴장을 하였지만, 정부의 강력한 영화통제로부터 벗어나 자유로운 주제, 소재, 제작 등을 기대하는 희망을 가졌다. 즉 전후의 사회형성에 대한 건설적인 영화책임성을 가질 수 있는 기회가 되었고, 감독의 철학, 배우의 철학, 역사성, 시대사조 등에 기초해서 영화를 제작하는 자유를 기대하였다. 그런 기대에도 불구하고 점령군에 의한 영화통제가 이루어져 점령군이 상정한 시대정신, 철학, 정치적 의도 등을 반영해야하는 또 다른 영화검열시대를 경험하게 된다. 영화통제 속에서 만들어진 영화는 일본내부에서 발생한 시대성을 반영하는 한편 미국이 주창하는 시대성을 반영하는 2중성을 띠고 있다는 특징이 있다. 본고는 전후 점령기의 일본영화가 어떤 시대성을 갖고 전개되었는가를 고찰하고, 또한 전후 일본영화전성기와 어떻게 연결되었는가를 고찰하는데 목적이 있다.

Ⅱ 점령기의 영화와 배경

■ 1. 시대적 배경

　점령기의 시대적 배경에는 일본의 패배, 미군의 일본지배, 국제사회의 냉전 등과 같은 한 시대의 성격을 규정하는 대사건이 일어났다. 연합군의 이름으로 일본개혁을 추구한 미국은 일본사회의 전면적인 변화를 추구하는 개혁을 추진하여 성공적으로 지배하게 된다. 미군정은 탈전통주의, 탈군사주의, 탈천황주의 등을 기초로 민주주의, 자유시장경제주의, 평화주의와 반공산주의 등을 이식이념으로 규정하여 개혁에 박차를 가하게 된다. 그 결과 일본은 정치보다는 경제를 우선하는 경제부흥과 경제성장을 제일 국가목표로 설정하여 집중할 수 있었다. 또한 지금까지 전시체제 속에서 형성된 정치, 경제, 사회문화 등의 영역을 평화체제로 구축하는 개혁을 단행하게 된다. 따라서 일본개혁은 미군정에 의해서 지배를 받는 처지가 되어 타의적인 개혁이라는 부정적인 측면이 있었지만, 대체로 일본스스로가 선택할 수 없는 개혁정책을 과감하게 선택하여 바람직한 방향으로 진행되었다. 그것은 동아시아와 유럽에서 냉전이 진행되면서 냉전의 주체인 미국의 희생과 전략이 만들어낸 결과이기도 하다.

　미점령군에 의한 대일정책의 핵심적인 내용은 냉전이데올로기에 기초한 냉전정책이었다. 그것은 반공산주의, 반소련주의, 반노동운동, 통제주의, 친미국주의 등으로 나타났다. 그리고 다른 하나는 정치, 경제, 사회문화 영역에서 미국적인 이념에 기초해서 새로운 일본을 만드는 개혁정책이다. 그것은 민주주의, 평등주의, 자유주의, 자본주의 등으로 나타났다. 그러나 미국이 주도한 냉전정책과 개혁정책은 국제사회의 정세에 맞춰 충분히 변화될 수 있는 가변성을 가진 정책이었다. 더욱이 미국의 의지를 우선하는 정책이었기 때문에 개혁방향과 일본 내부의 개혁방향이 불일치할 수 있는 개연성을 갖고 있었다. 이런 점에서 미국이 주도한 일본개혁정책은 불완전한 성격을 가진 것이었다. <표1>은 미군점령기의 시대적 배경을 나타낸 것이다. 특징은 미국이 유도하고 조장하는 일본 만들기라는 데 있다.

<표1> 점령기의 시대적 배경

구분	정치적 배경	경제적 배경	사회문화적 배경
구체적 내용	미군정시작, 항복조인식, 반공산주의, 민주주의, 반군국주의, 부인참정권부여, 공직추방, 천황인간선언, 천황전쟁책임면제, 극동군사재판, 일본국평화헌법, 경찰법, 경찰예비대, 한국동난, 레드파지, 일미안전보장조약, 샌프란시스코조약, 일본독립	경제성장제일주의, 군수생산전면중단, 경제기구 민주화, 재벌해체, 혼다자동차 융성, 노동조합법공포, 주식회사정리, 농지개혁, 경사생산방식, 독점금지법, 고도경제력집중배제법, 경제안정9원칙, 전쟁경제특수, 대미경제의존, 자립경제바탕구축	노동관련법 제정, 노동조합결성자유, 노동쟁의 격화, 여성해방, 학교교육 민주화, 2.1제너럴 스트라이크, 일본문화론등장, 마르크스주의 등장, 근대주의사상도입, PHP연구소, 전향지식인 등장, 탈전통주의, 서구문화주의

첫째는 정치적 배경이다. 미군정은 정치영역을 개혁하기 위해서 우선 천황의 존속여부를 결정해야 했다. 그러나 미군은 일본에 내재되어 있는 전통성을 극복하고 일본에 대한 지배력을 강화하고 유지하기 위해서 천황의 전쟁책임을 면제하는 방향으로 가닥을 잡게 된다. 이런 결정은 미국의 이익과 일본의 이익이 서로 일치하는데서 온 결과이기도 하다. 정치적 배경으로 나타난 기본 이념과 정책은 미군정의 지배, 연합국과 일본간의 항복조인, 소련과 동구권에서 전개되고 있는 공산주의에 대한 반대, 민주주의, 반군국주의, 부인참정권부여, 전전공직자의 추방, 천황의 인간선언, 천황전쟁책임면제, 극동군사재판, 일본국평화헌법 제정, 경찰법, 경찰예비대, 한국동란, 레드파지, 일미안전보장조약, 샌프란시스코조약 등으로 나타났다. 이런 정책은 일본정치 영역뿐 아니라 문화영역에도 영향을 주는 정책들이었다.

둘째는 경제적 배경이다. 미군정이 추구한 일본개혁 중에 가장 실익을 챙기는 계기가 된 것이 경제개혁이라고 할 수 있다. 기본적인 경제개혁은 반군사주의경제, 기업민주주의, 자본주의경제, 민주주의 경제 등을 구축하는 것이었다.

따라서 전통적으로 전시체제에 구축되었던 기업이념과 경제이념은 해체 된다. 그런 흐름은 생산체제정비, 기업구조개혁, 자본가와 노동자의 의식구조 개혁 등으로 나타났고 이것은 경제제도의 개혁으로 나타났다. 경제이념과 정책은 경제 성장제일주의, 군수생산전면중단, 경제기구 민주화, 재벌해체, 노동조합법공포, 주식회사정리, 농지개혁, 경사생산방식, 독점금지법, 고도경제력 집중 배제법, 경제안정9원칙, 전쟁경제특수, 대미경제의존 등으로 구체화되었고 일본경제가 자립할 수 있는 토대가 마련되었다는데 의의가 있다.

셋째는 사회문화적 배경이다. 미군정에 의한 사회문화의 개혁은 우선 전통적인 국가와 국민의 관계를 단절하고 근대주의사상과 교육을 실시하는 것이었다. 특히 국가와 기업에 이의를 제기할 수 있는 사회분위기와 국민의식을 일깨우는 것에 초점을 맞췄다. 또한 전통문화에 대한 유해성을 강하게 인식하여 전통과 근절하는 사회문화정책을 추진하였다. 그런 이념과 정책은 노동 관련법 제정, 노동조합결성자유, 여성해방, 학교교육 민주화, 노동쟁의, 2.1제너럴 스트라이크, 일본문화론, 마르크스주의, 근대주의사상, PHP연구소, 전향지식인, 탈전통주의, 반일본주의, 반일본문화, 서구문화주의 등으로 구체화되었다. 그런 것들은 전통주의와 일본주의를 극복하기 위한 사회문화적인 이념과 정책이었다.

특히 영화영역에 대한 미군정의 정책은 다양하게 나타났다. 영화계의 노동쟁의에 대한 통제와 제재는 총사령부의 경제과학국 노동과에 결정권이 있었다. 그리고 CIE(민간정보교육국)와 CCD(민간검열지대)도 그런 문제에 충분하게 주의를 기울이고 있었다. 노동과는 경제적 자유주의를 선언했음에도 불구하고 노동조합이나 데모를 미화하거나 자본가를 악으로 묘사하지 않도록 제작자에게 지시하였다. 따라서 영화계에 대한 통제는 점차 엄격하게 집행되었고 미군정의 정서에 반하는 경우 내용을 완전히 삭제하기도 하였다. 그런 규정은 일반영화 뿐 아니라 뉴스영화에도 적용되어 국책영화가 아닌 미군정의 정책을 반영하고 지지하는 군정영화로 나타났다.

일본영화에 대한 검열은 1946년 8월 일영이 만든 ≪日本の悲劇≫(일본의 비극)이 CCD의 검열에 걸려 상영이 중지되면서 구체화 되었고 사회전반에 확산되었다. 또한 일영의 ≪この一年≫(이 일년, 46)은 노동쟁의에 관한 사실을 왜곡시키고 좌익적 성향이 있다고 판단하여 15개소를 삭제하도록 하였다. 또한 구로사와 아키라(黑澤明)는 ≪わが靑春に悔なし≫(우리청춘에 후회 없어, 46)에서 도호 노동조합의 압력으로 마지막 신에 농촌운동부분을 그려야 했다2). 이것은 하라 세쓰코(原節子)가 9년 전인 1936년에 주연한 나치스영화 ≪新しき土≫(새로운 토지)의 마지막 신과 상통하는 것이었다. 이런 현상은 미군정의 검열과 검열에 저항하는 노동조합 측과의 사상적 대결이 빚어낸 결과이기도 하였다. 경제의 민주화 열풍으로 진행된 노동조합 결성과 운동은 점차 시대적 상황에 영향을 받게 된다. 특히 점령군의 노동쟁의에 대한 방향전환은 1946년부터 1948년 사이 3회에 걸쳐 진행된 도호쟁의와 같은 영화계의 노동운동과 충돌한 것이 계기가 되었다. 1948년 만화로 된 뉴스영화인 ≪漫畵の世の中≫(만화의 세계)에서는 도호쟁의를 다룰 필요가 없다고 하여 일부분이 삭제되었다. 도호의 제3스트라이크는 점령군의 지원을 받은 일본경찰에 의해 진압되었다. 더욱이 1950년 6월 한반도에서 일어난 한국전쟁은 점령군의 반공의식강화와 반노동운동의 방향성을 더욱 강화시키는 계기가 되었다(平野共余子, 1998).

점령군은 노동운동을 제한 또는 금지하면서 공산주의와 관련된 내용을 통제하였다. 특히 1949년 일영의 뉴스에서는 어느 병원의 공산당원인 직원 12명이 해고되었다는 장면이 검열관의 지시로 삭제되었다. 요시무라 코자부로(吉村公三郎)감독의 ≪わが生涯のかがやける日≫(우리 생애가 빛나는 날, 48)에서는 적기(赤旗)의 장면과 공산주의들의 행진장면이 삭제되었다. 또한 아사노(淺野辰雄)감독이 국철노동조합에 대한 이야기를 그린 ≪號笛鳴りやまず≫(끝나지 않는 피리소리, 49)에서는 적기를 흔드는 장면이 삭제되었다. 더욱이 '노동자여 단결하라'라는 포스터뿐 아니라 공산주의사상에 젖어 있다는 이유로 다구치 데쓰(田口哲)감독의 ≪夜のプラットフォム≫(밤의 플랫홈)에 대해서도 삭제명령이 내려졌다. 고쇼 헤이노스케(五所平之助)감독의 ≪今ひとたびの≫(지금 단 한번의 여행, 47)이라는 각본에는 도쿄 간다(東京神田)의 니콜라이당에서

---

2) 이것은 전전 반전운동으로 대학으로부터 쫓겨난 교수의 딸이 부친의 제자인 반전운동가와 결혼을 하지만, 전시 하에서 남편이 옥사한 후 남편의 유지를 받든다는 이야기다. 하라(原節子)가 연기한 주인공은 남편의 고향에 살면서 비국민이라고 마을사람으로부터 비판을 받는 가운데 농업에 종사한다. 겨우 군국주의가 패배하자, 그녀는 농촌개혁운동의 선두에 서서 새로운 일본건설을 위해 노력한다. 각본인 히사이타(久板榮二郎)는 전전에 좌익이었음에도 불구하고 전시 중 시국에 협력한 경력을 가진 사람이었다. 각본가 히사이타도 전전과 전후에 걸쳐 사상적 변절을 한 경험을 갖고 있다.

애인을 만나는 설정을 하였다. 그러나 그 건물자체가 러시아정교의 니콜라이당과 관련되어 있어 공산주의에 대한 이미지를 부각시킨다는 이유로 다른 장소로 바꾸게 하였다. 이처럼 총사령부의 검열관은 공산주의적 또는 파괴적이라는 이유로 일본영화에 대한 검열을 강화하였다. 그러나 패전이후 일본영화는 미군정에 의한 지배에도 불구하고 발전하게 된다. 점령기의 시대적 배경은 당시 일본영화의 성격을 규정하는데 크게 영향을 주었던 것이다.

■■ 2. 영화계의 전쟁책임

전시 중 일본영화인들은 자의적이든 타의적이든 전의고양영화와 전쟁선동영화에 직간접적으로 관련되어 있었기 때문에 전쟁이 끝나면서 전쟁에 대한 책임문제에 직면하였다. 점령정책이 추진되는 과정에서 전시 중 영화산업의 지도적위치에 있던 영화관계자의 공직추방이 주장되었다. 그러나 실제적으로 고발이나 처벌은 곤란하게 되었다. 왜냐하면, 전쟁협력자 명단을 만들려고 하여도 명단작성자까지도 전쟁협력자 속에 들어 있었기 때문이었다. 나치스영화인 ≪新しき土≫(새로운 토지)를 만든 이타미 만사쿠(伊丹万作)는 영화인들을 전범으로 고발하는 것은 불가능하다고 하였다. 이렇게 주장하는 배경에는 속인 사람이 나쁘고 속은 사람은 선하다는 것을 의미하지는 않지만, 대부분이 속았기 때문에 속은 사람이 속은 동료를 고발하는 것은 불가능하다는 의미를 함의하고 있다.

패전이후 전쟁에 대한 책임문제가 문학, 연극, 음악 등의 분야와 같이 영화계에서도 고의로 애매하게나마 형식적인 처리가 이루어지자, 이 문제에 대해 그 누구도 감히 입에 담지 않았다. 특히 점령군에 의해 전범으로 지명되어 추방된 영화현장의 제작자, 감독, 각본가, 배우 등은 소수에 불과했다. 이 결과 1945년 8월 14일 이후 국가 지향적 시대성을 반영하여 전의고양영화를 만든 영화인은 반대로 점령군이 요구하는 민주주의 계몽영화를 만들었다. 그러나 점령군은 전전에 일부 경영진의 명령으로 많은 영화인들이 비주체적으로 영화작업을 강요받았다는 인식을 가졌다. 따라서 미군정은 가와기다 나가마사(川喜多

長政 : 1903-81, 영화사업가, 전후에 구미영화수입과 일본영화의 수출에 종사), 네기시 칸이치(根岸寬一 : 1894-1963, 영화프로듀서, 원폭기록영화를 제작하였지만 미군에 의해 접수됨), 시로도(城戶四郎) 등을 전의고양영화를 제작했다는 이유로 1947년 추방하였다. 이것이 유일하게 전후 영화인이 책임진 전전에 대한 속죄이다. 그러나 이들은 1950년에 해제되어 또다시 대기업의 권력자로 활동하게 된다.

그리고 미군정 수준에서 전쟁 중 전쟁선전영화에 관련된 영화인에 대한 전쟁책임론이 대두하였지만 대 소련전략을 추진하는 과정에서 흐지부지되었다. 오히려 미점령군은 일본에 민주주의사상을 이식하고 전파하기 위해서 영화와 영화인을 이용하였다. 그런 가운데 일본에 대한 미군정의 정책이 크게 변화하게 만든 것이 1950년 한국동란이었다. 이것을 계기로 레드파지가 단행되어 미군은 일본 내의 공산당을 비합법화하고 공산주의자를 신문사와 영화계로부터 추방하였다. 당시 도에이(東映)는 자사에 공산주의자가 없다고 답하였고, 신도호(新東寶)는 도호 스트라이크를 일으킨 공산주의자 중심의 노동조합에 반대하여 새롭게 설립되었기 때문에 문제가 없다고 하였다. 그러나 도호, 쇼치쿠(松竹), 다이에이(大映) 등은 점령군의 명령으로 회사 내의 저항적인 노동조합 활동가를 추방하는 수단으로 레드파지를 이용하였다. 이처럼 전후 일본은 공산주의와 자본주의라는 이념전쟁에 따라 정책이 좌지우지되는 상황이 되었고, 영화계도 영향을 직간접적으로 받았다. 특히 전쟁책임을 정면에서 회피한 영화계는 속죄하는 마음으로 그런 정책에 동조하게 되는 분위기가 있었다.

전전에 활약했던 영화감독은 새로운 시대의 도래로 각각의 영역에서 활동을 하였다. 미군정이 시작된 가운데서 구로사와 아키라(黑澤明)는 ≪虎の尾を踏む男達≫(호랑이 꼬리를 밟은 남자)을 완성하였지만 상영 금지되어 미군정이 끝난 1952년이 되어서야 상영되었다. 다사카(田坂具隆)는 히로시마(廣島)에서 피폭되어 이후 힘든 생활을 하였다. 미조구치(溝口健二)는 제자인 신도(新藤兼人)와 신시대의 도래를 환영했다. 미조구치는 전전 근황(勤皇)사상을 무리해서 배운 것처럼, 이번에는 전후민주주의를 공부해서 여성해방영화를 만들었다. 마키노(マキノ雅弘)는 촬영소 창고에 놓아두었던 악기로 재즈그룹을 결성해서 점령군을 환영했다. 오즈(小津安二郎)는 싱가포르 수용소에서 매일 할리우드 영

화를 보고 있었고, 전후 귀국해서 작은 도시에서 벌어지는 서민의 인정을 담아내고 있었지만, 전전의 유머를 가진 감각을 회복하지는 못하였다. 우치다(内田吐夢)는 만주국에서 아마카스 마사히코(甘粕正彦 : 1891-1945, 군인, 만주국건설에 참여, 만영협회이사장)의 자살을 보고 이후 8년간에 걸쳐 현지에 머물면서 중국영화인에게 영화기술을 지도하였다.

1945년 10월 전후 최초로 만들어진 영화인 ≪そよかぜ≫(산들바람)이 사사키 야스시(佐佐木康)에 의해서 쇼치쿠에서 개봉되었다. 또한 황폐한 도쿄를 나미키 미치코(並木路子)가 고향의 과수원을 들아다니며 노래한 「リンゴの唄」(사과 노래)가 크게 히트했다. 전전에 ≪上海≫(상해)를 찍어 투옥된 경험이 있던 가메이(龜井文夫)는 도호에서 ≪日本の悲劇≫(일본의 비극, 47)을 만들어 비판받아야 할 것은 군부이며 국민은 군부에게 속은 것뿐이라는 주장을 하였다. 이것은 신시대를 맞이하기 위해 일본인이 과거와 결별을 해야 하는 마음을 대신 표현해준 상황에 맞춘 주장이었다. 그러나 ≪日本の悲劇≫은 GHQ의 방침에 의해 상영 금지되고 몰수되었다. 또한 사토(齊藤寅次郞)는 희극 ≪東京五人男≫(도쿄의 다섯 남자)을 찍어 전후 혼란함 속에서도 희극성으로 관객에게 호소하였다. 기노시타(木下惠介)는 ≪大曾根家の朝≫(오소네가의 아침, 46)에서 구군인의 비열함을 폭로했다. 이런 흐름 속에서 미군정은 일본인도 미국인처럼 키스하는 영화를 만들도록 영화사에게 압력을 가하였다. 이 과정에서 사사키(佐佐木康)감독은 ≪はたちの靑春≫(20살의 청춘, 46)에 출연한 배우에게 일본영화최초로 키스 신을 연기하도록 하였다.

이렇듯이 전후 일본영화인은 전전의 전쟁책임을 면하였고, 그 과정에서 또 다른 목적을 위해 영화에 종사하는 운명에 처하게 되었다. 전전에 일본이 경험한 시대상과 전후 그들이 경험한 시대상은 상반되었고 이런 경험은 일본만이 경험한 독특한 역사적 특징이라고 할 수 있다. 그런 과정에서 만약 일본영화계가 스스로 전쟁에 대한 책임감을 갖고 철저하게 반성을 하였더라면, 전후일본영화는 좀더 자율성을 갖고 일본적인 영화를 만들어 세계영화계에서 지위를 확보하지 않았을까 하는 아쉬움이 있다. 그러나 일본영화인은 면죄부를 선택하는 과정에서 또다시 자율성을 담보해야 하는 전철을 밟게 되어 편파적인 시대상을 강제로 영화에 표현해야 했고, 그것으로부터의 해방은 1952년까지 기다려야 했다. 영화인들은 전통적이며 일본적인 것을 봉건주의 잔재로 여겨 버려야 했고,

전시와 관련된 것을 군국주의 잔재로 여겨 버려야 했다. 대신에 점령군이 추천
하는 서구사상과 대중문화를 수용하는 단면적인 시대성을 익혀야 했던 것이다.
이런 시대성의 전환과 모순은 일본영화사에서 보면 제2 전성기의 바탕이 되었
던 폭발적인 절망과 열망을 갖게 하는 배경이 되었다고 할 수 있다. 일본영화
인들은 태평양전쟁을 통해서 사상적 신념을 버려야했고 또한 전후가 되면서 또
다시 서구사상과 미군정의 사상적 통제에 속해서 자율성과 해방감을 버려야 했
던 것은 우연이 아니라고 할 수 있다.

■■ 3. 미군정의 영화정책

패전이후 일본에서는 미군정이 시작되면서 제도적 · 사상적 개혁이 혁명적인
수준에서 진행되었다. 이것은 연합군에 의한 위탁통치의 성격을 띠었지만 실제로
는 미국과 일본 사이에 지배와 피지배 관계가 형성되어 이루어진 것이다. 따라
서 미군정은 구상했던 일본개혁을 제한 없이 실행할 수 있었다. 문화영역에 대
한 미군정의 정책은 일본인과 일본사회의 개혁을 통해서 일본을 개혁하려는 차
원에서 진행되었다는 특징이 있다. 그것을 실행하기 위해서 연합군 사령관 맥아
더는 정보 반포부(情報頒布部)를 창설하고 전시 중 심리작전부의 주요 임원을
임명하여 미디어를 통한 일본인을 재교육시키려 하였다. 정보 반포부는 1945년
9월 민간정보교육국(CIE)이 되었다. 민간정보교육국은 문화와 교육에 대한 정책
을 입안하고 실행하는 기관으로 특히 영화에 대해서 직접적인 검열을 하였다.

미군정이 시작된 1945년부터 1949년까지의 영화정책을 정리한 <표2>에서
보듯이 미군정은 언론뿐 아니라 사상과 문화측면에서 검열을 통해서 제한하는
정책을 추진하였다.

<표2> 미군정의 문화정책 현황

일시	문화정책관련사항	정책적 의미
1945년 9월	보도기관정부로부터 독립지령	전시언론체제로부터 해방

9월	언론자유추진지령	언론자유보장
9월	흥행등 지도방침에 관한 건	내각정보국통달, 비상시통제완화, 야외상영 허가, 극장재건지도, 상영시간백분이내 규제폐지
10월	영화기업에 대한 일본정부의 통제폐지에 관한 각서	영화법과 전시중의 규제로부터 해방
10월	총사령부의 언론자유 지령	언론의 민주화
10월	정치적·민사적·종교적 자유 억압철폐지령	인권보호와 자유권 보호
10월	내각정보국의 기능정지	12월에 정식으로 폐지
10월	점령군에 의한 신문사전 검열	미군정에 의한 언론 통제
11월	영화공사 기능정지	각 영화사가 독립적으로 제작 및 배급 실시
12월	영화법폐지	영화법 폐지로 국책영화로부터 해방
1946년 1월	영화검열에 관한 각서	영화 기획서와 각본검열, 영화완성 CIE검열후 CCD검열, CCD인정번호부착, 미부착 상영시체포
1949년 7월	영화윤리규정관리위원회 설립	영화검열에 관한 각서 대체함
1949년 7월	대적첩보과의 지령	민간첩보과대체함, CCD검열폐지, CIE사후 검열만이 1952년까지 지속됨

* 자료: 平野共余子, 1998

총사령부(General Headquarters)의 하부조직인 CIE(민간정보교육국)는 영화산업을 관리하였고 특히 제작한 영화를 검열할 수 있는 권한을 가졌다. 민간정보교육국에 의한 영화검열은 전전 정부에 의한 사상검열과는 성격을 달리하고 있었지만 미군이 지향하고 의도하는 영화를 만들도록 유도하고 미군정 정책을 선전하는 매체로 영화를 이용했다는 점에 크게 다르지 않았다. 이런 점에서 일본영화인들은 과거의 검열과 제한의 연장선에서 영화를 만드는 운명에 처하게 된다. 일본정부는 「영화기업에 대한 일본정부의 통제철폐에 관한 각서」(1945년 10월 16일)를 발령하여 영화법과 전시중의 규제를 풀어 영화계를 해방시켰다. 이런 조치로 영화공사의 기능이 정지되고 각 영화사는 독자적으로

제작 및 배급을 하였다. 그러나 영화정책은 일본정부의 의도에 의해 유지되기
보다는 총사령부의 의도에 의해 좌우되어 친미적인 정책이 반영되어 해방감을
만끽할 수 있는 정도로 자유롭지는 않았다.

일본이 1945년 8월 15일 항복한 후 일주일이 되자 일본에 있는 극장은 폐쇄
되었다. 이어서 8월 22일 극장재개를 하였고 영화에 대한 통제를 해왔던 영화
공사는 영화제작과 상영에 대한 방침을 정하게 된다. 즉 배외적 애국주의를 그
린 작품, 전투장면이 있는 작품, 모든 문화영화와 시사영화 등을 상영 금지하였
다. 이것은 전전에 국책영화에 대한 반성보다는 미군정에 대한 우호적인 차원
에서 이루어진 조치이며 다른 한편으로는 전전에 대한 전쟁책임의식 때문에 이
루어진 조치라고 할 수 있다. 그리고 폐쇄되었던 극장이 재개되었고 상영시간
제한도 철폐되었다. 영화공사가 스스로 그런 조치를 취하였고, 1945년 9월 사
령부의 통달이 영화사에 전달되었다. 이어서 영화사 중역, 제작자, 감독, 정부관
리 등 40여명을 모아 놓고 미군정측은 일본영화계가 포츠담선언의 내용을 수용
하고, 일본재건에 협력해 줄 것을 요구하였다(平野共余子, 1998).

CIE는 1945년 9월 22일 영화제작방침, 9월 영화장려방침(45.9), 11월 제작
금지목록 등을 만들었다. 그것의 특징은 <표3>의 내용과 같다.

<표3> 영화제작과 관련된 검열기준

구 분	내 용
영화 제작방침 (45.9.20)	1. 총사령부와 협력하는 것이라 하더라도 구태의연한 기획은 거부 2. 순수오락은 좋지만 민중교육을 잊지 않는 것 3. 전쟁 책임자가 누구인가를 명백하게 할 것 4. 일중사변은 역사적 비판에 근거해서 묘사하고 주전논자와 반전론자의 대립과 그 결과를 명백하게 할 것 5. 군의 압박으로부터 자유로운 자유주의적 작품을 만들 것 6. 여성대우방법은 육아나 부엌으로 그리는 것만이 좋은 것인가, 여성의 사회적 지위를 향상시키는 것 7. 전쟁고아는 신중하게 처리할 것, ≪人生案內≫(인생안내,31년 니콜라이 엣쿠감독 소련영화), ≪少年の町≫(소년의 거리,38년 노만 다우로구, 미국영화) 등이 좋음 8. 2세(일계미국인)를 주요인물로 하는 것은 불가 9. 상영시간은 자주적으로 결정할 것 10. 물자공여 건은 상세한 리스트를 총사령부에 제출할 것 11. 직능조합의 조직촉진은 매우 급함

영화 장려방침 (45.9)	1. 생활 각 분야에서 평화국가의 건설에 협력하는 일본인을 그린 내용 2. 일본군인의 시민생활로의 복귀를 그린 내용 3. 연합군의 포로가 된 자가 복귀해서 호의를 갖고 사회에 적응하는 모습 4. 공업·농업 등 각 분야에서 솔선수범해서 창의를 발휘하고 있는 일본인의 모습 5. 노동조합의 평화적이며 건설적인 조직을 조직하는 것 6. 종래의 관료정치에서 탈피해서 국민을 위한 정치적 의식과 책임을 고양시키는 것 7. 정치문제에 자유토론을 장려하는 것 8. 개인의 인권존중을 육성하는 것 9. 모든 인종 및 계급간의 관용과 존엄을 증진시키는 것 10 일본역사상 자유 및 의회정치를 위해 노력한 인물을 극화하는 것
제작 금지목록 (45.11.19)	1. 군국주의를 고무시키는 것 2. 복수에 관한 것 3. 국가주의적인 것 4. 애국주의적 및 배외적인 것 5. 역사사실을 왜곡하는 것 6. 인종적 및 종교적 차별을 시인하는 것 7. 봉건적 충성심 및 생명경시를 조장하는 것과 명예롭게 하는 것 8. 자살을 시인하는 것 9. 부인억압 및 부인타락을 취급하는 것과 시인하는 것 10. 잔인하고 비도적 폭력을 구가하는 것 11. 민주주의에 반하는 것 12. 아동착취를 시인하는 것 13. 포츠담선언 및 연합군총사령부의 지령에 반하는 것

* 자료 : 平野共余子, 1998

미군정의 영화제작 방침과 장려방침, 제작금지목록 등에 의해 일본영화계는 실제로 전전과 같은 제한을 받는 양상을 띠었다. 제한조치에 따라 영화제작자는 기획과 각본을 영어로 번역해서 허가를 받아야 했다. 더욱이 완성된 영화는 CCD(민간검열지대)가 검열을 다시 했다. CIE는 미국의 민간인으로 구성되었지만, CCD는 군속으로 구성되어 있어 사실상 군검열의 성격을 띠었다. CIE는 일본영화계가 제작해서는 안 되는 목록을 만들어 「비민주주의적 영화배제의 지령에 관한 각서」의 형태로 발표하였다. 지령에 따라 1931년부터 1945년 사이에 제작된 영화 가운데 236편이 초국가주의적·군국주의적·봉건주의적 성격을 담고 있다는 이유로 상영금지나 소각처분을 받았다. 총사령부는 과거영화와 제작될 영화, 제작된 영화 등에 대해서 자유롭게 검열을 하였다. 일본영화에 대한 정치적·사상적 검열은 미국의 입장과 이익에 맞는 방향으로 진행되어 미국 지향적이며 반국가적인 영화를 촉진시키는 면이 있었지만 근본적으로 영화진흥보다는 영화를 위축시키는 역할을 하였다.

미군정의 영화정책은 다음과 같은 특징을 갖고 진행되었다. 첫째, 미군정은 일본문화정책을 실시하는데 천황의 인형화를 추진하였다. 우선 미군정은 천황을 군사적·종교적·정치적으로 이용하거나 미화하는 것을 금하였다. 원칙적으로 점령군은 천황이 전범이라고 비판하거나 천황제폐지를 요구하는 것을 허용하였다. 그리고 극우파나 극좌파가 천황을 선전에 이용하는 것을 금하였다. CCD는 언론, 영화, 방송부문의 보고안내서에서 다음과 같은 내용이나 표현이 나오면 보고를 하도록 하였다. 즉 천황의 신격성, 신도에서 천황의 위치, 천황에 대한 충성, 일본국헌법하의 천황의 권력 및 권위 책임, 기능, 천황에 대한 일본정부관리의 책임, 일본정부관리가 제출하는 천황에 대한 보고, 일본정부관리나 일반인중 천황을 방문하는 자, 자신이 정당한 천황가의 적통이라고 주장하는 자, 천황의 정통성을 문제 삼는 주장, 천황의 여행비용, 황실운영비, 천황의 전쟁책임, 천황제폐지, 천황제와 천황 및 황족비판 등이다(平野共余子, 1998 ; 182).

둘째. 영화정책의 기준이 된 것은 군국주의와 관련된 것이다. 이것은 전시 중 일본영화가 군국주의를 고취시키는 역할을 했고 또한 개인주의를 배제했다는 판단 하에서 마련되었다. 공습을 피해 남은 전전의 전 작품에 대해 엄중한 심사가 이루어져 처분되었다. 대표적인 영화가 미조구치의 ≪瀧の白絲≫(폭포의 백사, 33)와 ≪元祿忠臣藏≫(겐로쿠추신쿠라 : 41-42)이다. 후자는 미국에 접수되었지만 파괴를 모면하여 20여년이 지난 후에 완전한 상태로 반환되었다. 반군국주의 정책에 따라 새로운 시대성을 반영하는 영화가 만들어졌다. 요시무라(吉村公三郎)의 ≪安城家の舞踏會≫(야스조가의 무도회, 47), 이마이(今井正)의 ≪靑の山脈≫(푸른 산맥, 47) 등은 새로운 시대성을 담은 내용이다[3]. 이들 영화는 전후 일본영화의 전향을 상징하고 있다는데 의의가 있다. 즉 감독의 사상적 전환, 영화각본의 전향, 배우(原節子 : 하라세쓰코)의 전향, 영화관객의 전향, 영화사의 전향 등 일본사회 전체가 군국주의에서 민주주의, 전통주의에서 근대주의, 반미주의에서 친미주의 등으로 전향한 것을 의미하였다.

셋째. 국제정세의 변화로 미국인 검열관은 반공주의를 강화하였다. 동서냉전이 진행되는 가운데 미국의 전후외교정책은 변하여 제2차세계대전중 미국의 동

---

3) 요시무라의 영화는 화족제도의 폐지로 몰락한 일가의 장녀가 새로운 시대의 도래로 삶의 방식을 모색하는 내용이다. 이마이의 영화는 지방에 부임한 진보적인 선생이 마을의 봉건적 세력을 축출하는데 학생 협력을 통해 추진하는 내용을 담고 있다. 이 두 편의 영화도 하라(原節子)가 주연한 작품이다. 하라는 전시 중에 군인이나 경찰의 딸 역할을 해왔다. 여기에서는 민주운동가 역을 하여 전전의 역할과 상반된 모습이 두드러진다. 이것은 배우 자신의 전향이라고도 할 수 있다.

맹국으로서 공산주의국가나 좌익계의 인물들과 함께 싸웠다는 사실을 영화에서 점차 배제하기 시작했다. 예를 들면, 가메이(龜井文夫) 감독의 ≪女の一生≫(여자의 일생, 49)에서 중국공산당군이 연합군과 협력하여 싸웠다 라는 언급을 검열관은 삭제하도록 하였다. 또한 한국동란이 시작되자 CIE는 미국의 뉴스영화에서 폭파된 지역의 장면을 삭제하도록 하였고, 일영의 나레이션 각본에서 "모든 것을 잃은 피난민은 침략전쟁의 희생자이며 도망갈 장소를 찾아 헤매고 있다"는 부분을 검열관은 '침략'이라는 말 앞에 '북조선'이라는 말을 넣도록 하여 이 전쟁에 대한 선악의 주체를 일본관객에게 알리려 하였다. 그리고 한국동란발발이후 1950년 6월 26일 일본경찰은 일본공산당 기관지 아카하타(赤旗)를 30일간 발행정지 시키라는 총사령부의 명령을 전달하였다. 특히 일본정부가 만든 경찰예비대의 이미지를 공산주의자에 대한 선전용으로 이용하였고, 경찰예비대는 무장하지 않으며, 급료도 좋고, 한국동란에 파견하지 않는다는 것을 강조하였다.

넷째. 미국의 반소영화가 일본에 공개되면서 일본영화인도 반소영화를 제작하기 시작했다. 신도호에서 사토(佐藤武雄)감독은 1949년 소련에 포로가 된 전일본군과 그 가족의 고난을 그린 ≪歸國≫(귀국 : ダモイ)을 제작하였다. 야마모토(山本隆夫)의 ≪眞空地帶≫(진공지대, 52)는 태평양전쟁말기 오사카의 육군연대 병영 내를 무대로 한 영화이다. 노마 히로시(野間宏)의 원작에서는 구제국 육군의 내부반에서 얼마나 잔혹한 일이 있었고 군대내부가 얼마나 부패되었는가를 적나라하게 표현한 것이었다. 이것을 만든 감독 야마모토, 각본가 야마가타(山形雄策), 촬영가 마에다(前田實), 제작자 이토(伊藤武郎) 등은 3년전 도호쟁의에서 패배하여 도호를 떠난 사람들이다. 이들은 점령군에 의한 아카카리(赤狩 : 공산주의자 색출)로 대기업에서 추방당해 좌익독립프로를 결성하였다. 1952년 이마이(今井正) 감독과 전진좌(前進座)가 만든 ≪どっこい生きてる≫(겨우 살아가고 있다)는 좌익프로운동의 일환으로 만들어 사회에 전파되었고, 이후 ≪眞空地帶≫가 만들어졌다. 그런 영화들은 한국동란에 의한 전쟁위기, 재군비에 따른 저항 등을 관객에게 강하게 전달하였다. 이 과정에서 좌익독립운동프로영화가 뿌리를 내리게 되었다.

이처럼 미군정은 일본개조를 위한 문화정책을 미국적인 시각에서 적극적으로 실시하였다. 문화정책은 미국이 추구하는 이념을 강조한 것으로 미국적 민주주의 내지는 미국이 선호하는 민주주의의 성격을 띠고 있다. 따라서 천황주의, 군

국주의, 전통주의 등 일본적인 색깔을 가진 요소를 제거하거나 퇴색시키려 했
다. 그것은 동아시아에서 일본에게 일본적인 요소를 버리고 친미국적인 사고와
구조를 이식시켜 적국이 아니라 동맹국으로 만들려는 의도가 있었다. 특히 국
제사회에서 벌어지고 있는 냉전에 일본이 적극적으로 참여하도록 하기 위해서
공산주의, 반노동쟁의주의, 친자본주의 등을 추구하는 정책을 추진하였다. 이런
점에서 볼 때, 미군정에 의한 문화정책과 영화정책은 친 미국적 옹호문화를 만
드는 정책이었다. 그러나 미군정에 의한 문화정책은 미국이익에 따라 전략적으
로 시행되었기 때문에 일본이 행한 과거를 잊게 하고, 반성과 회한성을 자동적
으로 잃어버리게 하는 기능을 하여 과거를 반성하는 기회를 빼앗았다는 점에서
한계가 있었다고 할 수 있다.

Ⅲ 점령기의 감독과 영화

1. 점령기의 감독과 영화 1

    일본영화에 나타난 시대성을 보기 위해서는 그것을 주도해온 감독의 성향과 작품을 고찰할 필요가 있다. 영화의 시대성은 위정자, 일본의 내외적 환경, 영화 관련자 등과 같은 서로 다른 주체가 서로 다른 방향의 움직임이 작용해서 결정되는 경향이 있다. 역사적으로 일본영화가 만들어 지는 과정에서 시대성이 반영된 것은 국가의 의도적인 영화정책과 영화 관련자의 적극적인 협력에 의한 것이었다. 대표적인 것이 전전의 국가주의와 군국주의이다. 그런 가운데 한쪽 당사자 중에서 중요한 역할을 담당한 사람이 영화감독이다. 일본영화 감독은 국가가 강제하는 시대성 만들기에 참여하면서도 자유로운 시대성을 담아내려는 투쟁적인 노력을 한 것도 사실이다. 일본의 영화감독은 특수한 근대사가 진행되는 과정에서 독특한 경험을 하면서 시대성을 반영해 왔다는 점에서 당시의 시대상에 대해서 깊숙이 고민하는 지식인 이었고 그것을 표현하여 전달하는 전도사의 역할을 하였다고 할 수 있다.

    일본에서 영화감독은 잘 정비된 교육기관을 통해서 전문적인 교육을 습득하여 진출하기 보다는 일본적인 도제제도에 의해서 육성되고 양산되었다. 일본에 무성영화가 수용된 이후 1930년대까지는 중학졸업정도의 학력으로 연고채용에 의해서 개인적인 제자가 되어 촬영소에 들어가 조감독으로서 3 - 5년 정도 사사받고 감독으로 승진하는 것이 보통이었다. 이들은 대체로 20대 전반에 감독으로 활약하기 시작했다. 1930년대 활약한 시대극의 이나가키 히로시(稲垣浩), 천재로 알려진 야마나카 사다오(山中貞雄), 이타미 만사쿠(伊丹万作), 시마쓰 야스지로(島津保次郎), 오즈 야스지로(小津安二郎), 도요다 시로(豊田四郎), 요시다 코자부로(吉田公三郎) 등은 구 제국중학교를 졸업하고 감독이 된 인물이다. 이들은 촬영소에 들어가 기술을 익혀 사상적이며 예술적인 영화뿐 아니라 지적으로 풍부한 영화를 만드는데 일익을 담당하였다[4]. 도쿄대 출신 최초감독 은 우시하라(牛原虛彦), 초등학교출신감독은 미조구치 겐지(溝口健二)와 기무 라 소토지(木村莊十二), 중학2년 중퇴한 감독은 우치다(內田土夢) 등이다. 그 들은 대체로 일찍부터 촬영소에 들어가 영화제작 전반에 대한 실질적인 교육을 몸에 익혀 활동을 하였다. 이 시기의 영화감독은 전문적인 교육을 통해서 성장 하기 보다는 잠재적인 재능으로 영화를 만드는 성향이 있다.

무성영화시대의 영화산업은 중소기업형태로 운영되었고, 이어서 유성영화시대 가 되자 고도기술과 막대한 자본을 가진 대기업 형태로 운영되었다. 이때부터 인기직종인 조감독은 대학졸업정도의 학력자를 공모 하였다. 또한 영화의 사회 적 지위가 높아져 일류대 출신자가 쇄도하였다. 이때는 약 10년 정도 조감독으 로 수업을 해야 감독으로 승진되었다. 기노시타 게이스케(木下惠介)는 중학교 졸업 후 영화계에 들어가 처음에 카메라맨을 하고 이후 조수로 일하여 시마쓰 감독의 추천으로 감독이 되었다. 구로사와는 중학졸업 후 화가를 희망하여 20 세 전후에 화가로서 재능을 인정받았다. 그러나 1936년 PCL 조감독에 응모하 여 촬영소에 들어가 명감독으로 성장하였다. 1937년부터 1945년까지 태평양전 쟁기에는 많은 조감독이 징집되어 병사로 전장에 나가 전쟁을 경험하기도 하였 다. 그들은 당시의 경험을 전후영화에 반영하기도 하였다.

1945년 이후부터 1950년대 후반까지는 감독으로 승진하기도 어려웠고 신인 감독도 그다지 나타나지 않았다. 이 시기에 감독으로 데뷔해서 작품을 발표한 감독은 이치카와 콘(市川昆), 신토 가네토(新藤兼人), 고바야시 마사키(小林正 樹), 호리카와 히로미치(堀川弘通), 가토 타이(加藤泰) 등이다. 당시 중학중퇴 의 가토 타이는 숙부인 야마나카 마사오의 연고로 들어와 B급영화를 제작하고, 1960대에 주목을 받은 감독이 되었다. 신토 가네토는 고등학교 졸업 후 야마나 카의 영화를 보고 감독이 되고자 하여 당시 신흥키네마에 들어가 현상소에서

---

4) 일본의 영화감독 중 배우를 철저하게 긴장시켜 영화를 제작한 감독은 미조구치 겐지(溝口 健二), 우치다 토무(內田吐夢), 오즈 야스지로(小津安二郎), 구로사와 아키라(黑澤明) 등이 었고, 화기애애한 분위기에서 제작한 감독은 시마쓰 야스지로(島津保次郎), 시미즈 히로시 (淸水宏), 요시무라 코자부로(吉村公三郎), 기노시타 게이스케(木下惠介) 등으로 알려지고 있다.

일하면서 영화수업을 받았다. 그 후 시나리오 모집에 응모하여 입선하고 각본
가로서 활동하였다. 이후 미술감독과 촬영소를 전전하다 전후 주목받는 각본가
로 활동한 후 독립프로를 만들어 1951년 자력으로 감독이 되었다. 신토 가네토
는 영화현장에서 오랫동안 기술을 습득하고 통속적인 영화 만들기를 몸에 익혀
감독이 된 인물이다. 그는 서민생활을 탐구하는 리얼리즘을 주제로 하였다.

　일본영화에서 감독을 작품선택에 따라 구분한다면, 작가감독, 장르감독, 작품
감독 등으로 구분할 수 있다. 작가감독은 감독자신이 하고 싶은 영화를 만드는
것을 말한다. 대표적인 감독이 오즈 야스지로, 미조구치 겐지, 구로사와 아키라,
기노시타 게이스케, 이마무라 쇼헤이(今村昌平), 우라야마 기리로(浦上棟郎) 등
이 대표적이다. 그리고 장르감독은 장르영화로 각본이 정해지는 경우도 있지만
한 장르만을 고집해서 만드는 것도 포함되고 있다. 그런 류의 영화는 하하물
(母物), 액션물, 야쿠자물 등으로 분류되기도 한다. 대표적인 인물이 액션물을
주로 다룬 스즈키 세이준(鈴木淸順)이 있고, 1920년대 이토 다이스케(伊藤大
輔), 1930년대 야마나카 마사오(山中貞雄), 이나가키 히로시(稻垣浩) 등은 야
쿠자물을 중심으로 개성 있게 그려낸 감독들이다. 그리고 1970년대와 1980년
대에 소도시의 인정을 그린 ≪男はつらいよ≫(남자는 괴로워)라는 시리즈를
감독한 야마다 요지(山田洋次) 등이 있다. 그리고 작품감독은 촬영소 소장이
배급하는 각본에 의해 작품을 만드는 감독이라는 의미가 있다. 대부분은 영화
사에서 지정한 작품을 영화로 만드는 작품감독이었다.

　다음의 <표4>는 점령기에 활약한 기누가사 데이노스케(衣笠貞之助), 미조구
치 겐지(溝口健二), 이토 다이스케(伊藤大輔), 시미즈 히로시(淸水宏), 고쇼 헤이
노스케(五所平之助), 다사카 도모다카(田坂具隆), 아베 유타카(阿部豊), 마키노
마사히로(マキノ雅弘), 이나가키 히로시(稻垣浩) 감독과 영화를 나타낸 것이다.

<표4> 점령기의 감독과 영화 1

감 독	작 품	특 징
衣笠貞之助 (기누가사 데이노스케)	間諜海の薔薇(45), あ 或夜の殿樣(46), 女優(47)	1896년생, 신파비극영화오 야마(女形)출신, 전위예술, 기누가사영화연맹결성

溝口健二 (미조구치 겐지)	女性の勝利(46), 歌麿をめぐる五人の女(46), 女優須磨子の戀(47), 夜の女たち(48), わが戀は燃えぬ(49), 雪婦人繪圖(50), お遊さま(51), 武藏野夫人(51), 西鶴一代女(52 : 베니스국제상)	1898년생, 비극적 여성의 삶표현, 일본리얼리즘창립자, 국제영화제상수상
伊藤大輔 (이토 다이스케)	素浪人罷通る(47), 王將(48), われ幻の魚を見たり(50), 大江戸五人男(51), 治郎吉格子(52)	1898년생, 각본가, 시대극 영화예술성고양
淸水宏 (시미즈 히로시)	蜂の巣の子供たち(48), 小原庄助さん(49), 娘十八嘘つき時代(49), その後の蜂の巣の子供たち(51), 大佛さまと子供たち(52)	1903년생, 다양한 장르영화, 아동영화, 어린이대장 성격
五所平之助 (고소 헤이노스케)	伊豆の娘たち(45), 今ひとたびの(47), 面影(48), わかれ雲(51)	1902년생, 도호투쟁참가, 유머와 휴머니즘영화
田坂具隆 (다사카 도모다카)	どぶろくの辰(49), 雪割草(51), 長崎の歌は忘れじ(52)	인도주의영화, 전의고양영화, 전후홈드라마, 로맨틱 영화
阿部豊 (아베 유타카)	細雪(50)	1895년생, 할리우드 배우, 남녀성숭배, 전전애국영화
マキノ雅弘 (마키노 마사히로)	待ちぼうけの女(46), 肉體の門(48), 殺陣師段平(50), 醉どれ八万騎(51), 次郎長三國誌 九部作(52-54)	1908년생, 부 세이조는 일본최초영화감독, 엔트테인먼트영화
稻垣浩 (이나가키 히로시)	壯士劇場(47), こころ月の如く(47), 手をつなぐ子等(48), 忘れられた子等(49), 佐佐木小次郎三部作(50-51)	1905년생, 아역출발, 서정적인 영화, 유머러스한 영화, 베니스 영화제 수상

* 佐藤忠男, 1996a

　시미즈 감독은 천재적인 영화시인으로 알려졌다. 그는 본인이 좋아하는 대로 행동하는 감독이었기 때문에 쇼치쿠 촬영소의 동료로부터 배척되었고, 전쟁말기에는 촬영소에서 쫓겨났다. 어린이를 중심으로 한 사고와 관심을 가진 어린이 광이라고 할 수 있다. 패전 후 그는 사비로 집 없는 아이들을 모아 이즈(伊豆)에 가서 집을 빌려 양육하기도 하였다. 또한 그들을 전원영화에 출연시켜 ≪蜂の巣の子供たち≫(벌집의 어린이들, 48)이라는 아동영화를 만들었다. 이 영화는 전쟁에서 돌아온 병사가 불량아들을 알게 되어 그들을 자기모교인 도쿄근처의 미가에리 탑(みかえりの塔)이라는 시설에 도보로 데려간다. 가는 중에 다양한 만남과 이별이 반복된다. 영화의 절정은 그 어린이 가운데 한 아이가 병사하는데 죽기 전에 바다를 보고 싶다고 하자 그를 언덕위로 데려가 바다를 보게 하는 장면이다. 이 영화는 실제로 전문영화배우가 출연한 것이 아니며 또한 제작비도 현장 로케를 하여 저예산으로 만든 것이다. 시미즈는 일본패전에 따른 비애와 미래에 대한 희망을 어린이를 통해 그렸다.

미조구치는 감독이 된 후 처녀작으로 ≪女性の勝利≫(여성의 승리, 46)를 쇼치쿠에서 제작하였고, 일본여성을 중심으로 한 영화 만들기의 기초를 다지게 된다. 또한 쇼치쿠에서 새롭게 결성된 노동조합의 위원장이 되어 노동쟁의의 중심에 서게 된다. 미조구치는 기본적으로 섹추얼티 계통의 감독이다[5]. 정치영화를 단념하면서 이후 여성을 주제로 한 ≪西鶴一代女≫(사이가쿠일대녀, 52), ≪月雨物語≫(월우 이야기, 53) 등과 같은 명작을 만들어 냈다. 그는 점령하의 일본영화계에서 흔들리고 있는 역사관, 사회관, 성(gender)관 등을 포함한 다방면에서 관심을 갖고 시대성을 담으려고 분투하였다. 특히 3대 여성해방영화로 알려진 ≪女性の勝利≫(여성의 승리, 46), ≪女優須磨子の戀≫(여배우 스마코의 사랑, 47), ≪我が戀は燃えぬ≫(타지 않는 나의 사랑, 49) 등을 만들었다. 이 작품들은 봉건적인 일본사회에서 정치적·사회적으로 자각해서 독립해가는 여성을 그렸다. 그는 작가 요시다 요시가타와 협력하여 매춘영화를 주제로 한 영화를 만들기 시작하였다. ≪お遊さま≫(유홍녀, 51)에서 주인공은 관서지방의 부호출신 미망인이다. 그녀는 빼어난 미모 때문에 주위의 남자로부터 유혹을 받게 되어 남자에게 빠진다. 그녀의 여동생은 자신을 사랑하는 남자와 결혼하지만 남편은 언니를 사모하게 되는데 동생은 그런 상황을 이해하고 당연한 것으로 인정한다. 그러면서도 동생은 자신과 언니가 같이 있는 것을 다행으로 생각한다. 이 영화는 관념적인 여성미를 지상주의로 하는 미적 세계를 그렸다. 또한 영화에서 미술, 조명 등에서 최고의 실력을 발휘한 작품이라는 평가를 받고 있다.

이나가키 감독은 ≪手をつなぐ子等≫(손을 잡은 어린이들, 48)에서 다운증

---

5) 미조구치는 전전에 만든 ≪マリアの雪≫(35)가 실패작이라고 한다. 이것은 격동의 서남전쟁을 배경으로 모욕당하는 작부(酌婦)가 마지막에 의지를 보이는 작품이다. 주요 내용은 정치와 사상이 아니라 관군장교에게 위안부를 바치는 문제를 다룬 영화이다.

을 가진 아이를 어떻게 교육시킬 것인가라는 주제를 다루고 있다. 특히 그런 문제에 전진적이며 인간미를 발휘하여 대응하고 있는 교사를 통해 인간의 아름다움을 다룬 휴머니즘적 교육영화이다. 이 영화는 교사였던 다무라 이치조(田村一二)가 저서를 통해서 제기한 것을 태평양전쟁말기에 이타미 만사쿠가 시나리오로 만들어 놓고 죽자 이타미 감독을 대신해서 이나가키 감독이 만들었다. 이야기는 교토의 한 초등학교에서 출발한다. 칸타이(寬太)라는 다운증을 가진 아이는 수업 중에 책상 밑에서 놀기도 하고 어수선하여 정상적인 학교수업을 받지 못한 채 그냥 무의식적으로 학교에 다닌다. 어머니는 어떻게 하면 교육을 시킬 수 있을까를 고민하다 교장에게 찾아가 상담을 한다. 교장은 상담 끝에 마쓰무라라는 선생님에게 아이의 교육을 맡긴다. 마쓰무라는 간타이의 교육을 위해 같은 반 학생들에게 협력을 요청하고 그들의 관심과 도움에 맡기게 된다. 그 반의 반장 등은 간타이를 도와 학교생활하는데 불편함이 없게 도와준다. 이런 환경이 조성되자 간타이는 마음의 안정을 찾고 정이 들어 학교 문이 열리기도 전에 학교에 들어가려고 기다리기까지 한다. 그러나 어느 날 학급으로 전학 온 야마킹(山金)은 골목대장으로 간타이에게 시선이 집중되는 것을 싫어해 나쁜 일을 하도록 유도한다. 야마킹은 간타이에게 땅에 머리를 박으면 머리가 좋아진다고 하여 그런 행동을 하게 한다. 그럼에도 불구하고 간타이는 다른 사람에게 악의적인 사고나 행동을 하지 못할 뿐 아니라 야마킹의 행동에도 선의로 대한다. 이에 감복한 야마킹은 학급친구들처럼 간타이를 돕기 시작한다. 이 영화는 근대화되고 있는 상황에서도 아직 인식하지 못한 다운증을 가진 아이에 대한 학교의 대응과 사회적 관심을 불러일으키는 역할을 했다는 특징이 있다.

다음의 <표5>는 미점령기에 활동한 오즈 야스지로(小津安二郎), 나루세 미키오(成瀬己喜男), 야마모토 카지로(山本嘉次郎), 도요다 시로(豊田四郎), 요시무라 코자부로(吉村公三郎), 히사마쓰 에이지(久松靜兒) 등의 작품과 감독의 특징을 나타낸 것이다.

<표5> 점령기의 감독과 영화 2

감 독	작 품	특 징
小津安二郎 (오즈 야스지로)	長屋紳士錄(47), 風の中お牝鷄(48), 晚春(49), 宗方姉妹(50), 麥秋(51), お茶漬の味(52)	1903년생, 소시민영화, 리얼리즘과 넌센스영화, 전후일본전통인정과 생활양식
成瀬巳喜男 (나루세 미키오)	三十三間堂通し矢物語(45), 石中先生行狀記(50), 銀座化粧(51), めし(51), かみなり(52), お國と五平(52), おかあさん(52), 稲妻(52)	1905년생, 사회테마영화, 평범한 인물의 희로애락
山本嘉次郎 (야마모토 카지로)	明日を創る人人(46), 新馬鹿時代(47), 風の子(49), 春の戱れ(49), ホープさん(51)	1902년생, 에노겐의 희극과 멜로드라마, 전전 전쟁영화, 전후 직인적 기술발휘
豊田四郎 (도요다 시로)	女の四季(50)	1906년생, 문학작품의 영화화, 문예영화선구자
吉村公三郎 (요시무라 코자부로)	象を喰った連中(47), 安城家の舞蹈會(47), 誘惑(48), わが生涯のかがやける日(48), 嫉妬(49), 森の石松(49), 戰火の果て(50), 僞る盛裝(51), 自由學校(51), 源氏物語(51), 西陣の姉妹(52), 暴力(52)	1911년생, 독립프로창시, 희곡, 비극, 시대극, 사회구조 조명한 리얼리즘, 사회비판과 인간미 풍부성묘사
久松靜兒 (히사마쓰 세이지)	夜光る顔(46), 新愛染かつら(48), 母燈臺(49), 拳銃の前に立つ母(50), 泥にまみれて(51), 安宅家の人人(52), 秘密(52)	1912년생, 멜로물에서 미스터리영화, 서민생활의 평범한 애환그림

* 佐藤忠男, 1996a ; 佐藤忠男, 1996b

　오즈의 작품세계는 소시민적이며 리얼리즘(realism)에 기초한 예술적 표현을 하고 있는데 주목할만한 가치가 있다. 오즈는 전전에 영화계에서 활동하는 가운데 제2차 세계대전 말기 선전영화를 만들기 위해 스텝과 함께 싱가포르에 파견되었다. 육군의 요청으로 전쟁영화를 제작하려고 하는 순간에 종전이 되어 결국 포로수용소에서 생활을 하게 된다. 종전으로 귀국한 후에 ≪長屋紳士錄≫(나가야신시록, 47)을 만들었다. 이것은 전후 도쿄에 사는 서민들의 생활 속에서 피어나는 인정과 이웃과의 친밀감을 그린 작품이다. 어느 날 우에노(上野)

공원에서 부모를 잃은 아이를 데리고 와 마을 사람들이 함께 그를 돌보며 생기는 다양한 일들을 유머러스하게 그리고, 인간미 넘치는 서민들의 마음을 표현하였다. 오즈는 사회비판적인 미국의 코미디영화를 모방하여 간결하면서도 빠른 리듬의 영화를 만들었다. 특히 민중과 부르주아의 문제를 그린 '쇼멘 게티'(shomen-geti)라는 일본식의 현대영화를 만들어 관객을 사로잡았다. 그는 유성영화로 성공을 거두지 못하고 수년간 중국과 싱가포르 등지에서 체류하였다. 오즈는 죽은 뒤 그의 비석에 '無'(무)라는 말을 남겼다.

오즈 감독이 생활을 소재로 해서 만든 ≪晩春≫(만춘, 49)는 아버지 뜻에 따라 억지로 결혼한 딸 이야기를 그린 작품이다. 가마쿠라(鎌倉)의 조용한 주택가에 대학교수인 아버지와 홀로된 아버지를 모시느라 혼기를 놓친 딸이 살고 있다. 어느 날 딸에게 적절한 혼담이야기가 나오게 된다. 아버지는 딸이 시집가게 될 것같아 걱정이 없어져 안심하지만 딸은 아버지를 홀로 남겨놓고 시집갈 수 없다고 하여 불안해 한다. 아버지는 재혼하려고 한다고 가짓말까지 한다. 딸은 아버지의 말을 납득 하고 시집가기 전에 아버지와 교토로 최후의 가족여행을 떠난다. 이 영화는 아버지가 딸을 딸이 아버지를 생각하는 전통적인 가족애를 그리고 있다. 이것은 핵가족화가 급속하게 진행되어 점차 전통성을 잃어가고 있는 일본사회와 가정, 가족 구성원 등에게 전통미를 맛볼 수 있도록 독려하고 있는 느낌이 강하게 든다. 또한 중류가정의 취미, 올바른 예절, 유머와 조화, 일본차 예절과 노(能), 교토의 절의 모습 등을 통해 미국화와 서구화되어가고 있는 진보적인 풍조와 사조에 대해 생각을 하게 해준다. 특히 고도(古都)를 통해서 전통적인 일본적 미를 강조한 영화라는 점에서 가장 일본적인 영화라고 평가되고 있다.

나루세 감독은 가족영화로 ≪めし≫(식사, 51)와 ≪かみなり≫(천둥, 52) 등을 남겼다. 전자는 공동의 삶으로 돌아갈 것을 결심하는 여인이야기를 다루고 있다. 후자는 어머니와 화해하는 여인을 그리고 있다(Rene Predal, 1994). 나루세는 전통성을 강조하는 일본사회에서 많은 문제점을 노출시키고 있음에도 불구하고 등한시 되고 있는 가족문제를 영화주제로 하였다. 나루세도 오즈처럼 미국의 코미디영화를 모방하였고, 도호에서 1969년까지 80여 편을 만들었다. 그는 때로는 우유부단한 인간의 모습을 그렸고, 인간의 존엄성과 행복에 대한

권리를 주장하는 멜로드라마를 만들었다. 나루세 감독은 전전에도 사회문제를 테마로 하는 영화를 만들지만 흥행에는 실패 하게 된다. 그럼에도 불구하고 일본영화사에서 가족공동체를 중심으로 살아가는 모습과 가족 구성원간에 벌어지는 사회문제를 다루려고 노력하였으며, 가족구성원을 둘러싼 멜로드라마를 감미롭게 그려낸 특징이 있다. 이런 현상은 전후 근대화와 발전으로 붕괴되어 가고 있는 가족공동체뿐 아니라 가족구성원간의 가족애에 대해 경종을 울리는 의미를 갖고 있다.

요시무라 감독의 ≪安城家の舞踏會≫(야스조가의 무도회, 47)는 전후 화족(華族)제도 폐지를 취급한 화려한 드라마 영화이다. 패전 후 옛날 화족이었던 야스조(安城)가는 재산을 잃고 남아 있는 집도 내놓지 않으면 안 되는 상황에 봉착한다. 당주 다다히코(忠彦)는 최후를 장식할 무도회를 열려고 한다. 둘째딸 후토코(敦子)는 그런 무도회가 허영이라고 비판하였지만 무도회를 여는 것이 몰락한 귀족인 아버지의 가슴에 남은 유일한 기쁨이라고 하여 찬성한다. 장남은 될 대로 되라는 타입으로 신경 쓰지 않는다. 무도회 당일 밤 야스조 가의 영광을 재연하듯이 많은 객들이 와서 성황을 이룬다. 그런 가운데 별실에서는 다다히코가 집을 저당 잡은 사람에게 사정을 봐줄 것을 이야기하지만 거절당하고 있었다. 집을 저당 잡은 사람은 옛날 운전수였던 도야마(遠山)였다. 그는 운송회사 사장이 되어 야스조 가의 장녀에게 구애를 하는 중이었고 그런 외중에서 자신의 위력을 보이기 위해 옛 주인의 집을 사려고 한 것이다. 아버지와 장녀는 그것을 치욕으로 생각하여 집 팔기를 거절한다. 도야마는 집도 살 수 없고 여자와도 결혼할 수 없어 괴로워한다. 술을 먹고 취중에 방문한 무도회 손님들에게 집을 샀다고 소리친다. 이런 혼돈 속에 놓여진 상황에서도 후토코 만이 이성적으로 행동하고 있다. 무도회가 끝나자 아무도 없는 방에서 다다히코는 조용히 피스톨을 꺼내 자살하려고 한다. 후토코는 간신히 아버지가 들고 있던 피스톨을 던져버리고 삶의 의지가 없는 아버지를 설득한다. 그리고 아버지와 함께 왈츠를 춘다. 요시무라는 이 영화를 통해서 서구식의 생활환경, 풍속 등을 전면에 내세워 전통적인 삶의 방식을 버리는 작업을 철저하게 하는 특징이 있다. 이것은 일본인이 근대적인 삶의 방식으로 전환하기를 강조하는 의미도 있다. 더욱이 신분사회에서 능력사회로 전환하고 있는 당시 일본사회의 변화를 밀도 있게 그려내고 있다.

■■ 2. 점령기의 감독과 영화 2

이 시기의 감독은 전쟁영화를 만든 후 전후에 반전영화와 국제영화를 만들어 일본영화의 위상과 흥행을 주도하는 등 다양한 경험을 하며 미군정기의 영화를 이끌어왔다. 또한 그런 경험을 통해서 1952년 이후 시작된 일본영화의 전성기를 화려하게 만들었고 그 영광을 한 몸에 받은 감독들이라고 할 수 있다. 다음의 <표6>은 가메이 후미오(龜井文夫), 야마모토 사쓰오(山本隆夫), 이마이 다다시(今井正), 구로사와 아키라(黑澤明), 기노시타 게이스케(木下惠介), 신토 가네토(新藤兼人) 감독의 작품과 특징을 소개한 것이다. 이들 감독은 영화사에서 뿐 아니라 개인사에서도 기구한 운명을 걸으면서도 일본적인 영화를 만들어 일본영화의 국제화에 공헌하였다.

<표6> 점령기의 감독과 영화 3

감 독	작 품	특 징
龜井文夫 (가메이 후미오)	日本の悲劇(46), 戰爭と平和(47,山本隆夫와 共同감독), 女の一生(49), 無賴漢長兵衛(49)	레닌그라드영화학교, 기록영화, 반전영화, 도호투쟁
山本隆夫 (야마모토 사쓰오)	戰爭と平和(47), 暴力の街(50), 眞空地帶(52)	전쟁비판영화, 도호투쟁, 독립프로, 좌익사상영화
今井正 (이마이 다다시)	愛と誓(45,崔寅奎와 공동), 民衆の敵(46), 人生どんぼ返り(46), 靑い山脈(49), また逢う日まで(50), どっこい生きてる(51), 山びこ學校(52)	풍속·액션영화, 전의고양영화, 좌익운동, 전후민주주의계몽, 사회정의, 도호투쟁
黑澤明 (구로사와 아키라)	續姿三四郎(45), わが靑春に悔なし(46), 素晴らしき日曜日(47), 醉ひどれ天使(48), 靜かなる決鬪(49), 野良犬(49), 醜聞(50), 羅生門(50), 白痴(51), 虎の尾を踏む男達(52,공개), 生きる(52)	1910년생, 화가, 山本嘉次郎에게 사사, 라쇼몽, 베니스영화상, 국제적영화감독
木下惠介 (기노시타 케이스케)	大曾根家の朝(46), わが戀せし乙女(46), 結婚(47), 女(48), 肖像(48), 破戒(48), お孃さん乾杯(49), 新釋四谷怪談(49), 破れ太鼓(49), 善魔(51), カルメン故郷に歸る(51), 少年期(51), カルメン純情す(52)	1912년생, 촬영기사, 시나리오작가, 비극, 희극, 현대극, 시대극, 뮤지컬, 감상적 풍속영화, 텔레비전 작품

新藤兼人 (신토 카네토)	愛妻物語(51), 原爆の子(52)	천재시나리오작가, 히로시마원폭피해작품

* 佐藤忠男, 1996b

구로사와는 1936년 조감독 겸 시나리오작가로 도호영화사에 들어가 전쟁 기운이 가득한 시기에 무협영화를 만들었고 이것이 그를 세계적인 감독으로 명성을 날리는 토대가 되었다. 그 이후 점령기의 영화계에서 두각을 나타내어 일본영화의 중심에 서게 되었다. 그는 ≪醉いどれ天使≫(주정꾼 천사, 48)에서 신인인 미후네 토시로(三船敏郎 : 1920-97, 영화배우)에게 결핵에 걸린 야쿠자(やくざ)를 연기하도록 하고, 고독과 절망의 한가운데서도 희망은 사라지지 않는다는 인간적인 철학을 호소했다. 휴머니즘영화로는 ≪わが靑春に悔なし≫(우리 청춘에 후회 없어, 46), ≪醉ひどれ天使≫(48) 등이 있다. ≪虎の尾を踏む男達≫(호랑이 꼬리를 밟은 남자, 52년 공개)는 1945년 열악한 환경 속에서 만들어진 영화로 가부키의 「勸進帳」(권진장)을 패러디한 뮤지컬 풍의 작품이다. 이 영화는 패전직전에 촬영이 시작되어 패전 후에 완성되었지만 상영되지 못하고 1952년 미군정이 끝나고 나서야 상영되었다. 이 작품에서는 지위에서 쫓겨나 도망하는 신세에 있지만 주인을 지키기 위해 목숨을 걸고 행동하는 사무라이의 이야기를 다루고 있다. 그런 작품에서 보듯이, 구로사와는 언제나 고독한 인간의 존재를 묘사하였다. 구로사와는 그런 설정을 통해서 비인간적인 세상의 모습을 보여주는 것에 그치는 것이 아니라 그 인물의 내면적인 욕구까지 심층적으로 파헤치고 살얼음과 같은 희망을 그려내는 영화를 만들어 냈다.

역사영화인 ≪羅生門≫(라쇼몽, 50)은 1951년 이탈리아 베니스 영화제에서 그랑프리를 수상한 작품이다. 국제영화제에서 그랑프리를 받게 된 일본영화는 본격적으로 국제무대에서 평가를 받기 시작했다. 또한 1951년 제24회 아카데미 최우수 외국영화상을 수상하여 동양영화에 대한 관심을 갖는 계기가 되었다. 이 영화는 1921년에 쓴 『今昔物語集』(금석이야기집)의 『덤불 속』이라는 단편이 작품의 기초가 되었다. 주요 내용은 중세일본을 배경으로 한 강간사건을 둘러싸고 여러 증인을 동원해서 반복적으로 이야기하는 내용이다. 영화주제가 된 내용은 사무라이가 도적에게 속고 아내가 폭행당했다는 이야기가 전부다. 아쿠다가와(芥川龍之介)는 도적의 사무라이에 대한 살인사건으로 하고 무녀의 입을 통해서 말하는 사무라이 영혼, 살아남은 아내, 도적 등이 각자의 입장에서 사건의 진상을 말하는 복잡한 이야기로 재구성하였다. 구로사와는 영화에서 각자가 주장하는 자아를 생명의 원동력으로 묘사하고 있다. 이 영화는 살인범이 누구인가 라는 미스테리 성을 띠고 있고, 하나의 사건을 두고 저마다 자기중심적인 입장에서 증언하는 사람들을 통해 인간의 이기주의와 진실의 상대성을 중점적으로 그리고 있다. 또한 황폐해진 사회에서 무모할 정도로 자기중심적인 욕망을 표출하는 동물적 감각을 인간의 매력으로 표현하고 있다.

구로사와의 《生きる》(생존, 52)는 전후 일본사회의 관료주의를 통렬히 비판한 휴머니즘 영화라고 평가받고 있다. 이 영화는 죽음을 앞둔 한 평범한 공무원이 죽어가는 과정을 묘사하면서도 감성에 치우치지 않고 이성을 적절히 조화시켜 표현한 명작이다. 모범적으로 30년 가까이 시청과 시민과장으로 근무해 온 공무원 와다나베 겐지는 어느 날 갑자기 간암말기라는 판정을 받는다. 그는 규칙적으로 생활을 해왔고, 아내는 퇴직금에 많은 관심을 갖고 있으며, 자식들은 이미 부모의 품을 떠난 상태이다. 남자는 얼마 남지 않은 삶을 어떻게 보내야 할지 혼란스러웠다. 그는 부하 공무원을 통해 삶의 가치를 찾으려 한다. 그러는 가운데 방황을 접고 삶의 가치를 찾기 위해 빈민지역의 버려진 땅을 공원으로 바꿀 계획을 세우고, 그것을 실천하면서 인생에 대한 새로운 가치를 찾게 된다. 마지막 삶의 에너지를 공원 만들기에 투신한 와다나베에게 그가 살아온 공무원 사회는 극복하기 어려운 방해꾼으로 다가온다. 어려움 속에서도 공원을 세우고 난 뒤 죽고 만다. 이 영화는 공무원의 죽기 전 모습과 죽은 후 장례식에 모인 사람들이 회상하는 것을 통해 강하게 뿌리박고 있는 관료주의를 비판한다. 그리고 열악한 조건과 죽음이라는 최악의 상황에서도 다시 삶의 의미를 찾아가는 휴머니즘을 그려냈다. 전후 일본사회가 심각한 혼란에서 벗어나지 못하고 있던 때, 자식과의 세대차이, 물질만능주의, 관료주의, 갑작스런 사회변화 등을 겪었던 당시 일본사회를 휴머니즘시각에서 잘 그려낸 작품이다.

이마이 감독은 《靑い山脈》(푸른 산맥, 49)에서 연애를 젊은이가 갖는 특권이자 권리로 인식하고, 민주주의와 연결된 시각에서 표현하였다. 따라서 연애를 죄악시하는 봉건적인 감각으로부터 벗어나 철저하게 웃음과 해학으로 표현하여 젊은이의 공감을 얻었다. 이 영화는 어느 지방도시에서 일어난 일을 배경

으로 하였다. 여학교 학생인 신코(新子)가 고교생 무쓰스케(六助)와 친구가 된
것을 동급생인 아사코(淺子)는 질투한다. 거짓 사랑편지와 같은 것을 통해서
괴롭힘을 당하자 신코는 교사인 세쓰코에게 상담을 한다. 세쓰코는 이 사건을
학생들에게 알리고 남녀간의 교제를 이상한 짓으로 생각하고 괴롭히는 것은 봉
건적인 사고라고 주장한다. 그런 상황에 대해 아사코는 학교를 사랑하기 때문
에 자랑스럽지 못한 동급생을 시험해본 것이라고 변명을 한다. 많은 학생들이
아사코 편을 든다. 또한 농담으로 여성을 모욕한 남학생을 손바닥으로 때린 세
쓰코의 소문이 돌자 도시에 사는 봉건적인 성향을 가진 두목은 세쓰코를 협박
한다. 이어서 작은 지역에서 여학생을 두고 구세력과 신세력이 대립을 한다. 위
험에 처한 세쓰코를 구하기 위해 많은 사람들이 나선다. 구세력과 신세력의 대
결은 이사회 장에서 벌어졌고, 세쓰코를 구하려는 집단은 이사회에서 적극적으
로 발언하여 판세를 유리하게 이끈다. 이 영화에서는 여성들이 개혁이라는 입
장을 지지하고 남성들이 그것을 추종하는 형태를 취하고 있다. 이마이 감독은
이 영화를 통해서 전통적인 연애 터부나 남성적인 사고로부터 벗어나려고 하는
메시지를 사회에 던지고 있다.

　기노시타 감독의 ≪新釋四谷怪談≫(신석요쓰야괴담, 49)은 패전 후 근대주의
적 계몽사상이 판을 치고 있던 시기의 작품이다. 그러나 유령이 출현하는 등 비
합리적이며 비과학적이라는 이유로 배척되었다. 이 영화는 실업자가 된 무사로
악당에게 꼬드김을 당해 부자에게 접근하기 위해서 부인을 살해하고 나중에 양
심의 가책을 받아 자멸한다는 내용을 담고 있다. 에도(江戸)시대 가부키(歌舞伎)
가 융성하던 시기에 걸작중의 하나인 쓰루야(鶴屋南北)의 『東海道四谷怪談』
(동해도요쓰야괴담)을 영화화한 공포(horror : 호러)영화이다. 전후에는 그런 내
용을 소재로 한 영화들이 반복해서 만들어져 영화의 한 장르로 정착된다. 또한
기노시타 감독의 ≪カルメン故郷に歸る≫(칼멘 고향에 돌아오다, 51)는 일본
최초의 컬러영화이다. 어린 시절 높은 나무에서 떨어져 머리가 좀 이상해진 소
녀가 도쿄에 가서 스트립쇼걸이 되어 칼멘이라고 불린다. 그녀는 자기를 성공
한 예술가로 착각하고 금의환향하는 기분으로 동료 마야와 같이 고향인 신슈
(信州)로 돌아온다. 마을 남자들은 스트립쇼를 볼 기분으로 들떠있고 그녀를 춤
추게 하여 즐기고 있다. 그러나 부모님과 학교 선생은 부끄러워한다. 본인들은

훌륭한 예술을 연출했다고 생각하고 도쿄로 다시 돌아온다. 이 영화는 전후의 해방감을 느끼기에 충분한 영화로 당시의 해방되어가는 젊은이와 일본사회의 모습을 잘 표현하고 있다.

기노시타 감독의 ≪少年期≫(소년기, 51)는 심리학자 나미다(波多野勤子)가 전쟁 중에 중학생인 아들과 교환한 편지를 모아 출판하여 베스트셀러가 된 것을 기노시타가 각본하여 영화화한 것이다. 이 영화는 태평양전쟁기 도쿄에 살고 있는 일가가 나가노현(長野縣)의 한 시골에 잠시 살던 이야기를 담고 있다. 중학생 소년은 존경하는 선생님이 전장에서 전사한 것을 계기로 미국을 적으로 생각하고 군인이 되기를 희망하였다. 그러나 학자인 아버지는 전쟁에 반대하는 사상을 갖고 있어 군인이 되고 싶어 하는 소년과의 대화를 거부한다. 전쟁반대 사실이 경찰에 들어가면 처벌을 받기 때문이다. 아버지는 언제나 책만을 읽고 있다. 어머니는 먹고살기 위해 기모노(着物)를 팔아 쌀을 사서 짊어지고 돌아오는 등 고통을 감내하고 있다. 소년은 그런 상황에서도 독자적인 길을 걷고 있는 아버지에 대해 반감을 갖는다. 국가를 위해서 아무것도 하지 않고 모르는 척하는 아버지를 이기주의자라고 생각했다. 그런 가운데 아버지는 아들에게 자신이 죽기 전에 편하게 잠자든지 아니면 살아있는 동안에 읽을 수 있을 만큼 읽어두는 것이 좋다고 말을 한다. 이윽고 전쟁이 끝나자 아버지의 활동이 활발해지면서 집을 수리하는 등 분산하게 움직이는 것을 보고 아버지의 생각이 옳았다고 소년은 생각한다. 이 영화는 전전에 소년이 학교, 가정, 사회, 국가 등을 생각하지 않으면 안 되었던 모순을 솔직하게 표현한 작품이라는 특징이 있다.

다음의 <표7>은 미점령기에 활동한 가와시마 유조(川島雄三), 이치카와 콘(市川崑), 고바야시 마사키(小林正樹), 가토 타이(加藤泰), 치바 야스키(千葉泰樹), 시부야 미노루(澁谷實), 하루하라 마사히사(春原政久) 등과 같은 감독과 작품을 나타낸 것이다.

<표7> 점령기의 감독과 영화4

감 독	작 품	특 징
川島雄三 (가와시마 유조)	追いつ追われつ(46), オオ,市民諸君(48)	B급희극과 멜로드라마, 풍속영화, 근육위축병

市川崑 (이치카와 콘)	花ひらく(48), 三百六十五夜(49), 果てしなき情熱(49), 人間模様(49), 熱泥地(50), 銀座三四郎(50), 無國籍者(51), 戀人(51), 盜まれた戀(51), ブンガワンソロ(51), 夜來香(51), ラッキさん(52), 若い人(52), 結婚行進曲(52), 足にさわった女(52)	1915년생, 애니메이션 연출, 통속멜로물, 희극영화, 풍속영화, 시나리오작가로도 활약,
小林正樹 (고바야시 마사키)	息子の靑春(52)	1916년생, 木下惠介에게 사사, 도쿄재판
加藤泰 (가토 타이)	劍難女難(51)	1916년생, 任俠영화호평, 하층사회의 로망그림
千葉泰樹 (치바 야스키)	蒼白き人人, 人生劇場 殘俠篇, 煉瓦女工(40), 生きている畫像(48), 空想部落, 生きている畫像, 大番(50)	상업영화제작
澁谷實 (시부야 미노루)	ママの縁談, 母と子, 自由學校, 本日休診(51), 現代人, 氣違い部落(52)	도시의 풍속희극
春原政久 (하루하라 마사히사)	三等重役(52)	B급영화제작, 사회영화

* 佐藤忠男, 1997

이치카와 콘(市川崑 : 1915-, 영화감독, 문예작품을 영화화함)은 처녀작으로 노가미 야에코(野上彌生子)의 『眞知子』(마치코)를 영화화한 ≪花ひらく≫(활짝 핀 꽃, 48)을 만들었다. 그는 1953년 ≪プーサン≫(부산)으로 주목을 받았고, 1965년에는 기록영화인 ≪東京オリピック≫(도쿄올림픽)을 만들었다. ≪花ひらく≫(48)은 전전의 사상적 혼란 시대를 배경으로 젊은 인텔리 여성의 애정과 삶의 방식을 소재로 해서 만든 작품이다. 작품에서는 여주인공이 살고 있는 주위에 있는 정신병원에서 들려오는 절규 등이 당시의 정신적 고통을 대변하는 것과 같은 상황이 설정되었다. 이처럼 패전이후부터 1952년 미군정이 끝날 때까지 일본영화의 감독과 작품은 시대적 구속으로부터 자유롭지 못하면서도 서구적인 양식과 사고를 작품 속에 그려 내어 전통적인 일본적 요소를 부정하는 성향을 보였다. 그런 가운데 패전에 따라 일시적으로 방향을 잃었던 미조구치 겐지, 나루세 미키오, 오즈 야스지로, 도요다 시로, 구로사와 아키라 등이 시대적 구속으로부터 벗어나 새로운 시대감각을 익히면서 일본영화는 제2의 전성기를 맞게 된다.

치바 야스키(千葉泰樹 : 1910-85, 중국장춘출생) 감독은 1930년 가와이(河合) 영화에서 ≪蒼白き人人≫(창백한 사람들), ≪人生劇場 殘俠篇≫(인생극장 잔협편), ≪空想部落≫(공상부락), ≪生きている畵像≫(살아있는 화상), ≪大番≫ (대번) 등을 만들었다. 그는 1930년대부터 1960년대까지 장기에 걸쳐 왕성한 활동을 하였고 많은 상업영화를 만든 감독이다. 대부분의 작품은 유명하지 않지만 무시할 수 없는 가작도 있다. 1940년에 만든 ≪煉瓦女工≫(기와여공, 40) 은 가난한 여성노동자의 수기에 기초해서 만든 것으로 당시 교토 슬럼가의 군상을 따뜻하게 그린 휴머니즘을 표현한 작품이다. 좌익적 성격은 없지만 당시 중국에 대한 침략전쟁을 본격화하고 있던 정부는 일본내에서 벌어지고 있는 극에 달한 빈곤문제를 주제로 하였기 때문에 상영 금지시켰다. 이 작품은 1945년 패전 후 검열제도가 폐지된 후에 공개되었다. ≪生きている畵像≫(살아있는 화상, 48)은 한 작품도 팔지 못한 화가와 그를 사랑하여 결혼하려고 하는 여성 간의 순애보를 그린 작품이다. 여성은 병사하지만 각종 전시회에서 낙선한 그가 그녀를 그린 그림이 입선하게 된다. 이 영화는 그 남자를 둘러싼 생활의 모습을 인간답게 그려내고 있다. 즉 술을 좋아하는 사람, 제자를 사랑하는 사람, 그림을 좋아하는 스시야(壽司)의 아저씨, 양심을 소중히 하며 우정을 중시하는 사람 등과 같이 사랑할 수밖에 없는 인간군상을 그린 작품이다. 이 영화는 당시 자유롭지만 자유를 만끽할 수 없는 일본사회를 역설적으로 그려 자유롭게 살아가는 군상을 표현한 특징이 있다.

시부야 미노루(澁谷實 : 1907-80) 감독은 각 시대의 풍속을 희극적으로 그리는 재능을 보인 감독이다. 도쿄의 시타마치(下町)에 가난한 사람들이 사는 거리에서 개업한 미구모(三雲)라는 의사를 중심으로 그린 영화가 ≪本日休診≫ (오늘 유진, 51)이다. 이 영화는 유머와 휴머니즘 시각에서 서민생활을 그렸고 패전 후 겨우 최악의 생활상태에서 벗어나 회복한 시기 사람들의 생활을 밀도 있게 그려낸 작품이다. 미구모 병원은 개업 1주년을 맞아 병원식구들과 여행을 떠나고 오늘 휴진이라고 하여 노인인 미구모 선생만이 지키고 있다. 그러나 휴가가기 이전 아침부터 저녁까지 사건이 사건을 물고와 병원은 정신없이 하루를 보낸다. 폭력배에게 구타를 당한 딸을 경찰이 데려오고, 야쿠자와 연상의 정부가 같이 와 손가락을 붙여달라고 하고, 맹장환자가 야밤에 도둑질을 하고 도망가는 등 다양한 환자가 오고 간다. 그럼에도 불구하고 미구모 선생은 그런 어려움을 하나하나 해결해 간다. 환자 중에는 전쟁에서 돌아온 육군 장교도 있고 전쟁의 악몽으로 발작을 일으켜 사람에게 경례를 하라고 호통을 치는 등 전쟁의 악몽에 휩싸인다. 그는 발작을 하면서 날아가는 비행기를 소년비행단으로 알고 경례를 한다. 그런 가운데 전쟁과 생활 속에서 생겨난 발작증세가 마을 사람들의 따뜻한 마음으로 해결되고 그도 서서히 그 속에 빠져들면서 인간미를 회복하게 된다.

하루하라(春原政久)감독은 B급영화를 많이 만든 감독으로 알려졌다. 그의 ≪三等重役≫(삼등중역, 52)은 사회성을 지닌 가작이라고 평가할 수 있다. 패전 후 일본을 점령한 미군정사령관은 전쟁 중 전쟁에 협력한 많은 기업가에게 전쟁책임을 물어 지위로부터 추방했다. 이 때 많은 가본가와 경영자가 경영일선에서 사라졌고, 사원에서 승진한 새로운 사장과 중역이 많이 탄생하였다. 창업자인 대주주는 일등 중역, 그 후계자는 이등 중역, 주식 무소유자로서 사원에서 출발해서 승진한 사장은 3등 중역 등으로 칭하였다. 3등 중역은 주주의 눈치를 보면서 경영을 했기 때문에 부하들로부터 존경심을 받지 못하였지만, 전후 가난했던 시대를 분투하여 극복해온 주역이 되었다. 그들은 전후 일본식경영의 확립자이며 영웅이기도 하다. 이 영화는 그런 전후를 극복해온 주식 무소유 경영자의 사투과정을 그린 작품이다. 한 지방에 있는 주식회사에서 은퇴한 선대 사장에게 머리를 들지 못하는 현 사장이 있다. 그는 위엄이 없고 크게 웃으면서 머리를 숙이는 행위를 하여 바보처럼 보인다. 그러나 그는 마치 가족구성원처럼 협력을 하면서 화기애애한 분위기에서 서로 도우며 회사를 이끌어 간다. 일본적 회사경영의 이상이 여기에서 발현된다. 당시 일본은 일본기업의 민주화와 냉전체제의 심화로 회사운영이념을 새롭게 모색해야하는 시점이었다. 이 영화는 일본식 경영의 모체를 리얼하게 그린 작품이라는데 가치가 있다고 할 수 있다.

■■ 3. 점령기 일본영화의 위상

일본이 무조건 항복할 쯤 일본영화사는 제작한 전쟁선전영화를 즉시 소각하였다. 예를 들면, 야마모토 카지로 감독의 ≪アメリカようそろ≫(미국 지금 이대로)는 미군의 본토 상륙에 대비하여 고속보트로 미군함선을 정면에서 공격하기 위해 결전태세를 준비하는 해군 이야기를 다룬 것이다. 또한 약간만 바꾸면 평화적 내용이 되는 작품을 급하게 수정해서 패전직후 공개하였다. 고쇼 헤이노스케(五所平之助)의 ≪伊豆の娘たち≫(이즈의 여성들)은 미군의 공습을 피해 시골에 건립한 병기공장에서 일하는 직원과 현지 사람과의 사랑이나 결혼을 그린 영화이지만, 병기공장은 전쟁을 고양시키거나 촉진시키는 공장이 아니라는 것을 표출시키는 등 전쟁관련성을 부정하고 일반적인 이야기로 바꾼 것이다. 이처럼 미점령기에 들어가기전 일본영화는 시대적 변화에 적응하려고 발빠른 움직임을 보였다.

특히 전쟁과 무관한 2개의 시대극이 만들어 졌지만 미군정의 검열로 상영 금지되어 철군한 이후에 공개된 작품이 있다. 즉 1952년 미군정이 철수한 이후 공개된 작품으로는 구로사와 아키라가 만든 ≪虎の尾を踏む男達≫(호랑이의 꼬리를 밟은 남자들), 마쓰다(松田定次)가 만든 ≪乞食大將≫(걸식대장) 등이 있다. 이것은 봉건시대 사무라이의 충성심을 그린 작품으로 점령군의 영화검열로 상영 금지되었던 작품이다. 그리고 미군이 들어오면 어떤 영화를 상영하면 좋을까 라는 질문에서 시작된 작품이 ≪そよかぜ≫(산들바람)이다. 이 영화는 도쿄의 극장가와 무용수가 시골의 사과밭으로 사과를 먹으로 간다는 단순한 이야기다. 주제가에서 "사과는 매우 예쁘다"라는 가사가 반복되어 크게 히트친다. 그 가사는 전쟁으로 얼룩진 일본인이 전쟁보다는 평화를 좋아하고 평화시기가 오기를 기다렸다는 의미로 다가왔기 때문에 일본인의 마음을 울렸던 것이다.

일본영화는 이미 쇼와초기에 세계적인 수준에 있었다. 예를 들면, 기누가사(衣笠貞之助)감독의 ≪狂った一頁≫(어긋난 인생, 26)과 오즈감독이 샐러리맨의 비굴함을 그린 ≪生れてはみたけれど≫(태어나 보았지만, 32) 등은 유럽이나 미국의 영화연구가에게 절찬을 받은 작품이다. 쇼와초기 일본영화감독은 전전의 전성기, 전후 점령기와 전성기 등에 인적이며 지적 토대가 되었다는데 큰 의의가 있다. 특히 전시 중에 영화에 대한 통제와 국책영화를 만드는데 협력해야만 했던 영화인들은 그런 가운데서도 기술과 체제를 튼튼하게 정비하고 있었다. 그들은 전후가 되면서 일본영화의 전성기를 만들게 된다. 전후에 활약한 감독은 통쾌한 유도영화 ≪姿三四郎≫(스가타 산시로, 43)로 데뷔한 구로사와 아키라, 유머러스한 풍속희극인 ≪花吹く港≫(꽃핀 항구, 43)로 데뷔한 기노시타 게이스케 등이 대표적이다. 그리고 전시 중에 데뷔해서 당시 전의고양영화에 소극적이었던 이마이 다다시, 야마모토 사쓰오 등은 전후 확실하게 좌익적 입장에서 영화를 만들었다. 또한 전장에서 귀환한 요시무라 코자부로와 시부야 미노루는 패전직후 일본영화계를 화려하게 수놓은 감독이다.

<표8>은 점령기 일본영화가 국제영화제에서 수상한 현황을 나타낸 것이다. 국제영화제에서 일본영화가 여러 상을 수상한 것은 국제사회에서 일본영화의 위상이 정착되고 있다는 것을 의미한다는 점에서 이후 일본영화의 붐을 조성하는 중요한 계기가 된다. 또한 일본영화의 질적·양적 팽창을 의미하는 동시에 아시아 영화에 대한 세계인의 관심이 점차 고조되고 있다는 것을 의미한다. 이런 국제적 관심은 일본영화의 발전뿐 아니라 아시아 영화가 발전하는 촉진제가 되었다.

<표8> 점령기 일본영화의 국제영화제 수상현황

년 도	감 독	작 품	영 화 제	상 종 류
1951	黑明澤	羅生門	아카데미	최우수외국영화
1951	黑明澤	羅生門	베니스	그랑프리,비평가상
1952	溝口健二	西鶴一代女	베니스	국제상
1952	吉村公三郎	源氏物語	칸느	촬영상(스기야마 고헤이)

특히 국제사회에서 일본영화를 알린 인물이 구로사와 아키라이다. 그는 전후 ≪羅生門≫(라쇼몽, 50)이라는 작품으로 일본최초로 국제영화제에서 상을 받아 일본영화의 국제화 가능성을 확인시켜줬고 일본영화를 통해 전통적 미학을 개발하는 계기를 마련하였다. 일본영화가 국제영화제에서 발휘한 흥미와 평가는 그 이후 일본영화가 지속적으로 발전하는 요인이 되었다.

다음의 <표9>는 당시 일본영화의 흥행현황을 나타낸 것이다. 1946년부터 1952년까지는 새로운 시대상과 시대성을 가진 영화가 만들어지고 점차 영화계의 질적·양적 발전이 이루어지는 시기이다. 즉 영화인, 영화작품 수, 영화관수, 방화기업 수, 입장관객, 흥행수입 등의 면에서 성장하였다.

<표9> 점령기의 영화흥행현황 1

년 도	영화관수	장편개봉편수			입장수(천명)	흥행수입 (백만엔)
		방화대기업	방화기타기업	양화		
1946	1,503	67	-	43	732,740	1,231
1947	1,903	97	-	55	756,080	3,667
1948	1,120	122	-	104	758,660	7,928
1949	2,225	156	-	151	786,760	12,478
1950	2,410	215	1	185	718,700	15,524
1951	3,320	208	4	282	731,680	21,914
1952	3,636	28	5	1,911	832,270	32,575

* 자료 : 山田和夫, 1997

다음의 <표10>은 점령기의 영화흥행현황을 나타낸 것으로 일본에서 TV가 나오기 전으로 전성기를 맞이하여 성장을 거듭하였다는 특징이 있다. 특히 영화자금과 관련된 측면의 성장이 두드러졌다.

<표10> 점령기의 영화흥행현황 2

년 도	평균요금	배급수입		일본영화수출액 (달러)	TV보급수
		방화(백만엔)	양화(백만엔)		
1946	2.2	404	240	-	-
1947	5.7	1,300	620	-	-
1948	10.7	3,202	950	-	-

1949	16.3	4,415	2,120	228,000	–
1950	24.5	5,437	2,690	283,100	–
1951	35.2	7,201	4,274	503,657	–
1952	44.2	10,650	6,459	830,344	–

* 자료 : 山田和夫, 1997

일본에서 TV와 영화간의 전쟁은 전성기에서 점차 시작되었고, 컬러TV가 등장하는 1968년부터 본격화되었다. 일본에서 텔레비전은 1953년 7,603대가 보급되었고, 컬러텔레비전은 1968년부터 보급되었다. 1968년 1,269,623대가 전국적으로 보급되었다. 적어도 1945년부터 1952년까지 일본영화는 미군정의 검열과 제한에 따라 표현의 자유를 제한받았지만, 영화 만드는 기술과 체제를 갖추는 데는 자유롭게 할 수 있는 상황이 되었다. 일본영화는 내용뿐만 아니라 하드적인 측면에서 발전을 거듭하여 1950년대 중반이후 전성기를 맞이하였다. 그러나 경제발전과 더불어 예술매체에 대한 발전은 점차 영화산업을 위축시키는 요인이 되었고, 또한 오락과 예술로서 존재해온 영화대신에 편리성과 새로운 문화 창출로 영화는 다양한 도전을 받아 변화하지 않으면 안 되는 시기에 돌입한다. 점령기의 일본영화는 확고한 위상을 차지했음에도 불구하고 새로운 예술매체와 경쟁하는 시기로 접어든 특징이 있다.

Ⅳ 점령기의 영화와 시대성

■ 1. 시대계몽주의

1) 민주주의

미군정이 일본의 체제와 사상을 개혁하는데 최고의 이념으로 삼은 것이 군국주의를 대체할 수 있는 민주주의였다. 따라서 민주주의와 반군국주의에 기초한 체제와 사상을 이식하는 작업을 적극적으로 추진하였다. 그런 변화의 흐름은 영화계에도 영향을 미쳤다. 당시 유행한 아이디어 픽쳐(idea picture)는 일반적인 오락영화가 아니라 계몽적 메시지를 전달하는 민주주의영화를 의미하였다. 그것은 GHQ 산하의 CIE가 일본인을 재교육시키는데 있어 가치가 없는 현실 도피적 오락영화보다는 민주주의를 촉진시키는 아이디어 영화를 제작하도록 독려하였기 때문에 발생한 것이다. 문화정책을 통해서 일본사회가 군사사회로부터 탈피해서 민주사회로 전환하고, 군국주의자나 재벌의 잔재를 척결하여 남녀평등이나 기본적 인권을 실현하는 평등사회가 될 것을 기대하였다. 패전 후 민주주의를 강조한 계몽성을 띤 작품은 구로사와 감독의 ≪わが靑春に悔なし≫(우리청춘에 후회 없어, 46), 고쇼 감독의 ≪今ひとだびの≫(지금 단 한 번의 여행, 47), 야마모토 감독과 가메이 감독의 ≪戰爭と平和≫(전쟁과 평화, 47), 이마이 감독의 ≪靑い山脈≫(푸른 산맥, 49), 기누가사 감독의 ≪女優≫(여배우, 47) 등이 대표적이라고 할 수 있다.

다음의 <표10>은 일본영화 중에서 점령군이 강조한 민주주의와 자유주의 내용을 담은 감독과 작품을 소개한 것이다.

<표10> 민주주의 영화

감독	작품	내용	감독	작품	내용
木下惠介	大曾根家の朝	전쟁과 관련된 가족의 아픔을 그림	稲垣浩	最後の攘夷黨	神風連잔당을 주인공으로 배외주의부정
松田定次	明治の兄弟	자유민권 신장 사조를 형제대립을 통해 표현	渡辺邦男	綠の故郷	포로문제를 소재로 함
今井正	民衆の敵	군벌과 재벌폭로	今井正	山びこ學校	민주주의적 사고 강조
黑澤明	わが靑春に悔なし	京大瀧川事件배경, 尾崎秀實의 반전운동	牛原許彦	街の人氣者	전시중 물자제공한 재벌고발, 개인행복강조
成瀬己喜男	浦島太郎の後裔	군대와 연결되어 사리취한 사람 비판	大庭秀雄	喜劇は終りぬ	전쟁추진자 풍자
澁谷實	てんやわんや	패전 후 세상풍속을 재미있게 그린 소설	澁谷實	自由學校	사표를 내 집에서쫓겨난 홈레스 생활 표현함.

　구로사와 감독의 ≪わが靑春に悔なし≫(우리 청춘에 후회 없어)는 ≪戰爭と平和≫(전쟁과 평화) 등과 함께 전후 민주주의를 표현한 대표적 작품이다. ≪わが靑春に悔なし≫는 구로사와의 전후 첫 작품으로 현실에서 벌어졌던 두 사건을 모델로 하였다. 하나는 1933년 교토대학사건이며, 다른 하나는 제2차세계대전중 발각된 조르게 스파이 사건이다. 교토대학 사건은 만주 식민지화에 성공한 것을 계기로 일본에서 주도권을 가진 우익이 자유주의사상의 기반이 된 의회와 정부뿐 아니라 대학에서 활동하는 자유주의자를 추방하려고 한 사건이다. 그들은 교토대학의 다키카와(瀧川行辰 : 1891-1962, 저서인『형법독본』이 위험사상으로 여겨져 33년 휴직처분됨, 46년 복직되어 총장 지냄)교수를 대표적인 자유주의자로 여겨 대학에서 추방하려 하였다. 당시 좌익사상가는 탄압을 받았지만 자유주의자도 안심할 수 없던 상황이었다. 이것을 계기로 언론의 자유가 크게 손상되었다. 교수제자인 야게(野毛)는 추방반대투쟁을 하는 가운데 공산주

의자가 되어 스파이 활동하다 체포된 후 옥사한다. 또한 다른 하나는 전쟁 중 스파이로 체포되어 사형을 받은 오자키(尾崎秀實 : 1901-44, 중국문제평론가, 동아협동체론 주장, 상해에서 조르게를 알고 지내다 조르게 스파이 사건으로 체포되어 사형됨)에 대한 사건을 모델로 한 것으로 영화에 등장하는 야게(野毛)는 오자키의 분신이었던 것이다.

이 영화는 전시 중 사상통제의 대상이 되었던 공산주의자나 사회주의자를 포함한 자유주의자에 대한 정부통제를 다룸으로써 일본제국주의가 자행한 비민주적이며 비참한 사상통제를 고발하고 있다. 대학은 학문을 할 수 있는 자유와 시대를 비판하고 참여하는 사상적 권리를 갖고 있는 신성한 곳이다. 그러나 당시 제국주의를 구가하던 일본 정부는 제국대학인 교토대학에서 자유를 주창하는 교수를 추방하였다. 이 영화는 실제로 있어서는 안 된다는 당위성을 전제로 당시 정부가 갖고 있던 치부를 드러낸 사건이라는 점을 간접적으로 통렬하게 비판 것이다. 패전 후 그렇게 숨겨졌던 사실들을 들춰내어 공개적으로 대중에게 표현할 수 있는 당시 일본사회가 민주주의에 기초한 사회로 진행되고 있다는 것을 의미하고 동시에 감독 자신도 꺼리는 것 없이 조국이 했던 비도덕적 사실을 공개할 수 있는 입장에 있다는 것 자체가 민주사회로 가고 있다는 것을 간접적으로 보여 주고 있다. 그러나 그 이면에는 미군정이 영화계에 요구한 민주주의적 표현, 반일본주의적 표현, 반제국주의적 표현 등을 충실하게 따랐다는 점에서 민주사회에서 비민주적인 현상이 내재되어 있는 모순이 현실에 있다는 것을 동시에 암시하고 있다. 이런 시각에서 보면, 이 영화는 직간접적으로 당시의 시대성을 잘 담아내고 있다고 평가할 수 있다.

이마이 감독의 《山びこ學校》(메아리 학교, 52)는 전후 민주주의 교육의 성과를 표현한 작품이라고 할 수 있다. 1951년 도쿄의 한 출판가가 야마가타현(山形縣)의 가미노아마 시(上山市)에 있는 중학교에서 무차쿠(無着成恭)가 담당한 학급의 작문과 시를 모아 책을 내자 베스트셀러가 되었다. 여기에서는 시골의 어려운 생활뿐 아니라 빈곤을 어떻게 극복할 것인가 등에 대해 생각하고 행동한 것을 표현하였다. 당시 베스트셀러라는 평판을 받은 이 책은 국체사상과 군국주의사상의 굴레에서 헤어나지 못했던 학교교육으로부터 탈출해서 자유롭게 민주적으로 운영되는 학교모습을 그렸다는 점에서 전후 민주주의 교육의

성과를 간접적으로 말해주고 있다. 무차쿠는 민주주의를 교육시키는 사회교육의 교재가 부족하여 새로운 교재개발과 교육방법을 도입하였다. 그는 학생들에게 정치와 경제에 대해 보고서를 쓰게 하고 그것을 토론의 주제로 했던 것이다. 이 영화는 민주주의적 교육과 학습을 창출해 가는 모습을 그리고 전후 이상주의적인 분위기를 생생하게 그렸다는데 가치가 있다. 또한 교실내외에서 벌어지는 다양한 사건에 대해서 민주주의 사고를 통해 해결하는 모습을 그려 일본사회에서 민주주의적 사고와 행동이 이미 성장해 가고 있다는 점을 학교를 통해 증명하려는 의도를 가진 영화이기도 하다.

시부야 미노루 (澁谷實)감독의 ≪自由學校≫(자유학교, 51)는 문예영화로서 시시 분록쿠(獅子文六 : 1893-1969, 소설가, 극작가, 파리에서 연극연구, 근대극의 번역과 연출, 『てんやわんや』, 『自由學校』, 『娘と私』 등의 소설을 남김)의 작품을 영화화한 것이다. 전후 세상풍속을 재미있게 그린 풍자소설을 영화화한 것으로 자유를 그린 것이다. 주인공은 샐러리맨으로 회사의 존재에 대해 의문을 갖게 되면서 버티지 못하고 사표를 낸다. 이유를 모르고 사표를 내 가정경제에 위기를 몰고 온 남편의 어이없는 행동에 화가 난 마누라는 그를 밖으로 내쫓는다. 그러나 남편은 집을 나와 흘러가는 대로 도쿄에서 쓰레기를 줍는 그룹에 속해 일하고 싶을 때 일하고, 쉬고 싶을 때 쉬는 자유로운 삶을 유지한다. 그는 회사와 가정이라는 현실적 구속으로부터 벗어나 자유롭게 살기 위해 룸팬 생활을 하였다. 그러나 그렇게 생활을 하는 가운데서도 사기를 당하는 등 완전히 자유로운 사회가 없다는 것을 깨닫는다. 한편 남편을 내쫓은 아내는 이상한 남자들이 구애하는 등 재미없는 생활만은 아니지만 역시 남편이 있는 것이 안전하다고 새롭게 인식한다.

이 영화가 나온 시기는 패전 후 6년이 지나 겨우 혼란이 일단락되어 사회도 안정을 되찾는 시기였다. 착취로 인해 빈곤해진 삶을 담보했던 시기에서 그리고 전쟁으로 인해 생명을 담보했던 시기로부터 해방된 일본인들은 부와 생명을 다시 찾을 것이라는 절대적 희망을 갖고 전후를 생각하게 된다. 그것은 민주주의, 자유주의, 자본주의 등에 기초해서 만들어지는 것이라고 여겼다. 따라서 그들은 무조건적으로 일본이 자행했던 과거사를 송두리째 그리고 빨리 잊으려고 하였다. 그런 기대감과 희망을 갖고 출발한 전후는 새로운 구속이 기다리고 있었던 것이다. 일방적이었던 착취는 경쟁적인 착취로 전환되었고, 무조건적 전쟁은 이유 있는 전쟁으로 대체되는 엄연한 현실이 착착 진행되어 구조화되고 있다. 그렇게 해서 전후 구조화된 것이 회사이며 가정이다. 회사와 가정은 경제력과 사랑을 담보로 유지되는 것이지만 샐러리맨에게는 겨우 얻은 자유가 한꺼번에 빼앗겨 매몰되는 감옥으로 다가왔다. 이 과정에서 강압과 강제는 없다. 다양한 이유로 자유의지에 따른 자유의 반납만이 존재한다. 그러나 그런 자유를 추구하고 자유롭게 선택하는 가운데 자유가 사라지는 것을 느꼈던 것이다. 이 영화는 그렇게 전후사회가 구조화되어 가는 당시의 사회상을 잘 표현하고 있다.

일본에서 전략적인 점령정책을 구사한 미군정은 이른바 국가의식으로부터 해방된 사고를 촉진시키고, 자유사상으로부터 고립된 사고를 해체하기 위해서 비정치적인 영역을 강조하는 경향이 있었다. 미군정이 지배하면서 강조한 것이 스포츠이다. 그것을 통해서 지루했던 군국주의와 제국주의적 요소를 일소하기를 기대했다. 그 과정에서 미군정은 일본인의 스포츠에 대한 관심을 높이기 위해서 야구를 장려하였다. 그것은 오락주의를 강조하는 측면보다는 건전한 스포츠정신과 정치적 일변도의 관심을 전환시키는 차원에서도 진행된 것이다. 따라서 영화계에서도 스포츠 중에서 야구를 소재로 하는 영화가 장려되었다. 전쟁 중 야구는 적국문화의 산물로서 파울이나 스트라이크 등과 같은 용어를 일본어로 바꿔서 사용할 정도였다. 그러나 전후가 되어 서민들에게 야구는 다시 인기를 끌었다. 1945년 11월 23일 징구(神宮)구장에서 전후 처음으로 동서대항 프로야구대회가 열렸다. 다음의 <표11>은 영화내용에서 야구와 관련된 장면을 다룬 작품을 소개한 것이다.

<표11> 스포츠영화

감 독	작 품	내 용	감 독	작 품	내 용
マキノ正博	のんきな父さ(46)	야구는 자유와 민주의 상징	渡辺邦男	エノケンの王ホームラン	프로야구시합장면
黒澤明	素晴らしき日曜日(47)	야구를 통한 미국이미지개선	黒澤明	野良犬	전후일본사회질서화
小杉勇	花嫁選手(48)	민주질서로서 야구인식	齊藤寅次郎	野球王時代	야구를 주제로 함

구로사와의 ≪素晴らしき日曜日≫(화창한 일요일, 47)은 젊고 가난한 주인공이 일요일을 보내고 있는데 케치볼 놀이를 하던 어린이의 볼이 자기 앞으로 왔다. 그래서 공을 잡아 던졌는데 그 볼이 잘못해서 근방에 있는 과자점의 만두에 명중하여 배상한다는 이야기다. 미군정이 점령하던 시기는 미국과 자유의 상징인 야구가 도로변에서 놀던 어린이의 놀이로 정착하는 시점이었다. 따라서 이런 현상은 적대시 해왔던 미국에 대한 이미지를 버리고 새로운 신문화를 통해서 친미성향을 부추기고 선정하는 의미도 함의하고 있다. 이런 점에서 야구는 단순한 스포츠라는 의미를 넘어 미국을 상징하고 민주주의를 상징하는 의미를 갖고 있다.

또한 ≪野良犬≫(들개)는 빼앗긴 권총을 찾기 위해 범인을 추적하던 형사가 사건의 열쇠를 쥔 야쿠자가 야구를 좋아한다는 말을 듣는다. 그는 사고의 진상을 파악하기 위해 야쿠자가 있는 도쿄 고라쿠엔(後樂園) 야구장에 갔다. 이 영화는 전후 일본사회의 새로운 풍조를 표현한 작품이다. 권총을 빼앗긴 젊은 형사가 그것을 찾으러 도쿄를 구석구석 찾아다니면서 전후 도쿄의 구석구석을 보여주고 있다. 암시장과 슬럼가를 비춤으로써 도쿄의 삶의 환경을 세세하게 그려낸다. 빼앗긴 총은 전쟁에서 돌아온 절망한 청년에게 넘겨져 살인무기로 쓰이게 되어 살인행각은 지속된다. 그런 표현은 전후시대의 어두운 면을 나타내기도 하지만, 다른 한편으로는 전쟁과 군국주의로부터 해방되어 새로운 시대에 대한 희망으로 전이되는 과정에서 생기는 고통을 암시한다. 야구장에는 군중이 홈런에 도취되어 환호하고, 극장에는 무용수들의 건강한 에로티시즘이 연출되고 있다. 젊은 형사는 혼란과 무질서를 극복하고 새로운 질서만들기를 결심한다. 그런 무질서 속에서도 범인이 발견되어 격투 끝에 조용하고 평화로운 질서가 잡힌 주택가에서 체포한다. 이 과정에서 범인은 큰 소리로 울음을 터뜨려 조용한 주택가를 뒤흔들었지만 주위에는 피아노 소리와 거리를 노리는 초등학생의 평화로운 모습이 교차되면서 영화는 끝을 맺는다. 그런 표현은 전후 혼란을 거듭해오던 일본사회의 무질서가 사라지고 질서가 잡히고 있는 것을 의미하며 전후 혼란이 일단락되어 새로운 시대를 향해 나아가고 있는 일본인과 일본사회를 나타내고 있다.

또한 마키노는 ≪のんきな父さ≫(만사태평한 아버지)에서 26명의 프로야구

선수를 등원시켜 시합하는 장면을 넣어 역시 자유와 변화의 상징으로 야구를 이용하였다. 또한 미군정은 ≪花嫁選手≫(신부선수)에서 야구장면을 많이 넣도록 명령하였다. 야구는 민주주의정신에 공헌한다고 생각했기 때문이다. 우라야마(浦山棟郎)감독은 점령군의 민주주의정책이 3S였다고 하였다. 즉 스크린, 스포츠, 섹스 등이 그것이다. 이런 점에서 볼 때, 미국은 일본에서 영화, 스포츠, 성 등을 통해서 일본사회와 일본인의 전통적이며 군국주의적인 사고와 행동을 정화하는 작업을 하였다. 정화라는 측면도 있지만 전쟁국가라는 이미지를 희석시키고 국가로부터 해방되어 자유롭게 국가의 구속에 대해 저항하고 이의를 제기하는 변화된 일본인을 구상하였다. 이런 현상은 민주주의를 부각시키고 이식시키는 작업이라고 할 수 있지만, 다른 한편으로는 일본의 전통적인 가치체계를 붕괴시키고 낭만적이고 오락적인 사회를 구축하려는 의도가 포함된 정책의 결과로 나타난 것이라고 할 수 있다.

2) 감성주의

전전영화에서는 전통적인 윤리관에 기초해서 서구적인 자유주의 표현이나 행동이 크게 제약을 받았다. 그 중에서도 근대화과정에서 유입된 자유연애사상이나 표현도 사회풍속을 저해한다는 이유로 강하게 통제받았다. 예를 들면, 영화에서 키스 신(셋푼:接吻)은 서양 퇴폐주의라고 인식하여 배척되었다. 일본영화에서 키스신의 표현은 엄격하게 금지되었을 뿐 아니라 외국영화의 키스신도 삭제되는 상황이었다. 그런 가운데서도 사사키 게이유(佐佐木啓祐)감독은 ≪女はいつの世にも≫(여자는 어느 시대에도, 31)에서 키스장면을 넣었다. 이것이 극장에서 공개되던 중 키스장면이 경관에게 발견되어 상영 중지되고 필름은 몰수되었다. 이것이 전시 중 키스 신 영화의 효시가 되었다.

전전영화에서 표현된 키스 신에 대한 거부감은 전후 일본사회로도 이어져 대부분 일본인 사이에 애정표현으로서 키스 신은 표현하지 않았다. 그러나 영화검열관인 곤데는 쇼치쿠와 다이에이 영화사에 키스 신을 넣도록 장려했다. 그것은 일본이 자유주의 사회이며 민주사회라는 것을 강조하기 위한 정책적인 전략에서 유도된 것이었다. 그렇게 해서 미군정에 의한 전략 때문에 영화에 키스신이 등장하는 현상이 벌어졌다. 정책에 의해서 의도적으로 유도된 감성주의가 그 나름대로 전후 일본사회를 움직이는 시대상을 만드는데 일정하게 공헌하였다. 그것은 자연스러운 시대적 흐름에서 발생하기 보다는 부자연스러운 상황에서 발생한 것이라는 점에서 매우 아이러니한 것이다. 다음의 <표12>는 키스신이 있는 영화를 소개한 것이다.

<표12> 키스신의 영화

감 독	작 품	내 용	감 독	작 품	내 용
佐佐木康	はたちの靑春(46)	자기의지로 결혼상대를 선택한다는 이야기	千葉泰樹	あ 或 夜の 接吻(46)	시인과 가수, 건축가와 비서등을 다룬 청춘영화
吉村兼, 小石榮一	絢爛の復讐(46)	톨스토이 부활을 소재로 함	黑澤明	素晴らしき日曜日(47)	패전 후 일본인의 생활풍속도그림
木下惠介	不死鳥(47)	자연스러운 키스 신	谷口千吉	曉の脱走(50)	정열적인 키스 신 표현
吉村公三郎	わが生涯のかがやける日(48)	정열적인 키스 신	マキノ正博	肉體の門(48)	전후 창부의 생활사그림
溝口健二	夜の女たち(48)	삶의 수단으로 성매매를 한 창부의 삶그림	溝口健二	雪婦人繪圖(50)	몰락귀족의 처와 남편의 육체탐익 표현

사사키(佐佐木康)감독의 ≪はたちの靑春≫(20살의 청춘, 46)은 검열관의 요청에 의해 2개의 키스신을 넣어야만 했다. 이렇게 해서 이 영화는 전후 일본 최초의 키스신 영화라고 선전되었다. 그러나 파격적인 키스신의 등장은 영화인, 평론가, 국민 등의 사이에 찬부의 논쟁을 일으켰다. 당시 미군의 영자신문은 ≪はたちの靑春≫의 키스신을 본 관객의 반응을 소개하였다. 일본관객중에는 숨을 쉬지 않는 사람, 손으로 얼굴을 가리는 사람, 웃는 학생, 만세를 부르는 사람 등이 있었다고 하였다. 영화를 보고 환호하는 관객이 있다는 표현과는 대조적으로 아사히(朝日) 신문은 '키스신의 연기가 미숙하다. 그리고 1시간짜리

영화 가운데 단 몇 초의 키스신을 넣은 상업성 영화가 등장했다고 했고, 영화의 타락이 극에 달했다'고 평가하였다. 아사히 신문은 배우들의 연기력 미숙과 키스신을 영화상품으로 하는 상업주의에 대해 강하게 비판하였다.

또한 이 영화가 개봉 된지 3개월 뒤 요미우리(讀賣) 신문이 독자 411명에게 키스신에 대한 의견을 들은 결과 73%가 찬성이고 28%가 반대한 것으로 조사되었다. 키스신을 반대하는 이유로 키스신은 현재 일본풍습이 되지 못한다는 점, 영화에서 풍습으로 정착되지 않은 키스신을 표현하는 것은 사회적으로 문제가 있다는 점, 배우의 연기가 치졸하고 비열하다는 점, 음흉한 흥분심리가 노출된 점, 퇴폐를 조장하는 것, 모자간의 아름다운 애정표현으로서 키스신을 표현해야 한다는 점 등을 들었다. 그러나 키스신에 대한 찬반논쟁에도 불구하고 키스신의 등장은 일본잡지계의 변화를 촉진시켰다. 1946년 성을 주제로 하는 잡지 『엽기』가 출판되었고, 1947년에는 『카스토리잡지』가 발행되었다. 또한 1947년에는 스트립쇼가 도쿄에서 연출되었으며, 스트립영화와 팡팡(창부)영화 등의 장르가 새롭게 생겨났다.

미조구치 감독의 ≪夜の女たち≫(밤의 여자들)과 ≪雪婦人繪圖≫(유키부인회도)는 선정적이며 외설적이라고 비판받아 외설적인 표현인가 아니면 예술적인 표현인가는 논쟁과 대립되는 사회적 반응을 유발했다. 특히 전자는 팡팡영화로 비판받았지만, 여자 삶의 어려움을 잘 그렸다는 평가를 받아 1948년 키네마 순보 베스트 3위를 기록했다. 특히 지금까지 일본영화 중에서 침대 신이 가장 많은 ≪雪婦人繪圖≫는 전형적인 에로영화로 평가되었지만, 여성 측의 에로티시즘과 성해방을 그렸다는 평가를 받아야 한다는 주장이 나왔다. 이처럼 점령군의 영화정책은 일본의 전통과 국민의 정서적인 측면에서 시대성에 반하는 요소를 영화에 표현하게 하여 새로운 시대성을 만드는데 일익을 담당하였다. 그 가운데서는 미국문화의 우월주의를 강제적으로 이식하는 작업이 있었다는 점을 부인할 수 없다. 그럼에도 불구하고 그런 표현은 이후 일본영화에서 자연스럽게 나타나게 되어 일본영화의 색깔을 만드는데 중요하게 기능하였다.

구로사와 감독의 ≪素晴らしき日曜日≫(화창한 일요일, 47)은 패전 후 경제적으로 어려운 당시 일본의 세상풍속도를 그린 작품이다. 영화에서 주인공 유조(雄造)는 전쟁터에서 돌아와 친구의 단칸방인 아파트에 끼어들어 살고 있다. 마사코(昌子)는 가족과 함께 동거하며 일하고 있다. 두 사람은 약혼한 사이이

지만 살집을 얻지 못해 따로 살고 있다. 어느 일요일 두 사람에게는 3천 엔의 용돈이 있었다. 모델하우스를 보러 천 엔을 들여갔건만 집은 처참하기 이를 데 없었다. 오케스트라 콘서트를 보러 갔지만 야매업자가 표를 가지고 있어 볼 수가 없었다. 유조는 불유쾌한 상태로 아파트에 돌아온다. 그를 달래기 위해서 같이 온 마사코에게 유조는 너 밖에 없다고 하면 육체관계를 요구한다. 그녀는 갑작스러운 행동에 놀라서 구석으로 도망간다. 그런 뒤 오히려 그녀는 레인코트를 벗기려 한다. 그를 위로하기 위해서 요구를 들어줄 생각이다. 유조는 그것을 멈추게 한다. 이런 장면은 당시 육체의 노출이 없던 시기에 센세이션을 일으킬 만한 장면이었다. 둘은 기분전환을 위해서 밖으로 나와 산책을 한다. 그는 공원의 야외음악당에서 낮에 보지 못한 미완성 교향곡을 재현하기 위해서 지휘를 해본다. 그러나 목소리만 들리자 주저주저하며 행동을 중지하려고 한다. 그때 그녀는 용기를 주기 위해서 무대에 올라가 관중이 있는 듯이 그에게 성원을 해달라고 소리를 친다. 유조는 다시 힘을 내어 지휘를 하자 마치 교향곡이 들려오는 듯했다. 이 작품은 전후 젊은이들이 처한 사회적 상황, 자유연애의 전파에 따른 사랑표현의 방법, 문화를 즐기려는 사회적 욕구 등을 통해 시대상을 표현하고 있다. 또한 주택을 둘러싼 희망과 절망, 사랑표현에 대한 자유주의적인 욕망과 절제, 문화욕구에 대한 추락과 기대, 입장표를 둘러싼 정직과 부정 등이 당시 일본사회에 팽배해 있었다는 것을 표현하고 있다. 그 저변에서는 젊은이가 다다가고 있는 감성주의가 잘 숨겨져 있다.

3) 여성해방주의

전후일본영화의 특징은 국가가 통제하고 장려한 국책영화에서 아이디어 영화로 전환되었다는데 있다. 그렇다고 해서 영화를 만드는데 완전히 자유로웠던 것은 아니다. 미군정은 일본국가와 국민의 정서를 바꾸는 과정에서 근본적으로 친미주의로 유도하고 권장하였으며 그 범위에서 자유를 부여했다. 국책영화를 만드는 시기보다는 자유로웠지만 내용에서 일정하게 제한을 받았다. 그 중에서도 미군정에 의해서 권장되어 제한을 받지 않은 영역이 여성해방을 주제로 한 영화이다. 미조구치 감독은 여성해방을 강조하고 중시하는 영화를 만들면서 당시 일본사회가 내포하고 있는 여성문제를 정면에서 다루었다. 이른바 여성해방 영화는 정치와 성의 양면으로부터 접근을 시도하였다. 여성해방에 담겨진 내용은 다양하지만 여성의 주체화, 여성의 노동쟁의, 사회진출, 남녀평등, 성해방, 자유연애 등과 같은 내용을 함의하고 있었다. 다음 <표13>은 여성해방을 주제로 한 영화를 소개한 것이다.

<표13> 여성해방을 주제로 한 작품

감 독	작 품	내 용	감 독	작 품	내 용
渡辺邦男	麗人(46)	여성의 노동쟁의	溝口健二	女性の勝利(46)	아이를 죽인 여성을 두고 남검사와 여변호사간 법정싸움
黑澤明	わが靑春に悔なし(46)	자아를 고수하는 여성	高木孝一	抱擁(48)	계급차이를 초월한 사랑
溝口健二	女優須磨子の戀(47)	메이지배우로 신극운동가 마쓰이 스마코 일대기를 그림	溝口健二	我が戀は燃えぬ(49)	1880년자유민권신장, 남녀평등,여성사회역할 그림
衣笠貞之助	女優(47)	마쓰이 스마코 일대기, 여성자립성강조	溝口健二	西鶴一代女(52)	여성의 에로티시즘과 성해방
溝口健二	夜の女たち	삶수단으로 성매매하는 창부의 삶	溝口健二	戀愛三代記(48)	신헌법에 의한 신연애사상

기누가사(衣笠貞之助) 감독의 ≪女優≫(여우, 47)는 20세기 초 서양연극을 일본에 이식하는 운동으로 전개된 신극의 최초 여배우인 마쓰이 스마코(松井須磨子 : 1886-1919, 문예협회연극연구소출신, 무대여배우)와 그녀를 지도한 연출가 시마무라 호게쓰(島村抱月 : 1871-1918, 극작가, 영국과 독일유학, 와세다대학교수, 자연주의문학이론, 스마코와 예술좌를 결성 신극운동에 전념)의 사랑 이야기를 다루면서 또한 신극운동의 초창기에 벌어진 내용을 담은 영화이다. 지금까지 일본에서 연극은 가부키가 주도하였고 내용은 봉건적이며 여자 역은 분장한 남자(女形 : 오야마)가 담당하여 서양연극과는 많은 차이가 있었다. 그런

한계를 해소하기 위해서 신극에서는 서양의 근대사상을 적극적으로 수용하고 배우양성소에서 여배우를 육성하였다. 마쓰이는 그 모집에 응모하여 가정을 버리고 신극에 들어온 여성으로 입센의 『인형의 집』의 노라처럼 여성의 자립이라는 차원에서 열연한다.

마쓰이는 ≪배우≫라는 영화에서 남편과 자식을 버리고 집을 나와 노라와 같은 삶의 방식을 전면적으로 긍정하고 여성의 자립적인 삶을 적극적으로 살아가는 것을 연기하여 기존의 여성의 역할과 이미지를 바꾸게 한다. 이런 점에서 그 영화는 당시 일본 여성이 전통적인 사고에서 벗어나 적극적으로 현실사회에서 역할을 해야 한다는 여성역할과 주체성 확립의 필요성을 강조하였다. 특히 전후 일본여성의 변화에 대한 필요성이 부각되고 있는 사회현상을 잘 담아내고 있다. 그 영화는 20세기 초 근대화과정에서 일본여성이 처해 있던 시대상을 다루고 있음에도 불구하고 20세기 중반의 사회적 과제를 제기하고 있다는 점, 그동안 여성문제를 해결해오지 못한 일본사회의 어두운 면을 지적하고 있다는 점 등에서 의의가 있다고 할 수 있다.

미조구치(溝口健二) 감독의 ≪女性の勝利≫(여성의 승리)에서는 실직으로 병원에 입원한 남편과 아이를 가진 아사쿠라(朝倉)가 남편이 죽자 정신착란을 일으켜 아이를 죽이게 된다. 아사쿠라는 남편이 죽은 충격으로 생활을 제대로 이어가지 못하는 가운데 아이를 죽여 살인죄로 체포된다. 이 사건을 두고 남성 검사인 고노(河野)와 여성 변호사인 히로코의 법정싸움이 시작된다. 고노 검사는 피고가 책임을 회피하고 일본의 전통적인 여자의 길을 저버린 비윤리적인 행위라고 하여 징역5년을 선고하였다. 이에 대해 히로코 변호사는 일본여성이 지금까지 남성에 의존하도록 강요받아온 결과 남편이라는 지주를 잃어 정신착란이 왔다고 주장하고, 이것은 개인이 범한 죄 이전에 사회구조가 만들어낸 사회의 죄라고 해석하여 무죄를 주장하였다. 이와 동시에 히로코는 여성의 남성 종속으로부터의 각성을 설파하였다. 또한 아사쿠라가 저지른 사건이 남성 중심적 가치와 구조로 만들어져 있는 일본사회에 책임이 있고, 근본적으로 일본여성들이 놓인 봉건적인 가족제도의 억압적인 구조에 책임이 있다고 여변호사는 주장하였다.

이 영화는 여성과 남성을 통해서 당시 일본의 시대상을 잘 표현하고 있다.

가정에서 여성과 남성의 역할, 사회에서 여성과 남성의 역할, 개인범죄와 사회
범죄, 여성의 존재가치와 남성의 존재가치, 한 사건에 대한 여성과 남성의 시각
차 등을 통해 일본사회가 안고 있는 성에 의한 차별과 구분문제를 정면에서
다루고 있다. 우선 가정에서의 역할 문제에 접근하고 있다. 전통적으로 여성은
가사를 중점적으로 담당하여 생활을 이어가는데 역할을 하고 남성은 경제문제
를 주로 담당하고 있다. 따라서 가정은 부부가 분담한 역할이 깨지면 정상적으
로 운영하거나 유지해갈 수 없다. 이러한 역할의 붕괴는 가정의 붕괴로 이어진
다. 영화에서처럼 생활을 이어갈 수 없고 또한 한 당사자의 죽은 충격으로 살
인을 했다면 이것은 누구의 책임일까 하는 당시 일본사회가 내포하고 있는 문
제를 정면으로 끄집어내고 있다. 즉 행동에 책임질 수 있는 상황에서 저지른
것이냐 아니냐 하는 문제로 시작해서 유죄냐 무죄냐 하는 문제로 연결시켜 공
식적인 결론을 내려고 하고 있다. 이전까지는 개인의 책임으로 돌려졌지만 그런
사회구조를 만든 다시 말하면 위기를 극복할 수 있는 구조를 만들지 않은 봉건
성을 지닌 사회가 책임이 있다는 새로운 시각을 부각시키고 있다. 이 영화에는
근대성과 봉건성, 개인책임과 사회책임 등이 논의되고 있지만 그 저변에는 여성
을 나약하게 만든 사회구조와 가치체계를 비판하고 그 속에 매몰되어 있는 힘
없는 여성에게 각성을 촉구하는 메시지가 강하게 깔려있다고 할 수 있다.

≪女優須磨子の戀≫(여우스마코의 사랑)은 여성이 자아에 대해서 지각하는
과정을 고찰한 내용을 담고 있다. 주인공 마쓰이 스마코(松井須磨子 : 1886-
1919, 메이지의 무대배우)가 문예협회연극연구소의 연구생이었던 시절, 크게 부
부싸움을 하는 스마코를 본 감독이 『人形の家』(인형의 집)의 주인공으로 그녀
를 발탁하였다. 이후 이 연극은 크게 성공하여 스마코의 명성도 높아졌다. 그러
나 스마코는 스타가 됨으로써 야생적이며 주아적인 본성을 표출하였다. 1947년
교육기본법이 제정되어 남녀가 평등하게 대학에 입학할 수 있게 되었다. 또한
헌법에서의 남녀평등에 대한 권리규정, 1947년 개정민법에서의 가족제도 폐지
등으로 여성은 가족을 위해서 라는 전통적 구속으로부터 해방되는 계기가 되었
다. 따라서 당시에 여성이 자아를 찾아가는 것은 매우 관심이 있는 주제였다.
이것은 그런 시대적 배경 때문에 흥행에 성공하였다. 또한 ≪我が戀は燃え
ぬ≫(타지 않은 우리 사랑)은 메이지 시대의 자유민권운동에 적극적으로 관여

한 게이잔 에이코(景山英子)의 자전에 기초해서 영화화한 것이다. 봉건가정을 뒤로하고 도쿄에 와서 자유민권운동의 기수로서 애인과 함께 운동에 전념하는 주인공은 착취적인 공장에서 일하는 여성을 도와 싸운다. 그녀는 체포되어 옥살이를 하는 과정에서 옥중의 여성에게 부과된 부당한 상황을 목격하게 된다. 그 후 그녀는 은사로 석방되지만 그 동안 동지이자 애인이었던 남자에게 배반당하고 혼자 개척하며 살아간다. 이 영화는 노동현장에 벌어지는 여성차별, 옥중에서의 부당한 대우, 남성의 배반 등과 같이 여성이 약자로서 처해진 상황을 설정하지만 결국엔 현실적 한계를 미래적 희망으로 과감하게 돌파하는 여성을 잘 그리고 있다. 이것은 당시 일본여성이 좀더 현실안주적인 시각에 머물 것이 아니라 적극적으로 현실적 안주에서 과감하게 나올 것을 제시하고 있다.

미조구치 감독의 ≪西鶴一代女≫(사이가쿠일대녀, 52)는 17세기 에도(江戶) 중기의 이하라(井原西鶴 : 1642-1693, 排人, 浮世草子작가, 무가이야기 武道傳來記, 서민이야기 日本永代藏 등을 지어 문학사를 장식함)의 명작 『好色一代女』(호색일대녀)를 각색해서 만든 영화이다. 노인에 가까운데도 불구하고 창녀를 하고 있는 오하루(お春)에게 절에 놓여있는 나한상 하나하나가 옛날 자신과 관계한 남자의 얼굴로 다가온다. 그 순간 오하루는 남성편력의 일생을 회고하게 된다. 절에서 태어나 교토(京都)의 어소(御所)에서 일한 오하루는 공경(公卿)인 한 선비를 사랑했다는 이유로 추방당한다. 그러자 선비는 '오하루씨 진실로 살아가길 바래'라는 유서를 남기고 죽어버린다. 이후 오하루는 아이를 갖지 못하는 명가집안에 들어갔고 영주가 그녀를 좋아해 편하게 생활하였다. 영주는 성교(房事)를 무리하게 해서 죽고 그녀는 남자아이를 낳아 주었지만 쓸모없게 되어 집을 나오게 된다. 그녀는 다시 유곽에서 일을 하는 가운데 다시 갑부에게 팔려갔지만 그 갑부는 가짜 돈을 만들다 체포된다. 의지할 곳을 잃어버린 그녀는 대상인(豪商) 집 하인으로 들어간다. 색골인 주인으로부터의 지나친 성적요구와 안주인의 질투로 집에서 나오게 된다. 또다시 그녀는 사창가로 내몰려 걸인과 같은 신세가 되었다. 어느 날 어머니가 그녀를 찾아와 낳았던 아들이 영주가 되어 찾고 있다고 말해준다. 아들을 찾아갔지만 생모가 사창가에서 일하던 여자라는 이유로 칩거하게 만든다. 마침내 그녀는 아들을 한 번 보게 해달라고 애원하지만 보지 못하자 자취를 감춘다. 이 영화는 남성중심의 세계에서 가장 보호받아야 될 여성을 그린 것이 아니라 가장 천하고 추방되는 여성을 그리고 있다. 그것은 남성사회가 만들어 낸 속물적인 질서로 체계화된 에도시대의 부당성을 강하게 비판하고 있다. 또한 이 영화는 딸, 여성, 어머니, 창녀 등이 같은 개념과 수준에서 취급되고 역사적으로 묻힌 에도시대의 여성차별과 성폭력을 파헤쳐 현대 일본사회의 각성을 요구하고 있다는데 가치가 있다.

일본영화에서 그려진 여성해방은 봉건사회로부터의 역할해방, 성으로부터의 해방, 가정과 사회에서의 동등성과 평등성확보, 자유로운 사회참여, 연애할 수 있는 자유, 자신의 삶을 선택할 수 있는 권리와 자유, 여성의 자립심과 독립성 확보 등의 의미를 담고 있다. 또한 그것은 봉건적인 가치로부터의 해방, 남성 중심적인 제도로부터의 해방, 제한된 사회역할로부터의 해방 등을 함의하고 있다. 특히 봉건적인 성 관념에서 벗어나는 것이 강조되고 있다. 딸, 여성, 부인, 어머니, 창녀 등이 동일한 시각에서 취급되고 있는 야만사회로부터의 해방이 가장 크게 부각되고 있다. 이것은 성적 역할로 규정된 가정으로부터의 해방, 성적차별로 형성된 사회로부터의 해방, 성적 효과로 활성화된 경제로부터의 해방, 성을 매개로 거래가 이루어지는 정치로부터의 해방 등의 의미를 담고 있다. 따라서 해방된 여성은 사회와 가정에서 한 인간으로 살아갈 수 있는 주체로 인식하게 되는 것을 의미한다. 그러나 여성의 성해방은 성자유화와 성표현의 자유화로 이용되어 성산업이 발전하는 계기가 되었으며, 사회와 가정에서 하나가 되어 기능해왔던 여성과 성을 분리해서 존재가치를 인식하는 새로운 사회현상을 만드는 계기가 되었다.

■ 2. 반일본주의

1) 반군국주의

미군정은 일본사회를 개혁하기 위해서 반군국주의 노선을 강조하는 영화 만들기를 장려하였다. 반일본주의는 반군국주의, 반봉건주의, 사회파주의 등의 내

용을 담고 있다. 그 중에서 반군국주의는 전쟁에 반대하는 것을 의미한다. 영화
에서는 전쟁영화를 없애고, 또한 과거 전쟁을 연상시키거나 언급 및 표현하는
것을 금지하는 것, 과거 전쟁에 대한 비인간적 행동에 대한 사실 폭로, 일본군
대의 비합리적이고 잔학한 운영 실태, 민간인과 식민지 지배의 폐해폭로, 전쟁
엘리트에 대한 고발 등을 함의하고 있다. 우선 미군정은 「금지영화에 관한 각
서」를 통해 전전에 만들어진 군국주의와 봉건주의를 조장하는 영화를 상영금지
조치 하였다. 그리고 일부는 미국의 의회도서관에 보내고 남은 것은 소각하였
다. 그것은 영화가 일본정부의 선전에 이용되고, 또한 그것이 상영되면 필연적
으로 반민주주의를 고무시킬 것이라고 염려했기 때문이었다. 영화숙청작업이 진
행되는 가운데서도 일부 촬영소측은 이미 만들어진 전쟁영화를 숨겼다. 모리이
와 도호촬영소장은 야마모토(山本嘉次郎)감독의 ≪ハワイ・マレ沖海戦≫(하
와이・말레해전, 42) 등과 같은 전쟁관련 영화 8편이 몰수될 것으로 예상되어
도호 제2촬영소 부지 내에 숨겨 놓았다. 점령이 끝난 후 금지된 영화 236편은
1952년 8월 각 영화사에 반환되었고, 1967년 12월 전시 중 및 점령 중에 몰수
됐던 일본영화 483편은 워싱톤 의회도서관에서 도쿄국립필름센터로 반환되었다.
  다음의 <표14>는 전전에 제작되었지만, 미군정이 군국주의를 조장하는데 이
용될 것으로 예상되어 처분한 대표적인 영화를 나타낸 것이다.

<표14> 처분한 군국주의영화

감 독	작 품	감 독	작 품	감 독	작 품
阿部豊	あの旗を撃て(44)	島耕二	シンガポー ル總攻擊(43)	關川秀雄	大いなる翼・三菱 重工業篇(44)
渡辺邦男	後に續くを信ず (45)	田中重雄	肉體挺身隊 (44)	田中重雄	英國崩るるの日 (42)

  점령군은 전쟁고양영화를 몰수하여 본국으로 압송하는 한편, 상영을 금지하
는 조치를 취하였다. 그리고 다른 한편으로는 영화검열을 통해서 영화제작에
제한을 가하였다. 일정한 기준에 의해서 영화검열이 이루어졌지만, 실제로는 검
열관의 자의적 해석, 외부로부터의 정치적 압력, 개인적 편견 등에 의해서 이루

어졌다. 특히 영화를 포괄적으로 검열할 수 있도록 한 것은 연합군 총사령부의 지령에 반하는 규정이라고 할 수 있다. 전시 중 일본정부의 영화검열관은 문제가 되는 내용을 자른 후 영화가 일관성을 갖지 못하는 것에 대한 영화사의 항의를 무시하였다. 따라서 내용을 자르는 데 영화의 일관성을 무시했던 것이다. 그에 비해 점령군의 검열관은 가위질을 한 다음에 관객이 알지 못하도록 내용을 연결시키도록 하여 내용의 일관성을 유지하도록 했다. 종전으로 일본영화인들은 전시체제에 따른 강압적이며 억압적인 검열에서 해방되었지만, 미군점령에 의해서 민주주의라는 이름으로 또다시 강압적으로 검열을 받게 되었다.

다음의 <표15>는 미군정이 영화통제와 검열을 하는 과정에서 수정되거나 금지된 영화를 나타낸 것이다.

<표15> 수정 및 금지된 영화

감 독	작 품	감 독	작 품	감 독	작 품
佐佐木啓祐	許された一夜(46)	野村浩將	彼女の發言(46)	佐伯淸	望みなきに非ず(49)
靑柳信雄	エノケンの金太賣出す(48년재공개)	佐佐木康	淺草の坊ちゃん(46)	澁谷實	四人目の淑女(47)
龜井文夫 山本隆夫	戰爭と平和(47)	久松靜兒	盜まれかけた音樂祭(46)	今井正	ひめゆりの塔(50)

아오야나기 감독의 ≪エノケンの金太賣出す≫(에노겐의 긴타를 팝니다)는 1941년에 제작된 것이다. 문제가 된 것은 전전의 회람판이 등장하는 장면이 있었기 때문이다. 일본은 전쟁 중 지역사회에 국가시책을 선전하고 상호감시하기 위해서 이웃조직(隣組)을 만들었고 그것을 운영하기 위해서 시책과 시국에 대한 정보를 교환하는 회람판을 각 집에 돌렸다. 그런 내용을 담은 영화를 1948년 도호가 재공개하려고 하자 미군정 검열관은 1940년 내무성이 사상통제의 일환으로 시작한 것이라 하여 회람판 장면을 삭제하도록 요청하였다. 또한 도나리 구미(隣組)의 주제가도 침략적인 내용을 담고 있는 군국주의정신의 축소판이라 하여 삭제하였다. 더욱이 검열이 진행되는 과정에서 일본국체의 상징으

로 사용되었던 후지산(富士山)을 등장시키는 것도 터부시하였다.

우시하라 기요히코(牛原虛彦 : 1897-1985, 영화감독, 도미 후 채플린의 제작 조수역임, ≪山暮るる≫, ≪彼と東京≫, ≪陸の王者≫) 감독의 ≪街の人氣者≫(거리의 인기자)는 CIE 영화연극과 감열관인 곤데의 의견을 들어 수정되었다. 우시하라는 신문기자에게 현재 일본의 정치부패, 정치범의 석방, 군국주의자와 재벌의 악질적 부정축재 등의 조언을 얻었다. 이것을 기초로 오쿠니(小國)는 전시 중 자원이나 물자제공을 하여 축재를 한 재벌을 공격하는 각본을 썼다. 내용은 한 청년이 전후 새로운 정당을 만들려는 재벌의 악의를 폭로하는 것이었다. 다이에이는 이 영화 제목을 ≪騙された男≫(사기당한 남자)라고 하여 영화제작을 허가요청 하였지만, 군벌운영공장의 공원이 징용병이라는 사실 강조, 개인행복 강조, 자유와 민주를 강조하는 신당의 필요성 강조, 이와다(岩田)재벌의 부정적 사실 삽입 등과 같은 수정을 요구하였다. 이것은 1946년 ≪街の人氣者≫로 개봉되었지만 좋은 평판을 얻지 못하였다.

≪四人目の淑女≫(네 번째의 숙녀)는 전쟁책임에 대해서 언급하지 않는다면 전면적으로 삭제할 것이라고 하여 전쟁책임에 대한 언급을 암시하도록 유도하였다. 또한 ≪戰爭と平和≫(전쟁과 평화)에서는 일본병사가 탄 수송선이 폭파되어 병사가 바다위로 떠오르는 장면이 연출되었다. 그런 장면을 표현하는 과정에서 적십자 표시가 있는 상자가 바다에 떠 있는 것이 보였다. 미군정은 그런 장면이 전쟁을 하는 일본병사의 이미지와 구제를 하는 적십자정신이 어울리지 않는다고 하였고, 일본병사에 대한 동정심을 일으켜 일본이 일으킨 전쟁의 진상을 왜곡시킬 염려가 있다고 하여 삭제하도록 하였다. 미군정은 영화를 만드는데 그리고 표현하는데 일본에 대해 동정심을 자아내고 미국을 포함한 연합군에 대해 적대적으로 표현하는 것을 극도로 통제하고 제한하였다. 그 이면에는 미군정이 일본에서 반군국주의를 철저하게 실천하려는 의지가 있다.

또한 미국과 관련된 내용뿐 아니라 부적절한 영어사용이나 폄하하거나 부적절한 이미지 표현을 제한하였다. ≪彼女の發言≫(그녀의 발언)에서는 USA라고 써있는 장난감 지프가 나오는 장면을 삭제하였고, 젊은 여성이 영어로 "영화를 공부하고 있다"는 대사를 삭제하도록 하였다. ≪盜まれかけた音樂祭≫(도둑맞은 음악제)에서는 무대배경에 써있던 "ABC I LOVE YOU" 등의 영어를 삭제하도록 하였다. ≪淺草の坊ちゃん≫(아사쿠사의 도련님)에서는 "비행기가 날고 있다"는 대사를 삭제하도록 하였다. 그리고 점령군 병사나 직원이 일본인여성과 교제하는 것, 미군병사를 아버지로 둔 혼혈아 등에 대한 영화도 금지하였다6). 오키나와(沖繩) 등에서 대량의 희생자가 발생한 전투를 소재로 한 영화도 금지하였다. ≪ひめゆりの塔≫는 미군의 협력을 얻어 건립된 기념비 이야기를 다룬 것으로 적십자정신에 기초해서 희생자의 진혼을 위안하고 미군의 선의에 대해 감사하는 이야기였지만 점령군은 상영을 금지하였다. 이 영화는 1953년에 개봉되어 크게 히트쳤다.

다음의 <표16>은 군국주의를 직접적으로 비판한 영화를 소개한 것이다. 이것은 제국화기에 일본이 진행한 전쟁과 그것을 둘러싼 사회현상에 대해서 강하게 비판하고 있는 것으로 결국은 일본군국주의를 비판하고 있는 영화이다.

<표16> 군국주의비판 영화

감 독	작 품	내 용	감 독	작 품	내 용
小津安二郎	晩春(49)	군국시대 아버지와 딸의 정	今井正	民衆の敵(46)	군벌과 재벌폭로
谷口千吉	曉の脫走(50)	위안부영화로 전쟁비판함	龜井文夫	日本の悲劇(46)	군국주의정부 비판함
今井正	また逢う日まで(50)	반전영화	山本隆夫	眞空地帶(52)	일본군 훈련의 잔학상폭로
田中重雄	犯罪者は維か(49)	반전사의 생애	山本隆夫	日本軍破れたり(50)	좌익입장에서 군국주의 비판함
木下惠介	大曾根家の朝(46)	반전영화	谷口千吉	曉の脫走(50)	종군위안부, 반전

---

6) 혼혈아에 대한 영화는 미군정이 끝난 후 세키카와(關川秀雄)의 ≪混血兒≫(53), 다니구치(谷口千吉)가 미군기지주변의 매춘업을 경영하는 일본인을 다룬 ≪赤線基地≫(53), 이마이(今井正)가 흑인병사와 일본인의 혼혈아를 주인공으로 한 ≪キクとイサム≫(59) 등이 만들어졌다.

반전영화로는 전시 중 군부를 비판하고 당시 키네마순보 1위를 기록한 기노시타(木下惠介) 감독의 전후 첫 작품 ≪大曾根家の朝≫(오소네가의 아침, 46)이 있다. 이것은 전후 일본의 새로운 탄생을 강조한 영화로 1930년대 프로레탈리아 문학에 관련한 이타 에이지로(板榮二郎)가 각본을 썼다. 내용은 군국주의자 숙부가 희생되는 일가의 이야기이다. 장남은 자유주의자로서 투옥되고, 차남은 숙부의 영향으로 특공대에 참가하여 전사한다. 전후가 되어 비열한 방법으로 사욕을 채우는 숙부 앞에서 미망인이 저항하여 군국주의의 악을 비난하는 긴 연설을 한다. 영화는 장남의 출옥을 축하하는 장면이 나오는데 그것은 마치 정의가 승리하는 것을 축하라도 하는 듯한 분위기가 흐르도록 연출되어 태양이 저편에서 떠오르는 장면으로 끝을 맺는다. 이 영화에서 점령군이 정치범을 석방하는 사실을 관객에게 명백히 밝히는 장면은 이마이의 뜻이 아니라 총사령부 검열관의 명령으로 삽입된 것이었다. 이 영화는 철저하게 전쟁에 반대하는 반전영화로 평가를 받았다.

오즈(小津安二郎) 감독의 ≪晩春≫(만춘)에서는 패전이후 물질적으로 어려웠지만 위기를 극복하고 정신적으로 겨우 일본적인 것을 볼 수 있는 여유가 회복되기 시작한 시기의 분위기가 연출되었다. 가족관계에서 생기는 아버지와 딸의 정겨움, 미안함, 어리광 등 일본적인 생활미학과 인간관계를 찬미하는 내용을 담고 있다. 이 영화는 기타가마쿠라(北鎌倉)의 조용한 주택가에 사는 한 가족의 애정을 그렸다. 대학교수인 아버지가 혼기를 놓친 외동딸을 시집보내려고 하는데 딸은 아버지를 홀로 남겨놓을 수 없어 시집가기를 거부한다. 그러나 아버지는 딸을 시집보내게 된다. 이런 가족애를 그리는 과정에서 미군정은 군국주의의 비판을 선명하게 표현하도록 대사를 수정하게 하였다. 또한 주인공인 딸의 건강상태가 전시 중 해군에 징용됐기 때문에 나빠졌다는 대사에서 해군이라는 영어를 없애도록 하였고, '전시 중에 강제된 일 때문에'라는 대사로 고치도록 하였다.

미군정은 1946년 5월 3일부터 1948년 11월 12일까지 계속된 극동군사재판의 증언 장면을 뉴스영화로 만들도록 하였다. 특히 제2차 세계대전의 전범에 대해 판결이 내려지는 장면을 뉴스영화화 하도록 일영, 신세계, 이연(理研) 3사의 뉴스영화제작회사에 의뢰하였다. 그리고 도호, 쇼치쿠, 다이에이(大映) 등의 배급사에게도 뉴스영화의 배급에 협력해 줄 것을 요청했다. 야마모토 사쓰오(山

本隆夫)감독의 ≪日本軍破れたり≫(일본군 패배하여, 50)는 좌익 감독인 야마모토가 좌익입장에서 일본군국주의를 비판하기 위해서 기획한 것이다. 그런 제작자의 의도에도 불구하고 미군정은 전쟁협력에 국민을 종용하는 일본 군부를 그렸다고 해서 기획제작을 허가 하지 않았다. 일련의 미군정에 의한 영화정책은 일본에서 전쟁이라는 용어조차도 사용하지 못하게 하고 더욱이 그것과 관련된 모든 표현을 못하게 하여 군국주의자체를 뿌리 채 뽑으려고 하였다. 따라서 군국주의에 대한 비판이 자연스럽게 사회에 뿌리내려 두 번 다시 전쟁을 하지 못하는 국가와 국민으로 만들기 위한 정책이 철저하게 진행되었다. 당시 영화는 그런 시대상을 잘 나타내고 있다.

특히 구로사와(黑澤明)로부터 각본을 제공받은 다니구치(谷口千吉)는 ≪曉の脫走≫(새벽의 탈주, 50)에서 야마구치 요시코(山口淑子, 李香蘭)를 주연으로 하여 영화를 만들었다. 본래 각본대로라면 조선인 종군위안부를 그린 최초의 일본영화가 될 수 있었지만, 이 작품은 CIE의 수십 회에 걸친 검열로 원래의 흔적을 잃어버릴 정도로 변경되었다. 이 영화의 원작은 다무라(田村泰次郎: 1911-83, 소설가, 46년 전쟁문학 『肉體の惡魔』, 『肉體の門』등을 발표함)가 1947년 발표해 인기를 끌었던 『賣春傳』(매춘전)이다. 이것은 작가인 다무라가 7년간 일등병으로 중국대륙을 전전한 경험에 기초해서 쓴 것이다. 중국전선의 위안부인 하루미(春美)와 일본병사 일등병인 미카미(三上)와의 사랑을 그렸다. 미카미는 중국전장에서 중국 측의 포로가 되어 대우를 받지만, 살아서 적의 포로가 되는 것은 제국일본군의 수치로 생각하여 탈주를 하였다. 미카미는 일본군에 충성을 다하기 위해서 도망쳐 와 군인으로서 국가에 대한 충성심을 표현하였다. 그러나 사랑하는 여인 하루미에게 사랑을 느낀 상관의 질투로 도망죄로 사형을 언도받는다. 미카미와 하루미는 함께 중국의 사막으로 사랑의 도피를 하던 중 상관에게 잡혀 총살된다.

다무라의 원작에는 위안부들이 조선반도의 출신이라는 것을 명백하게 했다. 다무라에 의하면, 중국에서 일본군의 장교와 돈 많은 상인에게는 일본인의 위안부, 병사에게는 조선인 아니면 중국인의 위안부를 제공하도록 결정되었다고 하였다. 이것을 영화화한 ≪曉の脫走≫는 반전반국영화의 대표작으로 평가되었지만, 점령군의 검열관에 의해 7번이나 수정지시를 받아 완성되었다7). 당시 일

본영화에서 종군위안부를 다룬 작품은 매우 드물다. 미군정은 영화에서 종군위안부를 다루는 것이 일본과 불편한 관계를 맺고 있었던 조선, 중국, 동남아시아 국가, 일본과 관련된 서구국가 등을 자극할 것으로 판단하여 자제하거나 내용을 바꾸도록 하였다. 그것은 당시 미군정이 과거 잘못된 역사적 사실을 밝히는데 역점을 둔 것이 아니라 미국의 이익을 우선하는 정책을 추진한 결과에서 나온 것이라고 할 수 있다. 이런 점에서 미군정의 정책은 일본과 미국을 위해서 성공적으로 수행되었다고 할 수 있지만 관련 국가에게는 실패한 정책이라고 평가할 수 있다.

야마모토(山本隆夫) 감독의 (眞空地帶)(진공지대, 52)는 일본내에서 통상적인 훈련 상황을 그리는 가운데 고참병이 신참병을 집요하게 괴롭히는 군대의 부패현상을 그린 작품이다. 특히 전쟁 중 일본군대에서 벌어진 병사의 폭력성과 조직적인 잔혹함을 그려 일본인에게 충격을 주었다. 기타니(木谷) 일등병은 육군형무소에서 형량을 마치고 원대 복귀한다. 내부 반에서는 이등병이 기타니 일등병을 노예처럼 다루기 시작한다. 그러나 기타니는 이등병보다 고참이었던 것이다. 그는 원래 군대 장교간의 내분으로 희생양이 되어 육군형무소에 들어갔다. 이런 사실을 다른 병사는 모르고 있다. 그는 형무소에 넣은 장교에게 복수를 하기 위해 탈영을 하려고 하지만 결국 성공하지 못하고 잡혀 전선으로 가는 후송선에 타게 된다. 이 영화는 전쟁을 전제로 구성된 군대라는 특수 계급사회의 불합리한 질서를 고발하고 합리적으로 해결하지 못하는 일본군대의 부패현상을 희생되어 가는 병사를 통해서 고발하였다.

이마이(今井正) 감독의 ≪また逢う日まで≫(또 만나는 날까지, 50)는 프랑스의 로만 로앙이 제1차 세계대전을 취급한 반전소설 『엘과 류스』에 기초해서

---

7) ≪曉の脱走≫는 1950년 개봉되었지만, CIE의 필름에는 몇 가지 호의적인 영화평이 있다. 1950년 1월 12일 시사통신은 일본군의 계급제도가 잘 표현되었지만, 원작의 위안부를 영화에서 가수로 전환시킴으로써 여성의 정열적 표현이 약하다고 평하였다. 그리고 이 영화가 사자의 영혼을 달래줄 수 있는지 의문이 간다고 하였다. 1월 11일 아카하타(赤旗)는 이 작품이 지금까지 신도호(新東寶)에서 만든 작품 가운데 최고로 질이 높은 영화라고 평가하였다. 또한 일본군의 나쁜 점을 들추어냈다는 점에서 높은 평가를 샀다. 특히 1951년 칸느 국제영화제에 일본의 정식작품으로 선정되어 국제적으로도 알려진 영화가 되었고, 이후 홍콩이나 동남아시아에 수출되어 전후최초로 수출된 일본영화가 되었다. 이 영화는 상업적으로도 성공하였을 뿐 아니라 반전주제와 남녀의 정렬적인 사랑을 그린 걸작으로 일본영화사에 기록되었다.

만든 작품이다. 이마이 감독은 거기에다 미국의 비애소설인 『애수』의 감미로움을 추가했다. 이렇게 해서 군국시대에서는 쉽게 표현할 수 없었던 로맨틱한 반전 러브스토리를 성공적으로 담아냈다. 이 영화는 전쟁말기 공습이 반복되고 폭격을 받는 도쿄에 대한 이야기에서 시작된다. 다시마 사부로(田島三郎)는 학생이지만 강의가 이루어지지 않아 강의에 들어가지 못한다. 학우들이 전쟁터에 가 있었고 그도 군대에 가지 않으면 안 되었다. 이런 상황에 처한 그는 일본이 일으킨 전쟁에 대해 의문을 갖고 있다. 아버지는 군국주의에 충실한 재판관이었고 형은 수년전까지 자유주의자 청년이었다. 형은 사부로에게 철학서를 권유하기도 하였다. 그러나 지금 형은 청년 장교가 되어 사부로가 전쟁에 가기 싫어하자 질책을 한다. 이런 상황에서 사부로는 우울한 나날을 보내고 있다. 사부로가 공습 중 대피했던 지하철에서 알게 된 고노(小野螢子)는 화가로 전쟁선전 포스터를 그리기 싫어해서 잡지의 삽화를 그리고 있다. 전쟁을 싫어한다는데 공통점을 갖고 있는 두 사람은 계속해서 만난다. 그러나 당시는 연애하는 것이 눈총을 받아 사람이 없는 곳에서 데이트를 하곤 했다. 어느 날 사부로는 고노의 집을 방문하고 집으로 돌아오려는 순간 고노가 자기를 보고 있다는 것을 알고 다시 고노의 집으로 들어간다. 두 사람은 서로를 원하여 침대에서 사랑을 나누려하지만 사부로는 소집이 내려지면 전사할지도 모른다는 걱정 때문에 성교를 하지 못한다. 이런 상황에서 처녀성을 빼앗는 것은 어리석은 짓으로 인식하고 있다. 그녀도 그의 마음을 인지하고 있었다. 이것을 마지막으로 사부로는 전사하고 고노는 공습으로 목숨을 잃는다. 당시 젊은이들은 이런 로맨틱하고 비애에 넘치는 사랑에 대해서 동감하여 마음의 동요를 일으켰다. 이 영화는 일본영화상 가장 아름다운 연애영화중의 하나로 평가받고 있다.

가메이(龜井文夫)감독이 만든 다큐멘터리 뉴스영화 ≪日本の悲劇≫(일본의 비극)은 점령군에 의해 상영 중지된 작품이다. 가메이는 이 영화를 만들기 위해서 영화검열관 곤데로부터 자료를 받았고, 일영에 남아있던 전전 중의 뉴스영화와 다큐멘터리, 신문기사, 스틸사진, 지도 등을 참고로 하였다. 또한 ≪ハワイ・マレ沖海戰≫(하와이·말해전)의 특수촬영장면, 미국 측의 영상, 미국의 선전용영화 등을 통해 군국주의정부의 영상을 정권비판의 자료로 사용하고 있다. 또한 1928년 수상인 다나카(田中義一：1864-1929, 육군대장, 정우회총재,

수상겸 외상, 동방회의주제, 치안유지법개정, 사회주의탄압)가 천황에게 제출했다고 전해지는 세계정복의 제일보로 중국지배의 중요성을 강조한 「다나카비망록」에 주목하고 있다. 그런 역사적 사료를 통해서 요시다(吉田泰)가 각본을 썼다. 이 영화에서는 국외시장에 싼 제품을 팔아 착취와 식민지 지배를 통해 성장한 국가주의적 자본주의경제의 침략상, 그리고 전쟁을 일으킨 인물들에 대해 나레이션으로 설명하고 있다.

특히 이 영화에서는 천황인 히로히토(裕仁), 도조 히데키(東條英機) 등의 군인들, 닛산(日産)이나 미쓰비시(三菱) 등의 재벌관계자, 전쟁에 인생을 건 고다마 요시오(兒玉譽士夫 : 1911-84, 우익운동가, 중국 상해에 고다마 물자기관을 만들어 착취함, A급 전범, 1976년 록히드사건으로 기소됨), 기시 노부스케(岸信介 : 1896-1987, 만주국실업부차장, 도조내각시 상공부장관, 전시경제체제추진, A급 전범, 1957년 수상, 일미안보조약개정 강행)나 히라누마(平沼騏一郎 : 1867-1952, 사법관, 정치가, 우익 結社國本결성, 수상, A급 전범 종신금고), 니시오(西尾末廣 : 1891-1981, 노동운동가, 각종쟁의 주도, 전후사회당결성) 등의 정치가, 도쿠도미(德富蘇峰)와 같은 지식인 등이 전쟁을 고양시키는 영상기록을 나레이션으로 설명하였다. 그리고 전쟁과 군국주의에 의해 희생된 촌락과 도시의 모습, 자유주의사상 때문에 교수직에서 쫓겨났던 제국대학교수 다키카와(瀧川幸辰), 특고에서 고문으로 죽은 프로레탈리아 작가 고바야시(小林多喜一) 등 사상통제의 희생자 등이 그려져 대조를 이루고 있다. 더욱이 침략전쟁의 피해자인 중국, 필리핀, 남경대학살, 특공대 비행기의 추락장면, 천황의 어전회의 장면 등도 있다. 이처럼 ≪日本の悲劇≫은 15년간에 걸쳐 진행된 침략전쟁을 더듬어 가면서 영화작가의 반전사상을 강렬하게 표현하였다. 특히 일본의 아시아에 대한 침략배경이 된 자본주의적 착취경제제도에 대한 마르크스주의의 분석을 강조하였다.

2) 반봉건주의

영화에서 반봉건주의는 전통적인 사무라이(侍)세계를 그린 영화와 극을 금지

하도록 하는 것에서 출발하였다. 사무라이를 주제로 한 시대극에 대한 금지조치를 통해서 일본사회의 토대를 바꾸려는 의도가 있었다. 따라서 사무라이가 등장하는 시대극뿐 아니라 봉건적 성격을 띤 영화, 가부키를 포함한 무대예술도 통제를 받았다. 예를 들면, 주군에 대해 맹목적인 충성과 의리를 강조하고 주창하는 일본의 전통적인 사무라이 극 ≪忠臣藏≫(추신쿠라)과 ≪勸進帳≫(권진장)과 같은 극예술, 그리고 어린이에 대한 잔학행위를 그린 ≪寺子屋≫(데라코야), 사무라이간의 싸움을 그린 ≪熊谷陣屋≫(구마타니진옥) 등이 그것이다. 미점령군은 주군에 대한 충의 정신을 담은 내용, 칼을 휘두르는 잔바라(ちゃんばら : 칼싸움), 사무라이의 복수극, 음모 등의 내용을 담은 가부키의 제작과 상영도 금지하였다. 점령군의 시대극 금지조치로 타격을 받은 곳은 시대극을 전문적으로 해온 다이에이(大映)이었다. 다이에이는 영화사의 위기를 극복하기 위한 타개책으로 시대극 스타를 현대극에 출연시키는 방법을 이용하였다. 그런 유형의 첫 작품은 1860년대 메이지유신시대를 무대로 시대극 4인을 기용한 마쓰다(松田定次)감독의 ≪明治の兄弟≫(메이지의 형제, 46)이다. 그런 정책이 진행되는 가운데서도 연극담당관으로 가부키 팬이었던 검열관 바워즈는 점차 가부키의 공연을 허용하였다.

영화계에서는 구로사와 감독의 ≪虎の尾を踏む男達≫(호랑이 꼬리를 밟은 남자)는 점령종결로 상영되었지만, 그 영화의 기본이 되었던 가부키 ≪勸進帳≫(권진장)은 1946년 6월 가부키 무대에서 상연되었다. 또한 ≪寺子屋≫와 ≪熊谷陣屋≫도 1947년 상연 허가가 내려졌다. 전시 중에 제작된 ≪忠臣藏≫의 영화판이나 신 제작판은 점령종결이후에 상영되었지만 가부키는 그보다 빠른 1947년에 부활되었다. 가부키 상연 허가가 내려진 것은 가부키가 일본전통문화의 산물로서 일본관객이 가부키를 양식화된 무대예술로서 감상하고 있어 복수 및 자살 등과 같은 가부키 사상은 관객에게 영향을 주지 않는다고 판단했기 때문이다. 그리고 1950년 마키노(マキノ正博)감독은 ≪寺子屋≫와 ≪熊谷陣屋≫의 제작이 허가되어 그것들을 영화로 만들었다. 초기에 일본의 전통예술이 반봉건성을 담고 있다는 판단에 따라 엄격하게 제한을 가하였지만 가부키를 중심으로 점차 완화되었다.

또한 당시 반봉건주의는 전통적인 사회 계급적 구조와 가치를 철폐하는 것을 함의하고 있다. 사회계급적 가치와 구조는 사회적으로 귀족과 평민관계의 철폐, 신분제의 철폐, 지주와 소작인 관계의 폐지, 남녀간의 불평등 폐지 등의 내용을 담고 있다. 일본사회는 1868년 메이지정부의 탄생과 함께 신문명을 수용하고 가치와 구조를 개혁하는 과정에서 근대화의 길로 매진해 왔다. 그러나 독특한 이중적 구조와 가치를 통해서 일본적인 근대화를 추진해 봉건적인 요소를 해소하지 못하는 결과를 낳았다. 이중적 구조와 가치는 봉건적 가치와 근대적인 가치의 결합, 봉건적인 구조와 근대적인 구조의 결합 등에 의해서 형성된 것이다. 따라서 일본은 그런 구조와 가치를 통해서 전쟁을 할 수 있는 국가구조와 가치를 탄생시켰던 것이다. 이런 모습은 전후 미군정의 척결대상이 되었던 것이다.

반봉건주의를 주창하고 전통적 사고를 극복하기 위해서 남녀불평등을 소재로 한 작품을 통제하고 그런 내용을 삭제하도록 하였다. 특히 미군정은 남녀불평등의 전형적인 것이 일본에서 정착된 봉건적 관습인 선(見合い)이라고 보아 그것을 타파하려고 하였다. 따라서 검열관은 전쟁을 다루는 장면은 물론 과거의 봉건적인 관습, 봉건적인 선 결혼 등을 삭제하도록 하였다. 다음의 <표17>은 남녀간의 신분파괴를 다룬 영화이다.

<표17> 신분파괴영화

감 독	작 품	내 용	감 독	작 품	내 용
木下惠介	お嬢さん乾杯 (49)	몰락 귀족딸과 신흥재벌청년간의 선	小津安二郎	晚春(49)	딸의 무조건적 가족봉사
野村浩將	彼女の發言(46)	여자가 남자 뒤에 걸어가는 모습	マキノ正博	金色夜叉(48)	남녀차별
佐佐木康	新風(47)	봉건주의를 타파하는 젊은 세대모습을 그림	清水宏	小原庄助さん (49)	지주와 조작인

특히 기노시타 게이스케(木下惠介) 감독의 ≪お嬢さん乾杯≫(아가씨 건배)는 몰락한 귀족의 딸과 신흥재벌 청년사이에 선을 보면서 서로 결혼할 것을 정하는 모습을 그린 희극이다. 검열관은 전쟁을 다루는 장면뿐 아니라 봉건적

관습인 선에 의해 결혼하는 부분을 삭제하도록 하였다. 이 영화는 당시 일본사회의 변화를 극단적으로 표현해 주고 있다. 귀족과 평민의 결혼을 주제로 한 것으로 뿌리 깊게 남아있던 봉건적인 구조를 결혼이라는 사회결합 매체를 통해서 붕괴시키고 있다. 이것은 자유주의와 민주주의를 최고의 개혁이념으로 내세운 미군정의 정책과 일치하는 것이었다. 또한 미군정은 시대극과 남녀간의 불평등을 다루고 일본적인 전통사상을 표현하는 부분을 제한하였다. 이처럼 영화를 통한 봉건 잔재의 붕괴작업은 일본개혁을 위한 것이라는 명분 하에 이루어졌지만, 그 이면에는 미국의 사상인 민주주의와 자유주의를 일본사회와 일본인에게 이식하여 지배를 용이하게 하기 위한 전략이 숨겨져 있다.

시미즈(淸水宏) 감독의 ≪小原庄助さん≫(오하라 쇼스케씨, 49, 福島縣 會津지방의 민요『會津磐梯山』에 등장하는 인물로 朝寢, 朝酒, 朝湯 등으로 재산을 탕진한 사람)는 패전 후 개혁이 진행되는 가운데 무혈혁명을 그대로 수용한 당시 지주들이 비애에 빠진 모습을 그린 작품이다. 패전 후 연합군 사령부는 민주화개혁의 일환으로 농지개혁을 하였다. 이 때 대·중 지주는 소작해 오던 소작농에게 소작지를 싼 가격에 강제적으로 넘겨야 했다. 당시 일본에서 혁명이 일어나지 않은 것은 점령군의 힘이 강했기 때문이다. 이런 상황에서 대지주는 토지의 강제적 이전에 대해서 강력하게 저항을 하지 않고 체념하였던 것이다. 이 영화는 당시 그들의 심경을 잘 표현하고 있다. 전 지주였던 오와라(小原庄助)는 조침조주조탕(朝寢朝酒朝湯)을 즐겨 거의 몸을 버린 상태이다. 그는 농지개혁으로 농토를 잃어버려 평범한 생활을 하고 있다. 그러나 여전히 물려받은 큰 집에서 살고 조침조주조탕하는 상태로 살고 있다. 그런 가운데 마을 사람들은 그에게 집을 기부하라고 하지만 버티고 있다. 결국에 그는 큰 집을 팔아버리고 아내와 두 자식과 같이 마을을 떠난다. 이 영화는 전통적인 지주제의 모순을 지적하고 새로운 사회는 평등주의 시대로 가야 한다는 메시지를 전하고 있다. 일본을 개혁하는 차원에서 진행된 농지개혁은 봉건적 잔재로서 지주제를 붕괴시키기 위한 것이었다. 미군정은 그런 지주제 철폐를 통해서 일본산업의 기초였던 농업에서 평등성을 확보하고 지배와 피지배 관계를 단절시키려 했던 것이다.

■■ 3. 사회파주의

　사회파주의는 현실에서 사회질서주의와 반인종차별주의 등으로 나타났다. 사회질서주의는 사회질서를 무너뜨리는 소재를 다룬 영화로 반질서, 반도덕, 반문화 등의 내용을 비판하는 것이다. 점령군은 사회에서 벌어지는 자살, 도박, 살인, 암매매, 매춘, 경범죄 등을 영화의 소재로 하는 것을 제한하였고 그런 내용을 담은 영화상영을 금지하였다. 특히 1948년 CIE영화 연극과는 일본의 영화평론가를 모아놓고 반사회적 영화에 대한 규범을 설명하였다. 즉 비합법적 성행위, 야비한 표현, 외설, 종교의 신성성에 대한 모독, 의상, 무용, 제목과 표현에서 반감을 갖게 하는 소재, 소매치기, 불법적인 약물복용과 거래 등과 같은 반사회적 소재와 표현을 제한하였다. 미점령군은 일본적인 영화를 제한하는 반면에 친미주의 영화를 장려하였고, 한편 반사회적 영화에 대한 규제를 하도록 하였다. 따라서 당시 영화는 그런 시대성을 반영하면서 만들어졌다. 다음 <표18>은 반사회적 성격을 띤 영화와 삭제된 내용을 소개한 것이다.

<표18> 반사회적 영화

감 독	작 품	삭제내용	감 독	작 품	삭제내용
五所平之助	今ひとたびの (47)	남자가 자살하는 장면	黑澤明	醉いどれ天使 (48)	술을 먹는 것은 자살과 같은 것으로 표현
溝口健二	歌麿をめぐる五人の女(46)	살인 장면	澁谷實	四人目の淑女 (48)	도쿄 공창지역 설정, 살인장면
市川崑	三白六十五夜 (48)	살인 장면의 정당방위 강조요구	松田定次	二十一の指紋 (48)	칼에 의한 살인장면을 롱쇼트 요구
溝口健二	美貌と白痴	약물거래표현, 매춘부여성	大曾根辰夫	地獄の顔(47)	아편밀수, 그리스트교선전금지
吉村公三郎	わが生涯のかやける日	약물표현	龜井文夫	女の一生(49)	낙태
溝口健二	雪夫人繪圖 (50)	나체장면	衣笠貞之助	小判鮫(48,49)	시대극, 무기절도, 승려유혹장면

| 中村登 | 火の薔薇(48) | 매춘부 | 荒井良平 | サザエさん(48) | 아나운서가 매춘부와 사회문제논하는 장면 |
| マキノ正博 | 肉體の門(48) | 매춘부들의 싸움 | 加戸敏 | ぜったい愛して(48) | 춤 장면 |

　그 이외에도 암 상매를 그린 ≪花嫁特急≫(신부특급), 매춘을 다룬 ≪花の不夜城≫(꽃의 불야성), 선정적인 장면을 담은 ≪夜の人魚≫(어둠 속의 인어), 남성의 폭력을 표현하고 있는 ≪母と子≫(어머니와 아들), 귀환병의 암상매를 다룬 ≪愛と憎しみの戯れ≫(사랑과 증오의 유희, 48), 매춘과 성병을 다룬 ≪愛しき抵抗≫(사랑스런 저항), 매춘부의 과거를 다룬 ≪目の砂≫(눈의 가시) 등과 같은 작품에서도 반사회적인 장면이나 대사가 삭제되었다. 이것은 어떻게 보면, 일본사회에 대한 개혁의 의미를 포함하고 있는 점에서 적극적으로 평가할 수 있지만, 미국의 일본에 대한 식민지 지배라는 특징을 함의하고 있다.

　고쇼 헤이노스케(五所平之助) 감독의 ≪今ひとたびの≫(지금 홀로 여행은, 47)에서는 남자주인공인 남편이 자살하는 장면을 그렸다. 검열관은 그런 장면이 과거 일본이 전쟁에서 자행한 카미가제(神風) 정신과 연결된 행위로 인식하여 수정하도록 감독에게 명하였다. 영화에서 남편은 의지가 약한 화족(華族)출신으로 생활력이 없고 재능이 없는 화가로 설정하였기 때문에 카미가제 정신과는 거리가 있는 인물설정이었다. 그럼에도 불구하고 자살이라는 행위가 국가를 위하는 일본군의 전의와 연결되는 것으로 인식하여 제한하였다. 또한 구로사와 감독의 ≪醉いどれ天使≫(술 취한 천사)에서는 야쿠자가 활동하는 암시장, 두목에 대한 충성, 성병, 도박, 매춘 등과 같은 반사회적인 표현과 장면이 너무 많은 것으로 판단하여 수정하도록 하였다. 그리고 의사가 '술을 마시는 것은 자살을 하는 것과 같은 것'이라고 하는 대사가 있었지만 그것도 삭제하도록 하였다. 미조구치 감독의 ≪歌麿をめぐる五人の女≫(가여를 둘러싼 다섯 여자)는 시대극이지만, 사랑싸움에서 진 여성이 질투 끝에 배반한 남자애인을 죽이는 내용을 담고 있다. 영화검열관은 그런 표현이 젊은이에게 좋은 영향을 주지 못한다고 판단하여 제한하였다.

　또한 미군정 검열관은 ≪火の薔薇≫(불꽃 장미)에서 매춘부를 갱생한 전매춘부로 바꾸도록 하였고, ≪肉體の門≫(육체의 문)에서는 매춘이 일반시민에게 책임이 있다는 내용을 넣을 것을 요구하였으며, ≪乳兒殺人事件の眞相≫(유아 살인사건의 진상)에서는 정부에 의한 매춘시설 설치의 필요성을 강조하도록 하였고, ≪女の一生≫(여자의 일생)에서는 어린이 복지와 여성해방문제를, ≪西鶴五人女≫(사이가쿠 5여자)에서는 지배적인 남성에 저항하는 여성의 모습을, ≪丘に立つ處女≫(언덕에 서있는 처녀)에서는 교육적·오락적 가치를 강조하도록 요구하였다. 또한 선정적인 제목이라고 하여 고이소(小石榮一)감독의 ≪泥の流れの女≫(늪에 빠진 여자)가 ≪母≫(어머니, 48)로, 시마코(島耕二)감독의 ≪今日我欲情す≫(오늘 나는 욕정이 난다)가 ≪今日われ戀愛す≫(오늘 우리는 사랑한다, 49)로 바뀌었다. 이런 현상을 볼 때, 당시 일본영화는 소재, 내용, 표현, 장면 등에서 제한되어 자유로운 영화제작이 불가능하였다. 이것은 미국에 의한 일본 만들기로 나타났고 각 사회영역에 영향을 끼치게 된다.

그리고 반사회적인 영화에 대한 제한뿐 아니라 인종차별주의가 금지되었다. 패전이후 중국과 조선 출신으로 일본에 사는 사람은 제3국인으로 불리어졌다. 검열관은 그들이 부정적으로 그려지는 것을 염려하였다. 예를 들면, 조선인 반란을 진압하려는 일본경찰의 행동을 그린 뉴스영화에서 싸우는 장면이 많아 일본인과 조선인 간의 관계를 악화시킨다는 이유로 상영을 금지시켰다. 이것은 과거 식민지시대에 했던 것과 같은 인식과 처우가 현실에서 차별화되어 갈등으로 이어질 것을 미연에 방지하는 차원에서 이루어진 조치이다. 일본영화가운데는 중국인에 대한 것이 조선인에 대한 것보다 많았다. 검열관은 전전에 사용되었던 지나(支那)라는 용어를 모욕적인 것으로 판단하여 사용을 금지하고 중국으로 쓰게 하였다. 다음의 <표19>는 인종차별을 그린 영화를 소개한 것이다.

<표19> 인종차별영화

감 독	작 품	내 용	감 독	작 품	내 용
阿部豊	大都市の顔(49)	중국인경영 요리점에 갱단 등장 내용	木下惠介	破れ太鼓(49)	일본의 식민지 연장 대사 삭제
伊藤大輔	われ幻の魚を見たり(50)	송어양식성공과 일러전쟁	-	哀しき美貌	미국병사와 일본여성의 국제결혼

이토(伊藤大輔)감독의 ≪われ幻の魚を見たり≫(우리 환상의 물고기를 봤다)는 송어양식에 성공한 인물에 대한 이야기를 담은 전기영화이다. 각본에는 1904-5년 일러전쟁 당시 일본과 러시아의 외교관계가 단절되는 장면, 그리고 주인공의 아들이 일러전쟁에서 전사한 것 등을 설정한 것이 문제가 되었다. 이것은 승전국중의 하나인 러시아의 입장을 고려한 것이었다. 또한 검열관은 잠재적으로 반외국의 성격을 가질만한 시대극의 제작을 금지하게 하였다. 예를 들면, ≪柔らかい肌の情熱的金髪≫(부드러운 뺨의 정열적인 금발)이라는 영화 제목이 반서양적이기 때문에 제목을 변경하도록 요구하였다. 또한 ≪母と子≫(어머니와 아들)에서는 외국영화를 보러 가기 싫다 라는 대사가 있었다. 대사를 삭제하든가 아니면 외국영화를 일본영화로 바꾸든가 하도록 하였다. 또한 일본에 주둔하는 미국병사와 일본여성의 관계에 대한 표현을 금지하였다. ≪哀しき美貌≫(애처로운 미모)에서는 미국병사와 일본여성의 국제결혼문제가 대두하는데 결혼을 반대하는 장면이 나오자 그것은 인종차별에 해당하는 것이라 하여 금지되었다. 또한 미국병사가 일본영화에 출연하는 것은 미국이나 점령군에 불명예를 초래하지 않는 경우에 한하여 허용하였다. 이렇게 당시 일본영화는 사회적으로 건전하거나 외국과 외국인에게 마찰이 없는 내용을 강제적으로 또는 반강제적으로 담았다.

■■ 4. 평화주의

1) 반원폭주의

원자폭탄에 대한 논쟁은 미국이 일본열도에 원자폭탄을 투하함으로써 제기되었다. 원자폭탄 투하의 당위성과 타당성에 대한 문제는 별도로 하더라도 이것으로 전쟁은 일단락 매듭지어졌다. 일본에서는 전쟁의 종결과 동시에 원폭에 의해 발생된 문제가 사회화되어, 직접적인 당사자였던 미국은 사실상 난처한 입장에 있었다. 그러나 미군정은 원폭문제에 대한 언급뿐 아니라 사회화되는 것을 엄격하게 제한하였다. 미군정은 원폭에 대한 다양한 현상들이 영화의 소재로 등장하는 것도 반대하였고, 원폭을 다루는 영화자체에 거부감을 갖고 있었다. 따라서 검열이라는 이름으로 원폭에 대한 여러 가지 논쟁거리가 이유에 관계없이 사회화되는 것을 정치적으로 차단하였다. 미군정의 엄격한 원폭검열과 통제라는 맥락에서 등장한 것이 반원폭주의이다. 반원폭주의는 원자폭탄을 사용하는데 반대하는 원폭반대운동의 흐름을 형성하였고 또한 원폭피해자에 대한 국가적 책임을 지게 하는 계기가 되었다.

1945년 8월 6일 미군은 히로시마(廣島)에 원폭을 투하했다. 한순간에 도시가 초토화되고 많은 사람들이 사상당하는 참상이 발생하였다. 그 때 일본영화인 가운데 카메라멘은 참상을 필름에 담았고, 이것은 전후사에서 일본국민이 반전평화의 길을 걷게 하는 중요한 근거가 되었다. 당시 일본뉴스를 만들던 일본영화사는 오사카 지사의 가시와다(柏田民雄), 도쿄본사의 마사키(柾木四平) 카메라맨을 히로시마에 파견하여 8월 8일부터 기록하게 하였다. 12일 촬영필름이 완성되어 육군참모본부에서 시사하였으나 너무 처참하여 군부는 필름을 몰수하였고 이후 점령군이 몰수하였다. 일본영화사의 스텝이 히로시마와 나가사키(長崎)의 피폭현장을 촬영하려고 하자 총사령부는 촬영중지를 명하였다. 이후 일본은 SBS(전략폭탄조사단)의 위촉으로 촬영을 계속하여 1946년 4월 히로시마 편과 나가사키 편을 포함한 2시간 40분짜리 장편기록영화를 만들었고 영어판도 완성하였다. 일본은 그것을 ≪히로시마, 나가사키에 있어서 원자폭탄의 재해≫로 하였지만, 미국은 ≪원자폭탄의 효과≫라고 명명하였다.

이후 일본은 영상뿐 아니라 신문보도, 논평, 문학과 그림, 사진 등에서 일체 원폭정보에 대한 보도뿐 아니라 소재로도 하지 못하게 하였다. 전후 원폭과 관련된 정보는 1960년대 정보공개법에 의해 해금되어 세상에 알려지게 되었다. 원폭을 다룬 영화로는 「일본뉴스」가 처음으로 피폭직후 히로시마 상황을 모은 것이다. 다음의 <표20>은 원폭관련영화를 소개한 것이다.

<표20> 원폭관련영화

감 독	작 품	내 용	감 독	작 품	내 용
일본영화사	原爆(45)	다큐멘터리	일본영화사	原爆の効果(45)	원폭다큐멘터리

-	廣島(48)	기획단계에서 무산	-	ノ ー モ ア · ヒ ロ シ マ	기획무산
淸水宏	蜂 の 菓 の 子供達(48)	원폭피해	新藤兼人	原爆の子(52)	원폭이후의 피해 고발
關川秀雄	ひ ろ し ま (53)	원폭피해참상	大庭秀雄	長崎の鐘(50)	원폭을 주제로 한 일본 최초의 영화

일본영화인들은 원폭에 의한 피해를 영상기록을 통해서 영구적으로 남기는 것에 대한 중요성을 자각하고 있었다. ≪原爆≫(원폭, 45)에서는 CIE에 의해 원폭이 갖고 있는 파괴력을 강조하고 있기 때문에 일반폭탄으로 파괴된 도쿄를 그리도록 하였다. 또한 일본은 원폭으로 패배한 것이 아니라 군사적으로 패배한 것을 그리도록 하였다. 수정을 요구하였으나 불가능하였고, CCD는 이미 허가를 하였기 때문에 상영을 허가하였다. 이 작품은 일영이 히로시마에서 찍은 필름이 포함되어 있다. 원폭에 대해 미군정은 원폭이 전쟁을 끝냈다는데 중요성을 두었을 뿐 아니라 원폭피해보다는 원폭의 위력을 알리는데 관심을 가졌다. 따라서 원폭으로 피폭당한 일본인에 대한 문제를 전쟁과 연결시켜 원폭이 발생시킨 피해를 덮으려고 하였던 것이다.

≪原爆の效果≫(원폭의 효과, 45)는 일영이 히로시마와 나가사키에서 원폭피해를 원자력전문가와 과학자의 협력을 통해 촬영된 것이다. 그러나 촬영중 미군헌병에게 체포되어 이 사실이 점령군에게 알려져 촬영 금지되었다. 이후 촬영이 계속되어 ≪The Effect of the Atomic Bomb on Hiroshima and Nagasaki≫(원폭의 효과)로 나왔다. 이것은 원폭피해자의 입장에서 원폭이 만들어낸 피해를 그리려 하였지만, 점령군은 영어제목에서 알 수 있듯이 무기로서 원폭이 갖는 군사적 효과 측면에 중점을 두고 찍은 것이다. 1967년 9월 ≪원폭의 효과≫ 필름이 미국정부에 의해 일본정부로 반환되었다. 문부성은 제작자, 작품에 등장하는 피해자, 일반시민의 항의 등으로 완전 공개를 하지 않았다. 그러나 1980년대 일본의 시민그룹은 기부금을 모아 미국국립공문서관으로부터 원폭필름을 사 다치바나(橘祐典)감독과 하니(羽仁進)감독이 ≪にんげんをかえせ≫(사람을 돌려줘), ≪豫言≫(예언) 등 2개의 영화로 편집하여 일본

과 미국에서 공개하였다. 그리고 1970년 콜롬비아대학은 이 필름을 편집해서
≪히로시마 · 나가사키 1945년 8월≫의 이름으로 미국에서 공개하였다.

오바 히데오(大庭秀雄)감독의 ≪長崎の鐘≫(나가사키의 종, 50)은 1950년
쇼치쿠(松竹)에 의해서 공개되었다. 원폭장면은 피폭자이자 과학자였던 나가이
(永井)박사의 자식이 사는 나가사키 교외의 산에서 송이버섯 구름으로 표현되
었다. 또한 원폭직전 일본군국주의정부를 비난하고, 야만적인 일본에 대한 경고
로서 원폭이 투하됐다는 설명을 자막으로 넣었다. 그리고 나가사키 시내의 장면
은 나가이 박사 아내의 묵주가 떨어져 있는 것을 보여줘 아내가 원폭으로 죽
었다는 것을 간접적으로 표현하였다. 이처럼 영화는 원폭을 간접적으로 표현하
는데 그쳤다. 그것은 신토(新藤兼人)감독의 ≪原爆の子≫(원폭의 아들)처럼 피
폭자의 인체나 거리의 피해를 영상으로 표현하지는 않았다. 최후장면으로는 나
가사키 시민이 교회의 재건을 위해 힘쓰는 모습을 그렸다. 이 작품은 원폭을 주
제로 한 일본 최초의 영화이지만, 멜로드라마의 연출자인 오바(大庭) 감독은 나
가이 박사와 부인의 애정 어린 관계에 중점을 두었다. 박사는 헌신적이며 양심
적인 과학자로 과도한 방사선에 감염되었으면서도 과학의 진보를 위해서 헌신하
고 있는 모습을 그렸고, 부인은 남편이 목숨 걸고 연구에 몰두하는 것을 알고
놀라지만 연구의 중요성을 인식하여 8월 9일 피폭으로 죽을 때까지 남편을 지
지한다. 이 영화는 원자폭탄이 갖고 있는 유용성을 표현하고 있지만 실제로는
무용성과 피해를 고발하고 있고 원자폭탄에 대한 경고의 메시지를 담고 있다.

≪原爆の子≫(원폭의 아들, 52)은 히로시마 출신의 신토 가네토(新藤兼人)
감독이 1952년 4월 점령과 관계없이 5월 히로시마에 가서 49일간에 걸쳐 촬영
한 것으로 1952년 8월 6일 히로시마원폭기념일에 공개되었다. 이 영화는 신토
의 독립프로덕션 근대영화협회와 좌익계의 극단민예가 공동으로 제작하였고, 노
동조합으로부터 자금 원조를 받았으며, 히로시마 시가 협력하여 완성하였다. 내
용은 피폭지역의 여교사가 전후 7년에 걸쳐 과거 유치원의 제자들을 방문하는
이야기를 중심으로 하고 있다. 그 제자 중에는 구두를 닦아가며 가계를 꾸려
가는 소년, 죽음을 눈앞에 두고 세계평화를 위해 기도하는 소녀, 빈곤에도 불구
하고 열심히 어려움을 극복해가는 어린이, 동식물에 영향을 주는 원폭의 위력
등을 그렸다. 그녀는 가족을 모두 잃고 7년 후 히로시마에 와보니 복고되어 옛

날의 흔적은 많지 않았다. 그녀는 자기 가족이 살던 집을 가보며 회상을 한다. 언제나 어머니가 싸준 도시락을 들고 집을 나서던 일, 전쟁이라고는 하지만 대체로 평화로웠던 거리, 유치원아이들이 천진난만하게 노는 모습, 일순 원자폭탄이 떨어져 타버린 여학생들의 군상 등이 떠오른다. 원폭의 직접적인 피해와 방사능에 의한 간접적인 피해 등이 사실감 있게 그려지고 있다.

≪ひろしま≫(히로시마, 53)는 일교조(日敎組)에 의해 제작되어 미군정이 종결된 후인 1953년에 공개되었다. 내용은 원폭의 위력을 재현하고 피폭되어 생활에서 고통을 겪는 중학생을 그린 것이다. 히로시마와 나가사키의 원폭투하에 관한 표현은 많은 주의가 필요했고 점령군의 검열은 매우 엄격했다. 미군의 초기 관심은 신병기의 효과에 대한 것이었고, 그 정보를 미국이 독점하였다. 따라서 원폭에 대한 도덕적 의문은 외면되었고, 항복을 거부한 일본 군부의 책임을 묻는 것이었다. 특히 원폭의 물리적 파괴력이 영상화되면 일본인의 반미감정을 불러일으킬 것으로 예상하여 그 표현을 극히 제한하였다. 따라서 일본에서 처음 시도한 신병기에 대한 물리적 파괴력, 도덕성에 대한 문제 등을 영화에서 다루는 데는 점령의 종결까지 기다려야 했다. 원폭에 대한 인식은 입장에 따라 다양하게 전개되고 있는 특징이 있다. 즉 원폭투하의 정당성, 원폭피해자에 대한 권리근거, 원폭피해자를 평화적 피해자로 보는 문제, 인간적 차원에서의 원폭과 피해자에 대한 인식 등에 있어서 다양한 의견이 나오고 있다.

2) 노동운동주의

전후 일본에서 부각된 노동권 권장정책은 일본사회의 민주화 정책으로 강력하게 장려되어 노동조합을 형성하고 노동운동을 활성화하는데 기여하였다. 따라서 노동자들은 집회의 자유, 집단교섭의 권리 등을 실행에 옮기기 위해 직장에서 노동조합을 조직하였다. 그렇게 해서 영화계에도 노동조합의 설립이 확대되고 동시에 노동운동이 격렬하게 진행되었다. 일본영화사 중에서 도호의 노동조합이 가장 강하였다. 도호 노동조합은 인플레이션에 대응한 급여상승, 노동조건 개선, 경영참가 등을 요구하면서 1946년 3월부터 1948년 8월 기간에 3회에 걸

처 노동쟁의를 하였다. 전쟁 중 정부의 보조에 맞춰 전쟁영화로 성공한 도호가 전후에 돌변하여 전투적인 조합원을 만들어 이번에는 민주주의영화를 만드는데 성공한 회사가 되었다. 도호의 노동운동과정에서 영화 촬영소와 연극계에서 노동운동을 촉진시킬 목적으로 노동조합은 ≪明日を創る人人≫(미래를 만드는 사람들, 46)을 제작하였다. 이처럼 전후 초기 노동운동은 경제의 민주화 정책과 맞물려 발전하였다.

도호는 1937년 사진화학연구소, PCL영화제작소, JO스튜디오, 도호영화배급 등이 합병해서 설립되었다. 영화계에서의 노동운동은 미군의 장려정책에 의해 촉진되었다. 노동자의 권리는 1945년 12월 22일 노동조합법(1936년 3월 시행) 의 법제화, 조합과 경영자의 교섭권을 인정하는 노동관계조정법(46년 10월 13 일 발효) 등에 기초하였다. 촬영소 가운데 최초로 조합을 조직한 것은 쇼치쿠 오후네(大船)촬영소로 1945년 11월 9일 각본가 노다(野田高悟)를 위원장으로 설립되었다. 노동조합은 승급을 요구하는 한편, 정부로부터 중역을 초빙하는 경영자 측의 계획에 이의를 제기하는 등 대립과 저항이라는 방법으로 문제를 해결하였다. 따라서 그런 전례는 다른 촬영소의 노동조합을 구축하는데 촉매역할을 하는 계기가 되었다. 당시 노동조합은 인플레이션에 따른 승급, 노동조합원의 경영참가, 노동조건개성선 등을 주요한 의제로 하였다.

당시 미군정은 경제의 민주화정책으로 노동권 보장과 관련된 노동관련법의 제정뿐 아니라 노동조합을 결성할 수 있는 분위기를 만들었다. 다음의 <표21> 은 노동조합결성 현황을 나타낸 것이다.

<표21> 노동조합결성 현황

노동조합명	설립시기	특징
쇼치쿠大船촬영소 조합	1945년 11월 9일	일본최초의 노동조합
전일본영화종업원조합동맹	1945년 11월 20일	결성 준비위원회 탄생
도호, 다이에이 다마카와, 다이에이 교토와 본사	1945년 12월	조합결성

전일본영화종업원조합동맹	1946년 1월 13일	전영발족함, 도호, 쇼치쿠, 다이에이촬영소, 일영, 아사히영화, 이연영화, 다이에이본사 8개조합 2,700여명참가, 위원장 八木保太郞
일본영화연극노동조합	1946년 4월 28일	전영이 발전함, 연극계포함 18,000여명 조합원, 산업별단일노조결성, 8월산업별노동조합회 가맹
자유영화인집단	1946년 2월 1일	영화인과 애호가 결성, 민주적영화운동, 영화계전쟁책임자추궁운동, 일본민주주의문화연맹 가입
노동조합영화위원회	-	산별노조산하기관, 자주제작과 상영주장, 제1작품 《蕃進》(46)제작, 노동조합영화협의회로 전환
노동조합영화협의회	1947년	노동조합영화위원회가 발전하여 형성됨
도쿄영화서클협의회	1947년 8월	일본문화수호회가 발전하여 결성
전국영화서클협의회	1949년	일본문화수호를 위한 전국조직결성

*자료 : 山田和夫, 1997

1946년 1월 13일 영화산업 조합인 일본영화종업원조합(이하 전영으로 함)은 각 촬영소의 상부조직으로 2,700명이 참가하여 설립되었다. 이것은 기업별 조합을 인정하지 않는 미국을 모델로 해서 결성되어 산업별 노동조합으로 인정되었다. 도호의 각본가 야기(八木保太郞)를 위원장으로 한 전영은 승급, 대우개선, 노동자의 경영참가, 영화흥행과 배급의 민주화, 노동운동통일 등을 요구했다. 이런 가운데 도호조합은 5,600여명이 되었고, 도호조합의 최초 노동운동은 1946년 3월 20일 대우개선요구를 경영자측이 거부함으로써 일어났다. 15일간의 노동쟁의 결과 노동조합은 기본급 월액 600엔과 조합원으로 구성된 제작위원회의 설치 등을 획득하였다.

그리고 노동조합의 활성화와 동시에 영화계의 범죄책임을 묻는 작업이 시작되었다. 1946년 CIE의 요청으로 전영의 중앙위원회는 영화계의 전쟁범죄인 목록을 작성했다. 그해 말 전영은 조합원 18,000여명이 참가한 일본영화연극노동조합(이하 일영연으로 함)으로 확대되었고, 공산계의 전일본산업별 노동조합에 참가했다. 일영연은 전쟁범죄인의 리스트를 영화계 민주화의 제1단계로 여겼고,

이 목록은 15일전에 발표한 자유영화인집단의 목록과 비슷했다. 일영연의 목록은 3단계로 분류되어 A급은 내무성과 내각정보국의 전임원, 영화사의 사장 및 중역 등 23명으로 이들은 영화계로부터 추방되었다. B급은 영화사중역, 전시중에 국가주의적 조직을 만든 영화감독 구마야(熊谷久虎)를 포함한 10명이 일시적으로 추방되었다. C급은 ≪ハワイ・マレー海戰≫(하와이・말레해전)이나 ≪あの旗を擊て≫(저 깃발을 쏴라)와 같은 전쟁영화의 제작에 관련된 자로 규정하고 철저한 자기반성을 요구하였다.

도호 제2차 노동운동은 1946년 9월 1일 일어났다. 일영연은 일영연만이 교섭상대이며 종신고용을 포함한 노동조건의 개선을 각 회사에 요구하는 제너럴 스트라이크(총파업)를 명령하였다. 이에 대해 회사 측은 일영연이 공산계열에 속하고 그런 요구가 경영권탈취로 연결되는 한편, 정치적인 운동으로 인식해서 도호, 쇼치쿠, 다이에이 등은 교섭을 거절하였다. 이런 상황에서 도호노조는 총파업 찬성파와 반대파가 생겼고, 반대파 50여 명은 일영연을 탈퇴하여 새로운 노조를 만들었다. 공산당 산하에 있는 산업별 노동조합도 탈퇴해서 평화적으로 교섭을 요구하였다. 일영연은 요구에 응해 단체교섭권을 포기하고 각 회사별로 교섭하는 지령을 내렸다. 이 과정에서 일영연 노조원들이 제2노조에 가입하였다. 이어서 도호의 톱스타 10명이 오카와우치(大河內傳次郎)가 이끄는 '10인의 깃발회'라는 단체를 만들어 일영연 노조에서 탈퇴하여 제3노조를 만들었다. 여기에 영화스타, 감독, 노조원 450명 등이 새로 가입하였다. 그럼에도 불구하고 일영연은 노동운동을 지속하여 제2노조와 제3노조도 1948년 5월 7일에 일영연에 참가하였다. 이런 가운데 일영연은 노동자의 경영참가, 전종업원의 단일노조 참가, 비참가 직원 채용금지 등을 회사 측에 요구하였다. 최후에는 노조의 경영 참가, 8시간노동, 직구제(職區制) 채용 등을 회사 측이 인정하게 되었다. 이런 협의는 제2노조와 제3 노조와도 체결되었다.

도호의 제3총파업은 1948년 도호의 사장인 와다나베(渡辺銈藏)의 강경한 반공산주의와 반노동조합주의에 대한 저항으로 일어났다. 와다나베는 ≪民衆の敵≫(민중의 적), ≪明日を創る人人≫(미래를 만드는 사람들, 46), ≪命ある限り≫(생명이 있는 한, 46), ≪戰爭と平和≫(전쟁과 평화), ≪素晴らしき日曜日≫(화창한 일요일), ≪十一人の女學生≫(11명의 여학생) 등을 공산주의 선전영화

라고 규정하였다. 와다나베는 조합과의 계약갱신 때 조합의 경영인사참가, 교섭권, 노동운동권 등을 제한한다고 발표하였고, 직구제 폐지와 부과장제의 부활을 주장하였다. 또한 도호는 1948년 4월 8일 촬영소 270명을 포함한 공산주의자 및 일영연에서 활동하는 1,200여명을 해고한다고 발표하였다. 노동조합은 재고를 요구하였으나 회사는 응하지 않았다. 노사교섭 결렬로 4월 15일 조합원은 해고에 저항해서 촬영소를 점거하였다. 또한 외부로부터 좌익계의 지원자들도 촬영소로 숨어들어 노동운동을 돕자 회사 측은 정문과 후문을 봉쇄하였다. 회사 측은 적자경영을 해소하기 위해 정리가 필요하다고 명분을 내세웠다. 이렇게 해서 시작된 도호노동투쟁은 당시 노동운동의 미래를 결정하는 중요한 사건으로 인지되면서 새로운 국면으로 흘러갔다.

노동조합은 촬영소를 해방구로 하고 인터내셔널의 노래, 영화상영, 댄스파티, 토론회 등을 열면서 노동운동을 하였다. 1개월 후 회사 측은 촬영소의 반영구적 조업정지를 발표하고 종업원의 급료를 동결하였다. 이후 22인의 종업원이 공산당 주도의 노조에 반대하여 도호민주화클럽을 조직하였다. 이 조직은 촬영소의 재개를 요구하였고, 회사 측은 이들을 지지하였다. 이들은 빨간 리본대신에 파란 리본을 달았다. 따라서 파란 리본파와 빨강 리본파의 대립이 시작되어 빨간 리본파는 파란 리본파를 촬영소에 들어오는 것을 저지하였다. 이런 과정에서 일영연과 회사 측의 법정싸움이 시작되었다. 그리고 구로사와 등 감독 14명, 각본가 4명, 제작가 6명 등이 '예술가 그룹'을 결성하여 회사 측에 재고할 것을 요청하였지만 와다나베 사장은 거부하였다. 이어 도쿄지방법원은 회사 측에 유리한 판결을 내려 촬영소 반환을 하러 갔지만 노조측은 출입을 저지하였다. 이렇게 해서 제3차 총파업은 결론을 내리지 못하였다. 조합측은 회사측에 자주적인 퇴직자를 유도하는 대신에 나머지 조합원의 해고철회를 제안하였지만 회사측은 퇴직자의 수를 늘릴 것을 요구하여 합의를 하였다. 또한 조합은 경영권을 회사측에 돌려주는 대신에 회사측은 조합의 노동자대표권을 인정하였다. 경영자측은 조합원의 정치적 활동을 촬영소 내에서 제한하는 권리를 획득하였고, 일영연의 조합원을 차별하지 않는다는 것을 약속하였다. 일영연은 예정된 전국 총파업을 철회하고 중지되었던 영화를 제작하게 하였다.

총사령부는 1947년 2월 1일 2.2총파업을 맥아더의 명령으로 금지시키고, 노

골적으로 우회하였다. 또한 미국에서는 냉전체제강화를 위해서 공무원, 영화인, 연예인, 학자 등 전 분야에 걸쳐 아카카리(레드파지)를 감행하였다. 미 하원의 활동위원회가 중심이 되어 1947년 10월 아카카리가 할리우드에도 미치게 되었다. 아카카리 운동은 일본영화계의 민주적 운동을 주도적으로 해왔던 도호촬영소에 영향을 미치게 되었다. 이에 1947년 12월 26일 총사령부의 의견을 수용해서 도호사장으로 반공 학자인 와다나베(渡辺銕藏)가 취임하여 아카와 공산주의자 추방을 선언하여 제3차도호대쟁의가 벌여지게 되었다. 도호(東寶)는 전시 중 군부에 유착한 기업이었지만, 동시에 위장전향을 한 좌익세력의 온상이기도 했다. 가메이, 이마이, 야마모토 등과 같은 일본공산당원의 감독은 당의 지령으로 노동조합투쟁을 조종하였다. 그러나 레드파지를 통해서 전후에 최초의 독립프로(獨立プロ)운동이 일어났다. 전후가 되어 도호의 노동조합은 기업의 전쟁책임을 추궁하려 했지만, 요구가 받아들여지지 않을 것을 알자, 생산관리와 경영, 기획 등의 참여를 요구하였다. 노동조합은 독자적인 영화를 제작하여 도호작품으로 배급하였다. 이 과정에서 일본공산당이 개입해서 노동조합이 분열되었다. 대부분의 스타, 고참감독이 노동조합을 탈퇴하자 도호는 그들을 위해 신도호라는 새로운 회사를 설립하였다. 1948년 도호가 노동조합과의 대립으로 대량해고를 선언하자 노동조합은 촬영소를 점거하여 장기적인 스트라이크에 돌입했다. 이것은 전후 좌익운동의 상징적 행위가 되어 점령군의 군대가 출동하였다.

1945년부터 1949년까지 격렬하게 진행된 도호쟁의는 미군에 의해 직접적으로 지원받은 경영측이 승리를 거두고 끝났다. 이 때 촬영소의 노동조합 구성원은 회사를 그만두었다. 미국은 일본사회의 민주화를 개혁의 슬로건으로 하고 개혁을 진척시켜 나갔고, 일본을 냉전의 최전선으로 인식하지 않았다. 그러나 중국공산당을 이끈 모택동은 1949년 10월 1일 천안문 광장에서 중화인민공화국의 성립선언을 하고 장개석은 대만으로 피난하였다. 또한 1950년 한국전쟁이 발발하자 반공으로 방침을 바꾼 점령군은 영화계에서 레드파지(赤狩)를 감행하였다. 특히 1950년에는 미국과 소련의 이데올로기 대립으로 관공서나 메스미디어로부터 공산주의자들이 추방되었다. 이렇게 해서 퇴사한 영화감독들은 독립프로덕션을 만들어 작품을 독자적으로 만들기 시작했다. 미군정이 점령하던 초기에는 노동관련법을 제정하여 노동세력에게 힘을 실어주고 노동운동을 지지하는 입장을 취하였다. 그러나 미군정은 국제사회에서 냉전이 시작되고 일본사회 내에서 반국가적이며 반미국적인 분위기가 노동조합을 중심으로 전개되고 비판적인 시각이 사회에 만연되어 급회전하여 정책을 전환시키게 된다. 미국은 국내에서 맥카시즘이 발동되어 공산주의자를 색출하여 추방하는 가운데 일본에서는 레드파지의 이름으로 공산주의자들을 색출하는 작업을 하게 된다. 따라서 노동운동에 대한 다양한 입장이 영화에 반영 된다.

다음의 <표22>는 패전과 동시에 노동조합과 운동이 활성화되는 가운데서 노동운동을 다룬 영화를 소개한 것이다.

<표22> 노동운동관련 영화

감 독	작 품	내 용	감 독	작 품	내 용
黑澤明외 2인	明日を創る人人(46)	전통노사관계와 근대노사관계의 대비	노동조합영화위원회	驀進(46)	국철노조의 10월 투쟁을 기록함
今井正	どっこい生きてる(51)	공공직업안정소 일 일노동자생활 그림	楠田清	命ある限り(46)	노동운동지지
小田基義	十一人の女學生(48)	여성의 스트라이크	今井正	民衆の敵(46)	노동자에 의한 자본가 전복
渡辺邦男	麗人(46)	여성의 노동쟁의	五所平之介	わかれ雲(51)	사회봉사와 사랑

1946년 5월 2일 합법화된 노동의 날에 도호는 세키카와(關川秀雄 : 1908-77, 『きけわだつ聲』와 『ひろしま』등의 반전영화를 만듦), 구로사와(黑澤明), 야마모토(山本嘉次郎) 등이 공동으로 제작한 ≪明日を創る人人≫(미래를 만드는 사람들, 46)을 개봉하였다. 이 영화는 CIE의 곤데의 지시로 도호조합이 기획한 것으로 오락산업에 파급효과를 유도하며, 다른 산업으로 노동운동을 확대시키며 촉진시킬 목적으로 제작되었다. 주요 내용은 고용주에 은혜를 느껴 의리를 갖는 봉건적인 생각과 직장 및 생활조건개선을 위해 투쟁하는 가운데 노동자의 단결에 대한 필요성을 강조하는 생각과 대비시키는 것이었다. 이 영화에서는

모두에서 노동자의 단결을 주장하는 조합의 노래가 흘러나온다. 영화를 통해서 노동운동중의 노동자 이미지가 조합의 노래와 함께 빈번하게 등장한다. 그 가운데서 '영화의 민주화는 인민을 위해서', '매일의 이익을 싸움으로 획득하자' 등의 슬로건이 영상으로 확대되었다. 이 영화는 선전지와 같은 문구와 혁명가를 부르는 조합원의 얼굴이 흘러나오는 한편, 방해되는 자본가와 숭고한 노동자라고 하는 이분법을 통해서 노동자의 입장을 일방적으로 두둔하는 등 작품을 너무 단순화했다. 이런 이유 때문에 공동감독이었던 구로사와는 그 후 자신의 이름의 게재를 거부하였다. 그는 "이것은 나의 작품으로 볼 수 없으며, 누구의 작품이라고도 할 수 없다"라고 하였다.

와다나베 감독의 ≪麗人≫(화려한 사람)에서는 야나기와라 햐쿠렌(柳原白蓮:가인, 생모는 게이샤, 미야자키와의 사건 후 결혼함, 전후에 평화운동벌임)과 손문의 중국혁명운동에 협력한 미야자키(宮崎滔川)의 아들인 류스케(龍介: 1892- 1971, 사회운동가, 도쿄대 新人會의 창립구성원, 변호사, 39년국가주의의 동방회에 속함, 전후에 호헌운동가, 일중우호 운동)의 유명한 연애와 사랑의 도피사건을 모델로 한 것으로 여성해방을 담고 있다. 또한 큰 주제로 나타나고 있는 것은 노동문제에 대해서 여성이 적극적으로 대응한다는 점이다. 야나기와라 풍의 여자주인공으로 출연한 하라 세쓰코(原節子)는 이 영화에서 노동쟁의가 일어나자 사장이면서도 노동자 측의 입장에서 가두연설과 모금활동을 하는 역할을 하여 신선한 여성의 모습을 연기하였다.

이마이 감독의 전후 첫 번째 작품인 ≪民衆の敵≫(민주의 적, 46)은 군부와 결탁해서 비료공장을 폭탄을 생산하는 군수공장으로 바꿔 공원을 착취한 자본가를 그린 것이다. 악의 상징으로서 군부와 자본가를 대비시켜 반전사상을 가진 노동자들이 등장할 뿐 아니라 선과 악을 체현하는 두 여성이 대조적으로 등장한다. 도덕적인 입장을 명백히 한 것으로 최후장면은 노동자 측이 자본가를 무너뜨리는 것을 그렸다. 이마이는 곤데의 권유대로 도호가 영화를 만들었다고 회고하였다. ≪民衆の敵≫은 1946년 개봉되어 평가도 좋아 신설된 마이니치(毎日) 영화제에서 감독상을 수상하였고 키네마순보 베스트 10중 6위를 기록하였다.

이마이 감독의 작품 ≪どっこい生きてる≫(겨우 살고 있음, 51)은 공공직

업안정소에서 일용직 근로자로 겨우 생계를 유지하고 있는 그 시대의 최고 빈민들의 생활을 그린 작품이다. 이것은 당시 높은 평가를 받고 있었던 이탈리아의 네오리얼리즘 영화의 영향을 받은 작품이다. 새벽 도쿄에는 전차가 달리고 있고 각각의 사람들은 그것을 타고 자기 일터로 간다. 그런 가운데 공공직업안정소 앞 광장에는 일용직 근로자들이 삼삼오오 모여 일자리를 찾느라 아우성이다. 소기업주였던 중년 주인공은 가족들의 생계를 위해서 열심히 일자리를 찾는다. 그를 아는 동료들도 그를 도우려고 애를 쓴다. 그러나 일자리 구하는 것이 어려워지자 일가는 자살을 하려는 생각마저 한다. 어느 날 그는 물에 빠진 아들을 필사적으로 구하고 나서 역시 생존하고 있는 소중함을 다시 느낀다. 이 영화는 전후 일본에 불어 닥친 실업문제를 통해서 노동의 중요성과 삶의 소중함을 일깨워 주는 내용을 담고 있어 당시 일본사회의 시대성을 잘 표현하고 있다.

고쇼 감독이 노동쟁의로 도호에서 추방된 후 독립프로를 세워 만든 작품이 ≪わかれ雲≫(부서지는 구름, 51)이다. 이 영화는 도쿄에 사는 5명의 여대생이 신주(信州)의 작은 마을에 여행을 하면서 생기는 모습들을 그렸다. 그 중 마사코가 병이 나서 여관 여종업원의 도움을 받아 여관에 머문다. 계모가 달려왔지만 말을 안 하고 돌려보내자 여종업원이 충고를 한다. 그녀는 그 동안에 오지인 시골에서 일하는 젊은 의사를 좋아하게 되고 자신도 솔직해진다. 출장에서 온 아버지도 솔직해진 딸을 보면 기뻐하고 그들의 배웅을 받으며 다시 돌아올 것을 기약하며 도쿄로 돌아온다. 때때로 마사코는 오지에 가서 의사선생을 돕고 그곳에서 머물기도 하여 인간미를 발휘한다. 나약하고 소외된 계층을 위해 헌신적으로 진료를 하고 돕는 것을 그렸다. 이 영화는 남을 위해서 돕는 그 자체가 전후 일본사회가 가야할 길이며, 그것이 노동의 신성성이라는 메시지를 강하게 표현하고 있다.

V 맺는 글

　점령기인 1945년부터 1952년까지 일본영화에서 나타난 시대성은 매우 다양하게 존재하고 있다. 이렇게 다양하게 시대성이 등장하게 된 배경에는 패전에 의한 힘의 약화, 미점령군의 등장, 국제정세로서의 냉전시작, 다양한 생각을 가진 영화인과 엘리트, 일본국민의 반성, 서구사상의 이식 등이 있었다. 이런 배경을 통해서 나타난 시대성은 시대계몽주의, 반일본주의, 사회파주의, 평화주의 등의 성격을 띠고 있었다. 영화에 나타난 시대성은 일본에 의해서 자생적으로 나타난 것이라기보다는 미군의 일방적인 힘에 의해서 형성된 타의적 시대성이라는 특징이 있다. 당시의 일본영화에 나타난 시대성을 보면 <표23>과 같다.

<표23> 일본영화의 시대성

구 분	시대계몽주의	반일본주의	사회파주의	평화주의
내용적 특징	민주주의, 감성주의 여성해방주의	반군국주의 반봉건주의	사회질서주의 반인종차별주의	반원폭주의 노동운동주의

　시대계몽주의는 민주주의, 감성주의, 여성해방주의 등을 강조하였고, 반일본주의는 반군국주의와 반봉건주의를 강조하였으며, 사회파주의는 사회질서주의와 반인종차별주의를 함의하고 있다. 또한 평화주의는 반원폭주의와 노동운동주의를 함의하고 있다. 그렇게 다양하게 시대성이 등장한 것은 전전일본으로부터 전후일본이라는 혁명적인 변화를 겪는 일본사회의 특징 때문이기도 하다. 이들 시대성은 미군정이 일본을 점령한 시기에 사회흐름을 규정한데서 발생한 것이라고 할 수 있다.

영화사적인 측면에서 점령기는 다음과 같은 특징이 있다. 하나는 점령영화라는 특징이 있다. 통제 하에 있었다는 점에서 전전과 다르지 않지만, 전전은 일본국가에 의한 지배였는데 비해 점령기는 일본국가가 아닌 연합군의 이름으로 대신한 미국의 지배 하에 있었다는 점에서 차이가 있다. 따라서 영화의 내용과 방향성은 미국적 사상으로 흘러갔고 친미적인 방향을 유지하는 특징을 갖게 되었다. 국제적으로 미국과 소련간의 세계패권쟁탈전과 이데올로기전쟁으로 미국은 극동아시아에서 일본을 미국의 우방국이며 동맹국으로서 또한 전략지역으로 구상함으로써 새로운 정책이 필요하였다. 그런 차원에서 영화정책은 민주화를 위한 정책이라기보다는 국제전략 차원에서 진행된 성격을 띠었다. 점령기의 영화정책은 국제적인 냉전에 따른 냉전정책의 일환으로 추진된 특징이 있고 점령영화를 만드는데 목적을 두었다.

다른 하나는 점령영화가 전전영화와 전후영화 간 가교역할을 한 특징이 있다. 점령기 영화는 전전영화로부터 해방되어 새로운 일본영화를 구축하는 방향으로 진행되어야 했음에도 불구하고 그렇지 못하고 제한된 상태에서 만들어졌다. 따라서 전전으로부터의 해방은 일본국가로부터의 해방으로 이어졌지만 전전영화로부터의 해방은 점령영화로 이어졌다. 그 영화는 미국이 주장하고 주창한 내용을 담고 있고 해방영화와 제한영화라는 모순 속에서 만들어진 특징이 있다. 그런 갈등과 모순은 오히려 일본영화가 전성기를 끌어내는 중요한 원동력으로 작용했다고 볼 수 있다. 왜냐하면, 통제와 제한은 새로운 돌파구를 뚫는 원동력으로 작용했기 때문이다. 전통에 대한 강제적 포기는 전통에 대한 향수로 살아났고, 새로운 사상에 대한 강제적 장려는 사상에 대한 전문성으로 이어졌기 때문이다. 이 과정을 겪으면서 점령영화는 전통과 현대가 잘 조화를 이루는 가운데 전성기를 맞게 되었다.

특히 점령기에 나타난 시대성 가운데 일본에서 자생적으로 나타나고 형성되어 국제사회에 확대된 것이 반원폭주의 또는 반핵주의이다. 원폭을 둘러싼 논의는 매우 다양하게 전개되고 있다. 하나는 원폭이 제2차 세계대전을 종결시키는데 순기능을 했는가 하는 점이다. 다른 하나는 원자폭탄이 과연 평화의 사도로서 인정될 수 있는 존재인가 하는 점이다. 또 다른 하나는 원폭 피해 당사자를 누가 보상해야 하는 가하는 문제이다. 마지막으로는 반핵을 주장하는 주체로서 일본을 평화주의의 선봉자라고 볼 수 있는 가하는 점이다. 원폭을 둘러싸고 다양하게 논쟁이 진행되는 가운데 명확한 것 중의 하나는 일본이 반핵주의와 반핵운동의 메카가 되었다는 점이다. 인류는 1945년 전쟁 종결과 동시에 해방을 맞아 전쟁으로부터 벗어났지만 핵이라는 새로운 지배물질로부터 구속되는 시기에 접어들었다. 따라서 21세기에 살고 있는 그 누구도 그것으로부터 자유로울 수 없는 상황에 놓이게 되었다. 그것이 미국이 일본과의 관계에서 남겨놓은 가장 큰 유죄 중의 하나라고 할 수 있다.

제5장
자립기의 영화와 시대성

『東京物語』(小津安二郎、1953)

『浮雲』(成瀬己喜男、1955)

『浮雲』(1955)山演:高峰秀子
(右)/森雅之(左)/岡田茉莉子

『七人の侍』(黒澤明、1954)

『隠し砦の三惡人』(黒澤明、1958)

『おとうと』(市川崑、1960)

 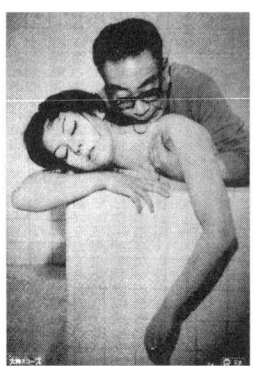

『めし』(1951) 山節:原演子(上)/　　　『鍵』の京マチ子と中村鴈治郎
上原謙/島崎雪子

 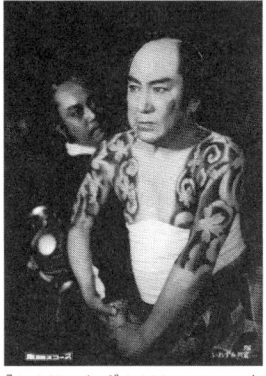 

『殿さま弥次喜多』左から中村賀　『御存じいれずみ判官』 片岡于恵　酒と女と槍　大友柳太朗 1960
津雄、中村錦之助 1960 沢島忠　蔵 1960 佐佐木康監督　　　　　内田吐夢監督
監督

『丹下左膳　妖刀濡れ燕』 手前左から岡田英次. 大河內　『丹下左膳　妖刀濡れ燕』 大友柳太朗 1960
傳次郎 1960 松田定次監督　　　　　　　　　　　　松田定次監督

『七人の侍』 左から稲葉義男, 三船敏郎, 加東大介, 千秋實. 手前が木村功, 志村喬, 宮口精二

『二十四の瞳』 の高峰秀子

『處刑の部屋』 の若尾文子と川口浩

独立愚連隊』(1959)山演:佐藤允(寫眞右)/中谷一郎/雪村いづみ/鶴田浩二/中丸忠雄/上原美佐(佐)

『裸の島』 左から乙羽信子, 殿山泰司

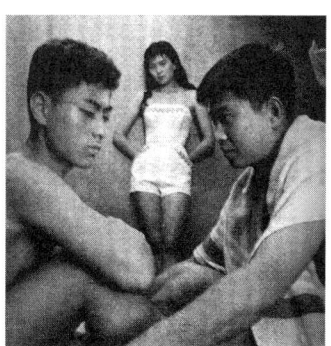

『狂った果實』 左から津川雅彦, 北原三枝. 石原裕次郎

I 머리글

일본영화사에서 미군점령시대가 막을 내리고 일본이 독립한 1950년대는 일본영화의 제2전성기이며 동시에 절정기였다. 자립기는 샌프란시스코 조약이 체결되고 미군정이 종결된 이후인 1953년부터 1960년까지를 말한다. 1953년 NHK가 대도시를 중심으로 TV방송을 시작하고 1960년 컬러 방송을 시작하는 위협을 받았지만 적어도 1950년대 대중이 즐기는 오락은 영화였다. 당시 6개 영화사가 연간 500편을 제작하고 영화인구가 10억 명을 돌파하는 초유의 영화 붐이 일어났다. 이 시기의 영화는 신세대와 신일본을 그린 태양족 영화, 오락영화, 각종 시리즈영화, 일본적 미학을 그린 시대극영화, 전통과 근대 사이에서 벌어지는 사회적 모순을 그린 사회영화, 그리고 다양한 장르의 예술 영화 등이 동시에 만들어졌다. 전성기의 대표적인 감독과 작품은 미조구치 겐지(溝口健二)의 ≪赤線地帶≫(적선지대, 56), 오즈 야스지로(小津安二郞)의 ≪東京物語≫(도쿄이야기, 53), 나루세 미키오(成瀨己喜男)의 ≪流れる≫(흐름, 56), 구로사와 아키라(黑澤明)의 ≪蜘蛛菓城≫(거미성, 57), 시부야 미노루(澁谷實)의 ≪氣違い部落≫(광인부락), 요시무라 코자부로(吉村公三郞)의 ≪女の河≫(여자의 강, 56) 등이 있었다. 이런 작품은 국내에서 인기를 얻었을 뿐 아니라 해외에서도 높은 평가를 받아 해외로 진출하는 기회가 되었다.

1950년대 일본영화산업은 쇼치쿠(松竹), 도호(東寶), 다이에이(大映), 신도호(新東寶), 도에이(東映), 닛카쓰(日活), 독립프로 등이 주도하였다. 6개 대형 영화사는 정부의 힘을 이용하여 기존의 대형영화사에서 퇴출되거나 자진 사퇴한 영화인들이 구축한 각종 독립프로에 압력과 억압을 가하여 영화계를 장악하려 하였다. 따라서 영화계의 독점을 둘러싼 경쟁이 치열하게 진행되면서 결과적으로 영화업계와 시장은 6개사에 의해서 분할되어 지배되었고 매주 신작 2편을 강행하는 양산체제를 시작하였다. 1958년 일본영화업계는 양적으로나 질적으로 최고조의 전성기에 달하였다. 전후 일본영화사에서 1950년대는 가장 화려하게 성장하고 빛나는 업적을 남겨 일본영화의 국제화를 달성하였고, 초유의 영화흥행을 일으켜 영화와 영화인들의 사회적 가치가 증대하는 현상으로 이어졌다. 특히 각종 국제영화제에서 수상하여 일본영화, 영화감독, 영화시장 등에 대한 세계적 관심이 일어났을 뿐 아니라 일본국민은 영화를 통해서 역사와 문화에 대해 잃었던 자긍심을 회복하는 중요한 계기가 되었다고 할 수 있다.

그러나 문화계에서 월등한 우위를 차지했던 영화는 극장시장과 영화산업의 상대적 과잉생산이라는 모순에 직면하게 된다. 또한 최고조에 달했던 영화관객 수도 점차 줄어들기 시작하여 지각변동이 일어나기 직전에 이르렀다. 특히 일본문화계를 주도했던 영화와 영화계는 1960년대에 들어서 영향력이 점차 하강하기 시작했다. 영화관수도 1960년 7,457개를 피크로 점차 줄어들기 시작했다. 이전부터 일본영화는 불경기에 더욱 강하다는 신화가 만들어졌다. 그런 신화는 영화가 저렴한 대중오락이라는 인식이 있었기 때문이었다. 그러나 고도경제성장으로 일본인들은 영화이외의 오락, 레저 등에 눈을 돌리는 현상이 증가하여 경기에 관계없이 영화산업은 하강곡선을 달리게 되었다. 전전 국가수준에서 영화부흥정책이 시작되면서 일본영화는 양적으로 질적으로 성장하였고 특히 1950년대 영화가 일본적 색깔을 내면서 제2전성기를 맞이하게 되지만 다양한 문화현상에 그 동안 문화계에서 독점적인 지위를 확보해왔던 영화는 기득권을 내주어야 하는 상황이 되었다.

전환과 위기라는 영화계에 부딪칠 태풍이 기다리고 있었지만, 1950년대 일본성장에 따른 문화수요의 증대와 대체문화의 부재 현상이 진행되면서 영화는 기대이상의 수요가 폭발하였고, 그에 대응하는 과정에서 영화계는 양적·질적으로 팽창으로 성장하였다. 그런 대응은 상대적으로 영화와 영화인들에 대한 문화적 가치를 높게 평가하는 순기능적인 역할을 하였다. 그렇게 해서 일본사회가 자립기를 확립하고 성장체제를 갖추는 과정에서 일본영화는 국내시장뿐 아니라 국제 영화시장에 진출하여 가치를 높였다. 특히 일본영화에 내재된 일본적 미학을 예술적으로 표현하여 아시아 영화 가운데서도 독보적인 존재가 되었다. 본 고에서는 전후일본영화가 전성기를 구가하게 된 시기를 사상적인 측면에서 고찰하고자 한다. 특히 일본이 정치적으로 독립한 후 미국과 일본간의 새로운 질서가 형성되는 과정, 그리고 점령군의 검열로부터 해방된 영화계, 새로운 시대로의 전환 등 시대적 움직임이 있는 가운데 영화가 담아내었던 시대성은 무엇인지를 고찰하고자 한다.

Ⅱ 자립기의 영화와 배경

■ 1. 시대적 배경

미군정이 끝나고 일본에는 대내외적으로 각 사회영역에서 다양한 변화가 일어나 대응해야 했다. 그동안 일본은 미군정에 의해서 자율적이기보다는 타율적으로 국내정치를 지배해왔다. 미군정의 종결에 따라 일본은 국내외적 상황과 환경에 대응해야 했던 것이다. 자유와 자율이 한 시대를 풍미하는 시대에 접어들면서 일본사회에는 다양한 시대성이 발생하여 현실 문화에 반영되어 한 시대를 끌어가는 주요한 사상적 흐름을 형성하게 되었다. 그런 시대성을 형성하게 된 배경에는 감상적인 내성(內省)이 있었다고 할 수 있다. 일본국민과 문화인에게는 15년 전쟁패배가 해결되지 않은 채 시대적 아픔으로 가슴에 남아있었다. 패전이후 수년간 먹고 사는 문제에 몰두했던 비참한 상태에서 겨우 탈출하였지만 전체적인 생활수준은 낮았다. 일본경제는 1950년대 후반에 비약적인 발전을 하였지만, 구미의 높은 생활수준을 바라만 보고 있는 입장에 있었다. 이것은 바로 일본이 무모한 전쟁에 몰입한 결과이며 동시에 패전에 따른 손실로 인식하였다. 이 시점에서는 일본이 구미선진국의 생활수준을 따라잡은 것은 불가능한 것으로 보였다. 따라서 일본민족은 비참하고 불쌍한 민족이라는 자기연민의 기운이 강하였다. 일본국민이 연민의 분위기에 빠져드는 가운데 국민적 이상이 생겨났다. 즉 패전이 가져다 준 고통에 대한 공유, 가난한 자로서의 동지, 서로 돕고 보듬어 평화로운 사회를 구축하자는 합의 등이다.

미군정에 의한 일본지배가 샌프란시스코 조약으로 종결되고 일본이 사회 각 영역에서 자립하려는 의지가 발현되어 역동적인 발전을 하게 된다. 즉 정치적 자립, 경제적 자립, 사회문화적 자립 등을 추진하기 위해 국가와 국민은 다시 뭉쳤고 그런 일치감은 일본사회의 자립을 촉진시키는 원동력이 된다. 자립적 의지는 아시아에서 또다시 일본이 자립국가로서 위상을 차지하는데 중요한 역할을 하였다. 자립기를 달성하는 과정에서 일본에는 시대적 사조를 결정하는 다양한 배경이 존재하였다. 다음 <표1>은 자립기의 시대적 배경을 나타낸 것이다.

<표1> 자립기의 시대적 배경

구분	정치적 배경	경제적 배경	사회문화적 배경
구체적 내용	국제적 냉전, 샌프란시스코조약, 자위대창설, MSA협정, 55체제구축으로 자민당탄생, 방위생산증가, 일소교섭론, 헌법개정론, 방위 6개년계획, 일소공동선언, 헌법조사회, 일미안보조약개정, 전범석방 및 복권	하토야마 경제자립5개년계획, 기시의 신장기경제계획, 국민소득배증계획, 이자나기 경제부흥, 경제성장정책, 군수산업성장, 탈미의존경제, 일중무역촉진추진, 국민경제방위주의, 설비투자붐, 짐무(神武)경제, 저축장려	만국박람회, 우익지식인 등장, 일본문화론 등장, NHK TV 대도시개설, 스트라이크 규제법, 인권스트라이크, 수소폭탄실험금지운동, 일본적 경영3종신기, 일본적 노사관계형성, 제1회동남아영화제, 기업문화주의, 신문화현상

　정치적 배경으로는 미군정으로부터 해방되었지만 다른 한편으로 미소냉전에 의해 국제사회가 양분화되었고 그 과정에서 일본은 이데올로기적 파벌이라는 현실적인 중압감에도 불구하고 미국의 도움으로 정치적 자립을 형성해 갔다. 이 시기 정치영역에서는 미소간의 국제적 냉전, 일본과 연합군간의 지배와 피지배관계를 종결하는 샌프란시스코조약, 일본군의 새로운 변화와 위상을 정립한 자위대창설, MSA협정, 다당제로 인한 정치적 혼란을 잠재우고 자민당 중심체제로 구축한 55체제, 그 동안 무시되어온 방위생산증가, 정치적 혼란을 극복하기 위한 일소교섭론, 자국에 맞는 헌법을 만들기 위한 헌법개정론, 일본방위에 대한 새로운 움직임을 구체화한 방위 6개년계획, 일소공동선언, 헌법조사회, 일본과 미국의 공동방위협력체제인 일미안보조약개정, 전전과 전후의 단절을 위한 전범석방 및 복권 등이 일어났다. 이런 정치적 상황은 당시 많은 시대성을 낳은 원초적인 배경이 되었다.

　경제적 배경에는 경제성장을 통해서 경제의 자립성을 높이는 것이 큰 과제로 등장하였다. 정치성장을 타의적으로 포기한 일본에게 경제성장은 발전욕구를 충족시키기 위한 국민적 목표인 동시에 실현해야할 가장 큰 국가과제가 되었다.

이 시기 경제영역에는 그동안 미국에 전적으로 의존해온 경제 의존도를 낮추고 일본경제의 세계화를 구상한 하토야마 이치로(鳩山一郎 : 1883-1959, 정치가, 자유민주당창설, 1946년 공직추방, 일소국교수립)는 경제자립5개년계획을 수립하였다. 그 이후 정치보다는 경제에 치중하고 국민의 힘을 모르기 위한 기시 노부스케(岸信介 : 1896-1987)의 신장기경제계획, 잘사는 국민을 만들기 위한 이케다 하야토(池田勇人 : 1899-1965, 정치가, 수상역임, 고도경제성장 정책)의 국민소득배증계획, 인간이 기획하기 보다는 신이 기획하여 경제성장을 이루었다는 이자나기(いざなぎ)경제부흥, 경제성장 정책, 군수산업성장, 탈미의존경제, 일중무역추진, 국민경제방위주의, 경제성장에 따른 노동력 창출과 생산성 향상을 위한 설비투자 붐, 진무(神武)경제, 국내의 경제적 안정과 생활을 유지하기 위한 저축 장려운동 등이 일어났다.

사회문화적인 배경에는 경제성장에 따른 문화수요가 급증하게 되고 사회적 욕구가 증대하는 현상이 일어났다. 일본이 성장했다는 것을 국제사회에 알리기 위한 만국박람회, 안정적인 생활과 정치적 안정으로 인해서 잃어버린 일본정신을 찾기 위한 우익지식인 등장, 서구적인 문화가 아니라 일본적인 문화로 일본을 재정립하자는 운동의 일환으로 나타난 일본문화론, 가전제품의 신화를 만들어 내는 계기가 된 NHK TV대도시개설, 기업우선적인 노동정책을 위해 제정된 노동쟁의 규제법, 다양한 인권운동, 원폭피해국으로서 또한 수소폭탄의 직접적인 피해국으로서 원자폭탄의 위험성을 세계에 알린 수소폭탄실험금지운동, 일본적인 것으로 발전했다는 일본적 경영 3종신기, 일본적 노사관계형성, 영화전성기를 국제사회에 알기 위한 제1회 동남아영화제, 기업과 생활의 일치를 강조한 기업문화주의 등이 일어났다. 이런 배경은 일본사회뿐 아니라 일본영화가 발전하는데 영향을 주었고 또한 시대성을 반영하는 계기가 되었다고 할 수 있다.

패전으로 군, 재벌, 지주, 귀족 등이 해체되었기 때문에 당시 일본은 특권계급의 힘이 빈약하였고, 또한 사회적 지배층은 신세대로 구축되어 사상적으로 무장된 세력이 비교적 적은 사회였다. 여기에 약한 자간의 상호협동과 같은 서민적 이상주의가 사회전반에 공유되는 이념으로 정착하였다. 또한 서구민주주의가 사회전반에 확대되어 비전통적인 국민의식이 정착되어 일본사회의 변화를 유도하게 된다. 이와 같은 일련의 현상은 이후 일본이 빈부격차가 비교적 적은 사회로 진행하게 하고, 사회전체가 가능한 한 특권계급을 만들지 않으며, 평등주의적인 생각을 비교적 강하게 갖는 사회로 전환시키는 힘으로 작용하였다고 볼 수 있다. 평등주의의 기운은 특정한 정치가와 사상가에 안착하기 보다는 오히려 사회전반에 넓게 퍼지는 성향이 있었다. 특히 대중문화의 내용에 반영되어 사상적 흐름으로 인식하였다. 그 중에서 대표적인 것은 기노시타(木下惠介 : 1912-1998)감독의 영화라고 할 수 있다.

기노시타는 반복적으로 전쟁에서 일본인 전체가 어떻게 얼마나 많은 것을 잃었는가를 말한다. 과거에 잃어버린 생명, 현재 서구문명으로 잃어가고 있는 인정 등에 대해 한탄을 하면서 동시에 강함을 부정하고 약함을 옹호한다. 약한 자의 사고와 방법으로서의 미련과 우둔함을 인간적 따뜻함의 증거로서 새롭게 각색하였다. 이 과정에서 자기연민에 기초한 심정적 공동체라는 세계가 명백하게 그려진다. 기노시타의 의도는 과거역사를 감상적으로 각색하여 현재 일본인의 마음을 치유하고, 다른 한편으로는 인색하고 낯설은 서구사회화에 의해 벌어지고 있는 과거와 결별을 암묵적으로 선언하여 잃어가고 있는 전통성에 대한 경고와 경각심을 불러일으키는 역할을 하였다고 할 수 있다. 이것은 물질적 발전에 대한 반성인 동시에 물질주의를 비판하는 성격을 띠었다. 또한 인간성을 재조명하는 가운데 인간주의를 회복하도록 대중을 자극하는 소시민적 인간성을 표출시키는 작업이었다. 예를 들면, 기노시타 감독의 ≪日本の悲劇≫(일본의 비극, 46)이 대표적이다.

전후는 일본인의 전통적인 도덕의식에 크게 충격을 주어 변화를 유도하는 계기가 되었다. 미점령군은 일본이 군국주의화된 원인을 시대와 국민의식을 지배해온 봉건사상이라고 생각하였다. 미군정은 일본이 봉건사상을 버리고 미국과 같은 민주주의에 기초한 국가가 되기를 열망하였다. 일본도덕의식의 기본이 되어온 것은 부자간, 신하간, 친구간 등의 관계를 충성과 의리로 맺는 유교의 가르침이었다. 그러나 미국은 이것을 광분한 봉건사상으로 인식하여 학교 교과서에서 삭제하였다. 그 동안 교과서는 천황에 대한 절대적 충성과 국가주의를 가르치는 선전에 이용되었기 때문에 개정하고 삭제하였다. 따라서 보수성향을 가진 일본인은 부모를 소중히 하는 전통적인 도덕까지 부정하려는 것이 아닌지를 걱정하였다. 그 결과 이전과 비교해보면, 부모를 소중히 하는 것이 절대적인 도덕이라고 생각하는 젊은이가 감소하였다. 부자간에 존재했던 전통적 도덕의식을 시작으로 전통 사상의 후퇴가 일반화되고 서구사상에 기초한 새로운 도덕이 사회에 팽배하는 가운데 영화를 통해서 예술적 반성과 재고가 유도되는 경향이 있었다.

또한 자립기에는 일본사회에서 민주화가 급속도로 진전되었지만, 다른 한편으로는 소련과 냉전으로 대결중인 미국이 반공정책을 적극적으로 추진하여 일본의 보수 세력을 재평가하고 지원하려는 움직임이 일어나 보수 세력이 득세하는 현상이 벌어졌다. 이것은 사상적인 측면에서 뿐 아니라 인간적인 측면에서 일본적인 것을 거부했던 미국의 당초 계획이 무너지고 현실과 과거가 타협해야 하는 새로운 국면을 만들어 내는 계기가 되었다. 당시 그런 반역사적인 현상을 '역류'라고 하였다. 따라서 이후에는 역류에 저항해서 민주화를 더욱 진전시키는 것이 진보파의 중요한 과제가 되었다. 영화계에서는 반공정책에 의해서 제한되고 있는 민주주의를 신장시키고 사상적 자유를 획득하기 위한 작업으로 고노에(近江)견사의 노동쟁의를 모델로 하는 영화를 만들었다. 그것은 전통으로의 회귀를 부정하고 새로운 시대를 지향하는 정당성과 과거로의 회귀의 현실적 모순을 지적하기 위한 것이다. 또한 ≪女の園≫(여자의 정원)은 전통과 근대 사이에서 첨예하게 대립된 교토(京都) 여자대학의 기숙사 사건을 다룬 것이다. 이것은 민주주의에서 반공의 이름으로 일본사회가 역류하는 것을 우려하는 사람들에 의해서 만들어진 것으로 당시의 시대성을 잘 담아내고 있다.

그런 영화계의 변화에 대응하기 위해서 1954년 2월 12일 개진당 간부는 각 영화사의 수뇌와 간담회를 열었다. 이 석상에서 나가다 마사이치(永田雅一 : 1906-1985, 영화프로듀서, 51년 ≪羅生門≫으로 베니스 그랑프리, 최초 70미리영화 ≪釋迦≫제작)다이에이 사장은 지금 영화계에서 독립프로의 80%가 공산주의자로 구성되어 있으며 일본영화계를 공산주의자가 지배하고 있다고 인식하였다. 한편 쇼치쿠 중역은 2본위 또는 3본위 상영이 시작되어 공산주의영화가 만들어져 배급업자가 돈을 벌고 있으며, 점점 공산주의영화의 제작이 증가하고 있다고 하여 독립프로운동에 대한 아카(赤)공격을 노골적으로 시작하였다. 간담회를 계기로 정부는 1955년 1월 8일 영화상영이 장시간화 되는 경향이 있고, 이것이 국민 특히 청소년의 심신건강에 악영향을 주고 있으며, 수출산업으로서 중요성이 증가하고 있는 방화의 제작에도 악영향을 주고 있다고 보았다. 따라서 3본위에 의해서 벌어지는 장시간 상영을 피하고, 1회 상영시간을 2시간 반으로 하는 내용을 각의에서 인정하였다. 같은 날 후생성 차관은 「영화흥행의 건전화에 대해서」라는 통달을 전달하였다. 이것은 국민 그 중에서 청소년의 심신건강을 고려해서 라는 이유가 있었지만, 원래는 독립프로 단속에 있었다는 것은 간담회의 경우와 다를 바가 없었다. 이처럼 1950년대는 전통주의와 근대주의, 공산주의와 반공산주의, 젊은 세대와 기성세대, 대형영화사와 독립프로 등 시대적 흐름간의 갈등이 있던 시기였다고 할 수 있다.

시대적 사조간의 대립과 갈등은 곧 영화의 소재가 되어 영상으로 표현되기도 하고 사장되기도 하였다. 1950년대 자립기 영화는 시대성을 반영하는 문제에 있어서 자유로웠고 또한 그런 가운데서 우수한 감독과 영화가 탄생하게 되어 전성기를 구가하게 된다. 특히 새로운 시대적 사조를 상징하는 ≪太陽の季節≫(태양의 계절)이 만들어져 일본영화는 제2의 전성기를 맞이하게 된다. 자립기의 영화는 다음과 같은 특징이 있었다. 첫째는 전후에 점령군의 유도로 발흥했던 아이디어영화가 소멸되고 일본적인 요소와 대중적인 요소를 지향하는 영화로 전환되었다. 둘째는 사회주의 리얼리즘을 표방하던 독립프로가 일시적으로 붐을 일으키게 되었다. 셋째는 전쟁에 대해 향수를 아름답게 표현하는 영화가 제작되게 되었다. 넷째는 국제영화제에서 일본영화가 수상을 함으로써 그것에 대응하는 국제영화제용 영화가 제작되었다. 다섯째는 원폭을 주제로 한 영화가 제작되었다. 요시무라(吉村公三郎)와 신토(新藤兼人)는 근대영화협회라는 독립프로를 결성해서 피폭당한 어린이들의 후유증문제를 그린 ≪原爆の子≫(원폭의 아들, 52)을 제작 감독하였다. 이처럼 자립기의 일본영화계에는 영화인들이 통제와 검열이라는 긴 터널을 통과하여 자유롭게 활동하고 그 과정에서 시대성을 반영한 일본영화의 위상을 높였다.

■■ 2. 점령영화체제의 종료

일본은 1952년 샌프란시스코강화조약으로 독립하여 국가체제를 자유롭게 운
영하였고, 사회 각 시스템은 미국의 정책적 구속으로부터 해방되는 계기가 되
었다. 이런 변화는 전후일본에서 전후후의 일본으로 발전하는 계기가 되었다.
영화계에서는 영화검열이 폐지되고 영화를 규제해왔던 각종 제도가 철폐되어
영화가 다양하게 발전할 수 있는 계기가 도래하였다. 영화계는 구 만주영화에
서 활약한 영화인을 중심으로 도에이(東映)가 발전하고, 닛카쓰가 제작을 재개
하였으며, 여섯 개의 영화사가 프로그램 픽쳐(program picture)를 양산하는
체제를 구축하였다. 일본영화는 문화오락의 중심에 있게 되어 대중계몽의 집회
장과 같은 역할을 하였고, 일본인이 국제적으로 상실했던 문화적 긍지를 회복
시키는 원동력이 되었다. 그렇게 된 데에는 일본영화사가 독립프로를 배척하는
것과 같은 부정적인 역할을 했음에도 불구하고 체계성과 전문성을 목표로 발전
을 추구했기 때문에 가능했고, 또한 GHQ의 영화검열체제가 종료되었기 때문
에 가능했다.

1949년 6월 미군정의 지시로 일본영화연합회는 영화윤리규정을 제정하고 영
화윤리위원회(이하 영윤 이라함)를 통해서 영화심사를 시작하였다. 당시는 총사
령부의 영화검열이 행해졌기 때문에 영윤심사는 형식적인 것이었다. 평화조약발
효와 동시에 총사령부 검열은 중지되었기 때문에 영윤의 민간자유규제는 본래
기능을 해야만 했다. 일본영화계가 총사령부의 검열로부터 해방된 1952년부터
외국영화에 대한 심사도 영윤심사로 이관되었다. 그런 변화과정에서 미국과의
영화표현을 둘러싼 논쟁이 일어났다. 영윤은 1952년 「외국영화의 심사에 관한
건」을 외국영화각사에 보내 영화심사에 협조해 줄 것을 부탁했다. 그런 부탁에
응한 것은 유럽영화사와 일본의 외화업자였다. 외화의 반을 차지한 미국의 메
이저영화사는 영윤심사를 거부했다. 미국 측은 영윤이 법적 근거를 갖고 있지
않고, 일본영화가 미국영화를 모델로 하기 때문이며, 미국영화가 미영윤의 심사
를 하고 있어 일본영윤의 심사가 불필요하다는 것이었다. 또한 일본의 영윤규정
이 일본국헌법에 기초해서 전쟁포기의 정신을 관철하고 있지만, 미국은 전쟁을
포기하고 있지 않고 구속받기 싫기 때문이라는 등의 이유를 들었다. 따라서 미

국과 일본의 관계는 독립국 관계임에도 불구하고 1952년 이전 미국이 일본을 지배하는 분위기 속에서 상호 문제를 해결하려는 모순을 갖고 있었다.

그러나 영화에서는 그 동안 제한되어 왔던 미국과 관련된 소재와 표현을 다루기 시작했다. 1952년 독립프로 영화로 가메이 후미오(龜井文夫)감독이 ≪女ひとり大地を行く≫(여자 혼자 대지를 가다)를 만들고, 세키가와 히데오(關川秀雄) 감독이 ≪混血兒≫(혼혈아)를 만들어 재일미군기지의 실태를 영화로 표현하였다. 그러자 미주간지 『US뉴스』는 후자의 영화를 반미적 감정을 부추기는 영화라고 하였고, 전자의 영화를 자본주의, 서구민주주의, 일본군국주의 등에 대한 공산당원의 저항이라고 규정하였다. 미국의 『할리우드 레포트』는 일본영화제작자의 99%가 아카의 동조자라고 하였다. 이런 분위기에서 영윤은 1953년 7월 24일 「기지영화심사4원칙」을 정하여 기지문제를 특수한 정치문제로 취급하는 것을 피하는 규정을 두었다. 이런 문제는 전후 일본이 점령기에서 자립기로 이행하는 과정에서 나온 시대성간의 갈등이라고 할 수 있다.

시대성을 둘러싼 갈등 속에서 일본국민의 미군기지반대투쟁은 확대되었고, 독립프로문제만이 아니라 도호에서도 기지주변의 황폐함을 다룬 다니구치 센기치(谷口千吉 : 1912-, 영화감독, 山本嘉次郎의 조감독, 구로사와의 공동각본인 ≪銀嶺の果て≫로 감독데뷔, ≪ジャコ万と鐵≫, ≪曉の脱走≫, ≪潮騷≫ 등으로 호평 받음, 1970년 일본만국박람회 총감독으로 활동) 감독의 ≪赤線地帶≫(적선지대)가 완성되었다. 이에 대해 미국 『시카고 드리뷴』지는 도쿄특파원의 말을 통해서 대기업에 의한 최초의 반미영화라고 폭로하자 도호는 개봉을 정지시켰다. ≪赤線地帶≫를 통과시켰던 영윤은 「기지영화심사4원칙」에 각국의 국기, 군인 등을 신중하게 다룰 것을 규정하는 3원칙을 추가하여 기지영화심사를 엄격하게 하였다. 1953년 쇼치쿠는 고바야시(小林正樹) 감독이 B・C급 전범의 고뇌를 그린 ≪壁あつき部屋≫(벽 두꺼운 방)을 완성시켰다. 그러나 반미영화라는 이유로 쇼치쿠는 공개를 무기 연기하다 1956년에 공개하였다.

또한 신영윤이 제정되기 전인 1955년 8월 미국영화 ≪폭력교실≫이 공개되고, 1956년 닛카쓰의 영화 ≪太陽の季節≫(태양의 계절)을 시작으로 이른바 태양족 영화가 유행하였다. 이 과정에서 영화의 청소년에 대한 악영향이 문제화되어 영윤이 업계의 통제기관이 되어야 한다는 여론몰이가 형성되었다. 1957

년 1월 1일 새로운 영윤규정관리위원회가 발족하여 미국 메이저 영화사도 영윤심사에 참가하는 가운데 1959년 새로운 「영화윤리규정」이 제정되었다. 문제는 미국 측의 요구에 굴복해서 새로운 영윤규정이 만들어졌다는 점이다. 즉 구규정에는 일본국헌법의 준수를 주장하여 전쟁, 무력, 폭력 등을 부정하는 것으로 되었었지만, 신규정은 폭력을 부정하지 않고, 군국주의와 전쟁을 정당화하지 않으며, 폭력과 무력에 의한 해결을 정당화하지 않는 등으로 표현하여 부드럽게 하였다. 영화윤리심사와 관련된 규정이 새롭게 만들어졌지만 영화표현과 시장을 둘러싸고 미국과의 갈등이 일어났다. 일본은 평화조약으로 독립하였지만, 일미안보조약을 계기로 새로운 대미종속 시스템이 형성되어 일미독점자본의 길이 열리게 되었고 일본영화계도 같은 길을 걷게 되었다. 이것은 일본영화사의 전문성과 독점성으로 이어졌다.

■■ 3. 전문영화사체제

전후 점령기까지의 영화는 GHQ의 검열 하에 있어 자유로운 주제를 선택하거나 표현하는데 한계가 있었다. 따라서 미군정의 종료는 영화검열의 종결로 이어졌다. 그러나 미국이 주창한 이념간의 싸움은 시작을 의미하였다. 6개사(쇼치쿠, 도호, 다이에이, 신도호, 도에이, 닛카쓰)는 계통별 배급제를 확립하여 영화계를 지배하고, 독립프로를 지배하는 정책을 추진하였다. 그러나 이미 사회전반에는 독립프로작품에 대한 대중적인 지지, 저널리즘의 독립프로 영화에 대한 높은 평가, 중소영화흥행자에 의한 기업영화사 작품의 높은 가격에 대한 저항 등으로 독립프로작품의 상영을 환영하는 분위기가 무르익었다. 따라서 대형 영화사는 각각의 계통관을 획득하기 위해 저 가격 생산체제를 강화하고 행정력을 빌려 독립프로작품을 배척하기 위한 정책을 추진하였다. 자립기에 영화전성기를 맞은 대형영화사는 아이러니하게도 일본영화의 민주적 전진에 대해 공포감을 느끼고 있었고, 성장해가는 독립프로를 배척하기 위해서 정치권력을 이용하기도 하였다.

그럼에도 불구하고 전성기의 일본영화사는 독특한 일본적 색깔을 띠는 전문영화체제를 구축하였다. 그것은 영화사, 감독, 영화관객 등을 전문화시키는 이른바 영화전문화시대의 도래를 의미하였다. 전문영화사체제의 성립으로 일본영화는 질적·양적으로 성장하고 국내외적으로 영화산업이 부흥하여 절정기를 맞이하게 된다. 전후 일본영화계는 극영화 3사(쇼치쿠, 도호, 다이에이)가 전문영화사 대기업 체제를 구축하였다. 1945년 11월 3사는 이연(理研), 아사히(朝日), 일영(日映), 덴쓰(電通), 신세계의 뉴스 단편5사 등을 포함해서 영화제작연합회를 설립하고 1947년 3월 일본영화연합회로 개칭하였다. 1947년 도호투쟁으로 신도호 영화사가 설립되어 극영화는 4개사가 되었다. 1951년 4월 도에이가 탄생하였고, 전쟁 중의 기업통합으로 영화제작에서 철퇴한 닛카쓰는 1953년 제작 개시를 선언하였다. 이렇게 해서 1950년대는 쇼치쿠, 도호, 신도호, 다이에이, 도에이, 닛카쓰 등 6개사와 독립프로가 활동하였다. 자립기의 영화계를 주도해 온 각 영화사의 특징을 살펴보면 다음과 같다.

첫째는 독립프로이다. 일본에서 독립프로는 이념적 갈등 속에서 탄생된 것으로 전전의 인적·이념적 유산에 기초하고 특히 전후 냉전의 격화로 촉발되어 영화계의 한 흐름을 형성하였다. 이들은 사회주의적 리얼리즘을 추구한 특징이 있다. 일본 영화인이 독립프로를 지향한 것은 1947년 미국상원에서 시작된 맥카시즘(McCarthyism : 극단적인 반공운동)이 발단이 되었다. 미국에서 반공주의에 기초한 공산주의자 추방운동(red purge : 赤狩)이 진행되면서 미군정 하에서 검열을 받고 있었던 일본영화계도 레드파지에 휘말리게 된다. 일본영화인 중에는 전전 군국주의와 천황주의에 반대하는 영화인들이 있었고, 이들은 전후 점령군의 민주화정책에 의해 활성화된 영화계 노동조합운동에 참여하게 되었다. 그리고 사회비판과 문제점을 제시하는 작품을 만들어 정부와 미군정에 대한 비판세력으로 비춰졌다. 그런 흐름의 핵심에 있었던 그룹이 독립프로들이다. 독립프로는 이념적 소신을 갖고 정부정책 및 반공주의영화사와 대립하는 가운데 도호노동운동에 관련되어 추방된 감독들이 결성한 영화그룹이다. 이들은 사회문제를 고찰해서 영화에 반영하는 사회파로서 역할을 하였고, 또한 시대적 사조와 문제를 영화에 반영하였기 때문에 시대성을 가장 잘 반영했다는 특징이 있다. 1950년대 일본영화사에서 빛나는 전성기가 시작된 계기는 독립프로운동이 한 몫을 했다.

독립프로를 촉진시킨 사건은 영화사 도호의 노동쟁의이다. 1948년 도호 3차 노동쟁의는 조합원 측 간부 20여명의 자발적 퇴직으로 타협점을 찾았다. 퇴직 자 가운데는 프로듀서인 이토(伊藤部郎), 카메라맨 미야지마(宮島義男), 영화감 독 가메이(龜井文夫)와 야마모토(山本隆夫), 시나리오작가 야마카타(山形雄策) 등이 포함되어 있었다. 또한 가메이 감독의 ≪女の一生≫(여자의 일생, 49)을 완성시켜 그 배급수입 1,500만 엔을 조합이 갖는 것이었다. 이 영화는 젊은 인 쇄공 노동자의 생활을 그린 것으로 권두에는 일영연의 조합기가 휘날린다. 영화 수입으로 노동조합은 1950년 야마모토 감독으로 하여금 ≪暴力の街≫(폭력의 거리, 50)를 자주적으로 제작하였다. 이 영화는 사이다마현 혼쇼죠(埼玉縣 本庄 町)에서 일어난 폭력단과 경찰의 유착 관계를 폭로한 아사히(朝日)신문 우라와 (浦和)지국이 보도한 「ペン僞らず」(펜은 거짓말을 안 한다)를 영화화한 것으 로 일영산하의 노동조합이 협력하여 제작하고 다이에이가 배급해서 대성공한 작품이다. 특히 야마모토 감독의 역동성과 명쾌한 민중적 시점을 관철시킨 리얼 리즘으로 일본영화의 민주적 창조방법을 추진한 작품이다. 또한 그런 가운데 1950년 한국동란이 일어나자 레드파지(赤狩)가 단행되어 도호 13명(쟁의퇴직자 제외), 쇼치쿠 66명, 다이에이 30명 등 총 109명이 영화사로부터 추방되었다. 레드파지로 추방된 영화인들은 독립프로운동을 일으켰다. 전후 일본의 리얼리즘 을 이끌어온 독립프로운동의 분투로 대기업내의 양심적인 감독들도 독립프로운 동을 호응하게 된다.

또한 이마이(今井正) 감독은 퇴직자 명단에 들어 있지는 않았지만 감독은 자유로워야 한다는 소신을 밝혀 도호를 퇴직하였다. 그리고 도호를 퇴직한 가 메이, 야마모토 등은 독립프로인 「신성(新星)영화사」를 만들었고, 이마이도 합 류하여 제1작으로 ≪どっこい生きてる≫(겨우 살고 있습니다, 51)의 연출을 담당했다. 그리고 쇼치쿠에서 전후 히트작을 제작한 요시무라 감독과 신토(新藤 兼人) 시나리오 작가가 쇼치쿠의 상업주의와 대립하여 자립을 결심하고 1950 년 7월 독립프로 「근대영화협회」를 창설하고 1951년까지 다이에이 배급 작품 을 제작하였다. 1952년에는 극단민예의 협력을 얻어 자주제작 1호로 신토 감독 에 의해 ≪原爆の子≫(원폭의 아들, 52)이 만들어 진다. 「근대영화협회」과 「신성영화사」는 독립프로운동을 선도하게 되었다. 독립프로에 호응한 감독과 작품으로 구로사와의 ≪生きる≫(삶, 52)과 ≪七人の侍≫(7인의 사무라이, 54), 기노시타의 ≪女の園≫(여자의 정원, 54)과 ≪二十四の瞳≫(24개의 동공, 54), 미조구치의 ≪西鶴一代女≫(사이가쿠의 일대녀, 52)와 ≪雨月物語≫(우월이야기, 52), 오즈의 ≪東京物語≫(도쿄이야기, 54), 우치다(內田吐夢)의 ≪血槍富士≫(혈창후지, 55) 등과 같은 걸작이 제작되었다. 이런 영화가 제작되어 일본영화는 최대 전성기를 맞이하게 된다.

둘째는 도호(東寶)이다. 1950년대 도호는 샐러리맨이야기, 청춘영화, 가요영화, 희극영화, 사무라이영화, 괴물영화 등과 같은 영화로 회사의 이미지를 상징화해서 한 시대를 풍미하였다. 1930년대 쇼치쿠의 소시민 영화를 고도성장기 하에서 다시 재연하고 발전시켜 성공한 것이다. 도호는 도시적인 소부르주아의 세계관을 군국주의체제가 소멸된 후 영화소재로 하여 발전시켰다. 청춘영화로는 후지모토(藤本眞澄)의 ≪靑い山脈≫(푸른 산맥), 나루세의 ≪石中先生行狀記≫(이사나카 선생 행장기, 52), 치바(千葉泰樹)의 ≪若い娘たち≫(젊은 아가씨들, 51), 스기에(杉江敏男)의 ≪靑春會議≫(청춘회의, 52)와 ≪ジャンケン娘≫(가위바이보 아가씨, 55) 등이 만들어졌다. 이런 작품은 전후민주주의와 자유주의적 감각에 기초해서 젊은 세대가 구세대의 전통적 규범과 생활인습을 타파하는 것을 그렸다. 또한 아오야나기(靑柳信雄)의 ≪大學の侍たち≫(대학의 사무라이들, 56), 마쓰바야시(松林宗惠)의 ≪大學の人氣者≫(대학의 인기자, 57) 등은 대학생을 주제로 한 영화이다. 이런 청춘영화는 와카다이쇼(若大將 : 젊은 대장)과 같은 시리즈로 집대성되었다.

또한 도호는 샐러리맨을 중심으로 한 영화를 만들었다. 예를 들면, 하루하라(春原政久)의 ≪三等重役≫(삼등중역, 57), 스기에(杉江敏男)의 ≪サラリーマン忠臣藏≫(샐러리맨 추신쿠라, 60), 마쓰바야시(松林宗惠)의 ≪社長三代記≫(사장삼대기, 58)와 ≪續·社長學ABC≫(속·사장학ABC, 70), 치바(千葉泰樹)의 ≪へそくり社長≫(헤소쿠리 사장, 56) 등이 대표적이다. 특히 ≪사장≫시리즈는 전체 35편이 만들어졌다. 중심된 내용은 모리(森繁)사장의 불륜이 일어나기 직전에 발각되는 것과 같은 정형화된 이야기로 구성되어 있고, 사장에게 중(和尙 : 도를 쌓는 사람)이라는 별명이 붙여진다. 마쓰바야시 감독의 작품은 그런 내용에 기초하고 있어 신뢰성을 갖게 되었다. 1960년대까지 영화에 그려

진 사장은 명랑하며 재미있고 인정 넘치는 인물로 인기가 있었다. 또한 도호에
서는 오락적인 시대극이 만들어졌다. 일본형 갱영화로 오카모토(岡本喜八)의
≪暗黑街の顔役≫(암흑가의 얼굴마담, 59), 괴물영화로 혼다(本多猪四郎)의
≪ゴジラ≫(고지라) 등이 만들어졌고 이들 작품은 도호영화사의 황금기를 만들
었다. 전기영화로는 마쓰바야시(松林宗惠)의 ≪太平洋の嵐≫(태평양의 태풍, 59)
과 휴머니즘에 기초한 반전영화인 ≪世界大戰爭≫(세계대전쟁, 61) 등이 있다.
　셋째는 다이에이(大映)이다. 다이에이는 나가다(永田雅一)의 지휘 하에 전후
멜로드라마를 제작하기 시작하였다. 즉 미마스 아이코(三益愛子)를 통해서 어
머니(母もの)영화를 만들어 이미지화 하였다. 미마스는 무학자이며 소박한 어머
니이지만, 자식의 계층적 상승을 염원해서 무정한 행동을 하는 정형화된 이야
기의 주인공으로 영화에서 연기하였다. 모리(森一生)감독의 ≪山猫令孃≫(들고
양이 아가씨, 48)에서 시작한 이 시리즈는 1950년대 후반까지 약 31편이 제작
되었다. 이런 현상에 논리적으로 종지부를 찍는 것이 미조구치의 ≪赤線地帶≫
(적선지대, 56)이다. 또한 다이에이는 1950년에 들어서 시대극에 힘을 기울였
다. 하세가와(長谷川一夫)의 ≪錢川形平次捕物控≫(전천형평차포물공, 51-61)
시리즈가 중심이 되었다. 또한 배우로는 가쓰 신타로(勝新太郎)와 같은 신인
배우가 등용됐으며 여우로는 서민적이며 복 받을 듯한 얼굴인 와카오 아야코
(若尾文子) 등이 기용되어 시대극의 새로운 전기를 마련하였다.
　그런 가운데 도호쟁의를 통해서 활약의 장을 잃은 구로사와 아키라는 절친
한 친구 다니구치(谷口千吉) 등과 같이 영화예술협의회를 설립하여 다이에이와
제작 협력을 했다. 제1작이 구로사와의 ≪羅生門≫(라쇼몽, 50)이다. 이 작품
은 처음에 난해하다는 평을 받았지만 이탈리아 베니스 영화제에서 그랑프리를
획득하여 일본영화의 국제화를 촉진시키는데 시금석이 되었다. 출품사실에 대해
구로사와도 모르고 있었고, 그랑프리 수상은 잃어버린 일본의 자존심을 불러일
으키는 계기가 되기도 하였다. 다이에이의 나가다(永田雅一)사장은 이것을 계
기로 세계에 약진할 수 있는 일본영화에 대한 꿈을 실현하기 위해 해외에서
수상을 목적으로 하는 예술적 시대극 대작을 제작하도록 하였다. 이어서 기누
가사 (衣笠貞之助)감독의 ≪地獄門≫(지옥문, 53, 칸느영화제 색채상), 미조구
치의 ≪雨月物語≫(우월이야기, 53, 베니스 영화제)과 ≪山椒太夫≫(산숙태부,

54, 베니스 영화제) 등이 연속으로 국제영화제에서 상을 받게 되었다. 일본에서 최초로 이스토만 칼라를 사용한 기누가사의 ≪地獄門≫(53)이 성공하자 나가다는 기누가사에게 야마모토 후지코(山本富士子)를 주인공으로 해서 총천연색으로 옷 갈아입는 인형과 같은 교카(鏡花)의 신파극 4편을 찍게 하였다. 그러나 교카의 신파극은 고도성장기에 접어든 일본에 맞지 않는 시대착오적인 시도였다. 신파극을 주제로 한 영화는 일본 멜로드라마의 중심에 있었지만 1962년 미스미(三隅研次)의 4번째 작 ≪婦系圖≫(부계도)를 끝으로 종언을 고하였다.

1950년대 다이에이에는 2명의 시대극 스타가 있었다. 이치카와(市川雷藏)와 가쓰(勝新太郞)이다. 이들은 다사카(田坂勝彦)의 ≪花の白虎隊≫(화려한 백호대, 54)에서 공연하였다. 미조구치의 ≪新平家物語≫(신히라게 이야기, 55)에 이어서 3부작이 만들어지고, 스파이영화인 007시리즈가 유행하는 가운데 스파이 영화 ≪陸軍中野學校≫(육군나카노 학교)시리즈가 만들어진다. 다이에이에는 미조구치, 모리(森一生), 요시무라(吉村公三郞), 기누가사 등과 같은 베테랑 감독이 있었고, 현대극을 만든 이치카와와 마스무라(增村保造) 등이 있었다. 이치카와는 전후에 도호에서 희극으로 재능을 보였지만 다이에이로 옮겼다. 그는 태양족 영화로 ≪處刑の部屋≫(처형의 방, 56), 코미디 ≪滿員電車≫(만원전차, 57), 이색작인 ≪穴≫(굴, 57), 문예영화 ≪炎上≫(염상, 58), ≪鍵≫(열쇠, 58), ≪ぼんち≫(젊은 주인, 58), ≪おとうと≫(동생, 60), ≪破戒≫(파계, 61) 등과 같은 현대극의 작품을 남겼다. 마스무라는 1952년부터 1953년까지 로마 영화실험센터에 유학을 하고 데뷔작으로 ≪くちづけ≫(입맞춤, 57), ≪巨人と玩具≫(거인과 완구, 57), ≪僞大學生≫(가짜대학생, 60), ≪妻は告白する≫(마누라가 고백한다, 61), ≪卍≫(만, 64) 등을 만들었다. 다이에이의 달러박스였던 구로(黑)시리즈 제1작 ≪黑の試走車≫(검은 시범차, 63), ≪兵隊やくざ≫(군인야쿠자, 65) 등과 같은 오락작품이 만들어 졌다.

넷째는 쇼치쿠(松竹)이다. 쇼치쿠는 전후 서민적인 인정노선과 여성용의 멜로드라마를 제작한다는 기본적인 방침을 정하고, 기노시타와 오즈가 중심적인 역할을 하였다. 이어서 오시마 나기사(大島渚)가 나타나 새로운 장르의 영화를 만들게 된다. 쇼치쿠는 최초의 후지칼라 필름을 이용하여 기노시타의 ≪カルメン故鄕に歸る≫(칼멘 고향에 돌아오다, 51)를 발표하였다. 오바(大庭秀雄)의

≪君の名は≫(당신의 이름은, 53-54)은 서민적인 인정노선과 여성용 멜로드라마의 전형적인 작품이다. 이 작품은 전시 중 긴자(銀座)의 다리 위에 우연히 만난 남녀가 전후에 일본을 전전하면서 서로 다른 길을 걷는 것을 반복적으로 표현하고, 삼부작으로 제작되어 최후에는 전국의 관광지 안내를 하면서 끝난다. 이 영화는 쇼치쿠의 최대 히트작이 되었다. 또한 쇼치쿠의 작품 중에서 오즈의 대표작으로 세계적 평가를 받은 ≪東京物語≫(도쿄이야기, 54), 기노시타의 ≪二十四の瞳≫(24개의 동공, 54) 등이 만들어 진다. 이것은 쇼치쿠의 양심이라고 할 정도로 쇼치쿠를 상징화한 작품이다. 그리고 1955년 이스트만 칼라를 이용한 제1작품 ≪修善寺物語≫(수선사이야기)를 나카무라(中村登) 감독이 만들어 아름다운 풍경이 있는 영화로 화제를 불러일으켰다.

1950년대에는 이야기에 기초하고 음과 색을 강조하는 영화에 이어서 와이드 스크린 시대가 도래 하였다. 쇼치쿠의 그랜드 스코프 제1작은 반쇼(番匠義彰) 감독의 ≪抱かれた花嫁≫(안긴 신부, 57)이다. 또한 노무라(野村)감독의 추리 영화가 쇼치쿠의 명물로 자리 잡게 된다. 그리고 고바야시(小林正樹) 감독의 장편 서사시 ≪人間の條件≫(인간의 조건, 59-61)은 일중전선을 무대로 한 영화로 인간드라마의 걸작으로 평가받은 작품이다. 그런 류의 프로그램 픽쳐의 대표적인 시리즈가 이등병이야기(二等兵物語)이다. 이 시기에는 제2차 세계대전 당시 군대를 무대로 한 코미디가 전후 10년이 흘러 반전감정과는 별도로 그 시절에 대한 회상적이며 복고적인 성격을 지닌 희극으로 나타났다. 또한 전통적인 서민희극으로는 시부야(澁谷實)의 ≪てんやわんや≫(우왕좌왕), ≪自由學校≫(자유학교, 51), ≪氣違いの部落≫(광인부락, 57) 등이 있고, 이런 작품들은 전후사회의 가치전도현상을 유머러스하게 표현하였다.

특히 보수적인 풍조가운데서도 쇼치쿠에서 정열적으로 시나리오 창작을 하고 있던 오시마 (大島渚)는 「鳩を賣る少年」(비둘기 파는 소년)을 영화화한 ≪愛と希望の街≫(사랑과 희망의 거리, 59)로 감독 데뷔를 하였다. 그의 제2작인 ≪青春殘酷物語≫(청춘잔혹이야기, 60)는 욕망을 가진 채 무궤도를 달리는 젊은 불량청년과 여자고교생의 이야기를 다루고 있다. 젊은 두 사람은 중년 남자에게 미인계를 이용해서 돈을 버는 생활을 하게 되지만 경찰에 체포된 후 파멸의 길로 접어든다. 이 영화에서 "우리들은 자기를 팔아 살아갈 수밖에 없다"

는 주인공의 주장은 당시 모순에 싸인 사회를 대변하는 말인 동시에 오시마 감독의 심정을 대변하는 것이었다. 그런 표현과 사고는 이후 오시마 영화의 저변에 흐르고 있는 섹스와 폭력으로 노출되게 된다. 제3작 ≪太陽の墓場≫(태양의 묘지, 60)는 오사카의 노동자 거리인 가마카자키(釜ヵ崎)를 무대로 폭력단이 항쟁을 전개하면서 파멸해가는 과정을 그린 것이다. 여기에서 오시마는 가마카자키를 일본의 축소판으로 보고 다테(縱 : 종적)사회에서 횡행하는 폭력단의 비인간성을 비판적으로 그렸다. 이것은 1960년 안보투쟁과 관련된 시대혼란에 대한 오시마의 격노이기도 했다.

쇼치쿠는 그런 시대상을 반영하는 작품을 만들어 내는 젊은 감독에 대해 매스미디어가 '쇼치쿠 누벨바그'로 칭하자 영화를 활성화하기 위한 무기로 이용하였다. 요시다(吉田喜重)의 ≪ろくでなし≫(쓸모없는 사람, 60), 시노다(條田正浩)의 ≪乾いた湖≫(고갈된 호수, 60) 등은 그런 류의 작품으로 급진적인 성격을 띠고 있다. 누벨바그 중 공개된 오시마의 제4작인 ≪日本の夜と霧≫(일본의 밤과 안개, 60)는 결혼 피로연에 모인 사람의 과거와 현재가 교차되면서 벌어지는 드라마형태로 진행된다. 특이한 것은 영화에서 1960년 안보세대와 투쟁에 참가하지 않는 구세대간의 대립에 따른 논쟁을 그렸다는 점이다. 그러나 영화개봉 4일후 아사누마(淺沼稻次郎 : 1898-1960, 사회운동가, 사회당당수로 안보투쟁 지도, 히비야공원 연설중 우익소년 山口二矢에게 살해됨) 사회당 위원장 사살사건이 일어나 악영향을 우려한 쇼치쿠 영화사는 그 영화의 상영을 중지하였다. 보수적인 쇼치쿠가 급진적인 작품을 상영하는 것은 대단한 모험이기도 했던 것이다. 1961년 오시마는 그 소동을 계기로 쇼치쿠를 퇴사하고 자유롭게 작품 활동을 하겠다고 선언하고 시대에 충격을 주는 영화를 제작하여 사회에 경종을 울리는 역할을 한다.

다섯째는 도에이(東映)이다. 도에이는 시대극을 주요한 기업 이미지로 하였다. 도에이는 패전직후 존재했던 도오(東橫)영화가 모체가 되어 만주영화의 네기시(根岸寬一 : 1894-1963, 영화프로듀서, 전후 일본영화사사장으로 원폭기록영화를 만들었지만 미군에게 접수됨)가 들어와, 도쿄의 오이즈미(大泉)영화사, 도쿄배급회사 등을 합병하여 1951년 새롭게 만든 영화사였다. 네기시는 대륙으로부터 귀국한 영화인들을 끌어들여 마키노(マキノ光雄)를 제작주임으로 하고,

그리고 이마이(今井正), 세키카와(關川秀雄), 이에기 미요지(家城己代治) 등과 같은 레드파지로 추방된 좌익영화인을 주저 없이 영입하여 만주영화의 전통을 이어가려고 하였다. 도에이는 처음에 교토의 촬영지에서 본격적으로 시대극을 만들어 기업이미지를 만들어 갔다. 가타오카(片岡千·惠藏)의 ≪いれずみ判官≫(문신판관)에서 나오는 도야마킨상, 이치카와(市川右太衛門)의 ≪旗本退屈男≫(하타모토타이구쓰남자) 등과 같은 시리즈에서 보듯이 명쾌하고 명랑한 시대극을 만들었다. 1952년 오기하라 료(萩原遼)에게 추신쿠라(忠臣藏)인 ≪赤穗城≫(적혜성)을 감독하게 한 것도 도에이이다.

1953년에는 가타오카 주연의 ≪大菩薩峠≫(대보살 고개), 이마이 감독의 ≪ひめゆりの塔≫(어린 백합의 탑) 등이 공개되었다. ≪ひめゆりの塔≫는 5천만 엔이라는 적은 제작비와 102일 이라는 짧은 제작기간에 만들어진 영화로 일본영화사에 기록되었다. 또한 대히트를 쳐 1억 5천만 엔이라는 수입을 올리는 기록을 남겼다. 1954년에는 닛카쓰가 제작을 개시하여 경쟁이 격화되었다. 이어서 ≪笛吹童子≫(피리동자)3부작이 만들어져 소년 팬의 압도적인 지지를 얻었고, 도에이 시대극은 황금시대에 돌입하였다. 도에이 오락판은 주 1편을 공개하지 않으면 안 되는 체제로 운영되어 도쿄와 교토에 촬영지를 확대하고 24시간 풀 가동시켜 영화를 제작하였다. 1954년에는 연간 103편을 만들어 세계1위를 차지하였다. 도에이가 제작한 ≪新諸國物語≫(신제국이야기)시리즈(주연 : 萬屋錦之介), ≪水戸黃門≫(미도황문)시리즈(주연 : 月形龍之介), ≪怪傑黑頭巾≫(괴걸흑두건)시리즈(주연 : 大友柳太朗) 등은 대표적인 오락적 시대극이다. 시대극스타는 매주 신작에 출연했고, 정월에 열리는 올스타전에도 출연하였다. 그리고 ≪忠臣藏≫(추신쿠라)나 ≪清水港≫(시미즈항)이 매년 제작되어 1950년대 도에이 영화사는 서민을 위한 오락영화의 중심지가 되었다. 시대극에 이어서 도에이는 1956년 동양의 디즈니를 견향해서 도에이동화(東映動畫)를 설립하고 처음으로 단편 ≪こねこのらくがき≫(고양이 즐거운 개구장이)와 장편 컬러 ≪白蛇傳≫(백사전)을 제작하여 새로운 영화혁명을 준비하였다.

여섯째는 닛카쓰(日活)이다. 닛카쓰는 유쾌한 오락극을 중심으로 기업을 이미지화한 특징이 있다. 1950년대 최대사건은 오랜 전통을 가진 닛카쓰가 1954년에 제작을 시작한 것이다. 닛카쓰는 제1작으로 류사와(龍澤英輔)감독의 ≪國

定忠治≫(구니사다추지, 54)를 제작하고 이어서 치바(千葉泰雄)감독이 ≪かくて夢あり≫(그래서 꿈이 있어, 54)를 제작하였다. 이후 쇼치쿠에서 프로듀서로 활동하여 이름을 날린 야마모토(山本武)가 닛카쓰로 이동한 것을 계기로 불만을 가진 감독 나카히라(中平康), 사이토(齊藤武市), 니시카와(西川克己), 호리이케(堀池淸), 가와시마(川島雄三), 배우인 기타하라(北原三枝), 쓰키오카(月丘夢路), 미바시(三橋達) 등이 이적하였다. 또한 다나카(田中絹代)의 ≪月は上りぬ≫(달은 뜨지 않는다)가 개봉되었다. 히사마쓰(久松靜兒)감독은 ≪警察日記≫(경찰일기, 55)에서 인정 경관의 활약상을 그렸다. 마키노(マキノ雅弘)의 ≪次郎長遊俠傳・秋葉の火祭り≫(차랑장유협전, 55)와 ≪次郎長遊俠傳・天城鴉≫(차랑장유협전, 55), 가와시마의 ≪愛のお荷物≫(사랑의 짐, 55)・≪あした來る人≫(내일 올 사람, 55)・≪銀座二十四帖≫(긴자24첩, 55), 이치카와의 ≪靑春怪談≫(청춘괴담, 55)・≪夏目漱石のこころ≫(나쓰메 소세키의 마음, 55) 등이 만들어졌다. 또한 에도(江戶川亂步)의 미스테리극 ≪死の十字架≫(죽음의 십자가, 56), 에도시(江利チエミ)의 뮤지컬 영화 ≪裏町のお轉婆娘≫(뒤골목의 전파아가씨, 56) 등과 같은 새로운 장르의 영화가 신생 닛카쓰에서 만들어졌다.

그런 가운데 닛카쓰는 큰 전환의 시기를 맞이하게 된다. 1956년 아쿠다카와(芥田川)상 작가 이시하라 신타로(石原愼太郎)가 일본사회를 감동시킨 『太陽の季節』(태양의 계절)을 후루카와 감독(古川卓己)이 영화로 만들었다. 이 영화는 책만큼의 인기는 없었지만 원작자의 동생인 이시하라 유지로(石原裕次郎)가 주인공의 친구 역으로 영화에 등장하는 계기가 되었다. 유지로는 다음 작으로 나카히라(中平康)의 ≪太陽の季節姉妹編, 狂った果實≫(태양의 계절자매편, 56)에 등장하여 전후 일본인이 배우고 싶어 하는 개인주의를 완벽하게 체현한 배우로 인기를 얻었다. 이 영화에서는 독백, 흥얼거리는 노래, 목적 없는 방황 등이 그려졌다. ≪狂った果實≫(그릇된 과실)에서 두 형제가 남의 부인을 놓고 대결하는 설정은 당시의 공중질서에 반하는 것으로 비난받자 닛카쓰는 태양족 영화를 버리게 된다. 유지로를 닛카쓰의 대표적 배우로 육성하기 위해서 이노우에(井上梅次)감독은 유지로를 주인공으로 하여 ≪月蝕≫(월식, 56), 비판받은 태양족 영화에서 탈피한 영화로 ≪勝利者≫(승리자, 57), ≪嵐を呼ぶ男≫(태풍을 부르는 남자, 57) 등을 만들었다. 이런 영화를 통해서 유지로는 일본영화를 대표하는 스타로 인기를 얻었고 동반해서 닛카쓰도 대약진하였다. 닛카쓰는 다사카(田坂具隆)에게 유지로를 이용하여 현대물인 ≪乳母車≫(유모차, 56)와 ≪陽のあたる坂道≫(태양이 비치는 언덕, 58)을 찍게 하였다. 또한 가와시마(川島雄三)는 유지로를 시대극의 태양족영화인 ≪幕末太陽傳≫(막말태양전, 57)를 찍었다. 이 과정에서 닛카쓰는 일본무대에 액션물의 가능성을 여는 역할을 하였다.

1958년 일본의 영화인구는 11억 명을 돌파하는 전성기를 맞이하였다. 이 시기를 풍미했던 유지로의 진면목은 액션영화였다. 액션영화로는 이노우에의 ≪明日は明日の風が吹く≫(내일은 내일의 바람이 분다)와 ≪嵐を呼ぶ友情≫(태풍을 부르는 우정, 58), 구라하라(藏原惟繕)의 ≪速度40米≫(속도40미터, 58), ≪おれは待ってるぜ≫(나는 기다린다, 57), ≪さびたナイフ≫(녹슨 칼, 58), ≪赤い波止場≫(빨간 부두, 58), 마스다(增田利雄)의 ≪女を忘れろ≫(여자를 잊어, 59), 사토(齊藤武市)의 ≪南國土佐を後にして≫(남국 도사를 뒤로하고, 59)와 ≪ギターを待った渡り鳥≫(기타를 들고 건너는 새, 59), 시리즈 ≪東京の暴れん坊≫(도쿄의 난폭한 도련님), 노구치(野口博志)의 ≪銀座旋風兒≫(긴자 회오리바람, 59)과 시리즈 ≪拳銃無賴帖・拔き打ち龍≫(거총무뢰첩, 59), 니시가와(西河克己)의 ≪無言の亂鬪≫(무언의 난투, 59), 스즈키(鈴木淸順)의 ≪素っ裸の年令≫(발가벗은 연령, 59) 등이 있다.

≪赤い波止場≫(빨간 부두, 58)는 프랑스의 영화 ≪故鄕≫(고향)을 기본으로 고베(神戶)라는 국제도시를 무대로 한 것으로 닛카쓰의 무국적성을 표현한 가작이었다. ≪女を忘れろ≫(여자를 잊어)는 전 복싱선수가 사람에게 상처를 입혀 복싱을 그만둔다는 이야기에서 출발하고 있다. 그는 연상의 여인과 동거하면서 어느 날 가엾은 소녀와 만난다. 이 소녀는 아버지로부터 유산으로 받은 토지에 아파트를 세우려고 부동산 업자에게 의뢰하지만, 그 업자는 토지를 횡령하려고 한다. 남자는 그런 위기를 극복하기 위해서 암흑가의 힘을 빌리는 대신에 비밀요원으로 활동해 준다는 약속을 하게 된다. 그와 같은 태양족 영화에서 액션영화로의 이동은 유지로를 중심으로 전개되었고, 액션영화의 황금기를 구가하게 된다. 그런 흐름은 1960년대 '무드 액션'으로 이어졌다. 닛카쓰의 액션스타는 이시하라(石原裕次郎), 고바야시(小林旭), 와다(和田浩治), 아카키(赤木佳一

郎) 등으로 이들 4인방을 닛카쓰 다이아몬드 라인이라고 명명하기도 하였다.

일곱째는 신도호(新東寶)이다. 당시 도호투쟁은 공산당계열의 급진파와 그에 반대하는 보수파의 대립으로 일어난 이데올로기 싸움이었다. 영화사 구성원간의 대립으로 스타 오카와(大河內傳次郎)는 하세가와(長谷川一夫)와 하라(原節子) 등 도호배우들과 '십인 하타회'(十人の旗の會)를 결성하였다. 이에 와다나베(渡辺邦男)와 이치카와 콘 감독 등이 동조하였다. 도호를 이탈한 십인하타회의 구성원은 주식회사 신도호영화제작소(이하 신도호로 칭함)를 설립하였다. 신도호의 제1작은 이치카와 콘의 ≪東寶千一夜≫(도호천일밤, 47)이었다. 신도호의 출발은 좋았지만 1년 정도되어 유력한 구성원이었던 하세가와와 하라 등이 퇴사하여 기획력이 떨어지고 제작이 중지되는 사태가 발생하였다. 그 이후 이나가키(稲垣浩)의 ≪忘れられた子等≫(잊어버린 어린이들, 48), 시미즈(清水宏)의 ≪小原庄助さん≫(오하라쇼스케씨, 48), 구로사와의 ≪野良犬≫(들개, 48) 등 수작이 제작되었고, 신도호는 자주배급을 위해 신도호 배급주식회사를 설립하여 도호로부터 완전히 독립하였다.

1950년대는 나루세의 ≪石中先生行狀記≫(이시나카선생행장기, 50), 오즈의 ≪宗方姉妹≫(종방자매, 50), 미조구치의 ≪雪夫人繪圖≫(설부인회도, 50) 등 명장들이 작품을 제작하였다. 1952년 미조구치의 대작 ≪西鶴一代女≫(사이가쿠일대녀)가 해외에서 높은 평가를 받았고 제작비 4,600만엔이 들었지만 흥행에 실패하였다. 나루세의 ≪おかあさん≫(어머니, 52)는 베스트 7위에 기록되었고 유럽에서도 개봉되었다. 당시 신도호의 문제는 양질의 작품을 만들었지만 흥행에는 실패하는 것이었다. 경영진이 흔들리는 가운데 고쇼(五所平之助)의 ≪煙突の見える場所≫(굴뚝이 보이는 장소, 53), 사토(齊藤寅次郎)의 서민적인 희극 ≪診說忠臣藏≫(진설추신쿠라)와 ≪アジャパー天國≫(아자파-천국), ≪名探偵アジャパ氏≫(명탐정아자파씨) 등이 만들어 졌다. 1955년에는 부채 8억 엔으로 도산직전까지 이르러 1956년 도호가 합병하려고 시도하자 크게 반발하였다. 경영개선을 위해서 오쿠라(大藏貢)에게 경영의뢰를 하여 신도호-오쿠라 체제가 성립되었다. 오쿠라는 근대적인 도호스타일인 샐러리맨, 지식인, 도시민성향 등의 영화에서 통속적인 노동자, 소년관객, 지방인 성향 등을 주제로 하는 동시에 철저한 오락영화로 전환했다. 따라서 에로(eros), 구로(クロ), 넌센

스(nonsense) 등에 기초한 신도호의 오쿠라 풍의 작품이 정착되었고, 작품의 제목은 선정적인 것이 많았다.

선정적 작품인 시무라(志村敏夫)의 ≪女眞珠の復讐≫(여진주의 복수, 56)와 ≪海女の戰慄≫(해녀의 전율, 57), 고모리(小森白)의 ≪女競輪王≫(여경륜왕, 56) 등에서 주연한 마에다(前田通子)는 신체를 적극적으로 표출시켜 남성관객을 유도하였다. 당시 영화에서는 유두의 노출이 법적으로 제한되어 아슬아슬한 의상으로 표현하였다. 글래머였던 마에다는 2년간 21편의 영화에 출연하였다. 그렇게 활동하는 가운데 촬영 중 친밀해진 시무라 감독 작품이외에서는 옷자락을 걷어 올리는 것을 거부한 '스소마쿠리사건'(スソ捲り事件)이 일어나 시무라 감독과 함께 퇴사하는 일이 벌어졌다. 마에다가 퇴사한 후 신도호의 대표적인 여배우는 미하라(三原葉子)였다. 미하라는 이시이(石井輝男)의 ≪地帶≫(지대) 시리즈와 ≪여왕봉≫시리즈 등에서 활약하고, 오다(小野田嘉幹)의 ≪人喰海女≫ (인걸해녀, 58)에서 유방을 보이는 연기를 하였다. 이외의 영화로는 나미키(並木鏡太郎)의 ≪憲兵と死美人≫(헌병과 죽은 미인, 57, 中山昭人주연), 오다(小野田嘉幹)의 ≪憲兵と幽靈≫(헌병과 유령, 58) 등과 같은 헌병시리즈가 있다. 그것은 노무라(野村浩將)의 ≪憲兵≫(헌병, 53) 노선을 계승한 것이다. 이런 류의 영화는 인간성을 표현하기 보다는 엽기적인 장면을 노출시켜 관객의 호기심을 자극하는데 목적이 있었다.

또한 나카가와(中川信夫) 감독은 괴담영화로서 신도호의 명물이 된 ≪怪談累ヶ淵≫(괴담우카연, 7), ≪女吸血鬼≫(여흡혈귀, 59), ≪東海道四谷怪談≫(동해도 시코쿠괴담, 59) 등을 만들었다. ≪東海道四谷怪談≫는 특색 있는 미술, 허무적인 연기 등을 표현한 수작으로 평가 받았다. 허무적인 영화를 만든 고노에(近江俊郎)감독은 100여 편을 연출하였다. 다카시마(高島忠夫)배우는 ≪坊っちゃん天國≫(도련님천국, 58), ≪坊っちゃんの野球王≫(도련님 야구왕, 58) 등 도련님(坊っちゃん)시리즈에 출연하였다. 저예산으로 제작을 했던 신도호에 크게 공헌한 작품이 와나다베(渡辺邦男)감독의 ≪明治天皇と日露戰爭≫(메이지천황과 일러전쟁, 57)이다. 천황이 영화에 등장하는 것은 한정되었지만, 아라칸(嵐寬樹郎)이 당당하게 메이지 천황을 연기하여 5억 4,000만 엔의 매출을 올리는 성과를 거두었다. 신도호의 히트 작품으로는 나미키(並木鏡太郎) 감독의

≪天皇皇后と日淸戰爭≫(메이지황후와 일청전쟁, 58), 고모리(小森白)감독의
≪大東亞戰爭と國際裁判≫(대동아전쟁과 국제재판, 59)과 ≪皇室と戰爭とわが
民族≫(황실과 전쟁과 우리민족, 60) 등과 같은 역사영화가 있다. 이런 대형영화
가 만들어지는 가운데 1957년 일본영화계는 대형스크린 시대로 돌입하게 된다.

위에서 본 것처럼, 1950년대는 독립프로, 도에이, 도호, 신도호, 다이에이, 닛
카쓰, 쇼치쿠 등의 전문영화사가 감독, 작품, 영화운영, 배우 등에서 경쟁을 하
였다. 영화인과 제도의 경쟁은 영화의 질적·양적인 성장이 이루어지는 계기가
되었으며 일본영화가 전성기를 맞이하게 되는 원동력이 되었고, 문화영역에 영
화가 압도적 우위를 지배하는 계기가 되었다. 또한 고도성장에 따른 문화욕구
에 대응하기 위해서 자유롭고 다양한 장르의 영화가 만들어졌다. 그런 흐름은
일본사회뿐 아니라 국제사회에서 일본영화의 위상을 높이는데 크게 기여하였다.
그러나 영화경쟁체제가 성립되어 예술적 추구보다는 상업성을 추구하는 시대로
점차 전환되어 흥미위주의 오락영화, 성을 주제로 한 에로영화 등이 나타나 원
초적 본능에 호소하는 새로운 성영화의 출발점이 되었다. 영화의 원초적 본능
의 표출은 이후 외설과 예술이라는 영화를 둘러싼 성논쟁을 불러 일으켰고 동
시에 영화의 질적 저하로 이어지는 계기가 되었다고 할 수 있다.

■■ 4. 일본영화혁명

패전이후 일본에는 미군정하에서 민주주의를 선전하는 영화가 제작되었고,
봉건사상이나 군국주의를 조장하는 시대물이나 전쟁영화가 제한되었다. 그러나
이후 1950년대는 이전에 활약했던 감독이 영화를 만들어 국내외적으로 관심을
끌게 되었다. 특히 국제영화제에서 수상하게 되면서 세계에 알려지게 되었고
제2의 전성기를 맞이하였다. 패전 후 GHQ의 점령정책이 종료되어 닛카쓰(日
活)가 제작을 재개하였고, 대형영화사가 프로그램 픽처를 양산하는 가운데 독
립프로가 건투하여 영화산업은 대중오락에서 핵심적인 역할을 하였다. 당시 활
동한 영화감독은 미조구치(溝口健二), 오즈(小津安二郎), 구로사와(黑澤明), 기

누가사(衣笠貞之助) 등이 활약하였고, 쇼치쿠, 닛카쓰, 다이에이(大映) 등 대영화사를 중심으로 새로운 감독이 데뷔하였다.

당시를 대표하는 영화는 1954년 괴수영화 ≪ゴジラ≫(고지라), 멜로드라마, 사장시리즈, 일본제일시리즈, 시대물시리즈 ≪座頭市≫(자토이치), 경찰청이야기 시리즈 등과 같이 시대상을 반영한 작품들이 확고하게 자리를 잡았다. 또한 전통적인 일본적 미학을 담은 영화가 나타나면서 영화는 전성기를 맞이하게 되었고, 제작편수, 관객수, 국제영화제 수상편수, 감독수 등에서 많은 기록을 남겼다. 1959년 한 해에 일본에서 제작된 영화는 485편에 이르렀고, 관객수는 2억을 넘어 사상최고였다. 이처럼 1950년대 일본영화가 전성기를 맞이하게 된 것은 전문영화사체제가 형성되어 영화를 둘러싼 각 영역에서 경쟁체제가 정착되었기 때문이기도 하지만, 동시에 전전과 전후 점령기 이후 새로운 영화혁명이 이루어 졌기 때문에 가능했다고 할 수 있다. 전성기의 일본영화는 다음과 같은 특징이 있다.

첫째는 일본적 미학의 발굴과 표출이다. 일본영화가 힘을 발휘할 수 있었던 것은 작가주의와 정체성에 기초해서 일본미학을 예술로 승화시키는데 일생을 건 감독이 있었기 때문이다. 예를 들면, 오즈 야스지로, 미조구치 겐지, 구로사와 아키라 등 3대 거장은 일본미학을 구현하는 작품을 만들었다. 오즈는 일본인이 전통적으로 갖고 있는 인정과 생활양식을 통해서 전통미학을 영화를 통해서 예술로 승화시켰다. 미조구치는 전통과 근대의 한 가운데 서있는 일본여성의 현실을 그려내어 여성이 갖고 있는 전통적 미학의 어두운 그림자와 숨어있는 내성을 표출시켜 자립하는 여성미학을 평생 그려냈다. 구로사와는 사무라이 정신을 미학으로 승화시켰다. 특히 이시기는 사무라이에 기초한 시대극이 발달하였다. 1920년대와 1950년대까지는 다치마와리(立ち回り)라는 크고 긴 칼을 사용한 호쾌한 싸움이나 난투장면을 그린 잔바라(무협)영화가 유행했다. 가부키 배우가 담당하였던 것을 전문배우가 담당하였고, 내용은 충성, 무사도, 효행, 예술로서의 사무라이, 주군에 대한 충성, 권선징악 등의 내용을 담아냈다.

둘째는 멜로영화이다. 1930년대까지 멜로영화의 전형적인 테마는 신주(心中 : 동반자살)이었다. 이것은 고전적인 일본의 전통적인 멜로이다. 그러나 1930년대 이후에는 미국이나 유럽영화를 표방하여 남녀가 포옹하는 러브신(love scene)

이 주류를 이루었다. 전후에는 민주주의의 풍조에 의해서 중매결혼보다는 자유결혼이 장려되는 분위기가 유행하면서 서구풍의 멜로영화가 등장하였다. 1950년대에는 연인들의 신분차이나 주변의 반대라는 장애물을 극복하고 결혼하는 멜로물이 유행하였다. 이 시대의 청춘영화의 대표작은 ≪靑い山脈≫(푸른 산맥, 49)이다8). 이후는 다양한 장르의 멜로물이 나타났다9). 일본에서 멜로는 단순하

8) 1960년대와 1970년대 학생운동이 진행된 시기에는 사회의 폐쇄성을 타파하고 적극적인 사회참여물이 등장하였다. 한편 1970년대에는 남성의 금욕적인 사랑을 주제로 하는 멜로물이 나왔다. 예를 들면 ≪행복의 노란 손수건≫(77), ≪역≫(驛,81) 등은 과거를 안고 있는 남자가 사랑하는 여인에게 애정을 잘 표현하지 못해 고뇌하는 모습을 그린 것으로 일본 남성상을 표현했다. 1980년대는 사춘기에 대한 영화가 흥행을 하였다. 오바야시 노부히코의 ≪전학생≫(82)은 남녀중학생의 몸과 마음이 서로 뒤바뀐다는 공상적인 내용을 그린 것이다. 그리고 ≪외로움 타는 사람≫(85)은 고등학교에 다니는 평범한 남학생의 신비스럽고 애틋한 꿈과 현실을 아름답게 그린 작품이다. 이후에는 ≪벚꽃동산≫(90), ≪러브레터≫(95) 등이 인기를 얻었다.

9) AV영화이다. 영화가 대형화되면서 그리고 경쟁이 격화되는 가운데 영화시장은 점점 다른 부분의 문화성장으로 시장을 잃어 갔다. 이 틈을 이용해서 핑크영화전문의 애로 덕션이 난립하여 싸구려 영화를 제작하였다. 그런 흐름은 외설적인 로망 포르노, 핑크무비 등의 이름으로 불리어졌다. 1960년대 일본영화를 주도해왔던 닛카쓰(日活)는 마침내 로망 포르노 영화를 생산하여 충격을 주었다. 일본에는 1960년대 후반 에로영화가 전성기를 맞게 되고 메이저급 영화사보다는 중소독립프로덕션이 만들어냈다. 1970년대 로망 포르노영화의 전성기를 계기로 닛카쓰 로망 포르노사건이 일어났다. 즉 1972년 도쿄 소극장에서 동시에 상영된 ≪여고생 게이샤≫, ≪아 포르노열기≫, ≪러브헌터≫, 닛카쓰의 ≪사랑의 누쿠모리≫등이 경시청 보안과에 적발되어 로망 포르노재판이 시작되었다. 그러나 이 사건은 외설적인 핑크영화 붐을 조성해서 1970년대 핑크영화의 호황기를 가져오는 계기가 되었다. 이중에서 핑크영화를 통해서 자기의 세계를 구축한 감독도 있다. 예를 들면, 구마시로 다쓰미의 ≪게이샤의 세계≫, 다나카 노보루의 ≪아베사다의 실화≫등이 대표적이다.

그리고 1960년대 중반부터 야쿠자영화와 핑크영화가 동시에 주류를 이루기 시작했다. 야쿠자영화는 에도시대를 전후로 신분사회의 벽이 높았던 일본사회의 특성이 배출시킨 것으로 산업사회와 맞물려 폭력성을 강조하는 경향이 있었다. 특히 야쿠자영화는 의리, 인내, 살인, 광기 등으로 곧장 달려가는 폭력지향의 영화라는 점에서 무법자(outlaw)영화의 성격을 띠었다. 또한 희극과 코미디영화가 나타났다. 일본의 희극이나 코미디영화는 눈물과 웃음을 함께 포함하는 인정희극이나 풍자극인 블랙 코미디가 주류를 이루고 있다. 인정희극 중에서 대표적인 것은 야마다 요지(山田洋次)의 ≪男はつらいよ≫(남자는 괴로워)시리즈이다. 1969년 첫 작품이 상연된 이래 1996년 주연배우인 아쓰미 기요시(渥美淸)가 죽을 때까지 약 27년간에 걸쳐 48작품이 제작되어 기네스북에 올랐다. ≪남자는 괴로워≫에서는 배운 것이 없고 머리도 좋지 않은 중년 남성이 매회 기분 나는 대로 일본을 여행하다가 거기에서 만난 마음씨 고운 여성과 사랑을 하고 실연 당한다. 또한 그는 마음씨가 좋아 그런 가운데서도 친지와 친구의 도움으로 세상을 살아간다. 그런 설정은 일류를 추구하는 일본사회에서 서민층의 인정을 그렸다는데 반향을 불러 일으켜 롱런하는 계기가 되었다. 1980년대에 들어서 이타미 주조(伊丹十三)감독의 풍자극 시리즈가

게 남녀간의 사랑을 다루기보다는 신체적 노출과 접촉을 출발점으로 해서 인간의 본능을 집요하게 추적하여 자유분방하게 표현하는 특징이 있다. 따라서 멜로에서 사랑은 성으로 이어졌고, 성표현은 전통적인 질서와 현실적인 무질서를 융합하여 만들어낸 일본적인 성미학을 형성하게 되었다.

셋째는 컬러영화와 대형영화의 등장이다. 일본에서 최초 컬러영화는 1951년 기노시타(木下惠介) 감독에 의해 만들어진 ≪カルメン故郷に歸る≫(칼멘 고향에 돌아오다)이다. 이것을 계기로 일본영화는 컬러영화시대로 진입하게 된다. 영화계는 텔레비전으로 밀려나는 것에 대응하기 위해서 1957년부터 와이드 스크린을 채택하였고, 차별화를 위해서 주로 대형영화를 만들었다. 최초의 70미리 대형영화로 ≪釋迦≫(석가)가 제작되어 관심을 끌었다. 그런 변화를 추구한 결과 1958년 관객이 11억 2,745만 명으로 증가하였다. 1960년에는 547편이 만들어져 미국, 홍콩, 인도 등에 이어 4대 영화대국이 되었다. 또한 인기 있는 배우를 등장시켜 청춘영화, 일본의 고전문학과 근대문학을 영화한 문예영화를 만들었다. 1960년대는 TV의 등장으로 관객 수가 줄었고, 스타지오 시스템이 잘 운영되지 않았다. 또한 비용절감촬영이 진행되어 제작편수도 줄었다10). 더욱이 컬러텔레비전이 등장하면서 관객은 점차 줄어들었다. 1965년에 3억 6천만 명,

---

인기를 누렸다. 그의 데뷔작인 ≪장례식≫(84)은 한 노인이 죽어서 가족들이 장례식을 치르는 내용으로 엄숙한 분위기와 그렇지 못한 분위기를 말과 행동으로 풍자한 것이다. 또한 ≪민들레≫(85)는 라면에 대한 이야기를 서부극풍으로 전개한 패러디로 일본보다는 유럽과 미국에서 컬트(cult)영화로서 열광적인 사랑을 받았다.

10) 호리카와 히로미치의 ≪벌거숭이 대장≫, 마쓰무라 야스조의 ≪거인과 완구≫, 고바야시 마사키의 ≪인간의 조건≫등과 같이 좋은 감독과 작품이 나와 영화계를 이어갔다. 그리고 프랑스에서 출발한 누벨바그파의 젊은 감독으로 오시마 나기사, 요시다 요시시게, 시노다 마사히로 등 패기 넘치는 감독이 등장하였다. 또한 연기분야에서도 이시하라 유지로, 고바야시 아키라, 사쓰 신타로, 이와시타 시마, 아사오카 루리코, 사쿠마 요시코 등이 잇따라 등장하면서 일본영화는 세대교체를 하였다. 1969년 시작된 ≪남자는 괴로워≫(男はつらいよ)는 48회에 걸쳐 제작되는 진기록을 남겼다. 쇼치쿠 누벨바그파의 대표격인 오시마 나기사는 ≪일본의 밤과 안개≫, ≪감각의 제국≫, ≪열정의 왕국≫, ≪교사형≫ 등을 만들어 사회 속에 깔려있는 허위의식을 파헤치는데 주력하였다. 이 시기는 대형영화화가 추진된 동시에 영화의 예술성을 강조하는 특징이 있었다. 따라서 세계영화제에서 수상을 하였다. 예를 들면, 미조구치는 ≪오하루의 일생≫, ≪우게쓰이야기≫, ≪산초대부≫ 등으로 베니스영화제에서 3년연속 상을 수상했고, 오즈는 ≪다다미숏≫으로 세계인의 주목을 끌었다. 기누가사는 최초로 이스트만 컬러로 된 영화 ≪지옥문≫을 만들고 일본영화사 최초로 카느영화제에서 대상을 받아 일본영화의 위상을 높였다.

1975년에는 1억 5,800만 명 등으로 감소하였다.

넷째는 일본영화의 국제화이다. 1950년대는 일본영화가 본격적으로 해외 특히 유럽에 진출하여 성공한 시기이다. 1950년대 일본영화계의 최대수확은 국제적으로 일본영화, 감독, 시나리오작가 등이 인정받은 것을 포함해서 일본적 미학이 세계에 통용되고 인식되는 계기가 되었다는 점과 일본인의 전통과 일본적인 것에 자부심을 갖게 되었다는 점이다. 일본영화는 오랜 역사와 전통을 가지고 있었지만 시대적 제한성에 붙들려 자유로운 제작과 표현이 어려워졌고 그런 상황이 약 40여 년간 지속되었다. 이 과정에서 일본영화는 외적인 성장보다는 내적 성장을 하여 1950년대에 빛을 발하게 되었다. 다음의 <표2>는 1950년대 국제영화제에서 수상한 일본영화를 열거한 것이다.

<표2> 국제영화제의 수상작품과 수상내용

년 도	감 독	작 품	영 화 제	상 종 류
1953	溝口健二	雨月物語	베니스	은사자상, 이탈리아비평가상
1954	溝口健二	山椒大夫	베니스	은사자상
	黑澤明	七人の侍	베니스	은사자상
	黑澤明	生きる	베를린	은사자상
	衣笠貞之助	地獄門	아카데미	최우수외국영화상, 의상디자인상
	衣笠貞之助	地獄門	칸느	그랑프리
1955	稲垣浩	宮本武藏	아카데미	최우수외국영화상
1956	市川崑	ビルマの竪琴	베니스	상조르주상
1957	家城己代治	異母兄弟	체코	그랑프리
1958	稲垣浩	無法松の一生	베니스	그랑프리(금사자상)
	今井正	純愛物語	베를린	감독상
1959	黑澤明	隱し砦の三惡人	베를린	감독상, 국제영화비평가연맹상
1960	市川崑	鍵	칸느	심사위원특별상

* 자료: 四方田犬彦, 2000

　유럽의 평론가와 관객은 극동에 있는 미지의 세계인 일본에서 만든 영화에 감탄을 하게 되었고, 이 과정에서 일본영화감독은 거장으로서의 위치를 자치하는 신화가 만들어졌다. 유럽에서 일본영화가 세계적으로 주목을 받은 데에는 다음과 배경이 있다. 첫째는 영화가 일본의 기모노와 사무라이 등을 무대로 하였기 때문에 오리엔탈리즘에 대한 욕망을 충족시키는 원동력이 되었다. 둘째는 전후 유럽영화제가 부흥하였고 그것과 연동해서 '가이에 듀 시네마'에 대표되는 유럽의 새로운 비평가 사이에 작가주의의 풍조가 생겨났다. 따라서 할리우드 B급영화감독, 인도와 스리랑카 신인감독 등이 평판을 받았고, 그들은 롯세리니와 르노와르 등과 같은 거장들이 추구한 리얼리즘에 기초하였다. 그런 가운데 일본영화감독 미조구치가 거장대열에 합류하게 된다.

　셋째는 다이에이의 나가다(永田雅一)가 국제영화제를 표적으로 해서 외국인이 흥미를 일으키는 주제와 이야기를 선택해 제작하였다. ≪地獄門≫(지옥문)이 전형적이다. 이런 차원에서 미조구치와 홍콩이 합작한 ≪楊貴妃≫(양귀비)가 만들어지기도 했다. 그리고 1958년 10월부터 1959년 1월 런던의 국립영화극장에서는 일본영화를 본격적으로 소개하는 일본영화시즌을 준비하여 거장 오즈를 구미영화인에게 소개하였다. 이런 행사를 통해서 오즈 붐이 일어나 일본영화의 붐을 조성하였다. 일본영화시즌 기간에 방영된 ≪東京物語≫(도쿄이야기)를 본 관계자는 위대한 예술가의 상상력이 어떻게 언어와 습관의 장벽을 압도할 수 있는 가를 명백히 증명하였다고 평가하였다. 또한 오즈감독의 집중적이며 개성적인 연출방식과 정적 구성사용은 사실상 서구영화에서 개척되지 않았던 것으로 서구사회에 영화제작의 새로운 시각과 방법을 제공하는 계기가 되었다. 따라서 기술적으로 내용적으로 서구사회에서 종속되어온 일본영화가 국제사회에서 일본영화로 독립하는 계기가 되었을 뿐 아니라 일본영화인의 자부심을 심어주는 계기가 되었다. 이런 점에서 자립기의 일본영화는 혁명적인 대우와 갈채를 한 몸에 안고 1960년대 영화위기 시대로 돌입하게 된다.

Ⅲ 자립기의 감독과 영화

■■ 1. 자립기의 감독과 영화 1

일본사회의 자립기에는 일본영화가 제2의 전성기를 맞이하게 된다. 이시기의 영화감독과 작품은 전전부터 활약해온 감독과, 자립기에 본격적으로 왕성한 활동한 감독이 있었다. 일본영화의 제2전성기에 활약한 영화감독은 전전과 미점령기를 통해서 영화 활동을 해온 특징이 있다. 이들은 전전의 영화통제시대와 패전직후 영화검열시대에 걸쳐 영화작업을 해왔고, 가장 통제적인 시대환경에서 영화를 제작하였지만, 일본영화의 제1전성기를 경험한 감독이다. 그 과정에서 전략적인 시대성을 가장 풍부하게 반영한 감독이기도 하다. 그러나 이번에는 검열로부터 해방된 가장 자유로운 상태에서 시대성을 끌어내고 발견하여 영화에 반영하는 독특한 경험을 하게 된다. 그들의 작업 속에서 일본영화는 일본적 미학을 반영하여 국내외적으로 인정을 받아 새롭게 자리매김을 하게 된다. <표 3>은 자립기의 감독과 영화를 나타낸 것이다.

<표3> 자립기의 감독과 영화 1

감 독	작 품	특징
衣笠貞之助 (기누가사 데이노스케)	地獄門(53), 湯島の白梅(55), 義仲をめぐる三人の女(56), 白鷺(58), 歌行燈(60)	일본 전통
溝口健二 (미조구치 겐지)	雨月物語(53), 祇園囃子(53), 山椒大夫(54), 噂の女(54), 近松物語(54), 楊貴妃(55), 新・平家物語(55), 赤線地帯(56)	여성 미학
伊藤大輔 (이토 다이스케)	獅子の座(53), 春琴物語(54), 下郎の首(55), 王將一代(55), 弁天小僧(58)	시대극

淸水宏 (시미즈 히로시)	しいのみ學園(55), 母のおもかげ(59)	
五所平之助 (고쇼 헤이노스케)	煙突の見える場所(53), 大阪の宿(54), 愛と死の谷間 (54), たけくらべ(55), ある夜ふたたび(56), 挽歌(57), 螢火(58)	서민 영화
田坂具隆 (다사카 도모다카)	女中っ子(55), 乳母車(56), 陽のあたる坂道(58), 親鸞 (60), 續親鸞(60)	인도 주의
阿部豊 (아베 유타카)	戰艦大和(53), 叛亂(54), 最後の突擊(57)	
マキノ雅弘 (마키노 마사히로)	浪人街(57), 仇討崇禪寺馬場(57)	
內田吐夢 (우치다 토무)	血槍富士(55), たそがれ酒場(55), 自分の穴の中で(55), 大菩薩峠 三部作(57-59), どたんば(57), 浪花の戀の 物語(59), 花の吉原百人斬(60)	
小津安二郎 (오즈 야스지로)	東京物語(53), 早春(56), 東京暮色(57), 彼岸花(58), お 早よう(59), 浮草(59), 秋日和(60)	인정극
稻垣浩 (이나가키 히로시)	宮本武藏(54), 續宮本武藏・一乘寺の決鬪(55), 宮本武 藏巖流島の決鬪(56), 嵐(56), 無法松の一生(58), 或る 劍豪の生涯(59), 日本誕生(59)	휴머 니즘

* 자료: 佐藤忠男, 1996a

기누가사(衣笠貞之助) 감독은 신파비극과 같은 내용을 주로 취급하였으며, 그 가운데 일본의 머리모양, 전통 옷, 가옥, 정원 등을 통해 일본적인 아름다움을 표현하였다. 그의 ≪地獄門≫(지옥문, 53)은 1954년 아카데미 최우수 외국영화상을 수상하고 동시에 의상디자인상을 받았고, 같은 해 칸느영화제에서 그랑프리를 수상한 작품이다. ≪地獄門≫은 기누가사가 일본의 전통적 연극에 나타나는 미학을 조형가로서 발휘한 작품이다. 이 작품은 히라기요(平淸盛)의 부하로 공과 명예를 추구하는 모리엔(盛遠)에게 공헌에 대한 보상으로 하고 싶은 대로 하라고 명령을 한다. 모리엔은 게사(袈裟)라는 미녀를 부인으로 맞이하려 하였다. 그러나 그녀의 남편이 있다는 것을 알면서도 남편을 살해하고서라도 취하려 하였다. 그런 상황이 되자 정숙했던 게사는 침소에 들어와 남편을 죽여 달라고 말한다. 그러나 그녀는 남편을 피신시키고 침소에 대신 누워 죽음을 당한다. 이후 모리엔은 그녀의 남편에게 자기를 죽여줄 것을 요청하지만 남편은 지금 그것은 아무런 의미가 없다고 하며 거절한다. 그 후 모리엔은 절망감 속에서 집을 나와 전국을 방황한다는 이야기다. 이 작품은 미나모토(源平)시대의 사무라이들의 이야기를 화려한 컬러로 그려낸 작품으로 일본인에게는 익숙한 풍속과 기모노 등이 등장하고 있지만, 서양인에게는 새로운 일본적 아름다움으로 인식되었고 신선한 색채로 받아들여 높게 평가되었다. 일본 내에서 베스트 10에 들어가지 못하였지만, 칸느 영화제에서 그랑프리를 수상했다.

미조구치는 전후 제1작으로 1946년 ≪女性の勝利≫(여성의 승리)를 쇼치쿠에서 제작하고, 새롭게 결성된 노동조합의 위원장이 된다. 그는 섹츄얼티 계통의 감독으로 타자로서 여성을 응시하고 고찰하는 영화를 만드는데 일생을 바쳤다11). 또한 정치영화를 단념한 후에는 ≪西鶴一代女≫(사이가쿠 일대녀, 52), ≪雨月物語≫(우월이야기, 53) 등과 같은 명작을 만들어내었다. ≪西鶴一代女≫에서 사이가쿠라는 여성은 여성을 멸시하는 남성본위의 봉건사회에서 세상의 고통을 느끼며 사는 가운데 자신을 괴롭게 하는 남성들에 대해서 끊임없이 증오감을 불태운다. 그러나 그녀는 라스트신에서 비구니가 되어 중생구도의 기도를 하며 증오해온 남성사회를 용서하게 된다. 고난의 결과 성녀가 되어 모든 과거를 잊고 남성을 용서하는 설정은 미조구치 작품에서 볼 수 있는 특징이다. ≪月雨物語≫에서는 망령이 되어 남편과 자식을 받아들이는 여자를 그린 것이다. ≪祇園囃子≫(기온의 노래, 53)는 ≪祇園の姉妹≫(기온의 자매)의 전후판이라고 할 수 있는 것으로 전통적인 게이샤(藝子)의 풍습을 이어가려는 나이든 게이샤와 봉건적인 억압을 일상에서 거역하는 젊은 게이샤간의 대립을 소재로 한 것이다. 이 영화는 기온에서 여자들의 착취문제를 폭로한 특징이 있다.

≪山椒大夫≫(산쇼대부, 54)는 모리 오가이(森鷗外 : 1862-1922, 군인 소설가, 메이지 23년 『舞姫』를 발표하여 문단에 데뷔함)의 신유교주의적 원작을 불교적 무상관(無常觀)으로 재해석한 작품으로 감독의 자서전적인 성격을 띠었다. 이 영화는 미조구치가 소재를 먼 왕조시대의 설화에서 끌어내어 만든 것이다. 여기에서는 오빠를 노예로부터 해방시키기 위해 여동생이 자살한다는 이야기가

---

11) 미조구치는 전전에 제작한 ≪マリアの雪≫(마리아의 눈, 35)을 실패작이라고 말한다. 이것은 격동기의 서남전쟁을 배경으로 하고 있고, 위안부로 모욕당하는 작부(酌婦)가 마지막에 의지를 보이는 작품이다. 주요 내용은 정치와 사상이 아니라 관군장교에게 위안부를 바치는 내용을 그린 영화였다.

주된 내용으로 여성이 희생하는 존재라는 점을 부각시켰다. 그리고 유작인 ≪赤線地帶≫(적선지대, 56)는 도쿄의 매춘 굴에 모여 사는 다양한 여성들의 불륜을 그린 영화이다. 여기에서 미조구치는 여배우인 미마스(三益愛子 : 1910-1982, 여배우, 어머니이야기를 주제로 한 영화 31편에 출연함)에게 광기의 노창부를 연기하게 하고, 성인이 된 자식과 대면시키는 잔혹한 장면을 넣었다. 이것은 근대일본의 국시였던 입신출세 이데올로기에 대한 조소이며, 미조구치 자신이 애증을 담고 있는 장르인 멜로드라마에 대한 논리적인 종결선언이었다. 미조구치는 점령하의 일본영화계에서 벌어지고 있는 혼들리는 역사관, 사회관, 남녀간의 이성관 등을 다뤄 분투하였다. 특히 여성의 성을 주제로 한 사회영화를 총 80편 제작하였다.

고쇼 헤이노스케(五所平之助)감독의 ≪大阪の宿≫(오사카의 하숙집, 54)은 도쿄의 샐러리맨이 오사카로 전근 와서 어떤 옛날 일본식의 여관에서 하숙을 하는 이야기부터 시작된다. 그 남자는 기분이 좋은 사람으로 하숙을 하면서 알게 된 여관 종업원이나 알고 지내는 사람, 출입하는 가난한 사람 등에게 상담을 해주고 고충을 들어주는 역할을 한다. 그들은 샐러리맨의 도움으로 위기를 극복한다. 이 영화는 가난하게 살며 허드렛일을 하는 과정에서 발생하는 하소연과 고통을 잘 그려내고 있다. 회사원으로 일을 하면서도 상담역을 하는 가운데 그는 도쿄로 다시 돌아오게 된다. 그러자 하숙하면서 알게 된 사람들이 성대하게 환송회를 열어준다. 이 영화는 특권층이나 여성들과 같은 내용에 주제를 두기 보다는 일반 서민들이 살아가는 평범한 소재를 영화에 담았다. 또한 그것을 통해서 일본 사회에 살고 있는 구성원이 다양한 사회문제를 갖고 있다는 것을 전하고 있다. 이처럼 고쇼 감독은 현실 사회에서 발생하는 풍속을 자세하게 묘사하여 실감나게 그리고 정치하게 표현하여 서민영화의 진수를 그려내고 있다.

오즈(小津安二郎)는 서민생활에서 벌어지는 유머러스한 소재를 영화에 담아냈다. 그러나 전후에는 ≪晩春≫(만춘, 49)이후 무대를 가마쿠라(鎌倉)와 도쿄의 부르주아 가정에 초점을 둔 영화를 만들었다. 생활영화인 ≪東京物語≫(도쿄이야기, 53)는 전후영화사에서 더욱 금욕적인 내용을 담고 있으면서도 가장 감동을 주는 영화중의 하나로 평가받고 있다. 오즈는 사회비판적인 미국의 코미디영화를 모방하여 간결하면서도 빠른 리듬의 영화를 만들었다. ≪生れてはみたけ

れど≫(태어나보았지만, 32), ≪出來ごころ≫(성숙한 마음, 33), ≪淑女は何を
忘れたか≫(숙녀는 무엇을 잊었는가, 37), ≪彼岸花≫(피안화, 58), ≪お早よ
う≫(오하이요, 59) 등의 작품은 오즈의 특징이 잘 나타난 것으로 유머러스하게
표현한 희극 영화이다. 그런 가운데서도 비극적인 작품이나 심각한 동기를 가진
작품에서도 요소요소에 탁월한 유머감각을 표출시켰다. 오즈는 민중과 부르주아
의 문제를 그린 '쇼멘 게티'(shomen-geti)라는 일본식의 현대영화를 만들어 관
객을 사로잡았다. 오즈는 죽은 뒤 그의 비석에 '無'(무)라는 말을 남겼다.

다사카(田坂具隆) 감독의 ≪陽のあたる坂道≫(태양이 비치는 비탈길, 58)에
서는 여학생 다카코가 부르주아인 다요가(田代家) 구미코의 가정교사가 되어 처
음으로 다요가를 방문하는 이야기부터 시작된다. 구미코는 약간 다리가 아파 주
위 사람들과 교류를 하지 못한다. 이 집의 장남 오기치(雄吉)는 우등생으로 다
카코를 보자마자 좋아한다고 한다. 그러나 다카코는 성격이 약간 삐뚤어진 차남
신지(信次)를 좋아한다. 다카코는 우연히 자기와 같은 아파트에 사는 재즈 지망
생 다미오(民夫)가 다요가 주인의 애인이였던 게이샤의 아들로 신지의 이복동생
이라는 사실을 알게 된다. 신지도 게이샤의 아들로 자기를 양육해온 어머니에게
역시 게이샤의 아들이라 모자란다는 말을 듣지 않기 위해 노력을 하고 있다. 어
머니는 우등생인 자기아들 오기치가 도덕적인 결함이 있어 잘못한 것을 신지에
게 덮어씌운 적이 있다. 실제로 어머니는 신지가 좋은 청년이라는 사실을 알고
패배감에 젖어 있다. 신지는 이 사실을 알고 불량한 척 행동을 하고 생모를 만
나기도 한다. 다카코도 이 사실을 알고 장남보다는 신지를 선택한 것이다. 이
영화는 부잣집 가정을 무대로 전개된 아주 통속적인 이야기로 전개되고 있다.

우치다(內田吐夢)는 1930년대 인도주의적 좌파의 대표적 감독이었다. 그러나
태평양전쟁기 민족주의적 영화를 만들고 만주에 건너가 선전영화를 만들었다.
우치다는 인도주의를 강조하는 감독으로 좌파적인 입장에서 영화를 만들어 시
대성을 담아냈다. 그러나 전쟁이 시작되고 영화통제가 이루어지자 그는 돌변하
여 전쟁선전영화를 만드는 감독으로 변신한다. 그런 의미에서 보면, 영화를 통
해서 민족주의를 고양시킨 전향감독이라고 할 수 있다. 그는 만주에 가서 애국
주의 영화를 만들지만 패전이 되어 일본으로 돌아오지 못하게 된다. 패전 후
중국에 머물다 모택동 정권의 선전영화를 만들고 1954년 귀국하였다. 만주영화

해체 후 8년간 억류되어 중국영화의 스텝에게 기술 지도를 한 후에 귀국하여 도에이에 들어가 활동을 한다.

　이나가키(稻垣浩) 감독은 ≪宮本武藏≫(미야모토 무사시, 54 : 1584-1645 검술가)를 만들어 아카데미상을 수상하고, ≪無法松の一生≫(무호마쓰의 일생, 58)을 만들어 베니스 영화제에서 그랑프리를 수상하여 국제적인 감독으로 알려진다. 처음 ≪無法松の一生≫이 만들어진 시기는 아버지의 권위를 예찬하는 오즈의 ≪父ありき≫(아버지 존재), 유도의 진면목을 그린 구로사와의 ≪姿三四郎≫(스가타산시로) 등 군국주의 체제에 협조적인 면이 있으면서도 수작이 만들어 졌던 시기이다. 그럼에도 불구하고 ≪無法松の一生≫(43)는 당시의 군국주의적 사조와 관계없이 휴머니즘적 시각에서 그려낸 수작이다. 이나가키는 1958년에 1943년 삭제된 부분을 살려 ≪無法松の一生≫을 다시 만들어 베니스영화제에서 그랑프리를 획득한다.

　≪無法松の一生≫는 메이지 중기 규슈(九州) 오구라(小倉)라는 지역에서 일어난 일을 그린 영화이다. 인력거를 끄는 주인공 무호마쓰(無法松)는 도박을 하며 싸움만을 하는 난봉꾼으로 일러전쟁에서 개선한 장군을 향해서 이 사람이라고 부르기도 하는 인물이다. 또한 글자도 모르며 천하의 고아이기도 하다. 그러나 권력에 아부하지 않는 대쪽같은 기질을 가진 선량한 사람이며, 최하층의 사람과 희로애락을 같이 하여 형님이라고 존경받기도 하고, 조금도 비굴하지 않으며, 자부심을 갖고 있는 메이지 서민이다. 무호마쓰는 인정과 의리를 갖고 있지만, 언제나 부랑인과 같은 생활을 하고 있는 데는 변함이 없다. 그러던 중 요시오카(吉岡)라는 육군 장교의 어린 아들과 알게 된 후 장교가 갑자기 죽자 아이 어머니는 무호마쓰에게 아들을 용감하게 만들어 줄 것을 부탁한다. 그는 요시오카의 집에 들어가 싸움과 마쓰리(祭り)에서 북치는 방법 등을 아이에게 가르친다. 요시오카 집에 살면서 무호마쓰는 나이가 들어감에 따라 요시오카가에 대한 애착과 함께 아름다운 미망인에게 깊은 사랑을 느낀다. 어느 날 미망인에게 고백을 하고 나서 그런 자기 마음이 깨끗하지 못하다고 하여 고뇌한다[12]. 이 영화에서는 천애고아가 난폭함을 갖고 있지만 사람사이에서 접착제 역할을

---

12) 실제로 1943년 영화에서 이 장면은 마부가 제국군인의 미망인을 사랑하는 것이 미풍양속에 어긋난다고 하여 검열당국은 삭제하였다. 그러나 이나가키 감독은 삭제에 격노하여 이 부분을 복원시켰다.

하여 잃어버리고 있는 인정에 애착을 갖는 것들이 표현되고 있다. 또한 중학생과 사범학교 학생과의 집단싸움이나, 큰 북을 치는 기온제(祇園祭) 장면은 공동체에서 발산되는 정신을 마쓰리 열정으로 표현하여 이 영화의 절정을 이룬다. 특히 규슈 오구라의 기온제(祇園祭)에서 무호마쓰가 일본서민의 음악과 복치는 장면은 일본미학을 표현한 대표적인 장면이다.

<표4>는 자립기의 감독과 영화를 나타낸 것이다. 여기에서는 나루세 미키오(成瀬己喜男), 구로사와 아키라(黑澤明), 야마모토 카지로(山本嘉次郎), 도요다 시로(豊田四郎), 기무라 소토지(木村莊十二), 요시무라 코자부로(吉村公三郎) 등의 작품을 소개한다.

<표4> 자립기의 감독과 영화 2

감 독	작 품	특 징
成瀬己喜男 (나루세 미키오)	夫婦(53), 妻(53), あにいもうと(53), 山の音(54), 晩菊(54), 浮雲(55), 驟雨(56), 妻の心(56), 流れる(56), 杏っ子(58), 鰯雲(58), コタンの口笛(59), 女が段階を上る時(60), 娘・妻・母(60), 秋立ちぬ(60)	가족 영화
黑澤明 (구로사와 아키라)	生きる(52), 七人の侍(54), 生きものの記録(55), 蜘蛛菓城(57), どん低(57), 隠し砦の三惡人(58), 惡い奴ほどよく眠る(60)	일본 미학
山本嘉次郎 (야마모토 카지로)	花の中の娘たち(53), 象(57)	
豊田四郎 (도요다 시로)	雁(53), 或る女(54), 麥笛(55), 夫婦善哉(55), 白夫人の妖戀(56), 猫と庄造と二人のをんな(56), 雪國(57), 驛前旅館(58), 負ケラレマセン勝ツマデハ(58), 暗夜行路(59)	문예 영화
木村莊十二 (기무라 소토지)	森は生きている(56)	
吉村公三郎 (요시무라 코자부로)	千羽鶴(53), 慾望(53), 夜明け前(53), 足摺岬(54), 若い人たち(54), 愛すればこそ(55;今井正공동감독), 美女と怪龍(55), 夜の河(56), 四十八世の抵抗(56), 大阪物語(57), 地上(57)	리얼 리즘

* 자료: 佐藤忠男, 1996b

　나루세(成瀬己喜男) 감독은 1950년대에 섬세하고 원숙한 영화를 만들었고, 그가 좋아하는 주인공은 구로사와의 경우와는 정반대로 우유부단하고 우울한 성격소유자이다. 즉 타자와의 관계 속에서 존재하는 인물이다. 가족영화인 ≪山の音≫(산소리, 54)에서는 폭우 속에서도 등불을 들고 계곡으로 가는 며느리와 시아버지의 모습을 그렸고, 농촌영화인 ≪浮雲≫(부운, 55)에서는 35일 동안 비가 내려 잠겨버린 열대식물 밑으로 유키코의 비극적인 운명마저 잠겨버리고, 시간과 공간의 변화에도 불구하고 자살로 끝나는 완전한 사랑이야기를 다루었다. 또한 ≪鰯雲≫(조개구름, 58)에서는 일본의 토지개혁을 다루었다(Rene Predal, 1994). 나루세는 오즈가 등한시한 가족의 문제를 영화의 주제로 하였으나 오즈처럼 미국의 코미디영화를 모방하였다. 그는 도호에서 1969년까지 80여 편을 만들었다. 그는 때로는 우유부단한 인간의 모습을 그렸지만, 인간의 존엄성과 행복에 대한 권리를 주장하는 멜로드라마를 만들었다.

　나루세 감독의 ≪晩菊≫(만국, 54)은 원작 하야시 후미코(林芙美子 : 1903-51, 소설가, 아나키스트의 영향받음, 자서전 『放浪記』가 베스트 셀러됨, 『晩菊』과 『浮雲』 등이 있음)의 단편소설을 영화화한 것이다. 이 영화는 인생을 사는 가운데 다양한 경험을 한 전 게이샤 출신 중년여자의 고통 있는 웃음을 드라마로 만든 것이다. 중년여자 구라바시킹은 과거에 게이샤였지만 지금은 돈을 빌려주거나 토지 매매를 하는 등 투기를 하며 생활한다. 게이샤 동료였던 사람들이 이웃에 살고 있지만, 그들의 생활은 가난하고 쓸쓸하다. 구라바시킹은 그들에게도 돈을 빌려주고 이자를 받는 돈놀이를 하고 있다. 그러나 가끔 옛날애인 아베가 만나러 오기 때문에 불안해한다. 아베는 오랜만에 왔지만 돈에만 관심이 있다. 구라바시킹은 화가 나서 소중하게 해온 사진을 태워버린다. 전 동료 다마에는 연상의 애인에게 용돈을 받으며 살아가는 아들을 방문하며 걱정을 한다. 아들은 홋카이도에 취업이 되어 가고 다마에는 아들이 착실하게 일하며 살아가기 위해 떠나기 때문에 기뻐하지만 혼자가 되어 외로워한다. 잡일을 하는 도미는 딸이 자기 맘대로 결혼상대를 정해 집을 나가버리자 술집에 가서 술을 먹고 취한다. 이 영화는 특별히 잘나거나 촉망 받는 사람에게 맞추기 보다는 우리 주위에서 경험하는 아픔을 가진 서민들의 일상생활을 잘 그려내고 있다는 점에서 나루세 감독의 특징이 잘 드러나고 있다.

제5 장 자립기의 영화와 시대성 353

≪浮雲≫(부운, 55)에서는 상대가 쓸모없는 인간이라는 사실을 알고, 사랑하는 것이 행복으로 이어지지 않는다는 것을 잘 아는 남녀가 사랑을 그만 두지 못하는 것을 그려내고 있다. 전쟁 중 이복 오빠에게 성폭행을 당한 유키코는 이복 오빠로부터 도망가기 위해 베트남에 건너가 주재일본대사관에 근무한다. 거기에서 그녀는 농림성의 중역으로 출장 온 도미오카(富岡)와 사랑에 빠진다. 전후가 되어 그녀가 도미오카를 방문하자 이미 부인이 있었다. 삶에 대한 의지와 가치를 잃고 실망한 유키코는 미국병사의 여자가 되었다가 신흥종교로 한 밑천 잡은 이복 오빠의 첩이 된다. 한편 도미오카는 농림성을 사직하고 사업을 하다 실패하여 낙오자가 된다. 그런 상황에서도 다른 여자와 바람을 핀다. 우연히 두 사람은 만나 서로 바보라고 하면서도 결별하지 못한다. 도미오카는 다시 농림성에 취업하여 영림서(營林署)에 부임한다. 유키코는 울면서 도미오카에게 어디라도 좋으니 데려가 달라고 한다. 두 사람은 기차와 배를 타고 한 섬(屋久島)에 도착한다. 그러나 유키코는 폐렴에 걸려 도미오카가 섬을 순회하는 동안에 죽는다. 이 영화는 전후 시대의 어리석은 남녀간의 사랑이야기를 그린 것에 불과하지만 한 시대 일본국민의 심정을 요약해서 표현한 작품이라는 특징이 있다.

구로사와(黑澤明)는 전후 일본영화를 통해서 일본적 미학을 표현하여 대성공한 감독으로, 자신을 통해서 일본감독과 영화를 국제사회에 알린 명감독이다. 그는 전전에 좌익이데올로기를 공부하였지만 일정한 시기에 국책영화를 만드는 데 가담을 하였다. 그러나 전후에는 그런 굴레로부터 벗어나 일본미학에 바탕을 둔 영화를 만드는데 심열을 기울였다. 그는 무협영화, 휴머니즘영화, 역사영화, 번안영화 등 다양한 장르의 영화를 만들었다. 전후 구로사와는 가부키「勸進帖」(권진첩)을 뮤지컬화한 ≪虎の尾を踏む男達≫(호랑이 꼬리를 밟은 남자들)을 만들었지만, 미군정이 지배하던 시기이어서 개봉하지 못하였다. 그러나 구로사와는 그런 주제를 전후의 작품에 반복해서 활용하였다. 전후 곤란한 상황에서도 영화에 등장시킨 인물들을 희생하는 강한 책임감, 의무감, 사명감 등을 가진 용기 있는 사람으로 그렸고, 악을 정면에서 대응하고 사회의 희생자들을 구제하려는 훌륭한 영웅으로 그려냈다. 현대판 사무라이라고 할 수 있다. 그런 사무라이의 책임감과 의무감을 집대성한 작품이 ≪赤ひげ≫(붉은 수염, 65)이다.

휴머니즘영화인 ≪生きる≫(삶, 52)은 구로사와가 가지고 있는 주제, 감정,

기술 등을 통 털어 만든 걸작이다. 이 영화에서는 인간이 태어나서 어떻게 살며 어떻게 안심하고 죽는가 등과 같은 인간의 삶과 죽음의 문제를 정면에서 다루고 있다. 영화에서는 암에 걸린 아버지를 둘러싼 생과 사의 문제, 더러운 시궁창을 메워 공원으로 만들어 달라는 주부들의 진정서가 각 부서를 돌아다니면서도 해결되지 않는 민원을 통해 관료들의 비합리성과 무책임성에 기초해서 밥그릇 챙기는 관료주의의 문제, 암에 걸린 아버지가 아들부부에게 고뇌를 이야기하려 하자 이야기를 가로채 봉쇄당하는 아버지 권위의 실추문제, 마이홈주의에 빠진 젊은이들의 에고이즘 팽배로 전후일본사회에서 벌어지고 있는 부자간의 갈등과 세대간 단절문제 등을 다루고 있다. 특히 전후 복구를 달성하고 성장을 추진하는 과정에서 경제적 동물이라 불려온 가운데 암에 걸린 주인공이 절망감에서 퇴폐적인 놀이를 하는 모습을 통해서 당시 일본인이 살고 있는 병든 사회풍속도와 열광적으로 변해가는 모습을 리얼하게 그렸다.

구로사와의 영화에서는 어떻게 살 것인가 또는 삶의 가치는 어디에 있는 가 등과 같이 삶의 방식에 대한 의문을 통해 문제를 해결해가는 과정을 그렸다. 그런 류의 작품은 ≪わが靑春に悔なし≫(우리청춘엔 후회 없어), ≪靜かなる決鬪≫(조용한 결투), ≪白痴≫(백치), ≪七人の侍≫(7인의 사무라이), ≪赤ひげ≫(붉은 수염) 등이 대표적이다. 전후 일본의 풍속을 나타낸 작품으로는 ≪醉ひどれ天使≫(주정꾼 천사), ≪野良犬≫(들개) 등이 있다. 이 작품은 전후의 황폐함만을 그린 것이 아니라 전쟁주의 억압과 금욕으로부터의 해방이라는 면을 부각시켰다. 이처럼 구로사와는 영화를 예술이라는 차원에서 만들었을 뿐 아니라 일본적 미학을 부각시키는 한편 그 사회가 갖고 있는 다양한 문제를 다루어 당시를 살고 있는 동시대인에게 암시와 경고를 주는 영화를 만들었다. 그런 점에서 구로사와는 전통성을 그린 감독이며 동시에 현재성을 소재로 한 영화를 만든 감독으로 시대성을 충실하게 반영한 감독중의 한 사람이라고 할 수 있다.

도요다(豊田四郎) 감독의 ≪夫婦善哉≫(부부선재, 55)는 당시 나루세 감독의 ≪浮雲≫(부운)처럼 베스트 텐에 들어 영화계에 파란을 일으킨 작품이다. 내용도 쓸모없는 인간을 주인공으로 한 점에서도 ≪浮雲≫과 동일하다. 주인공 야나기(柳吉)는 오사카의 화장품 도매상의 아들로 게으르고 놀기 좋아하는 사람이다. 부인은 병이 들어 친정에 가 요양을 하고 있다. 그런데 야나기는 그 사이에 게이샤 접자(蝶子)와 동거하자 부모는 의절하게 된다. 생활능력이 전혀 없자 애첩이 임시로 게이샤를 하면서 생활비를 번다. 야나기는 그 돈 마저도 빼앗아 놀러 다닌다. 접자는 자기가 야나기를 유혹해서 쓸모없는 인간으로 만들었다는 말을 듣지 않기 위해서 열심히 섬기면서 남자행세를 하도록 한다. 어느 날 야나기는 여동생이 결혼을 하면 가업을 잇는다는 이야기를 듣자 찾아가 돈을 요구한다. 아버지가 죽자 매제는 야나기에게 위패도 들지 못하게 한다. 돌아오는 길에 법산사에 들러 야나기는 접자에게 신세를 너무 많이 진다고 말하다. 이 영화는 당시 사회발전과 경제성장을 이루는 가운데 적응 못하는 사람들이 발생하는 사회상을 잘 나타내고 있다.

요시무라(吉村公三郎) 감독의 ≪足摺岬≫(아시즈리미사키, 54)는 쇼와초기 공산주의자가 탄압을 받은 뒤 이어서 자유주의자도 같은 운명에 처하는 가운데 일본이 군국주의시대로 돌입하게 된 시기를 배경으로 하고 있다. 이 영화는 쇼와 초기 암흑 시기 도쿄대 근교인 혼고(本鄕)의 어느 빈곤한 하숙집에 사는 학생들의 모습을 그린 것이다. 주인공 아사이(淺井)는 아르바이트를 하며 공부를 하는 가난한 학생이다. 그는 잡지에 광고지를 넣어 상점가에 돌리고 대신 돈을 받다 쫓겨나기도 한다. 어느 날 소포가 오고 동시에 어머니가 죽었다는 전보를 받으며 통곡을 한다. 그런 와중에서 하숙집에서 친하게 지낸 지인이 특고에 체포되었을 때 이층의 바람둥이와 동거하는 댄서가 낄낄 웃자 구타를 한다. 또한 주인공의 옆방에는 척추 병을 앓는 소년이 누워있고 불치병이라는 것을 인지하고 있으면서도 현명한 표정을 지으며 살아가고 있다. 또한 식당에서 일하는 언니와 고학을 하는 자매가 있다. 이들의 오빠는 상해사변 때 포로가 되어 일본군에게 총살당하여 자매는 비국민이라고 찍혀 마을에서 쫓겨나 도쿄로 피난 와서 살고 있다. 그러나 동생은 도둑으로 오인되어 체포되어 자살한다. 언니는 시코쿠(四國)의 시골 아시즈리미사키(足摺岬)로 돌아간다. 그런 가운데 결핵을 앓아 절망한 주인공은 자살할 생각으로 척추 병을 앓는 소년에게 그림책을 주고 아시즈리미사키로 향한다. 하숙집에서 알고 지내던 언니를 한번 보고 죽을 생각이었다. 결국 그는 자살하지 못하고 순례와 여행을 하는 약장사 노인에게 구출된다. 그는 그녀에게 사랑 고백을 하지만 그녀는 곧 시집을 갈 몸이라는 사실을 알린다. 그는 그녀의 격려에 용기를 되찾아 도쿄로 향한다. 이 영화는 군국주의시기에 고달프게 살아가는 일본사회의 군상을 그려내고 있다. 영화에서 군국주의와 그것에 희생되는 서민을 그릴 수 있다는 사실은 일본이 미군정으로부터 해방되어 표현이 자유로워졌다는 것을 간접적으로 암시하고 있다.

≪夜の河≫(밤의 강, 56)은 교토(京都)를 무대로 남녀간의 사랑을 주제로 한 것이다. 여주인공은 교토에서 유명한 집안의 딸이자 염색의 명수로 일에 매달리다 보니 혼기를 놓쳤다. 일에 집중하며 하루하루를 살아가는데 어느 날 중년 학자인 다케무라(武村)에게 마음을 빼앗긴다. 기혼자인 다케무라의 아내는 현재 병원에 입원해 있다. 둘은 서로 만나는 과정에서 사랑하고 있는 것을 확인하지만 여자는 아내가 있어 결혼을 생각하지 않는다. 어느 날 다케무라가 지방으로 전근 가는 날 밤 둘은 남녀간의 선을 넘어 사랑을 나누게 된다. 이후 아내가 죽는다. 다케무라는 청혼을 하지만 여자는 거절한다. 한 사람의 죽음을 통해서 사랑을 쟁취하는 것에 양심의 가책을 받은 것이다. 다시 여자는 일에 몰두한다. 이 영화는 커리어 우먼으로서 불순한 관계를 하고 있지만 그 속에서도 순수한 사랑을 찾는 근대적인 지식을 가진 현대 여성을 그린 특징이 있다.

다음 <표5>는 자립기의 감독과 영화를 나타낸 것이다. 즉 히사마쓰 세이지(久松靜兒), 가메이 후미오(龜井文夫), 야마모토 사쓰오(山本隆夫), 시마 코지(島耕二), 이마이 다다시(今井正), 기노시타 게이스케(木下惠介) 등은 일본영화의 전성기에 활동한 감독들이다.

<표5> 자립기의 감독과 영화 3

감 독	작 품	특 징
久松靜兒 (히사마쓰 세이지)	泥にまみれて(51), 安宅家の人人(52), 十代の誘惑(53), 女の曆(54), 放浪記(54), 警察日記(55), おふくろ(55), 月夜の傘(55), 續警察日記(55), 渡り鳥いつ歸る(55), 神坂四郎の犯罪(56), 雨情(57), 怒りの孤島(58)	일본 농촌
龜井文夫 (가메이 후미오)	女ひとり大地を行く(53), 生きていてよかった(56), 流血の記錄・砂川(57), 世界は恐怖する(57), 人間みな兄弟(60)	극영화

山本隆夫 (야마모토 사쓰오)	日の果て(54), 太陽のない街(54), 愛すればこそ(55), 浮草日記(55), 台風騒動記(56), 荷車の歌(59), 人間の壁(59), 武器なき斗い(60)	좌익 영화
島耕二 (시마 코지)	十代の性典(53)	
今井正 (이마이 다다시)	ひめゆりの塔(53), にごりえ(53), 愛すればこそ(55), ここに泉あり(55), 由紀子(55), 眞晝の暗黑(56), 米(57), 純愛物語(57), 夜の鼓(58), キクとイサム(59), 白い崖(60)	리얼 리즘
木下惠介 (기노시타 게이스케)	日本の悲劇(53), 女の園(54), 二十四の瞳(54), 遠い雲(55), 野菊の如き君なりき(55), 夕やけ雲(56), 太陽とバラ(56), 喜びも悲しみも幾歳月(57), 風前の燈(57), 楢山節考(58), この天の虹(58), 風花(59), 惜春鳥(59), 今日もまたかくてありなん(59), 笛川(60)	전통 미학

* 자료 : 佐藤忠男, 1996b

히사마쓰(久松靜兒) 감독은 오랫동안 B급의 통속영화를 계속해서 만들어 왔다. 그의 대표작은 ≪警察日記≫(경찰일기, 55)이다. 이 영화의 원작자는 농민의 가난한 생활을 유머와 비판적 시각으로 쓴 이토 에이노스케(伊藤永之介 : 1903-59, 농민문학작가)이다. ≪警察日記≫는 일본사회가 고도경제성장으로 크게 변하기 이전 농촌의 인정풍속을 묘사한 작품으로 지방도시의 경찰을 무대로 하고 인정경찰들이 사건에 연루되어 경찰서에 오는 사람들의 문제를 해결해주는 형식을 띠고 있다. 이 영화에 등장하는 미시마는 경찰서장으로 농민들이 세무서 직원을 안내하는데 트럭을 사용하고 싶다고 말해도 교통규칙에 위반되기 때문에 허용할 수 없다고 한다. 그러나 마을 촌장이 그 지역출신의 장관을 맞이하기 위한 퍼레이드를 할 때 소방차를 사용할 수 있도록 요청하자 미시마 경찰서장은 거절하지 못한다. 그러자 농민들은 버스를 빌려 타고 다리 위에 서서 반대편에서 달려오는 촌장을 태운 소방차가 진행을 못하게 버티고 있다. 누가 양보할 것인가 긴장이 감도는 가운데 농민이 탄 버스가 양보를 한다. 히사마쓰는 이처럼 시골에 사는 사람들 간에 생겨나 얽혀지는 인간관계나 사회관계의 미묘한 부문을 세심하게 묘사하고 있다. 또한 당시의 관리기질과 농민기질을 풍부하게 그려내고 있다.

 1950년대 『기네마순보』 베스트 10에서 1위를 차지한 작품이 이마이 감독의 ≪また逢う日まで≫(다시 만날 때까지, 50)이다. 이 영화는 전쟁으로 헤어져 짓밟혀진 청춘의 애절함과 슬픈 랑데부를 서정적으로 그려낸 리얼리즘 작품이다. 이마이 감독은 점령시대가 끝나자 도에이에서 오키나와(沖繩)의 비극을 그린 ≪ひめゆりの塔≫(어린 백합의 탑, 53)을 발표하여 도에이 영화사가 발전할 수 있는 기틀을 마련하였다. 그리고 ≪にごりえ≫(탁한 강, 53), ≪ここに泉あり≫(여기 샘이 있어, 55) 등은 독립프로작품이다. 전자는 메이지 시대의 인정풍속을 묘사한 것으로 메이지 여류작가 히구치 이치조(樋口一葉 : 1872-96, 가인, 소설가, 『闇櫻』, 『にごりえ』, 『十三夜』 등을 남김)의 작품을 옴니버스 형태로 그린 영화이다. 히구치는 메이지 중기 중류와 하류의 여성들이 힘겹게 사는 삶의 군상을 아름다운 문장으로 표현하는 주옥같은 소설을 썼다. 이 작품은 일본영화의 휴머니즘을 대표하는 작품으로 평가받고 있다.

 이마이(今井正) 감독의 ≪ここに泉あり≫(여기에 샘이 있어, 55)는 패전 후 사람들이 먹고 살기 힘든 상황에서 다카자키(高崎)에 교향악단을 만들어 지방에 문화 꽃을 피우려는 남자를 그리고 있다. 그는 도쿄에서 활동하는 명지휘자와 단원을 고용해 다카자키에 악단을 구성하여 운영해 가지만, 경영난에 부딪쳐 월급도 제대로 주지 못한다. 이런 상황에서 어떤 단원은 영양실조로 야맹증에 걸리기도 하였다. 그러나 그는 초청되는 곳이면 어딘 든 버스, 기차, 트럭 등으로 악단을 데리고 가 연주를 한다. 그런 어려움을 겪는 가운데 수년 후에는 현(縣)의 지원금을 받아 시민회관 등에서 공연하고 도쿄의 교향악단과 협연도 하게 된다. 이 영화는 당시 문화국가의 건설이라는 전후목표를 진실하고 절실하게 표현한 작품이라는 특징이 있다. 이마이 감독은 전후 미군정이 자유주의와 민주주의를 일본에 이식하려는 운동에 동감하면서도 문화영역에서 표현과 소재에 대한 자유가 제한되는 것을 느끼게 된다. 그런 갑갑한 시대에 살고 있던 이마이는 영화를 통해서나마 문화를 전파하고 중요성을 강조하는 영화를 만들어 사회적 책임을 지려고 하였다.

 당시는 마르크스주의에 입각해서 이데올로기적 작품을 만드는 감독이 있었지만 이마이 감독은 빈곤을 절실하게 느끼며 고통스러워하는 가운데서도 용기 있게 살아가는 사람들의 모습을 동정하는 입장에서 아름답게 표현하였다. 이런

유연한 서정적인 태도로 사회정의를 주장하는 가운데 폭넓은 관객층의 지지를 이끌어 냈다. ≪眞晝の暗黑≫(대낮의 암흑, 56)은 야마구치현(山口縣) 야가이(八海)사건으로 알려진 살인사건에 대한 재판을 영화로 비판한 것이다. 이 영화는 사형을 선고받은 피고를 무죄라고 주장하는 변호사 마키(正木)의 베스트셀러 소설인 『재판관』을 영화화 한 것이다. 각본가 하시모토(橋本忍)는 사건을 조사해서 피고가 무죄라는 사실을 주장한다. 또한 거기에 머물지 않고 취조하는 과정에서 자행한 경찰의 고문을 폭로하고, 검찰관과 재판관을 철저히 비판하는 주장을 하여 사회적 반향을 일으켰다. 이 영화는 최초의 재판비판영화로 권력기구에 대해 정면에서 구체적으로 대결한 영화라는데 의의가 있다. 또한 내용적으로도 전후 좌파독립프로운동의 정점을 이룬 작품이다. ≪米≫(쌀, 57)은 농촌의 빈곤을 풍경으로 한 것으로 다소 감상적인 부분이 있고, ≪純愛物語≫(순애이야기, 57)는 원폭 병으로 죽은 소녀와 불량 소년의 순애를 그린 것이며, ≪あれが港の灯だ≫(그것이 항의 등대다, 61)는 재일조선인의 젊은 어부를 주인공으로 해서 이승만 라인을 둘러싼 갈등으로 악화되어 가고 있는 한일간의 관계를 반성적으로 그린 작품으로 사회파영화의 성격을 띠고 있다. ≪夜の鼓≫(야밤의 북소리, 58)는 독립프로 작품으로 봉건시대 무사의 처에 대한 간통사건을 취급한 시대극으로 무사사회를 리얼리즘으로 그린 이색적인 작품이다. ≪キクとイサム≫(기쿠와 이사무, 59)는 혹인 사이에 태어난 혼혈아를 다룬 작품이다. 이마이 감독은 1950년대 베스트 작품을 잘 만들어 내어 베스트 감독으로 불리어졌을 뿐 아니라 일본사회의 구석구석을 밀도 있게 분석하여 영화에 담아내는 등 시대성을 전면에 내세운 감독이기도 하다.

　1950년대에 신뢰받은 감독이 기노시타(木下惠介)이다. 그는 풍물적 서정에 관해서 천재적인 영상감각을 갖고 있는 감독이다. 그는 후지필름의 협력을 얻어 일본 최초 컬러영화인 ≪カルメン故鄕に歸る≫(칼멘 고향에 돌아오다, 51)를 만들었다. 또한 ≪喜びも悲しみも幾歲月≫(기쁨도 슬픔도 어느 세월에, 57)에서는 벽지를 전전하는 등대지기의 인생을 통해서 일본인론이라고 할 수 있는 논리를 전개하였다. 기노시타는 일본의 전통문화 가운데 노(能)에서 표출된 한탄(愚痴, 恨歎)의 미학을 잘 표현하였다. 또한 조류리(淨瑠璃)에서 나니와부시(浪花節 : 샤미센에 맞춰 노래와 이야기를 하는 전통예술)까지에 이르는 일본전통예능을 도입하여 영화에 표현하였다. 특히 그는 전통미학을 다루는데 기지를 발휘하였다. 그의 작품으로는 전후 어려운 사회에서 술 따르는 일을 하면서 두 아이를 양육하는 여주인공을 그린 ≪日本の悲劇≫(일본의 비극), 여교사가 전후 전사한 제자들의 묘지 앞에서 참배하면서 제자와 주고받는 대화를 그린 ≪二十四の瞳≫(24인의 동공) 등을 만들어 일본사회가 갖고 있는 아픔과 슬픔을 다루었다. 그리고 노인이 오랜만에 고향을 방문하여 60여년 전에 죽은 첫사랑 여인을 그리워하는 이야기를 다룬 ≪野菊の如き君なりき≫(들국화와 같은 당신의 존재)가 있다. 이 영화에서는 신슈(信州)의 산과 강, 들녘과 구름, 가옥과 거리 등과 같은 자연을 통해 일본적 미학을 절묘하게 담아내고 있다.

■■ 2. 자립기의 감독과 영화 2

자립기의 감독과 작품은 전전 일본영화가 제1 전성기를 맞이한 시점에서 영화에 대한 높은 수준의 기술과 작품성을 갖고 있었다는 특징이 있다. 또한 그런 경험을 직간접적으로 경험한 감독이 나타나 일본영화의 제2 전성기 성립에 공헌하였다. 이들은 제1전성기에서 활동한 감독과 작품을 통해서 영화에 대한 영양분의 공급을 받았고, 패전직후의 영화검열시대를 경험하는 가운데서도 신시대에 흠뻑 젖어 일본적 미학을 영화에서 부흥시킨 특징이 있다고 할 수 있다. 이들은 전시대와의 연속과 단절을 경험하고 신시대를 위한 영화를 만들면서도 전성기 제1세대와 동시대에 살았다. 또한 영화전성기를 만끽하면서 동시에 새로운 사회경제적 변화에 따른 영화조락시대에 접어 들어 이에기 미요지 삶에 대해 고뇌를 하는 영화인이기도 하다.

다음 <표6>은 자립기의 감독과 영화를 나타내고 있다. 이 시기에는 가와시마 유조(川島雄三), 이치카와 콘(市川崑), 신토 가네토(新藤兼人), 이에기 미요지(家城己代治), 오바 히데오(大庭秀雄), 혼다 이시로(本多猪四郎) 등이 있다.

<표6> 자립기의 감독과 영화4

감 독	작 품	특 징
川島雄三 (가와시마 유조)	昨日と明日の間(54), 愛のお荷物(55), 銀座二十四帖(55), 州崎パラダイム・赤信號(56), わが町(56), 幕末太陽傳(56), 貸間あり(59), 人も歩けば(60), 赤坂の姉妹・夜の机(60)	상업 영화
市川崑 (이치카와 콘)	プーサン(53), 青春錢形平次(53), 愛人(53), 女性に關する十二章(54), 私の凡てを(54), 億萬長者(54), 青春怪談(55), こころ(55), ビルマの竪琴(55), 處刑の部屋(56), 日本橋(56), 滿員電車(57), 東北の神武たち(57), 穴(57), 炎上(58), さようなら今日は(59), 鍵(59), 野火(59), ぼんち(60), おとうと(60)	ビルマの竪琴(56)베니스수상, 鍵(59) 칸느수상
新藤兼人 (신토 가네토)	縮圖(53), 女の一生(53), どぶ(54), 浪(55), 銀心中(56), 流離の岸(56), 女優(56), 海の野郎ども(57), 悲しみは 女だけに(58), 第五北龍丸(59), 裸の島(60)	여성영화
家城巳代治 (이에기 미요지)	雲ながる果てに(53), 異母兄弟(57)	정의파영화
大庭秀雄 (오바 히데오)	君の名は(53-4)	통속멜로드라마
本多猪四郎 (혼다 이시로)	ゴジラ(54)	만화영화

* 자료 : 佐藤忠男, 1996b

　가와시마(川島雄三)는 태평양전쟁이 종결되기 직전인 1944년 감독이 되어 상업영화를 만들었다. 1955년부터 닛카쓰에서 활약하여 풍속영화와 희극에 재능을 보이기 시작했다. 그는 근육 수축병이라는 희귀병을 앓으면서도 고통을 감수해가며 영화를 만드는 초인적인 힘을 발휘하였다. 그는 일상에서 낙천적인 삶을 살지 않으면 파멸적인 삶을 살아야 하는 운명이었다. 가와시마의 대표적인 희극 작품은 ≪愛のお荷物≫(사랑의 짐, 55), ≪貸間あり≫(셋방 있음, 59), ≪人も歩けば≫(사람도 걷는다면, 60) 등이 있다. 그리고 오다 시쿠노스케(織田作之助 : 소설가, 『夫婦善哉』, 『世相』, 『競馬』, 『土曜婦人』)의 소설을 영화화한 ≪わが町≫(우리 동네, 56)는 한 노동자의 인생을 그린 것으로 서민의 애환을 그린 가작이다. ≪州崎パラダイム·赤信號≫(슈자키 패러다임, 56)은 어리석은 인간들의 언동에서 진실을 끌어내려는 의도를 가진 작품이다. 슈자키 패러다임(州崎パラダイム)은 도쿄 고도(江東)에 있던 매춘가이다. 매춘거리 입구에 있는 대중식당 여주인은 매춘부에 빠진 남편이 돌아오기를 기다리며 식당을 지킨다는 이야기이다.

이치카와 콘(市川崑)은 통속적인 멜로드라마, 희극, 순수문학작품의 영화화, 시대극, 다큐멘터리, 풍속영화 등 폭넓은 소재를 통해서 영화를 만들었고, 1973년에는 콘 독립프로를 창립하여 활동하였다. 그는 전위적 풍자극인 ≪プーサン≫(부산, 53), ≪億萬長者≫(억만장자, 54), ≪滿員列車≫(만원열차, 57) 등과 같은 작품에서 신감각의 유머를 표현수단으로 하는 새로운 시도를 하였다. ≪愛人≫(애인, 53)은 거장이라고 불리는 영화감독과 중년의 여무용수가 서로 결혼하는 이야기를 그린 것이다. 감독에게는 아들과 딸이 있고 무용수에게도 딸이 있는 두 가족이 결혼을 통해 하나의 가족으로 살아가는 모습을 그린 것이다. 조감독은 무용수에게 사랑을 느껴 고백을 하는 순간부터 가족간의 사랑은 더욱 복잡해져간다. 이 영화는 전통적인 가족관에서 벗어나 자유로운 새로운 가족관을 다루고 있는 특징이 있다. 또한 절대절명의 상황에 떨어진 인간 혼의 존재 형태를 영상으로 그려낸 ≪野火≫(야화, 59), 고양이에게 연기를 하게 하여 만든 ≪吾輩は猫である≫(우리들은 고양이입니다, 75) 등이 있다. 그는 이시하라 신타로(石原愼太郎)의 원작인 ≪處刑の部屋≫(처형의 방), 이즈미(泉鏡花)의 원작 ≪日本橋≫(일본교), 미시마(三島由紀夫)의 원작인 ≪金閣寺≫(금각사)를 영화화한 ≪炎上≫(염상, 58) 등과 같은 작품을 만들었다.

≪炎上≫(58)은 미시마 유키오의 소설 『金閣寺』를 영화화한 것이다. 미시마가 1956년에 발표한 금각사는 그의 소설 중에서 완성도가 높은 작품 중의 하나로 알려졌다. 1950년 실제로 일어난 금각사 방화사건을 다룬 이 소설에서 범인은 폐병을 잃는 금각사의 학승이었다. 그러나 방화의 동기를 이해하지 못하여 사람들을 놀라게 하였을 뿐 아니라 당시의 유행어였던 전후파(아프레 : apresguerre)의 불가해한 범죄로 인식되었다. 미시마 자신도 전후 청년의 한 사람으로 전후파라고 불리는 사람들의 내면을 분석하고 변명하는 몇 편의 작품

을 썼지만 이 작품은 그것의 절정에 달하는 것이었다. 소설에서 범인의 동기가 절대적인 미에 대한 질투라고 해석하였다. 이치카와 감독은 주인공 학승의 주관 속에 있는 금각사를 그리기 보다는 자신을 개관적으로 그리려 하였다. 실제 범인은 북쪽의 가난한 절에서 우울한 풍토와 인간관계를 통해서 열등감을 느꼈고 더욱 전쟁 하에서 억압된 소년기를 보냈다. 그런 상황에 처해있는 범인의 인간상을 부각시키려고 하였고 또한 전후파 청년의 일면을 그려내려고 하였다.

신토 가네토(新藤兼人)는 시나리오 작가로서 비극, 희극, 멜로드라마, 시대극 등을 시작으로 다양한 장르의 상업영화를 만들었다. 감독으로서 신토는 자기 자신의 어머니와 여동생을 모델로 자서전적인 작품과 고향인 히로시마의 원폭피해를 소재로 하는 작품을 만들었다. 그는 일상생활의 자그마한 일에 중대한 의미를 부여하고 그것을 표현하려고 하였다. 대표적인 작품으로는 ≪裸の島≫(벌거벗은 섬, 60), ≪殺意と創意≫(살의와 창의) 등이다. ≪殺意と創意≫에서는 전전 평범한 샐러리맨의 일상생활을 그린 것이다. 저녁 5시에 퇴근하고 집에 돌아와 10시 침상에 들기까지의 일상생활을 자세하게 묘사하였다. 신토는 이 영화에서 아무 것도 아닌 일상생활에서 아무런 의미도 없는 행동을 반복해서 감동적으로 표현하고 있다. 또한 전 세계에서 여성옹호자로 남고 싶다는 신조를 가지고 있다. 그는 가정에서 일상생활의 주체로서 변화와 접촉이 제한되어 있지만 일상생활에 참고 견디고 있는 여성을 주제로 그렸다. 그런 여성의 일상생활에서 남자로서 자기도 그런 감동을 맛보고 싶다는 평범한 진리를 표현하려고 하였다.

신토의 스승인 미조구치(溝口健二)는 마르크스주의적 사고에서 계급문제가 해결되지만 남과 여의 문제는 그대로 남는다는 사고를 갖고 있었다. 이런 미조구치의 사고를 신토는 그대로 계승하였다. 또한 미조구치는 여성이 현실에서 억압받는 존재로 인식하여 억압받는 여성의 저항이라는 관점에서 일련의 여성영화를 만들었다. 그러나 신토는 여성 자체가 일상생활자체의 권화이며, 일상생활의 행복이라는 비밀을 체득하는 존재로 동경하는 자세를 그리려 하였다. 여성이 일상생활의 핵심 주체라는 인식을 관철하는 동시에 여성을 성의 문제로 연결시키는 등 자연주의적 리얼리즘을 추구하였다. 따라서 젠더문제를 통해서 미조구치는 사상적 위치에서 여성문제를 해결하기 보다는 가정이라는 전통적 위치에서 여성이 갖고 있는 문제를 다루고 있다. 그런 점에서 여성해방을 강조하는 측면이 있다. 그것에 비해 신토는 이미 해방구에 서서 역할과 기능에서 자연스럽게 권위가 상승되어가고 있는 현실 여성을 그려내고 있다. 따라서 신토가 상정하고 있는 여성은 해방의 대상이라기보다는 자립되어 가고 있는 현대 여성이다.

신토감독의 ≪縮圖≫(축도, 53)는 도쿠다 슈세이(德田秋聲 : 1872-1943, 소설가, 尾崎紅葉의 제자, 『新世帶』, 『あらくれ』등의 자연주의 작품, 만년에는 『假裝人物』이 있고, 『縮圖』는 전쟁 중의 탄압으로 미완)의 원작으로 원래는 전형적인 자연주의적 문학의 성격을 띤 작품이다. 이 작품에서는 한 사람의 게이샤(藝子)의 반생을 가치판단 하지 않고 있는 그대로 담담하게 그려냈다. 그러나 여성해방이라는 이상주의적 입장에서 가난한 집의 소녀가 게이샤가 되지 않으면 안되는 사회에 대해 증오를 불태우고, 여성을 취하려는 남성과 선량한 얼굴을 하고 있으면서도 여성에 도움이 되지 못하는 남자들을 등장시켜 통렬하게 비판하는 방법으로 전개된다. 쇼와 초기 도쿄에서 구두 수선을 하던 아버지는 딸을 게이샤 점에 파는 날 증오와 슬픔으로 구두창을 수선망치로 두드리며 손을 떨고 있다. 게이샤가 된 여주인공은 부잣집 자식이 되는 꿈을 꾸지만 허망하게 사라진다. 그녀는 게이샤 생활에서 상심한 심신을 이끌고 게이샤 집을 전전하기 시작한다. 그렇게 전전하는 가운데 주인공은 점차 강렬한 의지가 생기게 된다. 그녀에게 게이샤로서 생을 적극적으로 하는 근성이 생기고 남자에게 지지 않는 의지가 생겼다. 손님과 같이 어처구니없는 놀이를 하지만 남자들을 잘 응시한다. 큰 병에 걸려도 의지로 회복하여 출정병사의 행렬을 즐겁게 보내는 강한 여성으로 남는다. 이 영화에서는 여성해방이라는 입장에서 가난한 소녀가 게이샤가 되지 않으면 안 되는 사회에 대한 증오가 분출된다. 또한 그런 여자를 취하는 남자들, 선량한 얼굴을 하면서도 그런 여자에게 힘이 되어주지 못하는 남자 등을 등장시켜 사회의 비정함을 그리고, 여자와 남자간 약육강식적인 사회현상을 밀도 있게 부각시키고 있다.

이에기(家城己代治)감독의 ≪異母兄弟≫(이복형제, 57)는 전후 일본에서 전전의 가부장적 가정의 권위주의에 대한 통절한 반성에 초점을 두고 있다. 이에기 감독은 제2차 세계대전이 패전에 이를 쯤 어느 가정을 지탱해온 견고한 가부장지배가 붕괴되는 이야기를 다루고 있다. 이 가정의 아버지는 육군 장교로 몸이 약한 아내가 죽은 후에 두 아이의 양육을 담당하고 있던 가정부에게 임신시킨다. 그런 불명예스러운 일 때문에 상관으로부터 질책을 받자 가정부를 아내로 맞이하려 한다. 그러나 그렇게 하는 것도 군인으로서의 명예를 더럽히는 일이라 생각해 여전히 그녀를 가정부 방에 재우고 노예처럼 학대한다. 또한 그녀의 두 아들도 같은 방에 자게하고 전처소생의 두 아들과 철저하게 차별한다. 차별과 학대에 견디다 못해 둘째 아들이 가출한다. 가정의 어려움을 해군사관학교에 있는 장남에게 상담을 하자 어머니도 나쁘다고 한다. 전쟁이 진행되는 가운데 아들 모두가 장교가 되지만, 가출한 아이를 제외하고는 태평양전쟁에서 전사한다. 패전 후 늙은 아버지는 여전히 오만한 태도로 있지만, 실제로 가정은 아내의 힘으로 유지되고 지탱되어 가고 있는 형편이었다. 그런 어려운 시기에 가출했던 아들이 돌아온다. 여전히 차별받던 아내는 이미 나는 가정부가 아니라고 외친다. 이 영화에서는 전후 일본가정에서 아버지의 권위가 무너지는 장면이 리얼하게 그려지고 있다. 당시 일본의 아버지는 병적으로 권위주의적이었고, 폭력적이며 가족까지도 차별하는 불유쾌한 존재로 여겨졌다. 이 영화에서는 일본사회가 근대적인 성격을 띠고 진행되고 있음에도 불구하고 유독 변하지 않는 가부장제를 정면에서 다루고 있다. 이에기 감독은 이른바 정의파 감독의 입장에서 그런 작품을 만들었다.

다음 <표7>은 자립기의 감독과 영화를 나타낸 것이다. 이 그룹에 속하는 감독은 하니 스스무(羽仁進), 나카히라 코(中平康), 구라하라 코레요시(藏原惟繕), 마스무라 야스조(增村保造), 이마무라 쇼헤이(今村昌平), 오카모토 기하치(岡本喜八), 오시마 니기사(大島渚) 등으로 일본이 고도경 성장기를 맞이하는 가운데 영화를 만들었고, 시대적 사건을 영화에 적극적으로 표출시켰으며, 전성기와 쇠퇴기의 소용돌이 속에서 새로운 방향을 모색한 특징이 있다. 그런 가운데 1960년대 이후 영화계의 흐름을 주도하는 기수로 활동하였다.

<표7> 자립기의 감독과 영화5

감 독	작 품	특 징
羽仁進 (하니 스스무)	生活と水(52), 雪まつり(53), 町と下水(53), あなたのビール(54), 教室の子供たち(54), 繪を描く子どもたち(56), 雙生兒學級(56), 動物園日記(57), 法隆寺(58)	다큐멘터리

中平康 (나카히라 코)	狂った果實(56), 牛乳屋フランキー(56), 紅の翼(58), その壁を碎け(59)	태양족 영화
藏原惟繕 (구라하라 코레요시)	おれは待ってるぜ(57), 霧の中の男(58), 風速40米(58), 嵐の中を突っ走れ(58), われらの時代(59), 狂熱の季節(60)	
增村保造 (마스무라 야스조)	くちづけ(57), 靑空娘(57), 暖流(57), 氷壁(58), 巨人と玩具(58), 不敵な男(58), 最高殊勳婦人(59), 美貌に罪あり(59), 僞大學生(60)	일본 누벨 바그 선봉
今村昌平 (이마무라 쇼헤이)	盜まれた欲情(58), 果しなき慾望(58), にあんちゃん(59), 豚と軍艦(60)	리얼리즘 영화
岡本喜八 (오카모토 기하치)	結婚のすべて(58), 暗黑街の顔役(59), 獨立愚連隊(59), 暗黑街の對決(60), 獨立愚連隊西へ(60)	액션 영화
大島渚 (오시마 나기사)	愛と希望の街(59), 靑春殘酷物語(60), 太陽の墓場(60), 日本の夜と霧(60)	누벨바그 붐 조성

* 자료 : 佐藤忠男, 1996c

　나카히라(中平康)는 닛카쓰에서 이시하라 유지로를 등장시켜 ≪狂った果實≫(미친 과실, 56)을 찍었다. 이 작품에서 이시하라는 전후 일본인이 배우고 싶어 하는 개인주의를 완벽하게 체현한 배우로 인기를 얻었다. 여기에서 표현된 자기만의 독백, 마치 룸펜처럼 흥얼거리는 노래, 목적 없는 방황 등이 그려져 그런 현상을 체득한 젊은이를 태양족이라 하였다. 이것은 전통성과 국가성이 사회구조와 규범을 지배하는 사회에서 현대성과 개인성이 지배하는 사회로의 전환을 상징하는 대사건이기도 했다. ≪狂った果實≫에서는 두 형제가 젊은 남의 부인을 놓고 대결하는 파격적인 내용을 설정하였다. 그러나 일본이 근대화되고 전통사회로부터 벗어나고는 있었지만 영화에서의 그런 표현은 당시의 공공질서에 반하는 것으로 비난받게 된다. 사회여론에 밀려 새로운 젊은이 문화로 발생한 태양족 문화는 사라질 위기에 놓인다. 그런 가운데 닛카쓰는 태양족 영화를 버리게 된다. 새로운 변화를 추구하기 위해 닛카쓰는 다사카(田坂具隆)에게 유지로를 이용하여 현대물인 ≪乳母車≫(유모차, 56), ≪陽のあたる坂道≫

(태양이 비치는 비탈길, 58)을 찍게 하였다. 또한 가와시마(川島雄三)는 유지로를 시대극적 형태를 띤 태양족 영화 ≪幕末太陽傳≫(막말태양전, 57)을 찍는다. 이런 작업을 통해서 닛카쓰는 일본영화계에서 액션물의 가능성을 확인하고 새로운 경향의 영화영역을 개척하는 역할을 하였다.

마스무라(增村保造) 감독은 제1작으로 ≪くちづけ≫(입맞춤, 57)을 만들었다. 당시는 등장인물들에게 비현실적일 정도로 강한 자기주장을 하게하는 드라마를 만드는 특징이 있었다. 또한 사회악 앞에서 패배하는 약한 선인과 같은 유형을 과도하게 존중하는 경향이 있었다. 이런 분위기에서 마스무라의 등장으로 일본 영화계는 크게 변하게 된다. 일본의 누벨바그를 선두에서 이끌고 있던 감독이 마스무라이다. ≪くちづけ≫(57)는 단순한 청춘영화이지만 감상을 배제하고 명쾌한 행동성을 적극적으로 표현하여 일본 누벨바그의 선구역할을 한 작품이다. 또한 미칠 정도의 애정을 고양시킨 ≪暖流≫(난류, 57), 고도성장기 일본 샐러리맨들의 맹렬한 활동을 그린 ≪巨人と玩具≫(거인과 완구, 58), 1960년대 안보투쟁시점에서쓴 오에 겐자부로(大江健三郞)의 소설로 학생운동의 내부 붕괴를 예견한 『僞證の時』(위증의 시대)를 영화화한 ≪僞大學生≫(가짜 대학생, 60), 여성의 이기주의를 요염한 아름다움으로 표현한 ≪女は告白する≫(여자는 고백한다)와 ≪卍≫(만), 감상적인 반전보다 더욱 강하게 반전 반군의 행동을 모색한 ≪兵隊やくざ≫(병사와 야쿠자), ≪淸作の妻≫(청작의 마누라) 등이 있다.

그런 작품에서 마스무라는 자기주장의 에너지가 약하고 자기억제를 미덕으로 생각하는 일본영화의 전통적인 사고를 결점으로 보고 그것을 타도하기 위해 심혈을 기울였다. 부자연스럽지만 등장인물에게 정열적인 행동을 하게 하였다. 특히 ≪巨人と玩具≫(거인과 완구)는 광고를 통해서 물건을 파는 샐러리맨의 맹렬사를 그렸다. 마스무라는 당시 사회 피해자에게 팽배한 동정적인 패배주의적 경향을 극복하기 위해서 강한 자아를 바탕으로 삶을 추구하는 인간을 그렸다. 그런 류의 영화가 에스컬레이터처럼 급상승하여 정점에 이르게 된 시점에서 나온 것이 ≪巨人と玩具≫이다. 이 작품은 주인공 설정에 대한 실패, 여주인공의 설정실패 등으로 흥행에는 실패하였지만, 지금까지 일반적인 경향인 사회파 영화의 감상주의에 결정적인 타격을 주었기 때문에 일본영화사에서 중요한 의미를 갖고 있다. 그런 의도는 1960년대 영화를 통해서 성공을 거두게 되었고 일본영화의 활성화에 기여하게 되었다. 그는 ≪華岡靑州の妻≫(화강청주의 마누라), ≪大地の子守歌≫(대지의 자장가), ≪曾根崎心中≫(소네자키자살) 등에서 자기가 구상한 강한 자아를 가진 일본인상을 표현하였다. 마스무라는 「어떤 변명」이라는 논문에서 자신의 작품세계에 대한 해명과 황금기 일본영화에 대한 견해를 밝혔다. 그는 기존 일본영화의 감상적 휴머니즘이나 리얼리즘에 의한 현실긍정과 추종 현상을 강하게 비판하고 새로운 경향의 영화를 시도했다. 이런 비판은 거장들이 구축한 황금기의 일본영화노선을 부정하는 것으로 적어도 당시 일본영화체제에서 보면 상상을 초월한 비판이었던 것이다.

이마무라 쇼헤이(今村昌平) 감독은 제1작으로 ≪盜まれた欲情≫(도둑맞은 욕정, 58)을 만들었다. 이것은 오사카의 한 촌에 연극을 하러 온 연극단체에서 벌어지는 것을 희극적으로 그렸다. 이 영화에서 이마무라의 색깔이 잘 나타나 이후의 작품에 대한 기대가 높아지는 계기가 되었다. 이 작품에서는 등장인물이 모두 하층사회의 사람들로 설정되어 있고, 그 하층민중의 강한 열망과 삶에 대한 에너지에서 발산되는 우스운 웃음이 잘 표현되었다. 그런 설정이 이마무라 작품에서는 일관되게 흘러 정착되었다. 제2작인 ≪果しなき慾望≫(끝없는 욕망, 58)에서는 패전 때 지하에 매몰된 군용 몰핀을 파는데 욕심을 갖는 내용이 희극적으로 전개되고 있다. 이마무라는 작품에서 인간이 갖고 있는 본심을 고찰하면서 나오는 비중 있는 웃음을 표현하였다. 그런 중희극이 충격적인 힘으로 발휘한 작품이 ≪豚と軍艦≫(돼지와 군함, 60)이다. 여기에서는 미군기지인 요코스카(橫須賀)의 미국병사를 상대로 하는 술집에서 돈과 섹스의 욕망이 난잡하게 벌어지고 있지만, 철저하게 미군에게 인생을 걸고 있는 일본인의 비참한 모습에서 나오는 비운의 웃음과 비애를 표현하려고 하였다. 이 작품에서 빠칭코의 여종업원인 하루코(春子)는 야쿠자 애인의 칠칠치 못한 성격에 화가 나서 술취해 버린다. 그러나 미해군들에 의해 윤간을 당한 후 퇴락의 길을 걷는다. 그녀는 결국 지갑을 훔치다 체포되어 유치장에 감금된다. 이런 사건이 있은 후 하루코는 매춘부가 되었지만 과거를 버리고 당당하게 그 거리를 떠나 새로운 삶을 살아간다. 이마무라가 국제적인 거장으로 큰 반향을 일으킨 시기는 1983년 ≪楢山節考≫(나라야마 부시코)가 칸느영화제에서 그랑프리를 받은 이후이다.

오시마(大島渚)감독은 학생시절 연극 활동과 학생운동을 하였다. 전후 좌익

학생운동 고양기에 교토대 학련의 위원장이 되어 정치적 투쟁을 하는 가운데 시대가 안고 있는 희비를 직접적으로 겪었다. 당시 학생운동은 일본공산당에 귀를 기울이고 있었고 공산당원이 아니었던 오시마는 많은 아픔을 경험하였다. 이 경험에 기초해서 ≪日本の夜と霧≫(일본의 밤과 안개, 60)를 만들었다. 오시마는 1959년 제1작을 발표한 이래 항상 새로운 테마나 주장을 끊임없이 추구하였다. 이것은 어디까지나 전 작품과 다른 것을 의미하는 것이 아니라 끊임없이 미지의 무엇인가를 추구하고 자기를 초월하려는 시도였던 것이다. 그는 영화를 통해서 시대의 최첨단을 걷는데 주력하였다. 예를 들면, ≪愛と希望の街≫(사랑과 희망의 거리, 59)에서 배워온 가난한 소년과 부잣집 딸의 우정 등과 같은 주제에서 벗어나는 새로운 시도를 한다. 오시마는 전통적인 해피 엔딩이나 감상적인 해결방법으로부터 탈피하는 결론을 내렸다. 가난한 자와 부자는 서로의 입장을 모르기 때문에 상대와 신중하게 부딪쳐야만 자기를 지각할 수 있다고 결론을 내렸다. 지금까지 부자와 가난한 자가 서로 잘 이해하는 설정이나, 그렇지 않으면 한쪽을 악의 주체로 표현해온 쇼치쿠 오후나(大船)영화의 의도를 무시하는 결론이었다. 이렇게 결론을 내리자 쇼치쿠는 오시마에게 일을 주지 않았고 그는 쇼치쿠와 갈등을 겪게 되면서 쇼치쿠와 별거를 하게 된다.

오시마 감독의 ≪愛と希望の街≫(59)에서는 어린이의 성장과정에서 그들이 사는 사회가 얼마나 용서를 하며 또한 용서하지 않는 가에 대한 이야기를 다루었다. 이 영화는 일본이 고도경제성장기에 들어가기 전 가난한 시대의 이야기이다. 모자가정의 소년이 가난함과 어머니의 병으로 가와사키(川崎)역에서 비둘기를 팔고 있다. 비둘기는 귀성본능이 있어 팔아도 다시 소년의 집으로 돌아온다. 나쁜 마음은 아니었지만 일종의 사기성을 가진 상매를 하게 된다. 어느 날 부잣집 소녀가 비둘기를 사 그것이 소년의 집으로 돌아오는 관계로 서로 알게 된다. 소녀는 비둘기파는 것을 그만두게 하기 위해서 아버지 회사에 취직을 부탁한다. 시험에 응하지만 떨어지고 만다. 비둘기를 팔던 일이 발각되었기 때문이었다. 지금까지 용서를 해왔던 동료나 친구들도 역시 사기행각을 했다고 비난한다. 그러자 소년은 다시 역에서 비둘기를 팔기 위해 간다. 소녀는 비둘기를 다시 파는 소년을 보고 실망한다. 소년은 비둘기 파는 것이 무엇이 나쁜 것인가라는 반문을 하고 집으로 돌아온다. 어머니는 나쁘지 않다는 것을 주장하지만 소년은 비

둘기를 기르던 집을 부셔버리고 만다. 그러나 그는 부잣집소녀나 선의의 어른들에게도 결코 기대지 않는다. 이 영화는 먹고 살아야 하는 소년과 빈곤으로부터 해방된 소녀의 양심간의 갈등을 그린 것이며, 또한 사회에서 강자는 약자를 보호하려는 본능보다는 비판 본능에 서서 판단하고, 약자는 강자의 아량과 삶에 기대는 입장에서 판단하는 이기적 존재라는 측면을 그려내고 있다.

오시마의 영화는 쇼치쿠가 추구하는 방향성을 벗어났음에도 불구하고 영화평판이 좋자 쇼치쿠는 제2작으로 ≪靑春殘酷物語≫(청춘잔혹이야기, 60)를 만들게 하였다. 여기에서 오시마는 자기 좋은 대로 살아가며 사회에 저항하는 젊은 이를 그렸다. 이것은 당시 이시하라 신타로와 이시하라 유지로의 태양족과도 같은 것이었지만, 좀더 철저한 것이었다. 이 작품이 히트하자 쇼치쿠의 경영진은 젊은 감독을 발탁하는 기현상이 벌어졌고, 매스컴은 이런 현상을 쇼치쿠 누벨바그라고 불렀다. 쇼치쿠 누벨바그의 최정점인 ≪日本の夜と霧≫(60)은 오시마가 청춘시절 학생운동에 대한 경험을 단순하게 반영한 것이 아니라 사회에서 가장 중요한 이슈가 된 구좌익과 신좌익의 격렬한 논쟁을 핵심주제로 다룬 것이다. 이 영화는 당시 사상적인 측면에서 보면 최첨단을 걷는 것이었지만 홍행에서 실패한다. 또한 아사누마 사회당위원장 암살사건과 관련되었다는 이유로 정치적 압력에 의해 3일간 상영 후 막을 내렸다. 이 과정에서 회사와 오시마는 대립하게 되었다. 이후 오시마는 고야마(小山明子)와의 결혼식장에서 신랑인 자신이 선두에 서서 회사를 탄핵하는 대연설을 하여 관객을 놀라게 하였다. 오시마는 쇼치쿠를 나와 새로 출발하였다. 1960년 오시마 감독의 ≪太陽の墓場≫(태양의 묘지, 60)는 쇼치쿠 누벨바그라고 불리는 영화운동으로 이어졌다. 그런 영화는 주인공이나 이야기를 중심으로 영화가 진행되는 것이 아니라 감독의 사상을 중심으로 전개시키는 방법을 사용한다. 따라서 영화에서는 주인공이나 이야기에 대한 관객의 생각을 끊고 사상만을 부상시키는 의도를 가지고 있는 특징이 있다.

다음 <표8>은 자립기의 감독과 영화를 나타낸 것이다. 감독으로는 노무라 요시타로(野村芳太郎), 시노다 마사히로(篠田正浩), 요시다 요시시게(吉田喜重), 가토 타이(加藤泰), 나카카와 노부오(中川信夫), 사와시마 다다(澤島忠), 고바야시 마사키(小林正樹) 등이 활동하였다.

<표8> 자립기의 감독과 영화 6

감 독	작 품	특 징
野村芳太郎(노무라 요시타로)	張込み(57)	형사물
篠田正浩(시노다 마사히로)	戀の片道切符(60), 乾いた湖(60)	기교 영화
吉田喜重(요시다 요시시게)	ろくでなし(60), 血は渇いている(60)	미술 영화
加藤泰(가토 타이)	風と女と旅鴉(58), 炎の城(60)	
中川信夫(나카가와 노부오)	東海道四谷怪談(59), 地獄(60)	괴담 영화
澤島忠(사와시마 다다)	ひばり捕物帖・かんざし小判(58)	전통물
小林正樹(고바야시 마사키)	人間の條件(59-61)	평화주의

노무라(野村芳太郎) 감독의 ≪張込み≫(잠복, 57)은 마쓰모토(松本淸張)의 원작을 영화화 한 것이다. 이 영화에서는 도쿄에서 살인사건을 저지른 범인의 연인이 사가(佐賀)에 있다는 사실을 알고 경시청의 형사 2명이 사가에 급파된다. 베테랑 형사 시타오카(下岡)와 신참 형사 유키(柚木)가 함께 간다. 범인의 애인은 연상인 은행원의 후처가 되어 조신하게 가정생활을 하고 있다. 형사들은 그녀의 반대편 집에서 감시를 하며 범인이 그 집에 나타나기를 기다린다. 그녀의 일상을 형사는 일일이 체크하며 미행까지 한다. 젊은 형사는 잠복하고 미행하는 과정에서 여자의 삶에 동정을 느끼게 된다. 그는 범인이 나타나도 그녀의 사생활을 보호해 줄 것이라 다짐한다. 어느 날 미행하는데 여자가 산중에서 젊은 남자와 만나 밀회를 나누는 것을 목격한다. 그가 바로 범인이었던 것이다. 그러나 그녀는 그 남자가 범행을 저지른 것을 알지 못한다. 젊은 형사는 청년을 체포해서 그녀의 남편이 돌아오기 전에 집에 돌아가게 하리라고 생각한다. 이렇게 1950년대 후반부터 1960년대 초까지 나타난 형사물은 형사의 인정을 그리면서 업무에 대한 충실성을 동시에 그렸다. 형사물은 구로사와 감독의 ≪野良犬≫(들개, 49), 도에이의 ≪警視廳物語≫(경시청이야기, 55-56)시리즈 등으로 계승되었다. 형사물의 원류는 ≪錢形平次≫(전형평차)에까지 소급되어

일본영화의 독특한 장르로 형성되어 정착된다.

　사와시마(澤島忠) 감독의 ≪ひばり捕物帖·かんざし小判≫(히바리 체포수첩, 58)은 사무라이의 화려한 모습을 연출하는 형태로 진행되었다. 특히 이 작품은 미소라 히바리라는 인기가수가 등장하여 영화 속에서 노래를 부르는 장면을 연출한 특징이 있다. 또한 영화 속에서 노래를 부를 뿐 아니라 영화의 리듬에 그녀의 노래와 움직임을 넣는데 성공한 영화이다. 그 이외에도 에노겐의 베테랑이었던 나카카와(中川信夫 : 1905-84)는 ≪東海道四谷怪談≫(동해도 시고쿠괴담, 59), ≪地獄≫(지옥, 60) 등에서 일본인 생사관의 뿌리를 밝히려는 그로테스크한 표현을 반복해서 연출하여 일본인이 갖고 있는 악의 깊이를 볼 수 있도록 하였다. 이처럼 이시기의 영화는 전통성을 과감하게 그려내어 성공하였고 또한 새로운 시대현상을 영화에 반영하고 일본사회에 대해 깊이 있는 성찰을 하는데 성공하는 한편, 일본영화의 새로운 장르로 개척되게 된다.

　고바야시(小林正樹) 감독의 ≪人間の條件≫(인간의 조건, 59-61)은 고아지(五味川純平)의 베스트셀러 소설을 6부작으로 만든 것으로 반전주장을 깊이 생각하게 하는 작품이다. 패전 후 일본에서는 전쟁을 반성하는 많은 영화가 만들어져 패전일본의 주요한 사조의 하나로 기능했던 평화주의가 확대되고 정착하는데 공헌했다. 그러나 그런 가운데 대부분 영화는 전쟁 중에 일본인이 경험한 비참한 이야기만을 말하고, 일본이 침략자로서 외국에 가한 비인도적인 사항에 대해서 적극적으로 이야기하지 않았다. 특히 상업영화는 반전을 주제로 하면서도 미국군과 공중에서 전투하는 내용을 소재를 삼았다. 최대강국인 미국과 싸웠다는 점을 그린 것은 오히려 히로이즘과 자부심을 부각시키는 역할을 하여 상품성과 연결되었다. 더욱이 아시아 각국에서 일본이 한 잔학행위에 대해서 다룬 작품이 거의 없는 실정이다. 그런 상황에서 고바야시의 작품은 반전에 대한 이야기를 정면에서 다루고 있다는 점에 가치가 있다. 주인공 가지(梶)는 전쟁 중 만주에서 일본이 경영하는 공산회사의 노무계로 일하고 있다. 거기에는 중국병사의 포로나 일본군에 체포된 중국인이 대량으로 보내져 강제노동을 하였다. 가지는 그들을 혹사시키는 것을 괴로워하고 있지만 저항하는 사람을 처형하게 된다. 그것 때문에 그는 벌로서 상관으로부터 위험인물로 찍히고 박해를 받는다. 그리고 소련군과의 싸움에서 패배하고 만주의 황아에서 헤맨다.

그는 박해를 견뎌낼 뿐 아니라 자기보다 약한 병사나 일본인난민을 구해준다. 최후에 그는 소련 포로수용소에 들어가 소련군의 스탈린주의적인 가혹한 관리와 그것을 따르는 일본병 포로조직에 저항해서 탈주하여 황야에서 아내의 이름을 부르며 죽어간다. 이 영화는 일본이 일으킨 전쟁을 그리면서도 최고로 비극적인 영웅상을 만들어 내는데 성공한 작품이다.

Ⅳ 자립기의 영화와 시대성

■ 1. 리얼리즘

제2전성기의 특징 중에 하나는 일본사회의 현실을 그대로 표현하는 리얼리즘에 기초한 영화가 만들어 졌다는 점이다. 리얼리즘 영화는 역사적 사실과 현실적 사실에서 소재를 찾아 표현했다. 1950년대는 미군정의 외국영화수입에 대한 통제가 시작되어 소련영화는 연간 수 편 정도가 수입되었다. 점령군의 엄격한 검열로 당시 소련영화가 일본에 들어오기 어려웠고 상대적으로 사회에 미친 영향도 매우 적었다. 일본영화에서 리얼리즘의 형성에 자극을 주고 영향을 준 것은 이탈리아 영화의 네오 리얼리즘(neo realism)이었다. 1949년 로베르트 롯세리니의 ≪戰火のかなた≫(전화의 저편)이 검열로 일정 부분이 삭제되어 공개되었고, 1950년에는 빅토리아 디 시카의 ≪靴みがき≫(구두 닦기)와 ≪自轉車泥棒≫(자전거도둑), 롯세리니의 ≪無防備都市≫(무방비도시), 산테스의 ≪荒野の抱擁≫(황야의 포옹) 등이 개봉되어 일본영화계에 큰 충격을 주게 된다. 뉴스영화의 장면을 기억하게 하는 기록영화, 반나치 저항운동과, 전후 이탈리아의 현실을 보는 냉정함은 일상적 사실에서 사회적 리얼리즘으로 전환하려한 일본 영화인에게 매우 중요한 교훈이 되었다.

리얼리즘에 영향을 준 배경에는 일본에 내재된 현재적 사실이 있다. 전후라는 개념에는 일본의 패전, 미국의 지배 등과 같은 의미가 함의되어 있는 용어이다. 따라서 일본이 자립을 강조하고 자립하는 시기를 전후 후라고 할 수 있다. 자립기의 일본영화계는 다양한 경험을 하게 된다. 1947년 미국에서 시작된 맥카시즘이 일본영화계에 레드파지를 촉발시켜 영화계에서 많은 감독들이 추방되어 독립프로를 결성하였고, 사회주의적 시각에서 영화를 제작하고 감독하였다. 또한 한반도에서 한국전쟁이 발발하여 일본국내에서는 이념 투쟁의 서막이 열리게 된다.

그리고 1952년 샌프란시스코 조약이 체결되면서 일본에서는 자유주의에 기초한 다양한 시대상이 나타났고, 경제자립을 비롯한 사회 각 영역에서 자립운동이 일어났다. 특히 정치적 이데올로기체제는 1955년 자민당을 주축으로 한 새로운 정치체제가 구성되면서 종식을 고하게 된다. 그것은 보수주의를 중심으로 한 새로운 정치주체의 탄생과, 사회주의 리얼리즘이 사회파 휴머니즘으로 대체되는 시기이기도 하다. 영화계에는 자유사상에 기초한 영화뿐 아니라 시대상을 가감 없이 반영하는 리얼리즘, 전쟁감상주의, 사회파 휴머니즘, 태양족주의, 복고주의에 기초한 일본적 미학주의 등이 일어나 한 시대를 풍미하게 된다.

리얼리즘의 주제는 전후 도쿄의 삶, 히로시마(廣島)와 나가사키(長崎)에 투하된 원폭을 둘러싼 기록, 남녀간의 사랑, 새로운 사회적 현상 등 매우 다양하게 나타나고 있다. 리얼리즘을 표현한 영화작품들은 과거 봉건성과 전통성에 대한 반성, 현재적 사실에 대한 적극적 참여, 급변하는 현실사회의 가치관과 규범에 대한 경종, 새로운 사회현상에 대한 지적과 질타, 미래사회에 대한 전망 등을 지향하는 의미도 포함하고 있다. 이런 점에서 전성기 영화는 단순하게 오락성에 머물지 않고 사회의 질서와 규범에 대한 개혁을 추구하기 위해 시대성을 과감하게 표현한 특징이 있다고 할 수 있다. 그것은 영화의 사회참여로 이어졌을 뿐 아니라 영화의 사회책임을 지각하는 계기가 되었다. 일본영화에서 리얼리즘은 현실사회에서 벌어지고 있는 현상을 영화의 소재로 하여 일본사회의 다양한 군상을 자유롭게 반영하였다.

<표9>는 자립기의 리얼리즘 영화를 나타낸 것이다. 특히 리얼리즘은 현실적 사실에 기초하여 만든 영화라는 의미에서 현재상을 잘 표현하고 있고, 그 영화에는 시대상을 반영하는 한편 그 시대상에 대한 가치판단을 하거나 가치의 정부를 암시하는 특징이 있다.

<표9> 리얼리즘의 영화

감 독	작 품	감 독	작 품
今井正	どっこい生きてる(51)	木下惠介	カルメン純情す(52)
市川崑	プーサン(53)	澁谷實	勳章(54)

山本薩夫	暴力の街(50)	關川秀雄	ひろしま(52)
新藤兼人	原爆の子(52)	新藤兼人	第五福龍丸(59)
新藤兼人	愛妻物語(51)	黑澤明	生きるものの記録(55)
小津安二郎	浮草(59)	新藤兼人	縮圖(53)

이마이(今井正)는 1950년대 영화계에서 반제국주의 운동의 중심에 서있던 인물이다. 1949년 도호에서 ≪靑い山脈≫(푸른 산맥)을 히트시키고, ≪また逢う日まで≫(다시 만날 때까지, 50)에서 전시중의 젊은이를 통해서 반전영화를 만들었다. 그는 현실의 원죄(冤罪)사건을 취급하고 시종일관 사회파로서 활동을 하였고, 1950년대 「키네마순보」 평론가 투표에서 1위 작품을 가장 많이 만든 감독 중에 한 사람이다. 이마이는 ≪自轉車泥棒≫(자전거 도둑)을 보고 ≪どっこい生きてる≫(힘든 삶)제작을 생각했고, 그런 시각에서 도쿄의 실제 풍경을 토대로 실업자의 빈곤한 삶을 생생하게 그려냈다. 당시 일본은 전후 후라는 다소 생소한 국내외환경에 적응하면서 자립해야 하는 시기였고, 미군정의 보호로부터 벗어나 홀로서기를 하는 시기였다. 따라서 일본사회는 스스로 결정해 가는 힘겨운 행보를 시작하였고 사회 각 영역에서 불안한 출발을 하는 측면이 있었다. 이마이는 그 점을 간과하지 않고 도쿄를 중심으로 벌어지는 현상을 리얼하게 영화에 담아냈다.

그리고 야마모토(山本薩夫)는 ≪戰爭と平和≫(전쟁과 평화)의 경험을 살려 ≪暴力の街≫(폭력의 거리, 50)에서 논픽션의 소재에 어울리는 다큐멘터리 수법으로 영화를 만들어 성공하였다. 이 영화는 리얼리즘의 대표적인 작품으로 사이다마현 혼쇼쵸(埼玉縣 本庄町)에서 일어난 폭력단, 경찰, 행정유착을 폭로한 아사히 신문 우라와지국의 르포 「ペン僞らず」(펜은 거짓말을 안 한다)를 영화화한 것이다. 이것은 야마모토 감독의 역동성과 명쾌한 민중적 시점을 관철시키고 리얼리즘과 민주적 창조방법을 추진한 작품이다. 전후 일본은 패전이라는 경계선을 통해 전쟁이라는 소동돌이에서 탈출하는데 성공하였지만 질서를 잡는 주체세력이 사라져 혼돈이 작동하는 새로운 사회로 넘어가고 있었다. 그

런 혼돈 속에서 벌어진 것은 불법과 생활법규를 무시하는 범죄, 힘이 지배하는 사회현상 등이었다. 야마모토는 당시 일본사회에서 벌어지고 있는 무법적 현상을 폭력이라는 개념을 통해서 그려냈다.

이 시기에 영화계에서 활동한 신토는 미조구치에게 사사를 받았다. 미조구치는 마르크스주의적 사고가 융성할 시기에 계급 문제는 마르크스주의가 해결할 수 있어도 남녀문제는 해결하지 못한다고 하였다. 이런 사고를 하고 있던 미조구치는 여성을 계급적 억압이상으로 엄격하게 억압받고 있는 존재로 인식하였다. 신토는 스승의 기본적인 입장을 충실하게 계승하였다. 스승은 억압된 여성의 반항이라는 차원에서 여성영화를 만들었지만, 신토는 반대로 일상생활에서 여성의 권력화를 이루고 있다는 차원에서 여성영화를 만들었다. 신토는 일상생활 속에서 핵심적인 것을 섹스로 보았고, 또한 방법으로는 철저한 자연주의적 리얼리즘을 그려 인간의 존재를 파악하려 하였다. 그런 시각에서 신토는 1951년 여성의 사회적 억압과 계급적 억압을 주제로 한 ≪愛妻物語≫(애첩이야기)를 제작하였다. 또한 ≪どぶ≫(시궁창, 54)은 자연주의 리얼리즘과 상징주의를 기묘하게 삽입시킨 영화이다. 이것은 지식이 모자라는 여성을 남자들이 다가와 이지메를 하지만 남자들을 미워하지 않고, 그녀가 죽자 남자들이 후회를 한다는 내용을 담고있다.

신토(新藤兼人)는 여교사가 가르치는 어린이를 피폭이후 방문한 내용을 그려낸 ≪原爆の子≫(원폭의 자)를 만들었다. 여기에서는 피폭지인 히로시마를 무대로 사실에 기초해서 시민을 출연시켜 현실감 있게 표현한 특징이 있다. 이 영화는 원폭의 참화와 후유증의 비참함을 국제적으로 알리는 최초의 기념비적인 영화이다. 이 영화에서는 원폭과 평화로운 일상생활을 대비시키는 방법을 사용하였다. 역사적인 의미를 갖고 있는 이 영화는 미군정이 7년 동안 히로시마와 나가사키의 원폭피해상황을 파악하는 것을 금지해온 이후 샌프란시스코 강화조약으로 미점령이 끝난 시점에서 만들어진 원폭영화로 미군의 언론통제가 끝나기를 기다리며 제작되어 공개된 작품이다. 1952년 샌프란시스코 조약 체결 후 ≪일본 뉴스≫에서 처음으로 피폭직후의 히로시마상황을 기록한 필름일부를 특집으로 하였다. 히로시마출신인 신토는 그 영화를 만들어야 하는 운명과도 같은 책임감을 가졌다.

　피폭당시 유치원 선생을 하고 있던 젊은 여성 다카코(孝子)가 전후 7년이 흘러 제자를 방문하는 형식으로 원폭에 대한 이야기가 시작된다. 그녀는 당시 생존하여 세도나이카이(瀬戸內海)의 작은 섬에서 교사를 하고 있지만, 가족은 모두 원폭으로 죽었다. 샌프란시스코 조약이 체결되어 미군정이 종결된 7년 후 방문한 히로시마는 원상으로 복귀되어 원폭 돔을 제외하고는 표면적으로 피해가 직접적으로 나타나는 것은 없었다. 그러나 방사선은 생존한 사람들의 육체를 처참하게 만들었다. 이 영화에서는 피폭자의 건강문제와 불안을 서정적으로 조용하게 그려내고 있다. 그리고 히로시마와 나가사키에서 원폭이 있은 후 약 9년이 지난 1954년에는 미국이 남태평양에서 수소폭탄실험을 하고 그 과정에서 일본인이 핵 피해를 보게 되어 심각한 사회문제가 발생한다. 또다시 신토는 핵실험에 의해 발생되는 방사능재의 습격을 받은 일본어선 선원이 죽어가는 사실을 세미 다큐맨터리로 ≪第五福龍丸≫(제오 후쿠류마루, 59)를 제작하였다. 그는 원폭영화를 통해서 제국주의를 강하게 비판 하였다.

　신토는 당시 패전의 후유증이라기보다는 좀더 심각한 핵폭탄의 후유증을 앓고 있는 일본인의 비참한 모습을 그렸다. 그에게 핵폭탄은 전쟁을 종결시킨 평화의 사도라기보다는 인류의 패망과 전멸을 가져올 수 있는 인간이 만든 가장 폭력적인 무기로서 인식되었다. 전쟁과 평화라는 갈림길에서 핵폭탄은 의미가 있었을지 모르지만 평화라는 길목에서 핵폭탄은 인류를 절멸시키고 또 다시 돌이킬 수 없는 폭력세계를 만들 것이라는 강한 확신을 갖고 신토는 영화를 통해 핵의 위협성과 무용성을 주장하였다. 그는 그 증거로 나가사키와 히로시마에서 살다가 피폭당한 자신과 가족, 이웃들의 현재 모습을 보여주었다. 이런 사실은 영화라는 형식을 통해서 표현하고 있는 것이지만 비참한 현실을 만들어낸 다양한 주체의 범죄를 고발하고 비판하고 있는 것이다. 또한 그 이면에는 무전쟁과 평화가 얼마나 가치가 있고 소중하며 평화를 회복시키는데 얼마나 큰 대가와 희생이 필요한가를 가감 없이 보여주고 있다. 그런 고발을 통해서 일본과 히로시마는 핵 반대운동의 메카로 자리 잡게 된다.

　당시 가장 심각한 시대상이었던 핵문제에 대해서 구로사와도 영화를 통해 면밀하게 비유해서 상징적으로 그려내고 있다. 구로사와의 ≪生きるものの記錄≫(살아있는 사람의 기록, 55)이 만들어진 시기는 미국이 비키니 섬에서 수

소폭탄을 실험하다가 일본어선이 방사선 피해를 본 시기이다. 이 작품은 그런 사건을 계기로 방사능의 위험성을 자각하게 한 작품이다. 구로사와는 방사능을 피하기 위해 되도록 멀리 도망가려고 안간힘을 쓰는 남자의 비극을 그려냈다. 영화의 주인공은 작은 도시의 공장 사장인 노인이다. 그는 일본에서 사는 것이 어렵다고 판단해서 비교적 안전하다는 남미에 이주할 계획을 세운다. 이주계획은 가족에게 큰 위협으로 다가왔다. 혹시 노인이 재산을 팔아 버리면 생계가 힘들기 때문이다. 가족들은 가장을 재판소에 준금치산자로 판정해줄 것을 호소해 노인은 준금치산자로 지정된다. 공적으로 미친 사람이 되자 진짜 미쳐버려 가족과 사회로부터 배제되어 소외된다. 이 영화는 악인도 아닌 보통사람이 자기 일상의 평안을 지키기 위해 인류와 사회규범을 말살하는 현상을 깊게 분석하고 있다. 실제로 이 영화는 핵실험에 반대하는데 목적이 있었다. 영화에서는 반핵에 대한 유효성이 떨어지고 있지만 그럼에도 불구하고 인간은 왜 분파를 만드는 위기에 대처하지 못하는가 하는 인간의 본성에 접근한 특징이 있는 독창성적인 작품이다. 또한 인간에게 있어 희망이 얼마나 중요한 가치를 갖고 있는 가를 주창하고 있다.

자립기 일본은 한국전쟁과 더불어 미국으로부터 전쟁물자주문이 쇄도하여 산업전반이 활기를 띠게된다. 또한 해체된 전전군대가 경찰예비대로 결성되면서 심각한 불안을 야기했다. 이런 현상을 지지하는 보수파와 반대하는 진보파로 나뉘어 일본 내는 잠잠하지 않았다. 이치카와 곤 감독의 ≪プーサン≫(부산, 53)에서는 1950년대 혼란과 무질서 현상을 밀도 있게 그려냈다. 또한 기노시타의 ≪カルメン純情す≫(칼멘의 순정, 52), 시부야의 ≪勳章≫(훈장, 54) 등도 당시의 혼란함을 그려내고 있다. 특히 이치카와는 ≪プーサン≫(53)에서 불안과 혼란의 시대를 희극적으로 그려냈다. 혼란기에는 누가 옳고 그른 가를 알 수 없다. 영화에서 주인공 노로(野呂)는 가난하고 무능력한 예비교 교사다. 그가 가르치고 있는 학생들에게는 정치적 언동을 하는 가운데 좌익을 지지하던 학생이 어느 날 반대의 논리를 주장하기도 하고 또한 그 반대현상도 일어나고 있다. 학생들에게 이끌려 노로는 정치적 집회에 참가하고 방황을 한다. 그는 데모참가로 예비교에서 해직당하고 이후 겨우 찾은 일은 한국전쟁에 사용될 총탄을 포장하는 일이었다. 그는 총탄만 봐도 겁에 질리는 소심가였다. 이치카와는

당시 도호쟁의에서 공산당 주도의 노동운동에 반대하는 주장을 하기도 하였지만, 이 작품에서는 일본사회의 우경화를 준엄하게 경고하는 입장을 취하고 제국주의로 향하는 일본의 위험한 모습에 비판하고 있다.

오즈(小津安二郞)의 ≪浮草≫(부초, 59)는 서민 가족의 일상을 관조한 리얼리즘의 고전 미학으로 평가받고 있다. 무엇보다도 현실에 거리를 둔 채 관조하고 있는 일상적인 리얼리즘의 미학으로 할리우드도 이루지 못한 솜씨를 자랑하고 있는 작품이다. 일본의 어느 남부 지방에 공연이 있다는 소식이 들려와 마을이 슬렁거리고 있다. 특히 오사카에서 활동하는 배우 고마주로가 함께 온다는 소식이다. 고마주로는 이전에도 공연을 하러 왔다. 그는 실은 이곳에 내연의 여인인 고야와 아들 기요시가 있어 공연차 보러 오는 것이었다. 그의 아들은 이 사실을 모른 채 고마주로를 외삼촌으로 알고 있다. 고마주로는 공연 중 몰래 빠져나와 고야의 집으로 향하고 12년 만에 만나 오손 도손 정을 나눈다. 기요시는 장성하여 우체국에 근무한다. 고야는 고마주로와의 사실관계를 아들에게 밝히려고 하지만 아버지가 떠돌이 배우라는 사실과 이제 사실을 밝히면 충격을 받을 것이라 하여 거부한다.

공연이 시들해지고 배우들은 마을 여인들에게 관심을 갖는다. 아들과 함께 낚시를 하던 고마주로는 이미 가부키가 퇴물공연이라고 말한다. 한편 고마주로를 흠모하던 극단 여배우 스미코는 고야와 아들의 숨겨진 사실을 알고 고야가 운영하는 식당에 와서 질투를 한다. 스미코는 같은 동료 여배우에게 기요시와 사귀도록 권유하고 결국 둘은 사랑에 빠지게 된다. 이를 안 고마주로는 스미코의 저의를 알고 또한 기요시가 삼류 여배우와 사귀는 것을 달가워하지 않아 스미코를 극단에서 쫓아낸다. 이런 와중에서 공연은 유명무실해지고 결국 파산하게 되어 있는 소품을 다 팔아버린다. 단원을 떠나보내는 송별회를 마치고 고마주로는 고야의 집에 오지만 기요시와 여배우는 이미 나가고 없었다. 둘은 사랑을 확인한 후에 집에 돌아오자 고마주로는 여배우를 심하게 꾸짖는데 기요시가 이를 말린다. 그런 사이 고야는 고마주로가 아버지란 사실을 밝힌다. 기요시는 아버지가 필요 없다고 외친다. 고마주로는 쓸쓸히 고야를 떠나려는 순간 여배우의 착한 마음을 알고 기요시를 참다운 남자로 만들어 달라고 부탁한다. 고마주로는 철도역에서 스미코와 마주치고 두 사람을 태운 열차는 밤길을 향해 달린다.

리얼리즘에 기초한 영화는 우선 패전이 남긴 후유증을 있는 그대로 그려내어 일본인에게 남겨진 사상적·감정적 숙제를 해결하려는 의도를 가지고 표현되었다. 그것은 전장에서 싸우다 죽은 아버지, 형제, 자식 등의 죽음에 대한 의미를 어떻게 정리할 것인가 하는 문제를 정면에서 제기하기 보다는 이후 전쟁과 패전으로 황폐해진 일본사회와 어려운 삶을 영위하는 일본인을 어떻게 구해낼 것인가 하는 문제에 접근하고 있다. 그리고 혼돈과 무질서로 흔들리고 있는 일본사회와 일본인을 어떤 질서를 통해서 새롭게 정립할 것인가 하는 문제를 제기하고 있다. 특히 핵이라는 거대한 무기가 전쟁을 종결시켰다는 시각에서 그 중요성과 의미를 해석하고 있는 부분에 대해서 정면으로 문제를 제기하고 있다. 그것이외에도 새롭게 다가오고 있는 동아시아 질서와 국제질서에 어떻게 대응할 것인가 하는 문제를 제기하고 있다. 지금까지 일본인은 조국에 대한 충성과 아시아민족을 서양의 식민지로부터 해방시키려는 대의를 위해 죽는다는 가르침을 받았고 그것을 믿어왔다. 사상의 자유가 없는 군국주의 하에서 성장한 일본인은 전쟁에 대해서 반대하지 못했고 모두 전장에서 싸우다가 죽음을 맞이했다. 그렇게 믿어왔던 신화가 깨지게 되자 조국의 장래를 염려했던 그런 흐름은 오히려 개인의 평화를 원하는 힘으로 작용하게 된다. 이런 시대상을 거쳐 온 자립기의 일본영화는 리얼리즘이라는 표현을 통해서 일본과 일본인이 처한 사실을 그대로 보고 현실에 갇힌 문제를 가감 없이 표현하여 영화가 갖고 있는 최고의 가치를 부여해주는 역할을 하였다고 할 수 있다.

■■ 2. 전쟁감상(感傷)주의

전후 일본영화계는 미군정의 검열에 따라 사회정의와 미국이 규정한 규범에 어울리는 영화를 만들어 도덕적으로 지나치게 착실한 점이 있었다. 다른 한편으로는 그런 경향에 저항하고 감상적으로 궁핍한 사람들은 진보주의적 정의를 주장하는 가운데 친일적인 작품을 만들기도 하였다. 그러나 제2차 세계대전 하에서 자의적으로 또는 타의적으로 군국주의적 선전영화를 제작해온 영화인들이 전후에 추방되지 않고 진보주의적 영화를 만들었기 때문에 그들의 주장은 애매한 감상적인 수준에 그칠 수밖에 없었다. 미군정이 종결되면서 전전에 벌어졌던 현상에 대해서 일본영화계는 나름대로 정리해야 하는 시점에 와있었다. 그들은 제국주의적 전쟁을 기본적으로 반대하는 입장에 있었지만 군국주의에 기초한 전쟁물은 악이라는 단순한 도식에서 벗어나 전쟁체험을 감상적(感傷的)으로 회고하는 입장에서 작품을 만들었다. 그런 흐름을 본고에서는 전쟁감상주의라고 규정한다.

야마무라(山村聰)는 ≪蟹工船≫(해공선, 53)에서 일본영화에서 잘 나타내지 않은 집단성을 묘사했다. 학도병의 수기 집에 기초해서 영화로 만들어진 세키카와 감독의 ≪きけわだつみの聲≫(들어라 해신의 소리를, 50)도 전쟁당시 동남아시아 만마의 임팩 전선에서 프랑스 철학을 되뇌이며 죽어간 지식인 병사를 그렸다. 또한 이마이의 ≪また逢う日まで≫(다시 만날 때까지), 이에기(家城己代治)의 ≪雲ながる果てに≫(흘러가는 구름의 운명, 53), ≪戰艦大和≫(전함야마토), ≪太平洋の鷲≫(태평양의 독수리), ≪軍神山本元帥と聯合艦隊≫(군신야마모토원수와 연합함대) 등도 그런 범주에 속한다. <표10>은 전쟁감상주의 영화를 나타낸 것이다.

<표10> 전쟁감상주의영화

감 독	작 품	감 독	작 품
關川秀雄	きけわだつみの聲(50)	今井正	ひめゆりの塔(53)
木下惠介	二十四の瞳(54)	市川崑	ビルマの竪琴(56)
岡本喜八	獨立愚連隊(59)	渡辺邦男	明治天皇と日露戰爭(57)
小森白	大東亞戰爭と國際裁判(59)	小森白	皇室と戰爭とわが民族(60)
今井正	また逢う日まで(50)	山本薩夫	眞空地帶(52)
市川崑	野火(59)	家城己代治	雲ながるる果てに(53)

* 자료 : 四方田犬彦, 2000

그런 작품은 영화라는 성격을 띠고 있지만 당시의 시대성을 반영한 하나의

사회적 사건으로 인식되었다. 전쟁감상주의 영화에 공통적으로 나타나는 특징은 기본적으로 제국주의 전쟁을 증오하고 반대하면서도 일본인을 전쟁피해자로 인식하는 시각이 있다는 점이다. 이마이 감독은 ≪また逢う日まで≫(다시 만날 때까지, 50)라는 영화를 통해서 감상성을 잘 表現하였다[13]. 그가 감독한 ≪ひめゆりの塔≫(어린 백합의 탑, 53)에서는 근대일본이 얼마나 오키나와(沖繩)를 피폐하게 하였는가를 중심으로 그리고 있다. 그러나 전쟁에 휘말린 주민들이 어떻게 전쟁에 참여하고 황국을 지키는 무모성에 대한 분석 같은 부분은 반영되어 있지 않은 한계가 있다. 전쟁을 그리면서도 오키나와 서민들이 어떻게 전쟁에서 희생되었는가를 그리고 있어 마치 일본인은 전쟁을 행한 한쪽 당사자가 아니라 무고한 희생자였다는 측면을 표현하고 있다. 이 영화는 제2차 세계대전이 막바지로 향하는 가운데 일본에서 벌어진 전투를 배경으로 하고 있다. 월등한 화력을 가진 미군이 일본의 수비대를 전멸시킨다. 전투에서 많은 시민과 농민이 죽어갔고, 당시 많은 비전투원은 항복해도 된다는 사실을 몰라 사상자가 급증하였다. 특히 여학생이나 중학생을 중심으로 구성된 조직들이 전투한 사실이 있다. 본토의 전초기지인 오키나와에서는 현립 제1고등 여학교의 학생들이 임시로 간호원이나 탄약운반 부대에 배속되어 전투를 수행했고 전멸할 때까지 싸우는 비극적인 현상이 벌어졌다. 전후에 그런 소녀들을 기념하는 비가 전멸한 해안가에 세워졌다.

≪ひめゆりの塔≫는 미군의 오키나와 공격을 다룬 영화로 전쟁에 대한 자기반성을 다룬 작품이다. 1945년 3월 2일 미군의 오키나와에 대한 공격이 시작되었다. 폭격과 함포사격이 격렬해지던 날 오키나와 사범학교 여자부와 오키나와 현립고등학교 학생들은 곡사포 진지구축 작업을 하고 있었지만, 새롭게

---

13) 이마이 감독이 만든 ≪また逢う日まで≫(다시 만날 때까지, 50)에서는 한 남학생과 여학생이 신체를 숨기듯이 몰래 공원을 걷는다. 낙엽이 나뒹굴고, 잔디와 나무의 무질서함이 마치 태평양전쟁말기의 일본 풍경을 말하고 있는 듯하다. 학생은 전장으로 가려하고 있고, 그를 사랑하는 여학생은 그 짧은 행복한 순간을 필사적으로 안으려 한다. 거리의 상점 거울에는 아무것도 보이지 않는다. 단지 결혼용품인 하얀 장갑만이 실현할 수 없는 여자의 행복을 생각하게 한다. 이마이 감독은 여기에서 전쟁으로 붕괴되는 청춘의 애절함을 아름답고 혹독하게 서정적으로 그려낸다. 거울너머로 비쳐지는 두 사람의 키스신은 유명해져 이 영화의 상징으로 남게 된다. 여기에 이마이 감독의 독특한 서정적 리얼리즘이 있다.

육군병원의 간호원으로 군무를 하기 위해 전원 출동된다. 학교 교장(校章)인 히메백합(姬百合)에 비유하여 그녀들을 히메 백합 부대로 불렀다. 그녀들은 동굴에 있는 야전병원에서 부상병을 치료하고 간호하였다. 미군의 폭격으로 점점 많은 부상병이 실려와 병원은 아수라장이 되었다. 그러나 소녀들은 의심 없이 일을 했고, 야전병원에서 졸업식도 하였다. 미군이 점차 전진해오자 병원은 후방으로 이동하고 움직일 수 없는 부상병에게는 자살용의 수류탄이 제공된다. 소녀들은 부상병, 탄약, 의료품 등을 운반하였다. 군국주의 교육을 받은 소녀들은 일본승리를 의심하지 않고 병사들은 생명을 걸고 싸웠다. 격렬하게 전개되는 전투의 한 가운데 있던 소녀들은 순종하면서 간호를 하는 순진한 학생들이었다. 그리고 전투가 격렬하면 할 수록 소녀들의 피해는 급증해 갔다.

이 영화에서 표현되고 있는 일본인의 비극은 적이 너무 강해서가 아니라 일본인이 너무 순종적이었다는 점이다. 또한 전쟁의 참상을 다루고 있지만 주인공으로 어린 소녀들을 등장시켜 전쟁에서 희생되는 존재로 일본인을 표현하고 있다. 소녀와 전쟁은 어울리지 않는다. 소녀는 가냘프고 발랄한 존재이기 때문에 끊임없이 보호되고 보호받아야 한다. 그럼에도 불구하고 누가 전쟁을 일으켰는가 와는 관계없이 전쟁에 소녀가 동원된 설정은 일본이 전쟁을 해야 하는 절박한 상황이 있고, 또한 미군이 오키나와를 공격해오기 때문에 어쩔 수 없이 막아야 한다는 당위성이 강조되고 있는 설정이다. 따라서 일본인과 일본은 오키나와의 전투에서 보면 무죄이며 희생자이다. 이런 표현과 시각은 패전 후 미군정의 지배로 자긍심과 모욕감을 가졌던 시대가 샌프란시스코 조약으로 종결되고 반성의 여지도 없이 일본인이 일본인을 위하는 감상의 시대로 흘러갔기 때문에 발생한 것으로 하나의 또 다른 비애와 비극을 낳는 계기가 되었다.

또한 세키카와(關川秀雄) 감독의 ≪きけわだつみの聲≫(들어라 해신의 탑)과 이치카와 감독의 ≪ビルマの竪琴≫(만마의 하프)도 일본이 일으킨 전쟁의 참혹상을 고발하거나 주장하기 보다는 일본인의 입장에서 희생되는 측면과 고통을 그리고 있다. 이 영화들도 일본군이 침략한 만마인의 절규와 고통을 담은 목소리가 일체 없다. 이치카와 감독의 ≪ビルマの竪琴≫(55)는 아동잡지에 동화로 발표된 것으로 공상적인 내용을 갖고 있다. 그러나 패전직후 일본인 자신들 모두가 반드시 호전적인 인간이었던 것은 아니라는 생각을 통절하게 표현하

였다. 이 영화에서는 음악학교출신 소대장이 인솔하는 소부대가 싸울 의사가
전혀 없고, 다만 살아서 가족이 있는 고국에 돌아가고 싶다는 기분만이 충만해
있다는 점을 강조한다. 따라서 아무도 죽이지 못하고 그 누구도 죽지 않기를
기도하는 사람들이 등장한다. 대장은 정글에 있는 대원들의 사기를 높이기 위
해 「埴生(はにゆう)の宿」(흙벽의 초라한 오두막) 등과 같은 초등학교 창가를
부르게 한다. 이 노래는 망향의 노래이며 순수한 어린이로 돌아가고 싶어 하는
내용을 담고 있는 평화의 노래이다. 결국 이 노래가 영국군과 인도군에 전파되
어 전멸을 면하게 된다. 그들이 살아남을 수 있었던 것은 영국군과 인도군의
배려도 있었지만 만마 민중의 인품과 부드러움 때문이었다. 이들 민중은 일본
군에게 불교정신을 전파하기도 하고 지배하고 있는 영국군에게 저항하기 보다
는 부드럽게 대하였다.

이 영화는 일본병사에 대해서 수순함에 흔들린 모친과 같은 만마 국민이 포
용하고 용서하는 이야기이다. 전쟁이 끝나고 널려있는 시체를 보며 조상숭배의
일본적 불교정신을 자각한 한 일본병사가 만마의 승려가 되어 침략자로 왔던
이곳에 용해되어 간다. 이런 표현은 일본인이 침략자이기 보다는 휴머니즘을
갖고 있는 사람들이며, 또한 일본인의 사자를 위로할 가치가 있다는 논리로 인
식되어 어디까지나 일본인의 입장을 대변하고 변명하는 표현에 불과하였다. 영
화에서 그런 표현은 평론가들 사이에 반전인가, 아니면 호전인가 등에 대한 논
란으로 이어졌고, 또한 잔학행위를 한 미국에 대한 복수심을 일으키게 하는 요
인이 되기도 하였다. 이치카와 감독은 이 영화에서 전전과 전후에 겪었던 전쟁
에 대한 뼈아픈 심정을 그리기 보다는 회한성에 빠져있었음에도 불구하고 전쟁
에 일본인의 수동적인 측면과 비전의적인 심성을 그려 전쟁이 담고 있었던 참
혹성과 일본인이 짓밟는 과정에서 만들었던 고통의 무게를 가볍게 할 뿐 아니
라 증오의 대상으로 여겨졌던 일본인 자신을 양식 있는 국민으로 그려 양심의
두께를 두껍게 하고 있다.

또한 기노시타(木下惠介)의 ≪二十四の瞳≫(24명의 동공)은 일본영화사에서
가장 많은 사람을 울린 작품이라는 점에서 유명하다. 일본인이 절찬한 영화이
지만 하니 고로(羽仁五郎)와 오시마 나기사(大島渚) 등은 영화가 감상적(感傷
的)이라고 하여 부정적인 평가를 하였다. 이야기는 다음과 같이 시작된다. 1928

년 사범학교를 막 졸업한 신임 여교사 오이시 선생은 고향인 쇼도시마(小豆島) 초등학교 분교에 부임한다. 자전거로 통근하는 것 이외에는 주민들에 대한 저항감이 없는 선생님이다. 오이시 선생은 12명 24개의 눈을 가진 1학년 신입생의 담임을 맡게 된다. 학생들의 장난으로 선생님이 뼈를 다쳐 먼 거리에 있는 병원에 입원하자 학생들은 병문안 가기로 결정하고 먼 길을 걷다가 너무 멀어 울기 시작한다. 무사히 병원에 와 기념사진을 찍는다. 학생과 제자간의 교감으로 마음이 끈끈하게 연결되기 시작한다. 이후 오이시 선생은 본교로 전근하여 결혼도 하고, 아이들도 상급생이 되어 본교로 옮겨 다시 만나 세도나이카이(瀬戸内海)를 중심으로 수학여행을 떠난다. 그러나 12명 중 한 학생이 학교를 그만두었다. 그들은 시코쿠(四國)로 여행을 간다. 그곳에는 학교를 그만둔 학생이 찻집에서 일을 하고 있다. 그는 선생님과 학생을 만나는 것이 부끄러워 몸을 숨겨버렸지만 떠나는 모습을 보면서 하염없이 눈물을 흘린다. 이윽고 11명은 졸업을 하고 각자의 길을 걷는다.

영화에서는 화면이 바뀌면서 군국주의시대로 접어든다. 초등학교에도 군국주의교육이 자립잡고 교육에 대한 탄압이 이루어진다. 오이시 선생은 교육방법의 변화를 둘러싸고 교장선생과 싸우고 퇴직하고 만다. 이어 패전이 되어 남편을 잃은 오이시 선생은 교단에 복귀하게 되어 중학생이 된 아들과 옛날 분교였던 초등학교를 방문한다. 그는 새롭게 들어온 신입생 가운데 초임당시의 어린이가 있는 듯하여 일일이 이름을 부르며 눈물을 흘린다. 이때부터 오이시 선생은 '나키미소'(울보)선생으로 통했다. 선생은 가까운 묘지에 가서 전사한 제자들의 묘지 앞에 참배를 하며 일일이 말을 걸며 이야기를 건넨다. 그 중에는 육군 장교로 또한 병사로 죽은 제자들도 있었다. 옛날 수학여행 당시를 회상하며 눈물을 흘린다. 이렇게 눈물을 흘리는 선생님을 위해 성장한 제자 몇 명이 동창회를 하기로 계획한다. 동창회가 열리자 그 중에서 두 눈을 잃은 제자가 있었다. 그런데 선생님에게 문병 가서 찍은 옛날사진을 가지고 와 그것을 보면서 이야기를 하고 있던 중 두 눈을 잃은 학생이 볼 수 없자 일일이 설명해 주며 과거의 추억을 더듬는다.

야마모토(山本薩夫)는 군대생활을 생생하게 표현한 ≪眞空地帶≫(진공지대, 52)를 만들었다. 이 영화는 자신을 1급영화를 만드는 감독으로 올려놓은 작품이다. 원작은 노마 히로시(野間宏 : 1915-91, 소설가로 프랑스의 상징주의와 마르크스주의의 영향을 받음, 『崩解感覺』, 『眞空地帶』, 『靑年の環』, 『狹山裁判』 등이 있음)이다. 노마는 태평양전쟁 중에 병사로 육군에 소집되었지만 학생시절부터 공산주의자였다. 그는 군대를 비판해서 육군형무소에 투옥된 경험이 있다. 그 경험을 바탕으로 태평양전쟁 당시 일본국내의 병영을 무대로 소집된 하급병사들이 전장에 파병되기까지 어떤 훈련을 받아 병사가 되는가를 면밀하게 표현한 영화가 ≪眞空地帶≫이다. 특히 병영 가운데 10여명으로 구성되는 내무반에 초점을 맞춰 46시간 동안의 행동을 추적한 상황을 현실감 있게 표현하였다. 이 영화에서는 일등병이 이등병에 대해서 폭군으로 행동하고 끊임 없이 구타함으로써 군인정신을 고양시키는 면이 표현되고 있다. 진공지대라는 것은 일반사회의 상식이 통하지 않는 곳이며, 일반사회질서가 진공상태에 있는 특수한 지대라는 의미에서 붙여진 제목이다. 군대는 상식을 넘어 매우 참혹한 광폭성이 난무하고 젊은이들이 경험해 온 곳이지만 공공연하게 비판하는 것이 금기되어 왔다. 그러나 이 소설은 구 제국육군의 병영생활 실태를 문학작품으로 명백하게 묘사했다는 점에서 사회반향을 일으켰고, 또한 평범한 리얼리즘의 문학작품임에도 불구하고 베스트셀러가 되었다.

이 영화는 1944년 패전전년 오사카(大阪)의 연대 병영을 무대로 이야기가 시작된다. 육군형무소에 2년간 복역한 기타니(木谷)일등병은 원대 복귀한다. 그는 주번사관의 지갑을 도둑질한 죄로 투옥되었지만, 고의로 한 것이 아니라 우연히 주운 돈을 숨기다 발각되었던 것이다. 돈을 흘린 하야시(林) 중위는 군대 내에서 반대파 장교와 이권을 두고 경쟁을 하고 있었다. 이 과정에서 기타니 일등병은 하야시 중위에 의해 반대파의 하수인으로 오인되어 고발된 후 군형무소에 투옥되었던 것이다. 기타니가 복귀하자 알고 있는 사람은 몇 명밖에 안 남았다. 그는 무네 중대장의 제1반에 편성되었지만 훈련도 안 받을 뿐 아니라 구성원으로부터 경원시되었다. 그는 대학생 때부터 군대를 비판해온 터라 구성원에게는 눈의 가시처럼 여겨진 가운데 지식인 이었던 마스다(增田)일등병만이 그에게 다가선다. 내무반의 이단아 동지로서 친밀해진 마스다에게 기타니는 자신이 경험한 군대내부의 불의를 말한다.

마스다는 가끔 사무를 도와주었다. 어느 날 마스다는 기타니가 투옥되었던 사실을 안 반장이 상관에게 기타니를 전방투입 요원으로 전출시켜달라고 부탁한다는 사실을 알고 기타니에게 말한다. 그리고 기타니가 출옥한 병사라는 사실이 내무반에 알려진다. 전방투입이 가까워지자 초초해진 내무반에서는 기타니에게 감옥으로 돌아가라고 외친다. 그러자 기타니는 화가나 '나는 4년병이다'라고 외친다. 기타니는 이등병을 비롯해서 자기보다 늦게 들어온 내무반원을 모두 불러놓고 구타를 한다. 미스다도 예외는 아니었다. 마스다는 기타니의 폭력적인 행동에 크게 놀란다. 이런 사건이 있은 후 기타니는 의기양양하여 자기를 형무소로 보낸 하야시 중위에게 복수하기 위해 찾아 나서고 결국 하야시 중위에게 구타를 가한다. 이어서 기타니는 전장에 파병되는 것을 거부하기 위해서 탈영을 하게 되고 다시 잡혔지만 형무소로 보내지지 않고 전선으로 파병되게 된다.

군대의 내무반에서 벌어지는 일을 다룬 이 영화는 기상에서 취침까지의 생활을 적나라하게 표현하였다는 특징이 있다. 즉 내무반에서의 구타, 인격적인 모욕, 고참에 의한 집단 괴롭힘, 무지막지한 벌 등이 표현되었다. 또한 초등학교 출신 병사가 대학출신 병사를 구타하는 장면 등 사회적 상식이 통하지 않는 상황을 표현하였다. 이 작품은 구 제국육군의 병영생활과 내무반에서 생기는 무지막지하고 가혹한 신병교육이 행해 진 사실을 그렸다. 전쟁영화에서는 그 이상의 잔혹한 표현을 하였지만, 군대에서 벌어진 사실을 그렸다는 데 가치가 있다. 또한 병사를 둘러싼 갈등과 불협화음을 그리는 가운데 병사는 가해자인 동시에 희생자라는 것을 암시하고 있다. 특히 일본군대에서 벌어지고 있는 불의, 부패, 불합리한 점 등을 사실대로 그려 군대에 대한 부당성을 과감하게 파헤쳤고, 지금의 시점에서 과거에 행해졌던 사실들에 대해서 강하게 비판하고 있다. 그러나 전쟁이라는 사실을 들춰내기 보다는 군생활의 갈등과정에서 생기는 병사의 고통을 부각시키고 있어 전쟁담당자로서의 군인이 아니라 인간으로서의 군인을 설정하여 군인이 내포하고 있는 부정적 의미를 희석시키고 있다는 점에서 감상주의에 기초하고 있다고 평가할 수 있다.

이에기(家城己代治)감독의 ≪雲ながるる果てに≫(흘러가는 구름의 운명, 53)은 전사한 학도병들의 수기집으로 전쟁당시 학도병으로 참가한 젊은 지식인이 전쟁과 전사에 대한 의미를 생각하는 내용을 담고 있다. 이 영화는 태평양전쟁 중 오키나와를 급습한 미국함대에 대항해서 육탄공격을 벌인 남규슈(南九

州)의 비행 특공공격대원들을 그린 것이다. 그들은 출격명령을 받고 어떻게 하면 명예롭게 죽을 것인가를 생각한다. 그러나 직업군인들은 학도병을 오합지졸로 보고 멸시한다. 그들은 군대를 탈영하면 집이나 친구, 국가 등으로부터 외면당한다는 것을 인지하고 있다. 그런 강압과 압박감 속에서 그들은 비겁자가 아니라 영웅으로 출격을 한다. 직접 각본을 쓴 나오이(直居欽哉)는 실제로 특공대원으로 출격했지만 전투기의 고장으로 귀환한 경험을 갖고 있다. 이 영화는 전쟁의 의미와 전장에서의 죽음에 대한 의미를 절박한 상황에 처한 학생을 통해서 찾고 있다. 또한 조국과 배신, 삶과 죽음 등의 사이에서 발생하는 갈등을 그렸고, 전쟁에 대한 의미를 찾으려는 젊은이를 그렸다는데 가치가 있다.

이치카와 감독의 ≪野火≫(야화, 59)는 다이오카(大岡承平)의 원작으로 제2차 세계대전말기 필리핀 전선에서 일본 패잔병이 산속을 헤매는 비참한 모습을 그린 작품이다. 다무라 일등병은 식량과 탄약도 없고 전우들도 상대해 주지 않는 패잔병이다. 그는 먹고 살기 위해 식량을 구하고 방공호를 파는 일에 전념한다. 병이 들어 야전병원에 가보지만 추방되기 일수이고 원대복귀를 해도 야전병원으로 또다시 추방된다. 그는 비슷한 처지에 있는 병사와 같이 일본 집결지를 향해 간다. 가는 도중에 마을에 들러 그곳에 있던 여자를 사살해버린다. 일종의 자기분열증에 의한 사건이 일어난 것이다. 다무라 일등병은 도중에 항복하려고 생각한다. 그러나 항복한 일본군은 복수에 불타고 있는 필리핀 게릴라에게 사살되는 것을 보고 포기한다. 그는 야스다와 나가마쓰라는 두 패잔병과 하나가 된다. 그들은 원숭이 고기라고 하며 말린 고기를 권유하지만 다무라는 씹는 순간 토해냈고 또한 그 순간에 이가 빠져버린다. 원숭이 고기라고 하였지만 두 사람이 패주하는 일본병사를 살해해서 말린 인육이다. 도주하는 과정에서 다무라의 수류탄을 뺏은 야스다를 나가마쓰가 사살하고 그것을 원숭이 고기로 하려고 한다. 다무라는 나가마쓰를 사살한다. 그는 그곳을 황급히 빠져나가 농촌의 야화가 보이는 쪽으로 달려간다. 전쟁의 비참함을 다룬 영화 가운데서도 이 작품은 걸작으로 평가받고 있다.

그러나 그 영화도 전쟁에 참여한 병사들의 인간성과 참혹성을 통해서 인간으로서 하면 안되는 일을 극적으로 표현하여 전쟁에 참여했던 젊은이들에게 동정심을 갖게 하며 감성적으로 깊게 접근하려는 의도를 가졌다는 점에서 감상주의에 기초한 영화라고 할 수 있다. 자립기에 발생한 전쟁에 대한 감상주의는 전쟁을 지지하는 것을 의미하는 것은 아니지만 전쟁이 빚어내는 비극적인 상황에 처한 젊은이들에게 동정하고 있다는 특징이 있다. 이런 현상은 일본이 저지른 전쟁의 부당성을 흐리게 하고 있는 부정적인 측면이 있다. 그것은 일본이 전쟁에 대한 반성을 유보시키는 환경을 만들게 하였다. 또한 일본인이 전쟁에 대한 참여자와 반대자로 인식하기보다는 희생자로서의 위상을 고착시키는 기능을 하였다는 점에서 감상주의 영화가 내포하고 있는 메시지를 경계할 필요가 있다.

■ 3. 사회파 휴머니즘

미군정에 의한 지배가 종언을 고하면서 일본사회는 자립이라는 목표를 통해 새로운 변화를 추구하였다. 그런 가운데 1950년대는 전쟁에 대한 반성과 그것을 막지 못한 회한, 전쟁을 둘러싼 자기연민, 구속적이고 지배자 중심의 일본사회에 대한 저항 등과 같은 다양한 목소리가 터져 나와 일본사회의 변화를 요구하였다. 자립기 이전 일본은 미국이나 유럽 선진제국의 풍부함에 미치지 못한 가난한 국가였다는 것을 생생하게 인식하고 동시에 심한 패배감에 자긍심을 상실하였다. 따라서 가난한 사람끼리 서로 돕는 것이 새시대에 적합한 민주주의라고 표현하는 영화가 호감을 갖게 된다. 그런 시각에서 출발해서 인간자체에 대한 조명을 통해 인간적인 순수성과 도발성을 함의하고 있는 사고가 나타난다. 본고에서는 그런 인간상호 간에 벌어지는 아름다운 이야기를 통해서 일본사회의 반성과 발전을 기대하는 사고를 사회파 휴머니즘이라고 규정하고 그런 류의 영화를 사회파 휴머니즘 영화라고 하고자 한다.

<표11>은 휴머니즘영화를 나타낸 것이다. 그 영화는 패배, 피지배, 독립 등의 경험을 통해서 얻은 자립이라는 새로운 목표를 향해 달려가는 일본사회에서 벌어지는 다양한 인간드라마를 그렸다는 특징이 있다.

<표11> 휴머니즘영화

감 독	작 품	감 독	작 품
木下惠介	日本の悲劇(53)	木下惠介	女の園(54)
山本薩夫	戰爭と平和(47)	今井正	眞晝の暗黑(56)
山本薩夫	武器なき斗い(60)	山本薩夫	荷車の歌(59)
溝口健二	西鶴一代女(52)	溝口健二	近松物語(54)
小林正樹	人間の條件(59-61)	山本聰	蟹工船(53)
山本聰	黑い潮(54)	黑澤明	白痴(51)
小津安二郎	東京物語(53)	增村保造	巨人と玩具(58)
小津安二郎	彼岸花(58)	今井正	キクとイサム(59)
大島渚	日本の夜と霧(60)	今村昌平	豚と軍艦(60)

이외에도 일본의 과거와 현재의 모습을 인간주의적 시각에서 강하게 비판한 영화가 있다. 이른바 사회파영화이다. 사회를 강하게 비판한 영화로는 시부야(澁谷實)의 ≪靑銅の基督≫(청동의 기독)과 ≪正義波≫(정의파), 신토(新藤兼人)의 ≪悲しみは女だけに≫(슬픔은 여자에게만)과 ≪狼≫(늑대), 우라야마(浦山桐郎)의 ≪非行少女≫(비행소녀), 요시무라(吉村公三郎)의 ≪夜の河≫(밤의 강) 등이 있다. 이런 영화는 당시 일본사회에서 벌어지고 있는 현상을 강하게 고발하는 성향을 띠고 있다.

휴머니즘 감각에서 활동한 대표적인 감독이 기노시타(木下惠介)이다. 그는 ≪日本の悲劇≫(일본의 비극)에서 전후 일본 젊은이들의 마음에 부모를 소중히 하는 마음이 점차 사라지고 있다는 것을 심각하게 그렸다. 품행이 단정하지 못한 여인이지만, 자식을 끔찍하게 사랑하는 마음을 갖고 있는 어머니가 두 자식에게 버림받아 자살한다는 항간의 사건을 파격적으로 인식하여 그리고 있다. 하루코(春子 : 望月優子)는 전쟁에서 남편을 잃은 미망인이다. 두 아이를 양육하기 위해 암시장에서 일하다가 아타미(熱海) 온천에서 몸 파는 여인으로 전락한다. 도쿄에 사는 중학생 딸과 초등학생인 아들은 근처에 사는 숙부에게 미움을 사고 있지만 인내를 하고 있다. 어느 날 딸이 아타미에서 일하는 어머니를 방문했을 때 창부처럼 술에 취한 남자에게 희롱당하는 모습을 목격하게 되자 어머니에 대한 존경심이 사라진다. 이후 10년이 지나 하루코는 아타미에서 가정부로 일하고 있다. 하루코는 어른이 된 딸과 아들이 자기와 같이 살 것이라고 기대하고 있지만, 다 자란 그들은 어머니에 대한 사랑과 존경심이 사라져 점점 이기주의자가 되어 간다. 딸은 영어학원에 다니면서 관심을 갖고 있는 교사를 사랑 하지 않지만 그와 함께 사랑의 도피를 하게 된다. 아들(淸一)은 어머니가 열심히 일해서 번 돈으로 의과대학을 졸업하지만 어머니에 대해 감사하는 마음이 없고 부잣집의 양자로 들어가 버린다. 절망한 하루코는 도쿄에 있는 아들을 만나고 아타미의 여관에 돌아오는 도중에 열차에서 뛰어내려 자살한다. 기노시타가 이 사건을 통해서 표출하고 있는 것은 도덕의식의 변화자체가 일본민족의 비극이라는 주장과 한탄이다. 일본사회의 변화에 따른 가족붕괴와 부모에 대한 효행이 사라지고 있는 것을 투철하게 그려내고 있다.

또한 기노시타가 휴머니즘을 강하게 표현한 작품이 ≪女の園≫(여자의 정원, 54)이 있다[4]. 이 작품은 아베(阿部知二 : 1903-73, 소설가, 『戀とアフリカ』, 『黑い影』, 『人工庭園』)의 소설 『人工庭園』(인공정원)에 기초하고 있다. ≪女の園≫은 공장과는 전혀 다른 상류가정의 딸들이 많이 다니는 교토의 사립여자대학에서 벌어진 사건을 다룬 영화이다. 이 사건은 고노에 사건과 매우 닮았다. 학생들은 대학 측이 기숙사에 있는 여학생들에 대해 봉건적인 억압과 감시를 하여 사생활이 침해되고 있다고 문제제기를 하다. 이런 문제제기는 당시 사회문제화되어 파장을 일으킨다. 여학생들은 대학 측에 전전이후 전통적인 방법으로 통제하는 것을 인권침해로 보고 반대투쟁을 시작하였다. 교토의 세이린(正倫)여자대학은 전통적인 사고에 기초한 현모양처를 육성하는 것을 학교방침으로 하고 있다. 기숙사의 규율은 매우 엄격하여 학생들의 사생활을 감시하고 있

---

14) 이 영화의 배경에는 당시 사회문제로 부각된 고노에(近江絹絲)라는 회사의 여자공원들에 의한 노동운동이 있다. 보통의 노동쟁의는 해고반대 또는 임금투쟁이었지만 이 쟁의는 여공들의 기숙사 생활에 대한 지나친 회사의 간섭에 대한 저항에서 출발했다는 점에서 다르다. 회사 측은 결혼 전 여성을 회사가 보호하고 있는 이상 도덕적으로 감독한 책임이 있다고 주장한 반면에, 여공들은 그것을 봉건적인 억압으로 인식하여 조합의 승인을 포함해서 외출, 종교, 결혼, 신교의 자유 등을 요구하였다. 여론은 여공들의 주장을 지지하여 3개월 만에 타결되었다.

다. 남학생과의 교제가 발각되어 정학처분을 받게 되자 학생들은 다양한 방법
으로 저항하였다.

이 대학에 재학 중인 다케오카(瀧岡富子)는 자유분방한 학생으로 동향인 테
니스 친구 남학생들로부터 구애를 받았지만, 별로 좋아하지 않아 적당히 사귀
고 있었다. 그러나 남학생과 교제한다는 소식이 알려져 정학처분을 받았다. 이
때 같은 처분을 받은 동료학생들이 저항하자고 하자 다케오카는 봉건적인 학교
에 매력이 없다고 하여 도쿄에서 서양교육을 하는 대학에 들어가려고 퇴학을
한다. 이 학교에 다니는 하야시(林野明子)는 대학에 거액을 기부하고 들어온
부르주아의 딸이었다. 그러나 자기 집이 전쟁과 군비로 돈버는 것에 반발하여
좌익이 되었고 학교 측의 봉건적 규율에 반대하여 학생들을 선동한다. 한편 핫
토리(服部文江)는 공산당원으로 하야시와 같은 방법으로는 실패할 것이라고 인
식하여 그런 감정을 억제한다. 또한 데이시(出石芳江)는 고교졸업 후 3년간 은
행에서 일하다 대학에 들어왔기 때문에 다른 학생보다 공부가 쳐진 것을 염려
하고 있다. 그는 점등시간 후에도 공부할 수 있도록 교수가 허락해주었다.

학생들이 봉건적인 학교정책에 저항하는 가운데 데이시도 학생대표 중의 한
사람이 되어 처분을 받았다. 그러나 그녀를 동정한 교수가 처분을 가볍게 하자
다른 학생들이 반발하는 가운데 그녀는 노이로제에 걸려 자살을 하게 된다. 데
이시의 자살로 학생들은 일제히 항의를 한다. 이렇게 되자 지금까지 억제해온
핫토리는 전면에 서서 직업혁명가처럼 맹렬히 투쟁한다. 학생반란을 잠재우기
위한 책임을 맡은 사람이 사감 오조(五條眞弓)였다. 그녀는 신분의 차이로 결
혼할 남자와 헤어져 마음의 상처 때문에 냉혹한 사람으로 변신한 여사감이다.
이 영화에서는 핫토리가 선두에 서서 데이시 자살에 대해 학교 측에 항의하는
집회를 교정에서 여는 것으로 절정에 달한다. 교수실에서는 오조 사감의 냉혹
함을 하야시가 격렬하게 비난한다. 이 작품은 수년 후 전 세계적으로 일어난
학생반란을 예견한 듯한 시대적 상황을 그렸고 특히 1960년대 미일안보투쟁을
기점으로 사회적 문제를 다룬 오시마 나기사 감독의 신좌익적인 급진주의와 같
은 작품에도 영향을 주었다고도 할 수 있다.

휴머니즘의 대가로는 이마이(今井正) 감독과 구로사와(黑澤明) 감독이 있다.
이마이 감독은 고교에 들어가 좌익운동권에서 활약한 인물이다. 당시 사회주의

운동은 불법으로 규정되어 대 탄압을 받았다. 학생들은 마르크스주의의 인간해 방이라는 이상에 매혹되어 이론연구회와 정치활동의 말단조직에 소속되어, 중앙 의 비밀지령에 따라 조직원과 연락원으로 일했다. 이마이는 1학년 때 체포되어 1년간 정학처분을 받았다. 다시 이마이는 주모자 20인중에 들어 체포될 쯤에 친구들이 이마이는 조직과 관련 없다고 증언하여 체포와 퇴학은 면했고, 졸업 과 동시에 도쿄대학의 미학미술사과에 입학하였다. 그러나 이마이는 대학입학직 전 퇴학당해 대학에 들어가지 못한 친구들을 생각해 대학졸업을 하지 않겠다고 결심한다. 이마이는 이처럼 순수한 기분으로 마르크스주의자가 되어 사회에서 벌어지고 있는 부정과 불의를 증오하는 사회운동에 참가한다. 이런 신념은 이 마이의 생애를 통해서 관철된다. 그는 결국 도쿄대를 중퇴하고 영화계에 들어 가 휴머니즘적 시각에서 영화를 만들어 이념운동으로 성취하지 못했던 사회정 의를 실현하려고 하였다. 이마이의 휴머니즘 대표작은 ≪にごりえ≫(탁한 강), ≪ここに泉あり≫(여기에 샘이 있어)이다. ≪にごりえ≫는 메이지 시대의 인 정풍속을 정밀하게 묘사한 작품이다. ≪ここに泉あり≫는 인간의 모습을 순수 하게 그려낸 작품으로 일본영화의 휴머니즘을 대표하는 가작이다. 당시 마르크 스주의의 입장에서 이데올로기적 작품을 만드는 감독이 있었지만, 이마이는 이 데올로기보다는 전쟁과 빈곤으로 고통을 받는 가운데서 건전한 삶을 이어가는 사람들의 모습을 동정하면서 아름답게 그리는데 공을 들였다. 그런 서정적인 태 도로 사회정의를 주장하여 폭넓은 관객층으로부터 지지를 얻었다.

이마이 감독의 ≪眞晝の暗黑≫(대낮의 암흑, 56)은 야가이(八海)사건을 다 룬 마사키(正木)의 베스트셀러 『裁判官』(재판관)을 영화화한 것이다. 당초 검 찰 측과 변호인 측의 대립적인 주장을 평행적으로 묘사할 의도를 가지고 있었 다. 하나의 살인사건을 4명의 증인으로 4가지 주장을 그린 ≪羅生門≫(라쇼몽) 의 각본가 하시모토(橋本忍)가 각본을 맡았다. 이 영화는 재판비판 영화의 걸 작인 동시에 권력기구에 대해 정면에서 구체적으로 대결한 영화라는 점에서 사 회파 작품이며 내용적으로 전후 좌파독립프로운동의 정점을 이룬 작품이다. 특 히 당시 계류 중인 재판사건을 드라마화해서 경찰, 검찰, 재판소 등의 비리를 추궁하고 공정한 재판을 요구해 큰 센세이션을 일으킨 영화이다.

이야기는 야가이(八海) 사건으로 시골에서 똘마니가 노인부부를 살해해 돈을 탈취하면서 시작된다. 범인은 체포되었지만 경찰은 혼자서 하지 않았다고 판단하여 동료들을 동시에 체포하여 고문을 통해 자백을 받는다. 제일심에서 사형과 무기징역 판결을 받는다. 사건을 맡은 마키 변호사는 진범을 제외하고는 무죄라는 조사한 결과를 『재판관』이라는 책으로 출판하여 베스트셀러가 되었고, 영화를 통해서 여론 몰이를 하게 된다. 결국 야가이 사건은 진범 1인 그 외에는 무죄로 판결이 나게 된다. 이 사건을 계기로 재판관은 여론을 무시할 수 없게 되는 계기가 되었다. 이마이 감독은 전전의 전향에 대한 부끄러운 양심을 사회파 영화를 통해서 면죄 받는데 노력을 끊임없이 하였고 이 작품도 그런 회한에서 시작된 것이라고 할 수 있다. 이 영화는 약자에 대한 법의 심판이 인권침해로 이어지는 관행 아닌 관행적인 현상에 제동을 거는 역할을 하였고 민중의 올바른 여론 몰이는 사회를 움직이는 양심이라는 것을 깨우쳐준 작품이라는 특징이 있다.

구로사와 아키라(黑澤明)의 ≪白痴≫(백치)는 전후 휴머니즘영화의 정점에 있는 작품으로 평가할 만하다. 이 영화에서는 남자 주인공이 전범으로 체포되어 재판과정에서 사형직전에 구제될 때의 심정을 이야기하는 장면, 라스트신에서 여주인공이 아름다운 눈물을 흘리는 장면 등이 절정을 장식한다. 일반적으로 전후 휴머니즘은 억압에 대한 저항과 회한이라는 측면을 강조한 특징이 있다. 이에 비해 구로사와가 추구한 휴머니즘은 주류적인 휴머니즘이 아니라 이단적인 휴머니즘이다. ≪天國と地獄≫(천국과 지옥, 63)의 라스트 신에서 보통의 휴머니즘영화에서 볼 수 없는 무서운 잔혹함이 분출되고 있다. 억압당하는 계급을 위한 휴머니즘은 잔혹함이 있어도 주인공의 선의를 칭송하는 원칙을 갖고 표현하기 때문에 잔혹한 이미지는 의외로 없다. 그런 이유 때문에 일본영화는 선의의 서민과 비도덕한 사회라는 도식에 빠졌다. 그러나 그 도식을 표출시키는 것은 선의의 서민을 무력감으로 이끄는 딜레마에 빠지게 하는 매너리즘으로 나타났다. 구로사와는 그런 휴머니즘 노선과 결별하고, 인간의 욕망과 공명심으로 경쟁하고 투쟁하는 시대극의 세계에 빠져들었던 것이다.

전후 휴머니즘을 통해 일본사회의 단면을 그린 감독이 오즈 야스지로(小津安二郎)이다. 그는 ≪東京物語≫(도쿄이야기, 53)에서 특유한 양식미와 절제된 미학으로 단순한 이야기를 통해서 감동을 준다. 일본의 남부 항구도시 오노미치에 사는 온화한 노부부인 수기치와 타미가 도쿄에 살고 있는 자식과 손자들을 보기 위해 여행을 나선다. 그러나 도쿄에 살고 있는 자식들은 삶에 지쳐 반기기보다는 귀찮은 듯이 부모를 맞이한다. 그래서 집에 모시기보다는 찾아온 부모를 온천으로 여행을 보낸다. 쓸쓸함과 소외되고 있는 노부부는 그래도 자식 복이 있다고 위로한다. 그 와중에서도 전쟁에서 남편을 잃고 혼자 살아가는 며느리만은 노시부모를 따뜻하게 맞아준다. 돌아오다가 오사카의 둘째 아들에게도 들려 보지만 쓸쓸한 마음만을 갖고 돌아오게 된다. 고향에 돌아오자 타미가 병에 걸려 죽게 된다. 어머니의 임종소식을 들은 자식들은 장례식을 치르고 뿔뿔이 삶의 터전으로 돌아간다. 이들을 떠나보낸 수기치 옆에는 혼자된 며느리만이 지키고 있다. 수기치는 미망인이 된 며느리에게 새 출발을 할 것을 강력하게 권유하며 아내의 시계를 준다. 며느리는 시계를 간직한 채 도쿄로 돌아온다. 홀로된 수기치는 텅 빈 집에서 바다를 바라보며 고독한 노후를 그리며 남은 삶을 생각해 본다.

이것은 전후 일본사회의 근대화가 급속하게 진행되는 가운데서 해체되어 가는 가족제도와 구성원간 가족애의 붕괴를 표현하고 있다. 특히 가족 구성원에서 중심에 있었던 노인이 소외되고 있는 현상을 밀도 있게 그려내고 있다. 전통적인 가족제도의 붕괴와 그 속에서 소외받는 노인의 문제는 이제 가족의 문제가 아니라 사회문제로 국가 수준에서 대응해야 한다는 새로운 인식과 시각을 제시하고 있다. 그런 점에서 이 영화는 전후 일본이 유지해온 전통적 가족과 가족개념이 깨져가는 것에 대한 노인세대와 위정자의 각성, 자식들의 변화에 대한 미래사회의 신 개념의 가족 등을 미리 점쳐보고 메스를 가하였다는데 의의가 있다. 오즈 감독은 사상적으로 보수주의 입장에서 애정 풍부한 가정생활을 찬미하는 영화를 만들었다. 그렇다고 단순히 가족의 결속만을 강조한 것이 아니라 자본주의화, 근대화, 공업화 등이 진행되고 있는 현대사회에서 전통적인 가족단합을 이루기 어려운 부분을 미묘하게 그려냈다. 이 영화는 당시 일본사회에서 벌어지고 있는 전통적 가족애의 붕괴과정을 그렸다는 점에서 시사성을 풍부하게 함의하고 있다.

오즈의 ≪彼岸花≫(피안화, 58)는 화면 구석구석이 아름답게 정리되고 있어 일본인이 살고 있는 가정의 아름다움을 맛볼 수 있는 희극이다. 당시 일류 스타들이 오즈의 영화에 출연하는 것을 영광으로 알고 있을 정도였다. 이 영화에 등장하는 히라야마(平山)는 초노의 고급 샐러리맨으로 처와 두 딸 세쓰코(節子) 및 히사코(久子)가 있다. 히라야마는 맘대로 세쓰코의 연담을 진행시키지만 세쓰코는 이미 젊은 샐러리맨 다니구치라는 애인이 있다. 처는 이 사실을 알고 기뻐하지만 히라야마는 기분이 좋지 않아 화를 낸다. 자기를 무시하고 딸이 결혼상대를 정한 서운함 때문이다. 히라야마가 화를 내자 처와 딸은 어쩔 줄 몰라 한다. 어느 날 교토에서 지인의 딸 사치코가 놀러온다. 자기 어머니가 혼인이야기를 하기 때문에 피신해 왔다는 것이다. 이 모습을 보고 히라야마가 결혼은 자기의사대로 하는 것이 좋다고 충고한다. 사치코는 그렇게 상담하는 척한 것은 세쓰코를 위해서 연극한 것이라고 한다. 이것을 들은 히라야마는 대노한다. 세쓰코와 다니구치는 결혼하지만 히라야마는 축복해 주지 않는다. 가족들은 히라야마를 고집불통이라고 인식한다. 이 영화는 결혼에 있어서 배우자의 선택은 자유라고 하는 근대의식과 전통적인 관습에 따라 가부장이 결정을 해야 한다는 전통의식간의 충돌을 한 가정을 통해서 밀도 있게 그리고 있다. 역시 결혼은 가장의 의견보다는 당사자의 의견이 중요하다는 새로운 결혼결정 풍속도로 이행하는 근대화된 일본사회의 흐름을 끄집어내고 있다.

1950년대 주류영화는 서로 돕고 산다는 휴머니즘 영화가 유행하였다. 이후에는 인간성을 잃을 정도로 돈버는데 경쟁이 심각하다는 새로운 변화를 암시하는 영화가 등장한다. 마스무라(增村保造)의 ≪巨人と玩具≫(거인과 완구, 58)가 대표적이다. 이 영화는 제과회사의 선전부원이 된 청년이 마치 전장의 병사처럼 경쟁사와 판매 전쟁을 벌이는 이야기를 그린 것이다. 그는 목적을 달성하기 위해서 수단을 가리지 않는 과장에 대해 처음에는 위화감을 가졌지만, 나중에는 그 이상으로 일을 하여 자기 자신이 인간성을 잃고 있다는 것을 인식하면서도 반성하지 않게 된다. 그는 대학시절의 친구도 이용하고 사랑도 일의 수단화한다. 영화자체는 흥행에 실패하였지만 마스무라 감독의 이후 상업성과 메시지성의 타협점을 찾는 계기가 되었다. 이 영화는 당시 일본사회에서 벌어져 확대되고 있는 경쟁이 개인을 위한 경쟁도 포함하고 있지만, 회사를 위한 경쟁이 우선되고 있다는 일본적인 회사주의의 발흥에 대해 미리 경고하는 의미를 갖고 있다.

≪荷車の歌≫(짐수레의 노래, 59)는 좌익사회파 대표감독인 야마모토(山本

薩夫)가 만든 최고의 걸작이다. 주인공 오세키는 중국지방 산촌에 사는 소작농의 딸이다. 메이지 중반에 그녀는 연애결혼을 한다. 남편은 우편 배달원으로 그 마을에서 인기가 있는 청년이었다. 결혼 후 부부는 짐수레로 석탄을 운반하는 일을 한다. 그들은 힘들지만 열심히 일한다. 그러나 시어머니는 성격이 괴팍하여 오히려 일하는 편이 좋았다. 남편은 그녀를 사랑하지만 시어머니로부터 그녀를 보호하지 못한다. 어린 아이가 크자 할머니에게 저항을 한다. 할머니가 죽은 뒤 장녀가 방직공장에 취업을 하고 아들은 히로시마에서 전차운전수가 된다. 남편은 열심히 일한 덕분에 운송회사의 대표가 된다. 성공한 남편은 이상한 여자를 첩으로 들여와 같이 동거하기를 강요한다. 오세키는 참고 참지만 자식들은 분개하여 첩을 내쫓는다. 이윽고 가정에 평화가 흐르자 전쟁이 일어났다. 히로시마에 원폭이 떨어지고 남편은 히로시마에 있는 아들의 생사를 확인하기 위해 히로시마로 간다. 그 때문에 백혈병에 걸려 죽는다. 최후로 그녀는 손자를 짐수레에 태우고 일을 한다. 이 영화는 일본시골의 억척같은 여성의 모범적인 삶의 방식을 잘 그렸다. 야마모토 감독은 힘든 일, 시어머니의 시집살이, 남편의 바람, 전쟁, 노후의 일 등과 같이 일본여성이 갖고 있는 분투적 미학을 휴머니즘 시각에서 리얼하게 그리고 근대사가 진행되는 과정에서 발생된 변화의 흐름을 가정을 통해서 표현하고 있다.

　오시마(大島渚) 감독의 ≪日本の夜と霧≫(일본의 밤과 안개, 60)는 1960년대 안보투쟁에서 패배한 후의 모습을 담아낸 영화이다. 안보투쟁을 경험한 연인 사이의 결혼식이 열린다. 신랑친구는 6·7년 전에 학생운동을 해온 세대이고, 신부친구들은 안보투쟁에서 신 좌익계를 담당해온 학생 운동가들이다. 이들은 친구결혼식 피로연에서 만난다. 신랑친구가 나타나 신랑이 학생시절 운동가였다는 것을 폭로한다. 신랑 야자와는 일본공산당계의 활동가였고, 대학에서는 학생회를 점령한 소년 등을 스파이로 몰아 감금하고 회의적인 학생들을 심문하여 자살로 몰아넣기도 하였다. 당원의 리더였던 친구 야마나카는 신랑을 대신해서 변호하지만 논쟁이 일어난다. 신부친구 학생 운동가들도 논쟁에 참가한다. 신부친구로 경찰에 쫓겨 다녔던 다이타는 기성세대에 대해 신랄하게 비판한다. 피로연에 참석했던 친구들은 그들의 정체를 드러내고 만다. 결국 흥행에는 실패하고 정치적인 이유로 인한 압력으로 3일 만에 상영 중지되어 사회적인 사건으로 기록되었다.

이 영화는 과거를 회상하기 보다는 현 사회의 최첨단에서 벌어져 팽배하고 있는 구좌익과 신좌익간의 격론을 다루고 있다. 당시는 자립기를 거치면서 경제적으로 자립하여 고도경제성장을 눈앞에 두고 있는 시기였다. 그러나 전쟁과 평화를 둘러싼 갈등에서 출발한 이념 논쟁은 시작에 불과하였다. 특히 미국과 일본 사이에 맺은 미일안보조약의 개정을 두고 정치가간, 지식인간, 대학생간, 민간인간 등 다양한 수준에서 논쟁과 격론이 벌어졌고 결론을 내리지 못한 상황이었다. 오시마 나기사 감독은 자신이 격렬한 이데올로기 논쟁 속에서 대학생활을 보낸 인물이었기 때문에 당시 벌어지고 있는 뜨거운 논쟁을 영화로 담아내어 무엇인가 결론을 내리려고 하였다. 이 영화는 그런 점에서 당시의 시대상을 가장 잘 나타낸 영화 중의 하나라고 평가할 수 있다.

■ 4. 태양족주의

패전 후 일본은 근대화를 통해서 새로운 사회로의 전환을 추진하고 있었다. 여기에서 모던이라는 개념은 고도경제성장에 따른 물질적인 풍요, 정신보다 물질을 평가하는 과정에서 발생한 반전통적인 가치관, 물질만능주의 등의 풍조를 강하게 담고 있는 개념이다. 변화의 선두에 섰던 그룹은 대학생 들이었다. 1950년대 대학생은 전통적인 관념에서 보면 열심히 공부하는 엘리트 청년을 의미했지만, 새로운 개념으로서 대학생은 여자친구를 만들고 요트를 타며 어른에게 반항하는 젊은이라는 반전통주의적 이미지를 함의하고 있었다. 이처럼 반전통적이며 새로운 삶의 방식을 추구하는 흐름을 태양족주의라고 할 수 있고 그런 영화를 태양족영화라고 할 수 있다. 다양한 변화를 감지할 수 있는 일본 사회에서 태양족의 출현으로 인하여 충격과 충격에 대응하는 그룹이 생겨났다. 전자는 신 문화를 즐기며 먹고 사는 젊은이며 후자는 전통적인 가치관을 갖고 새로운 변화에 강한 저항감을 갖고 있던 기성세대이다. 그들 간의 삶의 방식은 이후로 크게 차이를 느끼게 되었고 그 과정에서 갈등이 심화되어 새로운 사회로 이행하게 된다.

<표12>는 태양족 관련 영화를 나타낸 것이다. 신세대를 의미하는 태양족은 과감하게 과거를 버리고 향유하며 살아가는 세대로 일본이 추구해온 성장과 성공의 열매를 마음껏 누리는 감각으로 시대를 살아가게 된다.

<표12> 태양족관련 영화

감 독	작 품	배 우	감 독	작 품	배 우
古川卓己	太陽の季節(56)	-	中平康	狂った果實(56)	石原裕次郎
田坂具隆	乳母車(56)	芦川いづみ, 宇野重吉	野口博志	地低の歌(56)	名和宏, 山根壽子
井上梅次	月蝕(56)	三橋達也, 月丘夢路	古川卓己	人間魚雷出擊す(56)	芦川いづみ, 森雄之
井上梅次	お轉婆三人娘・踊る太陽(56)	ペギー葉山, 芦川いづみ	春原政久	ジャズ娘誕生(57)	江利チェリ
井上梅次	勝利者(57)	三橋達也, 北原三枝	田坂具隆	今日のいのち(57)	津川雅彦, 北原三枝
川島雄三	幕末太陽傳(57)	フランキー堺, 左幸子	新藤兼人	海の野郎ども(57)	多摩桂子, 安井昌二
井上梅次	鷲と鷹(57)	三國連太郎, 淺丘ルリ子	藏原惟繕	おれは待ってるぜ(57)	北原三枝, 二谷英明
井上梅次	嵐を呼ぶ男(57)	北原三枝, 金子信雄	大島渚	靑春殘酷物語(60)	-

* 자료 : 內藤誠, 2001

태양족은 해안에서 요트나 모터보트로 놀며, 클럽, 풀 등에서 양주를 마시고 춤을 추는 젊은이로 기성세대에 대한 저항을 표출시키며 자유롭게 사는 신세대를 의미하였다. 태양족 청년은 시대적 무료함이나 시대적 폐쇄성과 함께 외국인이나 기성세대가 가진 기득권에 대해 그들 나름의 반항을 표출하였다. 그러나 버블경제에 들어서 손에 넣을 수 있는 것을 쉽게 넣는 시대가 도래 하자 태양족 풍의 과격한 젊은이들은 소멸하게 되었다. 당시 태양족 영화로 또한 1950년대 모던을 대표한 영화는 후루카와 감독의 ≪太陽の季節≫(태양의 계절, 56), 나카히라(中平康) 감독의 ≪狂った果實≫(미친 과실, 56), 이치카와

콘 감독의 ≪處刑の部屋≫(처형의 방, 56) 등이다. 기노시타 감독은 태양족영
화로 ≪太陽とバラ≫(태양과 장미, 56)를 만들었고, 가와시마 유조(川島雄三)
는 태양족이 전통적으로 존재했다고 주장하여 ≪幕末太陽傳≫(막말태양전, 56)
을 만들어 대항하였다[15].

　1950년대 중반에 들어서 진보주의를 기만적으로 보는 젊은 세대를 중심으로
태양족주의가 나타났다. 그것은 당시 학생이었던 이시하라 신타로(石原愼太郎)
가 중심을 이루었다. 그의 소설 『太陽の季節』은 일본인에게 사치이며 동시에
부도덕한 것으로 비춰진 미국 부자 청년들의 놀이를 일본에도 있다는 것을 알
려 사람들을 놀라게 하였다. 많은 일본인은 일본이 아직 빈곤한 국가로 알고
있었고, 가난한 사람들이 연대하여 진보를 주장하는 영화 즉 기노시타와 이마
이의 영화를 높게 평가하는 성향이 있었다. 따라서 태양족영화는 도덕적으로
어른에 대한 젊은이의 반항표현이라고 인식하였다. 그러나 그 당시 일본은 부
유한 국가로 전환되는 시기였던 것이다. 1956년 『太陽の季節』은 아쿠타카와
(芥川) 문학상을 수상하면서 문단에 한정된 사건을 넘어 사회적 사건으로 발전
하였다. 아쿠타카와상을 받은 것은 소설속의 풍속이 사회적인 현상이나 사실로
서 기성세대를 인식시키게 하는 중요한 계기가 되었고, 그 현상에 대해서 찬부
의 논쟁을 일으켜 호기심을 자극하였다. 거기에서 그려진 청년들을 당시의 영
화로 태양족이라고 불렀다.

　소설로서 ≪太陽の季節≫은 부도덕한 작품, 불량소년 등과 같은 부정적인
이미지를 갖고 있었지만, 전통에서 근대로 전환되고 있는 일본사회, 일본인의
사고 등을 대변하고 있고, 1950년대의 시대성을 함축하고 있다는 점에서 가치

---

15) 가와시마(川島雄三) ≪幕末太陽傳≫(막말태양전, 57)의 무대는 막부말기 시나가와 유곽
　　(品川遊廓)이다. 유곽에서 한판 잘 놀던 사람들이 한 사람만 남겨놓고 모두 집에 돌아갔
　　다. 남은 사람은 사헤이지(佐平次)이다. 그는 돈이 없어 일해서 변제를 하겠다고 말을 한
　　다. 어쩔 수 없이 유곽주인은 그를 쓰기로 하여 일을 시키자 일을 즐기며 마치 관리자처
　　럼 역할을 한다. 이 유곽에는 영국영사관을 불태운 죠슈한(長州藩)의 다카스기(高杉晉作)
　　나 그의 동료 지사들이 기거하고 있다. 그리고 천하국가를 논하던 인물들이 있지만 사헤
　　이지와 같은 남자들의 협력 없이는 영사관에 방화를 하는 것이 불가능하다고 이야기를 한
　　다. 사헤이지는 매일 매일 어쩔 수 없다며 하루하루를 사는 인물이다. 그런 생각을 갖고
　　사는 가운데 사헤이지는 폐병을 앓아 별로 좋지 않은 몸을 이끌고 있는 상황이다. 이런
　　상황설정은 지병을 앓고 있는 자신 가와시마 감독의 상황을 염두에 둔 것을 표현한 면이
　　있다. 그는 이 영화가 만들어진 후 6년이 되는 해에 돌연사 한다.

가 있다. 신 풍속에 민감한 영화사는 이시하라의 소설을 영화화하기 위해서 경쟁하여 이른바 태양족영화의 붐을 조성하게 되었다. 특히 사회적으로 파란을 일으킨 ≪太陽の季節≫을 영화화하는 과정에서 단역으로 출연했던 이시하라 유지로가 태양족의 대표적인 인물로 떠오르게 되었고, 이어서 그를 태양족으로 상징화하는 작업이 시작되었다. 닛카쓰는 이시하라 신타로가 쓰고 있던 작품에 동생인 이시하라 유지로(石原裕次郎)를 주연으로 출연시키는 조건으로 나카히라(中平康)에게 ≪狂った果實≫(미친 과실, 56)을 만들게 하였다. 이 작품이 완성되어 빛나는 면이 있었지만, 동시대에 데뷔한 다이에이의 마스무라(增村保造)와 함께 나카히라는 전후 영화계에 사상과 방법을 창출한 신선한 감독으로 평가받았다.

나카히라(中平康) 감독은 일본 누벨바그의 영역에서 신선한 감독으로 돋보였다. 그가 감독한 ≪狂った果實≫에서 이시하라 유지로가 태양족 청년의 모델이자 영화배우로 주연한다. 이 영화는 이시하라 문학의 저변에 깔려있는 에로스(eros)와 다나토스(thanatos), 육체와 정신, 일상과 비일상 등과 같은 2극간의 차이를 잘 그려냈다. 또한 초현대적인 패션과 빠른 템포를 통해서 오락성을 강조하고 그것에 어울리는 문체를 사용하였다. 해상을 달리는 보트, 당시 유행한 재즈음악 등은 젊은 세대에게 새로운 매력을 느끼게 하였다. 또한 가마쿠라(鎌倉)역에서 택시가 서고 소녀와 함께 선그라스와 모자를 쓰고 화려한 셔츠를 입은 유지로가 달려와서 '차표는 필요 없어'라고 하며 개찰구를 넘어간다. 그리고 전차가 서자 '미안합니다'라고 하며 두 자리를 차지한다. 그리고 두 사람의 대화는 빠른 템포로 진행되어 젊은 관객들은 감탄한다16). 빠른 대화는 모던을

---

16) 대학생의 의식과 행동에 매력을 느끼면서 반발하는 순진한 고교생 순지(春次)는 근대적인 연상의 여성인 게리(惠梨)에게 반해서 적극적으로 접근한다. 그 둘의 관계는 당시에는 비정상적인 관계였다. 미군장교의 애인인 게리와 순지의 성적 관계는 육체적이기 보다는 정신적이었다. 순지는 게리와의 즐거운 관계를 형에게 자랑하였다. 그러나 어느 날 요코하마의 나이트 클럽에서 외국인 남성과 춤을 추고 있는 게리를 본 형 나쓰히사(夏久)는 동생을 가지고 노는 것에 화가 나 강제적으로 그녀를 유혹한다. 동생과의 정신적 사랑과 형과의 육체적 사랑에 게리는 혼들린다. 언제나 여성을 유희의 대상으로 여긴 나쓰히사는 어느 세 게리를 진짜로 좋아하게 된다. 게리도 역시 미군장교 애인을 속이고 나쓰히사를 육체적으로 수용하게된다. 형에게 애인을 빼앗긴 것을 안 동생 순지는 형과 게리가 놀고 있는 요트를 추적한다. 추적한 순지는 형의 보트주위를 맴돌고 있다. 그런 가운데 형은 "나의 패배다 너의 승리다"라고 말하고 게리도 "순지"라고 울부짖으며 바다로 뛰어든다.

표현하는 대표적인 기술방법이었고, 이시하라(石原)문학과 괘를 같이하는 닛카쓰 영화의 방향을 제시하게 된다. 이후 태양족 영화는 닛카쓰의 달러박스가 되었고 유사한 작품이 대량생산되어 한 시대를 풍미하게 된다.

이 영화가 2년 후 1958년 프랑스에서 개봉되자 누벨바그로 이름이 알려진 고달이나 도류포 등에 영향을 주었다는 것은 유명한 이야기다. 일본국내에서 태양족 영화의 대표작으로는 이치카와 콘의 ≪處刑の部屋≫(처형의 방, 56)이다. 태양족 영화로 최고의 정점에 달한 것은 이노우에(井上梅次)의 ≪嵐を呼ぶ男≫(파도를 부르는 남자, 57)로 배급수익이 3억 5천만 엔에 달하였다. 또한 구라하라 코레요시(藏原惟繕)의 ≪おれは待ってるぜ≫(나는 기다린다, 57)에서는 처음 장면으로 주제가가 흘러나오고 요코하마의 항에서 화물선의 기적소리가 울리고 지나가자, 한 길가의 레스토랑에서 하얀 코트를 입은 남자가 어둠 속에서 나타나 식당 문을 닫는다. 이윽고 휘파람을 불며 근처에 있는 우편함에 외국에 보내는 편지를 넣은 남자는 방파제에서 깊은 사색에 빠진 여인과 만나게 된다. 주인공은 전 권투선수로 형을 따라 브라질에 갈 꿈을 갖고 있었다. 형에게 편지를 보내도 소식이 없었다. 동생은 형이 브라질에 간 것이 아니라 방파제에서 만난 여인과의 관계로 폭력단인 히토아지(一味)에게 살해당했다는 사실을 알고 복수를 결심한다. 이 영화는 당시 젊은이들이 기성세대가 만든 규범으로부터 탈출하고 또한 폐쇄적인 일본사회의 일상으로부터 벗어나려는 강한 욕구를 그려냈다는데 의의가 있다.

오시마(大島渚) 감독의 ≪靑春殘酷物語≫(청춘잔학이야기, 60)에서 여고생 마킹(眞琴)은 중년이 모는 차에 타고 온천 앞에서 '사요나라'라고 하며 보내는 불량소녀와 같은 생활을 하고 있다. 어느 날 중년남자에게 구타당하고 이것을 본 대학생 기요시(淸)에게 구해진다. 둘은 친구가 되었지만 기요시도 중년 여성과 섹스를 하면서 용돈을 얻어 사는 신세였다. 마킹에게도 같은 것을 하라고 한다. 마킹은 그런 생활에 빠져들어 무기력한 아버지와 이전에 학생 운동가였던 언니의 충고에 저항하면서 그런 일을 계속한다. 그러던 중 마킹은 임신을 하여 언니의 애인인 의사에게 가서 아이를 낙태시킨다. 기요시는 비용을 벌기

그러나 순지는 두 사람의 말을 들으려 하지 않고 요트에 몸을 맡긴 채 바다 저쪽으로 사라진다.

위해 이리저리 다니다 마킹을 보기 위해 병원에 문병을 간다. 기요시는 그런 좌절된 상황에 비통해 한다. 마킹은 자신들이 몸을 팔아서 살아가는 것도 문제가 있지만 세상이 그렇게 되어 있다고 말한다. 최후에 기요시는 불량소년집단인 우연대(愚聯隊)에 의한 고문으로 목숨을 잃고, 마킹도 유혹하는 남자의 차에 치어 죽는다.

이 영화는 일본사회에서 젊은이가 삶을 살아가는데 경쟁체제가 확고하게 자리 잡고 있어 사회에 들어가기가 어렵다는 것을 표현하고 있다. 이미 통로는 경쟁에서 승리한 사람만이 통과할 수 있는 체제가 되어 패배한 자는 끝없는 수렁으로 빠져간다는 것을 그리고 있다. 또한 기존의 남녀간 만남이 동년배라는 시점에서 성과의 만남으로 전환되고 있으며 극히 평범한 가정의 딸이 평범하지 않게 몸을 수단으로 삶을 살아가는 것을 이야기한다. 그것은 성을 파는 여성뿐 아니라 성을 사는 남성의 성을 통해 성에 대해 새로운 인식을 하고 성을 구매대상으로 하는 파격적인 사회현상을 잘 꼬집어 표현하고 있다. 태양족이라 불리는 신세대는 무규범 속에서 살아야만 그 이름에 어울리는 삶을 살고 있다고 할 수 있다. 그러나 그런 삶이 가치 있게 평가받는 곳은 그들만이 살고 있는 세계이다. 조금만 나와도 그들은 외톨이며 낙오자이며 외로운 방랑자인 것이다. 이런 현상이 태양족의 결말이라는 사실을 오시마는 영화를 통해서 잘 표현하고 있고 신세대에 경고를 하고 있다.

영화 전성기를 맞이한 1950년대 말에는 일본영화계에 젊은 감독들이 대거 등장하여 영화계의 세대를 교체하려는 바람이 불었다. 마스무라(增村保造), 나카히라(中平康), 사와시마(澤島忠), 그리고 오카모토(岡本喜八) 등이 바로 그들이다. 이들은 당시 에네르기주의로 불리는 가운데 만화적인 경박함을 가진 신진감독으로 인식되었지만, 일본영화에 뿌리 깊은 감상성(感傷性)과 둔함에 일격을 가하는 역할을 하였다. 이들은 초기부터 빠른 화면과 대사로 새로운 변화를 추구했고, 또한 영화의 순수성을 일관되게 추진하여 일본영화의 새로운 지평을 여는 역할을 하였다. 그런 흐름의 첫 작품이 오카모토의 ≪獨立愚連隊≫(독립우연대)이다. 이 영화는 지금까지 전쟁영화의 감상성과 둔함을 극복하고 희극적이며 빠른 이야기를 전개하여 새로운 영화의 방향성을 제시하였다는데 의의가 있다. 이것은 일중전쟁 중 중국의 최전선을 무대로 한 전쟁영화이다. 종군기자라는 정체불명의 남자가 전장에서 말을 타고 다닌다. 사상의 명령이나 천황의 명령으로 일사불란하게 행동했던 것과는 달리 중국군과 대치한 소부대원은 서부극의 남자처럼 각자의 상황에 맞게 대응한다. 종군기자는 각 부대에서 고문관만 모여 편성한 부대를 독립우연대라고 칭하였다. 최대 정점은 중공군의 대 공습으로 마치 인디언처럼 일본군은 시체로 방어벽을 쌓아 전쟁을 하는 가운데 몇 명만이 살아남는다. 이 영화는 전쟁에 대한 반성을 중심으로 한 당시의 영화와는 다르게 희극적인 요소를 삽입시키는 등 신선함을 보였지만 전쟁에 대한 반성이 누락되어 있다는 비판을 받고 있다. 그러나 이 작품은 당시 시대가 만들어 놓은 규범을 가볍게 넘나드는 태양족이 판을 치는 상황에서 전쟁을 소재로 하면서도 전쟁속의 태양족을 그리고 있다는 점에서 당시의 시대성을 잘 담아내고 있다.

■ 5. 일본적 미학주의

자립기에는 전통적인 사무라이 영화가 나타나 한 시대를 풍미하게 된다. 1950년 중반부터 1960년대 중반까지는 도에이 시대극의 황금시대이기도 하다. 특히 이치카와 우타에몬(市川右太衛門)이 주연한 ≪旗本退屈男≫(하타모토 퇴굴남) 시리즈, 가타오카(片岡千惠藏)가 주연한 ≪いれずみ判官≫(문신판관)시리즈, 나카무라(中村錦之助)와 히가시(東千代之介) 등이 주연한 ≪新諸國物語≫(신제국이야기)시리즈 등과 같은 대중적인 잔바라가 나타나 흥행을 일으켰다. 시대극은 기본적으로 권선징악이라는 전통적인 규율에 기초하고 있지만 화면은 활기가 있다. 그리고 주인공은 어디까지나 강하고 아름다운 옷을 입고 검을 휘둘러 화려한 모습으로 나타난다. 전통적인 시대극은 미군정 시기에 복고주의를 일으키고 사무라이 정신이 나타나 향수에 젖게 할 뿐 아니라 일본을 개혁하는데 방해되는 요인으로 인식하여 철저하게 제한되었다. 그러나 1952년 이후 일본은 자유롭게 전통적 사무라이 극을 전면에 내세우고 현대적인 기술과 기교를 통해 더욱 관심 있는 시대극을 만들어 국제사회에 일본적 미학의 아름다움을

알려 전성기를 맞이하게 된다. 본고에서는 전통적인 시대극을 통해 사무라이의 비장한 아름다움을 표현한 것을 통털어 일본적 미학주의라고 규정한다.

기누가사(衣笠貞之助) 감독의 ≪地獄門≫(지옥문, 53)은 1954년 칸느 영화제에서 그랑프리를 수상하고 국제적으로 유명해진 작품이다. 외국비평가들이 일제히 칭송한 것은 이 영화가 매우 회화적이라는 점이다. 그러나 색채가 매우 매혹적인 특징이 있는 영화임에도 불구하고 일본에서는 오히려 높게 평가받지 못하였다. 이 영화는 중세의 합전(合戰)과 사무라이의 사랑을 그렸다. 특히 사무라이와 사무라이부인들이 아름답고 화사한 옷을 입고 등장하고 있다. 요로이(鎧 : 갑옷)와 그 이외의 무기도 미술품의 일종으로 여길 정도로 미학적으로 승화시켜 표현하였다. 더욱이 사무라이가 요로이를 입고 전투하는 모습은 매우 회화적이었다. 기누가사 감독은 미남미녀의 스타를 전통적인 미로 아름답게 그리는 상업영화로의 전환을 추구하였다. 이런 기술적 전환과 예술성에 기초해서 만든 영화가 일본적인 것으로 인식되어 외국 영화인들에게 높은 평가를 받았다.

미조구치(溝口健二)의 ≪雨月物語≫(우월이야기, 53)는 세계영화사상 베스트 10에 들어갈 정도로 동양의 신비성을 담아 낸 대표적인 작품이라고 할 수 있다. 이 영화는 숙명적인 운명으로 괴로워하는 여성의 삶을 그린 것이다. 특히 베니스영화제에서 은사자상을 수상하고 이탈리아 비평가상을 수상하여 미조구치를 세계적인 감독으로 각인시킨 작품이다. 끊임없는 내전으로 혼란에 싸였던 16세기를 배경으로 한 것으로 한 시골의 가난한 도공인 겐주로와 처남 도베이는 부와 명예를 위해 아내와 자식을 버리고 전장 속으로 가기 위해 도시로 떠난다. 겐주로는 아내에게 좋은 기모노를 사주고, 도베이는 사무라이가 되어 돌아온다고 결심을 하고 떠났지만 가는 도중에 해적을 만나 급격당하기도 하는 가운데 목적지에 도착했다. 우연히 돈을 벌자 이들은 가족을 잊은 채 겐주로는 사악하고 미모를 가진 여귀를 만나 쾌락을 즐기고 있고, 도베이는 비겁한 술수로 사무라이가 되려고 한다. 이 동안에 두 사람의 가족은 불행에 휩싸인다. 겐주로의 아내는 군인에게 살해당하고 도베이 아내는 매춘부로 전락해버린다. 겐주로와 도베이는 자신들의 욕망 때문에 가족과 사랑을 한꺼번에 잃었다는 것을 알았을 때 이미 때는 늦었다. 이 영화는 1953년 당시 패전이후 부흥을 위해 일하는 남자들의 모습과 그 속에서 힘겹게 살아가는 일본여성들의 아픔을 연상해서 그려내고 있는 시대성이 담겨진 특징이 있다17).

구로사와(黑澤明)를 세계적인 감독으로 알린 것은 시대극영화이다. 대표적인 작품이 ≪七人の侍≫(7인의 사무라이, 54)이다. 역사영화인 이 영화는 7명의 농부가 적을 향해 싸우는 과정을 그려 사무라이 액션영화의 원형이 되었을 뿐 아니라 액션영화의 고전이 되었다. 할리우드에서는 율 브리너주연의 ≪황야의 7인≫이라는 제목으로 리메이크 되었고, 루카스, 스필버그, 코폴라 등의 감독에게도 영향을 주었다. 또한 이 영화는 대형 시대극으로 구성되어 대형 액션사극이라는 새로운 장르를 탄생시키는 역할을 하였다. 특히 일본전통의 핵심에 있고 일본정신의 근간인 사무라이의 전설을 그렸다. 무대는 전국시대로 작은 촌락에 사는 주민들은 황폐한 땅에서 겨우 살아가고 있다. 어느 날 마을사람이 산에 나무를 하러 갔다가 우연히 산적들이 마을을 약탈하는 계획을 듣고 와 마을에 전하자 온통 난리가 났다. 촌장은 이에 대응하기 위해서 무사를 고용해야 한다고 주장하는 가운데 지략을 가진 사무라이 감베이를 만나 그에게 도움을 간청하자 승낙한다. 그러자 마을의 사무라이 7인이 함께 싸우겠다고 합류한다. 마을에 도착한 사무라이는 함정을 만들기도 하고, 훈련을 하기도 하여 싸울 준비를 한다. 산적들의 습격이 시작되어 싸움은 본격적으로 벌어졌다. 싸움은 막바지에 이르렀고 많은 주민과 사무라이 중 4명이 죽었다. 마을에는 다시 평화가 찾아오고 농민들은 모내기를 하며 제 모습으로 돌아왔다. 이 모습을 보고 사무라이 감베이는 승리는 마을사람이 한 것이라고 하며 마을의 평화를 다행스럽게 생각한다.

자립기의 일본은 위기에 처한 일본을 누군가가 나타나 구해주기를 간절히 바라던 시기이고 국내외적으로 자립을 해야 하는 시기이기도 하였다. 이런 점에서 영화에 그려진 사무라이는 영화 속의 인물이지만 이 시기의 위기를 돌파하게 해주는 일본인의 현대적 영웅으로 인식되었다. 구로사와는 언제나 고독한 인간의 존재를 묘사하면서, 비인간적인 세상의 모습을 보여주는 것에 그치는 것이 아니라 그 인물의 내면적인 욕구까지 심층적으로 파헤치고 있는 특징이 있다. 그는

---

17) 우치다(內田吐夢)는 ≪血槍富士≫(혈창부사, 55), V≪大菩薩峠 三部作≫(대보살언덕, 57-59), ≪宮本武藏≫(미야모토 무사시, 61-65) 5부작 등을 만들어 중후한 시대극을 발표하였다. 우치다는 인간의 업과 차별을 응시하는 눈을 통해서 보고 거기에 비정하기까지 리얼하게 악을 확인한다. 우치다의 시대극은 도에이 시대의 명랑노선과는 이질적인 면이 있었지만, 전전과 전후의 시대극을 연결하는 존재로서 중요한 위치에 있다.

역사시대극을 통해서 일본적 미학을 잘 표현한 감독이다. 구로사와의 ≪蜘蛛菓城≫(거미성, 57)은 섹스피어의 맥베드에 기초해서 상황을 재구성하여 만든 작품이다. ≪隱し砦の三惡人≫(숨은 요새의 세악인, 58)은 구로사와 작품 가운데서도 역동적인 공간이 잘 표현된 영화이다. 사무라이 극에 나타난 미학은 삶의 미학과 죽음의 미학이 공존하고 있고 동시에 삶이 죽음이 되고 죽음이 삶이 되는 역설적인 미학으로 승화되는 특징이 있다.

V 맺는 글

　전후 일본영화는 점령기를 지나 전성기를 맞이하게 되었다. 전성기의 원동력은 일본영화의 양적·질적 성장, 일본영화인의 창작성과 예술성, 일본전통성에 기초한 영화에 대한 유럽과 미국영화인의 상대적 관심 상승, 오락예술로서 영화의 대중화, 고도경제성장과 맞물린 문화수요자의 증가, 전문영화체제의 정착, 영화통제로부터의 해방, 일본영화계의 중층성, 새로운 시대성을 담은 영화제작 등이 기초가 되었다고 할 수 있다. 특히 1910년대 일본영화가 시작되는 가운데 가장 자유롭게 표현하고 일본적인 미학을 찾으려는 영화인들의 창작성이 작용하였다고 할 수 있다. 또한 지속적인 경제성장을 추진하고 자립을 위한 다양한 정책이 추진되는 과정에서 문화시장이 확장되었고 특히 영화시장이 급속도로 팽창되어 영화가 활성화되었기 때문이기도 하였다.

　전후 일본영화전성기의 시대성은 다음과 같은 특징이 있다. 일본영화는 현실과 과거의 사실에 기초해서 그려낸 리얼리즘, 전쟁으로 인한 상처를 통해서 전쟁의 부정성에 대해 이야기 하면서도 일본인을 희생자로 그려낸 전쟁감상주의, 집단인으로서의 인간에서 개인으로서의 인간 존중성을 그리고 발전과 타아에 기초한 맹목적 인간을 부정하고 비판하는 사회과 휴머니즘, 생활과 정신의 빈곤시대에서 벗어나려는 새로운 생활양식을 추구하는 과정에서 나온 유희와 여유를 폭발시킨 태양족주의, 시대성과 과거에 대해 알지 못하는 외국에 대해 일본을 알리려는 시대극 중심으로 형성된 복고주의에 기초한 일본적 미학주의 등과 같은 시대성을 충실하게 표현하였고, 이것에 의해 기대이상의 효과를 거두어 시대문화로서 자리를 잡았다.

　그런 시대성을 담는 작업은 일본영화사에서 기념비적으로 성공하게 된다. 예를 들면, 전쟁감상주의는 일본이 과거에 했던 전쟁을 재조명하고 그것에 깔려 있는 요소들을 통해서 당당하게 이야기하고 있지는 않지만 기존의 입장과는 다르게 일본과 일본인을 희생자로 그려내고 있다. 그것은 지금까지의 역사적 자학사관에서 벗어난 자정(自情)사관이라는 새로운 흐름을 만들었다. 자정사관은 일본이 일으킨 전쟁에 대한 비판과 반성보다는 일본인이 희생당하는 희생자로 가해자보다는 피해자라는 인식에 기초한 사관을 말한다. 일본의 잘못을 이야기하고 있는 듯 하지만 그럼에도 불구하고 그 잘못의 주체를 누락시키는 묘한 전개를 하고 있고, 피해자나 희생자로서의 일본인이 존재하는 시각에서 과거의 아픔을 강조하는 면이 있다. 이런 시점이 영화에 나타난 것 자체가 일본이 과거에 대해서 포괄적이며 무제한적으로 시대성을 이야기할 수 있는 환경이 되었다는 점을 암시하고 있다. 또한 소재와 주제에 대해서 자의적인 판단을 통해서 막연하게나마 사회에 표출시키고 있는 시대가 되었다는 것을 알 수 있다. 이런 현상은 영화와 영화인들이 사회에 참여할 수 있는 길을 열어주게 하는 원동력이 되었다.

일본영화가 리얼리즘, 전쟁감상주의, 사회파 휴머니즘, 태양족주의, 일본적 미학주의 등과 같은 시대성을 반영하면서 새로운 전기를 마련하게 된다. 또한 영화가 문화흐름을 주도하는 가운데 문화시장에서 영화시장이 팽창되었다. 특히 일본적 미학을 표현하고 표출시키는 과정에서 일본미학과 일본영화의 완성도를 높이는 가운데 국제사회에서 인정을 받게 되어 영화전성기를 구가하게 된다. 그러나 문화매체의 발달과 문화수요자의 다양한 수요에 대한 욕구가 분출하게 된다. 즉 고도기술의 창조품인 텔레비전의 등장, 고도경제성장에 따른 다양한 문화욕구, 시대성에 뒤떨어지는 영화주제의 한계, 새로운 영화로의 비전환, 원초적 본능에 대한 기대가치의 변화, 시대성의 변화, 영화의 자본화와 문화의 상업화 등으로 일본영화는 새로운 시대적 요구에 대응해야만 하는 시기에 접어들게 된다. 즉 일본영화는 전성기를 통해 안착된 영화환경을 포함해서 다양한 측면에서 새로운 패러다임으로 전환해야하는 상황에 놓이게 된다.

제6장

성장기의 영화와 시대성

『若樣やくざ』櫻町弘子
1961 河野壽一監督

『雁の寺』(1962) 出演:若尾文子(寫眞左)/三
島雅夫(右)/木村功/高見國一/中村鴈治郎/山
茶花究

『切腹』(小林正樹、1962)

『暴れん坊一代』手前左から
大川惠子, 大友柳太朗 1962
河野壽一監督

『佐頭市物語』(三隅研次、1962)

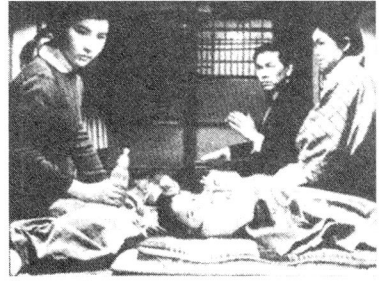

『キューポラのある街』(浦山桐郎、1962)

『宮本武藏』 二刀流開眼 中村
錦之助 1963 內田吐夢監督

『紫右京之介 逆一文字斬り』
大川橋藏 1964 長谷川安人
監督

『黑の盜賊』 左から 大川橋
藏，大川橋藏（二役） 1964
井上梅次監督

『絞死刑』（大島渚、1968）

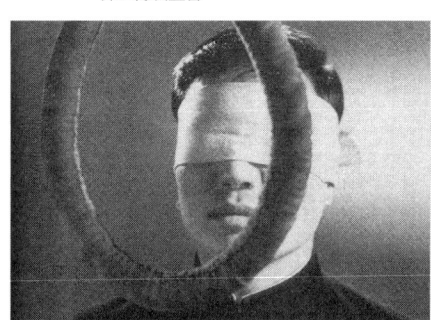

『絞死刑』（大島渚、1968）

『風林火山』（稻垣浩、1969）

『戰争と人間・第1部』(山本薩夫, 1970, ⓒ日活)

『愛のコリーグ』(1976) 出演:松田英子(寫眞右)/藤龍也(左)/中島葵/松井康子/芹名香/小林加奈子

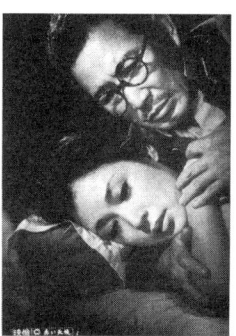

『赤い天使』の芦田伸介と若尾文子

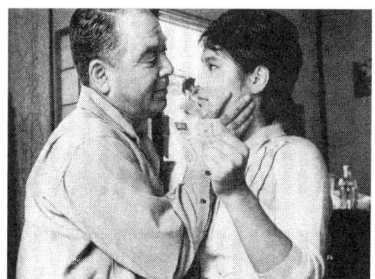

『にっぽん昆蟲記』の河津清三郎と吉村實子

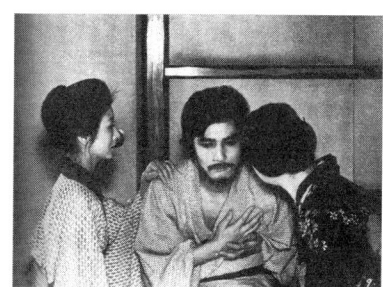

『エロス+虐殺』左から楠侑子, 細川俊之, 岡田茉莉子

I 머리글

성장기에 있어서 일본영화는 화려한 전성기를 지나 지각변동을 일으킬만한 변화를 겪게 된다. 경제성장, 기술성장, 사회안정, 사회계층의 다양화, 문화에 대한 수요자증가뿐 아니라 문화에 대한 다양성의 증가, 다양한 문화생산자의 증가 등으로 영화집중현상은 점차 쇠락하게 된다. 이런 변화는 저가문화의 대량생산, 문화의 상업화, 문화경쟁의 격화, 문화계층의 다양화, 문화의 전문화 등을 촉진시키는 계기가 되었다. 변화의 한 가운데 있었던 영화는 단순하게 변화에 대응하는 시각이 아니라 생존전략을 통해서 위기를 극복해야 하는 절실한 상황에 봉착하게 된다. 특히 기술성장으로 1953년 NHK TV 방송이 처음 시작된 이래 1960년대에는 본격적인 컬러 TV 방송시대에 진입함으로써 전성기를 맞이했던 영화에 대한 강력한 대체문화가 나타나 성장하게 된다. 따라서 영화를 통해서 문화향유를 하던 시대에서 안방에 설치된 TV를 통해서 문화를 향유하는 새로운 시대가 도래하여 1960년대를 정점으로 일본영화는 하향곡선을 걷게 된다.

변화에 대응하기 위해서 유명감독보다는 신진감독이 파격적인 시도를 하게 된다. 신인감독은 다양한 사회적 변화와 사상적 변화에 적응하는 독특한 창작활동을 하여 영화계에서 정착되거나 고착되었던 방법과 소재에서 벗어나는 노력을 하였고 특히 시대에 어울리는 영화를 만들기 위해 위험을 감수하였다. 이들은 1950년대 대형영화사와 결별하는 가운데 생겨난 독립프로의 신인들과도 다른 성향을 지녔다. 그들은 이미 사회주의 리얼리즘이나 대중계몽 노선에 대해서 어떤 희망이나 환상도 갖고 있지 않았다. 따라서 민주주의적인 것을 둘러싼 소박한 신뢰도 성립하지 않았다. 전쟁체험을 한 사람은 기성세대의 감각과 결별하고 새로운 창작에 매진하였고, 전후사회를 허망한 것으로 느낀 사람은 약간 냉소적인 각도에서 비판하였다. 그들은 누벨바그와 같은 새로운 경향을 추구하여 전전 일본영화의 유산이나 전통을 가능한 한 밀폐시키려고 하였다.

이런 배경 때문에 1960년대 일본영화는 정치적 · 사회적 · 경제적 현상과 밀접하게 관련되어 전개된 특징이 있다. 예를 들면, 정치적 사건과 관련된 영화로는 오시마 나기사(大島渚)감독의 ≪日本の夜と霧≫(일본의 밤과 안개, 60)가 있다. 그것은 미국과의 안전보장개정을 둘러싸고 학생운동이 격렬하게 일어난 시기에 만들어진 것으로 반체제 정치운동 자체의 내부문제를 날카롭게 지적한 영화이다. 또한 경제문제를 주제로 한 영화로는 1950년대 중반부터 시작된 ≪社長≫(사장)시리즈가 있다. 이 영화는 샐러리맨이 중산층으로 올라가 당당히 살아가는 모습을 그린 것이다. 그리고 사회문제를 다룬 ≪驛前≫(역전)시리즈는 역전을 중심으로 한 인간 군상들이 부대끼며 살아가는 모습을 그린 것으로 일본 경제와 사회가 변했다는 것을 강조하고 있다. 이처럼 영화의 시각이 사회에 밀착되면서 영화에 의한 사회참여와 책임에 대한 의식이 강화되었다.

또한 산업사회에서 발생하는 인간소외를 다룬 것으로는 나루세 미키오(成瀬己喜男)감독의 ≪女子が階段を上る時≫(여자가 계단을 오를 때, 60), ≪妻として女として≫(마누라로서 여자로서, 61), ≪女の座≫(여성의 위치, 62) 등이 있다. 사회현상을 다룬 대표적인 것이 와카마쓰 고지(若松孝二)감독의 이른바 핑크영화이다. 핑크영화인 ≪壁の中の秘事≫(벽 속의 비사, 65)는 아파트 단지에 사는 유부녀가 남편이 출근한 사이 옛 애인과 정사를 벌이고, 이를 엿본 옆집 대학 수험생이 욕정에 못 이겨 유부녀를 범하고 살해한다는 이야기다. 이것은 당시 일본이 고도경제성장으로 인해 물질적으로 풍요로워졌으나 자기인식과 사회가치를 상실해 가는 현상을 한 중년남자와 불확실한 미래로 불안감에 억눌린 수험생의 충동적이며 도발적인 행동을 통해 통렬하게 비판하였다. 이런 영화는 성을 중심으로 전개하면서도 일본사회에서 벌어지는 문제를 제기하고 있는 특징이 있다. 핑크영화의 출현으로 그동안 추진력을 갖고 추구해온 예술영화가 타격을 입게 되었지만 1960년 일본영화의 새로운 돌파구 역할을 하고 사회현상을 반영하였다는데 의의가 있다.

또한 야마다 요지의 ≪男はつらいよ≫(남자는 괴로워, 69-96)는 일본이

전쟁의 후유증을 극복하고 한창 고도성장을 시작하던 때에 시작되었다. 사람들의 물질에 대한 욕구가 팽배하여 어떻게 하면 돈을 벌어 부자가 될것인가에 집착하던 시기였다. 바로 이때 자유인 도라(虎)가 탄생된다. 경제성장속에서 사람들은 저마다 열심히 일만하면서 살고 있지만 늘 불안감이 자리 잡고 있다. 그것은 무언가 잘 못살고 있는 것은 아닌지, 어딘가에 잘 못은 없는지, 고쳐야 할 점은 무엇인지 등과 같은 현실사회에 대한 의문을 심각하게 질문하는 과정에서 만들어 졌다. 주인공 도라는 현실에서 보면 쓸모없는 인간이라고 할 수 있지만 도라와 같이 모자라지만 포용해주는 인간성이 필요하며 이것이 인간사회를 지탱하는 원동력으로 작용한다는 점을 부각시킨 영화이기도 하다. 또한 성장기에 벌어지는 비인간성에 대한 반성이며 인간적인 면에 찬사를 담고 있는 특징이 있다. 이 영화는 1996년 도라가 죽을 때까지 인간성과 전통성을 기본으로 한 사회 만들기를 끊임없이 주장하였다.

1950년대 전성기는 일본적인 색깔을 가진 감독과 영화가 등장하여 유례없는 호황을 누려 발전하였다. 또한 영화인들이 질적으로 향상되었고, 동시에 영화는 양적으로 팽창하는 계기가 되었다. 그러나 1960년대 일본영화계는 다양한 변화에 대응해야 하는 과제를 갖고 있었다. 그 과정에서 전통적인 색깔을 가진 영화와 감각에서 탈피하고 자유롭게 시대성에 도전하는 새로운 유형의 감독과 영화가 등장하여 새로운 돌파구를 찾게 되었다. 다른 한편으로는 시대변화를 주도하는 시대성에 대한 인식을 통해서 일본영화의 존폐라는 갈림길을 바로 잡으려 하였다. 특히 전성기를 통해서 구축된 영화에 대한 동경과 안위에서 벗어나 과감하게 현실문제에 도전하는 리얼리즘 영화가 등장하여 긴장을 하게 만들었다. 본고는 다양한 변화의 중심에 있었던 일본영화가 성장기에 어떤 변화의 길을 걸었고, 사회변화에 대응하는 가운데 어떤 시대성을 반영하고 기능하였는가를 고찰하는데 목적이 있다.

Ⅱ 성장기의 영화배경

■■ 1. 시대적 배경

1960년대 일본은 전후라는 궁핍하고 열악한 시대를 극복하고 자신감이 넘치는 고도성장시대에 접어든다. 자립을 통한 사회 각 영역의 성장으로 매우 역동적이며 현실참여적인 행동으로 변화를 겪는다. 즉 미일안보개정, 고도경제성장, 학생반란 등과 같은 기성세대에 도전하는 새로운 조류가 나타나 일본사회의 미래를 두고 갈등을 일으키게 된다. 미일안보개정에서 촉발된 기성사회나 기득권에 대한 투쟁과 저항은 각 사회영역에서 다양한 욕구와 불만을 표출시키는 계기가 되었다. 경제영역에서는 고도경제성장과 그에 따른 노동투쟁, 정치영역에서는 반전운동과 반핵운동, 사회영역에서는 사회개혁운동과 학생운동, 문화영역에서는 각종문화운동 등으로 나타났다. 당시의 투쟁은 국가에 대한 충성보다는 개인과 집단이익을 추구하는 이익운동의 성격을 띤 특징이 있다.

<표1>은 성장기의 시대적 배경을 나타낸 것으로 일본은 정치적·경제적 사회문화적으로 큰 변화를 겪는 시기였다. 그것은 일본이 성장하는 가운데서 벌어진 것으로 국가가 추구하는 이념에 동조하기 보다는 새로운 시대로 전환하기 위한 저항과 주장에 기초한 발전적 진통이라는 적극적인 의미를 갖고 있다.

<표1> 성장기의 시대적 배경

구 분	정치적 배경	경제적 배경	사회문화적 배경
구체적 내용	미일안보개정투쟁, 사회당재건논쟁, 안보개정저지국민회의, 대중천황제, 우익화 현상, 자민당독주시대, 이에나가(家永	정치문제에서 경제문제로 전환, 국민소득배증계획, 국민생활수준향상, 완전고용, 재정확대, 산업구조고도화, 사향산업포기, 사토의 중기경	사회개발개념등장, 학생운동, 동대(東大)분쟁, 전공(全共)투운동, 공해대국, 올림픽, 마이홈붐, 맨션붐, 신삼종신기(자동

	三郎)교과서소송, 메이지100년기념제, 기원절부활, 오키나와(沖繩)반환협상, 반핵운동, 반전운동, 한일수교협정, 닉슨독트린	제계획, 경제사회발전계획, 전국총합개발계획, 고도경제성장정책, 이자나기(いざなぎ)경기, 왕자제지노동쟁의, 고도경제성장, 노동투쟁, 한일경제협력	차, 에어컨, 컬러TV), 바캉스유행, 해외관광자유화, 신칸센(新幹線)개통, 골프주간지, 패키지여행, 사회여가개념등장, 일본문화운동

정치적 사건으로 시대를 주도한 미일안보투쟁은 미일안보개정 반대운동을 의미하지만 다른 한편으로는 반미운동으로 나타나기도 하였다. 이것은 가장 주목할만한 투쟁으로 범국민적인 수준에서 일어났고 일본을 평화국가로 만들려는 일본국민의 여망에 의해 발생된 것이다. 특히 반대투쟁은 전국대표자회의를 열어 미일안보개정 비준 저지 투쟁으로 구체화되었다. 미일안보투쟁은 기시(岸信介)내각타도와 국회해산을 목적으로 노동자계급의 실력행사와 국민적 공투 체제를 확립하는 한편 안보개정저지를 위한 대행진을 조직하여 1,000만 명 서명운동을 병행하고, 대규모 스트라이크를 중심으로 대투쟁을 한다는 원칙에서 움직였다.

이 시기의 가장 큰 경제적 과제는 일본의 고도경제성장이다. 이케다(池田)내각이 성립된 1960년은 일본경제가 번영하고 있었다. 경제성장정책은 정치투쟁에 대한 국민의 열기를 전환시키기 위해서 적극적으로 추진된 특징이 있다. 1955년부터 정책적으로 기술혁신과 설비투자가 시작되었지만 1957-58년 시점에서는 '나베소코경기'(鍋底景氣)라 불리는 불황기였다. 이후 1959년부터 경제가 성장하여 설비투자 붐을 일으켰다. 경제성장률은 이케다 내각 초기 9%에서 15%로 상승하였다. 이케다는 그런 분위기를 고양시키기 위해서 국민소득배증계획을 추진하여 일본이 목표한 그 이상의 결과를 획득하여 고도로 경제를 성장시키게 된다. 고도경제성장으로 생필품의 가격상승, 원자재수입증가, 설비투자에 따른 기계설비 수입증가, 미국의 달러방위조치와 수입제한 등으로 국제수지가 악화되는 등 일본경제는 다양한 위기에 직면하게 되었다.

그러나 일본정부는 경제위기를 극복하기 위해서 자유화에 기초로 하는 한편 국제경쟁력의 강화라는 정책을 적극적으로 추진하였다. 국제경쟁력을 강화하기 위해서 장기적으로 불리한 산업의 축출과 축소를 유도하면서 동시에 유리한 산업을 신장시켜 경제전체의 효율성을 높였다. 그런 정책은 고도성장을 지속시키는 기반을 다지는 효과를 거두게 된다. 그리고 일본정부는 과당경쟁을 배제하고, 독점을 정책적으로 추진하여 기업합동을 급속도로 진행시켰다. 그 결과 공업생산고는 1963년 전전 대비 약 5배 증가하였고, 산업도 천연섬유나 석탄산업에서 석유산업, 석유화학, 합성섬유, 철강, 전기기계, 자동차 등과 같은 성장산업으로 전환되어 고도성장경제의 기반이 구축되었다.

경제성장과 더불어 사회문화영역에서는 기성세대에 대한 저항과 새로운 시대를 맞이하기 위한 사회운동이 일어나고 있었다. 성장기를 상징하는 사회문화적 사건은 사회운동의 일환으로 일어난 학생운동이 대표적이다. 학생운동은 정치 및 경제 관련 운동과 같은 이념운동에서 벗어난 현실문제 해결운동의 의미를 갖고 있다. 특히 1960년대 후반의 학생운동은 프랑스 5월혁명에서 시작되었다. 1968년 5월 3일 베트남평화회담의 파리개최가 정식으로 결정됐다. 세계가 파리를 주목을 하는 가운데 그 날 파리의 학생가인 칼티에=모단에서 소르본느(파리대학문학부)의 학생과 경찰대가 충돌하여 학생 600여명이 체포되는 사건이 벌어졌다. 파리에서 시작된 학생운동은 노동자를 자극하여 수십만의 학생과 600만 명의 노동자가 참가하는 제너럴 스트라이크(general strike)로 발전하였다. 이런 상황에 드골체제는 기로에 서게 되었고 혁명 전야의 상황에 이르렀다. 이것은 국가의 이익을 추구하기 보다는 세계의 이익을 추구하는 평화획득운동의 성격을 강하게 띠었다. 프랑스에서의 학생운동은 반전평화운동이라는 인류공통적인 가치를 추구하는 가운데 세계각지로 전파되어 기성세대에 대한 신세대의 저항으로 인식 되었다.

일본에서 학생운동은 대학운영에 대한 문제로 촉발되었다. 대학분쟁은 연수의제, 학교기숙사문제, 교원양성부의 과정변경문제, 사학의 대학경영부패, 미군연구비 수수 문제, 자위관 입학, 미군기추락 등이 원인이 되었다. 도쿄(東京)대의 경우는 인턴제 폐지에 따른 연수의제가 직접적인 원인이 되었고, 또한 산학협동체제의 확립을 위한 정부의 과학기술정책의 일환으로 추진된 이바라키(茨城) 연구학원도시의 참가문제가 촉발요인이 되었다. 일본(日本)대학의 경우는 20억 엔의 세제적발이라는 사학의 부패가 원인이 되었다. 규슈(九州)대의 경우는 미군기의 규슈대 추락이 발단이되었고, 게오(慶応)대학의 경우는 미군연구비 수수문제 등이 원인이 되었다. 그처럼 대학이 안고 있는 문제가 산적해 있음에도 불구하고 대학당국의 무책임과 구태의연함은 분쟁을 가속화시켰다.

　도쿄대의 경우 대학 측은 무조건적으로 학생을 징계하였고 그것도 오인처분이었다. 오인처분이라는 사실이 밝혀지자 트로츠키스트 그룹은 1968년 6월 5일 대중단교(大衆團交)를 요구하고 야스다(安田)강당을 점거하였다. 그에 대해 오카와우치 총장은 17일 기동대투입을 요구하였다. 야스다 강당 점거에 반대하고 있던 7인 협의회도 기동대투입에 저항하여 법학부를 제외하고 스트라이크는 전 학년에 확대되었다. 20일 6,000여명의 학생이 야스다 강당 앞에서 전 도쿄대 총궐기대회를 하였다. 지금까지 폭넓게 통일전선을 형성해 대학의 민주화를 실현하려고 한 민청계(民靑系)와 독점자본의 봉사자로서 제국주의대학의 해체를 주장하는 트로츠키스트 집단의 대립은 그 집회에서 현저하게 드러났다. 후자는 7월 2일 전공투(全共鬪)회의를 결성해서 야스다 강당을 재 점거하고 7개 항목을 요구했다. 이런 현상은 개혁을 둘러싸고 다양한 의견이 존재한다는 것을 의미하지만 그 저변에는 권위주의에 기초해서 사회의 흐름을 주도해온 기성세대에 대한 반기이며 저항이라는 의미가 있고 사회변혁세력이 새롭게 등장하고 있다는 것을 의미한다.

　특히 구 제국대학은 학제개혁에도 불구하고 강좌제가 유지되었고, 섹트(sect)주의가 온존하며, 교수의 권위발동으로 폐쇄사회가 되었고, 연구와 교육기능이 경직화되어 대학의 진보와 교육발전에 대한 학생의 불만이 커졌다. 또한 교육은 권위주의로 대체되고 교수의 능력은 연구보다는 연구비나 예산획득의 능력으로 평가되어 학계는 교수의 인맥에 의한 파벌 집단화가 이루어졌다. 그러나 전공투가 제시한 학문과 대학에 대한 근본적 문제는 부패한 대학의 논리에 의해 무시되었다. 대학당국의 무능력함은 다수의 학생이 급진주의적 극좌주의에 참가하게 되는 원인이 되었다. 이에 따라 전공투는 대학에 바리게이트를 설치하여 폐쇄하였다. 그러나 대학당국은 전공투가 점거한 야스당 강당과 그 이외의 건물의 봉쇄를 해제하기 위해서 경시청 기동대의 투입을 요청해서 기동대가 도쿄대에 들어와 봉쇄해제 함으로써 투쟁은 막을 내렸다.

　또한 전국각지의 대학분쟁은 전공투의 결성과 전공투에 의한 바리게이트봉쇄, 대중단교요구 등의 방향으로 진행되었다. 전공투의 조직은 이합집산을 반복하는 트로츠키스트 집단이 중심적인 역할을 하였고, 이들은 '반제반스타' 를 슬로건

으로 반제국주의와 반스탈린주의를 주창하였다. 또한 소부르주아적 견해가 혼재
하고, 반스탈린주의를 주장하면서 모택동주의를 찬미하거나 마르크스-레닌주의
를 인정하고 일체의 권력적인 것을 부정하는 모순을 가지고 있었다. 그 주변에
서 이른바 넌섹트·급진적 노선으로 소부르주아집단을 결집시킨 전공투(全共
鬪)가 있었다. 전공투는 전후민주주의의 본질을 전원참가에 의해 형성된 의회
민주주의로 인식하고, 그것으로 일상의 계급지배가 제도에 의해서 운영되는 직
접민주제를 주장하였다.

그런 이론에는 자각을 객관화하는 면이 적었고 실제로 무한적인 내부 분열
의 계기가 되었다. 그런 이유 때문에 투쟁에 대한 역사적 전망이 사라지고 반
항 그 자체가 목적화되었다. 그리고 반체제적인 것이 섹스라고 생각하여 교토
대학의 바리게이트축제(バリケード祭)로 나타난 것과 같은 인간적 퇴폐가 나
타났고, 자기부정을 하거나 리쓰메이칸(立明館)대학의 '와다쓰미상'(わだつみ
像)을 파괴하는 반사회적 폭력으로 변하였다. 전공투 운동은 급진적인 좌익운
동으로 보여 정부와 자민당의 아카공격을 도왔고, 좌익적 포즈로 헌법을 공격
함으로써 자민당의 안보에 의한 헌법공동화를 도왔을 뿐 아니라 반일공, 반통
일전선, 반노동조합 등을 주장하여 정부와 자민당의 입장을 강화시키는 역할을
하였다. 1969년 대학분쟁은 대학에서 고교로 확산되었다.

위에서 보듯이 성장기 일본은 다양한 의견을 가진 세력이 등장하여 시대적
문제를 해결하려고 하였다. 그러나 그 이면에는 사회변화의 주체를 둘러싼 경
쟁과 항쟁이라는 성격이 짙게 깔려 있다. 지금까지는 사회현상에 대해서 권위
주의에 복종하는 문화에 익숙해있었지만, 개인주의와 자유주의, 민주주의 등과
같은 이념의 확산으로 권위주의에 기초해서 발생하는 사회현상에 대해서 복종
이 아니라 저항과 이의제기로 맞대응하였다. 그런 논쟁은 자연히 사회변혁의
주체를 둘러싼 투쟁으로 발전하게 되었다. 그 과정에서 성장한 세력이 학생세
력이다. 그들은 배움을 원칙으로 하는 입장에서 배움과 변혁을 동시에 갖고 가
는 새로운 세력으로 등장한 것이다. 따라서 이 시기는 대학문제, 개발문제, 사
회문제, 환경문제 등과 같은 현실적인 문제를 해결하려는 의도에서 학생운동과
사회운동이 일어나 영화에서도 그런 시대성을 반영하는 가운데 해결책을 제시
하는 사회참여영화가 많이 만들어 졌다.

▓ 2. TV의 보급

1960년대 영화계가 바뀌게 되는 결정적인 요인은 컬러 TV의 등장이다. TV는 일본경제가 고도로 성장을 하는 가운데 문화의 전달매체로 나타나 문화의 다양화에 대응하는 가장 현실적인 문화내용을 담아내어 내용과 매체에서 혁명을 일으켰다. TV는 밖에서 이루어진 문화생활을 안방으로 끌어들이는 역할을 하였을 뿐 아니라 문화생산의 다양화와 획일화, 문화수요자의 대량생산화, 저가 문화생산, 문화생산자의 집적 등을 촉진시키는 원동력이 되었다. 또한 기술적 호기심뿐 아니라 내용적 호기심을 일으켜 문화수요자의 관심을 모았고, 문화전달의 용이성, 문화전달의 속도화, 문화의 공유화 등과 같은 TV문화를 구축해 갔다. 신 문화매체로서 TV는 일정한 장소에서 볼 때마다 지불해야 하는 영화향유시스템을 흔들어 놓았을 뿐 아니라 새로운 문화향유시스템을 구축하는 요인이 되었다.

일본영화를 급속도로 변하게 한 TV방송은 1953년 시작되었지만, 당시 수상기는 17인치가 17만 엔으로 샐러리맨의 월급이 2만 엔 전후였기 때문에 사기 어려웠다. 초기 민방이었던 일본TV는 번화가에 가두 텔레비전을 설치하여 TV보급을 유도하였고 이것을 계기로 실제로 많이 보급되었다. 가두 TV는 무료로 영화를 상영해주고, 관심 있는 방송을 방영하여 불특정다수인이 즐기도록 하였다. 또한 국산수상기를 개발하여 가격파괴를 하였다. 1953년 방영이 시작된 TV는 1959년 황태자 결혼을 계기로 일반가정에 침투하여 제1차 TV붐을 일으켰고, 1964년 도쿄올림픽 시점에서 컬러 TV가 등장하여 제2차 TV붐이 조성되었다. TV보급대수는 1960년 5백만 대, 1962년 1천만대, 1967년 2천만대 등으로 급속히 늘어났다. 특히 컬러 TV는 1968년 백만 대, 1971년 1천만대 보급되어 최적의 영상미디어가 되어 영화의 기능을 대체하는 역할을 하였다.

일본뿐 아니라 미국도 영향을 받아 할리우드 영화계는 거대영상의 시네마나 입체영상 등과 같은 새로운 기술을 개발하여 영화관객의 이탈을 저지하려 하였다. 영화는 TV가 할 수 없는 것을 하기 위해서 시네마스코프를 개발하고 1960년대에 횡적으로 길게 하는 영상필름을 만들어 상영을 하였다. 제작회사는 영상 비전이나 TV에 이차적으로 사용될 것을 고려해서 처음부터 표준크기나 비

스타 비전(vista vision)으로 촬영했다. 제작비를 줄이기 위해서 파트 컬러라고 하여 어느 한 면만을 컬러로 촬영했다. 특히 핑크영화에서는 자주 이 방법을 이용하였다. 1957년부터 도호의 ≪大堂たり三色娘≫(대성공한 삼색 딸), 도에이의 ≪鳳城の花嫁≫(봉성의 신부), 쇼치쿠의 ≪抱かれた花嫁≫(안긴 신부) 등은 시네마스코프(cinema scope)로 촬영하였다. 아직 모노로그였던 TV와 차별화하기 위해서 컬러 비율을 증대시키는 한편 오즈 야스지로(小津安二郎)와 같은 감독은 특색 있는 색채표현으로 새로운 영역을 개척하여 영화의 맛과 감성을 돋보이게 하였다.

일본영화는 1958년부터 1960년까지 연간 관객 수가 10억 명, 영화관수 7천 개, 개봉편수 700여 편 등으로 일본영화사상 최고의 황금시대를 맞이하였다. 그러나 1960년 547편이 제작되어 산업으로서 점차 위축되었고, 그것도 99%가 6개 대형영화사가 1주에 2편씩 만들어 제공하는 프로그램 픽처에 의한 것이었다. 관객 수도 1958년 11억 명이라는 최고점을 지나 그 이후 점차 줄어들었고 1963년에는 5억 11백만 정도로 떨어졌다. 1970년이 되면, 모노로그 필름은 현저히 감소하고 특수한 장면을 제외하고는 사용하지 않았다. 이런 상황에서 각 영화사는 생존전략을 강구하였다. 도호(東寶)는 도회지의 대학생이나 샐러리맨과 같은 밝은 뿌티 부르주아의 세계를 추구했고, 다이에이(大映)는 지방출신자와 같은 약간 촌티 나는 세계를 소재로 하였으며, 쇼치쿠(竹松)는 인정 넘치는 도쿄의 거리에 초점을 맞췄고, 도에이(東映)는 전통적인 지방도시, 닛카쓰(日活)는 코스모폴리탄적인 항구도시라든가 말을 탈 수 있는 시골 등을 소재로 하였다. 그와 같은 영화발전을 위한 노력에도 불구하고 영화산업의 사양화를 막을 수는 없었다. 신도호는 제작편수를 따르지 못해 1961년 제작 중지하였다. 닛카쓰는 1969년 촬영소를 매각하고 1971년에는 제작정지에 이르게 되었다. 또한 다이에이도 1971년 제작을 중지하였다. 이런 영향 하에서 영화관련 시스템과 내용이 변하게 된다.

■ 3. 영화사의 개혁

1960년대 영화산업은 TV등장, 메이저사들의 불록부킹제의 확립, 독립프로의 배급망 상실에 따른 독립프로덕션의 도산, 영화의 퇴폐화 등의 요인이 작용하여 폭풍의 전야와 같은 위기에 처하게 된다. 이런 현상은 대형영화사, 감독 등 영화 관련업계의 불황으로 이어졌다. 그 동안 영화산업은 독보적인 존재로 문화가운데서도 중추적인 문화생산자역할을 하였을 뿐 아니라 대기업의 형태로 성장하였지만 그런 체제가 지속되는 가운데 생산과 수요의 불균형이 심화되었다. 또한 할리우드의 대작영화가 들어오면서 젊은이들은 일본영화로부터 현저하게 이탈하였다. 그리고 새로운 스타는 영화를 통해서 등장하기 보다는 TV의 데뷔를 통해서 등장하였다. 따라서 일본영화는 재미없다는 젊은 세대의 고정관념이 영화계를 침투하기 시작했다. 또한 영화는 시대요구에 의해서 변한다는 평범한 진리를 간과하여 영화시장과 산업이 불변할 것이라는 영화계의 오판이 작용하였다. 이런 변화의 소용돌이 속에 도호, 다이에이, 쇼치쿠, 도에이, 닛카쓰, 독립프로 등이 있었다.

첫째는 도호(東寶)이다. 도호는 다양한 장르의 영화를 개발하는 방법으로 대응하였다. 도호에서는 시대상에 민첩하게 대응해서 만든 ≪社長≫(사장)시리즈에 이어서 ≪無責任≫(무책임)시리즈, ≪日本一の男≫(일본제일남자)시리즈 등을 만들었다. 주연은 우에키(植木等)가 주로 담당하였고, 감독은 대체로 후루자와(古澤憲吾)가 담당하였다. 이들 영화는 고도경제성장하의 일본을 가볍게 조롱하는 것과 같은 기분으로 황당무계한 뮤지컬 희극으로 꾸며 시대기분을 정확하게 표현하였다. 가야마(加山雄三)주연의 ≪若大將≫(젊은 대장)시리즈는 1930년대 쇼치쿠가 추진한 명랑 스포츠맨 대학생물을 리메이크한 것이었다. 도호의 시리즈는 중산계급으로 올라가길 열망하고 있던 계층이 지지하게 되었다. 또한 괴수영화가 만들어지고 여전히 명감독 구로사와(黑澤明)는 국제적으로 통용되는 영화를 만드는데 노력하였다.

둘째는 다이에이(大映)이다. 다이에이는 스타를 양산시켜 영화진흥을 꾀하였다. 1950년대 컬러 영화 개발에 의욕적이었던 다이에이는 선구적으로 1961년 미스미(三隅研次)감독이 70미리 대작 ≪釋迦≫(석가)를 제작하였다. 이 작품은

대형 세트를 조립하고 인도현지촬영을 하는 등 영화사 살리기의 일환으로 추진된 작품이며 다이에이 번영의 최정점을 형성한 작품이기도 하다. 1960년대에 다이에이가 제작한 것은 ≪惡名≫(악명), ≪座頭市≫(자토시), ≪兵隊やくざ≫(병사야쿠자), ≪ある殺し屋≫(어느 살인청부업자), ≪眠狂四郎≫(잠꾸러기 시로), ≪陸軍中野學校≫(육군나카노학교), ≪大魔神≫(대마신), ≪カメラ≫(카메라) 등과 같은 시리즈이다. ≪座頭市≫(62-71)에서는 가쓰(勝新太郎)가 주연을 맡았고, 주인공 이치(市)는 맹인이지만 천재적인 이아이검술(居合劍術 : 앉아있다 검을 빼어 베는 기술)의 기술을 갖고 있어 대적할 적이 없었다. 주인공이 일본전국을 방랑하면서 토지 약탈자를 충고하거나 어머니와 아들의 재회를 돕는 이야기 등과 같이 서민적이며 인간적인 내용을 다루고 있다. 다이에이에서 활약한 대표적인 감독이 이치카와 콘(市川崑)과 마스무라 야스조(增村保造)이다.

셋째는 쇼치쿠(松竹)이다. 쇼치쿠는 누벨바그를 추구하였다. 쇼치쿠는 1950년대 후반 혼미하는 가운데 1930년대 소시민영화를 유행시켰던 기도 사부로(城戶四郎)가 도에이와 닛카쓰에 대항하기 위해서 신세대의 재능 있는 재목을 물색하였다. 그런 가운데 기대를 안고 있던 오시마 나기사가 ≪愛と希望の街≫(사랑과 희망의 거리, 59)를 만들어 물의를 일으켰을 때 일본 저널리즘은 그런 영화적 현상을 쇼치쿠 누벨바그라고 명명하였다. 쇼치쿠의 누벨바그는 몇 년간 지속되면서 오시마 등과 같은 우수한 감독이 배출되는 계기가 되었다. 이들은 쇼치쿠를 떠난 후에 ATG의 1천만 엔 영화 시스템을 통해 활동을 하였다. 시노다(條田正浩)는 ≪乾いた湖≫(마른 호수, 60)에서 테러리스트 청년의 고독을 그렸고, ≪心中天網島≫(신중천망도, 69)에서 일본의 고전인 분가쿠(文樂)를 영화에 도입하여 쇼치쿠의 멜로드라마를 탈 신비화하는 시도를 하였다. 요시다(吉田喜重)는 ≪秋津溫泉≫(아키쓰온천, 62)에서 연애영화를 찍었다. 물이라는 물체가 가진 관능성을 그린 명작으로 요시다를 일본영화사에 남게 한 작품이다. 이후 요시다는 쇼치쿠를 떠나 ≪エロス+虐殺≫(에로스+학살, 70), ≪煉獄エロイカ≫(연옥에로이카, 70), ≪戒嚴令≫(계엄령, 73) 등에서 과거, 현재, 미래 등의 시공을 투시하는 시점에 서서 일본근대화에 나타난 에로스와 테러리즘의 접점을 탐구하였다.

쇼치쿠는 젊은 감독들이 사라지자 또다시 지루한 멜로드라마와 '시타마치(下

町)의 태양 등에 요약되는 서민희극의 세계로 회귀하였다. 이런 현상을 촬영소의 이름을 따 '오후나조'(大船調)라고 하였다. 노무라(野村芳太郎)는 ≪拜啓天皇陛下樣≫(친애하는 천황폐하님, 63)에서 아쓰미 기요시(渥美淸)에게 빈곤한 청년을 연기하게 하였다. 그의 제자 야마다(山田洋次)는 ≪馬鹿まるだし≫(바보행진, 64)에서 하나(ハナ肇)에게 인정 많은 하층계급의 선인 역을 하게 하였다. 이 과정에서 야마다 감독과 아쓰미 주연의 ≪男はつらいよ≫(남자는 괴로워, 69-97)시리즈가 탄생하였다. 고바야시(小林正樹)감독은 ≪壁あつき部屋≫(벽이 두꺼운 방, 56)에서 B급 전범을 다루었고, ≪東京裁判≫(도쿄재판, 83)을 만들 때까지 일관해서 전쟁책임문제를 다루었다. 또한 그는 중국침략을 배경으로 한 서사시적 영화인 ≪人間の條件≫(인간의 조건, 59-61)시리즈, 무사도의 내용을 다룬 ≪切腹≫(할복, 62) 등을 만들었다. 그리고 ≪怪談≫(괴담, 64)에서 실질음성과 영상을 결합시켰다. 그는 조직과 권력 앞에 끊임없이 작아지는 개인의 비극과 격정을 주제로 하였고, 오키나와 전에서 전쟁포로가 된 경험을 영화의 주제로 하였다.

넷째는 도에이(東映)이다. 도에이는 남자답고 용감한 야쿠자(仁俠)영화를 만들어 냈다. 도에이 교토는 1950년대에 이어 1960년대에도 시대극으로 쾌속질주를 하였지만, 1960년대 전반에 새로운 경향으로 닝교(仁俠)영화 즉 야쿠자를 주인공으로 하는 영화를 만들었다[1]. 일본에서 야쿠자영화는 사와시마(澤島忠)의 ≪人生劇場·飛車角≫(인생극장, 63) 등에서 쓰루다(鶴田浩二)와 다카쿠라(高倉健)가 출연함으로써 시작되었다. 이 영화에서는 고난에 잘 참고 견디며, 엄습해오는 전통사회의 인간관계를 위해 목숨을 던지는 쓰루다와 소년으로 싸움꾼이면서도 의리와 인정사이에 고민하면서도 최후에 자기희생을 하는 다카쿠라가 연기하여 시대극에 불만을 가졌던 관객의 지지를 받았다. 더욱이 남자와 같은 용기를 가진 후지(藤純子)와 조야하며 감상적인 길을 걷는 와카야마(若山富三郎)가 나타나면서 이 세계는 완성도를 높였다. 이런 과정을 겪으면서 ≪昭和殘俠傳≫(쇼와잔협전), ≪網走番外地≫(망주번외지), ≪緋牡丹博徒≫(비모단도박

---

1) 야쿠자영화의 이야기는 대체로 주인공이 방랑하는 야쿠자로 하룻밤과 한 끼를 얻어먹은 은혜로 예기치 않은 대립관계에 연루된다. 동료간의 비열한 분열이나 신뢰한 우두머리가 배반하고, 자만이 자만을 불러 주인공은 악덕 우두머리에게 잠입하여 위기에 처하게 된다. 그런 가운데 도와주는 사람이 등장하여 위기를 모면한다.

꾼) 등과 같은 시리즈가 1965년부터 1972년 사이에 유행하였다.

베테랑 감독 마키노(マキノ雅弘)는 야쿠자들의 생활에 정통하여 인정미 넘치는 영화를 만들었고, 야마시타(山下耕作)는 중후한 영화를, 가토(加藤泰)는 복잡하고 화려한 영화를, 스즈키(鈴木則文)는 유머러스한 패러디 정신을 가진 영화를 그렸다. 1960년대 야쿠자영화는 1930년대 유행한 의적과 같은 것과는 달랐다. 주인공은 금욕적이며 인정이 많고 일본의 전통적인 유교적 도덕관을 실천하였다. 여기에서 착한 사람은 항상 일본 옷에 다도(茶道)를 하는 듯한 좋은 인상으로 대결에 대응하고, 악한 사람은 양복에 권총을 무기로 무차별적으로 대결을 하는 것과 같이 표현하였다. 따라서 야쿠자영화에서는 인의를 전제로 전통적인 공동체에 귀속하는 내용과 의도를 가진 영화를 가장 가치 있는 것으로 인식하였다. 전근대적인 그런 향수는 전전과 전후의 시대극에서 있을 수 없는 일이었다. 이것은 일본이 고도경제성장을 하는 가운데 전통적인 도덕성을 잃고 있는 시대에 대한 대응으로 나타난 것으로 1960년대 후반 신 좌익적 심정을 갖고 있는 학생과 미시마 유키오(三島由紀夫) 등이 열광적으로 지지했다. 그들은 개인주의를 포기하지 않은 채 매몰될 수 있는 공동체를 원했고, 자기동일성을 보증해주는 의례체계가 현실적으로 작동하기를 기대했다.

다섯째는 닛카쓰(日活)이다. 닛카쓰는 무국적 액션물을 추구하였다. 닛카쓰는 액션영화를 통해서 전후 현대를 긍정적으로 표현하였다. 1960년대 닛카쓰의 영화는 도시적 풍속, 할리우드의 서부극, 이탈리아의 네오리얼리즘, 프랑스의 누벨바그 등의 장르를 넘나들며 일본풍을 만드는데 과격한 하이브리드성(hybridity)을 띠었다. 특히 이 시기의 닛카쓰영화를 '무국적 액션'이라고 부르기도 하였다. 무국적 액션영화는 1959년부터 1962년에 걸쳐 제작된 ≪渡り鳥≫(철새)시리즈가 전형적인 작품이다. 고바야시(小林旭)가 연기한 방랑자는 기타를 메고 지방 도시를 방문하고, 그곳에서 악덕 지역유지에게 이지메 당하는 아사오쿠(淺丘ルリ子)를 보호하고 사라진다. 그런 액션극은 존 웨인이 출연한 서부극의 이야기를 참조한 일본판 서부극으로 무대는 홋카이도(北海道)나 아소산록(阿蘇山麓), 고베(神戶)나 요코하마(橫浜) 등을 중심으로 하였다.

닛카쓰의 액션영화는 이시하라 유지로(石原裕次郎)를 중심으로 형성된 태양족 영화를 대체할 수 있는 장르로 나타난 것이다. 1960년대 중반에는 '무드액

션'이라 불리는 달콤하고 감상적인 연애영화가 만들어졌다. 대표적 작품인 에자키 미오의 ≪夜霧よ今夜も有難う≫(밤안개여 오늘밤도 고마워, 67)는 마이켈 카치스의 ≪카사브랑카≫를 번안한 것으로 요코하마에서 혁명가 니타니(二谷英明)를 망항 시키는 과정을 그렸고, 패기 넘치는 이시하라 유지로를 주인공으로 한 작품이다. 노무라(野村孝)는 ≪拳銃はおれのパスーポト≫(권총은 나의 패스포트, 67)에서 금욕적인 리얼리즘을 표현하였다. 닛카쓰에서 활약한 감독은 사이토(齊藤武市), 마스다(ます田利雄), 구라하라(藏原惟繕), 나카히라(中平康) 등과 같이 직인기질이 강한 감독이 두드러졌다. 나카히라 감독은 이시하라 유지로를 데뷔시켰고, 요시나가(吉永小百合)와 하마다(浜田光夫)를 ≪泥だらけの純情≫(흙탕속의 순정, 63)에서 등장시켜 닛카쓰 순정노선을 확립시켰으며 가벼운 에로티시즘으로 ≪砂の上の植物群≫(사막위의 식물군상, 64)를 촬영했다. 1960년대 후반에는 홍콩에서 1970년대 전반에는 한국에서 리메이크하여 닛카쓰 액션의 세계를 아시아에 선전하는 역할을 하였다. 이 시기에는 나카히라뿐 아니라 이노우에 우메쓰쿠(井上梅次)도 홍콩에서 적극적으로 작품 활동을 하여 일본홍콩합작영화를 만드는 계기를 마련하였다. 그 결과로 1980년대에는 홍콩노월(홍콩ノワール)이라는 영화가 히트를 치게 되었고, 1990년대 홍콩영화인이 할리우드 액션계에 대량으로 입성하는 계기가 되었다.

여섯째는 독립프로와 ATG(Art Theater Guild)이다. 1960년 초기에는 5대 기업이 불록부킹을 형성하여 시장을 완전히 지배하였지만, 영화산업이 사양화되는 가운데 5대 기업으로부터 나온 재능 있는 감독이 독립프로를 만들어 활동을 하였다. 독립프로는 연간 1편 또는 2편정도를 만들어 입지가 점점 좁아지고 있었다. 근대영화협회의 신토(新藤兼人)는 경제적 어려움을 겪으면서 ≪裸の島≫(벌거숭이 섬, 60), ≪鬼婆≫(마귀할멈, 64), ≪裸の十九才≫(벌거숭이 19세, 70) 등을 만들었다. 신토는 개인의 욕망을 그 자체로 긍정하는 것이 아니라 사회적 산물로 관찰하는데 정열을 쏟았다. 데시가와 히로시(勅使河原宏)는 ≪穴≫(굴, 62), ≪砂の女≫(위기의 여자, 64), ≪他人の顔≫(타인의 얼굴, 66) 등을 발표하였다. 이들 작품은 부뉴엘(ブニュエル)에 가까운 생물주의에 기초하면서도 블랙 유모가 충만한 세계를 그렸다.

1960년대 초에는 일본 ATG가 결성되어 대도시에 예술영화전문관을 설치하

고 독립프로의 작품을 배급하는 역할을 하였다. ATG는 일본예술영화 전용관 조합(ATG : Art Theater Guild)이다. ATG가 발족한 것은 1961년 11월 신도호가 영화제작을 중지하면서 실질적으로 도산했던 해였다. ATG의 창립추진자는 도호의 전무였던 모리 이와오, 도호의 사장인 가와기타 나가마사 및 그의 부인 등이었다. ATG는 대기업영화의 5분 1정도인 약 1천만 엔으로 영화를 만드는 실험정신을 가진 감독에게 의뢰하는 방법을 동원하였다. ATG는 1,000만 엔 영화제작을 목표로 한 영화단체이다. 당시 B급영화제작비가 5,000만 엔이 드는 시대이어서 파격적인 영화제작비였던 것이다. 오시마, 시노다, 요시다 등의 전위적 작품은 그렇게 제작되었다. 그 조합에서 만들어진 영화는 ≪艦艇≫(함정, 62), 신토 가네토의 ≪人間≫(인간, 62), 하니 스스무의 ≪彼女と彼≫(그녀와 그, 63)와 ≪初戀·地獄編≫(초연, 68), 오시마의 ≪絞死刑≫(교사형, 68)과 ≪新宿泥棒日記≫(신주쿠도둑일기, 69), 시노다 마사히로의 ≪心中天網島≫(심중천망도, 69), 요시다 요시시게의 ≪エロス+虐殺≫(에로스+학살, 70), 모리타 요시미쓰의 ≪家族ゲーム≫(83) 등이다. 그런 흐름 속에서 일본에서 최초의 게이와 성, 근친상간의 문제를 정면에서 다룬 마쓰모토(松本俊夫)의 ≪薔薇の葬禮≫(장미의 장례, 69)와 지쓰소우지(實相寺昭雄)의 ≪無常≫(무상, 70) 등이 만들어졌다.

ATG의 제1작은 오시마 감독에게 맡겨졌다. 오시마는 고마쓰카와(小松川) 고교사건을 영화로 제작하게 된다. 그것은 재일조선인의 소년사형수를 주인공으로 한 ≪絞死刑≫(교사형, 68)으로 1,000만 엔으로 만드는 것은 무리였다. 오시마는 비용을 줄이기 위해서 사형장을 한 장소로 정하고, 등장인물도 7인으로 한정하며, 옷도 한 벌씩 제한하고, 배역은 일반 공모하여 프로와 아마 혼성으로 하고, 출연료는 일률적으로 10만 엔으로 제한하였으며, 촬영은 적은 수로 짧은 기간에 집중적으로 하는 등의 방법을 사용하였다. 그러나 내용은 밀도 있게 하였다. 그렇게 만들어진 작품은 일본의 고도성장과 재판제도를 냉정하게 비판하고 또한 민족차별문제를 밀도 있게 다루었다.

이 영화에서는 재일조선인 소년이 살인죄로 사형선고를 받아 집행된다. 그러나 그는 죽지 않고 기억상실증에 걸린다. 집행인은 다시 사형시키지 않으면 안되었지만 자기 죄를 알지 못하는 사람을 사형시키는 것은 단순한 살인에 불과하였다. 이에 형무소 관계자는 사형 받은 이유를 납득시키기 시작한다. 그러나 납득하지 못하는 가운데 검사 등 형무소 관계자는 사형집행에 대한 확신을 갖지 못하고 혼란에 빠진다. 사형수 본인은 왜 자기가 사형에 처해졌는가를 문제 제기를 하고, 심리학자나 철학자처럼 범죄 심리를 고찰하는 한편 민족차별과 국가권력의 관계, 개인의 생존권 등에 대해서 명석한 논리를 편다. 이 영화는 사형제도와 국가권력에 대한 비판이 논리적으로 전개되는 특징을 갖고 있지만, 다른 한편으로는 신참을 등용시켜 적은 비용으로 제작된 영화가 대히트를 치는 신화를 낳게 된다. 이 때문에 오시마는 주목을 받으며 새롭게 출발하게 된다.

오시마는 ≪天草四郎時貞≫(천초사랑시정)을 만들었지만 실패하여 영화사는 일을 주지 않았다. 이후 오시마는 TV다큐멘터리를 찍기도 하고, 한국에서 노상의 가난한 어린이의 건전하고 건강한 생활모습을 그리고 나레이션을 넣어 만든 ≪ユンボギの日記≫(윤복기의 일기, 65)라는 단편영화도 만들었다. 이것은 ATG의 신주쿠문화라는 영화관에서 밤에만 상영하였지만 평판이 좋았다. 이후 장편영화로 ≪忍者武藝帳≫(인자무예장)을 만들고 ATG에서 상영하여 주목을 받게 된다. 그런 실험을 거쳐 양화의 예술작품을 전문적으로 상영해온 ATG의 전국가맹관을 구축하는 구상이 실현된다. 그는 ≪新宿泥棒日記≫(신주쿠도둑 일기, 69)에서 1960년대 말 신주쿠가 일종의 해방구역할을 하는 측면을 그렸다. 당시 신주쿠는 아마추어 밴드를 중심으로 형성된 자연발생적인 베트남전쟁 반대 노래집회가 열리기도 하였고, 또한 데라모토(寺本修司) 등이 가두연극을 하는 거리이기도 하였다. 특히 아나키스트의 반체제운동이 일어나고 또한 신주쿠 3조메에 있던 ATG의 거점극장은 기성세대에 도전하는 기능을 하였다. 영화 ≪新宿泥棒日記≫는 이 거리가 폭발성을 갖고 있는 모습을 다큐멘터리로 촬영한 것이며, 아나키 현상을 실재하는 유명인들을 통해 연극적으로 표현하여 찍었다.

그리고 ≪少年≫(소년, 69)은 오시마가 일관해온 범죄물중의 한 작품이다. 오시마는 이 영화에서 사회비판과 고발을 위해서 범죄라는 주제에 접근하였고, 범죄를 통해서 인간은 어느 정도 자기결정을 통해 살아가는가 하는 주체성 문제를 탐구하였다. 이 영화에서는 10세 소년이 부모의 명으로 차 충돌 범죄를 일삼게 된다. 어린아이는 아무 생각 없이 그런 행위를 한 것이 아니다. 단순한 돈벌이만도 아니다. 그는 자기가 그것을 하지 않으면 가족이 붕괴된다는 것을 인식하였고, 그것을 하지 않으면 안 되는 상황에 처해진 것을 인지하고 있다. 따라서 소년은 범죄에 대한 자각이 있으면서도 동시에 책임의식도 있다. 이런 점에서 소년은 주체적인 인간인 것이다. 오시마는 ATG 영화를 통해서 다양하고 신선하게 사회문제에 접근하였다. ATG는 그런 영화에 접근할 수 있는 기회를 제공했을 뿐 아니라 외국영화수입에 대해서 반대하고 있던 일본영화계에 신선한 자극을 주었으며, 일본영화의 방향성을 제시해주는 역할을 하였다.

Ⅲ 성장기의 감독과 영화

■ 1. 성장기의 감독과 영화 1

1960년대 일본영화계는 시대와 문화의 다양성에 대응해야 하는 과제를 안고 있었다. 즉 영화전성기의 퇴조에 대한 영화수요변화, 고도경제성장에 따른 문화수요자의 변화, 영화대체문화전달매체로서 TV와 TV영화등장에 따른 영화관영화의 위기, 영화산업의 지속적인 발전과 번영을 위한 시대적 과제 등에 대응해야만 했다. 특히 1957-58년은 일본영화사에서 매우 중요한 변화의 시기로 다양한 영화와 감독이 새롭게 등장하였다. 다이에이에서 마스무라 야스조(增村保造), 닛카쓰에서 나카히라 코(中平康)와 이마무라 쇼헤이(今村昌平), 도에이에서 사와시마 다다(澤島忠), 도호에서 오카모토 기하치(岡本喜八), 쇼치쿠에서 오시마 나기사(大島渚) 등과 같은 감독이 등장하였다. 이들 감독은 개성이 강하다는 특징이 있고 또한 감상적이기보다는 냉정하고 현실참여적인 시각을 갖고 영화에 접근하였다. 가장 개성이 강한 감독중의 한 사람이 마스무라이다. 그는 양심적이라고 한 일본영화들이 감상적인 휴머니즘과 현실 밀착적이며 자연주의적 리얼리즘에 안주하고 있다고 보고 새로운 시도를 하였다. 또한 오카모토는 빠른 대사 전개를 추구하였고, 사와시마는 시대극에서 기존과는 다르게 한 옥타브나 두 옥타브 높은 소리를 내도록 표현하였다.

이런 변화가운데서도 일본영화계에는 기존의 유명감독이 작품 활동을 계속하고 있었다. 즉 기누가사 데이노스케(衣笠貞之助), 이토 다이스케(伊藤大輔), 고쇼 헤이노스케(五所平之助), 다사카 도모다카(田坂具隆), 마키노 마사히로(マキノ雅弘), 우치다 토무(內田吐夢), 오즈 야스지로(小津安二郎), 이나가키 히로시(稻垣浩) 등은 기존의 영화장르에서 활약하고 있었다. 그것을 보면 <표2>와 같다.

<표2> 성장기의 감독과 영화 1

감 독	작 품	특 징
衣笠貞之助 (기누가사 데이노스케)	小さい逃亡者(66)	
伊藤大輔 (이토 다이스케)	反逆兒(61), この首一万石(63)	시대극
五所平之助 (고쇼 헤이노스케)	雪がちぎれる時(61), 恐山の女(65), 明治はるあき(68)	
田坂具隆 (다사카 도모다카)	はだかっ子(61), ちいさこべ(62), 五番町夕霧櫻(63), 鮫(64), 冷飯とおさんとちゃん(65), 湖の琴(66)	서민 애환
マキノ雅弘 (마키노 마사히로)	次郎長三國誌 三部作(63-4), 日本侠客傳シリーズ(64-68), 昭和殘侠傳・花と龍(69), 純子引退記念映畵・關東緋櫻一家(72)	방랑 무사 인정물
內田吐夢 (우치다 토무)	宮本武藏(61), 宮本武藏・般若坂の決鬪(62), 宮本武藏・一乘寺の決鬪(64), 飢餓海峽(64), 人生劇場・飛車角と吉良常(68), 眞劍勝負(71)	검객 영화
小津安二郎 (오즈 야스지로)	小早川家の秋(61), 秋刀魚の味(62)	가족 영화
稻垣浩 (이나가키 히로시)	ゲンと不動明王(61), 忠臣藏(62), 秘劍(63), 風林火山(69)	

　　우치다 토무(內田吐夢)의 ≪宮本武藏≫(미야모토 무사시, 61)는 실재한 인물로 옛날부터 전해오는 최강의 호검객에 대한 이야기를 담은 영화이다. 요시가와(吉川英治)의 대하소설 『宮本武藏』는 무사의 수행에 대한 이야기로 검술의 명인이 되기 위한 노력뿐 아니라 사랑에 빠져 고민하는 측면, 시합에서 상대를 살해할 것인가 말 것인가에 대한 고민 등을 다루고 있고, 인격적으로 보다 높게 성장하는 무사의 수행과정에 초점을 맞췄다. 이 영화는 일중전쟁이 일어났을 때 베스트셀러가 되었고 반복해서 영화화되었다. 그 중에서 최고의 작품이 우치다 토무의 ≪宮本武藏≫(61-65) 5부작이다. 무사시(武藏)라는 무사는 애인 오도리(通)와 많은 주위사람들에게 검술뿐 아니라 교양, 사려 깊은 정 등에 감명을 주는 검객이다. 검객으로 최고에 도달해 있다는 것은 계속해서 도

전자의 도전을 받아야 하는 입장에 있어 결투를 할 때마다 살인을 해야 하는 것을 의미한다. 우치다가 그린 무사시는 인격적인 이상을 추구하는 고통을 감내하는 인간인 동시에 결과적으로 힘과 책략으로 잔혹하게 살해하는 냉엄한 무사세계를 살아가는 인물이다. 결투의 최고 장면은 제4부에 나오는 일승사(一乘寺)에서의 결투로, 무사들이 늪 속에 달리면서 죽이고 필사적으로 도망치는 연속적인 살풍경이 실감나게 그려지고 있다.

우치다 감독의 ≪飢餓海峽≫(기아해협, 64)은 태풍으로 연락선이 침몰되고 홋카이도의 작은 마을이 전소하게 되는 장면에서 영화가 시작된다. 그러나 그런 엄청난 사건은 태풍으로 인한 것이 아니라 방화로 일어난 것이라는 사실이 밝혀진다. 범인 이누카이(犬飼多名)는 혼란한 틈을 통해 작은 배로 해협을 건너 마을을 탈출한다. 황량한 반도를 지나 도망을 가다 피로에 지친다. 그는 어느 사창가에 이르러 아시게라는 창녀에게 몸을 의지한 채 심신을 쉬고, 훔친 많은 돈을 그녀에게 주고 사라진다. 그런 후 형사가 찾아와 그녀에서 여러 조사를 하지만 그녀는 함구하는 가운데 돈벌기 위해 도쿄로 진출한다. 10년이 흘러 그녀는 우연히 이누카이가 이름을 바꿔 성공한 사람으로 살고 있다는 사실을 알게 되어 인사를 하러 간다. 그러나 이누카이는 과거를 알고 있는 그녀가 두려워 살해한다. 그리고 집단자살로 꾸미기 위해 자기의 선생도 죽여 바다에 던진다. 이누카이가 용의자 선상에 올랐지만 증거가 없었다. 그를 쫓던 형사는 아시게가 그를 찾아간 것이 옛날 자기에게 베푼 호의에 감사하기 위해 간 것이라는 것을 설명하자 이누카이는 눈물을 흘리며 고백을 한다. 이렇게 해서 현장검증을 하기 위해 홋카이도로 돌아오는 중 이누카이는 바다에 뛰어들어 자살한다. 이 영화는 전후 일본이 기아에서 벗어나기 위해 필사적으로 살아가고 있는 일본인의 고통에 대한 흔적을 새롭게 회상하는 계기가 되었다. 이누카이가 바다에 몸을 던져 죽은 시점에서 흘러나오는 영가는 마치 전후라는 시대의 고통을 알리는 진혼가 처럼 들렸다.

다사카 도모다카(田坂具隆) 감독의 ≪冷飯とおさんとちゃん≫(찬밥과 부엌데기 및 아버지, 65)는 에도시대 서민들의 일상생활에서 벌어지는 애환을 유머러스하게 표현한 작품이다. 이것은 야마모토(山本周五郎)의 단편소설을 영화화한 옴니버스영화이다. 제1화는 ≪찬밥이야기≫이다. 어느 하급무사의 4남에 대한 이야기로 4남이기 때문에 무가의 집 사위로 가든지 아니면 학문이나 무예를 해야 하는 처지였다. 그런 입장에 있어 가출을 하지 못하고 형 집에 머물러 찬밥신세가 된다. 그는 안주해서는 안 된다고 결심하고 학문에 정진한다. 그의 모습을 본 무로(武老)에게 신용을 얻어 나중에는 행복하게 산다는 이야기이다. 제2화인 오상(おさん : 부엌데기)은 성적으로 너무 가벼운 여자의 비극을 그린 이야기이다. 성교를 할 때 자신을 잃어버리고 상대남자의 이름을 부르는 여자를 남자가 가엾다고 여긴다. 그런 여자의 존재에 대해서 남자가 어느 정도 용인할 것인가에 대한 이야기이다. 이것은 시대극에서 통상 남자의 강함을 보인 것과는 다르게 얼마나 부드러운 존재인가를 그렸다는 특징이 있다. 제3화인 창(ちゃん : 父)에서 기노스케(錦之助)는 솜씨가 좋지만 양심적으로 일을 하기 때문에 빈곤하게 사는 직인이다. 밤에 술 먹고 취하여 고성방가를 해도 아내와 아이들이 마중 나오는 선인에 대한 이야기이다. 이 영화는 시대극의 성격을 띠고 있지만 에도 서민들의 생활을 그린 특징이 있다.

　　<표3>은 성장기에 활약한 감독과 영화를 정리한 것이다. 이중에는 전전뿐 아니라 전후에도 왕성하게 작품 활동을 하여 국제적으로 이름과 영화를 알린 유명감독이 있다. 즉 나루세 미키오(成瀬己喜男), 야마모토 카지로(山本嘉次郎), 도요다 시로(豊田四郎), 요시무라 코자부로(吉村公三郎), 야마모토 사쓰오(山本薩夫), 이마이 다다시(今井正) 등이다.

<표3> 성장기의 감독과 영화 2

감 독	작 품	특 징
成瀬己喜男 (나루세 미키오)	妻として女として(61), 女の座(62), 放浪記(62), 亂れる(64), 亂れ雲(67)	풍속 영화
山本嘉次郎 (야마모토 카지로)	狸の花道(64)	
豊田四郎 (도요다 시로)	如何なる星の下に(62), 甘い汗(64), 四谷怪談(65), 波影(65), 恍惚の人(73)	괴담 영화
吉村公三郎 (요시무라 코자부로)	女の勳章(61), その夜は忘れない(62), 越前竹人形(63)	

山本薩夫 (야마모토 사쓰오)	松川事件(61), 忍びの者(62), 續忍びの者(63), 傷だれけの山河(64), にっぽん泥棒物語(65), 証人の椅子(65), 白い巨塔(66)	좌익 영화
今井正 (아마이 다다시)	あれが港の燈だ(61), にっぽんのお婆ちゃん(62), 武士道残酷物語(63), 越後つついし親不知(64), 仇討(64), 砂糖菓子が壊れるとき(67), 橋のない川 二部作(69-70)	참여 영화

이중에서 대표적으로 당시 일본사회의 실상을 잘 그려낸 감독이 아미이(今井正)이다. 그가 ≪あれが港の燈だ≫(저것이 항구의 등대다, 61)를 제작한 시기는 한국의 이승만 대통령이 집권하여 일본에 대해서 매우 강경한 정책을 실시하던 시기였다. 그 정책의 일환으로 추진된 이승만 라인은 한국해협에 선을 긋고 그 선 안에 들어오는 일본어선을 납포하고, 선원을 체포하는 정책이었다. 일본 해상보안청 순시선은 일본어선을 보호하려 했지만, 무력반격이 허용되지 않았기 때문에 경고나 방해하는 정도로 대응하였다. 이런 상황에서 당시 양국사이의 복잡한 인간관계를 영화로 표현한 작품이 ≪あれが港の燈だ≫(61)이다. 이 영화에서 주인공은 재일한국인 청년으로 한국인이라는 사실을 감추고 일본어선에 승선하여 이승만 라인을 넘어 어업을 하고 있었다. 그의 주위에 있는 일본인의 어부와 가족은 이승만 정책을 신랄하게 비판하였고 또한 한국에 반감을 가지고 있다. 주인공은 일본의 사정도 이해를 하지만, 일본이 근대적인 어업방법으로 물고기를 싹쓸이 하다보니 한국어업의 생존이 어려워진 사실도 동시에 인식하고 있다. 이 영화에서는 양측의 고통을 이해하는 한 청년의 고뇌를 통해서 한일간에 벌어지고 있는 현실적 어려움을 리얼하게 표현하고 있다.

<표4>는 성장기의 감독과 영화를 나타낸 것으로 활동한 감독으로는 구로사와 아키라(黑澤明), 기노시타 게이스케(木下惠介), 가와시마 유조(川島雄三), 이치카와 콘(市川崑), 신토 가네토(新藤兼人), 고바야시 마사키(小林正樹), 호리카와 히로미치(堀川弘通) 등이 있다.

<표4> 성장기의 감독과 영화 3

감 독	작 품	특 징
黑澤明 (구로사와 아키라)	用心棒(61), 椿三十郎(62), 天國と地獄(63), 赤ひげ(65), どですかでん(70)	시대극
木下惠介 (기노시타 게이스케)	永遠の人(61), 香華(64), なつかしき笛や太鼓(67)	
川島雄三 (가와시마 유조)	女は二度生れる(61), 花影(61), 雁の寺(62), しとやかな獸(62)	
市川崑 (이치카와 콘)	破戒(62), 私は二歲(62), 雪之丞變化(63), 太平洋ひとりぼっち(63), 東京オリピック(65), トッポ・ジージョのボタン戰爭(67)	문예영화
新藤兼人 (신토 가네토)	人間(62), 母(63), 鬼婆(64), 惡黨(65), 本能(66), 性の起源(67), かげろう(69), 裸の十九歲(70)	자서전적 영화
小林正樹 (고바야시 마사키)	人間の條件 六部作(59-61), 切腹(62), 怪談(64), 上意討ち(67), 日本の靑春(68)	
堀川弘通 (호리카와 히로미치)	証言(60), 靑い野獸(60), 別れて生きるときも(61), 猫と鰹節(61), 娘と私(62), 白と黑(63), さらばモスクワ愚連隊(68)	

구로사와(黑澤明)는 ≪用心棒≫(경호원, 61)에서 살인 장면을 과장하는 수법을 동원해서 무술영화의 진수를 보여주어 세계 무술영화에 새로운 변혁을 일으켰을 뿐 아니라 큰 충격을 주었다. 이 영화는 브루스 윌리스 주연의 ≪라스트맨 스탠딩≫과 크린트 이스트우드의 ≪용서받지 못 한다≫등을 만드는데 크게 영향을 주었다. 특히 영화에서 칼로 살을 베는 장면에서 처음으로 효과음을 넣어 좀더 실감나게 표현하였다. 요짐보(用心棒)는 영어로 보디가드를 의미한다. 영화의 배경은 1860년으로 전쟁이 끝난 후 사무라이들이 여기저기 방랑하던 시기였다. 출중한 검술을 가진 사무라이 산주로는 정처 없이 일거리를 찾아 헤매었다. 산주로는 두 사무라이 패거리의 싸움으로 얼룩진 어느 마을에 당도한다. 빼어난 칼 솜씨를 안 양측은 싸움에서 승리하기 위해 산주로를 끌어 들이려 하였다. 산주로는 몸값을 흥정하지만 결정을 하지 않고 그 상황을 즐긴다.

산주로는 한쪽의 사무라이 우시토라의 셋째아들 노스케가 권총을 가지고 나타나면서 새로운 국면에 직면하게 된다. 산주로는 금화 30냥을 받고 우시토라의 요짐보로 채용된다. 그런 가운데 요염한 한 여자를 두고 양 세력 간에 다시 싸움이 벌어진다. 산주로는 우시토라에게 잡혀온 여자를 빼돌리고 금화 30냥을 주어 그녀의 가족과 같이 도망가게 한다. 그러나 여자의 감사편지 때문에 산주로의 행각이 드러나게 되어 산주로는 만신창이가 되도록 맞는다. 노인의 도움으로 위기에서 탈출하지만 우시토라는 산주로가 상대측에 도망간 것으로 알고 총으로 마을을 몰락시킨다. 산속 절에 숨어있던 산주로는 자기를 구해준 노인이 위기에 처해있다는 소식을 듣고 마을로 내려와 폭력배를 제거하고 마을에 평화를 찾아준 뒤 조용히 사라진다.

또한 구로사와는 ≪天國と地獄≫(천국과 지옥, 63)에서 일본영화에서 드문 대결구도를 그렸고, ≪赤ひげ≫(붉은 수염, 65)에서 잔바라가 없는 시대극을 성공시켰지만 여기에서 인체뿐 아니라 사회전체를 치료해야 한다는 휴머니즘을 피력하였다. 이 영화에 등장한 고이시가와 요양소는 에도시대에 실제로 빈민층을 위해 설립된 공립 치료센터였다. 봉건시대에는 복지가 국민이 누려야 하는 당연한 권리이기 보다는 오히려 자비라는 차원에서 행해지는 것이었고, 더욱이 오히려 부끄러워하는 경향마저 있었다. 이 영화에서 구로사와가 주장한 휴머니즘에 대해 미시마 유키오(三島由紀夫)는 '구로사와의 사상은 중학생 수준'이라고 비판하였다. 구로사와는 ≪どですかでん≫(70)에서 도쿄 주변에 사는 폐품 회수업자들의 마음 따뜻한 생활을 그리는 한편 자연의 색을 거부하고 인공적인 색채로 촬영한 컬러 작품을 시도하게 된다. 그런 구로사와의 시도는 영화에서 많은 영향을 주었고 또한 표현력을 풍부하게 하는 기초가 되었다.

이치카와(市川崑)는 ≪炎上≫(염상, 58), ≪破戒≫(파계, 61) 등과 같이 문학노선에 기초를 둔 영화를 만들었다. ≪太平洋ひとりぼっち≫(태평양횡단, 63)에서는 작은 요트로 태평양을 횡단하여 샌프란시스코에 입항하는 과정에서 겪는 문제를 영화로 표현한 작품이다. 이 영화에서는 항해하는 동안에 벌어지는 일들을 그렸다. 예를 들면, 갑판에서 하늘을 보며 살아가는 모습과 비를 맞으며 쓸쓸하게 항해하는 모습 등 배위에서 경험하는 대모험 과정을 리얼하게 그렸다. 그는 하세가와(長谷川一夫)의 주연영화 300편을 기념한 작품으로 ≪雪

之丞變化≫(설지승변화, 63)를 신선한 색채로 만들었다. 이치카와는 1964년 도쿄올림픽 다큐멘터리 감독으로 의뢰받아 메달에 무관심한 채 전위적인 수법으로 ≪東京オリピック≫(도쿄올림픽, 65)을 만들었다. 그것 때문에 민족주의자로부터 강한 비판을 받아 내용을 재편성하여 일본선수가 우승하는 장면을 넣어야 했다. 1964년 10월 도쿄에서 열린 올림픽대회의 공식기록영화를 만들기 위해서 뉴스영화를 전문으로 하는 6개사가 모여 도쿄올림픽 영화협회를 설립하여 활동에 들어갔다. 많은 망원렌즈가 동원되었을 뿐 아니라 제작관련 스텝만도 556명이었다. 이치카와 감독은 승부보다는 경기에 열중하는 인간표정이나 동작을 그려내는데 전력투구를 다했다. 선수들이 경기하는 매 순간을 포착하여 인간에게서 발산되는 살아있는 생명력을 찍으려 하였다. 이런 작업을 거쳐 작품이 완성되었지만 일본올림픽 관계자는 그런 포착에 불만을 표출하고 올림픽 담당 장관인 고노(河野一郎)에게 수정을 요구하였다. 이 기록영화는 승부와 관계없는 부분을 기록했고 또한 일본선수가 이기는 장면을 담고 있지 않기 때문에 무의미하다는 것이었다. 그것은 일본선수가 우승해서 일장기가 높이 올라가는 장면을 찍지 않은 것에 대한 불만이었던 것이다.

신토(新藤兼人) 감독은 자서전적인 내용을 담은 작품을 제작하였다. 즉 상식을 벗어날 정도로 사람을 좋아하는 남편을 위해 몰락한 일가를 필사적으로 일으켜 세우고 어린 시절부터 양육해온 어머니를 찬미하는 ≪落葉樹≫(낙엽수), 몰락한 생가의 경제적 위기를 구하기 위해서 이민자에게 시집가서 고생을 하는 누나의 생애를 그린 ≪地平線≫(지평선), 소년시절부터 자기에게 어머니와 같은 역할을 했던 누나의 삶에서 힌트를 얻어 만든 ≪母≫(어머니) 등이 바로 그런 작품이다. 또한 그는 각본가였던 자기를 격려하면서도 병으로 쓰러져 죽어간 아내에 대한 진혼곡을 그린 ≪愛妻物語≫(애첩이야기)를 만들었다. 그런 영화들은 여성이 남편, 동생, 아들 등을 위해서 헌신적으로 희생하는 이야기를 담고 있다. 각각 서로 다른 주제를 가지고 있는 작품이지만 여성에 대해 숭고하고 숭배하는 마음을 유감없이 토로한 작품이라는 특징이 있다.

신토 감독의 ≪裸の十九歲≫(벌거숭이 19살, 70)은 나가야마(永山則夫)와 그 가족에 대한 조사를 토대로 해서 만든 영화이다. 이것은 교토에서 홋카이도에 이르기까지 각 지역에서 권총 한 자루로 많은 살인사건을 일으켜 체포된 19

살 된 나가야마라는 소년의 이야기를 영화화한 것이다. 그가 자행한 살인은 계획적인 것도 아니며 돈을 노린 것도 더더욱 아니었다. 거의 충동적인 살인이어서 사람들을 공포로 몰아넣었다. 영화는 소년이 총을 손에 넣으면서 시작된다. 소년은 취업을 하기 위해서 도쿄에 오지만 여러 직업을 전전하면서 불안한 하루하루를 보낸다. 그 과정에서 작은 일로 살인을 하게 된다. 이후 영화는 60년 전의 일로 돌아간다. 부친이 증발되고 남편이 증발한 상황에 놓인 여성은 아이를 낳았고 어려운 환경에서 살아가게 된다. 그녀의 손에서 성장한 아들이 바로 살인을 저지른 소년을 낳게 되어 시대의 비극적인 살인을 하게 된다. 이 영화는 어린이가 자란 환경과 성장과정에 초점을 맞춰 환경이 미치는 미래적인 현상을 강조하는 한편 불행한 여자에 대해서 연민을 표출시키고 사회를 대표하여 속죄하는 의미를 담고 있다.

<표5>는 성장기인 1960년대와 70년대에 크게 활약한 감독과 그들의 작품을 나타낸 것이다. 즉 하니 스스무(羽仁進), 나카히라 코(中平康), 구라하라 코레요시(藏原惟繕), 마스무라 야스조(增村保造), 이마무라 쇼헤이(今村昌平), 오카모토 기하치(岡本喜八) 등이다. 이들 감독은 시대성을 반영하면서 영화를 만들었다는 특징이 있다.

<표5> 성장기의 감독과 영화 4

감 독	작 품	특 징
羽仁進 (하니 스스무)	不良少年(61), 充たされた生活(62), 彼女と彼(63), 手をつなぐ子ら(64), ブワナ・トシの歌(65), アンデスの花嫁(66), 初戀・地獄編(68), 愛奴(69), 戀の大冒險(70)	이와나미 영화창립
中平康 (나카히라 코)	あいつと私(61), 泥だらけの純情(63), 光る海(63), 獵人日記(64), 砂の上の植物群(64), おんなの渦と淵と流れ(64)	예술적 표현
藏原惟繕 (구라하라 코레요시)	この若さある限り(61), 憎いあんちくしょう(62), 硝子のジョニ・野獸のように見えて(62), 何か面白いことないか(63), 黑い太陽(64), 執炎(64), 愛と死の記錄(66), 愛の渴き(67), 榮光への5000キロ(69)	유지로주연 상업작품

增村保造 (마스무라 야스조)	妻は告白する(61), 爛(62), 黑の試走車(62), 夫が見た(64), 卍(64), 黑の超特急(64), 兵隊やくざ(65), 淸作の妻(65), 刺青(66), 赤い天使(66), 痴人の愛(67), 華岡靑州の妻(67), 大惡黨(68), セックス・チェック/第二の性(68), 盲獸(69), でんきくらげ(70)	여성의 자립
今村昌平 (이마무라 쇼헤이)	豚と軍艦(61), にっぽん昆蟲記(63), 赤い殺意(64), エロ事師たちより・人類學入門(66), 人間蒸發(67), 神神の深き慾望(68), にっぽん戰後史・マダムおんぼろの生活(70)	체험 영화
岡本喜八 (오카모토 기하치)	暗黑街の彈痕(61), どぶ鼠作戰(62), 戰國野郎(63), 江分二萬氏の優雅な生活(63), ああ爆彈(64), 侍(65), 血と砂(65), 大菩薩峠(66), 殺人狂時代(67), 日本のいちばん長い日(67), 斬る(68), 肉彈(68), 赤毛(69)	희극적인 전쟁영화

하니 스스무(羽仁進)는 공동통신기자를 거쳐 이와나미(岩波)영화의 전신인 나카다니(中谷)연구소에 참가하였다. 1952년 이와나미 영화에서 후생성 후원 영화 ≪生活と水≫(생활과 물)로 감독 데뷔하였고, 1954년에 획기적인 기록영화 ≪敎室の子供たち≫(교실의 어린이들)로 주목을 받았다. 이것은 교사가 교실에서 학생들을 어떻게 지도하는 것이 좋은 가를 제시하기 위한 영화이다. 하니 감독은 종래 숨어서 촬영하는 방법에서 벗어나 실제로 카메라를 교실에 가져와 설치하여 수업중인 선생의 태도에 민감하게 반응하는 학생들의 모습을 생생하게 그렸다. 이런 방법으로 찍은 다큐멘터리 ≪繪を描く子供たち≫(그림을 그리는 어린이들, 56)을 만들었다. 1961년에는 ≪不良少年≫(불량소년)으로 극영화 데뷔하고, 다큐멘터리 방법을 이용해서 드라마를 만드는 새로운 기법을 개발하였다. 그는 ≪ブワナ・トシの歌≫(부와나・토시의 노래, 65), ≪初戀・地獄編≫(초연, 68), ≪アフリカ物語≫(아프리카 이야기) 등과 같은 수작을 만들었다.

≪不良少年≫(불량소년, 61)은 하니 감독이 불량소년에 대해서 시나리오를 쓰고 실제로 경험을 가진 젊은이들을 선발하여 배역을 맡겼다. 그는 불량소년들의 이야기와 대사를 경험에서 얻은 것을 통해 표현하고 내용을 고쳐 사실감을 높이는데 주력하였다. 이 영화에서는 한 소년이 친구와 함께 날치기를 하다 잡혀 소년감별소에서 소년원으로 옮겨진다. 처음에는 세탁 반에서 일을 하였지

만, 성질이 괴팍한 반장이 괴롭히자 그것에 항거하다 이지메를 당한다. 다음은 목공 반으로 옮겨간다. 이곳 반장은 구성원들을 편하고 안락하게 리드한다. 주인공 소년은 이곳에서 기분 좋게 일하고 반장 부하들의 말을 들으며 열심히 일하고 출소하게 된다. 이 영화는 불량소년이 된 이유들에 대해서 이야기하기보다는 순수하게 불량소년의 희로애락을 그렸다. ≪ブワナ・トシの歌≫(65)는 푸레하브라는 집을 건설하기 위해 아프리카 오지에 간 일본인 청년이 현지에서 원주민과 같이 일을 한다는 이야기이다. 이 영화는 이미 일본사회가 국제화되어 가고 있다는 점을 암시하고 있는 특징이 있다.

나카히라(中平康)는 ≪狂った果實≫(미친 과실)이라는 작품으로 영화사에 이름을 남겼으며 직인기질을 갖고 예술적 작품을 만들었다. 그는 코미디 영화로 ≪光る海≫(빛나는 바다, 63)를 만들었다. 그러나 1964년 성애에 매몰되어 가는 중년남자의 비극이라는 주제를 갖고 ≪獵人日記≫(엽인의 일기, 64)를 만들었고, ≪砂の上の植物群≫(모래위의 식물군, 64), ≪おんなの渦と淵と流れ≫(여자의 소용돌이와 연못의 흐름, 64) 등과 같은 이색적인 에로티시즘 작품을 만들었다. 그 중에서도 ≪砂の上の植物群≫은 제작에 들어가기 전에 에로티시즘을 취급하는 문제로 회사 측과 대립한 작품이다. 나카히라는 영화를 만드는데 있어 시대성을 앞서가는 감각과 시선으로 그 시대에 발생하고 있는 내용과 문제를 과감하게 영화에 담는데 도전하여 일본영화의 질을 향상시키는데 기여했다고 할 수 있다. 특히 전통적인 윤리관에 기초해서 성 문제를 해석하는 당시 변화에 대응하지 못하는 사회의 한계를 성영화를 통해서 메시지를 전달하려고 하였다.

구라하라(藏原惟繕) 감독의 ≪執炎≫(집염, 64)은 그의 예술적 기교를 잘 표현한 수작이라고 할 수 있다. 전쟁 중 시고쿠(四國)의 어촌 마을에 사는 오카모토(岡本)의 아들은 오카모토로서 독립하기 위해서 배를 만들 나무를 찾아 산에 들어갔다. 산속에는 사람이 살고 있는 우아한 집이 있었고, 그곳에 사는 어느 집의 딸을 보고 사랑에 빠지게 된다. 그곳은 히라쓰카의 낙무자(落武者)촌이었던 것이다. 둘은 결혼하고 남자는 소집되어 군대에 들어가 전장으로 가서 부상을 당해 귀향한다. 부인은 철저한 재활훈련을 통해서 남편이 일어날 수 있도록 헌신적으로 돕는다. 이 영화는 부인의 병간호로 남편의 병이 낫는 과정을 세세하게 그려낸다. 그녀의 헌신적인 간호로 완쾌한 남편은 다시 소집되어 이번에는 남방(南方)으로 간다. 그러나 두 번 다시 돌아오지 못한다. 마침내 그녀는 설운이 쌓인 신사절벽에서 떨어진다. 어둡고 어두운 그늘 속에서 벗어나려 노력했지만 결국 두터운 어둠은 그녀를 놓아주지 않았던 것이다. 그런 어둠은 당시 반전이라는 주제와 평화라는 염원을 초월해서 존재하는 두터운 어둠이었던 것이다.

1960년대 다이에이에서 활동한 대표적인 감독이 마스무라(增村保造)이다. 그는 로마 영화실험센터에서 유학하고 지금까지 일본영화의 기반을 형성해온 정서를 가차 없이 비판하였다. 그는 미조구치의 조감독이 되었지만 스승에 대해서도 비판을 하였다. 이탈리아영화처럼 여성을 자립하는 욕망을 가진 주체로 인식하여 그런 모습을 영화 속에서 정열적으로 그려냈다. ≪妻は告白する≫(마누라가 고백한다, 61), ≪卍≫(만, 64), ≪淸作の妻≫(청작의 마누라, 65) 등에서 여성의 관능미 넘치는 내용을 그렸다. 그는 도쿄대학에 다니던 미시마 유키오와 동급생으로 미시마를 주역으로 한 ≪からっ風野郎≫(풍운아, 60)를 만들기도 하였다. 미시마는 체험을 살려서 단편소설 『スタア』(영웅)을 집필하고, 영화 ≪憂國≫(우국, 66)에서 자작자연하였다. 다이에이는 직영관을 운영하지 않았기 때문에 영화의 사양화에 대응하지 못하고 1971년 도산하였다. 다이에이 최후의 작품인 마스무라의 ≪遊び≫(놀이, 71)에서는 소년과 소녀가 구멍 뚫린 보트에 타 알지 못하는 곳으로 향하는 장면으로 끝내 절망 가운데 희망을 추구하는 다이에이 구성원들의 심경을 그렸다.

또한 성장기에 활동한 감독중의 한 사람인 이마무라 쇼헤이(今村昌平)는 철저하게 조사를 하고 검증하며 체험하는 방법으로 신선하고 감동적인 영화를 만들었다. 그는 그리려는 화두에 대해서 철저하게 조사하고 검증하고 현지에서 로케를 하여 리얼리티를 착실하게 담아냈다. 그런 조사를 통해서 탄생한 걸작중의 한 작품이 ≪にっぽん昆蟲記≫(일본곤충기, 63)이다. 이 영화는 이마무라가 매춘을 알선하는 한 여성에 대한 삶의 형태, 섹스의 존재방식, 직업으로서의 존재방법 등을 검증한 시나리오에 기초한 것이다. 이 영화는 극영화이지만 현실감이 풍부하며, 곤충처럼 발달한 본능 본위로 살아가는 인간을 생물의 생태를 통해서 관찰하여 객관적으로 그려낸다. 여기에는 선악에 대한 평가와 편

건이 존재하지 않는다. 여주인공 도메는 1918년 야마가타(山形)의 산촌에서 태어났다. 어머니는 아무하고나 동침을 하는 여성이고 아버지는 정신질환을 가진 환자였다. 그녀는 아버지를 좋아했지만 결국 아버지는 죽는다. 초등학교를 졸업하고 제사공장에 들어갔고 전쟁 중이던 시기에 노동조합 일을 하는 계장과 눈이 맞아 애인관계가 되었다. 그녀 또한 여성 부장을 맡아 열심히 회사생활을 한다. 그러나 전쟁이 끝나고 애인이 과장대리가 되면서 그녀는 버려진다. 아픔을 안고 그녀는 혼자 도쿄에 나와 미군과 매춘을 시작했고, 신흥종교에서 만난 콜걸조직을 알게 되면서 그 구성원이 된다. 이후 그녀는 과거에 착취당하는 관계에서 벗어나 매춘조직을 갖고 사업을 하게 되어 착취하는 사람이 된다. 그러나 그녀의 매춘조직이 경찰에 체포된다. 이 영화는 당시 사회에 필요악으로 존재하는 매춘의 문제에 대한 가치판단을 배제하고 한 여성의 삶이라는 차원에서 밀도 있게 리얼하게 그려낸 특징이 있고, 매춘에 대한 인생과 사회적 통념을 유보한 채 영화로 그려내어 독자의 판단을 기다리는 특징이 있다.

이마무라의 ≪赤い殺意≫(빨간 살기, 64)는 서민의 여성상을 생명력 있게 그려낸 가치 있는 작품으로 토속적인 서민영화의 정점에 달한다는 평가를 받았다. 시이치는 센다이(仙台) 대학의 사서에 근무하는 평범하고 소시민적인 남자로 집에는 바보스러운 부인 사다코(貞子) 앞에서만 무게를 잡는다. 그녀는 집에서 남편과 시어머니에게 구박을 당하며 힘겹게 살고 있다. 어느 날 그녀가 혼자 집을 지키고 있는데 폐병을 앓는 악사 히라오카가 쳐들어와 그녀를 강간한다. 그녀는 남편에게 미안해서 자살을 하려고 생각하면서도 밥을 먹는다. 목을 매보지만 죽지 않았다. 히라오카는 때때로 쳐들어와 강간을 하곤 사라진다. 그는 폐병으로 인하여 거의 절망상태에 있으면서도 그녀에게 함께 살자고 간청을 한다. 사다코는 남편과 시어머니에게 당하는 상태에 있었기 때문에 히라오카의 구애는 처음으로 남자로부터 받는 사랑이라고 느껴 오히려 당당해진다. 히라오카가 발작을 일으킬 때면 사다코는 살해하려고도 생각을 하였다. 사랑의 도피를 하기 위해 히라오카는 그녀와 함께 기차를 타고 눈이 많이 내린 곳을 여행하면서 또한 끝없이 걸어간다. 어느 날 사다코는 히라오카에게 독약을 먹이려 하지만 여전히 먹이지 못한다. 그러나 히라오카는 그녀가 갖고 있는 것이 독약이라는 사실을 알고 있다. 결국 히라오카가 발작을 일으켜 죽고 사다코는

센다이 집으로 다시 돌아온다. 이마무라는 인간이 도달할 수 있는 최고점과 최저점이라는 차원에서 영화를 그리기 보다는 있는 그대로 자연법칙에 따라 살아가는 삶을 그렸다. 그러면서도 거기에는 깨지지 않는 룰이 존재한다. 그것은 인간은 평등하며 그 속에서 살아가는 사람은 주체성을 갖고 살아간다는 사실이다.

이마무라의 ≪人間蒸發≫(인간증발, 67)은 행방불명된 가족을 찾는 과정을 그리고 있다. 가족을 버리고 행방불명되는 인간이 증가하고 있다. 친한 사람간의 인간관계를 점차 절교하는 인간은 무엇을 생각하며 살고 있는 것일까? 그들이 버리려고 하는 인간관계는 어떤 것일까? 이마무라 감독은 그런 의문을 영화 속에서 파헤치려고 하였다. 이 영화에서는 도쿄의 플라스틱 도매점에 근무하는 오시마 다다시라는 남자가 행방불명이 되어 약혼자인 하야카와라는 여성이 찾아 나섰다. 이마무라 감독은 그녀의 협력을 통해서 찾는 과정을 촬영한다. 7개월 걸려 결국 오시마는 발견된다. 그 과정에서 남자가 과거에 얼마나 복잡한 사람이었는가가 밝혀지고 그 남자와 밀접한 관계에 있던 사람들의 인간성과 욕망이 적나라하게 밝혀진다. 실제로 오시마는 일도 잘 하지 못할 뿐 아니라 아무지지도 못하면서도 회사 돈을 빼돌려 쓰는 그런 남자였다. 그를 추적하는 과정에서 하야카와의 여동생과 애인관계였다는 의문이 들기까지 하였다. 이 영화에서는 이마무라 감독이 실화에 바탕을 두고 현장에서 직접 경험한 사실들을 통해 인간성을 완전히 파헤치는 작업을 했다는 특징이 있다.

오카모토 기하치(岡本喜八)는 1944년 나카시마(中島)비행기제작소에 징용되어 1945년 갑종간부후보생으로 마쓰도 공병학교를 거쳐 종전을 맞았다. 그는 1959년 ≪獨立愚連隊≫(독립우연대)를 만들어 출세하였다. 이것은 일중전쟁을 배경으로 최전선의 일본군 수비대를 서부극의 액션물을 본 따 권총사용방법, 복장, 말 타는 방법 등을 그린 서부극 패러디였다. 패전 후 전쟁영화는 심각한 내용을 담은 것이 많았지만, 여기에서 처음으로 희극적인 내용을 가진 전쟁영화로 전개하였다. 이 영화에서는 전쟁을 소재로 하면서도 일본군과 중국군의 양쪽을 비웃는 넌센스 희극으로 표현하여 새로운 시각과 재미를 이끌어내는데 성공한다. 그는 영화소재가 되는 것을 틀에 박힌 시각에서 보거나 표현하기 보다는 인간냄새가 나는 욕망을 희극적으로 조명하고 재미있는 장면으로 전환시키는 연출을 하였다. 오카모토의 영화는 엔터테인먼트지향, 전쟁경험에 따른 모럴리스트적 시각, 국가와 민족에 대한 충성으로부터 탈주하는 서구주의추구 등의 특징을 갖고 있다.

그의 작품인 ≪江分二萬氏の優雅な生活≫(에브리맨의 우아한 생활, 63)에서 '江分二萬'는 'EVERYMAN'의 의미로 보통사람을 의미한다. 주인공은 36세 월급 3만 6천 엔을 받는 샐러리맨으로 사택에서 4식구와 같이 사는 평범한 사람이다. 그는 살아가면서 결혼, 자식의 교육, 어머니의 죽음, 술 취해서 하는 술주정 등 일상에서 벌어지는 일을 겪으며 매우 단조롭게 산다. 그런 일상생활을 즐기는 그는 '멋있는 것은 부끄러운 것'이라는 도덕관념으로 살아간다. 전쟁 중과 전쟁 후에 활약한 군인, 애국자, 사상가, 진보지식인 등과 같은 존재는 그의 세대에게 멋있게 살아가는 동경의 대상이 되었던 것이다. 그러던 그는 그런 것만은 절대로 용서할 수 없다는 생각을 갖고 사는 사람이었다. 어느 날 주인공은 소설로 아오키 상을 수상하면서 동료가 해주는 축하연에서 술에 취하면서도 전쟁 중에 무모하게 보냈던 청춘을 회상한다. 이 영화는 평범한 샐러리맨을 통해서 사회비판과 인간비판을 동시에 하고 있는 특징이 있다.

오카모토 감독은 일본이 전전에 시작한 전쟁에 대해서 무조건 항복하기까지의 전쟁영화 ≪日本のいちばん長い日≫(일본에게 가장 긴 날, 67)을 도호의 요구로 만들었다. 일본이 항복을 선언한 1945년 8월 15일 하루의 대본영, 정부, 군수뇌부, 황실 등의 움직임을 그린 것이다. 상업적으로는 성공했지만 회사의 주문에 의해서 만든 것이었지 만들고 싶어서 만든 것이 아니었다. 그는 정부수뇌들의 입장보다는 그의 전쟁경험을 이 영화에서 표현하고 싶었지만 할 수가 없었다. 그는 기존의 대형영화사가 대작주의에 빠진 것에 불만을 갖고 사비를 들여 패전직전에 갑자기 특공대원으로 출동하는 학도병을 희극적으로 표현한 ≪肉彈≫(육탄, 68)을 만들었다. 처음에 오카모토는 ≪肉彈≫(68)이라는 시나리오를 썼지만 도호는 그것을 허용하지 않았다. 오카모토는 ATG와 제휴하여 저예산영화로 사재를 털어 그것을 만들었다. 심각한 경험을 그린 비상업영화로 유모와 비통함이 공존하는 영화가 되었다. 이 영화에서 주인공 아이쓰라고 불리는 남자는 패전이 가까운 시기에 태평양 해안에 있는 공병학교에서 특별간부후보생으로 훈련을 받는다. 훈련생은 적의 상륙에 대비해서 대전차지뢰로 전차를 파괴하는 특공대에 편입되었다. 그는 확실하게 죽어야할 이유가 있어야

죽을 수 있다는 신념을 갖고 있다. 외출허가를 받아 나가는 날이면, 그는 공습으로 양손을 잃고 헌책방을 운영하는 책방주인을 도와주거나 부모를 잃어 방황하는 여학생에게 수학을 가르쳐 주기도 한다. 전시 하에서도 열심히 살고 있다는 것을 알고 그들을 위해서 죽을 수 있다고 생각한다. 돌연 작전이 변경되어 해상의 적함대가 오면 어뢰로 공격하라는 임무가 부여된다. 그러던 중에 종전이 선언된 것을 알게 된다. 그러나 그 배로 돌아오는 중에 침몰되어 해저에서 호국의 혼이 되고 만다. 성장기에 활동한 감독은 전전을 통해서 영화에 대한 기술과 작법을 터득하고 전후를 거쳐 고도성장기에 어울리는 시대성을 영화에 담아내는 역할을 한 특징이 있다.

■■ 2. 성장기의 감독과 영화 2

1960년대는 일본영화계에 기념할만한 감독과 작품이 많이 나왔다. 그것은 기존영화계에 대한 질적·양적 성장에 따른 것이기도 하지만, 새로운 시대성에 영화가 적극적으로 반응하는 과정에서 나왔다는 특징이 있다. <표6>은 성장기의 감독과 영화를 소개한 것이다. 이 시기에 활약한 감독으로는 오시마 나기사(大島渚), 시노다 마사히로(條田正浩), 요시다 요시시게(吉田喜重), 야마다 요지(山田洋次), 우라야마 키리로(浦山桐郎) 등이 대표적이다.

<표6> 성장기의 감독과 영화5

감 독	작 품	특 징
大島渚 (오시마 나기사)	飼育(61), 天草四郎時貞(62), ユンボギの日記(65), 悅樂(65), 白晝の通り魔(66), 日本春歌考(67), 忍者武藝帳(67), 絞死刑(68), 新宿泥棒日記(69), 少年(69)	시대 영화
條田正浩 (시노다 마사히로)	戀の片道切符(60), 乾いた湖(60), 乾いた花(64), 暗殺(64), 美しさと哀しみと(65), 處刑の島(66), あかね雲(67), 心中天綱島(69), 無賴漢(70)	관능 표현

吉田喜重 (요시다 요시시게)	ろくでなし(60), 血は渇いている(60), 秋津温泉(62), 嵐を呼ぶ十八人(63), 日本脱出(64), 水で書かれた物語(65), 女のみづうみ(66), 情炎(67), 樹氷のよろめき(68), エロス+虐殺(70), 煉獄エロイカ(70)	정신적 자유
山田洋次 (야마다 요지오)	二階の他人(61), 下町の太陽(63), 馬鹿まるだし(64), 馬鹿が戦車でやって来る(64), 霧の旗(65), 運が良けりゃ(66), なつかしい風來坊(66), 愛の讃歌(67), 喜劇・一發勝負(67), 吹ける飛ぶよな男だが(68), 喜劇・一發大必勝(69), 男はつらいよ(69), 喜劇・女は度胸(69), 續・男はつらいよ(69), 男はつらいよ・望鄕編(70), 家族(70)	대중 영화
浦山桐郎 (우라야마 키리로)	キューポラのある街(62), 非行少女(63), 私が棄てた女(69)	

　오시마(大島渚)는 1959년 제1작으로 ≪愛と希望の街≫(사랑과 희망의 거리)를 발표한 이래 항상 새로운 주제, 주장, 방법 등을 시도하는 특징이 있었다. 그는 ≪日本の夜と霧≫(일본의 밤과 안개, 60)에서 1960년대 안보투쟁에서 패배한 학생과 1952년 일본공산당의 노선 변경에서 좌절한 사회인들이 우연히 결혼식장에 동석하여 각각의 회상장면을 섞어가면서 논쟁하는 내용을 담고 있다. 이런 주제를 담은 영화는 정치적으로 미묘한 문제가 되어 쇼치쿠는 개봉 3일 만에 중지시킨다. 불만을 가진 오시마는 쇼치쿠를 나오게 된다. 이후 오시마는 창조사를 만들어 성과 폭력, 광기가 교차하는 순간을 그린 ≪白晝の通り魔≫(백주의 악마, 66), ≪戰艦ポチョムキン≫(전함포초무킨) 등을 만들었다.

　≪白晝の通り魔≫(백주의 악마, 66)에 등장하는 시노는 가난하지만 건강하게 살아가는 산촌의 소녀이다. 그녀는 중학 여교사인 마쓰코 선생이 지도자로 활동하는 민주적 공동농영운동에 참가하지만 홍수 등으로 운동이 실패한다. 촌장의 아들은 살 희망이 없다고 하며 시노와 같이 자살하려고 한다. 자살을 시도하는 가운데 그는 죽었지만 시노는 기절하여 다행스럽게 살아난다. 그러나 기절한 상태에서 에이스케라는 남자가 그녀를 범한다. 이후 에이스케는 변태가 되어 여자를 기절시킨 상태로 강간하고 살인을 하며 연속적으로 범행을 저지르는 악마가 된다. 도시에 나와서 일하는 시노는 어느 날 에이스케에게 또 당하자 에이스케의 부인인 마쓰코 선생에게 사실을 이야기하고 경찰에 협조하여 체

포하게 한다. 마쓰코 선생은 시노를 찾아와 같이 죽자고 한다. 선생은 죽지만 시노는 다시 살아난다. 이 영화에서 촌장의 아들은 지배계급, 에이스케는 피지배계급으로 등장하지만, 사람이 어느 정도까지 변질자가 되는가 하는 문제를 제기하였고 또한 사회는 점점 성적으로 과격해지고 변질되어 가고 있다는 것을 표현하고 있다. 다른 한편으로는 남자에게 습격당하는 등 죽음의 고비를 넘기는 여주인공 시노의 끈질긴 삶을 찬미하는 면을 강조한다.

그리고 ≪日本春歌考≫(일본춘가고, 67)와 ≪歸って來たヨッパライ≫(돌아온 주정뱅이, 68)에서 지금까지 일본영화가 금기시해 왔던 재인한국인문제를 소재로 하였고, 천황의 기원이 조선반도에 있다는 것을 등장인물을 통해서 말하게 하였다. 오시마의 사고가 절정에 달한 작품이 재일조선인을 다룬 ≪絞死刑≫(교사형, 68)이다. 그리고 ≪東京戰爭戰後秘話≫(도쿄전쟁전후비화, 70)는 영화의 자기언급성이라는 미학적 문제와 정치적 급진주의가 중첩된 특징이 있다. 이후 오시마는 전후를 총괄하는 작품으로 ≪儀式≫(의식, 71)을 발표한다. 1960년대 말에는 전국적으로 분출한 학원투쟁에서 총괄이라는 용어가 자주 나타났다. 이 용어는 당시 일본에서 벌어지고 있는 문제전체를 비판하는 의미를 담고 있는 것으로 학교란 무엇인가, 혁명이란 무엇인가, 투쟁의 잘못은 어디에 있는 가 등을 총괄하려고 한 것이다.

영화 ≪儀式≫은 오시마에 의해서 전후 25년간 일본의 행보를 총괄한 작품이다. 전후 일본사회는 많이 변하지 않으면 안 되었지만 실제로 기본적인 면에서는 변하지 않았다. 그는 가부장제에 의한 가족주의적 국가체제가 변하지 않고 온존하고 있다는 사실을 명문가 중의 하나인 사쿠라다(櫻田)가를 대상으로 극화하였다. 그 과정에서 관혼상제를 위해서 모이는 가족군상을 사사건건을 묘사하고 분석하여 전후를 이야기하였다. 전후에는 한 가족 내에서도 우익부터 좌익까지 다양한 인간이 있어 갈등이 일어났다. 이 영화는 전후일본이 부흥하는 시기부터 고도성장기까지 일어난 이념적 갈등과정을 담아냈다. 오시마는 그 과정에서 생기는 변화를 파악하기 위해서 사쿠라다가의 관혼상제를 반복해서 묘사하는 방법을 동원하였다. 그 관혼상제를 하는 과정에서 정면에는 언제나 정계의 거물이며 동시에 가부장인 사토(佐藤慶)가 기노모를 입고 정좌하고 있고, 불만을 가진 좌익과 우익이 앉아 서로를 폭로하면서 자기해체를 심화시킨다. 오시마는 일본사회에서 벌어지고 있는 사상적 갈등, 사회적 갈등, 민족적 갈등 등을 주제로 하여 심도 있게 통찰하고 일본사회가 버려야할 것과 새롭게 발견해 가야할 것을 영화에서 암시하는 형태로 메시지를 전하였다.

시노다(條田正浩)는 스마트하고 관능적인 영화를 만들어 군국주의 소년이미지가 연상되지 않지만, 천황을 숭배하는 소년시대를 철저히 경험하고 또한 그 과정에서 천황제에 의해 배반당하는 무념의 상황을 경험하였다. 시노다의 영화는 무엇보다도 비열한 사람이 관능적인 매력을 보이게 하는 표현이 중심을 이루고 있다. 또한 좌절하고 패배하는 인간들에게 항상 깊은 관심을 갖는 내용을 담고 있다. 1960년 안보투쟁 중 테러리스트가 되려고 하였지만 실패한 학생 운동가를 그린 ≪乾いた湖≫(마른 호수), 막말 토막(討幕)운동을 하는 야심가가 좌절하는 ≪暗殺≫(암살, 64), 파멸적인 사랑에 빠진 연인들을 그린 ≪心中天綱島≫(심중천망도), 성실한 선교사가 고문에 굴복해서 개종하는 ≪沈黙≫(침묵), 처녀작인 ≪戀の片道切付≫(사랑의 편도표, 60)에서의 로카비리(ロカビリ)가수의 모습, 야쿠자의 생태를 그런 ≪乾いた花≫(마른 꽃, 64), 천민과 창부를 그린 ≪無賴漢≫(무뢰한, 70) 등이 있다. 시노다는 천진난만한 어린이와 같은 심성을 갖고 있지만 다른 한편으로는 정상적이며 보통사람이 사는 모습을 가만히 두고 보지 못하고 파멸적인 인물로 묘사하여 내용을 끌어가고 있다. 시노다의 마음에는 순진함과 타락함이 공존하고 있어 그런 시각에서 성장기 일본사회에서 벌어지고 있는 사회현상을 그려냈다.

시노다는 ≪心中天綱島≫(심중천망도, 69)에서 구로코(黑子 : 가부키에서 시중드는 사람)를 화두의 중심에 두고 중요한 역할을 부여한다. 영화에서 구로코들은 가부키에서처럼 최소한도의 행위를 하고 사라지는 것이 아니라 주역인 남녀의 정사를 적극적으로 돕기도 하고, 또한 두 사람이 신주(心中 : 동반자살)를 할 수 있도록 여러 환경과 조건을 만들어 주는 역할까지도 한다. 이처럼 하찮은 인물로 보이지 않은 역을 해온 구로코를 통해서 생동감 있는 영화를 만든다. 이 영화는 가부키에서 천민에 가까운 구로코라는 최하층의 눈으로 부르주아적 연애 행태와 파멸을 확인한 영화라고 할 수 있다. 시노다의 작품에서 그려지는 좌절과 패배는 다양한 의미를 암시하고 있다. 작품에 나타나는 남자 또는 여주인공은 약자로서 강자에게 핍박을 받아 패배하기 보다는 과욕으로 인해 성공하지 못하고 파멸을 맞게 된다. 그러나 시노다는 그를 패배자이기 보다는 삶에 대한 정열을 가진 존재로 강하게 표출시켜 정감을 느끼게 한다. 이것이 시노다 작품에 베어있는 특유한 탐미성(耽美性)이다. 따라서 주인공들은 슬프게 지는 것이 아니라 상황에 맞게 패배하고, 패배하는데 있어 관능적 승리를 획득한다. 여기에서는 지는 것이 지는 것이 아니라 승리하는 것으로 존재하게 된다.

요시다(吉田喜重)는 인간의 정신적 자유라는 주제를 작품에서 일관되게 추구한 감독이다. 육체, 사회, 정치, 자신의 머리에서 메모리된 기억이나 편견, 고정관념 등에 의한 속박으로부터 인간은 어디까지 자유로울 수 있을까라는 문제를 끊임없이 추적하였다. 요시다는 도쿄대 문학부의 선후배 동료등과 같이 동인잡지 『七人』(7인)을 만들어 활동하고 기노시타 게이스케에게 4년간 영화에 대해서 사사받았다. 요시다는 기본적으로 정형화된 것에 대해 강하게 저항하였다. 그의 처녀작인 ≪ろくでなし≫(쓸모없는 사람, 60), ≪血は渇いている)≫(피가 마르고 있다, 60) 등은 기존의 정형화된 상업영화에 대한 반향으로 만든 것이며, 또한 기존의 영화가 얼마나 감동적인 휴머니즘이었나 하는 가치기준에 설침을 가한 작품이다. 전자에서는 젊은이들의 반항이라고 해도 그것은 실제로 전혀 무의미하고 공허한 것으로 그렸고, 후자에서는 감동적인 미담에서 얻을 수 있는 것이 미담도 아닐 뿐 아니라 아무것도 아니라는 이른바 허구라는 것을 주장한다. 요시다가 만든 영화에서는 등장인물, 관객 등도 반항이나 휴머니즘 등의 사상에 취하는 것을 용서 안하는 특징이 있다.

또한 요시다의 작품에서는 누가 옳고 누가 그르다는 선악의 구분이 거의 없다. 따라서 등장인물 모두는 잘못을 저지르는데 공감하고 있고 한 사람의 잘못은 다른 사람의 잘못으로 이어지고 전체의 잘못으로 연결되어 결국 잘못한 자가 없는 상황이 된다. 예를 들면, ≪戒嚴令≫(계엄령), ≪エロス+虐殺≫(에로스+학살) 등이 대표적이다. ≪エロス+虐殺(70)≫은 다이쇼기에 일어난 비극적인 연애 사건을 기초로 상상력을 동원해서 만든 작품이다. 다이쇼기의 혁명가이며 아나키스트 운동의 리더였던 오스기(大杉榮)는 정치혁명을 단순히 사회만의 혁명으로 생각하지 않고 인간의 삶을 규정하고 제한하는 제도의 혁명까지를 포함하는 것으로 인식하여 결혼제도를 부정하고 자유사랑을 주장했다. 그에게는 어려움을 같이해온 아내 다모코(保子)가 있었다. 그러나 그는 재능이 넘치는 근

대적인 여성으로 신문기자활동을 하며 여권신장을 주장하는 신여성 가미지카(神近市子)를 사랑하고 있으며, 또한 시골출신으로 전투적인 여성혁명가로 그 앞에 나타난 이토(伊藤野枝)도 사랑하는 복잡한 관계를 가졌다. 오스기는 관계를 맺는 것을 자유사랑의 정열로 생각하였다. 그런 복잡한 관계에서 가미지카와 이토는 서로 오스기를 탈취하는 형태로 경쟁하게 되어 가미지카가 오스기를 찔러 중상을 입히고 감옥에 들어가게 된다. 그 후 오스기는 이토와 동거하지만 관동대지진의 혼란 속에서 헌병대위에게 살해된다. 이것이 그 유명한 일음다방(日蔭茶屋)사건이다. 이 영화는 잘 알려진 사건을 중심으로 혁명과 사랑에 대한 고찰을 다면적인 상상을 통해서 전개하였다. 영화에서는 1960년대에 유행한 프리섹스를 하고 있는 여대생의 성생활과 로맨틱한 오스기의 과거사건이 대비되면서 그려지고 있다.

≪嵐を呼ぶ十八人≫(파도를 부르는 18인, 63)에서는 18명의 임시공 소년들에게 아나키 생활을 강요 하는 대기업이 악인이 되고, 반대로 소년들이 노동자의 혼을 갖고 있는 듯한 청년기술자로 선하다고 하는 선악에 대한 설정을 하지 않고 있다. 그리고 ≪日本脱出≫(일본탈출, 64)에서 일본을 탈출하려고 하는 청년은 선이 되고 그들을 미치게 하는 사회는 악이라는 설정을 하지 않는다. 이처럼 요시다의 영화에 등장하는 인물은 모두 상대화되어 그 존재가치가 인정되거나 동시에 부정되는 것이다. 특히 요시다는 일본영화에서 표현된 휴머니즘적 피해자 의식을 비판한다. 즉 피해자이기 때문에 가해자를 공격할 자격이 있고, 피해자이기 때문에 안심할 수 있다는 휴머니즘적 로망을 부정한다. ≪水で書かれた物語≫(물로 쓰여진 이야기, 65), ≪女のみづうみ≫(여자의 미쓰우미, 66), ≪情炎≫(정염, 67), ≪樹氷のよろめき≫(고드름의 흔들림, 68) 등에서 피해자의식은 일종의 피해망상으로 객체화된다. 여기에서는 피해자 의식이 가해자를 공격하게 하는 자격이 아니라 단지 예정된 자멸이 일어났을 뿐이라는 인식만이 존재한다.

야마다(山田洋次)는 당시 유행한 누벨바그의 전위적인 움직임에 동조하지 않고 대중적인 영화를 만들어 대중노선을 걸었다. 그는 도라상(寅さん)을 창조하기 전에 하나하지메를 주연으로 하는 영화를 만드는 과정에서 도라의 원형에 대한 아이디어를 갖게 된다. 그는 조직 폭력배와 같은 방랑자(風來坊)을 주인공으로 하는 인정희극을 만들었다. 그것이 바로 ≪なつかしい風來坊≫(그리운 방랑자, 66)이다. 야마다의 스타일이 정해진 것은 ≪馬鹿まるだし≫(벌거숭이 바보, 64)이다. 야마다라는 이름이 알려진 것은 ≪男はつらいよ≫(69)가 대히 트를 치면서부터이다. 이 작품은 실제로 ≪馬鹿まるだし≫에 기초한 개념을 그대로 살려 성공했다. 교양이 없는 사람이라도 로맨틱한 연애를 꿈꾸며 사는 것은 훌륭한 것이라는 서민적인 설정을 하면서 동시에 축복할 수 있는 것으로 만들어간다. 특히 ≪無法松の一生≫(무호마쓰의 일생)에서 나타나는 것과 같은 비극적인 맛을 줄이면서 가볍게 취급하고 로맨틱한 분위기를 만들어 간 것이 이 작품의 최대장점이다.

야마다 감독은 1969년 아쓰미 기요시(渥美淸)를 주인공으로 한 ≪男はつら いよ≫(남자는 괴로워, 69)를 히트시킨 후 도라상(寅さん)시리즈를 계속해서 만들어 낸다. 이 시리즈는 후텐의 도라(フーテンの寅)라는 주인공을 통해 1회 씩 실연의 에피소드를 다루는 방법으로 만들어졌다. 주인공 도라상은 교양이 없고 가난하며, 유랑하는 물건 팔이 이면서도 고향인 도쿄에 돌아온다. 방랑하 는 과정에서 신사 신주의 딸, 학교 선생님의 딸, 학교 선생님의 아내 등 신분 이 다른 품위 있는 여성을 사랑하게 되지만 당연히 정해진 순서대로 실연당한 다. 이런 이유 때문에 주위사람을 안타깝게 한다. 그리고 그는 자기가 겪은 시 련이나 어려움을 숙부, 여동생, 아버지 등으로부터 위로를 받고 다시 고향을 떠 나 여행을 한다. 이 영화는 이미 사건이 어떻게 전개될 것인가가 알려져 있고 그런 설정을 전제로 해서 기대하는 대로 이야기를 풀어나가 관객의 기대를 저 버리지 않는다는 특징이 있다. 도라의 이야기는 신분이 다른 세계에 어울리지 않는 남자가 들어가려고 하는 점을 서민의 일상적 기대로 여겨 동류의식을 강 하게 느끼게 한다. 이런 광경에서 관객은 그런 사랑을 버리면 되는데 라고 생 각하는 것이 아니라 저런 바보도 그처럼 높은 희망을 갖고 살기 때문에 우리 들도 좀더 높은 꿈을 갖고 살자는 기분을 갖게 하는데 영화의 매력이 있다. 이 것이 이른바 축복적인 분위기라고 할 수 있다. 이 시리즈는 1996년 아쓰미 기요 시가 죽을 때까지 48편이 만들어지고 히트하여 불후의 명작으로 남게 된다. 특 히 도라 시리즈는 쇠퇴기의 일본영화를 경제적으로 지탱하게 한 것으로 상업적 으로도 성공한 작품이다.

　　우라야마(浦山桐郎)의 ≪キューポラのある街≫(큐포라가 있는 거리, 62)에
서 'キューポラ'(큐포라)는 주물공장의 지붕위에 있는 철판으로 된 특수한 연
통을 의미한다. 이 영화는 사이다마현(埼玉縣) 야마구치시(山口市)에 있는 큰
공장의 하청업을 받는 주물공장에서 벌어지는 이야기를 그린 것이다. 15세 중
학생 준과 12세 다카유키는 직공으로 일하는 아버지와 함께 살고 있다. 준은
고교에 진학하고 싶지만 아버지가 실직하여 어려움에 처하게 된다. 그는 고교
교정을 보면서 동경하고 있지만 진학을 포기하고 큰 공장에 취업할 생각이다.
다카유키는 골목대장으로 고철을 훔치기도 한다. 사촌형인 준은 나쁜 친구들에
게 다카유키를 꼬시지 말라고 한다. 다카유키는 재일조선인인 산기치를 동생처
럼 데리고 다니며 논다. 그런데 어느 날 갑자기 산기치는 북한으로 귀환하기
위해서 출발한다. 그는 일본인 어머니의 눈물이 아른거려 기차를 내려 다시 돌
아온다. 북한으로 간다고 하여 성대하게 환송받은 산기치는 면목이 없지만, 다
음 귀송선이 갈 때까지 기다리는 동안 신문배달을 한다. 이 영화는 가난한 소년
과 소녀가 희망을 잃지 않고 열심히 일하며 개척해가는 면을 부각시키고 있다.
　　<표7>은 성장기에 활동한 감독과 영화를 나타낸 것이다. 쓰치모토 노리아키
(土本典昭), 구마이 게이(熊井啓), 야마모토 신야(山本晉也), 오가와 신스케(小
川紳介), 후지다 도시야(藤田敏八), 오바야시 노부히코(大林宣彦) 등이 이 시
기에 활동하였다.

<표7> 성장기의 감독과 영화6

감 독	작 품	특 징
土本典昭 (쓰치모토 노리아키)	ある機關助士(63), ドキュメント・路上(64), 留學生 チユア・スイ・リン(65), パルチザン前史(69)	사회파 영화
熊井啓 (구마이 게이)	帝銀事件・死刑囚(64), 日本列島(65), 黑部の太陽(68), 地の群れ(70)	사회 문제제기
山本晉也 (야마모토 신야)	狂い咲き(65), 女湯物語(68)	성인 영화

小川紳介 (오가와 신스케)	靑年の海(66), 壓殺の森(67), 現認報告書(67), 日本解 放戰線・三里塚の下(68), 日本解放戰線・三里塚(70), 三里塚・第三次强行測量鬪爭(70)	사회 책임 영화
藤田敏八 (후지다 도시야)	非行少年・陽の出の叫び(67), 非行少年・若者の砦 (70), 野良猫ロックワイルド・ジャンボ(70)	청춘 영화
大林宣彦 (오바야시 노부히코)	EMOTION=傳說の午後=いつか見たドラキュラ(67), CONFESSION=遙かなるあこがれギロチン・戀の旅 (68)	언더 그라운드 영화

쓰치모토 노리아키(土本典昭)는 와세다 대학시절 학생운동을 지도하는 입장에 있었고 1952년 제적된 후 일중우호협회 사무국에서 중국영화상영 운동을 하였다. 쓰치모토는 1960년대 일본정부의 국가정책에 대한 비판을 시작으로 촉발된 학생운동에 참가하였고 후반에는 기성제도의 개선을 주장하는 학생운동을 이끌어 시대성에 민감하게 반응하였다. 그는 1959년부터 다큐멘터리 감독으로 활동하다 1963년 ≪ある機關助士≫(어떤 기관조수)로 주목을 받는다. 특히 자주적으로 제작하고 사회문제를 고발하는 다큐멘터리를 만드는 사회파영화감독으로 독자노선을 걷는다. 고도경제성장을 추진하는 가운데 환경오염이 원인이 되어 나타난 미나마타병을 다룬 미나마타 시리즈를 통해 단순한 고발을 초월해서 인간의 존재방식에 대한 문제를 제기하였다. 이처럼 쓰치모토는 당시 사회문제를 영화에 담는 강한 개성과 사회에 대한 책임을 동시에 갖고 시대성을 표현하였다.

구마이(熊井啓)는 세키가와 히데오(關川秀雄)감독의 독립프로작품을 만드는데 조감독으로 출발했다. 구마이는 일관해서 인간 삶 방식과 사회의 존재방식에 대해서 문제제기를 하는 성실한 영화를 만들었다. 그의 첫 작품은 자작 시나리오인 ≪帝銀事件・死刑囚≫(제국은행사건・사형수, 64)이다. 이 영화는 1948년 도쿄 시이나죠(椎名町)에 있는 제국은행에서 벌어진 은행원 12명의 독살사건을 세미다큐멘터리로 만든 작품이다. 화가인 히라사와(平澤貞通)가 범인으로 체포되었지만 증거가 미약했다. 오히려 전시 중에 세균을 연구해온 구 육군 부대가 의심되었지만 점령군의 방해로 수사는 왜곡된다. 이런 의문을 풀기 위해서 조사한 자료를 토대로 그 사건을 드라마화 하였다. 구마이의 제2작인

≪日本列島≫(일본열도, 65)는 전작의 테마와 방법을 더욱 정치화시킨 출세작인 동시에 대표작이다. 이것은 요시하라(吉原公一郎)의 소설을 구마이가 각색한 것으로 점령 하에서 일어난 야마시타(山下), 미가타(三鷹), 마쓰카와(松川) 등에서 발생한 위폐사건과 스튜어디스 살인사건을 다룬 작품이다. 용의자였던 외국인신부의 국외도피를 둘러싼 미국정보기관의 모략을 추적한 미스터리 사회파드라마이다. 물론 이야기는 픽션이지만 조사한 범위 내에서 밝혀진 사실에 충실한 영화를 만들었다는 특징이 있다.

야마모토(山本晉也)는 텔레비전 아사히(朝日), 이와나미(岩波)영화 등을 거쳐 영화를 만들고 1965년 성인영화 프로덕션을 통해서 핑크영화감독이 되었다. 일본에서 성에 대한 표현은 영화에서 누드형태로 진행되었고 시대적 변화에 따라 표현과 표출방식이 더욱 리얼하게 발전하게 된다. 핑크영화의 등장은 영화 위기를 극복하기 위한 대책으로 발전한 점도 있지만 다른 한편으로는 성 표현에 대한 사회적 기대와 성 개방이 촉진시켰다고 할 수 있다. 야마모토는 여성들이 온천을 즐기면서 일정하게 여체를 보여주는 여탕(女湯)시리즈, 성을 놀이의 대상으로 한 치한시리즈, 미망인하숙시리즈 등 희극적인 포르노영화를 만드는데 수완을 발휘하였다. 1971년 ≪大色魔≫(대색마) 등과 같은 좋은 작품을 만들기도 하였다. 1980년대에는 텔레비전 등에서 시대풍속의 에로틱한 면을 소개하는 등 핑크영화에 대해 열정을 가지고 작품 활동을 하였다.

오가와 신스케(小川紳介)는 민속학자로 활동한 조부의 영향을 받았다. 독립프로 신세기영화를 거쳐 1960년 이와나미 영화의 조감독이 되었고, 1963년에는 자주적으로 다큐멘터리를 제작하였다. 그는 1966년 통신교육학생의 조반(造反)운동을 취급한 ≪青年の海≫(청년의 바다), 1967년 학원투쟁을 다룬 ≪壓殺の森≫(압살의 숲)을 만들었다. 특히 1960-70년대는 장기취재를 통해서 나리타(成田)공항을 세우기 위한 농지수용에 대한 반대투쟁을 담은 삼리쓰카(三里塚)시리즈를 만들었고, 1970-80년대는 목장이야기(牧野物語)시리즈를 만들었다. 오가와 감독과 쓰치모토 감독은 일본에서 사회책임영화운동을 일으킨 특징이 있다. 이마이와 전진좌가 만든 ≪生≫(생)이 전후 독립프로운동의 돌파구가 되었고, 1960년대 신토(新藤兼人)의 ≪裸の島≫(벌거숭이 섬)은 저제작비와 자주상영방식으로 만들어 자주영화제작의 가능성을 열었다는데 의미가 있다. 오가와도 그런 선각자들의 영향을 받아 영화작가로서 무명이면서도 독립프로를 만들어 영화계에 새로운 바람을 일으켰다는 점에서 일본영화사에 새로운 희망을 불어넣었다. 무명의 신인 감독이 작품을 만들어 세상에 내놓은 것은 처음부터 상업에 기초를 두고 있지 않았다는 것을 의미한다. 오가와는 일반영화관에서 상영할 수 있는 영화를 만들기 보다는 특정의 관객과 장소에서 상영할 수 있는 영화를 만드는데 목적을 두고 그 방식을 확대하려고 노력하였다.

후지다(藤田敏八)는 독특한 관찰력을 통해 청춘영화를 만든 감독이다. 그의 데뷔작은 ≪非行少年·陽の出の叫び≫(비행소년, 67)으로 비행청소년에 대한 이야기이다. 이 영화에서는 소년원에서 나온 소년이 소년원 교사의 집에 하숙을 하며 갱생의 길을 걷는다. 그러나 옛 친구들과의 싸움이 일어나 칼을 맞고 피를 흘린 채 아무도 모르게 집에 들어와 신문지를 찢어 상처를 메운다. 이 영화가 만들어진 시기는 1968년으로 학원투쟁이 전국적으로 확산되어 가는 시기로 청소년에 대한 관심이 높아진 시기이다. 또한 후지다는 ≪非行少年·若者の砦≫(비행소년, 70)에서 소외된 소년의 반항을 그려냈다. 마음 나쁜 고등학교 교사가 학생에게 비열할 정도로 모욕을 준다. 고교생은 저항하는 과정에서 자전거 체인을 휘두르며 교사에게 달려든다. 이때 교사는 체육관으로 도망간다. 학생도 뒤를 쫓아가서 교사를 후려친다. 후지다의 청춘영화는 학생들이 기득권세력에 대해 문제제기를 하고 저항하며, 국가권력에 대해 정당성을 문제 삼고 자기주장을 하는 도전기에 만들어졌다. 그런 상황에서 사회문제를 날카롭게 지적하고 시대성을 적극적으로 반영한 작품이라는 특징이 있다.

오바야시(大林宣彦)는 학생시절부터 영화를 만들고 상영하여 주목을 받았다. 당시 개인영화작가들이 만든 영화는 언더그라운드(반체제, 전위적)영화로 불리어졌다. 언더그라운드 영화는 아마추어영화작가와 프로영화작가를 연결하는 파이프 역할을 하였다. 오바야시는 여러 장르를 통해서 즐거운 영화를 만드는 특징이 있다. 그는 어린 시절에 가정용 영사기를 통해서 애니메이션을 찍었고, 고교졸업 시 16미리 카메라로 촬영하였으며, 대학시절에는 후지필름이 주최하는 대회에서 입선하는 등 일찍부터 영화에 관심을 가졌다. 이후에는 일본에서 실험영화의 리더로 활약을 하였다. 그는 당시 상업광고에 관심을 두어 젊은 시절에 상업광고 감독의 대가가 되었다. 이후 실험영화와 언더그라운드 영화에 진출하였고 그와 그의 동료들은 일본에 언더그라운드 영화를 성립시켰다. 1960년대부터 시작된 프랑스의 누벨바그 운동이나 미국의 언더그라운드영화에서 볼 수 있듯이 기존의

촬영소에서 사사 받지 않으면 영화를 만들 수 없다는 고정관념이 이미 붕괴되었다. 오바야시는 언더그라운드영화의 최고걸작으로 ≪EMOTION=傳說の午後=いつか見たドラキュラ≫(에모션=전설의 오후=언젠가 본 다큐멘터리, 67)을 만들었다. 이것은 영화의 매력을 칭찬하기 위한 영화이며 영화에 빠진 사람으로서 작가정신의 심정을 토로한 영화이다. 심정의 토로이기 때문에 횡적 문자인 'EMOTION'이라는 영어를 사용하고 있다. 그리고 ≪CONFESSION=遙かなるあこがれギロチン・戀の旅≫(컨패션=아득히 동경하는 기로친, 68)은 영화에 대해서 감독이 신앙을 고백하는 듯한 성격을 띠고 있다.

<표8>은 성장기에 전통적인 시대극을 변형시켜 일본영화의 고유한 장르로 개척한 전통적인 야쿠자 영화와 감독을 나타낸 것이다. 즉 가토 타이(加藤泰), 야마시타 코사쿠(山下耕作), 후카사쿠 긴지(深作欣二), 스즈키 세이준(鈴木淸順), 미스미 켄지(三隅硏次) 등이다.

<표8> 성장기의 감독과 영화 7

감 독	작 품	특 징
加藤泰 (가토 타이)	瞼の母(62), 丹下左膳・乾雲坤龍の卷(62), 眞田風雲錄(63), 幕末殘酷物語(64), 明治俠客傳・三代目襲名(65), 沓掛時次郎・遊俠一匹(66), 懲役十八年(67), みな殺しの靈歌(68), 緋牧丹博徒・花札勝負(69), 緋牧丹博徒・お龍參上(70)	닝교 영화
山下耕作 (야마시타 코사쿠)	關の彌太っぺ(63), 博弈打・總長賭博(68), 緋牧丹博徒(68), 極道(68)	시대극
深作欣二 (후카사쿠 긴지)	白晝の無賴漢(61), 誇り高き挑戰(62), ギャング同盟(63), 解散式(67), トラ・トラ・トラ(70)	시대극
鈴木淸順 (스즈키 세이준)	海の純情(56), 裸女と拳銃(57), 暗黑街の美女(57), 踏みはずした春(58), 野獸の靑春(63), 惡太郎(63), 關東無宿(63), 花と怒濤(64), 肉體の門(64), 春婦傳(65), 刺靑一代(65), 河內カルメン(66), けんかえれじい(66), 殺しの烙印(67)	청춘 영화
三隅硏次 (미스미 켄지)	佐頭市物語(62), 斬る(62)	전통적 야쿠자

가토(加藤泰)는 만주영화, 다이에이 등에서 활동하였다 그는 전후 일시적으

로 레드파지에 걸려 영화계로부터 추방되었지만 복귀하였다. 1960년대 중반부
터 유행한 도에이 닝교영화(任俠映畵)로 명성을 얻었다. 그의 작품은 근대일본
에서 하층사회의 낭만주의를 도박꾼 이야기에 의존하여 표현하였다. 가토는 명
령되는 것, 이용되는 것, 속는 것 등에 이상할 정도로 민감하게 반응하여 갑자
기 흉측한 인간이 되는 주인공을 선택하였다. ≪懲役十八年≫(징역 18년, 67),
≪みな殺しの靈歌≫(살인의 영가, 68) 등이 그런 성향을 띠고 만들어진 영화
이다. 전자의 주인공은 자기 지휘 하에서 특공대로 활동하는 부하가 죽자 부하
의 유족을 돌보기 위해 상점을 열고 그 권리를 보호하기 위해서 분투하다 형
무소에 들어간다. 자기가 투옥되자 동료에게 상점을 맡기지만 그들은 폭력단으
로 변하여 오히려 유족을 괴롭힌다. 이것을 안 주인공은 갖은 수단을 동원해
탈옥하여 동료들을 모두 살해한다. 후자의 주인공은 자기가 알고 있는 소년과
놀다가 죽음에 쫓기는 여성을 잔혹하게 살해하는 이야기이다. 그런 영화는 전
통파 사무라이 극에서 벗어난 것으로 살인과 무력을 행사하며 살지만 그 어딘
가에는 인정이 살아 숨쉬는 내용을 담고 있다. 따라서 나쁜 이미지에 출발하고
사회규범과 법규에는 위반되지만 이야기를 쫓아 가보면 결국 나쁜 이미지는 동
정과 의리로 변하게 된다. 이것이 야쿠자영화의 특징이라고 할 수 있다.

　가토감독의 ≪緋牧丹博徒·花札勝負≫(비목단박도, 69)에서는 여검객(女劍
戟)영화이다. 여자배우에게 검을 들게 하여 잔바라를 연기하게 한 것은 해오던
것이었다. 가토 감독의 그런 시리즈 중에서 ≪緋牧丹博徒·花札勝負≫(69),
≪緋牧丹博徒·お龍參上≫(70) 등은 가부키 무대를 잘 살리고, 또한 우키요에
판화(浮世繪版畵)처럼 우아한 일본적 양식미의 극치를 이루고 있다. 여자 야쿠
자는 비목단의 문신(刺靑)을 등에 새기고 다니기 때문에 '비목단의 용'이라고
불렸다. 그녀의 본명은 야노 다키코이다. 부친은 야노 일가의 보스였지만 악당
에 의해서 살해되었고 일가는 해산되었다. 용은 여행을 하면서 아버지 원수를
갚기도 하고 악당과 대결하기도 한다. 이런 내용으로 시작된 것이 ≪緋牧丹博
徒≫시리즈이다. 그 가운데서 ≪緋牧丹博徒·花札勝負≫(69)는 약한 야쿠자일
가를 도와 가네하라구미(金原組)라는 강한 야쿠자를 무너뜨린다. 가토감독은
일탈적인 시대극 야쿠자영화를 통해서 일본적인 미녀를 등장시켜 자기희생을
철저하게 하는 영웅으로 만들고 깨끗한 언어, 삶 등을 잘 그려내어 일본적 미

를 표출시키는 작업을 하는 특징이 있다.

스즈키(鈴木淸順) 감독의 ≪けんかえれじい≫(결투연가, 66)는 쇼와초기 청춘시대를 보낸 세대의 꿈과 혼미의 다양한 측면을 그린 청춘영화의 걸작이다. 주인공 남부 기로쿠(南部麒六)는 오카야마(岡山)의 중학생이다. 이 시기 불량소년의 파벌은 여자에게 손을 내미는 연파(軟派), 싸움을 하는 경파(硬派) 등 2종류가 있었지만, 기로쿠는 경파에 속해 학교에서 상급생의 부하가 되어 폭력을 일삼는다. 검객이 수행하는 것을 흉내 내어 산에 가서 싸움연습을 하고 반역정신을 기르며 군사훈련시간에 교관에게 대들어 헌병대에까지 끌려간다. 그러나 친척이 있는 후쿠시마(福島)의 시골 중학으로 전학한다. 친척집에 기숙하는 그는 그 집의 딸에게 빠진다. 그러나 남녀7세부동석이라는 규범을 강조하던 시기였다. 그는 그녀에게 접근하기 어려우자 대신 밖에서 싸움을 하였다. 또한 사춘기에 들어 성에 대한 관심이 높아져 욕구가 생기면 참지 못하고 그녀의 피아노를 두드리기만 한다. 그는 점점 더 집단싸움을 하게 된다. 그는 어느 날 다방에서 중년남자의 날카로운 눈빛에 깊은 인상을 받는다. 이윽고 2.26사건이 일어나고 신문에서 체포된 기타 잇키(北一輝: 1883-1937, 사상가, 흑룡회 소속 혁명운동가, 쿠데타를 통한 국가개조주장, 황도파 청년장교에 영향을 줌, 2.26사건으로 처형됨)가 당시 날카로운 눈빛을 가진 남자였다는 것을 안다. 그는 돌연 작은 시골에서 싸움만 할 수 없다고 하고 도쿄로 간다. 이 영화에서는 젊은이의 섹스는 싸움으로 전환되고, 우익적 신념으로 바뀌는 아이러니한 표현이 있지만 청춘, 싸움, 섹스, 영웅심 등과 같은 것을 통해 젊은이의 시대적 아픔을 잘 그린 영화라는 특징이 있다.

미스미(三隅硏次) 감독의 ≪佐頭市物語≫(자토이치 이야기, 62)는 원작가 모자와 칸(母澤寬)의 소설이 아니라 수필에 나오는 '맹인으로 유명한 야쿠자가 있다'는 구절에 힌트를 얻어 만들어진 것이다. 배우 가쓰 신타로(勝新太郎)는 여자처럼 부들부들한 역을 하는 2류 배우로 주목을 받지 못하였다. 그가 ≪不知火檢校≫(불여화검교)에서 맹인악역을 하면서 자신의 연기색깔을 내어 자토이치(佐頭市) 시리즈의 주인공으로 발탁된다. 이 시리즈 제1작은 고전적인 도박꾼이 전국을 순회하면서 생기는 사건과 풍경이 애절하게 그려지고 있다. ≪佐頭市物語≫에 등장하는 이오카 오야붕(親分)이 사는 곳에서 여행을 끝낸 자토

이치의 본업은 맹인으로 안마사이다. 그는 때때로 도박을 하기도 한다. 그러다 싸움이 벌어지면 앉아서 재빨리 검을 뽑아(居合い拔き) 싸움을 끝내는 이른바 맹인검술의 달인이다. 어느 날 그는 히라데(平手造酒)라는 낭인과 만난다. 히라데는 이오카 오야붕과 대립하고 있는 사사카와를 돕는 폐병 걸린 검객이다. 두 검객은 상대방의 검술을 익히 알고 있어 우정까지 싹트려고 한다. 그러나 사사카와는 자토이치를 살해하려고 부하에게 명령을 내렸지만 오히려 부하들이 당한다. 한편 이오카도 일시에 대립해온 사사카와를 넘어뜨리려고 기회를 노리고 있다. 사사카와는 히라데를 통해 자토이치를 제거할 계획을 세운다. 둘은 최후에 결투를 하지만 자토이치가 승리한다. 자토이치의 마음은 공허해지면서 다시 여행을 떠난다. 이런 자토이치 이야기를 통해서 야쿠자영화를 만든 감독은 다나카(田中德三), 모리(森一生), 이케히로(池廣一夫), 야스다(安田公義), 가쓰(勝新太郎), 기타(北タケシ) 등이다. 그들은 자토이치 시리즈를 만들어 일본적 영화의 한 장르를 구축하였다.

<표9>는 성장기의 감독과 영화를 나타낸 것으로 이들 감독은 전통적인 장르를 소화해서 전통적인 영화를 만들기 보다는 새로운 영역을 개발하고 내용과 표현을 자유롭게 한 특징 있는 영화를 만들었다. 즉 후루자와 노리오(古澤憲吾), 이쓰카 소이치(飯塚增一), 혼다 이시로(本多猪四郎), 데시가와 하라코(勅使河原宏), 와카마쓰 코지(若松孝二) 등이 그들이다.

<표9> 성장기의 감독과 영화 8

감 독	작 품	특 징
古澤憲吾(후루자와 노리오)	ニッポン無責任時代(62)	서민 영화
飯塚增一(이쓰카 소이치)	全國縱斷搜査(63)	경찰 영화
本多猪四郎(혼다 이시로)	マタンゴ(63)	괴물 영화
勅使河原宏(데시가와 하라코)	砂の女(64)	실험 영화
若松孝二(와카마쓰 코지)	壁の中の秘事(65), 胎兒が密獵する時(66), 犯 された白衣(67), 處女ゲバゲバ(69)	핑크 영화

1950년대부터 1970년대 도호의 달러박스가 된 것은 대중적인 희극인 ≪社長≫(사장)시리즈였다. 이 영화에서는 사장이하 사원들이 일심동체가 되어 화기애애한 분위기 속에서 어려운 경제위기를 극복하는 이야기가 주된 내용이다. 또한 바람피우는 사장, 어리 숙한 사원, 출랑대는 과장 등과 같은 고정출연 멤버들이 실패하면서도 회사를 가족주의적 분위기로 만들어 가는 특징이 있다. 이렇게 해서 맹렬 샐러리맨이라는 용어가 생겨났고 이윽고 일본인은 일중독에 걸렸다고 까지 이야기하게 된다. 이런 과정에서 'スーダラ節'(스다라절)이라는 노래가 나타났고, 이것은 열심히 일하기보다는 요령피우는 것을 표현하여 당시의 흐름과는 역행하는 듯한 내용을 담고 있다. 도호는 그런데 착목해서 우에기(植木等)를 등장시켜 ≪無責任男≫(무책임남)시리즈를 만들어 낸다. 그것이 바로 후루자와 감독의 ≪ニッポン無責任時代≫(일본무책임시대, 62)이다. 이것은 보통의 일본남성이 직장생활 이외에서 보내는 생활에 초점을 맞췄다. 이런 상황설정은 일본적 종신고용제도가 각 회사에서 정착되는 시기이어서 시대의 흐름에 역행하는 듯한 내용을 담고 있다. 그러나 이 영화는 잘 짜여지고 조직화된 일본사회에서 숨 막히는 나날을 보내는 샐러리맨의 고통과 부자유스러움에서 해방되고 싶어 하는 고도경제성장 주역의 심경을 그렸다는 특징이 있다.

경찰을 둘러싼 이야기에 초점을 맞춘 경시청이야기 시리즈는 1955년부터 1964년까지 도에이 도쿄촬영소에서 24편 만들어진 형사물 서스펜스영화이다. 감독으로는 무라야마(村山新治), 세키카와(關川秀雄), 시마쓰(島津昇一), 사토(佐藤肇) 등이 있다. 경시청이야기의 각본은 경시청의 감식과 직원이었던 하세가와(長谷川公之)가 썼다. 경시청 시리즈는 범죄가 성행하고 가난에 시달리던 시절 하층사회에서 벌어지는 각종사건을 르포타즈(reportage)성과 인정형사 등을 통해서 리얼하게 표현했다. 이쓰카(飯塚增一)감독의 ≪全國縱斷搜査≫(전국종단수사, 63)는 그런 내용을 담은 대표적인 경찰영화이다. 이 영화에서는 살인사건이 발생하여 경시청 형사가 도쿄교외뿐 아니라 오키나와(沖繩), 아키다(秋田) 등 전국을 돌며 범인이 남긴 단서를 찾으러 다닌다. 이 과정에서 도쿄근교의 주유소, 오키나와의 미군기지, 욧카이치시(四日市)의 석유콤비나트 등의 풍경도 함께 그려진다. 이 시기는 미국의 거대한 산업과 힘에 압도당하여 일본인이 미국에 대해서 공포감을 갖고 있던 시기이다. 이 영화는 단순한 수사영화이기도 하지만 산업단지 등을 돌아다니며 일본의 미래를 우려하는 시각에서 일본에게 봉착한 문제를 들어내어 경각심을 일으키려는 의도도 있었다. 이런 긴장과 우려는 고도경제성장으로 사라졌다. 이처럼 형사물은 사회범죄를 쫓는 면이 전면에 흐르고 있지만 다른 한편으로는 일본열도를 돌아다니며 일본의 좋은 것과 그렇지 못한 것을 동시에 비춰 당시 일본인의 마음을 자극하는 역할을 하였다.

만화영화로 공포를 자아내게 표현한 ≪ゴジラ≫(고지라)이후 같은 스텝에 의해서 다양한 괴수영화나 괴물영화가 만들어 졌다. 만화영화는 내용이 어린이용 중심으로 만들어져 어른들이 볼 수 있는 데는 한계가 있었다. 그런 한계를 극복하기 위해서 계층에 맞추거나 모두가 볼 수 있는 내용을 가진 만화영화가 만들어지게 되었다. 그 이후에는 돌연변이에 의한 괴물이 나타나 어린이용이 아니라 어른용으로도 만들어지게 되는데 혼다의 ≪マタンゴ≫(마담고, 63)가 대표적이다. 이 영화의 등장인물 모두가 비호감가는 인물이다. 도쿄댄스 클럽에서 놀 듯한 남녀 10명이 요트를 타고 놀다가 태평양에서 조난당하여 어느 무인도에 당도한다. 서로 도와가면서 버티고 있지만 식량을 둘러싸고 투쟁하는 상황이 벌어져 아비규환의 상태이다. 어느 날 난판선이 있어 가보니 녹 슬은 배만이 있고 그곳에서 때때로 괴물이 나타난다. 그 괴물은 두발과 손을 가지고 있는 인간이지만 거대한 독버섯의 형체를 하고 있는 괴물인 마담고이다. 배가 고픈 사람이 그 버섯을 먹자 마치 마약을 먹은 듯한 무아경지에 빠져든다. 이후에는 몸체의 일부가 검푸른 색으로 변하며 서서히 독버섯으로 변모해 간다. 이 영화는 SF영화와 같이 현실적으로 일어날 수 없는 황당무계한 것이지만 인간존재의 근원적 문제를 터치하고 있는 한편 순간적으로 쾌락이외의 목표가 없는 인간의 미래에 대한 이야기를 다루고 있다는 특징이 있다.

데시가와(勅使河原宏)감독은 기록영화, 실험영화, 미술영화 등에 종사해온 감독으로 상업영화의 성격을 벗어나려고 하였다. ≪砂の女子≫(모래위의 여자, 64)는 아베(安部公房)가 자작소설을 각색하고 그것을 데시가와 감독이 영화화한 것이다. 이 영화는 중년 남자가 곤충채집을 하다 모래언덕을 거닐게 되었고 저녁이 되자 그곳에 있는 한 민가에서 잠을 잔다. 그곳에는 미망인이 혼자 살고 있다. 새벽이 되자 집은 모래로 덮여 무너질 정도가 되어, 그 남자는 필사적으로 모래를 파낸다. 남자는 몇 번 탈출을 시도했지만 실패한다. 그런 상황에

서도 남자는 이곳의 생활이 유쾌하다는 것을 느끼면서 혼자 사는 여자에 대한
정이 생긴다. 이윽고 남자에게 탈출의 기회가 왔다. 마을사람들이 구해줘 탈출
할 수 있었지만 그녀가 병이 들어 남자는 그곳을 떠나지 않는다. 그는 이곳의
모세관원리를 이용해서 물이 고이게 하는 작업에 재미를 느끼며 생활하지만 마
을사람들은 그가 증발한 것으로 생각하였다. 이 영화는 왜 여자가 모래 굴을
파서 살고 있고 왜 굴속에서 나오지 않는가 등 불가사의한 삶에 대한 의문을
남기고, 인간이 왜 사는가라는 근본적인 문제를 제기하고 있는 특징이 있다. 사
회가 발전하고 경제적으로 여유가 생기면서 인간은 자신의 존재가치와 미래에
대해서 의문을 갖게 된다. 이 영화는 일본인이 갖고 있는 근본적인 질문을 대
신해서 질문해주고 있는 듯하다.

특히 다양한 영화가 등장하였지만 1960년대는 영화위기의 한 돌파구로 핑크
영화가 만들어지게 된다. 핑크계의 왕자로 알려진 감독이 와카마쓰(若松孝二)
이다. 핑크영화의 내용을 담뿍 담아 낸 영화가 ≪胎兒が密獵する時≫(태아가
밀렵할 때, 67)이다. 핑크영화는 1960년 초기 일본영화의 불황이 시작된 시기
에 영화계의 주류로부터 벗어난 사람들이 소극장과 연결시켜 보통영화 10%정
도의 예산으로 만들기 시작하였다. 돈을 들이지 않기 위해서 무명의 여배우를
나체로 등장시켰으며, 세트도 만들지 않고 아파트 방에서 카메라를 갖고 촬영
했다. 이렇게 해서 핑크계의 싼 에로영화가 탄생된 것이다. 대부분의 작품이 작
품성이라는 차원에서 보면 문제가 있었다. 그런 이유 때문에 역으로 허식에 찬
대기업의 촬영소에서는 작품을 제작하지 않았다. 일본사회의 저변에서 벌어지는
상황을 반영한 것과 같은 작품이 많았고, 또한 반사회적인 정열이 농축된 작품
도 있다. 와카마쓰는 그러한 핑크영화의 긍정적인 면을 표현하고 표출하는 대
표적인 감독이었다. 그런 이유 때문에 그의 프로덕션에는 당시 영화계에서 과
격한 감독들이 몰려들었다. 핑크영화는 대형영화의 위기를 극복하는 한 수단으
로 만들어지는 경향이 있었지만 그것뿐 아니라 당시 일본에는 전통적인 규범과
틀에서 벗어나고자 하는 성자유의 바람이 불어 촉발되었다. 그것은 성만이 아
니라 마음속에 갖고 있는 자유에 기초한 다양한 욕망을 있는 그대로 표현하려
는 세대가 증가한 것과 맞물려서 벌어진 것이라고 할 수 있다. 그런 점에서 보
면, 핑크영화는 당시 일본사회와 일본인에게 팽배해 있던 마음의 한 구석을 표
현한 특징이 있었다고 할 수 있다.

■ 3. 일본영화의 국제화

일본영화사의 전성기를 보면, 제1전성기는 1930년대 무성영화에서 유성영화로 전환되고 영화가 오락성을 초월해서 국가성을 강조하고 영화검열이 엄격하게 시행되는 시기에 도래하였다. 제2전성기는 국가성과 검열영화에서 독립하고 일본영화가 일본적 미학을 표출하면서 국제적으로 높게 평가받은 1950년대에 도래하였다. 이런 전성기를 통해서 얻은 일본영화 및 감독의 명성이 국제적으로 알려져 관심이 지속적으로 이어지는 계기가 되었다. 따라서 영화산업이 위축됨에도 불구하고 일본영화는 국제영화제에서 상을 수상하여 명맥을 유지하였다. <표10>은 1960년대 국제영화제에서 수상한 영화감독, 작품명, 영화제명, 상내용 등을 정리한 것이다.

<표10> 일본영화의 국제영화제수상현황

년 도	감 독	작 품	영화제	상종류
1961	小林正樹	人間の條件	베니스	상조르주상, 이탈리아비평가상
1961	新藤兼人	裸の島	모스코바	그랑프리
1963	浦山桐郎	非行少女	모스코바	금메달상
1963	小林正樹	切腹	칸느	심사위원특별상
1963	今井正	武士道 殘酷物語	베를린	금태상
1964	羽仁進	彼女と彼	베를린	여우상(사치코)
1964	羽仁進	手をつなぐ子ら	모스코바	심사위원특별상
1964	今村昌平	日本昆蟲記	베를린	여우상(사치코)
1964	勅使河原廣	砂の女子	칸느	심사위원특별상
1964	市川崑	東京オリンピック	모스코바	스포츠 동맹상
1965	黑澤明	用心棒	베니스	남우상(미후네 도시로)
1965	黑澤明	赤ひげ	베니스	상조르주상, 남우상

1965	小林正樹	怪談	칸느	심사위원특별상
1965	市川崑	東京オリンピック	칸느	국제비평가상
1967	山本薩夫	白い巨塔	모스코바	은메달상
1969	今井正	橋のない川・二部作	모스코바	소련영화인 동맹상

1960년대 일본영화의 사양화가 시작되고 생존하기 위한 새로운 시스템으로 전환되는 가운데서도 일본영화는 국제영화제에서 많은 관심을 모으게 된다. 베니스영화제에서는 고바야시 감독의 ≪人間の條件≫(인간의 조건, 61), 구로사와의 ≪用心棒≫(경호원, 65)와 ≪赤ひげ≫(붉은 수염, 65) 등이 수상하였다. 칸느영화제에서는 고바야시 감독의 ≪切腹≫(할복, 63)과 ≪怪談≫(괴담, 65), 데시가와 감독의 ≪砂の女子≫(모래위의 여자, 64), 이치카와 감독의 ≪東京オリンピック≫(도쿄올림픽, 65) 등이 수상하였다. 그리고 베를린 영화제에서는 이마이 감독의 ≪武士道 殘酷物語≫(무사도 잔혹이야기, 63), 하니 감독의 ≪彼女と彼≫(그녀와 그, 64), 이마무라 감독의 ≪日本昆蟲記≫(일본곤충기, 64) 등이 수상하였다. 모스코바영화제에서는 신토의 ≪裸の島≫(벌거숭이 섬, 61), 우라야마의 ≪非行少女≫(비행소녀, 63), 하니의 ≪手をつなぐ子ら≫(손 잡은 아이들, 64), 이치카와의 ≪東京オリンピック≫(도쿄올림픽, 64), 야마모토의 ≪白い巨塔≫(흰 거대한 탑, 67), 이마이의 ≪橋のない川≫(다리 없는 강, 69) 등이 수상하였다.

이처럼 일본영화가 국제영화제에서 상을 타고 관심을 끌 수 있었던 것은 일본영화의 변신에 의한 것이다. 1950년대 일본영화는 전통성과 일본특유의 전통미학을 표현하여 국제사회에 등장하여 좋은 평가를 받아 국제화되었다. 이것은 알지 못하는 미지의 동양세계에 대한 관심에서 출발하였고 그 가운데 일본적인 미학이 잘 표현되었기 때문이기도 하다. 또한 전전과 패전 후를 통해서 쌓아온 일본영화관계자의 독창성과 성숙한 기술이 있었기 때문이다. 1960년대는 그런 고전적이며 전통적인 패러다임에서 벗어나 근대속의 일본을 표현하고 새로운 시대성을 과감하게 일본영화에 표출시켰기 때문에 성공한 시기라고 할 수 있다. 또한 잘 정리되고 튼튼해진 시나리오, 기술적으로 발전한 영상과 연출, 배우들의 성숙한 연기, 신진감독의 자유롭고 심도 있는 과감한 주제선정, 국가보다는 사회와 인간에 대한 근본적인 질문, 국제사회에서 일본의 위상 향상 등과 같이 지금까지 간과했던 표현이나 제한되었던 부분을 일본영화가 과감하게 노출시켰기 때문이며 또한 당시 급변하고 있는 일본사회가 담고 있는 내재적 감성을 잘 표현했기 때문이라고 할 수 있다.

Ⅳ 성장기의 영화와 시대성

1. 누벨바그

일본영화계에서 쇼치쿠 누벨바그(새로운 물결)라는 새로운 영화사조가 1960년 대에 나타났다. 이것은 프랑스의 누벨바그, 독일의 뉴저먼, 이탈리아의 네오 리얼리즘(neo-realism) 등과 같은 유럽에서 발생한 사조와 연결된 것이다. 프랑스 영화감독 고다르 장뤽(Jean-Luc Godard)은 1950년대 말 누벨바그라는 사조를 이끈 감독이다. 누벨바그의 한 가운데 서있던 그는 파격적인 영화인 ≪A bout de souffle≫(네 멋대로 해라, 60)에서 언어 혁명을 일으킨다. 이런 영화는 이야기를 전개하는데 관습적인 방식을 무시하고 제멋대로 줄거리가 진행되며 자세한 설명을 해주지 않고 또한 비약과 생략으로 편집을 하는 새로운 경향의 영화이다. 프랑스에서 발생한 누벨바그라는 용어는 일본에서 1960년 『주간 요미우리』가 쇼치쿠 영화사의 오후네(大船) 촬영소에서 재능을 발휘한 신인 감독들을 옹호하는 과정에서 사용되었다. 누벨바그라는 용어는 일본저널리즘에 의해서 붙여진 것이지만 시기적으로 선행되고 병행해온 프랑스의 누벨바그와 비교되기도 하고, 또한 그 영향 하에서 생긴 영화사조이며 운동이다.

일본에서 활약한 누벨바그의 대표적인 감독이 마스무라 야스조(增村保造)이다. 그는 신세대의 기수로서 한 작품 한 작품 젊은 세대의 주목을 받았고 또한 1959년과 1960년에 질풍처럼 나타난 쇼치쿠 누벨바그의 직접적인 선구자로 활동하였다. 쇼치쿠 누벨바그 감독으로는 마스무라 야스조(增村保造), 오시마 나기사(大島渚), 시노다 마사히로(條田正浩), 요시다 요시시게(吉田喜重), 다무라 다케시(田村孟) 등도 있다. 특히 이 가운데 마스무라가 과격한 작풍과 이론을 추구하게 된 계기는 「ある辨明」(어느 변명)에 언급한 것처럼 이탈리아 유학중에 이탈리아인들의 강한 자기주장과 격렬함에 압도되었기 때문이다. 이런 의미

에서 일본의 누벨바그는 마스무라를 경유해서 간접적으로 이탈리아문명의 영향을 받은 것이라고 할 수 있다. 1960년대 마스무라는 처음부터 섹스와 폭력이 범람하는 영화로 일본영화의 첨단을 걸어왔다. 이렇게 표현된 에로티시즘이 향락적인 것이 아니라는 것을 마스무라는 강조한다. ≪セックス·チェック/第二の性≫(섹스·체크, 68)는 마스무라가 추구한 특징이 잘 나타난 작품이다. 1972년 부터 15년간 50편의 작품 중에 25편정도의 가작을 만들 정도로 좋은 작품을 만들었고, 작품을 통해서 여성의 강함을 표현하는데 주력하였다.

마스무라는 일본영화의 등장인물이 강한 자아와 광기에 가까운 정열을 갖지 않으면 안 된다는 의지를 갖고 있다. 지금까지 일본은 전통적인 규범에 따른 가치관을 갖고 있었고 또한 국가나 사회가 주도하는 규범과 가치에서 벗어나기 힘든 사회에서 생활하여왔다. 이런 성향은 고도경제성장을 지향하고 새로운 시대를 찾으려는 당시의 세계상과는 거리가 있는 모습이었다. 영화계에서 마스무라는 그런 시대상을 깨고 미래세계와 어울리는 세계상에 부응하고자 하는 강한 희망이 있었기 때문에 자아를 갖고 사는 주체성을 가진 인간을 그리려 하였다. 거기에는 남녀간의 차별이 존재하지 않고, 나이의 다소와 계층간의 차이가 존재하지 않는다. 존재하는 것은 오로지 자신의 가치관과 주체성을 갖고 성장하는 자아이며 만들어 가는 미래지향적인 새로운 세계상이다.

그런 성향을 가진 대표적인 작품이 ≪妻は告白する≫(마누라가 고백한다, 61)이다. 이 영화에서는 북혜고(北穗高)라는 산에서 암벽 타기를 하던 3인의 등반대가 조난당한다. 약학자인 다기가와(瀧川)가 발을 헛디뎌 그의 처 사이코(彩子)와 같이 공중에 떠있고 제약회사 사원 고다(幸田)가 그들을 지탱하고 있다. 이때 부인 사이코는 나이프로 남편과 연결된 자일을 끊어 남편은 죽고 자기와 고다는 살아난다. 그러나 남편과 사이가 좋지 않았고 고다와는 서로 사랑하는 사이라는 사실이 알려져 살인죄로 기소된다. 아내는 남편과 이혼하고 싶었지만 남편은 응해주지 않았다. 고다는 그런 환경에 처한 부인을 동정하다 사랑하게 된 것이다. 재판에서는 무죄가 되어 고다와 부인은 결혼한다. 그녀는 보험금을 타서 사치를 부려 고다를 놀라게 한다. 조난당시 남편이 고다를 괴롭히는 것을 보고 아내는 고다를 구하기 위해서 자일을 끊었다는 것을 말하자 고다는 이혼을 요구한다. 아내는 고다에게 매달리지만 만나주지 않자 자살을 한

다. 이 영화의 여주인공은 악녀이자 히스테리여성이며, 실생활이 불가능한 여성으로 그려진다. 이렇게 그려진 강한 여성의 자아는 오히려 사태를 심각하게 하거나 패망을 초래하는 이성을 잃은 자아로 표현된다. 마스무라는 그런 류의 강하고 현실초월적인 여성의 자아를 영화를 통해 추구하였다.

마스무라의 ≪赤い天使≫(붉은 천사, 66)는 태평양전쟁말기 중국전선을 다룬 전쟁영화이다. 모두부터 최전선 가까이에 있는 야전병원에 부상병이 운반되지만 마취약도 없이 수술을 하는 장면이 나온다. 처음으로 전선의 야전병원에 온 간호원들은 엉성하고 어설픈 수술 장면에 기절을 한다. 와카오(若尾文子)가 연기하는 여주인공 종군간호사는 그런 상황에 견디지 못하고 후방 병원으로 이동한다. 병원에서 부상병을 치료하는데 전력을 다한다. 그런 가운데 양팔을 잃은 병사가 입원한다. 그녀는 대소변을 가려주었고 시간이 지나가자 병사는 오나니를 해달라고 정중히 부탁을 한다. 그녀는 의기소침했지만 손으로 오나니를 해준다. 그리고 병사를 욕실에 넣어 바라는 대로 나체의 몸을 보여준다. 이미 삶의 의지를 잃은 병사는 마음의 위안을 주었던 그녀에게 감사하면서 결국 투신자살을 한다. 그녀가 다시 야전병원에 왔을 때 군의는 닥치는 대로 병사의 팔과 다리를 자르는 자신의 모습을 보고 의사로서 고통스러워 몰래 몰핀 주사를 스스로 놓는 습관이 생겼다. 그녀는 습관을 고치기 위해서 군의를 격려하는 가운데 군의와 함께 침대에 들어간다. 그도 회복하기 위해서 최선을 다한다. 종전이 가까워지자 군의도 회복하고 살아남은 군인 가운데 최상급자가 되어 다시 싸우기 위해 출정한다. 그녀는 군의를 찾기 위해서 전장을 헤맨다.

이 영화에 등장한 간호원은 창부가 아니다. 양팔을 잃은 병사나 몰핀에 중독된 군의와 성적 행위를 한 것은 연민, 사명감, 책임감 등에 의해서 이루어 진 것으로 섹스를 취급한 기존의 영화와는 다른 각도에서 보는 획기적인 발상이었다. 일반적으로 섹스는 남자가 여성을 지배하는 것으로 존재해 왔지만 여기에서는 전장에서 고통을 받는 남성에게 여성이 섹스를 리드하고 섹스를 통해서 위안과 용기를 갖게 하는 삶의 원동력으로 표현하고 있다. 전통적으로 성은 겉으로 나타나서는 안 되며 여성이 리드를 하는 것은 더더욱 용서할 수 없는 행위로 인식되어 왔다. 결혼을 전제로 하지 않는 섹스는 전통적인 도덕관과 사회규범을 벗어나는 범죄에 가까운 것으로 인식되어 질타의 대상이 되었다. 마스무라는 전쟁이라는 특수상황을 통해서 성이 갖고 있는 벽을 깨고 있지만 여기에서 전쟁이라는 벽은 사회적 규범과 현실에 적응 못하는 전통적인 제도인 것이다. 또한 병사의 잃은 두 팔은 강하게 작용하고 전해온 남성의 권위와 오만이었던 것이다. 여성의 부드러운 손은 단순하게 오나니를 해주는 섹스의 심벌이 아니라 여성의 포근함과 강하게 정립된 자아인 것이다. 이렇게 일본사회는 변하고 있었고 그 속에서 일본인은 자아의 표출을 갈구하고 있었던 것이다.

　마스무라의 영화는 섹스에 만족하면서 남자들은 사라지거나 파멸하게 되는 스토리를 반복적으로 연출하고 있다. 그의 ≪大惡黨≫(대악당, 68)은 가난한 여성이 부자인 악당에게 모욕적인 방법으로 굴복하고 나중에 복수하는 형식으로 진행된다. 여기에서 섹스는 노골적으로 지배와 피지배 관계로 설정된다. 부자인 악당은 그녀와 섹스를 함으로써 정복한 것으로 알았다. 그런데 마스무라는 남자들이 여자를 정복했다고 느끼는 시점에서 유단 하는 가운데 치명적인 약점이 잡혀 순간적으로 역전되는 것을 그렸다. 이 영화에서는 약자가 강자를 향해 어떻게 싸우는가 하는 점을 강조하였다. 약자가 강자에 대응하기 위해서 비열하지만 약점을 파악해서 타도하는 방법을 강조한 것이다. 남녀관계에서 보면, 남자가 여성과 성관계를 가졌다는 것을 근거로 여성을 지배했다고 보는 시점이 바로 약점이 노출되는 시기이며 이 약점을 잡아 약자는 강자를 공격한다는 것을 이야기하고 있다. 그렇게 남녀간에 형성되는 강자와 약자관계는 기타 사회영역에서도 존재하며 특히 국제정치, 국내정치 등에도 적용되고 있다는 것을 암시한다.

　오시마 나기사는 제2작으로 ≪靑春殘酷物語≫(청춘잔혹이야기, 60)에서 마음 가는 대로 살고 사회에 반항하는 젊은이를 그렸다. 이것은 당시 유행했던 이시하라 신타로와 유지로의 태양족과 유사한 점이 있지만, 그것보다는 더욱 철저하게 망가지게 표현하였다. 이 작품이 히트함으로써 젊은 조감독이 계속해서 발탁하는 기운이 일어나 대중매체의 주목을 받아 쇼치쿠 누벨바그라고 불리어졌다. 쇼치쿠 누벨바그의 절정이라고 할 수 있는 것이 그의 ≪日本の夜と霧≫(일본의 밤과 안개)이다. 이 작품은 그가 학생운동을 했던 경험에 기초한 것이지만, 단순히 청춘회고적인 작품이 아니라 급속하게 사회에서 최첨단화 되었던 이념 논쟁을 구좌익 대 신좌익을 통해서 그린 것이다. 그 점에서 이 영화는 당

시 사상 상황의 최첨단을 다룬 것이다. 최첨단 문제를 다룬 영화로 사상적 대립과 내용을 담아내었다는데 가치가 있었다. 또한 상품화될 것이라는 회사 측의 기대를 받으면서 좌익운동내부의 정치적 토론에 시작과 종언을 다룬 이 작품은 쇼치쿠라는 보수적인 영화사의 변화를 일으켰다는데 의의가 있었다.

첫 작품의 흥행 실패에 이어서 《太陽の墓場》(태양의 묘지)는 히트라는 실적과 기회의 자신감을 잃어온 쇼치쿠 측의 망설임에도 불구하고 만들어졌다. 오시마는 강행돌파를 위해서 촬영이 길어지는 것을 피하고, 옛 세트촬영을 이용한 디스커션(discussion) 드라마라는 새로운 형식을 고안하였다. 결국 영화는 흥행에 실패하였고, 이것이 계기가 되어 개봉한지 3일 만에 상영 중지되었다. 당시 사회당위원장 암살사건과 관련되어 있다고 인식되어 정치적 압력에 회사 측은 상영중지를 결정하였고, 이것은 하나의 사회적 사건화 되었다. 상영중지로 회사 측과 대립하게 되어 오시마와 그의 지지자는 쇼치쿠를 떠났다. 오시마와 고야마(小山明子)의 결혼식은 그 사건이 일어난 시기에 행해졌고, 피로연은 신랑자신이 선두에 서서 회사를 탄핵하는 일대 연설장이 되었다. 당시 감독들이 쇼치쿠를 떠나면서 쇼치쿠 누벨바그의 흐름은 사라졌지만, 메이저 회사의 종속적인 환경에서 벗어나 자유로운 실험영화를 제작할 수 있었다.

오시마 감독의 《日本春歌考》(일본춘가고, 67)에서는 지방고교 4명이 대학입학시험을 보기 위해서 도쿄역에 내린다. 시험이 끝난 후 도쿄거리를 거닐고 있을 때 그들은 일본국기의 붉은 부분을 검은 색으로 도색을 하고 조기로 해서 들고 다니는 데모대를 만난다. 그 장면은 1967년 2월 1일 촬영되었지만 그날은 전후 폐지된 건국기념일이 우익세력의 집요한 요구로 부활한 부활1주년 기념일이었다. 촬영 스텝은 그날 촬영하면서 동시에 데모에 참여하였다. 이 데모는 1945년 패전직후 10대 소년으로서 민주주의를 배운 세대 즉 오시마 세대의 어른들이었고 그런 장면에 접한 고교생은 별다른 감정을 갖지 못하고 있다. 이 영화는 2세대 간의 갈등과 보는 시각의 차이를 잘 나타내고 있다. 4명의 고교생은 옛날 자기들을 가르친 오다케 선생님의 애인인 듯한 다카코라는 여성을 만나 뒤를 따라가기도 한다. 또한 같은 고교생으로 시험을 보러온 3명의 학생과 시험장에서 발견한 미소녀와의 성적인 소문을 퍼트린다. 시험공부밖에 모르는 그들의 도피는 성적인 공상으로 이어진다. 그날 밤 그들은 여학생들과 같이 도쿄에 있는 오다케 선생님의 집을 방문하고 레스토랑에서 식사를 한다. 다른 친구들은 군가를 부르고 오다케 선생은 춘가를 부른다. 이윽고 신좌익의 젊은이들은 정치적 책을 읽는다. 중년세대의 좌익이데올로기와 젊은 세대의 성적인 공상은 반복해서 충동하게 된다. 그들 두 세대는 정치와 성이라는 현대인을 지배하고 있는 2개의 지배적인 망상적 관념이 있다는 것을 느낀다. 이 영화에서는 일본에서 소수인 재인조선인의 창부에 대한 춘가를 둘러싸고 정치의식과 성의식간의 갈등이 망상의 꽃으로 피어나게 된다.

마스무라와 오시마 감독의 작품을 통해서 본 일본 누벨바그의 특징은 다양한 성격을 갖고 있다. 우선 마스무라 감독은 여성을 정면에 노출시키고 전통적이며 구속적인 삶의 망에서 탈출시키는 것에 머물지 않고 여성이 독자적으로 자신감 있는 자아를 갖고 삶의 주체로 살아가는 강한 트랜드를 잡아가는 특징이 있다. 여기에서 여성은 이미 여성이 아니라 주체를 가진 인간이며 남자와 대등하게 아니 오히려 위에서 조정하는 조정자로서의 역할을 한다는 점을 강조한다. 따라서 성에 대한 전통적이고 규범적인 해석은 의미를 상실하게 된다. 오로지 자유롭게 자아를 갖고 살아가는 여성만이 존재하고 가치 있게 표현된다. 오시마는 생활과 사상을 분리시킨 기존의 관점에서 벗어나 생활 속에 살아가는 것이 사상이라고 보고 때와 상황을 초월해서 사상적인 논쟁과 관점을 자유롭게 표현하는 특징이 있다. 이것은 국가성에 의존해온 기존의 사상적 존재를 과감하게 깨는 의미가 있고 오히려 사상을 통해서 국가를 비판할 수 있는 근거와 역할을 강하게 부여하고 있다. 이런 점에서 일본에서의 누벨바그는 근대성의 가치를 높이는 기능을 하였다고 평가할 수 있다.

■■ 2. 성영화주의

일본에서 성을 주제로 한 영화는 실증주의 또는 리얼리즘의 형태로 나타났다[2]. 1960년대 리얼리즘에 기초해서 작품을 만든 감독이 이마무라 쇼헤이(今村

[2] 일본영화에서도 풍속 리얼리티를 정치하게 들춰내는 작업을 하였고, 그것은 일상생활을 예

昌平)이다. 그에게 있어 리얼리즘은 예증되고 검증을 통해서 그려진 것이기 때
문에 실증주의적 성격을 강하게 띠고 있다. 그는 ≪エロ事師たちより · 人類
學入門≫(에로스승들, 66), ≪にっぽん昆蟲記≫(일본곤충기, 63), 시대극 ≪え
えじゃないか≫(좋지 않은가, 81) 등에서 철저한 실증을 통한 리얼리즘을 표
현하였다. 그런 리얼리즘에는 직간접적으로 성을 수단으로 한 표현이 존재한다.
그런 표현이 영화전체를 대변하는 것은 아니지만 기존의 성기술과 표현과는 확
연하게 충격적으로 다가왔다. 따라서 성에 대한 관념이 강하게 남는 특징이 있
다. 본고에서 성영화주의는 성 표현이 주된 내용을 담고 있는 영화를 지칭하기
도 하지만, 성을 전통적 규범을 초월하고 강하게 현실 속에서 충격을 주는 수
단으로 표현되고 있는 영화를 포함하고 있는 것을 의미한다. 그런 점에서 이마
무라 감독이 만든 영화 중 몇 편은 이런 범주에 들어간다고 할 수 있다.

　이마무라의 대표적인 성영화가 ≪にっぽん昆蟲記≫(일본곤충기, 63)이다.
이 영화는 콜걸조직을 경영하면서 반생을 보낸 여성을 사치코(左幸子)가 연기
한 영화이다. 이마무라는 실제 모델을 통해서 그런 여자가 어떤 가정환경에서
태어나 어떤 인생 경험을 거쳐 그렇게 됐는가를 자세하게 밝히고 있다. 촬영도
세트를 사용하지 않고 현장로케를 하였다. 시골을 떠나와 콜걸조직의 여자경영
자가 되었지만, 경찰에 체포되어 돈과 사업체를 잃는 한 중년 여성의 반생을
그렸다. 그녀는 시골에서 개척자금을 마련하기 위해 도쿄에서 일하는 어머니를
방문한다. 그런데 어머니는 매춘 행위로 체포되어 옥살이를 하는 중이었다. 그
녀는 어머니 정부 요구를 받아들여 일정기간 첩이 된다. 그러나 임신하게 되어
개척지에서 기다리는 애인에게 돌아온다. 이 영화에서 이마무라는 사치코를 곤
충벌레로 표현하여 연기하게 하였다. 이것은 정치 등에는 관심이 없고 그저 육
체적인 감촉만을 느끼며 사는 무지한 인간이라는 의미도 있지만, 다른 한편으
로는 벌레인간을 바보로 취급할 수 없다는 것을 주장하고 있다. 이마무라는 벌
레 같은 인간이 질긴 생명력을 갖고 살아간다고 생각하고 이런 영화를 계속해

찬하는 듯한 내용을 강하게 갖고 한다. 야마다 요지(山田洋次)의 ≪男はつらいよ≫시리
즈, 이마무라 쇼헤이(今村昌平)나 우라야마(浦山棟郎)의 작품 등이 그것에 해당된다. 이마
무라나 우라야마의 리얼리즘 작품에는 서민풍속을 통해서 일본인은 어떤 사람인가, 인간이
란 어떤 존재인가, 인간은 어떻게 살아야 하는 가 등과 같이 인간의 근본에 대해 문제제
기를 한 특징이 있다.

서 만들어 낸다. 그런 시각에서 완성된 작품이 ≪楢山節考≫(나라야마 부시코)
나 ≪うなぎ≫(뱀장어) 등이다. 리얼리즘에 기초한 이마무라 영화는 심각한
내용을 담을 것이라는 기대를 저버린 채 그리고 그럴 가능성을 배제한 채 정
곡을 희비극적으로 표현한다. 또한 인간이 추구하는 욕망의 결과라는 시각도
있지만 특히 여성이 추구하는 욕망의 존재형태와 그 성공 또는 실패라는 시점
에서 이야기를 힘차게 진행시킨다.

≪赤い殺意≫(붉은 살기, 64)는 여주인공이 자신의 욕망에 충실하게 살 것
이라고 결정하자 주위의 남자들이 당황하는 모습을 그린 중희극(重喜劇)의 걸
작이다. 약간 우둔한 주부가 강도를 만나 강간당한다. 계속해서 반복적으로 당
하는 가운데 무서움을 모르는 여성이 되어 간다. 그러나 강도는 그녀에게 몰입
되어 갔고 그녀는 강도를 어떻게 죽일 것인가를 생각한다. 또한 폭력을 행사했
던 남편에 대해서도 흰 것을 보고도 검은 것이라고 말하도록 하게 만든다. 이
마무라의 영화에서 여자는 강간을 통해서 강하게 된다. 이마무라가 하층사회만
을 주제로 한 것은 하층사회의 사람들이 순수한 마음으로 살기 때문이라고 인
식했기 때문이다. 그리고 ≪神神の深き慾望≫(신들의 깊은 욕망, 68)은 오키나
와 주변의 작고 가난한 섬을 무대로 한 영화이다. 일본의 옛날 촌락공동체가 있
지만 근대화로 붕괴되어 가고 있다. 공동체라는 사회 존재형태를 만들어 그것에
복종하는 것과 그것을 붕괴시켜가는 욕망과의 갈등이 존재하는 마을을 이마무
라는 물색하여 드라마로 만들어갔다. 이 작품에서도 여지없이 성을 수단으로 하
는 표현이 강하게 관객의 마음을 흔들어 놓는다. 그럼에도 불구하고 외설이라는
점을 극복하고 신화적인 장려함과 아름다움을 표현한 걸작으로 평가받고 있다.

이마무라의 작품 속에 나타난 시대성은 전후 일본과 미국의 관계에서 나타
난 사상적이며 민족적 강간으로 나타난 것이 있다. 예를 들면 ≪豚と軍艦≫
(돼지와 군함, 61)이 대표적이다. 이 영화에서 젊은 빠칭코 여점원은 야쿠자 애
인의 무모한 생활에 실망하여 술을 먹었고 그 순간 미군에 의해 윤간 당한다.
그녀는 그 대가로 미군의 지갑을 훔치지만 체포되어 유치장에 가게 되고 이후
창부로 전락되자 그 거리를 미련 없이 떠난다. 이런 설정은 전후 일본인이 미
국으로부터 정신적으로 강요되어 민족주의의 순결성을 버리게 되었고 동시에
미국에 붙어 이익을 취하는데 전념한다는 점을 비유해서 표현한 것이다. 그 과

정에서 일본인은 타락함으로써 합리주의에 몰두하게 된다. 그러나 그 결과로
생긴 것은 경제적 동물이라는 이기주의적 존재였던 것이다. 또한 이마무라는
≪にっぽん戰後史・マダムおんぼろの生活≫(일본의 전후사, 70)는 미군병사
의 첩이 되어 돈 버는 경제적 동물로 전락한 일본여성에 대한 기록을 담고 있
다. 일본인 입장에서 보면, 이 영화는 일본인의 추악한 자화상을 과감하게 보여
줬다는데 불쾌한 맛을 남기고 있다. 이마무라는 그런 작품을 통해서 강간당한
여성이 순결의 허망함을 버릴 뿐 아니라 자신을 강간한 상대를 갈취하는 형태
로 이야기를 전개한다. 따라서 강간은 섹스의 일종으로 존재하기 보다는 강한
여성으로 전환되는 돌파구의 동기로 작용한다. 여기에서 여성은 전통적으로 약
한 자, 권력의 희생자 등에서 성적 동기를 통해 복수할 수 있는 힘과 용기를
가진 존재로 상징화된다.

성 영화는 이마무라가 표현한 것처럼 작품성과 결합한 형태로 나타나기도
하지만 성을 전면에 내세우는 핑크영화의 형태로도 나타난 특징이 있다. 일본
의 메이저 영화사가 불황을 타개하기 위한 방법으로 제작한 것이 핑크영화이다.
일본에서 에로 핑크물이 제작된 것은 1960년대 중반부터이다. 핑크영화라는 용
어는 초창기 에로영화라고 불리는 가운데 「내외타임지」, 문화부기자가 ≪욕정의
동굴≫의 로케 취재 시에 '핑크 포르노'라고 불린데서 유래하였고, 일본영화 심
의기구인 영윤심사가 성인지정 에로영화를 핑크영화로 부르게 되었다. 그러나
그런 영화를 만드는 제작사는 에로덕션이라고 인식하여 무시당했지만 성인에로
영화의 인기가 상승하여 1963년에 제작된 영화 중 10%에 불과하던 것이 1965
년에는 전체영화의 45%를 차지하였고, 1968년에는 절반이 넘는 54%를 차지
하였다. 1960년대 중반에는 일본에서 핑크영화가 하나의 큰 흐름을 형성하게
되었고 1970년대에는 제작편수 중 반 이상을 차지하여 정착하게 된다.

일본에서 고전적 의미의 포르노영화는 전전(戰前)부터 만들어졌다. 1950-60
년대에는 고지(高知)에 '구로사와(黑澤)그룹'이라는 집단이 출현하여 남녀성행위
를 촬영한 8미리와 16미리 작품을 비밀리에 제작하였다. 이런 현상은 일본에서
개인영화의 역사로서 중요한 의미를 갖고 있다. 핑크영화는 지하의 움직임과는
다르게 남녀섹스장면을 촬영하면서도 일반극으로서 신도호, 오쿠라(大藏), 와카
마쓰(若松)프로덕션 등 작은 회사가 제작하였다. 저예산과 열악한 환경에서도

프로그램 픽처로서 존재해왔다. 특히 와카마쓰(若松孝二)는 핑크영화계의 제왕으로 불리 운다. 그가 촬영한 ≪壁の中の秘事≫(벽 속의 비사)는 1965년 베를린 영화제에서 다른 장르의 일본대표작을 제치고 상영되었을 때 일본저널리즘은 국치 스캔들이라고 보도하였다. 그러나 와카마쓰는 ≪胎兒が密獵する時≫(태아가 밀렵할 때, 66), ≪犯された白衣≫(찢겨진 백의, 67), ≪處女ゲバゲバ≫(야한 처녀, 69) 등과 같은 작품에서 폭력, 성, 반권력 등을 다루고 모태회귀원망이라는 시각을 충분하게 표현하였다. 와카마쓰 밑에는 오키시마(沖島勳), 아다치(足立正生), 다이와(大和屋竺) 등과 같은 젊고 재능있는 감독이 결집해서 핑크영화의 맥을 이어갔다. 핑크영화를 만든 감독으로는 우메사와(梅澤薫), 야마모토(山本晉也) 등을 들 수 있다. 아다치 감독(足立正生)은 ≪鎖陰≫(쇄음, 63)에서 긴장감 넘치는 영상을 연출하였고, 1970년대에 영화계를 떠나 일본적군병사로서 팔레스타인 해방투쟁에 나선 인물이기도 하다. 와카마쓰도 아다치와 협력해서 ≪赤軍-PEP·世界戰爭宣言≫(적군 - PEP, 71)라는 다큐멘터리를 감독했다.

와카마쓰 감독의 ≪胎兒が密獵する時≫(태아가 밀렵할 때, 67)는 등장인물이 2사람뿐이다. 이야기는 아주 간단하다. 성변태자 중년남자가 젊은 여성을 자기의 아파트로 유인한다. 그리고 여자를 묶어놓고 린치를 가한다. 외출할 때는 방에 처박아두고 음식물은 외부에서 사서 제공한다. 아침부터 밤까지 두들겨 맞은 여성은 반사반생이 된다. 그런 과정이 지속되어 어느 날 여자는 끈을 풀고 남자를 역습해서 살해한다. 이 영화에서는 그런 간단한 설정이지만 성을 둘러싼 정신적 모순을 표현하고 있다. 성적 변태성을 가진 남자를 대상으로 하고 남자가 나체가 되어 태아처럼 포즈를 하며 여성을 증오하는 것을 나타내고 있고, 모태회귀 콤플렉스도 표현되고 있다. 여성은 성변태자가 아니며 필사적으로 남자로부터 도망가려고 한다. 지배하려는 성변태 남자와 도망가려는 여성간의 싸움을 영화로 표현했지만 그것이 다가 아니다. 일본사회의 성에 대한 집착과 전통적인 규범이나 생활규범의 붕괴, 남녀간의 성규범을 초월해서 진행하는 새로운 유형의 성에 대한 접근 방법 등이 존재하고 있다는 성이상 현상을 폭로하고 있다.

당시 핑크영화가 일본에서 유행하게 된 동기중의 하나는 자본의 빈약성 때문이기도 하며 돈이 들지 않은 상업영화를 만들기 위한 현실적인 이유가 있었다. 그리고 화려한 무대가 불필요하고, 일본의 현실적인 현상을 그대로 표현하는데 개런티를 많이 주는 미남미녀 배우가 필요하지 않았기 때문이기도 하였다. 사회경제적으로는 개인주의가 팽배하면서 개인취미에 대한 문화적 수요가 필요했다. 또한 경제성장과 함께 등장한 성오락영화에 대한 수요가 있었다. 그러나 핑크영화에 대한 평가는 사회적으로 다양한 형태로 나타났다. 즉 핑크영화는 낭만포르노인가 아니면 외설인가 하는 점, 매시지를 담은 예술인가 난잡한 문화인가 하는 점 등과 같은 논쟁이 동반되었다. 1972년 핑크영화재판이 있었을 때 외설영화로 기고된 작품이 우메하라 카오루의 ≪女高生藝者≫(여고생게이샤)이고, 재판을 내리는데 참고가 된 작품이 된 야마모토 신야(山本晉也) 감독의 ≪大色魔≫(대색마, 71)이다.

대표적인 핑크영화로는 야마모토 신야 감독이 만든 ≪大色魔≫(대색마, 71)가 있다. 야마다(山田勉)의 시나리오로 도회의 작은 도시에서 벌어질 수 있는 정육점의 이야기를 통해 도시의 성풍속을 그린 작품이다. 사토 정육점의 중년 남자의 주인, 아내, 그리고 약간 지혜가 모자라는 고용인 데쓰라는 청년 등 세 사람을 둘러싼 이야기이다. 부부관계는 매우 좋고 데쓰는 약간 모자라지만 대신에 열심히 일하는 청년이다. 이들은 저녁을 같이 먹고 각자의 생활로 돌아간다. 그런데 데쓰의 침실은 바로 부부옆방이다. 데쓰는 주인부부의 섹스를 엿보면서 부인에 대해 욕정을 갖게 된다. 남자주인은 그런 사실을 모르지만 여주인은 틈을 통해 데쓰가 보고 있다는 사실을 알고 있었다. 부인은 데쓰의 방을 치우다 데쓰가 오나니 한 흔적을 발견하고 남편에게 말을 한다. 그러자 남자주인은 수면제를 데쓰에게 먹이려고 한다. 그러나 여주인이 그것을 남편에게 먹이자 데쓰는 여주인에게 덤벼든다. 남편과의 섹스보다 데쓰와의 섹스에 흥분한 여주인은 다시 남편에게 수면제 넣은 술을 먹이고 데쓰와 섹스를 하던 중 남편이 일어나 데쓰를 때린다. 무더운 여름 남편친구가 찾아와 냉장고를 보는 순간 냉장고에 머리가 보였다. 비명을 지르며 밖으로 나가자 구경꾼들이 모여들고 영화는 끝을 맺는다. 이 영화는 성에서 출발해서 성으로 종언하는 특징이 있고, 정상적인 성과 비정상적인 성의 차이점을 극단적으로 표현하고 있지만 정상적인 성보다는 비정상적인 성이 쾌락의 극치를 유도하고 있다는 허상을 강하게 표현하고 있는 것은 당시 일본에서 벌어지고 있는 성에 대한 무지와 결과에 대한 무모성에 대한 지적이기도 하다.

일본에서 성영화주의는 다양한 색깔을 가지고 나타났다. 이마무라가 리얼리즘을 통해서 나타낸 성영화주의는 남성이 탈취하고 유린하는 성파멸주의에서 출발하지만 그럼에도 불구하고 여성이 성에 집착하지 않는 성초월주의와 성을 통해서 강하게 되는 여성주의를 담고 있다. 또한 야마모토 감독처럼 성 그 자체를 소재로 삼아 성행위해서 시작해서 성행위로 끝나는 성욕주의로도 나타난다. 그러나 그것은 성욕망으로 끝나는 것이 아니라 성욕망이 가져오는 불가해한 상황으로 이어져 성욕망과 성미래가 종말을 맞게 되는 것으로 끝난다. 성영화주의를 시도한 것은 영화사에서 보면, 영화위기를 극복하기 위한 수단으로 선택되었지만, 사회적으로는 그 만큼 성에 대한 문제와 성영화에 대한 수요가 만연되어 있었다는 것을 의미한다. 그런 흐름 속에서 성 영화를 둘러싼 가치갈등이 일어나는 것은 당연한 것이다. 외설과 예술 간의 경계에 대한 학문적 사회적 논의가 본격화되어 결국은 법적인 판단으로까지 진행되게 된다. 1970년대는 이런 흐름이 지속되었고, 1980년대 닛카쓰 로망포르노는 도호, 쇼치쿠, 도에이 등과 비교해보면 가격단위가 낮은 만큼 현실에 가까운 생화로 그려졌다. 로망 포르노는 거의 부인잡지와 같은 역할을 하였다. 핑크영화는 대형영화나 텔레비전에서 비쳐진 영상이나 현실을 대신해서 어둠 속에서 가려진 현실을 들춰내고 공론화 시켰다는 측면에서 가치가 있었다고 할 수 있다.

■ 3. 블랙영웅주의

일본영화사에서 1960년대 중반을 이끌어온 것은 야쿠자영화와 핑크영화였다. 야쿠자영화는 일본적 내용과 색깔을 가지고 일본적 미학을 표현한 영화라는 특징이 있다. 1940년대 이나가키 히로시 감독에 의해서 탄생된 사무라이 영화는 구로사와의 ≪羅生門≫(라쇼몽, 50)으로 절정기를 맞이하게 된다. 1960년대 일본영화 쇠퇴기에는 시대극이 부진한 가운데 오락액션이 강한 야쿠자영화가 그

명맥을 유지했다. 기본적으로 일본의 시대극은 무사도 정신을 토대로 한 '칼 문화'가 낳은 영화장르이다. 그런 시대극과 다른 야쿠자영화는 1910년대부터 도박꾼이자 폭력적 무법자(outlaw)인 야쿠자를 소재로 탄생했고, 1920년대 방랑하는 야쿠자의 모습이 이토 다이스케에 의해서 ≪忠次旅日記≫(추지여행기, 27) 4부작으로 출현했다. 야쿠자영화가 인기를 얻은 시기는 1950년대부터 1970년대이다. 현실부정정신의 발로, 주인공의 개인악과 조직악에 대한 저항, 격분과 분노의 자살적 내지 극단적인 행동으로의 이행 등이 야쿠자영화에서 표현되어 절정을 이루고 통쾌함을 주게 된다. 이렇게 해서 1960-70년대에 최고 인기를 누렸던 야쿠자영화는 블랙영웅주의를 담고 있는 특징이 있다3). 블랙영웅주의는 암흑의 세계에서 존재하기 때문에 표면적인 잣대로 보면 단죄되는 것이 당연하지만 한 걸음 속으로 들어가 보면 그 세계에서만이 인정되고 비판될 수 없는 정당성이 존재하는 사조를 말한다. 그런 흐름은 야쿠자영화가 대표적이라고 할 수 있다.

1960년대 도에이의 야쿠자영화는 두 개의 흐름이 있었다. 하나는 가토(加藤泰), 야마시타(山下耕作), 마키노(マキノ雅弘), 오자와(小澤茂弘), 사하쿠(佐伯淸) 등을 중심으로 한 정통의리인정의 닝교영화이다. 다른 하나는 후카사쿠(深作欣二), 나카시마(中島貞夫) 등에 의한 의리인정부정 경향이 강한 것으로 친

---

3) 야쿠자영화의 원류는 시대극영화이다. 시대극영화 중에서도 마타다비 물의 아류가 큰 인기를 얻었다. 시대극영화에서 낭인들의 후예가 야쿠자영화의 주인공들이다. 야쿠자란 용어는 야(8), 쿠(9), 자(3) 등의 숫자를 가리키는 것에서 유래한 것이다. 좁은 의미에서 야쿠자는 도박꾼이다. 도박을 일삼는 불량배 정도의 의미로 일본의 야쿠자는 음성적인 수단으로 수입을 올리는 가운데 내부적 규율이 생기게 되어 그들의 사상과 행동을 규정하는 독특한 집단을 구성하게 된다. 야쿠자세계는 오야붕(親分 : 두목), 코붕(子分), 교다이붕(兄弟分) 등으로 구성되어 있다. 혈연관계는 아니지만 술잔을 나누는 의식(杯 : 사카즈키)으로 맺어져 있어 형제이상의 긴밀한 유대관계가 유지되는 집단이다. 이런 집단은 은혜와 충성, 복수라는 독특한 규율을 가지고 운영된다. 일본의 야쿠자영화는 메이지, 다이쇼, 쇼와초기 등 시대를 배경으로 성장한 협객영화, 전후폐허의 암시장을 배경으로 한 액션 갱 실록, 1950년대 최전성기를 구가했던 닛카쓰의 무국적 액션물 등이 하나의 패턴으로 되었다. 대표적인 야쿠자영화는 도에이 영화사의 협객영화로 그것은 일본전통의상에서 겉 옷을 벗어 버린 기나가시(着流)차림으로 등장한다. 야쿠자영화는 시대를 통해서 변하는 가운데 야쿠자 범죄조직의 악당을 선한 악당과 악한 악당으로 설정해서 영화 속에서 야쿠자가 동정을 받을 수 있는 여지를 남기도록 이야기를 전화시킨 특징이 있다. 의리에 기초한 야쿠자에게 한 여인이 생기고 조직과 여인을 위해 우여곡절을 겪다가 처형당해야 한다는 동기부여가 되면, 누구에게 누를 끼치지 않기 위해 조직의 룰과 여인의 정을 절단하고 홀홀 단신 악한의 소굴로 쳐들어가는 내용으로 절정을 이룬다.

피라(ちんぴら : 졸개) 우연대(愚連隊)영화이다. 전자는 봉건적 상하관계를 대전제로 한 이야기가 전개되는 특징이 있지만, 후자는 폭력단 동료간의 싸움, 폭력단 내부 질서를 무시하는 친피라나 우연대에 의한 하극상 등의 문제를 다루는 특징이 있다. 따라서 야쿠자영화는 사무라이 영화에 기초하고 그 내용과 형식을 따르고 있지만 사무라이라는 전통적 무술과는 다르게 현실에서 주먹과 단도 등과 같은 전통적 사무라이가 갖고 있는 무기가 변형되는 특징이 있다. 그리고 내용에서도 보통사람들의 일상생활을 그린 것이 아니라 일탈한 사회에서 사람들을 그리고 있다. 그런 일탈한 사회에서도 나름대로의 질서가 있고 정당함과 부당함이 있다는 것을 그리고 있다.

야쿠자영화를 만든 가토 감독은 보스의 명령에 의해서 움직이는 부하들의 행동을 복잡하게 그려냈다. 예를 들면, ≪明治俠客傳·三代目襲名≫(메이지협객전, 65), ≪緋牡丹博徒·花札勝負≫(비목단도박꾼, 69), ≪緋牡丹博徒·お龍參上≫(비목단도박꾼, 70) 등에서 남자나 여자 주인공의 행동은 조직이나 보스를 위해서 하는 것으로 되어 있지만 직접명령을 듣고 하기 보다는 자발적으로 개인적 의지를 갖고 출발하고 있다. 이런 현상은 야쿠자 영화전반에 퍼져있는 보편적인 특징이다. 야쿠자영화에서 주인공의 행동이 보스나 조직을 위해서 행동하는 것은 봉건적이며 전근대적인 것이다. 이토의 야쿠자영화는 행동이 명령에 의해서 하기 보다는 자기의지로 한다는 특징이 있다. 그런 행동은 봉건성이나 전근대성을 극복하고 인간적인 자존심이나 자부심의 발로에 의한 것이다. 영화관객은 그런 사상이나 감정을 받아들여 찬미하거나 혐오하게 된다. 그런 표현은 자기사람이 되지 못하는 사람에게 머리를 숙이지 않는다는 자존심과 자부심에 갈채를 보내는 것으로 블랙세계에 대한 동정이며 감정이입으로 나타나게 된다.

야쿠자영화는 선악간의 대립이라는 두 가지 측면을 가지고 있고 이것은 떨어질 수 없는 관계에 있다. 그렇다고 일본사회가 영화에서처럼 야쿠자를 찬미하거나 봉건적인 심정을 허용하는 것은 아니다. 야쿠자영화의 최대 픽션은 100%옳은 집단과 100%나쁜 집단이 대립하는 상황설정이다. 따라서 전자 그룹의 주인공이 후자 그룹을 모두 살해하는 상황이 만들어진다. 이때 주인공의 행동은 자기의지로 행동할 뿐 아니라 조직과 보스에 대한 충성심으로 나타난다. 주인공은 자신의지로 행동한다는 점에서 자신의 자유를 추구하는 면이 있고 또한 자기소속 그룹이나 보스의 명령 없이 자발적인 충성에 의해 행동한다. 주인 공의 행동은 자신의 자유와 그룹에 대한 자발적 충성의 동기가 된다. 그 속에 서는 미리 설정한 선악이 존재하지만 어느새 악과 선이 충돌하는 상황이 벌어 진다. 이런 화이트세계와 블랙세계를 대비하는 가운데 모순을 들춰내는 것이 야쿠자 영화의 기본적인 속성이라고 할 수 있다.

1960년대 야쿠자영화는 고전적인 마타다비 영화(股旅映畵)와 다른 점을 갖 고 있다. 야쿠자영화는 일반적으로 자유와 충성이라는 모순된 사상 속에서 만 들어지고 있지만 그 내면에는 파시즘적인 요소가 강하게 존재하고 있다. 따라 서 야쿠자는 파시스트와 같은 부정적인 의미를 함의하고 있기 때문에 위험한 것으로 평가되고 있다. 그럼에도 불구하고 1960년대는 야쿠자영화가 사회에서 인정받는다. 그것은 일본영화의 관객 가운데 블랙세계를 그린 야쿠자영화에 대 한 시대적 공감과 동정이 있었기 때문이다. 야쿠자영화는 전통적인 색깔과 내 용을 갖고 설정되어 만들었지만, 어떤 작가는 파시즘적 체질을 변화시키려고 노력하였다. 예를 들면, 후카사쿠(深作欣二), 사토(佐藤純彌) 등은 반체제적인 야쿠자영화를 만들었다. 또한 야마시타 코사쿠는 근대일본산업을 주제로 하는 야쿠자영화를 만들어 주제의 다양화를 시도하였다. 닛카쓰의 스즈키(鈴木淸順) 는 조직을 부정하는 야쿠자영화를 만들었으며, 사와다(澤田幸弘)는 철저한 반 역아와 같은 야쿠자영화를 만들었다.

야쿠자영화의 또 다른 특징은 희생이 되는 여자가 등장한다는 사실이다. 야 쿠자인 남자주인공의 행동에 의해 희생되는 여성이 존재한다. 이것이 가토 야 구자영화의 도덕적 원천이다. 예를 들면, 막 야쿠자 아내가 된 여인의 죽음에 죄의식을 갖고 사는 도키지로(時次郞)의 사랑이야기를 그린 ≪沓掛時次郞·遊 俠一匹≫(답꽤도키지로, 66), 사랑하는 여인을 행복하게 해 줄 수 없는 야쿠자 의 어려운 생활을 그린 ≪明治俠客傳·三代目襲名≫(메이지협객전, 65) 등이 그것이다. 야쿠자영화는 원칙적으로 남자의 세계이며, 거기에서 여자는 남자를 들춰내기 위한 존재에 불과하다. 예를 들면, 죽음을 향하는 주인공에게 아내가 눈물로 호소하지만 홀연히 떠나는 남자와 같은 상투적인 장면이 나오고, 또한 남자의 싸움에 희생이 되는 여자를 그리는 특징이 있다. 그런데 야쿠자의 죄는 나쁜 놈을 살해한 것이 아니라 여자를 행복하게 해줄 수 없다는 점에서 유래한다. 가토의 야쿠자영화는 항상 남자 주인공이 여자를 행복하게 해줄 수 없는 인간이라는 의식이 따라 다닌다. 원죄의식을 갖고 있는 야쿠자를 이상할 정도로 신경질과 난폭함을 노출시키는 존재로 연결시키는 특징이 있다. 따라서 그 속에서는 블랙세계에 존재하는 선과 악이 잘 기능하게 된다.

가토의 야쿠자영화인 ≪沓掛時太郎·遊俠一匹≫은 하세가와(長谷川伸)의 ≪沓掛時太郎≫를 영화화한 것이다. 원작은 1929년 영화화되어 히트를 쳤고, 마타다미(股旅 : 도박꾼의 유랑생활)의 붐을 일으켰다. ≪沓掛時太郎≫에서 등장하는 야쿠자는 여행하는 한 마리 늑대와 같은 존재로 우연히 여행지에서 하루를 머문 의리 때문에 산쇼(三藏)라는 야쿠자의 목을 베게 된다. 목숨을 잃은 산쇼(三藏)는 남게 되는 아내와 아이를 보호해 줄 것을 살인자에게 부탁한다. 자기가 죽인 남자의 아내와 아이를 맡은 도키지로는 그들을 지키기 위해서 열정을 다한다. 그러던 중 서로 사랑하는 마음이 생기지만 자기가 살해한 남자생각 때문에 결합하지 않는다. 이 영화는 유랑하는 도박꾼의 의리인정에 대한 갈등, 죄와 사랑의 충돌, 사회에 존재하는 규범과 인간성의 갈등, 인간의 도덕에 대한 갈등 등을 그린 작품이다. 그런 이야기에 기초한 ≪沓掛時太郎·遊俠一匹≫는 하룻밤을 의지한 신세 때문에 죽인 남자의 아내를 보호하고 그 과정에서 이룰 수 없는 사랑에 빠지게 되는 이야기를 담고 있다.

야마시타 코사쿠(山下耕作)는 시대극이나 야쿠자 영화를 만드는 가운데 정감 넘치는 가작을 많이 남겼다. 1960년대 후반부터 도에이는 거의 야쿠자영화 일색으로 갔고 방대한 양의 야쿠자영화를 만들었다. 그런 야쿠자영화에는 거의 닮은 등장인물과 비슷한 이야기, 비슷한 대사 등이 나타나고 있다. 야마시타의 ≪博奕打ち·總長賭博≫(도박·총장도박, 68)에서는 쇼와 초기 군부와 우익이 대륙진출을 위해 여러 책략을 생각하던 시기에 어느 우익거물이 도쿄의 야쿠자 집단(博徒天龍)을 대륙진출의 기수로 하기 위해서 타진하러 왔다. 그때 총장은 도박꾼의 법도가 있다고 하여 거절하자 그 자리에서 죽음을 당한다. 총장의 동생은 다른 보스들을 움직여 후계자를 어른스러운 이시도(石戶)로 삼고 일가를 우익에게 팔려고 책동을 벌인다. 우익은 도박꾼을 수병(手兵)으로 하려고 하자 야쿠자 집단내부에서 갈등이 일어나고, 야쿠자간의 의리와 규범을 두고 갈등이 벌어진다.

야마시타의 ≪博奕打ち·いの札≫(도박, 71)은 비연을 취급한 로맨틱한 연애영화로 일본영화사 전체가운데서도 손꼽히는 걸작중의 걸작이라고 평가받고 있는 작품이다. 그것은 니가타의 어느 시골에서 시작된다. 시기는 전전으로 여행하는 젊은 여자검객 나카무라 시즈카(中村靜香)는 도쿄에서 온 아이카와(相川淸次郎)라는 검객에게 반한다. 남자는 1년 후 돌아올 것을 약속하고 사라진 후 그 사이에 돈 문제로 형무소에 들어가 소식이 끊어진다. 여검객은 다른 사람과 인연이 되어 결혼하게 되는데 그 남자는 아이카와의 두목이었다. 이후 아이카와는 출소한다. 아이카와의 두목은 큰 세력에 의해서 암살되어 일가는 존폐위기에 있게 되고 일가를 무너뜨리려는 연합세력은 아이카와에게 하청 받은 일을 포기하도록 위협하지만 제안을 거부한다. 아이카와가 두목들의 앞에 섰을 때 시즈카는 아이카와를 보고 놀란다. 그녀가 아이카와에게 편지를 보낸 뒤 사라지자 아이카와는 그녀와의 추억이 있는 곳에 죽으러 갔다고 생각하여 뒤를 쫓는다. 둘은 눈이 날리는 해변에서 서로 포옹하면서 여자는 같이 도망가자고 하지만 남자는 조직에 돌아갈 것을 주장하고 그렇지 않으면 죽어줄 것을 요구한다. 여자는 남자를 위해서 살고 남자는 조직을 위해서 산다고 말한다. 최후에는 여자를 끌어들여 적 두목과 싸움을 하여 자기 목적을 달성한다.

후카사쿠(深作欣二)감독은 야쿠자영화를 만드는데 폭력장면을 가장 잘 연출하는 감독으로 알려졌다. 그는 도에이 야쿠자영화노선의 전성기에 의리인정을 그리는 세계를 싫어해 야쿠자세계에서 벌어지는 참혹한 피투성이 장면을 묘사했다. 그러나 그것도 싫증이 나서 폭력단간의 투쟁을 그리는 폭력영화를 만들게 된다. 후카사쿠는 친피라 우연대 영화를 만드는데 집착하였다. 그가 만든 야쿠자영화 중에서 특징이 잘 나타난 것이 ≪誇り高き挑戦≫(기개 높은 도전, 62)이다. 이 영화에서 주인공은 대신문기자였지만 레드파지로 회사로부터 쫓겨나 작은 신문사에 근무하면서 인테리 야쿠자 생활을 영위해 간다. 그는 어느 회사가 동남아시아 국가에 몰래 무기를 수출하여 반혁명을 선동한다는 것을 알고 그것을 보도하려고 한다. 그러나 그가 행동하는 주위에는 CIA가 둘러싸고 있고 점점 증인들이 사라져 간다. 그는 모든 노력이 수포로 돌아간 순간 쓰고 있던 선그라스를 벗고 국회의사당을 노려본다. 후카사쿠의 ≪解散式≫(해산식)은 석유 콤비나트를 배경으로 황량한 매립지에서 전개되는 쓰루다(鶴田浩二)와

단파(丹波哲郎)의 결투극을 그린 영화이다. 콤비나트는 원래 슬럼가였지만 쓰루다와 단파는 서로 다른 조직에 속해 토지이권을 둘러싸고 싸운다. 쓰루다는 8년간 형무소에 들어갔고 단파는 한 손을 잃는다. 쓰루다는 슬럼가의 주민을 위해 정의편에 서서 싸운다. 쓰루다를 통해서 하는 이야기는 야쿠자이지만 정의 편에서 야쿠자다운 길을 걷는 다 점을 강조한 것으로 야쿠자의 초보수적인 고집을 이야기하고 있다.

스즈키(鈴木淸順)감독은 중학교시절 학도병으로 남방전선에 가서 전쟁을 경험하였다. 처음에는 B급영화를 만들었지만 1963년 ≪野獸の靑春≫(야수의 청춘)으로 특이한 미학을 창출해 영화 팬을 확보한다. 그는 거기에서 통속성과 탈통속성 등이 연결되는 창조적인 작품을 만들었다. 스즈키의 ≪刺靑一代≫(문신일대)는 쇼와초기 야쿠자 싸움 때문에 경찰에 쫓겨 여행을 떠나는 야쿠자를 그린 것이다. 주인공은 여행지에서 대립한 야쿠자일가에게 동생이 살해되자 일본도를 들고 잠입하여 복수를 하려한다. 영화에서는 동생이 살해된 곳에 석양이 애처롭게 비쳐지고 그 공간은 벌겋게 붉어진다. 이 붉은 석양장면은 이상할 정도로 긴장감을 돋구는 역할을 한다. 이윽고 저녁하늘에 천둥이 치고 비가 내려 주인공은 기모노를 벗어 흰 천을 감는다. 화면은 빨강에서 흰색으로 전환된다. 붉은 것은 피이고 흰 것은 죽음을 암시한다. 가랑비가 내리는 거리에서 주인공은 도롱이를 입고 일어선다. 그때 마치 가부키의 연출자가 하나미치(花道)를 걷는 것처럼 걷는다. 거기에 유곽의 여성이 나타나 우산을 건 내자 우산을 들고 사라진다. 이윽고 주인공은 적의 집에 스며든다. 흙으로 만든 집에서 싸움이 지속되고 문이 열리자 밖에는 청색의 조명이 비쳐진다. 상의를 벗은 주인공이 야쿠자에게 포위되면서도 마지막 연기(大見得)를 한다. 이런 야쿠자영화는 의리, 인내, 필살, 광기 등을 통해 상황이 설정되고 어느 한 시점을 향해 달려가 폭력을 지향하는 무적의 영웅을 그리는 무국적자이자 무법자(out-law)영화이다.

고바야시(小林正樹) 감독의 ≪切腹≫(할복, 62)은 에도시대 무사도정신과 강고함을 그린 영화로 어느 날 한사부로(津雲半四郎)라는 낭인이 와서 자기는 가난뱅이로 미래가 없어 자살하고 싶지만, 무사답게 무사집 정원에서 할복하면 행복할 것이라고 이야기한다. 이이번(井伊藩)가의 사이토 반게유(齊藤勘解由)는 이를 허락하고 준비하게 한다. 최근에 그렇게 해서 다이묘(大名) 집으로부터 돈을 얻어가는 등치기가 있었기 때문이다. 다이묘는 이놈도 다분 그런 놈이라고 생각했다. 준비가 되자 한사부로는 자리를 지키고 있는 다이묘 사람들을 상대로 자신의 신세를 이야기한다. 그는 본래 번의 녹을 먹으면서 활동 하던 훌륭한 사무라이로 막부의 가혹한 파멸정책으로 붕괴되고 번의 사무라이가 사분오열되어 지금과 같은 신세가 되었다는 것이다. 그는 딸을 데리고 낭인이 되어 데라코야(寺子屋)의 선생을 하면서 생활을 하였다. 그는 번에 속해있던 동료 가운데 병사한 사무라이의 아들과 딸을 결혼시켰다. 사위가 빈궁하여 이이 번에 와서 할복자살하려고 한 것이다. 이이가의 사무라이들은 이해하였지만 할복자살하게 하였고, 딸도 역시 곧 숨을 거두게 된다. 이 영화는 전통적인 사무라이의 명예를 지키고 사무라이 정신을 이어가는 모습을 절실하게 그렸다는 특징이 있다.

이시하라 유지로가 주인공으로 등장한 시노다의 원작인 ≪乾いた花≫(메마른 꽃, 64)에서는 의리인정을 버리고 한 인간이 살아가는 과정에서 자살하는 장면이 리얼하게 그렸다. 지방의 형무소를 출소한 주인공 무라키(村木)라는 야쿠자는 3년 만에 도쿄에 와 거리를 활보하며 군중을 보면서 여러 가지 말을 한다. 무라키는 곧 도박장으로 가서 도박을 하고 한 여성을 만난다. 화투도박을 하는 장면이 길게 나온다. 무라키는 한 여자에게 빠져 보스의 명령을 수행하면서 살인을 하고 형무소에 또 다시 들어간다. 형무소에서 그녀가 살해당했다는 소문을 듣고 자기가 자살하는 것이 좋지 않았나 하고 후회하게 된다. 그는 보스의 명령이나 사업으로 인한 살인이 아니라 사랑 때문에 자살하려 한다고 말한다. 그것이 무라키의 이상이다. 이 영화에는 일본영화에 나타나고 있는 니힐리즘을 극도로 잘 표현하고 있다. 그 저변에는 이상한 탐미성이 흐르고 있는 특징이 있다.

일본에서 야쿠자 영화는 비도덕성을 의리이전에 전제되는 것으로 설정하고 그 상황을 아름답게 표현하여 독을 제거한다. 따라서 야쿠자는 현실의 독으로 존재하기보다는 부도덕하지만 인간으로 살아갈 의미가 있는 존재로 표현하는 동시에 따르지 않지만 여운이 남는 존재로 그려지고 있는 특징이 있다. 야쿠자 영화에 나타난 블랙영웅주의는 삶에 대한 희망을 버리고 자살을 하려는 니힐리즘, 적과의 동침을 수용하는 적수용주의, 무국적자로서의 무법(outlaw)주의, 지성과 감성을 동시에 갖고 블랙세계를 살아가는 블랙인텔리주의, 사랑하는 여인을 무조건적으로 지키는 순정 무모주의, 해결해야할 문제를 합의와 타협으로 하는 것이 아니라 무력으로 해결하는 폭력주의 등을 함의하고 있는 복잡한 개념이다. 그런 다양한 성격을 갖고 있는 야쿠자영화에서 표출되는 블랙영웅주의는 겉에서 규정된 사회법규나 도덕으로부터 일탈하고 있지만 순수함 그 자체를 평가할 때는 의리, 인정, 헌신, 사랑, 희생 등과 같이 보통사람들이 추구하는 이념에 철저하게 기초하고 있는 특징이 있다.

■■ 4. 사회파주의

일본에서 사회파주의에 기초한 영화는 사회에서 발생하는 문제를 소재로 하고, 문제를 적극적으로 해결하려는 차원에서 만들어졌다. 또한 국가권력과 사회권력에 저항하기도 하고 또한 정면에서 비판하여 문제를 사회화하는 경향이 있다. 그런 영화는 이른바 사회파영화라고 할 수 있다. 사회파영화는 단순한 픽션으로 이루어지기 보다는 현실에 기초한 사실을 영화화했다는 특징이 있다. 사회파영화 감독은 일본이 고도경제성장을 달성하는 과정에서 나타난 부작용에 초점을 두기도 하고 부자나 가진 자 보다는 서민과 희생을 당하는 자의 입장을 두둔하는 입장을 견지한다. 그것은 약자보호와 약자가 옳다는 것을 주장하고, 민주주의 사회에서 다수가 반드시 옳은 것만은 아니라는 주장을 강하게 하며 시대성을 잘 나타내고 있는데 가치가 있다. 그런 시각에서 영화의 내용을 풍부하게 표현한 감독으로는 오즈 야스지로(小津安二郎), 이치카와 콘(市川崑), 쓰치모토 노리아키(土本典昭), 오시마 나기가(大島渚) 등이 대표적이다.

오즈(小津安二郎)는 늙고 고독하게 살아가는 사람을 주제로 한 작품을 만들었다. 그것은 일본사회가 고도경제성장을 달성하고 민주주의가 발전하는 가운데 가족공동체가 붕괴되는 과정에서 나타난 가족문제를 다루고 있다. 즉 출세를 기대했던 아들이 의외의 행동을 하는 것에 실망하는 어머니의 아픔을 그린 ≪一人息子≫(독자), 딸을 시집보내고 혼자 살아가는 아버지의 쓸쓸함을 그린

≪東京物語≫(도쿄이야기), 노인문제를 통절하게 그려 유작으로 남긴 ≪秋刀魚
の味≫(추도어의 맛, 62) 등이 있다. 오즈는 근본적으로 일본사회를 구성하고
있는 가족에 초점을 두고 가족구성원간에 벌어지는 가치적·도덕적 갈등을 섬
세하게 그려내어 사회참여를 하고 있다. 특히 전통적인 대가족제도에서 점점
핵가족화 되는 과정에서 잃어가는 가족애와 새롭게 변해가는 가족애 등에 대해
면밀하게 고찰하고 일본인이 살아가는 모습을 그리고 있다. 변하는 것에 대응
하는 세대는 새로운 시대적 흐름의 주인공으로 잘 해쳐 나가지만 변하는 것에
대응하지 못하는 세대는 삶에 회의를 갖고 비극적으로 살아간다. 오즈는 그런
시각을 놓치지 않고 조목조목 살펴가며 시대성을 이야기하고 있다.

　오즈의 대표적인 작품 중의 하나인 ≪東京物語≫(도쿄이야기)는 시집보낼
아이를 가진 아버지(笠智衆)가 중학교 동창생과 은사(東野英治郎)를 초대해서
약주를 하고 있다. 동창은 성공하였지만 은사는 매우 초라하게 보였다. 술에 취
한 은사에게 동창은 냉혹한 한마디를 한다. 아버지는 나이 들고 취한 은사를
집까지 모시고 데려다 주는데 허름한 라면 집을 운영하는 은사의 딸이 나온다.
그녀는 중학교 시절 좋아했던 바로 여자였다. 그러나 지금은 어쩔 수 없이 집
을 돌보느라 시집을 가지 않고 라면 집 여주인으로 일하고 있다. 이런 이유 때
문에 가사(笠)는 딸을 시집보내려고 한다. 이 영화에서는 과거에 화려한 사회
경력을 갖고 있음에도 불구하고 나이가 들면 누군가에게 삶을 의지하게 되는데
서 오는 아름답지만 쓰라린 부정이 잘 그려지고 있다. 시집갈 나이가 넘어 버
린 딸이 아버지를 모시는 따뜻한 마음과 어쩔 수 없이 딸에게 의지하는 미안
한 아버지의 마음은 개인성, 가족성, 사회성 등간에서 유출되는 가치관 갈등의
모태로 전통성과 근대성이 충돌하는 현상이다. 그런 문제는 노인을 어떻게 할
것인가라는 일본사회가 배출하기 시작한 문제를 다루고 있다는 데 가치가 있다.

　이치카와(市川崑)의 ≪破戒≫(파계, 62)는 일본근대소설의 기념비적인 존재
로 시마자키 토손(島崎藤村 : 1872-1943, 소설가, 39년 『破戒』, 자연주의문학
의 대표적 작가, 『新生』, 『夜明け前』등 발표)이 1906년 쓴 장편소설을 영화화
한 작품이다. 이야기 전개와 인물상은 톨스토이의 『죄와 벌』의 영향을 받았다.
이 영화는 진실한 삶의 방식을 고뇌하는 젊은이의 청춘이야기이다. 메이지 30
년 신슈(信州)의 작은 마을에 사는 주인공 세가와는 피차별 부락 출신 청년으로

초등학교 교원이 되었지만 그 사실을 숨기고 산다. 아버지가 마을에서 죽을 때 출신을 비밀리에 하라는 유언을 남겼기 때문이다. 그는 친한 동료에게도 말 못하고 사랑하는 하숙집의 딸 지호(志保)에게도 말 못하며 냉가슴을 앓고 있다. 그는 피차별 부락 출신인 사상가 이노시시(猪子蓮太郞)를 존경하고 그가 강연회를 하러 와서 방문한다. 이노시시는 세가와의 출신성분을 알고 있었지만 아무 말도 안하고 있다. 그런데 이노시시가 반동적인 청년에 의해 찔리는 사건이 일어나고, 피차별 부락 여성과 결혼한 남자가 세가와의 출생의 비밀에 대해서 폭로하자 세가와는 학생들에게 솔직하게 출신의 비밀을 말하고 그 동네를 떠난다.

이 영화는 1948년 기노시타 감독이 영화화한 적이 있지만 여기에서는 당시 전후민주주의의 기류에 편승해서 낙천적인 해방운동이라는 관점에서 차별문제를 다루었다. 이치카와 감독은 원작에 충실하게 인권문제가 무시되던 시대의 처절한 세상이야기를 민주주의가 정착 되어도 변하지 않은 일본사회를 향해 진솔하게 다시 표현하였다. 이 영화는 전통사회에서 신분에 따른 계급적 차별문제를 현대에서 인권차별의 문제로 전환시키고 특히 고도경제성장을 실현하고 있는 일본사회가 전통성에 따른 차별성을 갖고 있는 점에 대한 반성과 새로운 시대에 존재하는 편견을 영화로 담아냈다는데 의의가 있다. 일본은 정체성과 민족성에 기초한 집단성을 중시하는 사회로 외부인과 일탈자를 인정하지 않거나 차별하는 독특한 문화를 갖고 있다. 그것은 근대성에 기초해서 발전한 경제성장과 민주주의성장과는 별도로 기능하는 사회이념으로 자리 잡고 있다. 이 영화는 메이지기에 적용된 사회이념이 전후에도 여전히 적용되고 있는 일본사회의 이상적인 불변성에 일침을 가한 영화라고 할 수 있다.

쓰치모토(土本典昭)는 영화에서 사회문제를 전투적으로 다룬 감독이다. 1964년 ≪路上≫(노상)에서는 교통문제에 대한 선전(PR)영화라는 스폰서의 의도를 넘어서 노동의 본질을 직접적으로 파악하였다. 이것은 택시운전수의 일상적인 노동을 묘사한 것으로 사고, 위반, 벌금 등과 같이 현실에서 어렵게 일하는 운전수의 노동을 들춰내었다. 운전수가 하는 노동은 가혹하고 암담한 것으로 현실에서 그 자체의 암담함이 개선되지 못하고 고스란히 누적되어 왔다는 메시지를 전하고 있다. 또한 ≪留學生チユア・スイ・リン≫(유학생추아·스이·린, 65)은 처음으로 일본 텔레비전의 논픽션극장을 위해서 제작한 것이다. 그러나

이 작품의 테마가 문부성을 직접적으로 비판하는 것이어서 일본 텔레비전은 그 기획을 그만 두기 위해 작업을 중지하였지만, 쓰치모토는 자주제작을 하여 완성하였다. 추아 스이 린 이라는 말레시아로부터 온 국비유학생은 치바(千葉)대학에서 공부하고 있었다. 그는 조국 말레시아의 독립이 영국의 특수권익이 지속하는 한 불가능하다고 보고 재일 말레시아 학생들과 데모를 하여 본국으로부터 소환 받은 학생이었다. 귀국하면 투옥되기 때문에 귀국할 의사가 없었다. 그러나 일본문부성은 국비장학금을 지급하지 않았고 치바대학도 그녀를 제적시켰다. 학생신분을 잃으면 비자연장이 불가능하여 강제적으로 귀국해야하는 상황이었다. 이런 상황에 그와 그를 지지하는 일본인은 문부성의 국비장학금 불지급의 부당성을 재판을 통해서 투쟁하고 치바대학의 제적처분에 반대하는 운동을 시작하였다.

이 영화는 치바대학에서 한 유학생을 위한 투쟁경과를 추적한 것이지만, 당시 치바대학의 학생들은 그런 사실을 거의 모르고 있었다. 그러나 투쟁이 학생들에게 알려져 학생대표가 학교당국에 부당함을 주장하기에 이르자 추아를 재입학형태로 복귀시킨다. 한 외국인 유학생을 보호하고 지키려는 운동을 보면서 쓰치모토는 가치를 소중히 하는 사람이 존재한다는 사실을 다시 한번 깨닫는다. 자신은 그런 사람들을 지원하고 공동으로 투쟁하는 사람들을 영화를 통해서 지원하면, 영화가 살아있고 그것은 곧 가치를 주장하는 사람들을 지원하는 중요한 무기가 될 수 있다는 것을 증명하려 하였다. 쓰치모토는 1960년대 말 학원투쟁을 기록영화로 남겨 사회참여라는 영화의 순기능을 충실히 이행하여 시대성을 잘 그려내는 감독으로 알려지게 된다. 외국인이 일본으로 들어오는 것은 시대적 흐름에서 보면 당연한 현상이다. 그러나 일본에서는 외국인을 구분하는 시각이 스펙트럼처럼 잘 정리되었다. 그 시각에 통과하면 차별로부터 벗어나지만 통과하지 못하면 여지없이 차별된다. 추아의 문제는 추아의 문제가 아니라 일본이 안고 있는 문제라는 것을 쓰치모토는 일본인에 알려주고 있었던 것이다.

공산당계열과는 다르지만 신좌익으로 활동한 감독이 오가와 신스케(小川紳介)이다. 그는 사건에 대한 기록영화를 만드는데 제3자로서 촬영하는 것이 아니라 저항자 입장의 동지로 참가하고 동지의 눈으로 찍는 특징이 있다. 그는 저항자들에게 결정적으로 불이익을 주는 것은 촬영하지 않고 동지로서 신뢰감

을 갖고 저항자의 행동과 심정을 생생하게 촬영하였다. 오가와 작품인 ≪青年の海≫(청년의 바다, 66)는 공산당 활동가들의 지원을 받아 만들어졌다. 이 영화는 대학의 통신교육과정의 규칙이 잘못 개정된 것에 대해 반대하는 운동을 그렸고, 많은 통신과정학생들의 언동을 다큐멘터리로 만든 영화이다. 그는 이 영화에서 통신과정학생들이 단순하게 정열을 가진 젊은 사람으로만 그리지 않고 투쟁과정에서 도대체 그들이 왜 그렇게까지 대학졸업장이 필요한 가라는 문제를 제기하였다. 한 활동가가 투쟁하는 과정에서 일탈하여 모습을 감췄다. 어느 날 그는 동료 앞에 나타나 그런 의문을 모두 털어 놓는다. 오가와는 영화이지만 주인공을 꾸임 없이 있는 그대로 표현하는 방법을 사용하여 사실과 실상을 정확하게 전달하였다. 이와 같은 방법은 오가와가 만든 다큐멘터리의 기본적인 틀로 자리 잡게 된다. 이 영화는 단순히 한 활동가의 다큐멘터리에서 출발해서 학문은 무엇인가, 대학은 무엇인가, 학력이란 무엇인가 등과 같은 쉽게 답할 수 없는 문제를 다루고 끝난다. 그런 문제는 일본에서 존재하는 일류코스, 엘리트코스 등과 같이 학문과 기득권이 연결된 사회에 대한 비판이며 문제제기이다. 특히 학문과 출세, 신분과 경쟁, 연줄과 능력 등과 같이 일본사회를 짓누르고 있는 인습적이며 관습적이지만 현실적으로 강하게 기능하고 있는 불합리한 제도와 규범에 대한 비판을 강하게 하고 있다.

오가와의 출세작은 그 다음 만들어진 ≪壓殺の森≫(압살의 숲, 67)이다. 이것은 ≪青年の海≫에서 그린 당시 학생의 급진적인 심정과 논리를 보다 격렬한 투쟁이 발생한 장소를 통해서 통찰한 작품이다. ≪青年の海≫는 통신과정학생에 대한 기록영화로 주로 통신과정그룹을 대상으로 상영하였다. 그러나 ≪壓殺の森≫은 군마현(群馬縣)의 고자키 경제대학 학생의 투쟁방법을 자세하게 기록한 것이다. 자금은 조직적인 대중운동으로 확보하고 상영은 각지의 대학 강당을 중요한 상영장으로 하였으며 대학축제 등의 기회를 이용하였다. 이런 상영방법은 지금까지의 상업영화와는 전혀 다른 방식으로 문화운동의 일환으로 추진된 것이라는데 가치가 있다. 이것은 대학과 시당국의 부당한 정책에 반대하는 학생들의 지속적인 투쟁과정을 그렸다. 여름방학에 모두가 귀향한 가운데 몇 몇 학생만이 학생회관을 점령해 지키는 투쟁방법은 1970년대 전형적인 신좌익 학생의 운동방식이 되었다. 투쟁하는 과정에서 제국주의, 국가권력

등과 같은 용어가 나오고 학생들의 연설이나 토론과 같은 장면을 실제로 잡아
냈다. 그리고 학생들의 말이 얼마나 논리적이고 맞는가 등에 대한 의문을 제기
하기도 하였다. 이런 묘사는 그 후 학생운동의 존재방식을 미리 예견했다는 평
가를 받았고 오가와 감독의 높은 시대감각성에 대한 찬미로 이어졌다. 1960년
대 후반에는 이미 서구사회에서의 학생운동이 절정에 달하고 있었다. 전통적으
로 인정해왔던 기득권에 대한 도전, 변화와 자유에 대한 향유, 표현과 결정의
권리, 대학에서의 자율성과 권위추방, 사회권에 대한 주장 등과 같은 신권리가
대학생의 현실적인 문제가 되었던 시기이다. 오가와의 작품은 현대사회가 안고
있는 젊은이들의 문제를 날카롭게 지적하고 있다는 점에서 그 가치를 높게 평
가할 수 있다.

오가와의 ≪現認報告書≫(현인보고서, 67)는 하네다(羽田)투쟁을 기록한 것
으로 학생들의 심정을 영웅적으로 표현하려 하였다. 하네다를 둘러싼 투쟁과정
에서 죽은 학생의 사망원인을 밝히기 위한 탐구가 반복되는 과정에서 정치적
탄압에 대해 반론을 제기하는 계기가 되어 정치적·계몽적 효과를 가졌다. 그러
나 이후 히피운동이나 이기주의 및 개인주의 등이 팽배하면서 학생들의 목숨을
건 운동이나 저항의식은 바래졌다. 또한 ≪日本解放戰線·三里塚の夏≫(일본
해방전선, 68)은 치바현의 심리쓰카(三里塚)에서 농민과 학생에 의한 국제공항
설치반대투쟁을 기록한 영화이다. 이것은 투쟁을 기록하기 보다는 학생과 농민
이 함께 공투하는 과정을 그린 것이다. 토지를 강제로 수용하려는 공항공단과
경찰기동대, 토지를 팔려고 하지 않은 농민과 그들을 지지하는 학생들의 대결구
도에서 학생의 입장에서 국가권력의 모순을 입증할 목적으로 만들어진 영화이
다. 이 과정에서 카메라맨은 맞기도 하고 체포되기도 하였다. 또한 촬영과정에서
기동대와 대치하는 농민이 돌을 모아 던지는 장면을 찍은 것은 현실적으로 범
죄의 증거자료로 활용될 가능성이 있지만 계속해서 촬영했다. 그것은 그 정도로
농민의 저항이 정당하고 절실하다는 것을 현실적으로 증명하는 행동으로 인식했
기 때문이었다. 또한 상영할 때도 관객의 호응을 요청하기도 한 영화였다.

여기에서 오가와의 작업에 대해서 집고 넘어가야할 필요가 있다. 기득권과
권위주의의 불합리성, 그것들의 시대착오적인 기능을 정면에서 반대하고 저항했
던 학생운동, 공익이라는 명분으로 자행되는 국가에 의한 강제적인 토지수용

등과 같은 현상은 발전을 추구하는 근대사회가 만들어낸 신화에 접질려 있는 떨칠 수 없는 고질병인 것이다. 개인보다는 대중, 국민보다는 국가, 사익보다는 공익 등을 우선시하던 근대적 현상은 이미 한계점에 도달하고 있었던 것이다. 그러나 기성세대는 그런 현상을 감지하지 못하고 발전이라는 관성에 의해서 불합리한 정책을 지속적으로 추진하였다. 그렇게 심각하게 오염된 권력과 권위에 대한 조정과 전환이 필요하였다. 오가와는 시대상이 안고 부식되어 가는 현대를 일본을 통해서 이야기하고 있었던 것이다. 또한 오가와의 영화는 국가권력에 대한 저항과 투쟁을 카메라를 통해서 기록한 것만이 아니라 카메라를 무기로 해서 투쟁함으로써 만들어졌다는 점에서 새로운 형태의 사회파 영화라는 특징이 있다.

오시마(大島渚) 감독의 ≪絞死刑≫(교사형, 68)은 1958년 고마쓰가와(小松川)에서 일어난 살인사건에 기초해서 만들어진 영화이다. 여자고교생이 학교에서 강간당하고 살해된다. 범인은 자신이 범인이라는 사실을 밝히고 신문사에 전화해서 사체가 놓인 장소를 말한다. 이 사건을 두고 자기 현시적 욕구가 강한 이상 성격자의 범죄로 판단되는 등 사회문제를 일으키게 된다. 그러나 체포된 범인은 극빈한 재일조선인으로 머리가 우수한 고교생 소년이었던 것이다. 재일조선인이기 때문에 취업에서 차별되는 것이 범죄의 원인이 되었던 것이다. 소년은 사형을 선고받지만, 사형이라는 것은 무엇일까, 일본 국가는 재일조선인을 재판할 수 있는 것일까, 성범죄란 무엇일까 등과 같은 근본적인 문제를 제기한다. 이 영화에서는 어느 형무소에서 사형을 집행하지만 고개를 숙일 뿐 기를 잃지 않아 죽지 않는다. 의식이 돌아오자 기억상실에 걸리게 된다. 다시 형을 집행하려고 하자 법률에는 기억 상실자를 사형시키는 것이 금지되어 있다. 할 수 없이 사형을 집행하기 위해서 형무소소장, 교육부장, 보안과장 등은 기억을 되돌리는데 심열을 기울인다. 각종 수단과 방법을 동원해서 그의 기억이 살아나도록 노력을 한다. 그 과정에서 다행이도 소년의 기억이 되살아난다. 그러나 형무소의 간부들이 기대했던 것과는 다른 기억이 나타난다. 그는 환상 속에서 민족주의적 자각을 갖도록 한 누나를 생각하고 그녀와의 대화 가운데서 자기의 범죄를 생각한다. 형무소 간부들도 환상 속에서 나타난 누나의 생각에 동조하게 된다. 그들은 혼란하여 술을 먹기도 하고 노래를 부르기도 한다. 국가권력을 집행하는 검사만이 냉정하게 대하고 다시 사형을 집행하게 한다.

이 영화는 당시 일본이 내포하고 있던 다양한 문제를 들춰내고 있다. 우선 제도로서 사형이 무엇인가라는 문제를 제기한다. 오시마는 사형이라는 문제를 다루면서도 때로는 비아냥거림과 해악을 통해서 조소하고 있다. 그런 점에서 일본영화에서 처음으로 나타난 블랙 유머의 작품으로 평가받고 있다. 다른 하나는 일본사회에 뿌리 깊게 내리고 있는 차별문제이다. 사형과 차별은 한 세트처럼 이어지는 현상으로도 볼 수 있다. 차별에 못 견뎌 범죄를 저지르고 사형을 받는 그런 이야기로 보면 매우 통속적인 구상이다. 그러나 이 영화에 나타난 차별은 개인간의 차별이 아니며 능력간의 차별이 아니다. 그것은 거대한 한 민족에 의한 다른 민족의 차별이다. 죄를 범한 재일조선인 소년은 개인이지만 그가 한 행위는 개인으로 한 것이 아니며 죽은 일본인 소녀는 개인이지만 그녀가 받은 응징은 개인으로 받은 것이 아니다. 한민족과 일본민족간의 차별과 응징인 것이다. 당시 일본은 그런 맥락에서 사회질서를 잡아갔고 그 과정에서 철저하게 조직적으로 차별하여 대응했던 것이다. 그런 죄와 벌은 문제를 안고 있는 일본민족이 책임지고 가야할 멍에인 것이다.

위의 영화에서 보는 것처럼, 1960년대 후반부터 1970년대 전반에 걸쳐 세계에서는 학생을 중심으로 기성세대에 이의를 제기하는 운동이 일어났다. 이런 흐름은 일본영화에도 반영되어 학생들은 도에이의 야쿠자 영화에 취하기도 하고 시대성을 반영한 영화에 힘입어 용기를 얻기도 하였다. 지식인들은 시대성을 영화에 사실대로 담으려고 노력하였다. 영화잡지에는 종종 정치적 의도를 가진 논문이 게재되었다. 영화비평은 학제적으로 넓어져 활기를 띠었다. 이 시기를 세계문화사적인 관점에서 보면, 전위적이며 실험적인 시기이다. 1960년대 일본영화는 산업으로서 하강선을 그리고 있었지만 개성을 가진 작가가 배출되어 영화의 새로운 장르를 여는데 성공한다. 그 과정에서 일본영화는 사회파주의라는 다소 냉소적이고 무게를 느끼거나 부담을 가질 수 있는 성격을 띠고 있지만, 과거 일본영화가 간과한 사명을 다하려 했다는 점에서 한 시대를 풍미하고 생기있는 영화적 삶을 살았다고 평가할 수 있다. 1970년대 영화인이기도 했던 미시마 유키오(三島由紀夫)가 할복자살하기까지 사람들은 적어도 정치의 전위와 예술의 전위는 서로 경합한다는 낙관적인 기대를 갖고 있었다. 그러나 이후 영화는 시대적 상황과 영화가 갖고 있는 내부적인 문제 등으로 다양한 변화를 살아야 하는 절박하고 처절한 시기를 맞이하여 시대와 동침하게 된다.

■ 5. 아메리칸니즘

1960년대는 이미 미국의 할리우드 영화가 세계영화시장을 독점하고 있었고 그 영향은 일본에도 미치게 된다. 그것은 미국영화의 표현을 추구하는 성향으로 나타나게 된다. 여기에서 아메리칸니즘은 미국영화의 영향을 받아 미국적인 요소가 강하게 나타난 사상적 흐름을 의미한다. 아메리칸니즘을 잘 표현한 대표적인 감독이 오카모토(岡本喜八)이다. 그의 영화는 엔터테인먼트의 형태를 지향하게 된다. 그는 마키노(マキノ雅弘)와 치바(千葉泰樹) 등에게 사사를 받아 영화를 만들었다. 오카모토의 이름을 알린 작품은 ≪獨立愚連隊≫(독립우연대), ≪獨立愚連隊西へ≫(독립우연대서쪽으로), ≪戰國野郎≫(전국야로), ≪どぶ鼠作戰≫(나르는 쥐 작전), ≪血と砂≫(피와 모래) 등과 같은 것으로 일련의 엔터테인먼트 전쟁영화이다. 그런 영화는 명백하게 미국 서부극의 호쾌한 재미를 일본영화에 재현하려고 한 작품이다. 영화인에 의한 엔터테인먼트의 발로이지만 패배한 침략전쟁을 호쾌하게 그리는 것 자체는 현실적으로 무리한 도약적 표현이었다. 따라서 그는 무리한 표현을 극복하기 위해서 재미와 도덕을 양립시키기 위해 고뇌하였다. 다른 한편으로는 명령을 받아 가치도 없는 전쟁을 수행하는 무모함, 국가와 민족에 대한 충성이라는 관념으로부터의 탈주 등과 같은 주제를 다루었다.

전후 민주주의는 미국의 지도 하에 출현하여 이식되는 과정에서 좌절하기도 하고 희망을 갖게 된 대표적인 시대적 사상이다. 민주주의는 미국에 대한 애증과 열등감을 갖게 하는 원인이 되었지만 전후 일본사상의 적자로 기능하여 전후일본사회의 성격을 규정짓는 역할을 하였다. 그런 가운데 오카모토는 미국적인 것에 취해 있었다. 특히 ≪獨立愚連隊≫에서 반복되는 것은 적과 아군이 자유를 추구하기 위해서 화복의 전장을 방랑하는 모습이다. 전후 자유를 찾아

방황하는 일본사회의 현실적인 자화상을 잘 표현하고 있다. 또한 ≪暗黑街の對決≫(암흑가의 대결) 등과 같은 암흑가 시리즈는 미국의 암흑가에 대한 표현을 과장한 것이었다. ≪ああ爆彈≫(아 폭탄)은 미국의 뮤지컬을 일본풍토에 이식하려는 시도였지만, 다른 한편으로는 교겐(狂言)이나 랑곡(浪曲) 등 일본적인 예능을 동원하여 미국적인 표현과 대치시켰다. 미국영화에서 등장하는 청부살인업자를 ≪殺人狂時代≫(살인광시대)에서는 일본서민과 보스의 관계 속에서 표현하였다. 여기에서는 미국적인 것을 동경하면서 히로이즘을 희극적으로 표현하고 다른 한편으로는 미국에 대한 도전과 부정적인 면을 표현하였다. 당시 일본문화가 부정되는 가운데 나약해진 일본인의 정서를 지적하고 반미나 친미가 아니라 오히려 미국화되어 가고 있는 전후일본인의 정체를 응시하고 질타하는데 오카모토의 목적이 있었다고 할 수 있다.

그의 ≪肉彈≫(육탄, 68), ≪江分利滿氏の優雅な生活≫(에브리맨의 우아한 생활, 63) 등에서 보는 것처럼 자기 자신이나 자기 세대의 경험이나 교훈을 생생하게 표현하였고 익숙하지 않은 작품에도 만화와 같은 유머를 풍부하게 하여 웃게 하였다. 오카모토의 영화는 리얼리즘보다는 만화적인 비약과 과장하는 방법을 사용하였다. 그의 작품 중에 ≪暗黑街の對決≫은 상업영화로 만들어진 작품으로 남성액션영화의 최고 감독으로 각광을 받은 작품이다. 이 영화에서 쓰루다(鶴田浩二)는 아내가 살해되어 폭력단에 정면으로 대항하는 전 야쿠자이다. 미부네(三船敏郞)는 신분을 비밀로 한 채 폭력단에 잠입한 형사이다. 술집에 들어간 미부네는 친피라를 무자비하게 처치한다. 마치 청부살인업자처럼 행동한다. 이처럼 황당무계한 영화설정은 당시 이상할 정도의 신선한 영상적 죠크나 영화적 유머로 받아들여졌다. 기존의 일본영화 액션에도 감성적인 면이 있었지만 그런 요소를 배제하고 청부살인업자가 등장하는 장면에 뮤지컬적인 요소가 가미되어, 미국적인 영화적 호탕함이 있었다.

일본에서 벌어진 미국화는 미국을 닮아가자는 것이다. 전쟁에서 승리한 승전국으로 유일하게 일본은 굴복시킨 거대한 힘을 닮아가자는 것이었다. 그러나 실제로 미국에 접한 일본인들은 미국이라는 거대한 거인의 힘에 맥을 추지 못하였다. 그것은 곧 미국에 대해 신성성을 갖게 되고 미국이라는 문화에 빠져들어 일본사회에는 미국신화가 탄생하게 되는 원인이 된다. 자유, 힘, 민주, 개인 등에 대한 숭배로 일본인이 가져보지 못했지만 절실하게 느끼는 그런 것들이었다. 그것은 일본과 자국의 문화에 대해서 강한 자부심을 갖고 있었던 일본인이었기에 버리는 속도와 빠져드는 속도도 빨랐다. 과거에 일본이 조선인에게 일본인이 되기를 강요한 것은 강제적인 의도였지만 일본의 미국화는 강제적이기보다는 자율적이며 일본적인 것을 포기하는 과정에서 자연스럽게 나타난 현상이었다는 점에서 차이가 있다. 강제적으로 변한 것은 강제가 없어지면 회복될 가능성이 높다. 그러나 스스로 버린 것은 정체성을 버렸기 때문에 스스로 회복하기가 어렵다. 그것이 당시 일본이 갖고 있던 역사적이며 시대적인 딜레마였다.

V 맺는 글

　성장기에는 경제성장을 중심으로 한 경제력과 국가력이 성장하였고, 그 반대로 성장기의 희생된 다양한 부작용이 발생하여 그에 대항하는 사회세력이 등장하였다. 그것은 발전과 희생, 기득세력과 신진세력, 진압과 도전, 국가와 비국가, 만족과 불만, 민족정체성과 국제성 등과 같은 새로운 구조 속에서 나타난 것이었다. 그런 시대적 흐름 속에서 1960년부터 1970년까지의 일본영화는 다양한 형태로 물질적 풍요와 정신적 피폐함을 그리는데 전력을 다했다. 또한 새로운 시대적 변화에 대응하려는 움직임과 적극적인 행동이 영화계에서 일어나 영화가 갖고 있는 강한 힘을 발휘하였다. 그리고 예술영화에서 핑크영화로의 전환, 이성에서 감성으로의 사회 인식전환, 정신에서 물질로의 중요성 증가, 표현의 자유, 영화산업의 상업화, 다양한 문화산업발생, 영화이외의 문화수요증가, TV문화확산, 시대참여영화, 소수전문영화수요자, 영화기술의 진보와 다양화, 영화감독의 개성화 등과 같이 다양한 변화를 경험하게 된다.

　일본영화는 프랑스와 이탈리아의 자유로운 표현을 수용한 누벨바그, 성영화주의, 블랙영웅주의, 사회파주의, 아메리칸니즘 등의 특징을 담고 있었다. 누벨바그는 기존 일본영화의 틀을 깨는 작업으로 내용에 있어서도 파격적이지만 영화에 대한 기본 시각을 바꿔놓은 특징이 있다. 누벨바그라는 사조가 발생하면서 일본영화는 현실 참여적이며 탐구적인 영화로 발전한다. 그리고 성영화주의는 영화내용을 전개하는데 감각적으로 상상 속에서만 존재하는 사랑의 개념을 현실 속에서 리얼하게 표현하고 생활과 예술의 일부분으로 과감하게 표현하는 계기가 되었을 뿐 아니라 성과 영화를 연결시켜 성산업화를 추구하는 계기가 되었다. 따라서 영화에 있어서는 성이 기본적인 개념이 되었고 성개방과 함께 성영화를 통해서 영화산업이 유지되는 특이한 일본적 현상이 일어나게 된다. 성영화주의에 기초한 영화는 감독을 데뷔시키는 장르로 기능하고, 적은 자본으로 만들 수 있는 영화이며, 영화산업을 지탱하는 영화 등으로 인식된 특징이 있다.

특히 성장기에 가장 특징적인 현상으로 나타난 것이 블랙영웅주의이다. 그런 내용은 주로 야쿠자영화로 나타났다. 그것은 가정적 규범이나 사회적 도덕을 위반하는 가운데 실사회와 허구사회의 이중성을 연결하는 새로운 창작세계로 이어진다. 또한 도덕이 도덕이 되지 못하고 악이 악이 되지 않는다는 상대적 가치관과 도덕 가치를 만들어 냈다. 이것은 사무라이세계에서 존재하는 절대적인 규범과 계급질서가 작용하는 계급적 구속에서 벗어나는 현상이다. 그런 현상이 일어난 배경에는 고도경제성장을 이룬 일본사회에 대한 불만이 다양하게 내재되어 있음에도 불구하고 사회수준에서 해결할 능력과 희망이 보여 지지 않았다는 당시의 암울한 분위기가 있었다. 따라서 불만을 극복하지 못하는 한탄을 야쿠자라는 블랙영웅이 통쾌하게 해결하는 면을 보고 대리만족을 하였던 것이다. 영화에 표현된 위법과 위법자는 사회악이 아니라 만족을 이끌어내는 영웅이 되는 착각을 당시 시대는 하였다. 이런 점에서 성장기의 불만은 야쿠자라는 한 장르를 통해서 읽혀지게 되고 일본인은 블랙영웅에 매료되게 된다.

또한 사회파주의에 기초한 사회파영화는 영화가 사회에 관여하고 참여하는 것으로 규정하고 사회문제와 악을 영상을 통해 파악하고 고찰하여 문제점을 제기할 뿐 아니라 해결하고 대결하여 영화의 사회적 가치와 역할을 크게 진전시키는 계기가 되었다. 즉 권력과 시민의 관계, 사회선과 악의 존재유형, 사회와 개인의 관계, 개인적 삶의 가치 등을 그려냄으로써 사회개혁, 개인혁신, 학교개혁, 보편가치를 추구하는 발전개념, 국가제도개정 및 제정 등을 추구하는 실사구시적 영화가 만들어져 성장기의 부작용을 해결하려는 기능과 역할을 했다는 점에서 문화적 가치뿐 아니라 사회적 가치가 있었다고 할 수 있다. 그리고 한 시대를 풍미했던 아메리칸니즘은 일본인이면서 일본에 심취했던 과거 자신에서 벗어나 일본에 대한 자부심과 자긍심을 버리고 새로운 미국드림을 위해 미국인처럼 되기 위해 매진했던 일본인의 미국화를 내포하고 있다. 영화계에서는 특수영화로서 일본영화가 보편영화로서 미국영화에 일격을 당하여 미국적인 영화를 반영하는 운동으로 나타났다. 따라서 이런 영화의 저변에는 미국적인 요소에 대한 동경이라는 긍정과 저항이라는 부정이 동시에 작용하는 사회현상이 있었던 것이다.

1960년대 미일안보투쟁이 시작되면서 발생한 기성세대에 대한 대학생들의 저항, 고도경제성장이라는 시대적 가치의 쟁취에도 불구하고 희생되는 부류에 의한 사회적 저항, 발전이라는 국가적 가치를 실현하려는 국책에 대한 이의제기, 권리라는 개인적 가치를 실현하려는 개인보호정책의 대두, 일본전통에 기초한 일본주의와 미국적인 사상에 기초한 서구주의간의 대립, 일본국가의 방향을 둘러싼 보수주의와 진보주의의 갈등 등과 같은 시대적 배경은 일본, 일본인, 지식인, 문화인, 영화 등의 방향성을 규정하는 중요한 요인으로 작용하였다. 일본영화는 시대성을 반영하는 사회적 변화를 추구하는 기능을 했다는데 가치가 있었다. 특히 1970년대부터 1980년대 도약기의 일본, 일본인, 일본문화, 일본영화 등의 형성에 영향을 주게 된다.

제7장
도약기의 영화와 시대성

『變人たちは濡れた』(1973) 出演:中川梨絵
(寫眞中央)/大江徹/薊千露/繪澤萠子

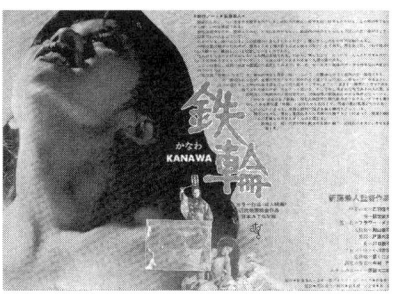

『鐵輪』(1972) 出演:乙羽信子/觀世榮夫/フラ
ワー・メグ/殿山泰司/戸浦六宏/川口敦子

『男はつらいよ・寅次郎ハイビスカスの花』(山
田洋次. 1980. ⓒ松竹)

『花と蛇』(1974) 出演:谷ナオ
ミ/石津康彦/坂本長利

『生贄夫人』(1974) 出演:谷ナオ
ミ/坂本長利/東てる美

『日本俠花傳』(1973) 出演:眞木洋
子/任田順好/菅井きん/北大路欣也
/加藤剛/渡哲也

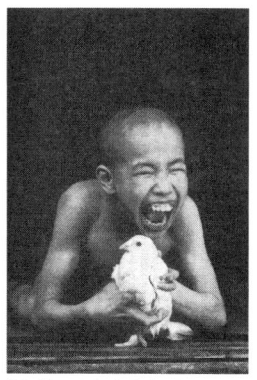

『永悢―患者さんとその世界』
(土本典昭、1971)

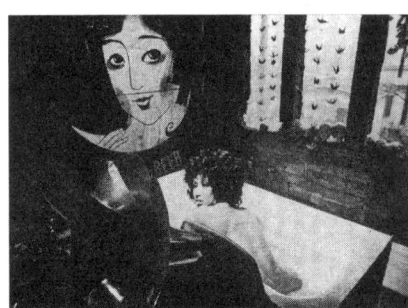

『書を捨てよ町へ出よう』の丸山(美論) 明宏

『ボクサー』 撮影スナップ. 左から菅原文太, 寺山
修司

『八つ墓村』(1977) 出演:萩原健一(寫眞左)/小川
眞由美(右)/渥美清/市原悦子/山崎努/山本陽子

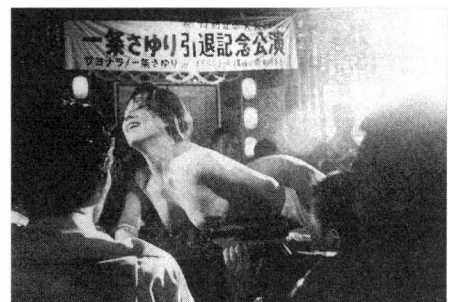

『一條さゆり 濡れた欲情』(神代辰己、1972)

『田園に死す』(寺山修司、1974)

『日本解放戰線・三里塚』(小川紳介、1970)

Ⅰ 머리글

일본발전사에서 도약기인 1970년대는 고도경제성장기를 거치면서 나타난 시대이지만 동시에 국내외적으로 위기가 도래한 시기이다. 일본은 그런 위기를 극복하고 성장을 지속하여 사회 각 영역에서 도약하는 시기를 맞이하게 된다. 도약기의 영화는 거장이라고 하는 감독과 새로운 감각으로 활동한 감독에 의해서 맥을 이어가게 된다. 일본적 미학을 담은 일본영화가 힘을 발휘할 수 있었던 것은 작가주의와 일본적 정체성을 찾는데 일생을 건 감독이 있었기 때문이다. 예를 들면, 오즈 야스지로(小津安二郎), 미조구치 겐지(溝口健二), 구로사와 아키라(黑澤明) 등 3대 거장은 일본미학을 구현하는 작품을 만들었다. 오즈는 일본의 서민적 인정과 일상생활의 가치를 서민미학으로 승화시켰고, 미조구치는 일본여성의 현실적 가치를 여성미학으로 평생 그려냈고, 구로사와는 다양한 영화기법으로 사무라이정신을 전통미학으로 승화시켰다. 이렇게 볼 때, 일본영화에 나타난 일본적 미학은 서민미학, 여성미학, 전통미학 등으로 구성되어 있다고 할 수 있다.

이 중에서도 1970년대 미국과 유럽의 예술영화애호가 사이에 급속도로 인기를 얻는 감독이 오즈이다. 런던의 필름도서관에서는 오즈의 전 작품이 필요하다고 공개적으로 발표하였고, 뉴욕의 근대미술관의 필름 도서관은 그의 작품을 특집으로 상영하였다. 더욱이 1980년이 되면 오즈의 평가는 전 세계적으로 확대되어 영화의 거장으로 자리매김 된다. 1990년대에는 영국의 「사이드 엔드 사운드」지가 선정하는 세계영화사상 베스트 10에서 ≪東京物語≫(동경이야기, 53)가 3위를 차지하였다. 오즈의 작품에서 나타나는 조용한 정미(情味)가 일본적 영상미로 승화된 것을 세계가 인정한 것이다. 여기에 나타난 정미는 인간에게서 발현되는 정적인 맛을 의미한다. 현대사회는 근대화를 통해서 발전하여 그 열매를 향유하는 수익을 올렸지만 전통적으로 흐르는 인간미를 많이 잃어왔 다. 오즈의 작품세계는 과거에 아름다웠던 인간미를 새롭게 발견해 주는 계기 를 마련해 주는데 공헌하였다고 할 수 있다.

일본영화가 일본적 미학을 바탕으로 발전해왔지만 시대적 변화로 새로운 가 치와 구조로 재편해야 하는 위기에 봉착하게 된다. 1970년대 일본영화계는 영 화성장을 탄탄하게 주도해온 스타지오 시스템의 붕괴를 막을 방법이 없었다. 이런 영향 하에서 1971년에 제작된 극장용 작품은 367편에 불과해 10년 전과 비교해 보면 약 70%에 불과하였다. 점차 영화생산이 줄어들고 영화관객이 적 어지는 현상이 지속적으로 발생하여 위기감은 점점 커졌다. 특히 6대 대형영화 사가 5개로 줄었고 제작편수도 160편으로 줄었다. 그 대신에 저예산의 핑크영 화가 169편 제작되어 전체영화 중 약 40%에 달하였고, 독립프로가 48편을 제 작하여 이전보다는 현저하게 성장하였다. 당시 닛카쓰(日活)가 도산하였지만 노 동조합을 중심으로 재건되었고, 1971년부터 로망포르노(roman porno) 노선을 단행하여 기존의 촬영소를 다시 매수하는데 성공하였다. 다이에이(大映)는 1974 년 재건되었지만, 기존의 촬영소를 매수하는 데는 실패하여 작은 독립프로에 머물렀다. 도호(東寶)와 도에이(東映)는 기업의 합리화로 스펙터클(spcetacle) 영 화와 전쟁대작영화를 만들었지만 영화사적인 측면에서 중요한 의미는 없었다. 쇼치쿠(松竹)는 ≪男はつらいよ≫(남자는 괴로워)라는 히트영화에 의지하여 약 10년간 번창하였다.

붕괴된 것은 스타지오 시스템뿐 아니라 스타시스템도 점차 붕괴되었다. 이미 배우들은 제작회사에 소속하지 않고 작품에 따라 계약을 하는 새로운 체제에 적응하였다. 또한 스타들은 계속해서 개인적인 프로덕션을 설립하였다. 영화계가 스타를 발굴하거나 육성하지 못하고 대신에 TV 탤런트나 가수가 스크린에 나 타나 스타가 되어 영화에 등장하는 인재역조현상이 벌어졌다. 또한 1960년대에 화려하게 영화계를 장식했던 감독들은 침묵하였다. 일본영화계의 거목인 구로사 와는 일본자본으로 영화를 제작하는 것을 포기하고 해외제작을 추진하였다. 오 시마(大島渚)도 같은 입장이었다. 이마무라(今村昌平)는 영화를 떠나 TV 다큐 멘터리에 전념하였다. 스즈키(鈴木清順), 요시다(吉田喜重), 가토(加藤泰) 등은 침묵을 지켰고, 나카히라(中平康)는 세상을 떠났다. 이 시기 닛카쓰를 제외하면 거의 신인감독은 등장하지 않았다. 영화계가 발전방향을 잡지 못하는 상황에서 다큐멘터리와 애니메이션은 발전하여 미래 영화관련 산업으로 성장하게 되었다.

1970년대는 일본의 발전단계에서 보면 도약기에 속한다. 1960년대 고도경제 성장을 달성하고 사회개발을 주요한 목표로 설정한 일본은 국내외적 위기에도 불구하고 경제성장을 도약시키는 저력을 발휘하였다. 미국의 베트남전쟁에 대한 패배는 국제사회에서 일본 역할의 중요성이 대두하게 되는 계기가 되었고, 선발 선진국의 경제위기는 일본의 발전을 부각시키는 역할을 하였다. 특히 발전과 성장이라는 20세기 최대 발명품에 의해서 세계가 부유함을 맛보고 있는 한편 다른 쪽에서는 정체와 현실일탈이라는 새로운 경향이 나타나 균형 아닌 균형을 유지하는 기현상이 벌어지게 된다. 이런 시대상은 일본영화에 영향을 주게 된다. 일본영화계는 발전과정에서 발생한 다양한 부작용을 영화에 적극적으로 담았고, 또한 새로운 경향의 영화를 만들어 위기를 극복하려고 하였다. 특히 영화쇠퇴라는 변화과정을 겪는 동시에 시대적 흐름을 영화에 반영하는 적극적인 참여영화를 만들어 새로운 돌파구를 열었다. 본고에서는 1970년대 만들어진 영화에 담겨진 시대성을 고찰하고자 한다.

Ⅱ 도약기의 영화배경

■ 1. 시대적 배경

도약기 일본은 경제성장기를 거쳐 성숙되어 가고 있었고 동시에 경제발전에 따른 부작용이 본격적으로 노출되어 정치적·경제적·사회문화적으로 대가를 치르는 시기이다. 또한 정치적으로 미일안보개정에 이은 신안보개념이 등장하여 국내 보수파나 우익들이 득세하여 전반적으로 보수주의적 성향이 강해지는 시기였다. 경제적으로 경제성장에 따른 부작용을 극복하고 동시에 경제성장을 지속시키기 위해서 경제관료, 기업가, 노동자, 시민 등간의 긴밀한 협력을 주장하는 안정적 경제성장주의가 급속도로 사회에 전파되었다. 사회문화적으로는 경제성장에 따른 사회 불평등, 공해 및 오염, 불합리한 사회현상 등의 문제가 일어나 시민의식과 시민운동을 촉발시켰고, 사회현상에 대한 국민적 책임추궁을 담당하는 새로운 시대적 주체가 등장하여 신마르크스주의에 의거해 사회비판을 하게 된다. 또한 그 동안 저변에 있던 일본문화에 대한 새로운 인식이 생겨나 학술적 문화론이 등장하고 일본문화개건 운동이 일어나 서구문화와 일본문화간의 힘겨루기가 시작되었다. 이어서 서구문화에 대한 비판적 시각이 일어나는 한편 신문화에 대한 대응으로 문화적 충돌을 겪게 된다.

<표1>은 도약기의 시대적 배경을 나타낸 것으로 정치적으로 우익화, 경제적으로 위기와 지속적인 성장, 사회문화적으로 일본문화론의 유행과 사회적 안정화 등이 일어난 특징이 있다.

<표1> 도약기의 시대적 배경

구분	정치적 배경	경제적 배경	사회문화적 배경
구체적 내용	미일안보조약개정, 사토선언, 닉슨독트린, 미시마 유키오(三島由紀夫)자살사건, 연합적군 파린치사건, 오키나와반환협정, 다나카(田中)수상등장, 일중국교정상화, 록히드로비사건, 방위계획대강, 원호법공포, 후쿠다(福田)독트린, 마쓰시타(松下)정격숙탄생, 미키(三木)수상야스쿠니신사참배, 자민당야스쿠니신사공식참배, 가이드라인(미일방위협력지침)	열도개조개혁,제1차오일위기, 제2차오일위기, 오사카박람회, 기업감량경영, 달러쇼크, 국방비GNP1%이내, 대형상사탄생, 다국적기업화, 일본적 경영신화탄생, 경제대국진입, 일본형 발전모델, 일본인 경제동물, 회사인간, 일본주식회사, 군사산업증강, 국민경제방위체제	사회복지원년, 환경오염문제, 주민운동, 1억총중류현상, 제2차베이비붐, 매스레저시대, 빠칭코 급증, 볼링붐, 골프연습장급증, 내셔널미니멈, 일본형복지개념, PHP국제판, 일본우익론, 일본문화론, 특수일본문화론, 일본민족우수론

정치적 배경으로는 미일안보조약개정, 사토선언, 닉슨독트린, 미시마 유키오(三島由紀夫) 자살 사건, 연합적군파 린치 사건, 오키나와(沖繩) 반환협정, 다나카(田中) 수상 등장, 일중국교 정상화, 록히드 로비 사건, 방위계획대강, 원호법제정, 후쿠다(福田) 독트린, 미키(三木)수상 야스쿠니(靖國)신사 참배, 자민당 야스쿠니 신사 공식 참배, 마쓰시타(松下)정격숙탄생, 가이드라인(미일방위협력지침) 등이 있었다. 1960년대라는 전환기를 거쳐 학생운동의 종언을 고한 것은 1970년대 미시마 유키오(三島由紀夫)의 할복사건과 1972년 연합적군파 린치사건이 계기가 되었다. 이 두 사건을 계기로 학생운동은 급속히 약화되어 사회에는 보수적인 경향이 부활하였고, 문화적인 측면에서도 실험적이고 파격적인 현상이 후퇴하였고, 사회비판에 대해서도 사상적이며 혁명적인 비판사상이 퇴보하는 현상이 일어났다. 또한 1960년대와 비교해 1970년대는 일본안보를 둘러싸고 반동세력이 득세하였다. 이 과정에서 닉슨 독트린과 사토선언 등이 이루어져 국내외적으로 우익적이며 보수적인 현상이 강하게 일어났다. 그런 일련의 사건은 일본사회의 보수주의화와 우익화를 촉진시켰고, 사회적 가치를 변화시키는 요인으로 작용하여 보수지향적인 시대상을 만드는 계기가 되었다.

특히 보수주의적 분위기를 정치적으로 이용한 인물이 사토 에이사쿠(佐藤榮作：1901-1975, 정치가, 기시수상의 실제, 수상, 한일기본조약체결, 오키나와반환협정, 노벨평화상수상)이다. 1968년 신년기자회견에서 사토수상은 '금년의 최고 기념할만한 정치행사가 메이지(明治)백년제'라고 하였다. 또한 제20회 자민당 정기대회에서 운동방침을 '메이지 백년을 계기로 더욱 새로운 역사를 창조하기 위해 우리는 먼저 도의를 확립하고, 조국애 고양의 기조를 구축하는 것이다. 당은 영원히 역동적으로 움직이는 민족의 생명력인 민족정신의 고양을 기대하며, 오염되고 취약한 것을 배제하고 높고 깨끗한 도의 확립을 추구하는 것'으로 선언하였다. 이것은 자민당 운동방침이 메이지 백년을 계기로 새로운 역사를 창조하고, 점령사관에서 탈각하여 사상적 혼란을 일소하려는 의도가 있었다. 또한 인간애와 공덕심, 조국애, 민족정신, 방위의식 등을 회복하여 일본의 안전과 번영을 위한 일미안보체제를 국민이 깊게 이해하는 한편 혁명세력을 후퇴 내지는 분쇄시키는데 목적이 있었다. 1968년 10월 23일 도쿄의 무도관에서 정부 측의 기념식전이 열렸다. 그러나 무도관 반대편에 있는 구단시타(九段下)회관에서는 교과서검정소송을 지원하는 전국연락회와 기원절 문제연락회가 공동으로 주최하는 메이지 백년제에 반대하고 교과서재판의 승리를 목적으로 한 중앙집회가 동시에 열렸다. 이렇게 해서 화려하게 장식하려던 메이지 백년기념식전은 간단하게 끝났다.

메이지 백년제와 기원절 등과 같이 이데올로기 만들기의 제3의 흐름으로 나타난 것이 야스쿠니신사(靖國神社)의 국영화문제였다. 1960년 안보투쟁이 고양되었던 봄 야스쿠니신사 봉찬회가 「야스쿠니신사의 국가호지에 관한 서명 여망」운동을 전개하였고, 1966년 4월까지 2,400백 만명의 서명을 받았다고 보고하였다. 또한 1962년 가야 오키노리(賀屋興宣 : 1889-1977, 정치가, 고노에내각 대장상 전시재정담당, 전후A급전범 종신형, 사면후 중의원 및 법상역임) 유족회회장이 취임하여 「야스쿠니신사의 국가호지에 관한 요강」을 중참 양 의장에게 제출하고, 기념식에 국가의 대표가 공식적으로 참가하도록 요청하였다. 1964년에는 자민당 내에 야스쿠니신사 국가호지에 관한 소위원회가 설치되었고, 1967년에는 유가족의원협의회가 「야스쿠니신사법안」을 자민당에 제출하였다. 자민당 소위원회는 '야스쿠니신사는 전몰자 및 국가에 순직한 자를 공적으로 기리는 것으로 그 영령에 대한 존경심을 국민적 감정으로 승화시켜 그들의 유덕을 기리는 한편 그 위업을 영원히 전하는데 목적이 있다'고 하였다. 야스쿠니신사 창건백년이 되는 1969년 1월 사토수상은 야스쿠니신사법안의 국회심의 방침을 명백히 하고 1969년 6월 30일 야스쿠니신사법안을 국회에 제출하였다. 이런 움직임에 각종 종교단체는 거국적으로 반대하였고 결국 법안은 폐안되었다.

1960년대 우경화의 흐름은 다른 영역에까지 확대된다. 특히 일본국내외문제, 과거역사 등에 정당성을 밝히는 주장들이 정치가를 중심으로 다양하게 나오게 된다. 구라이시(倉石忠雄 : 1900-86, 정치가, 하토야마내각 농상, 다나카내각 농상, 헌법개정주장)농상은 1968년 2월 기자회견에서 '무엇보다도 군함, 대포 등의 배경을 갖지 않으면 안 된다. 일본헌법은 타국의 성의와 신의에 신뢰하도록 전문에 써있지만, 이런 바보 같은 헌법을 가진 일본은 타국의 바보스러움에 의지하는 것에 지나지 않는다. 일본도 원폭을 가지고 30만 군대라도 있으면'등과 같은 발언을 하였다. 현직 각료가 공무원으로서 헌법존중의무를 규정한 헌법 99조를 위반하고 공공연히 헌법을 비방하고 핵무장을 주장하는 가운데 여론이 악화되어 결국 구라이시 농상은 사임하게 된다. 그러나 그런 주장은 결국 국민의 헌법에 대한 의식을 고취시키는 역할을 하였다.

또한 메이지백년 이데올로기는 경제대국을 전면에 내세운 1970년 국제박람회로 구체화되었다. 일본 박람회 팸플릿에는 '일본의 전통 있는 문화와 고도의 산업수준을 통해 일본을 세계에 널리 이해시키고', '전후 경이적인 경제부흥을 실현하여 국제사회에 복귀한 일본의 훌륭한 저력을 자랑하고 찬양하는 장'이라고 규정하였다. 이것은 역시 일본이 경제대국이 된 것을 과시하는 한편, 중학생, 고교생 등과 같이 다음 세대를 책임질 세대를 계발하려는 의도가 있다는데 의의가 있다. 국제박람회는 일본국내뿐 아니라 전세계에 일본의 발전과 위력을 조용하게 알리는 행사로 진행되었지만 그 이면에는 패전으로 잃어버렸던 과거에 대한 자부심을 회복시키고 일본인이라는 수치심을 한꺼번에 날리려는 거국적으로 계획된 행사였던 것이다. 국제박람회를 통해서 일본은 잃었던 과거역사를 재조명하고 새롭게 등장하는 비판세력을 잠재워 일본의 보수화를 추구하였고, 국가로부터 일탈했던 국민들에게 국가의식을 일시에 인식시키려는 의도가 있었다. 그런 일본의 의도는 성공을 하게 된다.

그런 가운데 교육통제도 강화되어 사실상 교과서의 국정화를 규정하는 「소학교학습지도요령」을 1968년 7월 고시하고, 「중학교학습지도요령」을 12월 발표하는 한편, 1969년 9월에는 고교교육과정의 개선안이 발표되었다. 학습지도요령 은 교육과정의 구체화이며, 고교교육과정은 「후기중등교육 개선에 대하여」를 구체화한 것으로 선별과 차별교육을 철저하게 추진한다는 내용을 담고 있다. 특히 현안으로 대두된 조선인 대학교의 인가문제에 대해서 당시 미노베 도쿄지 사는 1968년 4월 용단을 갖고 허가를 결정하자 정부는 외국인을 대상으로 하 는 외국인학교에 대한 설치인가에서부터 폐쇄명령까지 문무상의 권한 하에 두 는 한편 반일교육을 금지하도록 하는 「외국인학교법안」을 제58회 통상국회에 제출하였다. 그러나 심의미비로 폐안되었다. 이후 우익적 교육으로 유명한 도내 시립고교생에 의한 조선인 고교생 집단폭행사건이 촉발되어 경찰이 그것을 단 순한 싸움으로 처리하였다. 그것은 조선인 고교생이 폭력적이라는 인상을 들춰 내고 외국인학교법안을 성립시키기 위한 분위기 조성용으로 이용되었다. 이처럼 교육계에서도 우익화 교육 체제와 배제교육체제가 구체화되는 등 일본 내에서 는 우익적이며 보수적인 흐름이 맥을 형성하게 되었다.

경제적 배경으로는 전국을 개발대상으로 한 열도개조개혁, 국내외 정체를 몰 고 온 제1차오일위기와 제2차오일위기, 오사카박람회, 기업 감량경영, 달러쇼크, 국방비 GNP1% 이내, 대형상사탄생, 다국적기업화, 일본적 경영신화탄생, 경제 대국진입, 일본형 발전모델, 일본인의 경제적동물, 회사인간, 일본주식회사, 군사 산업증강, 국민경제방위체제 등과 같은 현상이 일어났다. 1960년부터 1969년까 지 약 10년간 일본의 GNP는 총 4배 증가하였다. 자본주의국가 가운데 미국에 이어 제2위를 기록하였고 국민소득이 20위를 차지해 점차 경제대국의 틀을 만 들어갔다. 고도경제성장과 과발전으로 경제대국을 만들어 내는 과정에서 부작용 이 다양하게 발생하여 각종공해, 환경오염, 미나마타병, 환경질환 등의 문제가 사회문제화 되었다. 따라서 국민의 건강과 기업의 이익은 서로 상충하였고, 국 가의 발전본능과 국민의 보호본능이 상호 충돌하는 시대가 되었다.

환경오염 문제를 다루기 위한 정부대책은 1968년 8월 6일이 되서야 「대기오 염방지법」으로 나타났다. 그런 사이에 군마현(群馬縣)에 있는 동방아연에서 카 드뮴오염이 발생하고, 도야마현(富山縣), 기타규슈(北九州), 아키다현(秋田縣) 등으로 확대되었다. 특히 군마현과 도야마현의 경우 오염이 심각하여 쌀 오염 으로 이어져 일본사회에 충격을 주었다. 환경오염문제는 시장선거와 같은 지역

정치가의 슬로건, 지역주민의 환경보호운동과 주민운동, 공해기업의 환경에 대한 관심 등을 불러일으켰다. 그런 가운데 주민운동이 활성화되었지만 정부는 독점자본을 옹호하는 정책을 여전히 지지하였다. 환경문제는 사회문제라기 이전에 경제문제로 다루어지게 되었고, 사후대책이라는 시대착오적인 해결방안에서 사전대책이라는 사전적 해결방안으로 전환되었다. 따라서 경제는 발전이라는 방향성을 갖고 진행되지만 그에 따라 발생되는 부작용을 최소한도로 하는 새로운 책임을 동시에 갖게 되었다.

일본에서 최대 환경오염사건은 미나마타 시에서 신일본질소공장 폐수로 오염되어 발병한 미나마타병이다. 1968년 미나마타 시에 미나마타병 대책시민회의가 성립되어 매스미디어에 의한 미나마타병 캠페인이 시작되었다. 그 지역출신인 엔다(園田)후생상은 미나마타병을 공해병으로 인정하였다. 그러나 이 단계에서 지역주민 가운데 미나마타 환자 중에는 소송으로 기업책임을 추궁하는 집단과 기업과의 적대관계를 하는 것보다는 대화로 해결하려는 집단으로 분리되었다. 후자의 입장에 섰던 집단은 기업과의 협상에 성공하지 못하고, 회사는 후생성에게 알선을 의뢰하였다. 후생성은 알선에 따른다는 확약서를 받은 후 알선위원회를 구성하였다. 1970년 5월 27일 환자를 지원하는 시민단체를 후생성은 기동대로 제압하고 알선안을 일임파에게 제시했다. 그러나 그 배상은 자동차사고의 강제배상액에도 미치지 못하는 보상이었다. 그날 소송파와 대책시민회의는 신일본질소 미나마타 공장 정문 앞에서 사망자의 제단을 만들어 공양하는 한편 일본에서 처음으로 미나마타 공장 800명의 노동자가 공해책임을 추궁하기 위해 8시간 스트라이크를 하였다. 일본에서는 미나마타병을 고발하는 싸움과 법정에서의 장기 투쟁이 시작되었다.

특히 1970년대에 들어서 공장에 의한 공해문제뿐 아니라 자동차 배기가스공해 등으로 도시공해가 심각해졌다. 1970년 5월에는 도쿄에서 주민의 납중독문제가 폭로되었다. 납공해문제는 자동차 교통이 발달한 일본전역에 영향을 미쳐 충격이 매우 컸다. 또한 1970년 7월 18일 자동차배기가스에 의한 광화학 스모그 중독현상이 발생하였다. 또한 오사카(大阪)의 한 공장에서는 도시가스 폭발로 70여명의 시민이 사망했다. 이처럼 공해문제와 환경오염이 전국적으로 발생하게 되어 심각한 사회문제화 되었다. 이것은 일본독점자본이 문자 그대로 국민의 생명을 담보로 발전을 이루었다는 것을 증명하는 것이었다. 일본은 발전을 추구하기 위해서 인간오염, 공해오염, 환경오염 등을 무시하고 국민의 생명과 환경을 파괴하였던 것이다. 따라서 경제성장과 환경파괴 및 오염문제는 발전론자와 환경보호론자간의 갈등을 일으키게 되었고, 특히 다양한 저항운동 형태로 영화의 주제가 되기도 하였다.

사회문화적 배경으로는 사회복지원년, 환경오염문제, 주민운동, 1억총중류 현상, 제2차 베이비붐, 매스레저시대, 빠칭코점 급증, 볼링 붐, 골프연습장급증, 내셔널미니멈(national minimum), 일본형 복지개념, PHP국제판, 일본우익론, 일본문화론, 특수일본문화론 등이 있었다. 전후일본사회는 1955년부터 1975년에 걸쳐 큰 변화를 겪었다. 산업구조는 1차 산업에서 전문교육을 요하는 3차 산업으로 전환되어 사회구조의 변화를 동반하였다. 따라서 사회구조의 변화는 구성원의 변화로 이어졌고 이것은 다시 문화 수요와 공급의 변화를 요구하는 압력으로 작용하였다. 특히 1970년대 사토내각은 경제발전에 따른 불평등문제를 해결하기 위해서 사회개발을 중요한 목표로 설정하였다. 그 이후에는 사회복지원년을 선언하여 사회문제를 해결하려는 적극적 의지를 표명하기도 하였다. 경제성장으로 1970년대 일본인의 90%가 중류에 속한다고 하는 1억총중류 의식이 사회전반에 정착되고 있었다. 또한 1955년 20대의 일본인은 초등학교졸업 6.9%, 중학교졸업 46.5%, 고교졸업 29.8%, 대학 16.8% 정도였다. 고도경제성장이 성과를 거둔 1975년에는 초등학교만의 졸업자 0%, 중학교졸업 23.0%, 고교졸업 49.1%, 대학졸업 27.3% 등으로 나타냈다. 이것은 사회구성원 가운데 사회의식을 가진 지식인층이 점점 두터워지는 것을 의미하고, 각종사회영역에서 벌어지는 사회문화현상에 대해서 의견을 제시하고 비판을 가할 수 있는 가능성을 가진 지식인이 많아진 것을 의미한다. 예를 들면, 스나가와(砂川)의 미군공군기지 확대 반대투쟁, 삼리쓰카(三里塚)의 나리타(成田)공항설립 반대투쟁 등이 대표적이라고 할 수 있다.

가토 슈이치(加藤周一)에 의하면, 일본의 근대문화는 모두가 같은 것을 읽는다는 특징이 있다. 예를 들면, 1920년대, 1930년대, 1940년대 등에는 사장, 사원, 관리자 등 모두가 『キング』(KING)라는 대중잡지를 읽었고, 1950년대와 1960년대는 『週刊朝日』(주간아사히)나 『週刊ポスト』(주간포스트) 등 주간지를

읽었다. 1970년대가 되면, 그들은 모두 NHK라는 전국방송의 대하드라마를 텔레비전으로 시청했다. 이것은 문화전파매체로서 텔레비전 보급을 더욱 촉진시키는 역할을 하였다. 1979년 텔레비전을 갖고 있는 가정이 2,900만으로 일본전체 가정의 90%에 달했다. 일본인의 동질화 행동현상은 문화수요와 공급의 동질화를 가져왔고, 문화생산의 대량화를 촉진시키는 계기가 되었으며, 다른 한편으로는 문화의 순간적인 붕괴를 가져오는 원동력으로 작용했다고 할 수 있다. 따라서 문화소비자의 수요 변화에 직접적으로 영향을 받고 있던 1970년대 일본영화는 큰 타격을 입었다. 또한 영화내용도 동질화된 대중에게 맞도록 제작할 수밖에 없었다. 이런 관점에서 보면, 핑크영화 내지 로망포르노의 등장은 영화계 위기극복용으로 등장시킨 골육지책의 결과이기도 하지만 또한 그 만큼 일본사회가 성개방에 유연하게 대응할 수 있는 탄력성을 갖고 있었기 때문이기도 하다. 위와 같이 당시의 정치, 경제, 사회문화 등의 현상은 자연스럽게 영화에 반영되어 표현되고 기록되었던 것이다.

■■ 2. 일본영화의 장르

도약기의 일본영화는 다양한 내용을 가진 장르가 나타났다. 그것은 일본인의 전통적인 삶을 코믹하게 그린 희극영화, 남녀간의 사랑과 전통적인 감성을 그린 멜로영화, 영화제작비용과 새로운 사회적 현상으로 나타난 핑크영화 내지는 로망포르노영화, 고도경제성장과 사회변화에 따른 부산물을 사회문제화 하는 역할을 담당한 사회파영화 내지는 참여영화, 그리고 전통적인 사무라이극은 아니지만 전통성을 유지하면서도 현실적 사회규범에 따르지 않으며 인간의 본능과 본질을 그린 현대판 야쿠자영화 등이 나타났다. 다양한 장르의 영화가 등장하는 가운데 특징적인 것은 일본영화의 전성기를 구가했던 정통 사무라이극이 사라지는 한편 일본의 전통미학을 전면에 내세웠던 영화가 사라지고 점차 현실적인 문제를 다룬 리얼리즘 영화가 등장했다는 사실이다. 그 배경에는 일본사회에 내재된 전통적 가치와 새롭게 파고드는 현대적 가치가 충돌하는 가치갈등이 있었다.

희극이나 코미디영화는 눈물과 웃음을 함께 포함하는 인정희극이나 풍자가
담긴 블랙코미디가 주류를 이루고 있다. 인정희극 중에서 대표적인 것은 야마
다 요지(山田洋次)감독의 ≪男はつらいよ≫(남자는 괴로워)시리즈이다. 1969
년 첫 작품이 상영된 이래 1996년 주연배우 아쓰미 기요시(渥美淸)가 죽을 때
까지 약 27년간에 걸쳐 48개 작품이 제작되어 기네스북에 올랐다. 이 영화에서
는 남자주인공의 개성이 돋보이지만 현대 일본인이 하기 어려운 사고와 행동을
자유롭게 피력하며 인생을 살아가는 모습을 그렸다. 그는 배운 것이 없고 머리
도 좋지 않은 중년남성으로 매회 기분 나는 대로 일본을 여행하다 현지에서
만난 마음씨 고운 여성과 사랑을 하지만 결과는 매회 실연 당한다. 그러나 그
는 전통적인 인정과 같은 마음씨를 갖고 있어 친지와 친구의 도움으로 세상을
살아가는 바보와 같은 삶을 영위해 간다. 이런 설정은 고도성장과정에서 일류
를 추구하는 일본사회의 흐름과는 반대되는 현상으로 서민층의 인정을 그렸다
는데 반향을 불러 일으켜 장기적으로 방영되는 계기가 되었다[1].

또한 1930년대까지 일본멜로영화의 전형적인 테마는 신주(心中 : 동반자살)이
다. 그런 내용을 담은 영화는 전통적인 멜로물로 정착되었지만, 1930년대 이후
에는 미국이나 유럽영화에서 표현된 포옹장면이나 러브신(love scene)이 첨가되
었다. 전후에는 민주주의의 풍조에 의해서 중매결혼보다는 자유결혼이 장려되는
흐름이 진전되면서 남녀간의 애정이 자유롭게 표현되는 멜로영화가 등장하였다.
1950년대에는 연인들의 신분차이나 주변의 반대라는 장애물을 극복하고 결혼하
는 멜로물이 유행하였다. 청춘영화의 대표작은 이마이(今井正) 감독의 ≪靑い
山脈≫(푸른 산맥, 49)이다. 이런 멜로물은 시대에 팽배해 있는 젊은이들의 인
간적 본능을 그려낸 특징이 있어 일본영화인들에게 새로운 감동을 주었고 그와
연계해서 태양족 영화 붐을 일으켰다. 태양족 영화 붐과 함께 전통적 미학을 담
은 일본영화는 제2의 영화전성기에 만들어졌다. 전통적 미학을 담은 일본영화는
국제영화제에서 호평을 받게 되면서 세계적인 영화로 자리를 잡게 된다.

---

1) 1980년대에 들어서 이타미 주조(伊丹十三)감독의 풍자극 시리즈가 인기를 누렸다. 그의
   데뷔작인 ≪장례식≫(84)은 한 노인이 죽어서 가족들이 장례식을 치르는 내용으로 엄숙한
   분위기와 그렇지 못한 분위기를 말과 행동으로 풍자한 것이다. 또한 ≪민들레≫(85)는 라
   면에 대한 이야기를 서부극풍으로 전개한 패러디로 일본보다는 유럽과 미국에서 컬트
   (cult)영화로서 열광적인 사랑을 받았다.

　1960년대와 1970년대 학생운동이 진행된 시기에는 사회문제를 방치하기 보다는 적극적으로 도전하여 문제화하는 사회참여영화가 등장하였다. 그리고 1970년대에는 이성간의 사랑을 주제로 하기보다는 남성의 금욕적인 사랑을 주제로 하는 멜로물이 나왔다. 예를 들면, ≪행복의 노란 손수건≫(77), ≪驛≫(역, 81) 등은 과거를 안고 있는 남자가 사랑하는 여인에게 애정을 잘 표현하지 못해 고뇌하는 모습을 그린 것으로 일본남성상을 묘사했다. 1980년대는 사춘기에 대한 영화가 흥행을 하였다. 오바야시 노부히코(大林宣彦)의 ≪轉校生≫(전학생, 82)은 남녀중학생의 몸과 마음이 서로 뒤바뀐다는 공상적인 내용을 그린 것이다. 그리고 ≪さびしんぼう≫(사비신보, 85)는 고등학교에 다니는 평범한 남학생의 신비스럽고 애틋한 꿈과 현실을 아름답게 그린 작품이다. 이후에는 ≪벚꽃동산≫(90), ≪러브레터≫(95) 등이 인기를 얻었다.

　특히 1970년대 일본영화의 특징으로 나타난 것이 로망포르노 영화이다. 영화가 대형화되면서 그리고 경쟁이 격화되는 가운데 영화시장은 다른 부분의 문화성장으로 좁아졌다. 이런 위기와 변화에 대응하기 위해서 핑크영화전문기관으로서 에로덕션이 생겨났고 또한 난립하여 싸구려 영화가 제작되었다. 성영화는 외설적인 로망 포르노, 핑크무비 등의 이름으로 불리어졌다. 1960년대 일본영화를 주도해왔던 닛카쓰(日活)도 마침내 로망 포르노 영화를 생산하여 충격을 주었다. 일본영화계는 에로영화의 전성기를 맞게 되지만 로망포르노영화는 대형영화사보다는 중소독립프로덕션이 만들어냈다. 1970년대 로망 포르노영화의 전성기를 맞이하게 되자 시대적 흐름과 함께 닛카쓰 로망 포르노사건이 일어났다. 즉 1972년 도쿄 소극장에서 동시에 상영된 ≪여고생 게이샤≫, ≪아 포르노열기≫, ≪러브헌터≫, 닛카쓰의 ≪사랑의 누쿠모리≫등이 경시청 보안과에 적발되어 로망 포르노재판이 시작되었다. 그러나 이 사건은 오히려 외설적인 핑크영화 붐을 조성해서 핑크영화의 호황기를 가져오는 계기가 되었다. 이중에서 핑크영화를 통해서 자기의 세계를 구축한 감독도 있다. 예를 들면, 구마시로 다쓰미(神代辰己), 다나카 노보루(田中登), 야마모토 신야(山本晋也) 등이 대표적이다. 핑크영화는 현실적으로 영화내용이 외설이야 예술이냐 하는 논쟁을 일으켰고, 또한 성에 대한 예술적 접근을 가능하게 하였으며, 일본사회의 성에 대한 관심과 성연출에 대한 방향성을 제시하는 계기가 되었다.

■ 3. 영화사의 변신

1970년대 일본을 대표한 영화사는 닛카쓰(日活), 도에이(東映), 쇼치쿠(松竹), 도호(東寶), 다이에이(大映), ATG영화 등이다. 이들 영화사는 영화사, 영화감독, 영화, 영화관, 기타 영화관련업 등의 생존을 위해서 다양한 개혁을 하지 않으면 안 되었다. 이것은 영화자체가 갖고 있는 질적인 문제나 예술적 승화의 필요성과 같은 이유보다는 문화시장에서 영화와 다른 문화간의 생존싸움이나 문화수요자의 문화기호 변화 등과 같은 요인에 의해서 발생한 특징이 있다. 따라서 각 영화사는 몸집을 줄일 뿐 아니라 기성감독의 감축, 제작비감축, 제작기간단축, 흥미위주의 내용, 본능자극적인 영화 등을 추구하면서 예술영화보다는 상업영화를 만들어 내게 되었다. 영화계는 다양한 변화에 대응하는 맞춤전략을 통해 생존경쟁을 하였다. 특히 이 과정에서 영화사는 성을 테마로 한 성영화를 만들어 위기를 극복하고 새로운 돌파구를 찾았다.

첫째는 닛카쓰의 로망 포르노영화이다. 닛카쓰가 로망포르노 노선을 선언했을 때 기존의 많은 감독과 배우는 닛카쓰를 떠났다. 유명배우인 고바야시(小林旭)과 와다(渡哲也)는 도에이 영화로 이적하여 액션을 연기하였고, 시시도(しし戸錠)는 TV의 갱 프로에 출연하여 유명해졌다. 이런 변화가운데서도 닛카쓰에서는 본 편을 찍지 못한 감독이 계속해서 등장하는 한편 누드를 전제로 한 여배우들을 모으기 시작했다. 대표적인 여배우로는 미노시타(宮下順子), 가타기리(片桐夕子), 이사야마(伊佐山ひろ子), 다니(谷なおに), 시라카와(白川和子), 가제마(風間舞子) 등이 있다. 로망포르노 영화는 핑크영화를 참고로 해서 그 비용을 수배정도 더 투자해서 제작한 것이다. 또한 영화이야기를 전개하는 과정에서 침실장면을 몇 번씩 보여주고 마치 그것이 의무인 것처럼 여겨졌으며, 그 다음은 각자의 창의성에 따라 촬영하는 방식이었다. 그렇게 자유롭게 표현할 수 있는 환경은 오히려 신인감독에게 있어서 매력적인 것으로 인식되었다[2].

또한 닛카쓰는 청춘영화에서 훌륭한 작품을 만들어냈다. 무라카와(村川透)의 ≪白い指の戲れ≫(흰 손가락의 환희, 72)에서 소녀 스리(スリ)가 섹스를 통해

---

2) 1972년 경시청은 2개의 필름을 공연외설물진열이라는 혐의로 적발하였다. 그 이후 이것은 무죄 관결받았다. 이 시리즈는 1988년까지 2주간 정기적으로 2편정도 제작되었다.

서 성장해 가는 과정을 생생하게 묘사하였다. 소네 주세이(曾根中生)감독은 ≪嗚呼！花の應援團≫(오호！꽃의 응원단, 76-77)시리즈를 통해 대학에서 활동하는 응원단원들의 순정을 재미있게 그렸다. 젊은이들의 지지를 얻은 감독이 후지다(藤田敏八)이다. 그는 로망 포르노 노선이 개시되기 전부터 ≪野良猫ロック≫(들개고양이 록, 70-77)시리즈에서 아웃트로(outlaw) 젊은이들이 구성한 작은 공동체가 어른의 거대한 권력에 저항하는 모습을 사랑을 통해 묘사했다. 또한 아키요시(秋吉久美子)를 주인공으로 한 삼부작 ≪赤ちょうちん≫(붉은 등), ≪妹≫(누이동생), ≪バージンブルース≫(버진 브루스, 74) 등에서 도시에 나온 소녀가 고독 속에서 개인을 확립해가는 모습을 서정적인 아름다움으로 묘사했다. 1980년대에 들어서 닛카쓰 로망 포르노는 초기의 아나키적인 요소를 잃어 방향성이 정지되는 한계를 노출시켰다. 이런 상황에서도 이케다(池田敏春), 나카하라(中原俊), 구로사와(黑澤直輔), 가네코(金子修介) 등과 같은 재능 있는 신진 감독이 등장하였다. 닛카쓰의 로망 포르노 영화는 처음에 지식인들을 당혹하게 하였지만 구마시로가 1990년대 베를린 영화제에서 일본을 대표하는 훼미니즘 감독으로 높게 평가되어 당시 닛카쓰는 영화사로서 역할을 했다고 평가할 수 있다.

둘째는 전통적인 인의(仁義)없는 영화를 만든 도에이(東映)이다. 학생운동의 쇠퇴로 도에이 도쿄는 야쿠자영화 노선을 바꿔 현대감각을 입힌 흥미 있는 액션물 시리즈를 만들어 냈다. 나이토(內藤誠)는 ≪不良番長≫(불량반장, 69-71) 시리즈에서 일본의 헬즈 엔젤(ヘルズエンジエル)영화를 개척하고 악한 소재를 중심으로한 청춘군상을 다루었다. 이토(伊藤俊也)는 ≪さそり≫(전갈, 72-73) 시리즈에서 복수심과 증오에 충만한 여죄수의 입장을 통해 국가와 권력의 모습을 그렸다. 특히 1970년대 도에이에서 활약한 후카사쿠 긴지(深作欣二)감독은 ≪仁義なき戰い≫(인의 없는 싸움)5부작을 찍었다. 이런 시리즈 노선을 실록 노선(實錄路線) 이라고 하여 교토(京都)의 야쿠자 노선과는 대조를 보였다. 여기에서는 전통에 대한 향수나 멜로 드라마적 감상이 거부된다. ≪仁義なき戰い≫는 전후 일본의 어두운 사회를 지배하고 있는 폭력단의 이야기를 그린 것이다. 선악이라는 이원론은 완전히 소멸하고 폭력단 동료간의 싸움을 생생하게 기록하고 있다. 이 영화에서는 스가하라(菅原文太)가 연기하는 히로시마(廣島)

의 신흥폭력단 조장을 냉혹하고 무자비한 현실주의자이자 하극상의 야심에 불타는 인물로 그리지만, 배반하는 존재로 그리지는 않는다. 후카사쿠는 ≪仁義の墓場≫(인의 없는 묘지, 76), ≪やくざの墓場・くちなしの花≫(야쿠자의 묘지, 76) 등을 만들었다. 야마시타 코사쿠(山下耕作)는 ≪山口組三代目≫(야마구치 3대, 73)이래 실재하는 야쿠자를 소재로 한 작품을 발표하여 관심을 끌었다. 그는 ≪日本暴力列島・京阪神殺しの軍團≫(일본폭력열도, 75)에서 재일한국인 야쿠자에 초점을 맞춰 그들이 전후 일본사회에서 처한 주변적 상황을 그렸다. 나카지마(中島貞夫)는 ≪日本の首領≫(일본의 수령, 77-78)삼부작에서 실록노선을 집대성하였다. 그런 야쿠자영화는 사무라이풍의 내용을 담은 것이 아니라 폭력과 범죄를 일삼는 내용을 소재로 하고 있어 일본사회에 존재하는 블랙사회의 한 측면을 그리고 있는 특징이 있다는 점에서 시대상을 엿볼 수 있다.

셋째는 쇼치쿠의 인정영화와 희극적인 청춘영화이다. 쇼치쿠는 야마다 요지(山田洋次)의 제국화되었다는 특징이 있다. 쇼치쿠에서 1969년 시작한 ≪男はつらいよ≫(남자는 괴로워)는 국민적인 영화가 되어 압도적 인기를 얻었다. 극중의 주인공 구루마 도라지로(車寅次郎)는 이른바 속칭 'フーテンの寅'(후텐의 호랑이)라고 하였다. 야마다 감독은 주인공의 이름을 전통에서 찾았다. 구루마(車)라는 성은 에도시대의 대도예인(大道藝人)으로 천민의 우두머리(非人頭)였던 구루마 젠시치(車善七)을 연상시켰고, 도라지로(寅次郎)는 전전 쇼치쿠의 희극배우의 일인자였던 사이토 도라지로(齊藤寅次郎)에서 따왔다. 도라지로는 일년 중 일본각지를 돌아다니지만 예고도 없이 가쓰쇼쿠(葛飾柴又)의 숙부 집을 방문하고 유쾌한 사건에 휘말린다. 이 영화는 이미 작은 도시에서 사라진 인정세계에 대한 향수를 밀도 있게 그려낸 점과 성선설적 세계관이 높은 호평을 받았다. 이 시리즈는 30여년 간 48편이 제작되어 1983년 기네스 북에 세계 최장 영화 시리즈로 기록되었다.

한편 일본영화사에 기록할 만한 작품을 만든 감독은 ≪男はつらいよ≫에서 그려진 요소들과 같은 점을 잘 살려내어 연출한 모리자키(森崎東)이다. 그는 일상생활에서 은폐된 화두에 초점을 두어 ≪喜劇・女は度胸≫(희극・배짱 있는 여자, 69)이후 희극을 발표하였다. 그가 야마다 감독과 다른 것은 가족이나 민족이라는 관념이 역사적으로 형성된 것에 불과하다고 인식했다는 점이다. 그

러나 그는 쇼치쿠에서 추방되어 ≪生きてるうちが花なのよ死んだらそれま
でよ 黨宣言≫(살아있을 때가 최고요 죽으면 끝이요, 85)에서 다민족화되어
가고 있는 슬럼가를 무대로 아나키적 감각에 기초한 희극을 연출하였다. 마에
다(前田洋一)감독은 황당무계한 스토리에 기초한 영화를 만들었다. 그는 ≪進
めジャガーズ・敵前上陸≫(전진해 자가즈, 68)를 만들었다. 그것은 일본에서
패러디로 만들어진 최초영화이다. 야마네(山根成之)는 쇼치쿠의 인정희극 노선
가운데서 색채와 자막을 통해서 스크린을 장식하였다. 그는 ≪さらば夏の光
よ≫(안녕 여름날의 빛이여, 76), ≪突然、嵐のように≫(갑작스런 풍파처럼,
77) 등과 같은 청춘영화를 만들었다.

넷째는 도호(東寶)의 아이돌(idol : 우상)영화이다. 도호에서 기억될 만한 것은
야마구치 모모에(山口百惠)를 주인공으로 만든 아이돌 영화이다. 야마구치는 가
수로서 활동하였지만 니시카와(西河克己) 감독에 의해 영화배우로 변신하여 젊
은이들의 인기를 한 몸에 받았다. 가수로서 야마구치는 과격하고 시험적인 풍
조로 인식되고 있었지만, 제작자는 영화를 통해서 그녀를 리메이크 여배우로
인식하게 하였다. 닛카쓰에서 순애영화를 찍던 니시카와 감독은 ≪伊豆の踊
子≫(이즈의 춤꾼, 74), ≪絕唱≫(훌륭한 시가, 75), ≪エデンの海≫(에덴의
바다, 76) 등을 찍었다. 특히 그는 ≪霧の旗≫(안개 깃발, 77)에서 야마구치에
게 경이적인 연기를 하도록 하였다. 야마구치는 이치카와 콘(市川昆)의 ≪古
都≫(고도, 80)를 끝으로 은퇴하였다. 이처럼 닛카쓰는 활동하는 영역에 한정하
지 않고 시대적인 젊은 스타를 영화를 통해서 새로운 스타로 만들었고 이 과정
에서 젊은이의 눈높이에 맞추는 맞춤영화를 만들어 시대적 감각과 시대성을 살
리려고 하였다.

다섯째는 다이에이이다. 다이에이에서 최후의 작품으로 ≪遊び≫(놀이, 71)
를 찍은 마스무라 야스조는 주로 ATG를 중심으로 활동하였다. 그는 ≪音樂≫
(음악, 72), ≪大地の子守歌≫(대지의 자장가, 76), ≪曾根崎心中≫(소내자키
가의 자살, 78) 등을 찍었다. 마스무라 감독은 강렬한 자아와 삶에 대한 욕망
을 갖고 사는 여성상을 하라다(原田美枝子)통해서 그려냈고, 또한 이상적인 형
태로 결실을 맺는 영화를 만들었다.

여섯째는 ATG영화이다. 1970년대 대형영화사를 중심으로 영화를 만들어내

던 프로그램 픽쳐가 쇠퇴하면서 ATG가 활동할 수 있는 기회가 확대되었다. 촬영소 시스템의 붕괴는 개인영화와 실험영화에서 활약하고 있던 작가를 극영화의 세계로 끌어들였다. ATG가 초점을 맞춘 것은 젊은 세대를 지향한 청춘영화이다. 대표작으로는 오모리(大森一樹)감독의 ≪ヒポクラテスたち≫(히포크라테스들, 80)이 있다. 구로키(黑木和雄)는 쿠바와의 합작으로 ≪キューバの戀人≫(쿠바의 연인, 69)을 찍었다. 구로키 감독은 정치투쟁에 참여하여 1950년대 일본공산당의 노선변경과 관련된 야쿠자영화인 ≪日本の惡靈≫(일본의 악령, 70), 메이지유신 직전 청년의 정치적 투쟁이 일어난 가운데 벌어진 테러리즘을 다룬 ≪龍馬暗殺≫(료마암살, 74) 등을 만들었다. 이 시기는 영화관 밖에서 신좌익운동이 대중으로부터 고립되어 가고 있었고 내부갈등으로 살인에 휘말리는 시기였다. 구로키는 이런 시대성을 영화에 담으려고 하였다.

한편 히가시(東陽一)는 학생운동의 좌절한 남자가 일시적으로 허탈상태에 빠진 틈을 타서 동세대의 여성이 끈기 있게 살아가는 모습을 ≪もう煩づえはすかない≫(이미 번뇌는 싫어, 79)에서 그렸다. 다카바야시(高林陽一)는 ≪本陣殺人事件≫(본진살인사건, 75), ≪金閣寺≫(금각사, 76)를 ATG에서 촬영했다. 오바야시(大林宣彦)는 1960년대부터 괴수영화를 만들어왔지만 코믹영화 ≪HOUSE≫(하우스, 77)를 만들고 35미리 극영화계에서 활약을 하였다. 그런 가운데 1970년대 영화계에서 역량을 발휘한 데라야마(寺山修司)감독은 색채가 있고 화두가 있는 어머니에 대한 소재를 영화로 하였다. 그는 ≪書を捨てよ町へ出よう≫(책을 버리고 도시를 떠나자, 71), ≪田園に死す≫(고향에서 죽고 싶다, 74) 등을 만들었다. 1970년대 각 영화사는 생존을 위한 전략적 차원에서 영화를 만들어 갔다. 그런 노력과 전략에도 불구하고 영화계는 화려했던 과거를 되돌아볼 시간도 없이 방향성을 잃은 채 표류하게 되었던 것이다.

Ⅲ 도약기의 감독과 영화

1. 도약기의 감독과 영화 1

　기존에 활약한 영화감독은 일본영화의 전성기를 경험하고 그 호황을 누렸을 뿐 아니라 일본영화의 국제화에 공헌하기도 하여 사회적으로 전문적 문화인으로서 존경과 추앙받는 영광을 안았던 인물들이다. 동시에 국제영화제에서 수상을 하는 등 충분한 보상을 받았다. 그러나 그런 화려한 시대를 경험한 대감독들은 새로운 시대에 적응하는데 한계가 있었고 도약기에 들어서 그 만큼 영화에 대해 절망감을 느끼기도 하였다. 따라서 새로운 도전이나 창작을 통한 영화활동보다는 과거에 해왔던 범위에서 좀더 원숙하고 노련한 경험과 기술로 영화의 완성도를 높이는 가운데 명작들이 나오게 된다. 그런 작품들은 당시 도약기를 경험하면서 발생한 일본사회의 문제를 반영하거나 흐름을 담아내어 영화로서의 책무를 수행하며 영화가 갖고 있는 본래의 성격을 크게 벗어나지 않았다.

　다음 <표2>는 도약기의 감독과 영화를 정리한 것이다. 그 중에는 마키노 마사히로(マキノ雅弘), 우치다 토무(內田吐夢), 도요다 시로(豊田四郎), 요시무라 코자부로(吉村公三郎), 야마모토 사쓰오(山本薩夫), 이마이 다다시(今井正), 구로사와 아키라(黑澤明), 기노시타 게이스케(木下惠介), 이치카와 콘(市川崑), 신토 가네토(新藤兼人), 고바야시 마사키(小林正樹), 호리카와 히로미치(堀川弘通) 등과 같이 일본영화의 한 시대를 이끌어온 전설적인 감독들이 여전히 활동하였다.

<표2> 도약기의 감독과 영화 1

감 독	작　품	특 징
マキノ雅弘 (마사키 마사히로)	純子引退記念映畵·關東緋櫻一家(72)	

內田吐夢 (우치다 토무)	眞劍勝負(71)	
豊田四郎 (도요다 시로)	恍惚の人(73)	
吉村公三郎 (요시무라 코자부로)	甘い秘密(71), 混血兒リカ・ハマぐれ子守唄(73), 檻褸の旗(74)	
山本薩夫 (야마모토 사쓰오)	戰爭と人間 三部作(70-73), 華麗なる一族(74), 金環蝕(75), 不毛地帶(76), 天保水滸傳(78), 皇帝のいない八月(78), あ野麥峠(79)	사회 비판 영화
今井正 (이마이 다다시)	婉という女(71), 海軍特別少兵(72), 小林多喜二(74), あにいもうと(76), 子育てごっこ(79), 戰爭と靑春(91)	휴머 니즘
黑澤明 (구로사와 아키라)	デルス・ウザーラ(75), 影武者(80)	전국 시대
木下惠介 (기노시타 게이스케)	衝動殺人・息子よ(79), 父よ母よ(80), この子を殘して(83)	가족 영화
市川崑 (이치카와 콘)	股旅(73), 吾輩は猫である(75), 犬神家の一族(76), 惡魔の手毬唄(77)	엔터 테인 먼트
新藤兼人 (신토 가네토)	讚歌(72), わが道(74), 映畵監督の生涯・溝口健二の記錄(75), 竹山ひとり旅(77)	성의 본질
小林正樹 (고바야시 마사키)	化石(75), 燃える秋(78)	
堀川弘通 (호리카와 히로미치)	アラスカ物語(77), ムッちゃんの(85)	휴머 니즘

전전에 대감독으로 활약한 감독들은 대부분 1970년대에 반 실업상태에 있었지만 그 중에서 예외적으로 야마모토 사쓰오(山本薩夫)는 잘 팔리는 감독이 되었다. 그는 전후 일본좌익영화의 큰 흐름을 형성하는 주체가 되었고, 일관해서 좌익이데올로기 입장에서 사회의 악을 공격하는 영화를 만들었다. 그는 ≪戰爭と人間≫(전쟁과 인간, 70-73)삼부작, ≪華麗なる一族≫(화려한 일족, 74), ≪金環蝕≫(금환식, 75), ≪不毛地帶≫(불모지대, 76) 등을 만들어 흥행하는 기록을 남겼다. 그 이후 ≪天保水滸傳≫(천보수호전, 78), ≪皇帝のいない八月≫(황제가 없는 8월, 78), ≪あ野麥峠≫(아 야협상, 79)을 만들었다. ≪あ野麥峠≫(79)는 베스트셀러가 된 야마모토(山本茂實)의 작품을 영화로 만든 르

포타즈 영화이다. 이 영화는 메이지부터 쇼와초기까지 수출산업의 중심에 있었던 견사산업을 둘러싼 내용을 담은 영화이다. 근대화초기 일본은 견사산업을 통해 국내산업을 발전시키는 기틀을 만들었고, 외화벌이를 하여 강대한 군비를 갖은 국가로 급성장하게 된다. 당시 제사업에 종사하던 여공들의 생활과 노동을 그린 영화이다.

이마이 다다시(今井正)는 영화에 등장시키는 인물을 깊이 고찰하고 그들이 어떤 인간인가를 극명하게 이야기하려고 하였다. 이마이 작품에서 중요한 것은 작가와 관객이 서로 사랑하거나 깊게 동정하지 않으면 안 되는 소재를 다루고 있다는 점이다. 또한 그의 영화에서 중요한 것은 배우의 연기이다. 배우가 연기하고자 하는 인간을 완전하게 이해하여 연기할 때까지 기다렸다. 미조구치, 오즈, 구로사와 등은 배우의 연기를 완벽하게 하는 것으로 유명하다. 이마이는 전후 일본영화의 좌익 휴머니즘을 대표하는 감독으로 활동하였고, 그런 사고가 영화에 잘 반영되어 화려하게 그려진다. 또한 약한 자나 가난한 자에 대한 동정을 아름답게 그렸고, 약한 자, 가난한 자 등이 선하다는 설정을 하는 도식으로 나타났다. 또한 권력에 당한 사람대신에 권력을 가진 자를 탄핵하는 태도를 훌륭하게 그렸다. 그런 부르주아와 프로레탈리아 라는 도식으로 1960년대 이후 일본사회를 분석하려고 하여 약간의 무리도 없지 않아 있었다. 그러나 이마이의 작품설정은 그 누구도 흉내 낼 수 없는 사회적 책임을 가진 시도였다. 그의 작품은 매우 다양하게 나타났지만 1970년대 작품으로는 ≪婉という女≫(아름다운 여자, 71), ≪海軍特別少兵≫(해군특별초병, 72), ≪小林多喜二≫(고바야시다기지, 74), ≪あにいもうと≫(누이동생, 76), ≪子育てごっこ≫(양육놀이, 79), ≪戦争と青春≫(전쟁과 청춘, 91) 등이 있다.

명감독 구로사와 아키라(黒澤明)는 1975년 ≪デルス・ウザーラ≫(델스 우자라)를 만든다. 이것은 제정 러시아 시대에 연해주의 삼림지대를 탐색한 기록을 영화화 한 것이다. 여기에서는 대자연을 집으로 해서 살아가는 소수민족이 주인공이다. 지금까지 구로사와는 인간과 인간이 부딪치는 드라마를 그렸지만, 고집스럽게 유지해오던 그런 설정에서 벗어나 인간과 자연의 조화라는 새로운 테마에 관심을 가져 만든 작품이다. 1980년대에 만들어진 ≪影武者≫(가게무샤, 80)와 ≪亂≫(난, 85)은 세계적으로 알려진 거장 구로사와가 살아있다는 것을 확인해준 작품으로 높은 평가를 받았다. 그러나 불행하게도 1980년대는 일본자

본으로 시대극을 만드는 것이 거의 어려웠다. 이것은 일본대형영화사의 과감한 투자가 이루어졌던 시대가 사라진 것을 의미한다. 전자는 미국의 대영화사가 배급을 책임지는 형태로 만들어졌고, 후자는 프랑스 프로듀서의 출자와 프랑스 정부의 지원으로 만들어졌다. 이 두 편의 영화는 전국(戰國)시대의 전쟁을 취급한 것으로 영웅이든 용감한 자든 비참한 대량학살자이며, 인간은 왜 죽음으로 질주하는가에 대한 한탄을 기조로 한 작품이다.

《影武者》(80)는 다케다 노부구로(武田信玄)의 가게무샤였던 한 남자에 대한 이야기이다. 노부구로는 도쿠가와(德川)를 공격하다 중상을 입고 도중에 죽자 유언으로 자기의 죽음을 3년간 비밀로 하라는 유언을 남긴다. 따라서 중신들은 가게무샤를 사용하기로 결정한다. 가게무샤가 된 남자는 도둑으로 노부구로를 생전에 한번 만난 적이 있었다. 그는 가신과 측근에게 노부구로로 행동을 한다. 그는 머리도 좋고 해서 임기응변에 능하여 사무라이들은 진짜 노부구로로 알고 전투에서 목숨을 내놓고 싸운다. 그러던 중 한 전투에서 노부구로가 아니라는 것이 탈로나 추방된다. 이후 노부구로의 아들이 전군을 통솔하게 되고 나가조에서 노부나가와 이에야스의 연합군에 도전을 한다. 노부나가는 철대포로 대응하여 초토화시킨다. 가게무샤였던 남자는 이 전투를 목격하고 하잘 것 없는 존재임에도 불구하고 전투의식이 고양되어 총포를 향해 몸을 던져 죽음을 선택한다. 이 영화는 중세 일본의 사무라이 싸움을 소재로 한 것이지만, 전투묘사를 서정적으로 잘 그렸고 또한 등장화면 전체를 매우 훌륭하게 그려내어 회화적 대작으로 평가받았다. 이 작품으로 구로사와는 기사회생하여 거장의 면모를 유감없이 발휘하고 국제영화제에서 다시 한번 영광을 재현하게 된다.

신토 가네토(新藤兼人)는 1970년대 섹스의 의미에 대해 문제제기를 하는 가운데 《裸の十九才》(벌거숭이 19살, 70), 《讚歌》(찬가, 72) 등을 만들었다. 《裸の十九才》(70)은 연속살인마라고 불린 나가야마(永山則夫)의 삶과 범죄 행태를 그린 것으로 왜 그가 충동적이며 절망적인 범죄에 빠져들었는가라는 점을 면밀하게 추적한 것이다. 이 영화는 자연주의적 리얼리즘의 아름다움을 부활시킨 작품으로 현대일본사회에서 버려진 계층인 하층노동자 생활을 실감나게 표현하고, 가장 깊은 곳까지 파고들어 감정이입을 한 작품이다. 신토는 나가야마의 범죄를 이해하기 위해서 그의 부모 삶을 분석하였다. 아버지는 전 군인으로 성격파탄자였고, 어머니는 홋카이도(北海道)의 과수원에서 일하는 계절노동자로 그곳에서 남자를 만나 창고에서 섹스를 하여 아이를 낳게 되었다. 어려운 생활환경 속에서 나가야마가 태어나 성장하였고, 그 과정에서 동생이 강간당하는 것을 보았다. 그는 그곳을 떠나 도시로 흘러들어 노동자로 일을 하였다. 나가야마의 삶을 추적하는 과정에서 신토감독은 그의 어머니가 확실한 남자를 선택하여 연을 맺었더라면, 나가야마와 같은 범죄인은 없었을 것이라는 점을 부각시켰다. 한번의 섹스를 통해 돌이킬 수 없는 아이를 낳았고 그런 환경은 범죄를 저지르는 환경이 되었다는 나름대로의 해석이었던 것이다. 이 영화는 사실을 철저하게 조사하여 그가 어떻게 범죄인이 되었는가 하는 인간형성과정에 중점을 두었고, 충실하게 사실재현을 추구했다는데 가치가 있다.

신토는 인간 생명력의 근원은 무엇인가라는 문제제기를 하면서 단적으로 그것은 섹스라고 답하는 작품을 반복해서 만들어 냈다. 그것의 정점에 있는 영화가 ≪讚歌≫(찬가, 72)이다. 원작은 다니자키(谷崎潤一郎 : 1886-1965, 소설가, 작품으로 『刺靑』, 『痴人の愛』, 『春琴抄』, 『細雪』, 『鍵』등이 있음)의 『春琴抄』(춘금초)이다. 이것은 지금까지 시마쓰(島津保次郎)감독의 ≪お琴と佐助≫(거문고와 사스케), 이토(伊藤大輔)감독의 ≪春琴物語≫(춘금이야기) 등으로 영화화 되었다. ≪讚歌≫는 섹스문제를 적극적으로 전면에 내세운 특징이 있다. 이 영화에서는 주인공인 하루킨(春琴)과 사스케(佐助)의 만년을 그리지 않았지만, 두 사람의 하녀로 일한 양노원의 노파에게 수양아이로 보낸 사실에서부터 시작해서 두 사람의 인생에 대해서 들으면서 이야기를 끌어가고 있다. 여기에서는 인간의 욕구나 생에 대한 집착을 강조하고 있다. 노인들도 삶과 욕구에 집착하고 있는 것처럼, 젊고 맹목적인 연인들은 혼신을 다해 성애에 몰입하지만 그 행위로 태어난 아이를 기르는 것은 안중에도 없다는 점을 강조하고 있다. 신토는 하루킨과 사스케처럼 태어난 아이를 방치하면서 성의 쾌락을 극대화하는 것이 삶의 중심적인 요체라고 생각한 것이다. 그것은 『春琴抄』라는 소설제목을 ≪讚歌≫로 바꿔 성을 찬미하는 찬가로 표현한 신토의 의도에서도 볼 수 있다. 그런 주제는 ≪わが道≫(우리길, 74), ≪ある映畵監督の生涯・溝口健二の記錄≫(어느 영화감독의 생애, 75), ≪竹山ひとり旅≫(다케야마 고독여행, 77), ≪落葉樹≫(낙엽수, 86), ≪午後の遺言狀≫(오후의 유언장, 95) 등에서도 잘 나타나고 있다. ≪ある映畵監督の生涯・溝口健二の記錄≫(75)은 영화현장에서 폭군으로 알려진 거물 미조구치 감독에게 사사받은 제자로 스승의 삶을 인터뷰를 통해서 그렸다. ≪竹山ひとり旅≫(77)은 샤미센(三味線)이라는 악기를 한 지방의 작은 예능에서 민족적 예능으로 승화시킨 다카바나시 직쿠잔(高橋竹山)의 청춘을 그린 영화이다.

또한 이치카와 콘(市川崑)의 ≪股旅 : 도박꾼의 유랑생활≫(73)은 제목그대로 도박꾼의 유랑생활을 그린 영화이다. 영화에서 도박꾼은 뒤를 돌봐 주는 사람, 보스에 대한 의리와 인정을 지키는 자, 하룻밤 한끼(一宿一飯)에 대한 의리를 잊지 않는 자, 싸움의 구제자, 쓸쓸한 거리 방랑자, 보스의 명령에 따라 저지르는 운명적 살인자, 보스의 배반에 우는 자, 서글픈 사랑에 빠진 자 등으로 규정되는 것처럼 서글픈 인생을 사는 사람이다. 그러나 그런 과정을 거치면서 지옥 끝까지 흘러가는 듯이 방랑을 한다. 그런 류의 영화는 '마타다비'(また旅)의 의미를 갖고 있다. 이 영화는 야쿠자의 생활을 도제봉공이나 샐러리맨의 생활처럼 그렸다. 일상 업무를 연속적으로 그리는 가운데 민중의 일상생활이 재미가 없다고 생각하여 야쿠자가 된다. 그 생활은 백성들의 생활보다는 풍부하며 변화가 많다. 그러나 그들은 의리와 인정, 도박, 싸움 등에 기초한 사업을 하게 된다. 야쿠자의 생활이 좋거나 나쁘다거나 하는 가치판단보다는 야쿠자라는 인간을 통해서 벌어지는 인생의 희비극의 맛을 그리고 있다. 평범하지만 평범하지 않은 생활방식, 먹고사는 데는 평범하지만 그 수단은 평범하지 않은 그런 특징을 리얼하게 그렸다. 그러나 그들은 목적이 있든 없든 떠나고 그런 삶의 방식에 자유를 만끽하지만 떠나야만 살 수 있는 쓸쓸한 삶을 떠나서는 살수가 없게 된다.

이치카와 감독의 ≪犬神家の一族≫(이누카미가의 일족, 76)은 추리에 기초해서 만들어진 엔터테인먼트 대작이다. 요코미조 세이시(橫溝正史 : 1902-81, 소설가, 작품으로는 『本陣殺人事件』, 『獄門島』, 『名探偵金田一耕助』 등이 있음)의 명탐정 소설인 가네다 잇코스케(金田一耕助)시리즈는 제2차 세계대전 종전 후에 발표된 추리소설이다. 이 영화는 가도가와(角川書店)의 사장이 된 가도가와 하루키(角川春樹)가 동사에서 출판된 책을 선전하는 한편 영화로 만들기 위한 계획에 의해 제1작으로 만들어진 것이다. 영화와 책을 통한 상승효과를 노려 대성공을 거두게 되었고 이것을 계기로 이후 일련의 가도가와 영화가 제작되었다. 제약 왕이라고 불린 대부호가 죽고 유산상속을 둘러싼 연쇄살인이 일어난다. 이 과정에서 가네다 탐정가가 문제를 해결하려고 한다. 이 영화에서는 재미있는 분위기를 연출하고 유머도 그려내어 근대적인 면을 가미하였다. 이 작품의 성공으로 이치카와 콘은 계속해서 요코미조의 작품을 영화화 했다.

고바야시(小林正樹) 감독의 ≪化石≫(화석, 75)에서는 초노(初老)의 대실업가가 비서를 데리고 파리를 여행하는 중에 자신이 암이라는 사실을 알게 된다. 그는 치료될 수 없는 병이라면 병원에서 처박혀 있지 않고 평소에 하던 일을 하면서 죽음을 기다리기로 했다. 그는 여행 중에 안 일본인 젊은 부부, 프랑스 대부호의 아내가 된 일본인여성 등과 프랑스 시골을 여행을 한다. 귀국하여 병을 숨기고 시골의 양어머니를 방문하며 일을 계속한다. 그러나 의사가 수술을 강요하여 수술에 성공한다. 죽음직전까지 간 그가 처음으로 죽음을 의식하면서 매일을 충실하게 보내고 시간을 잘 활용한다는 이야기이다. 이 작품은 죽음을 의식하면서 하루하루를 얼마나 충실하게 살고 있는가에 대한 부분을 강조한 작품이다. 주인공은 여행지에서 만나 마음을 빼앗긴 부르주아 부인을 죽음의 신과 부인이라는 2인 역을 하게하고 그가 죽음을 강하게 의식하는 중에 그녀가 기모노의 상복모습으로 나타나 그와 본심을 이야기하게 된다. 이 작품은 근대병으로 알려진 암 환자의 삶에 대해 그리고 있다. 아무도 몰래 몸에 들어와 암약하는 암 덩어리와 동침을 시작하지만 적극적인 삶으로 동침을 거부하며 살아가는 인간의 의지를 그리고 있는 특징이 있다.

호리카와(堀川弘通) 감독의 ≪アラスカ物語≫(알라스카이야기, 77)는 실화에 기초하고 있다. 메이지시대 미국에 가서 박해와 고난 끝에 알라스카의 이누이트 촌에 정착한 남자가 있었다. 이누이트들이 고래를 잡지 못하게 되어 생존위기에 처했을 때 그는 마을 사람을 지도해 내륙에 이주시키고 사이가 나빴던 인디언들과도 평화공존을 실현시킨다. 이 영화에서는 일본남자를 겸허하고 언제나 상대에게 최선을 다하지 못한 것에 대해 후회를 하는 그런 인정이 넘치는 인물로 그렸다.

<표3> 도약기의 감독과 영화들이다. 즉 하니 스스무(羽仁進), 마스무라 야스조(增村保造), 이마무라 쇼헤이(今村昌平), 오카모토 기하치(岡本喜八), 오시마 나기사(大島渚), 시노다 마사히로(篠田正浩), 요시다 요시시게(吉田喜重), 야마다 요지(山田洋次), 우라야마 기리로(浦山桐郎), 가토 타이(加藤泰) 등이다. 그들은 전후 일본영화의 황금기를 통해 일본영화의 진수를 보면서 성장하였고, 1970년대 새로운 영화장르를 개척한 동시에 맥을 이어가는 역할을 하였다. 또

한 영화계의 불황을 타개하기 위해서 전통적인 영화시스템에서 벗어나 자유로운 사상과 표현으로 영화수요자에게 다가가는 영화문화를 만들었다.

<표3> 도약기의 감독과 영화 2

감 독	작 품	특 징
羽仁進 (하니 스스무)	妖精の詩(71), 午前中の時間割り(72), アフリカ物語(80)	
增村保造 (마스무라 야스조)	大地の子守歌(76), 曾根崎心中(78)	
今村昌平 (이마무라 쇼헤이)	未歸還兵を追って(71), からゆきさん(73), 無法松故郷へ歸る(73), 復讐するは我にあり(79)	실증 영화
岡本喜八 (오카모토 기하치)	激動の昭和史・沖繩決戰(71), とっかん(74), ダイナマイトどんどん(78)	패러디 영화
大島渚 (오시마 나기사)	儀式(71), 愛のコリーダ(76), 愛の亡靈(78)	성의 미학
條田正浩 (시노다 마사히로)	沈黙(71), 卑彌呼(74), はなれ瞽女おりん(77), 夜又ヶ池(79)	인정물
吉田喜重 (요시다 요시시게)	告白的女優論(71), 戒嚴令(73)	
條田正浩 (야마다 요지)	男はつらいよ(71, 72, 73, 75, 76, 80), 故郷(72), 燒け(76), 幸福の黃色いハンカチ(77), 遙かなる山の呼び聲(80)	서민 정서
浦山桐郎 (우라야마 기리로)	靑春の門(75), 靑春の門 自立編(77), 太陽の子 てだのふあ(80)	휴머 니즘
加藤泰 (가토 타이)	人生劇場(72), 花と龍/靑雲編・愛憎編・怒濤編(73)	

1970년대 이마무라(今村昌平)는 주로 다큐멘터리를 찍고 있었다. 영화계의 불황으로 대감독들도 쉽게 일을 할 수 있는 상황이 아니었기 때문이다. 이마무라는 그것뿐 아니라 철저하게 주창해온 실증주의가 만들어지는 것 자체로 만족할 수 없었기 때문이기도 했다. 다큐멘터리를 만드는 가운데서도 인간의 욕망

과 하층사회 사람들의 삶의 방식을 철저하게 추적하였다. 그는 일본이라는 국가로부터 버림받아 개인으로 동남아시아에서 살아남은 미귀환 병사를 추적하여 인터뷰한 ≪未歸還兵を追って≫(미귀환병사를 찾아서, 71)시리즈와 노인이 된 가라유키씨를 방문하여 기록한 ≪からゆきさん≫(가라유키씨, 73) 등을 만들었다. 이마무라는 일본이라는 국가와 인간의 존재방식을 일본 밖에서 찾았고, 또한 일본이 버린 자들의 입장에서 그들의 국가관과 삶의 방식을 새롭게 표현하려고 노력하였다.

이마무라는 그런 소재에 잘 맞는 ≪復讐するは我にあり≫(복수는 나에게 있어, 79)라는 극영화를 찍는다. 그것은 사키(佐木隆三) 원작의 장대한 논픽션 소설로 니시구치(西口彰)의 생애와 범죄를 세심하게 조사해서 만든 것이다. 니시구치를 대신한 범인 에노쓰(榎津嚴)는 같은 범죄를 반복하는 것이 아니라 범죄를 새롭게 창조하면서 저지르는 특징이 있다. 이 영화에서는 범죄 그 자체의 경과에 대해서 최소한도로 하고 범인 에노쓰의 가족관계와 여성관계에 좀더 밀착해서 분석한다. 에노쓰가 범죄를 저지르게 된 최초 동기는 아버지에 대한 반항이다. 특히 그의 부인, 자신, 아버지 등과의 삼각관계를 설정하여 영화를 전개한다. 이마무라의 관심은 범죄에 있어서 남자와 여자 마음의 존재방식에 대한 고찰에 있고, 가족과 제2의 가족을 구성하고 있는 사람간 마음의 연결고리를 들춰내려는 시도를 하였다. 이 작품은 연속살인범의 왜곡된 욕망의 존재양식을 철저하게 추적하는 특징이 있으며, 이마무라 감독이 추구한 전형적인 작품이기도 하다.

오카모토(岡本喜八)는 ≪ダイナマイトどんどん≫(다이나마이트 폭발, 78)에서 점령 하에 있던 일본인을 그렸다. 이 작품은 오카모토 감독의 대표적인 패러디 작품으로 야쿠자영화의 패러디이며, 동시에 스포츠영화의 패러디이다. 여기에서는 점령하의 일본남성이 폼을 내기위해 힘을 키우면 키울수록 어처구니없는 모습으로 나타나는 것을 만화적인 패러디로 표현하고 있다. 1950년 일본이 아직 미군정 하에 있던 시절 기타규슈지방이 패전 후 일본산업부흥의 원동력으로 떠오르자 거친 남자들이 모여들면서 시끄러워진다. 이 영화는 그 지방에서 옛날부터 전해오는 의리를 가진 야쿠자 사이에 벌어지는 싸움을 그린 작품이다. 전통적인 닝교도(任俠道)를 추구하는 오카모토(岡源)조직과 신흥야쿠

자인 하시덴(橋傳)조직 간의 격렬한 대립이 일어난다. 이 시기는 점령정책에 의해서 폭력적인 야쿠자가 미군에 체포되면 오키나와에 보내져 강제노동을 하던 시기였다. 미군의 권고로 두 조직은 항쟁을 평화적으로 해결하기 위해서 야구시합을 하게 된다. 오카모토조직은 기세가 약한 팀으로 구성되었고 반대로 신흥 야쿠자 팀은 전국의 유명한 선수를 돈으로 매수하여 모은 강한 팀이었다. 처음에 오카모토 팀은 상대가 되지 못하였지만 팀을 구하기 위해 파견된 선수를 기용하여 새롭게 대적한다.

오시마(大島渚) 감독의 ≪愛のコリーダ≫(사랑의 유리다, 76)는 한국에서 2000년 16분이 잘린 러닝타임 86분으로 개봉되었다. 이 영화는 오시마 감독이 일불 합작으로 만든 작품이다. 성기의 빈번한 노출, 파격적이 성묘사, 트릭이 아닌 실제 섹스 장면 등을 그대로 화면에 담았기 때문에 사람들의 관심을 모았다. 영화의 소재는 1936년 실제로 일어난 '아베사다(阿部定)사건'을 다룬 것으로 매력적인 여인 아베 사다가 애인 기치조를 교살하고 사랑의 징표로 남근을 잘라 몸속 깊숙이 품고 다니다 체포된 전대미문의 사건이다. '유리다'는 투우를 말한다. 마치 소가 육탄싸움을 하듯이 연일 섹스에 도취한 남녀를 그렸다. 오시마 감독은 두 사람의 나체뿐 아니라 성기를 인격의 중요한 부분으로 인식하고 촬영했다. 일본경찰은 이것을 인정하지 않았고 현상소도 이 장면의 현상을 거부하였다. 따라서 필름이 프랑스로 옮겨져 현상되어 프랑스에서 개봉되었고, 영화사상 예술적인 하드 코아 포르노라 불려 대히트를 쳤다. 이 영화는 프랑스로부터 일본에 수입되어 성기장면을 삭제하고 상영하였지만 1970년대 일본에서 외설이라는 이유로 탄압받았고 오시마 감독은 기소 당했다. 영화공개 직전에 출판된 시나리오를 도쿄지검이 외설물 배포협의로 기소해 역사적인 '감각의 제국' 재판이 벌어졌다. 1979년 오시마 감독은 무죄판결을 받자 도쿄경지검은 항소하였지만 결국 무죄판결을 받는다.

오시마 감독은 국제영화제인 칸느영화제에서 처음으로 감독상을 받았다. 그의 작품인 ≪愛の亡靈≫(사랑의 망령, 78)은 ≪열정의 제국≫으로 알려진 작품이다. 이것이 개봉된 시기는 오시마 감독이 감각의 제국 형사재판이 진행되는 시기였다. 그는 섹스에 대한 파격적인 표현으로 사회적 물의를 일으킨 후에 이 작품을 통해서 섹스의 논쟁을 도덕적인 논쟁으로 귀결하게 한다. 이 영화에서는 1895년 실제 일어났던 젊은 남자와 유부녀간의 밀회를 다루면서도 불륜

에 대한 죄의식과 왜곡된 성관계가 가져오는 파국을 전면에 내세웠다. ≪사랑의 유리다≫는 일본제국주의 하에서 억압되고 왜곡되는 성적구조에서 본능에 충실한 사랑이 버림받는 풍조를 거부했던 것이라면, 이 영화는 불륜과 살인 그리고 그 죄의식의 고통 속에서 헤매는 두 남녀를 사회의 잣대로 처단한다. 오시마는 외설을 둘러싼 '마녀재판' 와중에서도 이 영화를 통해서 세상과의 타협점을 찾고 있었는지도 모른다. 영화 마지막 장면은 나무에 매달려 지독한 고문을 받는 가운데서도 서로를 걱정하며 의연함을 잃지 않는 주인공들의 모습을 그렸다 이 장면은 마치 세상을 향해 울부짖는 오시마 감독의 절규로도 연상되었다. 이후 칸느영화제를 통해서 감독상을 받고 또한 마녀재판에서 무죄를 선고받아 1970년대 후반 도약기의 피날레를 장식하게 된다.

시노다(條田正浩) 감독의 ≪はなれ瞽女おりん≫(떠나는 여자장님 오린, 77)에서는 샤미센을 타거나 노래를 통해서 동냥하며 사는 눈먼 여자의 아름다움을 표현하고 있다. 빛과 색채를 모르는 맹인의 세계를 살아온 여자와 군대를 탈영하여 어둠의 세계를 방랑하는 남자와의 사랑을 그린 영화이다. 그들은 어두운 절망적인 세계에 사는 사람들이지만 빛과 색채를 마음껏 즐기는 삶을 사는 사람으로 그려지고 있다. 맹인 오린은 해안가에 버려져 어느 친절한 행상인에 의해 다카다의 고제야(장님이 서비스를 하는 곳)에 맡겨졌다. 그녀는 남자와 교제하지 않는다는 고제야의 규율을 어기며 살게 된다. 추방되는 것은 지옥으로 떨어지는 것을 의미하지만 그러나 보통의 세계로 돌아가는 의미를 담고 있다. 그녀는 특별한 신체적 차이를 갖고 특별한 직업 속에서 일정한 규율을 갖고 살아야 하는 운명이었고, 세상이 만들어 놓은 삶의 법칙에 구속되어야 했던 것이다. 그러나 특별한 삶을 강하게 거부하며 세상이 평범하다고 하는 삶을 처절하게 갈구하고 결실을 맺기 위해 분투한다.

야마다(條田正浩)감독의 ≪幸福の黄色いハンカチ≫(행복의 노란 손수건, 77)은 정교하게 이야기가 전개될 뿐 아니라 남녀노소가 흔쾌히 납득할 수 있는 교훈이 담겨있어 대중적인 인정물로 높게 평가받은 수작이다. 한 청년이 여자친구를 만들기 위해 홋카이도(北海道)로 간다. 가는 중에 젊은 여성과 중년남자를 태워 3사람이 함께 여행하게 되었다. 중년남자는 막 형무소에서 출소하여 부인이 기다릴지도 모르는 탄광거리로 가는 중이다. 그 남자는 출소하면서 부인에게 자기를 기다리면 집 앞에 노란 손수건을 걸어놓고 그렇지 않으면 포기한다고 하는 엽서를 보낸 상태였다. 두 젊은이는 그의 입장에 동정을 하여 그 거리에 같이 가게 된다. 그 남자는 방탕생활을 그만두고 탄광에서 열심히 일을 하게 되어 결혼하였다. 그는 그녀를 매우 사랑했지만 그녀를 믿지 못하여 깡패들과 싸우다 죄를 범한 것이다. 후회를 하며 재기하려고 마음먹고 그녀가 기다려 주기를 바라고 있다. 야마다 감독의 ≪遙かなる山の呼び聲≫(아득히 먼 산소리, 80)는 홋카이도 사계의 풍경과 그곳에 살아있는 너그러운 인정담을 그린 영화이다.

우라야마(浦山桐郎)는 닛카쓰가 1971년 포르노영화로 전환하자 닛카쓰를 떠났다. 많은 감독이 텔레비전영화를 찍는 가운데 그는 1975년 ≪靑春の門≫(청춘의 문)을 찍었다. 이것은 이쓰기(五木寬之)의 대하소설 중에 최초 부분을 영화화한 것으로 그에게 있어서는 대작이었다. 특히 탄광노동자, 야쿠자, 조선인 노동자 등이 활약하는 거친 로망스가 숨쉬는 탄광지대를 통해서 쇼와사(昭和史)를 그린 작품이다. 이 영화에서는 쌀 소동이 일어나고 일중전쟁이 시작된 시기에 한 남자(伊吹重藏)가 탄광사고로 갱내에 파묻힌 조선인노동자를 구하고 자신은 희생한다. 그의 아들인 노부스케(信介)는 어머니로부터 그 이야기를 듣고 자랑스러워하며 전후사회를 힘차게 살아간다. 젊은 시절 어머니를 아버지로부터 빼앗으려던 정적 야쿠자 고로(五郎)가 모자를 보호하게 된다. 고로는 야쿠자이자 반공주의자로 더럽다고 하며 조선인(あかの朝鮮人)을 싫어한다. 그러나 노부스케는 조선인을 구하고 죽은 아버지의 신성한 이미지를 계승하여 조선인에게 동정적이다. 고교생인 노부스케는 오리에(織江)라는 소녀를 만나게 된다. 오리에는 가난한 광부의 딸로서 아버지가 죽은 후 도회지에 나와 캬바레에서 근무하게 되었다. 그녀는 자기가 매춘도 한다고 고백하지만 노부스케는 소녀를 동정하고 그녀와 섹스를 한다. 노부스케와 오리에 간의 섹스는 평범한 소년과 평범하지 않은 소녀 간의 사회적 신분 차이라는 점에서 보면, 소년이 섹스를 함으로써 소녀를 같은 사람으로 대우하는 것을 의미하기도 한다. 다른 한편으로는 섹스를 통해서 인간의 욕구가 충족되는 측면을 그리고 있다. 이 영화에서는 아버지의 정의감을 계승한 소년의 행위가 소녀를 동등한 인간으로 대우하는 정의를 가진 심성과 연결되어 아버지가 그랬던 것처럼 소녀를 구하고 있다는 점이 부각되고 있다.

■ 2. 도약기의 감독과 영화 2

　도약기에는 전통적인 사무라이극 보다는 현실감각에 맞는 영화를 만들어냈다. <표4>는 도약기의 감독과 영화를 나타낸 것이다. 이 시기의 감독으로는 야마시타 코사쿠(山下耕作), 후카사쿠 긴지(深作欣二), 스즈키 세이준(鈴木淸順), 쓰치모토 노리아키(土本典昭), 구마이 게이(熊井啓), 야마모토 신야(山本晉也) 등이 활약하였다.

<표4> 도약기의 감독과 영화 3

감 독	작 품	특 징
山下耕作 (야마시타 코사쿠)	博えき打・いのち札(71), 日本女俠傳・血斗亂れ花(71), 女渡世人・おたの申します(71), 兄弟・刑務所暮し 四年半(73), あゝ決戰航空隊(74), 日本暴力列島・京阪神殺しの軍團(75)	야쿠자 영화
深作欣二 (후카사쿠 긴지)	博徒外人部隊(71), 軍旗はためく下に(72), 現代やくざ・人斬り与太(72), 人斬り与太・狂犬三兄弟(72), 仁義なき戰い(73), 仁義なき戰い・廣島死鬪編(73), 仁義なき戰い・完結編(74), 仁義の墓場(75), 縣警對組織暴力(75), 新仁義なき戰い・組長の首(75)	야쿠자 영화
鈴木淸順 (스즈키 세이준)	悲愁物語(77), ツィゴネルワイゼン(80)	초현실 세계
土本典昭 (쓰치모토 노리아키)	水俣-患者さんとその世界(71), 水俣レポート1-實錄・公調委(73), 水俣一揆一生をと(73), 不知火海(75), 醫學としての水俣病 三部作(75), 水俣病その二十年(76),わが街わが靑春・石川さゆり水俣熱唱(78)	사회 고발 영화
熊井啓 (구마야 게이)	忍ぶ川(72), サンダカン八番娼館・望鄕(74), お吟さま(78), 天平の甍(80)	인간 본질
山本晉也 (야마모토 신야)	大色魔(71), 下落合燒とりムービ(79)	핑크 영화

　이 시기의 영화는 예술성보다는 오히려 오락성을 강조하여 시대적 흐름에

부응하려 하였고, 예술시장이라는 것에 초점을 두기보다는 시장논리에 따른 생존법칙에 철저하게 대응하는 상품으로 인식하여 상업영화의 성격을 띠었다. 다른 한편으로는 사회참여성을 강조하는 역할을 하는 사회적 책임문화로서 자리매김하게 된다. 일본영화의 사회참여는 이미 제1차 전성기에 국책영화를 통해서 전쟁을 지지하는 역할을 하였다. 그런 강제적인 영화의 사회참여는 점령기에도 이루어졌다. 그러나 영화가 오락으로서 사회구성원에 다가가는 동시에 성장기 후반부터 도약기에 걸쳐서 스스로 사회책임을 지기 위해 사회문제에 참여하여 진정한 의미의 참여영화가 만들어졌다.

시대극 감독으로 활동한 가토는 근대일본의 하층사회의 낭만주의를 도박꾼의 이야기를 통해서 표현하려 하였고, 야쿠자영화를 한 단계 높은 예술로 승화시켰다고 평가받고 있다. 야마시타 코사쿠(山本耕作)는 1961년 감독이 되어 시대극과 야쿠자영화에 정감 넘치는 가작을 만들었다. 후카사쿠 긴지(深作欣二)는 역동적인 연출력으로 호평을 받는 감독으로 인정받았고 특히 폭력적 장면을 연출하는 감독으로 명성을 얻었다. 한편 도에이는 야쿠자(任俠)영화노선의 전성시대부터 야쿠자 세계에서 벌어지는 의리인정세계나 추한 피투성이의 세계를 그렸다. 그 이후에 야쿠자 영화에서는 폭력단 간의 항쟁을 하나의 기본적인 개념으로 한 실록(實錄)물이 도에이 영화의 주류가 되었다. 이런 흐름은 1970년대에 들어와 도에이 폭력영화로 승계되었다. 여기에서도 알 수 있듯이 일본영화의 중요한 장르로 자리 잡은 사무라이 영화가 이후 시대적 문화수요를 반영하는 과정에서 야쿠자영화로 전환되어 일본영화의 대표적인 장르로 정착하였다. 그런 영화에서는 야쿠자라는 비사회적인 이미지를 통해서 오락성을 표출시키는 가운데 그것의 한계를 극복하기 위해서 나름대로 정의와 인정 등과 같은 표현을 통해 야쿠자를 영웅으로 만드는 성향이 나타나게 된다.

후카사쿠(深作欣二)의 ≪仁義なき戰い≫(인의 없는 싸움, 73-79)시리즈는 야쿠자 세계를 그린 작품이다. 폭력단 조직 간의 싸움과 결투, 수단을 가리지 않고 패권을 획득하려는 폭력조직의 무자비함 등의 내용을 담고 있다. 야쿠자 시리즈는 폭력단을 영웅호걸로 만드는 것만을 그리지 않고 무수히 등장하는 친피라(ちんぴら : 똘마니)들의 비운적인 운명과 비애감을 강하게 그려냈다. 싸움에서 생존하는 조직의 보스 주위에는 무수하게 다치고 죽어가는 친피라가 있다.

영화에서는 이전에 초등학교 교사가 폭력단에 들어가고 싶은 제자를 야쿠자 세계의 친피라로 왜 들어가게 했는가 등과 같은 에피소드나 도대체 폭력단에 무슨 매력이 있는가 하는 점을 표현하고 있다. 친피라는 장래에 간부를 꿈꾸며 조직에 충성을 하는 가운데 자부심을 갖는다. 그들은 간부가 되기 위해서 수단과 방법을 가리지 않고 목적을 달성한다. 그러나 친피라는 꿈을 꾸는 것에 만족하고 대부분은 폭력과 싸움 속에서 살다가 생을 마감하는 경우가 많다. 폭력 속에서도 친피라의 인간적 순수함을 찾아내는데 후카사쿠의 매력이 있다고 볼 수 있다.

야쿠자 세계를 그린 실록노선의 유행이 끝났을 때 후카사쿠는 ≪縣警對組織暴力≫(현경찰 대 조직폭력)을 만들면서 폭력을 휘두르는 형사를 등장시킨다. 그 형사는 폭력성 때문에 좌천되어 수많은 우여곡절을 겪는다. 후카사쿠는 영화 속에서 전혀 후회하지 않는 폭력의 순수함을 다시 그려내려고 하였다. 또한 비규범적이고 비사회적이며 위화감을 조성하는 폭력단과 폭력을 삶으로 받아내고 있는 부류를 통해 인간적인 순수함을 도출하여 인간세계의 일부로 파악하려 하였다. 그것은 결코 폭력을 찬미하는 것이 아니라 누구에게나 있을 법한 누구나 가지고 있을 법한 인간의 부정적이며 냉혹한 내면세계를 가감 없이 표현했다는데 가치가 있다고 할 수 있다. 후카사쿠가 그려낸 야쿠자세계나 형사세계는 폭력이 존재한다는 점에서 일치하고 그 폭력은 무자비하고 가혹한 행위로 나타나지만 그것만이 존재하지 않는다. 폭력에는 내면적으로 정당성과 정의가 담겨져 있고 통쾌함이 내포되어 있다. 그런 점에서 폭력을 찬동하는 것은 아니지만 그 자체에 미학이 있는 것처럼 미화되는 측면이 있다고 할 수 있다. 만약 폭력에 그런 점이 없었다면 야쿠자영화나 형사세계를 주제로 한 영화는 단명으로 끝났을 것이다.

스즈키(鈴木淸順) 감독은 리얼리즘과 건설적인 주제를 싫어해 놀이에 빠지는 영화를 만들었다. 그가 추구한 것은 현실을 초월한 꿈속의 이야기와 같은 세계를 그리고, 또한 관능적이지만 혼이 떠도는 듯한 즐거움을 주는 시공간을 살리는 작업을 하였다. 그가 표현하려는 미의식은 오랫동안 모색해서 도달하는 순수한 색깔을 갖고 있다. ≪ツィゴネルワイゼン≫(쓰고넬와이젠, 80)에서 나카스나(中砂)와 아오치(靑地)는 육군사관학교 독일어 교관으로 동료이자 친구이다. 나카스나는 방랑무뢰한 파멸형으로 여행지에서 경찰과 다툼을 일으키는 인물로 상식적인 행동을 하는 아오치가 데려오곤 한다. 두 사람은 시골 숙소에서 오세(小稻)라는 게이샤를 부른다. 수년 후 아오치는 나카스나로부터 결혼소식을 듣고 가마쿠라(鎌倉)에 있는 집을 방문한다. 그 날 밤 나카스나는 아오치에게 'ツィゴネルワイゼン'이라는 레코드를 들려준다. 어느 날 아오치는 나카스나로부터 부인이 죽어 딸을 위해 유모를 고용했다는 소식을 듣는다. 방문해 보니 유모는 오세(小稻)였다. 나카스나는 다시 여행을 하다 마약을 하고 그로 인해 죽고 만다. 오세는 나카스나가 죽었을 때 독일어 원본을 아오치에게 돌려주라는 유언을 했다고 하여 방문한다. 오세는 나카스나의 딸 도요코(豊子)가 매일 밤 죽는 꿈속에서 나카스나와 이야기를 한다고 한다. 도요코는 아오치의 앞에도 나타난다. 또한 아오치에게 '아저씨 살아있는 사람이 실제로 죽어 있고 죽은 사람이 실제로 살아있습니다. 아버지가 기다려요'라고 말을 한다. 이런 과정에서 어디까지가 현실이고 꿈인가 헷갈리게 이야기는 전개된다.

구마이 케이(熊井啓)는 인간의 삶 방식과 사회의 존재방식에 대해서 의문을 갖는 성실한 영화를 만들었고, 프랑스영화와 이탈리아 리얼리즘에 관심을 가졌다. 그는 ≪忍ぶ川≫(인내천, 72), ≪サンダカン八番娼館·望鄉≫(산다칸 8번 창관, 74), ≪お吟さま≫(78) 등을 만들었다. ≪忍ぶ川≫(72)는 폭력과 포르노에 휩싸인 시기에 만들어진 청순한 연애영화로 평가받아 크게 히트친 작품이다. 이것은 영상영화가 부진한 가운데서도 상영되어 구레하라(栗原小卷)를 스타로 만든 작품이다. 이 영화는 불행한 가계 때문에 인생에 대해서 크게 기대하지 않고 타인처럼 살기 위해 염원하는 남자와 여자가 반하여 만나지만, 앞으로 서로 행복하게 될 것인지를 걱정하는 이야기를 담고 있다. 단순하지만 아름다운 사랑이야기이다. 남자는 동북지방의 시골에서 태어나 지금은 도쿄에서 공부하고 있다. 그의 집은 형과 누나를 포함해 4명이 자살하거나 행방불명이 된 상태에 있다. 이런 상황에서 그는 행복한 결혼이 가능할 것인지에 대해서 의문과 걱정을 하고 있다. 그는 작은 거리에 있는 '시노부가와'라는 요리점에서 일하는 시노라는 여성을 알게 되어 사랑하게 된다. 그녀도 여러 가지 어려움을 겪고 있는 상태였다. 두 사람은 남자의 고향에 돌아와 결혼식을 올려 초야를 보내고 불투명한 미래를 위해 열심히 일을 한다.

≪サンダカン八番娼館·望鄉≫(74)는 야마자키(山崎朋子)의 베스트셀러가

된 논픽션작품을 영화화한 것으로 가라유키의 인생을 휴먼 터치로 그린 작품이
다. 이 작품은 아카데미상 외국영화부분에 지명되었고, 가라유키를 연기한 다나
카(田中絹代)는 베를린 영화제에서 여우주연상을 받았다. 1970년대 이후 일본
에는 아시아국가로부터 많은 노동자와 매춘부가 와서 일하고 있다. 가난했던
메이지와 다이쇼기에는 일본인 매춘부가 동남아시아에서부터 대륙까지 돈벌러
다닌 시절이 있었다. 이 영화는 그런 시절의 이야기를 가라유키를 통해서 그려
냈다. 일본 근대의 여성사를 연구하고 있던 원작자는 메이지부터 쇼와초기까지
보르네오의 항 근처에서 일하던 일본인 창부의 비극적인 삶을 그렸다. 그리고
더욱이 그 이야기를 증명하기 위해서 원작자는 보르네오를 방문해서 일본과 동
남아시아의 당시 상황을 듣고 또한 상상하면서 이야기를 끌어간다. 이 영화에
서 다나카가 연기한 것은 상대의 마음을 읽는 것이다. 노파 오사키는 이미 수
십년 간 사람들에게 멸시받는 것에 익숙해졌기 때문에 지금 와서 초대면의 사
람이 자기를 멸시하는 것처럼 보는 눈빛에 놀라지 않는다. 그저 그런 상대에게
는 조용히 마음을 닫을 뿐이다. 그리고 자기와의 만남을 바라는 사람에 대해서
는 마음으로 대한다. 그녀는 상대방과 만나는 가운데 생기는 어색함을 자신에
대한 경멸의 하나로 인식하여 마음의 문을 닫을까 아니면 그것을 선의로 인식
하여 마음을 열까하는 마음의 갈등을 한다. 이 영화에서는 간단하게 마음을 여
는 것이 대등한 만남을 요구하는 상대가 자기의 마음에 흙 묻은 발로 슬쩍 밟
은 것과 같은 비애감을 유발할 가능성이 있다는 미묘한 상황들이 표현되고 있다.

구마이는 ≪お吟さま≫(오긴사마, 78), ≪天平の甍≫(천평의 맹, 80), ≪千
利休·本覺坊遺文≫(센리큐·본각방유문, 89)이라는 역사영화를 만들었다. ≪お
吟さま≫(78)는 도요토미 히데요시(豊臣秀吉)에 의해 죽음에 몰린 센리큐(千
利休)와 딸 오긴(吟)의 이야기이다. 역사상 하나의 수수께끼가 된 센리큐의 자
살은 그가 독재자 도요토미 히데요시의 조선침략에 반대의사 표시를 한 것 때
문이라고 하였다. 오긴도 아버지의 순교에 이어 죽음을 선택한다. 반독재주의와
평화주의를 추구하는 아버지와 딸의 의연한 삶의 방식을 그렸고, 동시에 아즈
치 모모야마(安土桃山)문화의 웅장함을 배경으로 중후하게 그려냈다. ≪天平の
甍(맹)≫(80)은 나라시대의 참 불교를 찾으러 중국에 가는 젊은 일본승과 그런
탐구에 응해서 당의 법을 어기고 일본에 온 중국승의 이야기를 담은 것이다.
그런 작품을 시작으로 구마이 감독은 지금까지 해온 사회파적이며 고발적인 자

세에서 좀더 인간의 생사관을 철저하게 파는 영화로 전환하게 된다.

야마모토(山本晋也)는 핑크영화를 대량생산하여 영화계에 새로운 바람을 일으켰다. 그는 여탕(女湯)시리즈, 치한시리즈, 미망인 하숙시리즈 등 희극적인 포르노로 수완을 발휘하였다. 1971년의 ≪大色魔≫(대색마)는 좋은 작품 중의 하나로 평가받고 있다. 1980년대는 텔레비전을 통해서 당시 풍속적 에로티시즘을 소개하는 활동을 하였다. 야마모토 감독은 1970년대 일본영화에 성을 주제로 한 영화를 만들어 시대적 감성을 그려내려고 하였지만 동시에 사회에 충격을 주기도 하였다. 그것은 성표현이 예술인가 아니면 외설인가라는 판가름을 내기 위한 성재판을 하게 되는 계기가 되었다. 또한 법적 투쟁과 논쟁은 일본에서 성에 대한 개방과 성적표현의 자유화를 가져왔고, 성에 대한 예술적 접근을 촉진시키는 기능을 했다는 특징이 있다. 성재판과 성논쟁은 음성적으로 사회에서 벌어지고 있는 현상과는 이율배적인 측면이 있었다. 사회에는 이미 다양한 형태로 성에 대한 개방이 이루어져 있었지만 대중에게 공개되는 영상이나 표현영역에는 제한을 가하는 시기였다. 그런 점에서 야마모토의 핑크영화는 일본사회가 겉으로 배척하고 속으로 인정하는 성문화를 과감하게 그렸다는데 가치가 있다고 할 수 있다.

<표5> 도약기의 감독과 영화를 나타낸 것이다. 오가와 신스케(小川紳介), 후지다 토시야(藤田敏八), 구마시로 다쓰미(神代辰己), 데라야마 슈지(寺山修司), 희메다 다다요시(姫田忠義) 등의 감독이 활약하였다.

<표5> 도약기의 감독과 영화 4

감 독	작 품	특 징
小川紳介 (오가와 신스케)	日本解放戰線・三里塚(70), 三里塚・第三次强行測定鬪爭(70), 三里塚・第二砦の人人(71), 三里塚・岩山に鐵塔は出來た(72), 三里塚・辺田部落(73), 三里塚・五月の空里のかよい路(77), 牧野物語・養蠶編(77)	사회파 영화
藤田敏八 (후지다 토시야)	野良猫ロック暴走集團(71), 八月の濡れた砂(71), 八月はエロスの匂い(72), エロスの誘惑(72), 赤い鳥逃た?(73), 赤ちょうちん(74), 妹(74), 歸らざる日日(78), リボルバー(88)	청춘 만화

神代辰己 (구마시로 다쓰미)	かぶりつき人生(68)，濡れた唇(72)，一條さゆり濡れた欲情(72)，やくざ觀音・情女仁義(73)，女地獄 森は濡れた(73)，四疊半襖の裏張り(73)，四疊半襖裏張り・しのび肌(74)，濡れた欲情・特出し21人(74)，赤線玉の井・ぬけられます(74)，黑薔薇昇天(75)，壇の浦夜枕合戰記(77)，赫い髮の女(79)	로망 포르노
寺山修司 (데라야마 슈지)	トラマケチャップ皇帝(70)，書を捨てよ町へ出よう(71)，田園に死す(74)，ボクサー(77)	전위 영화
姬田忠義 (희메다 다다요시)	山に生きるまつり(70)，チセ・ア・カラ(74)，椿山-燒畑に生きる(77)，ちちぶの通過儀禮 三部作(79-81)，周防猿まわしの記錄(80)	

1970년대는 전통적으로 잠재해 있었지만 억제해온 성표현을 과감하게 노출시켜 로망포르노영화와 핑크영화라는 장르가 사회적으로 확산되었다. 그것은 성영화를 외설과 예술이라는 두 가지 사회적 시점에서 평가하는 과정을 겪었으며, 다른 한편으로는 일본사회에서 성표현에 대한 자유를 획득하고 공감을 얻는 계기가 되었다. 이 시기의 감독과 작품은 영화를 성예술로 자리매김을 하였고 일본적인 성산업과 성문화를 사회적으로 확산시키는 역할을 하였다.

오가와 신스케(小川紳介)는 독립프로 신세기영화를 거쳐 1960년대 이와나미(岩波) 영화의 조감독을 하였다. 그는 다큐멘터리를 자주적으로 제작하였고 통신교육학생의 조반운동을 취급한 영화 ≪靑年の海≫(청년의 바다, 66), 학원투쟁시리즈인 ≪壓殺の森≫(압살의 숲, 67)을 제작하였다. 1960-70대는 장기간에 걸쳐 취재해서 만든 사회파영화 ≪三里塚≫(삼리쓰카)시리즈, 1970-80년대는 야마가타현(山形縣)의 농촌에 정착하여 ≪牧野物語≫(목장이야기)시리즈를 제작하였다. 오가와 영화의 특징은 사건을 제3자로서 촬영하는 것이 아니라 감독이 저항자 입장의 동지로 참가하고 동지의 눈으로 촬영하는데 있다. 그는 동지인 저항자들에게 결정적으로 불이익을 주는 장면을 촬영하지 않으면서도 저항자의 행동과 심정을 생생하고 정확하게 촬영하였다. 오가와의 영화는 사회적 책임이라는 소명을 갖고 사회에서 중요한 역할을 했다는 점에서 영화의 시대참여성을 강조한 새로운 장르를 개척하는 원동력이 되었다.

후지다(藤田敏八)는 식민지시대 조선의 평양에서 태어났고, 도쿄대학의 학생 시절 배우양성소에 들어가 연기를 공부했다. 그가 만든 작품으로는 ≪野良猫 ロック暴走集團≫(들고양이 록 폭도집단, 71), ≪八月の濡れた砂≫(8월에 젖은 모래, 71), ≪八月はエロスの匂い≫(8월의 에로스 냄새, 72), ≪エロスの 誘惑≫(에로스의 유혹, 72), ≪赤い鳥逃た?≫(붉은 새는 도주했나?, 73), ≪赤 ちょうちん≫(붉은 등불, 74), ≪妹≫(여동생, 74), ≪歸らざる日日≫(돌아오지 않는 나날, 78) 등이 있다. 후지다는 날카로운 관찰력을 통해서 독자적인 청춘영화를 만들었다. 후지다 영화는 모노로구의 특징을 갖고 있다. 예를 들면, 원작에 있는 것, 또는 타인의 시나리오에 의한 것을 제외하고는 몇 명이 등장 하든 대체로 같은 성격을 가지고 처음부터 끝날 때까지 진행된다.

구마시로(神代辰己)는 1971년 닛카쓰가 로망포르노 노선으로 전환하자 창조 력을 발휘하여 ≪濡れた唇≫(젖은 입술, 72), ≪一條さゆり濡れた欲情≫(이 치조 사유리의 젖은 욕망, 72) 등을 만들어 포르노영화도 예술이라는 것을 증 명하였다. 이 시기 닛카쓰는 경영침체에 빠져 기존의 감독들과 배우들은 회사를 떠났다. 이 과정에서 신인감독이나 알려지지 않은 중소극단 출신의 배우들로 로망 포르노 영화를 만들었다. 당시 로망 포르노는 제작비 750만 엔, 촬영일수 10일정도로 핑크영화보다도 경제적으로 만들어 졌지만 일반 상업영화보다는 열 악한 환경에서 제작되었다. 그는 투병하는 가운데 유작으로 ≪棒の哀しみ≫ (봉의 슬픔)을 남겼다. 그의 ≪赫い髮の女≫(붉은 머리의 여자, 79)는 우연히 만난 트럭운전수 남자와 인적사항을 알지 못하는 여성과의 관계를 그린 영화이 다. 그들은 사랑을 하지만 가정을 꾸리지 않기 때문에 가정관계에서 오는 복잡 한 갈등은 없다. 매춘관계와 불륜관계도 없어 제3자와의 갈등도 없다. 그런 가 운데 그들의 섹스는 지속된다. 이 영화는 1970년대 닛카쓰 로망포르노 노선에 서 상업적으로 만들어진 것으로 성적 관계를 중점적으로 그리는 한편 현실적이 며 일상적인 노동과 무미건조하고 단순한 생활을 묘사한 것이다. 또한 섹스의 오락적 표현, 타인에게 성행위 보여주기, 남자가 여성 나체를 즐기는 관능미 등 을 고려해서 만든 로망포르노영화이지만 예술성을 잃지 않으려는 노력을 하고 작업 한 특징이 있다.

데라야마 슈지(寺山修司)는 와세다(早稻田)대학시절부터 천재 가인(歌人)으

로 알려졌고, 시나리오라이터, 영화감독, 수필가, 극작가, 무대연출가 등으로 활동하였다. 그는 라디오 드라마와 희곡 등을 썼고 실험영화를 만들었다. 1967년 천정기부(天井棧敷)라는 극단을 만들어 아마추어를 모아 연극하도록 하는 한편 희곡 시나리오뿐 아니라 연출을 하여 일본 전위예술의 한 부분을 담당했다. 그는 영화로 시노다 마사히로(條田正浩)의 ≪乾い湖≫(건조된 호수)의 각본을 쓴 것을 시작으로 하니(羽仁進) 등의 감독을 위해서 시나리오를 쓰기도 했다. 영화감독으로도 탁월한 재능을 보여 ≪トラマケチャップ皇帝≫(트라마케차푸 황제, 70), ≪書を捨てよ町へ出よう≫(책을 버리고 도시를 떠나자, 71), ≪田園に死す≫(전원에서 죽자, 74), ≪ボクサー≫(권투선수, 77) 등을 만들었다. ≪書を捨てよ町へ出よう≫(71)는 출연자가 모두 아마추어였고, 과격하며 자유분방한 자기의 환상을 표현하게 하는 등 놀이를 통해서 자기해방의 환상을 공유하도록 하게 한 특징이 있다.

데라야마 감독의 ≪田園に死す≫(74)는 시적이며 환상적인 영화이다. 전위영화적인 비약적인 발상을 가진 불가사의한 장면이 나오며 그것이 유쾌하게 다가온다. 전쟁에서 아버지를 잃은 소년이 어머니의 끈적끈적한 애정공세 때문에 집을 튀어나올 궁리를 한다. 그는 산에 들어가 무녀에게 점을 보기도 하고 서커스를 보러가 이상한 예능인과 사귀기도 하며 이웃집 여자와 도망가려는 등의 공상을 하게 된다. 이 영화에서 소년시절을 회상하던 감독은 도중에 등장해서 과거 자신의 모습을 생각하듯이 대사를 이끌어 간다. 이야기는 중요하지 않지만 개별적으로 표현된 장면이 신선하게 표현되어 감동을 준다. 예를 들면 갑자기 강물에 히나단(ひな段)이 흘러가기도 하고, 집의 다다미 밑으로 공포의 풍경이 전개 되는 등 미술과 영상이 공포를 자아내기도 하지만 아름다움을 잃지 않게 표현하여 새로운 미학을 그려내고 있다. 또한 영화 장면에는 소년을 강간하는 여성이 등장하기도 하고, 일본 어머니의 이기적인 애정과다를 표현하는 등 기상천외한 상상이 가미된 장면이 연출되어 충격을 주기도 한다.

<표6>은 도약기의 감독과 영화를 나타낸 것이다. 모리다니 시로(森谷司郎), 구로키 가즈오(黑木和雄), 노무라 요시타로(野村芳太郎), 짓소 데라쇼오(實相寺昭雄), 야마모토 기하치로(川本喜八郎), 가미아마 세이지로(神山征二郎), 하세가와 가즈히코(長谷川和彦), 미야기 마리코(宮城まり子), 사 유키코(左幸子),

히가시 요이치(東陽一), 다나카 노보루(田中登), 무라노 데쓰타로(村野鐵太郎)
등이 활약하였다.

<표6> 도약기의 감독과 영화5

감 독	작 품	특 징
森谷司郎(모리다니 시로)	日本沈沒(73), 八甲田山(77)	SF영화
黑木和雄(구로키 가즈오)	龍馬暗殺(74)	
野村芳太郎(노무라 요시타로)	砂の器(74)	미스터리 영화
實相寺昭雄(짓소 데라쇼우)	あさき夢みし(74)	
川本喜八郎(야마모토 기하치로)	花折り(68), 詩人の生涯(74)	애니메이션작가
神山征二郎(가미야마 세이지로)	二つのハーモニカ(76)	아동영화
長谷川和彦(하세가와 가즈히코)	青春の殺人者(76)	
宮城まり子(미야기 마리코)	むねの木の詩がきこえる(77)	여성 감독
左幸子(사 유키코)	遠い一本の道(77)	자립 영화
東陽一(히가시 요이치)	サード(78)	비행소년
田中登(다나카 노보루)	人妻集團暴行致死事件(78)	사회파
村野鐵太郎(무라노 데쓰타로)	月山(79)	

모리다니(森谷司郎)감독의 ≪日本沈沒≫(일본침몰, 73)은 일본 SF영화 가
운데서 최고의 걸작이라고 평가 받고 있다. 이 영화는 깜짝 놀랄만한 아이디어
에 기초해서 만들어진 작품으로 일본열도가 갑자기 태평양에 침몰한다는 것이
다. 그 이유에 대해 원작자 고마쓰(小松左京)는 지구표면의 프래트설에 근거하
고 있다. 지구상의 육지와 바다는 고정되어 있는 것이 아니라 조금씩 움직이고
있다는 것이다. 태평양에 접하고 있는 일본열도부터 필리핀에 이르기까지의 거
대한 해구의 지표가 해저로 점차 꺼져가고 있고, 일본열도는 거기에 휘말리게
되어 지구내부가 점차 용암화되어 간다는 것이다. 일본과학자는 이 사실을 알

고 혼란이 일어나기 전에 정치가들을 움직여 일본민족의 이주를 부탁하러 뛰어
다닌다. 그러나 그 사실이 폭로되면서 일부는 이주를 하지만 많은 일본민족은
열도의 침몰과 함께 운명을 같이 해야 할 것이라는 대재앙이 예고되고 있다.
최후장면은 세계각지에 이민으로 이리저리 흩어진 일본인이 유랑하는 모습이
나온다. 이 영화는 고도경제성장으로 갑자기 부국이 된 일본인을 각성시키려는
의미를 갖고 있다. 갑작스런 성공은 토대가 약하여 금방 무너지게 되고 번영이
라는 거품이 꺼지는 것에 대한 두려움과 걱정을 미리 예견한 것과 같은 선견
지명이 있는 영화이다. 고마쓰는 제2작으로 난민이 된 일본인이 세계에서 어떻
게 살아가고 있는가를 주제로 한 것을 그리려고 하였다.

또한 모리다니 감독의 ≪八甲田山≫(팔갑전산, 77)은 실제로 일어난 비극적
인 집단조난사건을 극영화한 것이다. 일러전쟁 2년전 1902년 2월 1일 아오모
리(青森) 제5연대와 히로젠(弘前) 제321연대가 엄동설한이 엄습해온 가운데 팔
갑전산 지역에서 훈련을 하고 있었다. 러시아와의 전쟁을 대비하는 훈련으로
눈 속에서 군대가 어느 정도 행동이 가능한가를 실험하는 것이었다. 모두가 무
리한 계획이라고 생각하는 가운데 히로젠 연대의 도쿠시마 대위는 눈에 익숙한
병사 27명을 편성해서 12시간거리에 있는 곳을 오르는 계획을 세워 성공하였
다. 아오모리 연대도 간다 대위가 신중한 계획을 세웠지만 대대장은 이를 거부
하고 210명으로 편성해 팔갑전산을 돌아 나오려고 하였다. 그러나 이 기간 중
에 역사상 최악의 폭한이 몰려와 아오모리 연대 210명은 실종되어 혹한과 영
양실조로 죽어간다. 살아남은 대원이 겨우 12명뿐 이었다. 이것은 러일전쟁당시
무모한 전쟁과 인간의 자연에 대한 도전을 다루고 있는 특징이 있다.

구로키(黒木和雄) 감독의 ≪龍馬暗殺≫(료마암살, 74)은 사카모토 료마(坂本
龍馬)가 암살되기까지 3일간의 이야기를 영화화 한 것이다. 료마는 막부(幕府)
측 자객의 암살대상이 되었을 뿐 아니라 근황의 주류파인 사쓰마(薩摩) 측의
암살대상자가 되었다. 맹우인 나카오카(中岡愼太郎)와도 내분이 있었다. 료마는
근황파가 권력을 차지하기 위해 움직이고 있다는 것을 잘 파악하고 있었지만,
유신이 성공한 후에는 하층민의 힘을 모아 혁명을 하지 않으면 안 된다고 생각
했다. 그런 원대한 꿈을 실현하기 위해서 료마는 외국에서 소총을 주문하지만
온 것은 사진기였다. 그는 가끔 창부나 자객들과 기념사진을 찍기도 했다. 자객

의 피신처인 교토에 스며들었지만 누가 적이고 누가 우군인지를 구분하기 어려 웠다. 그런 혼란 속에서 부인에게 창녀를 하게 하는 공경, 돼지를 사육하면서 유신음모를 꾸미는 공경, 젊은이들을 모아 조직을 만드는 집단 등 다양한 계층 들의 움직임이 있었다. 따라서 료마의 혁명이 실현가능하다고 확신을 갖고 있는 사람은 거의 없었다. 이 영화는 시기적으로 1960년대 세계적으로 일어난 학생 투쟁이 전개된 가운데 만들어진 산물이라고 할 수 있다. 학원투쟁을 이끌던 리 더는 기성 좌익 즉 일본공산당이었고 그들은 권력획득을 목적으로 하면서도 그 것이 아니라고 주장하지만 권력을 추구하는 집단으로 이미 알려졌다. 이 영화에 서 권력을 얻기 위해 수단과 방법을 가리지 않는 사쓰마(薩摩)와 죠슈(長州)는 기성좌익이고, 료마는 권력집단을 부정하고 끝없이 민중중심의 혁명을 추구하는 입장이다. 이 영화는 역사의 반복성을 강조하는 입장에서 메이지유신과 1960년 대 이후 일본권력을 둘러싼 갈등과 싸움을 잘 그려낸 작품이라고 할 수 있다.

노무라(野村芳太郞) 감독의 ≪砂の器≫(모래그릇, 74)은 일본영화사상 범죄 수사를 취급한 미스터리 영화로 흥행에 성공한 작품이다. 도쿄에서 일어난 살 인사건을 발단으로 형사들이 범인을 추적하는 과정에서 동북(東北)지방을 포함 해 일본의 전국 각지를 돌아다닌다. 이렇게 해서 한명의 용의자 모습이 그려지 지만 그는 과거에 불치병으로 여겨 차별받았던 한센병환자의 자식이라는 사실 이 밝혀진다. 원작자 마쓰모토(松本淸張)는 어린 시절 아버지와 같이 걸식을 하면서 순례한 경험이 있다는 것을 밝히기도 한 작품이다. 각색을 담당한 야마 다 요지는 그것을 관객의 관심을 끄는 주제로 확대하였다. 이 영화는 범인이 누구인가라는 것보다는 수사과정에서 부각되는 몇 명의 딱한 사람에 대해서 동 정이나 공감을 불러일으키게 한다. 특히 피해자중에는 마음이 아름답고 착한 인물로 한센병 환자에게 동정적으로 행동한 것 때문에 역으로 그런 사실을 알 리고 싶지 않은 사람들에 의해 살해되기도 한다. 상식적으로는 어이없는 사건 을 두고 수사과정에서 벌어지는 현상이 관중들의 동정과 관심을 끌어 영화로서 흥행하는 요인이 되었다.

가미야마(神山征二郞) 감독은 아동영화를 중심으로 작품을 만들었다. 1965년 사이다마현(埼玉縣) 소재 초중학교의 교사와 학부모가 부자영화 만들기 운동을 시작했다. 어린이에게 보여주고 싶은 영화를 만들기 위해 자기들이 직접 기획

에 참여하고 제작회사에게 맡겨 만들게 하는 영화상영활동을 하였다. 그런 영화 만들기 운동은 도쿄, 군마(群馬), 시즈오카(静岡), 미야기(宮城), 홋카이도(北海道) 등으로 확대되었다. 이런 운동에 의해 착실한 아동영화가 만들어 졌다. 아동영화는 근대영화협회, 닛카쓰 아동영화부, 고부시(こぶし)프로덕션 등이 만들었다. 가미야마(神山征二郎)감독의 ≪二つのハーモニカ≫(두개의 하모니카, 76)는 이런 운동가운데서 만들어진 영화이다. 중년 남자가 초등학생 딸을 데리고 태평양전쟁 중에 군의 비행장이 있던 미야기현(宮城縣)을 방문하여 전쟁 중 그들이 겪은 당시를 회상한다. 초등학교 상급생이었던 류(降)는 도쿄에서 온 외부인으로 소외되었지만 하모니카를 불어 골목대장인 료기치(良吉)와 사이가 좋아진다. 그들의 우정이 아름답게 그려지고 비행장의 소년비행병과 알게 된다. 그 소년병도 하모니카를 좋아했지만 그것으로 군가를 부르는 것이 아니라 미국의 가곡을 불렀다. 소년병은 특공대원으로 출격하지 않으면 안 되었다. 정식면회가 허락되지 않아 소년병은 류와 료기치에게 편지를 부탁한다. 그런 가운데 여동생이 어렵게 비행장에 와 면회를 원하고 있었지만 소년병은 이미 출격을 한 뒤였다. 여동생을 남겨 놓고 출격하는 소년병의 간절함이 잘 그려진다. 이 영화에서는 그런 상황에 대해 소년병들이 이해하지 못하는 장면과 또한 언어로 표현되지 못하는 무념의 메시지도 밀도 있게 그려지고 있다. 아동영화로 만들어 졌지만 그 범위를 넘어 감동을 제공하고 있다.

하세가와(長谷川和彦) 감독의 ≪青春の殺人者≫(청춘의 살인자, 76)는 어떤 청년이 부모를 죽인 실제 사건을 취재한 나카조(中上健次)의 단편소설 『蛇淫』(사음)을 영화화한 것이다. 철저한 조사를 기본으로 하는 이마무라 쇼헤이가 오츠카(大塚和)와 함께 프로듀서를 담당하고 다무라(田村孟)가 시나리오를 썼다. 전반부분에는 청년이 아무렇지도 않은 계기로 아버지를 살해하고 사체를 숨기는 과정에서 생긴 소동 때문에 충동적으로 어머니마저 살해한다. 이 과정에서 어머니와 아들간의 심리과정을 치밀하게 그렸다. 청년은 학창시절에 학원분쟁에서 활동한 사실이 있었고 예비교에 갔지만 아버지는 진학시키지 않았다. 아버지는 아들에게 선술집을 경영하게 하였고, 어린 시절부터 알던 여자와 결혼하는 것에 반대하였다. 아버지는 아들을 손아귀에 넣으려고 하였다. 그런 상황에 대해서 아들은 흥분하여 아버지를 살해하게 된다. 그리고 그런 생각을 하는 어머니마저 살해하여 애인과 같이 사체를 바다에 버리고 자신도 자살하려고 하였지만 미수에 그친다. 그리고 누구도 알지 못하게 도망여행을 하게 되고 그 와중에서 부모와 애인과 행복했던 시절이 머리에 스쳐간다.

일본에서 기록영화 분야에서는 나카무라(中村麟子), 도키에다(時枝俊江), 하다(羽田澄子), 미야기(宮城まり子) 등과 같은 여성감독이 배출되었다. 시나리오 작가로는 미즈키(水木洋子), 다나카(田中澄江), 와다(和田夏十) 등과 같은 인재가 나타났다. 다나카 기누요(田中絹代)는 1960년대 감독으로 활동하여 많은 작품을 남겼다. 여배우를 한 사 유키코(左幸子)는 ≪遠い一本の道≫(먼 길, 77)을 감독했다. 이 영화는 국철노동조합이 지원하여 만든 영화로 조합원이나 그 가족에게 보이기 위한 것이었다. 국철의 보선부에서 근무하는 철도공무원인 남편과 아내의 연대기이다. 주인공은 홋카이도의 보선부에서 30년간 근무한 남자이다. 10명 정도의 반원으로 구성되어 육체노동을 하지만 노선업은 매우 신경이 쓰이는 일이며 단련이 필요한 일이었다. 숙련된 노동자의 작업은 하나의 예술적으로 완성된 작품과 같은 아름다움을 갖고 있다. 유키코 감독은 일하는 남자의 인간적 매력을 세심하게 표현하는 연출력을 보였다. 또한 마루생운동(マル生運動)과 대결하는 국철노동자와 그 가족들을 표현하는 과정에서 조합원간의 토론과정을 다큐멘터리로 표현하기도 하였다. 이 영화는 직장을 갖고 있고 가정에서도 좋은 아버지로 역할을 다하는 데는 일정한 한계가 있기 때문에 어린 아이와의 관계에서 생기는 소원함을 아내가 애정으로 매우는 가슴 따뜻한 정경을 보여주고 있는 평범한 가정영화이다.

히가시(東陽一) 감독의 ≪サード≫(사도, 78)는 데라야마의 시나리오를 영화로 만든 것으로 비행소년들을 다룬 작품이다. 사도는 주인공의 별명으로 고교 때 야구 3루수였다. 남녀각각 2인으로 구성된 동료 그룹은 재미없는 시골을 떠나 대도시로 탈출할 계획을 세운다. 그것을 위해 여자들은 매춘을 할 것이라고 말하기도 하고 남자는 정부의 역할을 할 것이라고 말하기도 한다. 그러나 어느 날 사도는 야쿠자와 싸움을 하다 그중 한 사람을 살해해 소년원에 보내지지만 죄를 의식하고 있지 않다. 사도는 소년원에서 선생에게도 반항하지 않고 친구들이 괴롭혀도 저항하지 않는다. 그렇다고 반성하고 있는 것도 아니다. 겉으로만 반성하고 있는 듯 하였다. 그는 반성하지 않으면 안 된다는 것을 알

고 있지만 마음으로부터 반성하지 않으면 안 된다는 절실함을 실감하지 못하고 있다. 따라서 반항도 하지 않고 적당히 겉으로만 반성하는 듯이 행동하고 있다. 이 영화는 청소년기 소년의 우발성에 의해 저지른 죄와 그것에 대한 대가를 정확하게 인식하지 못하는 소년에 대한 심리를 잘 그려낸 작품이다.

다나카(田中登) 감독의 ≪人妻集團暴行致死事件≫(유부녀집단폭력치사사건, 78)은 현대사회의 단면을 날카롭게 그려낸 작품으로 사회파 리얼리즘의 걸작이라고 할 수 있다. 도쿄 근교에서 벌어지는 이야기로 토지가격이 내려가 농업을 그만두고 삶의 의욕도 상실한 채 겨우 용돈을 벌며 사는 젊은이가 있다. 처음에는 나쁜 마음 없이 놀다가 도를 지나쳐 황당한 사건을 일으키고 만다. 일본의 급속한 사회변천이 그런 악의 없는 비행을 촉발시키는 원인으로 작용한 것이다. 세 젊은이들은 그런 생활을 계속유지하고 있다. 그들 주위에 한 쌍의 사이가 좋은 부부가 살고 있었다. 그들은 부인에게 매료되어 비극적인 사건을 일으키고 만다. 그들은 아주 나쁜 악을 갖고 있었던 것은 아니다. 부인을 윤간해도 사죄하면 용서해줄 것이라는 어리석은 생각을 하고 있다. 그들은 그녀를 강간하자 그녀는 죽어버린다. 그들은 어쩔 줄 모르고 당황하고 있는 사이에 남편이 온다. 그녀는 심장이 약하여 강간당하는 사이에 심장마비가 온 것이다. 그들은 섹스를 하는 동안에도 지병으로 고통을 느끼며 죽어간 것 때문에 슬퍼한다. 이 영화는 급변해 가는 일본사회에서 무의식적으로 행동하는 젊은이들을 비판적 시각에서 비극적으로 그려낸 작품이다.

짓소(實相寺昭雄) 감독의 ≪あさき夢みし≫(아사키 유메미시, 74)는 가마쿠라시대 몽고가 습격해왔을 때 교토의 궁전에서 귀족과 법황들에게 사랑을 받은 한 사람의 실재 여성의 수기인 『とはずがたり』(도하즈가타리)가 원작이다. 또한 가와모토 감독은 인형 애니메이션 작가로 ≪花折り≫(꽃 꺾기, 68), ≪詩人の生涯≫(시인의 생애, 74)에서 애니메이션으로 표현 가능한 세계를 그려냈다. 무라노 감독의 ≪月山≫(월산, 79)은 한 청년이 어느 겨울 야마가타현(山形縣)의 영장월산(靈場月山)의 절에 들어가 생활하는 모습을 그린 것이다. 그 절에는 혼자만이 살고 있다. 마을에서 가끔 찾아오는 사람이 있지만 매일 거의 2층에서 혼자 보내고 있다. 밖에는 눈이 쌓여가고 있고 신체로 스며드는 한파를 견디며 살아가는 이야기를 그리고 있다.

■■ 3. 국제영화제의 수상감독과 영화

　1970년대 일본은 경제적인 측면에서 고도성장을 실현하여 큰 성공을 거두었고, 정치적으로는 경제적 자신감에 국가를 중시하고 애국을 호소하는 사건이 일어나는 과정에서 지식인의 우익화와 보수화가 급속도로 진행되어 전통주의를 강조하는 흐름이 횡행하였다. 사회적인 측면에서는 기성세대에 대한 비판을 토대로 새로운 사회의 탄생을 요구하는 세력이 일어났다. 특히 사회개발과 사회복지등과 같은 개념이 등장하여 고도경제성장에 따른 성과물의 분배가 의도적으로 진행되었다. 이것은 고도경제성장에 따른 부정적인 효과에 대한 비판에 대응하는 성격을 띠기도 하였다. 문화적으로는 서구화되어 가는 문화양상에 제동을 거는 현상이 일어났고 특히 영화계에서는 영화의 사양화가 급속도로 진행되어 개혁이 큰 과제로 등장하였다. 그럼에도 불구하고 이 시기의 일본영화는 국제영화제에서 수상하여 그 명맥을 유지하였다.

　<표7>은 1970년대 일본영화와 감독이 국제영화제에서 수상한 내용을 정리한 것이다. 이것은 일본영화가 전성기를 통해서 획득한 이미지를 국제영화계에서 이어가고 있다는 것을 증명하고 있다.

<표7> 국제영화제의 수상현황

년 도	감 독	작 품	영화제	상종류
1971	新藤兼人	裸の十九才	모스코바	금메달상
1971	黒澤明	どですかでん	모스코바	전소련노동자동맹 특별상
1975	黒澤明	デルス・ウザーラ	아카데미	외국어영화상
1975	黒澤明	デルス・ウザーラ	모스코바	금상
1975	野村芳太郎	砂の器	모스코바	소련작곡상, 동맹상
1975	熊井啓	サンダカン八番娼館・望郷	베를린	여우주연상

1977	新藤兼人	竹山ひとり旅	모스코바	소련영화인동맹상, 소련미술가상
1978	大島渚	愛の亡靈	칸느	감독상
1979	浦山桐郎	太陽の子 てだのふあ	모스코바	아동영화부문 은상
1980	黑澤明	影武者	칸느	그랑프리

신토 가네토 감독의 ≪裸の十九才≫(벌거숭이 19세), ≪竹山ひとり旅≫(다케야마 고독여행), 구로사와 아키라 감독의 ≪どですかでん≫(어떻습니까?), ≪デルス・ウザーラ≫(델스 우자라), ≪影武者≫(가게무샤), 구마이 감독의 ≪サンダカン八番娼館・望鄕≫(산다간 팔번창관), 오시마 감독의 ≪愛の亡靈≫(사랑의 망령), 노무라 감독의 ≪砂の器≫(모래그릇), 우라야마 감독의 ≪太陽の子 てだのふあ≫(태양의 아들) 등이 국제영화제에서 수상한 작품이다. 이처럼 국제영화제에서 수상한 작품은 일본의 전통과 관련된 것이 많다.

그러나 새로운 장르로 등장한 로망포르노작품들은 예술성에 대한 가치를 인정받기 보다는 정당성을 주장하는 시기였기 때문에 실제로 작품이 담고 있는 가치를 충분히 이해되고 평가를 받는 데는 시간이 필요했다. 또한 사회문제를 정면에서 다루며 국가와 권력을 향해 저항하면서 해결하려고 한 사회파영화도 현실과는 별도로 작품으로서의 가치를 인정해줘야 함에도 불구하고 표현과 연출에 대한 평가는 소원했다는 특징이 있다. 그러나 그런 장르의 영화는 국제성이나 예술성보다는 현실적 책임성을 강하게 갖고 만들어졌다는 점에서 가치가 있다고 할 수 있다. 국제영화제는 그런 작품을 높게 평가하는 데 한계가 있었다고 할 수 있다.

Ⅳ 도약기의 영화와 시대성

■ 1. 시대참여주의

　시대성으로서 시대참여주의는 일본사회에서 벌어지는 다양한 현상에 대한 반향으로 일어난 것으로 국가나 위정자가 인식함에도 불구하고 해결을 미루거나 권력에 의한 해결을 정당한 것으로 인식하는 것을 불합리한 해결안으로 보아 적극적으로 반대하거나 수정을 요구하는 영화흐름을 말한다. 따라서 이것은 단순하게 사회문제를 들춰내는 것에 그치지 않고 집중적이며 객관적으로 때로는 강자보다는 약자의 입장에서 적극적으로 저항하는 성격을 강하게 가진 영화로 나타났다. 이런 점에서 참여주의를 강조한 영화는 예술성에 의한 흥행보다는 사회문제를 해결하려는 책임감에 기초해서 만들어진 특징이 있다. 또한 당시의 시대가 안고 있는 문제를 간과하지 않는 지식인으로서 사회참여를 하려는 의도적이고 철학적인 양심의 발로로 나타나기도 하였다. 도약기에 시대참여를 유발한 문제로는 토지수용문제, 환경오염문제, 재벌의 약탈적인 모습, 정경유착현상, 민주주의, 이민족의 차별문제, 사회적 약자문제 등 다양하게 등장하였다.

　일본사회에 내재하고 있는 악을 좌익이데올로기 입장에서 폭로하는 영화를 만든 감독이 야마모토 사쓰오(山本薩夫)이다. 그의 작품인 ≪戰爭と人間≫(전쟁과 인간, 70-73)삼부작은 쇼와초기 공산당 탄압에서부터 태평양전쟁 직전 노몬한(ノモンハン)사건까지 어떤 신흥재벌의 만주진출을 둘러싼 움직임을 기본축으로 하여 만든 영화이다. 즉 만주사변에서 태평양전쟁에 이르기까지 15년 전쟁 사이에 군부와 유착한 재벌이 음지에서 어떻게 조종했는가를 폭로한 작품이다. 또한 ≪華麗なる一族≫(화려한 일족, 74)은 일본자본주의의 지배자였던 은행의 뒤안길을 폭로한 작품이다. 은행동료간의 경쟁이 결렬해지는 가운데서도 대은행의 수뇌부나 오쿠라쇼(大藏省)의 수뇌부의 아심 때문에 상당한 기업이

붕괴되거나 하청기업이 힘없이 쓰러진다. 그 과정에서 대은행은 기업팽창과 더불어 점점 거대한 권력을 갖게 된다. ≪金環蝕≫(금환식, 75)은 고도경제성장 시대 여당당수 수뇌부의 오직실태를 그린 작품이다. 수상을 비롯한 여당간사장 이나 대신들이 연출하는데 실재인물과 닮은 인물을 등장시켜 사실감을 더하게 하였다. 이 영화는 주로 권력자들 사이에서 벌어지고 있으면서도 표면에 나타나지 않은 뇌물의 수수방법 등을 폭로하였다. ≪不毛地帶≫(불모지대, 76)는 정계에서 큰 파문을 일으켰던 록히드사건을 다룬 것으로 수십 년 전의 록히드 대 구라만 전투기 판매를 둘러싸고 어떤 일이 있었는가를 그린 작품이다.

야마모토가 작품을 만든 시기는 1970년대로 오일쇼크로 인해서 국내외적으로 경제위기가 몰려오고 세계경제가 무너져 가는 시기였다. 그리고 일본에서는 정경유착으로 암거래가 활발하게 이루어진 시기이다. 정치가는 편파적으로 권력과 이권에 개입하여 자기의 정치생명과 사익을 챙겼고, 반대로 기업가는 정치가의 권력을 이용하여 기업이익과 사익을 동시에 챙겼다. 불법적으로 주고 받는 정경유착 현상은 사회변화를 추진하는 원동력으로 작용하는 가운데 음성적인 시스템으로 고착화된다. 따라서 정경유착에 참여하지 못하는 기업과 개인은 방관자로서 보고만 있었던 것이다. 그런 시대상을 보고 영화인들은 자본가, 정치가, 관료, 고급군인 등을 등장시켜 이들이 어떻게 권력을 쥐고 부정한 행위를 하고 있는가를 폭로하게 된다. 이런 영화는 일본사회가 안고 있는 어두운 면을 그렸다는데 가치가 있다고 할 수 있다. 야마모토 감독은 영화를 통해서 당시 일본사회가 안고 문제를 해결해야만 한다는 절실한 당사자 심정으로 처절하게 실체를 그리려고 하였다.

전후일본을 총괄하려고 한 논객이자 감독이 오시마 나기사(大島渚)이다. 그는 ≪儀式≫(의식, 71)을 통해서 일본의 전후를 총괄하려고 하였다. 1960년대 일본에는 전국적으로 학원투쟁이 일어났고 그 가운데서 생겨나 사용된 용어가 '총괄'이었다. 이것은 일본전체를 비판하고 의문을 제기하는 개념으로 사용된다. 즉 학교는 무엇인가, 혁명이란 무엇인가, 투쟁에는 어떤 잘못이 있는 가, 일본사회는 어디로 가고 있는 가 등과 같이 일본사회가 안고 있다고 제기되어 비판되고 있는 문제를 총체적으로 해결해야 한다는 것을 주장하는 의미가 함의되어 있다. 영화 ≪儀式≫에서 오시마는 한 가족의 의례를 통해서 전후 25년을 총괄적으로 결론을 내린다. 어느 지방명문 가족의 인간관계를 일본사회의 축소판으로 가정하고 전후의 잘못된 흐름을 수정하려고 한다. 한 가족을 통해서 보듯이 전후 일본은 민주주의국가로 새롭게 태어나야 됨에도 불구하고 그렇지 못하다고 통절하게 문제제기를 하고 있다. 전후 일본사회는 크게 바뀌어야 했지만 실제로 기본적인 것은 변하지 않았다.

이 영화에서는 가부장제 가족주의적 국가체제의 존재형태를 밝히기 위해서 사쿠라다가(櫻田家)라는 명문 일가를 설정하고 관혼상제를 위해서 모인 일족의 하루하루를 면밀하게 분석하여 일본의 전후사를 이야기하고 있다. 주인공 만주남은 만주에서 태어나고 자라 패전 후 일본의 아버지 집으로 귀국했다. 가정에는 결혼과 장례식 등으로 많은 친척들이 오고간다. 또한 과거에 고관으로 영향력을 끼쳤던 할아버지를 중심으로 성대한 의식이 거행된다. 사쿠라다가의 일족에는 좌익과 우익 등 다양한 사람으로 구성되어 있어 서로 비아냥거리면서도 결정적으로는 대립하지 않는 상태로 부흥과 고도성장과정에 편입된다. 이런 변하지 않는 모습을 일족의 관혼상제를 반복해서 그려낸다. 만주남에게는 그런 의식들이 맞지 않지만 결국 25년 후 자신의 결혼식도 역시 할아버지의 후광으로 성대하게 행해진다. 정면에는 정계의 거물인 사토(佐藤慶)라는 가부장이 기모노를 입고 정좌한 모습을 보이고 그 가운데 좌익과 우익이 각각 불만을 토로하는 장면을 통해서 풍부한 사회로 진입하는 가운데서도 자기해체의 깊이를 더해가는 것을 그렸다.

도약기를 맞이한 일본은 군국주의에서 민주주의로 전환을 하고, 통제주의에서 자유주의로의 이행을 추구하며, 제국주의적 자본주의에서 자본주의로의 전환을 추구해야 한다는 공통된 시대적 사명을 갖고 있었다. 그것은 일본이 가부장제에 기초한 국체사상으로부터 해방되고 민주사상으로 전환되는 것을 의미한다. 그러나 일본은 경제적으로 발전하고 사회적으로 성숙되어 간다고 인식하였지만 실제로는 전통성에 기초를 둔 사회도덕과 지배질서가 온존하고 있었던 것이다. 이것은 전후 일본이 걸어온 평화와 민주로의 행로에 대해 역행하는 것이며 반역적인 현상이다. 시대상에 민감하게 반응했던 영화감독 오시마는 일본사회가 갖고 있는 모든 문제를 총체적으로 지적하여 해결하려고 하였다는 점에서 시대상을 잘 표현하고 있다. 특히 논객이라는 특징을 가진 오시마는 당시의 시대적 흐름에서 나타난 문제를 좌시하지 않고 일본사회가 갖고 있는 부정성을 밀도 있게 영화를 통해 분석하였다. 그런 영화는 시대비판과 시대성의 반성을 통해 새로운 사회로의 진입과 도약을 기대하는 지식인으로서의 주장이었고, 일본역사가 걸어온 길에 대한 깊이 있는 반성과 회한의 감회를 노출시킨 영화라고 평가할 수 있다.

1970년대 다큐멘터리의 형태로 현실적 문제를 날카롭게 그려낸 감독이 쓰치모토 노리아키(土本典昭)와 오가와 노부스케(小川紳介)이다. 쓰치모토(土本典昭)는 치바(千葉)대학의 유학생문제를 다룬 ≪留學生チュア・スリ・リン≫(유학생 추아 스리 린, 65), 교토(京都)대학의 학원투쟁을 다룬 ≪パルチザン前史≫(팔찌산전사, 69), 미나마타의 공해문제를 다룬 ≪ミナモト-患者さんとその世界≫(미나마타 환자와 세계, 71), 이어 미나마타 병에 대한 의학적 조사필요성을 인식하기 위해서 과학영화 삼부작 등을 만들었다. 그 이후 ≪不知火海≫(부지화해, 75)에서 환자들의 일상생활을 그린 7부작 다큐멘터리를 만들어 일본다큐멘터리 영화사의 기념비적인 업적을 남겼다. 그의 영화주제는 말 그대로 일본사회가 문제로 안고 있는 외국유학생문제, 대학생을 둘러싼 대학의 문제, 환경오염 및 공해문제 등 사회와 국가수준에서 적극적으로 대응하지 못한 문제였다. 그런 문제는 현실적으로 일본사회에서 일어나고 있어 당시 시대가 해결해야 할 과제들이었다.

특히 환경오염으로 발생된 미나마타병을 다룬 ≪ミナマタ-患者さんとその世界≫(71)는 미나마타 병의 환자와 그 가족 및 유족에 대한 기록을 영화로 만든 것으로 기록영화사에 남는 걸작이다. 이 영화는 미나마타병이 어떤 것이며, 얼마나 많은 환자가 있고, 짓소(窒素)와의 보상투쟁이 어떤 경과를 거쳐 왔는가 등을 개략적으로 설명한다. 그 후에 서술적으로 환자와 그 가족의 생활에 초점을 맞춰 비참함을 그들이 어떻게 수용하고 어떻게 생명을 유지하고 있는가를 극명하게 보여주고 있다. 눈이 안보이고 말을 못하며 보행이 불가능한 환경오염환자, 지능발달이 정지되는 태아성 환자, 그들의 가족 등이 겪는 고통 등을 보면서 그런 사실을 얼마나 모르고 있는 가를 새롭게 인식시킨 영화였다. 변호사의 발상으로 시작된 일인, 가족, 유족 등의 대표들이 한 주의 주식으로 주주가 되어 일본질소회사의 주주총회에 참가하여 발언을 하려고 일으킨 일주주식운동이 시작된다. 운동에 반대하는 변호사는 가능한 한 배상금을 많이 챙기도

록 가족을 설득하는 장면도 있어 투쟁의 복잡한 측면을 그리고 있다. 환자나 그 가족들의 회사에 대한 증오감은 주주총회에서 폭발한다.

이 영화의 절정은 주주총회가 혼란을 거듭하고 환자가족들이 제창하는 어영가(御詠歌)가 터져 나오는 장면이다. 그리고 서지 못하고 말하지 못하는 소년이 인터뷰를 하는 과정에서 방긋방긋 웃는 모습을 찍은 장면과 맹인이 된 소년이 오르간으로 '말라버린 억새풀'(枯れすすき)를 치며 동생과 노래를 듣는 장면 등은 환자이기 전에 아름다움을 갖춘 평범한 사람들이라는 것을 보여준다. 이 기록영화는 성장과정에서 발생하는 희생자를 어떻게 할 것인가 하는 사회문제에 대해 새로운 인식을 갖게 하였을 뿐 아니라 성장과 환경보호, 희생자와 회사, 희생자와 국가 등의 차원에서 일어나는 갈등에 대해서 새로운 인식을 심어준 영화이다. 쓰치모토의 기록영화 ≪ミナマタ レポート1/實錄・公調委≫(미나마타 레포트1/실록, 73)은 흑백 16미리 47분짜리로 전작이 만들어진 후 2년 만에 만든 작품으로 역시 미나마타병 문제를 취급한 것이다.

그리고 미나마타 병으로 일상화된 고통을 겪는 이야기를 그린 ≪不知火海≫는 장편기록영화로 1975년에 만든 작품이다. 재판에서 신일본질소가 보상에 응하게 되어 미나마타의 격렬한 공해투쟁은 일단락되는 듯이 보였다. 그러나 지금까지의 투쟁으로 미나마타에 한정된 지역의 피해만이 밝혀지고 그와 관련된 시라누이 해(不知火海) 일대에 대한 피해는 문제화되지 않았다. 미나마타병 피해자도 보상금을 받아 금전적으로 일시적인 안정을 얻었지만 그 인생자체에 대한 고통은 지속되었다. 이 영화는 현재 및 장래와 관련된 문제를 미나마타와 시라누이해(不知火海)일대의 일상생활을 통해서 담담하게 그렸다. 이런 탐구에 의해서 고통과 고뇌가 일상화되고 있는 사실이 밝혀지게 된다. 특히 태아성 환자인 소녀와 소년이 의사에게 상담하는 장면에서 소녀는 학교에 가도 자신은 새로운 것을 느끼지 못한다고 말하고 수술을 하는 것이 좋지 않을까라고 울면서 이야기하는 장면이 나온다. 의사는 수술할 수 없다고 말하지만 위로의 말이라는 것을 알지 못하여 곤란해 하는 장면이 나온다. 쓰치모토는 계속해서 미나마타병 문제를 찍어왔다. 이런 작업은 단순하게 사실을 보도하는 범위를 넘어 미나마타병을 원점에서 다시 접근하고 오늘날 세계의 존재방식을 수정하려는 사상운동의 일환으로 만들어진 것이다. 1975년 만들어진 ≪醫學としてのミナ

マタ病≫(의학으로서의 미나마타병)3부작은 과학영화로 획기적인 작품이다.

오가와(小川紳介)는 ≪壓殺の森≫(압살의 숲, 65)이라는 영화에서 대학투쟁을 소재로 하였고, 삼리쓰카(三里塚)의 나리타 공항투쟁을 ≪日本解放戰線·三里塚の夏≫(일본해방전선·삼리쓰카의 여름, 68)으로 담아냈다. 오가와는 농민들의 토지보호투쟁을 그리는 가운데 그것을 저지하는 기동대를 정면에서 찍었다. 그는 ≪三里塚 辺田部落≫(삼리쓰카, 73)에서 농민 한 사람 한 사람의 역사를 민속학적 시점에 맞춰 촬영했다. 오가와의 영화는 입장이 일방적이라는 점에서 선동영화이며 선전영화의 성격을 강하게 띠고 있다. 삼리쓰카의 나리타 공항반대투쟁은 신좌익계 학생의 참가로 시대적 과제가 되어 매스컴의 관심을 끌었지만, 오가와 영화에는 학생들의 모습이 전혀 없다. 오가와가 여기에서 주장한 것은 학생들처럼 일시적인 관심이나 투쟁보다는 농민들처럼 지속적인 투쟁의 에네르기였다. 삼리쓰카 투쟁을 담은 영화는 농민의 내부에서 혼란을 일으켰고 그 가운데 오가와 프로덕션의 존재자체도 미묘해졌다. 이 시점에서 오가와 프로덕션은 또 다른 문제를 안고 있었던 야마가타현의 산촌 마키야(牧野)라는 곳으로 거처를 옮겼다.

≪三里塚·辺田部落≫(73)에서는 투쟁장면이 전혀 없고 오가와 프로덕션이 생활기반으로 하고 있는 와다(辺田)라는 부락의 민속을 2시간 정도 기록하였다. 그것은 부락의 구성, 친족, 인적구성, 인간관계, 사물유래, 연중행사, 투쟁 중 경찰에 연행된 후 석방된 자를 위한 부락의 환영회 등과 같은 일상생활의 행사를 기록한 장편기록영화이다. 여기에서는 농촌의 부락이 얼마나 긴밀하게 연결되어 공동체를 이루고 있는가를 강조하였고, 그 구성원들이 밀착된 일상생활과 인간관계를 밝혔다. 나리타(成田)공항을 만들기 위해서 농민의 토지를 수용하는 문제는 토지보상으로 해결되는 것이 아니라 마음의 문제가 관련되어 있다는 점을 잘 표현하고 있다. 또한 현대화되고 있는 일본사회에 무엇인가 중요한 것을 잃고 있다는 것을 그렸다. 일본인의 생활전체가 세월의 흐름에 따라 많이 변하였다. 그 결과가 풍부해진 일본이라는 점에서 좋은 현상이지만, 반대로 그 과정에서 희생되고 있는 중요한 무엇인가를 잃어가고 있는 부분을 들춰내는데 오가와의 영화는 가치가 있다고 할 수 있다. 삼리쓰카(三里塚)영화 시리즈는 투쟁하는 농민들과 몇 년간 함께 생활하면서 찍은 시대참여영화라는 특징이 있다.

또한 농민들의 노동을 철저하게 경험해서 만든 것이 ≪牧野物語 養蠶編≫
(마키노이야기, 77)이다. 이것은 화학섬유로 대체되어 점점 쇠퇴해가는 양잠에
관한 기록영화이다. 오가와는 양잠에 대한 기록영화를 본격적으로 만들기 위해
서 오가와 프로덕션 스텝들에게 현장에서 우선 양잠을 하도록 하였다. 그들은
미경험자였기 때문에 이웃에 살고 있는 기무라(木村)일가의 지도를 받았다. 그
지도를 노트에 기록하지 않고 필름으로 기록하여 편집을 통해서 16미리영화로
만들었다. 이 영화에서는 누에 기르는 것을 설명하기 위해서 기무라가 하나하
나 뽕밭에서 뽕잎을 손에 들고 설명하며 작업을 직접 해 보여주었고, 그리고
누에가 성장하는 과정에서 각 시기에 누에를 어떻게 취급해야 하는지에 대해서
기무라의 부인이 직접설명을 하였다. 설명도 직접 농민이 사용하는 방언을 통
해서 하기 때문에 야마가타(山形) 방언을 모르는 사람은 잘 알아들을 수 없는
부분이 있을 정도였다. 그래서 외국영화처럼 전면에 회화자막을 넣기도 하였다.
지방에서 양잠 기술은 어머니에서 딸로 전승되는데 딸이 시집을 가 양잠기술을
알지 못하는 부분이 있으면 시집에서 배우는 것이 아니라 본가에 가서 배우는
것이 관습처럼 인식되어 왔다.

이 작품은 농민을 스승으로 하여 농민이 터득해온 과학적 기술과 경험을 통
해서 새로운 사실을 알게 하였고 또한 갖고 있는 것을 표현하도록 하여 만든
기록영화이다. 시사회에서 이 영화는 사실성이 높은 문화영화라고 평하였다. 마
키야(牧野) 시리즈도 철저하게 생활경험을 하면서 찍은 것으로 우리생활에서
잃어버린 것을 밝히고, 생활의 토대가 되는 노동과 노동을 통해서 얻어지는 놀
라운 산물의 소중함을 밝히는 작업을 한 것이다. 이처럼 오가와는 미나마타병
과 마키노의 양잠을 소재로 하여 철저한 검증을 통해서 세세하게 그려냈고 또
한 그것을 통해서 당시 일본이 겪고 있는 현안을 정면에서 들춰내어 일본사회
에 던졌던 것이다. 도약기 일본사회는 산업을 발전시키는 과정에서 부와 편리
함을 얻었지만 반대로 미나마타병과 같이 인간이 극복하기 어려운 문제를 발생
시켰다. 그리고 면사대신에 기계와 과학의 합작품인 화학물질이 대체하게 되어
도시는 번성하지만 농촌은 피폐해져 갔다. 그러나 얻는 자와 희생자가 일치하
지 않는다는데 문제가 있다. 이것은 일본에서만 일어나는 현상이 아니라 산업
화를 추진하고 있는 모든 국가에게도 예외 없이 적용되는 법칙 아닌 법칙이

되고 있다. 오가와는 영화를 통해서 시대가 안고 있는 본원적인 문제를 제기하고 있다.

데라야마(寺山修司)는 신체장애자와 미남미녀가 평등하게 연극 속에서 같이 즐거움을 느낄 수 있도록 하는 발상으로 영화를 만들었다. 특히 신체장애자를 무대에 서게 함으로써 기존의 신체장애자에 대해 생겼던 시선과 시각을 깨는데 중요한 역할을 하였다. 그는 극단을 통해서 청소년의 신상상담을 하는 듯한 역할을 하고 자신을 불행하다고 여기는 인간이 그 불행을 무대를 통해서 토해내도록 하였던 것이다. 데라야마는 치료되지 못한 불행을 다음에 무엇을 할 것인가라는 상상력을 발휘하여 해결하는 특징이 있다. 이것이 데라야마의 예술이고, 사회운동이며, 행복론이다. 데라야마는 연극으로서 ≪書を捨てよ町へ出よう≫ (책을 버리고 도시를 떠나자, 71)에서 젊은 아마추어들에게 연기를 하게 하였다. 이 영화는 데라야마가 대본을 만들고 내용은 시집에 게재된 고교생의 시가 주요한 부분을 이루고 있다. 또한 그 시의 작자를 출연시켜 저자자신이 낭독하게 하거나 노래를 부르게 하였다. 그것은 낭독뿐 아니라 작곡된 뮤지컬처럼 연출하기도 하고 코믹과 같은 뮤지컬 연극으로도 표현하였다. 여기에서 부르는 노래와 시는 깨끗한 것에 대한 동경이나 감탄이 아니라 수험경쟁, 부모와 교사에 대한 반발, 성에 대한 고민, 여자친구의 사랑을 받지 못하는데서 오는 고민, 학교가 아니라 사회에서 야심을 실현하지 못하는데서 오는 초초함 등으로 장본인이 낭독하게 하여 공통의 고민을 가진 동세대에 사는 비우등생의 젊은이들이 생생하게 실감할 수 있는 내용을 담고있다. 또한 감정과 고민을 관객의 시선에 맞추는 등 축제와 같은 유머러스한 극으로 만들었다.

≪書を捨てよ町へ出よう≫(71)에서는 동북지방의 시골에서 한 가족이 도쿄로 이사와서 무기력한 아버지, 약한 누나, 예비교를 다니는 청년 등이 함께 살게 된다. 청년은 예비교를 다니면서 선배나 친구들에 이끌려 여러 사람들을 만난다. 예를 들면, 신주쿠(新宿) 뒷골목의 창부를 만나기도 한다. 실제로 연기를 한 사람은 데라야마가 직접 뽑은 시의 투고자였고, 자작의 시를 직접 아오모리 (青森) 사투리로 낭독한 사사키(佐佐木英明)라는 청년이었다. 사사키는 자기 자신에 대해서 세미 다큐멘터리로 리얼하게 연기하는 것이 아니라 패러디 형태로 연기하였다. 따라서 자기 자신을 패러디함으로써 자신을 초월하고, 자기 자신

가운데 있는 콤플렉스를 긍정하고 콤플렉스를 창조적 힘으로 변하게 한다. 그리고 말을 더듬는 재일조선인 소년이 「더듬이도 또한 사상이다」라는 시를 낭독한다. 이런 작업은 바보가 하는 하찮은 것으로 보일지라도 그것은 신중한 것이었다. 이 영화는 전위적인 영화라는 측면에서 보면 심각하고 음성적이며 관념적이라는 기존의 관념을 넘어서 감성적일 정도로 잘 표현된 새로운 전위영화이며 실험영화이다.

미야기(宮城まり子)감독은 ≪むねの木の詩がきこえる≫(마음의 나무시가 들린다, 77)에서 장애 아이에 대한 교육문제를 심각하게 다루었다. 사회가 발전되든 제자리에 있든 사회에는 학교시설을 필요로 하는 지체부자유 아동이 많다. 그러나 시설이 있어도 학교에 통학하는 것도 곤란한 경우가 많다. 시설과 학교를 함께 하면 좋지만 이라고 미야기 마리코(宮城まり子)는 생각한다. 그러나 시설은 후생성의 관할이고 학교는 문부성 관할이어서 그런 제도상의 문제가 쉽게 풀리지 않는다. 그것을 알고 울분을 갖는 미야기는 노력과 재산을 투자해 양자를 같이 하는 "むねの木學園"(마음의 나무학원)을 만든다. 미야기 감독은 그런데서 생활하는 어린 아이가 얼마나 열심히 그리고 얼마나 아름다운지를 영화화하였다. 전작인 ≪むねの木の詩≫(마음의 나무시)가 그것이다. 미야기 감독은 어린이와 관련되어 있는 당사자로서 그들의 아름다운 점을 그려냈다. ≪むねの木の詩がきこえる≫는 전작보다도 더욱 아름답게 표현하고 있다. 자신도 카메라 앞에서 어린이에 대한 애정을 토로하였다. 어미 개와 강아지가 스킨십을 하듯이 그런 모습과 더러워진 것까지도 수용하는 장면을 그려냈다. 지적 능력을 갖고 있으면서도 학교교육으로부터 배제된 교육에 대해서 학교 교장선생님에게 적극적인 대책을 요구하는 장면이 매우 훌륭하게 표현되고 있다. 이 영화는 일본정부가 사회복지의 원년이라는 거대한 프로젝트를 선언한 시기에 소외되고 있는 장애자교육에 관한 문제제기를 한 것으로 당시 일본사회에서 불거진 사회복지문제를 다루었다는데 중요한 의의가 있다.

■ 2. 성미화주의

일본에서 남성과 여성을 주제로 한 영화의 역사는 무성영화에서부터 시작되었지만, 성을 직접적으로 영화의 일부로 등장시킨 역사는 전후라고 할 수 있다. 포괄적인 개념에서 성은 남성과 여성, 손잡기, 키스신, 포옹 등과 같은 스킨십을 의미하였지만 본격적으로 성이라는 개념으로 영화에 나타난 것은 섹스를 의미한다. 따라서 성을 소재로 한 주제와 내용을 담은 영화는 기존의 성에 대한 전통적인 인식과 표현에서 획기적인 방향으로 진행된 특징이 있다. 또한 성을 무기로 영화의 존재와 가치를 높이려는 의도가 있었으며 성개방에 따른 새로운 성의 흐름을 시대성의 사조로 표현하였다. 이런 범주에 속하는 영화는 핑크영화, 로망포르노영화, 포르노영화 등으로 불리어졌다. 그런 영화는 성이 주요한 소재가 되어 내용의 주류를 이루고 있고, 성을 단순하게 외설적인 것으로 보는 대신에 예술적인 시각에서 표현하고 있다. 이것은 터부시되어온 성의 개념을 한 차원 승화시켰다는 점에서 성미화주의를 함의하고 있다. 성미화주의 시각에서 영화를 만든 감독은 구마시로 다쓰미(神代辰己), 다나카 노보루(田中登), 소네주 세이(曾根中生), 오누마 마사루(小泥勝), 오하라 코히로(小原宏裕), 니시무라 쇼고로(西村昭五郎), 다케다 잇세이(武田一成), 가토 아키라(加藤彰), 오시마 나기사(大島渚) 등이라고 할 수 있다.

구마시로 다쓰미(神代辰己)는 일본민중이 얼마나 유유히 성을 축제적인 분위기에서 향유하고 있는가라는 관점에서 영화를 제작하였다. 한 세대를 풍미했던 천재 스트릿퍼의 생활을 그린 ≪一條さゆり·濡れた性慾≫(이치조 사유리, 72), 전전 유곽 창부들의 희로애락을 그린 ≪四疊半襖裏張≫(요조항의 뒷이야기, 73), 12세기 귀족이나 무장의 성생활을 황당무계하게 그린 ≪壇の浦夜 枕合戰記≫(단상의 야밤, 77) 등이 대표작이다. 구마시로 영화의 특징은 여성들의 복수가 유유히 진행되어 성공하는 이야기를 바탕으로 여성의 존재를 낙관적으로 그리고 있는데 있다. 그것에 비해 남자는 우울하며 비열하면서도 악한으로 묘사된다. 그런 점에서 성이라는 것은 남자의 독점물에서 여성이 주체적으로 소유하고 행사한다는 성의 자유화를 선언하고 있는 것이다. 이 시점에서 성은 지배되거나 독점되는 것이 아니라 공유하는 것이며 자유롭게 행사할 수 있는 존

재로 인식되고 있다. 1970년대 일본사회의 성인식과 연결되고 있다는 점에서 의의가 있다.

다나카(田中登)는 에도시대의 퇴폐적인 우키요에의 전통을 명백히 지각하여 처참한 에로티시즘을 표현하였다. ≪秘女郎責め地獄≫(비화 계집 잡는 지옥, 73), ≪秘色情めす市場≫(비화 색정난무시장, 74), ≪人妻集團暴行致死事件≫(유부녀집단폭행치사사건, 78) 등은 성과 관련된 극한상황을 설정함으로써 생기는 인간성의 본질을 그렸다. 소네주 세이(曾根中生)는 ≪わたしのSEX白書·絶頂度≫(나의 섹스백서, 76), ≪天使のはらわた·赤い敎室≫(천사의 본심, 79) 등에서 예리하고 스릴 있는 문체를 이용해서 비일상적인 성행위를 현재화한 정치에 초점을 맞춰 표현하였다. 오누마 마사루(小泥勝)는 ≪古都蔓陀羅≫(고도 만다라, 73), ≪貴族婦人縛り壺≫(귀부인 성만찬, 77), ≪夫の眼の前で 今‥≫(남편앞에서, 80) 등에서 도착적인 에로티시즘을 피력했다. 그 이외에도 오하라(小原宏裕), 니시무라(西村昭五郎), 다케다(武田一成), 가토(加藤彰) 등과 같은 베테랑 감독들도 있다.

구마시로 다쓰미(神代辰己)의 대표적인 작품 중의 하나가 ≪濡れた唇≫(젖은 입술, 72)이다. 이 영화의 첫화면에는 젊은이들이 집단으로 야외에서 놀고 있는 장면이 나온다. 그 가운데는 가네오(金男)라는 남자가 있고 그는 작은 목공소의 점원으로 일하면서 목공소 주인의 딸과 사이좋게 지내고 있다. 그는 성적 욕구불만으로 가득차있어 해소하기 위해서 대낮에 전화카드로 콜걸을 사기도 한다. 다방에서 여자를 기다리는 동안 한 여자가 돈을 빼앗아 도망가자 그 때 가네오는 따라가 그녀와 성행위를 한다. 가네오는 콜걸의 정부와 같은 입장이 되었지만, 섹스한 여자에게는 이미 정부가 있었다. 전 정부는 돈이 필요하면 돈을 준다고 하자 남자간의 싸움이 일어난다. 여자는 맥주병으로 전 정부를 때려 죽게한다. 두 사람은 살인자로 도피하는 한 쌍이 된다. 가네오와 여자는 기차로 가네오의 고향으로 향하는데 기차의 화장실에서 섹스를 장렬하게 한다. 고향에 도착하자 경찰이 찾고 있었다. 고향 친구인 남녀가 두 사람을 구하는 과정에서 모두 쫓기는 신세가 된다. 남자친구는 가네오를 체포하려는 형사의 권총을 빼앗아 형사에게 수갑을 채우고 보트에 태워 흘려보내고 자기도 마을을 떠나고 싶었다고 말하며 같이 가자고 한다. 도피 겸 여행 하던 4사람은 자유석

스를 하자고 선언하여 콜걸과 여자친구는 경쟁을 하듯이 섹스를 하는 동안 소리를 지른다. 그런 가운데 가네오는 이 집단에서 벗어나 취직을 하려하자 남자친구가 방해하고 도망행각을 계속한다. 콜걸에게 연결되어 아웃트로 세계에 빠진 가네오는 다시 남자 친구에게 걸려 몹시 지쳐있는 상태이다. 최후로 지방도시에 흘러와 대낮에 남자친구는 당당하게 담배 가게에 들어가 돈을 훔치다 형사에게 걸려 도망가는 과정에서 콜걸만이 잡힌다. 경찰에서 여자는 조사를 받고 빨가벗은 채 수갑을 차고 복도로 끌려가고 있다. 그때 콜걸은 가네오라고 큰 소리를 친다. 이 소리가 밖의 다방에서 기다리고 있던 가네오에게 들려 그는 또다시 도망을 친다. 이렇게 영화는 끝난다.

이 영화에 등장하는 러브신은 탐욕스러우면서도 유머러스한 내용을 담고 있다. 살이 찐 여배우는 당당하게 신체를 보이고, 그와 함께 해변을 걸으면서 우유부단하면서도 불만을 말하는 남자의 급소를 발로 차며 확실하게 하라고 한다. 실내 섹스신이 나오면서 섹스가 마치 밥을 먹거나 일을 하는 것과 같은 일상적인 것으로 묘사된다. 그러나 일상적인 섹스신이지만 구태의연한 장면을 연출하지 않는다. 구마시로 작품에서 섹스신은 위세 당당하게 표현되는 특징이 있다. 이 영화는 성욕을 채우는 과정에서 삶이 성으로 채워져 만족 아닌 만족을 성취하지만 혼란스러운 삶으로 이어져 인생 자체는 범죄, 도피, 파괴 등을 통해서 나락으로 떨어지게 된다. 그런 점에서 부당한 성으로 빚어진 나락은 본능에 충실한 성생활의 대가이다. 이 영화에서 성은 삶의 일부로 존재하지만 성적인 삶은 인생자체에 크게 영향을 주고 있다는 점을 잘 그려내고 있다. 성표현을 둘러싼 환경으로 등장한 콜걸, 다방, 기차화장실, 자유섹스 등은 당시 일본사회에 만연된 성환경을 직간접적으로 나타내고 있어 당시의 모습을 볼 수 있다.

≪一條さゆり 濡れた欲情≫(72)에 나오는 이치조 사유리는 관서지방에서 인기 있는 스트리퍼로 실존했던 인물이다. 서민들의 일상적인 애환을 그린 작품으로 등장인물은 각자에게 맞는 나락으로 떨어져 그곳에서 편안함을 즐기는 모습을 유유히 관찰한 작품이다. 이치조 사유리는 오사카의 스트리퍼계의 스타로 1972년 봄 자신의 은퇴 무대에서 공연을 하였지만 외설 현행범으로 체포되어 기소된다. 그녀는 자신이 한 것이 왜 죄가 되는지, 또한 가난한 관객들에게 마음으로부터 서비스를 한 것이 왜 죄가 되는지 등의 인식을 갖고 있어 강력

하게 항의를 한다. 영화에서는 사유리가 주인공이 아니라 스트리퍼로 사유리와 경쟁관계에 있는 젊은 하루미가 주인공이다. 어느 날 형무소에서 나온 애인 다이기치(大吉)가 돌아오자 하루미의 정부는 다이기치가 무식한 사람이라는 사실을 알고 도망간다. 다이기치는 하루미의 레즈비언 파트너인 마리에게 헤어질 것을 요구하자, 마리의 정부인 오사무(勇)는 불만을 토한다. 그러자 다이기치는 오사무의 다리를 단도로 찔러 다시 형무소에 들어간다. 오사무는 하루미의 의상 상자를 나르는 일을 한다. 하루미는 사유리의 위치를 빼앗으려고 노력을 한다. 그런 가운데 사유리의 은퇴기념공연일이 되어 팬을 위해서 열심히 공연을 한다. 그러나 관객으로 위장한 한 형사가 외설 현행범으로 사유리와 하루미를 체포한다. 체포되는 가운데서도 형사에게 항의를 한다. 하루미는 석방된 후 사유리의 뒤를 이어 사유리의 특기를 연출한다.

≪四疊半襖裏張り·しのび肌≫(요조항의 뒷이야기, 74)는 섹스밖에 모르는 남자와 여자의 모습을 적나라하게 그린 영화이다. 이 영화는 닛카쓰의 로망포르노작품으로 첫 장면부터 섹스신이 나온다. 다이쇼 시기 미즈덴 게이샤(不見轉藝者 : 아무와 잠을 자는 게이샤)들과 손님의 성 거래를 극명하게 그렸다. 게이샤는 대합실의 작은 방에서 목재상 주인과 섹스를 하고 있다. 그 주인은 다른 게이샤를 임신시켜 결혼한다고 선언한 상태였다. 그녀는 '만약 이미 내가 먼저 임신하였다면 나하고 결혼할 것이냐'라고 울면서 말하고 섹스를 한다. 그런 비참한 상황에 처한 여자는 섹스에 쾌감을 느껴 양다리 사이에 주인의 머리를 밀어 넣기도 한다. 그러자 주인은 '당신의 이런 것까지 내 탓으로 돌리느냐' 하고 불만을 말하자 여자는 다시 운다. 이윽고 이 게이샤는 주인과 결혼 약속한 다른 게이샤를 질투해서 아기를 훔친다. 아이를 도둑맞은 게이샤는 그녀를 쫓는 도중에 관동대지진이 일어난다. 여기까지가 흑백이고 이후 세월이 흘러 교외의 강을 샤미센(三味線)을 든 소년이 건너는 모습이 나온다. 이 소년은 당시 도둑맞은 소년으로 훔친 게이샤가 어머니로 되어 있다. 어머니는 젊은 두 사람을 데리고 게이샤 점을 운영하고 있다. 소년은 다이코모치(연회에서 흥을 돋우는 남자)가 되기 위해 배우고 있는 중이었다.

소년이 샤미센을 배우고 집에 돌아올 때면 가끔 어머니가 젊은 게이샤에게 섹스 훈련을 시키는 것을 목격한다. 이런 환경 속에서 자란 소년은 성에 대해서 조숙하였다. 어머니와 주인이 가끔 섹스를 하면 옆방에 있던 소년은 벌떡 일어나 젊은 게이샤의 방에 가 섹스를 하곤 하였다. 그리고 소년은 가끔 옆집에 살고 있는 영상기사 부부에게 맡겨지곤 하였다. 하루는 영상기사 부부가 섹스를 하려고 하자 부인은 소년이 있어 거절을 한다. 이에 소년은 영사기사 남편에게 가 성을 만족시켜준다. 또한 부인에게도 가 성을 만족시켜 주는 관계가 되어 영상기사부부는 부부간 섹스의 필요성을 점차 못 느끼게 된다. 그러던 어느 날 생모가 찾아와 소년을 데리고 가려한다. 소년은 현재의 어머니가 생모가 아니라는 것을 알고 한 밤중에 들어가 겁탈한다. 처음에는 저항을 하였지만 '엄마를 가져'라고 외치며 애무를 한다. 라스트신은 일본이 지배하고 있는 만주에 아직 다이코모치가 없자 소년을 파견하게 된다. 그 소년을 애국부인회의 부인들이 환송을 하고 있고 그 가운데는 영상기사 부인, 젊은 게이샤, 소년의 어머니 등이 있다.

대체로 포르노영화는 섹스 신이 나오고 거기에 인간과 인간의 심리적 갈등을 그리는 특징이 있다. ≪四疊半襖裏張り・しのび肌≫은 섹스장면마다 숨겨진 심리적 갈등을 잘 묘사하고 있다. 다른 한편으로는 훼미니스트의 입장에서 보면, 남녀간 섹스에서의 차별성과 인간멸시라는 시점이 삽입되어 있어 비판받을 수 있는 작품이기도 하다. 이 작품에서 구레(栗津號)는 군인 역으로 등장하여 동향인으로 어린 시절에 아는 사이인 게이샤가 있는 곳에 급하게 온다. 몸 파는 여자는 바쁘게 움직였고 이윽고 그가 기다리고 있는 방에 들어왔을 때는 이미 외출휴가시간이 지난 뒤였다. 그는 군복을 입고 공용의 완장을 차고 안절부절 못하고 있으면서 '이미 시간이 없다'라고 슬픈 듯이 말한다. 여자는 기모노를 입은 채 두 팔과 다리를 땅에 대고 엉덩이를 흔들자 그는 급하게 바지를 벗어 상대방을 덮치고 시간이 없다고 외친다. 이 장면은 포르노의 새로운 측면을 나타낸 것으로 선정적이기 보다는 이 정도로 섹스가 하고 싶어 집착하는 인간존재의 모습을 가벼우면서도 유머러스하게 긍정하고 있다. 여기에서 남자나 여자의 섹스는 일상생활의 일부인 것이다. 따라서 성을 일상생활의 한 부분으로 담담하게 그려낸 것이 이 작품의 특징이다. 구마시로의 영화는 성을 순수한 쾌락으로 인식하여 그이외의 요소를 배제하려고 하였다. 성은 인간과 인간의 관계에 필요한 이상 거기에서 지배관계를 둘러싼 갈등을 모두 배제하는 것은

불가능하지만, 적어도 그는 성에 성이외의 승패의 상징적인 의미를 도출하려고 하는 것을 인식하지 못하는 윤리관과 미의식을 가지고 있었고, 그런 부분은 웃음으로 표현되는 순결함을 가지고 있다. 이것이 성에 대해서 관대한 일본연파 예술(軟派藝術)의 전통과 연결되는 부분이다.

오시마의 ≪愛のコリーダ≫(사랑의 유리다, 76)는 ≪감각의 제국≫으로 알려진 작품이다. 나가노(長野)에서 요정 요시다야를 경영하는 이시다 기치조와 종업원 아베 사다는 만나자마자 격정적인 사랑에 빠진다. 밤낮을 가리지 않고 응접실이나 객실 등에서 지속적으로 밀회를 나누다가 기치조의 아내에 발각되지만 두 사람의 관계는 지속된다. 그들은 기치조의 부인을 피해 게이샤 요정에 머물며 결혼식까지 한다. 이후부터 두 사람의 노골적인 성적 탐닉이 시작된다. 사다는 기치조의 무조건적인 사랑에 한없는 행복감을 느끼고 있지만 다른 한편으로는 불안하였다. 이 때문에 사다는 기치조에게 더욱 집착하였고 기치조는 그녀를 격정적으로 수용했다. 그러나 결국 사다는 너무나 사랑했기에 영원히 자신의 남자로 남게 하기 위해서 기치조의 목을 조르고 그의 성기와 고환을 칼로 잘라 몸에 품음으로써 영원한 사랑을 얻으려고 하였다. 실제 사다는 사건 3일후에 체포되었고 6년형을 받았다. 그녀는 대중으로부터 인기와 동정을 받았다. 그것은 1936년에 일어난 군인반란사건을 계기로 급속도로 군국주의 길을 달린 일본사회에 대한 냉소가 팽배해 있었기 때문이었다. 이 영화에는 당시 군국주의 하에 통제된 일본사회와 민중이 본능을 그대로 표현하지 못하게 했던 시대에 대한 비판이 있으며 동시에 현재사상과 행동이 통제되는 일본사회에 대한 오시마의 강한 저항의 메시지가 담겨있다.

오시마의 ≪愛の亡靈≫(사랑의 망령, 78)은 ≪열정의 제국≫으로 알려진 작품이다. 이것은 ≪감각의 제국≫에서 보여준 성이라는 본능에 충실한 영화에서 벗어나 도덕적인 차원에서 그린 또 하나의 성을 주제로 한 영화이다. 1895년 어느 날 일본의 한 산골 마을에 인력거꾼으로 하루하루를 살아가는 기사부로는 아내와 두 아들을 둔 가장이다. 저녁이면 술 한 잔을 먹고 떨어져 아내와 잠자리조차 하기 힘든 상황이다. 중년의 나이에도 팽팽한 몸을 유지하고 있는 아내 세키는 자신보다 20세 적은 도요지와 눈이 맞는다. 한번 정을 통하자 격정적인 섹스 탐닉에 들어간다. 도요지는 세키를 독차지하려는 마음에 그녀의 음모를

칼로 깎아 버린다. 그리고 걸림돌인 기사부로를 죽일 계획까지 꾸민다. 어느 날 세키와 도요지는 기사부로에게 술을 먹인 뒤 목을 졸라 산속 우물에 던지고 동네사람들에게는 도쿄로 돈벌러 갔다고 하며 사랑의 행각을 계속한다. 3년이 되도 소식이 없자 동네사람들은 의심을 하게 되고 도요지는 이상한 행동을 한다. 그리고 세키의 딸 오싱의 꿈에 기사부로가 나타나 도와달라고 한다. 기사부로의 혼령이 집에 나타나 세키는 놀라며 살려달라고 한다. 세키는 죄의식 때문에 괴로워 하지만 소용이 없었다. 혼령은 마을사람에게도 나타난다. 결국 실종사건을 수사하기 위해서 경찰이 오고 도요지와 세키는 더욱 코너에 몰린다. 도요지는 사실을 숨기기 위해 산주인까지 살해하고 더욱 깊은 구렁텅이로 빠져든다. 증거를 찾지 못한 경찰은 세키와 도요지를 나무에 매달아 사정없이 고문을 한다. 고통에 견디지 못한 세키와 도요지는 살인 저지른 것을 실토하고 우물에 있는 기사부로의 시체를 끌어올리며 영화는 막을 내린다.

오시마 감독이 다룬 2개의 과거사실에 기초한 영화는 1970년대 일본사회의 성에 대한 수용능력을 둘러싼 갈등을 일으키는 계기가 되었다. 예술표현과 법적 판단, 예술표현과 사회가치관의 갈등을 여실히 드러낸 작품으로 당시 시대성을 잘 자극한 작품이라고 할 수 있다. 한편 구마시로의 작품은 현실 일본사회에서 벌어질 것 같은 소재를 가지고 성영화를 만들었다. 그런 영화에서 나타난 성은 남성과 여성 간에 이루어지는 것을 전제로 하고 있지만 때로는 동성 관계에서 이루어지는 것이며 항상 정상이라고 하는 차원에서만 이루어지는 것은 아니라는 시각이 두드러지게 나타난다. 또한 성은 결혼이라는 전통적인 관습과 인습에 의해서 맺어지는 것에서 돈이라는 매개를 통해서 사고피는 것으로 전환시키고 있다. 특히 어두운 곳에서 벌어지는 성행위와 탐욕과정을 어두운 곳이 아닌 공개된 장소나 공공장소로 이전시킴으로써 성행위에 대한 정당성과 자연성을 부각시키고 있다. 특히 성행위를 극적인 장면으로 표현하고 의무라는 차원에서 향유라는 차원으로 전환시키고 있어 성미화주의를 충분히 담고 있는 특징이 있다. 1970년대 후반은 이미 일본사회 저변에 성산업이 활성화되고 있었고 경제적 부를 통해서 해외로의 섹스파티와 성사냥이 진행되는 시기라는 점에서 성영화는 당시의 시대상을 잘 함축하고 있다.

■ 3. 폭력미화주의

1970년대 일본영화에서 가장 큰 부분을 차지한 장르가 도에이의 후카사쿠 긴지(深作欣二)감독을 중심으로 만들어진 야쿠자(任俠)영화이다. 1960년대와 1970년 도에이의 야쿠자영화는 정통적인 의리인정을 다룬 영화가 있었다. 또한 다른 한편으로는 후카사쿠, 사토(佐藤純彌), 나카지마(中島貞夫) 등과 같은 감독들이 정통적인 의리인정을 부정하고 친피라 깡패(チンピラ愚連隊)집단을 주제로 한 영화를 만들었다. 예를 들면, 사토의 ≪やくざと抗爭≫(야쿠자와 항쟁)이 대표적이다. 도쿄에서는 정통적인 의리인정을 그리는 야쿠자영화를 만들지 않고, 친피라 깡패집단을 주제로 한 영화를 만들었고 그런 영화의 흐름은 후카사쿠 감독이 주도하였다. 이른바 정통 야쿠자영화에서 새로운 타입의 야쿠자영화가 등장한 것이다. 그 세계는 기본적으로 무법천지와 같이 그들 세계에서만이 존재하는 규범과 질서에 따라 운영된다. 또한 범죄, 살인, 형무소, 주먹, 칼, 총, 욕설, 린치, 검은 옷, 문신 등과 같이 혐오스러운 것들로 구성된다. 그런 야쿠자영화는 기본적으로 폭력이라는 개념위에서 성립된다. 여기에서 폭력은 비호감 용어이며 환경이지만 그것은 반드시 부정적인 결과로 이어지는 것만은 아니다. 때로는 의리, 감성, 인정, 사랑, 보호 등으로 이어져 폭력에 내재된 가치를 미화시킨다. 본고에서는 그런 흐름을 폭력미화주의라고 규정한다.

후카사쿠의 ≪人斬り与太・狂犬三兄弟≫(인간참살여태・광견삼형제, 72)에서는 간바라(菅原文太)가 야쿠자조직의 친피라로 등장하여 대립해온 조직의 보스를 찌른다. 그리고 자신만이 형무소에 들어간다. 6년 후 형을 마친 그는 조직의 간부라고 생각하고 나오지만 조직은 대립하고 있던 조직과 평화공존의 협정을 맺고 있었다. 그는 평화로운 관계를 깨면 곤란하다고 생각하였다. 그럼에도 불구하고 그는 조직의 공로자인 자기를 대우하지 않는다고 불만을 품는다. 그러자 조직에 들어오는 돈을 횡령하고 비밀리에 폭력 매춘바를 운영한다. 그러나 대립하는 조직이 경찰에 신고하면 조직이 위험해질 것을 염려해서 보스는 그 사업을 그만두도록 한다. 이번에는 미타니(三谷昇)라는 부랑자를 포함한 3인이 대립하는 조직에 귀찮게 시비를 건다. 이들 3인은 대립하는 조직이 중소기업을 운영하지 못하도록 방해를 한다. 그들은 반대조직은 물론 자기 조직으로부터도 내부파괴자로 인식되어 추적을 받게 된다. 그런 가운데 미타니는 적의 조직원에 의해 살해되고, 또 다른 사람은 빈곤한 자기 집에서 돈을 빼내가려고 하자 동생과 어머니에게 맞아 죽는다. 주인공도 조직원과 보스를 살해하고 완전히 고립되어 조직원들에게 살해된다.

이 영화에서는 적의 조직에 시비를 걸어 보스를 화나게 하다 손가락을 단지하는 상황이 된다. 그는 단도를 손가락위에 갖다 놓으면서 '지금부터라도 적의 보스를 살해하러 갈 수 있으니 어떻게 해 주십시오' 라고 보스에게 말한다. 이런 장면은 후카사쿠의 작품에 자주 등장하는 장면이다. 적도 야쿠자이며 이쪽도 야쿠자라는 설정은 야쿠자세계에서만 일어나는 일을 주제로 한다는 것을 의미한다. 그러나 야쿠자 세계를 설정하는데 적을 악한으로 이쪽을 정의로 설정하는 것은 아니다. 적의 보스를 살해하려는 내면에는 정의와는 관계가 없는 것이다. 단지 적의 보스를 넘어뜨리려는데 목적이 있는 것이다. 야쿠자는 야쿠자답게, 폭력일변도로 살아가며 항쟁으로 생을 다하는 그런 존재이다. 따라서 야쿠자다운 경지로 만들어 주는 것은 폭력이다. 폭력은 그 차체가 칭송의 대상이 되지 못하지만 폭력을 폭력답게 사용한 결과는 비장한 아름다움으로 상징화되어 다가온다. 그때 폭력은 잔인하고 부자비한 불의로 다가오는 것이 아니라 의기, 감성, 사랑 등으로 다가온다. 그것이 야쿠자영화에 내재되어 있는 폭력이 갖고 있는 아름다움이라고 할 수 있다.

후카사쿠는 매우 변화무상한 경험을 한 세대이다. 그는 전전, 전후, 전후후 등을 경험하는 동안에 자기가 자란 일본이라는 국가에 대해 다양한 감성을 갖게 되어 영화로 그 시대경험을 표현하기도 하였다. 그는 전쟁을 하는 시기에 소년시절을 보내면서 철저하게 군국주의교육을 받았다. 그리고 패전 당시 현실에 민감하게 작용한 중학교 시절을 보냈다. 청년시절에는 그동안 사회적으로 기능해왔던 어른들의 권위가 전면적으로 붕괴되는 것을 목격하였고, 그 과정에서 권위에 대한 증오를 몸에 익혔다. 또한 그 시절에는 암시장, 범죄, 팡팡(パンパン) 등의 혼란한 풍속이 나타났다. 군국시절의 질서를 철저하게 교육받은 세대에게는 타락한 세상에 불과하였지만, 다른 한편으로는 군국주의시절의 형식주의적 위선을 비웃는 자유의 매력이 넘치는 시기이기도 하였다. 이들 세대는 군국주의에 속은 것을 증오하면서도 동시에 소년시대에 하나의 신념을 믿었던

상황이어서 좌절한 마음의 고통도 가지고 있다. 후카사쿠가 그려낸 실록폭력영화에는 전후 암시장 풍속에 대한 애석함이 반복적으로 나타난다. 그것은 일본 사회의 뒤안길을 가감 없이 들춰내어 과거에 속았던 아픔을 반복하지 않겠다는 쓰라린 과거를 살아온 지식인의 심경이라고 할 수 있다.

그의 ≪仁義の墓場≫(인의의 묘지, 75)는 1948년 구로사와 아키라가 만든 ≪醉ひどれ天使≫(취해버린 천사)를 연상시킨다. 이 영화는 전후 암시장을 누비고 다니는 야쿠자를 주인공으로 한 것이다. 미후네(三船敏郎)의 출세작이 되었던 이 야쿠자 영화는 파멸형의 남자로 폐렴으로 피를 토하면서도 상대방에게 단도를 들이대다 거꾸로 살해된다. 그와 같은 생명을 버리는 삶의 방식에 동경을 하는 면이 있었다. 후카사쿠는 이 영화에서 묘사되고 있는 자유로우며 파멸적인 삶의 방식이 전후사상의 근간이었다는 점을 부각시키고 있다. 영화에 등장하는 이시카와(石川力夫)라는 남자는 후카사쿠와 동향인으로 실존인물이며 전쟁 중에도 야쿠자로 활동하였고 전후에도 철저하게 난잡한 생활을 하다가 1954년 형무소에서 자살한 인물이다. 이시카와라는 야쿠자는 사회의 질서와 양식뿐 아니라 야쿠자 세계에 존재하는 질서도 철저하게 무시하는 인물이다. 그는 보스가 되기 위해서 방해물을 철저하고 무자비하게 제거한다. 도쿄의 암시장에서 놀던 야쿠자 졸개였지만 대립하는 조직과 외국인 폭력단을 제거하기 위해서 현장에 갈뿐 아니라 조직 내의 구성원과도 싸우기도 하고, 보스에게 질타를 당하면 찌르기도 한다. 추방되어 오사카에 가서는 마약중독자가 된다. 대부분의 사람이 그들 기피하지만 그를 방어해주는 야쿠자 형마저도 방해가 되면 제거하고, 경찰과도 총격전을 벌이기도 하는 막무가내의 야쿠자이다. 그는 보스를 찌르고도 그 조직에 아무것도 없었다는 듯이 드나들며, 야쿠자 동료를 죽이고도 아무런 감정을 못 느낀다. 또한 싸우다가 피신하여 숨겨준 게이샤를 강간하여 마누라로 삼고, 투옥 중에 자살을 하자 유골을 감싸고 울다가 유골을 먹어치우는 기괴한 행동을 한다. 또한 자신의 묘지를 만들어 자신과 마누라, 자신이 죽인 동료의 이름을 세기고 그 묘지에 '仁義'(인의)라는 문자를 새긴다. 그런 류의 야쿠자는 일반사회뿐 아니라 야쿠자세계에서도 광인처럼 취급된다. 폭력과 기괴한 행동, 광인적 행위 등으로 최악의 야쿠자 모습을 그리고 있다. ≪現代やくざ·人斬り与太≫(현대야쿠자, 72)도 이시카와의 삶의 방식에서 힌트를 얻어 만든 것으로 알려졌다.

아마모토(山本耕作)는 ≪日本女俠傳・血斗亂れ花≫(일본여협전, 71)에서 여자 협객의 활약상을 그렸다. 지금까지 야쿠자는 남자가 되고 그 세계 역시 남성들이 만드는 세계이다. 그러나 이 영화에서는 여성을 주인공으로 하는 폭력세계를 그리고 있어 기존의 틀을 벗어나고 있다. 주인공은 여자 사업가로 엄격히 말하면 여자 야쿠자라고 말하기는 어렵지만 속성과 성격을 볼 때 여자 야쿠자라고 할 수도 있다. 상업에 둔한 남주인은 탄광시굴에 전념하게 되었고 그래서 겨우 좋은 산을 발견하여 발굴하다 사고로 죽는다. 그 뜻을 이어받은 미망인이 탄광 경영자가 되어 탄광주, 선주, 도매업자 등의 세력과 상매의 주도권을 둘러싸고 싸움을 벌이게 된다. 그 과정에서 중소기업의 경영자와 노동자의 관계를 그리기도 하였다. 당시 그런 업계는 당시 종종 야쿠자가 관여하였다. 경영자와 노동자의 관계가 야쿠자와 같은 오야붕 코붕(親分子分)관계나 행동양식을 갖고 있기 때문에 야쿠자영화의 형태를 그대로 표현하고 있는 특징이 있다는 점에서 야쿠자영화로 보는 경향이 있다.

일본에서 야쿠자조직유형은 근대화하는 과정에서 다양한 형태로 사회조직과 접목되어 유용하게 이용되었다. 특히 토건업계에는 오야붕 코붕 식의 조직으로 되어 있는 것이 일반적이었다. 또한 영화업계도 이전에는 야쿠자세계와 닮은 형태로 유지되는 경향이 있었다. 그런 의미에서 보면, 메이지 이후 근대산업으로 발전한 토건, 운수, 광업, 임업, 오락 등의 영역에서는 어느 정도 야쿠자조직과 비슷한 형태로 운영되었다. 야쿠자를 좁은 의미로 보아 도박으로 생계를 유지하는 인간이라고 제한하면 사회에 기생하는 존재이며 또한 등에 문신을 하고 주사위를 가지고 놀며 집단싸움을 하는 부류라고 인식할 수 있다. 그러나 일본의 근대산업을 발전시키는 과정에서 고지식한 사회에서 배양되고 있는 차삼남은 야쿠자나 그와 유사한 오야붕들이 조직한 노동력을 담당하는 기초가 되었다. 산업체는 결과적으로 근대화하는 과정에서 야쿠자와 같은 조직을 탈피하게 되었고, 도박, 공공운영의 경마, 경륜, 지역의 부자로부터 용돈을 받아 오면서 해온 잡일 등도 정식 업주에게 빼앗기게 되었다. 따라서 산업이 진전되면서 야쿠자는 범죄 집단화되는 경향이 있었다.

아마시타의 ≪博えき打・いのち札≫(도박꾼, 71)은 비연을 다룬 로맨틱한

연애영화로 일본영화 가운데서도 10대 수작 중에 드는 작품이라고 할 수 있다3). 이야기는 니가타의 해안 이나카쬬(田舍町)에서 시작된다. 전전시기 한 여검객은 도쿄에서 온 야쿠자 아이카와(相川淸次郞)에게 반한다. 남자는 일년 후에 만날 것을 약속하고 사라지지만, 그 사이에 금전문제로 형무소에 들어가 소식이 두절된다. 여자는 인연이 되어 결혼하지만 그 상대가 우연히도 아이카와의 보스였다. 보스는 보다 큰 세력의 앞잡이에게 살해당한다. 일가가 풍전등화 같은 상황에 놓이게 되었고, 조직이 하던 청부업을 양보하도록 위협받자 아이카와는 여주인을 지키기로 맹서한다. 아이카와가 다른 조직 보스 앞에서 이야기할 때 전 애인이었던 시즈에(靜江)는 아이카와를 알아보고 놀란다. 그러나 그녀는 아이카와에게 편지를 남기고 사라진다. 아이카와는 둘이 만났던 고향 해변으로 죽으로 갔다고 생각하고 뒤를 쫓는다. 그러나 죽을 수 없었던 여자를 남자는 휘날리는 눈을 맞으면 포옹한다. 여자는 둘이서 그대로 도망가 살자고 한다. 그러나 남자는 조직을 살리기 위해서 싸워야 한다고 하고 만약 돌아가기 싫다면 이곳에서 죽으라고 한다. 여자는 남자가 그렇게 하길 원하면 한다고 한다. 여자는 남자를 위해 산다고 말하자 남자는 조직을 위해서 산다고 말한다. 그런 가운데 적과의 싸움으로 아군과 적이 흘린 피가 다다미를 적시면서 영화는 끝을 맺는다.

이처럼 1970년대 나타난 야쿠자 영화는 정통적으로 내면에 깔고 있었던 의리인정을 소재로 하기 보다는 야쿠자 세계에 난무하는 폭력을 중심테마로 하고 있다. 조직 내에서 벌어지는 폭력이나 조직 간에 벌어지는 참상을 중심으로 그려내고 있다. 이것은 1970년대에 기능했던 일본적 가치와 새로운 가치 간에 갈등을 일으키는 시기라는 것을 잘 표현하고 있다. 특히 전통적인 규범이나 가치로부터 탈출하려는 새로운 세대가 있었고 조직에 충실하거나 성실하게 일해서 사는 것보다는 사익추구를 통해서 살아야 한다는 사회적 가치가 번지고 있었다고 할 수 있다. 또 다른 측면은 일본의 전통적인 조직이 현 세대의 흐름과는

---

3) 이 작품은 미조구치의 ≪瀧の白絲≫(폭포의 백사)와 ≪殘菊物語≫(잔혹이야기), 기누가사(衣笠貞之助)의 ≪女優≫(여우), 이마이(今井正)의 ≪また逢う日まで≫(다시 만날때까지), 나루세(成瀨巳喜男)의 ≪浮雲≫(부운), 기노시타(木下惠介)의 ≪野菊の如き君なり≫(들국화와 같은 당신), 요시다(吉田喜重)의 ≪秋津溫泉≫(추진온천) 등과 같은 수작에 든다고 할 수 있다.

동떨어져 있어 조직으로부터 탈출하려는 세대의 고충을 야쿠자영화로 담아내려
는 의도가 엿보이고, 그것은 자유에 대한 절규이며 기존 질서에 대한 파괴의
소리였다고 할 수 있다. 따라서 영화에 표출된 폭력은 무질서를 만들어 내는
기능도 하지만 파괴를 통해서 새로운 세계와 가치를 만들어 내는 측면이 있다.
특히 영화에 나타난 폭력은 그 자체에 가치를 두기 보다는 이야기가 전개되면
서 삶의 방식과 그것이 이끌어내는 결과에 가치를 두어 미화되고 있는 측면이
있다. 따라서 이후 다양한 형태로 나타난 야쿠자영화에서 폭력은 사회악으로서
가 아니라 하나의 창조적인 힘으로 상징화되는 경향이 있다.

■■ 4. 향수미화주의

　도약기에 이르기까지 일본사회는 많은 변화를 겪어왔고 그 과정에서 과거
일본사회를 움직이는 가치가 사라지고 점차 변화된 가치가 나타나게 된다. 이
런 상황에서 전통적으로 일본사회에 존재했던 인정, 불합리하지만 유의미하게
기능했던 가치 등에 대한 그리움이 일어나게 된다. 그것이 영화라는 장르를 통
해 그려지게 되어 당시 사람들의 마음을 사로잡게 된다. 그것은 이른바 일본적
인 것에 대한 향수로 나타난 것이다. 대표적인 것이 야마다 요지(山田洋次) 감
독의 ≪男はつらいよ≫(남자는 괴로워)시리즈이다. 1960년대 이후 일본사회,
풍경, 풍습 등이 크게 변하였지만, 이전 일본의 도시에는 시타마치(下町)라고
불리는 서민이 사는 거리가 있어 이웃이 가까운 친척처럼 친밀한 관계를 유지
하면서 사촌처럼 지내왔다. 그러나 근대화이후 일본사회가 급속히 발전하는 과
정에서 풍부한 사회가 되었고, 전통사회에서 나타나는 특유한 인간관계와 생활
감각을 잃어버려 이웃이라도 프라이버시를 존중하게 되었으며 또한 타인과 냉
냉하게 인사를 하는 성향으로 전환되었다. 이 과정에서 사람간의 따뜻함이 사
라져 소외감을 느끼는 경향이 강하였다.
　일본의 전통적인 현상 중에 하나는 도라씨(寅さん)처럼 방랑자나 떠돌이가
많이 있었고, 도라처럼 돌아다니며 달변으로 가짜상품을 파는 행상인도 많았다.

그러나 현재는 그런 데키야(的屋)나 사기와 같은 상매 등이 사라지고 정가제로 대량 판매되고 있는 시대로 전환되었다. 과거 데키야라는 직업은 가짜상품을 파는 경우가 많았기 때문에 야쿠자의 일종으로 인식하는 경향이 있었다. ≪男はつらいよ≫시리즈에서도 고향사람들은 하루라도 빨리 데키야를 그만두고 도라야의 일을 계승하기를 희망했다. 영화에서는 과거에 횡행했던 데키야를 미화시키고 있다. 그럼에도 불구하고 그것을 비판하지 않는 것은 현재 일본사회가 풍부하고 속임수가 없는 사회가 되었기 때문이며, 또한 친척이나 지역사회의 가족적 연대감이 희박하게 되어 오히려 현실의 불안감을 해소시켜주고 과거에 대한 향수를 불러일으키는 역할을 하였기 때문이기도 하다.

영화에서 도라는 일본의 영웅으로 자리매김 된다. 그는 어떤 조직에도 속하지 않고 마음 가는 대로 살아가고 감정표현도 자유롭다. 그리고 전통거리에 널려있는 인정을 마구 밟으며 살아간다. 현대 일본인은 회사에 충성을 다하고, 회사를 위해서 목숨을 걸면서 일을 하는 경제적 동물인 일벌레로 세계에 알려져 있다. 이런 정형화되고 관리된 사회에 사는 일본인은 좋은 것을 하고 가고 싶은 곳에 가는 것이 불가능한 사회에 살고 있기 때문에 영화 속의 인물이 살아가는 공상적이며 가상적인 생활행태를 동경하게 되었다. 이런 영화를 통해서 일본인은 근대화 과정에서 잃어버렸던 인정과 자유에 대한 향수를 강하게 느끼게 된다. 또한 26년간 48편이 만들어진 것은 단순하게 전통에 대한 향수를 넘어 하나의 신화로 정착되었던 것이다. 이런 신화는 발전했다는 현대적 신화를 구축하는 가운데 잃어버린 신화를 찾으려는 현대 일본인의 마음을 대변한 현상이라고 할 수 있다.

≪男はつらいよ≫에서 나타난 여성의 원형은 제1작에서 연기를 한 미쓰모토(光本幸子)이다. 그녀는 젊고 미인이며 품위가 있고 일본 전통복에 어울리는 귀족과 같은 여인이다. 그것에 비해 도라는 어린 시절부터 가깝게 지내온 사이이지만 그에게는 그림의 떡과 같은 존재여서 다가갈 수 없는 여인이다. 전혀 손에 넣을 수 없는 여성을 동경하는 무학자이며 조폭성을 가진 남자의 이야기라는 점에서 이 시리즈는 명작 ≪無法松の一生≫(무호마쓰의 일생)을 기본으로 하고 있는 특징이 있다. 영화에 등장한 미쓰모토는 ≪無法松の一生≫에서 무호마쓰가 사랑하는 미망인을 연기한 마루이(園井惠子)와 가장 닮았다. 도라의

여성에 대한 동경심은 신경병적인 것으로 비쳐질 수도 있지만 그것보다는 이상형의 여성에 대한 동경을 통해서 여성을 지배하기 보다는 동반자인 동시에 아름다움의 소유자로 소중히 해야 한다는 점을 강조하는 것이다. 또한 전통적인 여성관을 깨는 시선이지만 실제로 깨지 못하는 전근대성을 갖고 있다는데 묘미가 있다. 이런 표현은 아마다 감독의 여성관에 대한 철학으로 볼 수 있고 또한 일본사회의 여성에 대한 신비성과 합리적인 존재로 부각시키는 측면을 강조하고 있다. 그 이면에는 정숙하고 실사구시하는 일본여성의 미가 찬미되고 있다.

이 영화에는 도라를 통해서 나타난 일본남성상이 문제가 된다. 남녀간의 신분차이는 전통성을 강조하는 일본사회에 뿌리박고 있는 문제이다. 그러나 남자는 평범하게 그리고 여성을 고귀한 존재로 설정하여 남자가 여자를 거부하기 보다는 여자가 남자를 거부하는 새로운 시대성을 잘 그려내고 있다. 이런 경우 여성의 적극적인 남성에 대한 구애만이 둘의 관계를 연결시키는 힘으로 작용한다. 그리고 남자라는 성에 남겨있는 차별성이 잘 그려지고 있다. 제목에서 보는 것처럼 '남자는 고통스러워'라는 의미에서도 알 수 있다.

남자는 평범하지만 평범하지 못하고 일본사회에 존재하는 남자로서의 어려움을 그대로 표현하고 있다. 이런 문제는 물질적으로 근대화되었음에도 불구하고 아직도 사회운영의 원리로서 평등성이 작용하지 못하고 있다는 점을 드러내고 있고 제대로 사회조직에 들어가지 못한 남자의 고통을 지적하고 있다. 또한 가족과 사회발전에 대한 책임의 중압감으로부터 해방되고 싶어하는 남성을 그리고 남자는 밖에서 일해야 하고 여성은 가정에서 가사를 하는 전통적 인식에 오는 사회무게로부터 탈출하고 싶어하는 남자를 그리고 있다. 특히 전통적으로 경직된 일본 남성상이 아니라 부족하고 현실적응이 어려운 남성이지만 유연성을 갖고 새로운 여성과 모험을 즐기는 일본남성이 갖지 못한 남성상을 강조하고 있어 새로운 시대를 살아가는데 필요한 도전정신이라는 시대성을 강조하고 있는 특징이 있다.

V 맺는 글

도약기인 1970년대를 일본영화사의 흐름에서 보면, 일본영화의 쇠퇴기에 해당된다고 할 수 있다. 쇠퇴라는 것은 가치관의 쇠퇴라기보다는 영화가 갖고 있던 산업적 위치, 사회적 평가, 수요자의 수, 문화적 관심도 등을 포함한 일본영화위상의 위축을 의미한다. 이런 현상은 영화자체의 문제이기 보다는 시대적 변화에 따른 자연적인 변화에서 오는 문제이다. 그 동안 문화의 적자로서 과대포장 되거나 확대된 현상에 대한 조정과정으로도 볼 수 있다. 그러나 문제는 쇠퇴기에도 불구하고 일본영화계는 시대성을 반영하면서 양적·질적 향상을 위해 부단한 노력을 하였고, 특히 사회참여를 유도하는 참여영화 내지는 책임영화로서 새로운 가능성을 제시하기도 하였다. 이런 현상은 19세기 일본에 들어온 영화가 사회적 책임을 정면에서 지려는 문화적 책임의 발로에서 오는 것이라는 특징이 있고, 그런 작업을 통해서 어둡게 가려질 사회현상이 사회문제로 폭로되어 해결하게 하는 실마리를 제공하였다는데 영화의 사회적인 가치가 있다.

이 시기 일본영화가 담고 있는 시대성은 매우 다양하다. 첫째는 시대참여주의이다. 영화는 영화로서 존재하는 것이 아니라 사회참여를 통해서 일정한 역할을 담당해야 한다는 점을 강조하고 있다. 예를 들면, 정치와 경제가 유착해서 만든 권력층에 대한 도전, 학원투쟁과 공해투쟁으로 나타난 국가권력과 시민생존권과의 투쟁, 과발전과 적정발전에 대한 갈등, 사회적 약자의 공식적 보호조치 등을 주제로 일본영화는 투쟁을 계속했다는 특징을 갖고 있다. 둘째는 성미화주의이다. 이것은 영화산업의 변화와 일본영화인의 생존차원에서 전략적으로 만들어낸 것이다. 그러나 성미화주의를 추구한 성영화 내지는 성상품 영화는 현실에서 예술과 외설의 갈등, 섹스란 무엇인가, 성산업의 중심에 있는 여성의 성적 삶, 표현에 대한 정당성 등의 문제를 제기하였다. 그런 과정에서 성영화가 정당성을 갖게 되면서 또한 관심을 끌게 되면서 성을 중심으로 한 영화는 성산업을 확대시켰다. 영화에서 출발한 성산업은 일본적 성문화를 창출하는 계기가되어 다양한 기능을 갖고 사회에 흡수되어 새로운 일본적인 성문화를 만들었다.

셋째는 폭력미화주의다. 지금까지 전통적인 야쿠자영화는 사무라이 도덕과행동에 기초한 사무라이 영화에 기초 하였다. 사무라이영화는 이미 영화전성기에 국제적으로 인정받은 일본적 영화로 정착되었지만 1970년대도 만들어져 명맥을 유지하였다. 그러나 사무라이 영화의 아류로서 야쿠자영화는 법이나 사회도덕 및 윤리를 위반하는 부정적인 측면이 있었지만, 일본적 조직사회의 특징과 운영원리, 사회적 현상이라는 차원에서 일본적 집단을 그려내고 있는 특징이 있다. 그러나 그것은 폭력집단의 어두운 삶과 그 속에서 운영되는 원리와도덕, 조직사회의 원형으로의 특징, 보편원리와 특수원리에 대한 비판과 동경,유사 인간관계의 원리 등 일본의 조직적 사고를 들춰내어 암암리에 그에 대한찬양의 의미를 나타내기도 하였다. 폭력집단의 조직과 운영원리가 일본사회에뿌리 깊게 남아 작동하고 있다는 것을 직간접적으로 영화는 증명해주고 있다.그 이면에는 폭력에 대한 찬미가 아니라 폭력에 의한 결과를 통해서 아름다움을 찾으려는 의도가 강하게 있다.

넷째는 향수미화주의로 전통주의에 대한 향수이다. 대표적인 ≪男はつらい≫에서 나타난 것처럼, 현대 일본사회에서 살고 있는 남자는 괴롭다는 의미를 간접적으로 그리고 있다. 괴로운 이유는 빈틈없는 현대사회의 질서화, 강제적 자유반납에 대한 저항, 책임만이 존재가치로 규정된 남자, 사회와 가정에서 상대적으로 축소된 존경심과 위상, 조직사회의 숨 막히는 긴박성 등을 가진 사회로부터 자유로워지고 싶기 때문이다. 따라서 이 영화는 그것을 위해서 전통적 도덕과 윤리에서 의미를 현대적으로 찾고 발전과 합리화의 속도를 조절하는 것이필요하다는 인식을 일본사회에 던지고 있는 특징이 있다. 역으로 그것은 전통적으로 전승되어온 일본적인 것에 대한 동경이며 미화이다. 이처럼 도약기의일본영화는 쇠퇴기를 맞이했음에도 불구하고 영화가 담당할 수 있는 책임과 문제의식을 갖고 특징을 살려 전성기를 통해서 저장된 저력을 유감없이 보여주었다는데 높은 가치를 갖고 있다고 평가할 수 있다.

제8장
대국화기의 영화와 시대성

『男はつらいよ』(山田洋次、
1982)

『楢山節考』(今村昌平、1983)

『お葬式』(伊丹十三、1984)

『浦公草』(伊丹十三、1985)

『火まつり』(1985) 出演:北大路欣也/太地喜和子/三
木のり平/中本良太

『タンポポ』(1985) 出演:山崎努(寫眞右)/
宮本信子(中央)/役所廣司/櫻金浩/安岡力
也/洞口依子/大友柳太郎/渡辺謙(左)

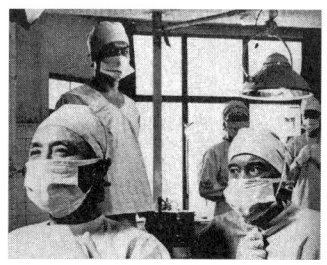

『海と青薬』(1986) 出演:渡辺謙(寫眞奧)/
奥田瑛二(右)/岡田眞澄/成田三樹夫/神山
繁/田村高廣(左)

『光る女』(1987) 出演:武藤敬司/秋吉滿ちる(寫眞)/安田成美/すまけい/出門英/中原ひとみ/兒玉茂

『さらば愛しき人よ』(1987) 出演 郷ひろみ(寫眞右)/石原眞理子(左)/木村一八/原田芳雄/内田裕也/佐藤浩市

『マルサの女』(伊丹十三、1987)

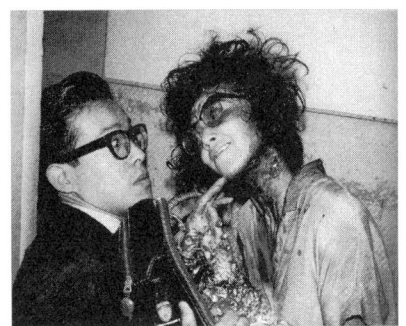

『鐵男』(1989) 出演:田ロイモロヲ(寫眞左)/藤原京/石橋蓮司

『伽倻子のために』の吳昇一

『櫻の園』(中原俊、1990)

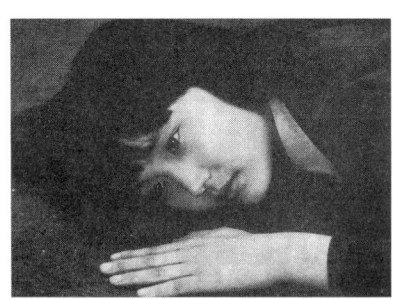

『伽倻子のために』の南果歩

I 머리글

대국화기라는 개념은 일본이 국제사회에서 경제대국으로 자리를 확보하는 한편 일본국위가 높아져 다양한 힘을 발휘하던 시기라는 의미를 담고 있다. 즉 정치영역에서는 신자유주의노선에 미국, 영국, 일본 등이 하나가 되어 세계정치 흐름을 주도하였다. 경제적으로는 재팬머니(Japan Money)에 힘입어 국제기구 재정지원, 국제자본시장점유, 골동품시장 점유, 세계기업사냥, 일본인의 해외진출 등 다양한 형태로 국제사회에서 힘을 발휘하던 시기였다. 사회문화적으로는 일본문화로서 애니메이션이 활성화되고, 일본청년문화가 아시아의 중심문화권으로 기능하였으며, 경제적 안정에 따른 일본인의 해외여행과 여가가 생활의 일부분으로 자리 잡았다. 특히 도쿄 디즈니랜드 개원, 도쿄 돔 개원 등과 같은 국제적 규모의 문화시설과 이벤트가 성황을 이루었다. 그런 일련의 움직임은 일본의 대국화를 지탱하는 기반으로 작용했다는 특징이 있다.

대국화기의 일본영화계는 스타지오시스템의 기능부전현상으로 급속하게 붕괴되는 시점으로 영화제작, 배급, 흥행 등에서 기존의 틀에서 벗어나지 않으면 안되는 상황이 일어났다. 1961년 6개 영화사가 520편을 제작한 것과 비교해보면, 1986년에는 3개사가 24편을 제작하는 초라한 모습을 보였다. 따라서 블록 부킹제라는 시스템에 의해서 영화 1편이 전국의 전속영화관에서 동시에 개봉되는 방식과 거대 영화사가 지배하는 방식이 붕괴되었다. 더욱이 미국의 할리우드 영화가 세계영화시장을 독점하는 현상이 벌어졌을 뿐 아니라 일본시장도 점유하였다. 그리고 기타 아시아 및 유럽영화들의 유입은 일본영화가 상대적으로 경쟁을 해야 하는 상황이 되었다. 이런 현상은 일본영화계의 위기를 의미하여 획기적으로 경쟁력을 강화시켜야 하는 과제로 나타났고 일본영화계는 영화민족주의,

588 일본영화와 시대성 ·

영화 쿼터제 운영 등과 같은 제도적 장치를 마련하기 위해서 고심하였다. 이중에서도 국내영화보호정책은 문화민족주의의 성격을 강하게 띠었다.

1980년대는 비디오라는 새로운 영화매체가 등장하여 다양한 변화를 촉진시켰다는 점에서 미디어의 혁명기이다. 특히 홈 시네마 시대를 촉발시킨 비디오는 다양한 영상소프트 소비욕구에 맞춰 오리지널 비디오 영화(OV), 오리지널 애니메이션 비디오(OAV) 등으로 발전하였다. 그들의 약칭으로 불리는 V시네마 또는 V아니메(Vアニメ)라는 장르를 개발한 것은 도에이(東映)와 반다이(BANDAI)였다. 도에이는 비디오 시장을 공략하기 위해서 V시네마를 적극적으로 제작하여 극작용이나 TV용으로 표현할 수 없는 오리지널 비디오를 만들어 새로운 바람을 일으켰다. V시네마로 표현된 장르는 홈드라마, 에로스, 야쿠자, 세미 포르노 등 다양하였다. V시네마 시대를 연 작품으로는 1989년 도에이가 제작한 ≪크라임 헌터≫와 ≪저격≫이었다. 도에이의 에로틱한 영화로는 ≪더블엑스(XX)≫시리즈, ≪만지마이(卍舞)≫, ≪제로우먼≫, ≪미인과장≫등이 있다. 또한 SHS의 ≪미나미의 제왕≫, ≪조용한 보스≫, 킹레코드의 에로스 시리즈 ≪구노이치 인법장≫ 등이 대표이다.

1980년 중반에는 종래의 영화관과는 차별화된 미니(MINI)영화관이 유행하여 영화 팬을 끌어들였다. 미니영화관은 100석 내지 200석 정도의 작고 아담하게 만들었고, 청결하고 안락한 분위기를 좋아하는 젊은 관객을 대상으로 한 영화관으로 기존의 대형영화관 시스템과 차별화된 것이다. 미니영화관은 남성보다는 여성들에게 압도적으로 인기가 있었다. 미니영화관에서 성공한 작품은 이탈리아 작품인 ≪뉴 시네마 파라다이스≫로 1989년 개봉되어 4주간 상영되었다. 그리고 시네마 콤플렉스(복합영화관)가 생겨 영화와 영화관 선택을 자유롭게 하였다. 미니영화관이나 콤플렉스 영화관은 메저영화사가 지배해온 불록 부킹제에 의한 전국 동일영화상영제보다는 영화선택과 상영시간이 자유롭고 관객의 기호에 맞게 조정할 수 있는 특징이 있다. 특히 미니영화관용 영화를 만들어온 구마이(熊井啓)감독은 미니영화관을 선호하였다. 그런 영화로 히트한 작품은 ≪海と毒藥≫(바다와 독약), ≪深い河≫(깊은 강) 등이었다. 그런 변화는 TV영화, 극장영화, 비디오영화 등간의 경쟁을 촉진시키는 동인으로 작용하여 영화의 계층화를 초래하게 되었다. 따라서 영화관, 영화내용, 감독, 사상, 색

채, 테마 등 다양한 측면에서 기능적으로 세분화 되었다. 일본영화시장은 수요와 공급이라는 시장논리에 의해서 좌우되었지만 흥행영화와 비흥행영화라는 구분이 명백해지는 현상이 일어나게 되었다.

또한 핑크영화의 4천왕으로 알려진 사토 히사야스(佐藤)의 데뷔작 ≪激愛, ロリター密獵≫(격애, 로리타 밀렵, 85), ≪SEX處女隊≫(섹스처녀대, 85), 사토 도시키(佐藤)의 ≪Eカップ 本編2≫(E컵 본편, 89)과 ≪애브노멀 엑스터시≫(91), 제제 다카히사(瀨瀨敬久)의 ≪課外授業, 暴行≫(과외수업, 폭행, 89), ≪淫獸魔≫(음수마, 89), ≪외설 폭행집단 짐승≫(91), 사노 가즈히로의 ≪監禁≫(감금, 89), ≪爛熟性戲≫(난숙성희, 91) 등이 1980년대 말 영화계를 장식했다. 그와 같이 핑크영화 감독들은 핑크영화를 데뷔의 수단으로 인식하여 영화수업과 기술을 쌓아 극영화의 감독으로 성장하였다. 핑크영화감독으로 출발해서 극영화에서 성공한 대표적인 감독으로 ≪Shall we dance?≫로 유명해진 수오 마사유키(周防正行)는 ≪變態家族≫(변태가족, 83)으로 데뷔하였다. 또한 ≪愛の新世界≫(사랑의 신세계)의 다카하시 도모아키(高橋伴明), ≪セーラ服と機關銃≫(세라복과 기관총)의 고마이 신지, ≪Lie Lie Lie≫(리에 리에 리에, 97)의 나카하라 슌(中原俊), ≪GAMERA≫(가메라)의 가네코 슈스케(金子修介) 등이 있다. 이들은 1980년대 일본영화의 흐름을 주도 하였다.

특히 일본영화계에는 V아니메(アニメ)라는 새로운 장르가 생겨 문화흐름을 주도하게 된다. 일본의 경우 TV용이나 극장용 만화영화와는 달리 혜성처럼 오리지널 애니메이션 비디오(OVA : Vアニメ)가 등장하여 새로운 일본애니메이션 세계를 구축하게 된다. 1983년 말 영상소프트 업체인 반다이는 V아니메로 오시이 마모루(押井守) 감독의 SF영화 애니메이션 ≪달로스≫를 제작 공급하여 OAV 시장을 개척하였다. 이어서 일본빅터, 도에이, 킹레코드 등은 V아니메 돌풍을 일으켜 비디오 VCR의 보급을 확대시켰고, 영상비즈니스가 활발해졌다. 당시 OAV가 시작된 초창기에 대히트 한 것은 이시쿠로 노보루(石黑昇) 원작 ≪메가존 23≫(85), 유야마 구니히코 감독의 미녀 여자주인공을 그린 ≪몽환전기 레다≫(85), 오시이 마모루 감독의 ≪천사의 다마고≫(85), 다카야마 히데키 감독의 ≪초신전설 우로쓰키≫(87) 등이다.

1980년대는 국제사회에서 일본, 일본인, 일본사회 등이 힘을 발휘하여 일류

국가로 자리 잡게 된다. 그러나 그런 성장은 국제사회와의 관계에서 다양한 갈등을 일으키는 원인이 되었고 그런 분위기는 일본의 강경노선을 부추기는 기능을 하였다. 따라서 영화계에서는 우익과 반우익이라는 이데올로기 전이 묘하게 발생하였다. 또한 아시아인들이 유입되어 변화의 원동력으로 작용하게 되었고, 일본인의 해외진출은 역으로 일본의 국제화를 촉진시키는 역할을 하였다. 그 효과는 1990년 이후 일본의 국제화로 나타난다. 다른 한편으로는 색깔논쟁에서 벗어나 새로운 움직임을 갖고 활동하는 신세대와 신사고가 등장하게 된다. 문화계에서는 영화의 변화가 지속되는 가운데 일본 아니메가 구축되어 새로운 문화영역으로 성장하게 된다. 이 시기의 영화는 V시네마와 V아니메 등으로 나타나 대국화기에 발생한 다양한 시대성을 담았다. 본고에서는 대국화기에 만들어진 영화에 나타난 시대성을 고찰하고자 한다.

Ⅱ 대국화기의 영화와 배경

■ 1. 시대적 배경

일본은 1980년대 경제대국으로 자리매김 되어 국제사회에서 막강한 힘을 발휘하였다. 수출확대로 무역흑자가 지속되었고, 또한 노동력을 창출하였으며, 엔고로 일본에 대한 가치가 상승하게 된다. 일본은 전체적으로 안정적인 경제성장과 생활을 향유하여 국제사회에서 위상을 높이는 한편 자신감을 갖고 행동하였다. 그러나 일본의 경제성장은 국제사회에서 경제마찰을 일으키는 요인으로 작용하기도 하였다. 경제적 부가 축적되면서 일본은 도쿄 디즈니랜드를 개원하여 문화시대를 구가하였고, 닌텐도(任天堂)의 패밀리콘 발매로 게임산업이 발전하였으며, 소득안정으로 스포츠클럽이 생겨났고, 빠칭코가 급증하였으며, 도쿄돔이 개원하여 이른바 대국 만들기가 착실하게 진행되었다. 일본은 정치적으로 대통령 권한에 가까운 권력을 소유한 나카소네 야스히로(中曾根康弘) 수상의 정치력, 국제사회에서 부국과 부민으로서의 위상을 정립하게 한 경제력, 그것에 바탕을 둔 문화력 등에 기초하여 대국 일본을 만드는데 성공한다.

<표1>은 대국화기의 시대적 배경을 나타낸 것으로 당시 일본은 정치적·경제적·사회문화적으로 대국을 이루어 국제사회에서 강력한 힘을 발휘하였다.

<표1> 대국화기의 시대적 배경

구분	정치적 배경	경제적 배경	사회문화적 배경
구체적 내용	임시행정조사회, 록히드사건판결, 대통령적 나카소네 수상 등장, 전후총결산, 천황제강화, 소련과 북한 군사위협론, 리쿠르트사건, 89년 여야의석수	전전(電電)공사민영화, 국철민영화, 시장개방, 저금리시대, 재팬머니, 일미경제마찰, 소비세 도입, 군사비GNP1%,	일본문화론, 일본적 경영, 기업문화정착, 문화제국주의, 전통적 가족공동체붕괴, 복지체제위기, 생활환경위기, 출산

	역전, 작고 강한 정부, 동서냉전종결, 신자유주의, 군사대국화, 시렌방위, 불침항모발언, 림팩훈련, 미일군사기술협력, 신대국주의, 쇼와천황사망, 냉전붕괴, 정치대국	경제민족주의, 군사경제확대, 기업이익독점화, 외국기업병합, 외국에대한 직접투자, 일본경제공영권, 군사산업발달, 경제대국	율저하, 고령화사회, 우익문화, 퇴폐문화, 문화의 상업화, 일본형발전모델, 문화민족주의, 문화대국

　　정치적 배경에는 전후 거대해진 행재정 문제를 개혁하기 위한 임시행정조사회, 정치가의 정경유착오직으로 인하여 벌어진 록히드사건 판결, 대통령적 수상의 슬로건과 천황을 중심으로 한 일본세우기를 하고 국제적 리더로서 활동한 나카소네 수상 등장, 전후에 제기된 문제를 일시에 해결하려는 전후총결산, 일본천황의 지위를 회복시키려는 천황제강화, 국제적 위협론을 내세워 군사적 대국화의 길을 만들기 위한 명분으로 이용한 소련과 북한 군사위협론, 리크루트사건, 자민당 실정에 대한 국민의 심판으로 나타난 1989년 여야의석수 역전, 정부의 책임을 국민에게 돌리고 강한 정부를 만들려는 작은 정부구상, 40년간 이념전쟁의 틀이 무너지는 계기가 된 동서냉전종결, 미국과 영국등과 협력을 통해 새로운 시대를 열고자 한 신자유주의, 군사대국화, 시렌 방위, 불침항모발언, 림팩 훈련, 미일군사기술협력, 신대국주의 등이 있었다. 일본은 그런 정치적 개혁을 통해서 국제사회에서 정치대국으로의 입지를 강화하였다.

　　경제적 배경에는 국영 및 공사의 경쟁력을 높이기 위한 작업으로 시작된 전전(電電)공사민영화와 국철민영화, 일본경제성장에 대한 국제사회의 압력으로 촉발된 시장개방, 무역흑자와 예금 잔액 급증으로 인한 저금리시대, 국제적 기업을 매입하는 경제력, 국제금융과 각종 구매시장에서 힘을 발휘한 재팬 머니, 일미경제 불균형으로 인한 미일경제 마찰, 정부재정을 건실하게 하기 위한 정책으로 추진된 소비세도입, 경제성장과 경제력에 알맞는 군사정비, 경제보호정책 일환으로 추진된 군사비 GNP 1% 책정, 경제를 중심으로 국가와 국민의 통합을 강조한 경제민족주의 등장, 군사와 경제가 합치된 군사경제 확대, 기업이익독점화, 외국기업병합, 외국에 대한 직접투자, 동아시아를 비롯한 세계경제권에서 일본경제권을 구상한 일본경제공영권, 경제의 군사화, 군사산업발달 등이 있었다. 그런 다양한 경제정책의 성공으로 일본은 경제대국으로 성장하였다.

사회문화적 배경에는 문화적 · 사회적으로 외국과 다르다는 일본문화론, 전통과 근대적인 요소로 일본적 우수성을 창출한 일본적 경영, 가정과 국가보다는 기업에 기초한 문화를 중시하는 기업문화정착, 서구문화와 아시아문화보다는 우수한 문화를 가지고 있다는 문화제국주의, 근대적이며 현대적인 사회변화로 벌어진 전통적 가족공동체붕괴, 1970년대 복지원년을 선언하고 사회안전망을 추구하였지만 지출의 증대로 자가 복지를 강조한 복지체제위기, GNP 등의 수치에서는 세계적인 수준에 와있지만 국민이 실감하지 못하는데서 오는 국민생활불만, 생활환경위기, 개인주의 사고와 사생활주의 등과 같은 새로운 현상으로 등장한 출산율저하, 사망률 저하와 60세 이상 인구의 비율 증가로 나타난 고령화 사회, 각종위기를 극복하기 위해서 선전한 우익문화, 무비판적인 문화유입과 생산으로 벌어진 퇴폐문화, 정신적 가치보다는 금전적 가치를 강조한 문화의 상업화, 일본식으로 발전했다는 신화를 만들어낸 일본형 발전모델, 문화민족주의 등이 발생하였다. 일본은 경제대국에 기초해서 거기에 맞는 문화대국을 만드는 정책을 적극적으로 추진하였다. 일본의 대국화는 각종사회영역에 영향을 주었을 뿐 아니라 일본영화계에도 영향을 미쳤다.

■■ 2. 영화사의 전환과 영화정책

V시네마와 V아니메 시대로 불리는 V시대에 일본영화사는 다양한 시도와 시장을 개척해야하는 과제를 안게 되었다. 닛카쓰(日活)는 회사명을 1978년 닛카쓰(にっかつ)로 개명하고 경영합리화를 추진하였다. 그러나 1981년에는 지금까지 영화 만들기에 활용되었던 전속 프로듀서 제도를 폐지하였다. 영화보급 및 매체 시장에서는 일반가정에 비디오영화가 보급되고 계층화에 주력한 어덜트(adult) 비디오라는 새로운 장르의 영화가 침투하였다. 따라서 대형극장이나 영화관에서 상영되던 로망포르노 노선은 붕괴되었다. 닛카쓰는 이 과정에서 1985년 '로망X'노선을 주장하여 하드 섹스영화로 방향을 전환하였지만 역시 실패하였다. 1988년 최후수단으로 16년간 계속해온 포르노 노선을 포기하고 '롯포니카'

(ロッポニカ)로 사명을 개명하고 일반영화로 돌아왔지만 1년도 못 견디고 제작 정지에 봉착했다. 닛카쓰에서 활약한 신인 감독은 이케다 도시하루(池田敏春), 나카하라 슌(中原俊), 나스 히로노(那須博之), 가네코 슈스케(金子修介), 이시이 노보루(石井隆), 네기시 타로(根岸吉太郎), 모리다 요시미쓰(森田芳光) 등이다.

닛카쓰에 비교해 보면, 대형영화사였던 쇼치쿠, 도에이, 도호 등은 신인감독 을 육성하지 못했다. 쇼치쿠는 유일하게 야마다 요지(山田洋次)감독이 만든 ≪男はつらいよ≫(남자는 괴로워)시리즈를 10년간 제작하여 회사를 유지해 갔다. 그러나 영화사적인 측면에서 보면, 1980년대 영화발전에는 거의 공헌하 지 못하였다. 도호와 도에이는 달러 박스역할을 하는 영화를 만들지 못한 상태 에서 대작영화의 맥을 이어갔다. 도호는 1977년 ≪八甲田山≫(팔갑전산)에 이 어 히로이즘과 비장미를 예찬하는 몇 개의 대작을 만들었다. 그런 흐름은 1981 년 ≪連合艦隊≫(연합함대)로 이어졌다. 도에이는 과거 군사대국이라는 향수를 그리는 ≪二百三高地≫(이백삼고지, 80), ≪大日本帝國≫(대일본제국, 82) 등 을 마스다(ます田利雄) 감독에게 만들게 하였다. 전쟁영화를 만들게 된 배경에 는 당시 일본이 대국으로 성장하여 과거에 대한 향수를 그릴 수 있는 분위기 가 되었기 때문이기도 하다.

영화사의 붕괴는 영화인재 양성소로 기능하던 촬영소의 해체를 의미한다. 영 화계에서 촬영소는 단순하게 영화만을 촬영하는 것이 아니라 각종 영화기술을 개발하고 전수하는 영화인재 양성소로서의 기능을 담당하여왔다. 이것의 해체로 촬영, 조명, 녹음, 미술 등의 기술을 계승하는데도 어려움이 발생하였다. 어수선 한 분위기에서 1989년 배우로 활약한 가쓰 신타로(勝新太郎)가 ≪座頭市≫(자 토시)를 촬영 하던 중 사망하는 참사가 일어나기도 하였다. 이런 현상은 영화 촬영 기술뿐 아니라 시대극영화를 만드는 기술의 쇠퇴로 이어졌다. 프로그램 픽쳐 시스템은 핑크영화가 만들어진 시기에도 유지되었다. 또한 1960년대 비판 되었던 핑크영화는 1980년대까지 생존하여 우수한 감독이 35미리 처녀작을 만 들 수 있는 기회로 이용되어 영화감독의 육성과 영화의 발전을 위한 가교역할 을 하였다. 예를 들면, 구로사와 기요시(黑澤淸), 수오 마사유키(周防正行) 등 이 그런 감독이다. 그들이 만들어낸 핑크계통의 장르를 제제 다카히사(瀨瀨敬 久) 등은 '핑크영화의 누벨바그'라고 명명하였다.

또한 스타지오 시스템의 해체는 기존 영화계를 주도해온 대형영화사의 붕괴를 의미하였지만, 다른 한편으로는 기업이 영화에 참여하는 기회가 되었다. 출판업에 종사해오던 가도가와(角川) 서점은 1970년대 거대한 광고비를 들여 대작주의를 표방하고 영화에 뛰어들어 성공을 하게 된다. 이런 성공은 영화가 기존의 방식과 영화사를 통해서 만들어져야 한다는 인식을 바꾸는 계기가 되었다. 그리고 비디오, 케이블 TV, 위성방송 등의 보급으로 하나의 필름을 2번 내지 3번을 반복해서 사용할 수 있는 환경이 되어 비디오 소프트 이권을 요구하는 현상이 벌어졌다. 또한 영화관은 대형영화관에서 200여명을 수용하는 소극장으로 바뀌었고, 영화의 전문화가 이루었다. 즉 전문교육기관을 통한 감독양성의 전문화, 시나리오 작가 육성의 전문화, 상영관의 전문화, 영화관객의 계층화 등과 같은 전문화체제가 형성되어 일본영화의 변화에 대응하였다.

1980년대 일본은 영화를 진흥시키기 위한 정책을 구체화해야 하는 시기이기도 하였다. 그런 절박한 시기에 1984년 도쿄에 있는 도쿄국립근대미술관 필름센터에 화재가 일어나 보존하고 있던 외국영화가 타버렸다. 세계경제대국 2위인 일본의 영화진흥정책에 대한 허점이 탈로 나는 계기가 되었다. 일본영화관계 14단체는 1972년 필름 보존창고 설치에 관한 청원을 제출한 적이 있었다. 그럼에도 불구하고 겨우 1985년 가나가와현 소모하라(神奈川縣 相模原)에 보존 창고 건설이 시작되었다. 또한 국가보다는 교토가 영화문화에 관심을 갖기 시작하였다. 교토는 일본영화발상지라는 점에서 자부심을 갖고 많은 영화인이 주재하였고 혁신적인 자치정부에 적극적인 영화육성정책을 기대하였다. 영화를 사랑하고 좋아하는 교토지사는 1966년 가모가와(鴨川) 공원에 일본영화사상 최초의 슈퍼스타인 '메다마의 맛짱'(目玉の松ちゃん; 尾上松之朝)의 흉상을 건립하였고, 1968년에는 장편극영화를 만들었다. 지자체에 의해서 만들어진 최초 영화로는 야마우치 데쓰야(山內鐵也)감독이 교토기념영화로 만든 ≪祇園祭≫(기온마쓰리)이다. 이후 나카무라 긴노스케(中村錦之助)가 독립프로 일본영화부흥협회를 설립하고 그곳에서 교토도가 5천만 엔 그리고 교토시가 5천만 엔 등을 출자하여 이토 다이스케(伊藤大輔)감독이 ≪町衆の力を謳い上げる映畵≫(거리민중에 힘을 주는 영화)를 제작하였다.

국가에 의한 영화진흥정책은 과거에 사상과 통제의 일환으로 추진되었기 때

문에 영화에 관한한 국가의 지원을 받아서는 안된다는 흐름이 있었다. 그러나
대중문화로서 영화에 대한 국가 지원의 필요성이 점차 증가하였다. 1990년 문
화청은 '예술문화진흥기금'을 설치하고 영화진흥을 추진하였다. 영화진흥기금은
장편극영화의 경우 연간 12편, 1편당 2천 5백만 엔 정도 지원하는 것으로 되
었지만 그것마저도 점차 줄어들었다. 그러나 극영화의 경우 1편당 1억 엔 정도
의 제작비가 드는 상황이었고, 지원제작사가 적어도 5년 이상 실적이 있어야
지원하는 등 제한규정이 있어 효율성이 적었다.

영화시장의 점유율을 보면, 1986년 이후 양고방저(洋高邦低) 현상이 일어나
고 있었고, 1993년에는 방화가 35.8%를 점하고 있는 실정이다. 이런 상황에서
문화청의 영화예술진흥에 관한 연구협력자회의 보고서인 『영화예술진흥방책의
충실에 대해서』(94.8.8)에서는 일본영화가 소멸되는 최악의 사태가 도래할 것이
라는 일본영화소멸론이 등장할 정도가 되었다. 국제영화제작가연맹은 1994년
유럽각국의 경우 국산영화 시장점유율이 약 14.8%이며 일본은 약 30%이상으
로 약간 우위에 있다고 보고했다. 그러나 국가의 간섭과 통제라는 정책보다는
영화발전을 위한 실질적인 지원정책이 적극적으로 시행되어야 할 정도로 일본
영화는 내외적으로 위기에 봉착해 있다. 그런 흐름은 외국영화에 대한 알레르
기 반응이나 자국영화육성을 위한 영화민족주의로 발전할 가능성이 높았다. 또
한 통제와 검열시대에서 발전한 일본영화는 그런 규제로부터 벗어나 자생적으
로 형성된 성장시스템을 통해서 발전하였다. 그러나 1980년대는 간섭과 규제로
부터 자유로워진 일본영화의 진흥을 위한 공적 책임을 질 시기가 도래하였다고
할 수 있다.

■ 3. 저패니메이션

일본에서 최초의 애니메이션(animation)은 1917년 만화가인 시모카와 오텐
(下川凹天)이 흑판에 분필로 그려 제작한 ≪이모카와 케이조-현관번의 권≫(芋
川椋三-玄關番の卷)이다. 1921년 닛카쓰(日活) 영화사에서 독립한 기타야마

(北山)영화제작소가 최초로 애니메이션 전문스튜디오를 만들어 오락물과 교육용의 애니메이션을 만들었다. 초기에는 종이에 직접 그림을 그리는 종이 애니메이션 기법을 사용하였다. 1932년에는 마사오카 켄조(正岡憲三)가 일본최초의 토키 애니메이션인 ≪힘과 여자의 생산≫을 셀로 제작하였다. 이 시기부터 극장광고로 사용하기 위한 CF애니메이션이 활발히 만들어 졌다. 1940년대는 새로 제정된 영화법에 의해서 어린이 교육에 필요한 문화영화를 강제로 상영하도록 하여 다수의 호전적인 작품이 상영되었다. 1943년 세오 미쓰요(瀨尾光世)가 최초의 장편 애니메이션인 ≪모모타로의 바다독수리≫(桃太郎の海鷲)를 발표하고, 1945년 ≪모모타로-바다의 신병≫(桃太郎-海の神兵)을 만들었다.

1950년대 이후 일본은 고도경제성장기에 접어들면서 점차 애니메이션이 활기를 띠기 시작했다. 특히 대표주자로서 도에이(東映)영화사의 동화부(動畵部)는 막대한 자본을 투자하여 스튜디오를 갖추었다. 도에이는 1958년 중국의 고전설화를 애니메이션으로 만든 ≪백사전≫(白蛇傳)을 발표하였다. 작화매수가 20만장이나 되었다. 1959년 야부시타 다이지(藪下泰司)가 감독한 ≪소년 사루토비 사스케≫, 1960년 당시 <만화왕>에 연재된 데쓰카 오사무(手塚治虫)의 만화 ≪나의 손오공≫을 원작으로 해서 데쓰카와 야부시타가 ≪서유기≫(西遊記)를 제작하였다.

일본의 최초 텔레비전 애니메이션으로 데쓰카 오사무의 ≪鐵腕アトム≫(철완아톰, 63-66)이 1963년에 방영되었다. 그리고 특수촬영으로 만들어진 ≪울트라맨≫도 일본의 것이라는 사실이 알려지지 않은 채 방영되었다. 그런 작품들이 일본제 애니메이션으로 인식되어 저패니메이션의 탄생을 예고했다. 애니메이션은 만화영화를 말한다. 저패니메이션(Japanimation)은 일본의 'Japan'과 동화(動畵)를 의미하는 'Animation'의 합성어이다. 저패니메이션의 조류는 하와이를 시작으로 미국의 서해안에서 시작되었다. 저패니메이션으로 인식하게 한 최초의 작품은 ≪초시공요새 마크로스≫(1982년)이고, ≪로보테크≫는 미국전역과 캐나다 등에 퍼져 저패니메이션의 팬을 만들었다. 이렇게 해서 팬클럽과 동인지가 생겨나 활동을 넓히는 계기가 되었다. 극성팬들은 수입을 촉진시켰고, 1986년에는 저패니메이션 팬들이 일본에 와 촬영장, 잡지사, 명소 등을 찾아다녀 대중매체에서 저패니메이션이라는 용어가 등장하였다. 일본이 만들어내는 저

패니메이션은 한때 싸구려라는 이미지를 갖고 있었다. 그러나 1990년 말 미국, 유럽, 아시아 등을 제패하였고, 전세계 TV애니메이션 공급물량의 약 65%를 차지하고 있다. TV애니메이션 시장점유에 이어 오시이 마모루(押井守), 미야자키 하야오(宮崎駿), 오토모 카쓰히로(大右克洋) 등이 제작한 극장판 애니메이션도 높은 평가를 받고 있다. 일본의 애니메이션이 세계시장을 점유하면서 일본에서 애니메이션을 뜻하는 '아니메'(Anime)라는 용어는 일본뿐 아니라 세계에도 통용되는 용어로 정착하였다.

전통적 예술인 가부키(歌舞伎)나 우키요에(浮世繪)와 같이 일본의 대표적인 문화로 해외에서 인정받아 수용되고 있는 것이 일본 애니메이션이다1). 1980년대 일본 애니메이션을 저패니메이션(ザパニメーイション)이라고 불렀다2). 그것은 일본 애니메이션이 국제영화시장에서 확고한 자리를 잡았다는 것을 의미한다. 저패니메이션은 도에이가 만든 ≪白蛇傳≫(백사전, 58)이 효시가 되었다. 그 후 데쓰카 오사무(手塚治虫)가 운영하는 무프로덕션이 1960년대에 설립되어 본격적으로 활동하게 된다. 그리고 마스다(ます田利雄)의 ≪宇宙戰艦ヤマト≫(우주전함야마토, 77)를 만들어 큰 붐을 일으켰다. 1977년 8월 6일 전국 도큐(東急)영화관은 어린이들로 장사진을 치고 있었다. 그것은 장편 애니메이션 ≪宇宙戰艦ヤマト≫가 처음으로 개봉하는 날이었다. 이것은 1974년 10월 6일부터 1975년 3월 31일까지 방송용으로 제작된 된 것을 장편 애니메이션으로 재편성한 것이다. 이 애니메이션이 성공함으로써 장편 애니메이션이 시장에서 팔린다는 것을 확인하였고, 또한 영화관 관객이 저 연령화되는 계기가 되었으

---

1) 구미의 애니메이션 영화가 일본에 상륙한 것은 1909년으로 일본 애니메이터들은 1915년 정도에 독자적인 작품을 만들기 시작했다. 상업예술형태로 의미를 갖게 된 것은 전후로 실사영화의 제작으로 유명했던 도에이가 장편 애니메이션 영화를 제작하고 그것이 인기를 얻기 시작한 후 본격적으로 발전하였다. 일본애니메이션의 기념비적 사건은 1963년이다. 즉 국산용의 텔레비전 애니메이션 시리즈로 등장한 데쓰카 오사무(手塚治虫)의 ≪鐵腕アトム≫(철완아톰, 63-66)이 탄생한 것이다. 이후 데쓰카의 컬러 시리즈인 ≪ジャングル大帝≫(정글대제, 65-66)가 대히트함으로써 1960년대 후반에 텔레비전 애니메이션은 확고한 지위를 차지하게 된다.

2) 본고에서는 1980년대 일본영화를 중심으로 다루고 있다. 그러나 1980년대부터 일본문화시장에서 중요한 문화로 등장한 것이 저패니메이션이어서 다루지 않을 수 없지만 방대한 작업이 필요한 부분이기 때문에 저패니메이션에 대해서 서술적인 부분만을 언급하고 구체적인 언급은 다음 작업을 통해서 하고자 한다.

며, 영화애니메이션 시대가 열리게 되는 원동력이 되었다.

　1970년대에는 극장용 애니메이션이 중요한 흐름을 형성하였다. 특히 ≪宇宙戰艦ヤマト≫(우주전함 야마토, 77)가 극장용으로 인기를 얻자 동시에 텔레비전 시리즈로도 만들어졌다. 이 시기까지의 애니메이션이라는 장르는 어린이를 위한 오락물로 여겨졌다. 그러나 1980년대 어린이용으로 판매되었던 애니메이션이 청소년용, 어른용 등으로 만들어져 애니메이션 시장은 더욱 커졌다. 1980년 초두부터 애니메이션은 비디오 시장에서 중요한 부분을 차지하였고 OVA가 판매 비디오, 대여비디오 등으로 개발되어 수익을 올려 영화산업에서 애니메이션이 대체 문화로서 각광을 받게 되었다. 더욱이 OVA시장이 성장하여 국내뿐 아니라 해외에서도 판매되어 일본문화성장의 근간이 되었다.

　한편 애니메이션이 성장해가고 있음에도 불구하고 과다경쟁과 수급불균형으로 제작사가 문을 닫는 경우가 생겼고, 또한 인건비를 아끼기 위해서 하청에 맡기는 현상이 벌어졌다. 그런 상황에서 애니메이션 산업을 활성화시킨 것이 OVA(Original Video Animation)시장개척이었다. OVA는 비디오 전용 애니메이션을 지칭한다. 이것은 극장판보다 제작비를 줄이고 연작형태로 비디오에 담아 파는 것이었다. 1983년 12월 세계최초로 OVA가 출시된다. 오시이 마모루 감독의 ≪DALLOS≫(다로스)가 스튜디오 피에로에서 제작되고 반다이가 판매를 하였지만 실패하였다. 1987년 저팬 홈 비디오(JHV)가 출시한 ≪요수도시≫이전까지 비디오는 에로틱한 요소만 겨우 명맥을 유지했다. 그러다 1988년에 들어 OVA형태로 아니메의 명작이 집중적으로 나타났다. 전체적으로 OVA시장이 애니메이션 시장을 점령하자 극장판 애니메이션은 점차 위력을 잃게 되었다. 그 중에서도 도쿠마(德間)서점의 ≪은하영웅전설≫이 대표적이다. 이것은 세계최초의 주간비디오로 만들어져 통신으로만 판매하는 방식을 도입하였고, 원작 10권분의 내용을 4기에 걸쳐 모두 애니메이션으로 만들었다. 1988년 일본 스타지오에서 만들어진 작품 중 40%가 애니메이션이었다.

　일본 애니메이션이 발전한 것은 거대한 오타쿠(お宅)에 의한 작품 활동이 지속적으로 이루어졌기 때문이기도 하다. 오타쿠라는 용어는 댁에서 두문불출하여 관심 있는 세계에 깊숙이 빠져있는 사람들을 의미하지만 좋은 의미에서는 자기의 작업을 광적으로 집착하여 작품을 만들어 내는 부류를 의미한다. 특히 가이

낙스(GAINAX)가 설립되어 ≪왕립우주군 오네아미스의 날개≫(87)를 만들었고, ≪となりのトトロ≫(이웃의 토토로, 88)나 ≪반딧불의 묘≫(88)와 같은 극장판 애니메이션이 활성화되는 듯하였다. 그러나 초대작 애니메이션인 ≪AKIRA≫(아키라)가 흥행에 실패하면서 극장 애니메이션은 냉각되었다. 또한 1989년 2월 일본만화의 아버지라 불리는 데쓰카 오사무가 사망함으로써 일본 애니메이션은 힘을 잃었다. 이후 비디오 테이프 대여점이 증가하고 가격의 저렴화를 추진하여 명성 있는 작품은 거의 비디오로 만들었다. 애니메이션 회사들도 우후죽순처럼 난립하여 흥망을 거듭하였다. 이런 혼란은 1991년에 피크를 맞이한다.

극장판 애니메이션이 힘을 잃어가는 가운데 애니메이션 계에는 초슈퍼 감독인 미야자기 하야오(宮崎駿)가 활동한다. 그는 재미있는 텔레비전 애니메이션을 만들어 왔고 방송 만화가였으며, 그림을 움직이는 애니메이터가 되었을 뿐 아니라 각본가 겸 애니메이션 감독이 되었다. 미야자키는 오락작품을 정중하게 만들어 관객을 즐겁게 하는 엔터테인먼트성, 적어도 몇 사람에 한정해서 만들지 않은 것, 강한 사회의식을 가진 것, 오락작품이 강제로 대량생산되어 조잡해지는 것이 아니라 완성도를 높이는 직업인의 기질이 베인 작품 등과 같은 특징을 살리는 애니메이션을 만들어 갔다. 1979년 극장용 ≪ルパン三世・カリオストロの城≫(루팡 3세・카리오스토로의 성)을 발표한 후에 더욱 주목을 받았고, 1980년대 어른을 대상으로 하는 아니메 작품을 만들었다. ≪風の谷のナウシカ≫(바람계곡 나우시카, 84)는 아동용이라는 기존의 애니메이션 범위를 초월해서 어른들이 볼 수 있도록 하기 위해 고도의 사상과 기교를 높이는 한편 정치한 그림으로 아름다움을 그려내었다. 그런 작업으로 일본 애니메이션 역사를 새롭게 쓰는 계기가 되었다. 또한 그는 ≪となりのトトロ≫(이웃의 토토로), ≪天空の城ラピュタ≫(청공의 성 라퓨타), ≪魔女の宅急便≫(마녀의 택배), ≪紅の豚≫(붉은 돼지), ≪もののけ姫≫(모노노케희메) 등과 같은 명작을 남겼다. 그 중에서 ≪もののけ姫≫(97)는 일본영화사상 최대의 배급수익을 올렸다.

철저한 작업정신과 예술성을 고집하는 가운데서 생산된 일본 애니메이션은 예술 면에서 뿐 아니라 산업면에서도 더욱 거대하게 성장할 산업으로 기대되는 분야가 되었다. 따라서 할리우드 영화와 경쟁하는 현실에서 벗어나 일본적인 문화색깔을 내면서 경쟁에서 살아남을 수 있는 영역으로 성장하였다. 일본 애니메이션이 성장문화로 정착할 수 있었던 것은 일본 만화(漫畵)가 있었기 때문이며, 만화가 인기를 얻을 수 있었던 것은 폭넓은 화제를 다룰 수 있는 환경이 만들어졌고, 어린이부터 어른까지 폭넓은 독자층을 가진 만화시장이 형성되었기 때문이기도 한다. 일본만화시장이 축적해온 각종 노하우는 애니메이션을 발전시키는 노하우로 사용되어 저패니메이션이라는 세계적인 브랜드를 만드는 원동력이 되었다.

Ⅲ 대국화기의 감독과 영화

1. 대국화기의 감독과 영화 1

대국화기까지 일본영화계는 1950년대와 1960년대에 걸쳐 일본영화의 특징을 살리면서 화려하게 성장하는 가운데 1970년대 침묵을 지켜야만 했던 불운한 유명 감독들은 1980년대에 들어서 계속해서 우수한 대작을 내놓았다. 구로사와는 프랑스와의 합작으로 자신에게 봉착한 위기를 극복하고 좋은 작품을 내놓는다. 이 시기에 활동한 감독은 기노시타 게이스케(木下惠介), 이치카와 콘(市川崑), 신토 가네토(新藤兼人), 고바야시 마사키(小林正樹), 이마무라 쇼헤이(今村昌平), 오카모토 기하치(岡本喜八), 오시마 나기사(大島渚), 시노다 마사히로(條田正浩), 요시다 요시시게(吉田喜重), 야마다 요지(山田洋次), 가토 타이(加藤泰), 후카사쿠 긴지(深作欣二) 등이 활약하였다. <표2>는 대국화기에 활약한 감독과 영화를 나타낸 것이다.

<표2> 대국화기의 감독과 영화 1

감 독	작 품	특 징
黑澤明 (구로사와 아키라)	影武者(80), 亂(85), 夢(90)	외국 합작
木下惠介 (기노시타 게이스케)	この子を殘して(83), 父さん(88)	
市川崑 (이치카와 콘)	幸福(81), 細雪(83), おはん(84), ビルマの竪琴(85), 映畫女優(87), 鶴(88), 忠臣藏・四十七人の刺客(94)	문예 영화
新藤兼人 (신토 가네토)	北齊漫畫(81), 地平線(84), 落葉樹(86), さくら隊散る(88)	

小林正樹 (고바야시 마사키)	東京裁判(83), 食卓のない家(85)	
今村昌平 (이마무라 쇼헤이)	ええじゃないか(81), 楢山節考(83), 女衒 (87), 黒い雨 (89)	리얼 리즘
岡本喜八 (야마모토 기하지)	ジャズ大名(86), 大誘拐(91)	
大島渚 (오시마 나기사)	戦場のメリークリスマス(83), マックス,モン・アムー ル(86)	
篠田正浩 (시노가 마사히로)	瀬戸内少年野球團(84), 鑓の權三(やりのこんざ)(86), 少年時代(90), 寫樂(95)	누벨 바그
吉田喜重 (요시다 요시시게)	人間の約束(86), 嵐が丘(88)	
山田洋次 (야마다 요지)	男はつらいよ(82, 87, 89, 90)	서민 인정
加藤泰 (가토 타이)	ざ・鬼太鼓座(81)	시대극
深作欣二 (후카사무 긴지)	蒲田行進曲(82), 上海バンスキング(84), 火宅の人(86), 華の亂(88)	야쿠자 영화

이 시기 구로사와(黑澤明)는 영화계의 천황으로 여겨졌지만, 다른 한편으로는 외롭게 홀로 서있는 고목과 같이 고립되어 가고 있었다. 신인감독과 비평가들은 그에게 무관심하였다. 국내의 분위기에 격분한 구로사와는 일본에서의 제작보다는 프랑스에서의 제작을 시도하였다. 구로사와 아키라는 외국과의 협작을 통해서 ≪影武者≫(가게무샤, 80), ≪亂≫(난, 85) 등을 만들었다. 또한 ≪夢≫(꿈, 90)이라는 작품에서 괴수영화 감독인 혼다(本多猪四郎)의 도움을 받아 집단자살에 대한 내용을 그렸다. ≪亂≫(85)은 섹스피어의 『리어왕』에 기초해서 만든 것이다. 그것은 회화적인 영화로 시작부터 끝까지 격조 높은 기교로 작품을 완성하였다. 그럼에도 불구하고 그 아름다움은 집단적인 멸망으로 치닫는 격앙된 과정에서 분출되는 회한적인 것이다. 이 영화에서는 강한 왕에서 약한 왕으로 바뀐다. 그리고 전란 가운데서 멸망해가는 잔혹함을 비극적인 모습으로 처리하지 않고 아름다운 시적 몽환의 세계로 그러내고 있다. 특히 인간은 이처럼 멸망해 가는가, 죽음에 다가가는 존재일까 라는 공포와 비애를 그린 것으로

불가사의한 황홀감을 남기게 한다. 전투장면은 용맹스럽고 활기차기 보다는 침통하며 진혼곡과 같은 음악으로 장식하고 죽음과 삶이 교차되고 부딪치는 과정을 소리를 통해 비장함을 표현하였다.

이치카와(市川崑) 감독의 ≪細雪≫(사사메유키, 83)는 다니자키(谷崎潤一郎)가 태평양전쟁 중에 발표금지당한 상태로 써가기 시작해 전후에 완성한 장편소설을 영화화한 작품이다. 당시 금지당한 이유는 모든 사람이 뭉쳐 전쟁에 집중해야 하는 시기에 부자 일족을 중심으로 전개되는 사치스러운 생활을 영화로 표현하는 것이 시대정서에 맞지 않는다는 제국주의적 판단 때문이었다. 실제로 이 작품은 일본의 상류가정생활을 그린 순수문학으로 부자의 사교생활을 정교하게 그려낸 소설이다. 1950년대 아베감독이 영화화 했을 때 이치카와는 조감독을 했다. 또한 1957년에는 시마코(島耕二) 감독이 영화화했고, 1983년 이치카와 감독이 원작에 충실한 영화를 만들었다. 이 작품은 1938년경 일중전쟁이 시작할 때 쯤 일본이 수행하고 있는 전쟁에 대한 반응을 밀도 있게 그려내고 있다. 전쟁에도 불구하고 사람들은 그렇게 위기감을 느끼지 못했고 특히 상류사회의 여자들은 더더욱 느끼지 못하여 사교생활을 일관되게 보내고 있었다. 그런 관점에서 보면, 당시 일본에서 서민과 귀족은 전쟁이라는 위기상황에서도 처해진 운명이 서로 달랐다는 사실을 간접적으로 알 수 있다.

이 작품은 오사카(大阪)의 호상인 마키오카(蒔岡)가의 4자매에 대한 이야기이다. 장녀는 시집을 갔지만 데릴사위를 얻어 가계를 승계하였다. 차녀는 회사원과 결혼하여 집을 떠나 생활하고 있다. 셋째는 언니와 같이 살면서 연일 이어지는 선을 보고 결혼을 준비하고 있다. 이런 생활 과정에서 셋째는 다양한 사교계의 풍물과 교제를 통해서 사교방법을 알아가는 데 이 부분이 영화의 중요한 한 부분을 이룬다. 넷째는 상류사회의 사교생활에 지쳐 그것을 버리고 스스로 자립하기 위해 다양한 계층의 남자를 분주하게 만나 연애와 실연을 반복하여 언니들을 화나게 한다. 이것은 전쟁이라는 외부적 환경과 결혼이라는 내부적 환경이 대치하고 있지만 당시는 국가를 선택해야 하는 시대적 사명감을 거부하고 가정을 선택한 저자의 의도는 반시대적 사고의 범주에 포함되어 제한을 받았다. 그러나 한 가정을 통해서 전쟁을 보는 또 다른 시각을 잘 그려냈다는 점에서 가치가 있다.

고바야시(小林正樹) 감독의 ≪東京裁判≫(동경재판, 83)은 1946년 5월부터 1948년 11월까지 460여회에 걸쳐 열린 도쿄재판 공판을 미국국방성 촬영반이 기록해온 내용과, 또한 세계 각국의 뉴스 필름이나 새롭게 촬영된 자료에 기초해서 만든 4시간 38분짜리 장편기록영화이다. 재판과정을 통해서 만주사변에서부터 태평양전쟁에 이르기까지 일본이 자행한 침략전쟁의 전모를 명백히 밝히고 있다. 고바야시 감독은 등장인물을 통해서 자신의 주관적인 의견이나 편견을 버리고 넓은 시각에서 객관적으로 도쿄재판의 전체상을 부각시키려고 하였다. 이 기록영화에는 몇 가지 절정을 이루는 장면이 있다. 예를 들면, 미국인 변호사가 도쿄재판에서 당당하게 원폭투하의 부당성을 주장하는 장면이다. 공식 기록에서는 삭제되었지만 미국 변호사의 역사적 사실에 기초한 인간적 비판이 잘 나타나고 있다. 또 하나는 천황의 전쟁책임을 둘러싼 연합국내부의 갈등을 부각시킨 점이다. 맥아더는 일본점령을 위해서 천황 면책의 필요성을 느꼈다. 키난 검사는 당시의 분위기를 수용하고 그런 시각에서 도조 히데키(東條英機)를 유도 심문하였다. 그러나 도조는 결코 천황의 뜻에 반한 행위는 하나도 한 것이 없다고 하여 키난 검사를 난처하게 하였다. 더욱이 맥아더의 천황면책 방침에 반발한 호주의 웨브 재판장은 휴가를 얻어 재판하기를 거부하였다. 여기에서는 도조가 정식하고 우직한 인간이라는 면이 나타난다. 천황에게 충실한 충신이었고 정식하게 명령에 따라 수행한 점이 드러나고 있다. 이 영화는 당시 태평양전쟁을 둘러싼 서로 다른 입장을 정리했다는데 가치가 있다.

시노다 (篠田正浩)는 와세다 대학에서 예능사와 고대사를 공부한 후 오시마 나기사, 요시다 노부스케 등과 함께 쇼치쿠의 누벨바그를 추구한 감독이다. 시노다 감독은 영화를 정치와 동일시했던 오시마 등과는 다른 성향을 가지고 있었고, 영화를 문화의 일부분으로 인식하여 자유롭게 생각했다. ≪瀬戸内少年野球團≫(세도나이 소년야구단, 84)은 패전당시 초등학교 상급자였던 소년들의 이야기를 그린 것이다. 영화에 등장하는 장소는 세도나이가이(瀬戸内海)의 아와지로(淡路)섬이다. 전쟁 중에도 시골이라 폭격도 없었지만 일본이 승리하리라는 교사들의 가르침에 소년들은 믿고 있었다. 이후 패전하게 되자 소년들은 믿지 못하였다. 그들은 커서 군인이 되어 적을 물리치려 한 꿈도 접어야 했고 또한 학교 개혁으로 남녀가 같이 앉는 상황으로 바뀌는 등 다양한 변화에 적응해야 했다. 패전 후의 교육이 혼란을 거듭하고 있는 사이에 여교사는 소년들에게 야구를 가르치려는 계획을 세운다. 이렇게 해서 시골학교에 야구 붐이 일어나고 야구팀이 결성된다. 그런 학교에 도쿄로부터 한 여학생이 전학을 오게 되는데 시골소년들에게는 신비감과 호기심을 갖게 되어 동경하게 된다. 소녀의 아버지는 해군장교로 활동했기 때문에 전쟁범죄에 대한 조사가 있을 것을 각오하면서 이곳에서 조용히 보내고 있다. 이윽고 두려운 존재로 알려졌던 미군이 섬에 상륙을 한다. 소년들은 친절한 미군을 보며 놀라는 가운데 소녀의 아버지는 도쿄재판을 받으러 도쿄에 가지 않으면 안 되었다. 미군과 친선 야구시합을 하면서도 그들이 소녀 아버지의 적이었다는 것을 느껴 전력을 다해 야구시합을 한다.

이 영화는 군국주의시절에 국가를 위해서 충성해야 한다는 교육을 통해 형성된 군국주의소년이 적이었던 미군이 들여온 미군문화를 접하면서 생기는 심리적 갈등을 잘 묘사하고 있다. 적이었던 미군과 그들이 들여온 야구를 통해 시합을 하고 교류를 하게 되었다. 반대로 전쟁당시 자랑스러운 군인으로 활동한 소녀의 아버지는 전쟁범죄자가 되어 재판을 받게 된다. 이런 역설적인 상황에서 소년들은 시대가 부여한 마음의 갈등을 충격적으로 받아들인다. 이 영화는 당시 일본이 봉착한 시대적 가치를 둘러싼 갈등을 표현하고 있다는데 가치가 있다. 시노다는 ≪少年時代≫(소년시대, 90)에서 제2차 세계대전이 막바지에 들어선 시기의 소년이 체험한 내용을 잘 그려냈다. 이것을 통해 시노다는 일본사회에 재재되어 있던 모순 속에서 소년들이 나름대로 절망과 희망이라는 경계선에서 자신의 모습을 찾아가는 투쟁적인 현상을 섬세하게 관찰하고 있다.

이 시기에 활동한 요시다(吉田喜重)는 ≪人間の約束≫(인간의 약속, 86)을 만들고, 마쓰모토 ≪松本俊夫≫는 ≪ドグラ・マグラ≫(도구라・마구라, 88)를 만들었다. 데라야마(寺山修司)는 ≪さらば箱舟≫(안녕 사각배, 82)를 남기고 사라졌다. 요시다(吉田喜重)는 ≪人間の約束≫(86)에서 치매성 노인의 부부와 그 가족을 통해서 현대가정이 겪고 있는 비극을 다뤘다. 특히 여기에서는 가족의 구성원임에 불구하고 서로 마음을 수용하고 인정하기를 거부하는 가족간의 냉정한 인간관계를 그렸다. 또한 확대가족에서 핵가족으로 전환된 일본사회에서 전통적인 가족공동체가 붕괴되어 해결하지 못하는 가족문제를 리얼하게 그려내고 있다. 이 영화는 마이니치 대회에서 우수상을 받았다. 그의 작품인

≪嵐が丘≫(폭풍의 언덕, 88)은 에밀리 부론테의 명작을 무로마치(室町)시대 일본의 산악신앙과 연결시켜 번안한 것으로 공격적인 사랑을 그린 것이다. 즉 자기의 자아를 상대가 강압적으로 강요하는 것에 대해 애인들이 투쟁하는 이야기를 담은 것이다. 이 작품은 요시다가 자아 탐구자라는 입장에서 인간의 자아를 철저하게 고찰한 작품이다.

이마무라 쇼헤이(今村昌平)감독은 ≪楢山節考≫(나라야마 부시코, 83)로 칸느 영화제에서 그랑프리인 황금종려상을 수상하였고, 또한 1997년에는 ≪うなぎ≫(뱀장어)로 그랑프리를 수상하였다. ≪楢山節考≫(83)는 많은 에피소드를 남기며 만들어졌다. 60세를 바라보던 이마무라는 이 영화를 촬영하기 위해서 실제 산골마을에 스태프와 들어가 2년 동안 살았다. 또한 영화에 등장하는 동물들을 실제로 돌봐야 했고 촬영이 없는 날에는 노동을 해야 했다. 남 주인공 오가타 겐은 어머니를 업고 가파른 산을 올라야 하기 때문에 실제로 무거운 짐을 드는 연습을 했고, 어머니 역인 사카모토 스미코는 45세 나이에도 불구하고 노인 역을 하기 위해서 앞니 네 개를 부러뜨리고 체중을 줄이는 투혼으로 영화촬영에 임했다. 이 영화는 공동체 사회에서 생존에 모든 것을 걸어야 하는 인간의 처절한 삶을 그린 영화이다. 특히 본능에 충실한 공동체 구성원은 자연법칙에 의존하여 행동 하는 것과 같아서 강한 자가 살아남고 약한 자가 죽어야 하는 정글법칙을 준수하고 있다. 따라서 그들은 공동체사회에서 짐승처럼 살아가고 있는 것이다. 이 영화는 1980년대 일본을 표현했다기보다는 고대사회의 분석을 통해 풍부 속에서 사는 삶의 의미를 새롭게 새기고 기만적으로 사는 청년세대에게 절제된 감성과 이성을 기대하고 있는 의미도 있다. 그러나 물질적 풍요와 결핍이 인간성을 그대로 버리게 하는 처절한 결정은 공동체적 삶이 중시되는 사회나 개인적인 삶이 중시되는 사회나 차이가 없다는 것을 강조하고 있다. 전통적 사회가 만들어낸 나라야 부시코 현상은 인간사회의 발전으로 이어졌고 그 발전은 다른 형태로 나라야마 부시코 현상을 만드는 역사로 이어지고 있다. 따라서 이 영화는 현대에서 벌어지고 있는 현대판 나라야무 부시코 현상을 크게 꼬집고 있는 특징이 있다.

후카사쿠 긴지(深作欣二)는 1973년부터 인의(仁義)없는 싸움을 중심으로 야쿠자 시리즈를 만든 도에이의 대표적인 감독이다. 의리를 중시하는 기존 야쿠자 영화의 흐름을 버리고 정통과 인정을 거부하는 새로운 유형의 야쿠자영화를 탄

생시켰다. 즉 음모와 배신으로 점철된 잔인한 야쿠자 세계를 리얼하게 그렸다. 그런 시도는 사무라이의 아류가 야쿠자라는 등식에서 야쿠자가 양아치라는 등식을 성립시키는 계기가 되었다. 후카사쿠가 감독한 작품 중에서 대히트를 친 작품이 ≪蒲田行進曲≫(가마타행진곡, 82)이다. 이것은 재일동포 작가 쓰카 고헤이(한국명 김봉웅)가 썼고 후에 나오키 문학상을 받은 작품을 영화화 하였다. 이것은 전후 영화 황금기를 배경으로 스타들의 로맨스를 그린 작품이다. 영화 황금기에 가마타(蒲田)촬영소에서 화려한 시절을 보내고 있는 인기 스타에게는 위력 있는 광기가 살아 숨쉰다. 그러나 그런 광기에 묻어 있는 위력은 내용이 별로 없다. 긴짱(銀ちゃん)은 스타이지만 소심하며 신중한 배우였다. 인기가 떨어지고 있는 여배우이자 애인인 고나쓰(小夏)가 임신하자 인기에 영향이 있을 것을 염려하여 자기 추종자인 배우 야스를 억누른다. 야스는 자기 맘대로 휘두르는 행위를 잘 수용하면서도 긴짱에게 충성을 다한다. 이 영화에서는 야스의 충실한 도착적인 심리를 표현하려고 하였다. 야스는 단순하게 의리인정이나 이해관계만으로 긴짱을 수용하는 것은 아니다. 그는 긴짱을 위해서 이름과 명예를 송두리째 버려야 비로소 스타의 팬이 된다고 생각한다. 이름과 명예를 버리는 것은 실제로 목숨을 버리는 것을 의미한다. 야스는 인기가 떨어지고 있는 긴짱을 위해서 시대극에서 출연하여 목숨을 걸어야 하는 위험한 스턴트를 하게 된다. 자기를 희생하여 허영에 들뜬 긴짱을 살리는 것이다. 이 영화에서는 권위주의 자체에 맹렬한 독이 포함되어 있다는 것을 풍자한 특징이 있다.

가마타는 태평양전쟁 전 영화촬영의 중심지였던 쇼치쿠(松竹)영화사 소속의 촬영소이다. 시대극의 대스타 긴지로는 여배우이자 애인인 고나쓰가 임신을 하게 되어 스캔들이 예상되자 고민하다 단역배우인 야스와 억지로 결혼시키려 한다. 야스는 긴지로에게 항상 당하는 입장이었지만 고나쓰에게 연정을 품고 있던 터라 결혼하여 자기 아이처럼 키우겠다고 한다. 가장이 된 야스는 돈을 벌기 위해 스턴트맨을 하고 항상 상처투성이가 된 채 귀가한다. 고나쓰는 열심히 사는 야스를 진심으로 사랑하게 된다. 긴지로는 점차 비중이 줄어들어 가고 있는 쯤에 매우 위험한 신을 찍어야 하는데 대역이 없었다. 야스는 이 소식을 듣고 자청하였다. 긴지로를 도울 생각이 있었기 때문이다. 긴지로와 감독은 야스의 용기에 감사를 하며 그를 추켜세운다. 촬영에 들어간 야스는 그 순간 엑스트라가 아닌 주인공만이 누리는 황홀감을 맛본다. 40층 아래로 떨어져 다시 일어나는 순간 이에 감동을 하며 박수를 보내지만 야스는 큰 상처를 입었다. 고나쓰는 걱정이 되어 촬영장으로 달려가는 순간 사이렌소리를 듣고 정신을 잃은 채 쓰러졌고 산기를 느낀다. 병원에서 야스는 회복을 하고 건강한 아이를 안은 채 감독과 스태프들은 이를 축복해 준다.

다음 <표3>은 대국화기에 활약한 감독과 영화를 나타낸 것이다. 즉 스즈키 세이준(鈴木淸順), 쓰치모토 노리아키(土本典昭), 구마이 게이(熊井啓), 오가와 신스케(小川紳介), 후지다 도시야(藤田敏八), 구마시로 다쓰미(神代辰己), 오바야시 노부히코(大林宣彦), 오쿠리 코헤이(小栗康平), 희메다 다다요시(姬田忠義) 등이 활약했다.

<표3> 대국화기의 감독과 영화 2

감 독	작 품	특 징
鈴木淸順 (스즈키 세이준)	ツィゴイネルワイゼン(80), 陽炎座(81), 夢二(91)	바로크 정신
土本典昭 (쓰치모토 노리아키)	ミナモトの國・物語(81), ミナモト病・その30年(87)	사회파
熊井啓 (구마이 게이)	日本の熱い日日謀殺・下山事件(81), 海と毒藥(86), 千利休・本覺坊遺文(89), 式部物語(90)	전쟁문학
小川紳介 (오가와 신스케)	ニッポン國 古屋敷村(82), 1000年刻みの日時計(87)	다큐멘 터리
藤田敏八 (후지다 도시야)	リボルバー(88)	
神代辰己 (구마시로 다쓰미)	嗚呼おんなたち猥歌(81), 嚙む女(88), 棒の哀しみ(94)	핑크 영화
大林宣彦 (오바야시 노부히코)	轉校生(82), 時をかける少女(83), 廢市(84), さびしんぼう(85), 野ゆき山ゆき海べゆき(86), 異人たちとの夏(88), 北京的西瓜(89)	청춘 영화
小栗康平 (오쿠리 코헤이)	泥の河(81), 伽倻子のために(84), 死の束(90), 眠る男(96)	한국영화 전문가
姬田忠義 (히메다 다다요시)	周防猿まわしの記錄(80), アマ・ルール ー大地の人・バスク(81), 越後奧三面・山に生かされた日日(84)	

구로사와와는 대조적으로 복귀했던 감독이 스즈키(鈴木淸順)이다. 그는 ≪ツィゴイネルワイゼン≫(쓰고이넬와이젠, 80), ≪陽炎座≫(아지랑이좌, 81), ≪夢二≫(몽이, 91) 등으로 화려하게 복귀했다. 이 삼부작은 전후 일본영화가 도달한 세련된 미의식과 극도의 바로크적 정신을 표현하였다.

구마이(熊井啓)는 엔도(遠藤周作)의 원작 『海と毒藥』(바다와 독약)을 1958년에 읽고, 그것을 ≪海と毒藥≫(바다와 독약, 86)이라는 영화로 만들어 베를린 영화제에서 상을 받았다. 이것은 규슈(九州)제국대학 의학부에서 일어난 미군포로 생체해부사건을 다룬 것으로 전쟁말기인 1945년 5월에 일어난 소하라사건(相原事件)에 기초하고 있다. 전쟁말기 규슈대학 의학부에서 포로가 된 미국인병사가 생체실험의 재료가 되어 살해된다. 더욱이 실험을 견학한 군의들은 나중에 연회에서 미군병사의 장기일부를 시식한다. 제2차 세계대전 당시 권력에 저항하는 의학부에 서부군의 명령이 하달된다. B29폭격기에 탑승한 미국포로 8명을 생체해부 하라는 명령이었다. 주인공인 의대생 가쓰로(勝呂)는 고뇌하면서도 그 범죄에 가담한다. 규슈는 미군의 공습으로 초토화되었고 일반시민들이 죽어가는 형국이었다. 그 과정에서 일반시민들도 미군병사를 포로라기보다는 전쟁범죄자로 인식하였고, 일본군내에서도 살해하려는 분위기가 지배적이었다. 사령부도 그들을 포로로 취급하지 않고 애매한 태도를 취하였고 그 과정에서 미군포로는 생체실험의 대상이 된다. 실제로 있었던 사건으로 전후에 군사재판에서 거기에 참여했던 교수들이 유죄판결을 받는다. 패전 후 미군사법정에서 군관계자와 협력의사 25명중 5명은 교수형을 받았고 나머지도 중형을 받았다. 그러나 미소냉전격화, 한국전쟁 등이 발발하자 그들 전원이 석방되어 보통생활로 돌아갔다.

다큐멘터리 작가 오가와(小林紳介)는 농촌공동체에 대한 탐구를 전제로 한 다큐멘터리를 촬영했다. 그는 1960년대부터 신공항 건설을 반대해온 농민투쟁이 일단락되었다고 판단하여 야마가타(山形縣)에 들어가 ≪ニッポン國 古屋敷村≫(일본국가, 82)와 ≪1000年刻みの日時計・牧野村物語≫(천년자취시계, 87)를 촬영했다. 이런 작품들은 농촌사회를 분석한 것으로 민속학적 상상력을 통해 근대일본역사에 대해서 비판의식을 갖고 만든 작품이다. 오가와 감독의 ≪ニッポン國 古屋敷村≫(82)는 다큐멘터리제작을 해온 오가와 프로덕선이 10여년간 동북지방의 촌에 자기들이 논밭을 만들어 농촌생활을 하면서 경험한 것을 실감 있게 담은 장편기록영화이다. 영화의 전반부분은 농촌경험을 하는 과정에서 발견한 과학적 요소를 많이 다뤘다. 오가와 프로덕션은 야마가타현의 가미노아마시에 극단적으로 과소화되어 있고 깊은 계곡이 있는 곳에 논을 개간하여 농사를 지었다. 이곳은 언제나 냉해를 입어 농사를 망치고 있었다. 오가와 프로덕션은 냉해가 무엇이며 왜 발생 하는가 등을 알기 위해 집촌 사람들의 협력을 통해 조사를 한다. 냉해에 대한 대책으로 남쪽 산맥에서 불어오는 시로미나미(シロミナミ)라고 불리는 냉기가 문제이기 때문에 입체의 지리모형을 만들어 드라이아이스의 냉기를 고지에서 흘려보내는 실험을 하게 된다. 또한 오가와 프로덕션은 주인과 함께 토지 성분을 분석하기 위해서 밭을 파헤치는 과정에서 지표에서 15센치 이하에 붉은 토지 층이 있는 것을 발견한다. 이 붉은 토지 층은 오래 동안 경작하는 과정에서 철분이 침하된 것임을 밝히게 된다. 이런 결론은 밭주인의 아버지가 비료를 많이 주지 말라고 조언했던 현상과 일치하는 것이었다. 이 영화는 토지를 사랑하는 농민의 마음을 그려낸 영화라고 할 수 있다. 오가와 감독의 ≪1000年刻みの日時計≫(87)는 야마가타현 농촌에 살면서 마을 사람들의 일상생활을 그렸고, 야마가타 농촌의 역사와 현재, 농업의 존재방법, 농촌사람들의 신앙, 쌀의 경작, 밭농사 등에 대한 학문적 고찰을 담은 장편에세이 영화이다.

오바야시(大林宣彦) 감독의 ≪さびしんぼう≫(사비신보, 85)에서 주인공 히로키는 주지의 아들로 고교생이다. 아버지는 언제나 경전을 들고 생활하고 있어 처음에는 무엇을 생각하고 있는지 알 수 없었다. 어느 날 갑자기 아버지다운 정을 표현하여 놀라게 한다. 어머니는 좋은 성품을 갖고 있지만 매우 높은 교육열을 갖고 있다. 또한 아들이 쇼팽의 '이별의 노래'를 연습해서 칠 수 있기를 바란다. 그 곡은 결혼 전 애인이었던 청년이 피아노를 치면서 같이 부른 적이 있어 지금도 정감을 느끼는 동시에 추억의 노래로 여기고 있다. 그녀는 현재의 가정에 만족하고 있는 어머니이자 청춘의 꿈을 마음속에 곱게 간직하고 있는 여성이다. 이 영화에서는 학교와 가정을 통해서 히로키의 에피소드가 재미있게 그려지고 있다. 어느 날 히로키는 망원경으로 음악교실에서 피아노를 치는 소녀를 발견하고 그녀를 '사비신보'라고 소문을 낸다. 히로키는 우연히 그녀를 만날 수 있는 기회가 있었지만 멀리서 관망하고 그이상의 관계를 만들지 않는다. 또한 그 소녀는 영화에서 이중역을 하고 있다. 하나는 다나카

다쓰코라는 요정의 역을 한다. 이 요정은 결혼 전 연극소녀였던 어머니의 소원을 가득 담은 영처럼 나타나 아들을 혼란하게 하고 있다. 어떻게 보면 유쾌한 어머니 콤플렉스현상이다. 히로키는 어머니의 잔소리로부터 벗어나기 위해 환상의 세계를 그리고 그 속에서 노는 취미를 가진 사춘기의 소년이다.

오구리(小栗康平)의 ≪泥の河≫(진흙천, 81)은 모스코바 영화제에서 은상을 수상하고, ≪死の束≫(죽음의 가시, 90)는 칸느영화제에서 심사위원대상을 받았다3). ≪泥の河≫(81)은 미야모토(宮本輝 : 1947, 헤이세이 소설가, 『螢川』으로 아쿠다가와상, 『道頓堀川』, 『優駿』, 『朝の歡び』, 『草原の椅子』) 원작의 소설을 영화화 한 것으로 일본이 고도경제성장기에 들어선 시기 오사카 안치가와(大阪 安治川)주변의 가난한 서민의 모습을 소년의 눈을 통해 자세하게 그려낸 것이다. 이 영화에서는 우동가게의 소년과 해안에 있는 구루와부네(廓船 : 작은 배의 매춘숙)에 사는 소녀와의 우정을 그렸다. 아직 초등학교 학생인 우동가게의 소년은 어느 날 보지 못하던 배를 발견하고 다가가 동년배로 배에서 생활하는 소녀와 알게 된다. 구루와부네의 소녀는 근처의 소년들에게 차별을 받고 있었다. 그러나 우동가게 소년은 소녀를 보호하려고 노력한다. 소녀도 역시 어머니가 하는 일을 알기 때문에 부끄러워한다. 우동가게 소년에게만은 선의를 느끼면서도 그들 간에는 미묘한 호의와 걱정, 우정과 열등감 등이 교차한다. 그러던 어느 날 우동가게의 소년이 배로 놀러갔을 때 소녀의 어머니가 매춘을 하는 광경을 보게 된다. 손님에게 안겨있는 창부인 소녀의 어머니와 그것을 우연히 창으로 보게 된 소년은 눈이 마주치자 놀란다. 시선과 시선의 교차는 공포를 동반하면서 잔혹하게 표현된다. 우동가게 소년은 혼란한 마음으로 집에 돌아오게 되고 그곳의 소녀는 입술을 깨물며 부끄러움을 삼킨 채 친구를 배웅한다. 다음날 아침 구루와부네는 멀리 떠나버린다. 마치 전날 소년이 배에서 멀리 떨어지고 싶어 급하게 집에 왔듯이 말이다. 그는 멀리 떠나가는 소녀와 배를 쫓으며 자기가 나쁜 짓을 했다고 괴로워한다.

---

3) 오구리 감독은 한국영화 전문가로 알려져 있고, 박광수, 이창동, 이장호 등 한국영화 감독과 친분이 있는 것으로 알려진 인물이다. 그는 1996년 ≪眠る男≫(잠자는 남자)에서 안성기를 주연으로 출연시켜 영화를 만들었고, 제3회 부산영화제에서 심사위원으로 초청되기도 하였다. 그의 아내는 한국인이며, 아버지는 일제시대에 한국에서 경찰생활을 한 것으로 알려져 있다.

▓ 2. 대국화기의 감독과 영화 2

　대국화기 일본영화계에는 다양한 변화를 추구하는 가운데 새로운 감독과 배우들이 등장하였다. 1980년대 세계영화계는 웰즈, 부루타니, 대만 등과 같이 세계각지에서 마이너 언어로 영화를 제작하는 붐이 일어났다. 1980년 말경 일본에는 이상한 호경기가 도래하여 유명한 사람을 통한 기획이 활발하였다. 영화계로 뮤지컬, 배우, 작가, 화가, 전직 프로북서 등이 동원되었다. 이 가운데 배출된 사람이 기타노(北野武), 한도(坂東玉三郎), 다케나카(竹中直人) 등이다. 그들은 1990년대 인디즈 전성기에 활약하게 된다. 다카미네(高嶺剛)는 오키나와를 무대로 하여 오키나와 언어로 표현한 ≪ウンタマギルー≫(우타마기루, 89)를 촬영하였고 개봉시 일본어 자막을 넣었다. 특히 1970년대 8미리 자주영화운동을 통해서 다이모리(大森一樹), 나가사키(長崎俊一), 이마세키(今關あきよし), 데쓰카 마코토(手塚眞), 야마모토(山本政志) 등의 감독이 배출됐다. 이들을 배출시킨 8미리 필름은 1980년대 생산 중지되어 비디오로 대체되었다. 1980년대는 영화배우로서 마쓰모토(松本優作)가 활약하였고 1989년에는 신인 감독으로서 기타노(北野武), 제제(瀨瀨敬久), 사카모토(坂本順治), 쓰카모토(塚本晉也) 등이 데뷔하였다.

　<표4>는 당시 활약한 감독과 영화를 나타낸 것이다. 소마이 신지(相米愼二), 이타미 주조(伊丹十三), 야나기조 미쓰오(柳町光男), 나카하라 슌(中原俊), 오모리 가즈키(大森一樹), 모리다 요시미쓰(森田芳光) 등으로 이들은 당시 일본영화에서 중심적인 역할을 하였다.

<표4> 대국화기의 감독과 영화 3

감　독	작　　품	특　징
相米愼二 (소마이 신지)	翔んだカップル(80), セーラー服と機關銃(81), ションベン・ライダー(83), 魚影の群れ(83), 台風クラブ(84), 光る女(87)	소년소녀 중심영화
伊丹十三 (이타미 주조)	お葬式(84), 浦公草(85), タンポポ(86), マルサの女(87), アゲマン(90), マルタイの女(97)	일본의 가정 의례비판

柳町光男 (야나기조 미쓰오)	ゴッド・スピード・ユーBLACK EMPEROR (76), 19歳の地圖(79), さらば愛しき大地(82), 火ま つり(85)	신도산악숭배 와 동성애
大森一樹 (오모리 가즈키)	ヒポクラッテスたち(80), 暗くなるまで待てない, 戀する女たち(86), オレンジロード急行, 風の歌を 聽け(81), 花の降る午後(89), ゴジラVSビオラン テ(89), ゴジラVSキングギドラ(91)	아이돌영화 신기원구축
森田芳光 (모리다 요시미쓰)	の・ようなもの(81), 家族ゲーム(83), それから (85), 愛と平成の好色男(89), キッチン(89), ハル (96)	죽음과 무질서 표현

소마이(相米愼二)감독은 신인감독 가운데서도 과격한 문체를 사용하는 것으로 알려졌고, 또한 장면사이에 끊기는 일없도록 카메라를 이동시켜 영화를 찍는 특징이 있다. 그는 ≪翔んだカップル≫(비상한 커플, 80)로 감독 데뷔하였고, ≪セーラー服と機關銃≫(세라복과 기관총, 81)으로 대히트를 쳐 일본영화계를 흔들어 놓았다. 그가 만든 ≪台風クラブ≫(태풍클럽, 84)은 제1회 도쿄국제영화제 영시네마 부문에서 대상을 수상한 작품이다. 소마이 감독은 주로 소년과 소녀를 소재로 한 영화를 만들었다.

이타미(伊丹十三)는 1930년대 활약한 이타미 만사쿠(伊丹万作)의 아들로 1950년대 할리우드에서 배우로 활동하였다. 배우로서 이타미 주조는 오시마 감독의 ≪日本春歌考≫(일본춘가곡, 67)과 모리다 요시미쓰의 ≪家族ゲーム≫(가족게임, 83) 등에 출연했다. 배우로 활동한 이타미는 1984년 자신이 각본한 ≪お葬式≫(장례식)을 통해서 영화감독으로 데뷔한다. 그것은 일본가정의 전통적인 가정의례를 비판한 영화이다. 감독으로서 이타미는 실제 아내를 출연시켜 세무공무원과 기업간에 벌어지는 숨 막히는 세금전쟁을 그리는 영화를 만드는 한편 일본에서 실제로 존재하는 야쿠자 세계를 리얼하게 그려내기도 하였다. 그는 영화를 통해서 1980년대 일본이 대국으로 치닫는 과정에서 발생하는 다양한 사회문제를 날카롭게 담아냈다.

야나기조(柳町光男)는 감독으로 활동하기 위해서 프로덕션을 만들고 폭주족을 그린 다큐멘터리 ≪ゴッド・スピード・ユー BLACK EMPEROR≫(곳도 스피드 유, 76)을 촬영했다. 그의 작품 중에서 ≪さらば愛しき大地≫(안녕

사랑스런 대지, 82)는 기네마 순위에서 2위를 기록하기도 했다. 이 영화는 가고시마(鹿島)의 개발상황을 영화화한 것으로 영화의 키워드중 하나는 각성제이다. 이바라기현(茨城縣)의 가고시마 지역은 옛날에 조용한 농촌지대였다. 그러나 고도경제성장시대에 임해공업단지를 건설하는 과정에서 대규모 공장이 유치된다. 주인공 일가는 공업단지가 조성되었기 때문에 토지일부를 팔았다. 이후 장남은 그 돈으로 덤프차를 사서 건설용 모래를 운송하는 운송업을 하였다. 부인과 양친은 동시에 농업을 하고 있다.

주인공 야마자와 유키오(山澤幸雄)는 농부에서 덤프카 운송업으로 전환하여 생활에 큰 변화가 일어난다. 그는 운송업을 하는 가운데 같은 동료들과 함께 각성제를 하며 방탕한 생활을 하게 된다. 이어 사랑하는 두 아이가 저수지에서 놀다가 익사한다. 이후 그는 아들들을 공양하기 위해서 등에다 관음상과 어린이의 계명을 문신하고 덤프트럭을 운전한다. 그런 가운데 부주의 때문에 질책당하는 부인 후미에(文江)는 야쿠자 냄새를 풍기는 남편에게 위화감을 느낀다. 다른 한편 어머니의 술집에서 일하는 준코(順子)라는 여성은 관음상 문신을 하고 트럭을 운전하는 유키오를 멋있는 남성으로 생각한다. 준코는 도쿄에서 취직한 유키오의 동생 아키히코의 애인이었지만 유키오와 눈이 맞아 두 사람은 집을 나와 동거한다. 양친은 도쿄에 있는 아키히코를 고향으로 부른다. 그도 덤프차를 사 운송업을 착실하게 한다. 유키오는 점점 각성제에 빠져 일도 할 수 없게 되고 주위에서도 그를 싫어한다. 준코는 스낵 집에서 일을 하며 유키오를 돕지만 별 소용이 없다. 준코는 아키히코에게 돈을 빌리자 유키오는 둘을 의심하여 폭력을 일삼다가 준코를 살해한다. 급속하게 변화하는 과정에서 각성제가 수입되어 사용하게 되었다.

이 영화는 운전수들이 각성제를 맞으며 무엇을 했는가를 문제시하고 생활 속에서 벌어지고 있는 비도덕적인 현상을 그려내고 있듯이 일본의 근대화의 문제점을 지적하고 있다. 제2의 키워드는 가족이다. 고도경제성장은 일본의 가족형태를 급변시켰다. 1970년대에 들어서 가족붕괴와 해체가 진행되고 그 과정에서 살인사건이 빈번히 일어났다. 이 영화는 가고시마의 변화를 가족의 붕괴와 해체라는 시각에서 조명하였다. 발전과 토지수용, 보상과 전직, 마약과 현대, 사랑과 배신, 가족과 가족애 등과 같은 갈등적인 요소로 점철되어 가는 것이 현대 사회이다. 그 속에서 인간은 항상 선택을 해야 하는 상황에 처하게 된다.

선택을 하는 데는 가족, 사랑, 가족애, 발전, 토지수용, 보상 등과 같은 다양한 요소가 작용하여 복잡하게 만든다. 그런 환경 속에서 어떻게 살아가야 할것인가 하는 문제가 1980년대 대국화의 한 가운데 서있는 일본인에게 봉착한 문제이며 해결해야할 과제였다.

야나기조 감독의 ≪火まつり≫(불축제, 85)에서는 신도로 유명한 구마노(熊野) 지방이 영화의 무대가 되고 있다. 주인공 다쓰오(達男)는 산에 사는 신과 교신할 수 있는 남자이다. 그에 따르면 산신은 여신이며 그 여신과 성교도 할 수 있다. 따라서 그는 자신을 신으로부터 사랑받는 인간이라고 믿고 있다. 어느 날 해변에 있는 신사의 기둥(鳥居)을 향해 배위에 홀로 나체로 서있다. 그는 성스런 신사입구를 향해 남근을 대고 있는 것이다. 이 해변은 금기지역이지만 그는 그 불문율을 어기고 바다에 뛰어든다. 그는 섹스를 신이 수용했다는 하늘의 계시를 느낀다. 어느 날 그는 산에서 일하는 도중에 폭풍우가 불어와 나무를 잡았다. 그러나 나무를 잡고 있는 순간 야릇한 희열을 느끼곤 한다. 그는 그 순간 산신이 여신을 품었다고 생각하였다. 그러던 어느 날 그 지역을 해중공원으로 한다는 계획이 세워져 그의 집도 수용될 예정이다. 그는 그렇게 되면 산과 바다를 통해 일치감을 느끼는 성스러운 장소가 세속화되어 오염된다고 생각한다. 마침내 그런 문제를 이야기하는 집회에 가서 가족을 포함해 모두를 총으로 난사하고 자기도 죽는다. 마지막 장면은 누군가의 장난으로 바다가 기름으로 오염되는 장면이 흐른다. 그러나 바다위에 떠있는 기름은 석양에 비춰 아름답게 빛난다. 이런 불쾌한 아름다움은 지구의 파멸을 예언하는 것을 상징하게 해준다. 이 영화는 신과의 교신이나 신과의 성교를 통해 쾌락을 추구하는 등 상식적으로 이해하기 어려운 소재를 다루고 있지만, 당시 고도경제성장을 해오는 가운데 일본인의 마음에 남아있던 전통적인 가치가 점점 사라져가는 것에 대한 경고와 일본의 각성을 염두에 두고 그려냈다는 데 의의가 있다.

오모리(大森一樹)는 영화감독이 되기 이전에 의학부에 다니는 의대생이었다. 그의 ≪風の歌を聴け≫(바람소리를 들어, 81)는 무라카미 하루키(上村春樹: 1949년생, 『風の歌を聴け』(54), 『羊をめぐる冒険』, 『ノルウェイの森』, 『ねじまき鳥クロニクル』, 『アンダ-グラウンド』, 『神の子たちはみな踊る』)의 작품을 영화화한 것이다. 그는 고베(神戸) 한신대지진이 일어 난지 4개월 후 오사카 텔레비전 가에서 심야에 1편씩 5일 동안 고베를 무대로 한 일본영화를 방영했다. 복구를 위해 열심히 일하고 있는 고베의 모습에 다시 한번 용기를 주기 위한 의도에서 기획된 것이다. 그때 상영된 2개의 작품이 오모리의 작품이었다. 그 중의 한 작품이 ≪風の歌を聴け≫(81)이고 다른 작품이 ≪花の降る午後≫(꽃이 내리는 오후, 89)이다. ≪花の降る午後≫(89)는 미야모토(宮本輝)원작의 소설을 영화화한 것으로 남편이 죽은 후 대대로 내려오는 유명한 식당을 잘 꾸려 나가는 여주인이 알지 못하는 연인에게 목숨을 위협받는 것을 그린 서스펜스 영화이다. 그 이후 ≪大失戀≫(대실연)도 역시 고베를 배경으로 해서 만든 영화이다.

모리다(森田芳光)는 락구고(落語)가를 주인공으로 한 청춘희극인 ≪の·ようなもの≫(노와 같은 것, 81)으로 감독 데뷔하였다. 특히 그의 작품인 ≪家族ゲーム≫(가족게임, 83)은 당시 영화제에서 상을 휩쓸었다. 또한 나쓰메 소세키(夏目漱石)의 소설을 영화화한 ≪それから≫(그 이후, 85)는 나쓰메의 연애소설 3부작중의 하나를 선명하게 영화화하여 화제를 모았으며 역시 많은 영화상을 수상하였다. 모리다 감독은 한국과 기묘한 인연을 갖고 있다. 장윤현 감독의 ≪접속≫이 개봉되면서 일본영화의 ≪ハル≫(하루)를 본떴다는 표절시비가 일어났다. 또한 이영하와 심혜진이 주연으로 출연한 한국판 ≪실락원≫을 일본영화 ≪失樂園≫(실락원)으로 리메이크해 화제가 된 감독이기도 하다.

<표5>는 대국화기의 감독과 영화를 나타낸 것이다. 가도가와 하루키(角川春樹), 구라하라 코레요시(藏原惟繕), 노무라 요시타로(野村芳太郎), 고야마 세이지로(神山征二郎), 하라 가즈오(原一男), 최양일(崔洋一), 하야시 가이조(林海象), 후루하타 야스오(降旗康男) 등이 활약하였다. 이들 감독은 다양한 유형의 영화를 만들어 1980년대뿐 아니라 1990년대에 들어서도 왕성하게 활동하였다.

<표5> 대국화기의 감독과 영화4

감 독	작 품	특 징
角川春樹 (가도가와 하루키)	汚れた英雄(82), 愛情物語(84), 空と土と(90)	풍운아
藏原惟繕 (구라하라 코레요시)	南極物語(83)	히트작

野村芳太郎 (노무라 요시타로)	疑惑(82), 危険な女子たち(85)	
神山征二郎 (고야마 세이지로)	鯉のいる村(71), 春駒のうた(86), ハチ公物語(87), 白い手(90), 遠き落日(92)	신토감독 제자
原一男 (하라 가즈오)	さうおうならCP(85), ゆきゆきて(87), 神軍(87), 全身小説家	다큐 멘터리
崔洋一 (최양일)	十階のモスキート(83), いつか誰かが殺される(84), 友よ, 靜かに瞑れ(85), 花のあすか組(88), 黒ドレスの女子(87), Aサインデイズ(89), 花のアスカ城(88)	재일교포 감독
林海象 (하야시 가이조)	夢みるように眠りたい(86), 二十世紀少年讀本(89), ZIPANG(89), Pigaro Story(93)	인디즈 감독
降旗康男 (후루하타 야스오)	冬の華(78), 驛-STATION(81), 居酒屋兆治(83), あ・うん(89), 藏(95)	야쿠자 영화

고야마(神山征二郎)감독은 신토 가네토(新藤兼人)감독 밑에서 영화제작을 공부하였다. ≪春駒のうた≫(춘구의 노래, 86)를 만들어 다시켄토 영화제 최우수 작품상을 수상하고, ≪ハチ公物語≫(하치공 이야기, 87)에서는 유명한 충견 하치공을 소재로 신토 가네토가 쓴 각본을 영화를 만들었다. 이 영화는 도큐(東急)그룹, 미쓰이(三井)물산, 쇼치쿠(松竹)그룹 등의 제휴로 만들어져 1987년 개봉되었다. 흥행수익은 22억 엔으로 외화와 방화를 통털어 가장 크게 흥행한 영화이다. 아키다(秋田)출신 하치라는 개는 우에노 박사가 애정을 갖고 길러졌다. 그러던 어느 날 우에노 박사가 갑자기 사망하자 주인을 잃은 하치는 야생개가 되었고 자기가 먹이를 구하지 않으면 안 되었다. 하치는 저녁이 되면 선생을 마중하러 시부야 역에 가서 기다렸다. 그러나 선생이 죽었음에 불구하고 하치는 어떤 객이 주는 먹이도 마다하고 개찰구 앞에 앉아 돌아오지 않은 선생을 기다리고 있었다. 이런 과정이 약 10여 년간 계속됐다. 당시 국가는 하치의 주인에 대한 충성심을 보고 감동하는 개, 충성스러운 개 등으로 불러 군국주의를 강조했다. 이후 개와 고양이등을 주제로 한 영화가 제작되었지만 이것을 초월한 흥행물은 없었다. 고야마는 ≪白い手≫(하얀 손, 90)에서 1950년대 치바현(千葉縣)의 작은 거리를 무대로 사춘기의 소년과 소녀에 대한 이야기를 그렸다.

하야시(林海象) 감독은 급변하는 사회 속에서도 묵묵히 복고주의적 경향의 영화를 만들어 내는 인디펜던트 감독으로 알려져 있다. 유괴당한 사건을 다룬 ≪꿈꾸듯 잠들고 싶다≫(86)라는 영화를 만들었고, ≪二十世紀少年讀本≫(20세기소년독본, 89)에서는 현대사회에서 사라져 가고 있는 유랑 서커스 극단을 소재로 하여 현실 속에서 어긋나 쓰러져가는 형제의 삶을 표현하였다. 이처럼 하야시 감독은 과거 찾기를 조용히 지속적으로 하여, 에도시대 황금의 나라를 두고 싸우는 ≪Zipang≫(지팡, 90), 옴니버스 영화인 ≪Pigaro Story≫(피가로 이야기, 93), 탐정스토리로 회귀한 ≪아득한 시대의 계단≫(96) 등을 만들었다.

개인영화를 만든 하라 가즈오(原一男)는 개인적인 입장에 집착하여 개인을 적대시하는 독자적인 액션 다큐멘터리를 만들었다. 또한 그는 뇌성소아마비를 주제로 한 ≪さようならCP≫(안녕CP)를 만들었다. 이어서 ≪ゆきゆきて,神軍≫(전진전진 신군, 87), ≪全身小說家≫(전신소설가, 94) 등을 만들었다. 이 중에서 ≪ゆきゆきて,神軍≫(87)은 대히트를 쳐 기네마 순보 일본영화2위를 기록하였다. 그리고 하야시 가이조(林海象)는 16미리작품인 ≪夢みるように眠りたい≫(꿈을 보는 듯이 잠자고 싶다, 86)로 감독 데뷔하고 부르덴쓰 국제영화제에서 실험영화상을 수상했다.

최양일(崔洋一)은 오시마 나기사 감독에게 사사를 받고 조감독으로 일을 했다. 이후 경찰관의 광기를 그린 ≪十階のモスキ-ト≫(십층의 모스키토, 83)로 감독 데뷔하였다. 이 작품은 자신의 영화세계를 꽃피워 나갈 수 있는 계기가 되었다. ≪友よ, 靜かに瞑れ≫(친구여, 조용히 잠드소서, 85)는 기타가타(北方謙三 : 1947년생, 소설가, 弔鐘はるかなり, 眠りなき夜, 渇きの街, 武王の門, 破軍の星)의 원작을 영화화 한 것으로 오키나와를 무대로 하고 있다. 이 영화는 궁지에 몰린 친구를 구하기 위해 한 남자가 친구가 사는 작은 마을을 방문한다. 그 마을은 이미 개발과 발전에 취해있는 거리이다. 그리고 약속의 토지를 지키는 위해 친구 혼자서 분투하고 있다. 그런 가운데 죽음으로써 약속의 토지를 지키고 우정을 성취한다는 남자의 이야기다. 이 영화의 근저에 있는 핵심적인 이야기는 우정이다. 우정은 의리인정도 아니며 서구적인 성격을 가진 남자의 이야기도 아니라 아시아인으로서 인간관계에 흐르고 있는 붉은 피와 같은 것으로 연결된 정이다. 이후 그의 ≪月はどっちに出ている≫(달은 어디에 뜨는가, 93)는 각종 영화제에서 상을 수상했다.

≪十階のモスキ-ト≫(83)는 실제 일어난 사건을 그린 범죄영화로 이것을 계기로 영화감독으로서 화려하게 출발을 하였다. 이 영화를 통해서 최양일 감독은 마이니치(每日)영화제와 요코하마(橫浜)영화제에서 신인감독상을 받아 그 역량을 인정받았다. 특히 부산영화제에 소개되면서 화제를 불러 일으켰다. 이혼을 해 가족과 헤어진 채 조그만 아파트에서 살고 있는 현직 경찰인 주인공은 컴퓨터 오락기를 구입해 무료함을 달래기도 하지만, 계속되는 공허함과 허무함을 이기지 못하고 고독이라는 수렁에 빠지게 된다. 그 주위엔 아무도 없어 오로지 혼자의 삶만이 지속된다. 그리고 한정된 봉급에서 전처에게 위자료와 양육비를 주위야 하기 때문에 경제적으로 어려운 처지에 있어 사채를 얻었지만 이자가 불어나 감당하기가 점점 어려웠다. 사채업자는 야쿠자를 고용해 경찰을 괴롭힌다. 드디어 그는 돈을 털 계획을 세운다. 그러나 범행은 성공하지 못하고 동료 경찰에 포위되어 10층에 갇히는 신세가 되었다. 그에게 남아있는 것은 창문에 붙어 있는 모기뿐이었다. 방송에서는 경찰이 범인이 된 사실에 대해서 크게 보도하고 있다. 오랜 대치상황이 지속되는 가운데 동료 경찰에 잡혀 나오면서 토해내는 절규는 허공을 가르며 메아리친다. 그것은 평범한 경찰이 삶에 대한 절망을 토해내는 소리였다. 이 영화는 자본주의의 저변에 흐르는 처절함과 엄격함이 어떻게 인간을 파멸시키는가를 잘 스케치하고 있다.

후루하타(降旗康男)는 ≪驛-STATION≫(역, 81)에서 전 올림픽 사격 선수였던 형사와 3인의 여성과의 만남과 이별을 그린 멜로드라마인 동시에 액션영화이다. 이 영화는 키네마 순보 베스트 4위에 랭크되었다. 일본아카데미 작품상을 수상하는 등 높게 평가되었고 흥행에서도 히트를 쳤으며 일본식의 투철한 장인정신에 의해서 만들어낸 작품이다. 이 영화에서는 내내 쓸쓸하고 허무한 분위기가 전체를 감고 있고 묵묵히 자신의 임무를 수행해온 경찰의 외로움을 표현하였다. 일본에서 이 영화는 개봉관 동원 관객수 200만을 동원할 정도로 히트를 쳤다. 원래 러닝타임 134분짜리였지만 한국판에서는 35분을 줄여 99분짜리 영화로 상영하여 반쪽영화가 되었다. 그는 ≪冬の華≫(겨울의 멋, 78), ≪居酒屋兆治≫(이자카야조치, 83), ≪あ·うん≫(아 웅, 89), ≪藏≫(장, 95) 등을 만들었다.

<表6>은 대국화기의 감독과 영화를 나타낸 것이다. 이 시기에 활동한 감독으로는 이치카와 준(市川準), 기타노 다케시(北野武), 이토 순야(伊藤俊也), 구

리야마 도미오(栗山富夫), 모리사키 아즈마(森崎東), 이즈쓰 가즈유키(井筒和幸) 등이 있다.

<표6> 대국화기의 감독과 영화5

감 독	작 품	특 징
市川準 (이치카와 준)	禁煙パイポ, タンスにゴン, BU · SU(87), つぐみ(90), 東京兄妹(95)	CM 감독
北野武 (기타노 다케시)	その男, 凶暴につき(89), あの夏, 3-4×10月3-4×10月 (90), いちばん靜かな海(91), HANA-BI(97)	폭력 미학
伊藤俊也 (이토 슌야)	女囚701號 · さそり(72), 誘拐報道(82), 花いちもんめ (85), プライド 運命の瞬間(87)	사회파
栗山富夫 (구리야마 도미오)	いとしのラハイチ(83), 釣りバカ日誌(89)	낚시 영화
森崎東 (모리사키 아즈마)	時代屋の女房(83), 美味しんぼ(96), ラブ · レタ(98)	인정 희극
井筒和幸 (이즈쓰 가즈유키)	行く行く · マイトガイ · 性春の悶悶(75), ガキ帝國 (81), 二代目はクリスチャン(85), 宇宙の法則(90), 岸 和田少年愚連隊(96)	불량 소년 영화

이치카와(市川準) 감독은 「禁煙パイポ」(금연파이프), 「タンスにゴン」(단스 니곤) 등을 연출하여 CM 감독으로 주목을 받았다. 그는 ≪BU · SU≫(부 · 수, 87)로 감독 데뷔하고 이후 ≪つぐみ≫(백설조, 90)란 영화로 마이니치(毎 日)영화제에서 감독상을 수상했다. ≪東京兄妹≫(동경의 형과 누이, 95)로 베 를린 영화제의 비평가 연맹상을 수상하는 등 1990년대 대표적인 감독 중의 한 사람이 되었다. ≪BU · SU≫(87)는 이즈(伊豆)에서 문제를 일으킨 고메코(麥 子)라는 여학생이 고향을 뛰쳐나와 상경해서 도쿄 가쿠라자카(神樂坂)의 친척 방에서 머물면서 새로운 삶을 시작한다. 이 영화는 매일 매일 힘들게 살지만 게이샤(藝子) 수업을 받고 또한 고교통학을 하며 열심히 사는 소녀의 일상생활 을 그린 것이다. 영화 제목에서 'BU · SU'라는 용어는 생김새라는 의미보다는 젊은이들이 느끼고 있는 '마음의 폐쇄감'을 의미한다.

기타노(北野武)는 1947년생으로 비토다케시(ビートたけし)라는 예명을 갖고 활동하고 있는 만담가이자 영화배우이며 감독이다. 그는 만담을 통해서 예능계에 진출하고 텔레비전의 버러어티쇼 진행자로 활동하고 있다. 또한 오시마 나기사 감독의 ≪戰場のメリークリスマス≫(전장의 메리크리스마스, 83)에 배우로 출연하여 히트하였다. 그는 ≪その男、凶暴につき≫(그 남자, 흉폭해 89)라는 작품에서 주역인 형사로 출연하고 동시에 연출하여 감독으로 데뷔하였다. 일곱 번째 작품인 ≪HANA-BI≫(하나비, 97)는 베니스 국제영화제에서 그랑프리에 해당되는 금사자상을 수상하였다. ≪その男、凶暴につき≫(89)는 후카사쿠 긴지 감독이 촬영할 예정이었지만 스케줄이 안 맞아 기타노가 맡게 되어 영화감독으로 데뷔하게 되었다. 기타노 영화의 특징은 기승전결이라는 원칙 하에서 각각의 분위기와 내용을 즉흥적으로 결정해서 촬영하는 것으로 시나리오를 그렇게 중시하지 않는다. 또한 기타노 작품에는 형사, 야쿠자 등과 관련된 내용으로 폭력과 죽음 등이 그려지고 있다. 그러나 폭력은 폭력으로 비춰지는 것이 아니라 인간의 내면에 자리 잡고 있는 삶의 절규로 승화시키는 독특하고 간단한 독성을 가진 인간의 맛으로 다가온다.

이토(伊藤俊也)는 ≪女囚701號・さそり≫(여죄수701호・사소리, 72)로 감독데뷔하고 세미다큐멘터리 풍으로 그린 ≪誘拐報道≫(유괴보도, 82)로 몬트리올 국제영화제에서 심사위원상을 수상하였다. 그리고 ≪花いちもんめ≫(꽃이 치몬메, 85)는 오사카를 무대로 치매 걸린 노인을 주제로 한 사회파 드라마로 일본아카데미 최우수상을 수상하였다. 특히 ≪プライド 運命の瞬間≫(프라이드 운명의 순간)은 도쿄재판법정을 도에이 촬영소에서 재연하여 만든 작품이며 인도 등 현지에서 촬영하기도 하였다. 촬영당시 이것은 도조 히데키(東條英機)를 주인공으로 하고 도쿄재판을 문제삼는 것 자체만으로 많은 관심을 일으켰다. 이 영화에서는 당시 좌익과 우익간의 갈등을 다루고 있고 도쿄재판을 통해 일본의 어두운 그림자를 그려내려고 하였다. 그런 갈등의 한 가운데 있었던 이토 자신은 그 문제에 대한 답변으로 좌도 우도 아니며 다만 레디칼한 입장을 견지하고 있다.

구리야마(栗山富夫)는 야마다 요지(山田洋次)에게 사사받아 그의 조감독으로 일하고 ≪いとしのラハイチ≫(이토시의 라하이치, 83)를 데뷔하였다. 그의 대표작인 ≪釣りバカ日誌2≫(낚시바보일지2, 89)는 코믹지에 연재된 인기만화를 영화한 것으로 당시 야마다 요지감독이 만들어온 ≪男はつらいよ≫(남자는 괴로워)와 같이 촬영하였다. 그는 ≪釣りバカ日誌≫라는 영화를 지속적으로 내용을 바꿔가며 연속극처럼 촬영했다. 이 낚시영화 시리즈는 시나리오가 없는 상태로 이라호(伊良湖)에서 현지 촬영한 작품으로 서민들의 일상생활을 통해서 평범한 생활의 한 측면을 찍었고, 그 가운데 낚시를 취미로 하는 한 남자의 삶을 서민적으로 그려낸 특징이 있다. 그리고 모리사키(森崎東)는 인정희극을 중심으로 영화를 만들었고, 그 중에서도 ≪男はつらいよ≫, ≪釣りバカ日誌≫를 각각 1편씩 찍었다. 그는 무라마쓰(村松友視)의 아오키 상(靑木賞)수상작을 영화화하여 ≪時代屋の女房≫(시대야의 마누라, 83)을 만들었다. 이 영화도 고도구(古道具) 상점을 운영하는 주인공의 주위에 모여드는 유니크한 사람들을 그린 인정희극이다.

이즈쓰(井筒和幸)감독은 ≪行く行く・マイトガイ・性春の悶悶≫(가자가자・부드러운 남자・성춘의 민민, 75)을 자주 제작하여 감독으로 데뷔하였다. 그는 소년들의 비정상적인 싸움을 다이나믹하게 그린 ≪ガキ帝國≫(어린이제국, 81)을 만들어 주목을 받았다. 그 後 ≪二代目はクリスチャン≫(2대 크리스천, 85), ≪宇宙の法則≫(우주의 법칙, 90) 등을 통해서 불량소년들의 항쟁을 그려냈다. ≪岸和田少年愚連隊≫(기시와다소년우연대, 96)는 불르리본 국제우수작품상을 받았다. ≪ガキ帝國≫(81)은 오사카를 무대로 싸움으로 밤을 새우는 불량소년들의 희로애락을 그린 수작이다. 불량소년영화임에도 불구하고 비행을 단순하게 사회적 병리현상으로 처리한 것이 아니며 또한 사회에 대한 젊은이들의 반항심으로 그리지 않는다. 역으로 현대를 살고 있는 16세내지 17세의 청소년에게 있어 폭력은 매우 유쾌한 것이며 재미있는 놀이로서 인식하고 그런 상황에 맞는 마음과 육체의 움직임을 그려내고 있다는 점에서 색다른 맛을 보여주고 있다.

<표7>은 국제화기의 감독과 영화를 나타낸 것이다. 이 시기에 활약한 감독으로는 이즈미 세이지(和泉聖治), 나가사키 순이치(長崎俊一), 구로사와 기요시(黑澤淸), 네기시 기치타로(根岸吉太郎), 다카하시 도모아키(高橋伴明), 하네다 스미코(羽田澄子), 나카하라 슌(中原俊) 등이 있다.

<표7> 대국화기의 감독과 영화 6

감 독	작 품	특 징
和泉聖治 (이즈미 세이지)	赤い空洞(72), オン・ザ・ロード(82), 極道渡世 の素敵な面面(88)	
長崎俊一 (나가사키 슌이치)	ロックよ, 靜かに流れよ(88), 妖女の時代(88), 誘 惑者(89), ロマンス(96)	청춘영화
黑澤淸 (구로사와 기요시)	school days, 神田川淫亂戰爭(83), ドレミファ娘 の血は騷ぐ(85), スウィートホーム(89)	일본공포 영화의 거장
根岸吉太郞 (네기시 기치타로)	オリオンの殺意より・情事の方程式(78), 遠雷(81), ウホッホ探索隊(86), 永遠の1/2(87)	삶의 방식
高橋伴明 (다카하시 도모아키)	婦女暴行脫走犯(72), TATTOO【刺靑】あり (82), DOOR(88),	SM영화
羽田澄子 (하네다 스미코)	村の婦人學級(57), AKIKOあるダンサーの肖像 (85), 早池峰の賦(82), 癡呆性老人の世界(85), 安 心して老いるために(90)	치매노인 문제
中原俊 (나카하라 슌)	犯され志願(82), メイク・アップ(85), 櫻の園 (90), 12人の優しい日本人(91)	청춘영화

나가사키(長崎俊一) 감독은 학생시절부터 16미리 자주영화를 제작하였고, 미국의 영화학원인 센더스 인스티튜드에 참가하였다. 청춘영화인 ≪ロックよ, 靜かに流れよ≫(록이여, 조용하게 흘러라, 88)로 주목을 받았다. 이 영화는 난토 고구미(男鬪呼組)라는 아이들 4인조가 주인공이 되어 만들어진 아이돌(idol : 숭배물)영화이다. 특히 실제로 같은 이름을 가진 나가노현 마쓰모토시(松本市) 고교생의 그룹을 소재로 하였다. 나가사키는 소재와 내용을 자유롭게 선정하는 특징이 있고 더욱이 현실에 밀착된 내용을 통해서 당시 사회현상을 표현하려고 하였다. 나가사키 감독의 ≪誘惑者≫(유혹자, 89)는 다중인격자를 진단하고 있던 정신과의사가 살인사건에 연루되는 이야기이다. 이것은 복잡해져 가는 현대인의 정신적 감정을 노출시켜 정신문제에 관한한 성역이 없다는 것을 표현하였고, 특히 정상인과 비정상인의 경계를 무너뜨리는 분석을 면밀하게 하고 있다.

구로사와(黑澤淸)는 1955년생으로 릿교(立敎)대학 재학 중에 8미리 영화로
≪SCHOOL DAYS≫(학교생활)을 만들어 일찍부터 영화에 대한 재능을 발휘
하였다. 특히 그의 작품이 피아 필름 페스티벌에서 주목을 받아 감독으로서의
자질을 노출시켰다. 그리고 1983년 자신이 각본을 쓴 핑크영화 ≪神田川淫亂
戰爭≫(간다가와 음란전쟁, 83)을 만들어 정식으로 감독 데뷔한 후에 뉴 재팬
시네마(New Japan Cinema)의 기수로서 왕성한 활동을 하였다. 이 영화는 섹
스신 등과 같은 성자극적인 측면을 보면 핑크영화에 속하다고 할 수 있다. 그러
나 영화전체라는 시각에서 보면, 성을 표현하고 있지만 극단적인 실험을 하고
있는 측면이 다양하게 전개되고 있다. 그는 센더스 인스티튜드의 장학금을 받
고 도미하여 영화를 배웠다. 그의 대표작중 하나가 ≪スウィートホーム≫(스
위트 홈, 89)이다. 그의 영화는 누벨바그 등을 모방한 측면이 있지만, 1980년
대와 1990년 영화계에서 뉴 재패 시네마의 흐름을 주도하였다.

네기시(根岸吉太郎)는 27세에 ≪オリオンの殺意より・情事の方程式≫(오
리온의 살기・정사의 방정식, 78)으로 감독 데뷔하였다. 그 이후 ≪遠雷≫(원전,
81), 이혼가족을 소재로 한 ≪ウホッホ探索隊≫(우홋호 탐색대, 86)를 만들어
불르리본 작품상을 수상하였고, 그리고 ≪永遠の1/2≫(영원1/2, 87)을 만들었
다. ≪遠雷≫(81)은 도시화의 흐름이 확대되고 전파되는 가운데 도시근교 농촌
에서 필사적으로 자신들이 있어야 할 장소를 발견하려는 청년군상을 그린 것이
다. ≪永遠の1/2≫(87)은 스바루(すばる)문학상을 수상한 소설을 영화한 것으
로 삶의 방법이 일정치 않은 청년 앞에 자기를 빼닮은 사람이 나타나면서 기
묘한 사건에 휘말려 가는 이야기를 다루고 있다. 이 영화는 사세보(佐世保)지역
을 무대로 한 작품으로 주인공은 대충대충 하루하루를 보내는 26세 된 청년이
다. 시공무원을 사직하고 약혼자와도 결별한 후, 경륜장에 가는 것이 일과였다.
그러던 중 연상의 애인이 생겨 경륜장을 돌아다니던 중 어느 날 자신을 빼닮
은 남자가 있다는 사실을 안다. 다른 자신이 거리를 돌아다니는 일상 중에서
정체를 알 수 없는 불안감이 다가온다.

다카하시(高橋伴明)는 ≪婦女暴行脫走犯≫(부녀폭행탈주범, 72)으로 감독데
뷔하고, 이후 핑크영화를 50편정도 찍었다. 다카하시 감독은 핑크영화출신으로
특히 SM영화에 진가를 발휘하였다. 그러나 그런 영화는 일상적인 쾌락으로서

SM이 아니라 어두운 암흑의 세계에 빠져가는 환상을 그리고 있다. 예를 들면, 다른 남자의 부인을 일본가옥의 한 모퉁이에 있는 집에 감금시켜 묶어 놓고 그 모습을 미닫이 틈을 이용해서 응시한다. 이런 어두운 에로티시즘은 SM이라기 보다는 성적변태를 그리고 있지만, 다른 한편으로는 감금된 여체에서 토해내는 미정의 아름다움을 아낌없이 발산시키게 한다. 그런 의미에서 SM은 여성영화 그 자체를 의미하기도 한다. 그의 핑크영화세계는 속박이라는 개념에서 사랑의 신세계인 자유세계로 진행된다. 그는 1980년대 ATG영화로 오사카(大阪)에서 일어난 은행 강도 살인사건을 다룬 ≪TATTOO【刺靑】あり≫(타투 문신 있음, 82)이 히트하여 일반영화에 진출하였다. 이것은 기네마 순보 베스트 6위에 들었고, 요코하마 영화제에서 감독상을 수상했다. 그리고 ≪DOOR≫(도어, 88)가 있다.

하네다(羽田澄子)감독은 ≪村の婦人學級≫(마을의 부인학급, 57)으로 감독 데뷔하고 1981년부터 프리로 활동하였다. 대표작으로는 공립병원 노인병동에 입원한 치매성노인들을 그린 ≪癡呆性老人の世界≫(치매성노인의 세계, 85)가 있다. 하네다 감독이 영화의 대상으로 한 것은 자연뿐만 아니라 인간이다. 그녀는 기후현의 산속에 있는 천 삼백년 된 사쿠라 나무를 4년간에 걸쳐 찍은 ≪薄黑の櫻≫(76), 이와데현(岩手縣)의 촌락에 전승된 신락을(神樂)를 그린 ≪早池峰の賦≫(82) 등에서 보듯이 자연과 인간의 관계가 영구히 연결되는 가운데 어떤 개념에도 속박되지 않는 자유를 누리는 존재를 영화에 표현하고 있다. 이처럼 하네다 감독은 여성이 갖고 있는 섬세한 시각으로 자연과 인간을 통해서 그 아름다움을 표현하는데 역량을 발휘하고 있다. 특히 1980년대 만들어진 영화를 보면, 사회에서 벌어지는 사건성에 초점을 두기 보다는 여성시각으로 면밀하게 현상을 파헤쳐 현실을 직시하게 하는 천리안으로 구서구석 밀도 있게 그려내고 있는 듯하다.

나카하라(中原俊)는 로망포르노 영화인 ≪犯され志願≫(지원범죄, 82)로 감독데뷔하고 대표작으로 ≪12人の優しい日本人≫(12인의 아름다운 일본인, 91)이 있다. ≪櫻の園≫(사쿠라 정원, 90)은 어떤 사립여자학교의 연극부가 『櫻の園』이라는 연극을 무대에 올리기까지 겪는 부원들의 정신적·육체적 움직임을 추적한 것으로 기네마 순보 베스트1을 하여 많은 영화상을 수상한 작품이다. 어느 여고에서는 매년 벚꽃이 필 무렵에 개교기념일이 있어 연극부가 체홉의 『櫻の園』을 상연해 왔다. 연극부는 이번에도 열심히 연극을 준비하였지만 부원중한 사람이 미성년 흡연으로 걸려 상연이 중지될 위기에 몰리게 되었다. 그 동안열심히 준비해온 3학년 학생들은 어른들의 그런 태도에 화를 낸다. 이윽고 공연허가가 떨어져 공연을 준비한다. 이 영화는 공연을 준비하는 사춘기에 있는 젊은 여학생들의 생기 있는 학교생활을 밀도 있게 그려낸 가작이라고 할 수 있다.

<표8>은 대국화기의 감독과 영화를 나타낸 것이다. 이 시기에 활약한 감독으로는 이시이 소고(石井聰ご), 쓰카모토 신야(塚本晉也), 김우선(金佑宣), 수오마사유키(周防正行), 오카모토 쥬세이(岡本忠成), 후지이 요시히코(藤井克彦), 구로키 가즈오(黑木和雄), 다카미네 고(高嶺剛), 사카모토 준지(阪本順治) 등이있다.

<표8> 대국화기의 감독과 영화7

감 독	작 품	특 징
石井聰ご (이시이 소고)	狂い咲きサンダーロード(80), サシャフル(81), 爆熱都市 Burst City(82), 逆噴射家族(84), ノイバウテン 半分人間(86), 指圧王子THE MASTER OF SHIATSU (89)	뉴 웨이브
塚本晉也 (쓰카모토 신야)	原始さん(74), 翼(75), 電柱小僧の冒険(87), 鐵男(89), ヒルコ/妖怪ハンター(75), 鐵男2(92), TOKYOFIRST(95)	초현실적 영화
金佑宣 (김우선)	潤の街(89)	다민족 영화
周防正行 (수오 마사유키)	變態家族 兄貴の嫁さん(84), サラリーマン敎室係長は樂しいな(86), 「マルサの女」をマサルする(87), 「マルサの女2」をマサルする(88), ファンシイダン(89)	핑크 영화
岡本忠成 (오카모토 쥬세이)	ようこそ宇宙人(66), 十人の小さなインディアン(68), ホム・マイ・ホーム(70), チコタンーぼくのおよめさん(71), モチモチの木(72), 南無一病息災(73), 水のたね(75), あれはだれ?(76), おこんじょうるり(82)	인형 아니메 명수
藤井克彦 (후지이 요시히코)	まってました轉校生(85)	아동 영화

黑木和雄 (구로키 가즈오)	わが愛 北海道(62), 龍馬暗殺(75), 祭りの準備(75), TOMORROW 明日(88)	서민 일상
高嶺剛 (다카미네 고)	ウンタマギルー(89)	오키나 와 소재
阪本順治 (사카모토 준지)	どついたるねん(89), 王手(91), ビリケン(96)	복서 영화

이시이(石井聰ご)는 8미리 영화를 촬영하였고 자주영화계에서 주목을 받은 후 극장용 작품에 진출하였다. 그는 1980년대 ≪狂い咲きサンダーロード≫ (미친 산다로드, 80), ≪サシャフル≫(샤플, 81), ≪爆熱都市 Burst City≫ (폭렬도시, 82), ≪逆噴射家族≫(역분사가족, 84), ≪ノイバウテン 半分人間≫ (노이바우텐 반쪽인간, 86), ≪指圧王子 THE MASTER OF SHIATSU≫ (지압왕자, 89) 등으로 일본의 뉴웨이브경향을 주도하게 된다. 그는 ≪물속의 8월≫(95), ≪꿈의 미로≫(97), ≪오조영전기≫(00) 등을 만들어 일본 주류영화계로부터 저주받은 걸작을 만드는 감독으로 낙인 찍히게 된다. 그의 작품인 ≪逆噴射家族≫(84)은 만화가 고바야시 요시노리(小林よしのり)의 원안에 기초해서 만든 영화이다. 교외에 마이 홈을 세운 샐러리맨 가정이 붕괴되어 가는 과정을 블랙 유머로 그려낸 작품으로 해외에서 평판이 좋았다. 이 작품은 우라야스(浦安市)라는 매립된 도시에서 촬영한 것으로 당시 사회 문제로 부상된 가정내 폭력문제, 가족간의 현실관계 등을 철저하게 희극적인 액션으로 그려냈다. 이 영화는 한국에서 열린 영화제에 초청되어 상영된 작품이다.

쓰카모토(塚本晋也)의 대표작중의 하나인 ≪鐵男≫(철남, 89)에서는 한 남자가 허벅지를 칼로 그어 그 안에 철심을 넣고 고통에 허덕인다. 이 남자는 아픈 다리로 거리를 질주하다 차에 치이는데 차에 있던 남녀는 남자를 산에다 버리고 그곳에서 진한 섹스를 한다. 어느 날 사고를 냈던 남자가 출근하기 위해 거울을 보는 순간 뺨에 수염 같은 것이 있어 뽑아내려하자 살점이 떨어지고 이어 피범벅이 된다. 이미 그의 육체는 조금씩 금속성을 가진 기계인간으로 변하고 있었던 것이다. 그런 고통이 시작되는 가운데 어느 날 애인이 찾아오자 천으로 몸을 가린 채 섹스를 하다 남자의 성기가 갑자기 거대한 드릴로 변해 여자를 처참하게 살해한다. 그리고 사고로 죽었던 남자가 결투를 신청해와 서로 싸운다. 쓰카모토는 이 영화를 통해 육체와 철을 통해 인간의 철제 애로티시즘을 그려냈고 초현실적인 인간의 모습을 그려냈다. 쓰카모토의 영화에서 보듯이 1980년대는 이미 기존의 형식과 내용에서 파격적으로 벗어나 새로운 웨이브의 흐름이 조성되고 있었다. 그것은 일종의 영화에서 상상력의 반란으로 이어지는 것이며 동시에 영화장르의 무국적성을 추구한 것을 의미한다.

김우선 감독은 와세다(早稻田大) 대학의 문학부 연극과를 졸업하고 1989년 재일 한국인 소녀와 일본인 청년간의 사랑을 그린 ≪潤の街≫(윤의 거리)로 감독 데뷔하였다. 이 영화는 일본영화 감독협회신인상, 문화청 우수영화상, 하와이 국제영화제우수작품상 등을 수상하였다. 제3회 부산국제영화제와 제1회 한일청소년 영화제에 초청되기도 하였다. 이 영화에서처럼 일본사회가 국제화라는 과제를 안고 있던 시기에 한국인 소녀와 일본인 청년을 소재로 한 러브스토리는 일본사회에 뿌리 깊게 내려 있는 한의 일종으로 남아있는 숙제이다. 그것은 민족정체성의 문제라기보다는 각 사회영역에 내재되어 있는 의식과 인식의 문제이며 동시에 제도의 문제가 있다는 것을 여실히 드러내고 있다. 이것은 현실속의 차별을 영화 속의 차별로 승화시킨 픽션속의 삶에 불과하지만 결코 사라지지 않은 일본이 갖고 있는 과제인 것이다. 일본에서 김우선 감독이외에도 활동하고 있는 영화감독으로는 오시마 감독에게 사사 받고 일본영화계의 거장으로 자리매김 된 최양일 감독, 1986년 ≪그대는 맨발의 신을 보았는가≫를 만들어 오사카 영화제 신인감독상을 김수길(金秀吉)감독, 다큐멘터리 감독으로 유명한 ≪건너야할 강≫을 만든 김덕철(金德哲), ≪숨겨진 발톱자국≫에서 관동대지진 학살을 다룬 오충공(吳忠公) 등이 대표적이다.

후지이(藤井克彦) 감독의 ≪まってました轉校生≫(기다렸습니다 전교생, 85)은 아동영화에 속한다. 영화관에서 공개될 기회가 적은 영화는 다큐멘터리, 단편 애니메이션, 과학영화, 산업영화, 교육영화, 아동영화 등이다. 특히 아동영화는 일반적으로 교훈적인 냄새가 풍기는 경향이 강하다. 그런 가운데 이 영화는 통속적인 재미가 있고 어른과 어린이가 동시에 즐길 수 있는 내용으로 구성된 작품이다. 아라카와 제2초등학교에 유랑극단에 속해 아역을 연기하는 소년이 전학온다. 그는 유랑극 단장의 아들이었기 때문에 종종 전학을 간다. 일본에서는 전학 오는 학생이 따돌림을 받기 쉽기 때문에 전학 가는 학교에서 가장 힘이 센 아이와 싸움을 하여 따돌림 받는 것으로부터 벗어나려고 한다. 전

학 온 학급에는 따돌림 당하는 후미오(文雄)가 있다. 같은 처지에 있던 아키라는 후미오를 동정해서 집까지 배웅해 주기도 하고 집일까지 도와준다. 또한 아키라는 히로미라는 여자아이를 좋아해 그녀가 주워온 강아지를 데려와 체육관에서 길러 문제를 일으키기도 한다. 학교에서 인기가 있던 아키라는 다시 전학을 가게 된다. 유랑극단에서 공연하면서 그는 진학을 할 것인지 아니면 연기를 계속할 것 인지를 고민하는 가운데 다시 아라카와 제2초등학교에 돌아온다. 같은 반 학생들이 여장을 하며 연기를 하는 것을 보기 위해 오면 부끄러워한다. 아동을 소재로 한 작품이지만 당시 일본학교에서 벌어지고 있는 학생간의 갈등과 이해관계를 잘 표현한 작품이다. 특히 오랜 사회문제로 남아있는 학교 이지메를 정면에서 다루고 있고 아동에 대한 어두운 시선을 노출시켜 경각심을 불러일으키고 있다.

구로키(黑木和雄) 감독의 ≪TOMORROW 明日≫(내일, 88)은 1945년 8월 8일부터 익일 8월 9일까지 나가사키(長崎) 서민들의 일상을 그린 작품이다. 8월 9일은 나가사키에 원자폭탄이 투하된 날이다. 이 영화는 바로 전날 한 쌍의 젊은 남녀의 결혼식이 열리고 하객으로 참석한 친척과 친구들을 그렸다. 그들은 전시 하에 있었지만 결혼식이 끝나고 집으로 돌아가 일상생활을 하게 된다. 당연히 그들은 그 다음날 원폭이 투하될 것이라는 사실을 모르듯이 생과 사와 같은 문제를 깊게 생각하지 않았다. 이들처럼 전시하의 일본인은 전쟁임에도 불구하고 일상생활을 영위해 갔다. 전시하의 일본인은 포로에 대한 인권운동이나 전쟁소집으로부터 도망가려는 의대생도 있었지만, 대체로 매우 순종적이었고 평범하게 생활하였다. 또한 국가에 대해서 의구심을 갖지 않았고, 매일 일어난 일에 대해 비판도 하지 않았다. 이 영화에서도 그런 서민들의 일상을 그려냈다. 그런 무비판적인 일상을 보내고 순종하는 것은 어떻게 보면 전쟁에 협력적인 것을 의미한다. 이 영화에서는 등장하는 인물을 국가에 순응적이며 무비판적인 일본인으로 표현했지만, 당시 일본인들은 국가에 대해 무비판적이었고 그것은 일본전쟁을 긍정하는 원동력으로 활용되었다는 점을 그려내고 있다.

다카미네(高嶺剛) 감독은 오키나와를 소재로 하는 영화를 고집스럽게 만들었다. 그의 작품인 ≪ウンタマギルー≫(운다마 기루, 89)는 오키나와를 위해 만든 영화이다. 오키나와는 복귀파, 독립파, 현상 유지파 등으로 분리되어 정치적으로 큰 문제를 안고 있는 곳이었다. 그러나 이 영화는 정치적인 문제에 깊숙

이 들어가지는 않는다. 설탕공장에 다니는 아무 생각 없는 남자는 정치적인 분쟁에서 벗어나기 위해서 운다마(運玉)의 산림 속에 들어간다. 그곳에서 도를 닦아 옛날 오키나와에서 유명한 의적이야기의 주인공인 운다마 기류(運玉義留)가 된다는 환상극이다. 이렇게 지방문화를 소재로 한 영화는 지역문화의 독자성을 주장하는 면이 있다. 또한 단순하게 지방을 무대로 한 영화라기보다는 지방의 주장을 담고 있어 그런 류의 영화가 각지에서 나타나게 되는 계기가 되었다. 다카미네 감독은 일관해서 오키나와 영화를 만들었다. 지방문화를 주제로 한 영화는 대도시 중심적인 발상이나 기존 개념과 형식 주제에 대한 편견 등을 초월해서 지방문화에 대한 관심과 독립성을 인식하게 하는 계기가 되었다.

■■ 3. 국제영화제의 수상감독과 영화

일본영화는 1950년대 황금기를 보내고 그 이후 문화계의 다양한 변화, 문화매체발달, 문화인의 욕구 다양화, 시대성의 변화, 영화인들의 문화에 대한 시각과 사조의 변화, 영화사의 시대적 적응력, 새로운 영화장르의 탄생 등과 같은 다양한 변화에 대응해야만 했다. 그런 변화가운데서도 일본이 보존해오고 간직한 영화관련 노하우가 전승되기도 하고 새롭게 개발되어 일본영화는 여전히 국제영화제에서 관심을 갖게 되었고 수상도 하였다. 또한 일본영화 전성기에 활동을 하던 감독들이 재기하여 일본영화계의 발전에 일조하였다. 특히 대감독의 활동과 더불어 이른바 새로운 사고와 표현을 갖고 영화계에 뛰어든 뉴웨이브 감독이 탄생하여 일본영화는 그 나름대로 활기 있는 시기를 보내게 된다. 구성이나 내용을 통해서 누벨바그 이상으로 현실사회와 영화계에 충격을 주는 영화가 만들어져 새로운 변화를 주도하였다. 그런 류의 영화는 1980년대 일본영화의 성격을 규정하고 해외에서 적극적으로 평가해주는 기회가 되기도 하였다.

<표9>는 1980년대 국제영화제에서 수상한 감독과 작품을 나타낸 것이다. 표에서 알 수 있듯이, 일본영화는 전통적인 일본정서, 태평양전쟁 등과 같은 시대를 흔들어 놓았던 사건을 소재로 하여 영화의 특징을 살리고 있다.

<표9> 국제영화제의 수상감독과 영화

년 도	감 독	작 품	영화제	상 종 류
1981	小栗康平	泥の河	모스코바	은상
1985	黑澤明	亂	아카데미	의상디자인상
1989	熊井啓	天利休	베니스	산마르코 은사자상
1981	鈴木淸順	ツィゴイネルワイゼン	베를린	심사위원특별표창
1984	小川紳介	ニッポン國 古屋敷村	베를린	국제영화비평가 연맹상
1985	小林正樹	東京裁判	베를린	국제영화비평가 연맹상
1985	岩井俊二	UNDO	베를린	NETPAC상
1986	篠田正浩	繹の權三	베를린	은곰상
1986	小栗康平	伽揶子のために	베를린	국제예술영화비평가 연맹상
1987	熊井啓	海と毒藥	베를린	은곰상
1987	原一男	ゆきゆきて、神軍	베를린	칼리가리 영화상
1983	今村昌平	楢山節考	칸느	그랑프리
1989	今村昌平	黑い雨	칸느	고등기술위원상

일본영화가 수상한 국제영화제는 아카데미, 베니스, 베를린, 칸느, 모스코바 등으로 1980년대는 약 14편정도가 수상하였다. 일본영화가 국제영화제에서 관심을 받게 된 내용을 보면, 구로사와 감독이 만든 영화가 의상디자인 상을 받았듯이 전통적인 색채를 예술로 승화시킨 것, 그리고 전통예술로 표현된 일본차도를 둘러싼 예술적 표현, 특히 제2차 세계대전과 같은 일본비극을 세계의 비극으로 확대시켜 역사에 대한 반성과 미래사회에 기초한 책임을 강조한 역사영화 등에 집중되어 있다고 할 수 있다. 특히 전통성에 대한 절대적 일본미학을 드러내는 한계를 넘어서 근대성에 바탕을 둔 새로운 미학을 발견하려는 의도와 흐름이 국제영화계에 표현되었고 그에 대한 평가가 있었기 때문이기도 하다.

Ⅳ 대국화기의 영화와 시대성

1. 대국주의와 반대국주의

일본에서 우경화는 1970년대 초반부터 자민당이나 우익지식인들에 의해 본격적으로 진행되었고 이런 흐름은 1980년대 대국주의로 연결되었다고 할 수 있다. 대국주의는 제국주의와는 다르게 전쟁등과 같은 침략적인 행위를 통해 식민지나 권역을 확장하는 것이 아니라 공식적인 국제질서를 통해서 자국의 힘을 상대국에 미치게 하는 일련의 사조를 의미한다. 대국주의는 일본에서 경제대국의 등장과 더불어 각종 사회영역에 팽배해졌다고 할 수 있다. 경제대국이라는 슬로건과 더불어 정치대국, 문화대국 등과 같은 용어들이 생성되어 일본사회가 갖고 있는 힘을 과시하는 현상이 일어난다. 특히 일본영화에서 대국주의 흐름은 일본 애니메이션과 극영화와 같은 장르에서 활발해졌지만 다른 한편으로는 대국주의를 경계하는 극영화가 만들어지기도 했다.

대국주의가 잘 표현된 영역이 일본애니메이션이다. 대표적인 것으로는 마쓰모토(松本零士)원작 SF 아니메 ≪宇宙戰艦ヤマト≫(우주전함야마토)이다. 이 아니메는 태평양전쟁 말기 격침된 전함야마토가 위기에 처한 지구를 구출하기 위해 우주전함 야마토로 부활하여 대활약하는 내용을 담고 있다. 마스다 감독에 따르면, 야마토는 일본을 지칭하는 '大和'를 의미한다. 이 용어는 일본부모들이 자기 아이에게 계속해서 이야기 해줘 귀에 익은 낱말이다. 일본어린이는 이 용어를 통해서 꿈을 실현하는 것으로 인식하고 있듯이 어린이 세계에 깊숙이 침투한 용어이다. 또한 야마토의 성공은 마음의 고향인 국가의 성공으로 인식되고 성공하기 위한 투쟁은 국가를 위한 헌신과 희생으로 이어져 투쟁본능을 어린이들의 마음에 불러일으키는 기능을 하고 있다. 따라서 이 영화는 일본어린이들의 국가의식과 투쟁본능을 고양시키는 영화라고 평가되고 있다.

실제로 ≪宇宙戰艦ヤマト≫는 일본사회에 활동하는 강경파 노선에 영향을 주었다. 특히 텔레비전용 제2판에서는 태평양전쟁말기에 전함야마토가 오키나와를 향해 출격하는 장면을 회상하는 부분이 있다. 제작자 니시자키(西崎義展)는 전쟁과 관련된 부분을 적극적으로 표현하여 원작자 마쓰모토의 불만을 사 격론을 벌이기까지 하였다. 마쓰모토는 야마토라는 이름이 일본인의 감정을 자극할 수 있는 것으로 인식하여 좀더 신중하게 사용하기를 바랐던 것이다. 전쟁을 소재로 한 아니메가 사회적 반향을 일으켜 어린이에게 보여줄 수 없다는 반응도 나오게 되었다. 이처럼 일본 입장에서 전쟁을 그려낸 아니메는 당시 일본사회에서 기능하고 있는 대국주의 의식을 반영한 특징이 있고 더욱이 어린이들에게 잠재된 국가의식을 고취시키는 역할을 자연스럽게 했다고 할 수 있다.

또 한편의 동화가 일본사회를 흔들어 놓게 된다. 1981년 2월 도에이 동화 스튜디오에는 <近未來戰爭·198X>(근미래전쟁·198×)라는 대본이 만들어졌다. 이것은 전 NATO 사령관등이 공저한 『第三次世界大戰-1985년 8월』(제3차세계대전)을 원작으로 한 시나리오였다. 마스다 감독은 미국방성의 협력을 얻어 그것을 장편 아니메로 만들 계획이었다. 그러나 도에이 동화노조의 직장 뉴스에서 34세 된 여성노동자의 목소리를 소개하였다. 즉 소련을 적으로 하고 일본을 핵전쟁의 지옥으로 만드는 이 이야기는 도저히 이해할 수 없으며, 세계에서 최초로 핵 세례를 받은 국민으로서, 여자로서, 어머니로서 <近未來戰爭·198X>의 제작에 단호하게 반대한다는 내용이었다. 도에이 노조의 제작반대운동이 전국으로 확산되었고, 1981년 3월 도에이 동화노조, 전도에이와 도에이 신노조, 영연노조공투회의, 마스코미노조공투회의, 일본영화부흥회의, 일본어머니대회 연락회, 일본어린이 지키는 회, 친자영화도쿄연락회, 도쿄도 교직원조합 등이 반대하였다. 또한 1981년 5월 25일에는 '<近未來戰爭·198X>를 생각하는 집회'가 열렸고, 7월 17일에는 44개 단체가 모여 '전쟁 아니메 <近未來戰爭·198X>에 반대하는 회'가 발족하여 긴좌(金座) 등에서 가두행진을 벌이며 반대하였다. 이런 가운데 제작이 늦어져 1982년 ≪FUTURE WAR·198X≫라는 이름으로 개봉되었지만 흥행에 참패하였다. 이런 결과는 일본이 대국화되어 가는 현상에 대한 강도 높은 반대 표현이며, 일본영화를 사랑하는 사람들이 국가선전용으로 이용되는 영화에 대한 비판이 사회적으로 수용되어 승리를 거두었다는 것을 의미하였다.

일본 애니메이션계의 대국주의에 맞춰서 다양한 형태로 대국주의를 조장하는 극영화가 만들어진다. 대표적인 것으로는 1980년대에 만들어진 것으로 청년장교 파시스트를 미화한 ≪動亂≫(동란, 80), 일러 전쟁의 침략성을 감춘 ≪二百三高地≫(이백삼고지, 80), 태평양전쟁을 미화한 ≪連合艦隊≫(연합함대, 81)나 ≪大日本帝國≫(대일본제국, 82) 등이 있다. 이런 영화들은 1980년대 일본이 경제대국으로 국제사회에 화려하게 활동하는 현상에 편승해서 일본과거사를 새롭게 보는 한편 과거사에 대한 반성을 수치로 생각하여 정당성을 주장하는 근거를 만드는 작업이라고 할 수 있다. 힘의 논리가 작용하는 국제사회에서 정당성을 얻을 수 있는 것은 정치력뿐 아니라 경제력이다. 일본은 경제대국에 어울리는 재팬머니를 활용하여 각종 시장을 독점하여 국가의 운명을 바꾸는 작업을 하였던 것이다. 일본영화계도 그런 현상을 반영하는 시대적 흐름을 잘 표현하였다.

≪FUTURE WAR · 198X≫, ≪인천≫ 등에서 보여준 것과 같은 대국주의가 있었지만 다른 한편으로는 그런 흐름에 반대하는 운동을 반영한 시각도 있었다[4]. 즉 우경화 또는 대국주의 등에 반대하는 영화가 등장한 것도 이 시대의 한 특징이라고 할 수 있다. 그것은 하라(原一男)감독의 ≪ゆきゆきて,神軍≫(전진 전진해 신군, 87)이다. 이 영화에서 주인공 오자키(奧崎謙三)는 황거축하회가 열리는 날 빠칭코 다마를 천황에게 던지려고 하다 체포된 남자이다. 그는 천황에게 빠칭코 다마를 던진 것이 천황의 전쟁책임을 추궁한 행동으로 인식하여 그에 대한 반성 없이 계속해서 과격한 행동을 한다. 그는 뉴기니아 전선에서 살아남아 비참하게 죽은 전우들의 한을 가지고 천황에게 전쟁책임을 추궁한 것이다. 그런 목적을 달성하기 위해서 주인공은 폭력을 사용하게 된다.

---

4) 1982년 9월 17일 한국전쟁을 그린 한미합작영화 ≪인천≫(テレンス・ヤング)이 미국에서 개봉되었다. 한국 측 제작자는 세계기독교 통일신영협회계였다. 이것은 이탈리아와 한국에서 촬영되고 4천 8백만 달러를 투자한 전쟁영화였지만 미국과 캐나다에서 흥행에 실패하였다. 이 영화는 영화사상 최고로 돈이 많이 든 실패작으로 기록되었다. ≪인천≫이라는 영화는 공산주의자에 의해서 한국이 위기에 빠졌을 때 맥아더의 인천상륙작전이 기적적으로 성공하여 악마에 승리한다는 내용을 담고 있다. 이 영화를 뉴스위크지는 영화 중 최악의 영화라고 혹평하였다. 그런 류의 영화도 역시 미국의 대국주의화를 조장하고 강조하는 영화라는 특징이 있다.

그는 뉴기니아에서 죽은 전우의 유족을 방문하고 당시 전우를 죽인 상관이나 당시 사정을 잘 아는 생존자를 방문한다. 전우들은 일본이 항복했다는 사실이 전해진 후 적 앞에서 도망간다는 이유로 총살당하였다. 더욱이 현지에서 공공 연한 비밀로 알려진 배가 고파 인육을 먹었다는 사실을 숨기기 위해 총살했다는 소문과 의심이 있었다. 주인공은 그와 관련된 상관이나 병사를 방문해 사실을 밝히려 하였다. 그 가운데는 대답을 회피하거나 숨기며 변명을 하는 병사들도 있었다. 오자키는 전우를 죽인 책임자였던 상사에게 면회를 요청하자 대신 나온 그의 아들을 죽여 유죄판결을 받고 형무소에 들어간다.

이 영화에서 다룬 내용과 시각은 실제로 일본사회에서 논쟁을 일으키는 계기가 되었다. 이 영화는 제2차 세계대전 당시 일본이 숨겨오고 밝히기를 거부했던 소문들을 좀더 명확하게 규명하려는 의도를 가지고 있다. 그것은 영화로서 전전 일본의 행위를 현시점에서 확인하는 역사적 의무를 가진 의도이며, 일본사회의 과거 청산과 관련된 사실을 너무 쉽게 대하고 넘어가려는 무책임성에 대한 문제제기라는 점에서 가치가 있다. 또한 일본이 과거 진실을 밝혀 끊임없이 지속되고 있는 과거사에 대한 질문을 일소하고 책임을 지자는 의도를 가진 지식인의 절규라고 할 수 있다. 그 이면에는 1980년대 경제대국이라는 과도한 성과에 매몰되어 대국주의를 지향하고 있는 일본사회의 무절제와 방만한 역사관에 대한 절도 있고 양심 있는 일본영화인의 참회가 담겨있다.

시노다 마사히로(條田正浩) 감독은 ≪少年時代≫(소년시대, 90)를 통해서 일본 군국주의의 내용과 성향, 모순 등을 들춰내려 하였다. 이 영화의 배경은 제2차 세계대전말 일본이 패색이 짙어가는 시기이다. 1944년 도쿄 중심의 초등학교 5학년인 가자마 신지는 큰 아버지가 살고 있는 도야마현(富山縣)으로 전쟁을 피해 전학을 간다. 도쿄에는 직장을 다니는 아버지와 형이 그대로 남아있다. 낯선 곳에 온 신지는 친지들의 따뜻한 관심으로 점차 적응해 간다. 학교를 다니는 가운데 가난한 살림에 동생까지 돌봐야 하지만 동급생으로 반장인 다케시는 조용하고 도시풍의 신지를 질투하여 괴롭히기도 하고 이지메를 하기도 한다. 신지는 낮에 가혹하게 하다가도 저녁에 순진해지는 다케시의 행동에 혼란스럽지만 점차 힘으로 유지되는 세계에 익숙해진다. 그러던 어느 날 병으로 휴양 중이었던 부반장이 돌아온다. 그는 부잣집 아들로 대장인 다케시의 아성을 무너뜨리기 위해 아이들을 끌어들인다. 다케시는 아이들에게 군대처럼 폭력을 행사하며 행진을 하게하는 등 권력을 남용하여 아이들은 그를 싫어했다. 아이들은 대항하기 위해서 부반장 편에 서고 자신들의 세계를 만들기 위해 선생님의 눈을 피해 전쟁을 준비하였다.

이 영화에서 힘으로 상대를 굴복시키는 힘의 세계, 약한 아이를 괴롭히는 집단 이기주의, 기지를 발휘하여 권력에 상대하는 지혜, 그런 대립 속에서 고통을 당하는 반 아이들 등과 같이 권력과 힘으로 유지되는 세계를 어린이 세계를 통해서 표현하고 있다. 그런 표현은 일본이 제2차 세계대전과 제국주의를 만드는 과정에서 자행했던 군국주의적 행태와 흡사한 것이다. 시노다는 어린이 세계를 통해서 일본사회가 군국주의와 대국주의를 지향하고 있는 현상을 날카롭게 지적하고 있다. 1980년대 일본은 무기를 가지고 전쟁을 한 것은 아니지만 전전에 화려하게 장식했던 국가기능과 역할을 회복시켜 국제사회에서 대국국가 일본으로 자리매김하기 위해 각종능력을 발휘한다. 따라서 일본은 신자유주의 노선을 걸으면서 미국과 영국을 포함해 초강대국으로 활동하게 된다. 이런 흐름에 일본영화는 일본사회가 긴장하고 경계해야 한다는 경고성을 영화에 반영하였다.

■■ 2. 장인정신주의

경제대국에 어울리게 일본은 다양한 영역에서 발전하였고 그 과정에서 일본사회도 다양성을 갖고 변화하게 된다. 일본영화에서 특징적으로 나타난 것은 직업장인주의를 소재로 한 영화다. 그것은 단순한 직업에 대한 이야기가 아니라 장인정신에 기초한 활약 뿐 아니라 직업윤리를 그렸고 다른 한편으로는 프로페셔널이라는 직업전문화에 대한 이야기를 표현하여 전문화된 일본사회의 면모를 직간접적으로 구석구석 상세하게 분석하고 있다. 당시 영화에서 다루어진 직업은 매우 많지만 학생, 의대생, 어부, 복서, 탈세조사관, 형사, 라면가게 주인 등을 중심으로 소개한다. 여기에서 말하는 시대성으로서 장인정신주의는 일본에서 말하는 장인정신을 함의하고 있다. 일본에서 장인정신은 하나의 분야에서 장시간 경험을 하고 또한 직업에 대한 지식을 습득하여 자부심을 갖고 살아가는 모습을 함의하고 있다.

이즈쓰(井筒和幸)감독의 ≪がき帝國≫(어린이 제국)은 오사카를 무대로 하고 오사카 방언으로 찍은 오리지널 오사카영화로 생동감 넘치는 구성과 내용을 담고 있다. 이 영화는 오사카에서 남쪽과 북쪽으로 분리되어 각각 세력을 갖고 있는 중학생과 고교생들로 구성된 불량소년들이 세력권을 둘러싸고 서로 싸우는 일들을 그린 것이다. 일본영화에서 싸움을 소재한 영화는 사무라이영화, 야쿠자영화, 친피라 영화, 폭력영화, 형사영화 등 다양하게 존재하고 있다. 이 영화는 젊은 학생들의 싸움에 초점을 두고 있지만, 기성세대에 대한 강한 저항을 말하고 있는 특징이 있다. 그런 가운데 학생 중심으로 형성되어 후에 조직의 구성원으로 전향 가능한 배경을 그린 것은 당시 일본사회의 한 측면을 말하고 있다. 또한 그 영화에는 한국인 학생이 등장하여 신선함을 더해주고 있다. 특히 3사람의 주인공으로 등장한 겐 이라는 불량소년을 연기한 조방호(趙方豪)는 많은 재일 연예인가운데서도 맨 처음 본명으로 영화에 나온 인물이 되었다. 이 영화는 어린이를 통해서 기성세대와의 차이, 세대 간의 차이, 외국인과의 차이 등 현실에서 제기된 다양한 문제를 다루고 있다.

오모리(大森一樹)는 의대 출신 감독으로 ≪ヒポクラテスたち≫(히포크라테스들)이라는 의사직업을 소재로 한 영화를 만들었다. 의학계에서 의사되는 사람은 먼저 히포크라테스의 가르침을 알지 않으면 안 된다는 것이 불문율처럼 되어 있다. 이 영화에서는 대학 의학부의 최종학년 학생이 6-7명씩 그룹으로 나뉘어 내과, 외과 등의 전공들을 일주일 정도 순회하면서 임상실험을 하는 장면을 그렸다. 의학부 학생도 융통성을 갖고 있는 청년, 의사에 대한 정렬을 갖고 있고 젊은이, 좌익 활동가, 영화광 등도 있다는 것을 의사수업을 통해서 재미있게 담아냈다. 그런 가운데 실제 환자를 만났을 때의 놀람, 실패담, 진료 등도 동시에 그렸다. 이 영화에서는 직업사회에서 엘리트로 불려지는 의사지망생들을 통해서 인간적인 면을 조작하지 않고 그대로 그려내고 있어 경직되어 가는 인간사회의 단면을 극복하려한 점이 돋보이는 작품이다.

소마이(相米愼二)감독은 ≪魚影の群れ≫(물고기 떼, 83)를 통해서 동북지방의 어항에서 일하는 어부들에 대한 이야기를 그렸다. 바다를 무대로 생업을 이

어가는 마구로(참치 : 鮪)잡이 어부를 그렸다. 주인공인 어부는 마구로 낚시의 명인으로 망망대해에 나가 거대한 마구로와 낚시 줄 하나로 오랜 시간 사투를 벌인다. 그런 인간과 물고기의 싸움은 생명을 건 싸움과 같은 것이었다. 어부는 거대한 마구로를 낚는 일에 몰두하는 탓에 명인이라는 인기를 얻었지만 이것 때문에 아내가 도망가게 되어 딸에게 의지하며 살아가는 사람이다. 그러던 어느 날 딸은 데려온 청년과 결혼을 한다고 하였지만 마음에 들지 않았다. 그러나 어쩔 수없이 결혼을 허락한다. 결혼한 청년은 장인에 대한 저항의식을 불태우는 가운데 자기도 마구로 낚시 어부가 된다. 그는 장인의 배에 동승하면서 낚시꾼으로서 갖춰야할 기술을 배우던 중 머리에 낚시 줄이 걸려 중상을 입는다. 장인은 부상을 당한 청년보다도 청년이 놓친 마구로를 잡기 위해 열중하다 결국 상처 입은 청년은 죽고 만다. 이 영화는 직업낚시꾼이 되기 위한 과정을 밀도 있게 묘사하고 있다. 그러나 다른 한편으로 직업은 생계의 한 수단이지만 삶의 목적이 되고 죽음과도 바꿀 수 없는 천직인 동시에 생명과 삶을 유지하는 원천이 된다는 것을 잘 그려냈다. 이것은 일본인의 직업관을 잘 나타낸 영화이다. 일본이 경제대국이 되면서 일본인은 회사인간과 경제적 동물이라고 불리게 되는 현상과 연결되고 있다.

이타미 주조(伊丹十三)는 ≪マルサの女≫(마루사의 여자, 87)에서 여러 가지 방법으로 탈세하는 사람과 그 탈세를 적발하는 여성 탈세조사관과 세금을 둘러싸고 벌어지는 이야기를 희극적으로 그렸다. 여기에서 마루사(マルサ)란 용어는 탈세를 조사하기 위해서 특별히 경찰관과 같이 수사 활동을 할 수 있는 국세청 소속의 엘리트 집단을 의미한다. 이 영화가 만들어지면서 이타미 감독은 사회파감독으로 명명되었다. 또한 마루사의 여자는 연약해보이면서도 독립적이고 강한 여성 캐릭터를 가진 사람으로 그려져 직업여성에 대한 새로운 시각을 갖게 하는 계기가 되었다. 이 영화에서 곤도라는 기업인은 뛰어난 사업수완을 발휘해 억대부자에 올라섰지만 그가 하는 사업은 대체로 정당성이 결여된 것이 많다. 예를 들면, 사기로 부동산을 헐값으로 사들이거나 재산가 노인에게 젊고 섹시한 여자를 붙여 일찍 죽게 하여 재산을 가로채거나 하는 것과 같이 비열한 방법을 동원하여 재산을 가로챈다. 이외에도 고급 러브호텔운영이나 사채놀이를 하여 막대한 돈을 모았고 또한 비서와 정사를 즐기기도 한다.

반면 세무서에서 유능한 세무감찰원으로 일하는 이다쿠라 료코는 교묘한 방법으로 탈세한 것을 찾아내어 적발하는 재능과 진념을 가진 커리어 우먼이다. 이다쿠라는 세무감찰원으로서 능력을 인정받아 도쿄의 특수 세무 감찰팀에 발탁된다. 이윽고 이다쿠라는 곤도의 탈세를 감지하고 조사에 착수한다. 수사하는 과정에서 그는 지능적으로 세금포탈을 조작하기도 하고, 야쿠자를 동원해 이다쿠라를 곤경에 빠뜨리기도 한다. 그런 가운데 곤도에게 버림받은 여비서는 복수하기 위해서 곤도의 세금포탈내용을 도쿄 특수 감찰팀에 신고한다. 이다쿠라는 곤도가 매일아침 비서를 통해서 소득 자료를 버린다는 사실을 알고 청소차를 따라가 자료를 확보한다. 이어 대대적인 세금감찰이 시작된다. 곤도가 집안을 잘 정리해 놓았기 때문에 찾지 못하는 상황에서 곤도가 넘어지면서 현금과 문서들이 숨겨진 비밀책장이 드러난다. 이렇게 해서 곤도의 탈세는 발각되어 세무감찰은 대대적으로 성공을 거둔다.

이 영화는 기업을 하는 사람들이 교묘하게 지혜를 발휘해서 탈세를 하려고 하지만, 오쿠라쇼(大藏省)에 근무하는 탈세 감찰팀은 다양한 지혜, 기술, 사명감 등을 통해 그것을 잡아내어 탈세를 막는 다는 교훈적이며 교육적 의미를 가진 영화이다. 세금을 낼 수 있는 능력이 있어도 수입을 숨기는 사람을 부드러운 여성 세금조사관이 다양한 노하우와 기술로 적발하는 일종의 지능적인 액션영화이며, 권선징악적 무용전과 같은 영화이다. 특히 악질적으로 탈세하는 사업가를 등장시키고 조사관과 치열하게 공방을 벌이도록 영화를 전개시킨다. 그러나 현대사회에서 자기의 순수한 지혜와 노력으로 돈을 벌어 국가가 정한 제도에 따라 그대로 세금의 이름으로 공헌한다는 세금에 대한 정당성 등의 문제는 제기하지 않고 있다. 여기에서 보듯이 일본사회에서 세금에 대한 정당성과 부당성을 둘러싼 갈등을 리얼리즘에 기초해서 표현하고 있는 것은 세금과 탈세라는 문제가 그 시대의 성격을 규정하는 중요한 요소라는 것을 함의하고 있다. 특히 이 영화는 직업적 전문성을 가진 각종 직업과 관련되어 벌어지는 다양한 사회문제 가운데 민감하게 다가오는 세금문제를 다루었다는데 가치가 있다고 할 수 있다.

기타노 다케시 감독의 ≪その男、凶暴につき≫(그 남자, 흉폭해, 89)에서 마흔을 바라보는 형사 아즈마는 항상 과도하게 폭력을 휘둘러 요주의 인물로

낙인찍혔다. 그는 폭력배 싸움을 보고 있다가 끝나면 그 중의 한 사람을 찾아가 폭력을 가한 뒤 자수를 하라는 말을 남기고 돌아오는 형사이다. 이런 스타일 때문에 경찰조직에서도 그를 좋아하지 않고 그 또한 그런 사회를 좋아하지 않는다. 어느 날 아즈마는 신참 형사 기쿠지와 함께 야쿠자 조직원을 붙잡아 수사하던 중 경찰 내부인이 마약조직과 관련되어 있다는 사실을 안다. 그러나 절친한 동료인 방법과장 이와키라는 사실을 알고 눈감아준다. 그러던 중 이와키의 검은 거래가 상부에 알려지고 또한 언론에도 알려지자 수사망을 피하기 위해서 야쿠자는 이와키를 살해한다. 아즈마는 증거부족으로 자살로 판단하고 방치하는 경찰조치에 분노한다. 그는 동료형사의 타살에 복수하기 위해서 이와키를 살해한 야쿠자로 동성애자인 기요히로를 잡아 거짓자백을 하게 한다. 그러나 그 사실이 탄로난다. 경찰서장은 아즈마에게 사표를 내라고 한다. 또한 기요히로는 아즈마를 공격하고 여동생을 잡아 강간한 뒤 마약중독자로 만든다. 이에 아즈마는 단신으로 야쿠자 아지트에 쳐들어가 기요히로와 보스를 비롯한 조직원 전원을 죽인다. 그리고 윤간을 당해 마약에 빠진 여동생마저 죽인다. 상처를 입은 아즈마에게 총질을 한 야쿠자 조직의 신카이가 보스가 된다. 그리고 신참형사인 기쿠지는 이와키를 대신에서 야쿠자와 밀거래를 한다. 이런 복잡한 사건이 일어나고 해결되는 가운데 도쿄의 일상은 이전과 같은 모습으로 돌아가고 있다.

　이 영화의 주인공 아즈마는 법치국가에서 국민에게 봉사하는 형사라는 신분을 갖고 불법행위를 하는 범법자들을 체포하여 사회질서를 유지하는 임무를 갖고 있다. 그 과정에서 형사라는 신분을 벗어나 때로는 비정상적인 방법으로 범법자를 응징한다. 그것도 일종의 범법행위에 속하는 것이다. 법을 어기는 일반 범인과 역시 법을 어기는 형사사이에는 무엇이 다른가 하는 문제가 남는다. 법으로 다스리는 과정에서 보여주는 문제는 죄에 따라 형량이 정해져 있지만 그런 처벌은 피해자와 형사의 마음에 더욱 회의적인 문제로 다가온다. 따라서 이것은 법이전의 문제로 판단해서 스스로 응징을 하는 것이다. 그것은 당시 일본사회에서 형사와 범법자 사이에 발생하는 죄 값에 대한 인식 차이에서 오는 것이다. 특히 법을 집행하는 자는 법을 어기지 않는다는 나름대로의 신화가 일시에 깨지고 있는 사회를 잘 그려내고 있다. 자본주의사회에서는 돈과의 거래가 직업과 인격을 넘어서 횡행하는 특징이 있다. 다케시 감독은 현대 일본사회가 양산하고 있는 그런 문제를 날카롭게 다루고 있다. 이 영화는 형사가 범법 행위자를 집요하게 추적하여 체포하고 체벌한다는 점에서 정의를 수호하는 위치에 있지만 그것을 악용하여 사익을 채우기 위해 불법행위를 저지르고 있는 측면도 있다는 사실을 고발하고 있다. 당시 일본사회의 어두운 그림자를 폭로하고 대국의 길을 걷고 있는 일본사회의 뒤안길을 잘 그려낸 특징이 있다.

후루하타 야스오(降旗康男)의 ≪驛≫(역, 81)도 직업인으로서 형사에 대한 이야기를 담고 있다. 1968년 1월 눈으로 덮인 철도역에서 올림픽 사격 대표선수였던 미카미 에이지 형사는 아내의 한번의 실수를 용서하지 못하여 이혼을 하고 아내와 아들을 떠나보낸다. 미카미는 직분을 묵묵히 수행하는 형사로 선배 형사가 지명 수배된 범인에게 살해당해 충격을 받았다. 그런 가운데 그는 올림픽 출전을 바라는 조국과 민족 모두의 여망을 버리지 못하고 있지만 형사로서 임무를 충실하게 수행하고 있다. 그가 고향에 다니러 왔을 때 빨간 치마를 입은 여성을 살해하는 연쇄살인 사건이 발생하여 사건을 수사하게 된다. 수사진은 마을에서 식당을 운영하는 순진한 여성 스즈키의 오빠를 유력한 용의자로 지목하고 추적한다. 그러나 그녀의 오빠는 도쿄로 떠났다. 미카미는 참고인으로 스즈키를 불러 조사를 하지만 실마리를 찾지 못한다. 그러던 중 스즈키의 애인이라는 남자가 나타나 사건의 전모를 밝혀 살인범인 오빠를 잡아 사건을 해결한다.

그러나 미카미 형사는 순진하다고만 생각했던 스즈키에게 속았다는 사실에 놀란다. 이 사건이 해결된 후 어느 날 무장 강도가 인질을 잡고 버티고 있는 현장에 미카미가 투입된다. 식당종업원으로 분장한 미카미가 숨어들어가 범인을 사살하자 범인의 모친은 살인경찰이라고 울부짖어 괴로워한다. 그는 새로운 사건이 발생한 다른 마을에 간다. 그는 그곳 선술집에서 기리코란 여인을 만나 사랑에 빠져 외로움을 달랜다. 기리코와 만나는 동안 동생으로부터 헤어진 아내가 호스티스로 일한다는 소식을 듣고 괴로워한다. 또한 후배경관이 범인 검거에 나섰다가 살해당한다. 회의와 실의에 빠진 미카미 형사는 20여 년간 해온 경찰을 그만두고 기리코와 새로운 삶을 시작하려고 결심한다. 그러나 그때 기리코의 첫사랑이었던 사람이 나타난다. 그 남자는 10년전에 선배 형사를 죽인 범인이었던 것이다. 미카미는 기리코의 집에 잠복해 있다가 범인이 나타나자 사살한 후 기리코의 눈물을 뒤로 한 채 기차에 몸을 실고 떠난다.

이 영화는 일본경제의 부흥을 담당했지만 지금은 소모품으로 살아와 퇴물로 취급당하는 50-60대 남성들이 마음의 상처를 입으면서도 애잔한 연민을 느끼며 살아가는 존재라는 사실을 잔잔하게 다루고 있다. 성장기를 거치면서 일본 사회에는 생활자임에도 불구하고 직업인으로서 강조되어 기계의 부속품처럼 살아가고 있고, 또한 그 과정에서 가정이라는 울타리가 도를 넘어 무너져 가고 있다. 타인과의 만남이 남녀간의 만남으로 변하고 그 가운데 가족이라는 공동체는 깨지게 된다. 가족공동체의 구성원이었던 개인은 가족을 깬 시점에서 직장공동체의 구성원으로 살아간다. 이런 사실은 현대 일본사회에서 가족에 대한 가치관과 규범이 변해가고 있고 직업인으로 행동하는 가치관과 규범만이 삶을 영위해주는 것으로 인식하는 어두운 현대인을 이야기하고 있다.

이타미 주조의 영화 ≪タンポポ≫(담포포, 85)는 일본인이 갖고 있는 장인정신이라는 평범한 소재를 평범하지 않게 그려낸 작품이다. 이 영화의 주인공은 40대 미망인으로 변두리에서 담포포(민들레)라는 라면가게를 운영하고 있다. 동네 아이들에게 매일 매를 맞는 아들과 둘이서 생활을 하지만 라면 끓이는 실력이 없어 손님이라고는 과부라고 말을 거는 동네 불량배와 술주정뱅이 뿐이었다. 어느 날 덤프트럭 운전사 고로우는 담포포에 들러 괴롭히는 불량배들과 결투하여 물리친다. 고로우는 성실하게 운영하는 그녀를 돕기 위해서 완벽하게 라면 맛을 내는 노하우를 터득한다. 라면세계를 평정하기 위해서 고로우는 평소에 친분이 있는 한 노인을 초빙하였다. 그 노인은 의사였지만 라면에 반해 라면가게를 운영 해왔던 인물이다. 우여곡절을 거치면서 담포포는 결국 최고의 라면을 만드는데 성공한다. 사람들의 도움으로 완성된 담포포는 라면을 먹으러 오는 손님으로 장사진을 친다. 이때 고로우는 조용히 담포포를 떠난다.

이타미 감독은 라면이라는 평범한 소재를 통해서 일본역사에서 살아 숨쉬는 장인정신을 매치시키는 놀라운 발상을 하고 그것을 작품으로 완성한다. 라면을 통해서 본 일본사회는 최고의 라면을 만들기 위해서 실패와 좌절을 두려워하지 않으며 도전한다. 최고를 향해 도전하는 정신은 일본이 경제대국으로 성장하게 한 중요한 원인이자 결과이기도 한다. 이타미 감독은 라면이라는 소재를 통해서 경제대국 일본에 깔려있는 거대한 힘을 보여주고 있다. 라면은 누구나가 끓일 수 있는 음식이지만 각자가 만드는 방법에 따라 맛의 묘미는 다양하다. 다양한 미각을 맞추기 위해 목숨을 거는 연구와 집념으로 완성된 라면 만드는 기술 그 자체가 일본의 장인정신이요 대국신화 그 자체인 것이다. 라면은 하찮은 존재이며 보잘 것 없는 것으로 인생을 걸어 투자해야 하는 사업으로 인식할 만큼 가치가 있는 것이 아닐지도 모른다. 그러나 큰 사업이든 작은 사업이든 성공하기 위해서는 최고가 되지 않으면 안 된다. 이 영화는 당시 경제대국 일본이 갖고 있는 소중한 가치와 정신을 라면장사라는 직업을 통해서 잘 표현하고 있다.

사카모토 준지(坂本順治)는 ≪どついたるねん≫(도쓰이다루넹, 89)으로 감독 데뷔하였다. 이 영화는 전 프로 복싱선수로 '나니와(浪花)의 로키'라고 소문난 아카이(赤井英和)의 복싱인생을 익살스럽게 그려낸 작품이다. 복싱하면 헝그리 정신으로 하는 스포츠로 가난한 젊은 이가 도전하여 출세하는 그런 내용이 전형적이었지만 이 영화는 그것과는 다른 내용을 담고 있다. 단적으로 말하면 사람을 때리는 재미에 초점을 맞춘 영화이다. 그리고 링의 사각에 서야만 삶이 유지되는 복서를 다룬 영화이다. 기본적인 테마는 사람을 때리는 것이 즐거운 것이며, 더욱이 때리는 행위가 공인된 것이 복싱이라는 인식에 기초하고 있다. 그렇지만 그것은 동시에 룰로 위장된 악이기 때문에 악으로 기능하지 않도록 스포츠 정신에 따라야 할 필요가 있다는 것을 강조한다. 남을 때리는 직업으로서 복싱은 누구라도 마음대로 할 수 있는 것이 아니라 잘 훈련되어 선발된 자에게만 허용되는 것이라는 인식이다. 그럼에도 불구하고 프로 복서는 금지된 쾌락을 공공연하게 즐기는 특권을 가진 인간이어서 그 만큼 재미있는 것이다.

이 영화의 주인공 아카이는 호적수와 대결하다 케이오패당하고 머리가 깨져 재기불능이라고 판정받는다. 그러나 그는 재활을 통해서 4회선수라도 좋으니 선수생활을 계속하려는 의지를 불태워 컴백한다. 그는 챔피언 되는 것이 불가능하며 그저 복싱을 즐기기 위해서 선수생활을 하는 것이다. 그는 이후 시합을 하기 위해 체중감량을 하는 가운데 상대선수 앞에서 스테이크를 먹고 나중에 토하는 등 바보 같은 생활을 하면서 복싱을 즐긴다. 최후에는 그의 숙적인 선수와 프로답게 싸우는 장면이 나온다. 여기서 주인공은 바보스러울 정도로 복싱을 즐기는 연기를 한다. 종래의 복싱영화에서처럼 복서는 별로 머리가 좋지 않은 사람으로 그려진 것처럼 그렇게 그려지고 있다. 그러나 복서는 세상의 무미건조함을 견디고 있는 대중에게 복싱을 통해서 바보스러움을 보이는데 가치를 두고 있다는 철저한 직업정신을 발휘하는 존재이다. 특히 직업인으로서 복싱선수는 링에 설 때만이 살아있는 사람으로 인식되고 상대를 때려야 만이 직업인으로 인정을 받는다. 이 영화는 주인공이 사경을 헤매던 환자로서가 아니라 실패한 직업인이 아니라 끝없이 도전하는 직업인이라는 시실을 강조하고 있다. 직업주의 관점에서 보면, 금지된 쾌락은 있어도 금지된 직업은 없다는 직업지상주의를 나타내고 있는 점이 돋보인다.

■■ 3. 가족병동주의

일본에는 고도경제성장기에 이미 사회변화에 따라 가족공동체가 급격하게 변하여 새로운 가치관과 성원으로 구성된 가족이 나타났다. 그것은 곧 가족구성원간의 관계가 새롭게 형성된 것을 의미하며 그 구성원간의 역할도 변한 것을 의미한다. 따라서 당시 일본가족을 둘러싼 문제는 다양하게 발생하였다. 그런 변화는 사회문제가 되어 영화의 소재가 되어 가족주의영화로 나타나게 되었다. 1950년대와 1960년대 영화전성기에 소재가 되었던 가족주의와는 또 다른 성격을 갖고 있다. 1980년대 가족을 소재로 한 영화는 수험생관련 문제, 가족의례문제, 부부간의 애정문제, 가족구성원의 변태가족문제, 노인의 치매환자문제, 가족을 둘러싼 핑크사랑문제 등과 같이 병리적인 요소를 주제로 한 영화가 많이 나왔다. 가족을 둘러싸고 생기는 다양한 병리현상을 다루는 것을 가족병동주의로 규정하고자 한다. 그런 흐름은 가족의 붕괴보다는 평화로운 해결을 전제로 하고 있는 특징이 있다.

수험생에 대한 영화로는 모리다(森田芳光)감독의 ≪家族ゲーム≫(가족게임, 83)이 있다. 이 영화는 고등학교 입시를 눈앞에 둔 중학생이 있는 가정에 엉뚱한 가정교사가 들어오면서 일어나는 것을 소재로 한 블랙 코미디이다. 이 영화에서는 현대 도쿄의 전형적인 중류계급에 속하는 가족을 그리고 있으며, 일본가정의 구성방식과 교육에 대한 문제점을 시니컬하고 통렬하게 비판하고 있고,

또한 독창적인 내면구성과 냉소적이 유머가 잘 그려지고 있다. 두 남자 아이를 가진 중산층 가정에서 둘째 아들 시게유키의 시험준비를 위해서 가정교사가 고용된다. 시게유키는 공부도 못하고 이지메를 당하는 존재로 우등생인 형과는 대조적이지만 아버지가 어떻게 해서든지 일류고등학교에 보내려고 가정교사까지 붙여 괴롭게 생활을 하고 있는 중학3년생이다.

가정교사는 이상한 방법과 질문을 시게유키에게 하면서 집요하게 괴롭힌다. 한편 두유를 쭉쭉 빨아 먹기도 하고 계란 반숙의 노른자를 즐겨먹는 아버지는 성적이 오르면 특별수당을 주겠다고 한다. 가정교사는 한 등급 오르는데 1만엔이라고 약정을 한다. 시게유키는 점차 공부에 취미를 붙이게 되고 또한 오기가 발동하여 공부를 하게 되지만 이지메를 당하는 것은 여전하였다. 가정교사는 옥상에 올라가 싸우는 법을 가르치기 시작한다. 그는 성적도 오르고 이지메하는 학생과의 싸움에서도 이겨 자신감을 갖고 학교생활을 한다. 그는 형이 다니는 일류고등학교의 합격라인을 넘고 반에서도 인기가 상승하게 된다. 드디어 고등학교 진학 저녁 식사자리에서 시게유키는 폭탄선언을 한다. 대학에 가지 않고 자신이 원하는 대로 살겠다는 것이다. 아버지와 시게유키 사이에는 언쟁이 벌어지고 집안은 온통 난장판이 된다.

여기에서는 시험을 쳐야만 들어가는 일본의 젊은 학생의 고민과 그것을 보고 있는 속물근성을 가진 당시 아버지의 마음을 그린 영화라는 특징이 있다. 특히 입시경쟁과 일류대학병에 걸린 일본사회와 가정이 잘 그려지고 있다. 또한 일본발전의 신화를 일으킨 것이 교육이라는 전통적인 사고와 기성세대의 틀에 박힌 고정관념과 신사고를 가진 고교생 가치관의 차이를 둘러싼 갈등을 리얼하게 그려내고 있다. 대학은 미래의 보장보험이라는 아버지 세대와 다양한 가치관에 따라 천편일률적인 규범에서 벗어나 살려고 하는 아들의 모습은 대국을 향해서 살고 있는 담당세대와 신세대간의 방향성의 차이를 함의하고 있는 것을 의미하고 있다. 기성세대에게는 대국은 대국으로 가야하고 일류가 끌어간다는 변하지 않는 가치관이 내재되어 있다. 그러나 새로운 세대는 자기 좋아하는 방향에서 살아가야 한다는 새로운 가치관을 들이대고 있다. 따라서 입시와 사회진출, 일류대학과 비일류대학, 입시생과 아버지, 우등생과 열등생, 가정교사와 열등생, 돈과 성적 등과 같은 것은 당시 일본사회가 해결해야할 전형적인 갈등구조라고 할 수 있다.

장례에 대한 영화로는 이타미(伊丹十三)감독의 ≪お葬式≫(장례식, 84)이 대표적이다. 이타미 감독은 친척의 장례식에 들렀다가 그것의 시종상황을 주제로 영화를 만들었다. 이 영화는 대기업 영화사에서 배급해주지 않아 미니극장에서 공개되었음에도 불구하고 대히트를 쳤다. 와비와 시즈코 부부는 영화배우로 어느 날 CF 촬영현장에서 아내 시즈코의 부친이 급사했다는 전화를 받고 급히 고향으로 갔다. 장례 절차를 몰라 장의사에게 맡기고 속속 친척들이 도착해 고인의 생전에 대해서 이야기를 한다. 그런 이야기 가운데 고인은 제2차 세계대전 때 탄 훈장을 평생의 자랑으로 알았고, 엄청난 여성편력을 발휘한 바람둥이로 시즈코라는 이름도 첫 사랑 여성의 이름을 땄을 정도로 바람 때문에 부인이 냉가슴을 알았다는 사실이 나오게 된다. 이틀째 영화사의 여직원인 요시코가 찾아왔다. 요시코는 시즈코 몰래 교제하는 와비의 애인이었다. 요시코는 장례식장에서 술에 취해 소동을 벌이자 와비는 돌려보내려고 안간힘을 썼지만 돌아가지 않는다. 결국 둘은 뒷산에 올라가서 참았던 섹스를 한다. 아내는 이 사실도 모른 채 태연하게 그녀를 탄다. 그런 가운데 요시코는 도쿄로 돌아가고 장례식은 끝난다. 마지막으로 상주인 어머니가 손님들에게 인사를 하고 '고인은 저와 마지막 삶을 보냈던 이곳에 와 새로운 삶을 살 것'이라고 한다. 장례식이 끝나고 쓸쓸함이 주위를 감싸고 장례도구들이 하나하나 태워지는 가운데 고인의 흔적이 사라져 간다.

가정의례 중에는 다양한 의식이 있다. 누구나 장례식을 경험하지만 그것이 한편의 영화로 만들어진 것은 이례적인 것이다. 결과적으로 저비용을 투자해 만든 영화로는 보기 드물게 크게 히트한 작품이다. 장례식은 누구나 하지 않으면 안 되는 것이지만 어떻게 하는 것이 좋은지 잘 모르는 행사이다. 여기에서는 장례식에 참가하는 참배객의 인간심리를 중점적으로 다루면서 장례식에 대한 풍자, 술 취한 모습, 또한 인생의 엄숙한 분위기 등을 연출하였다. 또한 참배객 모두가 위선자가 되는 장례식의 부자연스러움을 비꼬는 부적절한 영화라는 측면도 있지만, 다른 한편으로는 죽음에 대해서 다시 생각해보는 기회가 되었다. 이것은 일반적으로 가족과 이웃간에 종종 무의식이나 전통적으로 전해오는 관습에 의해서 진행되고 있는 일본의 장례식을 둘러싼 다양한 면을 반영한 작품이다. 형식적인 면과 비현실적인 면을 강조하여 진행되고 있는 일본식 장례식에 대한 현실적 비판이라는 점에서 당시 장례식에 내재된 문제점을 제기하고 있다.

부부간의 애정문제를 다룬 것이 오구리(小栗康平)의 ≪死の棘≫(죽음의 조, 90)이다. 부부와 작은 아이가 사는 평범한 가정을 통해서 여성관계를 둘러싼 부부갈등을 다룬 영화이다. 남편 도시오는 소설가로 재미없는 순수문학을 추구하면서 고교강사로 일하고 있다. 그러나 도시오는 몇몇 여성과 관계를 하고 있어 가끔 외박을 해도 부인 미호는 잘 참아왔다. 그러던 어느 날 잉크병을 던지며 불만을 토로하게 된다. 미호는 화를 내는 것에 멈추지 않고 외도를 한다. 평소에는 웃음을 가지고 살지만 머리가 아프게 되면 남편 도시오의 과거행적에 대해서 집요하게 파고든다. 때로는 언어가 난폭해지고, 자살하려는 충동이 생겨나고, 증오하는 여인을 살해하려는 기분이 드는 등 아슬아슬하게 위기를 넘기며 하루하루를 보내고 있다. 그러자 도시오는 과거의 행적을 후회하고 아내에게 잘하려고 하지만 미호는 제정신을 잃을 때가 많아 정상적으로 대화하기가 어렵다. 그런 위기촉발의 가족을 천진난만한 눈으로 응시하며 지키고 있는 어린이가 있다. 그 시선이 성스러운 가족의 초상을 그려내고 있다.

이 영화는 현대사회에서 벌어지고 있는 부부간에 생기는 바람을 둘러싼 갈등에 대해 새로운 터치를 하고 있다는 특징이 있다. 가정을 깨지 않으며 살아가는 인내를 보이는 그런 부부를 그리고 있다. 한 사람은 원인제공자로 순교자가 되고 부인은 피해자로 무녀처럼 남편의 인내를 강요하는 인과응보로 대응하지만 부부파괴가 아니라 부부연결을 통한 해결을 강조하고 있다. 이 영화는 한 평범한 가정에서 현실적으로 일어날 수 있는 남편의 복잡한 여성관계라는 시대적 행태와 그에 대응하는 과정에서 생기는 아내의 불신과 정신병적 행태를 대비시켜 위기로 빠지는 현실적인 이야기와 그 가운데서도 해맑은 눈으로 부모의 갈등을 행복하게 보고 있는 어린아이의 천진난만함이 가족을 성스럽게 만들어가고 있는 가족이야기를 담고 있다. 이 영화는 인간이 사는 가치가 가족에 있고 그것도 부부에게 있다는 것을 이야기하고 있지만 다른 한편으로는 성에 대한 문제를 정면으로 다루고 있다. 평범한 가정에서 남편은 평범함에 머물지 못하고 일탈을 하게 된다. 그것은 가정이나 부인에 대한 불만이라기보다는 현대

사회에 대한 불만의 돌파구로 타인의 성을 이용하기 때문에 발생하는 문제이다. 타인의 성은 사랑으로 존재하기 보다는 가족과 부부의 관계를 붕괴시키는 폭탄과 같은 위험성을 가진 현대사회의 암이라고 할 수 있다. 육체적 암은 신체의 죽음으로 종말을 고하지만 정신적 암은 살아가는 동안 고통을 반복하게 하는 치료되지 않는 병이다. 거기에는 복수라는 치료가 등장하지만 복수는 가족의 붕괴로 연결된다. 이 영화는 부부간의 사랑과 타인과의 사랑 사이에 헤매고 있는 일본사회의 고달픈 사랑을 고발하고 있다.

이시이 소고(石井聰ご)감독은 ≪逆噴射家族≫(역분사가족, 84)에서 사회구조와 기존의 가족질서 간에 벌어지는 갈등을 파헤쳐 메스를 가하는 작업을 하였다. 특히 전통적인 가족상과 일본사회구조의 모순을 파격적으로 지적하고 냉철하게 비판을 하였다. 이 영화에 등장하는 가족은 40대 중반의 가장으로 열심히 일한결과 도쿄 한복판에 새집을 사 이사를 하여 만족하고 있는 고바야시, 상냥하고 순박한 아내, 귀여운 딸, 도쿄대에 입학하기 위해 열심히 공부하는 아들 등 4명으로 구성되어 있다. 이런 평범한 가정은 할아버지가 오면서 붕괴되기 시작한다. 할아버지가 온 후로 아내는 스트립쇼를 벌이더니 젊은 남자와 바람이 났고, 딸은 아이돌 스타에 미쳐 연예계에 진출하려고 하는 가운데 원조교제를 하며, 아들은 학교에서 밑바닥을 기며 가끔 히스테리 증상을 보이는 등 가족은 엉망이 된다. 고바야시는 이런 증상이 흰개미에 의한 것이라 보고 마루를 뜯어 땅을 파내려 가는데 할아버지는 그 땅에 자기 방을 만들자며 신나한다. 고바야시는 병을 고칠 수 없다고 판단하고 가족을 몰살할 생각을 하지만 그 과정에서 살기 위한 광분적인 투쟁이 시작된다. 영화에서는 고바야시 일가가 허허벌판에 천막으로 집을 짓고 새롭게 생활해 가는 모습이 스쳐지나간다.

이 영화는 현대일본사회의 변화에 적응해하는 과정에서 생기는 가족 내의 불협화음을 말하고 있고, 동시에 가족적 가치뿐 아니라 구성원으로서의 가치를 상실한 현대인을 비극적으로 꼬집고 있다. 이런 증상은 가족간 의사소통의 부재와 자본주의적 가족이 일으키는 일종의 현대적인 비극이다. 가족간의 불신과 욕구로 가정은 붕괴되고 삶의 터전이 망가진다. 가족구성원은 만신창이가 되는 과정에서 모든 것을 잃은 뒤에야 정신을 차린다. 일본가정에 전통적인 가족제도와 현대사회제도간의 모순이 존재하고 그 과정에서 가족 구성원이지만 이기적인 개인으로 살아가는 현대일본인의 모습을 잘 그려내고 있다. 또한 공동체적 삶이 얼마나 붕괴되기 쉽고 지키기 어려운 가를 지적하고 있고, 현대사회로 빨려 들어가는 일본인에 대해 경종을 울리는 메시지를 담고 있다. 특히 대국의 대가로 벌어지는 벌로 인식하고 있는 날카로운 면이 있다.

수오 마사유키 감독은 ≪變態家族 兄貴の嫁さん≫(변태가족, 84)을 통해서 일본사회에서 변해가는 가족과 가족구성원간의 갈등을 섹스라는 주제를 통해 파헤치고 있다. 예순이 넘은 아버지와 2남 1녀가 평범하게 살고 있는 가정에 한 여자가 장남에게 시집온다. 장남은 결혼을 하였지만 신혼여행도 가지 않고 첫날밤을 보내는 등 현실에 무감각한 사람이다. 그러나 시아버지는 죽은 아내와 닮은 며느리에게 만족하고 있다. 아버지는 홀로된 후 외로움을 달래기 위해 선술집에서 시간을 보내며 아내와 닮지도 않은 술집여자에게 닮았다고 하며 죽은 아내의 모습을 찾으려고 한다. 그런 가운데 점차 가정에 이변이 일어난다. 장남 고이치는 아내 유리코를 묶고 섹스를 하는 변태적인 행태를 보인다. 여동생 아키코는 회사를 다니다 평범하게 사는 것이 좋지 않다고 하여 증기탕의 창녀로 취직하고 첫 손님으로 자신의 오빠인 고이치를 받아들인다. 이것을 무감각하게 받아들이는 가운데 아키코는 증기탕 주인과 눈이 맞아 결혼한다. 둘째 가즈오는 증기탕 가이드라는 책을 훔치다 경찰에 걸렸고, 형수는 그런 가즈오의 성적 호기심을 풀어주기 위해 방으로 불러 섹스를 한다. 가즈오는 이제 독립할 시기라고 하여 하숙집을 얻어 나간다. 고이치는 아버지가 다니던 술집 여자와 눈이 맞아 새 살림을 차리자 아버지는 며느리가 아깝다고 탄식한다. 아버지는 유리코에게 친정으로 돌아가 새로운 삶을 시작하라고 한다. 그러나 유리코는 친정아버지가 들려준 행복론을 되 뇌이며 시아버지를 두고 갈 수 없다고 한다. 행복은 스스로 만들어 가며 부부가 만들어 가는 것이라고 굳게 믿고 있다. 혼자가 된 유리코는 남편과의 옛 추억을 생각하며 나이론 끈으로 자기를 묶고 자위행위를 한다. 아버지는 먼 산을 보며 죽은 아내에게 아까운 며느리라고 괴로워한다.

이 영화는 일본사회에서 벌어지고 있는 가족의 붕괴뿐 아니라 가족 구성원간의 가치관, 특히 성적 가치관, 성의 의미 등에 대한 변화를 다룬 것이다. 일본은 경제대국이라는 과도한 결과물을 얻었지만 그 사이에 인간의 가치관을 돈으로 해결하거나 기존의 가치관을 넘어 난무해진 가치관을 방치하고 있다. 가장 가까운 부부가 되기 위해 가장 가까운 사이로 만드는 섹스로 접근하는 것은 무리가 없다. 그러나 근친상간으로 이어가는 가까움은 아름다움이 아니라 비극적인 삶의 고통이며 가장 먼 관계이다. 형수와 시동생의 관계, 오빠와 동생의 관계, 시아버지와 며느리의 관계 등은 타의 추종을 불허하는 아름다운 관계이다. 이런 관계는 술집여자와의 섹스보다 은은하게 다가오는 아름다운 가까움이다. 그러나 가까워지는 수단인 섹스가 개입되서는 안 되는 가치와 관계로 영속적으로 이어가려는 가족애에 의해 유지된다. 이 영화는 그런 전제와 가치를 과감하게 넘어가는 표현을 통해 난무해지고 있는 일본사회의 어두운 그림자를 파헤치고 있다.

노인의 질병인 알츠하이머를 다룬 영화가 있다. 하네다 감독의 《癡呆性老人の世界》(치매성 노인의 세계, 85)에서는 사생활의 비밀을 지키기 위해 명백하게 밝히지 않는 일본 내 어느 노인병원의 기록을 영화화한 것이다. 이 병원에는 알츠하이머(노망)를 앓고 있는 노인이 많이 입원해 있다. 이 노인들은 어딘가로 돌아다니는 습성이 있어 누군가가 옆에 따라다닌다. 지금까지는 알츠하이머에 걸린 노인은 기묘한 행동을 한다거나 이상한 행동을 하여 가정에 비참한 환경을 만드는 존재로 인식되어 왔다. 그러나 이 영화는 알츠하이머에 걸린 노인의 긍정적인 면을 적극적으로 고찰하여 치료를 해야 하고 버림받기보다는 구원받아야 한다는 점을 강조한다. 이 영화에서는 알츠하이머에 걸린 여성만의 모습을 그렸다. 그것은 남성보다는 여성이 자연 상태로 살고 또한 거부감이 적다는 암묵적인 인정 때문이었다. 일본이 고령화 사회가 되면서 겪는 문제는 노인의 부양문제뿐 아니라 알츠하이머라는 불치병에 걸린 노인들을 어떻게 해야 할 것인가 하는 문제이다. 인간수명의 연장은 다양한 문제를 일으키고 있다. 고령화 사회가 되면서 경제노동력과 부양인구의 상대적 감소, 질병을 가진 노인의 증가로 인한 사회비용의 증가 등과 같이 해결하기 어려운 문제가 일본사회에 등장하고 있다. 이 영화는 일본사회가 겪고 있는 현실적인 문제를 잘 표현하고 있고 새로운 인식과 문제해결에 적극적으로 대응해 줄 것을 주문하고 있다.

■■ 4. 일탈주의

경제발전은 사회발전을 동반하지만 가치관의 변화를 초래한다는 점에 주목할 필요가 있다. 또한 사회변화는 기존의 사회적 관념이나 가치를 초월해서 생겨 난 새로운 관념과 가치와 함께 동반된다. 그런 변화는 때로는 정상적인 것으로 인정하기도 하고 때로는 비정상적인 일탈현상으로 인식한다. 그런 의미에서 일 탈현상은 현실규범이나 상식을 초월하는 비정상적인 현상이라는 의미를 함의하 고 있다. 그러나 일탈이 현실규범과 맞지 않는다고 해서 그것이 반드시 비정상 적인 것으로 볼 수는 없다. 다만 문화적 갭에 의해서 인정받지 못하는 사회의 한 현상일 뿐이다. 이처럼 일탈주의는 비정적인 규범이나 상식에 어긋나는 조 류를 의미한다고 할 수 있다. 1980년대 일본사회는 다양한 일탈이 현실 속에서 일어나 영화세계의 소재를 제공해주는 역할을 하였다.

기타노 다케시의 ≪3-4×10月3-4×10月≫(90)은 야쿠자가 심정적으로 일반인 과 매우 흡사하다는 점을 강조하는 한편 사회 부적응자 내지는 소외된 계층으 로 표현하였다. 이 영화는 야쿠자를 비열하고 야비한 존재로 그리지 않는 특징 이 있다. 동네 야구팀 이글즈의 멤버인 마사키는 주유소에서 일하며 야구를 하 지만 한번도 타석에 들어서 보지 못한 야구선수이다. 어느 날 야구경기가 끝나 고 주유소에서 일하던 중 야쿠자와 시비가 붙어 부딪치자 야쿠자는 팔이 부러 졌다고 엄살을 피우며 치료비를 달라고 협박하였다. 마사키는 카페에서 일하는 애인 사야키에게 털어놓았지만 해결방법이 없어 두려움만 커졌다. 전직 야쿠자 였던 야구감독 다카시는 마사키를 돕다가 린치를 당한다. 마사키는 복수를 위 해 야구 동료 가즈오와 총을 구하러 간다. 오키나와에서 빚에 쫓기고 있던 야 쿠자가 총을 구하러 다니자 마사키는 그들과 합세한다. 야쿠자 우에하라는 게이 로 자신이 구한 총을 마사키에게 준다. 총을 가지고 도쿄에 돌아온 마사키와 가즈오는 야쿠자 사무실에 쳐들어갔지만 총을 쏘지 못하고 오히려 두들겨 맞는 다. 마사키는 주요소 탱트 로리를 몰고 야쿠자 사무실을 덮쳐 폭파시킨다.

일본에서 야쿠자는 사회가 현대화 되는 과정에서 오히려 안정적으로 존재하 고 있다. 경제성장은 그들의 조직과 구성원을 유지 할 수 있는 중요한 조건이 된다. 상권이나 각종이권에 대한 투쟁을 통해서 세를 과시하는 조직이다. 그들은 사회로부터 배척된 존재이며 동시에 비정상적인 그룹으로 냉대를 받아왔다. 냉대를 받기 보다는 피하고 되도록이면 부딪치지 않으려고 노력한 것이 사실이다. 그러나 그들도 잘 보면 일반사회인과 같은 마음과 생활을 영위한다. 일반사회인도 극단적인 이해관계가 있는 상황이며 야쿠자처럼 행동할 수 있다는 점을 이 영화에서는 강조하고 있다. 즉 야쿠자와 일반인 간의 차이는 백지 한 장 차이에 불과하다는 점을 강조한다. 당시 일본사회는 경제대국에 기초해서 대국을 추구하는 시기였고 야쿠자는 그런 환경에서 일반인처럼 행동하고 일반인은 오히려 야쿠자처럼 행동하는 현상이 일어나고 있는 것을 분석하여 일본사회의 현상을 경계하고 있다.

소마이 신지(相米愼二) 감독은 1980년대와 1990년대를 통해서 일관되게 일본영화의 뉴 웨이브 신드롬을 이끌어 왔다. 그의 작품인 ≪台風クラブ≫(태풍 클럽, 84)은 한 시골 중학교를 무대로 여름날 태풍이 몰려오면서 집단적으로 흥분에 사로잡힌 학생들의 심리를 관찰한 것이다. 야구 유니폼을 입은 두 소년이 마을을 돌아 학교에 다다랐을 때 같은 반 여학생이 수영장에 빠진 친구 아키라가 혼수상태에 있다고 하면서 도움을 청한다. 아이들이 장난으로 아키라의 온몸을 끈으로 묶어 물에 빠트린 것이다. 인공호흡으로 간신히 깨어났다. 그 광경에도 아이들은 태연해 하였다. 중학교 3학년생은 수학시간에 별로 집중을 하지 않고 끼리끼리 모여 이야기를 하며 학교생활을 하고 있다. 어느 날 담임교사와 사귀는 애인의 부모가 찾아와 학교를 난장판으로 만들어 놓는다. 그날 저녁 아키라와 친구들은 언덕에 올라 담배를 피우기도 하고 같은 반 여학생 커플은 동성애를 나눈다. 폭풍이 몰려오면서 한 남학생은 장난으로 여학생에게 깊은 상처를 주기도 하고 또한 방과 후에 한 남학생은 여학생의 옷을 벗겨 강간하려고 한다. 소낙비가 몰아치자 학생들은 학교 강당에 몰려와 광란의 밤을 보내고 담임교사에 전화를 걸어 배울 것이 아무것도 없다고 한다. 이튿날 소나기는 지나가고 광란의 밤을 보낸 학생들은 지쳐 교실에 누워있다. 미카미는 책상을 쌓으면서 엄숙하게 살기위한 경건한 죽음이 존재하지 않는다고 하며 창문 밖으로 뛰어내려 죽는다.

이 영화는 청소년을 상대로 한 영화이지만 소나기와 젊은 청춘의 비운을 대치시켜 폭풍이 몰아치는 젊은 시절의 아픔을 잘 그려내고 있지만 불륜, 강간,

죽음 등과 같은 어두운 소재로 내용을 그려내고 있다. 그것은 새로운 세대의 군상을 그리고 있지만, 일본사회가 그런 환경에 빠져가고 있다는 점을 지적하고 있는 듯하다. 그러나 엄연한 것은 경제대국이 된 일본에서 학생들이 살아야 하는 가치를 어디에 두어야 하는지, 삶의 목적은 무엇인지, 현실을 살아가는 가치관에 따른 올바른 행동거지는 무엇인지를 묻고 있다. 현실에서 흔들리고 있는 젊은이들의 초상을 그렸다는데 시대성을 듬뿍 담고 있는 영화라고 할 수 있다.

수오 마사유키 감독의 ≪ファンシィダンス≫(퍼시던스, 89)는 수행승들이 엉망진창으로 꾸려가는 수도생활을 그린 것이다. 로큰롤에 빠져 신세대 청년시대를 보내는 시오노 료헤이는 대처승인 아버지의 절을 물려받기 위해서 애인 마스오와 보내던 화려한 도시생활을 접고 불가에 입문하기로 결심한다. 승려가 되기 위해 유명한 메이케이 사찰로 가던 중 동생 이쿠오를 만나 같이 입산하기로 하고, 그 외에 에이슈와 진라이 등도 포함해서 네 명이 고오키 스님 하에 들어간다. 절 생활은 도시생활의 연장선에 있는 듯이 착각을 일으킬 정도였다. 료헤이는 애인이 찾아오면 포옹을 하기도 하고 술을 먹기도 한다. 고오키 스님은 마돈나라는 젊은 여자와 사귀고 있었고, 지류스님은 겉멋을 부리며 생선초밥에 빠져있으며, 다른 스님들은 프라이도 치킨을 먹는다. 오로지 미모의 여승인 쇼헤이 스님만이 스님다운 생활을 하고 있다. 이런 상황이 지속되는 가운데 주지스님의 벌칙으로 주지스님을 보좌하는 역을 맡게 된다. 이것은 특이한 성격을 가진 주지 스님이기에 고역이나 마찬가지였다. 겨우 1년이 다되어갈 쯤에 주지스님은 수행승의 대표인 상좌승을 맡아 달라고 한다. 하산 3일 정도를 남겨놓은 료헤이가 상좌승을 맡는 것은 무리라고 하자 자존심이 상해 이를 승낙한다. 그렇게 해서 료헤이는 절 생활에 전념을 하게 된다.

이 영화는 절이라는 전통적으로 세습되어온 관습과 법계에 의해서 하루하루가 이어지는 비속적인 세계를 그려내고 있다. 기본적으로 그 세계는 세속적인 규범과는 거리가 있기 때문에 사람이 사는 곳이 아니라 도를 닦는 스님이 사는 곳이라는 인식이 강하다. 그러나 실제 들어 가보니 속세인이 사는 것과 별반 차이가 없는 것이다. 스님이 애인을 사귀고, 고기를 먹는 등 세속에서 범인들이 추구하는 욕구가 여과 없이 그대로 표출되고 있다. 그러나 그 중에서도 쇼헤이 스님만이 전통적인 규범을 준수하여 대조를 이루고 있다. 이 영화는 마치 현실과 동떨어진 세상인 절과 그 속에서 살고 있는 스님들의 전통적인 이미지로부터 끌어내리는 작업을 해학적으로 하고 있다. 이것은 일종의 일탈이며 일상생활의 일탈을 넘어 직업인으로 인정된 보편적 가치로부터의 일탈을 그리고 있고 절의 규칙과 스님의 생활규칙의 변화를 이야기하고 있다는데 의의가 있다.

■ 5. 탈대국주의

경제대국이 된 1980년대 일본에서 가장 문제가 된 것은 일본에서 살고 있는 재일외국인, 그리고 각각의 이유로 일본으로 밀려드는 외국인에 대한 대우와 처리 방법이다. 역사적인 존대로 남겨져 있어 일본인과 같은 모습으로 같은 사고를 하며 살고 있는 재일한국인을 둘러싼 다양한 일본사회의 대응과 그에 대한 일본인과의 관계에서 벌어지는 현상을 영화는 놓치지 않고 잡아내고 있다. 일본이 경제대국으로 알려진 이후 벌어진 큰 변화는 아시아인에게서 일어난 일본드림이었다. 그것은 일본에 가서 일본을 배우며 살겠다는 발상과 또한 일본이용론과도 맥을 같이 한다. 영화에서는 대국으로 달려가는 내외적 분위기에서 전전의 제국으로 갔던 모습에 대한 회한적인 시각을 그려 대국의 방향성에 대한 경고를 직간접으로 표출시켰다. 이런 시각에서 보면, 영화에서 반영된 국제주의는 반민족주의, 다민족주의, 다문화주의, 탈국경주의 등과 같은 의미를 내포하고 있다고 할 수 있다.

김우선 감독의 ≪潤の街≫(윤의 거리, 89)는 일본인 청년과 한국인 여성간의 사랑을 그린 것이다. 그동안 포스트 사회에서 살고 있는 남자와 주변인으로 인식되어 살고 있는 이방인간의 감정을 그린 것으로 포스트 사회에 대한 변화와 도전이라는 의미에서 일탈의 의미를 갖고 있다. 오사카에 살고 있는 윤(일본이름 준코)은 사려 깊고 상냥한 여고생이다. 징용으로 끌려간 할아버지를 평생 기다린 할머니, 작은 식당을 운영하는 어머니, 그리고 새 아버지 등과 같이 살아가는 평범한 고교생이다. 일상에서 준코는 재일교포 3세라는 사실을 알지 못하는 일본인 청년 다나카를 만나 사랑에 빠지게 되고 서로의 사랑은 깊어만 간다.

그러나 준코가 한국인 3세라는 사실 때문에 다나카는 주위로부터 따가운 시선을 받는다. 일본사회에서 순수하게 살아가는 재일 한국인에 대한 차별성향이 만연되어 있었기 때문이다. 다나카는 어느 날 요코하마로 정비연수를 받으러 가기위해 준비하는 사이에 사소한 일로 준코와 다투고 헤어진다. 그러나 다나카는 준코를 잊을 수가 없었다. 그런 가운데 할머니는 할아버지를 만나지 못하고 죽게 되고 다나카의 동생은 재일한국인과 사귀는 것을 못마땅하게 여겨 준코에게 린치를 가한다. 이런 과정에서 준코는 한국인이라는 정체성을 점점 확고하게 갖게 된다. 다나카와 준코는 그런 차별문화에 정면으로 대항하게 된다. 요코하마로 떠나는 기차 앞에서 둘은 서로 마주본다. 다나카는 한국과 일본을 이해하고 싶어 떠난다는 말을 하고 기차에 오르며 둘은 사랑의 건재함을 확인한다.

이 영화는 김우선이라는 비일본인이 만든 일본영화라는 의미에서 많은 점을 시사하고 있다. 그는 감독이전에 재일한국인이라는 사실과 그 사실에 의해 겪으면서 보고 들었던 많은 아픔을 윤이라는 가냘픈 여학생을 통해서 그것도 사춘기 여학생의 사랑을 통해서 쌓아왔던 포문을 열고 있다. 이것은 분명히 현대 일본사회가 안고 있는 시대적인 어두운 그림자이다. 이런 문제는 시작과 종결이 없는 것이라는데 큰 충격이며 해결하기 어려운 문제이다. 일본사회에서 주류와 비주류라는 대치 속에서 살아가야 하는 소수인과 경계하며 살아가야 하는 다수 인간사이에 벌어지는 사회적 차별을 극복하고 새로운 사회로 이동해가는 젊은 이의 아름다운 사랑을 그린 작품으로 일본사회의 일탈을 조장하는 영화라는 특징이 있고 또한 일탈과 비일탈의 존재는 바뀔 수 있다는 역사적 흐름을 암시하고 있다. 현대 일본에는 다양한 이유에 의해서 자기의지와는 관계없이 또한 적극적인 자기의지로 살아가고 있지만 어느 민족인가, 누구인가라는 의문을 갖고 사는 정체성이 불명확한 경계인이 많이 생겨나고 있다. 경계인은 알고 보면 일본에 가까운 준 일본인이다. 그러나 일본사회나 일본인은 경계인을 비일본인으로만 보고 있는 것이다. 그들의 존재는 분명히 대국이라는 존재에는 일치하지 않지만 적어도 일본이라는 데는 많은 친근감과 현실감을 갖고 살고 있다. 그들은 제국이나 대국보다는 일본사회의 국제화를 염원하는 현실적인 존재이다. 이런 흐름은 1980년대 일본의 방향성을 유도하는 큰 원동력으로 작용하고 있다.

오구리 고헤이(小栗康平)감독의 ≪伽倻子のために≫(가야코를 위해서, 84)

는 재일한국인2세와 일본인으로서 재일조선인 남자와 일본인 여성부부의 양자로
자란 소녀 간의 사랑과 이별을 그린 영화이다. 민족차별로 신음하고 있는 재일
한국인과 일본인의 사랑을 비애와 아름다움으로 그려낸 절도 있는 작품으로 아
쿠다가와 상을 수상한 재일한국인 작가 이회성이 쓴 소설을 원작으로 하고 있
다. 재일 한국인 2세 임상준은 도쿄에서 아르바이트를 하며 학교를 다닌다. 그
는 러시아 사할린에서 일본 패전을 맞이하였고 이후 도쿄에 정착하였다. 상준은
방학이 되자 사할린에서 친분이 있고 현재 홋카이도에 살고 있는 아버지 친구
마쓰모토의 집에 놀러간다. 그는 그곳에서 입양해서 키운 양녀로 고교생인 가야
코를 만난다. 짧은 만남이었지만 아쉬움을 간직한 채 도쿄로 돌아와 일상생활로
돌아왔지만 재일한국인이라는 점 때문에 차별을 받아 심하게 상처를 입고 갈등
을 하고 있다. 다음 겨울에 상준은 다시 홋카이도를 찾아가 가야코와 재회하게
되고 그들 사이에는 사랑이 싹트게 된다. 이어 가야코는 도쿄에 와 상준과 같이
동거생활을 시작한다. 마쓰모토 부부는 도쿄에 사는 상준이를 방문하면서 가야
코에게 재일한국인과의 결혼은 안 된다고 반대를 한다. 그녀의 남편인 재일한국
인 마쓰모토는 차분하게 대응한다. 마쓰모토는 상준이에게 가야코를 참고 기다
려 달라고 한다. 상준이는 이에 응하여 가야코를 돌려보낸다. 그로부터 몇 년이
흘러 홋카이도를 방문했을 때 가야코는 다른 남자와 결혼하여 아이를 낳았다는
사실을 전해 듣는다. 상준은 가야코를 만나지 못하고 쓸쓸히 돌아선다.

이 영화는 재일한국인 2세 청년과 전쟁 중 입양 되어 재일한국인과 일본인
부부의 가정에서 자란 일본인 소녀사이에 일어난 가슴 아픈 사랑이야기를 통해
서 시대적 아픔이 역사를 초월해 연속적으로 진행되고 있다는 점을 강력하게
시사하고 있다. 전후 일본이 짊어지고 가야할 원죄는 전쟁과 식민지에 따른 재
일외국인, 특히 재일한국인에 대한 책임문제이다. 그들은 동시대에 살고 있지만
동시대인으로 느끼기 힘들고, 같은 토지위에서 살고 있지만 밟는 발에는 힘의
차이를 느끼며, 같은 언어를 구사하고 있지만 구분되는 이질적인 언어차별세계
에서 살아가고, 무리 속에서 살고 있지만 이질성을 가진 무리로 존재하는 것이
다. 이것은 일본사회가 경제적으로 사회적으로 발전하는 시점에서 해결되는 것
이 아니라 성숙되는 과정에서 치유될 수 있는 것이다. 그러나 대국으로 발전한
일본과 일본인의 성숙을 기다려야 하는 숙명은 일본을 떠나야만 해결되는 재일

한국인의 숙명과 같은 선상에서 있는 것이다. 하나는 다른 하나를 구제할 수 없는 것으로 동시에 구제되어야 해결되는 그런 숙명인 것이다. 일본과 일본인은 1980년대 국제사회의 흐름에 역설적으로 대응하였기 때문에 공존을 강조하는 새로운 일본과 일본인으로 거듭나야 하는 숙제를 안고 있다. 이 영화에서 재일 한국인을 통해서 제기된 간절함은 시대적 간절함이지만 그것은 인간적 간절함으로 만이 치유되는 특징이 있고, 인간성이 시대성을 규정하는 이유이기도 하다.

오시마 감독은 이데올로기나 일본의 비정상적인 측면을 날카롭게 지적하는 영화뿐 아니라 극적인 사건을 예술로 승화시키는 탁월한 능력을 가진 감독으로 알려졌다. 특히 한국에 대해 정치적인 수준에서뿐 아니라 문화적인 수준에서 집요하게 파고드는 국제성 있는 소재를 다룬 감독이라는 특징이 있다. 그는 다큐멘터리 ≪ユンボギの日記≫(윤복이의 일기, 65), ≪絞死刑≫(교사형, 68) 등을 통해 한국인에 대한 차별문제를 다루었다. 그의 작품인 ≪戰場のメリークリスマス≫(전장의 메리크리스마스, 83)에서는 한국인 청년을 연합군의 포로 감시원으로 등장시켜 화해의 무드와 메시지를 보내고 있다. 이 영화는 일본을 포함한 영국과 뉴질랜드의 자본으로 만들어진 영화로 제2차 세계대전 일본군과 연합군 포로간의 치열한 대립과 갈등을 그린 작품이다. 이 작품의 원작자는 반 덴 포스트로 젊은 시절부터 일본을 잘 알고 있는 영국작가이다. 그는 태평양전쟁 중 자바에서 코만도 부대를 지휘하다 일본군의 포로가 되어 수용소 생활을 경험하였다. 원작은 수용소에서 일본군의 잔학행위를 그리고 있으며, 그것뿐 아니라 잔학행위를 하는 일본군인의 마음 한 가운데 무엇이 있는가를 파헤치고 있다. 오시마 감독은 그런 의도에 공감하고 옛날 일본인이 서양과 아시아에 대해 무엇을 추구하려고 했으며 왜 그런 이상한 행위를 하게 되었는가라는 주제를 심도 있게 고찰하고 있다.

자바의 일본군 포로수용소 소장 요노이는 군인정신이 투철한 남자로 인간적으로도 청렴 결백하지만 수용소의 외국인에 대해서도 일본인처럼 행동과 태도를 하도록 엄격하게 요구하고 있다. 그 밑에서 일하는 하라는 잔학한 행위를 하여 포로들에게는 마치 두려운 악마와 같은 존재로 알려졌지만 다른 한편으로는 애교와 좋은 면이 있어 포로들을 구해주는 경우도 있다. 일본군 포로로 잡힌 뉴질랜드 출신 세리어스 소령은 자바 섬에서 포로로 생활하고 있다. 처형당

할 위험에 처했지만 수용소장 요노이 덕분으로 목숨을 구한다. 일본에서 자살은 자랑스럽고 명예를 지키는 수단이다. 그런 일본인에게 포로로 잡혀 있는 서양 장교들은 하찮은 인물로 보여 질뿐이다. 그런 가운데 조선인 군무원 가네모토가 뉴질랜드 병사 데용을 범하는 일이 벌어져 수용소의 분위기는 무거워진다. 또한 서로간의 의식차이 때문에 종종 총기사고가 발생하였다. 그런 가운데 영국군 중령 로렌스 만이 일본어를 하여 일본군과 어울리고 있을 뿐이다. 이윽고 가네모토가 처형되는 날 하라가 가네모토의 목을 치는 순간 데용도 혀를 깨물고 자살을 한다. 둘의 마음은 서로 교감을 갖고 있었던 것이었다. 또한 세리어스 소령은 탈출을 계획하다가 들켜 하라의 관용으로 다시 살아난다. 다음날 요노이는 포로들을 집합시키고 탈출하다 잡힌 영국 병사를 처형하려고 한다. 그 때 세리어스는 앞에 나와 요노이의 볼에 입을 맞추고 용서를 구한다. 요노이는 그것이 계기가 되어 신임 수용소장으로 교체되고 세리어스는 처형을 당한다. 전쟁이 끝난 1946년 전범으로 처형을 앞둔 하라에게 로렌스가 찾아온다. 그의 손에는 요노이가 맡긴 세리어스의 유품이 놓여져 있었다.

오시마는 이 영화에서 강한 자 일본인, 약한 자 서양인, 피억압자 한국인 등의 구조를 통해서 국가가 처한 상황에 따라 위치를 설정하고 있다. 힘의 논리가 지배하는 국제사회에서 강한 일본인이 정하는 규칙이 생활규범이 되지만 그것은 비합리적이고 논리에 맞지 않는 힘으로 억압하는 존재이며 모순된 존재이다. 한국인은 오로지 희생양으로 비쳐지고 있고, 그리고 뉴질랜드인과 영국인은 당당하지만 대우를 받고 있지 못하다는 시각으로 보고 있다. 그러나 그 내면에는 대국일본이 만들어진 시기에 그동안 역사를 통해서 벌어져온 불협화음을 해결하고, 용서와 관용으로 짊어지고 가야할 역사적 운명이 숙제로 남아있다는 것을 암시하고 있다. 이것은 대국 일본만이 풀어낼 수 있는 문제로 만약 일본이 전후에 후진국 또는 약한 민족이나 국가로 자리매김 되었다면 더더욱 해결 불가능한 과제였을 것이다. 해결해야 한다는 정서가 1980년대를 감돌고 있었음에도 불구하고 일본과 일본인은 세계와의 거리를 두며 외롭게 사는 삶의 방식을 선택했다는 점을 이 영화는 직간접적으로 말하고 있다.

Ⅳ 맺는 글

　일본영화는 1980년대 경제성장과는 비례적으로 성장하지 못하고 기술성장의
정체, 시대반영과 무시대성, 문화욕구의 다양화, 대체문화와 매체의 발달 등 다
양한 요인과 충돌하는 과정에서 발달해야만 하는 사명을 갖고 있었다. 그런 점
에서 일본영화는 발전이라는 본래적 속성에 충실해야 했고 동시에 생존전략차
원에서 미래를 구축해야 했던 것이다. 그러나 잘 정리되거나 적극적이며 조직
적인 발전전략이 있었던 것은 아니다. 특히 기술성장으로 외출문화체험에서 안
방문화체험으로의 전환욕구에 따른 TV발달, TV프로그램의 다변화, 비디오, 방
송국의 다변화 등에 의해 영화감상은 스크린에서 화면으로 전환되었다. 따라서
영화계는 대형영화체제에서 소형영화체제로 변하였고 그에 상응하는 내용과 형
식을 변화시켜야만 했다. 즉, 영화는 불특정다수인을 대상으로 하여 만든 시대
에서 계층성과 차별성을 가진 영화를 만드는 시대로 전환되었던 것이다.

　경제성장은 문화욕구에 대한 질적 변화를 초래했다. 즉 경제성장은 가계소비
를 부추기고 개인의 문화욕구를 다양화시키는 역할을 하였다. 따라서 불록 부
킹영화보급체제는 현실적 문화소비자의 욕구를 충족시킬 수 없었고 미니영화관
의 등장과 TV 영화, 비디오시장의 성장을 부추겼다. 따라서 불록 부킹제의 한
계는 대형영화사의 규모를 줄이거나 대형영화제작을 통한 국내외시장 개척으로
이어졌다. 그러나 해외시장에서는 이미 할리우드의 대형영화사가 점유하고 있어
시장개척은 어려웠다. 일본영화사의 생존은 거대한 규모영화에서 다양성을 가진
소규모 영화로 전환되지 않으면 안 되었다. 그런 내외적인 어려움에도 불구하
고 여전히 일본영화는 아시아 영화시에서 중요한 위치를 차지했고 국제영화제에
서 평가를 받아 지위를 유지하고 있다. 일본영화계는 영화의 다양성을 추구하
는 동시에 국제영화시장의 개발에 점차 눈을 돌리게 된다.

대국화기의 일본영화에 나타난 시대성은 크게 보면, 대국주의와 반대국주의, 장인정신주의, 가족병동주의, 일탈주의, 탈대국주의 등이라고 할 수 있다. 대국주의는 일본사회와 일본인의 우경화에 기초한 대국일본 만들기의 이론적 토대가 되었고 민족주의적 시각을 강조하는 시대적 조류로 정착하였다. 반대국주의는 전후 일본이 추구해온 보편가치에 기초를 두고 일본사회의 우경화를 염려하는 시각에서 나타난 것이다. 정인정신주의는 경제대국에 어울리게 직업이 전문화되는 과정에서 나타난 현상을 영화로 승화시킨 사조라고 할 수 있다. 여기에서는 직업이 먹고사는 수단만이 아니라 일생의 가치를 담고 있는 중요한 지렛대이며 동시에 사회발전을 유도하고 자기개발을 촉진시키는 수단이라는 차원에서 유행한 사조라고 할 수 있다. 가족병동주의는 근대화된 일본사회에서 가족공동체의 붕괴와 구성원의 붕괴를 동시에 소재로 하고 있고, 특히 그 과정에서 발생되는 개인적이며 가족적인 다양한 문제를 가진 가정을 종합병동으로 인식한 사조를 말한다. 그러나 그 내면에는 가족의 중요성과 불멸성을 강조하고 있는 특징이 있다. 일탈주의는 근대규범의 문란성과 가치의 자유성을 동시에 담고 있지만 그 속에서도 인간성 자체를 잃지 않으려는 의지가 잘 나타난 사조를 말한다. 탈대국주의는 다변화되어 가고 있고 대국으로 발전하는 가운데 일본의 폐쇄성과 비개방성, 변화에 대한 비제도성, 인식과 수용의 둔감성 등의 시각에서 당시 일본인과 일본사회가 갖고 있는 폐쇄성을 꼬집고 있는 사조이다.

위에서 본 것처럼, 1980년대 일본영화는 당시 시대가 토해내고 있는 마음인 시대성을 잘 표현하고 담아내려고 노력하였다. 일본은 GNP면에서 보면 세계수준에 와있어 경제대국의 부를 즐길 수 있다. 일본사회는 합리적으로 대응하고 변화에 적응하였으며, 일본인은 대국의 구성원이자 개인으로 잘 살아가고 있다. 그러나 대국으로 성장하는 과정에서 부를 즐기고 대국인으로 자부심과 생활을 영위하고 있지만 동시에 직업인으로서의 갈등, 각각 조직사회에서의 개인적인 삶의 고통과 환희, 전통적 가족붕괴에 따른 가족변화, 개인의 좌절과 성공, 이상세계와 오컬트에 대한 관심, 환상세계에 대한 동경, 과거역사에 대한 인식 등과 같은 시대적 갈등을 업고 살아가고 있다. 일본영화는 일본이 갖고 있는 고통과 환희를 담아내는데 성공했다고 평가할 수 있다.

제9장
국제화기의 영화와 시대성

『あの夏、いちばん靜かな海』(北野武、
1991)

『シコふんじゃった』(周防正行、
1992)

『鐵男』(塚本晉也、1989)

『月はどっちに出ている』(崔洋一、1993)

『月はどっちに出ている』(1993) 出演:岸谷五
朗(寫眞右)/ルビー・モレノ/繪澤萠子/小木茂
光/遠藤憲一/有芳薗記

『ソナチネ』(北野武、1993)

『Love Letter』(岩井俊二、1995)

『Shall We ダンス?』(周防正行、1996)

『眠る男』(小栗康平、1996)

『ハル』(森田芳光、1996)

『HANA-BI』(北野武、1997)

『東京日和』(竹中直人、712)

『夜がまた來る』(1994) 出演: 夏川結衣/根津
甚八/寺田農/椎名桔平/永島敏行/竹中直人

『もののけ姫』(宮崎駿、1997)

『失樂園』(森田芳光、1997)

『うなぎ』(今村昌平、1997)

이마무라 쇼헤이 감독의 <우나기>

『あげまん』(伊丹十三、1990)

『ミンボーの女』(伊丹十三、1992)

『大病人』(伊丹十三、1993)

『静かな生活』(伊丹十三、1995)

『スーパーの女』(伊丹十三、1996)

『マルタイの女』(伊丹十三、1997)

I 머리글

　국제화기는 시기적으로 1990년대부터 현재까지로 각 국가와 국민에게 국제화의 질적·양적 성장을 요구하는 특징이 있고, 이에 따라 의식적으로 제도적으로도 국가의 경계를 낮추는 작업이 진행되었다. 또한 다양한 민족과 문화가 수용되어 교류되는 현상이 활발한 시기이다. 국제질서를 규정해온 냉전이 무너진 후 민족에 의한 질서의식이 등장하면서도 새로운 국제질서는 국제화를 전제로 한 민족주의라는 특징이 있다. 따라서 민족이익을 위해서 전쟁이라는 수단을 이용할 가능성이 높지만 국제기구를 통해서 갈등을 해결하려는 모습이 강하다. 그것은 지배와 피지배관계를 구축하는 것을 의미하기 보다는 자주독립을 최우선적으로 주장하는 이권경쟁이라는 특징이 있다. 따라서 여기에서는 독립된 민족에 의한 국제질서가 만들어지고 상호이익을 추구하며 동시에 개인이익을 우선하는 경향이 강하게 나타나고 있다고 할 수 있다.

　따라서 시기적으로 모더니즘(modernism)의 성숙이나 비판으로 등장한 포스트 모더니즘(post modernism)이 지배하는 사회이다. 포스토 모던 사고는 1980년대 일본에서 유행한 모더니즘의 변형으로서 수용되었다. 포스트 모던 사회가 진행된 시점에서 영화계에는 큰 변화가 있었다. 이미 오즈 야스지로나 구로사와 아키라 등과 같은 거장의 시대는 과거사가 되었고 새로운 시대성을 가미한 영화와 감독이 대거 등장하였다. 따라서 1990년대 영화계에는 영화사적 실적이나 경험을 과시하는 것이 소멸되었다. 특히 비디오 영화의 보급으로 극장영화나 공개가 어려운 영화가 안방으로 자연스럽게 흘러들어갔고 가정영화매체의 대형화로 더욱 가정영화의 중요성이 증대하였다. 영화는 보편적인 작가주의에 기초하기 보다는 상대적 발상이나 개별적 발상으로 만들어져 가치에 대한 상대적 평가가 가능하게 되었다. 따라서 고전적인 의미를 부여하거나 과거사에 대한 정열은 시대에 처지게 되어 단순한 향수로 남게 되는데 불과하였다. 그 결과 특별하게 취급되어 왔던 소재는 가장 평범한 것에서 찾아냈고 거기에 강한 개성을 불어넣어 영화소재로 하는 현상이 벌어졌으며 또한 관련문화는 서로 보완하며 공존하는 문화공존시대가 도래하였다.

독특한 취미와 강한 개성을 갖고 등장한 감독들은 과거사로부터 자신을 해방시켜 영화를 만들어가는 과정에서 새로운 시대성을 찾아 갔다. 예를 들면 ≪變態家族・兄貴の嫁さん≫(변태가족・형수, 83)에서 등장인물에게 근친상간을 연기하게 한 위험한 패러디에서 출발한 수오 마사유키(周防正行)는 1990년에 들어서 절, 스모(相撲), 사교댄스 등과 같이 평범하고 평균적인 소재로 영화를 만들어 일본 젊은이들에게 시대에 뒤처진 주제를 유행하게 하였다. 그런 영화는 기존의 성격을 파괴하여 새롭게 만들었다기보다는 평범한 소재에서 파격적인 생명을 불어넣거나 찾아가는 새로운 흐름으로 정착하게 된다. 일본문화계에는 인디즈(indies : independents : 영화, 텔레비전, 레코드 등의 자주독립프로덕션)가 등장하여 1990년대 일본영화의 정체기를 극복하고 새로운 길을 모색하게 되었다.

1990년대는 프로그램 픽처가 소멸하고 대여 비디오로 제작된 액션물이 한 장르로 확립되었다. 도에이의 V시네마라는 시리즈가 대표적이다. 오리지널 비디오는 싼 제작비와 단기간의 촬영일수로 제작되었고, 모치쓰키 로쿠로(望月六郎), 미이케 다카시(三池崇史) 등과 같은 액션 신인감독을 탄생시켰다. 이들은 2000년대 일본영화에 공헌하게 된다. 1990년대 신인감독으로 활약한 이와이 슌지(岩井俊二)는 서정적인 작품으로 젊은이의 관심을 끌었다. 그의 작품인 ≪LOVE LETTER≫(러브 레터, 95)는 케시로 후스키의 작품을 차용해서 만든 것이며, ≪スワロウテイル≫(스와로우틸, 96)은 다민족화되어 가고 있는 도쿄를 주제로 등장인물 대부분에게 중국어를 말하게 하여 화제를 모은 작품이다. 고레에다(是枝裕和)는 ≪幻の光≫(환상의 빛, 95)을 만들었고, ≪ワンダフルライフ≫(완다후루라이프, 99)에서 일본인의 생사관을 새롭게 조명하였다. 이것은 오리엔탈리즘에서 끝날 것인가 아니면 형이상학적 사고로 결실을 맺을 것인가라는 과제를 남기기도 하였다. 특히 센도 나오미(仙頭直美)는 ≪萌の朱雀≫

(맹의 주작, 96)을 만들어 국제적으로 각광을 받았고 젊은 다큐멘터리 작가로 알려지게 되었다. 그녀는 오카와나를 무대로 하였지만 국가나 역사에 어떻게 저항하는가에 관심을 두지 않고 주위에 있는 인간과의 커뮤니케이션에 문제를 한정해서 이야기를 만들었다. 이처럼 이와이, 코레에다, 센도 등과 같은 젊은 감독들이 공유하고 있는 것은 최소한도의 사고를 통해 자기 세계를 옹호하는 경향이 있다는 점이다. 그들은 데뷔와 동시에 국제무대에 서게 되는 행운을 갖기도 하였다. 이런 흐름 속에서 일본영화는 국내시장뿐 아니라 국제시장을 개척하게 되었고 특히 한국영화시장의 개방으로 다시 활력을 찾는 계기가 되었다.

　냉전에 의한 국제질서의 붕괴가 일어나 천지가 개벽하는 시기인 국제화기 일본영화는 위기와 진보라는 측면에서 방향성을 둘러싸고 갈등을 겪고 있었지만 새로운 가치를 찾는데 젊은 감독이 앞장서게 된다. 이 시기에는 영화생존을 위한 새로운 패러다임발견, 문화시장에서 관심을 끌어내는 흥행전략, 문화인으로서의 영화전문화, 영화의 국제화와 할리우드와의 경쟁력제고, 국경을 초월한 공동영화작업 등과 같은 과제를 안고 있었다. 다른 한편으로는 사회의 국제화뿐 아니라 영화계의 국제화를 추구해야하는 시대적 사명이 도래하였다. 지금까지 영화는 국내라는 한정된 시공간을 통해서 다양한 변화와 흐름을 반영하면서 성장해왔고 또한 그 과정에서 영화가 갖고 있는 이상의 기능을 하여 가치를 높여왔다. 그러나 국제화기는 국제라는 새로운 시공간이 중시 되었기 때문에 일본영화는 새로운 흐름에 대응해야 하는 큰 과제를 안게 된다. 본고에서는 국제화기에 시공간의 확대를 통해서 만들어진 영화가 어떤 시대성을 담아내고 있는지에 대해서 고찰하고자 한다.

Ⅱ 국제화기의 영화와 배경

■■ 1. 시대적 배경

1990년대 일본은 21세기를 준비하기 위한 국가전략과 국제전략을 적극적으로 추진하여 제3의 근대화를 추구할 만큼 큰 지각변동을 일으켰다. 국제사회에서는 이데올로기에 근거했던 냉전체제가 무너져 자본주의와 사회주의에서 탈각하려는 제3의 길에 대한 기대가 생겨났다. 특히 연방형태로 구성된 소련이 붕괴되어 초강대국 미국이 독주하는 가운데 새로운 국제질서가 조성되었다. 그것은 미국의 힘에 의해 구성되는 새로운 국제질서를 의미한다. 일본은 정치적·군사적으로 강한 국가를 만들려는 새로운 움직임을 만들어 냈다. 쇼와천황에 이은 헤이세이(平成) 천황이 등장하여 발목을 잡고 있던 과거사로부터 해방되는 듯하였다. 정치적으로 국제사회와 대아시아국가에게 사적 유죄로 남겨놓았던 과거사가 당사자인 쇼와천황이 죽음으로써 희석되어 마치 일본은 면죄부를 받은 듯한 분위기로 신시대를 향해 돌진하였다.

그러나 경제적으로는 화려했던 과거사가 붕괴되는 경험을 하였다. 대국일본을 지탱해온 기반이 붕괴된 것을 의미하였고 이 과정에서 일본은 자부심을 한꺼번에 잃어버리게 된다. 그 충격은 패전과 같은 효과로 나타나 일본은 위기시대로 규정하게 된다. 따라서 일본은 일본재생이라는 슬로건을 만들어 내는 범국가적이며 국민적인 운동을 벌여나갔다. 사회문화적으로는 경제적 붕괴와 함께 불안요인이 팽배해 있었다. 특히 20세기를 지배해온 전통적인 가치와 구조로부터 일시에 탈출하려는 탈일본이라는 슬로건이 강하게 나타났다. 또한 개인주의, 탈구조주의, 저 출산율로 인한 노동력 부족과 복지문제, 고령화 사회의 촉진, 문화의 무국적성 등이 팽배하고 혼란이 거듭되어 새로운 패러다임으로 전환해야 하는 과제를 안게 된 시기로 일본탈출이라는 새로운 사회현상을 만들어 냈다.

<표1>은 국제화기의 시대적 배경을 나타낸 것이다. 이 시기에는 정치적·경제적·사회문화적으로 변화해야 하는 시대적 과제가 표면으로 나타났다. 그것은 20세기를 극복하고 21세기에 적응 가능한 패러다임을 만들어야 하는 것을 의미하였다. 또한 국제사회는 일본사회가 국제화를 추구하고 지구사회와 공존할 수 있는 새로운 시스템 구축을 요구하였다.

<표1> 국제화기의 시대적 배경

구분	정치적 배경	경제적 배경	사회문화적 배경
구체적 내용	쇼와천황사망, 헤이세이천황 즉위, 기미가요와 히노마루법제화, 유사법제, 강한 지도자론, 야스쿠니신사 참배, 자위대해외파견, 정치적 국제공헌론, 일본개혁론, 새역사만들기, 보통국가론, 망언, 군사대국화, 핵무장론, 신방위계획, 군사관련법강화, 헤이세이민족주의, 신정치패러다임	버블경제의 붕괴, 경제대국붕괴, 잃어버린10년, 경제위기, 새로운 경제성장모델, 동아시아협력모델, 관산학복합체, 미래산업구축, 경영의 삼종신기포기, 바이오산업, 고도정보산업, 친환경산업, 일본기업의 다국적화, 기업간합병, 기업경영개혁, 엔통화권구상, 신경제패러다임	일본문화론의 기능성한계, 신일본형발전모델, 사회성장모델등장, 생활대국론, 지구사회와의 공존, 개인존중사회, 소비자 및 생활자중시사회, 개인경쟁력강화, 특색 있는 생활공간, 신일본주의, 도전형인간, 탈일초미, 새로운 사회문화 패러다임

정치적 배경에는 쇼와천황의 죽음과 동시에 과거 전쟁사가 희석되고 새로운 시대를 알리는 헤이세이 천황즉위, 과거의 단절과 연속을 둘러싼 논쟁에 결말을 짓는 기미가요와 히노마루 법제화, 일본국가의 자위와 팽창을 강조하는 과정에서 성립된 유사법제, 국제사회에서 일본의 목소리를 내는 일본지도자가 필요하다는 강한 지도자론, 과거사에 대한 반성으로부터 해방되기 위한 일환으로 추진된 수상의 야스쿠니신사 참배, 자위대의 군대화를 추구하기 위해 추진된 자위대 해외파병, 경제측면이 아니라 군사적인 측면에서 공헌하자는 국제공헌론, 일본재생과 활성화를 위한 일본개혁론, 과거사에 대한 반성을 자학사관으로 보아 새로운 역사를 주장한 새역사만들기, 보통국가론, 정치가의 망언, 군사대국화, 핵무장론, 신방위계획, 군사관련법강화, 헤이세이민족주의 등이 발생하여 새로운 21세기에 대응하려고 하였다.

경제적 배경에는 국제사회에서 경제대국으로 자리매김 됐던 일본경제의 붕괴, 일본경제 패배를 통해서 생겨난 잃어버린10년을 둘러싼 일본위기, 경제시스템의 행방불명, 새로운 경제시스템과 가치관을 추구하는 경제성장모델에 대한 욕망, 동아시아협력모델, 관산학복합체, 과거일본으로부터 탈출하고 미국을 능가하는 경제력을 추구하는 탈일초미경제, 미래 일본인을 먹여 살릴 산업을 담고 있는 미래산업구축, 바이오와 고도정보산업 구축, 친환경산업, 일본기업의 다국적화, 일본기업의 국제적 경쟁력을 강화하기 위한 기업간합병, 기업경영개혁, 세계 3대통화권을 구상으로 달러와 유로에 이른 엔을 중심으로 한 엔통화권 구상 등이 추진되었다.

사회문화적 배경에는 집단주의적이며 타의적인 가치와 시스템에서 벗어나 새로운 가치와 시스템을 지향한 신일본형 발전모델, 사회의 정체와 위기를 극복하기 위한 사회성장모델등장, 경제적 부를 현실에서 향유할 수 있는 구조를 만들겠다는 생활대국론, 자국중심적인 행위를 극복하여 지구구성원으로서 공존하자는 지구사회와의 공존의식, 집단중시사회에서 벗어나자는 개인존중사회, 온존과 정체에서 벗어나는 신 인간형으로서의 도전형인간, 소비자 및 생활자중시, 지역간의 격차를 줄이고 동등하게 발전하자는 특색 있는 생활공간, 21세기에 어울리는 일본적 가치를 만들자는 신일본주의 등이 추진되었고, 이런 현상은 헤이세이 민족주의와 연결되었다. 이런 의미에서 봤을 때, 국제화기 일본은 다양한 측면에서 국가위기에 봉착한 시기로 위기를 극복하기 위해 특별하고 새로운 패러다임을 만들어야 하는 과제를 안고 있었다.

일본의 그런 위기는 국제화의 흐름에 대응하지 못한 일본시스템과 가치의 문제로 귀결된다고 할 수 있다. 1960년대 고도경제성장을 통해서 일본은 막대한 부와 효과를 누리게 되었다. 1980년대는 재팬머니라는 국제적으로 통용되는 부의 상징인 엔화가 힘을 발휘하여, 좋은 것, 일류라고 하는 것, 일본적인 것 등이 모두 일본으로 집결되어 일본사회를 풍부하게 만들었다. 그러나 일본이 향유하는 풍부함은 한쪽의 희생에 의해서 만들어진 것이다. 따라서 국제사회에서 일본의 역할이 평가를 받지 못하는 초유의 사태가 벌어졌다. 그것은 부를 가진 대국임에도 불구하고 국제사회에서 기능을 하지 못하는 한계에서 오는 것이었다. 위기시대에서 일본영화는 나름대로 국제화에 초점을 맞춰 한걸음 나가고 있었고, 영화를 통해서 절실했던 과제를 담아내고 있었다. 그것은 일본적인 것을 극복하고 국제적인 것으로 전환하는 흐름으로 나타났고, 동시에 이른바 영화의 무국적성을 추구하는 계기가 되었다.

■■ 2. 일본영화의 변화와 국제화

일본에서 버블경제의 붕괴는 영화제작을 하고 있던 관련기업의 붕괴를 가져왔다. 세이부(西武)유통그룹은 세존(セゾン)계열의 영화관이나 배급 및 제작회사를 폐쇄하고 문화노선을 중도에 포기하였다. 그런 혼돈 속에서 사사키(佐佐木史郎) 등 6명의 제작자가 모여 '알고·프로젝트'를 설립하여 인디즈 부분의 전문 영화관을 개관하기에 이르렀다. 그러나 불경기로 인디즈 전문영화관은 폐쇄되었다. 더욱이 1982년 구로사와(黑澤淸), 소마이(相米愼二), 이시이(石井聰瓦) 등과 같은 신인감독들이 모여 결성한 디렉터즈·컴퍼니도 1992년에 해체되었다. 이런 붕괴는 인디즈영화에 대한 불안을 더욱 증폭시켰다. 사회 및 경제위기에서 강하다는 일본영화의 신화가 여지없이 깨지는 순간이었다. 일본영화는 이미 자본주의 시장에 깊숙이 빠져있어 자유로워질 수 없는 상황에 있었다.

쇼치쿠에서는 20년간 지속된 불황을 타개하기 위해서 오쿠야마(奧山和由)가 제작자로서 '시네마 자파네스크'노선을 1980년대 후반부터 제창하였다. 이런 개혁운동에 의해서 기타노 다케시(北野武), 반도(坂東玉三郎) 등과 같이 알려지지 않은 재능 있는 사람들이 영화감독으로 데뷔하게 되었다. 그러나 1997년 갑자기 오쿠야마가 쇼치쿠에서 추방되고 같은 해 아쓰미 기요시(渥美淸)가 죽어 '도라상'을 찍는 것이 불가능하였다. 도호에서는 오모리(大森一樹)가 ≪ゴジラ≫(고지라)를 리메이크하였고, 다이에이에서는 가네코(金子修介)가 ≪ガメラ≫(가메라)를 리메이크하여 시리즈를 내놓아 대 성공하였다. ≪ガメラ≫는 포로레슬링의 실황중계와 같은 괴수간의 싸움장면을 포기하고, 공포에 두려워하는 일본인의 시각을 부각시키는 수법으로 40년 이상 지켜온 일본의 괴수영화에 혁명을 일으켰다.

　경제적 불황에 따른 영화계의 침체에도 불구하고 일본영화의 재생을 시사하는 호재가 연속적으로 이어졌다. 1990년대에 제작편수가 200여 편을 유지하였지만 1996년에는 289편으로 늘어났다. 영화관수는 1960년대 이래 계속 감소되었지만 1994년부터 약간 증가하는 경향이 있었다. 이것은 시네마 콤플렉스가 정착되었기 때문이다. 1998년에는 1,988관에 이르렀다. 1996년 관객 수는 1억 1,958만이었고 1998년에 1억 5천만이 되었다. 영화의 흥행에는 1997년 미야자키 하야오(宮崎駿) 감독의 애니메이션 영화인 ≪もののけ姫≫(모노노케히메)가 기록적으로 대히트한 때문이기도 하다. 또한 1950년대 이래 오랜만에 국제영화제에서 관심을 끈 시기이기도 하다. 이마무라(今村昌平)의 ≪うなぎ≫(뱀장어)가 칸느 영화제에서 그랑프리를 차지했고, 신인인 가와세(河瀨直美 : 현재 仙頭直美)가 ≪萌の朱雀 : もえのすざく≫(맹의 주작)으로 신인감독상을 수상하였다. 기타노 다케시는 ≪HANA-BI≫(하나비)로 베니스 영화제에서 금사자상을 수상하였다. 국제영화제에서의 수상에 대해서 매스컴은 일본영화의 르네상스라고도 하였다.

　인디즈 감독으로 활동한 감독으로는 리주고(利重剛), 이와이(岩井俊二), 하야시(林海象), 코레에다(是枝裕和), 하시구치(橋口亮輔), 아오야마(靑山眞治) 등이 있었고 이들은 해외영화제에서 활약하였다. 당시의 영화로는 수오(周防正行)의 ≪Shall We ダンス?≫(춤을 출까요?, 96)가 히트를 쳤고, 오시이(押井守)의 ≪攻殼機動隊≫(공각기동대, 95)는 미국을 시작으로 각국에서 흥행에 성공하였다. 오시이는 일관해서 전후일본사회를 부정하는 인물을 주인공으로 하고 가까운 미래에 벌어질 것을 상상하여 SF아니메로 만들었다. 이 영화는 기술발달로 인간이 되지 못하는 위험한 순간을 종말론적 세계에서 그려내고 있다. 또한 구로사와 기요시(黑澤淸)는 프로그램 픽처가 소멸한 1990년대에 충실한 영화를 의도적으로 만들어 할리우드가 정식화한 공포영화나 탐정영화라는 장르를 비평적으로 재검토하는 영화를 선택하였다. 그의 ≪CURE≫(큐어, 97), ≪カリスマ≫(카리스마, 99) 등과 같은 호러(ホラ)영화는 옴진리교에 의해 마인드 컨트롤되어 무차별적으로 살인하는 공포가 일본인에 심각하게 영향을 주었다는 것을 표현하고 있다.

　또한 이치카와 준(市川準)은 오즈(小津安二郎)나 기노시타(木下惠介) 등에

향수를 느껴 ≪東京夜曲≫(동경야곡, 97) 등에서 도쿄에 사는 중산층의 생활
을 그렸다. 기타노 타케시는 ≪その男 凶暴につき≫(그 남자 흉폭해, 89)에서
독특한 문체로 액션영화감독으로 데뷔하였다. 그는 폭력장면에서 감상을 배제하
고 일상적인 생활에서 돌연히 출현하는 참사를 그려내었다. ≪ソナチネ≫(소
나티네, 93)는 어린이와 같은 유희성을 자아내게 한 영화이다. 1990년대 후반
영화에는 비정함이 드러났고, ≪HANA-BI≫(하나비, 97), ≪菊次郎の夏≫(기
쿠지로의 여름, 99)에서는 인간의 고독과 구제를 둘러싼 시행착오적인 이야기
를 그려내어 기타노 영화의 특징을 살렸다. 기타노 영화는 잘 정리된 시나리오
와 세트를 통해서 만들어지기 보다는 그의 성격처럼 즉흥적이며 도발적이고 상
식을 초월하는 상상에 기초해서 이야기를 풀어나가고 있다. 특히 폭력과 위안,
남과 여, 성과 사랑, 정상과 비정상, 질서와 무질서, 정의와 불의 등이 개념적
으로는 구분되지만 그의 영화에서는 혼란을 일으키는 특징이 있다.

　일본영화가 점차 국제화되는 과정에서 홍콩, 대만, 중국 등에서 신랑조(新浪
潮)나 제5세대라고 불리는 뉴웨이브가 출현하여 국제적으로 평가를 받았다.
1990년대에 들어서 정치체제의 상이성에 따라 대만이 제작하고 홍콩 감독이
만들며 중국에서 촬영하는 등과 같은 현상이 일어나 영화제작의 국제화가 이루
어졌다. 따라서 이 시기의 영화는 국가간의 경계를 넘어서게 된다. 그렇게 만들
어진 영화는 유럽영화제 등에서 수상하여 좋은 평가를 받았다. 그 과정에서 닛
카쓰는 영상, 편집 등과 같은 작업에 참여하게 된다. 1990년대 가네시로(金城
武), 도미다(富田靖) 등과 같은 일본인 배우가 홍콩이나 대만 필름에 등장하여
인기를 얻었다. 또한 1997년 한국의 김수용 감독의 ≪愛の黙示錄≫(사랑의 묵
시록)에 이시다(石田えり)가 주연하는 등 영화의 국제화가 진행되었다. 영화의
국제화로 일본영화가 한국에 수출되어 한층 일본영화의 국제화를 가속화시켰다.
또한 한국영화도 일본에서 한류 붐을 일으켰고 동남아시아와 중국 등에도 진출
하여 아시아의 한류 붐으로 정착하고 있다.

■■ 3. 영화정책과 영화시장

일본영화는 화려한 전성기를 거쳐 발전하였지만 할리우드 영화와 같이 보편적이고 세계적인 영화로 발전하는 데는 한계가 있었다. 각종 국제영화제에서 수상하는 것과 세계영화시장에서 팔리는 것은 별도의 문제였던 것이다. 경제침체와 더불어 진행된 영화침체를 극복하고 영화를 진흥시키기 위해서 1990년대 일본의 문화청은 '예술문화진흥기금'을 설립하여 영화기금을 조성하기 시작했다. 그런 기금으로 장편영화의 경우 연간 12편, 1편당 2천 5백만 엔을 지원하였다. 그 뒤에는 저금리정책으로 기금운영이익이 감소하여 연간 9편정도로 축소시켜 지원하였다. 그러나 당시 장편영화는 1편당 3억 엔 정도의 제작비가 들어 실제로 조성금은 턱없이 부족하였다. 그리고 지원되는 영화사도 5년 이상 실적이 있어야 자격이 있었고, 작품의 배급과 공개가 정해있어야 했다. 이런 조건이었기 때문에 새로운 작가나 감독은 조성금의 지원을 받지 못하였다. 또한 전국의 극장망을 도호, 쇼치쿠, 도큐＝도에이 등이 과점하고 있어 사전에 배급 및 공개의 결정은 큰 제약을 받을 수밖에 없었다.

일본영화가 갈피를 못 잡고 있었을 때 세계영화시장에서는 할리우드 영화가 판을 치고 있었고 제작비와 규모, 배우, 흥행성 등에서 타의 경쟁을 초월하였다. 따라서 영화 수요자는 대부분 할리우드 영화에 눈을 돌리고 있었다. 미국의 할리우드 영화가 본격적으로 일본에 들어오기 시작한 이래 1988년 정도에 정착하여 영화시장을 잠식하였다. 1993년 방화는 국내 영화시장에서 35.8%밖에 점유하지 못하고 나머지 64.2%는 외국영화가 차지하였다. 영화시장의 심각성이 사회문제가 되면서 문화청의 영화예술진흥에 관한 연구협력자회의의 보고서인 「영화예술진흥방책의 충실성에 대해서」에서는 일본영화가 소멸하는 최악의 상황이 도래하고 있다고 하였다. 또한 국제영화제작자연맹의 보고에서는 1994년 EU의 국산영화시장비율이 평균 14.8%에 불과하기 때문에 일본의 30%점유는 아직도 좋다는 낙관론을 펴기도 하였다. 그러나 분명한 사실은 일본영화가 할리우드 영화에 의해서 시장을 잠식당하고 있고 점차 쇠락해 가고 있다는 것이다.

일본영화의 창조적 환경은 여전히 좋지 않았다. 일본영화사가 설립 된지 101년에 들어가는 1997년 제20회 모스코바 국제영화제에서 처음으로 '일본영화주

간'이 열려 1980년 이후 작품 7편을 상영할 수 있는 기회가 왔다. 국제교류기금이 지원하여 러시아어와 영어자막으로 공개되었다. 작품은 모리다(森田芳光)의 ≪家族ゲーム≫(가족게임, 83), 구마이(熊井啓)의 ≪海と毒藥≫(바다와 독약, 86), 기타노(北野武)의 ≪その男 凶暴につき≫(그 남자 흉폭해, 89), 나카하라(中原俊)의 ≪櫻の園≫(벚꽃 정원, 90), 야마다(山田洋次)의 ≪息子≫(자식, 91), 수오(周防正行)의 ≪シコふんじゃんた≫(시코훈잣다, 92), 오구리(小栗康平)의 ≪眠る男≫(잠자는 남자, 96) 등 7편이었다. 이중에서 ≪息子≫와 ≪眠る男≫이 대호평을 받았다. 국제영화제에서 일본영화에 대한 관심이 높아지면서 다른 한편으로는 국내 영화관의 활성화가 진행되었다. 1993년 4월 가나가와현(神奈川縣) 에노나시(海老名市)에 7개 스크린에 1,881석을 갖고 있는 '워너 마이클 시네마 에노나'가 개관하였다. 그리고 1996년에는 전국 8개소 55개 스크린, 1997년 5개소 39개 스크린 등을 갖고 있는 복합영화관이 만들어져 새로운 시대에 대응하고 있었다. 1996년 후쿠오카(福岡)시의 'AM캐널시티13극장'이 13개 스크린, 1997년 고베(神戶)시에 있는 쇼치쿠의 MOVIX6이 7개 스크린을 갖고 개장하는 등 멀티스크린 극장이 개장하여 영화의 활성화를 도모하였다.

한편 일본은 영화발전과 변화라는 과정에도 불구하고 영화매체를 혁신적으로 개혁하게 된다. 1984년 일본은 처음으로 방송위성 BS-2(유리2호a)를 발사하였다. 지금의 멀티미디어 시대가 개막하는 순간이었다. 일렉트로닉의 기술발달과 하드웨어와 소프트웨어의 발달로 영상매체는 지상파 텔레비전에서 CATV, 위성텔레비전, 패키지화된 비디오(비디오테이프, 비디오 디스크), 하이비전 등과 같이 다양화되었다. 1998년에는 약 300채널의 영상을 전파로 수신할 수 있게 되어 이른바 멀티미디어시대로 진입하였다. 멀티미디어 시대에 접어들면서 실제로 영화를 극장이라는 한정된 공간에서 보는 현상이 사라졌고, 종래 내용, 장소, 시간, 수요자 등에 의해서 구분되었던 경계도 사라지게 된다. 또한 다양한 영화매체의 등장은 영화산업이 활성화되는 계기가 되었다. 이 과정에서 입장료가 정보료 등으로 바뀌면서 새로운 풍속도가 나타났다.

이런 변화에 대응하기 위해서 영화의 주관청이 바뀌게 된다. 그 동안 산업면은 통산성 산하였고, 문화면은 문부성과 문화청이 담당하였지만, 멀티미디어 시대를 맞이하여 우정성이 담당하게 되었다. 다양화된 영상소프트에 대한 우정성

보고서인 1995년 「영상소프트동향조사」에서 보면, 전체 문화시장 규모는 4조 1천백억 엔이고, 그 가운데 지상파 텔레비전, 위성방송, CATV 등을 포함한 방송 소프트가 2조 4천 8백억 엔을 점하고 있다. 그 중에서 지상파 텔레비전이 58.4%(2조 4천억 엔), 렌탈비디오 10.0%(4천억 엔), 비디오 판매 6.8%(2,600억 엔), 영화 3.8%(1,500억 엔), 위성방송 1.7%, CATV 0.4% 등으로 되어있다. 이것은 멀티미디어 시대의 영상작품이 다양한 매체를 통해서 전파내지는 전달되고 있다는 것을 의미한다.

일본은 고도경제장의 결과를 만끽하는 가운데 미국의 할리우드 영화에 투자를 하게 되었다. 이것은 기업수준에서의 투자라는 성격을 갖고 있지만 일본영화산업의 활성화 차원에서 진행되었다고 할 수 있다. 일본은 고도경제성장에 힘입어 재팬머니의 위력을 발휘하였다. 1989년 소니는 콜롬비아 영화를 34억 달러에 샀고, 1991년 마쓰시타(松下)는 유니버설 영화를 산하로 하고 있는 MCA를 61억 달러에 매수하였으며, 도시바와 이토(伊藤忠)는 타임·워너에 투자하여 할리우드 영화의 반이 일본기업의 소유로 넘어갔다. 그럼에도 불구하고 영화계는 대부분 미국 자본이 점유하는 경향이 있다. 예를 들면, 워너마이클은 타임 워너사와 일본의 슈퍼 마이클과 합병을 하였고, 미국자본 UCI는 파라마운트사와 유니버설에 전액을 출자하였으며, 쇼치쿠 시네마는 쇼치쿠와 미국자본 시네마 인터내셔널과 합병을 추구하였다. 또한 월트 디즈니는 스타지오 지부리와 다이에이를 산하로 하고 있는 청간(廳間)그룹과 1996년 제휴하였다. 미국영화계는 영화라는 작품의 수출뿐 아니라 배우와 자본 등을 세계영화시장에 수출하고 있다. 현재 멀티미디어 시대를 넘어 영상소프트를 둘러싼 경쟁이 각국가간에 치열해지고 있다. 경쟁에 기초한 영화수입과 수출을 둘러싼 문제는 민족문화의 생존과 연결되고 있어 영화민족주의 또는 문화민족주의를 촉발시키는 요인이 되고 있다. 21세기는 영화민족주의가 발흥하고 있는 시기라고 할 수 있다.

Ⅲ 국제화기의 감독과 영화

1. 1990년대의 감독과 영화

국제화기인 1990년대는 일본영화의 전성기를 만들어온 기존 감독들이 나름대로 활약하여 좋은 작품을 내놓았다. 그런 의미에서 일본영화는 계속성을 유지하고 있었지만 새로운 시대에 맞는 내용과 구성을 찾고 있다는 점에서 한정적이나마 단절된 부분이 있다. <표2>는 이 시기에 활동한 감독과 영화를 나타낸 것이다. 즉 이마이 다다시(今井正), 구로사와 아키라(黑澤明), 이치카와 콘(市川崑), 신토 가네토(新藤兼人), 오카모토 기하치(岡本喜八), 이마무라 쇼헤이(今村昌平), 시노다 마사히로(篠田正浩), 야마다 요지(山田洋次), 후카사쿠 긴지(深作欣二), 스즈키 세이준(鈴木淸順), 구마시로 다쓰미(神代辰己), 오바야시 노부히코(大林宣彦), 오구리 코헤이(小栗康平), 미야자키 하야오(宮崎駿) 등이다.

<표2> 1990년대의 감독과 영화 1

감 독	작 품	특 징
今井正 (이마이 다다시)	戰爭と靑春(91)	유작
黑澤明 (구로사와 아키라)	八月の狂詩曲(91), まあだだよ(93)	
市川崑 (이치카와 콘)	忠臣藏·四十七人の刺客(94)	시대극
新藤兼人 (신토 가네토)	濹東綺譚(92), 午後の遺言狀(95), 三文役者(00)	
岡本喜八 (오카모토 기하치)	大誘拐(91), EAST MEETS WEST(95)	

今村昌平 (이마무라 쇼헤이)	うなぎ(97)	불륜문제
條田正浩 (시노다 마사히로)	少年時代(90), 寫樂(95)	
山田洋次 (야마다 요지)	息子(91), 男はつらいよ(91, 93, 95), 學校(93), 學校1(96), たそがれ淸兵衛(02)	휴머니즘
深作欣二 (후카사쿠 긴지)	いつかぎらぎらする日(92), 忠臣藏外傳 四谷怪談 (94)	시대극 영화
鈴木淸順 (스즈키 세이준)	夢二(91), 結婚(93)	로망 포르노
神代辰己 (구마시로 다쓰미)	棒の哀しみ(94)	청춘 영화
大林宣彦 (오바야시 노부히코)	ふたり(91), 靑春デンデケデケデケ(92), はるか, ノ スタルジィ(93), 水の旅人 侍KIDS(93), 女ざかり (94), あした(95), SADA(98), 風の歌が聽きたい (98), あの、夏の日-とんでろ じいちゃん(99)	
小栗康平 (오구리 코헤이)	死の棘(90), 眠る男(96)	재일조선인
宮崎駿 (미야자키 하야오)	紅の豚(92), もののけ姫(97)	일본 아니메

이마무라(今村昌平) 감독은 ≪うなぎ≫(뱀장어, 97)로 칸 영화제에서 80세를 눈앞에 두고 두 번째 황금종려상을 수상하여 일본영화의 영광을 재연하였고 세계적인 감독으로 또다시 인정받았다. 그는 이미 1983년에 만든 ≪나라야마 부시코≫로 칸영화제에서 그랑프리를 수상하여 영화감독으로서의 자질을 국제적으로 인정받은 바 있다. ≪うなぎ≫(97)는 요시무라의 소설 『어둠에 번쩍이다』를 영화화한 것으로 다른 남자와 불륜을 저지른 아내를 현장에서 죽인 상처를 안고 살아가는 남자와 자살을 시도하다 미수에 그친 상처를 가진 여성과의 만남에 대한 이야기를 다룬 것이다. 그런 아픔과 회한을 가진 남녀가 만나는 과정에서 벌어지는 인간관계를 고찰한 작품이다. 8월 어느 날 밤낚시를 하고 돌아온 야마시타는 아내의 불륜현장을 목격하게 되자 식칼로 아내를 살해한 뒤

경찰에 자수한다. 그는 8년간 형을 살다가 가석방되어 스님의 보호 하에 있었지만, 마음을 열지 못하고 그럭저럭 이발소를 경영하면서 감옥에서부터 길러온 우나기에게 마음을 쏟는다. 어느 날 산속에서 약을 먹고 실신한 게이코가 발견되었고, 그녀는 스님의 소개로 이발소에서 일을 하게 되었다. 그녀는 악질인 사채업자 남편과 정신이상자 어머니로부터 심한 상처를 받고 있는 상태였다. 이들은 이발소 수족관에서 기르는 우나기와 같은 삶을 살고 있다. 야마시타는 아내를 살해한 전과자라는 사실을 고백하게 되면서 서로의 마음이 소원해 진다. 게이코는 어머니의 재산을 노리는 남편 도지마의 회사에서 통장을 훔치기 위해 돌아온다. 도지마 일행은 행패를 부리며 통장을 빼앗으려 한다. 그러던 중 게이코는 임신사실이 밝혀지면서 야마시타의 아이인지 도지마의 아이인지 따지지만, 야마시타는 자기 아이가 아니라는 사실을 알면서도 게이코를 구하기 위해서 자기아이라고 한다. 이렇게 옥신각신하는 사이에 게이코가 휘두른 방망이에 수족관이 깨지면서 우나기가 밖으로 나온다. 이것은 야마시타가 세상에 나오는 순간이기도 했다. 게이코는 합법적인 방법으로 어머니의 재산을 상속받지만, 야마시타는 가석방중 난동으로 수감사실에 대해서 재심을 받아야 할 처지였다. 야마시타는 우나기처럼 세상으로부터 격리된 존재의식을 버리고 게이코가 갖고 있는 아이의 아버지가 되기 위해 감옥으로 향하면서 게이코가 싸준 도시락을 처음으로 웃으며 받아준다. 마을 사람들은 두 사람의 사랑이 이루어지기를 바라며 축하연을 베푼다.

이 작품은 평범하지 않은 것을 평범하게 그려내고 있는 듯 착각을 일으킨다. 아내를 죽인 남편과 남편으로부터 학대를 받는 여성간의 사랑을 아름답게 그리고 있기 때문이다. 살인은 그것도 부부간의 살인은 좀처럼 일어나기 어려운 일이다. 또한 부부중심으로 움직이는 가족사회에서 악인처럼 행동하는 남편과 정신병을 가진 어머니로부터 심한 상처를 받는 설정은 마치 현실에서 일어날 것 같은 상황이다. 그런 환경 속에서 우울증과 아픔을 가진 여성은 두려움조차도 표현하지 못하는 존재로 자연계로부터 고립되어 인간의 손으로 길러지는 우나기의 삶을 보면서 새로운 삶에 대한 희망과 가련함을 느낀다. 사랑은 공짜로 얻어지는 것이 아니라 대가가 필요한 것이다. 그 사랑은 인간이 예상할 수 있는 것이 아니다. 인간의 사랑이 고귀한 존재로 승화되어 깊이를 잴 수 없을 때,

행복의 극치를 느낄 때 다가오는 불안과 떨림이다. 따라서 이것을 극복하면 사랑이라는 열매를 맺게 되지만 좌절하게 되면 그 고통은 깊어지며 희망은 증오와 죽음으로 다가오게 된다. 이마무라 감독은 인간에게서 발현되는 사랑과 고통을 동시에 담고 있는 현대인의 모습을 영화를 통해서 과감하게 그려내었다. 그는 사랑의 종말은 무엇인지, 우리가 어떻게 살아야 하는지, 우리는 무엇을 찾아 기다려야 하는지를 묻고 있다.

야마다(山田洋次) 감독은 남녀노소가 즐길 수 있고 폭넓게 감동을 주는 영화, 가족이 안심하고 볼 수 있는 영화, 전문적인 기술이 가미된 영화 등을 만드는 감독으로 알려져 있다. 야마다 영화에는 미소와 눈물이 있고 교훈이 있다. 인간성의 아름다움과 풍경의 아름다움이 있으며 마음이 정착하는 결말이 있다. ≪息子≫(자식, 91)은 야마다 감독의 대표작 중 하나이다. 이 영화는 동북지방의 시골출신이 도쿄에 나와 정규 직업이 아니라 아르바이트로 생활하는 아들과 그런 아들을 걱정하면서 시골에서 농사를 짓고 있는 아버지사이에 교차되는 부자간의 사랑에 대한 이야기를 그린 것이다. 그는 도쿄에서 힘들고, 더러우며, 위험한 노동 이른바 3K노동에 종사하게 된다. 그는 직장에서 만난 여성과 사귀게 되지만 그녀는 농아자였다. 어느 날 아버지가 상경하자 농아자인 애인과 결혼할 것을 결심하고 반대할 것을 알면서도 아버지에게 소개하다. 그 순간 아버지는 반대하기는커녕 결혼해 주겠느냐고 농아자에게 의견을 구한다. 화기애애한 분위기가 흐르는 가운데 세 사람은 행복감에 싸이게 된다. 아버지는 혼자 살고 있는 고향으로 돌아오면서 일순간 고도성장기에 돈벌기 위해 도시로 갔다가 목적을 달성하고 돌아왔을 때 느끼는 기쁨과 같은 희열에 젖는다. 이것은 가족구성원간의 가족애가 변해버린 현대 일본사회에서 가족의 존재와 사랑의 가치를 소중하게 표현하고 있는 특징이 있다.

야마다 감독의 ≪學校≫(학교, 93)는 야간중학을 다룬 작품이다. 야간중학은 가난하기 때문에 중학에 진학하지 못한 중고년자, 중국잔류고아의 자식들로 일본어를 배울 필요성이 있는 사람, 경쟁과 이지메가 없는 야간학교이기 때문에 다닐 수 있는 사람 등 다양한 이유를 가진 사람들에게 배움의 기회를 제공하기 위해 세운 학교이다. 정규과정에 다닐 수 없는 사람들을 위한 특별학급이지만 이 영화는 본래 학교의 기능이라는 시각에서 이야기를 전개하고 있어 학교라는 제목으로 정했다. 여기에는 정말로 공부하고 싶은 사람만을 학생으로 모집하고, 가르칠 수 있는 열의를 가진 교사만이 존재한다. 따라서 진학경쟁에 의해 왜곡되지 않는 학생과 교사의 면면이 잘 그려지고 있다. 학교분위기를 만드는 가운데 졸업식이 가까운 어느 날 교사 구로이는 기념문집을 만들기 위해서 모두에게 쓰도록 하였다. 선생과 학생들의 학교생활이 구석구석 그려지게 된다. 손자뻘 되는 사람들과 같이 공부하는 식당경영자로 가난해서 학교에 갈 수 없었던 재일한국인 여성, 낮에는 중노동을 하고 학교에서 조는 청년, 어머니와 함께 귀국해 일본사회에 낯설은 청년, 등교거부소녀, 책을 읽을 줄 모르는 중년남자 등의 하루하루 학교생활이 기록되어진다. 이 과정에서 부족하지만 삶에 가치를 두고 열심히 사는 사람들의 솔직한 모습이 잘 그려진다.

야마다 감독이 영화에서 그려낸 테마는 생활, 가정, 학교 등과 같이 인간이 몸담고 살아가는 곳에서 발생하는 서민다운 인정이다. ≪자식≫에서 나타난 중심단어는 시골과 도쿄, 좋은 직업과 3K, 비장애인과 장애인 등과 같이 이중사회에서 나타난 용어와 환경이다. 이것은 단순하게 용어의 차이가 아니라 그 속에 숨어있는 엄청난 차별과 가슴 아픈 사연이 담겨져 있다. 고도경제성장을 거치면서 일본사회는 엄격하게 이중구조화 되었다. 사회구성원은 나쁜 직장보다는 좋은 직장, 시골보다는 문명과 문화를 즐길 수 있는 대도시, 장애를 가진 사람보다는 잘나고 능력 있는 사람 등을 선호하였다. 그러나 인간사회는 그렇게 잘나가는 사람만이 존재하는 것이 아니다. 잘나가는 사람은 못나가는 사람이 있어 빛이 나고, 도시에 사는 사람은 시골에 사는 사람이 있어 필요한 것을 구할 수 있고, 열악한 노동환경에서 일하는 사람이 있어 사회는 잘 움직여지고 있는 것이다. 따라서 일본사회가 추구한 일류병이 당시 일본사회에 만연된 진짜 병이었던 것이다. 야마다 감독은 병들어 가는 일본사회에 대한 경종으로 비일류라는 사람과 환경을 통해서 일류를 만들어 낸 것이다. 여기에 야마다 감독이 시대를 읽어가는 비범함과 날카로움이 있다.

오바야시(大林宣彦)의 작품 ≪あした≫(내일, 95)은 사자와 살아남은 사람과의 하룻밤 만남을 그린 영화이다. 오바야시 감독은 1998년 제2회 부천국제영화제에서 ≪ふたり≫(두 사람, 91)을 통해서 한국에도 알려졌다. ≪青春デンデケデケデケ≫(청춘덴데케데케데케, 92)는 원작자가 1960년대 록그룹을 결성해서 활동하는 가운데 생겨난 우정을 다룬 청춘영화이다. 오바야시는 한국에서 ≪체인지≫로 리메이크된 ≪轉校生≫(전교생)을 만든 주인공이기도 하다. 그는 30여 편의 작품 속에서 코미디, 청춘물, 공상과학 등과 같은 영역의 영화를 만들었다. 일본영화계에서는 서정시인 등으로 알려져 있고 폭넓은 영화팬을 갖고 있다. 오바야시 감독은 ≪감각의 제국≫에서 오시마 나기사 감독이 소재로 삼았던 실화 아베 사다 사건을 전혀 다른 방식으로 그린 ≪SADA≫(사다)로 1998년 베를린 국제영화제에서 비평가상을 수상하였다. 그는 20세기를 살아온 할아버지와 21세기에 태어난 어린이와의 우정을 그린 ≪あの、夏の日-とんでろ じいちゃん≫(어느 여름날, 99)을 만들었다.

그의 작품인 ≪ふたり≫(91)는 유쾌한 소녀의 취미를 다룬 영화이다. 두 사람은 언니와 동생을 의미한다. 동생이 중학생 때 고교생이었던 언니는 동생이 보는 앞에서 교통사고로 죽는다. 언니는 무엇이든지 잘하였지만 동생은 잘 못하여 열등감을 갖고 있었고 고교에 진학을 했어도 늘 자신이 없다. 동생이 자신을 잃고 있는 동안에 언니의 영혼이 나타나 동생을 돕고 격려를 해준다. 언니는 동생이 치한에게 당할 때, 피아노를 치려고 무대에 올라갔을 때, 역전마라톤을 할 때 등 동생 옆에서 항상 격려를 해주는 역할을 한다. 언니의 죽음으로 어머니와 아버지는 정신적 충격을 받아 문제를 일으키게 되었고 부부사이도 좋지 않게 되었다. 이런 상황에서 동생은 모든 일을 잘 해야 한다고 생각하고 언제나 언니에게 도와달라는 기분으로 살고 있다. 언니의 영혼은 동생을 돕는 것이 가정을 돕는 것으로 여겨 자주 나타난다. 죽은 자와 산자간의 교류는 일본인의 사자에 대한 공경습관과 관계가 깊다고 할 수 있다. 이 영화는 비현실적이지만 사자를 공양하는 종교적 습관과 연결시켜 사자와 생자간의 교감을 그리고 있다는 점에서 일본인의 마음에 자리 잡고 있는 종교적 풍속도를 잘 표현하고 있는 작품이라고 평가할 수 있다.

≪あした≫(내일 95)은 죽은 애인이 가족과 다시 만날 기회가 주어진다면 이라는 가정 하에서 벌어지는 일을 그린 것이다. 한 소녀와 소년이 서로 편지를 쓰며 약속을 한지 10년이 흘러갔다. 한 노인의 손에는 섬과 육지를 드나드는 여객선이 침몰하여 승객 아홉 명이 실종됐다는 기사를 실은 신문을 들고 있다. 사고 후 3개월 뒤 사고로 죽은 사람의 애인과 가족에게 이상한 편지가

배달된다. 편지에는 오늘밤 12시에 만나자고 써있어 애인과 가족들은 반신반의
하면서 약속장소로 나갔다. 12시가 되자 침몰했던 여객선이 바다위로 솟아오르
면서 죽은 사람들을 다시 만날 수 있게 되는 기적이 일어났다. 그러나 만나는
시간은 4시까지로 한정되어 있어 주어진 시간을 잘 보내기 위해 산 자와 죽은
자는 애틋한 시간을 보낸다. 죽은 자는 다시 죽음의 배를 타야하고 산 자는 다
시 아픔을 되새기며 죽은 자를 보내야 한다.

오바야시 감독은 두 작품에서 보듯이 현실의 이야기를 하고 있지만 가상적
이며 만약이라는 가정 하에서 이야기와 인간의 마음을 솔직하게 그려내고 있는
특징이 있다. 사람이 사는 삶에서 만약 이라는 가정이 통하지 않지만 그것이
존재할 수 있다면 다양한 실패와 못 다한 만남은 항상 성공을 거둘 수 있고
아쉬움 없이 세상을 살 수 있을 것이다. 그러나 인간세계에는 만약이라는 삶이
존재하지 않는다. 또한 삶과 죽음이 공존하지 않는다. 존재한다고 하는 것은 마
음속에서 보이지 않는 생각으로만 있을 수 있는 일이다. 따라서 오바야시 감독
의 영화는 항상 아쉬움과 여운이 남아 가슴을 통렬하게 아프게 한다. 아픔이
다하면 희망이 오는 것이 아니라 과거의 아픔과 아쉬움으로 되돌아간다. 인간
은 현실에 살면서 과거를 그리워하고 미래를 기다리며 현실을 끌어안아 미래의
삶으로 연결시키려 한다. 이런 의도는 당시 일본사회가 겪고 있는 많은 아픔을
만약이라는 가정을 통해서 현실에서 아파하는 일본인의 마음을 달래주고 있다.
이 과정에서 삶은 죽음이요 죽음은 삶이라는 설정을 통해 일본인이 살아가는
방식에 다가가고 있다.

<표3>은 국제화기에 활동한 감독과 영화를 나타낸 것이다. 감독으로는 최양
일(崔洋一), 하야시 가이조(林海象), 나카지마 마사오(中島貞夫), 하라 가즈오
(原一男), 가미야마 세이지로(神山征二郎), 모리타 요시미쓰(森田芳光), 이치카
와 준(市川準), 가네코 슈스케(金子修介), 히가시 요이치(東洋一), 오모리 가즈
키(大森一樹) 등이 활약하였다.

<표3> 1990년대의 감독과 영화2

감독	작 품	특 징
崔洋一 (최양일)	月はどっちに出ている(93), マークスの山(95), 犬, 走る(98), 豚の報い(99), 刑務所の中(02)	재일 감독
林海象 (하야시 가이조)	我が人生最惡の時(93), 遙かな時代の階段を(94)	
中島貞夫 (나카지마 사다오)	極道の妻たち·危險な賭け(96)	야쿠자
原一男 (하라 가즈오)	全身小說家(94)	
神山征二郎 (고야마 세이지로)	遠き落日(92), さくら(94)	
森田芳光 (모리타 요시미쓰)	それから(85), キッチン(89), おいしい結婚(91), (ハル)(96), 失樂園(97), 39刑法 第39條(99)	슈퍼 뉴 웨이브
市川準 (이치카와 준)	病院で死ぬということ(93), 東京兄妹(95), トキワ莊の靑春(96), 東京夜曲(97), 大阪物語(99)	서민 애환
金子修介 (가네코 슈스케)	ガメラ2 レギオン襲來(96)	
東洋一 (히가시 요이치)	繪の中のぼくの村(96)	
大森一樹 (오모리 가즈키)	滿月MR.MOONLIGHT(91), 繼承盃(92), シュート(94), 大失戀(95), わが心の銀河鐵道 宮澤賢治物語(96), ドリー ムスタジウム(97), ジューンブライド6月19日の花嫁(98), 風を見た少年(00)	

　최양일 감독은 일본에서 활동하는 재일 한국인 영화감독 중 가장 왕성한 활
동을 하여 대중적으로 알려져 있다. ≪犬, 走る≫(강아지 달려라, 98)는 국내
일반극장에서 상영된 것으로 감독 자신의 색깔을 잘 드러낸 작품이다. 이 작품
은 클론의 구준엽이 엔딩 타이틀 곡을 불러 화제가 되었고, 김덕수 사물놀이패
가 음악을 맡은 영화로 알려졌다. 신주쿠(新宿) 경찰서에 근무하는 나카야마는
야쿠자 조직에게 정보를 주고 돈을 챙기는 타락한 형사이다. 하지만 범죄수사
에는 열정적으로 임하여 검거하는데 베테랑의 역할을 톡톡히 하여 진가를 발휘

한다. 그러나 때로는 압수한 마약으로 즐기기도 하고, 술 취한 상태에서 술집여자를 강간하며 업소를 때려 부순 뒤 비밀 카지노를 발견하고 능청스럽게 전원체포를 외치는 그런 형사였다. 그 옆엔 한국인 정보원 히데요시가 항상 그림자처럼 따라 다닌다. 그는 나카야마와 한 팀으로 야쿠자와 경찰사이를 오가며 뒷돈을 챙기며 비밀리에 밀항조직에도 가담하고 있는 인물로 한국이름은 수길이다. 나카야마와 히데요시는 서로의 필요에 의해서 기묘하게 연결되어 있다. 둘 사이에는 상해출신의 중국인 창녀 모모가 있다. 그녀는 나카야마의 연인이자 야쿠자 보스의 정부이며 히데요시에게는 흠모의 대상이기도 하다. 이런 관계는 모모가 갑자기 살해되면서 깨진다. 시체가 발견되면서 나카야마와 히데요시가 용의자로 몰리게 되자 시체를 숨기려 한다. 이들은 신주쿠 거리를 헤매면서 범인을 찾아다니는데 더욱 큰 문제는 시체의 처리문제였다.

이 영화에서 일본인 형사와 한국인 정보원, 죽은 중국인 창녀가 나란히 컴컴한 도시를 활보하는 장면은 동아시아에 있는 3국의 형상을 표현하고 있다. 세 사람은 모두 아나키스트적인 무국적 인물의 전형적인 표상으로 표현되고 있다. 이 영화는 최양일 감독의 특징이 잘 나타난 작품이다. 그는 일본에서 살면서도 항상 경계인이라는 의식을 갖고 산다. 경계인으로 일본에 사는 것은 국적과 무국적 사이에서 생겨나는 또 다른 마음의 표현이다. 동아시아라는 범위에서 그는 자유로운 동양인이지만 일본과 한국이라는 범위에서는 국적과 무국적 사이에 서있는 자유롭지 못한 몸이다. 이 영화에서는 세나라 사람을 등장시켜 국적을 모호하게 하고 이야기를 통해 기본은 서로 다르지 않다는 것을 표현하고 있다. 또한 국제화라는 시각은 동아시아의 사람들이 서로 교류하며 사는데서 출발한다는 점을 부각시키고 있다. 그러나 여기에서의 국제화는 공식적인 교류와 비공식적인 교류가 함의되고 있다. 전자는 형식을 중시하는 것을 후자는 내적인 교류를 강조하는 것으로 오늘날 삼국간의 관계를 교묘하게 꼬집어 미래적인 국제화의 방향성을 제시하고 있다.

모리타(森田芳光) 감독은 1950년생으로 1980년대 슈퍼 뉴웨이브(super new wave) 그룹에 속한다. 그는 ≪の・ようなもの≫(노・요우나모노, 81)로 데뷔하고, 초기에는 로망프로노 ≪ボーイズ&ガアールズ≫(보인엔 걸, 82), ≪うわさのストリッパー≫(소문난 스트리퍼, 82), ≪ピンクカット太く愛して深く愛して≫(핑크컷 깊고 깊은 사랑, 83) 등과 같은 영화를 만들었다. 그는 ≪家族

ゲーム≫(가족게임, 83)으로 일본에서 영화상을 휩쓸었다. 또한 ≪それから≫ (그 이후, 85), ≪キッチン≫(치킨, 89), ≪おいしい結婚≫(행복한 결혼, 91), ≪ハル≫(봄, 96), ≪失樂園≫(실락원, 97), ≪39刑法 第39條≫(39형법 제39 조, 99) 등을 만들었다. 그는 한동안 일본열도에 불륜을 하나의 사회현상으로 부각시킬 정도로 히트를 쳤던 ≪失樂園≫을 만들었다. 이 작품은 한국에서도 리메이크된 작품이다.

모리타 감독이 와다나베(渡邊淳一)의 소설을 영화화 한 것이 ≪실락원≫이 다. 이 영화는 뒤늦게 사랑을 느낀 중연 남녀의 애틋한 감정을 잔잔하게 그렸 고, 또한 진실함이 불륜으로 치부되어 동반자살의 길을 걷는 절심함을 그렸다. 완벽주의자인 의사 남편과 사랑 없는 결혼생활에 공허함을 느끼는 주부 린코와 그리고 딸을 시집보내고 더욱 소원해진 아내와의 관계를 오로지 책임감으로 유 지해 오고 있다. 구키는 미술전람회에서 우연히 만난 린코를 보고 첫눈에 반한 다. 둘은 러브호텔에 들어가 격정적인 사랑을 나누고 점차 깊이 있는 교제를 만들어 간다. 그런 만남이 지속되는 가운데 린코의 남편은 부부관계를 거부하 는 것을 이상히 여겨 사설탐정을 고용해 이들의 관계를 추적한다. 들통이 나자 린코는 이혼을 결심하지만 남편은 헤어질 마음이 없다. 린코는 부정한 여인으 로 여겨지고 구키는 회사에서 지방전출을 통보받고 아내로부터 이혼을 요구 당 한다. 핀치에 몰린 두 사람은 격정적인 섹스 도중 삽입을 한 상태로 청산가리 를 탄 와인을 마시며 생을 마감한다.

이 영화에서 중년은 사회와 가정으로부터 지탄받는 사랑을 선택한다. 지금까 지 살아온 삶에 대한 무료함을 달래기 위해 새로운 돌파구로 사랑에 눈을 뜨게 되지만 그 사랑은 이미 기성 가치로 가늠할 수 없고 잣대로 재어지지 않는 길 고 멀리 있는 사랑이었다. 한 남자와 여자가 만나 사랑이라는 이름으로 가정을 꾸미게 되지만 사랑은 여기에서 멈추는 것이 아니다. 다만 거기에 머물러 있는 듯이 보일뿐이다. 이것을 사람들은 변하지 않는 영원한 사랑이라고 말한다. 그 러나 하나의 사랑이라고는 말하지 않는다. 왜냐하면 그것은 하나중의 하나일 뿐이기 때문이다. 전통적 가치관에 따른 사랑은 파괴해서도 안 되고 깨서도 안 된다. 그런 룰을 어길 때면 여지없이 법과 도덕이라는 이름으로 사면을 받아야 하고 그렇지 않으면 죽음과 맞바꿔야 한다. 이것이 21세기를 바라보면서 풍부 하게 살고 있는 일본사회에 뿌리박고 있는 사랑으로 맺어진 부부의 자화상이다.

사랑의 선은 복선이나 다선으로 이어지지만 아무 일 없는 듯이 그 선을 인정하거나 밟지 않는다. 그렇지 않으면 선을 제거하거나 선을 파괴하는 수밖에 없다. 이런 법칙에서 벗어나는 남녀간의 사랑은 세대나 신분의 차이와 같은 세속이 정해 놓은 벽을 일방적으로 넘어서는 독선적이고 단선이며 일직선이기 때문에 독이 있다. 이 영화는 현대인의 복잡한 사랑의 변화를 잘 조명하고 있고 당시 흔들리는 중년들의 마음과 사랑의 갈등을 잘 표현하였다고 할 수 있다.

이치카와(市川準)감독은 ≪病院で死ぬということ≫(병원에서 죽는다는 것, 93)으로 마이니치 콩쿠르 감독상을 받았고, ≪東京兄妹≫(동경의 형과 누이, 95)로 베를린 국제영화제에서 비평가상을 받았으며, ≪東京夜曲≫(동경야곡, 97)으로 몬트리올 국제영화제에서 감독상을 받았다. 이치카와 감독은 오랫동안 CF 회사에서 일하며 400여 편의 광고를 만들어 뛰어난 실력을 보여 왔다. ≪病院で死ぬということ≫은 어느 병원을 무대로 환자, 가족, 의사와 간호원 등이 만들어 내는 다양한 군상을 그린 영화이다. 주요한 등장인물인 환자들은 암으로 계속해서 죽어간다. 가와무라라는 환자는 부인도 암에 걸려 다른 병원에 입원중인 환자이다. 그는 외출이 불가능하다는 사실을 안 순간 아들의 도움으로 부인에게 가서 이별의 인사를 나눈다. 잘 들을 수 없는 부인에게 하는 최후의 말은 '당신을 만나 같이 산 삶에 감사한다'는 것이었다. 그는 최후까지 죽음에 대해서 정면으로 부딪치는 사람이었고 이렇게 죽어가는 것도 최고라고 생각하는 사람이다. 그러나 젊은 환자 노구치는 그렇게 생각하지 않는다. 암이 선고되자 의심을 하게 되고 부인과 병원사람들에게 부담을 주며 인생 최후의 나날을 고통을 느끼며 고민을 하는 등 안타깝게 보낸다. 그리고 한 중년의 여성 환자는 죽음을 직관하게 되면서 내성적인 인간으로 변한다. 또한 길거리에서 방랑하던 홈레스 환자처럼 수술을 받고 사라지는 환자도 있다. 병원은 죽음을 앞둔 환자들에게 외출하게 해주고 부부의 환자는 같은 방에 입원시키기도 한다.

이 영화는 죽음을 앞에 둔 암 환자를 통해서 인간의 죽음에 대한 대응방식을 그리고 죽음을 옆에서 보는 의사들의 행동과 대처방안에 대한 모습을 잘 그려내고 있다. 암이라는 피할 수 없는 현대병을 앓고 있는 다양한 환자들이 자기 삶을 끌어가는 모습을 보면서 현대를 사는 그 누구도 그것에 대해 장담하거나 비난할 수 있는 사람은 없다. 그 만큼 암이라는 인생 방해꾼은 아무도 막을 수가 없는 것이다. 그러나 그것을 극복하는 사람은 오로지 그 속에서 헤매고 있는 환자들이라는 사실을 잘 보여주고 있다. 모두가 의연하게 그것을 극복하고 있는 것은 아니며 그렇다고 그를 비난할 수 있는 것도 아니다. 그것은 오로지 그의 싸움이고 그의 일이기 때문이다. 다만 타자로서 타인과 의사 및 간호사들이 거리를 둔 듯이 안둔 듯이 서있어 그를 보고 있다. 현대인은 다양한 아픔과 병을 갖고 살아가지만 그것은 삶의 종말이 아니라 시작이고 연속인 것이다. 다만 현실 속에서 만들어 가고 있던 것, 관계를 통해서 만들어진 것들에 대한 애착이 고통과 애통함으로 나타나고 있는 것이다. 이 영화는 암이라는 현대병을 앓고 있는 일본인의 다양한 모습을 통해 삶과 죽음에 대한 고뇌를 강조하고 있다.

≪大阪物語≫(오사카 이야기)는 한 소녀가 가족을 떠나 여행을 나서면서 자신을 찾아가는 과정을 담담하게 그린 영화이다. 오사카의 사계절 풍경이 아름답게 담겨져 있고 14세 소녀의 성장과정을 정감있고 힘 있게 그렸다. 이 영화에서 14세의 평범한 소녀 와카나는 코미디 업을 하는 부모와 동생과 함께 살아가는 평범한 가정에서 자라났다. 어느 날 아버지는 바람을 피워 아이를 임신시킨 것이 발각되자 가정은 수렁으로 빠지게 된다. 부모는 이혼을 하게 되지만 다만 코미디 동료로서 만나고 있을 뿐이다. 아버지가 이웃에 살림을 차려 아이를 낳아 와카나는 두 집을 오간다. 동생을 업고 다니며 좋은 남자를 만나 가정을 꾸릴 것이라는 희망을 갖는다. 이것은 정체성을 찾는 사춘기 소녀의 성장과정이다. 어느 날 아버지는 이중생활에 대한 회의 때문에 갑자기 사라진다. 방학이 되자 와카나는 작은 단서를 갖고 아버지를 찾는 가운데 새로운 사실을 발견하게 된다. 방종으로 일관한 것으로 알았던 아버지의 삶이 결코 보잘 것 없는 것이 아니라는 것을 깨닫는다.

<표4>는 1990년대의 감독과 영화를 나타낸 것이다. 이 시기에 활동한 감독으로는 이타미 주조(伊丹十三), 기타노 다케시(北野武), 모리사키 아즈마(森崎東), 마스다 도시오(ます田利雄), 사카모토 준지(阪本順治), 이즈쓰 가즈유키(井筒和幸), 이시이 데루오(石井輝男), 후루하타 야스오(降旗康男), 이즈미 세이지(和泉聖治), 모치쓰키 로쿠로(望月六郎) 등이 있다.

<표4> 1990년대의 감독과 영화 3

감 독	작 품	특 징
伊丹十三 (이타미 쥬조)	あげまん(90), ミンボーの女(92), 大病人(93), 靜かな生活(95), スーパーの女(96), マルタイの女(97)	현실파
北野武 (기타노 타케시)	あの夏、いちばん靜かな海(91), ソナチネ(93), Kids Return(キッズ・リターン)(96), HANA-BI(97), 菊次郎の夏(99), ブラザー(00), 座頭市(03)	니힐리즘
森崎東 (모리사키 아즈마)	美味しんぼ(96), ラブ・レター(98)	
ます田利雄 (마스다 도시오)	天國の大罪(92)	
阪本順治 (사카모토 준지)	王手(91), トカレフ(94), BOXER JOE(95), ビリケン(96), 愚か者 傷だらけの天使(98), 義理なき戰爭(00), 顔(2000), ぼくんち(02)	저예산 영화
井筒和幸 (이즈쓰 가즈유키)	岸和田少年愚連隊(96), のど自慢(98)	
石井輝男 (이시이 데루오)	ゲンセンカン主人(93), 無賴平野(95), 網走番外地(96), ねじ式(98)	
降旗康男 (후루하타 야스오)	藏(95), 鐵道員(99), ホタル(01)	서민 애환
泉聖治 (이즈미 세이지)	民暴の帝王(93), イルカに逢える日(94), 流れ板七人(97), お日柄もよくご愁傷さま(96)	
望月六郎 (모치쓰키 로쿠로)	スキンレスナイト(91), 下半身暴徒紳士 極樂ハンター(92), 極道記者(93), 極道記者2(94), 新・悲しきヒットマン(95), でべそ(96), 鬼火(97), 極道懺悔錄(98), 皆月(99), 通貨と金髮(00)	

이타미(伊丹十三) 감독은 ≪大病人≫(대환자, 93)에서 암에 걸린 주인공이 자신에게 찾아온 죽음을 받아들이는 방식을 조용히 그렸다. 중년남자가 암 선고를 받아 수술을 하고 다시 재발하는 가운데 마침내 죽음을 온전히 받아들이기까지의 과정을 흥미있게 그렸다. 이 영화는 이타미 감독이 ≪ミンボーの女≫(민볼의 여자, 92)를 만들어 야쿠자의 테러공격을 받고 오랫동안 병원에 입원

한 후 만든 영화이다. 병원의 수술 장면이나 실생활이 사실적으로 그려져 있다. 이 영화를 만든 후 이타미 감독은 1995년 노벨문학상 수상자인 오에 겐자부로 (大江健三郎)의 자전적 소설인 『靜かな生活』(조용한 생활, 95)을 영화화했다. 이 영화는 장애아를 가진 한 가족이 주변의 폭력에도 불구하고 지혜와 사랑으로 하나가 된다는 내용을 담고 있다. 이타미 감독은 그 영화를 통해 삶에서 생기는 인간의 아름다운 인간애를 그렸다. 많은 우여곡절을 겪은 이타미 감독은 여자와의 바람을 피우고 있다는 언론의 스캔들 보도에 맞서 결백을 증명하기 위해 빌딩에서 스스로 뛰어내려 자결하여 생을 마감한다. 이런 극단적인 행동은 그 동안의 영화를 통해서 이미지화 된 사회파라는 자신을 증명하고 있는 듯 하다. 이타미 감독은 당시 일본사회에 깊숙이 파고들어 정착되어 기능하고 있는 다양한 일탈적인 현상이나 안타까운 문제를 영화소재로 삼아 공론화하는 작업을 하여왔다. 즉 야쿠자의 문제, 사이비 종교문제, 탈세문제, 장애 아이를 가진 가족 등과 같은 주제이다. 그런 민감한 주제를 소재로 하였기 때문에 야쿠자로부터 살해위협까지 받아 병원에 입원하는 고통을 겪기도 하였다.

≪マルタイの女≫(마루타이의 여자, 97)는 사이비 종교단체를 폭로한 작품이다. 어느 날 중견 여배우 비야코는 극장에서 발성연습을 하던 중 우연히 살인사건 현장을 목격하게 된다. 사이비 종교단체 '진리의 양'을 추적하던 오야마 변호사가 택배원을 가장한 신도에게 살해당하는 장면이었다. 범인은 사건을 목격한 비야코에게 테러를 가하지만 그녀의 강력한 저항으로 위기를 모면하고 범인은 도주한다. 유일한 목격자를 보호하기 위해 경찰이 파견되고 수사와 법정에서 협조할 것을 공표하여 그녀는 그 순간부터 마루타이(신변보호대상자)가 된다. 경찰과 동행하는 가운데 사이비 종교단체인 진리의 양 측은 비야코의 애견을 죽이고 스캔들을 공표하는 등 위협을 가하는 가운데 비야코는 밀회를 즐기기 위해 경찰을 따돌리기도 한다. 결국 한 시골의 가라오케에서 범인이 잡힌다. 비야코는 증언하기 위해서 법정으로 향하는 가운데서도 진리의 양 측의 변호사와 신도들의 위협은 계속된다. 교단 측은 범인에게 자백을 뒤집을 것을 요구하는 한편 비야코에게 가족들을 몰살시킨다고 협박하지만 비야코는 당당하게 증언을 하기위해서 법정으로 향한다.

이타미 감독의 사이비 종교영화는 당시 세상을 놀라게 했던 '옴진리교'를 둘

러싼 사건을 주제로 하고 있다. 당시 옴진리(オウム眞理)교라는 종교단체는 작은 종교공동체를 만들어 마치 혁명을 통해 국가의 전복을 의도한 것과 같은 행동을 하였고, 반 옴진리교 운동을 벌이는 사람들에게 가혹한 처벌을 가하는가 하면, 불특정 다수인을 대상으로 무차별적인 살인가스사건을 일으키기도 하였다. 그 종교단체는 교주를 중심으로 공동체생활을 하고 바깥 세계와 단절되어 있었다. 그 과정에서 종교단체에 대한 비리와 문제점이 드러나게 되어 지식인과 매스컴이 공개적으로 문제점을 지적하자 종교단체는 세상과의 전쟁을 하게 된 것이다. 그러나 더 큰 문제는 그렇게 자기인생을 걸면서까지 종교단체에 들어가는 현상이 발생한 일본사회의 가치혼란이었다. 경제대국이라는 화려한 경함과 풍부함을 만끽한 세대에게 과거의 가치와 삶의 방법은 그렇게 절실한 것이 아니었다. 오히려 경쟁이 치열해지고 과거를 살아온 기성세대가 만들어낸 제도와 가치에 저항하면서 삶의 목적이 애매해지고 가치가 실종되어갔던 것이다. 이 과정에서 젊은이들은 자기의 삶의 목적과 가치를 타인에게 의지하는 타자형으로 바뀌게 되었고, 존재가치와 공동목적을 가진 종교단체에 몰입하게 된 것이다. 이런 시각에서 본다면, 이 영화는 당시 일본사회의 가치혼란과 일본젊은이들의 무목적성과 일탈성을 날카롭게 지적하고 있다.

기타노(北野武)감독은 감독과 주연을 동시에 본인이 하고 영화스토리가 고집스럽고 자기몰두가 강한 영화를 만드는 특징이 있다. ≪ソナチネ≫(소나티네, 93)는 기타노 감독이 갖고 있는 자질과 특징을 잘 표현한 작품으로 냉정하고 비정한 폭력을 다룬 영화이지만 주인공의 마음에 있는 니힐리즘이 잘 나타나고 있다. 특히 야쿠자 주인공을 통해서 죽음에 대한 공포감을 조장하는 등 야쿠자 세계를 통해서 삶과 죽음에 대한 감정을 현실감 있게 표현하고 있다는 점을 유럽에서 높게 평가받았다. 이어서 기타노는 오토바이 사고로 일시 작품 활동을 중단하지만 이후 만들어진 ≪HANA-BI≫(불꽃놀이, 97)는 베니스 영화제에서 그랑프리를 수상하였고, ≪座頭市≫(좌토시, 03)는 베니스 영화제에서 감독상을 수상한다. 국제영화계에서 인정을 받은 기타노 감독은 일본영화의 중심적인 위치에 서서 21세기 영화의 방향성을 리드하고 있다.

기타노는 ≪HANA-BI≫(97)에서 인간은 꽃처럼 활짝 폈다 곧 사라지는 것과 같다는 이미지를 잘 그려냈다. 그리고 폭력저변에는 인간애가 살아있다는 점을 부각시킨다. 그런 점은 현실에서 벌어지는 각종 살인, 강도, 폭력 등과 대조적으로 비춰져 안타까움을 자아내게 한다. 이 영화는 인간애의 이중성 즉 사랑과 폭력이라는 모순된 삶을 살아가는 인간의 진수를 보여주는 작품이다. 다케시가 연기하는 주인공 형사 니시(西)는 아내가 암이어서 살아날 수 없다는 것을 알고 있다. 아내 병문안 때문에 자기 근무시간을 대신 근무해주던 동료형사 호리베(堀部) 형사가 범인을 쫓다가 총에 맞아 하반신불구가 된다. 죄책감과 안타까움으로 뒤범벅이 된 니시 형사는 조금이라도 죄의식에서 벗어나고 정의를 실현하겠다는 일념으로 범인을 쫓는 중에 자기 실수로 동료 형사가 죽게된다. 더더욱 괴로움 속에서 책임을 느낀 니시는 반신불수 형사의 가족을 돕기위해 야쿠자에게 돈을 빌려 주기도하고, 때로는 은행 강도로 돌변하여 은행을 털기도 하며 야쿠자를 죽이기도 한다.

이 영화에서는 현실 속에서 벌어지고 있는 준법과 범법, 정당성과 부당성, 악과 선, 삶과 죽음, 용서와 복수 등과 같이 우리 주변에서 벌어지고 있지만 항상 모순으로 점철된 함정으로 남아 가치판단이 유보되고 있는 문제를 둔탁하지만 고집스럽게 다루고 있다. 또한 범죄를 통한 정의 실현이라는 이중적이며 복수적인 모순적 삶을 살고 있는 형사를 통해서 인간 삶을 유도하거나 재단하는 문자화된 제도와 그에 따라 행해지는 처벌의 한계를 잘 표현하고 있다. 이것은 그 속에서 가치판단을 하며 살아가는 우리가 얼마나 모순 속에서 살아가고 있고 재단하고 있는 가를 냉정하게 인식하게 하고 있는 특징이 있다. 더욱이 사는 동안에 벌어지는 것들이 중요하다해도 절대적 가치를 가질 수 없고 그렇게 해서도 안 된다는 탈제도적인 현상을 두둔하고 있다. 그러나 그것이 곧 불의와 부당성, 범죄와 복수 등을 정당화하는 것은 아니다. 다만 그 표현에는 언제나 불순함과 순수함이 교차되는 가운데 통쾌함으로 마무리 된다. 여기에 기타노 감독이 그려내는 영화의 묘미가 숨어있다.

사카모토(阪本順治) 감독은 1958년 오사카(大阪) 출생으로 요코하마(橫浜) 국립대학 시절부터 이시이 소고(石井聰互)나 가와시마 히데오 감독의 작품에 스태프로 참가하였다. 그는 데뷔작 ≪どついたるねん≫(때려 줄까보다, 89)로 각종 영화상을 수상하면서 영화감독으로 독보적인 자리를 차지하게 된다. 그의 작품인 ≪愚か者 傷だらけの天使≫(바보 상처투성이 천사, 98)는 소수정예를

이끌고 4천만 엔이라는 저예산으로 완성되었다. 유리창 닦는 일로 생활을 꾸려
가는 주인공 히사시는 직장 동료와의 주먹 싸움으로 해고된다. 그는 전문학교
에서 카메라를 전공했지만 카메라를 만진지 오래됐고, 실직하였지만 고향에 사
는 나이든 부모로부터 돈을 붙여 달라는 성화가 빗발치고 있다. 또한 걸핏하면
주먹질을 하여 가까운 친구가 없는 상태이다. 직장을 잃고 헤매는 사이 동네
슈퍼마켓에서 만난 아주머니가 집나간 아들 마사루를 찾아 달라고 부탁하자 이
를 수락하고 마사루를 찾아다니던 중 마사루가 스스로 히사시 앞에 나타난다.
마사루는 양아버지의 구타로 집을 나와 중년 여자와 섹스를 해주는 대가로 받
은 돈으로 살아가고 있다. 이런 상황에서 히사시와 마사루는 멍텅구리와 같은
신세에 동질성을 느껴 서로 가까워진다. 어느 날 라디오 교통방송의 여성 진행
자인 마키가 히사시에게 자신을 버린 남자에게 복수해 줄 것을 부탁하자 그
남자에게 폭력을 가하다 경찰에 체포된다. 이때 마사루는 곤경에 처한 히사시
를 구해주기 위해 경찰의 권총을 빼앗아 사고를 쳐 둘은 쫓기는 신세가 된다.
이들은 배를 타고 러시아로 도주하려는 계획을 세우고 배를 타기 위해 항구로
향한다.

후루하타(降旗康男) 감독의 ≪鐵道員≫(철도원, 99)은 소설로 베스트셀러가
된 것을 영화한 것이다. 한국에서는 제4회 부산 국제영화제에서 처음 소개되어
2000년 2월 개봉되었고 제23회 몬트리올 국제영화제에서 주인공으로 등장했던
다카쿠라 겐(高倉健)은 남우주연상을 수상한다. 이 영화는 홋카이도(北海道)의
광활한 곳에 점차 사라져가는 추억과 감동을 전하는 한편, 평생 철도밖에 모른
채 고지식하게 살아가는 한 철도원의 장인정신을 살린 작품이다. 철도원은 아
내가 병들어 세상을 떠날 때도 딸이 독감에 걸려 죽을 때도 그들의 옆에 있지
못하고 오히려 철도를 지키고 있었다. 그가 정년퇴임을 앞두고 곧 폐쇄될 산간
역을 홀로 지키고 있는 그에게 죽은 딸의 혼령이 찾아와 위로하는 가운데 과
거에 대한 추억을 떠올려 간다.

이 영화에 등장하는 철도와 제복은 일본 군국주의의 표상이기도 하다. 태평
양전쟁당시 철도는 전쟁을 수행하는 중요한 수단인 동시에, 전후에는 일본경제
부흥에 공헌한 근대화의 상징이기도 하다. 그러나 철도원인 자신은 국가나 나
라로 둔갑한 철도를 지키는 철도원이며, 다른 한편으로는 가정의 일원으로 가

정을 지켜야 하는 남편이자 아버지이다. 이런 상황 설정은 철도원이 갖고 있는
이중성에 대한 본질적인 질문을 담고 있다. 철도원은 가족관계에서 남편과 아
버지로 가정을 지켜야할 의무와 다른 한편으로는 직업인으로서 철도를 지켜야
할 의무가 충돌하는 과정에 있는 경계인이다. 그는 경계인의 모습을 선택을 통
해서 해결하고 있다. 이중의무는 비켜가는 것이 아니라 종종 충돌을 일으켰고,
그 과정에서 철도원이라는 역할을 선택하여 가족이 버려지는 상황에 처하게 된
다. 이것은 가치의 무게가 가족이외의 국가나 공적인 곳에 있다는 일본인의 선
택을 암시적으로 표출시킨 작품으로 군국주의의 희생자요 가족의 희생으로 번
영한 일본의 어두운 그림자를 잘 표현했다는데 의의가 있다고 할 수 있다.

<표5>는 1990년대의 감독과 영화를 나타낸 것이다. 이 시기에 활동한 감독
으로는 나가사키 순이치(長崎俊一), 네기시 기치타로(根岸吉太郎), 다카하시 도
모아키(高橋伴明), 하네다 스미코(羽田澄子), 나카하라 슌(中原俊), 이시이 다
카시(石井隆), 소마이 신지(相米愼二), 이시이 소고(石井聰瓦), 쓰카모토 신야
(塚本晉也) 등이 있다.

<표5> 1990년대의 감독과 영화4

감 독	작 품	특 징
長崎俊一 (나가사키 순이치)	夜のストレンジャー/恐怖(91), 最期のドライブ(92), ナースコール(93), ロマンス(96), 死國(99), ドッグス (00)	청춘 영화
根岸吉太郎 (네기시 기치타로)	課長島耕作(92), 絆~ぎずな(98)	
高橋伴明 (다카하시 도모아키)	愛の新世界(94), 修羅の帝王(94)	
羽田澄子 (하네다 스미코)	歌舞伎役子 片岡仁左衛門(92, 94)	전통미학 표현
中原俊 (나카하라 슌)	12人の優しい日本人(91), コキーユ貝殼(98)	
石井隆 (이시이 타카시)	死んでもいい(92), ヌードの夜(93), 夜がまた來る (94), GONIN(95), GONIN2(95)	

相米愼二 (소마이 신지)	お引越し(93), 夏の庭 The Friends(94), あ, 春(99), 風の花(00)	생활 영화
石井聰亙 (이시이 소고)	J・MOVIE WARS TOKYO BLOOD(93), エンジェル・ダスト(94), 水の中の八月(95), ユメノ銀河(97), 五條靈戰記(00)	외도하는 감독
塚本晉也 (쓰카모토 신야)	原始さん(74), 翼(75), 鐵男(89), 妖怪ハンターヒルコ(91), 鐵男2(92), 東京フイスト(95), Bullet Ballet(98), 雙生兒(99), 4月の物語(00)	컬트 영화

　나가사키(長崎俊一)는 1956년 출생하였고 영화계에 입문하기 이전에 16미리 영화를 많이 만들었다. 그는 ≪ユキがロックを棄てた夏≫(유키가 록을 버린 여름, 78)에서 방송계에 데뷔하는 꿈을 꾸는 유키가 록 밴드와 동료를 버리고 유행하는 포크 가수가 되려고 하지만 이것 역시 실현하지 못하고 사회에도 들어가지 못하여 파멸의 길을 걷게 되는 것을 그려냈다. 1982년에 만든 ≪九月の冗談クラブバンド≫에서는 폭주족 두목이 바이크를 타다 친구가 죽자 폭주족을 그만둔다는 젊은이 세계에서 벌어지는 모습을 그려냈다. 그는 ≪The Enchantment≫(마술, 89)로 도쿄국제영화제에서 수상을 했다. ≪夜のストレンジャー/恐怖≫(밤의 스트레인져, 91), ≪最期のドライブ≫(최후의 드라이브, 92) 등에서는 주인공이 주위로부터의 감시 때문에 생겨난 강박관념을 갖고 살지만, 저녁이 되면 마치 다른 사람처럼 행동력을 발휘하여 생활하는 것을 담았다. ≪ナースコール≫(93)에서는 간호원들이 환자들의 죽음에 개입되는 가운데서도 묵묵히 병원에서 벌어지는 일들을 극복해가는 것을 그려냈다. 이후에 ≪ロマンス≫(로망스, 96), ≪死國≫(사국, 99), ≪ドッグス≫(돗구즈, 00) 등을 만들었다.

　하네다(羽田澄子) 감독의 대표작 중의 하나가 ≪歌舞伎役子 片岡仁左衛門≫(가부키 배우 가타오카 진자에몬, 92, 94)이다. 이 영화의 주인공인 가타오카는 1903년에 태어나 1992년 90세로 타계한 가부키계의 노연기자이다. 전후 칸사이(關西) 가부키가 퇴락하자 가부키의 명맥을 계승하기 위한 책임감때문에 사재를 털어 자주공연을 하였고, 그런 노력으로 가부키의 명맥이 이어지게 되었다. 그런 점에서 가타오카는 일본가부키가 전통적인 예술로 이어지고 계승되는

데 크게 공헌하였다. 1966년과 1981년의 공연이 명공연으로 알려져 있다. 이 영화는 가부키계의 거목이었던 가타오카의 가정생활과 무대생활, 팬들에게 둘러싸이면서 생겨난 재미있는 이야기, 가부키연습, 공연, 후진양성의 지도 등을 8시간에 걸쳐서 기록한 초 장편 기록영화이다. 이 영화는 수년에 걸쳐 계속되었고 5부로 만들어 졌다.

일본의 전통예술 가운데 젊은이들에게 유지되고 있는 것은 각 지역을 중심으로 끈끈하게 이어지고 있는 마쓰리(祭り)이다. 그러나 전통예술은 비교적 젊은 세대에 의해서 계승되거나 이어지기 보다는 일부 관심과 흥미가 있는 중장년층을 중심으로 이어지고 있다. 이 영화는 1990년대에 들어서면서 일본전통예술에 대한 기억과 관심이 줄어들고 존재가치를 망각해가는 일본사회에 대한 반항으로 가부키계를 이끌어온 노배우의 일생을 통해 전통예술의 가치와 불굴의 집중력으로 살려온 끈기 있는 예술가의 생애를 밀도 있게 기록하고 있다. 기록영화이기 때문에 가식과 흥미를 추구하기 보다는 전통예술의 가치를 피력하는 가운데 그 진수를 보이려고 노력하였다. 특히 한 예술을 통해서 일생을 헌신하고 노력해온 노배우의 장인정신을 보여주고 있는 것이 이 영화에서 볼 수 있는 백미하고 할 수 있다. 노배우의 노력이 기초가 되어 21세기를 향하고 있는 일본사회의 저변에는 전통예술이 유유히 흐르고 있다. 이 영화는 현대가 무엇인가를 잃어가고 있는 것을 일깨워줄 뿐 아니라 현대의 어머니는 고전이라는 시각을 내면에 깔고 있는 특징이 있다.

소마이 신지(相米慎二)는 1948년 이와데현(岩手縣)에서 출생해 닛카쓰의 계약감독으로 시작하여 1980년 ≪翔んだカップル≫(날아간 커플)로 감독 데뷔하였고, ≪セーラー服と機關銃≫(세라복과 기관총, 81)이 크게 흥행하면서 이름이 알려졌다. ≪魚影の群れ≫(물고기 무리, 83), ≪颱風クラブ≫(태풍클럽, 85), ≪雪の斷章≫(눈의 단장, 85), ≪光る女≫(빛나는 여인, 87), ≪お引越し≫(이사, 93), ≪夏の庭 The Friends≫(여름정원, 94), ≪あ, 春≫(아, 봄, 99), ≪風の花≫(바람 꽃, 00) 등이 있다. 그는 많은 작품 활동을 하여 1990년대 일본영화의 황금기를 대표하는 영화감독 중에 한 사람이다. ≪お引越し≫(93)는 부부가 별거하는 과정부터 시작된다. 별거하게 됨으로써 방을 빌려 이사하는 아버지에 대해서 초등학생 딸 렌코의 마음은 불안과 노여움으로 점철된

다. 아버지는 약간 희미하고 화를 참을 수 없는 사람이지만 선량하다. 어머니는 너무 엄격하여 딸에게 일상생활의 규칙을 강제적으로 지킬 것을 요구하지만 나쁜 사람은 아니다. 렌코는 어머니와 아버지의 싸움을 잘 참고 있는데 두 사람은 왜 참지 못하는지에 대해 의문과 노여움을 갖고 있다. 렌코는 별거한 부모를 만나게 하기 위해서 교토의 비파호(琵琶湖)에 가족여행을 계획하여 간다. 그러나 어머니는 아버지와 화해하기를 거부한다. 그런 가운데 여행지에서 만난 노부부를 보면서 렌코는 마음이 누그러진다. 그런 가운데 렌코는 행복했던 시절을 되뇌이며 마음의 안정을 찾는다.

이 영화에서는 어머니와 아버지와 딸이 가족구성원으로 같은 공동체 속에서 살아가면서도 묘하게 갈등이 일어나는 마음을 잘 그려냈고 또한 교토를 무대로 하여 기온 마쓰리(祈園祭)를 풍경에 담아 그 속에서 생생하게 헤매는 소녀의 모습을 그리고 있다. 가족에게서 이사는 사는 장소의 변동을 의미하지만 가족구성원의 분리를 포함하고 있다. 현대에서 이사는 같이 살고 있는 공동체에서 별거, 가출, 출가, 이혼 등과 같이 분리와 구분을 통해 충격을 주는 의미를 동반하는 경우가 많다. 특히 이사를 통한 결손은 더더욱 가족 구성원과 사회에 나름대로 충격을 준다. 여기에서 오는 충격은 좋은 의미로서 새로운 출발을 의미하지만 나쁜 의미로는 무겁게 마음을 짓누르는 무게로부터의 탈출이라는 의미를 함의한다. 이 영화에서는 어른 사이에서 진행된 가족붕괴로 인해 이별의 고통을 그대로 받는 청소년기에 있는 딸의 마음을 그리고 있고, 가족은 가족구성원 모두가 만족할 때만이 유지되고 또한 유지하는 데는 많은 노력이 필요하다는 점을 잘 그려내고 있다. 특히 일본사회에서 벌어지고 있는 이별과 고통을 동반해서 이사를 하는 이사꾼 들에게 가족의 중요성을 생각하게 하고 있다.

이시이(石井隆) 감독은 와세다(早稻田)를 졸업하고 만화가로서 오랫동안 활약을 한 인물이다. 그는 에로틱하고 폭력적인 만화를 그리면서 1970년대 일본에서 유행하던 로망 포르노 영화들의 시나리오를 제공했다. 특히 다나카(田中登), 이케다(池田敏春), 나카하라(中原俊), 나스(那須博之), 소마이(相米愼二), 구로사와(黑澤直輔) 등과 같이 1980년대 로망포르노를 대표하는 감독들에게도 원작과 각본을 제공하였다. 그러다 그는 1988년 ≪天使のはらわた≫(천사의 본질)로 직접영화를 만들게 되면서 영화계에 데뷔하였다. 1992년 ≪死んでも

いい≫(죽어도 좋아, 92)는 이탈리아 토리노 영화제와 그리스 테살로니키 영화제에서 수상했고, ≪ヌードの夜≫(누드의 밤, 93)은 도쿄영화제에서 그랑프리를 받았다. 그러나 그는 일본 국내에서는 철저하게 소외된 쓰카모토 신야 감독과 같이 정통파 감독이라기보다는 외도하는 영화인으로 인식되고 있다.

이시이 감독의 ≪GONIN≫(다섯 명, 95)는 막다른 상황에 처한 다섯 남자를 통해 폭력으로 얼룩진 사회의 암울한 단면을 그렸다. 나이트클럽을 운영하는 반다이는 야쿠자에게 거액의 빚을 지고 있다. 야쿠자들이 클럽에 들어와 난동을 부려 말리던 반다이는 집단 린치를 당하고 야쿠자는 내일 사무실로 오라고 한다. 빚을 갚을 길이 없던 반다이는 사회에 불만을 갖고 있는 사람들을 모아 야쿠자 사무실을 칠 계획을 세운다. 전직 형사였던 히즈, 야쿠자 똘마니로 바보 취급당하는 지미, 직장을 잃고 정신이상자가 된 오기하라, 반다이를 사랑하는 게이 미쓰야 등이었다. 총을 들고 야쿠자 사무실을 덮치는데 오기하라의 발포로 야쿠자 한명이 죽자 다섯 명은 도망간다. 그러나 야쿠자들은 전문 킬러를 동원해 복수를 한다. 이 과정에서 히즈와 미쓰야는 살아남아 야쿠자에게 다시 복수를 한다. 조직의 두목까지 죽어 복수는 끝났다고 생각했다. 그러나 전문킬러 2명이 기다리고 있었다. 한 명을 죽이고 그 과정에서 히즈도 죽게 된다. 반다이의 유골을 갖고 고향으로 돌아가는 고속버스가 휴게실에서 서는 순간 마지막 킬러가 버스 안으로 들어와 숙명적인 운명을 결정하듯이 마주친다. 킬러와 미쓰야는 동시에 총을 쏘는 순간 둘 다 쓰러진다. 이 영화에 이어 만들어진 ≪GONIN2≫(다섯명2, 96)는 다섯 명의 여성이 폭력과 섹스의 복마전으로 돌진해 가는 이야기를 그린 것이다.

이시이 소고(石井聰瓦)감독은 ≪狂い咲きサンダーロード≫(미쳐버린 선더로드, 80)와 ≪シャッフル SHUFFLE≫(샤플, 81)로 일본 뉴웨이브 경향을 주도한다. 그는 이때부터 일본 주류 영화로부터 격리되어 냉혹하게 배격을 당하면서 뉴웨이브 작품을 만들어 내고 있다. 그의 ≪ユメノ銀河≫(꿈의 은하, 97)는 부산국제영화제에서 아시아영화의 창을 담당했던 김지석 프로그래머로가 뽑은 1996년 일본최고의 영화로 선정되었다. 1950년대 한적한 마을에 사는 처녀 도미코는 버스 안내양으로 일하고 있는 중이다. 그러던 중 고향친구로 버스 안내양으로 일하는 쓰야코로부터 편지를 받는다. 쓰야코는 한 남자를 사랑한다

는 내용을 구구절절 이야기한다. 그런데 그 시기에 버스 안내양 연쇄살인사건이 발생하던 중이었다. 쓰야코는 자기 애인이 살인범 같다고 하면서도 너무 사랑해서 그 굴레로부터 떠나지 못한다고 한다. 도미코는 대수롭지 않게 생각하였지만 쓰야코가 죽었다는 소식을 듣고 또한 새로 들어온 버스 운전수가 쓰야코의 남자친구인 것을 보고 놀란다. 니카타는 매력이 넘치는 남성으로 주위로부터 신망과 인기를 얻는 존재이다. 도미코는 이 남자의 비밀을 캐려고 하지만 매력에 빠져 그와 동거에 들어갔고, 언젠가는 이 남자 손에 죽을 것이라고 하면서도 빠져 나오질 못한다. 쓰야코의 죽음을 알고 있는 도미코도 같은 운명 속에 있게 되고 그런 가운데서도 행복을 느끼는 소용돌이가 지속된다. 도미코는 살인, 두려움, 사랑 등과 같은 살얼음과 같은 굴레에서 살면서 아이를 낳아가느란 희망을 부여잡으려 한다.

쓰카모토(塚本晉也)는 1960년 도쿄에서 출생하여 중학교 시절부터 8미리 영화 ≪元始さん≫(원시씨, 74)를 만들기 시작하여 독립영화계에서 일찍부터 알려졌다. 그는 배우로서 자작품은 물론 하야시(林海象) 감독의 ≪我が人生最惡の時≫(우리 인생이 최악일 때, 93), 다케나카(竹中直人) 감독의 ≪119≫(94) 등에 출연하기도 하였다. 1989년 16미리 사이버 펑크 흑백영화 ≪鐵男≫(철남)을 만들어 전 세계에서 단숨에 컬트영상작가로 알려졌다. 이 영화는 기괴한 상상력과 무시무시한 사이버 펑크아티스트로서의 재능을 발휘한 영화이다. 1989년 로마 국제 판타스틱 영화제에서 그랑프리를 수상하여 데쓰오(鐵男) 신드롬을 일으켰고 20여개 국제영화제에서 선보이기도 하였다. 이 영화에서는 현대문명을 리드해온 인간이 도리어 지배당하여 철과 융합해가 소진되는 인간 판타지를 리얼하게 그려냈다.

그는 ≪Bullet Ballet≫(총탄 발레, 98)에서 파괴력과 스타일리스트적 진지함을 보여주었다. CF제작회사에 다니는 고우다는 10년 동안 동거해온 애인 기리코가 어느 날 집안에서 권총으로 자살하는 충격적인 사건에 직면한다. 그는 기리코의 죽음에 대해 의문을 품게 되고 혼란을 겪어 생활의 리듬이 깨지기 시작한다. 그러던 고우다는 뒷골목 불량배인 소녀 치사토를 만나게 되고 그녀와 다니다 깡패들에게 린치를 당한다. 복수를 하기 위해 고우다는 권총을 구해 의기양양해서 깡패들에게 권총을 발사하지만 가짜권총이어서 다시 매를 맞는다.

고우다는 다시 인터넷 등을 통해 사제권총을 만들어 그들에게 다가갔지만 권총이 작동되지 않아 또 다시 매를 맞는다. 그는 우연한 기회에 진짜권총을 입수하게 되지만 깡패들과의 싸움에 휘말려 치사토 일파를 구해준다. 그리고 고우다는 치사토에게 연민을 느끼게 되고 치사토도 역시 중년에게 연민의 정을 느낀다. 치사토가 동료를 구해달라는 간청으로 고우다는 싸움에 끼어들지만 상대편은 전문 킬러를 동원하여 하나하나 살해해 간다. 위험이 점점 다가오자 고우다는 치사토와 같이 배를 타고 멀리 도망간다.

쓰카모토의 ≪雙生兒≫(쌍생아, 99)는 환상적인 영상미로 부산 국제영화제에서 관객상을 수상했고, 1999년 베니스 국제영화제에 공식초청작으로 뽑혀 작품성을 인정받았다. 이 영화는 선악이 공존하는 쌍둥이 형제와 한 여자의 기묘한 사랑을 중심축으로 삼았고 스릴러와 에로티시즘을 뒤섞어 시종일관 극적인 긴장감을 도출한다. 19세기 말 메이지기가 끝나갈 무렵 부유한 의사 집안에서 태어난 일란성 쌍둥이 형제가 엇갈린 운명을 맞는다는 데서 출발하고 있다. 형 유키오는 부모님의 보호 하에 엘리트 코스를 밟으면 성장한 반면, 동생 스테키치는 빈민굴속에서 처참하게 생활하면서 성장하게 된다. 유키오는 가업을 이어 경제적 부를 누리며 존경을 받았고, 스테키치는 도둑질과 부랑자로 연명을 해왔다. 스테키치의 도둑질 동료이자 애인인 링은 빈민굴의 화재로 인해 기억을 잃어버려 거리를 헤매다가 유키오를 만나 사랑하여 결혼을 하게 된다. 여인을 잃고 방황하던 스테키치는 키워준 부모로부터 출생의 비밀을 알고 복수심에 불탄다. 결혼이후 링과 유키오 주변에는 예상치 못하는 이상한 일들이 벌어진다. 이런 상황에서 유키오의 부모가 죽자 스테키치는 유키오를 깊은 우물에 가두고 유키오 행세를 하며 집안 주인이 된다. 유키오가 된 스테키치와 격렬한 사랑을 나누는 링은 어렴풋이 과거의 기억을 찾는다. 우물속의 유키오를 증오하는 스테키치와 반대로 스테키치를 증오하는 유키오 사이에 존재하는 링은 선과 악이라는 사이에 에로틱한 심리상태로 복잡한 정체성을 상실해 간다.

<表6>은 1990년대의 감독과 영화를 나타낸 것이다. 이 시기에 활동한 감독으로는 가와세 나오미(河瀬直美), 야구치 시노부(矢口史靖), 시미즈 히로시(淸水浩), 오이카와 아타루(及川中), 하시구치 료스케(橋口亮輔), 오가와하라 다카오(大河原孝夫), 야자키 히토시(矢崎仁司), 야마카와 나오토(山川直人), 야마모토 마사시(山本政志), 수오 마사유키(周防正行) 등이 있다.

<표6> 1990년대의 감독과 영화 5

감 독	작 품	특 징
河瀬直美 (가와세 나오미)	かたつもり(95), 萌の朱雀(96)	서민 생활
矢口史靖 (야구치 시노부)	雨女(90), 裸足のピクニック(93), ワンピース プロジェクト(96), ひみつの花園(97), アドレナリン ドライブ(99)	코믹 야쿠자
清水浩 (시미즈 히로시)	自殺觀光バス(98)	범죄 영화
及川中 (오이카와 아타루)	たこ軍隊 Octopus Army(92), 日本製少年 The Boy Made in Japan(95), 富江(98)	청춘 군상
橋口亮輔 (하시구치 료스케)	夕邊の秘密(89), 二十歳の微熱(93), 渚シンドバッド(95)	퀴어 영화
大河原孝夫 (오가와하라 다카오)	誘拐(97)	·
矢崎仁司 (야자키 히토시)	三月のライオン(92), May Be Next Time(93), 100午前(94), The Girl Who Picks Flower and The Girl Who Kills Insects(00)	·
山川直人 (야마카와 나오토)	バカヤロー3 へんな奴ら4 第4話(90), J・MOVIE・WARS 來たころのある初めての道(93)	·
山本政志 (야마모토 마사시)	コネクション(90),アトランタ・ブギATLANTA BOOGIE(96), ジャンク・フードJUNK FOOD(98)	·
周防正行 (수오 마사유키)	シコふんじやった(92), Shall We ダンス?(96)	핑크 영화

가와세(河瀬直美)는 1969년 생으로 제50회 칸느영화제에서 ≪萌の朱雀≫ (맹의 주작, 96)으로 27세 최연소 신인감독상을 받았다. 그녀는 다큐멘터리에 전념해 왔지만 이 영화가 장편 영화의 데뷔작이기도 하다. 이 영화는 나라현 (奈良縣)의 고산지대 농가를 오픈 세트로 활용해 촬영했다. 그 과정에서 많은 마을 사람들을 실제로 영화에 참여하게 하여 사실성을 배가시켜 효과를 극대화 하였다. 1971년 나라현의 남쪽에 자리 잡은 니시요시노 마을 사람들은 평화롭 게 살아가지만 궁핍한 생활을 하고 있다. 그러나 개발정책에 따라 철도노선이

생겨 목조산업이 활성화 될 것이라는 기대를 갖고 있다. 여기에서 목재 제조를 하는 다하라 고조는 딸 미치루, 누이의 아들 에이스케 등을 부양하고 있고 철길이 난다는 사실에 들떠 있다. 그러나 공사가 진행되던 중 공사가 중지되어 마을 사람들은 실망하여 직업을 찾아 마을을 떠난다. 그러나 고조는 희망을 잃지 않고 혼자서 터널공사를 한다. 15년이 지난 후 철길은 나지 않아 고조도 포기하였다. 에이스케는 여관에서 일을 하고 고조의 아내도 그곳에서 파출부일을 하였다. 고등학생이 된 미치루는 사촌 오빠인 에이스케에게 애틋한 감정을 갖고 있다. 어느 날 고조는 터널광경을 사진에 담기 위해 찍으러 갔다가 실종되어 경찰이 찾아 나선다. 고조의 아내 야스요는 이런 어려운 상황을 극복하기 위해서 힘을 다한다. 그 모습을 본 에이스케는 연민의 정을 느끼게 되고 소나기를 만나 야스요와 에이스케는 미묘한 감정을 갖게 된다. 이런 가운데 시어머니는 야스요에게 새로운 삶을 가지라고 하자, 딸 미치루와 친정으로 가기로 결정한다. 그날 밤 미치루는 에이스케에서 사랑 고백을 한다. 다음날 고조가 실종되기 전에 찍은 마을의 평화로운 모습을 보면서 마을의 모습을 가슴에 새긴다. 가와세는 이 영화에서 주작을 녹색으로 표현하였으며 신비롭고 아름다운 자연의 삶을 생생하게 그려냈다.

야구치(矢口史靖)감독은 1967년 가나가와(神奈川)에서 태어나 도쿄대에서 그래픽 디자인을 전공하고 1990년 8미리 영화 ≪雨女≫(우녀)로 피아필름페스티벌에서 대상을 수상했다. 1997년 만들어진 ≪ひみつの花園≫(비밀의 화원)은 그의 첫 35미리 장편영화로 ≪山戰水戰≫(산전수전)이라는 영화로 리메이크되었다. 그리고 1999년 ≪アドレナリン ドライブ≫(아드레날린 드라이브)로 다시 스포트라이트를 받는다. 이 영화는 베를린 국제영화제, 홍콩 및 모스코바 영화제에서 상영되어 극장 안을 폭소로 만든 작품이다. 이 영화는 가스폭발이 일어난 야쿠자 사무실에서 살아남은 평범한 렌터카 회사원과 우연히 그를 돕게 된 간호사가 야쿠자의 돈 가방을 손에 넣고 쫓기게 되는 코믹 도주극의 형태를 띤 작품이다.

그의 ≪ひみつの花園≫(비밀의 화원)은 세상에서 좋아하는 것이 오직 돈뿐인 사키코가 고교 졸업 후 취업 면접에서 취미가 무엇인가 라는 질문에 돈세는 것이라 대답하여 은행에 취직한다. 돈 모으기를 즐겨했던 사키코는 창구에

서 돈 세는 것을 좋아하다 세는 돈이 자기 것이 아니라는 것을 깨닫는다. 그러던 어느 날 은행 강도에 의해 납치되어 도망가던 중 차가 전복되어 모두 죽고 혼자 살아남았다. 그런데 5억 엔이 든 돈 가방이 강물에 흘러 어느 구석지로 흘러들어갔다. 병원에서 의식을 차리고 출근을 할 시기가 됐을 때 갑자기 돈 가방이 생각이 나서 찾으러 간다. 그는 험한 산에 들어가기 위해 준비를 하고 직장을 그만두고 집을 나와 암벽등반, 운전, 지질학, 스쿠다이버 등을 연습한다. 그런 연습을 하던 중 그는 수영대회에서 1등하고 암반등반에 매력을 느끼는 등 엉뚱한데 관심을 갖게 된다. 그녀는 결국 돈 가방을 찾지만 그것을 찾기 위해 노력했던 풍요로운 중간과정이 바로 삶의 행복이라고 생각하고 돈 가방을 자기만이 아는 장소에 깊숙이 파묻고 그것을 비밀의 화원으로 생각하며 자신의 삶을 가꿔간다.

이 영화는 시대를 살아가는데 필요하고 갖고 싶은 것이 묻어 있는 비밀화원을 이야기하고 있다. 비밀화원은 꽃으로 장식된 곳이지만 비밀이 숨어있다. 그것은 누구도 모르고 비밀내용이 무엇인지 알 수 없는 것이다. 모르는 사람은 알고 싶어 하지만 비밀주인은 영원히 자기혼자만이 알기를 바란다. 현대인은 불확실한 미래를 좀더 밝게 하고 어렴풋이 불안하게 다가오는 위기를 극복하는 비밀무기를 감춰 여차하면 사용할 수 있는 비밀무기를 비밀화원이라는 아름다운 정원에 묻고 싶은 것이다. 돈이 묻힌 비밀화원이 그리운 것이 아니라 돈을 숨겨줄 수 있는 비밀화원에 관심이 있는 것이다. 돈을 만들기 위해서 우리는 생사를 넘나드는 연습과 실력을 쌓고 돌진한다. 오로지 돈을 획득하기 위해서 말이다. 그러나 알고 보면 획득된 돈에 의해서 행복을 느끼기보다는 돈을 만들기 위해서 단련하고 가졌던 꿈, 그 과정에서 자기가 행했던 수많은 삶의 조각이 바로 행복의 조건이요 그 자체라는 기발한 현실을 깨우치게 된다. 안개 속에서 돈을 찾는 것이 얼마나 어리석은 지를 정확하게 말해주고 있다. 이 영화는 바로 그런 점에서 일본사회에 살고 있는 모두와 현대를 살고 있는 모두에게 비밀화원에 돈을 묻는데서 행복을 찾기 보다는 땅속에 묻힌 돈을 찾아내는 과정에서 행복을 찾아가야 한다는 것을 암시해 주고 있다. 행복은 땅속보다는 바깥세상에서 울고 웃는 모습에서 찾아야 한다는 삶과 행복의 본질을 강조하고 있다는 점에서 시사하는 바가 크다.

　시미즈(清水浩)는 1964년 태어나 이마무라 쇼헤이(今村昌平) 감독이 세운 일본영화학교를 1985년에 졸업하고 마쓰다 유사쿠 감독 밑에서 영화경력을 쌓았다. 1993년 기타노 감독의 ≪소나티네≫ 제작에 참여하여 오피스 기타노의 구성원이 되었다. 이후 ≪하나비≫, ≪키즈 리턴≫, ≪모두들 하고 있나?≫ 등 기타노 다케시의 영화제작에 조감독으로 활동했다. 그리고 제3회 부산국제영화제에서 소개되어 인기를 얻은 ≪自殺觀光バス≫(자살관광버스, 98)로 장편 극영화에 데뷔하였다. 이 영화의 원제는 『生きない』(살수 없어, 98)로 인생에 실패한 낙오자들이 마지막으로 가족들을 위해 보험금을 노리고 자살버스에 오르는 것이 중심적인 이야기이다. 이 영화에서는 자동차 사고를 가장해 절벽에 떨어져 죽을 이 작전에 사정을 모르는 20대 여성이 우연히 동승하게 되면서 벌어지는 해프닝을 다루고 있다.

　이 영화는 단순한 설정이지만 보험금과 완전범죄, 가해자와 희생자 등을 통해서 보는 전형적인 보험사기 사건을 그려내고 있다. 특히 여기에 등장하는 버스는 엔진이 움직이는 동안에는 달려야 하는 운명에 있어, 달려야 하지만 어디로 달려갈지 달리는데 어떤 운명이 기다리고 있는지 모르는 삶의 공간이다. 우리는 버스와 같은 위험성을 가진 공간에서 살아가야 하고 끝없이 달려가야만 한다. 그 위험성을 모른 채 말이다. 이 영화는 그런 의도된 삶과 의도되지 않은 삶 간의 운명적인 만남을 그리고 있다. 현대 범죄는 매우 다양하게 나타난다. 그것은 제도적인 허점과 인간가치의 허점에 의해서 벌어지는 것으로 완전하게 속이게 되면 무죄가 되고 발각되면 죄가 되는 범죄에 대한 현실적 적응에 따른 대응방식에서 다양한 모습으로 나타난다. 죄에 대해서 면제받는 데는 유효기간이 없는 것이다. 그러나 법은 유효기간을 두고 있어 범죄를 하는 사람은 범죄의 목적을 달성하는 과정에서 완전범죄를 노려 제도상의 허점을 이용한다. 이 영화는 그런 점을 포함해 보험금을 노리는 것과 같은 최첨단의 범죄가 벌어지는 일본사회의 한 측면을 고발하고 있다.

　오이카와 아타루(及川中) 감독은 1957년 도쿄 출생으로 세이케이 법대를 나와 각본가로 변신한다. ≪Door≫(문) 등을 비롯해 많은 시나리오를 써오다 1992년 ≪たこ軍隊≫(Octopus Army : 낙지군대)로 감독 데뷔한다. 1995년에는 ≪日本製少年≫(The Boy Made in Japan : 일본제소년)을 통해 섹스와

총이 난무하는 현대사회 속에서 방황하는 청춘군상을 그렸다. ≪富江≫(도미에, 98)는 심리공포물의 대가로 꼽히는 인기 만화가 이토 준지(伊藤潤二)의 작품을 영화화 한 것이다. 이 영화는 1999년 부천 국제영화제에 초청된 작품이기도 하다. 이토 준지의 작품은 신세기 괴담 시리즈로 유명하다. 최근에 만들어진 ≪うずまき≫(소용돌이, 00)는 히구친스키 감독에 의해 영화화 되었다. ≪富江≫는 이토 준지의 공포 만화 시리즈 중 3권과 4권에 해당되는 부분으로 머리가 끊임없이 복제되어 다시 살아나는 소년 도미에에 관한 이야기이다. 사진 학교를 다니며 카메라맨을 꿈꾸며 살아가는 여고생 쓰키코는 몇 년 전 교통사고로 석달 간 혼수상태에 빠졌고 부분적 기억상실증 때문에 정신과 치료를 받고 있으며 밤마다 악몽을 꾸며 시달리고 있다. 쓰키코의 아랫집에 사는 남자는 이상한 물체를 기르고 있지만 그것이 무엇인지 알지 못한다. 한편 경시청의 한 형사는 몇 달 전 도미에라는 여고생이 살해당하고 같은 반 여학생 4명이 자살을 하였으며 담임교사를 포함해서 7명이 미쳐버린 사건에 접한다. 형사는 우연히 도미에라는 이름을 가진 여성이 메이지 시대부터 살해당해왔다는 사실을 발견한다. 결국 쓰키코 아랫집에 사는 남자가 기르는 것이 머리만 있는 여자인 것을 알게 된다. 단 몇 주 만에 몸이 완전히 자라는 여자가 바로 도미에였던 것이다. 즉 세포증식을 통해 부활해온 여자가 도미에였던 것이다. 그 남자는 도미에의 매력에 빠져있었고, 도미에는 누구든지 한번만 보면 완전히 빠지게 하는 매력을 갖고 있었다. 도미에는 자기를 돌봐주는 남자를 살해하고 다시 목표를 찾아 떠난다. 쓰키코 주변에 이상한 일이 일어나자 최면요법을 걸어 증상의 원인을 밝혀내는데 쓰키코는 도미에라는 이름을 올린다. 그러던 중 아버지가 실종되자 쓰키코는 찾아 나서는데 아버지가 실종되기 며칠 전 한밤중에 응급환자로 실려 온 소녀가 있었고, 그녀의 몸 안에서는 살아있는 여자의 목이 발견되었다. 이 과정에서는 쓰키코는 마지막 순간 도미에의 목표가 바로 자신이라는 비밀을 알게 된다. 기억이 사라진 석 달과 이 사건은 연관성이 있는 것이었다.

하시구치(橋口亮輔)감독은 나가사키(長崎)출신으로 오사카 예술대학에서 공부하고 1989년 8미리 영화 ≪夕邊の秘密≫(저녁해변의 비밀)로 피아 필름페스티벌에서 그랑프리를 받았다. 1993년 MTV 비디오 클럽을 연출하면서 졸업 작품으로 완성한 ≪二十歳の微熱≫(이십세의 미열)이 베를린 국제영화제에 초청되어 주목받았고, 퀴어 영화(Queer cinema : 동성애 등 성적소수자들을 다룬 영화)인 ≪渚シンドバッド≫(신밧드, 95)는 로테르담 국제영화제에서 그랑프리를 수상하였다. ≪渚シンドバッド≫(신밧드)는 신세대 퀴어 영화이다. 스스로 게이라고 커밍아웃하기도 한 하시구치 감독은 이 영화에서 여섯 고교생들의 여름날 모험기를 통해 동성애를 자연스럽게 표현하였다. ≪二十歳の微熱≫은 평범한 대학생이 학비를 벌기 위해서 밤마다 게이 바에서 몸을 팔며 무미건조한 생활을 이어가는 과정을 그린 영화로 주변의 일상을 세밀하게 묘사하고 정체성을 찾기에 골몰하는 영화세계를 확인시켜 주었다.

≪渚シンドバッド≫(95)에 등장하는 이토는 동성인 요시다를 남몰래 짝사랑하고 있는 동성연애자이다. 어느 날 심부름을 하다 다쳐 양호실에 간 이토는 그곳에서 아이하라를 만난다. 아이하라는 강간의 후유증으로 이곳에 전학 온 뒤 해맑은 이토를 만나면서 좋아하게 되어 안정감을 찾았다. 이런 와중에 요시다는 아이하라에게 사랑의 감정을 느낀다. 삼각관계의 사랑이 복잡하게 얽히는 가운데 여름방학이 되자 요시다는 시골에 가는 아이하라를 따라 이토에게 함께 놀러가자고 한다. 이번 여행을 황금해변으로 떠나는 신밧드 여행 이라고 불렀다. 아이하라는 자신을 좋아하는 요시다에게 성관계를 가질 수 있는지를 묻는다. 요시다는 대답을 회피해 버린다. 요시다는 드디어 아이하라에게 사랑 고백을 하자 이것을 본 이토는 절망감에 빠져 바다로 뛰어든다. 요시다는 이토를 구해 인공호흡을 하게 된다. 정신이 든 이토는 요시다에게 마음만 먹으면 할 수 있다고 말한다. 요시다는 친구로만 생각해왔던 이토를 새롭게 생각한다. 이런 해프닝에 놀란 아이하라는 두 사람에게 모래를 끼얹고 이토와 요시다는 맑게 웃는다. 이 영화는 게이에 대한 문제를 일상생활 속에서 벌어질 수 있는 것으로 인식하고 세심하게 묘사한 영화라는 특징이 있다.

이 영화는 실제로 게이가 기능하는 데서 생기는 성에 대한 혼란과 질서를 경험하고 있는 일본사회에 새로운 문제제기를 한 작품이다. 사랑은 다양하게 존재한다. 기존의 감각으로는 남성과 여성 사이에 생기는 이성간의 사랑, 가족간의 사랑, 우정이 깔린 친구간의 사랑, 이성부부간의 사랑 등이 존재하였다. 그러나 당연하다고 인정된 사랑에 기초를 둔 사랑은 다양한 요인에 의해서 변하거나 변질되어 새로운 사랑으로 표면에 떠오르게 된다. 특히 동성간의 사랑은 이미

오래전에 발생하였지만 제도적 측면과 인식적 측면에서 정리가 되지 못하고 표류하고 있는 새로운 사랑이다. 이 영화는 여성과 동성이라는 세 사람을 등장시켜 남녀간의 사랑과 남성간의 사랑을 표현하고 있다. 그 이면에서는 이성간의 사랑보다 동성간의 사랑이 더욱 진하고 진지한 것이라는 점을 간접적으로 드러내어 기존의 인식을 깨려고 노력하고 있다. 이것은 기존의 성과 사랑이라는 틀에서 벗어나고 있는 일본사회의 성에 대한 새로운 현상을 보여 주고 있다.

수오 마사유키(周防正行) 감독은 릿교(立敎)대 재학 중 다카하시(高橋伴明) 감독을 만나 핑크영화의 조감독으로 활동하였다. 그는 처녀작으로 핑크영화인 ≪變態家族・兄貴の嫁さん≫(변태가족・형수, 83)를 만들어 극영화의 감독으로 성장할 가능성을 인정받는다. 그 작품을 높게 평가한 이타미 감독은 그로 하여금 ≪マルサの女をマサルする≫(마루사의 여자를 마루사하다, 87)와 ≪マルサの女2をマサルする≫(마루사의 여자2를 마루사하다, 88) 등을 촬영하게 했다. 이후에 ≪シコふんじやった≫(시코 훈잣다, 91)에서 약한 대학 스모 선수팀이 곤란을 극복하고 승리 하는 오락성을 가진 영화를 만들었다. 이후 중년남자의 사교춤을 통해서 새로운 인생을 개척하는 것을 그린 ≪Shall We ダンス?≫(춤 출까요, 96)를 만들어 대히트를 하게 된다. 이처럼 1990년대 일본영화는 다양한 소재와 현실적으로 일어날 수 없는 사건과 현상을 통해서 영화가 갖고 있는 환타지를 적극적으로 표현하였고 다른 한편으로는 삶 속에서 벌어지고 있는 사실을 담아낸 특징이 있다.

▉▉ 2. 2000년대의 감독과 영화

일본영화사에서 2000년대 영화는 포스트 기타노 시대 또는 포스트 뉴웨이브 시대라고 할 수 있다. <표7>은 2000년대의 감독과 영화를 나타낸 것이다. 이 시기에 활동한 감독으로는 오가타 아키라(緒方明), 시노하라 데쓰오(條原哲雄), 이와이 순지(岩井俊二), 하시구치 료스케(橋口亨輔), 나가사와 마사히코(長澤雅彦), 유키사다 이사오(行定勳), 덴간 다이스케(天願大介), 나카에 유지(中江裕

司), 다케나카 나오토(竹中直人) 등이 있다. 특히 구로사와 기요시(黑澤淸), 아오야마 신지(靑山眞治) 등 젊은 군단들이 기타노 다케시 감독과는 정반대의 길을 걷고 있는 특징이 있다.

<표7> 2000년대의 감독과 영화1

감 독	작 품	특 징
緒方明 (오가타 아키라)	獨立少年合唱團(00)	
篠原哲雄 (시노하라 데쓰오)	月とキャベツ(96), 洗濯機はおれにまかせろ(99), はつ愛(00), 木曜組曲(02), 昭和歌謠大全集(03)	서민 사랑
岩井俊二 (이와이 슌지)	見知れぬ我が子(91), if/もしも(93), 打ち上げ花火, 下から見るのか? 横から見るか?(93), Undo(94), PICNIC(96), Love Letter(95), スワロウテイル(96), 四月物語(98), リリイ シュシュのすべて(01)	국제적 감독
橋口亮輔 (하시구치 료스케)	ハッシュ(01), 二十歳の徵熱(92), 渚のシンドバット (95)	
長澤雅彦 (나가사와 마사히코)	ココニイルコト(01), ソウル(02), 13段階(03)	한일합작
行定勳 (유키사다 이사오)	GO(01), OPEN HOUSE(2000), ひまわり(00), 閉じ る日(00), 贅澤な骨(01), ロックンローリミシン(02), セブンスアニバーサリ(03), きょうのできごと(03)	다문화 영화
天願大介 (덴간 다이스케)	無敵のハンディキャップ(93), AIKI(03)	이마무라 감독 아들
中江裕司 (나카에 유지)	パイナップル・ツアーズ(92), 琉球ミュージカル映 畵(99), ナビイの戀(99), ホテル・ハイビスカス(03), 白百合クラブ, 東京へ行く(03)	
竹中直人 (다케나카 나오토)	無能の人(91), 119(94), 東京日和(97), 連彈(00)	

시노하라(篠原哲雄) 감독은 1962년생으로 1980년대 시나리오협회에 드나들면서 영화를 접하게 되었다. 그는 자주 제작한 《RUNNING HIGH》(러닝 하이)가 PFF′89에서 특별상을 수상하였다. 16미리처녀작인 《草の上の仕事》(풀위의 일)을 촬영해서 고베 국제인디펜던트 영화제에서 그랑프리를 수상하였

고 일본과 미국에서 개봉되었다. 시노하라는 젊고 능력이 있는 실력파 감독으로 알려져 있다. ≪はつ愛≫(첫사랑, 00)은 고교생 소녀가 불치병으로 병상에 누워있는 어머니에게 옛날 첫 사랑한 남자가 있다는 사실을 알고 어머니를 기쁘게 해주기 위해서 그 남자를 찾는 과정에서 생기는 혼란과 소동을 그린 영화이다. 어머니와 남자친구는 신슈(信州)의 동향인으로 댐 공사로 고향 마을이 물속에 잠기게 되었다. 그 시절 그들은 서로 사랑하였다. 세월이 흐른 지금 두 사람의 추억이 있는 벚꽃나무 아래에서 한번 만나고 싶은 소망이 있었다. 그 소원성취를 위해서 다른 벚꽃 나무아래이지만 두 남녀가 만날 수 있도록 계획을 세운다. 그런 꿈은 어른이 된 어머니의 마음을 달래기 위한 것이지만 소녀로서의 아름다운 꿈을 그리는 측면이 있어 어른들이 움직여 줄 수 있는지 의문이다. 최후에는 고향으로 여행을 가는 어머니가 만족하는 장면에서 영화는 끝을 향해 간다. 이 영화는 평범하지만 누구나 젊은 시절에 가졌던 첫사랑에 대한 마음을 그려 감동을 주고 있다. 첫사랑이라는 말만 들어도 가슴 떨리는 지난 이야기를 갖고 사는 현대인에게 현실에서 산다는 이유로 까맣게 잊어버린 청춘을 생각하게 한다는 점에서 공감을 얻고 있는 영화이다.

이와이(岩井俊二)는 1963년생으로 요코하마 국립대 졸업 후 CF, 비디오 등과 같은 영역에서 활약하였다. 1991년부터 텔레비전 심야방송용으로 10편정도의 단편을 발표하였다. 그 중에서 ≪見知らぬ我が子≫(낯선 우리아이, 91)가 드라마 DOS대상을 수상하였다. ≪打ち上げ花火,下から見るのか? 横から見るか?≫(쏴 올린 불꽃, 밑에서 볼까? 옆에서 볼까?, 93)로 일본영화감독협회 신인상을 수상하였다. 그리고 1996년 ≪Love Letter≫(러브레터)로 한국, 대만 등의 젊은 영화 팬에게 알려졌다. ≪Undo≫(운도, 94)는 1995년 베를린 국제영화제에서 포럼부문에 초청되어 NETPAC(최고의 아시아영화상)를 수상했다. ≪PICNIC≫(피크닉, 96)은 1998년 서울국제독립영화제에서 잠깐 소개된 작품이며 1996년 베를린국제영화제 포럼 부문에 출품되어 신문기자상을 수상하였다.

≪PICNIC≫(96)에서 부모의 손에 이끌려 정신병원에 입원한 10대 소녀 코코는 환자와 폭력적인 의료진 사이에서 새로운 삶을 시작한다. 코코는 과거에 얽매여 사는 사토루와 담임선생을 살해한 죄책감으로 환상 속에서 사는 쓰무지를 만나 서로에게 관심을 갖게 된다. 어느 날 코코는 두 소년과 담장여행에 동

행한다. 두 소년은 담장 위를 걸으면서 담장을 넘지 말라는 불문율을 어긴 적이 없다. 사토루와 쓰무지는 담장 위를 걸어 돌아오려고 할 때 코코는 담장을 뛰어 넘어가 그 동안의 규칙을 깬다. 그날 쓰무지는 성가대로부터 성경책을 선물로 받고 성경을 믿음으로써 짐을 벗어내려 한다. 코코는 눈 감으면 세상도 없어진다며 성경을 비웃는다. 그들은 세상의 종말을 보기 위해서 다시 담장을 넘어 세상 속으로 나간다. 세상이 온통 아수라장인 것을 발견한다. 이 과정에서 사토루는 담벼락에 떨어져 숨을 거두고 쓰무지와 코코는 바닷가로 간다. 쓰무지는 코코에게 자기의 과거를 고백한다. 그 예기를 들은 코코는 쓰무지에게 키스를 하며 자기도 철없던 시절 실수로 동생을 죽인 사연을 말한다. 그리고 그녀는 자신이 죽음으로써 지구가 멸망한다는 믿음을 실천하듯이 자기 머리에 방아쇠를 당긴다. 순간 쓰무지의 울부짖음 속에 그녀의 분신이라고 할 수 있는 까마귀 깃털이 바다 위 허공에 흩뿌려진다. 쓰무지와 코코가 보려고 했던 것은 죄의식으로부터 벗어난 삶이었다. 그들은 죽음으로써 새로운 세상이 나타날 것을 기대했던 것이다. 그들이 믿은 현실에서의 희망은 자신의 소멸이나 죽음으로써 얻어지는 자유와 미래를 가진 세상이었던 것이다.

　나가사와(長澤雅彦)감독은 1965년생으로 CM 회사를 거쳐 자유롭게 활동하였다. 이와이 슌지, 시노하라 감독등과 같이 영화 만들기에 참여했다. 그는 TOKIO의 보컬 나가세(長瀬智也)와 한국의 스타 최민수가 공연하는 한일합작 액션영화 ≪ソウル≫(서울, 02)을 촬영했다. 이후에는 살인해서 복역 중인 청년이 교도관과 함께 어떤 사형수의 죄를 씻어 주려는 미스터리영화 ≪13段階≫(13단계, 03)를 완성했다. 그의 작품인 ≪ココニイルコト≫(여기에 있는 것, 01)에서는 여자주인공 시노(志乃)가 도쿄에 있는 대기업의 광고대리점에서 카피라이터로 활약하는 모습을 다룬 영화이다. 회사중역과의 사랑이 부인에게 발각되어 오사카로 전근가 포지션도 영업직에 배치된다. 하는 일마다 꼬이고 동료와의 관계도 그렇게 좋지 않다. 그런 그에게 관심을 갖고 있는 청년 마에노(前野)가 나타난다. 그는 핀치에 몰린 시노를 구해주기도 하고 낙천적이며 매우 재미있는 성격을 가지고 있다. 그러나 불륜으로부터 벗어난 시노는 새로운 사랑을 찾아 가지 않는다. 그녀는 상사와의 불륜을 부끄럽거나 괴로운 것으로 생각하고 있지 않다. 그런 가운데 일에 대한 새로운 계기를 마련하고 동료와의

관계도 개선되어 겨우 정상적이라는 생활을 유지하게 된다.

이 영화의 이야기는 정상적인 가정에서 벌어져서는 안 되는 일이라고 단정하지만 실제로 생활 속에서 있을 법한 것이다. 같은 회사의 상사와 혼자 사는 커리어 우먼과의 사랑은 있을 수 있는 것이다. 지금까지의 관념으로 말하자면, 그것은 불륜이다. 불륜은 해명도 필요하지 않고 설명도 필요 없는 가정의 악으로 단죄되는 것이 지금까지의 관습이다. 남성은 중년이라는 사회적 신분으로 안정되고 금전적으로도 부족함이 없다. 오랜 결혼생활과 안정감에서 오는 무료함이 잠시 타인과의 사랑으로 표출된 것이다. 그에게 필요한 사랑이라는 것은 새로운 가정과 아내가 아니다. 이 욕구에 적합하게 맞아 떨어지는 여성이며 그것도 문제가 되지 않는 커리어 우먼과 나누는 사랑인 것이다. 커리어 우먼은 자신감을 갖고 자신을 책임질 수 있는 독립성을 갖고 있는 특징이 있다. 사랑에 빠지면 사랑을 하고 상황이 안 좋으면 떠나는 존재이다. 그에게는 매력을 가진 남성이 필요하다. 그것도 잘 아는 상사라면 더욱 좋다. 그녀가 생각하고 실행하는 사랑의 행위는 불륜이 아니다. 사랑 그자체로 생각하는 것이 기존의 개념과 다르다. 그러나 사회는 그들에게 가혹한 처벌을 한다. 일을 못하게 하거나 전근을 보내는 것이다. 그녀는 그런 상황에 얄밉게 잘 적응을 한다. 왜냐하면 일을 소중하게 생각하며 삶의 가치로 생각하기 때문이다. 그런 자신감 때문에 그녀는 커리어 우먼이라는 이름을 갖고 있고, 기존의 사랑의 틀을 깰 수 있다. 이 영화는 일본사회의 그런 면을 세세하게 잘 표현하고 있다.

유키사다(行定勳)감독은 1968년생으로 CM, 비디오, 텔레비전 드라마 등을 경험하고 이와이 슌지 감독의 조감독으로 활약하였다. 그리고 2000년 ≪OPEN HOUSE≫(오픈 하우스)로 데뷔하였다. 그는 ≪ひまわり≫(해바라기, 00)로 부산 국제영화제 국제비평가 연맹상을 수상하여 주목을 받았다. 그는 이후 일본아카데미 최우수감독상을 시작으로 각종 영화상을 수상하였고 젊은 감독으로 높은 평가를 받고 있다. 그는 제12회 미시마 유키오상을 수상한 스즈키(鈴木清剛)의 소설을 영화화한 ≪ロックンローリミシン≫(로큰롤 미싱, 02)을 만들었다. 유키사다 감독은 ≪GO≫(가다, 01)에서 재일한국인 젊은이들이 자부심을 갖고 생기 있게 살아가는 모습을 그렸다. 이전의 재인한국인이나 조선인을 그린 영화는 차별과 빈곤과 같은 시각에서 그렸기 때문에 마음이 무거운 영

화가 많았다. 이른바 사회고발적인 영화의 성격을 강하게 띠었다. 그러나 최근 젊은 감독들은 그런 휴머니즘적 시각과 소재에서 벗어나 자립심을 갖고 자신 있고 당당하게 살아가는 젊은이를 그려낸 특징이 있다. 그런 반면에 외국인에 대해서 강한 권력적 존재로서 비춰졌던 경찰과 같은 존재는 오히려 부드러운 존재로 그려내어 일본사회의 내외적인 면에서 변화가 있다는 점을 직간접적으로 밀도 있게 표현하고 있다 이것은 일본이 국제사회로 진입하여 새로운 사회로 가고 있고 가야한다는 점을 강조하고 있다. 이 영화에서는 일본과 일본인이 국제사회와 국제인으로 변화하고 있는 것을 표현하고 있고, 21세기에는 그런 사회가 주류사회가 되어 민족이나 정체성과 같은 요인에 의해 차별과 빈곤이 사라져야 된다는 것을 강하게 표현하고 있다.

덴간(天願大介)감독은 1959년생으로 류큐대학 졸업후 신조사에 근무하고 창작활동을 하다 감독으로 변신하였다. 영화감독의 거장인 이마무라 쇼헤이(今村昌平)의 장남이다. 그는 샐러리맨으로 일하면서 ≪妹と油揚≫(누이동생과 아부라게), ≪アジアン・ビート/アイ・ラブ・ニッポン≫(아시안 비토)를 감독하고 1992년에 퇴사한 후 본격적으로 제작활동을 하였다. 그는 ≪うなぎ≫(뱀장어)의 각본을 쓰고 1993년에는 장애자 프로레슬링단체의 일상을 그린 다큐멘터리 ≪無敵のハンディキャップ≫(무적의 핸디캡)을 감독하였다. 그의 작품인 ≪AIKI≫(아이키, 03)는 한 청년이 복싱선수로 영광의 길을 걷기 시작할 쯤에 교통사고로 꿈을 잃게 된 후 재기하는 이야기를 다루고 있다. 그는 실의에 빠져 방황하면서 밑바닥에 떨어지지만 새로운 희망을 갖고 재기하는 과정에서 주위로부터 많은 사람들의 도움을 얻어 성공한다. 교통사고로 하반신불구가 된 다이이치가 병원에서 재활훈련을 받는 과정이 화면으로 나타난다. 우여곡절 끝에 퇴원을 하여 사회에 나오지만 세상을 원망하는 마음이 가득 차 휠체어를 탄 채 친피라와 싸움을 한다. 이 순간에 다른 사람의 도움을 받아 겨우 위기를 모면하여 새로운 삶을 살 것을 결심한다. 그는 새 노점상을 하기 위해 기술을 배우고 일을 하기 시작하여 새로운 길을 찾게 된다.

<표8>은 2000년대의 감독과 영화를 나타낸 것이다. 이 시기에 활동한 감독으로는 히라야마 히데유키(平山秀幸), 구로사와 기요시(黒澤清), 미타니 코기(三谷幸喜), 나카다 히데오(中田秀夫), 모토히로 가쓰유키(本廣克行) 등이 있다.

<표8> 2000년대의 감독과 영화 2

감 독	작 품	특 징
平山秀幸 (히라야마 히데유키)	ザ・中學教師(92), 愛を乞うひと(98), 學校の怪談1(95), 學校の怪談2(96), 學校の怪談3(97), 學校の怪談4(99), 笑う蛙(02),OUT(02)	학교 괴담
黑澤淸 (구로사와 기요시)	地獄の警備員(92), DOOR3(96), 勝手にしやがれ(96), 成金計劃(96), 英雄計劃(96), CURE(97), 蛇の道(98), ニンゲン合格(99), Barren Illusion(99), 回路(01), アカルイミライ(02), ドツペルゲンガ(03)	포스트 뉴웨이브
三谷幸喜 (미타니 코기)	ラジオの時間(97), みんなのいえ(01)	희극작가
中田秀夫 (나카다 히데오)	女優靈(96), リング(98), リング2(99), サデイスティツク&マゾヒスティツク, カオス, ラストシン, ザ・リング, カラスの腦(00)	공포영화
本廣克行 (모토히로 가쓰유키)	7月7日, 晴れ(96), 踊る大搜査線(98), スーペス・トラベラーズ(00), サトラレ(01), 踊る大搜査線2(03)	TV 드라마

구로사와 기요시(黑澤淸)는 1955년 효고현(兵庫縣)에서 태어나 릿교(立校) 대학 재학 중 ≪SCHOOL DAYS≫(학교생활)이라는 8미리 영화를 만들었다. 1983년 핑크영화로 분류되는 ≪神田川淫亂戰爭≫(간다가와 음란전쟁)을 통해 감독 데뷔하고 뉴 재팬 시네마의 기수로 등장한다. 그는 ≪女子大生・恥ずかしゼミナール≫(여대생 부끄러운 세미나)라는 로망포르노 영화를 만들었지만 닛카쓰 영화사는 공개를 거부하여 재 촬영해서 만든 것이 ≪ドレミファ 娘の血が騒ぐ≫(도레미파 딸의 피가 끓는다, 85)이다. ≪スウィートホーム≫(스위트홈, 89)을 만들고, ≪カリスマ≫(92)로 선댄스 국제영화제에서 수상하여 감독으로서 명성을 얻었다. 구로사와 기요시는 인디펜던트 감독 사이에서도 이단아라고 할 정도로 개성을 가진 인물로 아오야마 신지(靑山眞治), 미이케 다카시(三池崇史) 등과 같이 포스트 뉴웨이브의 선구자라고 할 수 있다.

구로사와의 ≪Barren Illusion≫(바렌 환상, 99)은 가까운 미래 속에서 펼쳐지는 미치와 하루라는 두 젊은이의 사랑 이야기를 다룬 영화이다. 새로운 세기를 맞는 흥분과 감동이 지나간 거리에는 세기말적인 분위기가 여전하고 하늘에는 외출할 수 없을 정도로 꽃가루가 휘날리며, 거리에는 각양각색의 인종들이 활보하고 있다. 불안이 엄습해오고 질서가 없어 아무렇지도 않게 사람을 살해하고, 황폐함 속에 강자만이 살아남으며 자신을 지키기 위해 사람들은 가면을 쓴 채 혼돈 속에서 살고 있다. 음반 기획자인 하루는 20대중반임에도 불구하고 삶에 지쳐있고, 우체국에서 일하는 하루의 여자친구는 언젠가 멀리 떠날 것을 상상하며 가끔 외국으로 보내는 다른 사람의 소포를 훔쳐 자신의 방을 장식하곤 한다. 서로는 1년간 사귀었지만 낯설게 느끼고 있다. 그럼에도 불구하고 두 사람은 사랑에 대한 지루함과 권태를 느껴 꽃가루 면역성을 실험하는 신약개발의 모루모토가 되기를 자청한다. 잘못되면 생식 기능이 상실된다는 부작용을 알면서도 말이다. 실험이 시작되고 부작용으로 하루와 미치는 환상의 세계에 살게 되고 그런 환상을 통해서 사랑이 유지된다. 세상은 생식이나 결혼과 같은 시스템으로 사랑의 영원성을 보장하고 있는 중인데 이 시스템을 거부하는 하루와 미치에게 사랑이란 말은 단지 불행을 초래하는 것에 불과하였다. 일본의 현재를 다른 화법으로 표현하고 있는 특징이 있다.

미타니 코기(三谷幸喜) 감독은 1961년 도쿄에서 태어나 대학에서 연극을 전공했고, 재학중에 도쿄 선샤인 보이즈를 결성해 재능을 보이기도 했다. 그는 ≪12人の優しい日本人≫(12명의 아름다운 일본인)을 연출했고, TV방송에서 ≪王様のレストラン≫(왕의 레스토랑)을 통해 인기를 구가했다. 또한 그는 가부키 작가이자 뛰어난 희극작가로도 활약했다. ≪ラジオの時間≫(라디오 시간, 97)은 일본영화 아카데미에서 12개 부분을 수상한 작품이다. 그는 이 영화가 1998년 베를린 국제영화제 포럼 부분에 출품되면서 국제적으로 알려졌다. 이 영화는 라디오 드라마 세계에서 사람들이 좌충우돌하며 살아가는 모습을 웃음으로 그려낸 작품으로 정통파 코미디 영화라고 평가받고 있다. 한국에서는 ≪웰컴 미스터 맥도날드≫라는 제목으로 소개되었다.

≪ラジオの時間≫(97)은 한 가정주부가 『운명의 여자』라는 제목의 대본이 라디오 드라마 콩쿠르에 당선되면서 시작된다. 심야 생방송 드라마로 채택되어 성우들이 리허설을 하고 본 방송에 들어가기 직전 주연 여배우의 이름이 리쓰코에서 메리 제인으로 바뀐다. 프로듀서 우시지마는 여배우의 마음을 상하지

않게 하기 위해서 이름을 바꿔주는데 다른 성우들도 이름을 미국식으로 바꿔, 배경도 일본의 해변에서 뉴욕의 해변으로 바뀐다. 저마다 대본이 마음에 안 들어 바꾸기 시작한다. 여배우는 빠칭코에서 일하는 비련의 캐릭터가 싫어 커리어 우먼인 변호사로 바꾼다. 이에 상대방 남자 여배우는 어부라는 직업에서 파일럿으로 바꾼다. 배우 직업과 역할이 바뀌면서 드라마는 다양하게 변화하고 이에 따라 프로듀서는 각종 변화에 좌충우돌하면서 드라마를 제작한다. 처음에 멜로드라마로 출발했던 것이 이번에는 갱스터와 SF 액션물로 완전히 바뀐 것이다. 이 영화는 하나의 작품이 완성될 때까지의 과정을 통해 허상과 실상을 보여주고 유쾌한 웃음보따리를 풀어놓는 것으로 구성되어 있다.

　나카다(中田秀夫)감독은 1961년 오카야마(岡山)에서 태어나 도쿄대학을 졸업한 후 1985년 닛카쓰에 입사해 조감독을 하였다. 1992년 아사히(朝日) TV의 ≪정말 있었던 무서운 이야기≫시리즈를 통해 데뷔하였고, 영국에 유학을 한 후에 호러(horror)영화의 ≪女優靈≫(여배우혼, 96)으로 감독 데뷔했다. 이후 ≪暗殺の街≫(암살의 거리, 97), ≪學校怪談F≫(학교괴담, 97) 등을 거쳐 1998년 ≪リング≫(링)을 통해 일본열도에 링 바이러스 신드롬을 일으켰다. 일상공간 속에서 공포를 자아내는 호러영화를 만드는데 높은 평가를 받았다. 그는 ≪リング2≫(링2)를 만들어 대히트를 쳐 호러영화의 기수로 자리 잡았다. 호러영화감독으로 알려졌지만 그는 멜로드라마를 만드는 것이 꿈이라고 하였다. 일본에서 만들어진 호러영화는 전통예술인 노(能)나 가부키 등에서 연출해온 것에서 출발했다고 해도 과언이 아니다. 왜냐하면, 거기에 영, 혼, 귀신 등을 소재로 한 전통적 예술이 풍부하게 있었기 때문이다. 전통예술과 현대극의 배경과 내용에서 차이가 있지만 기본적으로 전통적인 감각에서 만들어지고 있다는 것을 알 수 있다.

　모토히로(本廣克行) 감독은 1965년생으로 요코하마 방송영화 전문학교를 졸업하고 CM제작회사를 거쳐 공동텔레비전에서 버라이어티 방송 등의 연출을 담당하였다. 그는 1992년 ≪惡いこと≫(나쁜 일)이라는 텔레비전드라마를 연출하였다. ≪7月7日, 晴れ≫(7월 7일 맑음, 96)으로 극장영화 감독으로 데뷔하였다. 초능력자를 다룬 ≪サトラレ≫(사토라레, 01)를 만들고, ≪踊る大搜査線≫(춤추는 대수사선, 98)으로 대 히트를 치게 된다. ≪踊る大搜査線2≫(춤

추는 대수사선2, 03)는 텔레비전 시청률 20%에 육박할 정도로 인기가 있는 영화이다. 이 영화는 경찰서의 기구적인 모순이나 상하관계의 어려움을 웃음으로 표현하는 한편 희극적인 액션으로 다루고 있는 특징이 있다. 특히 무능한 형사와 유능한 형사가 한 조가 되어 수사를 하면서 벌어지는 해프닝을 그려내고 또한 그 속에서 수사라는 진지함을 그려내고 있다. 이런 표현은 현대일본사회에서 벌어지고 있는 각종의 해프닝을 이야기하고 있으며 또한 반대로 진지함 속에서 벌어지고 있는 희극적인 현상을 표현하고 있다.

<표9>는 2000년대의 감독과 영화를 나타낸 것이다. 이 시기에 활동한 감독으로는 미이케 다카시(三池崇史), 나카노 유지(中野裕之), 하라다 마사토(原田眞人), 사부(SABU : 田中博行), 아오야마 신지((靑山眞治), 데쓰카 마코토(手塚眞), 히구친스키(Higuchinsky), 이다 조지(飯田讓治), 고레에다 히로가즈(是枝裕和), 다키다 요지로(瀧田洋二郎), 와다 마코토(和田誠) 등이 있다.

<표9> 2000년대의 감독과 영화 3

감 독	작 품	특 징
三池崇史 (미이케 다카시)	新宿黑社會(95), オーディション(99), 犯罪者(99), 漂流街(00)	청춘, 야쿠자 환타지
原田眞人 (하라다 마사토)	タフ(91), KAMIKAZE TAXI(95), 榮光と狂氣(96), バウンス Ko-gals(97), 金融腐食列島,呪縛(99)	사회파
SABU (田中博行 : 다나카 히로유키)	彈丸ランナー(97), ポスマン・ブルース, アンラッキ・モンキー(98), Monday(99)	포스트 뉴웨이브
靑山眞治 (아오야마 신지)	敎科書にないッ(95), Helpless(96), チンピラ(96), Wild Life(97), ユリイカ(00)	포스트 뉴웨이브
手塚眞 (데쓰카 마코토)	妖怪天國ゴースト・ヒロ(90), NUMANITE(95), 白痴(99), 實驗映畵(00)	데쓰카 오 사무아들
히구친스키 (Higuchinsky)	うずまき(00)	공포 영화

飯田讓治 (이다 조지)	キクロプス(86), バトルヒーター(89), ナイトヘッド(92 : TV시리즈), ラセン(98), アナザヘブン(00)	공포 영화
是枝裕和 (고레에다 히로카즈)	彼のいない8月(91), 幻想の光(95), 死後(98)	사후 세계
瀧田洋二郎 (다키다 요지로)	眠らない街 新宿鮫(93)	범죄 영화
和田誠 (와다 마코토)	怖がる人人(94)	옴니버스

미이케(三池崇史) 감독은 1960년생으로 이마무라 쇼헤이(今村昌平)감독과 오누치 히데오 감독 밑에서 조감독을 지내고 1996년 ≪新宿黑社會≫(신주쿠 뒷골목)로 데뷔하였다. 그는 청춘영화, 야쿠자 영화, 환타지 영화 등 다양한 장르의 영화를 만들고 있다. ≪オーディション≫(오디션, 99)은 무라카미(村上龍)의 원작을 영화화한 작품으로 1999년 벤쿠버 국제영화제에서 공식 상영되었으며 2000년 로테르담 국제영화제에서 KNF상을 수상하였다. 이 영화는 스릴러 공포영화의 참 묘미를 생생하게 보여준 작품이다.

하라다(原田眞人)감독은 영화평론가로 활동하다 1979년 영화계에 데뷔하였다. 그는 일본의 대표적인 사회파 감독이며 비주류 사회 감독으로 여겨지는 이른바 문제감독이다. 그는 ≪KAMIKAZE TAXI≫(가미가제 택시)에서 이민노동자의 현실과 전후 일본의 배상문제를 진지하게 다루었다. 이 영화는 일본계 이민 노동자들의 현실과 더 멀리 꿈꾸기 위해 움직이는 과정을 담은 이야기다. 그는 실제로 일본의 정치상황을 담은 화면을 중간에 넣어 극의 설득력을 높이고 페루 민속음악으로 분위기를 살리기도 하였다. 또한 ≪バウンス Ko-gals≫(바운스 고걀)에선 원조교제에 메스를 가하여 일본사회를 비판하였다. 1999년 일본영화계에 대이변을 일으킨 ≪金融腐食列島, 呪縛≫(금융부식열도, 주술)은 일본금융계의 비리를 파헤친 영화로 1백만 명의 관객을 동원하였다. 이 영화는 거품경제이후의 금융비리를 철저하게 실화에 바탕을 두고 만든 작품이다.

다나카(田中博行)는 SABU로 알려진 감독으로 와카야마현(若山縣)에서 태어나 도쿄에 올라와 배우로 영화계에 데뷔하고 ≪うなぎ≫(뱀장어, 96)에서 활동한다. 이후 ≪彈丸ランナー≫(탄환러너, 96)로 요코하마 영화제에서 신임감독상을 수상하며 감독으로 데뷔하였다. 그는 ≪アンラッキ・モンキー≫(언럭키 멍키, 98)를 만들었고, 제50회 베를린 국제영화제에서 국제비평가상을 받은 ≪Monday≫(99)로 '사부월드'라는 신조어를 탄생시킬 정도가 되었다. 사부월드 라는 용어는 열악한 조건의 저예산 인디펜던트 영화계에서 자신만의 독특한 색깔을 유지해온 그의 영화세계에 대한 놀라움과 경의를 표하는 말이라고 할 수 있다. 그런 개념은 기존의 타성과 상식을 과감하게 초월하는 새로운 영화세계로 이른바 포스트 뉴웨이브 또는 포스트 기타노 등의 의미와 상통한다고 할 수 있다.

아오야마(靑山眞治)는 1964년 후쿠오카(福岡)에서 출생하여 록 밴드를 결성해 음악에 심취하였다. 릿교 대학에 입학한 후 영화계에 뛰어들어 프리랜서 감독으로 활동하였다. 1995년 ≪敎科書にないッ≫(교과서는 없어, 95)로 데뷔하였고, 극장용 영화인 ≪Helpless≫(핼프리스, 96)를 만들어 포스트 뉴웨이브 세대의 기수로서 자리매김 된다. ≪チンピラ≫(친피라, 96), ≪Wild Life≫(와일드 라이프, 97) 등을 만들었다. 그는 ≪ユリイカ≫(유리이카, 00)로 칸느영화제 경쟁부문에서 국제영화 비평가 연맹상을 수상하였다. 이 영화는 밀레니엄 영상의 지평을 연 것으로 평가되고 있다. 또한 일본영화사에서 오즈 야스지로(小津安二郞)에서 기타노 다케시에 이르는 영화의 기본 흐름을 초월하는 새로운 시도를 했다고 평가 받는 포스트 뉴웨이브를 형성하는 중요한 작품이라고 할 수 있다. 여기에서 아오야마는 철저하게 타자적인 시각에서 영화를 조명해 간다.

데쓰카(手塚眞)는 데쓰카 오사무의 아들로 ≪白痴≫(백치, 99)를 만들어 1999년 베니스 국제영화제에 초대되었고, 제4회 부산 국제영화제에서도 선보여 폭발적인 찬사를 받았다. 1961년 도쿄에서 태어나 고교시절부터 8미리 영화를 직접 제작하였다. 그는 영화감독보다는 비주얼 아티스트라고 칭하는데 하이비전부터 컴퓨터 그래픽, 영상 미디어 등에 능통함은 물론 소설, 이벤트, 기획, 공연, CD 제작 등 다양한 영역에서 활동을 하고 있다. 그가 개발한 컴퓨터 소프트 웨어 'Teo'는 58만장이나 팔렸다. ≪白痴≫는 10년간의 준비와 자신의 재능을 총체적으로 보여준 작품이다. 이것은 베니스 영화제에서 디지털 상을 수상하였고 창조적 영상과 스펙터클한 오락성이 풍부한 작품이다.

≪白痴≫는 미래의 어느 시점으로 방송국에서 AD로 일하는 주인공 이자와가 일본의 어느 뒷골목 2층 하숙집에서 살고 있다. 거리는 온통 창녀, 부랑자, 소매치기 등이 들끓고 매일 자살자가 발생한다. 이자와는 조용히 영화제작을 꿈꾸며 살아간다. 그는 전쟁을 부추기는 TV프로에 신물이 났고, 또한 대스타 킹가의 노리게가 되어 심신이 피폐해진 상태이다. 그는 순수함을 잃지 않으려고 노력하는 가운데 매일 목메어 자살을 기도하지만 용기부족으로 실패한다. 그럴 때마다 이자와는 영화를 찍으려는 욕망이 더 커진다. 방송국의 조직사회는 점점 이자와의 목을 조여 온다. 어느 날 이웃에 사는 벙어리 사요가 광기에 사로잡힌 남편으로부터 도망쳐 이와자의 집으로 피신해온다. 백치여인에게 묘한 감정을 느끼는 가운데 서로의 안식처가 된다. 전쟁이 극한 상황에 달해 집이 폭격을 맞게 되고 이자와는 사요를 찾아 겨우 탈출한다. 그런 상황에서 이자와와 사요는 생전 처음으로 강렬한 생의 의지를 느껴 신비의 세계를 향해 발걸음을 옮긴다. 이 영화에서 데쓰카 마코토 감독은 현실의 지옥과 같은 환경과 방송국의 천국과 같은 화려함을 대비시켜 현실적 모순을 강도 깊게 그렸고, 한 시대에 존재하는 이질적인 일본사회의 모순적 공존성을 폭로하는 방향에서 메가폰을 잡고 있다.

히구친스키(Higuchinsky) 감독의 본명은 히구치 아키히로이다. 그는 1969년 우크라이나에서 태어난 것으로 알려졌지만 실제로 일본에서 태어났다. 그는 우크라이나 문화에 매료되어 이름까지도 바꿨다. 대학시절부터 비디오 아트 신작 공모에서 신인상을 수상하는 등 재능을 발휘하여 왔다. 이토 준지의 공포만화 ≪소용돌이≫를 영화화한 ≪うずまき≫를 만들어 데뷔하였다. 이 영화는 2000년판 신세기 괴기영화로 공포영화 장르에 속하지만 동화와 같은 느낌을 주는 영화이기도 하다. ≪うずまき≫(00)는 산속 작은 마을에 여고생 기리에가 히데카즈를 좋아하는 장면에서 시작한다. 히데카즈는 최근 아버지의 이상한 행동이 싫어져 마을을 떠나려고 고민을 하고 있다. 기리에는 히데카즈의 아버지가 이상하다는 것을 확인하고 이후부터 주위에서 이상한 일들이 일어나자 히데카즈의 아버지가 일으키는 소용돌이라고 생각한다. 기리에의 등급생이 학교 나선형 계단에서 떨어져 죽는 사건이 발생한다. 소용돌이 모양의 다양한 물건을 수집해온 히데카즈의 아버지는 기리에의 아버지에게 나선형으로 된 도자기

를 만들어 달라고 부탁한다. 기리에가 그것을 가지고 히데카즈의 집에 들어가서 보니, 세탁기 안에 엽기적으로 휘감겨 있는 히데카즈의 아버지 시체를 발견한다. 장사를 지내고 시신을 화장하자 시신에서 소용돌이 모양의 연기를 본 어머니가 쓰러져 병원에 입원하고 소용돌이 공포에 시달리다 그녀는 깨진 병조각으로 스스로 자살한다. 정체모를 소용돌이의 힘이 마을 전체를 휘감고 전염병처럼 번진다. 소용돌이 머리스타일, 사람들의 몸이 꼬여가기도 하고, 학교엔 인간의 머리를 가진 달팽이 등이 나타난다. 그런 가운데 마을을 따나려던 히데카즈는 몸이 꼬여 죽고 드디어 이런 소식이 방송과 신문에 알려진다. 취재왔던 기자는 잠자리 연못의 비밀을 알게 되는 순간 죽어버렸다. 어느 누구도 마을을 떠나지 못한 채 기리에의 독백만이 반복된다. 이런 상태에서 소용돌이 저주는 소용돌이친 채 끝을 맺는다.

이다(飯田讓治)는 나가노현(長野縣) 출신으로 8미리 영화 ≪Rest≫(레스트)로 피아 필름페스티벌에서 입상해 타고난 재능을 보였다. TV방송국 경험을 통해서 실력을 배가시켰다. 1986년 호러 비디오 물 ≪킥롭스≫로 감독 데뷔하였다. 1989년 직접 각본을 쓰고 감독한 ≪베틀히트≫를 만들었고, 1992년 TV시리즈인 ≪나이트 헤드≫로 유명해져 1994년 영화화되었다. 이후 1998년에는 ≪링≫ 시리즈의 연작인 ≪라센≫(98)을 감독했다. ≪라센≫(98)은 현실사회에 대한 분노와 부정 속에서 인간은 구원될 수 있는가 라는 인간존재의 근원적 물음을 제기한 영화이다. 그는 ≪アナザヘブン≫(어나더해븐, 00)을 통해 그의 역량을 발휘하였다.

≪アナザヘブン≫(00)은 2000년 일본영화 가운데 최고의 오락물이라고 평가받고 있는 작품이다. 이 영화는 인간과 악의 관계를 좇는 방식을 잘 표현한 작품이다. 한 연립에서 남자의 시신이 발견되어 경찰이 수사를 한다. 현장검증을 하던 주인공 마나부 형사는 가스렌지 위에 끊고 있는 스튜요리를 발견한다. 끊고 있는 스튜는 바로 시체에서 떼어낸 뇌라는 것을 알고 경악한다. 엽기적 사건이 연속적으로 일어나는 가운데 시체의 뇌로 다양한 요리가 만들어지고 성관계를 갖으며, 육중한 힘에 눌려 있다는 공통점이 있다. 이런 사실관계로 범인은 육중한 체구에 강한 힘을 가진 여성으로 추정하였다. 그러나 어느 날 여성은 3남자를 같은 방법으로 살해를 하던 중 넘어져 뇌진탕을 일으켜 죽는다. 따

라서 사건은 범인의 사망으로 종결되는 듯하였다. 그러나 사건은 연속해서 일어났다. 다만 뇌 요리만은 만들지 않았다. 사건에서 살아남은 다카기는 묘한 웃음을 지으며 마나부 형사 앞에 나타난다. 살인을 저지른 것은 인간의 뇌를 옮겨 다니는 정체모를 물체였다. 건물을 날라 다니는 다카기를 잡아 물체의 비밀을 폭로하려고 하였다. 마나부 형사는 이 물체를 '무언가' 라고 명명하고 수사를 하였지만 그 무언가라는 물체는 마나부 형사에게 집착과 애정을 갖는다. 마나부는 정의감에서 형사가 된 것이 아니라 살인형장을 보면서 희열을 느끼는 악의 요소에 끌려 형사가 된 것이다. 이런 악의 요소에 무언가 라는 물체는 애정을 가졌던 것이다. 다카기의 시신이 다시 발견되자 마나부 형사는 무언가라는 물체가 자기 주위에서 맴돌고 있다고 느낀다.

고레에다(是枝裕和)는 1962년 도쿄출신으로 와세다(早稻田) 문학부를 졸업하고 영화 활동을 하였다. 그는 ≪그가 없는 8월≫(91)을 만들었고, 장편영화 ≪환상의 빛≫(95)은 베니스 국제영화제에서 수상을 하여 명성을 얻었다. ≪死後≫(사후, 98)는 낭트대륙영화제와 세바스찬 국제영화제에서 그랑프리를 수상한 화제작이다. 죽은 후의 세계에 대한 궁금증을 풀어낸 작품으로 사후의 세계에서는 사자를 심판하는 것이 아니라 단지 자기추억 장면만이 있고 망자들은 그 행복한 기억 속에 묻혀 즐거워해야 할 책임을 언도받는다. 이 영화에서는 '당신이 죽었습니다' 라는 오프닝 멘트와 함께 이승과 저승의 중간지대인 '림보'에 모인 22명의 죽은 영혼들이 고해성사를 하듯이 앉아 자신의 추억거리를 되새기는 망자들의 얼굴이 담담하고 평온하게 그려진다. 디즈니랜드에 놀러간 기억부터 사랑하던 남자와 보낸 하룻밤의 이야기, 아이를 낳았을 때의 행복한 순간 등을 떠올린다. 그러나 세 사람은 자신이 행복했던 순간을 떠올리지 못해 고민한다. 70대 신사 할아버지는 평범한 생활을 하였기 때문에 행복한 순간을 기억하지 못하고, 20대 젊은이는 추억자체를 거부하며, 할머니는 안내자의 말을 애써 외면한다. 여기에서 안내자는 결국 자기의 행복한 순간을 기억 못해 안내자로 남아있는 자들이다. 이들은 인생에 대한 증오와 냉소만이 있었고, 그들이 미리 알지 못했던 이승에서의 사랑이야기를 밝히는 쪽으로 이야기는 전개된다. 고레에다 감독은 죽음과 삶, 이승과 저승이라는 혐오스러운 주제를 갖고 거리감 없는 이야기를 전개하는 탁월한 재능을 발휘하고 있다.

다키다(瀧田洋二郎) 감독의 ≪眠らない街 新宿鮫≫(잠 못자는 거리, 신주쿠사메, 93)는 하드 보일드 터치로 잘 만들어진 범죄영화로 평가받고 있다. 병적인 살인자와 그를 쫓는 형사, 그들이 도망가고 쫓는 과정에서 벌어진 총탄 등이 인상 깊게 그려지고 있다. 신주쿠에서 연속적으로 경관살인사건이 일어난다. 사용된 총탄과 정황을 조사하는 과정에서 총은 특수하게 변조된 것으로 밝혀졌다. 신주쿠 상어라는 별명을 가진 사메지마(鮫島) 형사는 편집증의 범죄자를 찾아 나선다. 사메지마 형사는 엘리트 코스를 거친 형사이지만 이전에 수사하는 과정에서 과격한 방법으로 수사해 내부고발로 엘리트 코스에서 제외되어 위험인물로 찍힌 형사이다. 이 사건으로 새로 부임한 형사는 그를 고발한 형사였다. 사메지마 형사에게는 범죄자와 이전에 자기를 고발한 또 한 사람의 적이 생겨 전체 내용을 긴장시킨다. 이런 과정에서도 사메지마는 젊은 애인과 섹스를 함으로써 여러 가지 생활에서 생기는 스트레스를 해소하고 있다. 그가 쫓는 범인은 병적인 내향적 성격을 갖고 있으면서 사람을 무차별적으로 싫어하여 살해하는 인물로 판명난다. 이 영화는 사면초가에 몰린 인간의 행동과 그에 대처하는 모습을 그린 특징이 있다.

■■ 3. 국제영화제의 수상 감독과 영화

국제화기의 일본영화는 국제영화제에서 다양한 상을 수상하게 된다. 이런 점에서 일본영화의 황금기를 이어 놓은 자부심이 있었고 일본영화의 위상은 크게 변하게 된다. 국제영화제에서 수상하여 알려진 감독을 보면, 다케나카, 고레에다, 이와이, 히가시, 이마무라, 기타노, 가와세, 신토, 아오야마 등이 있다. 그 중에서 이마무라 감독과 신토 감독은 이미 국제무대에 알려진 고참감독이었다. 특히 기타노 다케시 감독은 1990년대와 2000년대를 통해서 국제영화제에서 수상하여 대표적인 일본감독으로 위상을 높이게 된다. <표10>은 국제화기에 국제영화제 수상 감독과 작품을 나타낸 것이다.

<표10> 국제영화제 수상 감독과 작품

년 도	감 독	작 품	영화제	상 종 류
1991	竹中直人	無能の人	베니스	국제비평가상
1995	是枝裕和	幻想の光	베니스	금 오셀리아니상
1995	岩井俊二	undo	베를린	네크파크상
1996	東陽一	繪の中のぼくの村	베를린	은곰상
1996	岩井俊二	PICNIC	베를린	신문기자상
1996	小栗康平	眠る男	베를린	국제예술영화연맹상
1997	今村昌平	うなぎ	칸느	그랑프리
1997	北野武	HANA-BI	베니스	산마르토 금사자상
1997	大林宣彦	SADA	베를린	비평가연맹상
1997	河瀨直美	萌の朱雀	칸느	신인감독상
1997	三谷幸喜	ラジオの時間	베를린	연맹돈키호테상
1995	新藤兼人	午後の遺言狀	모스코바	영화비평가심사위원상
2000	青山眞治	ユリイカ	칸느	영화비평가연맹상
2000	緒方明	獨立少年合唱團	베를린	신인감독상
2000	市川崑	どら平太	베를린	특별상
2000	新藤風	LOVE/HUICE	베를린	비평가연맹상
2003	北野武	座頭市	베니스	감독상

일본영화가 국제사회에 등장하게 된 시기는 1950년대 제2전성기를 맞이한 시기이다. 그때 일본영화는 전통적인 일본 미학이 국제적으로 인정을 받고 높은 평가를 받아 국제적 위상을 확보할 수 있었다. 1990년대 이후 일본영화는 그런 전통미를 강조하는 일본적 미학을 통해서 관심을 끌었지만 그 이상의 관심을 끌지는 못했다. 그런 가운데 현실사회를 주제로 한 멜로드라마나 인간의 심성

을 심도있게 그려낸 작품들이 나타나 일본영화의 새로운 조류를 형성하면서 각
광을 받게 된다. 그것은 포스트 뉴웨이브라는 장르로 나타난 것으로 상상력을
통해서 발현되는 미래사회와 그 속에서 우리들의 모습을 보편적으로 그려내어
공감을 얻었다는 특징이 있다. 이런 점에서 보면, 1990년대 이후 일본영화는
지엽적인 소재와 내용에서 벗어나 보편적인 관심과 가치를 소재로 하여 공감을
얻었다는데 미래가 밝다고 할 수 있다.

Ⅳ 국제화기의 영화와 시대성

▨ 1. 국제주의

국제화기의 최대과제는 일본을 개방하는 것으로 일본사회와 일본인의 국제화 촉진시키는 것이다. 다른 한편으로는 다양한 민족과 문화에 탄력적으로 대응해서 이질성을 인정하는 것이다. 이런 흐름을 사상적으로 국제주의라고 할 수 있다. 영화 속에서 국제주의는 에스닉(ethnic)을 소재로 이질성을 인정하고 그것에 적극적으로 대응하는 흐름으로 나타난다. 특히 1980년 후반부터 급격하게 증가한 재일외국인의 존재에 대한 관심이 높아졌다. 타자와의 만남을 소재로 한 영화가 유행하였지만 그렇다고 그런 영화 모두가 성공한 것은 아니었다. 국제화기의 영화는 이전처럼 재일한국인, 재일조선인 등에 대한 차별과 편견 등을 소재로 하는 것이 아니라 국적은 다르지만 같은 공간에서 같은 인식과 의식, 생활양식을 갖고 같은 가치로 살아가는 존재라는 시각에서 다루었기 때문에 그 자체가 탈민족주의나 국제주의의 성격을 강하게 띠고 있다. 다른 한편으로는 일본 내에서 외국인과 내국인을 구별하지 않는 평등성을 강조한 성격을 띠기도 하였다. 그런 내용을 담은 영화는 매우 다양하다.

야나기조(柳町光男)는 ≪愛について 東京≫(사랑에 대해서 동경, 92)에서 겸손하게 재일중국인에 대한 동정과 공감을 고백했지만, 포스트 사회의 주인인 일본인의 마음을 잘 표현하지는 못했다. 또한 오구리(小栗康平)는 ≪眠る男≫(잠자는 남자, 96)에서 인도네시아와 한국의 일류 배우를 출연시켜 일본영화의 국제성을 의도적으로 드러내려고 하였다. 오구리 감독은 현실적으로 아시아에 접하지 못하고 구습 속에서 타자를 교묘하게 이지메하는 자위행위에 취해있는 듯이 보였다. ≪眠る男≫(96)은 한국 영화배우인 안성기와 인도네시아 영화배우 크리스틴 하킴 그리고 일본배우 야쿠쇼 고지 등을 등장시켜 국제적으로 캐스팅

한 것으로 화제를 불러일으켰고 부산국제영화제에서도 상영된 적이 있다. 이 영화는 아시아의 연대의식과 진정한 교류를 염두에 두는 한편 일본의 자아성찰을 그린 영화이며, 군마현(群馬縣)이라는 지방자치단체가 지원한 영화이기도 하다.

이 영화에서는 한 농촌 마을에 여행을 하던 다쿠지(안성기)가 산에서 사고를 당해 의식불명 상태로 누워있다. 그는 마치 동면한 상태에 있는 것처럼 미동도 하지 않자 오랜 친구인 우에무라(야쿠쇼 고지)는 계속 말을 건넨다. 다쿠지는 식물인간이 되어 움직일 수 없지만 의식만은 우주를 자유롭게 돌아다니고 있다. 마을 어귀에 있는 바에는 동남아출신의 여성들이 일을 하고 있다. 그런 여성 가운데 홍수로 아들을 잃은 티아(크리스틴 하킴)는 자포자기 심정으로 하루하루를 힘들게 살고 있다. 그녀는 마을 사람에게 알려지게 되었고, 그녀 또한 식물인간이 된 다쿠지의 존재를 알고 마음이 끌리게 되지만 다쿠지가 죽고 만다. 어느 날 티아는 죽은 자의 세계에서 산 자를 부르는 소리인 '마쓰가제'공연을 보고 난 뒤 무엇인가에 강렬하게 끌리는 것을 느낀다. 그녀는 숲 속을 헤매게 되고 그날 밤 보름달을 바라보는 순간 다쿠지의 영혼이 다시 돌아왔다고 느낀다. 이윽고 다쿠지가 정겨워 했던 오두막에서 만남이 이루어 진다. 그들은 오랫동안 물이 없었던 샘에서 물이 솟아나는 삶의 소리를 듣게 된다. 주인공인 안성기는 잠자는 남자로 등장해 대사는 거의 없다. 오구리는 이 영화에서 산자와 죽은 자간의 일상을 뛰어넘는 심연의 교류를 통해 생과 사가 공존하고 공생한다는 황당한 환상을 그려냈다.

이 영화에 등장하는 실제배우와 연극속의 인물이 동일한 가치를 갖고 있는 것은 아니다. 다만 국제화라는 시각에서 보면, 여자역인 티아의 존재가 크게 부각되는 작품이다. 티아는 인도네시아 출신으로 타민족이자 아이를 갖고 외국에서 고달프게 살아가는 연약한 여자이자 약자이다. 그는 일본이라는 이질적인 국가에서 그것도 바에서 일하는 여성이다. 이런 설정은 1980년대 이후 돈을 벌기 위해 일본에 온 전형적인 외국여성의 이미지를 그대로 영화에 옮겨 놓은 것이다. 경제적 수준을 보면, 아시아에서 일본이 가장 높다. 높다는 의미는 수치상의 문제가 아니라 인간의 이동을 유발시키는 중요한 원동력으로 작용한다는 것을 함의하고 있다. 그런 인간적인 해석과 기대감 때문에 영화 밖의 여성들이 일본에 왔듯이 티아도 일본에 왔다. 그러나 이질적인 사회에 적응하는 것에 어려움을 겪게 되고 접근이 가능한 바에서 일하게 되어 평범하지 못한 직업과 환경에서 살아간다. 그런 소외와 한계를 통해서 티아는 또 다른 콤플렉스를 가진 다쿠지의 존재를 알면서 동병상련의 감정을 느끼게 되고 사랑의 감정마저 느낀다. 이것은 이루어질 수 없는 사랑이지만 가치에 있어서는 어느 사랑보다도 소중하고 귀중한 사랑이다. 이 영화는 실제 이방인으로 일본사회에서 살고 있는 외국인이 삶에서 겪는 고통의 깊이를 말하고 있고 또한 사랑이 갖고 있는 소중한 가치를 일본인에게 말하고 있는 듯하다.

일본영화 감독 중에서 젊은 세대인 야마모토(山本政志)나 쓰카모토(塚本晉也) 감독은 타자라는 관념을 둘러싸고 급진적인 자세로 억지가 아닌 진실한 자세로 영화를 만들었다. 야마모토는 ≪てなもんやコネクション≫(데나몬야 콜렉션, 90)과 ≪ジャンクフード≫(정글푸드, 98)에서 어떤 국가에 귀속하지 않게 된 도쿄(東京), 요코하마(橫浜), 홍콩 등을 동등하게 취급하여 영원히 유랑하는 약자가 거대한 권력을 떠나는 것을 희극적으로 그려냈다. 쓰카모토는 에스니시티(ethnicity)를 넘어 인간이 인간답게 살아가는데 직면하게되는 상황을 그로테스크하게 그린 작품이 ≪鐵男≫(철남, 89)이다. 또한 ≪バレット・バレエ≫(바레토 발레, 98)에서는 공격유발성에 초초해 하는 평범한 주인공이 어떤 계기로 갑자기 금속제의 괴물이나 총기 마니아로 변신하여 스스로 그 분신이라고 할 수 있는 괴물과 말에 탄 병사와 같은 움직임을 한다. 쓰카모토가 생래적으로 가진 그로테스크한 상상력은 국제적인 컬트스타로 만드는 원동력이 되었다.

일본에서 타자와의 만남을 통해서 발생하는 문제는 전후 해외에서 온 사람에 한정된 이야기는 아니다. 일본에는 구식민지였던 한국국적이나 조선국적을 가진 사람이 60-80만이 거주하고 있다. 그들은 지금까지 전쟁에 대한 배상을 받지 못하고 국적을 그대로 유지한 채 경계인으로 살고 있다. 또한 일본사회에서 일본인과 같은 행동과 사고를 하고 있지만 제도적으로 많은 제한을 받아 선거권 박탈은 물론 다양한 차별과 불이익 속에서 살고 있다. 전후 일본영화계에서는 그런 소수민족에 대해서 우치다(內田吐夢), 이마무라(今村昌平), 오시마(大島渚) 등을 제외하고는 거의 입에 담지 않았다. 그런 가운데 오시마 감독에게 사사 받아 1980년대 이이돌 영화를 찍은 최양일은 ≪月はどっちい出ている≫(달은 어디에 뜨는가, 94)에서 재일한국인을 소재로 그들을 둘러싼 문제를

정면에서 다루었다. 이 영화는 어린시절 제주도의 학살을 면하기 위해서 일본으로 도망 온 여주인, 자식, 필리핀 호스티스, 재일조선인, 이라크인 등이 당당하게 살아가는 모습을 코믹하게 그려 새로운 맛을 보여주고 있다. 국제화된 일본사회에서 어려움이 있지만 당당하게 살아가 오히려 일본사회의 국제화를 촉진시키는 역할을 하고 있는 특징이 있다.

주인공은 도쿄의 작은 택시회사에 근무하는 북한국적을 갖고 있는 사람이다. 어느 지인의 결혼식에서 한국국적을 가진 손님이 많이 출석한 석상에서 축하곡으로 부르는 북한노래와 한국노래간의 균형을 잡으려 사회자가 애를 쓰고 있었다. 남북한 간에 미묘한 대립과 긴장을 북한 국적을 가졌던 최양일 감독은 희곡으로 그려내고 있다. 택시회사에는 이라크인이 근무하고 있고, 그의 어머니가 운영하는 비에는 필리핀 여성이 일하고 있다. 이런 이중삼중의 차별사회에서 결코 기죽지 않고 다양한 국민들이 당당하게 살아가게 된 사회가 일본사회이며 그곳을 바꾸는 사람이 차별 받고 있는 외국인이라는 점을 강조하고 있다. 최양일 감독은 스승인 오시마 나기사 감독이 한국을 둘러싼 다양한 문제의식을 잊어버리지 않고 있다는 점을 항상 인식하고 있었다. 그는 그런 시각에서 울분을 분출이라도 하듯이 오키나와를 중심으로 한 민족문제관련 영화를 4편이나 만들었다. 그 영화에서 최양일 감독은 일본사회의 국제화를 촉진시키고 다양한 민족이 살아갈 수 있는 환경변화를 강하게 요구하고 있다.

특히 젊은이를 소재로 해서 일본사회의 변화를 그려낸 대표적인 감독이 유키사다(行定勳)이다. 그는 ≪GO≫(가다, 01)에서 재일코리안 젊은이들이 자부심을 갖고 살아가는 모습을 그려내고 있다. 특히 이 영화는 실제로 일본에서 국경선이 무너지고 있는 현상을 그린 작품이라는데 가치가 있다. 이전의 재일한국인이나 재일조선인을 그린 영화는 차별이나 빈곤 문제를 축으로 하여 표현했기 때문에 부담스럽고 무거웠으며, 사회파가 그려내는 고발영화의 성격을 강하게 띠었다. 그런 소재이외에는 눈물을 흘리는 휴머니즘영화가 주축을 이루었다. 그러나 최근에는 옛날 의식에서 벗어나 웃음을 자아내게 하는 영화가 만들어지고 있어 일본사회의 변화와 재일코리안의 변화를 감지하게 한다. 그렇다고 재일외국인 문제가 해결된 것은 아니지만 영화를 통해서나마 유쾌한 장면이 그려지고 있는 것은 일본사회가 많이 변화하고 있다는 것을 의미한다. 이 영화는 옛날

멸시하던 시대를 극복하고 반항적인 좌익이데올로기가 사라진 현대사회에서 홀륭하게 자립해 개인으로 살아가는 재일코리안의 인간군상을 잘 표현했다.

또한 국제화기에 걸맞게 다루어지고 있는 영화소재가 국제결혼이다. 대표적인 작품이 히라야마(平山秀幸)감독의 ≪愛を乞うひと≫(사랑을 구걸하는 사람, 98)이다. 이것은 국제 결혼한 부부가 자식을 학대하는 과정에서 생기는 문제를 통해서 양국의 관계를 그려내고 있다. 도미코(豊子)는 패전 후 도쿄에서 대만인 진문웅(陳文雄)의 도움으로 목숨을 구하게 되었고, 이것을 계기로 결혼하여 아이를 낳았지만 도미코는 그 아이를 학대하기 시작한다. 남편 진은 아이를 보호하기 위해서 도미코와 헤어진다. 그러나 진은 결핵으로 사망하여 다시 아이는 도미코에게 인계되어 학대를 받게 된다. 학대를 받으며 성장한 쇼게이(照惠)는 결혼하여 가정을 꾸리고 잘 살다가 남편과 사별했음에도 불구하고 딸을 훌륭하게 키운다. 그러나 쇼게이의 마음에는 돌아가신 아버지가 남아있다. 그래서 그녀는 딸과 같이 아버지의 흔적을 찾기 위해 대만에 가 이웃들을 알게 된다. 이어서 어머니 도미코가 미용원을 하고 있다는 사실을 알고 찾아가지만 서로 모르는 척하고 헤어진다. 그녀는 어머니를 보는 순간 어린 시절의 아픔이 생각났기 때문이다. 그 순간 따뜻했던 아버지와 아버지 고향사람들의 사랑이 마음을 달래준다는 사실을 느끼게 된다.

그리고 이와이 슌지(岩井俊二) 감독은 ≪スワロウテイル≫(스와로우틸, 96)에서 경제대국 일본에서 뿌리 없이 살아가는 이방인의 생명력 넘치는 삶을 그렸다. 이 영화는 경제대국 일본의 화폐단위인 엔이 만들어내는 엔타운에서 일본 돈을 벌려는 이민자들의 투쟁을 그린 것이다. 엔으로 움직이는 도시를 엔타운(円都)이라고 하고 일본인들은 엔을 벌기 위해 몰려드는 이민자를 경멸하는 의미로 엔도로보(円盜)라고 부른다. 중국계 이민자인 2세 소녀 이토 아유미는 창녀 그리코에서 넘겨진다. 그리코는 아유미에게 아게하라는 이름을 붙이고 천진난만한 그녀를 아오조라 차량정비소에서 아르바이트를 시키면서도 고철 수집 일을 하게 한다. 어느 날 그리코의 손님이 이층에서 떨어져 죽자 숲 속에 묻던 중 시체에서 마이 웨이라는 노래가 녹음된 카세트 테이프가 발견된다. 엔타운에 암약하는 중국인 마피아 두목 됴랑카는 1만엔 권 지폐의 복제코드가 담겨있는 테이프를 찾고 있었다. 이 사실을 안 아오조라 패거리는 위조지폐를 만

들어 떼돈을 갖게 되자 그리코와 같이 엔 타운을 떠나지만 그 프로그램을 알 아낸 정비소 직원 란은 남는다.

　도시로 나와 엔타운 클럽을 만든 그리코는 가수로 데뷔하고 음반을 내어 유명해진다. 그러자 레코드회사는 그녀에게 일본으로의 귀화와 아오조라 패거리와 결별할 것을 요구한다. 이후 그리코는 클럽을 떠나 음악활동을 하고, 아게하는 엔타운으로 다시 흘러들어온다. 마약주사를 맞고 기절한 아게하는 료랑카의 도움을 받아 목숨을 구하게 된다. 반면 그리코는 음악차트 1위를 달리며 상승 가도를 달리고 있다. 어느 날 여기자에게 창녀가 찾아와 그리코의 과거를 이야기해준다. 이 사실이 료랑카에게도 전해지고, 여기자가 그리코를 납치해 집요하게 과거를 캐묻던 중 테이프를 찾아다니던 료랑카 조직이 습격을 한다. 그리코는 아오조라에 있는 란이 테이프를 갖고 있다고 알려준다. 료랑카의 조직이 들이닥치지만 란은 간단하게 이들을 물리친다. 그는 비밀조직의 암살요원이었던 것이다. 아게하는 엔타운을 부활시키기 위해 마이웨이 테이프를 사용하여 거액의 돈을 다시 벌어들인다. 최후로 아게하는 료랑카에게 마이웨이 테이프를 넘겨주며 사라진다.

　국제화기 일본에는 새로운 모습이 부각된다. 우선 아시아민족이 일본으로 이동하는 과정에서 생기는 일본국내의 다민족화, 일본인과 외국인과의 국제결혼에 따른 다인종 및 다언어, 재일한국인과 재일조선인과 같은 재일코리안이 비주류 사회에서 주류사회로 이동하면서 생기 있게 살아가는 모습 등과 같이 일본사회는 크게 국제성을 담고 진행되고 있다. 다른 한편으로는 재류자격과 무자격이라는 굴레를 벗어나 자기가 살고 있는 곳이 살아야 곳이라는 새로운 감각의 무국적성이 혼재하고 있다. 또한 국제화는 국가수준에서만 이루어지는 것이 아니라 개인, 사회, 범죄 등과 같이 다양한 수준에서 진행되고 있다. 국제화기의 영화는 그런 일본이 갖고 있는 이너시티문제를 타인의 문제가 아니라 자국이나 국제문제로 인식하는 차원에서 표현하고 있는 특징이 있다.

■ 2. 리데주의

리데(RIDE)주의는 컬트주의(cultism)나 호러주의와 관련되어 있지만 본고에서는 삶과 죽음을 다룬 사조를 리데(LiDe : Life-Death)의 약자를 이용해서 리데주의로 정의하고자 한다. 리데주의를 담고 있는 영화는 현실에서 삶을 영위하는 자와 저승으로 가 육체적 생명이 없지만 정신적 세계를 산자처럼 살아가 삶을 영위하는 자가 현실에서 연결되어 함께 살아가는 과정에서 생기는 다양한 삶을 그리는 특징이 있다. 이른바 리데영화는 죽은 자가 현세에서 살아있는 자에 의해 재생되거나 관계되어져 살아가게 되는 한편 그것이 기초가 되어 스토리가 전개되는 영화를 의미한다. 일본에서 그런 리데영화는 청춘영화 즉 소녀와 소년 영화에서 자주 등장하고 유령으로도 나타나고 있다. 그것은 현대인의 무능력과 희망을 초능력을 통해서 실현하는 가상의 세계이지만 현실을 완전히 떠난 이야기가 아니며 또한 거대하거나 허망한 상태로 출현하는 것이 아니라 소박하고 현실에 적응 잘하는 유령이며 가까운 곳에 기거하여 생활 속에서 같이 사는 존재로 그려지고 있다.

대표적인 작품이 오바야시(大林宣彦)의 ≪ふたり≫(두 사람, 91)이다. 이 영화는 작은 도시에 중학교를 졸업하고 고교생이 되는 한 소녀의 정신적 성장을 그린 작품이다. 이 영화의 주인공은 짓카(實加)이다. 그의 언니인 치즈코(千津子)는 미인이면서 인기가 있고 무엇이든지 할 수 있는 우수한 능력을 가진 소녀였다. 따라서 언니와는 비교가 안 되는 짓카는 자기가 바보이며 무엇이든지 못하는 사람으로 인식하고 있다. 그러던 어느 날 언니가 고교생이 되어 통학하던 중에 비탈길에서 사고를 당해 죽게 된다. 짓카는 언니가 없어진 가정을 위해 자신이 잘하지 않으면 안 된다고 다짐을 한다. 그러나 용기를 갖고 하면 할수록 자신감이 떨어져 실의에 빠지게 된다. 그런데 갑자기 언니 유령이 나타나 그녀를 도와줘 위기를 넘긴다. 유령이 나타나서 도와주는 가운데 짓카는 내면적으로 성장하여 언니 유령의 도움이 필요 없어지게 되자 오히려 유령이 외로워한다. 현실에서 존재하지 않은 유령이 나타나 짓카가 치한에게 당할 때나 피아노발표회를 할 때, 역전릴레이를 할 때 도와주는 형식을 빌은 것은 역시 현실에서 잘해야만 하는 현대인의 강박관념을 초능력을 통해서 해결하는 컬트

적인 요소가 강하다. 이 영화는 자매로 자라 유령이 된 언니와 현실에서 사는 동생간의 아름다운 관계가 이루어지지만, 알고 보면 산자와 죽은 자가 현실을 통해서 교통하는 것을 의미한다. 따라서 현실에서 도저히 일어날 수 없는 일을 일어나게 한 것이다. 이것은 초능력을 갖게 하는 현실사회에 대한 무리한 요구를 리데를 통해서 표현하고 있다. 영화는 픽션을 통해서 다양한 표현을 하지만 그 가운데 가장 환상적인 세계를 그려내고 있는 분야가 바로 리데 세계이다. 그것이 일본영화의 중요한 장르로 자리 잡고 있는 것은 일본사회에 팽배해 있는 종교를 통해서 존재하는 리데 세계에 대한 동경과 환상이 항존하고 있기 때문이기도 하다.

이와이(岩井俊二) 감독의 ≪Love Letter≫(사랑의 편지, 95)는 많은 감동을 준 영화이다. 이 영화에서는 고베(神戸)에 사는 젊은 여성이 죽은 애인의 중학시절 주소를 알아 답장을 기다리지 않는 편지를 쓰게 된다. 그러나 그 주소에는 동성동명의 여성(中山美穂의 2인역)이 살고 있어 답장이 온다. 더욱이 그 여성은 중학교 시절 동성동본의 남자와 동급생이었다는 것을 알게 된다. 고베의 여성은 중학생 시절 그의 기억에 대해서 듣는다. 그런 가운데 그 애인이었던 남자는 그녀를 좋아하였지만 고백을 하지 못했고 그 대신에 그녀와 닮은 고베여성과 연애를 하게 되지 않았을까 라고 추측할 뿐이다. 이 영화는 현실에서 우연이라는 연을 통해서 이야기를 전개하고 있지만, 현세에 사는 고베 여성과 동급생이었던 여성이 죽은 애인이자 동급생을 현실에서 살아가게 하는 이야기이다. 따라서 죽음은 항상 죽음으로 끝나는 것이 아니며, 육체를 떠난 정신적인 삶이 산자 사이에 존재하는 것이라는 믿지 않지만 믿고 싶어지는 환상의 세계를 리얼하게 전개하고 있는 특징이 있다.

히라야마(平山秀幸)는 ≪學校の怪談≫(학교괴담) 시리즈를 통해서 신성한 학교에 도깨비를 출물시켜 살벌하지만 있을 법한 이야기로 공포감을 조성하는 영화를 만들었다. ≪學校の怪談4≫(학교괴담4, 99)는 죽은 자에게 다가가는 산자의 마음을 내면까지 그려낸 작품이다. 지금까지 히라야마가 만든 학교괴담영화는 정체를 알지 못하는 도깨비를 등장시켜 놀라게 하는 작업을 해왔다. 그러나 ≪學校の怪談4≫는 쓰나미(津波)에 말려들어 죽은 어린 아이를 등장시켰다. 학교에서 도깨비 술래잡기를 하던 중 도망가지 못하고 쓰나미에 말려들어 수중

의 도깨비가 된 친구를 만나게 된다. 그는 기존 영화에서 등장한 괴물이 아니라 어쩔 수 없이 죽음을 맞이한 저승사람이지만 살아있는 사람을 통해서만 살아가는 반 쪼가리 존재이다. 그는 인간과의 교류를 통해서 살아있을 때 하지 못했던 많은 일들을 하게 된다. 이런 표현은 현대에 사는 많은 사람들이 삶과 죽음을 조정하지 못하는데서 오는 허탈감을 조금이나마 위로하려는 듯한 의미를 담고 있다. 일반적으로 산자는 산자를 통해서 존재가치가 드러난다는 기존의 인식방법으로부터 벗어나 자유롭게 생사를 넘나드는 만남을 통해 존재가치가 드러날 수 있다는 점을 시사하고 있다. 이런 발상은 떠도는 영혼을 위로하는 일본의 전통적인 생사관을 적극적으로 살린 것이라고 할 수 있다.

미이케(三池崇史) 감독의 ≪オーディション≫(오디션, 99)에서는 비디오 제작사를 경영하는 아오야마가 7년 전 아내를 잃고 외아들과 살고 있다. 어느 날 아들이 재혼할 것을 권유하자 진지하게 고려해본다. 친구로 영하 프로듀서인 요시카와는 오디션을 통해 이상형을 찾아보자는 제안을 받아들여 애인을 찾기 위해 오디션을 한다. 그는 4천여 통이나 되는 응모자의 이력서를 보는 가운데 부상 때문에 발레리나를 그만둔 아사미라는 여인에게 동병상련의 심정으로 매료당한다. 면접을 통한 오디션은 형식이었고 자기의 짝으로 생각한 아오야마는 아사미를 보자 매료당하고 개인적으로 만나기 시작하여 뜨거운 열애를 하게 된다. 그러나 친구 요시카와는 아사미의 이력이 거짓이고 그녀를 만나는 남자들이 행방불명된다는 사실을 알고 친구에게 말하지만 무시한다. 그녀는 어릴 때 양아버지에게 성폭행을 당한 이야기를 하고 아오야마에게 자신을 사랑해 줄 것을 요구한다. 여기서부터 스릴러가 시작된다. 아사미는 자기를 탐하는 상대를 주사기로 살해하고 신체를 해체하는 정신병적 애착과 증오를 폭발시키는 살인마로 살아간다.

1990년대 일본은 공포감을 조성하는 리데영화의 전성기였다고 할 수 있다. 나카다(中田秀夫)의 ≪リング≫(링, 98)이 대표적이라고 할 수 있다. 그런 유형의 리데영화는 살해된 사람의 한이 저주로 변하고 산 사람에게 재앙으로 나타나는 것을 그리고 있다. 이 영화는 혹독하게 학대를 받다 죽은 여자의 저주가 비디오에 전염되어 그것을 본 사람에게 재앙으로 나타나 일주일 후에 죽는다는 이야기이다. 그러나 이 영화는 악령이 묻어 있는 비디오를 보는 불특정다수인을 상대로 했다는 점에서 한을 품은 사람에게 나타난다는 기존의 틀을 깨게 된다. 또 하나 주목할 만 한 것은 일렉트로닉 시대에 전자제품인 비디오와 같은 전파성이 높은 매체를 통해서 그런 악령이 무찰별적으로 살포된다는 점을 이용했다는 특징이 있다[5]. 나카다 감독은 ≪リング2≫(99)를 만들어 일본에서 공포영화를 주류문화로 끌어올리는데 공헌하였다. 원작자 스즈키 코지(鈴木光司)는 소설 『링』을 공포물로 표현하였고, 『링2』는 의학심령소설로 그렸으며, 3편 『루프』는 SF로 그려냈다.

나가사키 슌이치(長崎俊一)감독의 ≪死國≫(사국, 99)은 미스터리 공포물이다. 이 영화는 고치현의 야쿠무라 라는 마을에서 시작된다. 15년 만에 히나코는 고향 시코쿠(四國)를 찾는다. 도쿄에서 다자이너로 일하는 히나코는 부모의 부탁으로 집을 처분하려 내려왔지만, 어릴 적의 추억에 잠겨 그 시절의 징표를 찾아보게 된다. 히나코는 어릴 적 친구 후미야를 만나 단짝이었던 사요리가 악령 때문에 죽었다는 이야기를 듣는다. 사요리의 집은 대대로 죽은 사람을 저승에서 불러내 대신 말하는 무녀의 업을 잇고 있었다. 히나코가 고향을 방문하던 중에 석상들의 목이 두 동강이 난다든가, 죽은 혼령의 모습이 아이들의 눈에 띈다든가, 사요리 집에서 죽은 사요리의 모습이 보이는 등 이상한 일이 벌어졌다. 사요리가 좋아했던 후미야는 히나코를 보살펴 주는 사이에 서로 연민의 정을 느끼게 된다. 그런 주위에서 사요리의 혼령이 계속 떠돌고 있다. 공무원인 후미야가 조사를 하던 중 사요리 어머니가 시코쿠의 영지를 순례한다는 소식을 접한다. 이 지방에는 88개의 영지를 죽은 자의 나이만큼 거꾸로 순례하면 죽은 사람이 환생한다는 금기사항이 있었던 것이다. 히나코와 후미야는 사요리가 나타나는 것이 어머니의 영지 순례와 관련되어 있다는 것을 직감한다. 이를 막으려 했지만 이미 어머니는 죽은 딸의 나이인 16번의 순례를 마치고 돌아오는 순간이었다.

일본에서 삶은 죽음이요 죽음은 삶으로 표현된다. 따라서 삶의 미학은 죽음의 미학이 되고 죽음의 미학은 삶의 미학이 된다. 그런 세계는 죽은 자와 산자가 동시에 공존하는 세계이다. 그 중에서 하나만이 존재하면 리데세계는 존재

---

5) 이 영화가 만들어진 후 일본에서는 공포영화가 전성기를 맞게 된다. 1999년 히구친스키 감독의 ≪うずまき≫, 나가사키 준이치 감독의 ≪死國≫, 미이케 다카시 감독의 ≪オーディション≫등이 만들어지면서 공포영화의 황금기가 조성된다.

하지 않는다. 그런 인식은 일본인의 일상생활에서도 잘 나타나고 있다. 일본은 아침에 일어나 불단 앞에 서서 불공을 드리고 살았을 때의 모습을 그리며 감사와 보고를 한다. 또한 생전에 좋아했던 이야기를 하고 음식을 놓아두기도 하며 꽃을 챙겨준다. 그것은 죽은 자에게 하는 것이 아니라 삶을 같이 하지 못하는 자에게 하는 공양이며 공존방식이다. 더욱이 거기에 삶과 죽음의 경계가 혹독한 경험으로 다가올 때는 더욱 절실하게 그리워한다. 일반적으로 삶과 죽음의 경계는 현실에서 구분이 가지만 상상 속에서 살아있었을 때의 모습으로 남아있어 경계가 애매해 진다. 일본인에게는 그 경계가 애매하여 어디에선가 보고 있는 존재로 인식하고 있다. 이처럼 일본영화에서 표현되고 있는 리데영화는 비현실적이지만 일본인의 마음에는 현실로 다가오고 있다는 사회풍조를 반영한 작품이라는 특징이 있다.

■■ 3. 사회병동주의

영화는 과거, 현재, 미래라는 시간적인 측면과 시간에 따라 동반되는 공간적인 측면을 통해서 생겨난 내용이나 픽션을 소재로 하는 특징이 있다. 기존의 사회파주의를 추구하는 사조는 시간적인 관점에서 보면 경험했거나 또는 경험하고 있는 현상에 기초하고 있고, 현상을 칭찬하거나 덮어버리기 보다는 비판하고 들춰내어 공론화하는 특징이 있다. 어떻게 보면, 당시의 상황을 가장 잘 표현하는 사조라고 할 수 있지만 문제의 다양성을 포함하는 데는 한계가 있다. 현재 일본사회에는 장애인에 대한 문제와 해결방안, 이성간의 사랑보다는 동성간의 사랑을 그리는 동성애의 문제, 정상적인 성관계보다는 남편과 부인이 있는 남녀간의 사랑을 다룬 불륜문제, 가족공동체의 변화에 따른 문제, 고령화의 진전으로 생긴 노인문제, 복잡한 사회에 대응하는 과정에서 생긴 정신적인 장애를 가진 문제 등과 같은 문제가 산적해 있어 마치 사회병동과도 같다. 본고에서는 그런 현상을 사회의 한 조류로 인식하여 사회병동주의라는 개념으로 규정하고자 하다. 사회병동주의는 사회문제를 문제로 인식하는데 그치는 것이 아니라 한 걸음 더 나가 해결하려는 의도를 포함하고 있다.

장애자를 그린 영화로는 야마다(山田洋次)의 ≪息子≫(자식, 91), ≪學校2≫ (학교2, 96) 등이 대표적이다. ≪息子≫(자식, 91)에서는 고향을 버리고 상경한 젊은이가 아르바이트로 살아가는 과정에서 어떤 농아자인 여성을 사랑하게 되어 결혼을 결심한다. 그러나 시골에서 홀로 농사를 하고 있는 아버지의 허락을 받아야 하는데 농아자와의 결혼이라는 점에서 승낙받기 어렵다는 것을 알고 있었지만 아버지를 모셔 선보이고 결혼 허락을 구한다. 결혼을 반대할 것이라는 기대와는 다르게 오히려 여자에게 아들과 결혼해줄 것을 요청하자 아들은 놀란다. 이렇게 해서 세 사람은 행복을 찾게 된다는 이야기이다.

그리고 ≪學校2≫(96)는 홋카이도(北海道)에 있는 심신장애자가 다니는 고등양호학교에서 생긴 일을 그린 것이다. 지적 능력이 모자라거나 이지메로 인해 정신장애를 가진 학생들을 양호하고 교육하는 특수학교에 대한 이야기이다. 신임 교사인 나가세(永瀨正敏)는 좋은 교육을 추구하려 하나 학생들에게 어떻게 대응해야 할지 몰라 당황하고 있다. 괴성을 지르거나 대소변을 가리지 않고 행동하는 학생들에게 대응하는 것이 어려웠다. 선생은 잘하려고 하지만 학생들의 행동에 따라가지 못한다. 베테랑교사는 때로는 엄하게 때로는 부드럽게 학생들을 대하고 신임선생님들에게 가르치는 방법을 전수해주게 된다. 학생들도 깜짝 놀라 정도로 달라져 가고 있었다. 이 영화에서는 선의만을 가지고 가르치는 것이 전부가 아니라는 것을 잘 그렸다. 장애 아이들과 함께 생활을 하는 과정에서 그 동안 어려워했고 멀리만 느껴졌던 장애아들이 사랑스러워졌고 가깝게 느껴지는 것을 진하게 그렸다. 이어서 만들 야마다의 ≪學校3≫(97)은 실업자의 직업훈련학교를 무대로 한 것으로 자폐증 학생이 어머니와 이웃의 사교를 통해서 아름답게 성장해가는 모습을 그렸다. 자폐아도 자부심을 갖고 있다는 사실을 지적하고 교육의 중요성을 강조한 작품이다. 이것은 정상인과 비정상인, 장애인과 비장애인 간에 횡행하고 있는 인식차이와 현실적 차별을 없애고 서로 다가가는 인간애를 잘 표현한 작품이다.

덴간(天願大介)감독의 ≪AIKI≫(아이키, 03)에서는 전도유망한 복싱선수가 교통사고로 불구자가 되어 재생의 길을 걷는 과정을 리얼하게 그렸다. 또한 오바야시(大林宣彦)감독의 ≪風の歌が聽きたい≫(바람 노래가 듣고 싶다, 98)는

청각장애자의 부부애를 그린 작품이다. 이야기는 오키나와 트라이 아스론(3종경기)대회에서 시작된다. 수영, 자전거, 마라톤 등 3종을 아침부터 저녁까지 하는 경기로 청각장애 들이 많이 참가하였다. 청각장애자인 한 남자가 경기에 참가하고 있지만 같은 청각장애자인 아내는 하코다테의 병원에서 아이를 낳기 위해 누워있다. 아내와 의사는 남편이 3종 경기를 마친 후 비행기로 오기로 되어있었는데 아이를 낳기 전에 올까 아니면 후에 올까를 두고 내기를 한다. 이 영화는 장애인이지만 낙천적으로 살아가는 모습을 그렸고, 장애인도 비장애인과 다르지 않고 다만 약간 불편한 점이 있을 뿐이라는 것을 강조하고 있다.

하시구치(橋口亮輔)의 ≪ハッシュ≫(핫슈, 01)는 성에 대한 이중성, 기존의 가족형태, 사랑의 존재방법 등에 의문을 던진 작품이다. 이 영화는 동성애(ゲイ)를 다룬 것으로 새로운 가치를 창출하고 전통이나 도덕과 같은 구속으로부터 해방되는 모습을 그리고 있다. 애완동물가게에서 일하는 나오야(直也)는 동성애자로 살아가기를 결심한 청년이다. 그와 같이 살고 있는 가쓰유(勝裕)는 자신이 동성애자라는 사실을 숨기며 살고 있다. 가쓰유는 근무처인 연구소의 여성으로부터 사랑고백을 받아 힘들어하고 있다. 가쓰유와 나오야는 동성애자간의 사랑이 어렵다는 것을 지각하고 있는 상황이다. 여성들은 가쓰유가 이성간의 사랑을 싫어한다는 사실을 전혀 눈치 채고 있지 못한다. 그런 가운데 치과기공사 아사코(朝子)는 결혼을 싫어하지만 아이는 갖고 싶어 한다고 말한다. 어느 날 나오야, 가쓰유, 아사코 등 세 사람이 성적으로 이상하다고 생각하여 가쓰유 가족들에게 알린다. 그러자 가족들은 놀라 가족회의를 열어 가쓰유의 성적 성향에 대해서 이야기를 한다. 이 과정에서 비정상적이고 부끄럽게만 여겨왔던 동성애에 대한 인식을 재고하게 되고, 인간의 삶의 방식, 사회적 인식방법, 그들의 존재 등에 대해서 깊이 있는 토의가 이루어진다.

나가사와(長澤雅彦)는 ≪ココニイルコト≫(여기에 있는 것, 01)에서 불륜이라는 주제를 갖고 당시의 사회상을 표현하고 있다. 여자주인공인 시노(志乃)는 도쿄에 있는 대기업 광고대리점에서 활약하는 엘리트 카피라이터 이다. 그녀는 상사와의 연애가 부인에게 발각되어 오사카 지점으로 발령이 났고 동시에 영업직을 담당하게 되었다. 그녀는 새로운 일에 적응 못하였기 때문에 회사동료와의 거리도 점점 멀어졌다. 그런 그녀에게 관심을 갖은 신인동료인 마에노

(前野)라는 청년이 있다. 그는 그녀가 일로 인하여 곤경에 처할 때마다 구해주곤 하였다. 그녀는 상사와의 불륜을 나쁘다고 인식하고 있지 않다. 다만 불륜의 아픔은 다른 사람과의 사랑으로 고쳐지는 것이 아니라 일로 고쳐진다고 생각하고 있다. 그녀의 진진적인 사랑에 대한 인식과 일과의 관계가 지속적으로 표현되면서 영화는 종료된다.

이 영화는 이성간에 벌어지는 사랑에 새로운 현상을 표현하고 있고 또한 현실에서 일어날 듯한 주제를 담담하게 담아내고 있다. 직장에서 상사와 부하사이의 불륜에 대한 현실적인 이야기를 소재로 했다는 점은 상사로서 남자와 부하로서 여성이라는 회사구조가 권력관계에 있다는 것을 의미한다. 따라서 상사와 부하간의 성관계는 권력에 의한 강제적인 힘으로 성립된 것으로 인식할 수 있다. 그러나 이 부분은 그런 기존의 인식과는 다르다. 부하이지만 여성은 자유로운 감정으로 상사와 사랑을 하였던 것이다. 여기에서는 권력이 사랑을 지배하고 있지 않다. 남자는 여전히 책임을 지지 못하는 가운데 권력으로 그 관계를 정리하고 여자가 일방적으로 책임을 지는 형상이 된다. 이 점은 새로운 사랑이라는 차원에서 보면, 기존의 처리방법과 다르지 않다. 상사 부인은 불륜으로 보아 벌로서 상대여성을 전근시켜 고리를 끊으려 하였지만, 그녀는 상사와의 사랑이 사회적으로 비탄을 받거나 죄악시하는 것으로 인식하지 않은 채 당당하게 살아가는 것이 이 영화의 볼거리이다. 그런 설정은 사회의 가치관과 개인의 가치관이 대립하는 것을 의미하지만, 사회적으로 벌을 받아도 개인적으로 정당하고 당당하게 수용하는 모습은 일본사회에 살고 있는 여성의 가치관이 변하고 있다는 것을 의미하고 있다.

일본사회의 현안으로 등장한 것이 고령화문제이다. 이런 문제를 전면에서 다룬 대표적인 감독이 신토 가네토(新藤兼人)이다. 그는 83세에 영화를 만든 최초 감독이며 90세까지도 왕성한 활동을 하였다. 그는 ≪午後の遺言狀≫(오후의 유언장, 95)에서 노인에 대한 편견을 버리도록 새롭게 규정하는 작업을 한 동시에 스스로 증명하였다. 이 영화에서는 젊은이들이 어쨌든 늙은 것을 비극적으로 그리는데 강하게 저항하고, 반대로 늙는데서 오는 즐거움을 표현하고 있다. 또한 알츠하이머와 죽음에 직면하는데서 오는 각오를 노인을 대신해서 이야기하고 있다. 어느 여자 주인공은 한 여름을 별장에서 보내는데 그곳에 사는 한 여성을 만나 젊은 시절의 사랑을 이야기하며 회춘하게 된다. 이 영화는 늙어도 일을 하면서 자기의 삶의 방식과 삶을 이어가는 것을 강조하고 또한 거기에서 오는 행복감은 젊은 시절의 그것과 같은 느낌이라는 것을 강조하고 삶에 좀더 적극적으로 대응해야 한다는 점을 강조한다.

1990년대 일본사회는 이미 초고령사회에 접어들었다. 이것은 노동력의 부족, 부양인구의 증가, 노인지원증가에 따른 사회비용증가 등과 같은 심각한 문제를 발생시키고 있다. 노인을 지원하고 비용을 늘리는 지금까지의 대책은 실패하고 있는 것이 일본사회의 현주소이다. 신토 감독은 노인으로서 심각한 제안을 하고 있다. 그것은 노인이라는 기존의 개념으로부터 과감하게 탈각하라는 주문이다. 즉 피부양자에서 스스로를 부양하는 부양자로서의 전환, 은퇴자에서 취업자로의 전환, 사회로부터 소외된 존재에서 사회인으로서의 전환 등과 같이 건실하고 건전한 사회구성원으로 살아가는 신 개념의 노인으로 전환할 것을 제안하고 있다. 이런 구상은 실제 일본사회에서 벌어지고 있고 고령화 현상에 대한 새로운 해법으로 제시되고 있는 실용성 있는 제안이다. 그런 의미에서 보면, 이 영화는 노인 문제에 현실적이며 미래적인 해결방안을 제시하고 있다는데 가치가 있다.

식물인간에 대한 문제를 다룬 대표적인 감독과 작품은 오구리(小栗康平)의 ≪眠る男≫(잠자는 남자, 96)이다. 한 남자가 산에서 실수를 해 식물인간이 되어 집에서 살아간다. 남자 주인공으로 등장한 배우는 한국의 안성기로 자는 채로 있기 때문에 특별한 연기와 대사는 없다. 이 영화는 생명이 있지만 활동을 못하는 식물인간 환자를 주위에서 돕고 있는 가족, 이웃주민, 친구, 지인 등의 생활을 스케치한 것이다. 그리고 시골의 조용하고 자연에 쌓여있는 한 마을에서 벌어지는 삶의 형식에 대해서 그리고 있다. 이 영화에서는 식물인간을 둘러싼 자연환경과 인간간의 호흡이 조화롭게 그려져 있고, 주위사람은 식물인간이 된 주인공을 동정하지만 진작 본인은 그런 외부의 구속으로부터 자유로워져 대자연과 교감을 하며 환희를 느끼며 살아가는 또 다른 삶의 세계를 그려내고 있다. 이 과정에서 이웃들도 자연과 우주와의 교감을 하는 생활을 자연스럽게 느끼게 된다.

그리고 사회의 중심세력으로 힘차게 살아가면서도 새로운 삶에 대한 욕구를 찾아가는 중년남자를 그린 영화가 수오(周防正行) 감독의 ≪Shall We ダン

ㅅ?≫(우리 춤출까요?, 96)이다. 중년 남자가 다른 여자와 손잡고 사교춤을 추는 것 자체가 전통적인 도덕률로는 용서할 수 없는 것이다. 그럼에도 불구하고 회사와 가족을 위해 열심히 일 해오는 가운데 우연히 사교춤과 연을 맺게 된다. 여기에서 중년은 춤에 흔들리는지 여성에게 취하는지 알 수없지만 삶의 개발차원에서 사교춤을 선택하게 된다. 이 영화는 사교춤을 건전한 오락이나 취미로 인식하여 기존의 개념과 구속으로부터 탈출하는 중년 남자를 그리고 있다. 평범하게 생활하는 한 회사원은 어느 날 통근 전차의 차창으로 보이는 사교춤 교실의 여선생을 보고 반해버려 춤을 배우러 간다. 그러나 아내에게는 알리지 않고 혼자서 춤을 배우게 된다. 이후 아내와 자식에게 발각되어 삼각관계로 의심받아 가족과 갈등을 겪게 된다.

이 영화는 사회적으로 보편화되거나 대중화되지 못한 사교춤, 더구나 타인인 여성의 손을 잡거나 허리를 감싸 안고 춤을 추는 것 자체를 터부시하는 일본 사회의 보수적 성향에서 살아가는 중년남자가 어느 날 춤을 추는 여성을 보면서 매료되어 춤을 배우러 간다. 그 점에서 중년남성의 바람으로 생각할 수 있지만 그 뒷면에는 고정화되어 있는 틀을 벗어나 새로운 삶을 개척하려는 적극적인 면을 보이고 있다는 점에서 일본사회의 고정관념을 극복하는 의도 있는 기획이라는 점을 높게 평가할 수 있다. 그러나 중년, 여성, 춤 등과 같은 소재는 인간에게 내재된 타인에 대한 사랑이 숨겨져 있다. 춤은 중년과 여성을 연결시키는 매체이다. 매체가 불순하면 불륜이 될 수 있고 매체가 건전하면 문제가 되지 않는다고 평가할 수 있는 것은 아니다. 중년의 마음에는 가족이 채우지 못하는 공허함이 있다. 그 공간은 바람, 타인, 취미, 여성, 우정 등과 같은 모습으로 채워가야 하는 중년만이 갖고 있는 공허함이다. 이 영화는 당시 중년에게 내재된 심도 있는 마음의 공허함을 잘 표현하고 있다.

21세기 문턱에 있는 일본사회에서 가족은 도대체 무엇인가라는 질문을 통해 현대가족의 존재가치에 대한 문제를 제기한 작품이 있다. 소마이(相米愼二)감독은 ≪あ,春≫(아, 봄, 98)에서 1990년대 가족간의 연결이 희박해지는 과정을 밀도 있게 그려내고 있다. 젊은 시절 책임을 면하기 위해 가정을 버리고 방랑했던 남자가 늙어 있을 장소가 없자 자식, 며느리, 며느리 친정어머니, 손자 등이 같이 사는 집에 들어오려고 한다. 이 남자는 젊은 부부에게 방해만 되지만

손자에게는 좋은 놀이 친구가 되고 있다. 그럼에도 불구하고 노인은 자기가 있어야 할 곳을 찾아 방황하고 있다. 이 남자가 자식을 찾아 왔을 때 부인이 나타나 그 자식은 불륜으로 얻은 자식으로 그 남자의 자식이 아니라고 말하자 미안하다고 하며 다시 방랑자로 다시 돌아가게 된다. 이 영화에서 보듯이 책임이라는 점을 너무 쉽게 지고 버리는 일본사회의 행태를 정면에서 고발하고 있다. 가족이라는 존재는 서로 돕는다는데 가장 큰 의미가 있고 돕는 데는 대가가 있을 수 없다. 책임을 버리고 가족을 떠나도 회귀하는 곳이 가족이다. 그러나 이 영화에서는 책임과 부양을 무조건적인 것으로 받아들이지 않고 서로 주고받는 것으로 인식하고 있다. 이 영화는 일본가정이 현대적인 방법으로 운영되고 있다는 점을 잘 표현하고 있다.

국제화기를 표현한 장르중의 하나가 스쿨 존 영화이다. 학교이야기는 중등학교를 중심으로 벌어지고 있는 학교문제나 교육문제뿐 아니라 청소년기에 겪을 수 있는 문제를 다루고 있는 특징이 있다. 여기에서는 학교와 관련된 영화를 스쿨 존이라는 개념으로 정리하고자 한다. 스쿨 존의 문제를 다룬 대표적인 감독이 히라야마(平山秀幸)이다. 그는 ≪ザ・中學敎師≫(중학교사, 91)에서 일본에서 벌어지고 있는 교육문제를 정면으로 다뤄 찬반 논란을 일으켰다. 지금까지 스쿨 존 영화는 성실한 교사가 문제 있는 학생을 끊임없는 애정을 통해서 문제를 해결하는 방식을 보여주었다. 그러나 이 영화는 학생을 올바로 지도하기 위해서는 권위와 교육기술이 중요하다고 보았다. 즉 지각, 절도, 이지메, 등교거부, 교사에 대한 폭력 등은 권위를 가지고 해결 해야 한다는 주장이다. 또한 선량한 교사가 학생들의 얄미운 행동에 폭력을 가하거나 자유방임주의를 선호하는 여교사의 어설픈 결정이 학생들의 자살사건을 초래하는 것과 같이 교사의 선의나 애매함이 학생들의 행동을 악화시킨다는 점을 노골적으로 지적하고 있다.

하라다(原田眞人)는 ≪金融腐食列島, 呪縛≫(금융부식열도주술, 99)에서 일본사회의 금융비리를 정면에서 고발하고 있다. 이 영화는 일본 금융계의 비리를 사실에 기초해서 만든 작품이다. 벚꽃이 만발한 거리에서 가부키공연이 펼쳐지기 시작하면서 일본경제계의 거물들이 악수를 나누는 장면으로 시작된다. 거대 은행인 아사히 중앙은행(ACB)은 부정융자 의혹을 받고 있었고, 그 부정대출 상대가 야쿠자의 유령회사인 '소카이야'(總會屋)이다. 도쿄 특수지검은

ACB에 대해서 대대적인 압수수색을 감행하는 가운데 은행 중진 4인방이 이 사태를 수습하기 위해 나선다. 그 중 핵심인 기타노는 ACB의 실력자인 사사키의 사위로 장인의 얼굴을 똑바로 본적이 없는 샌님이다. 기타노는 은행 중진들이 체포당하자 은행 중진이 물러나는 길만이 사태를 수습하는 길이라 결론 내린다. 그런 가운데 4인방 중 이시이가 살해당하고 야쿠자에 의해 기타노와 가족들이 위협을 받고 있다. 기타노는 언론 플레이를 하여 청렴한 나카야마를 대표로 추대하려는 계획을 갖고 진상조사위원회를 구성하여 결정적인 비리를 찾아 새로운 이사회를 구성하는데 성공한다. 그러나 여전히 사사키 회장이 고문으로 남아있고 새 이사진이 주주총회의 승인을 받는 문제가 남았다. 야쿠자 소카이야의 방해가 기다리고 있었지만 기타노는 주주총회의 예행연습을 하여 준비를 한다. 이 영화의 4인방은 실제로 1997년 사건 때 '홍위병'으로 불리던 인물을 딴 것이다. 이 영화가 만들어진 후 실제로 일본에서는 주주총회가 자주 열리게 되었고, 여성들의 사회적 책임을 인식하는 사회현상이 벌어졌다.

특히 일본사회에서 뜨거운 감자와 같이 전파된 것이 원조교제이다. 하라다 마사토(原田眞人) 감독은 ≪バウンス Ko-gals≫(바운즈 고걀, 97)에서 일본 여고생들의 원조교제를 다루었다. 고걀 이라는 용어는 일본에서 중년 남성을 상대로 몸을 파는 10대 청춘소녀들을 지칭하듯이 신문화 속에 사는 젊은이를 지칭하는 말이다. 수업이 끝나자 여고생들은 발목까지 올라가는 루주 삭스를 신고 거리로 몰려나온다. 여고생 준코와 마루도 정보를 교류하며 아르바이트를 하느라 바쁘다. 그들은 중년 남자와 데이트를 하며 용돈을 벌기도 하고 애로영화를 찍어 벌기도 하다. 그녀들의 수첩에는 고객명단이 적혀있고 물주는 서로 소개시켜 주기도 한다. 한편 불행한 집안에서 태어나 현실로부터 탈출하고자 결심한 리사는 미국행을 위해 돈벌기 시작한다. 그는 입던 팬티를 팔기 위해 비싸게 사주는 가게에 들어갔지만 여주인은 비디오 촬영을 하면 돈을 벌 수 있다고 리사에게 말하자 비디오를 촬영한다. 그러나 번 돈은 촬영한 사내들에게 강탈당한다. 절망에 빠진 리사는 우연히 마루를 만난다. 마루와 준코는 리사를 돕기 위해 원조교제를 하고 중년 남자의 돈을 훔쳐 리사의 미국 비행기 값을 준비한다. 우여곡절 끝에 마루, 준코, 리사 등은 거리에 서로 마주보고 일본식 전통의식을 경건하게 치르고 유대감을 공유한다. 그리고 리사는 친구를 포

옹하고 새로운 삶을 위해 뉴욕으로 떠난다. 이 영화는 세 소녀를 통해 휴머니즘을 그렸고 또한 당당하게 원조교제를 하는 소녀를 그린 것이다. 하라다는 영화를 만들기 위해서 20여명의 고걀들을 만나 면밀하게 살폈다. 이 영화는 일본사회에서 횡행하고 있는 원조교제에 대한 현상을 밝혔을 뿐 아니라 현장에서 일하는 고교생들의 현실과 미래를 그렸다는 데 의의가 있고 또한 원조교제가 벌어지고 있는 기성세대와 현실을 왜곡하고 있는 신세대의 행태에 대해서 원초적인 질문을 하고 있다.

일본을 사회병동으로 표현하는 데는 초고령사회로 진입한 가운데 벌어지는 노인문제, 알츠하이머에 대한 대응, 가족으로부터 추방된 노인, 노인홈에서 죽음을 기다리는 모습, 가정으로 돌아올 수 없는 회귀불능 등과 같은 문제가 있다. 또한 젊은이들은 남녀간의 사랑, 이성간의 사랑, 연령과 도덕을 초월해서 발생하는 원조교제, 성을 무기로 하는 성매매, 학교에서의 이지매, 출세, 성적 등과 같은 문제를 안고 있다. 중년의 경우는 권태감에서 오는 공허함, 타인과의 밀회, 현실로부터 탈출하고 싶은 중년의 발작, 권력과 사랑, 돈과 사랑 등의 굴레에서 다양한 갈등을 겪고 있다. 또한 사회각 영역에서는 권력과 권위, 명예와 돈을 추구하는 과정에서 생기는 편파적인 오직 사건 등 다양한 모습으로 사회문제가 나타난다. 이것이 일본사회가 병동인 이유이다. 당시 영화는 일본을 사회병동으로 보고 해결할 것을 제시하고 있다는데 가치가 있다.

■ 4. 포스트 뉴웨이브주의

일본에서 포스트 뉴웨이브는 일본영화의 텍스트적 표본에서 벗어나 자유롭고 자기만의 독창성을 갖고 영화를 만들어 가는 특징이 있다. 이유 있는 동기 영화에서 '이유 없는 무동기 영화'로 진행되고 있고, 불특정다수인에 대한 증오에서 출발해서 자기 규범의 혼란으로 빚어지는 이야기가 전개되고 있다. 따라서 이른바 아노미(anomie) 상태에 의한 사회혼란이며 자기 혼란인 것이다. 포스트 뉴웨이브주의는 그런 자기가치의 혼란과 사회가치의 혼란이 어우러져 나타나는 기괴한 사회현상을 일으키는 사조를 의미한다. 막연한 동기부여가 있어 일어나는 사회현상이지만 그 인과관계는 과학이나 이성으로 명확하게 드러나지 않고, 대신에 연속상과 지속성에 기초를 두고 진행된다. 따라서 항상 상식이나 고정관념을 과감하게 붕괴시켜 현실과 미래에 대해 착각을 일으키게 한다는 점에서 이단적인 영화이다. 포스트 뉴웨이브 감각을 영화로 살린 감독으로는 구로사와 기요시(黑澤淸), 사부(SABU)로 알려진 다나카 히로유키(田中博行), 아오야마 신지(靑山眞治) 등을 들 수 있다.

구로사와 기요시의 ≪CURE キュア≫(큐어, 97)는 현실에서 구제될 수 없는 음산함과 독특한 색채를 지닌 작품으로 현대인의 병리현상을 소재로 하였다. 정신이상자인 주인공은 치료를 받아야 함에도 불구하고 치료를 받지 않는다. 그는 원래 최면술사였고 또한 위험한 범죄자이기도 하다. 그는 알지 못하는 사람과 이야기를 하고 상대에게 사람을 죽이고 싶다는 충동을 감염시킨다. 이후 상대는 제3자를 살해하고 그 신체에 'x'라고 써놓는다. 범인은 곧 잡히지만 자신이 왜 살인을 했는지에 대해서 알지 못한다. 이런 사건이 계속해서 일어나자 형사는 최면술에 의한 살인으로 단정하고 최면술사를 체포하지만 심문도중에 형사가 최면상태가 되어 범되자가 된다. 도쿄일대에 피해자의 몸에 X자 모양으로 베어진 엽기적인 살인사건이 벌어지면서 도시는 공포 속에 싸이게 된다. 매번 범인이 체포되지만 살해동기가 없고 또한 그런 끔찍한 일을 자신이 어떻게 범했는지 기억을 못한다.

그들은 학교 선생, 여의사, 경찰 등과 같은 평범한 사람들이다. 경시청에 근무하던 다카베 형사는 정신질환을 앓는 아내로 인해 고통을 겪는 가운데 이 사건을 맡게 된다. 수사하는 가운데 의과대학생으로 최면술을 공부하는 마미야가 사건에 연관되어 있다는 사실을 알아낸다. 마미야는 전국을 돌아다니며 최면을 걸어 살인을 하도록 하였던 것이다. 그러나 마미야는 기억상실 증세만을 보이며 거울속의 자신도 기억을 못한다. 더욱이 경찰서의 동료 형사에게 최면을 걸어 자살을 유도하기도 하지만 최면으로부터 다카베 형사는 겨우 피해간다. 마미야가 경찰서를 탈출하자 다카베 형사는 추적하여 악마의 화신인 마미야를 총으로 사살한다. 사건이 종결된 것으로 알았지만 병원에 입원해 있던 아내가 X 자 모양으로 목이 베어진 것을 발견한다. 마미야의 최면술이 다카베에게 전이되었던 것이다.

이 영화는 최면술사인 진범과 같은 인물이 실존한다는 것을 함의하고 있는 것이 아니라 현대에는 그렇게 상식을 초월해서 살아가는 인물들이 많을 것이라는 것을 암시하고 있다. 상대를 최면상태로 만들어 자신은 직접적으로 가담하고 않고 대신하게 하여 대리만족하는 인간이 많다는 것을 암시하고 있다. 이 영화는 그런 점에서 현대를 사는 우리 모두가 정신이상자가 아닐까라는 근본적인 질문을 하고 있다. 구로사와 기요시 감독은 일상에서 감춰진 인간 내면의 잔상을 집요하게 파고들어 자아를 발견하는 과정을 영화에서 그렸다. 이 영화는 우리가 누구인가와 같은 인간에 대한 본질적인 질문을 던져 불안과 공포를 자아내려는 의도를 가진 영화이다. 이런 무동기의 살인과 무동기에 의한 상처는 나의 의지와는 관계없이 진행되고 또한 상처받은 나는 알지 못하는 타인에게 이유 없이 상처를 주게 되는 과정이 연속적으로 이어진다. 이것은 현대사회가 갖고 있는 해결 할 수 없는 질곡을 노출시키고 있다. 포스트 뉴웨이브는 중요한 질문을 하고 있지만 '희망은 어디에서 찾아야 하는 가' 라는 근본적인 과제를 해결하지 못하고 있다.

포스트 뉴웨이브의 정점으로 인정된 작품이 아오야마(靑山眞治)의 ≪ユリイカ≫(유리이카, 00)이다. 이 영화에서는 남부 규슈지방에서 권총을 든 버스 납치범이 주차장에서 버스승객을 인질로 경찰과 대치하고 있지만, 동기도 확실치 않고 그저 삶에 지쳐 있는 듯한 모습만이 보인다. 그는 승객을 향해 무차별적으로 사살하고 그 가운데 살아남은 사람은 운전사 마코토, 중학생 나오키와 여동생 고즈 등 3명뿐이었다. 사건으로 충격을 입은 마코토는 자취를 감추고, 나오키 남매도 악몽을 떨치지 못하는 가운데 아버지가 사망하고 어머니가 가출해 고아로 전락하는 한편 말을 못하게 되어 세상으로부터 고립되어 버린다. 실종된 뒤 2년만에 돌아온 마코토는 건설회사에 근무하면서 과거의 악몽으로부터 벗어나려고 한다. 그러나 마을에서 살인사건이 벌어지자 마코토에 대한 의혹이 증폭된다. 가족으로부터도 의심받는 상황이 되자 그는 엉망이 된 나오키 남매의 삶에 뛰어들어 그들을 돕는 가운데 3명이 공동생활을 하기 시작한다. 얼마되지 않아 나오키의 사촌형으로 대학생인 아키히코가 놀러와 4인이 공동생활을 한다. 그런 가운데 마코토의 건설회사에서 여사무원이 피살되는 살인사건이 벌

어지자 평소에 데이트 해왔던 마코토가 용의자로 의심을 받는다. 증거불충분으로 마코토는 풀려나지만 그런 상황에서 벗어나기 위해 남매와 함께 여행을 떠난다. 여행지에서도 살인사건이 일어나자 마코토는 다시 의심을 받게 된다.

이 영화에서 아오야마 신지 감독은 4시간 내내 충격적인 영상화법도 없이 사건의 개연성도 없이 타자적인 시각에서 응시하면서 영화를 끌어간다. 롱샷으로 그저 사건을 멀리서 응시할 뿐이다. 컬러로 찍은 필름을 흑백 프린터로 현상하는 독특한 방법을 동원하였다. 영화의 마지막에서 아오야마 신지는 침묵을 일관했던 고즈에가 산 정상에서 말문을 트는 순간 마치 유레카의 발견처럼 화면을 현재성의 컬러로 바꾸어 버린다. 그리고 마코토와 고즈에는 집으로 돌아가 죗값을 치르고 나올 나오키를 기다린다. 비록 중학생인 나오키가 성인이 되어 출소 했을 때 여전히 그 고통으로부터 자유로울 수 없어 상처를 안고 살아갈 것이다. 남이 준 상처를 무의식적으로 받아 그 고통을 다시 타인에게 이전시킨다. 이런 반복되는 상처수주의 연속성은 우연히 시작되지만 자기에게는 우연으로 사라지게 할 수 없는 필연으로 다가온다. 그 필연은 다시 우연으로 이어져 필연을 낳게 되고 필연은 다시 우연으로 이어져 상처를 만들어 낸다. 이 영화는 그런 현상이 현대의 삶이요 인간은 그런 삶 속에서 살아가고 있다는 것을 암시하고 있다.

사부(SABU)로 알려진 다나카 히로유키(田中博行)는 ≪彈丸ランナー≫(탄환런너, 96)에서 인생의 목표를 잃은 채 대충 살아가던 젊은이가 쫓고 쫓기면서 도쿄골목을 누비다가 어느새 달리는 자체가 목표가 되어 삶의 가치가 된다는 황당한 이야기를 다루고 있다. 요리사인 야스다는 일처리가 서투르고 여자친구에게도 무시당하는 여린 성격의 소유자로 결국 직장에서 퇴출되어 은행을 털 계획을 하고 예행연습까지 한다. 드디어 은행을 털려고 가는 순간 마스크를 쓰는 것이 좋을 것 같아 근처의 상점에 갔지만 돈이 없어 훔치려고 하자 점원인 아이자와는 이상히 여긴다. 이 순간에 총을 들여댔지만 여점원은 가짜 총인 줄 알고 비웃는다. 격분한 야스다는 총을 쏘고 놀라 도망친다. 아이자와는 떨어진 총을 들고 야스다를 쫓는다. 그 사이에 아이자와가 실수로 행인을 죽이자 이것을 본 야쿠자가 아이자와의 뒤를 다시 쫓는다. 아이자와는 뮤지션으로 실패하여 마약을 하고 있는 상태였고, 야쿠자는 오야붕을 지키지 못해 심한 죄책

감에 빠져있는 인물이다. 쫓고 쫓기는 세 남자는 달리는 도중에 희열을 느끼게 되고 지나가는 미니스커트 여성을 보면서 성적인 희열을 느끼기도 한다. 달리는 과정에서 야스다는 애인과 재회하고, 아이자와는 헤어진 여자친구와 만나며, 야쿠자는 죽은 보스의 혼과도 만난다. 세 사람은 달리는 가운데 마음의 평화를 얻어 화해를 한다. 그런 가운데 오야붕을 잃은 다케다의 조직이 라이벌과 전쟁을 벌이기 위해 나선다. 그 전쟁의 한복판에 야스다 일행이 있었다. 다케다는 야스다를 구하려 상대편에게 총을 쏘게 되고 일시에 싸움이 시작된다. 상처를 갖고 달리는 세 사람이 가고 있는 길은 결국 죽음이라는 종점이었던 것이다.

사부감독의 ≪Monday≫(월요일, 99)는 월요일 아침 샐러리맨이 눈을 뜨는 장면으로 시작된다. 그는 집이 아니라 호텔방에 있는 자신의 모습을 보며 놀라고 전에 무슨 일이 벌어졌는지 기억을 못하고 있다. TV에서는 자신이 알코올 중독 상태에서 사람들을 총으로 사살하고 도망중인 살인 용의자로 알리고 있는 것을 확인한다. 졸지에 살인범에 된 다카키는 호텔에서 오도 가도 못하고 만다. 자신의 주머니에서 무엇인가를 꺼내자 그곳에는 처음 보는 명함, 성냥, 총알 등이 들어 있었고 조금씩 기억이 난다. 자신이 전날 장례식, 카페, 술집 등을 전전했던 것을 기억하게 된다. 간밤의 사건이 소심하기만 했던 자기로서는 도저히 상상이 가지 않는다. 다카키는 장례식에 참석했고, 여자친구와 데이트를 했으며, 방에서 우연히 야쿠자 두목을 알게 되어 술 취한 상태에서 야쿠자 두목을 총으로 죽이고 거리에서 강도까지 죽이는 등 노상 살인행각을 벌였던 것이다. 이런 가운데 경찰이 겹겹이 호텔을 포위하자 다카키는 유서를 써놓고 자포자기한 심정에 빠진다.

현대를 살아가면서 만나는 것은 우연이지만 그 우연은 필연에 가까운 우연이다. 내가 만들지 않아도 다양한 사건들이 본인의 의지와는 관계없이 다가온다. 그 상황에서 우리는 누구를 탓하고 누구의 탓으로 해야 하는 가라는 질문을 한다. 타인은 타인으로 존재하는 것이 아니라 나의 타인으로 존재한다. 때가 되면 부딪쳐야 하고 때가 되면 사라지는 타자이다. 그러나 그를 함부로 버리지 못하고 또한 함부로 다가설 수 없다. 이것은 우리가 현대를 살아가기 때문에 치르는 대가인 것이다. 그 대가는 혹독하게 오거나 매우 행복하게도 온다. 극적인 상황에서 현대인은 극적으로 행동하고 극적으로 해결한다. 그 결말은 항상

극적으로 죽음과 삶이라는 갈래에서 서게 된다. 죽음에 서있을 때 우리는 비극적이라고 하고 삶이라는 선에 서있을 때 행복이라고 한다. 그러나 죽음의 선과 삶의 선은 항상 명확하게 구분되는 것이 아니다. 왜냐하면 현실에서 죽음과 삶은 항상 공존하기 때문이다. 이런 삶과 죽음은 당시 일본사회뿐 아니라 현대를 사는 모두에게 적용되고 있는 것이다. 포스트 뉴웨이브에서 말하고 있는 것은 우리가 사는 세계는 필연과 우연, 자아와 타자, 행복과 불행, 발전과 퇴보, 상식과 비상식 등과 같은 등식에 의해 항상 정해지는 것이 아니라 예견되지 않은 상태에서 만들어진다는 점을 강조한다. 따라서 틀을 쫓아서 살기보다는 자유롭게 자기의 틀을 만들며 사는 주체가 되어야 한다는 점을 강조하고 있다.

V 맺는 글

국제화기 일본은 20세기의 마지막을 불경기와 일본시스템의 붕괴로 장식하였다. 특히 쇼와천황의 죽음으로 고통스럽게 일본의 발목을 잡았던 역사적 유죄가 희석되는 계기가 되었고, 또한 냉전이데올로기의 붕괴로 민족주의가 횡행하여 국가이익주의가 국제사회의 질서를 규정하는 기본적인 논리가 되었다. 그런 가운데 일본은 국제사회에서 실추되어 가는 국운과 미래를 준비하기 위해서 경제적 공헌논리에서 정치적 공헌논리를 주장하게 되었고, 과거역사를 재조명하여 새 시대는 새롭게 시작하자는 국익우선노선을 강하게 추진하여 대외강경정책을 구축하게 된다. 이런 흐름은 일본위기론으로 등장하여 일본국내외를 긴장시키는 결과를 낳았다. 이런 점에서 본다면, 20세기 말과 21세기 초 일본은 경제대국에 대한 경제위기, 정치대국에 대한 정치위기, 민족정체성을 초월하는 국제화의 흐름, 역사반성에 대한 역사우월성의 대두 등이 혼재되면서 어디로 가고 있는가, 어디로 가야 하는가, 위기를 어떻게 극복해야 하는 가 등과 같은 문제로 고통과 고민을 하고 있다.

그러나 일본영화계는 영화진흥기금에 의한 영화정책, 세계적인 영화사 매입, 복합영화관, 국제 및 국내영화제의 활성화, 1997년 영화사 설립 100년제, 인디즈 영화의 발흥, 다양한 영상매체의 발달, 뉴웨이브의 연장선에서 착안된 새로운 시도와 내용, 해외영화시장 개척 등으로 영상시장의 확대를 가져왔다. 그런 가운데 일본영화는 정치와 경제에 밀착하기 보다는 일본사회와 개인생활에 집착하는 과정에서 시대성을 적극적으로 반영하였다. 특히 일본사회나 일본인만이 겪는 일탈현상이라기 보다는 현대를 사는 모두가 겪고 있는 사회현상을 과감하게 반영하였고 미래와 예측이 불가능한 현상에 대해서 상상력을 발휘하여 영화에 표현하였다. 그런 점은 기존의 형식과 내용을 초월하고 영화장르를 이탈하는 것으로 거부되기도 하였지만 젊은 포스트 뉴웨이브 감독들은 과감하게 표현하고 있다.

국제화기에 나타난 시대성은 국제주의, 리데주의, 사회병동주의, 포스트 뉴웨이브주의 등으로 나타났다고 할 수 있다. 국제주의는 국가의 개방과 교류의 활성화로 일본사회의 다양화에 따른 현상으로 나타났다. 특히 일본에는 재일외국인으로 재일코리안, 아시아인, 구주인, 일계 2세나 3세 등이 생활하며 살아가고 있다. 그럼에도 불구하고 일본사회는 주재외국인을 수용하려는 제도적 장치를 만드는데 오랜 시간이 걸렸고 또한 그것을 실행하는데 시간이 걸리고 있다. 이것은 곧 외국인의 삶의 질과 연관되어 있기 때문에 중요한 문제이다. 일본영화는 과거지향적인 차별을 다루기보다는 질적인 측면을 정면에서 다루고 있다. 국제화기 일본이 추구하는 국제주의는 다민족화에 기초한 정치적, 경제적, 사회적, 문화적 측면에서의 질적 평등을 추구하는 것이라고 할 수 있다.

일본에서 발생하는 현실적인 문제중의 하나가 사회문제이다. 예를 들면, 개인주의화에 따른 개인주의와 가족붕괴, 고령화에 따른 노인문제, 부부간의 애정문제와 관련된 이혼문제, 최고의 생활과 빈곤 생활에서 오는 중압감, 사회활동을 하는 가운데 벌어지는 상사와 부하간의 불륜문제, 직업의 연속성과 단절성에서 오는 직업불안, 다양한 신체적 정신적 불안에서 오는 장애인문제, 자본주의사회에서 자본을 쫓는 과정에서 발생되는 각종 범죄, 남녀간의 평등과 커리어 우먼의 탄생으로 발생되고 있는 성개방, 무취미와 무규범으로 인하여 벌어지는 중년들의 반란, 노인으로서가 아니라 한 사람으로서 활동하려는 나이든 사람들의 저항, 미래적 가치 찾기에 혼란을 거듭하고 있는 중고생, 성과 이성 간에 존재했던 연령과 규범의 붕괴 등과 같은 현상이 벌어지고 있다. 그런 의미에서 일본사회는 거대한 문제를 안고 있는 병동과도 같다. 그것은 이미 전통적 가치로 치유하기 어렵고 또한 치유해야 하는지 방치해야 하는지 등에 대한 가치판단기준이 혼란한 상태에 있다. 사회병동주의는 그런 사회문제를 좌시하지 않고 과감하게 영상을 통해서 표현하고 사회인들에게 각성하도록 요구하고 있다.

또한 일본영화에서 나타난 것이 리데주의와 포스트 뉴웨이브 주의이다. 리데주의는 삶과 죽음의 차이를 없애는 역할을 하였고 죽은 자와 산자간의 다양한 애정을 그리는 가운데 어려움을 극복하고 새로운 삶을 살아가는 것을 표현하고 있다. 그것은 현대가 이성을 갖고 누구의 도움도 없이 살아가는 것이 불가능한 사회이며 그럼에도 불구하고 서로 돕지 않고 외롭게 살아가고 있다는 점을 강조하고 있다. 혼자는 외로움으로 연결되고 외로움은 무능력으로 이어지며 무능력은 삶의 가치를 잃게 하는 원인이 된다. 삶의 가치가 공허하면 살아가기가 힘이 든다. 그것은 곧 죽음을 의미하는 것이다. 리데주의는 오늘날 힘들게 살아가는 군상을 잘 표현하고 있다. 그리고 포스트 뉴웨이브주의는 현실에서 가능한 것을 전제로 한 것은 아니지만 있을 수 있고 언젠가는 생활 속에서 현대인에게 다가올 것이라는 미래적인 암시를 주고 있다. 그것은 과학의 발전과 일렉트로닉 번영이 급속하게 진행되고 있어 우리들이 많은 위험과 예측 불가능한 현상에 노출되어 있다는 점을 부각시키고 있다. 또한 여기에서 표현되는 것은 환상을 환상으로 표현하지 않고 마치 현실에서 일어나고 있는 것처럼 표현되는 환상적 현실이다. 이런 점에서 영화는 영화로 존재하기 보다는 예언자의 모습으로 다가오고 있다.

현재 일본영화계에는 다양한 문제점이 있고, 그 중에서도 영화생존을 둘러싸고 영화민족주의가 발생하고 있다. 또한 일본 내의 영화제 활성화, 미국의 할리우드 영화에 대한 저항으로 나타난 쿼터제, 방화시장의 확대, 일본영화의 한국 및 외국수출 문제, 일본자본에 의한 세계영화사 매입 등 다양한 변화가 일어나고 있다. 이런 점은 일본영화의 미래와 관련되어 있다는 점에서 그리고 영화정책과 관련되어 있다는 점에서 매우 중요한 문제이다. 영화는 자본을 창출하는 중요한 경제재이다. 각국의 영화는 문화적인 요소를 강조하는 문화향유의 수단이지만 생존과 번영이라는 과제를 안고 있다. 그러나 영화는 수요와 공급이라는 고유한 시장원리에 의해서 생사를 넘나든다. 그것은 영화가 문화이기 전에 자본재라는 성격을 갖고 있기 때문에 생기는 현상이다. 세계영화는 영화시장, 영화산업, 영화인, 영화정책 등을 공평하게 나누기 보다는 독점을 원하고 있어 영화를 둘러싼 경쟁은 국제적으로 국내적으로 치열하게 전개되고 있다. 이것은 영화민족주의와 영화이익주의 등과 같은 편협한 사조로 이어져 다양한 갈등을 일으키고 있다. 21세기 영화가 담당해야 할 일은 영화가 갖고 있는 고유 기능으로서 문화적 기능, 사회 참여적 기능, 미래를 그려내는 상상력의 기능, 멋과

아름다움을 통해 주는 환상적 기능 등이라고 할 수 있다. 영화는 그런 미래지
향적 희망을 갖고 시대를 담아내어 문제를 해결하고 미래를 열어주는 최고의
가치를 가진 문화 매체라고 할 수 있다.

■ 참고문헌

靑木保, 1990. 『日本文化の變容』, 中央公論社

淺井基文, 1993. 『新保守主義』, 柏書房

淺野豊美外, 2004. 『植民地帝國日本の法的構造』, 信山社

家長知史, 1994. 『映畵でまなぶ世界史』, 地歷社

石割平, 2001. 『チャンバラ黄金時代』, ワイズ出版

石塚裕道, 1977. 『日本資本主義成立史研究』, 吉川弘文館

飯島正, 1955. 『日本映畵史』, 白水社

岩本憲兒, 『日本映畵とナショナリズム』1931-1945, 森話社

岩崎昶, 1980. 『日本映畵作家論』, 中央公論社

_____, 1975. 『占領されたスクリーン』, 新日本出版社

井上和男編, 1984. 『小津安二郎全集』 全4卷, 筑摩書房

井上ひろし外, 1986. 『キネマの天地 』, 新潮文庫

今村昌平外, 1985. 『講座日本映畵』1-7, 岩波書店

捕崎浩實, 1995. 『キネマ哲學』, フィルムアート社

大高宏雄, 2000. 『日本映畵への戰略』, 希林館

大島渚, 1993. 『大島渚1960』, 靑土社

大石嘉一郎, 1994. 『日本帝國主義史』, 東京大學出版會

尾崎秀樹 編, 1981. 『プロデューサー人生』, 東寶出版事業室

尾田孝道, 2002. 『國際化する日本社會』, 東京大學出版會

加藤厚子, 2003. 『總動員體制と映畵』, 新曜社

鴨田豊, 1993. 『山田洋次の映畵』, シネ・フロント社

川本三郎, 1999. 『映畵の昭和雜貨店』, 小學館

_____, 2003. 『映畵監督ベスト101』, SHINSHOKAN

川上忠雄, 1979. 『現代日本帝國主義』, 現代評論社

キネマ旬報, 1997. 『BEST 10全史 : 1946-96』, キネマ旬報社

キネマ旬報, 1996. 『黒澤明と木下惠介・素晴らしき巨星』, キネマ旬報

キネマ旬報, 1982. 『日本史上ベスト200シリーズ 日本映畵』, キネマ旬報社

キネマ旬報, 1979. 『日本映畵排優全集』, キネマ旬報社

木村時夫, 1973. 『日本のナショナリズム』, 早稲田大學出版部

木下昌明, 1997. 『スクリーンの日本人 : 日本映畵の社會學』, 影書房

近代映畵社, 2006. 『SCREEN』, 光版社

黑川俊雄, 1982. 『現代日本の經濟構造』, 法律出版社

小松弘, 1995. 『光の誕生 リュミエール』, 朝日新聞社

櫻本富雄, 1993. 『大東亞戰爭と日本映畵』, 靑木書店

坂本佳鶴惠, 1997. 『家族イメージの誕生』, 新曜社

佐藤忠夫, 1987. 『東寶行進曲』, 平凡社

佐藤忠男, 2004. 『日本映畵200選』, 淸流出版

_____, 1997. 『日本映畵の巨匠たち』3, 學陽書房

_____, 1996a. 『日本映畵の巨匠たち』1, 學陽書房

_____, 1996b. 『日本映畵の巨匠たち』2, 學陽書房

_____, 1995. 『日本映畵300選』, 朝日新聞社

_____, 1995. 『日本映畵史』1-5, 岩波書店

_____, 1988. 『みんなの寅さん』, 朝日新聞社

_____編 1985-8. 『講座 日本映畵』全八卷, 岩波書店

_____, 1984. 『木下惠介の映畵』, 芳賀書店

_____, 1970. 『日本映畵思想史』, 三一書房

才谷遼 編, 2003. 『世界と日本のアニメーションベスト150』, ひゅーじょ
んぷろだくと

淸水淳郎編, 2003. 『映像で見る新選組』, 學習研究社

淸水晶, 1994. 『戰爭と映畵 : 戰時中と占領下の日本映畵史』, 社會思想社

上智大學アメリカ・カナダ 研究所, 1993, 『アメリカと日本』, 彩流社

城戶四郎, 1989. 『日本映畵傳 映畵製作者の記錄』, キネマ旬報社

城戶四郎, 1978. 『わが映畵論』, 松竹

松竹株式會社編, 1996. 『松竹百年史』, 松竹株式會社

杉林隆, 2003. 『昭和戰時期の日本映畵』, 鳥影社

杉山平一, 1983. 『映畵言語と映畵世界』, 九藝出版

スーザン・J・ ネイピア(神山京子譯), 2002. 『現代日本アニメ』, 中公叢書

關川夏央, 2002.　　『昭和が明るかった頃』, 文藝春秋

戰後史開封 取材班, 1997.『戰後史開封 3』, 扶桑社

田中純一郎, 1975-6.『日本映畵發達史』全五卷, 中央公論社

田中眞澄, 2002.　　『小津安二郎のほうへ』: 映畵史論, ちくま書房

田中秀雄, 2001.　　『映畵に見る東アジアの近代』, 芙蓉書房出版

田中英司, 2003.　　『現代日本映畵』, 河出書房新書

田山力哉, 1978.　　『日本映畵作家全史』, 社會思想社

淀川長治, 1998.　　『TAKESHI KITANO』, キネマ旬報社

淀川長治, 1997.　　『わが映畵人生に悔いなし』, ハルキ文庫

谷口春樹, 1998.　　『北野武の研究』, 靑谷社

谷口千吉, 1986.　　『日本映畵監督全集』, 東京

手塚治虫, 1998.　　『手塚治虫博物館』, 講談社

高井宏子譯, 1996.　『ヤクザの文化人類學』, 岩派書店

鶴見俊輔, 1991.　　『戰後日本の大衆文化史』, 岩波書店

津村秀夫, 1943.　　『映畵政策論』, 朝日新聞社

都築政昭, 1995.　　『日本映畵の黃金時代』, 小學館

東京新聞編集局編, 2001.『映畵監督50人』, 東京新聞出版局

東寶社, 1982.　　　『東寶五十年史』, 東寶出版

內藤誠, 2001.　　　『昭和映畵史ノート』, 平凡社新書

南條範夫, 2001.　　『日本史の謎450』, 主婦と生活社

日經BP社技術研究部編, 2000.『進化するアニメビジンス』, 日經BP社

NHK 取材班, 1995.『日本の選擇4』, 角川文庫

林玉樹, 1993.　　　『實錄 日本映畵の誕生』, フィルムアート社

平野共余子, 1998.　『天皇と接吻』, 草思社

樋口尙文, 2004.　　『70年代日本の超大作映畵』. 筑摩書房

古川隆久, 2003.　　『戰時下の日本映畵』, 吉川弘文館

古田晃, 1959.　　　『近代日本思想史講座』1-7, 筑摩書店

藤井松一, 1970.　　『前後日本の歷史』上, 下, 靑木書店

藤田雅之, 1997.　　『映畵のなかの日本史』, 地歷社

藤士田元彦, 1965.　『現代映畵の起點』, 紀伊國屋新書

藤本義一, 2002.　　『川島雄三』, 河出書房新社

堀幸雄, 1993. 『戰後の右翼勢力』, 勁草書房

法政大學比較經濟研究所編, 1990. 『新保守主義の經濟社會政策』, 法政大學出
版局

ます本喜年, 1988. 『大船物語』, ホンゴー出版

丸山一昭, 1998. 『世界が注目する日本映畵の變容』, 草思社

正村公雄, 1990. 『戰後史』上, 下·筑摩文庫

三本伸也譯, 1990. 『日本帝國主義 1894-1945』, 岩波書店

宮本又郎外, 2001. 『日本經營史 : 日本型企業經營の發展 江戶-平成』, 有斐閣

無聲映畵鑑賞會 編, 2003. 『よみがえる幻の名作』, アーバンコネクションズ

ライシャワー, 1986. 『ライシャワー日本史』, 文藝春秋

歷史學研究會編, 1997. 『日本史史料』, 岩波書店

安永武人, 1983. 『戰時下の作家と作品』, 未來社

山田和夫, 1997. 『日本映畵101年 : 未來への挑戰』, 新日本出版社

山本喜久男, 1983. 『日本映畵における外國映畵の影響』, 早稻田大學出版部

_____, 1976. 『世界の映畵作家31 日本映畵社』, キネマ旬報社

山本弘文, 1990. 『近代日本經濟史』, 有斐閣新書

四方田犬彦, 2000. 『日本映畵史100年』, 集英社新書

吉田智惠男, 1978. 『もう一つの映畵史 活辯の時代』, 時事通信社

吉村英夫, 2000. 『松竹大船』, 創土社

_____, 2000. 『山田洋次の世界』, シネ·フロント社

吉村公三郎, 1985. 『キネマの時代』, 共同通信社

讀賣新聞社編, 1995. 『映畵100物語』, 讀賣新聞社

Aaron Andrew Gerow, 1996, Writing a Pure Cinema : Articulations of
Early Japanese Film, University of Iowa

Bruce Kawin, 1978, Mindscreen : Bergman, Godard, and First-Person
Film, Princeton University Press

Donald Richie, 1984, Films of Akira Kurosawa, University of California
Press

Esquire Magazine Japan Co. 2004, 『日本映畵ニューウェイヴの彼方へ』,

Esquire Magazine Japan Co

Esquire Magazine Japan Co. 2006, 『FAR AWAY FROM THE REAL』.
Esquire Magazine Japan Co.

Gregg Herken, 1980, The Winning Weapon : The Atomic Bomb in the Cold War, 1945-50, New York

Herbert Passin, 1982, Encounter with Japan, Kodansha International

John Allyn, 1985, "Motion Picture and Theatrical Censorship in Japan", Waseda Journal of Asian Studies no.7

Jon Livingston (eds), 1973, Postwar Japan : 1945 to the Present, Pantheon

Justin Williams, 1979, Japan's Political Revolution under MacArthur, University of Georgia Press

Kiyoko Takeda, 1988, Dual-Image of the Japanese Emperor, Macmillan Education

Neko Cinema Books, 1999, 『Japanese Film 1955-64』(上), Neko Cinema Books

Neko Cinema Books, 1999, 『Japanese Film 1955-64』(下), Neko Cinema Books

Marguerite Duras, 1960, Hiroshima Mon Amour, Paris : Gallomard

Otis Cary ed, 1975, From a Ruined Empire-Japan, China, Korea, Kodansha International

Rene Predal, 1994, Histoire du Cinenma, 김희균역, 1999, 『세계영화100년사』, 이론과 실천

Richard Mitchell, 1983, Censorship in Imperial Japan, Princeton University Press

Stephen Heath, 1981, Questions of Cinema, Indiana University Press

T.A Bisson, 1949, Perspect for Democracy in Japan, Macmillan

Tadao Sato, 1981, Currents in Japanese Cinema, Kodansha International

구견서, 2001. 『일본 知識人의 사상』, 현대미학사

_____, 2001. 『현대일본사회의 이해』, 한울

_____, 2004. 『일본민족주의사』, 논형

_____, 2004. 「일본영화의 형성과 전개」, 『일본학보』59집, 한국일본학회

_____, 2004. 「태평양전쟁기에 있어서 일본영화의 특징」, 『일본학보』60집,

한국일본학회

_____, 2005. 「미군점령기의 일본영화와 시대성」, 『일본학보』62집, 한국일본학회

_____, 2005. 「전후일본영화의 전환과 시대성」, 『일본학보』63집, 한국일본학회

_____, 2005. 「일본식민지의 영화와 시대성」, 『일본학보』65집, 한국일본학회

_____, 2006. 「도약기의 일본영화와 시대성」, 『일본학보』67집, 한국일본학회

김영심, 2006. 『일본영화 일본문화』, 보고사

김정옥외, 1997. 『영화론의 전개와 제3의 영화』, 시각과 언어

김지석, 1996. 『아시아영화를 다시 읽는다』, 한울

김희균 역, 1999. 『세계 영화 100년사』, 이론과 실천

로버트 로젠스톤, 2002. 『영화, 역사』, 소나무

루홍스·수샤오밍저, 2002. 『차이나 시네마』, 도서출판 동인

방일영문화재단, 2001. 『우리 영화 100년』, 현암사

슈테판 크라머저, 2000. 『중국영화사』, 이산

영화진흥조합, 1972. 『한국영화총서』, 영화진흥조합

정종화, 1993. 『한국의 영화포스터』 1932-1969, 범우사

_____, 1997. 『한국영화사2』, 열화당

최학래, 2002. 『영화감독사전』, 한겨레신문사

호현찬, 2000. 『한국영화100년』, 문학사상사

색 인

【ㄹ】

【ㅁ】

【ㅇ】

【ㅈ】

【 ㅊ 】

【 ㅋ 】

■▓ 구견서(具見書)

東京大 사회학석사 · 박사
東京大外國人硏究員
현재 평택대학교 국제학부 교수로 재직
한국일본학회 총무이사, 한국일본문화학회이사, 문신예술포럼 위원, 한국사회학회원 등으로 활동

<대표논문>
「日本の文化的ナショナリズム」, 「脱民族主義の國際比較」,
「일본의 문화정책」, 「일본에 있어서 민족주의전개」,
「다문화주의의 이론적 체계」, 「국제사회학」, 「일본영화에 나타난 시대성」,
「The Formation and Development of the Meiji-nationalism in Japan」외 다수

<저서>
『현대일본사회론』(1999년), 『현대일본문화론』(2000년),
『현대일본사회의 이해』(2001년), 『일본 知識人의 사상』(2001년),
『일본문화총서』1(공저 2003년), 『일본민족주의사』(2004년),

일본영화와 시대성

초판1쇄 발행 2006년 12월 22일
초판2쇄 발행 2007년 10월 10일

저자 구견서
발행 제이앤씨

서울시 도봉구 창동 624-1 현대홈시티 102-1206
등록번호 · 제7-220호 / 전화 (02) 992-3253(代) 팩스 (02) 991-1285
E-mail jncbook@hanmail.net / URL http://www. jncbook.co.kr

ISBN 978-89-5668-491-8 03300   정 가 50,000원